Hahn/Petras/Valentiner/Wienfort (Hrsg.)
Grundrechte
De Gruyter Studium

Grundrechte

Klausur- und Examenswissen

—

Herausgegeben von
Lisa Hahn, Maximilian Petras,
Dana-Sophia Valentiner und Nora Wienfort

Bearbeitet von
den Herausgeber:innen und von Alexander Brade,
Saskia Ebert, Nikolas Eisentraut, Stephan Gerbig,
Katharina Goldberg, Sué González Hauck,
Isabell Jandl, Verena Kahl, Luca Knuth, Jaschar Kohal,
Emily Mary Laing, Louisa Linke, Maureen Macoun,
Max Milas, Lasse Ramson, Hannah Ruschemeier,
Christoph Schröder, Julian Senders, Felix Würkert

DE GRUYTER

Aktuelle Informationen zu den Autor:innen des Teams Grundrechte finden sich unter folgendem Link, der über den hier aufgeführten QR-Code mit einer Smartphone-Kamera aufgerufen werden kann: https://openrewi.org/ projekte/das-grundrechte-projekt/#Team

Die Veröffentlichung wurde gefördert aus dem Open-Access-Publikationsfonds der Humboldt-Universität zu Berlin.

Zitiervorschlag: *Würkert*, in: Hahn/Petras/Valentiner/Wienfort, Grundrechte, § 17 S.

ISBN 978-3-11-076547-2
e-ISBN (PDF) 978-3-11-076553-3
e-ISBN (EPUB) 978-3-11-076557-1
DOI https://doi.org/10.1515/9783110765533

Library of Congress Control Number: 2021952264

Bibliografische Information der Deutschen Nationalbibliothek
Die Deutsche Nationalbibliothek verzeichnet diese Publikation in der Deutschen Nationalbibliografie; detaillierte bibliografische Daten sind im Internet über http://dnb.d-nb.de abrufbar.

Einbandabbildung: © Larissa Wunderlich
Datenkonvertierung/Satz: jürgen ullrich typosatz, Nördlingen
Druck: CPI books GmbH, Leck

www.degruyter.com

Vorwort

Grundrechte sind die zentralen Versprechen der Verfassung im demokratischen Rechtsstaat. Das einfache Recht gestaltet die grundrechtlichen Gewährleistungen näher aus und verleiht ihnen Kontur in vielfältigen Regelungsbereichen. Die Prüfung der Grundrechte ist daher nicht nur bezogen auf die Grundrechte-Vorlesung im Studium von großer Bedeutung, sondern betrifft die gesamte juristische Ausbildung. Gerade in hochumstrittenen, in der Rechtsgestaltung, Rechtsanwendung und Rechtsprechung umkämpften Fragen werden die Grundrechte mobilisiert. Sie sind Bezugspunkte für rechtliche und politische Debatten, die auch dieses Lehrbuch aufgreift: vom Kopftuch-Verbot oder der Überwachung digitaler Kommunikation über die Covid-19-Maßnahmen bis zur Vergesellschaftung von Wohnungseigentum.

Mit diesem Lehrbuch wollen wir Studierende der Rechtswissenschaft durch das gesamte Studium begleiten. Es dient der Vorbereitung auf die Zwischenprüfung, aber auch der Wiederholung vor dem ersten Staatsexamen. Dabei soll auf eine kritische Begleitung des Prüfungswissens sogenannter „herrschender Positionen" nicht verzichtet werden. Weiterführendes Wissen und Examenswissen kennzeichnen wir dafür ausdrücklich, um transparent zu halten, an welchen Stellen unsere Ausführungen über das Basiswissen für die Bewältigung einer grundrechtlichen Klausur hinausgehen. Die präsentierten Inhalte sollen so konkret und anschaulich wie möglich sein. In den Beiträgen finden sich dafür viele Beispiele und Verweise auf interaktive Übungen, mit denen ihr euer Wissen überprüfen könnt. Unser Fallbuch zu den Grundrechten ergänzt dieses Lehrbuch um praktische Fallbeispiele, zu denen die absoluten „Klassiker" ebenso zählen wie hochaktuelle Entscheidungen des Bundesverfassungsgerichts.

Unser Lehrbuch ist „offen" und das in alle Richtungen. Jedes Kapitel kann unter Open-Access-Bedingungen als statisches PDF der ersten Auflage auf der Homepage des Verlages heruntergeladen werden. Zugleich finden sich Work-in-Progress-Versionen aller Beiträge auch auf der Plattform Wikibooks. Alle Links aus der PDF-Version des Buches verweisen auf diese „Schreibwerkstatt". Dort kann jeder Beitrag, jeder Satz, jedes Wort verändert, kommentiert und diskutiert werden. Das geht anonym, aber auch unter Nennung eines Namens oder Pseudonyms. Wir freuen uns über alle Vorschläge! Sofern möglich, werden wir diese direkt beantworten. Spätestens in die zweite Auflage des Buches fließen die Änderungen dann mit ein.

Eine konkrete Anleitung zur Mitarbeit über Wikibooks findet sich auf unserer Projektseite: https://openrewi.org/projekte/das-grundrechte-projekt

Die Kapitel in diesem Buch und jene ihres „digitalen Zwillings" bei Wikibooks sind nicht deckungsgleich. Für die Verlagsversion haben wir die Texte nochmals überarbeitet und gekürzt. Bei Wikibooks werden Gedanken weiter ausgeführt oder um zusätzliche Informationen ergänzt. Über die Diskussionsseite und die Versionsgeschichte eines Artikels ist der Entstehungsprozess der Kapitel nachvollziehbar. Jeder Link ist eine Einladung für besonders Interessierte, sich an der Diskussion und Weiterentwicklung der Materialien zu beteiligen, die Wikibooks-Version der Artikel aktiv zu ändern und zu kommentieren.

Dieses Buch ist zudem unter der Creative-Commons-Lizenz BY-SA 4.0 offen lizenziert. Es kann in Vorlesungen, Seminaren oder Lerngruppen frei weiterverwendet werden, sofern die (nicht komplizierten) Lizenzbestimmungen Beachtung finden. Wie das genau funktioniert, ist auf unserer Projektseite einsehbar. Wir möchten euch ermuntern: Vervielfältigt, kopiert und verteilt die Texte. Bringt sie in eure Arbeitsgemeinschaften, Lerngruppen und Diskussionsabende. Wir freuen uns auf einen interaktiven Austausch.

Zum Aufbau des Buches

Das Buch ist unterteilt in einen einführenden Teil zu den allgemeinen Grundrechtslehren und zur Prüfung von Freiheitsgrundrechten sowie einen besonderen Teil zu den wichtigsten Grundrechten. Das einleitende Kapitel zu den Grundrechtsfunktionen gibt einen kurzen Überblick dazu, was mit Grundrechten bezweckt wird und auf welche Weise sie ihre Wirkung entfalten. Die Kapitel zur Grundrechtsberechtigung und -bindung klären, wer sich auf welche Grundrechte berufen kann und wer die Grundrechte beachten muss.

Anschließend folgen die wichtigsten Schritte der Prüfung eines Freiheitsgrundrechts. Schutzbereich, Eingriff und die verfassungsrechtliche Rechtfertigung eines Eingriffs, also die Einschränkbarkeit eines Grundrechts („Schranken") und die Grenzen der Einschränkbarkeit („Schranken-Schranken") werden nacheinander erklärt, um das Rüstzeug für die Klausurbearbeitung zu liefern.

Traditionell galten Grundrechte vorwiegend als Abwehrrechte von Bürger:innen gegenüber dem Staat. Vor dem Hintergrund vielfältiger neuer Gefährdungslagen haben weitere Grundrechtsdimensionen an Bedeutung gewonnen, die im

Lisa Hahn/Maximilian Petras/Dana-Sophia Valentiner/Nora Wienfort

Abschnitt „Grundrechtsschutz und Dritte" bearbeitet werden. Den Staat treffen bei spezifischen Grundrechtsgefährdungen Schutzpflichten, die ihn zum Einschreiten gegenüber Privaten verpflichten. Auch Grundrechtskonflikte zwischen Privaten sind möglich und führen zur Frage nach der „mittelbaren Drittwirkung" der Grundrechte.

Um potenzielle Grundrechtsverletzungen durch das Bundesverfassungsgericht überprüfen zu lassen, wird oft die Verfassungsbeschwerde erhoben. Kaum eine Klausur kommt ohne eine Prüfung einer Verfassungsbeschwerde aus. Gerade in Zeiten der Covid-19-Pandemie wird auch der Eilrechtsschutz immer bedeutender in Prüfungen. Dieses und weitere Prüfungsschemata zur Strukturierung der Klausur finden sich in einem Extrakapitel, das zugleich auf die Einzelprobleme der weiterführenden Beiträge verlinkt. Wie ausführlich ein Grundrecht geprüft wird, ist auch immer davon abhängig, ob es im jeweiligen Fall einschlägig ist. Deshalb schließt sich das Kapitel zu den Grundrechtskonkurrenzen an, welches das Verhältnis der Grundrechte zueinander erklärt.

Obwohl das Lehrbuch schwerpunktmäßig die Grundrechte des Grundgesetzes behandelt, ist es nicht möglich, diese von den europarechtlichen oder völkerrechtlichen Bezügen zu trennen. Die europäischen und internationalen Bezüge des Grundrechtsschutzes werden in den einzelnen Grundrechtskapiteln immer wieder aufgegriffen, jedoch zunächst in einem allgemeinen Teil eingeführt. Die in Grundrechtslehrbüchern häufig vernachlässigten Grundrechte in den Landesverfassungen der deutschen Bundesländer schließen sich an.

Der besondere Teil beginnt mit der allgemeinen Handlungsfreiheit. Die weiteren Grundrechte sind thematisch in Abschnitte sortiert. Wir haben uns als Team bewusst gegen eine numerische Reihenfolge entschieden. Viele Grundrechte überschneiden sich und müssen in Klausuren gemeinsam geprüft werden (zum Beispiel Art. 5 GG und Art. 8 GG). Die jeweiligen Einleitungen für die Abschnitte haben die Autor:innen der darin gebündelten Beiträge mit dem Ziel verfasst, die Verbindungen der Grundrechte und aktuell diskutierte Fragestellungen voranzustellen.

Im ersten Abschnitt stehen die Menschenwürde, die Persönlichkeit und der Körper im Fokus. Neben der Menschenwürdegarantie werden hier das Recht auf freie Entfaltung der Persönlichkeit (allgemeines Persönlichkeitsrecht) sowie das Recht auf Leben und körperliche Unversehrtheit behandelt. Schon hier wollen wir mit unserem Aufbau klarmachen, dass Individuen von vielfältigen gesellschaftlichen und natürlichen Begebenheiten abhängig sind. Nicht zuletzt durch den Klimabeschluss des Bundesverfassungsgerichts erhält das Grundrecht auf Umwelt- und Klimaschutz besondere Aufmerksamkeit.

Im Anschluss widmen wir uns im Abschnitt zu Gleichheit & Nichtdiskriminierung den Grundrechten aus Art. 3 GG. Neben dem allgemeinen Gleichheitsgrund-

Lisa Hahn/Maximilian Petras/Dana-Sophia Valentiner/Nora Wienfort

recht werden der Gleichberechtigungsauftrag aus Art. 3 II GG und die besonderen Diskriminierungsverbote aus Art. 3 III GG behandelt.

Der Abschnitt Kommunikation & Meinung beschäftigt sich mit den Kommunikationsgrundrechten der Verfassung. Ausgehend von der Meinungsfreiheit werden die Informations- und Medienfreiheiten behandelt. Daran schließen die Kapitel zur Versammlungsfreiheit und zur Vereinigungsfreiheit an. Abgerundet wird der Abschnitt durch Ausführungen zum politisch bedeutsamen Petitionsrecht.

Auch die Wirtschaftsgrundrechte werden gemeinsam dargestellt. Eigentum, Erbrecht und Sozialisierung in den Art. 14, 15 GG finden sich in einem Kapitel. Im Anschluss folgt die Berufsfreiheit aus Art. 12 GG und ihre kollektive Ergänzung über die Koalitionsfreiheit aus Art. 9 III GG.

Die individuelle Religionsfreiheit aus Art. 4 GG steht in fundamentaler Abhängigkeit zu den Religionsgemeinschaften. Ehe & Familie sind Orte des privaten Rückzugs und zugleich weitgehend staatlich determiniert. Speziell in Bildungs- und Erziehungsfragen spielt die Institution Schule (Art. 7 GG) eine entscheidende Rolle.

Andere Bereiche der institutionalisierten Freiheit thematisieren wir im Abschnitt Kunst & Wissenschaft. Beide grundrechtlichen Gewährleistungen brauchen Schutz und Abschirmung, damit Kreativität und neue Erkenntnisse in einer gewährleisteten Infrastruktur fließen können.

Weitere Orte der Zurückgezogenheit werden im Abschnitt zu Digitalität & Privatsphäre behandelt. Neben klassische Gewährleistungen wie die Vertraulichkeit der Kommunikation aus Art. 10 GG oder die Wohnung als Rückzugsort aus Art. 13 GG treten neue Grundrechte, die auf Gefahren der Digitalisierung aller Lebensverhältnisse reagieren. Am Anfang steht das Grundrecht auf informationelle Selbstbestimmung; mit der Verbreitung individueller Endgeräte trat das Grundrecht auf Vertraulichkeit und Integrität informationstechnischer Systeme hinzu. Die jüngste Ergänzung ist das Recht auf Vergessen.

Spiegelbildlich zur Zurückgezogenheit behandelt der Abschnitt Freiheit & Mobilität verschiedene Rechte des ungehemmten Fortkommens. Das beginnt naturgemäß mit der Freiheit der Person aus Art. 2 II 2, 104 GG, setzt sich fort mit der Freizügigkeit aus Art. 11 GG und hört auch nicht an den Grenzen von Nationalstaaten auf, Art. 16, 16a GG.

Rechte kommen erst zu ihrer vollen Wirkung, wenn sie auch geltend gemacht werden können. Last, but certainly not least, stellt der Abschnitt Justiz & Verfahren den Zugang zum Gericht über Art. 19 IV GG dar. Grundrechtsschutz im Gerichtsverfahren wird im Kapitel zu den Verfahrensgrundrechten aus Art. 101–103 GG behandelt.

An vielen Stellen im Buch finden sich Verweise auf andere Projekte bei OpenRewi. Verwaltungsrechtliche Fragen werden im Lehrbuch Verwaltungsrecht in

Lisa Hahn/Maximilian Petras/Dana-Sophia Valentiner/Nora Wienfort

der Klausur behandelt. Staatsorganisationsrechtliche Fragen, die häufig ergänzend neben die hier im Buch behandelten Themen treten, finden sich im Lehrbuch zum Staatsorganisationsrecht.

Erneut gilt, dass wir uns sehr über Rückmeldungen freuen – direkt bei Wikibooks oder über eine Mail an grundrechte@openrewi.org

Euer Team Grundrechte im März 2022

Zur Arbeit mit dem Buch

Sowohl in der Wikibooks-Version als auch in der Druckversion finden sich grafisch hervorgehobene Textblöcke, die eine Einordnung des Wissens erleichtern sollen. Die verschiedenen Ebenen richten sich nach unterschiedlichen Interessen und Zielgruppen: Grundwissen, Examenswissen, weiterführendes Wissen und Wissen zur Klausurtaktik finden sich in unterschiedlich starken Ausprägungen in verschiedenen Teilen des Buches.

Alle nicht besonders gekennzeichneten Texte halten wir für **Grundwissen**. Zielgruppe sind Kandidat:innen der Zwischenprüfungen. Hierauf bauen alle weiteren Ebenen auf. Grundwissen bedeutet für uns aber nicht, dass Studierende sämtliche Ausführungen in diesen Textteilen parat haben müssen, um eine Klausur zu bestehen. Wir sehen es vielmehr als grundlegend, um ein hinreichendes Verständnis zu den Grundrechten zu erwerben.

Examenswissen

Danach kommt die Ebene des Examenswissens. An dieser Stelle werden spezifische Probleme erläutert, die typischerweise in Klausuren des ersten juristischen Staatsexamens oder den Schwerpunktbereichen zu bewältigen sind.

Weiterführendes Wissen

Wir wollen nicht nur eine sichere Orientierung in Klausuren geben. Häufig haben unsere Autor:innen eine starke Meinung zu den behandelten Themen. Solche finden sich in den Boxen zum „weiterführenden Wissen". Ihr findet in diesen Boxen auch Ausführungen zu historischen Entwicklungen oder besonderen Details.

Lisa Hahn/Maximilian Petras/Dana-Sophia Valentiner/Nora Wienfort

Beispiele, interaktive Elemente, Fußnoten

Einzelne Kapitel und Abschnitte verweisen mit **Links** aufeinander. Relevante Informationen stehen nur dort, wo sie auch wirklich hingehören.

! Klausurtaktik

Konkrete Bearbeitungstipps für Klausuren und/oder Verweise auf Übungen in unseren Fallbüchern finden sich in der Hinweisbox zur Klausurtaktik.

Ganz konkrete **Formulierungsbeispiele** für die Klausur sind folgendermaßen dargestellt.

Formulierungsbeispiel Klausursatz
„So könnte das Thema in der Klausur zitiert werden."

Wir bemühen uns, auch die sonstigen abstrakten Ausführungen so weit wie möglich mit Beispielen anschaulich zu machen.

Beispiel zu Thema XY: Hier steht ein Beispieltext zu Thema XY.

In den **Fußnoten** finden sich Quellennachweise, die – wenn immer möglich – auf ebenfalls frei zugängliche Dokumente verweisen. Gerade bei *Gerichtsentscheidungen* können die zugrundeliegenden Gedanken direkt nachgelesen werden. Soweit technisch möglich, verweisen wir auf die *konkret zitierten Randnummern*, sodass ein Klick auf den Link direkt zur zitierten Passage führt.

Die Kapitel unseres Buches werden ergänzt durch **interaktive Lerneinheiten**. Am Beginn eines jeden Kapitels findet sich ein QR-Code, über den Multiple-Choice-Tests, Lückentexte, Essay-Aufgaben und vieles mehr abrufbar sind.

Eine Übersicht der verschiedenen Seiten mit interaktiven Übungen findet sich auf unserer Projektseite: https://openrewi.org/projekte/das-grundrechte-projekt

Lisa Hahn/Maximilian Petras/Dana-Sophia Valentiner/Nora Wienfort

Vorwort der Herausgeber:innen

Ein Projekt wie dieses zu starten war ein durchaus gewagtes Experiment. Umso glücklicher sind wir mit dem Resultat. Das erste komplett frei lizenzierte Grundrechtslehrbuch Deutschlands ist das Ergebnis eines engagierten Diskussionsprozesses vieler verschiedener Autor:innen in unterschiedlichen Stadien ihrer wissenschaftlichen Laufbahnen. Das Buch kombiniert bewährtes Wissen und aktuelle Fragen mit neuen technischen Möglichkeiten. Die Offenheit und Kompetenz unserer Autor:innen, die kollegiale Zusammenarbeit auf Augenhöhe, das hohe Engagement und die Begeisterung aller waren eine echte Bereicherung.

Unsere Rolle als Herausgabe-Team in diesem agilen Projekt war und ist stark geprägt durch die organisatorische, koordinierende und strukturierende, aber auch moderierende Arbeit. Angefangen hat unsere Arbeit mit der Zusammenstellung des Teams. Dabei war es uns wichtig, dem nach wie vor geringen Anteil von Frauen beziehungsweise FLINTA* unter den Autor:innen von Lehrbüchern, Kommentaren und Zeitschriftenbeiträgen im Verfassungsrecht zu begegnen. Besonders freut es uns, dass wir unsere selbst gesetzte Quote von 50 % Frauen erreichen konnten. Nach der Teamzusammenstellung und einem ersten Kennenlernen begann die Arbeit an den Materialien Anfang 2021.

Wir sind mit einer Vision für ein offenes Grundrechtslehrbuch gestartet, haben aber weder Themen vorgegeben, noch den Autor:innen das Schreiben bestimmter Abschnitte angetragen. Vielmehr haben wir im Autor:innenkollektiv diskutiert, welche zentralen Themen wir in diesem Lehrbuch bearbeiten wollen, welche inhaltlichen Präferenzen bestehen und wie wir den Arbeitsprozess selbst strukturieren. In kreativen und energiegeladenen Diskussionen wurden die Inhalte immer wieder neu angeordnet und verfeinert. Geschrieben haben wir die Texte online auf Wikibooks in mehreren kurzen Schreibeinheiten (Book Sprints). Zwischen den einzelnen Book Sprints wurden die Texte in einem offenen Peer Review mehrfach gegenseitig gelesen und kritisch diskutiert. Einzelne Probleme wurden nicht nur bei unseren gemeinsamen Treffen, sondern vor allem in flexiblen Chatgruppen oder über die Kommentarfunktion in den Beiträgen selbst gelöst. Dieser Entstehungsprozess ist für Interessierte in den Versionsgeschichten der Artikel auf Wikibooks nachvollziehbar.

Dass es nie zu ernsthaften Auseinandersetzungen kam, verdanken wir dem Engagement und der Offenheit des ganzen Teams. Gerade in Zeiten der Covid-19-Pandemie war es eine tolle Erfahrung, über dieses Projekt mit so vielen Kolleg:innen aus ganz Deutschland zusammenzukommen, neue Kontakte zu knüpfen und auch jenseits der Arbeitstreffen, zum Beispiel beim virtuellen Pubquiz, eine schöne Zeit miteinander zu verbringen.

Der Wikimedia-Stiftung möchten wir herzlich dafür danken, dass sie dieses (und die weiteren Projekte bei OpenRewi) durch ein Fellowship für Maximilian Petras finanziell und durch organisatorische Beratung möglich gemacht hat. Darüber hinaus wäre so ein Projekt ohne die freie Infrastruktur von Wikimedia kaum möglich gewesen. Von der ersten Stunde an haben wir freundliche Hilfe durch die Freiwilligen der Wikibooks-Community erhalten. Wir wissen bis heute nicht, wer sich hinter den Pseudonymen verbirgt. Umso erfreulicher war ihr intensiver Einsatz. Besonders hervorheben möchten wir HirnSpuk für die Programmierung der schicken Vorlagen, sowie Yomomo und Jürgen für die Beantwortung vieler Fragen. Ohne das Export-Tool von Dirk und sein extra für uns programmiertes Skript hätten wir die Beiträge nie so einfach in das Verlagsmanuskript übertragen können. Wir bedanken uns außerdem für die Unterstützung von Hannah Kölle, studentische Hilfskraft an der Professur für Öffentliches Recht, insbesondere Öffentliches Wirtschafts- und Umweltrecht an der Helmut-Schmidt-Universität/Universität der Bundeswehr Hamburg sowie bei Frau Prof. Schuler-Harms für ihre Freistellung für dieses Projekt. Schließlich danken wir der Humboldt-Universität zu Berlin, die die freie Zugänglichkeit dieses Lehrbuchs mit einer großzügigen Förderung aus ihrem Open-Access-Publikationsfonds ermöglicht hat.

Mit Blick auf die Rechtswissenschaft stimmt es hoffnungsvoll, Teil einer so interessanten und schnell wachsenden Community wie OpenRewi zu sein. Wir freuen uns schon jetzt auf all die Neuauflagen, Kommentare und zukünftigen Diskussionen.

Lisa Hahn, Maximilian Petras, Dana-Sophia Valentiner und Nora Wienfort

Inhaltsübersicht

Inhaltsverzeichnis

Abschnitt 1
Allgemeine Grundrechtslehren

§ 1 Grundrechtsfunktionen

Notwendiges Vorwissen: Keins

Lernziel: Grundrechtslehre in den Grundzügen verstehen, Grundrechtsfunktionen nachvollziehen und argumentativ nutzbar machen

---

Für dieses Kapitel gibt es frei zugängliche interaktive Übungen. Halte einfach deine Smartphone-Kamera vor den Kasten mit den Punkten (QR-Code).

Im rechtswissenschaftlichen Studium werden die Grundrechte oft im ersten oder zweiten Semester gelehrt. Nicht selten nehmen Studierende sie als eine Aneinanderreihung verschiedener rechtlicher Gewährleistungen wahr, denen eine irgendwie gesonderte Bedeutung zukommt. Grundrechte gelten als „Redefach"; auswendig gelernte Argumente der Rechtsprechung oder Aneinanderreihungen von Vorbringen ohne Fallbezug prägen viele Klausurbearbeitungen. Auch Fallschemata helfen in den meist entscheidenden Punkten der Grundrechtsprüfung nur bedingt weiter: Der Klausurschwerpunkt liegt oft in der Verhältnismäßigkeit. Es ist juristisch höchst anspruchsvoll, diese Prüfung aus tatsächlichen und normativen Elementen zu verstehen und zu strukturieren. Studierenden kann dies nur gelingen, wenn sie das „Konzept Grundrechte" verstehen. Dieses Buch möchte einen Beitrag dazu leisten, für Verfassungsrecht zu begeistern, die Grundrechtslehre zu verstehen und so für Studierende in den ersten Semestern, Examenskandidat:innen und Lehrende in jeder Fallkonstellation, Hausarbeit oder Diskussion handhabbar zu machen. Aufgebaut ist das Lehrbuch deshalb bewusst nicht in der Reihenfolge der Grundrechte des ersten Abschnitts des Grundgesetzes, sondern in thematischen Clustern. Die Schutzgehalte verschiedener Grundrechte sind thematisch miteinander verbunden, dieser Aufbau soll auch die Interaktion der grundrechtlichen Garantien verdeutlichen. Auch wenn es rechtstheoretisch keine Rangfolge der Grundrechte gibt; in der praktischen Klausurbearbeitung gibt es sie. Das tatsächliche Schutzniveau unterschiedlicher Freiheitsrechte bestimmt sich auch nach der verfassungsrechtlichen Kontrolldichte. Der Fokus liegt deshalb auch darauf, anhand besonders studienrelevanter Grundrechte die allgemeinen Grundrechtslehren in der Anwendung zu zeigen. Ziel ist es, die hinter juristischen Argumentationen stehenden Wertungen sichtbar und dadurch transferierbar zu machen. Deshalb startet das Lehrbuch mit einem Abschnitt zu den allgemeinen Grundrechtslehren. Prozessual liegt in der Mehrzahl der Klausuren in den ersten Semestern ein Schwerpunkt auf der Zulässigkeitsprüfung der Individualverfassungsbeschwerde; ihr Prüfungsaufbau wird deshalb vor den einzelnen Grundrechten dargestellt und in einem Prüfungsschema zusammengefasst.

ℹ Weiterführendes Wissen

Landesverfassungen
Die Grundrechte des Grundgesetzes sind in ein föderales, internationales und supranationales Regelungssystem eingebettet. Die Landesverfassungen der Länder enthalten als Ausfluss ihrer Verfassungshoheit zum Teil einen ausführlichen Grundrechtskatalog.[1] Dieser Grundrechtskatalog hat Bedeutung innerhalb des jeweiligen Bundeslandes gegenüber der Landesstaatsgewalt, zum Beispiel bei der Erhebung einer Landesverfassungsbeschwerde (falls eine solche im Verfassungsrecht des Landes vorgesehen ist). Die Grundrechte in den Landesverfassungen sind den Grundrechten des Grundgesetzes ähnlich, aber sie sind nicht identisch. Es gibt auch Grundrechte in den Landesverfassungen, die das Grundgesetz nicht kennt. Art. 31 und 142 GG regeln etwas missverständlich das Verhältnis zwischen den Grundrechten der Landesverfassungen und denen des Grundgesetzes. Art. 142 GG sichert im Ergebnis die Geltung der Landesgrundrechte ab, soweit diese mit den Grundrechten des Grundgesetzes übereinstimmen. Landesgrundrechte, die im Widerspruch zum Grundgesetz stehen, können nach Art. 31 GG keine Geltung beanspruchen. Ein weitergehender Schutz auf Landesebene ist hingegen unschädlich. Die Begrenzung des Art. 142 GG auf die Art. 1–18 GG entspricht nicht dem Sinn und Zweck der Vorschrift, auch Justizgrundrechte und sonstige grundrechtsgleiche Rechte sollten erfasst werden. Das Verhältnis zwischen Landesgrundrechten und denen des Grundgesetzes ist nicht vollständig geklärt und spielt in der Fallprüfung selten eine Rolle. Wichtig ist es, das grundsätzliche Verhältnis zu verstehen.

Europäische Grundrechte
Der nationale Grundrechtsschutz ist wie jeder andere Teil der Rechtsordnung eingebettet in das supranationale Regelungssystem der Europäischen Union.[2] Die wichtigste Rechtsquelle des europäischen Grundrechtsschutzes ist die Charta der Grundrechte der Europäischen Union (GRCh). Die Grundrechtecharta bindet alle Organe der Union und die europäischen Mitgliedstaaten, wenn sie Unionsrecht durchführen, Art. 51 GRCh. Umstritten ist, wann genau die nationalen Grundrechte und wann die Grundrechte der Europäischen Grundrechtecharta zur Anwendung kommen. Gegenstand verfassungsrechtlicher Diskussionen ist das Verhältnis zwischen Grundrechten des Grundgesetzes und der Grundrechtecharta auch deshalb, weil davon der Prüfungsumfang des Bundesverfassungsgerichts abhängt.[3] Diese Fragen sind maßgeblich durch verschiedene Entscheidungen des Bundesverfassungsgerichts geprägt. Nicht zu verwechseln mit den Europäischen Grundrechten sind die Grundfreiheiten des europäischen Binnenmarktes, die als Europäi-

---

1 Siehe zum Grundrechtskatalog Brade/Ramson, § 16, in diesem Lehrbuch.
2 Siehe zum Europarecht Brade/Ramson, § 14, in diesem Lehrbuch.
3 Siehe zu den Verhältnissen Brade/Ramson, § 14 V., in diesem Lehrbuch.

Hannah Ruschemeier

sches Primärrecht direkt in allen Mitgliedstaaten anwendbar sind und sich auf grenzüberschreitende Sachverhalte beziehen. Die Grundfreiheiten zielen primär darauf ab, das Ziel eines europäischen Binnenmarktes, Art. 3 III EUV, zu realisieren.

Internationaler Menschenrechtsschutz
Der internationale Menschenrechtsschutz beschreibt einen Rechtsbereich, der verschiedene Rechtsquellen des Völkerrechts umfasst.[4] Das Völkerrecht bindet Staaten und andere Völkerrechtssubjekte, adressiert aber in der Regel Bürger:innen in den verschiedenen Vertragsstaaten nicht unmittelbar. Besonders relevant für das deutsche Recht ist dabei die Europäische Menschenrechtskonvention (EMRK), welche aufgrund von Art. 59 II GG als völkerrechtlicher Vertrag den Rang eines einfachen Bundesgesetzes hat.[5] Daraus wird auch die Völkerrechtsfreundlichkeit des Grundgesetzes als Auslegungsmaxime abgeleitet. Rechtlich unverbindlich, aber von großer politischer Bedeutung ist die Allgemeine Erklärung der Menschenrechte.

A. Was sind Grundrechte?

Ein Grundrecht ist ein subjektiv-öffentliches Recht, das in der Verfassung garantiert ist. In seiner Rechtsfolge kann es dem Einzelnen die Rechtsmacht verleihen, von einem grundrechtsgebundenen Träger öffentlicher Gewalt ein Tun oder Unterlassen zu verlangen.[6] Durch seinen Status als Recht in der Verfassung ist ihm formell ein besonderes Gewicht verliehen. Grundrechte gewährleisten Minderheitenschutz und schützen gegenüber der organisierten Staatlichkeit, da sie gerade nicht der Disposition der Mehrheit des Volkes unterliegen.

Weiterführendes Wissen
Deshalb fordern Grundrechte die materielle Verfassungsmäßigkeit von Parlamentsgesetzen. Die formellen Verfassungsanforderungen einer Mehrheitsentscheidung der zuständigen Gesetzgebungsorgane allein stellen keine Verfassungskonformität her. Die materiellrechtliche Entscheidung muss mit den Grundrechten als Minderheitenrechte übereinstimmen.[7]

Die Bezeichnung als „Grundrechte" verdeutlicht, dass sie der Grund sind, auf dem das Verfassungsverständnis des Grundgesetzes fußt. Systematisch stellen die Grundrechte in Art. 1–19 GG den ersten Abschnitt der Verfassung dar. Grundrechte sind materiell in erster Linie Menschenrechte, denn alle natürlichen Personen sind prinzipiell Träger:innen von Grundrechten. Beschränkt wird dies bei

---

4 Siehe zum Völkerrecht Brade/Ramson, § 15, in diesem Lehrbuch.
5 Zur EMKR und ihrer Rechtsstellung im deutschen Recht: Zehetgruber, ZJS 2016, 52ff.
6 Vgl. Manssen, Staatsrecht II, 18. Aufl. 2021, Rn. 29.
7 Vgl. Bethge, Allgemeine Grundlagen, in: Bethge/von Coelln, Grundriss Verfassungsrecht, 4. Aufl. 2011, 111ff.

Hannah Ruschemeier

einigen Grundrechten, die als sogenannte „Deutschengrundrechte" für die Grundrechtsberechtigung die deutsche Staatsangehörigkeit im Sinne des Art. 116 GG voraussetzen. Erweitert wird das menschenrechtliche Prinzip durch Grundrechte, auf die sich auch juristische Personen berufen können, Art. 19 III GG.

---

i Weiterführendes Wissen

Die Grundrechtsberechtigung von Unionsbürger:innen ist im Grundgesetz selbst nicht geregelt. Die europäischen Grundfreiheiten und das Diskriminierungsverbot in Art. 18 AEUV auf unionsrechtlicher Ebene verbieten die Benachteiligung von Unionsbürger:innen gegenüber inländischen Personen. Aufgrund des Anwendungsvorrangs des Unionsrechts können sich Unionsbürger:innen im Ergebnis auch auf den Schutzgehalt der Deutschengrundrechte berufen.[8] Die dogmatische Herleitung der Anwendungserweiterung der Grundrechtsberechtigung ist umstritten (ausführlich zu natürlichen Personen § 2, zu juristischen Personen § 3).

Im deutschen Grundrechtsverständnis wird zwischen Freiheits- und Gleichheitsrechten unterschieden. Die meisten Grundrechte sind **Freiheitsrechte; Gleichheitsrechte** finden sich in Art. 3 I–III GG und Art. 6 V GG. Weitere Gleichheitssätze sind darüber hinaus in Art. 33 I–III und 38 I 1 GG niedergelegt. Die allgemeine Handlungsfreiheit in Art. 2 I GG wird auch als **allgemeines Freiheitsrecht**, die folgenden Grundrechte als **spezielle Freiheitsrechte** bezeichnet. Der verfassungsrechtliche Begriff der Freiheit ist mit dem Verständnis des Verfassungsstaates verbunden: Das Staatsverständnis des Grundgesetzes basiert auf einem System von Freiheitsgewährleistungen und Freiheitseinschränkungen, die durch die Grundrechtsordnung geregelt werden. Die umfassende Grundrechtsbindung des Staates durch Art. 1 III, 20 III GG und die Berechtigung der Grundrechtsträger:innen aus Art. 2 I GG ergibt, dass der verfassungsrechtliche Grundzustand die Freiheit als Abwesenheit von Zwang ist. Daraus folgt, dass die staatliche Verkürzung grundrechtlicher Freiheiten der verfassungsrechtliche „Ausnahmefall" und damit stets rechtfertigungsbedürftig ist.

---

i Weiterführendes Wissen

Die Grundrechtsgeltung zwischen Staat und Bürger:innen unterliegt keinen Ausnahmen; es gibt keine „grundrechtsfreien Bereiche". Dogmatisch nicht begründbar ist die historische Figur des besonderen Gewaltverhältnisses, die bereits begrifflich irreführend ist. Denn in einem Rechtsstaat kann es nur Rechtsverhältnisse und keine Gewaltverhältnisse geben. Die Grundrechte sollten früher in den besonderen „Gewaltverhältnissen", die sich durch eine enge Beziehung zwischen Staat

---

8 BVerfG, Beschl. v. 19.7.2001, Az.: 1 BvR 1916/09 = BVerfGE 129, 78 (94 f.).

Hannah Ruschemeier

und Bürger:innen auszeichneten (in den Bereichen Schule und Hochschule, bei Strafgefangenen, im Wehrdienst oder Beamtenverhältnis), nicht oder nur eingeschränkt gelten. Mit diesen heute als Sonderstatusverhältnissen bezeichneten Bereichen sind keine besonderen Rechtsfolgen mehr für die Grundrechtsdogmatik verbunden. Inwieweit die grundrechtliche Freiheit der einzelnen Person zugunsten der staatlichen Institution zurückstehen muss, ist deshalb stets eine Abwägungsfrage in der Grundrechtsprüfung selbst.[9]

Umgekehrt können **private Akteur:innen** schon deshalb nicht gleichzeitig grundrechtsberechtigt und grundrechtsverpflichtet sein, weil sich das Rechtfertigungserfordernis eines Grundrechtseingriffs und die Gewährleistung der allgemeinen Handlungsfreiheit gegenseitig ausschließen. Enumerative Ausnahmen davon sind Art. 1 I, 9 III und Art. 20 IV GG, die (bis auf Art. 1 I GG) in der grundrechtlichen Fallbearbeitung selten eine Rolle spielen. Der Staat selbst kann ebenfalls nicht gleichzeitig grundrechtsberechtigt und verpflichtet sein (Konfusionsargument).[10]

Examenswissen

Im Regelfall können sich juristische Personen des öffentlichen Rechts nicht auf Grundrechte berufen. Die Berufung auf die Eigentumsfreiheit hat das BVerfG bisher zum Beispiel stets verneint. Davon gibt es zwei Ausnahmen, die aber nicht verallgemeinerungsfähig auf weitere Fälle übertragen werden können. Die Prozessgrundrechte gelten universell auch für die öffentliche Hand, was sich bereits daraus ergibt, dass der Staat als Prozessbeteiligter weder einen Vor- noch einen Nachteil haben darf.[11] Die zweite Ausnahme betrifft den Bereich der mittelbaren Staatsverwaltung. Selbstverwaltung erfordert Staatsferne und damit einen staatsfreien Bereich. Innerhalb dieses, durch Gesetz übertragenen, umgrenzten sachlichen Aufgabenbereichs können sich Akteur:innen der grundrechtlich-funktionalen Selbstverwaltung auf das Grundrecht berufen, welches sie zu ihrer jeweiligen Selbstverwaltung als Freiheitsraum benötigen. Das heißt Universitäten können sich auf die Wissenschaftsfreiheit berufen, Art. 5 III GG, aber nicht auf die Rundfunkfreiheit aus Art. 5 I 2 GG; diese wiederum steht den Rundfunkanstalten zu.

Zwischen den Grundrechten des Grundgesetzes besteht **keine Rangordnung**; sie sind grundsätzlich gleichrangig. Dies gilt auch unabhängig davon, dass Grundrechte unterschiedlichen Anforderungen an ihre Einschränkbarkeit unterliegen.

---

9 Grundsatzentscheidung BVerfG, Beschl. v. 14.3.1972, Az.: 2 BvR 41/71 = BVerfGE 33, 1; siehe auch Ipsen, Kontrollfragen Verwaltungsrecht, abrufbar unter: https://www.ipsen-kf.jura.uni-osnabrueck.de/Kontrollfragen/Verwaltungsrecht/HTML-Seiten/57.html.
10 Vgl. Gärditz, Examinatorium Verfassungsrecht, 2018/19, abrufbar unter: https://www.jura.uni-bonn.de/fileadmin/Fachbereich_Rechtswissenschaft/Einrichtungen/Lehrstuehle/Gaerditz/Vorlesung/Grundrechte/Grundrechte-AP2.pdf.
11 Siehe zu den Prozessgrundrechten Hahn/Brade, § 26, in diesem Lehrbuch.

Hannah Ruschemeier

Diese Unterschiede werden erst im Rahmen der konkreten Grundrechtsprüfung auf der Ebene der Einschränkbarkeit relevant. Der Menschenwürde kommt im Verfassungstext eine herausgehobene Stellung zu, was sich systematisch bereits aus der einleitenden Platzierung zu Beginn des Grundrechtskatalogs und der Aufnahme in die Unabänderlichkeit verfassungsrechtlicher Grundsätze im Rahmen des Art. 79 III GG (sogenannte „Ewigkeitsklausel") ergibt.[12] Abgesehen von der Klassifikation der Menschenwürde gibt es innerhalb der Grundrechte keine Abstufung ihrer Geltung.

Neben den Grundrechten gibt es die **grundrechtsgleichen Rechte**. Die Kategorie der grundrechtsgleichen Rechte ist systematisch dadurch begründet, dass die grundrechtsgleichen Rechte außerhalb des Grundrechtsteils der Art. 1–19 GG statuiert sind. Prozessual stellt Art. 93 I Nr. 4a GG die grundrechtsgleichen Rechte mit den Grundrechten gleich.

Beispiel: Art. 38; Art. 33 I–III, 101, 103 und 104 GG.

Für die Fallbearbeitung einer Individualverfassungsbeschwerde ist die Unterscheidung zwischen Grundrechten und grundrechtsgleichen Rechten deshalb meist irrelevant. Die Differenzierung kann aber zum Beispiel für die Anwendung des Art. 19 III GG eine Rolle spielen. Die Bedeutung der Grundrechte geht über den individuellen Freiheits- und Gleichheitsschutz hinaus. Die Grundrechtslehre prägt die juristische Argumentation: Bereits aufgrund der Normenhierarchie darf einfaches Recht nicht gegen die Grundrechte verstoßen. Grundrechtliche Garantien sind durch die Exekutive, Legislative und Judikative zwingend zu beachten, auch wenn das BVerfG die Letztentscheidungskompetenz hat. Grundrechte kommen deshalb nicht erst in einem Verfahren vor dem BVerfG zur Geltung. Unvermeidbar ist aber die deutsche Grundrechtslehre durch die Rechtsprechung des BVerfG geprägt. Der Einfluss der Grundrechte geht aber über das deutsche Verfassungsrecht hinaus. Insbesondere der Grundsatz der Verhältnismäßigkeit wurde europaweit in unterschiedlichen Rechtsordnungen und der Rechtsprechung des EuGH rezipiert. Grundrechte spielen nicht nur in der Rechtsprechung eine Rolle, sie binden vollumfänglich jede staatliche Gewalt.

B. Grundrechtsfunktionen/Grundrechtsdimensionen

Die Begriffe der Grundrechtsfunktionen und Grundrechtsdimensionen werden zum Teil synonym verwendet. Unter Grundrechtsfunktionen werden hier die Bin-

---

12 Siehe zu der Menschenwürde Schröder, § 18.1, in diesem Lehrbuch.

dung des Staates und die inhaltliche Reichweite der Grundrechte verstanden, die sich wiederum in unterschiedlichen Grundrechtsdimensionen entfalten können. Für die Fallbearbeitung ist diese Ausdifferenzierung weniger relevant.

I. Bedeutung unterschiedlicher Grundrechtsfunktionen

Die Unterscheidung der Grundrechtsfunktionen ist entscheidend für die Rechtsfolgen der Grundrechte (Grundrechtswirkung). In allen Grundrechtsdimensionen kann unmittelbare Adressatin, also Grundrechtsverpflichtete, der Grundrechte nur die grundrechtsgebundene Staatsgewalt sein. Die subjektiv-rechtliche Dimension gewährt der einzelnen Person das Recht, vom Staat ein Tun oder Unterlassen zu verlangen. Die Gewährleistung der grundrechtlichen Freiheiten ist nicht davon abhängig, dass diese Rechte geltend gemacht werden: Auch wenn niemand Verfassungsbeschwerde erhebt, ist der Staat vollumfänglich an die Grundrechte gebunden; Art. 1 III, 20 III GG. Darüber hinaus werden den Grundrechten objektive Wertefunktionen zugeschrieben. Sie begrenzen damit in jeder Funktion den Handlungsspielraum des Staates.

Weiterführendes Wissen

Die Klassifizierung nach der Statuslehre von Georg Jellinek ist zeitlos aktuell. Danach sind die Grundrechte zuvörderst Abwehrrechte der Bürger:innen gegen den Staat (status negativus), Grundrechte garantieren Freiheit vom Staat. Sie können darüber hinaus auch Ansprüche gegen den Staat begründen (status positivus) in Gestalt der Leistungsrechte, diese gewährleisten Freiheit durch den Staat. Die Teilhabefunktion (status activus) ermöglicht Freiheitsausübung in und für den Staat, durch Teilnahme und Gestaltung. Die subjektive Grundrechtsdimension umfasst hingegen nur die Abwehrrechte. Die Statuslehre trifft deshalb keine Aussage über die subjektive oder objektive Dimension der Grundrechte, sondern beschreibt drei verschiedene Grundrechtsfunktionen.

Grundrechte sind Ausgestaltungs- und Auslegungsmaßstab für das einfache Recht. Bereits aufgrund der Normenhierarchie zwischen Verfassung und einfachem Recht darf eine Auslegung einfachrechtlicher Normen nicht gegen die Grundrechte verstoßen; die Abwehrfunktion gilt gegenüber jeglicher Staatsgewalt gleichermaßen. Denn Rechtsprechung, Verwaltung und Gesetzgebung sind umfassend über Art. 1 III, Art. 20 III GG an die Verfassung gebunden. Das einfache Recht muss deshalb im Rahmen der grundrechtlichen Vorgaben ausgestaltet werden.

Hannah Ruschemeier

Die Grundrechte können auf unterschiedliche Arten systematisiert werden. Vorliegend wird die sehr gebräuchliche Differenzierung zwischen der subjektiven und der objektiven Dimension der Grundrechte auch deshalb gewählt, um sie erklären zu können. Sie ist weder alternativlos noch abschließend. Vielmehr greifen verschiedene Funktionen und Dimensionen ergänzend ineinander.

1. Subjektive Dimension von Grundrechten

Grundrechte haben primär eine individualschützende Funktion, das heißt sie schützen die einzelne Person in ihrer individuellen Freiheitsausübung. Deshalb kann das Verständnis der grundrechtsausübenden Person die Auslegung des Schutzgehalts bis zu einer gewissen Grenze prägen.[13] Im Umkehrschluss verbürgen die Grundrechte keine kollektiven Rechtsgüter, das Grundgesetz kennt zum Beispiel kein Grundrecht auf Umweltschutz.[14]

Staatszielbestimmungen werden bisher als spezifische Kategorie von Verfassungsnormen verstanden, die zur Verfolgung eines bestimmten Ziels durch den Staat verpflichten, aber keine subjektiven Rechte für Bürger:innen enthalten.[15] Zu den Staatszielen gehören beispielsweise Art. 20a, 24 II, 26, 72 II GG. Staatsziele sind bei allen staatlichen Entscheidungen zu beachten. Sie nicht zu berücksichtigen, bedarf besonderer Begründung.[16] Mangels subjektiver Rechte sind sie nicht durch einzelne Personen einklagbar. Zudem stehen sie unter dem Vorbehalt des finanziell Realisierbaren. Eine Ausnahme von der klaren Trennung zwischen Staatszielen und Grundrechten ist das Sozialstaatsprinzip in Art. 20 I GG, welches zugleich als Staatsziel und Herleitung des Rechts auf ein menschenwürdiges Existenzminimum i. V. m. Art. 1 I GG herangezogen wird.[17] Davon zu unterscheiden sind die rechtspolitischen Diskussionen um Grundrechte auf Arbeit, auf Kultur und die Debatte um staatliche Schutzpflichten bei Kollektivgefahren wie der Klimakrise.[18]

13 Der offene Kunstbegriff, die Weltanschauung und Religion sind maßgeblich durch das Selbstverständnis der Grundrechtsträger:innen bestimmt, die Grenze ist eine rationale Plausibilitätskontrolle. Beispiel: BVerfG, Beschl. v. 19.10.1971, Az.: 1 BvR 387/65 = BVerfGE 32, 98 (107 ff.).
14 Siehe zu den Folgen des Klimabeschluss des Bundesverfassungsgerichts für die Grundrechte Senders, § 18.4, in diesem Lehrbuch.
15 Grundlegend: Sommermann, Staatsziele und Staatszielbestimmungen, Neuaufl. 2019, 326.
16 Zur Kultur als Staatsziel siehe Wissenschaftlicher Dienst des Deutschen Bundestages, 2020, abrufbar unter: https://www.bundestag.de/resource/blob/708994/ef08759545a07a838acb4d09 7b23ad85/WD-3-139-20-pdf-data.pdf.
17 BVerfG, Urt. v. 9.2.2010, Az.: 1 BvL 1/09 = BVerfGE 125, 175.
18 Siehe zu der Klimakrise Senders, § 18.4, in diesem Lehrbuch.

Hannah Ruschemeier

Der Regelfall der Grundrechte ist der Zustand der Freiheit: Grundrechtseingriffe sind seitens des Staates rechtfertigungsbedürftig. Die Einzelperson hingegen, die ihre Grundrechte ausübt, muss sich dafür nicht rechtfertigen und diese Freiheitsausübung auch nicht begründen. Daraus folgt der dreistufige Aufbau der Grundrechtsprüfung: Schutzbereich – Eingriff – Rechtfertigung. Die abwehrrechtliche Dimension führt dazu, dass Bürger:innen vom Staat verlangen können, nicht gerechtfertigte Grundrechtseingriffe zu unterlassen oder zu beseitigen. Diese Grundrechtsdimension spielt auch in der Klausurbearbeitung die wichtigste Rolle.

2. Objektive Dimension von Grundrechten

Die objektiv-rechtliche Grundrechtsdimension (oder: Grundrechtsgehalt, Grundrechtswirkung) umfasst allgemein solche Wirkungen der Grundrechte, welche die Gestaltung der Rechts- und Gesellschaftsordnung prägen.[19] Daraus ergibt sich allerdings kein tragfähiges Abgrenzungskriterium, da auch die subjektiv-rechtlichen Funktionen in ihrer Summe der individuellen Rechte der Grundrechtsträger:innen die Gestaltung der Rechts- und Gesellschaftsordnung prägen. Wichtiger als eine begriffliche Abgrenzung beider Definitionen ist das Verständnis der jeweiligen Gewährleistungsinhalte. Der Begriff der objektiven Grundrechtsfunktion bezeichnet letztlich nur die Dimensionen der Grundrechte, die über die Abwehrfunktion hinausgehen. Negativ formuliert sind objektive Grundrechtsfunktionen alle Funktionen, die nicht unter die Abwehrfunktion zu subsumieren sind.[20] Subjektive und objektive Grundrechtsdimensionen sind deshalb nicht als Gegensätze zu verstehen, sondern beeinflussen sich gegenseitig. Die vermeintliche Trennung beider Grundrechtsdimensionen hat meist keine Relevanz für die Grundrechtsprüfung und lässt sich vor allem durch ihre historische Entwicklung erklären.

Die objektiven Grundrechtsfunktionen umfassen nach dem klassischen Verständnis unter anderem folgende Konzepte: Leistungs- und Teilhaberechte, Schutzpflichten, die „objektive Werteordnung", die mittelbare Drittwirkung und Ausstrahlungswirkung der Grundrechte, Einrichtungsgarantien und Grundrechtsschutz durch Organisation und Verfahren.

a) Leistungs- und Teilhaberechte

Grundrechte sind als Leistungsrechte ausgestaltet, wenn sie Anspruchs-, Schutz-, Verfahrens- und Teilhaberechte beinhalten. Davon zu unterscheiden ist die Frage,

---

19 Vgl. Voßkuhle/Bumke, Casebook Verfassungsrecht, 8. Aufl. 2020, Rn. 53.
20 Manssen, Staatsrecht II, 18. Aufl. 2021, Rn. 57.

Hannah Ruschemeier

ob Grundrechte auch konkrete Leistungsansprüche festlegen, denn solche expliziten Anspruchspositionen finden sich im Grundgesetz nicht; eine Ausnahme ist zum Beispiel Art. 6 IV GG als konkreter Schutzanspruch.

Beispiel: Aus der Berufsfreiheit des Art. 12 GG folgt kein Anspruch darauf, einen Beruf auch tatsächlich ausüben zu können oder ein „Recht auf Arbeit" zu haben.

Originäre Teilhaberechte schaffen einen Anspruch auf Gewährung einer bestimmten Rechtsposition, um ein Grundrecht zu verwirklichen. Sind explizite Leistungsansprüche nicht vorhanden, müssen sie im Rahmen eines originären Teilhaberechts geschaffen werden. Dies führt zu weitreichenden Ansprüchen, die nur für vereinzelte Grundrechte anerkannt sind und stets unter dem Vorbehalt des Möglichen stehen. Dass Leistungsrechte nur im Ausnahmefall direkt aus den Grundrechten hergeleitet werden, begründet sich durch die Gewaltenteilung. Es ist primär Aufgabe des einfachen und demokratisch legitimierten Gesetzgebers, über die staatliche Verteilung von Ressourcen zu entscheiden.

Beispiel: Das BVerfG hat den Anspruch auf die Gewährleistung eines menschenwürdigen Existenzminimums durch den Staat aus Art. 1 I i.V.m. Art. 20 I GG und eine Leistungspflicht für Alternativmedizin bei lebensbedrohlicher Krankheit aus Art. 2 I i.V.m. Art. 20 I GG unter engen Voraussetzungen anerkannt.[21]

Gleichheitsrechte können ebenfalls eine Teilhabefunktion entfalten; als derivative Leistungsrechte kann aus Gleichheitsgesichtspunkten ein Anspruch auf Zugang zu bereits bestehenden Leistungen folgen. Derivative Teilhaberechte reichen nicht so weit wie originäre Teilhaberechte und gewähren keinen Anspruch auf Neuschaffung, sondern nur auf gleichmäßige Beteiligung an vorhandenen staatlichen Leistungen und Einrichtungen.

Beispiel: Aus der Berufsfreiheit des Art. 12 I GG i.V.m. Art. 3 I GG kann ein grundsätzlicher Anspruch von Abiturient:innen auf Zulassung zum Hochschulstudium folgen, der aber nur im Rahmen der tatsächlich zur Verfügung stehenden Studienplätze besteht.[22]

Die durch den status activus beschriebenen Mitwirkungsrechte gewähren die Mitbestimmung in einem demokratischen Staat. Grundrechtsträger:innen betätigen hier ihre Freiheit im und für den Staat. Diese Mitwirkungsrechte spielen bisher in der grundrechtlichen Klausurbearbeitung eine zu vernachlässigende Rolle.

---

21 BVerfG, Urt. v. 9.2.2010, Az.: 1 BvL 1/09 = BVerfGE 125, 175 (224 ff.); BVerfG, Beschl. v. 6.12.2005, Az.: 1 BvR 347/98 = BVerfGE 115, 25 (44 ff.).
22 BVerfG, Urt. v. 18.7.1972, 1 BvL 32/70 = BVerfGE 33, 303 (329 ff.) – Numerus clausus I.

Beispiel: Dazu gehören die grundrechtsgleichen Rechte des aktiven und passiven Wahlrechts, Art. 38 II GG, aber auch das Recht auf gleichen Zugang zu öffentlichen Ämtern, Art. 33 II GG.

b) Schutzpflichten

Das Konzept einer staatlichen Schutzpflicht fordert ein aktives, schützendes Tun des Staates und damit im Gegensatz zur abwehrrechtlichen Grundrechtsfunktion kein Unterlassen. Schutzpflichten sind Freiheitsgewährungen durch den Staat.[23] Expliziter Anknüpfungspunkt staatlicher Schutzpflichten im Grundgesetz ist Art. 1 I 2 GG, welcher die staatliche Gewalt verpflichtet, die Würde des Menschen nicht nur zu achten, sondern auch zu schützen. Art. 6 I GG normiert ebenfalls eine ausdrückliche Schutzpflicht. Eine staatliche Schutzpflicht für das menschliche Leben ist zudem als Ausfluss des Art. 2 II 1 GG anerkannt, welcher das Recht auf Leben und körperliche Unversehrtheit normiert.[24] Im Gegensatz zur abwehrrechtlichen Dimension der Grundrechte sind Schutzpflichten in Konstellationen relevant, in denen nicht die einzelne Person dem Staat gegenübersteht, sondern die Freiheitsbeeinträchtigung von **Dritten** ausgeht. Da die Grundrechte nicht direkt gegenüber privaten Dritten gelten, muss der Staat unter bestimmten Umständen das Grundrecht über die Schutzpflicht in einem Dreiecksverhältnis schützen.

Die Schutzpflichtenfunktion wird überwiegend der objektiv-rechtlichen Dimension von Grundrechten zugeordnet. Das erscheint verwirrend, da die Schutzpflichten wiederum Ansprüche des Einzelnen auf Tätigwerden des Staates begründen und somit zu den subjektiv-rechtlichen Grundrechtsfunktionen zu zählen scheinen. Definiert man die subjektiv-rechtlichen Funktionen als Zusammenfassung der Grundrechtswirkungen, die in erster Linie die Perspektive des Individuums als Abwehr gegen und Leistung vom Staat vereinen[25], ergibt sich daraus keine tragfähige Abgrenzung zu den Schutzpflichten, da auch diese ein individuelles Recht begründen können. Deshalb gibt es auch Stimmen, welche die Schutzpflichten im Bereich der Abwehrfunktion verorten.[26]

---

23 Siehe zu den Schutzpflichten Ruschemeier/Senders, § 8, in diesem Lehrbuch.
24 Als klassische Leitentscheidung zur staatlichen Schutzpflicht gilt immer noch das Urteil des Bundesverfassungsgerichts zum Schwangerschaftsabbruch I, BVerfG, Urt. v. 25.2.1975, Az.: 1 BvF 1,2,3,4,5 6/74 = BVerfGE 39, 1.
25 Vgl. Voßkuhle/Bumke, Casebook Verfassungsrecht, 8. Aufl. 2020, Rn. 53.
26 Differenziert: Poscher, Grundrechte als Abwehrrechte, 2019, 380 ff.

Hannah Ruschemeier

❗ Klausurtaktik

Für die Fallbearbeitung wird es in aller Regel nicht entscheidend sein, ob die Schutzpflichten der objektiven oder der subjektiven Grundrechtsfunktion zugeordnet werden. Wichtig ist es, einen widerspruchsfreien und vollständigen Prüfungsaufbau zu wählen. Der Schutzbereich der Schutzpflicht entspricht dem des betroffenen Grundrechts, welcher dadurch berührt wird, dass ein:e Dritte:r, der:die nicht grundrechtsgebunden ist, diesen Bereich beeinträchtigt. Der Prüfungspunkt des Eingriffs wird dann durch die Prüfung einer Gefährdungslage ersetzt. Statt der Verhältnismäßigkeit ist zu prüfen, ob der Staat seine Schutzpflicht im ausreichenden Maße erfüllt oder das Untermaßverbot verletzt.

Der Gegenstand einer Schutzpflicht ist der Freiheitsbereich, den die Grundrechte gewährleisten. Zu deren Verwirklichung reicht das Unterlassen eines staatlichen Eingriffs wie bei der Abwehrdimension aber nicht aus, da die unmittelbaren Grundrechtsgefährdungen von nicht-staatlicher Seite ausgehen und keinem grundrechtsverpflichteten Akteur zugerechnet werden können. Staatliche Schutzpflicht und klassischer Grundrechtseingriff schließen sich deshalb aus: Wenn die Freiheitsbeeinträchtigung dem Staat als Grundrechtseingriff zurechenbar ist, liegt keine Schutzpflichtenkonstellation vor.

Verpflichtet zum Schutz ist zunächst der Gesetzgeber, dem allerdings bei der Realisierung dieses Auftrags ein weiter **Gestaltungsspielraum** zusteht. Im Gegensatz zu einem konkreten Eingriff, der sich durch schlichtes Unterlassen vermeiden lässt, können Schutzziele auf unterschiedlichste Art und Weise erreicht werden. Deshalb sind Schutzpflichtenkonstellationen dogmatisch schwieriger zu lösen als Abwehrrechtskonstellationen, die sich in der Regel gegen klar identifizierbare staatliche Maßnahmen wenden, deren Unterlassung begehrt wird. Um das verfassungsrechtlich geforderte Schutzniveau zu erreichen, gibt es aber in den meisten Fällen mehrere Möglichkeiten. Der grundrechtliche Anspruch ist von vornerehein nicht so klar umrissen. Das erklärt die anhaltende Diskussion um die genauen Grenzen staatlicher Schutzpflichten im Verfassungsrecht. Das BVerfG hat sie nur in ganz wenigen Fällen „scharfgestellt". Mindestanforderung an staatliche Schutzpflichten sind, dass Vorkehrungen zum Grundrechtsschutz getroffen werden, die nicht gänzlich ungeeignet oder unzulänglich sind.[27] Wie bei einer „Ermessensreduzierung auf Null" im Verwaltungsrecht kann sich die Schutzpflicht nur unter besonderen Umständen so konkretisieren, dass nur eine bestimmte Maßnahme den Schutzauftrag erfüllen könnte.

Wann Maßnahmen ungeeignet oder unzulässig sind und welches Schutzminimum konkret erforderlich ist, ist umstritten und wird unter dem Stichwort

---

27 BVerfG, Beschl. v. 14.1.1981, Az.: 1 BvR 612/72 = BVerfGE 56, 54 (81) – Fluglärm, st. Rspr.

Hannah Ruschemeier

des **Untermaßverbotes** diskutiert. Eine Verletzung des Untermaßverbotes bedeutet, dass ein verfassungswidriger Zustand vorliegt, da das grundrechtlich geforderte Schutzniveau staatlicherseits nicht garantiert wird. Diese Grenze liegt allerdings regelmäßig sehr hoch, da sie erst bei vollkommen unzureichenden oder schlicht fehlenden Maßnahmen zum Schutz verletzt ist. In der Praxis besteht deshalb grundsätzlich kein gerichtlich durchsetzbarer Anspruch auf bestimmtes staatliches Handeln.

Beispiel: Es besteht keine Pflicht des Staates, gegen rein hypothetische Gesundheitsgefährdungen vorzugehen. Beispielsweise können die geltenden Grenzwerte zur Strahlung von Mobilfunkanlagen nur dann beanstandet werden, wenn erkennbar ist, dass sie die menschliche Gesundheit nur vollkommen unzureichend schützen. Dies ist erst dann anzunehmen, wenn die wissenschaftliche Erkenntnislage dazu evident ist.[28]

c) Objektive Werteordnung

Nach frühen Formulierungen des BVerfG im Lüth-Urteil ist das Grundgesetz eine objektive Werteordnung, in der eine „prinzipielle Verstärkung der Geltungskraft der Grundrechte zum Ausdruck kommt"[29].

Weiterführendes Wissen

Das Lüth-Urteil ist eine zentrale und vielrezipierte Entscheidung des BVerfG und gilt als Grundsatzurteil zur grundrechtlichen Dogmatik. Das Urteil behandelt die Aspekte der Grundrechte als „objektive Werteordnung", der Drittwirkung der Grundrechte und ihre Ausstrahlungs- und Wechselwirkung. Benannt ist es nach Erich Lüth. Lüth war Leiter der Pressestelle der Stadt Hamburg und hatte zum Boykott eines Films („Unsterbliche Geliebte") des Regisseurs Veit Harlan aufgerufen, der 1940 den antisemitischen, nationalsozialistischen Propagandafilm Jud Süß gedreht hatte. Lüth wurde durch das LG Hamburg zur Unterlassung verurteilt, das in dem Aufruf einen sittenwidrigen Boykott im Sinne des § 826 BGB erblickte. Das BVerfG ordnete Lüths Aufruf hingegen als zulässige Meinungsäußerung ein.

Die Bedeutung der objektiven Werteordnung beschreibt, dass Grundrechte als verfassungsrechtliche Grundentscheidung für alle Bereiche des Rechts gelten und den Staat zum Schutz und zur Förderung der tatsächlichen Verwirklichung der Grundrechte verpflichten, unabhängig von einer Betroffenheit einzelner Personen. Die Grundrechte erschöpfen sich danach nicht in ihrer subjektiven Dimen-

---

28 BVerfG, Beschl. v. 28.2.2002, Az.: 1 BvR 1676/01 = NJW 2002, 1638 ff.
29 BVerfG, Urt. v. 15.1.1958, Az.: 1 BvR 400/51 = BVerfGE 7, 198 (205) – Lüth.

Hannah Ruschemeier

sion und gelten nicht nur im konkreten Fall der Eingriffsabwehr. Daraus folgt zudem, dass sie in allen Rechtsbereichen gelten. Mittelbar folgt dies auch aus der Anwendung der Art. 1 III, 20 III, Art. 19 II GG und der Funktion von Grundrechten als Verfassungsnormen. Ihre Geltung muss bereits normenhierarchisch über dem einfachen Recht stehen, woraus im Umkehrschluss folgt, dass es einfachrechtlich keine grundrechtsfreien Bereiche geben kann. Die Interpretation als objektive Werteordnung geht aber darüber hinaus.

ℹ Weiterführendes Wissen

Die Kritik an der Figur der objektiven Werteordnung entzündet sich auch daran, dass dadurch das Grundgesetz nicht mehr als Rahmenordnung, sondern als rechtliche Grundordnung der gesamten Gesellschaft und des Gemeinwesens qualifiziert werden kann, woraus eine nicht begrenzbare Machtposition folgt. Der Streit um die Werteordnung ist auch ein Streit um Begrifflichkeiten. Die Formulierung des Wertesystems wird als irreführend und unbestimmt abgelehnt. Juristische Auslegung sei wertunabhängige Interpretation. Die Wertetheorie sei eine Einschränkung der Grundrechte, da sie eine Differenzierung zwischen wertekonformem und nicht-wertekonformem Freiheitsgebrauch ermögliche, was kein Kriterium des Grundrechtsschutzes sei.[30] Konrad Hesse hat die Formulierung der „objektiven Ordnung" der Grundrechte geprägt. Das Bundesverfassungsgericht habe sich danach auch im Lüth-Urteil allein auf die Werte bezogen, die sich durch juristische Auslegung der Grundrechte ermitteln lassen.[31] Damit schließt sich der Kreis zu den objektiven Grundrechtsgehalten: Nach dem verfassungsnormativen Werteverständnis sind objektive Werteordnung und objektive Grundrechtsgehalte deckungsgleich.

---

d) Mittelbare Drittwirkung und Ausstrahlungswirkung der Grundrechte

Mit der objektiven Werteordnung hängt auch die <u>mittelbare Drittwirkung</u> der Grundrechte zusammen.[32] Die mittelbare Drittwirkung der Grundrechte ist im Gegensatz zum Gehalt der objektiven Werteordnung eine normsystematische Begründung und keine inhaltlich-materielle. Die mittelbare Drittwirkung ist auch keine Ausnahme davon, dass Grundrechte nur gegenüber dem Staat und nicht gegenüber Privaten gelten. Eine solche Ausnahme regelt allein Art. 9 III 2 GG. Der Gesetzgeber, welcher einfachgesetzliche Normen erlässt, ist unabhängig davon, ob es sich dabei um privatrechtliche Normen handelt oder nicht, an die Grundrechte gebunden. In einem Privatrechtsverhältnis ist hingegen kein staatlicher Akteur involviert, weshalb die Grundrechte dort die Parteien nicht unmittelbar verpflichten. Sie wirken aber mittelbar über die Normen des Privatrechts, denn

---

30 Beispielsweis Böckenförde, NJW 1974, 1529 (1534).
31 Hesse, Grundzüge des Verfassungsrechts, 20. Aufl., Rn. 299.
32 Siehe zur mittelbaren Drittwirkung der Grundrechte Wienfort, § 9, in diesem Lehrbuch.

bei deren Erlass ist der grundrechtsgebundene Gesetzgeber tätig geworden. Da die Wirkung der Grundrechte nicht nach Erlass eines Gesetzes aufhört, sind sie auch bei der Anwendung und Auslegung des einfachen Rechts zu beachten. Die Anwendung und Auslegung des einfachen Rechts wiederum liegen bei der Rechtsprechung als grundrechtsgebundener Staatsgewalt. Die Grundrechte sind deshalb bei jeder gerichtlichen Anwendung zivilrechtlicher Normen durch staatliche Gerichte zwingend zu beachten, und zwar nicht nur in den Fällen unbestimmter Rechtsbegriffe oder bei zivilrechtlichen Generalklauseln, sondern in allen Fällen. Die als „Öffnungsklauseln" bezeichneten Interpretationsspielräume sind die Bereiche mit besonderer Praxisrelevanz der mittelbaren Drittwirkung von Grundrechten, aber keine Begrenzung.[33] Anderenfalls könnte der einfache Gesetzgeber durch eine bestimmte Regelungstechnik, den Verzicht auf „Öffnungsklauseln", die Grundrechtsgeltung einschränken. Die Drittwirkung ist deshalb mittelbar, weil sie die Parteien des Privatrechtsverhältnisses im Ergebnis betrifft, unmittelbar gebunden aber nur die staatliche Gewalt ist. Der Einfluss der Grundrechte auf die Auslegung des einfachen Rechts wird auch als **Ausstrahlungswirkung** bezeichnet. Ein Sonderfall ist die grundrechtskonforme Auslegung, bei der unter mehreren Auslegungsergebnissen dasjenige gewählt wird, welches eine grundrechtskonforme Anwendung der Rechtsnorm ermöglicht.[34]

e) Einrichtungsgarantien

Begriff und Verständnis der Einrichtungsgarantien sind historisch gewachsen: Sie entstammen der Weimarer Reichsverfassung, in der es keine Grundrechte, sondern nur Programmsätze gab[35], die in das Grundgesetz übernommen wurden. Einrichtungsgarantien sind keine grundrechtsspezifischen Ausprägungen, sondern verbürgen auch im staatsorganisationsrechtlichen Bereich einen Mindestumfang bestimmter Rechtsinstitute. Dieser verfassungsrechtlich gesicherte Umfang soll die jeweilige Einrichtungsgarantie vor Änderungen des einfachen Gesetzgebers schützen. Gängig ist die Differenzierung zwischen Institutsgarantien, den privatrechtlich ausgestalteten Instituten (Eigentum, Erbrecht und Ehe), und institutionellen Garantien (Berufsbeamtentum, kommunale Selbstverwaltungsgarantie), die öffentlich-rechtlichen Strukturen in einem Kernbestand verfassungsrechtlich absichern sollen. Die Einrichtungsgarantien sind deshalb begrifflich weiter als die

---

33 Manssen, Staatsrecht II, 18. Aufl. 2021, Rn. 127.
34 Vgl. Voßkuhle/Kaiser, JuS 2018, 411, 412.
35 Zum historischen Hintergrund und den wichtigen staatsorganisationsrechtlichen Problemen unter der Weimarer Reichsverfassung v. Lewinski, JuS 2009, 505–511.

Hannah Ruschemeier

Garantie des **Wesensgehalts**[36], Art. 19 II GG, der ebenfalls einen verfassungs-rechtlichen Kernbestand absichert, sich aber nur auf Grundrechte bezieht. Der Un-terschied zwischen Einrichtungsgarantien und Wesensgehalt liegt auch darin begründet, dass sich die Garantie des Wesensgehalts grundsätzlich auf alle Grundrechte erstreckt. Diskutiert wird, ob Art. 2 II 3 GG eine spezielle Ausnahme zu Art. 19 II GG ist, da je nach dogmatischem Verständnis des Wesensgehalts zum Beispiel ein tödlicher Rettungsschuss durch die Polizei sonst nie verfassungskon-form sein könnte. Einrichtungsgarantien können nur eine Funktion bei den Grundrechten haben, deren Schutzbereich einfachgesetzlich ausgestaltet ist: Ei-gentum und Erbrecht; Ehe und Familie. Einrichtungsgarantien sind damit auch ei-ne Verfestigung der Normenhierarchie: Der einfache Gesetzgeber kann nicht über den Gehalt der Grundrechte bestimmen. Ein einfachgesetzliches Verbot kann zum Beispiel eine Tätigkeit, die von der Berufsfreiheit umfasst ist, nicht ihrem grund-rechtlichen Schutz entziehen. Anders gesagt können einfache Gesetze keine grundrechtlichen Schutzbereiche definieren. Deshalb verbürgen auch die Einrich-tungsgarantien bei den einfachgesetzlich ausgestalteten Grundrechten im Schutz-bereich einen auf der Ebene des Grundgesetzes geschützten Kernbestand.[37]

f) Grundrechtsschutz durch Organisation und Verfahren

Die Realisierung freiheitlicher Schutzgehalte ist auf organisations- und verfah-rensrechtliche Vorkehrungen angewiesen: Vorkehrungen durch Verfahren und Verfahrenssicherungen verstärken den materiellen Grundrechtsschutz. Dazu ge-hören zum Beispiel Verfahrensrechte der Betroffenen[38], wie das Recht auf Darle-gung des eigenen Standpunktes bei nachteiligen staatlichen Entscheidungen. Nicht nur den Prozessgrundrechten, sondern auch den materiellen Grundrechten kommt eine verfahrensrechtliche Dimension zu. Grundrechtsschutz durch Ver-fahren[39] ist insbesondere dann relevant, wenn eine Ergebniskontrolle durch Grundrechtskonformität ausfällt, da das Grundrecht noch keine Prüfungsmaßstä-be für die staatliche Maßnahme bereithält oder eine zu späte Ergebniskontrolle zu irreversiblen Grundrechtsverletzungen führen kann. In beiden Fällen ist es erfor-derlich, den Grundrechtsschutz in den Prozess der Entscheidungsfindung vor-zuverlegen und nicht erst auf das Entscheidungsergebnis zu beziehen.

---

36 Dazu Milas, § 7, A II 3. in diesem Lehrbuch.
37 Zu dem Schutzbereich Ruschemeier, § 5, in diesem Lehrbuch.
38 Vgl. BVerfG, Urt. v. 22.2.1994, Az.: 1 BvL 30/88 = BVerfGE 90, 60 (96).
39 BVerfG, Beschl. v. 20.12.1979, Az.: 1 BvR 385/77 = BVerfGE 53, 30 (65).

Beispiel: Das Asylrecht aus Art. 16a GG ist ein stark verfahrensabhängiges Grundrecht (Abschiebungsfälle).

II. Grundrechtsfunktionen und Fallbearbeitung

In der Klausurkonstellation einer Individualverfassungsbeschwerde, die sich rein abwehrrechtlich gegen einen klassischen Grundrechtseingriff richtet, sind Ausführungen zu den weiteren Grundrechtsfunktionen ohne Fallbezug und damit nicht nur überflüssig, sondern schädlich. Relevant für die Fallbearbeitung sind neben der abwehrrechtlichen Dimension vor allem die Schutzpflichten. Hier muss in Zulässigkeit und Begründetheit ausgeführt werden, woraus sich die Schutzpflicht begründet und ihr Prüfungsmaßstab genau benannt werden.

Zusammenfassung
- Grundrechte gewähren in erster Linie Menschenrechts- und Minderheitenschutz, sie prägen die gesamte Rechtsordnung.
- Neben ihrer abwehrrechtlichen Funktion gegen nicht gerechtfertigte Eingriffe des grundrechtsverpflichteten Staates können sie Leistung und Teilhabe garantieren.
- Gegenüber Privaten entfalten Grundrechte eine mittelbare Drittwirkung.
- Grundrechte sind zudem die Grundlage von staatlichen Schutzpflichten, Einrichtungsgarantien und organisationsrechtlichen Aspekten.

Weiterführende Studienliteratur
- Andreas Voßkuhle/Anna-Bettina Kaiser, Grundwissen Öffentliches Recht: Funktionen der Grundrechte, JuS 2011, S. 411–413
- Fabian Michl, Die Bedeutung der Grundrechte im Privatrecht, Jura 2017, S. 1062–1076
- Kurzskript Grundrechtsfunktionen von Christine Langenfeld, abrufbar unter: https://www.uni-goettingen.de/de/document/download/f8b38a2770faef6c67b59e505db22 3d3.pdf/Antworten%20zu%20den%20Funktionen%20der%20Grundrechte.pdf

Hannah Ruschemeier

§ 2 Grundrechtsberechtigung Allgemein

Notwendiges Vorwissen: Keins

Lernziel: Grundrechtsberechtigung natürlicher Personen mit ihren Einschränkungen verstehen und in der Klausur richtig einordnen

---

Für dieses Kapitel gibt es frei zugängliche interaktive Übungen. Halte einfach deine Smartphone-Kamera vor den Kasten mit den Punkten (QR-Code).

Die Begriffe der Grundrechtsfähigkeit und Grundrechtsberechtigung werden häufig in austauschbarer Weise verwendet. Eine Differenzierung zwischen (abstrakter) Grundrechtsfähigkeit und (konkreter) Grundrechtsberechtigung lässt sich jedoch wie folgt treffen: Grundrechtsfähigkeit bezeichnet die Eigenschaft, überhaupt Träger:in von Grundrechten sein zu können. Natürliche Personen haben diese Eigenschaft und sie sind damit grundsätzlich Grundrechtsträger:innen. Entsprechend der Menschenwürdegarantie des Art. 1 I GG folgt die **Grundrechtsfähigkeit** bereits aus dem Menschsein und der daraus folgenden Subjektsqualität natürlicher Personen. Im **konkreten Fall grundrechtsberechtigt** ist eine Person jedoch nur dann, wenn das Grundrecht keine Einschränkungen – insbesondere auf Deutsche – vornimmt und nicht sonstige Ausnahmekonstellationen gegeben sind, aufgrund derer sich die natürliche Person nicht auf das in Betracht kommende Grundrecht berufen kann. In der Regel fallen Grundrechtsfähigkeit und Grundrechtsberechtigung also zusammen. In Ausnahmefällen kann eine Person zwar abstrakt grundrechtsfähig, im konkreten Fall jedoch nicht grundrechtsberechtigt sein, wenn sie sich beispielsweise als Ausländer:in nicht auf das in Betracht kommende Grundrecht berufen kann oder wenn durch das BVerfG eine Grundrechtsverwirkung gemäß Art. 18 GG ausgesprochen wurde.

! Klausurtaktik

Ist in der Klausur ein Gutachten über die Erfolgsaussichten einer Verfassungsbeschwerde anzufertigen, so wird die Grundrechtsfähigkeit bereits in der Zulässigkeit bei dem Prüfungspunkt Beschwerdefähigkeit gemäß § 90 I BVerfGG relevant.[1] In der Begründetheitsprüfung ist die

---

1 Siehe zur Verfassungsbeschwerde Linke, § 10, in diesem Lehrbuch.

https://doi.org/10.1515/9783110765533-002

Grundrechtsfähigkeit Teil der Prüfung der Eröffnung des persönlichen Schutzbereichs.[2] Siehe hierzu den Fall 6 zur Versammlungsfreiheit im OpenRewi Grundrechte Fallbuch.

A. Jedermannsgrundrechte und Deutschengrundrechte

Die Grundrechte lassen sich je nach Grundrechtsberechtigung unterteilen: einerseits in sogenannte „Jedermannsgrundrechte", die allen Menschen zukommen, und andererseits in sogenannte „Deutschengrundrechte", die nur deutschen Staatsangehörigen gewährt werden.

Weiterführendes Wissen zu Menschenrechten und Bürgerrechten

Die Unterscheidung zwischen Jedermannsgrundrechten und Deutschengrundrechten liegt begründet in der Aufteilung der Grundrechte in Menschenrechte auf der einen Seite und Bürgerrechte auf der anderen Seite. Auch die Deutschenrechte oder Bürgerrechte, die der Staat nur seinen eigenen Staatsangehörigen garantiert, sind in der Menschenrechtsidee verwurzelt. Historische Dokumente wie die französische Erklärung der Menschen- und Bürgerrechte und internationale Dokumente wie die Allgemeine Erklärung der Menschenrechte unterscheiden nicht zwischen zwei Kategorien, sondern verstehen auch die Rechte, die im Grundgesetz als Deutschengrundrechte ausgestaltet sind, als Menschenrechte. Allerdings kommt bei den sogenannten Bürgerrechten noch hinzu, dass sie stärker mit der Nationalstaatsidee verknüpft sind. Hiernach wird betont, dass der Staat gegenüber seinen eigenen Staatsangehörigen besondere Pflichten hat und hieraus zumindest teilweise seine Legitimation schöpft.[3]

I. Jedermannsgrundrechte

Zu den Jedermannsgrundrechten zählen die Menschenwürde (Art. 1 I GG), die allgemeine Handlungsfreiheit (Art. 2 I GG), das allgemeine Persönlichkeitsrecht (Art. 2 I in Verbindung mit 1 I GG), das Recht auf Leben und körperliche Unversehrtheit (Art. 2 II 1 GG), die Freiheit der Person (Art. 2 II 2, 104 GG), der allgemeine Gleichheitssatz (Art. 3 I GG), der Gleichberechtigungsauftrag (Art. 3 II GG), die besonderen Diskriminierungsverbote (Art. 3 III GG), die Religionsfreiheit (Art. 4 GG), die Meinungsfreiheit und die Informationsfreiheit (Art. 5 I 1 GG), die Pressefreiheit (Art. 5 I 2 GG), die Kunst- und Wissenschaftsfreiheit (Art. 5 III 1 GG),

---

2 Siehe zur Prüfung von Schutzbereich und Eingriff bei Freiheitsgrundrechten Ruschemeier, § 5, in diesem Lehrbuch.
3 Siehr, Die Deutschenrechte des Grundgesetzes, 2001, 7.

Sué González Hauck

der Schutz von Ehe und Familie (Art. 6 GG), die Koalitionsfreiheit (Art. 9 III 1 GG), die Vertraulichkeit der Kommunikation (Art. 10 GG), die Unverletzlichkeit der Wohnung (Art. 13 GG), die Eigentumsfreiheit (Art. 14 GG) und die Rechtsweggarantie (Art. 19 IV 1 GG).

Allen Menschen in Deutschland stehen ebenfalls die grundrechtsgleichen Verfahrensrechte vor Gericht zu (Recht auf die gesetzliche Richter:in – Art. 101 GG, rechtliches Gehör – Art. 103 I GG, keine Strafe ohne Gesetz – Art. 103 II GG, Verbot der Doppelbestrafung – Art. 103 III).

II. Deutschengrundrechte

Nur Deutsche im Sinne des Art. 116 GG können sich dagegen auf die Versammlungsfreiheit (Art. 8 I GG), die Vereinigungsfreiheit (Art. 9 I GG), das Recht auf Freizügigkeit (Art. 11 I GG) und die Berufsfreiheit (Art. 12 GG) berufen.

Deutschengrundrechte sind auch die grundrechtsgleichen Rechte, die als Mitwirkungsrechte eine **spezielle staatsbürgerliche Komponente** haben.[4] Darunter fallen das Wahlrecht (Art. 38 I GG), die staatsbürgerlichen Gleichheitsrechte (Art. 33 GG) und das Widerstandsrecht (Art. 20 IV GG).

Ausländer:innen können sich in den durch Deutschengrundrechte geregelten Bereichen auf die allgemeine Handlungsfreiheit gemäß Art. 2 I GG berufen. Art. 2 I GG tritt in diesen Fällen nicht im Wege der Subsidiarität zurück.[5]

III. Deutschengrundrechte und EU-Ausländer:innen

Problematisch ist das Institut der Deutschengrundrechte insbesondere bei Unionsbürger:innen. Das in **Art. 18 AEUV** enthaltene **Diskriminierungsverbot** verlangt, dass Unionsbürger:innen aus anderen Mitgliedstaaten nicht schlechter gestellt werden als deutsche Staatsbürger:innen. Daraus ergibt sich ein potenzieller Konflikt zwischen dem Grundgesetz und dem Unionsrecht. Das Grundgesetz unterscheidet seinem Wortlaut nach bei den Deutschengrundrechten pauschal zwischen Deutschen und Nicht-Deutschen, während Art. 18 AEUV verlangt, dass Unionsbürger:innen gegenüber deutschen Staatsbürger:innen gleichgestellt werden. Aufgrund des **Anwendungsvorrangs** des Unionsrechts wäre ein solcher

---

4 Siehe zu den Grundrechtsfunktionen Ruschemeier, § 1, in diesem Lehrbuch.
5 BVerfG, Urt. v. 15.1.2002, Az.: 1 BvR 1783/99, Rn. 31.; andere Ansicht Depenheuer, Art. 8 GG, in: Dürig/Herzog/Scholz, GG, 95. EL Juli 2021, Rn. 109; siehe zu den Grundrechtskonkurrenzen Brade, § 12, in diesem Lehrbuch.

Konflikt zugunsten des Unionsrechts zu lösen. Die Folge: Die inkompatible Verfassungsnorm müsste unangewendet bleiben.[6]

Im Hinblick auf juristische Personen mit Sitz im europäischen Ausland hat das BVerfG festgestellt, dass sich diese aufgrund des europarechtlichen Diskriminierungsverbots auch auf Deutschengrundrechte berufen können.[7] Für natürliche Personen fehlt es bislang an einer verfassungsgerichtlichen Klärung. Nach nahezu einhelliger Auffassung ist ein **äquivalenter Grundrechtsschutz für EU-Bürger:innen** herzustellen. Ungeklärt ist, ob dies über eine Erweiterung des Anwendungsbereichs der Deutschengrundrechte oder mittels eines gleichwertigen Schutzes über Art. 2 I GG zu erreichen ist.

Nach einer Auffassung sind die Deutschengrundrechte so zu lesen als stünde dort nicht „Deutsche" sondern **„Deutsche und Unionsbürger:innen"**. Auf den ersten Blick scheint dieser Auslegung der Wortlaut der Norm entgegenzustehen. Auch bei der europarechtskonformen Auslegung ist die Wortlautgrenze zu beachten, wenn sie nicht mittels anderer Auslegungsmethoden in nachvollziehbarer Weise überwunden werden kann. Zum einen ist dabei zu beachten, dass die Definition der „Deutschen" in Art. 116 I GG unter dem Vorbehalt „anderweitiger gesetzlicher Regelung" steht. Dementsprechend ließen sich die Zustimmungsgesetze zu den Europäischen Verträgen als anderweitige gesetzliche Regelungen verstehen, die es erlauben, die Definition der „Deutschen" im Sinne der Deutschengrundrechte auf Unionsbürger:innen zu erweitern. Diesem Argument lässt sich wiederum entgegenhalten, dass der Vorbehalt der anderweitigen gesetzlichen Regelung überwiegend so ausgelegt wird, dass er sich nur auf sogenannte „Statusdeutsche" bezieht – obwohl der Wortlaut, der den Vorbehalt der allgemeinen Definition voranstellt, hier anderes suggeriert. Schwerer noch wiegt als Gegenargument, dass der in Art. 116 I GG enthaltene Vorbehalt die Definition eines verfassungsrechtlichen Begriffs seinem Sinn und Zweck nach nicht gänzlich zur Disposition der Gesetzgebung gestellt haben könne, sodass eine anderweitige gesetzliche Regelung die Definition der „Deutschen" nur in engen Grenzen zulasse.[8]

Eine andere Möglichkeit, zu einem europarechtskonformen Ergebnis zu gelangen, besteht darin, nicht die Artikel 8, 9, 11 und 12 GG europarechtskonform auszulegen, sondern den **Art. 2 I GG**. Danach sollen sich Unionsbürger:innen wie andere Ausländer:innen auch im Bereich der Deutschengrundrechte auf die allgemeine Handlungsfreiheit aus Art. 2 I GG berufen können. Jedoch sollen die Grundrechte bei der Anwendung auf Unionsbürger:innen nicht so weit einge-

---

6 Vgl. EuGH, Urt. v. 15.7.1964, Az.: C-6/64 = Slg. 1964, 1235 (1270) – Costa v. E.N.E.L.; BVerfG, Beschl. v. 6.7.2010, Az.: 2 BvR 2661/06 = BVerfGE 126, 286 – Honeywell.
7 Siehe zur Grundrechtsberechtigung juristischer Personen Ramson, § 3, in diesem Lehrbuch.
8 Zum Ganzen: Lücke, EuR 2001, 112 (112–114 m.w.N.).

Sué González Hauck

schränkt werden können wie das die sehr weite „Schrankentrias" des Art. 2 I GG zulässt. Vielmehr werden die engeren Einschränkungsmöglichkeiten des speziellen Grundrechts in den Art. 2 I GG hineingelesen.[9]

Auch diese Ansicht muss sich damit über den Wortlaut des Art. 2 I GG hinwegsetzen, weswegen teilweise von einer europarechtskonformen Rechtsfortbildung statt von einer europarechtskonformen Auslegung die Rede ist.[10] Stützen lässt sich eine solche Rechtsfortbildung auf Art. 23 I 3 GG, der ausdrücklich vorsieht, dass das Grundgesetz durch europarechtliche Normen in den Grenzen des Art. 79 II, III GG geändert werden kann.

❗ Klausurtaktik

In dem Übungsfall 6 zur Versammlungsfreiheit aus dem OpenRewi Grundrechte Fallbuch findet sich ein Beispiel dafür, wie der Streit in der Klausur aufbereitet werden kann.[11]

B. Grundrechtsmündigkeit

Wie eingangs erwähnt, ist die Grundrechtsfähigkeit an keinerlei Voraussetzungen geknüpft, die über die bloße menschliche Subjektsqualität hinausgehen. Auch Minderjährige sind daher stets und uneingeschränkt grundrechtsfähig und grundrechtsberechtigt. Die unter dem Stichwort der „Grundrechtsmündigkeit" diskutierte **Fähigkeit, eigene Grundrechte geltend zu machen**, ist keine Frage der materiellen Grundrechtsberechtigung, sondern sie betrifft allein prozessuale Fragen. Erheben Minderjährige Verfassungsbeschwerde, so stellt sich die Frage der Prozessfähigkeit, die Frage also, ob die minderjährige Person die Fähigkeit besitzt, prozessuale Handlungen wirksam vorzunehmen.[12] Das Bundesverfassungsgerichtsgesetz enthält keine Regeln über die Prozessfähigkeit. Es können auch nicht pauschal die Vorschriften über die Prozessfähigkeit aus anderen Prozessordnungen angewendet werden. Vielmehr richtet sich im Rahmen der Verfas-

---

9 Bauer/Kahl, JZ 1995, 1077; Nettesheim, AöR 199 (1994), 261.

10 Lücke, EuR 2001, 112 (116 ff.).

11 Siehe für einen Übungsfall zur Versammlungsfreiheit González Hauck, Fall 6, im OpenRewi Fallbuch.

12 Siehe zur Zulässigkeitsprüfung einer Verfassungsbeschwerde Linke, § 10, in diesem Lehrbuch.

Sué González Hauck

sungsbeschwerde die Fähigkeit, die erforderlichen Prozesshandlungen vorzunehmen, nach der Ausgestaltung der in Anspruch genommenen Grundrechte.[13]

C. Pränataler und postmortaler Grundrechtsschutz

Die Rechtssubjektivität oder Rechtsfähigkeit eines Menschen und damit auch die Fähigkeit, Träger:in subjektiver Grundrechte zu sein, beginnt mit der Geburt (genauer: mit dem Einsetzen der Eröffnungswehen) und endet mit dem Hirntod. Auch vor der Geburt und nach dem Tod wirken jedoch besonders gewichtige Grundrechte in Form staatlicher Schutzpflichten.[14]

I. Pränataler Grundrechtsschutz

Nach herrschender Ansicht sind auch Embryonen und Föten grundrechtlich geschützt. Relevant ist hier insbesondere die Menschenwürde gemäß Art. 1 I GG und das Recht auf Leben gemäß Art. 2 II 1 GG, das nach der Rechtsprechung des BVerfG auch vor der Geburt besteht.

Weiterführendes Wissen   ⓘ

Bei der Auslegung des Art. 2 II 1 GG im Hinblick auf pränatalen Grundrechtsschutz setzt sich das BVerfG explizit über den Wortlaut hinweg und stellt vor allem auf den Sinn und Zweck ab. Der Zweck, das menschliche Leben gegenüber staatlichen Übergriffen zu schützen, werde jedenfalls in Teilen verfehlt, wenn diese Sicherung der menschlichen Existenz nicht auch „die Vorstufe des ‚fertigen Lebens', das ungeborene Leben" umfasste.[15] Dieses teleologische Argument wiegt nach Auffassung des BVerfG schwerer als das Wortlautargument, das auf den allgemeinen umgangssprachlichen und juristischen Sprachgebrauch abstellt, in dem „jeder" in der Regel eine menschliche Person ist, die bereits geboren ist.[16] Die sich aus Art. 2 II 1 GG ergebende Pflicht, das Leben des Embryos oder Fötus zu schützen, gilt nach der Rechtsprechung auch gegenüber der schwangeren Person[17] und muss mit deren Recht auf Selbstbestimmung aus Art. 2 I in Verbindung mit

---

13 BVerfG, Beschl. v. 26.5.1970, Az.: 1 BvR 83, 244 und 345/68, Rn. 53 = BVerfGE 28, 243 – Dienstpflichtverweigerung.
14 Siehe zu den Grundrechtsfunktionen Ruschemeier, § 1, in diesem Lehrbuch.
15 BVerfG, Urt. v. 25.2.1975, Az.: 1 BvF 1, 2, 3, 4, 5, 6/74, Rn. 134 = BVerfGE 39, 1 – Schwangerschaftsabbruch I.
16 BVerfG, Urt. v. 25.2.1975, Az.: 1 BvF 1, 2, 3, 4, 5, 6/74, Rn. 134 = BVerfGE 39, 1 – Schwangerschaftsabbruch I.
17 Das BVerfG bezeichnet schwangere Personen in den Entscheidungen zum Schwangerschaftsabbruch überwiegend als „Mutter". Diese Terminologie wird hier bewusst nicht übernommen.

Sué González Hauck

Art. 1 I GG abgewogen werden.[18] Obwohl das BVerfG davon ausgeht, dass die Schwangerschaft in die Intimsphäre der schwangeren Person gehört, in die die Gesetzgebung grundsätzlich nicht eingreifen kann, kommt es in seiner ersten Entscheidung zum Schwangerschaftsabbruch zu dem Ergebnis, dass ein schonender Ausgleich zwischen den betroffenen Grundrechten nur durch eine Entscheidung zugunsten des Lebensschutzes für den Embryo oder Fötus geschaffen werden kann.[19] In der zweiten Entscheidung zum Schwangerschaftsabbruch konkretisiert das BVerfG, dass der Schutz des Ungeborenen nur möglich sei, indem man der schwangeren Person grundsätzlich den Schwangerschaftsabbruch verbiete.[20] Gleichzeitig erkannte das Gericht jedoch an, dass die Grundrechte der schwangeren Person es ebenfalls gebieten, Ausnahmen von der Rechtspflicht zum Austragen des Fötus zu schaffen.[21]

II. Postmortaler Grundrechtsschutz

In der berühmten **Mephisto-Entscheidung** hat das BVerfG erstmals klargestellt, dass die Grundrechte auch über den Tod der Grundrechtsträger:in hinaus ihre Wirkung entfalten können. Es wäre mit dem Gebot der Unverletzlichkeit der Menschenwürde unvereinbar, wenn der Mensch, dem Würde kraft seines Personseins zusteht, in seinem **Achtungsanspruch nach dem Tod** erniedrigt oder herabgewürdigt werden dürfte. Dementsprechend endet die in Art. 1 I GG aller staatlichen Gewalt auferlegte Verpflichtung, den Einzelnen vor Angriffen auf seine Menschenwürde zu schützen, nicht mit dem Tod.[22]

Dabei betonte das BVerfG jedoch auch, dass mit dem Tod das subjektive Recht des Grundrechtsträgers erlischt. Schließlich besteht **kein Rechtssubjekt mehr**, das Träger eines Grundrechts (insbesondere der allgemeinen Handlungs-

---

Zum einen wird der Sprachgebrauch, in dem bereits in frühen Stadien einer Schwangerschaft von „Mutter" und „Kind" statt von „schwangerer Person" und „Embryo/Fötus" die Rede ist, dazu verwendet, emotionalen Druck auf Personen auszuüben, die einen Schwangerschaftsabbruch in Betracht ziehen. Zum anderen ist nach dem hier vertretenen Verständnis Mutterschaft eine soziale Rolle, die bewusst übernommen wird und nicht von außen zugeschrieben werden kann. In der feministischen Literatur zum Thema Schwangerschaftsabbruch wird in der Regel erst nach der Geburt von „Mutter" und „Kind" gesprochen, vgl. Achtelik, Selbstbestimmte Norm, 2015, 10.

18 BVerfG, Urt. v. 25.2.1975, Az.: 1 BvF 1, 2, 3, 4, 5, 6/74, Rn. 150 = BVerfGE 39, 1 – Schwangerschaftsabbruch I.

19 BVerfG, Urt. v. 25.2.1975, Az.: 1 BvF 1, 2, 3, 4, 5, 6/74, Rn. 151 = BVerfGE 39, 1 – Schwangerschaftsabbruch I.

20 BVerfG, Urt. v. 28.5.1993, Az.: 2 BvF 2/90 und 4, 5/92, Rn. 154 = BVerfGE 88, 203 – Schwangerschaftsabbruch II.

21 BVerfG, Urt. v. 28.5.1993, Az.: 2 BvF 2/90 und 4, 5/92, Rn. 164 = BVerfGE 88, 203 – Schwangerschaftsabbruch II.

22 BVerfG, Beschl. v. 24.2.1971, Az.: 1 BvR 435/68, Rn. 60 = BVerfGE 30, 173 – Mephisto.

Sué González Hauck

freiheit) sein könnte.[23] Die Fortwirkung der in allen Grundrechten als Kern enthaltenen Menschenwürdegarantie – insbesondere in Form des sogenannten postmortalen Persönlichkeitsschutzes – besteht also in einer objektiv-rechtlich wirkenden Schutzpflicht des Staates, nicht in einem subjektiven Recht des:der Einzelnen.

D. Grundrechtsverwirkung

Als Ausfluss des Prinzips der **wehrhaften Demokratie** sieht Art. 18 GG eine Verwirkung von Grundrechten vor. Diese Norm ist vor dem Hintergrund der Erfahrungen in der Weimarer Republik zu sehen: Anders als die Weimarer Reichsverfassung soll das Grundgesetz es nicht zulassen, die darin garantierten Freiheiten gezielt einzusetzen, um die freiheitlich-demokratische Grundordnung zu untergraben. Art. 18 S. 1 GG zählt die Grundrechte auf, die von der Verwirkung betroffen sein können, und nennt zugleich die materiellen Voraussetzungen der Verwirkung. Art. 18 S. 2 GG legt fest, dass allein das BVerfG die Kompetenz hat, die Grundrechtsverwirkung und deren Ausmaß auszusprechen. Die Grundrechtsverwirkung tritt somit nicht automatisch ein und sie kann auch nicht durch die Instanzgerichte ausgesprochen werden.

E. Grundrechtsverzicht

Aus der Unveräußerlichkeit der Menschenrechte, wie sie in Art. 1 II GG bekräftigt wird, ergibt sich, dass niemand auf seine Grundrechte in der Weise verzichten kann, dass die Grundrechte insgesamt oder einzelne Grundrechte allgemein **veräußert** werden.[24] Grundsätzlich besteht jedoch die Möglichkeit, dass der:die Grundrechtsträger:in in einen Grundrechtseingriff im Einzelfall einwilligt. Ist diese Einwilligung wirksam, so liegt kein staatlicher Eingriff mehr vor.[25]

---

23 BVerfG, Beschl. v. 24.2.1971, Az.: 1 BvR 435/68, Rn. 60 = BVerfGE 30, 173 – Mephisto.
24 Hillgruber, in: BeckOK GG, 46. Ed. 15.2.2021, Art. 1 Rn. 74.
25 BVerfG, Beschl. v. 25.3.1992, Az.: 1 BvR 1430/88, Rn. 51 = BVerfGE 85, 386.

Sué González Hauck

⚠ **Klausurtaktik**

Ein möglicher Grundrechtsverzicht ist in der Klausur daher im Prüfungspunkt „Eingriff" anzusprechen.[26]

Insbesondere die Grundrechte aus Art. 2 I in Verbindung mit 1 I, Art. 10, Art. 13 und Art. 14 GG schützen die in den jeweiligen Grundrechten enthaltenen Rechtspositionen nur vor einem Eingriff gegen den Willen der grundrechtsberechtigten Person.[27] Die Reichweite der **Einwilligung** und des damit einhergehenden punktuellen Grundrechtsverzichts ist durch Auslegung zu ermitteln. Wirksam ist die Einwilligung nur, wenn die grundrechtsberechtigte Person sich nicht in einer Zwangslage befindet und wenn sie die Tragweite der Einwilligung zu überblicken vermag.[28] Andere Grundrechte, insbesondere das Recht auf Leben und die Menschenwürde, sind dagegen selbst im Einzelfall für den:die Grundrechtsträger:in nicht disponibel, sodass ein Grundrechtsverzicht nicht in Frage kommt.

F. Grundrechtsschutz in Sonderstatusverhältnissen

Nach der mittlerweile überholten **Lehre vom besonderen Gewaltverhältnis** sollten für Personen, die in besonderer Abhängigkeit zum Staat stehen, die Grundrechte nur eingeschränkt gelten. Insbesondere sollte in diesen Bereichen der Vorbehalt des Gesetzes nicht gelten.

In der **Strafgefangenen-Entscheidung** hat das BVerfG der Lehre vom besonderen Gewaltverhältnis jedoch eine klare Absage erteilt. Der in der Art. 1 III GG angeordneten „umfassenden Bindung der staatlichen Gewalt an die Grundrechte widerspräche es, wenn im Strafvollzug die Grundrechte beliebig oder nach Ermessen eingeschränkt werden könnten".[29]

Um die Abkehr von der Lehre vom besonderen Gewaltverhältnis auch begrifflich deutlich zu machen, werden besondere Näheverhältnisse zum Staat nunmehr als **Sonderstatusverhältnisse** bezeichnet. Neben Strafgefangenen befinden sich auch Schüler:innen (Art. 7 GG), Soldat:innen (Art. 12a, 17a GG), Beamt:innen und Richter:innen (Art. 33 V GG) in einem solchen Sonderstatusverhältnis.

---

26 Siehe zur Struktur der Prüfung von Freiheitsgrundrechten Milas/Ruschemeier, Einleitung vor § 5, in diesem Lehrbuch.
27 Hillgruber, in: BeckOK GG, 46. Ed. 15.2.2021, Art. 1 Rn. 75.
28 Di Fabio, in: Dürig/Herzog/Scholz, GG, 95. EL Juli 2021, Art. 2 Abs. 1 Rn. 229.
29 BVerfG, Beschl. v. 14.3.1972, Az.: 2 BvR 41/71, Rn. 18 = BVerfGE 33, 1 – Strafgefangene.

Klausurtaktik

In der Klausur ist in Fällen, in denen es um die Grundrechte von Strafgefangenen, Soldat:innen, Beamt:innen, Richter:innen oder Schüler:innen geht, im Rahmen der Schutzbereichsprüfung in einem Satz anzusprechen, dass möglicherweise die Grundrechte dadurch eingeschränkt sein könnten, dass sich die Person in einem sogenannten besonderen Gewaltverhältnis befindet. Direkt im zweiten Satz ist aber die Figur des besonderen Gewaltverhältnisses abzulehnen. Insbesondere bei Beamt:innen ist anschließend dennoch abzugrenzen, ob die hoheitliche Maßnahme die Person in ihrer Eigenschaft als grundrechtsberechtigte Privatperson oder als Teil der grundrechtsverpflichteten staatlichen Sphäre betrifft.

Zusammenfassung: Die wichtigsten Punkte
- Natürliche Personen sind aufgrund ihres Menschseins Träger:innen von Grundrechten.
- Nur in Ausnahmefällen ist die Fähigkeit, sich auf Grundrechte zu berufen, eingeschränkt.
- Die wichtigste Einschränkung besteht darin, dass einige Grundrechte nur für deutsche Staatsbürger:innen (und EU-Bürger:innen) gelten.
- Die Grundrechtsfähigkeit ist an die Eigenschaft als menschliches Rechtssubjekt geknüpft. Grundsätzlich beginnt sie mit der Geburt und endet mit dem Tod. Besonders gewichtige Grundrechte wie das Recht auf Leben, die Menschenwürde und das allgemeine Persönlichkeitsrecht entfalten auch vor der Geburt und nach dem Tod ihre Wirkung in Form staatlicher Schutzpflichten.

Weiterführende Studienliteratur
- Zu Deutschengrundrechten: Deutscher Bundestag, Wissenschaftliche Dienste, Das Tatbestandsmerkmal der „Deutschen" in den Grundrechten, 20.12.2018, Az.: WD 3 – 3000 – 430/18

Dieses Kapitel darf gerne kommentiert, verändert und beliebig genutzt werden. Jeder Link in der PDF-Version des Textes führt zur Überarbeitungsmöglichkeit bei der Plattform Wikibooks. Eine konkrete Anleitung zur Mitarbeit & Weiternutzung findet sich auf unserer Homepage | ebenfalls über den abgebildeten QR-Code mit der Smartphone-Kamera erreichbar.

Sué González Hauck

§ 3 Grundrechtsfähigkeit und -berechtigung juristischer Personen

Notwendiges Vorwissen: Grundrechtsfähigkeit und -berechtigung natürlicher Personen, Schutzbereichsprüfung

Lernziel: Art. 19 III GG kennenlernen, Inhalte der Theorien des „personalen Substrats" und der „grundrechtstypischen Gefährdungslage" rezipieren und in einer Prüfung anwenden können

---

Für dieses Kapitel gibt es frei zugängliche interaktive Übungen. Halte einfach deine Smartphone-Kamera vor den Kasten mit den Punkten (QR-Code).

Das Grundgesetz geht davon aus, dass die Grundrechte in erster Linie Menschen, das heißt natürlichen Personen, zustehen. Dennoch wurde in der Verfassungsgebung erkannt, dass in bestimmten Konstellationen eine Ausdehnung des Grundrechtsschutzes auf juristische Personen angezeigt ist – zumindest dann, wenn diese auch durch das einfache Recht einen gewissen Bestand an Rechten zugewiesen bekommen.

Die wesentliche Bestimmung für die Grundrechtsfähigkeit juristischer Personen ist Art. 19 III GG. Allerdings erfasst dieser nur die Grundrechte im engeren Sinne, das heißt die in den Art. 1–19 GG verbürgten Rechte. Da auch in anderen Bestimmungen des Grundgesetzes subjektive Rechte enthalten sind, die im Wege der Verfassungsbeschwerde vor dem BVerfG geltend gemacht werden können („grundrechtsgleiche Rechte"), bedarf es für diese separater Erwägungen unter Anlehnung an die Wertungen des Art. 19 III GG.

A. Art. 19 III GG als Schlüsselnorm

Art. 19 III GG ist die für juristische Personen bedeutsame Parallelvorschrift zu Art. 1 I, II GG. Art. 1 I GG setzt das in der Menschenwürde angelegte, jedem Menschen zustehende „Recht, Rechte zu haben"[1] als gegeben voraus. Art. 19 III GG weist auch den juristischen Personen als Rechtskonstruktionen die – nicht selbst-

---

1 Vgl. zu diesem Konzept Arendt, Die Wandlung 1949, 754 (759).

verständliche[2] – Grundrechtsfähigkeit zu. Schon an den hier verwendeten Begriffen („setzt als gegeben voraus"/„weist zu") wird deutlich, dass dieser Vorgang die Grundrechtsprüfung erheblich modifiziert: Wo bei natürlichen Personen die Grundrechtsfähigkeit stets vorausgesetzt und daher praktisch nie zu thematisieren ist, koppelt Art. 19 III GG die Grundrechtsfähigkeit nicht nur an bestimmte Voraussetzungen, sondern macht sie auch von den im konkreten Fall infrage stehenden Grundrechten abhängig. Das heißt, dass die bei natürlichen Personen im Rahmen des Schutzbereichs zu diskutierende Frage, ob ein – prinzipiell grundrechtsfähiger – Mensch sich auch auf das konkrete Grundrecht berufen kann, bei juristischen Personen mit der Grundrechtsfähigkeit selbst zusammenfällt. Ob daneben auch bei juristischen Personen noch Raum für die Unterscheidung von Menschen- und Deutschengrundrechten bleibt, ist umstritten.

I. Juristische Person

Die erste der in Art. 19 III GG enthaltenen Bedingungen ist das Vorliegen einer juristischen Person. Aufgrund der uneinheitlichen Verwendung dieses Begriffs in den verschiedenen Rechtsgebieten ist Vorsicht geboten: Der Begriff der juristischen Person des Privatrechts ist enger als der des Verfassungsrechts. Für die Frage der Grundrechtsfähigkeit juristischer Personen ist nur der **verfassungsrechtliche Begriff** maßgeblich. Demnach sind juristische Personen Organisationseinheiten, welche die Rechtsordnung zum Zuordnungsobjekt von Rechten und Pflichten macht, wobei im Rahmen des Art. 19 III GG die sogenannte **„Teilrechtsfähigkeit"** ausreicht.[3]

Beispiel: Der verfassungsrechtliche Begriff der juristischen Person erstreckt sich auf alle rechtsfähigen und teilrechtsfähigen Organisationsformen des **Privatrechts**, also Aktiengesellschaften (§ 1 I AktG), Kommanditgesellschaften auf Aktien (§ 278 I AktG), Europäische Gesellschaften (SE, Art. 1 III SE-VO[4]), Gesellschaften mit beschränkter Haftung (§ 13 I GmbHG), eingetragene Vereine (§ 21 BGB), eingetragene Genossenschaften (§ 17 GenG), Europäische Genossenschaften (SCE, Art. 1 V SCE-VO[5]), Versicherungsvereine auf Gegenseitigkeit (§ 171 VAG), Europäische Verbünde

---

2 Vgl. Groß, KJ 2019, 76.
3 Remmert, in: Dürig/Herzog/Scholz, GG, 95. EL Juli 2021, Art. 19 Abs. 3 Rn. 37.
4 Verordnung (EG) Nr. 2157/2001 v. 8.10.2001 über das Statut der Europäischen Gesellschaft (SE), Abl. L 294, 1 ff.
5 Verordnung (EG) Nr. 1453/2003 v. 22.7.2003 über das Statut der Europäischen Genossenschaft (SCE), Abl. L 207, 1 ff.

für territoriale Zusammenarbeit (Art. 1 III EVTZ-VO[6]), Stiftungen (§ 80 I BGB), Gesellschaften bürgerlichen Rechts, Offene Handelsgesellschaften (§ 124 HGB), Europäische Wirtschaftliche Interessenvereinigungen (Art. 1 II EWIV-VO[7]), Kommanditgesellschaften (§§ 161 II, 124 HGB), Partnerschaftsgesellschaften (§§ 7 II PartGG, 124 HGB), Parteien (§ 3 PartG) und Gewerkschaften. Die **juristischen Personen des öffentlichen Rechts** fallen ebenfalls unter den Begriff. Dabei handelt es sich um Körperschaften, Anstalten und Stiftungen. Angesichts der Vielfalt der Erscheinungsformen seien hier nur Beispiele genannt: Länder, Gemeinden und Gemeindeverbände als Gebietskörperschaften; einige Universitäten als Personalkörperschaften; andere Universitäten als Anstalten; wieder andere Universitäten als öffentlich-rechtliche Stiftungen.

II. Inländische juristische Personen

1. Inländisch

Das BVerfG geht in ständiger Rechtsprechung davon aus, dass zur Bestimmung des Merkmals „inländisch" der Sitz der juristischen Person maßgeblich ist.[8] Die Staatsangehörigkeit der die juristische Person tragenden natürlichen Personen ist daher unerheblich.[9] Sitz meint dabei nicht den rechtlichen Sitz, sondern den **effektiven Sitz** der juristischen Person, also den Ort, an dem sie den Großteil ihrer tatsächlichen Verwaltungstätigkeit ausübt.[10] Dabei sind größere juristische Personen oder Konzerne nicht schematisch als eine juristische Person im Sinne des Art. 19 III GG zu verstehen: Auch rechtlich nicht eigenständige Standorte juristischer Personen im Inland können, sofern sie faktisch eine organisatorisch selbstständige Stellung und einen inländischen Tätigkeitsmittelpunkt haben, als inländische juristische Personen unter Art. 19 III GG gefasst werden.[11]

---

6 Verordnung (EG) Nr. 1082/2006 v. 5.7.2006 über den Europäischen Verbund für territoriale Zusammenarbeit (EVTZ), Abl. L 210, 19 ff.
7 Verordnung (EG) Nr. 2137/85 v. 25.7.1985 über die Schaffung einer Europäischen Wirtschaftlichen Interessenvereinigung, Abl. L 199, 1 ff.
8 Zuerst BVerfG, Beschl. v. 1.3.1967, Az.: 1 BvR 64/66 = BVerfGE 21, 207 (209).
9 BVerfG, Beschl. v. 27.12.2007, Az.: 1 BvR 853/06, Rn. 10.
10 Remmert, in: Dürig/Herzog/Scholz, GG, 95. EL Juli 2021, Art. 19 Abs. 3 Rn. 83 m.w.N.
11 BVerfG, Beschl. v. 18.3.2009, Az.: 2 BvR 1036/08, Rn. 60.

Lasse Ramson

2. Juristische Personen mit Sitz im Ausland, vor allem in der Europäischen Union

Examenswissen

Art. 18 I AEUV verbietet innerhalb der EU den Mitgliedsstaaten jegliche Diskriminierung aufgrund der Staatsangehörigkeit und ist auch auf juristische Personen anwendbar.[12] Schon vor einiger Zeit ist die Frage aufgeworfen worden, ob diese Vorschrift gebietet, die Grundrechte des Grundgesetzes auch EU-ausländischen juristischen Personen zukommen zu lassen. Seit 2011 ist diese Frage zumindest aus Sicht des BVerfG geklärt: Demnach gebieten Art. 18 AEUV und die Binnenmarktnorm des Art. 26 II AEUV, den Grundrechtsschutz für juristische Personen auch auf EU-ausländische Personen zu erstrecken.[13] Dabei ist aufgrund des insoweit eindeutigen Wortlauts des Art. 19 III GG keine unionsrechtskonforme Auslegung durch die Erweiterung des Wortes „inländisch" auf „deutsch einschließlich europäisch" möglich.[14] Der Konflikt wird durch den **Anwendungsvorrang des Unionsrechts** aufgelöst.[15] Im Ergebnis kommt daher EU-ausländischen juristischen Personen der gleiche Grundrechtsschutz wie inländischen juristischen Personen zu. Es ist allerdings zu bedenken, dass zur Anwendung von Art. 18 I AEUV die juristische Person im **Anwendungsbereich des Unionsrechts** tätig werden muss.[16]

Nach wie vor umstritten ist allerdings, wie das – verwandte, aber etwas anders gelagerte – Problem der Diskriminierung von EU-Ausländer:innen als natürliche Personen durch Deutschen-Grundrechte aufzulösen ist (dazu § 2 A III).

3. Anwendbarkeit der Deutschengrundrechte auf juristische Personen

Examenswissen

Bei der Prüfung des Merkmals „inländisch" des Art. 19 III GG stellt sich eine weitere Frage: Wie verhält es sich zu dem Merkmal „deutsch", das für einige Grundrechte den persönlichen Schutzbereich auf deutsche Staatsangehörige begrenzt? Denkbar ist, davon auszugehen, dass bei juristischen Personen die Unterscheidung von Menschen- und Deutschengrundrechten durch das Merkmal „inländisch" in Art. 19 III GG vollständig verdrängt wird. Dann käme es weiterhin nur auf den Sitz an. Andererseits kann Art. 19 III GG auch so verstanden werden, dass „inländische juristische Person" nur die Frage der Grundrechtsfähigkeit klären möchte, die Frage der Grundrechtsberechtigung aber unangetastet lassen möchte. Eine solche Berücksichtigung der Staatsangehörigkeit bei der Anwendung des Merkmals „deutsch" würde dazu führen, dass im Inland

---

12 Holoubek, in: Schwarze/Becker/Hatje/Schoo, EU-Kommentar, 4. Aufl. 2019, Art. 18 AEUV Rn. 34 m.w.N.
13 BVerfG, Beschl. v. 19.7.2011, Az.: 1 BvR 1916/09, Rn. 75.
14 BVerfG, Beschl. v. 19.7.2011, Az.: 1 BvR 1916/09, Rn. 72.
15 BVerfG, Beschl. v. 19.7.2011, Az.: 1 BvR 1916/09, Rn. 81.
16 BVerfG, Beschl. v. 19.7.2011, Az.: 1 BvR 1916/09, Rn. 78.

Lasse Ramson

ansässige, aber von ausländischen natürlichen Personen beherrschte juristische Personen sich nicht auf die Deutschengrundrechte berufen könnten. Diese Frage ist noch nicht endgültig geklärt.

Beispiel: In einem Verfahren war fraglich, ob sich eine inländische juristische Person, deren Gesellschafter allesamt keine deutschen Staatsbürger waren, auf das Deutschengrundrecht der Berufsfreiheit aus Art. 12 I, II GG berufen konnte. Das BVerfG ließ diese Frage explizit offen.[17] In einem anderen Verfahren, in dem eine EU-ausländische juristische Person Beschwerdeführerin war, verneinte das BVerfG die Anwendbarkeit des Art. 12 I, II GG wegen des Überschreitens der Wortlautgrenze.[18]

---

i | **Weiterführendes Wissen**

Diese Entscheidungen überzeugen nicht. Geht es um inländische juristische Personen, ist für die Unterscheidung von Deutschengrundrechten und Menschenrechten kein Platz mehr. Da juristischen Personen durch Art. 19 III GG die Grundrechtsfähigkeit gewährt werden soll, der Zustand „deutsch" aber an die Staatsangehörigkeit anknüpft, die juristische Personen nicht haben können, vermischt das Gericht hier die verschiedenen Kategorien von Grundrechtsberechtigten. In Bezug auf EU-ausländische juristische Personen ist hinzuzufügen, dass selbst wenn man die Prämisse des eigenständigen Gehalts des Merkmals „deutsch" gegenüber Art. 19 III GG zugrunde legt, unklar ist, warum das Gericht nicht dem Unionsrecht auch in Bezug auf dieses Merkmal Anwendungsvorrang gewährt, so wie es das beim Merkmal „inländisch" des Art. 19 III GG auch macht (siehe oben).

III. Wesensgemäße Anwendbarkeit

Das wichtigste und zugleich am wenigsten bestimmte Merkmal des Art. 19 III GG ist die **wesensgemäße Anwendbarkeit**. Während die vorgehenden Merkmale sich letztlich zu relativ klaren abstrakten Maßstäben verdichten, ist die wesensgemäße Anwendbarkeit auslegungsbedürftig und einzelfallabhängig. Zudem enthält das Merkmal bei genauerer Betrachtung eigentlich zwei Voraussetzungen: Einerseits muss das infrage stehende Grundrecht der Sache nach auf juristische Personen anwendbar sein; andererseits muss es auf die konkret betroffene juristische Person anwendbar sein. Beide Fragen sind allerdings nicht genau voneinander zu trennen, da ihre Beantwortung unmittelbar damit verbunden ist, den

---

17 BVerfG, 18.1.2002, Az.: 1 BvR 2284/95, Rn. 15.
18 BVerfG, 4.11.2015, Az.: 2 BvR 282/13, Rn. 10 unter Verweis auf BVerfG, Beschl. v. 19.12.2007, Az.: 1 BvR 2157/07, juris Rn. 2, wo diese Frage allerdings explizit offengelassen worden war.

Lasse Ramson

Zweck herauszuarbeiten, der dem Art. 19 III GG zugrunde liegt. Zu dieser Zweckbestimmung haben sich im Wesentlichen zwei Ansichten herausgebildet:

1. Personales Substrat

Die sogenannte Theorie des **personalen Substrats** (auch „Durchgriffstheorie" genannt), die auch der Rechtsprechung des BVerfG zugrunde liegt, geht davon aus, dass der Grundrechtsschutz juristischer Personen dem Zweck dient, natürlichen Personen ein möglichst hohes Grundrechtsniveau zu verschaffen. Demnach sind juristische Personen zwar selbstständig geschützt, aber nur deshalb, weil die betroffene Grundrechtsposition in kollektiver Weise ausgeübt wird, und der Schutz der juristischen Personen deshalb für den effektiven Grundrechtsschutz der dahinterstehenden natürlichen Personen notwendig ist.[19] Diese Perspektive geht aufgrund einer Betrachtung des Art. 19 III GG im Lichte des Art. 1 I, III GG von einer **anthropozentrischen** Konstruktion des Grundrechtsschutzes aus. Daneben wird die Parallele der Wesensgehaltsgarantie[20] des Art. 19 II GG, der auf die Menschenwürde ausgerichtet ist, und des Begriffs des „Wesens" in Art. 19 III GG betont, der darauf schließen ließe, dass die menschenzentrierte Auslegung des Art. 19 III GG in der inneren Systematik des Art. 19 GG angelegt sei.[21]

2. Grundrechtstypische Gefährdungslage

Dem steht die Theorie der **grundrechtstypischen Gefährdungslage** gegenüber.[22] Demnach verschafft Art. 19 III GG juristischen Personen einen echten, eigenen Grundrechtsschutz, der von der Frage des Schutzes natürlicher Personen unabhängig betrachtet werden muss.[23] Es kommt dann vielmehr darauf an, ob sich juristische Personen im Verhältnis zu natürlichen Personen bezüglich des konkreten Grundrechts typischerweise in einer ähnlichen Situation der Grundrechtsbetroffenheit befinden. Diese Ansicht stützt sich vor allem auf den Wortlaut des Art. 19 III GG, der gerade nicht auf natürliche Personen im Hintergrund abstellt. Dabei wird auch vorgebracht, dass bei konsequenter Anwendung des

---

19 BVerfG, Beschl. v. 2.5.1967, Az.: 1 BvR 578/63 = BVerfGE 21, 362 (369).
20 Siehe zur Wesensgehaltsgarantie Milas, § 7 A.II.3., in diesem Lehrbuch.
21 Remmert, in: Dürig/Herzog/Scholz, GG, 95. EL Juli 2021, Art. 19 Abs. 3 Rn. 32 m.w.N.
22 Remmert, in: Dürig/Herzog/Scholz, GG, 95. EL Juli 2021, Art. 19 Abs. 3 Rn. 29 Fn. 5, merkt zu Recht an, dass diese Begrifflichkeit Missverständnisse hervorrufen kann, weil auch die andere Ansicht gelegentlich diesen Begriff verwendet.
23 Vgl. Schnapp, in: Merten/Papier (Hrsg.), Handbuch der Grundrechte in Deutschland und Europa, Bd. II, 2006, § 52 Rn. 22ff. m.w.N.

Durchgriffsarguments etwa privatrechtliche Stiftungen, die nicht mitgliedschaftlich organisiert sind, nicht unter Art. 19 III GG fallen würden.[24]

3. Relevanz und Sonderfälle

Die Unterscheidung zwischen den beiden Begründungsansätzen ist praktisch bedeutsam. Während über die meisten privatrechtlichen juristischen Personen Einigkeit herrscht, führen die beiden Ansätze bei öffentlich-rechtlichen juristischen Personen und insbesondere bei öffentlich beherrschten privatrechtlichen Personen zu teilweise erheblich abweichenden Ergebnissen.

Beispiel: Eine Gemeinde ist als Gebietskörperschaft eine juristische Person des öffentlichen Rechts. Nach der Theorie des personalen Substrats kann sie sich auch im Bereich privatwirtschaftlicher Betätigung nicht auf Grundrechte berufen, da hinter ihr keine natürlichen Personen stehen, auf die ein Durchgriff zu deren Schutz angezeigt wäre.[25] Zudem droht **„Konfusion":** Eine Trägerin hoheitlicher Gewalt kann nicht gleichzeitig grundrechtsberechtigt und -verpflichtet sein.[26]

Stellte man hingegen auf die grundrechtstypische Gefährdungslage ab, sind Situationen denkbar, in denen sie – gleich einer Privatperson – in eine solche Lage geraten kann. In dem Fall, welcher der soeben erwähnten Entscheidung[27] zugrunde liegt, war etwa das Eigentumsrecht an einem Grundstück Streitgegenstand. Hier könnte sich die Gemeinde auf Art. 14 I 1 GG berufen.

ℹ Weiterführendes Wissen

Es ist allerdings weiterhin überzeugend, das Konfusionsargument anzuwenden,[28] das heißt zu fragen, ob in Bezug auf die konkrete Situation die öffentlich-rechtliche juristische Person als Hoheitsträgerin zugleich Grundrechtsverpflichtete ist: Dann ist ihr der Grundrechtsschutz zu versagen. Ansonsten ufert der Grundrechtsschutz aus. Dann wäre sogar der Staat insgesamt grundrechtsfähig. Darin liegt auch das generelle Problem dieses Ansatzes. Ohne eine weitere Ausdifferenzierung, etwa anhand der Nähe zu privatwirtschaftlicher Betätigung, wird er meist zu Ergebnissen führen, die der vom Grundgesetz relativ klar vorgesehenen Trennung der privaten und der staatlichen Sphäre widersprechen.

---

24 Tettinger, in: Merten/Papier (Hrsg.), Handbuch der Grundrechte in Deutschland und Europa, Bd. II, 2006, § 51 Rn. 53.

25 Vgl. BVerfG, Beschl. v. 8.7.1982, Az.: 2 BvR 1187/80 = BVerfGE 61, 82 (106).

26 Dazu Bettermann, NJW 1969, 1321 ff.

27 BVerfG, Beschl. v. 8.7.1982, Az.: 2 BvR 1187/80 = BVerfGE 61, 82.

28 Dagegen Schnapp, in: Merten/Papier (Hrsg.), Handbuch der Grundrechte in Deutschland und Europa, Bd. II, 2006, § 52 Rn. 29.

Lasse Ramson

Doch auch zur Theorie des personalen Substrats sind **Ausnahmen** anerkannt, in denen sich öffentlich-rechtliche juristische Personen auf Grundrechte berufen können. Namentlich dann, wenn die betreffende juristische Person unmittelbar dem geschützten Lebensbereich zugeordnet ist.[29] Diese etwas abstrakte Formel wird verständlicher, wenn die Einzelkonstellationen in den Blick genommen werden, in denen das BVerfG sie als erfüllt ansah: bei staatlichen **Hochschulen** und anderen wissenschaftlichen Einrichtungen in Bezug auf die Wissenschaftsfreiheit des Art. 5 III 1 GG[30] und bei den öffentlich-rechtlichen **Rundfunkanstalten** in Bezug auf die Rundfunkfreiheit des Art. 5 I 2 GG.[31] Gemein ist beiden Fällen, dass die öffentlich-rechtlichen Institutionen im Kreise der Grundrechtsberechtigten des jeweiligen Grundrechts als Institutionen gerade zur Wahrnehmung dieses Grundrechts geschaffen wurden. Nur einen **vermeintlichen Sonderfall**[32] stellen solche **Religionsgemeinschaften** dar, denen gemäß Art. 140 GG i. V. m. Art. 137 V WRV der Status als Körperschaft des öffentlichen Rechts verliehen ist. Sie sind dadurch zwar öffentlich-rechtlich und nicht privatrechtlich organisiert, aber sie üben dennoch keine Staatsgewalt aus, da sie nicht in die staatliche Gewalt eingeordnet sind.[33] Insofern steht ihnen die Grundrechtsberechtigung auch nicht auf die Religionsfreiheit beschränkt zu, sondern so weit wie allen anderen, dem nicht-staatlichen Bereich zuzuordnenden juristischen Personen.

4. Fallgruppen

- Grundrechte, die an die körperliche und geistige menschliche Existenz oder an zwischenmenschliche Beziehungen anknüpfen, sind juristischen Personen **verschlossen**. Dazu zählen die folgenden Rechte: Menschenwürde (Art. 1 I GG), Leben und körperliche Unversehrtheit (Art. 2 II 1 GG), Freiheit der Person (Art. 2 II 2 GG), besondere Gleichheitsrechte, soweit sie auf personenbezogene Merkmale abstellen (Art. 3 II, III, 33 II[34] GG), Gewissensfreiheit (Art. 4 I GG), Kriegsdienstverweigerung (Art. 4 III GG), Ehe und Familie (Art. 6 GG), Vererbung (Art. 14 I GG), Schutz vor Ausbürgerung und Auslieferung (Art. 16 GG), Asyl (Art. 16a GG).[35]

---

29 BVerfG, Beschl. v. 2.5.1967, Az.: 1 BvR 578/63 = BVerfGE 21, 362 (373).
30 BVerfG, Beschl. v. 16.1.1963, Az.: 1 BvR 316/60 = BVerfGE 15, 256 (262).
31 BVerfG, Urt. v. 18.5.1971, Az.: 2 BvF 1/68 u. a. = BVerfGE 31, 314 (322).
32 Vgl. Remmert, in: Dürig/Herzog/Scholz, GG, 95. EL Juli 2021, Art. 19 Abs. 3 Rn. 49 f.
33 BVerfG, Beschl. v. 17.2.1965, Az.: 1 BvR 732/64 = BVerfGE 18, 385 (386 f.).
34 Hense, in: Epping/Hillgruber (Hrsg.), BeckOK GG, 45. Ed. 12.11.2020, Art. 33 Rn. 20.
35 Remmert, in: Dürig/Herzog/Scholz, GG, 95. EL Juli 2021, Art. 19 Abs. 3 Rn. 101 m. w. N.

– Folgende Grundrechte sind juristischen Personen prinzipiell **zugänglich**: <u>All-gemeine Gleichheit</u> (Art. 3 I GG),[36] besondere Gleichheitsrechte, soweit sie auf durch juristische Personen ausführbares Verhalten abstellen (Art. 3 III GG, womöglich auch Art. 33 III GG), <u>Religions- und Weltanschauungs*ausübungs*-freiheit</u> (Art. 4 I, II GG – beachte dazu auch Art. 140 GG),[37] <u>Kommunikations-freiheiten</u> (Art. 5 I GG),[38] <u>Wissenschafts-</u>[39] und <u>Kunstfreiheit</u>[40] (Art. 5 III GG), <u>Privatschulfreiheit</u> (Art. 7 IV 1 GG),[41] <u>Versammlungsfreiheit</u> (Art. 8 GG),[42] <u>Ver-einigungs-</u>[43] und Koalitionsfreiheit (Art. 9 I, III GG), <u>Geheimnisschutz</u> (Art. 10 GG),[44] Freizügigkeit als <u>Niederlassungsfreiheit</u> (Art. 11 I GG),[45] <u>Be-rufsfreiheit</u> (Art. 12 I GG),[46] <u>Eigentum</u>[47] und <u>Recht, zu erben</u>[48] (Art. 14 I GG), Petition (Art. 17 I GG), <u>Rechtsweggarantie</u> (Art. 19 IV 1 GG),[49] <u>Geschäftsraum-schutz</u> (Art. 13 I GG),[50] Allgemeine Handlungsfreiheit (Art. 2 I GG).[51] Eine be-sonders wichtige Rolle spielen hierbei die so genannten **Wirtschaftsgrund-rechte,** darunter vor allem Berufsfreiheit und Eigentumsgarantie.

– Problematisch ist vor allem das allgemeine Persönlichkeitsrecht. Hier muss zwischen den einzelnen Schutzdimensionen je nach ihrer „Würdenähe" <u>diffe-renziert</u> werden.[52]

---

36 Siehe dazu Macoun, § 19.1 A.I.3., in diesem Lehrbuch.
37 Siehe dazu Gerbig, § 22.1 A.I.2., in diesem Lehrbuch.
38 Siehe dazu Wienfort, § 20.1 A.II. (Meinungsfreiheit) und Knuth, § 20.2 B.I.1.b) (Pressefreiheit)/ 2.b) (Rundfunkfreiheit), in diesem Lehrbuch.
39 Siehe dazu Kohal, § 23.2 A.II., in diesem Lehrbuch.
40 Siehe dazu Kohal, § 23.1 A.II., in diesem Lehrbuch.
41 Siehe dazu Kahl, § 22.3 C.I., in diesem Lehrbuch.
42 Siehe dazu Goldberg/González Hauck, § 20.3 A.II., in diesem Lehrbuch.
43 Siehe dazu Knuth, § 20.4 A.II., in diesem Lehrbuch.
44 Siehe dazu Petras, § 24.1 A.II., in diesem Lehrbuch.
45 Siehe dazu Jandl, § 25.2 A.II., in diesem Lehrbuch.
46 Siehe dazu Goldberg, § 21.2 A.I.2., in diesem Lehrbuch.
47 Siehe dazu Eisentraut, § 21.1 A.I.2., in diesem Lehrbuch.
48 Siehe dazu Eisentraut, § 21.1 B.I., in diesem Lehrbuch.
49 Siehe dazu Hahn, § 26.1 A.I., in diesem Lehrbuch.
50 Siehe dazu Kohal, § 24.2 A.II., in diesem Lehrbuch
51 Remmert, in: Dürig/Herzog/Scholz, GG, 95. EL Juli 2021, Art. 19 Abs. 3 Rn. 102f. m. w. N.
52 Siehe dazu Valentiner, § 18.2 A.II., in diesem Lehrbuch.

Lasse Ramson

B. Grundrechtsfähigkeit und -berechtigung juristischer Personen außerhalb von Art. 19 III GG

Art. 19 III GG bezieht sich seinem Wortlaut und seiner Stellung nach ausdrücklich nur auf Art. 1–19 GG selbst, bezieht also die im Katalog des Art. 93 I Nr. 4a GG benannten „grundrechtsgleichen" Rechte nicht ein. Einige dieser Rechte, wie etwa das Wahlrecht, können juristischen Personen nicht zukommen, andere hingegen, vor allem die justiziellen Rechte, betreffen Verfahrensbeteiligte im Allgemeinen und damit auch juristische Personen. Hierzu hat sich eine eigenständige Rechtsprechung entwickelt, die – im Gegensatz zu Art. 19 III GG – nicht zwischen verschiedenen Typen von juristischen Personen differenziert, sondern nur auf die Fähigkeit, an **gerichtlichen Verfahren beteiligt** zu sein, abstellt.

Beispiel: Demnach sind inländische juristische Personen des Privatrechts[53] und des öffentlichen Rechts, etwa Bundesländer[54] oder Gemeinden[55], sogar Behörden, soweit sie prozessfähig sind,[56] ausländische juristische Personen des Privatrechts,[57] auch wenn sie staatlich beherrscht werden,[58] fähig, sich auf die in den Art. 101ff. GG enthaltenen Verfahrensrechte zu berufen.

C. Europäische und internationale Bezüge

Die beiden europäischen Menschenrechtskataloge (GRCh und EMRK) kennen keine dem Art. 19 III GG vergleichbare Vorschrift. Die GRCh erkennt die Grundrechtsfähigkeit juristischer Personen im tendenziell größeren Maße als das Grundgesetz an.[59]

> **Zusammenfassung: Die wichtigsten Punkte**
> – Bei der Frage, ob Grundrechte auch juristische Personen schützen, ist zunächst zwischen Art. 19 III GG und den grundrechtsgleichen Rechten zu unterscheiden.
> – Die Merkmale des Art. 19 III GG sind autonom aus der Verfassung zu bestimmen.
> – Es gibt verschiedene Erklärungsansätze, *warum* auch juristische Personen Grundrechtsschutz genießen. Sie führen in bestimmten Detailfragen zu unterschiedlichen Ergebnissen.

---

53 BVerfG, Beschl. v. 26.2.1954, Az.: 1 BvR 537/53 = BVerfGE 3, 349 (363).
54 BVerfG, Urt. v. 16.1.1957, Az.: 1 BvR 134/56 = BVerfGE 6, 45 (49).
55 BVerfG, Beschl. v. 8.7.1982, Az.: 2 BvR 1187/80 = BVerfGE 61, 82 (104).
56 BVerfG, Beschl. v. 3.10.1963, Az.: 2 BvR 4/60 = BVerfGE 13, 132 (139).
57 BVerfG, Beschl. v. 7.4.1965, Az.: 2 BvR 227/64 = BVerfGE 18, 441 (447).
58 BVerfG, Beschl. v. 12.4.1983, Az.: 2 BvR 678/81 u. a. = BVerfGE 64, 1 (11).
59 Siehe zur Grundrechtsfähigkeit/-berechtigung juristischer Personen unter der GRCh Brade/Ramson, § 14 A.IV.1.a), in diesem Lehrbuch.

Lasse Ramson

Weiterführende Studienliteratur

- Thomas Groß, Die expansive Anwendung der Grundrechte zugunsten von Wirtschaftsunternehmen, KJ 2019, S. 76–91
- Ulrike Pollin, „Arbeitsfreie Samstage", JA 2016, S. 272–278
- Michael Denga, Referendarexamensklausur – Europarecht: Verfassungsrecht und Gesellschaftsrecht – Umwandlung in Europa, JuS 2020, S. 247–254

Lasse Ramson

§ 4 Grundrechtsbindung

Notwendiges Vorwissen: Grundrechtsfunktionen, Grundrechtsberechtigung natürlicher und juristischer Personen

Lernziel: Struktur und Hintergründe der Grundrechtsbindung der deutschen Staatsgewalt verstehen

Für dieses Kapitel gibt es frei zugängliche interaktive Übungen. Halte einfach deine Smartphone-Kamera vor den Kasten mit den Punkten (QR-Code).

Grundrechte gelten in dem Verhältnis zwischen Staat und Bürger:in und verleihen den Einzelnen gegenüber dem Staat subjektive Rechte. Grundrechtsberechtigt sind daher zunächst natürliche Personen, in bestimmten Fällen auch juristische Personen – jedenfalls aber Private.[1] Auf der anderen Seite dieser Rechtsbeziehung steht der Staat als Adressat der Grundrechte. Nur Hoheitsträger können direkt an die Grundrechte gebunden sein.

Klausurtaktik   !

In der Klausur wird die Grundrechtsbindung im Prüfungspunkt Grundrechtseingriff relevant.

A. Umfassende Grundrechtsbindung der Staatsgewalt

Den Ausgangspunkt für die Grundrechtsbindung des Staates bildet **Art. 1 III GG**: „Die nachfolgenden Grundrechte binden Gesetzgebung, vollziehende Gewalt und Rechtsprechung als unmittelbar geltendes Recht". Immer wenn sich eine Tätigkeit eindeutig einer der drei klassischen Gewalten zuordnen lässt, liegt hoheitliches Handeln vor und die Grundrechte sind zu beachten. Die Grundrechtsbindung des Staates ist aber noch umfassender und nicht auf die in Art. 1 III GG genannten, klassischen Formen der Ausübung von Hoheitsgewalt beschränkt. Deren explizite Aufzählung soll vielmehr deutlich machen, dass der Grundrechts-

---

1 Siehe hierzu die Kapitel Grundrechtsberechtigung Allgemein González Hauck, § 2 und Grundrechtsberechtigung Juristischer Personen Ramson, § 3, in diesem Lehrbuch.

schutz gegenüber **allen Ausprägungen staatlichen Handelns** gilt. Insbesondere sollte die Grundrechtsbindung der gesetzgebenden Gewalt hervorgehoben werden, was zum Zeitpunkt der Entstehung des Grundgesetzes noch nicht selbstverständlich war.[2]

Auch **teleologische** und **systematische** Argumente sprechen für eine umfassende Grundrechtsbindung der Staatsgewalt. Die Grundrechtsbindung ist die Kehrseite des Umstands, dass staatliche Organe und Organisationen den Anspruch erheben können, dem Gemeinwohl zu dienen und damit im Namen aller Bürger:innen zu handeln. Deshalb ist staatliche Gewalt im Sinne des Art. 1 III GG jedes Handeln staatlicher Organe oder Organisationen.[3]

Nach der Rechtsprechung des BVerfG gelten die Grundrechte daher „nicht nur für bestimmte Bereiche, Funktionen oder Handlungsformen staatlicher Aufgabenwahrnehmung, sondern binden die staatliche Gewalt umfassend und insgesamt"[4]. Der Staat ist also nicht nur dann an die Grundrechte gebunden, wenn er in Form eines Gesetzes, Verwaltungsaktes, einer Gerichtsentscheidung oder in einer anderen klar rechtsförmigen und einer der drei Staatsgewalten zuzuordnenden Handlungsform tätig wird. Auch bei **rein tatsächlichem Handeln** wie etwa Informationshandeln (zum Beispiel staatliche Warnungen) müssen Träger:innen öffentlicher Gewalt die Grundrechte beachten.[5]

B. Grundrechtsbindung des Staates im Privatrecht

Art. 1 III GG ist Ausdruck einer grundlegenden Unterscheidung zwischen dem Staat auf der einen und den Bürger:innen auf der anderen Seite. Private müssen sich grundsätzlich für ihr Handeln nicht rechtfertigen. Werden ihnen durch die Rechtsordnung Pflichten auferlegt, so bedarf das wiederum der Rechtfertigung. Nur mittelbar sind Private an die Grundrechte gebunden, da die Grundrechte sich auf die Auslegung und Anwendung privatrechtlicher Vorschriften auswirken (sogenannte mittelbare Drittwirkung der Grundrechte).[6] Der Staat dagegen handelt in treuhänderischer Aufgabenwahrnehmung für die Bürger:innen.

---

2 BVerfG, Urt. v. 19.5.2020, Az.: 1 BvR 2835/17, Rn. 90.
3 BVerfG, Urt. v. 22.2.2011, Az.: 1 BvR 699/06, Rn. 47.
4 BVerfG, Urt. v. 22.2.2011, Az.: 1 BvR 699/06, Rn. 47.
5 BVerfG, Beschl. v. 26.6.2002, Az.: 1 BvR 558, 1428/91, Rn. 40 ff.
6 Siehe zur mittelbaren Drittwirkung Wienfort, § 9, in diesem Lehrbuch.

I. Private Organisations- und Handlungsformen

Sobald der Staat eine Aufgabe an sich zieht und wahrnimmt, ist er dabei an die Grundrechte gebunden. Dies gilt unabhängig davon, in welcher Handlungs- und Rechtsform die Aufgabe wahrgenommen wird. Insbesondere kann sich der Staat nicht durch eine **Flucht ins Privatrecht** seiner Grundrechtsbindung entziehen. Der Staat kann private Organisations- und Handlungsformen zur Aufgabenwahrnehmung nutzen, bleibt dabei aber an die Grundrechte gebunden.[7]

II. Öffentliche und gemischt-wirtschaftliche Unternehmen

Steht ein Unternehmen vollständig im Eigentum der öffentlichen Hand, so ist sowohl das Unternehmen selbst als auch der öffentliche Träger, der die Anteile hält, unmittelbar an die Grundrechte gebunden. Dadurch wird eine effektive Grundrechtsbindung gewährleistet, die nicht durch die konkrete Ausgestaltung der gesellschaftsrechtlichen Einflussmöglichkeiten beeinträchtigt wird.[8]

Mit dem einflussreichen **Fraport-Urteil** hat das BVerfG eine unmittelbare Grundrechtsbindung auch für sogenannte gemischt-wirtschaftliche Unternehmen bejaht, wenn diese von der öffentlichen Hand beherrscht werden.[9] Gemischt-wirtschaftliche Unternehmen sind solche, die sowohl öffentliche als auch private Anteilseigner:innen haben. Von der öffentlichen Hand „beherrscht" wird ein gemischt-wirtschaftliches Unternehmen in der Regel dann, wenn mehr als die Hälfte der Anteile im Eigentum der öffentlichen Hand stehen.[10]

Examenswissen !

Vor dem Fraport-Urteil war nicht geklärt, ob auch bei gemischt-wirtschaftlichen Unternehmen sowohl das Unternehmen selbst als auch der öffentliche Anteilseigner an die Grundrechte gebunden sind. Als Alternative wurde diskutiert, die Grundrechtsbindung allein der öffentlichen Anteilseigner:innen zu bejahen und die Bürger:innen damit auf die gesellschaftsrechtlichen Einflussmöglichkeiten zu verweisen. Dieser Option erteilte das BVerfG jedoch mit folgender Argumentation eine Absage: Die Frage nach der Grundrechtsbindung könne auch bei gemischt-wirtschaftlichen Unternehmen nur einheitlich bejaht werden. Eine Grundrechtsbindung könne nicht quotenweise realisiert werden. Plakativ gesagt kann also ein Unternehmen nicht etwa zu 60 % an die Grundrechte gebunden sein, wenn der Staat 60 % der Anteile hält. Auch sei es nicht ausreichend, eine Grundrechtsbindung allein der öffentlichen Anteilseigner:innen zu bejahen, da de-

---

7 BVerfG, Urt. v. 22.2.2011, Az.: 1 BvR 699/06, Rn. 48.
8 BVerfG, Urt. v. 22.2.2011, Az.: 1 BvR 699/06, Rn. 50.
9 BVerfG, Urt. v. 22.2.2011, Az.: 1 BvR 699/06, Rn. 49.
10 BVerfG, Urt. v. 22.2.2011, Az.: 1 BvR 699/06, Rn. 53.

Sué González Hauck

ren Einwirkungsrechte auf das Unternehmen oft selbst dann beschränkt sind, wenn eine Person die Mehrheit der Anteile hält. Schließlich sei zu bedenken, dass auch mehrere öffentliche Anteilseigner:innen an einem Unternehmen beteiligt sein können, sodass es äußerst mühsam und schwerfällig wäre, die eigenen Grundrechte gegenüber jede:r einzelnen Anteilseigner:in geltend zu machen.[11]

C. Extraterritoriale Grundrechtsbindung

Wie das BVerfG jüngst im **BND-Urteil** festgestellt hat, lässt sich Art. 1 III GG keine Einschränkung entnehmen, wonach die Grundrechtsbindung etwa von einem territorialen Bezug zum Bundesgebiet oder von der Ausübung spezifischer hoheitlicher Befugnisse abhängig wäre.[12] Das Urteil betraf die sogenannte Ausland-Ausland-Fernmeldeaufklärung durch den Bundesnachrichtendienst (BND), also die Überwachung von Kommunikationsvorgängen zwischen Ausländer:innen im Ausland. Es waren also weder deutsche Staatsbürger:innen betroffen noch ging es um Tätigkeiten auf deutschem Hoheitsgebiet. Das BND-Urteil stellte klar, dass auch in diesen Konstellationen die deutsche Staatsgewalt an die Grundrechte des Grundgesetzes gebunden ist.

ℹ Weiterführendes Wissen zu anderen Ansichten zur extraterritorialen Grundrechtsbindung

Da sich für eine Einschränkung der Grundrechtsbindung auf das Hoheitsgebiet keine Anhaltspunkte im Wortlaut des Art. 1 III GG finden, mag es überraschen, dass die im BND-Urteil erfolgte Klarstellung erst im Jahr 2020 erfolgte und derart große Wellen schlug. Vor diesem Urteil wurden verschiedene Theorien vertreten, mit denen argumentiert wurde, dass insbesondere die Geheimdiensttätigkeit im Ausland, speziell die Ausland-Ausland-Fernmeldeaufklärung, nicht von der Bindung der deutschen Staatsgewalt an die Grundrechte umfasst sei. Die Geltung des Grundgesetzes sei auf das deutsche Territorium begrenzt. Weiterhin wurde gegen eine Grundrechtsbindung argumentiert, BND-Agent:innen handelten im Ausland als Private, da sie in einem anderen Staat dessen Hoheitsgewalt unterlägen und nicht selbst Hoheitsgewalt ausübten.[13]

---

11 BVerfG, Urt. v. 22.2.2011, Az.: 1 BvR 699/06, Rn. 52.
12 BVerfG, Urt. v. 19.5.2020, Az.: 1 BvR 2835/17, Rn. 88.
13 Für einen Überblick über die vertretenen Theorien und vorgebrachten Argumente m.w.N. siehe Hölscheidt, Jura 2017, 148 (150 f.).

Sué González Hauck

Examenswissen

Das BVerfG stützt das im BND-Urteil gewonnene Ergebnis im Wesentlichen auf folgende Argumente[14]: Das Grundgesetz enthalte in Art. 1 II GG ein klares Bekenntnis zu der **Universalität der Menschenrechte** und stelle dieses Bekenntnis in den Zusammenhang mit internationalen Menschenrechtsgewährleistungen. Diesem Prinzip widerspräche es, wenn Grundrechte außerhalb des Staatsgebiets der Bundesrepublik nicht gälten.[15]

Eine territoriale Einschränkung des Grundrechtsschutzes lehnte das BVerfG auch vor dem Hintergrund der **Missbrauchsgefahren** ab, die sich daraus ergeben, dass durch staatliche Kooperation – gerade und insbesondere auf dem Gebiet der Geheimdienstkooperation – grundrechtliche Bindungen unterlaufen werden können.[16]

Ergänzend zieht das BVerfG die Entstehungsgeschichte des Grundgesetzes heran. Zwar sei eine extraterritoriale Geltung nicht explizit Gestand der Beratungen gewesen; jedoch spreche der in Abkehr von der **nationalsozialistischen Gewalt- und Willkürherrschaft** formulierte Anspruch eines umfassenden Grundrechtsschutzes dafür, dass die Grundrechte immer dann schützen sollen, wenn der deutsche Staat handelt und damit potenziell Schutzbedarf auslösen könne – unabhängig davon, an welchem Ort und gegenüber wem.[17]

Mit dem BND-Urteil ist also entschieden, dass die Grundrechte zumindest in ihrer Abwehrfunktion keiner territorialen Einschränkung unterliegen. Konsequenzen hat das nicht nur für die Tätigkeit des BND, sondern vor allem auch für Auslandseinsätze der Bundeswehr.

Beispiel: Für Auslandseinsätze der Bundeswehr folgt daraus, dass deutsche Soldat:innen am Horn von Afrika Pirat:innen nur mit einer Rechtsgrundlage festnehmen dürfen, die den Anforderungen der Art. 2 II 2, 104 GG genügt.[18]

Offen gelassen hat das BVerfG bisher, ob die extraterritoriale Grundrechtsbindung nur in abwehrrechtlichen Konstellationen gilt oder auch bei anderen Grundrechtsfunktionen greift.[19] Nach wie vor ungeklärt und umstritten ist dies insbesondere für Schutzpflichten.[20] Einige Überlegungen sprechen gegen extraterritoriale Schutzpflichten. Zum einen begründen Schutzpflichten – anders als Abwehrrechte – eine Handlungspflicht des Staates. Diese stünde in Konflikt mit dem völker-

---

14 Eine ausführliche Darstellung der Argumentation des BVerfG und des Kontexts des BND-Urteils findet sich bei Uerpmann-Wittzack, Jura 2020, 953 (953 ff.).
15 BVerfG, Urt. v. 19.5.2020, Az.: 1 BvR 2835/17, Rn. 94–96.
16 BVerfG, Urt. v. 19.5.2020, Az.: 1 BvR 2835/17, Rn. 96.
17 BVerfG, Urt. v. 19.5.2020, Az.: 1 BvR 2835/17, Rn. 89.
18 Uerpmann-Wittzack, Jura 2020, 953 (956).
19 Siehe zu den Grundrechtsfunktionen Ruschemeier, § 1, in diesem Lehrbuch.
20 Siehe zu extraterritorialen Schutzpflichten Ruschemeier/Senders, § 8 A.III., in diesem Lehrbuch. Eingehend und instruktiv dazu auch Uerpmann-Wittzack, Jura 2020, 953 (956 f.).

Sué González Hauck

rechtlichen Verbot der Einmischung in die inneren Angelegenheiten eines anderen Staates. Zum anderen sind Schutzpflichten eng mit dem auf das Staatsgebiet bezogenen und begrenzten staatlichen Gewaltmonopol verknüpft.

Beispiel: Eine verwaltungsgerichtliche Entscheidung bejahte jüngst eine über die deutsche Staatsgrenze hinauswirkende Schutzpflicht für das Leben und die körperliche Unversehrtheit der Familienmitglieder eines IS-Kämpfers.[21] Allerdings in einer Sonderkonstellation: die Antragsteller:innen waren deutsche Staatsbürger:innen – anders als die meisten der Beschwerdeführenden in dem BND-Urteil des BVerfG. Gegenüber deutschen Staatsbürger:innen ist der Staat grundrechtsgebunden – im In- wie im Ausland.

Zusammenfassung: Die wichtigsten Punkte
- Die deutsche Staatsgewalt in all ihren Ausprägungen ist umfassend an die Grundrechte gebunden.
- Nicht an die Grundrechte gebunden sind grundsätzlich Private.
- Die Staatsgewalt bleibt auch dann an die Grundrechte gebunden, wenn sie sich der Formen des Privatrechts bedient.
- Auch im Ausland sind deutsche Hoheitsträger, insbesondere der Bundesnachrichtendienst und die Bundeswehr, an die Grundrechte gebunden.

Weiterführende Studienliteratur
- Elke Gurlit, Grundrechtsbindung von Unternehmen, NZG 2012, S. 249–255
- Robert Uerpmann-Wittzack, Der offene Rechtsstaat und seine Freunde, Jura 2020, S. 953–961

Dieses Kapitel darf gerne kommentiert, verändert und beliebig genutzt werden. Jeder Link in der PDF-Version des Textes führt zur Überarbeitungsmöglichkeit bei der Plattform Wikibooks. Eine konkrete Anleitung zur Mitarbeit & Weiternutzung findet sich auf unserer Homepage | ebenfalls über den abgebildeten QR-Code mit der Smartphone-Kamera erreichbar.

---

21 VG Berlin, Beschl. v. 10.7.2019, Az.: 34 L 245.19; OVG Berlin-Brandenburg, Beschl. v. 6.11.2019, Az.: OVG 10 S 43.19.

Sué González Hauck

Abschnitt 2
Aufbau der Prüfung eines Freiheitsgrundrechts

§ 5 Schutzbereich & Eingriff

Notwendiges Vorwissen: <u>Grundrechtsfunktionen</u>, juristische Auslegungsmethoden

Lernziel: Grundrechtsaufbau und Prüfung verstehen, Schutzbereiche bestimmen können, Funktion des Grundrechtseingriffs verstehen und in der Prüfung anwenden können

---

Für dieses Kapitel gibt es frei zugängliche interaktive Übungen. Halte einfach deine Smartphone-Kamera vor den Kasten mit den Punkten (QR-Code).

Schutzbereichsbestimmung und Eingriff sind zentrale Rechtsfiguren der Grundrechtsdogmatik. Dabei ist für das Verständnis zunächst wichtig, dass die Bestimmung des grundrechtlich geschützten Freiheitsbereichs unabhängig von der Grundrechtsdimension ist. Aus den Freiheitsgrundrechten lassen sich auch Schutz-, Leistungs- oder Teilhaberechte ableiten, ohne dass innerhalb der Grundrechte selbst zwischen einer abwehrrechtlichen oder Schutzgewährleistung differenziert wird. Allerdings liegt der Schutzbereichsbestimmung die verbreitete abwehrrechtliche Grundrechtsdogmatik zugrunde, sodass Schutzbereich und Eingriff ineinandergreifen.

Der Grundrechtseingriff ist untrennbar mit der abwehrrechtlichen Dimension der Grundrechte verbunden. Nur Grundrechtseingriffe lösen ein Rechtfertigungsbedürfnis aus und sind dadurch ein ungeschriebenes Merkmal des tatsächlichen Freiheitsschutzes. Der Prüfungspunkt des Grundrechtseingriffs ist in der Mehrzahl der Klausurkonstellationen im Ergebnis zu bejahen. Ein Schwerpunkt der geforderten rechtlichen Argumentation liegt meist auf der Ebene der Einschränkbarkeit des Grundrechts, insbesondere der Verhältnismäßigkeitsprüfung. Die Figur des Grundrechtseingriffs fußt auf ausdifferenzierten, dogmatisch vielfältigen Begründungsansätzen, deren Darstellung in den allermeisten Fällen im Rahmen einer Klausur entbehrlich ist. Das Verständnis des Grundrechtseingriffs ist dennoch unerlässlich, um die Materie der Grundrechte zu durchdringen, und ist auch im Rahmen der Fallbearbeitung von nicht zu unterschätzender Bedeutung: Der Eingriff spielt für die Verhältnismäßigkeitsprüfung eine entscheidende Rolle. Denn die Zweckerreichung wird zur Eingriffsintensität ins Verhältnis gesetzt.

A. Untrennbarkeit von Schutzbereich und Grundrechtseingriff

Grundrechtlicher Schutzbereich und Eingriff sind enger miteinander verwoben, als es der verbreitete, scheinbar klar abgrenzbare, dreistufige Prüfungsaufbau suggeriert.[1] Zwar kann der Schutzbereich eines Grundrechts theoretisch ohne die Prüfung eines Eingriffs definiert werden. Der Grundrechtseingriff kann aber nicht ohne Bezug zum Schutzbereich bestimmt werden, da der Eingriff einen Bezugspunkt voraussetzt, worin eingegriffen wird. Daraus folgt auch, dass die Prüfungsreihenfolge der Bestimmung des Schutzbereichs vor der Prüfung des Eingriffs in allen Fällen zwingend ist.

Der Grundrechtseingriff ist die Prüfung einer Zurechnungsfrage, nämlich die Zuordnung der Beeinträchtigung des Schutzbereichs zur grundrechtsgebundenen Staatsgewalt. Deshalb kann nie ein Grundrechtseingriff durch Parteien vorliegen, die nicht durch die Grundrechte gebunden sind. Eine Grundrechtsverletzung kann sich nur aus dem ungerechtfertigten Eingriff in einen grundrechtlichen Schutzbereich ergeben.

Schutzbereich und Grundrechtseingriff sind auch inhaltlich miteinander verschränkt, da weit verstandene Schutzbereiche zu mehr Grundrechtseingriffen führen, die wiederum eine Rechtfertigungslast auslösen. Schutzbereich und Grundrechtseingriff sind auch deshalb so eng miteinander verwoben, weil die Bestimmung des Eingriffs an dem grundrechtlichen Schutzbedürfnis orientiert ist und sich dieses wiederum auch nach den Eingriffsmöglichkeiten des Staates bestimmt.

Beispiel: Das Recht auf die Gewährleistung und Vertraulichkeit informationstechnischer Systeme wurde vom BVerfG als Reaktion auf die technischen Ermittlungsmöglichkeiten der Sicherheitsbehörden entwickelt.[2] Es schützt davor, dass digitale Endgeräte heimlich überwacht werden, was als staatlicher Eingriff wiederum Konsequenz der fortschreitenden digitalen Transformation ist.

---

1 Siehe zum Prüfungsaufbau Jandl, § 13, in diesem Lehrbuch.
2 Siehe zum Recht auf die Gewährleistung und Vertraulichkeit informationstechnischer Systeme Petras, § 24.4, in diesem Lehrbuch.

B. Schutzbereiche

Der materielle Kern grundrechtlicher Gewährleistungen liegt in den Schutzbereichen der Freiheits- und Gleichheitsrechte. Da die Prüfungsstruktur der Gleichheitsrechte sich von dem dreistufigen Aufbau eines Freiheitsrechts unterscheidet, wird sie gesondert unter C. behandelt. Gleichheitsrechte sind nicht abwehrrechtlich strukturiert und haben deshalb keinen Schutzbereich, in den eingegriffen wird. Freiheitsgrundrechte sind die Prototypen des subjektiven öffentlichen Rechts, sie verbürgen in ihrer Rechtsfolge die Rechtsmacht des:der Einzelnen, ein Tun oder Unterlassen zu verlangen. Sie sind subjektive öffentliche Rechte, da sie auf den Schutz individueller Rechte abzielen und nicht dazu dienen, die Allgemeinheit zu schützen.

Weiterführendes Wissen

Der Schutzbereich von Grundrechten wird auch als Normbereich, Grundrechtsgehalt, Grundrechtsinhalt, Wirkungsbereich, Geltungsbereich oder Anwendungsbereich bezeichnet.[3]

Die grundrechtlichen Schutzbereiche bezeichnen den vom jeweiligen Grundrecht umfassten Freiheitsbereich, dessen Einschränkung rechtfertigungsbedürftig ist.

Beispiel: Wie sehr Schutzbereich und Grundrechtseingriff zusammenhängen, zeigt Art 2 II 1 GG, das Recht der Freiheit der Person. Interpretiert man den Schutzbereich des Grundrechts eng, sodass die Freiheit der Person nur vor körperlichem Zwang, wie tatsächlichem Einsperren, schützt, sind die in der Corona-Pandemie bundesweit erlassenen Ausgangssperren, wonach das Verlassen der eigenen Wohnung nach 22 Uhr nicht erlaubt war, kein Grundrechtseingriff in die Freiheit der Person. Erstreckt sich die Freiheitsgewährleistung der Freiheit der Person hingegen im Sinne eines weiteren Verständnisses auch auf psychischen Zwang, liegt ein Grundrechtseingriff vor.[4]

Weiterführendes Wissen

Die präzise Bestimmung der grundrechtlichen Schutzbereiche ist Gegenstand einer andauernden rechtsdogmatischen Diskussion. Mit der herrschenden, weiten Schutzbereichsauslegung verlagern sich die Wertungsfragen der Grundrechtsprüfung überwiegend in die Verhältnismäßigkeitsprüfung. Andere Stimmen schlagen dagegen eine Differenzierung zwischen dem Lebensbereich des Grundrechts und der Schutzgarantie vor.[5] Im Ergebnis läuft dies darauf hinaus, dass Abwägungsfragen bereits auf der Ebene des Schutzbereichs eine Rolle spielen und zu einer en-

---

3 Nachweise bei Schröder JA 2006, 641 (Fn. 2–4).
4 Siehe auch Wißgott, VerfBlog, 24.4.2021.
5 Grundlegend Rusteberg, Der grundrechtliche Gewährleistungsgehalt, 2009, 169 ff.

Hannah Ruschemeier

geren Auslegung führen können. Für die Klausurbearbeitung spielen diese Erwägungen keine Rolle, sie können aber helfen, die Auslegung der Grundrechte besser zu verstehen. Entscheidend ist die methodisch saubere Bestimmung des Schutzbereichs anhand der juristischen Auslegungsmethoden.

I. Persönlicher und sachlicher Schutzbereich

Schutzbereiche lassen sich in einen persönlichen und einen sachlichen Teil kategorisieren. Die Prüfung des **persönlichen** Schutzbereichs ist allerdings nur in den Fällen von sogenannten Deutschengrundrechten und bei der Grundrechtsberechtigung juristischer Personen relevant.

Zudem schützen gewisse Grundrechte ein Unterlassen (negative Glaubensfreiheit = nicht zu glauben) und ein positives Tun (die Freiheit zu glauben) gleichermaßen. Das hat keinen Einfluss auf die abwehrrechtliche Funktion der Grundrechtsprüfung, da diese an das Tun des Staates anknüpft, sich deshalb auf Eingriffsebene abgrenzend von den anderen Funktionen unterscheidet.

Grundrechte, auf die sich „Jedermann" berufen kann, sind Menschenrechte. Einige Grundrechte stehen nur deutschen Staatsbürger:innen zu, beziehungsweise Unionsbürger:innen in europarechtskonformer Auslegung und unter Berücksichtigung des Diskriminierungsverbots des Art. 18 AEUV.[6]

Die Grundrechtsberechtigung juristischer Personen ist keine primäre Frage des jeweiligen Grundrechts, sondern von Art. 19 III GG, dessen Anforderungen unter den jeweiligen Schutzbereich subsumiert werden müssen.

Wichtiger als der häufig unproblematische persönliche Schutzbereich ist in Klausurkonstellationen die genaue Bestimmung des **sachlichen** Schutzbereichs. Der sachliche Schutzbereich definiert, ob die betroffene Rechtsposition durch das Grundrecht geschützt ist. Dabei kann sich das Schutzbedürfnis der sich auf das Grundrecht berufenden Person auf Situationen, Rechtspositionen und Güter, bestimmte Verhaltensweisen und Eigenschaften beziehen.[7]

Beispiel: sich öffentlich mit anderen zu versammeln; sein Eigentum vererben zu können; der Schutz der körperlichen Unversehrtheit; das Recht auf Gegendarstellung; die Freiheit seine Meinung zu äußern oder nicht vorbestraft zu sein.

---

6 Siehe zu der Berufsfreiheit Goldberg, § 21.2, in diesem Lehrbuch.
7 Bumke/Voßkuhle, Casebook Verfassungsrecht, 8. Aufl. 2020, Rn. 58.

Hannah Ruschemeier

II. Normenhierarchie

Die Schutzbereiche der Grundrechte sind originär verfassungsrechtlich zu bestimmen, einfache Gesetze können deshalb keine grundrechtlichen Schutzgehalte einschränken oder erweitern. Die Heranziehung einfachgesetzlicher Normen zur Auslegung eines Schutzbereichs ist deshalb unzulässig, kann aber in der Fallbearbeitung eine erste inhaltliche Orientierung bieten. Das einfache Recht muss dafür aber selbst verfassungsgemäß sein. In der Klausurbearbeitung ist der klassische Fall der einfachgesetzlich verbotene Beruf, der dennoch durch die Berufsfreiheit des Art. 12 I GG geschützt sein kann – die Tätigkeit darf nur nicht im Widerspruch zu verfassungsrechtlichen Wertungen stehen (z. B. grundlegend sozialschädlich sein). Eine Sonderstellung nehmen hier die privatrechtlich ausgestalteten Grundrechte (Eigentum, Ehe und Familie – Einrichtungsgarantien) ein.[8] Sie setzen die einfachgesetzlichen Vorgaben im Rahmen ihres Schutzbereichs voraus. Die Normenhierarchie wird dadurch allerdings nicht ausgehebelt. Das Konzept der Einrichtungsgarantie fordert gerade einen verfassungsrechtlichen Grundbestand, welcher der Disposition des einfachen Gesetzgebers entzogen ist.

Weiterführendes Wissen

„Grundrechtsunwürdiges" Verhalten oder ein Grundrechtsmissbrauch, der von vornherein aus Wertungsgesichtspunkten aus dem Schutzbereich der Freiheitsrechte hinausfällt, sieht das Grundgesetz nicht vor. In Fällen wie beispielsweise Verhaltensweisen, die darauf abzielen, andere zu verletzen oder fremdes Eigentum zu beschädigen, muss eine Abwägung zwischen den betroffenen Rechtspositionen erfolgen, da andernfalls die einfache Rechtsordnung durch Verbotsnormen über die verfassungsrechtliche Schutzwürdigkeit bestimmen könnte und ein Konflikt mit den Grundrechten Dritter ein Verhalten nicht per se schutzunwürdig macht.[9] Davon muss die Verwirkung von Grundrechten, die zum Teil auch als Grundrechtsmissbrauch bezeichnet wird, unterschieden werden. Die Verwirkung der in Art. 18 GG genannten Grundrechte im Kampf gegen die freiheitlich-demokratische Grundordnung ist keine primäre Frage der Auslegung grundrechtlicher Schutzbereiche, sondern Ausdruck einer wehrhaften und streitbaren Demokratie.[10] Der Grundrechtsverwirkung wird Appell- und Signalfunktion zugesprochen; eine Verwirkung von Grundrechten hat das BVerfG bisher in keinem der insgesamt zahlenmäßig ohnehin überschaubaren Verfahren ausgesprochen.[11] Der Kampf gegen die freiheitlich-demokratische Grundordnung ist zudem über das Strafrecht auf einfachgesetzlicher Ebene erfasst, §§ 80 ff. StGB.

---

8 Siehe zu den Einrichtungsgarantien Ruschemeier, § 1 C.2.e), in diesem Lehrbuch.
9 Weiterführend: Bumke/Voßkuhle, Casebook Verfassungsrecht, 8. Aufl. 2020, Rn. 60.
10 BVerfG, Beschl. v. 18.2.1970, Az.: 2 BvR 532/68 = BVerfGE 28, 36 (48).
11 Übersicht bei Buzer, in: BeckOK GG, 46. Ed. 15.2.2021, Art. 18, Rn. 3.

Hannah Ruschemeier

III. Auslegung

Für die konkrete Bestimmung der grundrechtlichen Schutzbereiche bietet der Wortlaut des Verfassungstextes oft nur wenige Anhaltspunkte. Eine Ausnahme ist zum Beispiel Art. 8 I GG, der unfriedliche Versammlungen ausdrücklich aus dem Schutzbereich ausnimmt. Da sich Verfassungen durch Übergesetzlichkeit und damit gegenüber dem einfachen Gesetzesrecht größerer Kontinuität einerseits sowie Deutungs- und Entwicklungsoffenheit andererseits auszeichnen, ist der fragmentarische Verfassungswortlaut wenig verwunderlich. Legaldefinitionen, wie in Art. 116 I GG, sind rar. Die Bestimmung des Schutzbereichs ist deshalb auch eine besondere Prüfungsleistung im Rahmen einer Grundrechtsprüfung.

1. Wortlaut

Der Wortlaut der Grundrechte führt in den seltensten Fällen zu einer eindeutigen Aussage über ihren Inhalt. Die Versammlungsfreiheit schützt friedliche Versammlungen ohne Waffen. Wann eine Versammlung friedlich ist, ergibt sich hingegen aus dem Gesetzestext nicht. Wie auch in anderen Rechtsbereichen ist der Wortlaut die äußerste Grenze der Auslegung, verfassungsrechtliche Analogien sind unzulässig. Der Wortlaut der Verfassung kann allerdings stets nur einen Rahmen vorgeben, da Verfassungen in besonderem Maße dynamischen Auslegungen gegenüber offen sind und sich ihr Verständnis wandeln kann. Diese Interpretationsoffenheit ist Konsequenz der erschwerten Abänderbarkeit von Verfassungen: Anders als einfache Gesetze sind sie nicht durch jede Verschiebung der politischen Mehrheitsverhältnisse veränderbar; sie setzen, um ihre Geltungskraft zu verwirklichen, deshalb eine flexiblere Auslegung voraus.

2. Systematik

Die systematische Auslegung zur Bestimmung grundrechtlicher Schutzgehalte unterliegt zunächst den Besonderheiten des Verfassungsrechts. Die Grundrechte finden sich im ersten Abschnitt der Verfassung, woraus sich nichts über ihre inhaltlichen Schutzgehalte ableiten lässt. Sie stehen auch untereinander nicht in einem speziellen systematischen Verhältnis; Ausnahme ist der Vorrang der speziellen Freiheitsrechte vor Art. 2 I GG und die besondere Stellung der Menschenwürde. Aus anderen Verfassungsbestimmungen lassen sich systematisch ebenfalls wenige Erkenntnisse gewinnen, da die Grundrechte einen eigenen Verfassungsabschnitt bilden. Die innere Systematik von Grundrechten kann allerdings eine Rolle bei ihrer Auslegung spielen. Art. 12 I GG schützt einheitlich die Berufsfreiheit, welche sich aus der Freiheit der Wahl von Arbeitsplatz und Arbeitsstätte sowie der Berufsausübung zusammensetzt und dem einheitlichen Vorbehalt der Einschränkbarkeit des Art. 12 I 2 GG unterliegt.[12]

3. Sinn und Zweck

Sinn und Zweck aller Grundrechte ist der individuelle Freiheitsschutz. Deshalb spielt bei vielen Grundrechten die Perspektive derjenigen Person, die sich auf das Grundrecht beruft, eine besondere Rolle und ist für die Auslegung des Schutzbereichs verstärkt heranzuziehen. Bei Grundrechten mit starkem Persönlichkeitsbezug oder individueller Interpretation, die nicht rechtserzeugt sind (zum Beispiel Gewissensfreiheit), ist die subjektive Perspektive erforderlich, um den Schutzbereich zu bestimmen.[13]

Beispiel: Glaubens-, Gewissens- und Weltanschauungsfreiheit, Art. 4 I GG; Kunstfreiheit, Art. 5 I GG.

Um weiterhin eine Abgrenzung zwischen den speziellen Freiheitsrechten untereinander und zur allgemeinen Handlungsfreiheit zu ermöglichen, stellt das BVerfG auf eine Plausibilitätskontrolle ab.[14] Beschwerdeführer:innen müssen plausibel beziehungsweise konsistent darlegen, dass die in Frage stehende Aktivität in der Tat ihren Sinn von einem religiösen oder weltanschaulichen Sinnsystem empfängt.[15] Konsistenz meint in diesem Zusammenhang, dass sich die auf das Grundrecht berufende Person nicht zu ihrem eigenen Vortrag in Widerspruch setzt. Dies betrifft die verfassungsprozessrechtliche Darlegungslast, die aber im Ergebnis auf die materiellrechtliche Prüfung des Schutzbereichs durchschlägt, da solche inneren Vorgänge ohnehin keines Beweises zugänglich sind.

Beispiel: Die Glaubensfreiheit des Art. 4 I GG schützt Glaube, Gewissen und Weltanschauung, also primär innere subjektive Einstellungen jeder einzelnen Person. Deshalb ist der Schutzbereich des Art. 4 I GG rein subjektiv zu bestimmen. Wird aus dem Vortrag nur deutlich, dass es sich um allgemeine Lebenshilfe ohne religiösen Bezug handelt und diese nur im verfassungsrechtlichen Verfahren als Religion bezeichnet wird, kann der Vortrag inkonsistent und nicht plausibel sein.[16]

---

12 Siehe zu der Berufsfreiheit Goldberg, § 21.2, in diesem Lehrbuch.

13 Vertiefend zu Glaube, Religion und Gewissen: Morlok, Selbstverständnis als Rechtskriterium, 1993, 49 ff.; zur Kunstfreiheit: Bethge, in: Sachs GG, 9. Aufl. 2021, Art. 5 Rn. 182 ff.

14 Siehe zu Art. 4 I GG Gerbig, § 22.1., in diesem Lehrbuch.

15 Bspw. BVerfG, Urt.v. 24.9.2003, Az.: 2 BvR 1436/04 = BVerfGE 108, 282 (299).

16 Bsp. bei Germann, in: BeckOK GG, 46. Ed. 15.2.2021, Art. 4 GG. Rn. 25.3.

Hannah Ruschemeier

4. Historie

Die historische Auslegung bezieht die Entstehungsgeschichte des Grundgesetzes und die Verhandlungen im Parlamentarischen Rat sowie seinen Ausschüssen mit ein. Besondere praktische Relevanz hat die historische Auslegung für die Abgrenzung der Gesetzgebungskompetenzen, Art. 70 ff. GG. Für viele aktuelle grundrechtliche Gefährdungslagen, wie zum Beispiel den Einsatz digitaler Techniken durch Sicherheitsbehörden, kann die historische Auslegung nur wenig konkrete Anhaltspunkte liefern. Methodisch lässt sich zwar keine Rangfolge der Auslegungsmethoden begründen, in der Fallbearbeitung spielt die historische Auslegung aber meist eine untergeordnete Rolle.

5. Völker- und Europarecht

Die völkerrechtsfreundliche Auslegung des Grundgesetzes ist keine eigene Auslegungsmethode, sondern eher eine „Auslegungshilfe". Dies ergibt sich bereits daraus, dass völkerrechtliche Vereinbarungen (EMRK) im Rang unter dem Grundgesetz auf der Ebene eines einfachen Bundesgesetzes stehen, Art. 59 II GG. Sie können die verfassungsrechtliche Freiheitsgewährung der Grundrechte in keinem Fall einschränken.

! Examenswissen

Die „grundrechtskonforme Auslegung" des einfachen Rechts als Berücksichtigung höherrangiger Rechtsnormen kann auf die Grundrechte nicht bruchlos übertragen werden. Die Grundrechte der Europäischen Grundrechtecharta gelten unmittelbar, unabhängig davon, dass das BVerfG die Grundrechte des Grundgesetzes primär auch bei der Durchführung des Unionsrechts anwendet.[17] Die Grundrechte des Grundgesetzes werden zwar auch im Lichte des europäischen Grundrechtsschutzes ausgelegt, dies spielt praktisch aber eine untergeordnete Rolle, da viele Freiheitsgewährleistungen durch das Grundgesetz auf demselben oder höherem Schutzniveau verbürgt sind. In der Klausur bietet es sich an, mit der Rechtsprechungsentwicklung des BVerfG zu argumentieren.[18]

---

6. Je weiter die Schutzbereichsauslegung, desto größer der Grundrechtsschutz?

Eine weite Auslegung der Schutzbereiche führt dazu, dass viele Verhaltensweisen dem Grundrechtsschutz unterfallen. Dadurch wird der Freiheitsschutz tendenziell

---

17 Siehe zum Verhältnis von Grundrechtecharta und Grundgesetz Brade/Ramson, § 14, in diesem Lehrbuch.
18 Vergleiche hierzu den Überblick, Brade/Ramson § 14, in diesem Lehrbuch.

Hannah Ruschemeier

ausgeweitet. Je weiter die Schutzbereiche jedoch ausgelegt werden, desto schwieriger wird es, die speziellen Freiheitsrechte voneinander abzugrenzen. Eine extensive Auslegung von Schutzbereichen kann den Freiheitsschutz auch verwässern, indem sich problematische Fragen gänzlich in die Prüfung der Verhältnismäßigkeit verlagern. Das Grundgesetz sieht aber die Ausdifferenzierung der verschiedenen Schutzgehalte ausdrücklich vor. Im Einzelfall kann eine Abgrenzung schwierig sein, in der Rechtsprechung gibt es keine eindeutige Tendenz. Das BVerfG hat zum Beispiel in zwei prominenten und umstrittenen Entscheidungen die Schutzbereiche der Glaubens- und Religionsfreiheit bei staatlichem Informationshandeln als nicht betroffen angesehen.[19] Das Gericht lehnte die Eröffnung des Schutzbereichs ab, wenn das Informationshandeln in Wahrnehmung einer staatlichen Aufgabe durch das zuständige Organ erfolgt, der Inhalt zutrifft und sachlich formuliert wird.[20] Hintergrund ist, dass die Information der Bevölkerung zuvörderst eine staatliche Aufgabe darstellt. Zielt das staatliche Informationshandeln hingegen gerade darauf ab, die Grundrechtsausübung zu beeinträchtigen, liegt ein Grundrechtseingriff in den Schutzbereich vor.

Beispiel: Den staatlichen Lebensmittelpranger hat das BVerfG im Ergebnis als Eingriff in Art. 12 GG (in der Entscheidung als Eingriffsäquivalent bezeichnet) qualifiziert, womit der Schutzbereich eröffnet und eine Rechtfertigung erforderlich war.[21]

Im Einzelnen sind viele Fragen noch ungeklärt. Es ist ebenfalls vertretbar, bei rechtserheblichen Konsequenzen staatlicher Warnungen von einem mittelbaren Grundrechtseingriff auszugehen.[22] Offen ist auch, ob das BVerfG weiter an dieser Konzeption festhält beziehungsweise sich die Erwägungen auf andere Konstellationen übertragen lassen. Für die Fallbearbeitung ist wichtig, beim Themenbereich des staatlichen Informationshandelns besonderes Augenmerk auf die Eröffnung des Schutzbereichs zu legen.

---

19 BVerfG, Beschl. v. 26.6.2002, Az.: 1 BvR 670/91 = BVerfGE 105, 279 (294 ff.) – Osho; BVerfG, Beschl. v. 26.6.2002, Az.: 1 BvR 558 = BVerfGE 105, 252 (265 ff.) – Glykol.
20 BVerfG, Beschl. v. 26.6.2002, Az.: 1 BvR 558 = BVerfGE 105, 252 (268) – Glykol. Vertiefend Lenski, ZJS 2008, 13 ff.
21 BVerfG, Beschl. v. 21.3.2018, Az.: 1 BvF 1/13 = BVerfGE 148, 40 (50).
22 Dazu Dreier, in: ders. GG, 3. Aufl. 2013, Vorbemerkungen Art. 1, Rn. 128.

Hannah Ruschemeier

IV. Abgrenzung der Schutzbereiche

Die genaue Bestimmung des einschlägigen Schutzbereichs ist auch deshalb relevant, weil die Grundrechte unterschiedlichen Anforderungen an ihre Einschränkbarkeit unterliegen. Die Vereinbarkeit der freiheitsbeschränkenden Maßnahme kann theoretisch stets an allen einschlägigen Grundrechten gemessen werden, sie muss aber den strengsten Anforderungen an die Einschränkbarkeit genügen, um verfassungskonform zu sein. Die Subsumtion unter die infrage kommenden Schutzbereiche ist deshalb der Frage der <u>Grundrechtskonkurrenz</u> vorgeschaltet.[23] Die Schutzbereiche der speziellen Freiheitsrechte werden anhand der allgemeinen Auslegungsmethoden nach Spezialität abgegrenzt. Dabei kann als allgemeine Regel nur gelten, dass Art. 2 I GG jedenfalls dann nicht primär einschlägig ist, wenn ein spezielles Freiheitsgrundrecht gilt.

ℹ Weiterführendes Wissen

Die Frage nach einer gegenseitigen Verstärkungswirkung verschiedener Grundrechte untereinander entbindet nicht von der Subsumtion unter den jeweiligen Schutzbereich des zu prüfenden Grundrechts. Ein von der Rechtsprechung des BVerfG entwickeltes „echtes" Kombinationsgrundrecht ist das <u>Allgemeine Persönlichkeitsrecht</u>, welches als einheitliches Grundrecht anerkannt ist.[24] Darüber hinaus ist umstritten, ob sich bei mehreren einschlägigen Grundrechten Schutzverstärkungen auf der Ebene des Schutzbereichs oder erst auf der Rechtfertigungsebene auswirken und unter welchen Voraussetzungen.[25] Dies führt zu weiteren schwierigen dogmatischen Fragen, wie sich die verfassungsrechtliche Breitenwirkung oder die Betroffenheit eines Lebenssachverhalts, der sich über mehrere Schutzbereiche erstreckt, überhaupt in der Grundrechtsprüfung abbilden lassen.[26] In der Klausur sollte eine Verstärkungswirkung mehrerer Grundrechte nur dann thematisiert werden, wenn dieser Aspekt im Sachverhalt ausdrücklich angesprochen wird. Pragmatisch lassen sich Verstärkungsaspekte am einfachsten in der Verhältnismäßigkeit platzieren, dort explizit bei der Schwere des Eingriffs, wo sich eine Verstärkungswirkung vertretbar im bekannten Prüfungsschema verorten lässt.

---

23 Siehe zu den Grundrechtskonkurrenzen Brade, § 12, in diesem Lehrbuch.

24 Siehe zum Allgemeinen Persönlichkeitsrecht Valentiner, § 18.2, in diesem Lehrbuch.

25 Vertiefend dazu Meinke, In Verbindung mit, 2006, 246; Breckwoldt, Grundrechtskombinationen, 2015, 47 ff.; 132 ff.; Darstellung des grundrechtsdogmatischen Diskurses bei Sandner, Verstärkungswirkung von Grundrechten, 2019, 27 ff.

26 Das BVerfG hat die Beeinträchtigung des Schutzbereichs der Religionsfreiheit beispielsweise nicht als Voraussetzung angesehen, um das Schächten als religiösen Akt zu werten und damit die Schutzwirkung des Art. 4 I GG zu berücksichtigen, <u>BVerfG, Urt. v. 15.1.2002, Az.: 1 BvR 1783/99</u> = BVerfGE 104, 337 (346).

Hannah Ruschemeier

Klausurtaktik   [!]

In der Klausur sind in der Regel alle einschlägigen Grundrechte zu prüfen, das speziellere Freiheitsrecht zuerst. Fragen der Grundrechtskonkurrenz können angesprochen werden, nachdem
die Eröffnung des Schutzbereichs bejaht wurde.[27] Ergebnisrelevant ist die Prüfung mehrerer
Grundrechte nur, wenn die zu prüfende Maßnahme allein mit dem Grundrecht unvereinbar ist,
welches die höchsten Anforderungen an die Einschränkbarkeit fordert.

C. Grundrechtseingriff

Die Rechtsfolge der Bestimmung des Grundrechtseingriffs ist, dass das betroffene
Grundrecht gegen diese Beeinträchtigungen schützt und die Maßnahme rechtfer-
tigungsbedürftig ist. Der Wortlaut des Grundgesetzes bezieht sich nur an wenigen
Stellen explizit auf den Eingriff in Grundrechte.

Beispiel: Art. 2 II 3, Art. 13 VII GG.

In seiner Rechtsprechung verwendet das BVerfG nicht durchgängig einheitlich
die Bezeichnung des Grundrechtseingriffs, sondern zum Beispiel auch „Beeinträchtigung"[28] oder „grundrechtliche Betroffenheit"[29]. In der Fallprüfung bietet
es sich an, beim Ausdruck des Grundrechtseingriffs zu bleiben und diesen nicht
mit der Grundrechtsverletzung gleichzusetzen, die wiederum einen nicht gerechtfertigten Eingriff voraussetzt. Umgekehrt ist dann auch nicht jeder Eingriff eine
Grundrechtsverletzung, außer im Fall der Menschenwürde.[30]

I. Entwicklung des Eingriffsverständnisses

Terminologisch wird zwischen dem sog. klassischen und dem modernen Grundrechtseingriff unterschieden.

   Diese Differenzierung ist für die überwiegende Zahl der Fallprüfungen nicht
relevant. Unerlässlich ist es aber, die einzelnen Kriterien zu verstehen, um sie
praktisch prüfen zu können. Sie spielen auch bei Grundrechten mit besonders

---

27 Siehe zu den Grundrechtskonkurrenzen Brade, § 12, in diesem Lehrbuch.
28 BVerfG, Beschl. v. 26.6.2202, Az.: 1 BvR 670/91 = BVerfGE 105, 279 (300). Stellenweise meint
Beeinträchtigung auch die mittelbare Grundrechtseinwirkung durch das Handeln Privater.
29 BVerfG, Beschl. v. 21.1.1959, Az.: 1 BvR 800/58 = BVerfGK 9, 123 (128).
30 Siehe zur Menschenwürde Schröder, § 18.1, in diesem Lehrbuch.

Hannah Ruschemeier

weiten Schutzbereichen eine besondere Rolle.[31] Es kann zudem hilfreich sein, sich zunächst an den klassischen Eingriffskriterien zu orientieren, da sie keine notwendigen, aber doch hinreichenden Merkmale eines Grundrechtseingriffs sind.

Das **klassische Eingriffsverständnis** hat seinen begrifflichen Ursprung in der Vorstellung eines primär durch Eingriffsverwaltung handelnden Staates, weshalb seine Kriterien denen eines Verwaltungsaktes entsprechen.[32] Das klassische oder traditionelle Verständnis des Grundrechtseingriffs setzt eine imperative (mit Befehl und Zwang durchsetzbare), zielgerichtete (finale), rechtsförmliche und unmittelbare Maßnahme voraus.[33] Das Grundgesetz gibt diese Definition des Eingriffsbegriffs an keiner Stelle vor, vielmehr fordert die Verfassung einen effektiven Grundrechtsschutz. Durch den klassischen Eingriffsbegriff werden mittelbare oder faktische Eingriffe sowie rein tatsächliches Staatshandeln nicht erfasst. Da der grundrechtsgebundene Staat aber nicht durch die Wahl seiner Handlungsform über die Reichweite des Grundrechtsschutzes disponieren darf, erweist sich das klassische Eingriffsverständnis als zu eng.

Beispiel: Tatsächliches, nicht rechtsförmliches Handeln (also nicht durch Parlamentsgesetz, RVO oder Verwaltungsakt) wird vom klassischen Eingriffsverständnis nicht erfasst. Danach würde ein polizeilicher Platzverweis, staatliches Informationshandeln (unberechtigte Produktwarnung) oder Videoüberwachung kein rechtfertigungsbedürftiges, grundrechtsbeeinträchtigendes Handeln darstellen.

Die Erweiterung des Eingriffsverständnis ist deshalb keine Abkehr von den Vorgaben des Grundgesetzes, sondern eher eine aktualisierte Interpretation. Denn Grundrechte schützen vor staatlichen Gefährdungslagen, die sich mit der Zeit ändern können. Der „**moderne**" Grundrechtseingriff ist denkbar weit. Ausgangspunkt ist, dass jedes staatliche Handeln, welches den Schutzbereich eines Grundrechts verkürzt, ein Grundrechtseingriff ist. Der Schutzbereich eines Grundrechts ist dann verkürzt, wenn das geschützte Tun oder Unterlassen verboten, unmöglich gemacht oder erschwert wird.

Bei staatlichen Verboten oder in der Eingriffsverwaltung liegen meist unproblematisch klassische Grundrechtseingriffe vor, die wiederum auch nach dem „modernen Eingriffsverständnis" ein Grundrechtseingriff sind. Grundrechtsein-

---

31 Zum Beispiel kann die berufsregelnde Tendenz eines Eingriffs auch über die Finalität der Maßnahme begründet werden. Siehe zur Berufsfreiheit Goldberg, § 22.1. in diesem Lehrbuch.
32 Ausführliche Darstellung des historischen Hintergrunds des klassischen Eingriffsbegriffs bei Eckhoff, Der Grundrechtseingriff, 1992, 47 ff.
33 BVerfG, Beschl. v. 16.6.2002, Az.: 1 BvR 670/91 = BVerfGE 105, 1279 (300) – Osho.

griffe können daher in jeder Form staatlichen Handelns, durch Gesetz, Verwaltungsakt, tatsächliches Handeln oder gerichtliche Entscheidung erfolgen.

II. Mittelbare und faktische Eingriffe, spezifische Eingriffe

Mittelbare und faktische Eingriffe erfüllen die Merkmale der Rechtsförmlichkeit und/oder Unmittelbarkeit nicht. Rechtsförmlichkeit ist von realem oder tatsächlichem Staatshandeln abzugrenzen. Unmittelbarkeit liegt nur dann vor, wenn die beeinträchtigende Wirkung auf den Schutzbereich des Grundrechts im Verhalten der öffentlichen Gewalt selbst liegt, ohne dass weitere Faktoren hinzukommen.

Beispiel: Die Ernennung einer konkurrierenden Person für ein öffentliches Amt ist kein unmittelbarer Grundrechtseingriff, kann aber zu einer mittelbaren Beeinträchtigung führen.

Examenswissen

Die verfassungsprozessuale Beschwerdebefugnis des § 90 I BVerfGG setzt die eigene, gegenwärtige und unmittelbare Betroffenheit voraus. Diese prozessual zu verstehende unmittelbare Betroffenheit ist nicht mit der Unmittelbarkeit als Kriterium des klassischen Eingriffsbegriffs gleichzusetzen, denn ein unmittelbarer Grundrechtseingriff ist weiter. Ein Gesetz kann zwar einen Grundrechtseingriff darstellen, die beschwerdeführende Person aber mangels Vollzugsakt davon noch nicht unmittelbar betroffen sein. Dann steht der fachgerichtliche Rechtsschutz gegen die Einzelmaßnahme offen. Wird hingegen der Eingriff bereits verneint, scheidet eine grundrechtsrelevante Betroffenheit in jedem Fall aus.[34]

Faktische Beeinträchtigungen, zum Beispiel durch staatliche Emissionen oder mittelbare Eingriffe, bei denen sich staatliche Maßnahmen gegen einen Adressaten auf Dritte auswirken, zum Beispiel Verwaltungsakte mit Doppelwirkung, sind vom erweiterten Eingriffsverständnis ebenfalls umfasst. Entscheidend ist weniger die Handlungsform, sondern ob die Beeinträchtigung dem Staat zurechenbar ist. Beispielsweise ist das Kruzifix im Klassenzimmer aufgrund seines appellativen Charakters ein Grundrechtseingriff.[35] Das BVerfG hat solche Beeinträchtigungen auch als funktionales Eingriffsäquivalent bezeichnet,[36] was für die Grundrechtsfallprüfung keinen Unterschied macht.

---

34 Vertiefend zu den Merkmalen des klassischen Eingriffsverständnisses und ihrer Begründung Ruschemeier, Der additive Grundrechtseingriff, 2019, 84 ff.
35 BVerfG, Beschl. v. 16.5.1995, Az.: 1 BvR 1087/91 = BVerfGE 93, 1 (20 ff.).
36 BVerfG, Beschl. v. 11.7.2006, Az.: 1 BvL 4/00 = BVerfGE 116, 202 (222).

! Klausurtaktik

Die genauen Kriterien des erweiterten Eingriffsbegriffs sind weiterhin umstritten, im Rahmen einer Fallprüfung werden tiefergehende dogmatische Erwägungen nicht erwartet. Wichtig ist aber, die Zurechnung des Verhaltens zum Staat in den Fällen faktischer, mittelbarer und abschreckender Beeinträchtigungen genau herauszuarbeiten, also zu prüfen, durch was gegenüber wem ein Grundrechtseingriff vorliegt. Einen Bagatellvorbehalt der Grundrechte gibt es nicht, aber bloße Belästigungen sollen keine Grundrechtseingriffe sein, wobei die Grenze zum erweiterten Eingriffsbegriff jedoch nicht klar ist.[37]

Bei einzelnen Grundrechten ergeben sich besondere Anforderungen an die Prüfung des Grundrechtseingriffs. Die Bestimmung eines Eingriffs in die Eigentumsfreiheit erfordert die Prüfung, ob es sich um eine Inhalts- und Schrankenbestimmung oder eine Enteignung handelt.[38] Da die Berufsfreiheit durch zahlreiche staatliche Maßnahmen tangiert wird, fordert das BVerfG dort, dass sich die einschränkende Maßnahme entweder unmittelbar auf die Berufstätigkeit bezieht oder zumindest die objektiv-berufsregelnde Tendenz als Merkmal des Grundrechtseingriffs vorliegt.[39]

i Weiterführendes Wissen

Inwieweit ein additiver Grundrechtseingriff mehrere staatliche Maßnahmen, die in dasselbe Grundrecht einer von dieser Mehrzahl von Beeinträchtigungen betroffenen Person eingreifen, in der Grundrechtsprüfung abbilden kann, ist nicht abschließend geklärt.[40] Das BVerfG hat die Gefährdungslage, dass eine betroffene Person durch eine Mehrzahl staatlicher Maßnahmen betroffen ist und diese in ihrer Gesamtschau erhebliche Auswirkungen auf den Grundrechtsschutz haben können, anerkannt.[41] Der Grundrechtsschutz ist deshalb durch zusammenwirkende Eingriffe besonders gefährdet, wenn diese singulär betrachtet geringfügig und gerechtfertigt sind, in ihrer Gesamtschau aber die Schwelle des verfassungsrechtlich Zulässigen überschreiten. Sollten solche Konstellationen in der Fallbearbeitung relevant werden, wird es regelmäßig ausreichen, das Problem überhaupt zu erkennen. Thematisiert werden könnte ein Zusammenwirken mehrerer Eingriffe auf der Ebene des Eingriffs, der Verhältnismäßigkeit oder im Rahmen einer Prüfung des Wesensgehalts des betroffenen Grundrechts. Hier ist alles vertretbar.

---

37 Detterbeck, Öffentliches Recht, 2018, Rn. 290 mit dem Beispiel des Staus, welcher durch eine polizeiliche Verkehrskontrolle verursacht wurde.
38 Siehe zum Eingriff in die Eigentumsfreiheit Eisentraut, § 21.1 A.II.1., in diesem Lehrbuch.
39 BVerfG, Beschl. v. 12.10.211, Az.: 2 BvR 422/08 = BVerfGE 129, 208 (267) – st. Rspr. Siehe zu der Berufsfreiheit Goldberg, § 21.2, in diesem Lehrbuch.
40 Dazu Brade, Additive Grundrechtseingriffe, 2019 – passim; Ruschemeier, Der additive Grundrechtseingriff, 2018 – passim.
41 Erstmals in BVerfG, Urt. v. 12.4.2005, Az.: 2 BvR 581/01 = BVerfGE 112, 304 (320).

Hannah Ruschemeier

D. Grundrechtseingriff und Verhältnismäßigkeit

Die präzise Bestimmung des Grundrechtseingriffs ist für die Prüfung der Verhältnismäßigkeit unerlässlich.[42] Denn die Verhältnismäßigkeit bildet das Verhältnis zwischen der Intensität und der Zweckerreichung des Eingriffs ab. Die Verhältnismäßigkeit enthält tatsächliche (Geeignetheit, Erforderlichkeit) und normative Elemente (Angemessenheit), die auseinandergehalten werden müssen. Die Frage nach der Geeignetheit oder Erforderlichkeit eines Grundrechtseingriffs ist eine Tatsachenfrage, die Prüfung der Angemessenheit eine normative. Wenn zum Beispiel aus dem Sachverhalt hervorgeht, dass die staatliche Maßnahme wissenschaftlich nachgewiesen keinen Effekt auf das erwünschte Verhalten hat, eine andere Regelung bessere Effekte bei geringerer Eingriffsstärke hat oder aus anderen Gründen das erstrebte Ziel schon gar nicht erreichen kann, ist der Eingriff nicht geeignet. Dies ist zwingend vor der Erforderlichkeit zu prüfen ist, da eine nicht geeignete Maßnahme nie erforderlich sein kann. In den Klausurkonstellationen des ersten Staatsexamens liegt der Schwerpunkt oft auf der Angemessenheit, da dort eine normative Wertung vorzunehmen ist. Der Sachverhalt steht ohnehin fest und kann in einer Erstexamensklausur nicht weiter ermittelt werden. Zudem ist zu beachten, dass es in den seltensten Fällen bereits an der Geeignetheit und Erforderlichkeit mangelt, da dem Gesetzgeber dahingehend ein weiter Beurteilungsspielraum eingeräumt wird. Ist die Maßnahme dem Zweck nur irgendwie förderlich, ist sie geeignet. Das BVerfG setzt aufgrund der Gewaltenteilung und mangels fehlender demokratischer Legitimation nicht seine eigene Wertung an die Stelle des Gesetzgebers, sondern überprüft nur die verfassungsrechtlichen Grenzen. „Bessere" oder „zweckmäßigere" Maßnahmen sind deshalb für die Prüfung der Verhältnismäßigkeit unerheblich.

Die Verhältnismäßigkeitsprüfung hat sich in der Rechtsprechung des BVerfG kontinuierlich weiterentwickelt. Durch die Erweiterung des Eingriffsbegriffs hat die Verhältnismäßigkeit immer mehr an Bedeutung gewonnen. Das gilt auch für die Kontrolldichte, die sich erhöht, je intensiver der Grundrechtseingriff ist. Bisher lassen sich die Voraussetzungen einer strengen inhaltlichen Kontrolle gegenüber einer Vertretbarkeits- oder Evidenzkontrolle aber nicht schematisch klar voneinander abgrenzen.[43]

Alle Staatsgewalten sind an die Grundrechte gebunden, jegliches staatliches Handeln kann einen potenziellen Grundrechtseingriff darstellen. Für die Grund-

---

42 Ausführlich zu den Grenzen der Einschränkbarkeit und den einzelnen Schritten der Verhältnismäßigkeitsprüfung Milas, § 7, in diesem Lehrbuch.
43 Huber, in: v. Mangoldt/Klein/Starck, Grundgesetz, 7. Aufl. 2018, Art. 19 Rn. 517.

Hannah Ruschemeier

rechtsprüfung ist wichtig, sich zu vergegenwärtigen, dass die Grundrechtsauswirkungen dennoch unterschiedlich intensiv sind. Gemäß der verfassungsrechtlichen Gewaltenteilung gestaltet der Gesetzgeber die Grundrechte durch Parlamentsgesetze und Rechtsverordnungen aus, die Gerichte und die Exekutive wenden diese Gesetze an. Durch Gesetz selbst werden nur selten finale Eingriffe vorgenommen, meist durch den nachfolgenden Vollzugsakt (z. B. einen belastenden Verwaltungsakt). Dem Gesetzgeber kommt aufgrund seiner demokratischen Legitimation dabei ein Beurteilungsspielraum zu. Das BVerfG nimmt deswegen auch keine Zweckmäßigkeits- oder Sinnhaftigkeitskontrolle von Gesetzen vor, sondern prüft nur <u>spezifisches Verfassungsrecht</u>.[44] Auch bei exekutiven Eingriffen und Gerichtsurteilen prüft das BVerfG nicht die richtige Anwendung einfacher Gesetze, sondern nur die Grundrechtsverletzung. Der Exekutive und der Legislative kommt aber im Gegensatz zum Gesetzgeber kein genereller Beurteilungsspielraum zu. Sie sind umfänglich an Gesetze gebunden und können nur in diesem gesetzlichen Rahmen, zum Beispiel im Wege eines seltenen Beurteilungsspielraums, wie einer Prognoseentscheidung, oder im weitesten Sinne auch bei der Interpretation unbestimmter Rechtsbegriffe selbst entscheiden.

E. Prüfung eines Gleichheitsrechts

Sind Gleichheitsrechte beeinträchtigt, liegt kein Grundrechtseingriff vor. Der allgemeine und die speziellen <u>Gleichheitssätze</u> haben keine Schutzbereiche, in die eingegriffen wird, sondern normieren Rechtfertigungsanforderungen für Ungleichbehandlungen.[45]

Zusammenfassung: Die wichtigsten Punkte
- Der Grundrechtseingriff ist ein zentrales Institut für das Verständnis der Grundrechtsdogmatik, auch wenn er in den meisten Fallbearbeitungen zu bejahen ist und damit selten Ergebnisrelevanz entfaltet.
- Auch mittelbare und faktische staatliche Beeinträchtigungen können Grundrechtseingriffe sein.
- Die Entwicklung des erweiterten Eingriffsverständnisses ist Konsequenz eines effektiven Grundrechtsschutzes.

Weiterführende Studienliteratur
- Ulrich Jan Schröder, Der Schutzbereich der Grundrechte, JA 2016, S. 641–648

---

44 Siehe zum Prüfungsmaßstab des BVerfG Milas, § 7 B., in diesem Lehrbuch.
45 Siehe zu den Gleichheitssätzen Macoun/González Hauck, § 19, in diesem Lehrbuch.

Hannah Ruschemeier

- Andreas Voßkuhle/Anna-Bettina Kaiser, Grundwissen – Öffentliches Recht: Der Grundrechtseingriff, JuS 2009, S. 313–315
- Alexander Hobusch, Der moderne Eingriffsbegriff in der Fallbearbeitung, JA 2019, S. 278–282

Hannah Ruschemeier

§ 6 Einschränkbarkeit des Grundrechts – Schranken

Notwendiges Vorwissen: <u>Struktur der Grundrechteprüfung</u>

Lernziel: Voraussetzungen für die Einschränkbarkeit von Grundrechten verstehen

Für dieses Kapitel gibt es frei zugängliche interaktive Übungen. Halte einfach deine Smartphone-Kamera vor den Kasten mit den Punkten (QR-Code).

Liegt ein Eingriff in den Schutzbereich eines Grundrechts vor, stellt sich im nächsten Schritt die Frage, ob dieser Eingriff verfassungsrechtlich gerechtfertigt werden kann. Das Grundgesetz sieht an verschiedenen Stellen ausdrücklich vor, dass Grundrechte eingeschränkt werden können. In das Recht auf körperliche Unversehrtheit kann beispielsweise gemäß Art. 2 II 3 GG „auf Grund eines Gesetzes eingegriffen werden". Auch in Grundrechte ohne einen solchen Gesetzesvorbehalt kann eingegriffen werden. Das ist Ausdruck der Einheit der Verfassung und wird im Folgenden besprochen.

> **! Klausurtaktik**
>
> Im Rahmen der Grundrechtsprüfung ist ein sensibler Umgang mit Begriffen notwendig. Ein Grundrecht ist bereits **beeinträchtigt**, wenn ein Eingriff in den Schutzbereich vorliegt. Ein Grundrecht ist allerdings erst **verletzt**, wenn der Eingriff in den Schutzbereich des Grundrechts nicht verfassungsrechtlich gerechtfertigt werden kann. Die Feststellung, dass ein Grundrecht beeinträchtigt ist beziehungsweise dass ein Eingriff in ein Grundrecht vorliegt, ist also nur ein Zwischenergebnis. Die Feststellung, dass ein Grundrecht verletzt ist, stellt hingegen das endgültige Ergebnis der Grundrechtsprüfung dar und darf dementsprechend in einer gutachterlichen Prüfung auch erst am Ende als Ergebnis festgehalten werden.
>
> In Ausbildungsliteratur und Rechtsprechung werden für die Frage der verfassungsrechtlichen Rechtfertigung eines Grundrechtseingriffs zwei verschiedene Aufbauvarianten genutzt: der dreigliedrige Prüfungsaufbau aus Schutzbereich, Eingriff und Rechtfertigung sowie der viergliedrige Prüfungsaufbau aus Schutzbereich, Eingriff, Schranke und Schranken-Schranke. Beide Aufbauvarianten unterscheiden sich inhaltlich nicht und können nach Belieben eingesetzt werden. In diesem Lehrbuch wird der dreigliedrige Prüfungsaufbau genutzt. Auf Ebene der Rechtfertigung werden dann die „Einschränkbarkeit des Grundrechts" und die „Grenzen der Einschränkbarkeit" geprüft.

A. Terminologie

Für die Prüfung der Einschränkbarkeit von Grundrechten muss begrifflich zwischen „**Schranke**" einerseits und „**Schrankenvorbehalt**" anderseits unterschieden werden. Der Aufbau der Prüfung wird dadurch strukturiert und präzisiert.

Erstens muss die Frage beantwortet werden, ob der bereits festgestellte Eingriff in den Schutzbereich eines Grundrechts auf einem Parlamentsgesetz (sogenanntes formelles Gesetz) beruht. Dieses Parlamentsgesetz – das den Eingriff in ein Grundrecht erlaubt – wird als „**Schranke**" bezeichnet. Sowohl Landes- als auch Bundesgesetze kommen (je nach Gesetzgebungskompetenz) als Schranke in Betracht.

Zweitens muss die Frage beantwortet werden, ob dieses grundrechtseingreifende Parlamentsgesetz (Schranke) auch durch das Grundgesetz erlaubt wird. Das Grundgesetz sieht verschiedene Erlaubnistypen für grundrechtseingreifende Gesetze vor, die unter dem Oberbegriff „**Schrankenvorbehalt**" zusammengefasst werden (**einfacher Gesetzesvorbehalt, qualifizierter Gesetzesvorbehalt, verfassungsimmanenter Schrankenvorbehalt**).

B. Einschränkbarkeit von Grundrechten im Verfassungsgefüge

Ein Eingriff in Grundrechte kann nur dann gerechtfertigt werden, wenn der Eingriff auf einem formellen Parlamentsgesetz beruht. Dies ist der Prüfungsgegenstand der „Einschränkbarkeit eines Grundrechts". Die Einschränkbarkeit eines Grundrechts steht im engen Zusammenhang zum **Demokratie- und Rechtsstaatsprinzip.** Indem der Grundrechtseingriff auf einem formellen Parlamentsgesetz und damit auf der Entscheidung von direkt gewählten Abgeordneten beruht, wird der Eingriff demokratisch legitimiert. Das Gesetzgebungsverfahren gewährleistet zudem die Beteiligung der Öffentlichkeit an der Entscheidungsfindung. Dadurch ist ein größerer Ausgleich widerstreitender Interessen möglich. Aus rechtsstaatlicher Perspektive sind die Schranken gerade deshalb wichtig, weil sie die in Art. 20 III GG normierte Gesetzesbindung der Verwaltung und Rechtsprechung verstärken. Die Freiheits- und Gleichheitsrechte der Menschen werden gegenüber der Verwaltung und Rechtsprechung eben nicht nur durch die Grundrechte selbst, sondern gerade auch durch das den Grundrechtseingriff konkretisierende Parlamentsgesetz geschützt, an das Verwaltung und Rechtsprechung unmittelbar gebunden sind.[1]

---

1 BVerfG, Urt. v. 28.10.1975, Az.: 2 BvR 883/73 und 379, 497, 526/74, Rn. 45 = BVerfGE 40, 237 – Justizverwaltungsakt.

Max Milas

C. Aufbau der Prüfung von Einschränkbarkeit eines Grundrechts

Aus der begrifflichen Unterscheidung zwischen Schranke einerseits und Schrankenvorbehalt anderseits folgt, dass in der Prüfung zwischen diesen beiden Elementen getrennt werden muss.

I. Vorhandensein einer Schranke

Zuerst ist zu prüfen, ob eine **Schranke vorhanden** ist. Dazu muss das Parlamentsgesetz gefunden werden, auf dem der Eingriff in das Grundrecht beruht (sogenannte Schranke). In der Klausur wird dieses Gesetz in der Regel im Sachverhalt ausdrücklich erwähnt.

In seltenen Fällen enthält das Grundgesetz selbst die Schranke für den Grundrechtseingriff (beispielsweise in Art. 9 II GG). Ein gesondertes Gesetz ist dann als Grundlage für den Eingriff nicht notwendig.

II. Vorhandensein eines Schrankenvorbehaltes

Im zweiten Schritt ist zu prüfen, ob das Gesetz auch die Voraussetzungen des Schrankenvorbehalts für das jeweilige Grundrecht erfüllt. Dazu muss herausgefunden werden, ob und unter welchen Voraussetzungen das Grundgesetz einen Eingriff in das betroffene Grundrecht erlaubt.

❗ Klausurtaktik

Die formelle und materielle Verfassungsmäßigkeit des einschränkenden Gesetzes ist für die Prüfung der Einschränkbarkeit eines Grundrechts noch nicht relevant. Es geht hier nur um die faktische Frage, ob ein Gesetz vorliegt, auf dem der Eingriff in ein Grundrecht beruht (Schranke) und um die rechtliche Frage, ob das betroffene Grundrecht einen Eingriff durch Gesetz in dieser Form erlaubt (Schrankenvorbehalt).

Das Grundgesetz enthält drei verschiedene Typen von Schrankenvorbehalten mit unterschiedlichen Voraussetzungen: **einfache Gesetzesvorbehalte**, **qualifizierte Gesetzesvorbehalte** und **verfassungsimmanente Schrankenvorbehalte**.

Max Milas

1. Einfacher Gesetzesvorbehalt

Grundrechte mit einem einfachen Gesetzesvorbehalt können durch ein Gesetz eingeschränkt werden, an das keine besonderen Anforderungen gestellt werden. Das Vorhandensein eines Gesetzes reicht aus.[2]

Die Grundrechte unterscheiden zwischen Einschränkungen „durch Gesetz" und „aufgrund eines Gesetzes". Soll der Eingriff „durch Gesetz" erfolgen, muss das selbstvollziehende Gesetz das Grundrecht einschränken. Soll der Eingriff nur „aufgrund eines Gesetzes" erfolgen, kann der Eingriff auch auf einer Rechtsverordnung oder Satzung beruhen, zu deren Erlass ein formelles Gesetz ermächtigt hat.[3] In diesem Fall ist der ermächtigende Gesetzgeber an die <u>Wesentlichkeitslehre</u> gebunden und muss die wesentlichen Entscheidungen zur Begrenzung der Grundrechte selbst treffen.[4] In beiden Fällen muss auf Ebene der Schranken festgestellt werden, dass ein den Grundrechtseingriff umreißendes Parlamentsgesetz vorliegt.[5]

Beispiel zu einfachen Gesetzesvorbehalten: Recht auf körperliche Unversehrtheit in Art. 2 II 1 GG („In diese Rechte darf nur auf Grund eines Gesetzes eingegriffen werden."),Versammlungsfreiheit in Art. 8 II GG („Für Versammlungen unter freiem Himmel kann dieses Recht durch Gesetz oder auf Grund eines Gesetzes beschränkt werden.")

2. Qualifizierter Gesetzesvorbehalt

Grundrechte mit einem qualifizierten Gesetzesvorbehalt können nur durch ein Gesetz eingeschränkt werden, das bestimmte Anforderungen erfüllt. Diese Anforderungen können sich auf bestimmte Situationen, Zwecke oder Mittel beziehen.[6] Bereits auf Ebene der Schranken ist dann zu prüfen, ob das einschränkende Gesetz den Anforderungen des qualifizierten Gesetzesvorbehalts genügt.

Beispiel zu qualifizierten Gesetzesvorbehalten: Meinungsfreiheit in Art. 5 II GG („Diese Rechte finden ihre Schranken in den Vorschriften der allgemeinen Gesetze, den gesetzlichen Bestimmungen zum Schutze der Jugend und in dem Recht der persönlichen Ehre."), das Recht auf Freizügigkeit in Art. 11 II GG („Dieses Recht darf nur durch Gesetz oder auf Grund eines Gesetzes und nur für die Fälle eingeschränkt werden, in denen eine ausreichende Lebensgrundlage nicht vorhanden ist und der Allgemeinheit daraus besondere Lasten entstehen würden oder in denen es zur Abwehr einer drohenden Gefahr für den Bestand oder die freiheitliche demokratische Grundordnung des Bundes oder eines Landes, zur Bekämpfung von Seuchengefahr, Naturkatastrophen

---

2 Manssen, Staatsrecht II, 17. Aufl. 2020, § 8 Rn. 174.
3 Epping, Grundrechte, 8. Aufl. 2019, Kapitel 2 Rn. 43.
4 Siehe zur Wesentlichkeitslehre Milas, § 7 A.II.1., in diesem Lehrbuch.
5 Manssen, Staatsrecht II, 17. Aufl. 2020, § 8 Rn. 174.
6 Epping, Grundrechte, 8. Aufl. 2019, Kapitel 5 Rn. 239.

Max Milas

oder besonders schweren Unglücksfällen, zum Schutze der Jugend vor Verwahrlosung oder um strafbaren Handlungen vorzubeugen, erforderlich ist.")

---

i **Weiterführendes Wissen**

In der Prüfung der „Einschränkbarkeit des Rechts auf Freizügigkeit" aus Art. 11 GG ist in einem ersten Schritt das einschränkende Gesetz zu finden („Schranke").[7] Ein typisches Beispiel dafür sind polizeiliche Aufenthaltsverbote (beispielsweise in § 34 II PolG NRW). In einem zweiten Schritt ist dann zu prüfen, ob dieses einschränkende Gesetz die Anforderungen des Gesetzesvorbehaltes in Art. 11 II GG erfüllt. Das Gesetz muss also einen der in Art. 11 II GG genannten Zwecke verfolgen. Liegt ein einschränkendes Gesetz vor („Schranke"), das die Anforderungen von Art. 11 II GG erfüllt („Schrankenvorbehalt"), kann als Prüfungsergebnis festgehalten werden, dass der Eingriff auf einem Parlamentsgesetz beruht, das die qualifizierten Anforderungen in Art. 11 II GG wahrt. An diese Prüfung der „Einschränkbarkeit eines Grundrechts" schließt sich dann die Prüfung der „Grenzen der Einschränkbarkeit" an.[8]

---

3. Verfassungsimmanente Schranken

Neben Grundrechten mit Gesetzesvorbehalt gibt es auch Grundrechte ohne Gesetzesvorbehalt. Diese sogenannten **vorbehaltlosen Grundrechte** können trotzdem durch ein Gesetz eingeschränkt werden, das versucht, kollidierende Verfassungsgüter in einen schonenden Ausgleich zu bringen. Kein Grundrecht (mit Ausnahme der Menschenwürde) steht verfassungssystematisch über anderen Grundrechten oder Verfassungspositionen. Das ist Ausdruck der Einheit der Verfassung. Deshalb können auch Grundrechte mit einfachen oder qualifizierten Gesetzesvorbehalten **durch kollidierendes Verfassungsrecht** eingeschränkt werden.[9] Die Verfassung ist der Schrankenvorbehalt und das Gesetz ist die Schranke. Auch für Eingriffe aufgrund von kollidierenden Verfassungsgütern ist ein formelles Parlamentsgesetz notwendig.[10] Diese Pflicht zu einem formellen Parlamentsgesetz ergibt sich aus einem Erst-Recht-Schluss: Grundrechte mit Gesetzesvorbehalt können – wie gezeigt – nur aufgrund eines formellen Parlamentsgesetzes eingeschränkt werden. Grundrechte ohne Gesetzesvorbehalt sind aber verfassungsrechtlich stärker geschützt als Grundrechte mit einem Gesetzesvorbehalt. Aus diesem Grund muss die Pflicht zum Erlass eines formellen

---

7 Siehe zur Einschränkbarkeit des Rechts auf Freizügigkeit Jandl, § 25.2 C.I., in diesem Lehrbuch.
8 Siehe hierzu das Kapitel zu den Grenzen der Einschränkbarkeit.
9 Manssen, Staatsrecht II, 17. Aufl. 2020, § 8 Rn. 180.
10 Epping, Grundrechte, 8. Aufl. 2019, Kapitel 6 Rn. 291.

Max Milas

Parlamentsgesetzes „erst recht" auch für die stärker geschützten Grundrechte ohne Gesetzesvorbehalt gelten.[11]

Beispiel zu verfassungsimmanenten Schranken: Grundrechte mit einem verfassungsimmanentem Schrankenvorbehalt sind beispielsweise die Religionsfreiheit in Art. 4 GG („Die Freiheit des Glaubens, des Gewissens und die Freiheit des religiösen und weltanschaulichen Bekenntnisses sind unverletzlich.") [12] und die Kunstfreiheit in Art. 5 III GG („Kunst und Wissenschaft, Forschung und Lehre sind frei.")[13].

Als kollidierendes Verfassungsrecht kommen insbesondere Grundrechte Dritter, Strukturprinzipen des Grundgesetzes (beispielsweise Demokratie- und Rechtsstaatsprinzip in Art. 20 GG) und Staatszielbestimmungen (beispielsweise Schutz der natürlichen Lebensgrundlage und der Tiere in Art. 20a GG, Verwirklichung eines vereinten Europas in Art. 23 I GG) in Betracht.[14] Das BVerfG geht davon aus, dass auch einzelne Kompetenzvorschriften kollidierendes Verfassungsrecht darstellen. So hat das Gericht für die „Nutzung der Kernenergie zu friedlichen Zwecken" in Art. 74 Nr. 11a GG festgehalten, dass durch die Kompetenzvorschrift „eine grundsätzliche Anerkennung und Billigung des darin behandelten Gegenstandes durch die Verfassung selbst" erfolge.[15] Auch für staatliches Informationshandeln geht das BVerfG ähnlich vor. Bereits die bloße Aufgabe zur Staatsleitung in Art. 62ff. GG reiche als gesetzliche Grundlage für staatliches Informationshandeln aus.[16]

Weiterführendes Wissen

In der Literatur wird der Ansatz des BVerfG, Kompetenzvorschriften als kollidierendes Verfassungsrecht zu nutzen, zu Recht kritisiert. Die Kompetenzvorschriften des Grundgesetzes dienen allein dazu, Kompetenzen von Bund und Ländern abzugrenzen. Sie regeln also eine bloß staatsorganisationsrechtliche Angelegenheit und sind für die grundrechtsspezifische Frage nach kollidierendem Verfassungsrecht nicht relevant.[17] Die Anwendung von Kompetenzvorschriften als kollidierendes Verfassungsrecht würde dazu führen, dass vorbehaltlose Grundrechte einer ausufernden Einschränkungsmöglichkeit unterworfen wären. Das widerspricht dem Willen des verfassunggebenden Gesetzgebers, die vorbehaltlosen Grundrechte besonders zu schützen.[18] Aller-

---

11 Epping, Grundrechte, 8. Aufl. 2019, Kapitel 2 Rn. 88.
12 Siehe zur Einschränkbarkeit der Religionsfreiheit Gerbig, § 22.1 A.III.1., in diesem Lehrbuch.
13 Siehe zur Einschränkbarkeit der Kunstfreiheit Kohal, § 23.1 C.1., in diesem Lehrbuch.
14 Manssen, Staatsrecht II, 17. Aufl. 2020, § 8 Rn. 175–177.
15 BVerfG, Urt. v. 20.12.1979, Az.: 1 BvR 385/77, Rn. 50 = BVerfGE 53, 30 – Mülheim-Kärlich.
16 BVerfG, Urt. v. 26.6.2002, Az.: 1 BvR 558, 1428/91, Rn. 47–52 = BVerfGE 105, 252 – Glykol.
17 Michael/Morlok, Grundrechte, 7. Aufl. 2020, § 23 Rn. 720.
18 Epping, Grundrechte, 8. Aufl. 2019, Kapitel 2 Rn. 87.

dings können die Kompetenzbestimmungen dazu dienen, bereits gefundenes kollidierendes Verfassungsrecht zu bestätigen.[19]

Auch die Rechtsprechung zum staatlichen Informationshandeln wird in der Literatur zu Recht kritisiert. Das BVerfG erkennt den „völlig unkonturierten Bereich der Staatsleitung" als gesetzliche Grundlage für Grundrechtseingriffe an. Dadurch werden Grundrechtseingriffe durch staatliches Informationshandeln ermöglicht, die auf keiner gesetzlichen Grundlage basieren. Das Gericht erzeugt so vorbehaltloses Staatshandeln im Bereich der Eingriffsverwaltung.[20] Allerdings hat der Gesetzgeber mittlerweile gesetzliche Ermächtigungsgrundlagen für den Großteil staatlichen Informationshandelns geschaffen (vgl. § 10 I Umweltinformationsgesetz für Umweltschutz, § 40 Lebensmittel- und Futtermittelgesetzbuch für Lebensmittel und § 31 ProdSG für Produktsicherheit). Die grundrechtsdogmatischen Bedenken sind in der Grundrechtspraxis dadurch deutlich entschärft.[21]

Zusammenfassung: Die wichtigsten Punkte
- Auf Ebene der **Einschränkbarkeit des Grundrechts** muss geprüft werden, ob ein Gesetz vorliegt, das den Eingriff in das Grundrecht ermöglicht (sogenannte **Schranke**) und ob dieses Gesetz den Anforderungen des eingeschränkten Grundrechts genügt (sogenannter **Schrankenvorbehalt**).
- Grundrechte können nicht nur aufgrund eines expliziten Schrankenvorbehaltes, sondern auch aufgrund von **verfassungsimmanenten Schranken** eingeschränkt werden. In jedem Fall ist aber ein **formelles Parlamentsgesetz** notwendig, das den Eingriff in das Grundrecht ermöglicht.

Weiterführende Studienliteratur
- Sebastian Graf von Kielmansegg, Die Grundrechtsprüfung, JuS 2008, S. 23–29
- Thorsten Kingreen/Ralf Poscher, Grundrechte: Staatsrecht II, 36. Aufl. 2020, Rn. 304–325

---

19 Michael/Morlok, Grundrechte, 7. Aufl. 2020, § 23 Rn. 720.
20 Lepsius, JZ 2004, 350 (351).
21 Voßkuhle/Kaiser, JuS 2018, 343 (344).

Max Milas

§ 7 Grenzen der Einschränkbarkeit – Schranken-Schranken

Notwendiges Vorwissen: Schutzbereich und Eingriff, Einschränkbarkeit eines Grundrechts

Lernziel: Grenzen der Einschränkbarkeit von Grundrechten verstehen, Verhältnismäßigkeitsprüfung anwenden

---

Für dieses Kapitel gibt es frei zugängliche interaktive Übungen. Halte einfach deine Smartphone-Kamera vor den Kasten mit den Punkten (QR-Code).

Kommt die Prüfung der Einschränkbarkeit des Grundrechts zu dem Ergebnis, dass 1.) der Eingriff in das Grundrecht auf einem Gesetz („Schranke") beruht und dass 2.) dieses Gesetz dem jeweiligen Schrankenvorbehalt genügt[1], stellt sich in einem letzten Schritt die Frage, ob das einschränkende Gesetz (und gegebenenfalls dessen Anwendung im Einzelfall) formell und materiell mit der Verfassung vereinbar ist. Diesen Prüfungspunkt nennen wir **Grenzen der Einschränkbarkeit** („Schranken-Schranken"). Die Grenzen der Einschränkbarkeit bringen die den Grundrechten innewohnende „Vermutung für die Freiheit"[2] zum Ausdruck. Nicht die Bürger:innen müssen ihren Freiheitsgebrauch vor dem Staat rechtfertigen, sondern der Staat muss Freiheitseinschränkungen vor den Bürger:innen rechtfertigen. So stellte bereits Art. 1 des Verfassungsentwurfs von Herrenchiemsee klar, dass der Staat „um des Menschen willen" und nicht der „Mensch um des Staates willen" existiert.[3]

Zu prüfen ist, ob das einschränkende Gesetz (die „Schranke") den Anforderungen des Grundgesetzes an Grundrechtseingriffe genügt (die „Schranken-Schranken"). Ist neben dem Gesetz noch die Anwendung des Gesetzes im Einzelfall zu prüfen (beispielsweise bei einem Verwaltungsakt oder Gerichtsurteil), muss auch dieser Einzelakt den Anforderungen an Grundrechtseingriffe genügen. Entsprechend ist bei einem Grundrechtseingriff durch Verwaltungsakt, der auf einer Rechtsverordnung beruht, die wiederum auf ein Gesetz zurückgeht, eine drei-

---

1 Siehe zur Einschränkbarkeit von Grundrechten Milas, § 6, in diesem Lehrbuch.
2 BVerfG, Urt. v. 15.1.1958, Az.: 1 BvR 400/51, Rn. 35 = BVerfGE 7, 198 – Lüth.
3 Art. 1 des Entwurfs, den der Verfassungskonvent von Herrenchiemsee im August 1948 formulierte: „Der Staat ist um des Menschen willen da, nicht der Mensch um des Staates willen."

fache Prüfung der Schranken-Schranken notwendig. Auch bei Rechtsverordnungen und Verwaltungsakten kommt es nur auf die Vereinbarkeit des Rechtsakts mit der Verfassung (insbesondere den Grundrechten) an. In der Regel beschränkt sich die Prüfung der Schranken-Schranken von Einzelakten auf die Verhältnismäßigkeit, da die meisten Prüfungsschritte der Schranken-Schranken nur das Gesetz betreffen (beispielsweise Wesentlichkeitslehre, Bestimmtheitsgebot, Wesensgehaltsgarantie, Verbot des Einzelfallgesetzes und Zitiergebot).[4]

A. Verfassungsmäßigkeit des Gesetzes

In einem ersten Schritt ist stets die Vereinbarkeit des einschränkenden Gesetzes mit der Verfassung zu prüfen. Das ist Ausdruck des im Stufenbau der Rechtsordnung angelegten Vorrangs der Verfassung vor allen anderen Normen. Dabei ist zwischen **formeller** Verfassungsmäßigkeit und **materieller** Verfassungsmäßigkeit des Gesetzes zu unterscheiden.

ℹ️ Weiterführendes Wissen

Die Prüfungsstruktur der „Schranken-Schranken" kann auf den Vorrang der Verfassung zurückgeführt werden. Nach dem Stufenbau der Rechtsordnung steht die Verfassung an der Spitze der **Normenpyramide**.[5] Das zeigen für die deutsche Rechtsordnung Art. 1 III und Art. 20 III Fall 1 GG. Unter der Verfassung stehen gemäß Art. 20 III Fall 2, 80 I GG die Gesetze, unter den Gesetzen stehen gemäß Art. 80 I GG die Rechtsverordnungen, unter der Rechtsverordnung steht die Satzung und unter der Satzung steht der Einzelakt (beispielsweise Verwaltungsakt oder Gerichtsurteil). Indem eine Norm eine Vorgabe für die Erzeugung einer anderen Norm enthält, nimmt sie eine höhere Stufe ein als die andere Norm. Aus diesem Stufenbau der Rechtsordnung folgt, dass jede Norm mit allen höherrangigen Normen vereinbar sein muss. Der Einzelakt muss also mit Satzungen, Rechtsverordnungen, Gesetzen und der Verfassung vereinbar sein. Das Gesetz muss hingegen nur mit der Verfassung vereinbar sein, nicht aber mit Rechtsverordnungen. Grundrechte sind in Deutschland Teil des Verfassungsrechts und stehen damit im Stufenbau der Rechtsordnung über allen anderen Normen (siehe Art. 1 III GG). Daraus folgt, dass der Eingriff in ein Grundrecht nicht durch das bloße Vorhandensein eines einschränkenden Gesetzes (sogenannte Schranke) gerechtfertigt werden kann. Vielmehr muss das einschränkende Gesetz seinerseits mit den Normen der höherrangigen Verfassung vereinbar sein. Diese Frage nach der Vereinbarkeit des einschränkenden Gesetzes und der Anwendung des Gesetzes (beispielsweise durch Verwaltungsakt oder Gerichtsurteil) mit der Verfassung ist Prüfungsgegenstand der Schranken-Schranken.[6]

---

4 Epping, Grundrechte, 8. Aufl. 2019, Kapitel 2 Rn. 46; siehe zur Anwendung der doppelten Prüfung der Schranken-Schranken Macoun, Fall 10, im OpenRewi Fallbuch.
5 Die Lehre vom Stufenbau der Rechtsordnung geht im Wesentlichen auf Adolf Julius Merkl und Hans Kelsen zurück; vgl. Kelsen, Reine Rechtslehre, 1934, S. 62ff.
6 Michael/Morlok, Grundrechte, 7. Aufl. 2020, § 21 Rn. 541; zu alledem Lepsius, JuS 2018, 950.

I. Formelle Verfassungsmäßigkeit des Gesetzes

Auf Ebene der formellen Verfassungsmäßigkeit des Gesetzes sind drei Fragen zu beantworten[7]: Erstens muss der Gesetzgeber die **Kompetenz** für die mit dem Gesetz geregelte Sachmaterie haben. Zweitens muss das Gesetz in einem ordnungsgemäßen **Verfahren** verabschiedet worden sein. Drittens muss das Gesetz den **Form**vorschriften des Grundgesetzes genügen.

Klausurtaktik   ❗

In Klausuren für Studierende des ersten oder zweiten Semesters findet sich im Sachverhalt oder Bearbeitungsvermerk oftmals der Hinweis, dass die formelle Verfassungsmäßigkeit des Gesetzes unterstellt werden kann. In diesem Fall sind lange Ausführungen zur formellen Verfassungsmäßigkeit nicht gefragt. Völlig ausreichend ist dann der Hinweis darauf, dass die formelle Verfassungsmäßigkeit gemäß dem Sachverhalt gegeben ist. Fehlen Hinweise zur formellen Verfassungsmäßigkeit im Sachverhalt, ist zumindest mit einem kurzen Normzitat zu belegen, wieso der Gesetzgeber die Gesetzgebungskompetenz hat und das Gesetz verfahrens- und formgemäß zustande gekommen ist. Dafür reichen dann etwa zwei bis drei Sätze. Gerade in Hausarbeiten oder Examensklausuren sind Prüfungen der formellen Verfassungsmäßigkeit aber üblich, um staatsorganisationsrechtliche und grundrechtliche Aspekte kombinieren zu können. Eine überzeugende Auseinandersetzung mit Kompetenz, Verfahren und Form ist dann zwingend.

---

1. Kompetenz

Die Gesetzgebungskompetenz liegt gemäß Art. 30 und Art. 70 GG grundsätzlich bei den **Ländern**. Erst wenn das Grundgesetz gemäß Art. 71 ff. GG die Gesetzgebungskompetenz explizit dem Bundesgesetzgeber zuweist, hat der Bund die Kompetenz, ein Gesetz für diesen Sachbereich zu schaffen. Die Kompetenz des Bundesgesetzgebers muss also positiv festgestellt werden. Bei der Kompetenz des Bundes ist zwischen ausschließlicher und konkurrierender Gesetzgebungskompetenz zu unterscheiden.

Für die Fälle der **ausschließlichen** Gesetzgebungskompetenz ist der Bund gemäß Art. 71 GG allein zuständig. Die Länder haben kein Recht, diese Sachbereiche durch Gesetzgebung zu regeln. Fälle der ausschließlichen Gesetzgebungskompetenz des Bundes sind in Art. 73 GG oder in Spezialvorschriften innerhalb des Grundgesetzes (beispielsweise in Art. 21 V GG für das Parteienrecht oder in Art. 38 III GG für das Wahlgesetz) aufgelistet. Daneben hat der Bund auch für bestimmte <u>ungeschriebene Fallgruppen</u> die ausschließliche Gesetzgebungskom-

---

7 Vergleiche hierzu im Detail das OpenRewi Lehrbuch zum Staatsorganisationsrecht.

petenz. Dabei handelt es sich um Kompetenzen kraft Natur der Sache, kraft Sachzusammenhangs und Annexkompetenzen.[8]

Für die Fälle der **konkurrierenden** Gesetzgebungskompetenz sind Bund und Länder gemäß Art. 72 I GG gemeinsam zuständig. Hat der Bund allerdings seine konkurrierende Gesetzgebungskompetenz genutzt, sperrt dies die Kompetenz der Länder. Die Länder können also nur so lange auf dem Gebiet der konkurrierenden Gesetzgebungskompetenz tätig werden, bis der Bund seine Kompetenz nutzt. Art. 74 GG enthält eine Liste der konkurrierenden Gesetzgebungskompetenzen. Die konkurrierende Gesetzgebungskompetenz des Bundes wird für bestimmte Sachbereiche durch Art. 72 II GG eingeschränkt. Die konkurrierende Gesetzgebungskompetenz des Landes wird für bestimmte Sachbereiche durch Art. 72 III GG auch auf Fälle erweitert, in denen der Bundesgesetzgeber bereits tätig geworden ist.

2. Verfahren

Das Gesetzgebungsverfahren kann vereinfacht in Gesetzesinitiative, Verfahren im Bundestag und Verfahren im Bundesrat **aufgeteilt** werden. Initiativberechtigt sind Bundesregierung (als Kollegialorgan), Bundestag (mindestens 5 % der Abgeordneten gemäß § 76 Geschäftsordnung des Bundestages) und Bundesrat. Für ein Gesetz ist im Bundestag gemäß Art. 42 II GG grundsätzlich die **Mehrheit** der abgegebenen Stimmen entscheidend. Für Verfassungsänderungen ist nach Art. 79 II GG eine Zwei-Drittel-Mehrheit der Mitglieder des Bundestages notwendig. Die Mitwirkung des Bundesrates richtet sich nach Art. 77 II–IV GG und hängt davon ab, ob das Gesetz ein Zustimmungs- oder Einspruchsgesetz ist. Bei einem **Zustimmungsgesetz** kommt das Gesetz gemäß Art. 77 II, IIa GG nur dann zustande, wenn der Bundesrat das Gesetz annimmt. Bei einem **Einspruchsgesetz** kommt das Gesetz gemäß Art. 77 III GG nur dann nicht zustande, wenn der Bundesrat das Gesetz ablehnt. Selbst eine Ablehnung des Einspruchsgesetzes kann der Bundestag nach Art. 77 IV GG zurückweisen und das Gesetz trotzdem verabschieden. Auch in Art. 77 II GG geregelt ist das besondere Verfahren im Vermittlungsausschuss, der gemäß Art. 72 II GG bei Zustimmungsgesetzen angerufen werden kann oder gemäß Art. 72 III GG bei Einspruchsgesetzen angerufen werden muss, wenn Bundestag und Bundesrat eine unterschiedliche Auffassung von dem Gesetzesentwurf haben.

---

8 Wittreck, in: Dreier, GG, 3. Aufl. 2013, Vorb. zu Art. 70–74 Rn. 45–50.

Max Milas

Ein Gesetz kommt nach diesem Verfahren also gemäß Art. 78 GG **zustande**, wenn der Bundesrat zustimmt, den Antrag gemäß Art. 77 II GG nicht stellt, innerhalb der Frist des Art. 77 III GG keinen Einspruch einlegt oder ihn zurücknimmt oder wenn der Einspruch vom Bundestag überstimmt wird.

Für Landesgesetze enthält das Grundgesetz keine Verfahrensvorschriften. Zudem hat das BVerfG keine Prüfungskompetenz für die landesverfassungsrechtlichen Regelungen zum Gesetzgebungsverfahren. Aus diesen Gründen wird das Gesetzgebungsverfahren nur bei Bundesgesetzen geprüft.

3. Form

Bundesgesetze werden nach Abschluss des beschriebenen Gesetzgebungsverfahrens gemäß Art. 82 I 1 GG vom Bundespräsidenten nach Gegenzeichnung ausgefertigt und im Bundesgesetzblatt verkündet. Das Gesetz tritt gemäß Art. 82 II GG entweder 14 Tage nach Verkündung im Bundesgesetzblatt in Kraft oder – wenn ein abweichendes Datum im Gesetz enthalten ist – zu diesem abweichenden Datum.

Auch für die Gesetzgebungsform gilt erneut, dass nur Bundesgesetze am Maßstab der Verfassung geprüft werden. Landesverfassungsrechtliche Formvorschriften kann das BVerfG mangels Prüfungskompetenz bei der Grundrechtsprüfung nicht berücksichtigen.

II. Materielle Verfassungsmäßigkeit des Gesetzes

Die Prüfung der materiellen Verfassungsmäßigkeit des einschränkenden Gesetzes stellt den ersten Schwerpunkt der **„Grenzen der Einschränkbarkeit"** dar. Das Grundgesetz enthält viele Anforderungen, denen ein Gesetz entsprechen muss, damit es materiell verfassungsgemäß ist. Diese werden im Folgenden dargestellt.

Klausurtaktik !

Mit Ausnahme der Prüfung des Verhältnismäßigkeitsgrundsatzes gilt, dass alle Anforderungen an die materielle Verfassungsmäßigkeit nur dann zu prüfen sind, wenn der Sachverhalt Hinweise auf deren Relevanz enthält.

Max Milas

1. Wesentlichkeitslehre

Nach der Wesentlichkeitslehre muss der Gesetzgeber die wesentlichen Entscheidungen für den Grundrechtseingriff in einem Gesetz selbst treffen.[9] Insbesondere dürfen die wesentlichen Entscheidungen nicht erst durch die Verwaltung getroffen werden. Die Wesentlichkeitslehre fordert somit einen **Vorbehalt des Parlamentsgesetzes**. Grundlage der Wesentlichkeitslehre ist das Demokratieprinzip aus Art. 20 I, II GG[10] sowie das Rechtsstaatsprinzip in Art. 20 III GG[11]. Deshalb gilt die Wesentlichkeitslehre auch unabhängig von der Art des Gesetzesvorbehaltes für das jeweilige Grundrecht.[12]

In einem ersten Schritt kann unter Rückgriff auf die Wesentlichkeitslehre die Frage beantwortet werden, ob eine gesetzliche Grundlage für eine Maßnahme erforderlich ist. Hier entspricht die Wesentlichkeitslehre dem bereits dargestellten Gesetzesvorbehalt.[13] Ist eine gesetzliche Grundlage für die Maßnahme notwendig, ist in einem zweiten Schritt zu prüfen, wie konkret das Gesetz die Maßnahme prägen muss.[14] Die Beantwortung dieser Frage stellt den Schwerpunkt der grundrechtlichen Wesentlichkeitslehre dar.

Allgemeine Grundsätze zur Bestimmung von Entscheidungen, die so wesentlich für den Grundrechtseingriff sind, dass sie eine Regelung durch Gesetz erfordern, existieren nicht. Stattdessen ist eine einzelfallabhängige Abwägung vorzunehmen.[15] Hier kommt die rechtsstaatliche Dimension der Wesentlichkeitslehre zum Ausdruck. Der im Rechtsstaatsprinzip (Art. 20 III GG) angelegte Grundsatz der Gewaltenteilung (präziser: Gewaltenverschränkung) fordert eben nicht, dass jede Entscheidung durch ein Parlamentsgesetz getroffen werden muss, sondern dass die Kompetenz zur Regelung von Sachverhalten zwischen den verschiedenen Gewalten (insbesondere Legislative und Exekutive) aufgeteilt werden muss. Eine Sachentscheidung soll von derjenigen Gewalt getroffen werden, die dazu am besten **geeignet** ist.[16]

Für eine wesentliche Entscheidung und damit für ein hinreichend konkretes Eingriffsgesetz sprechen eine hohe Eingriffsintensität sowie die individuelle und

---

9 BVerfG, Urt. v. 21.12.1977, Az.: 1 BvL 1/75, 1 BvR 147/75, Rn. 46 = BVerfGE 47, 46 – Sexualkundeunterricht.
10 Pieroth, Jus 2010, 473 (477).
11 BVerfG, Urt. v. 19.12.201, Az.: 1 BvL 3, 4/14, Rn. 116 = BVerfGE 147, 253 – numerus clausus III.
12 Michael/Morlok, Grundrechte, 7. Aufl. 2020, § 22 Rn. 578; siehe zur Einschränkbarkeit von Grundrechten Milas, § 6, in diesem Lehrbuch.
13 Kalscheuer/Jacobsen, DÖV 2018, 523 (524).
14 Kalscheuer/Jacobsen, DÖV 2018, 523 (524).
15 Kalscheuer/Jacobsen, DÖV 2018, 523 (524).
16 BVerfG, Urt. v. 14.7.1998, Az.: 1 BvR 1640/97, Rn. 137 = BVerfGE 98, 218 – Rechtschreibreform.

gesellschaftliche Relevanz der Grundrechtswahrnehmung im konkreten Fall. Dabei kann auch auf die Anzahl der Betroffenen, die Folgewirkungen der Maßnahme und die Auswirkungen auf das grundrechtliche System zwischen den drei Gewalten (sogenanntes institutional setting) oder das Gemeinwesen abgestellt werden.[17] **Gegen** eine wesentliche Entscheidung und damit für die Zulässigkeit von Gestaltungsspielräumen der Verwaltung sprechen das Bedürfnis nach Flexibilität und Einzelfallgerechtigkeit, Beteiligungsrechte für Betroffene, entwicklungsoffene Sachverhalte oder Sachnähe der Verwaltung im konkreten Fall.[18] Letztlich gilt: Je intensiver der Eingriff in die Grundrechte und je relevanter die Grundrechtsausübung für den:die Einzelne:n sowie die Gesellschaft ist, desto präziser muss der Gesetzgeber den Grundrechtseingriff in einem Gesetz umreißen. Gleichzeitig ist die besondere Sachkompetenz der Exekutive zu berücksichtigen.[19]

Klausurtaktik !

Das BVerfG geht in der Rechtsprechung zurückhaltend mit der Wesentlichkeitslehre um.[20] Im Zweifel sollte eine Verletzung der Wesentlichkeitslehre also unter Verweis auf die Sachkompetenz der Exekutive und das Bedürfnis nach Einzelfallgerechtigkeit abgelehnt werden.

---

2. Bestimmtheitsgebot

In einem engen Zusammenhang mit der Wesentlichkeitslehre steht das aus dem Rechtsstaatsprinzip in Art. 20 III GG abzuleitende Bestimmtheitsgebot. Die Wesentlichkeitslehre fordert, dass der Gesetzgeber die wesentlichen Entscheidungen für den Grundrechtseingriff in einem Gesetz selbst trifft. Die bloße Existenz eines Gesetzes reicht aber nicht aus. Vielmehr muss das Gesetz nach dem Bestimmtheitsgebot so gestaltet sein, dass die Rechtslage für die Normbetroffenen verständlich ist und diese ihr Verhalten danach ausrichten können. Das Gesetz muss also hinreichend klar und widerspruchsfrei sein (sogenanntes Gebot der **Normenklarheit** und **Widerspruchsfreiheit**).[21] Jedes Gesetz muss so konkret sein, dass sich die Betroffenen auf den Normbefehl einstellen können, die Verwaltung

---

17 Kalscheuer/Jacobsen, DÖV 2018, 523 (525).
18 Michael/Morlok, Grundrechte, 7. Aufl. 2020, § 22 Rn. 578; Grzeszick, in: Dürig/Herzog/Scholz, GG, 95. EL Juli 2021, Art. 20 VI Rn. 107.
19 Kalscheuer/Jacobsen, DÖV 2018, 523 (525).
20 Grzeszick, in: Dürig/Herzog/Scholz, GG, 95. EL Juli 2021, Art. 20 VI Rn. 105 m.w.N.
21 BVerfG, Urt. v. 23.3.2011, Az.: 2 BvR 882/09, Rn. 317–318 = BVerfGE 128, 282 – Zwangsbehandlung im Maßregelvollzug.

steuernde und begrenzende Handlungsmaßstäbe vorfindet und die Gerichte eine Rechtskontrolle durchführen können.[22]

❗ Klausurtaktik

Die Anforderungen des Bestimmtheitsgebots können nicht abstrakt präzisiert werden. Stattdessen ist stets einzelfallabhängig zu prüfen, ob das Gesetz vor dem Hintergrund der konkreten Umstände noch als hinreichend bestimmt angesehen werden kann. Dabei kann in der Prüfung auf die folgenden zwei Formeln zurückgegriffen werden:
1. Je **komplexer** der zu regelnde Sachverhalt, desto eher darf der Gesetzgeber auf **unbestimmte Rechtsbegriffe** und **Ermessensspielräume** der Verwaltung zurückgreifen.[23]
2. Je **intensiver** der Grundrechtseingriff, desto **strenger** sind die Anforderungen an Normenklarheit und Widerspruchsfreiheit.[24]

Beispiel: Die Polizei- und Ordnungsbehördengesetze der Länder enthalten in der Regel eine Generalklausel als Ermächtigungsgrundlage für Grundrechtseingriffe (beispielsweise § 8 PolG NRW). Nach dieser Generalklausel kann die Exekutive Maßnahmen treffen, um Gefahren für die **öffentliche Ordnung** abzuwehren. Auf den ersten Blick erscheint es für Bürger:innen unmöglich, vorherzusehen, welche Verhaltensweisen eine Gefahr für die öffentlich Ordnung darstellen. Allerdings dient der unbestimmte Rechtsbegriff „öffentliche Ordnung" dazu, neue oder untypische Phänomene polizei- und ordnungsrechtlich zu regeln. Die Rechtsprechung hat zudem Fallgruppen entwickelt, die eine Präzisierung des Begriffs ermöglichen. Ein Verstoß gegen das Bestimmtheitsgebot liegt also nicht vor. Nichtsdestoweniger ist die „öffentliche Ordnung" aufgrund ihrer Unbestimmtheit grundrechtsschonend, also zurückhaltend auszulegen.[25]

Für Gesetze, die den Erlass von Rechtsverordnungen erlauben, enthält Art. 80 I 2 GG speziellere Anforderungen als das allgemeine Bestimmtheitsgebot aus Art. 20 III GG. Für den besonders grundrechtssensiblen Bereich der Strafgesetze enthält Art. 103 II GG verschärfte Anforderungen an die Bestimmtheit.[26]

---

22 BVerfG, Urt. v. 3.3.2004, Az.: 1 BvF 3/92, Rn. 53–55 = BVerfGE 110, 33 – Zollkriminalamt.
23 BVerfG, Urt. v. 31.5.1988, Az.: 1 BvR 520/83, Rn. 226 = BVerfGE 78, 214 – Unterhaltsleistung ins Ausland.
24 BVerfG, Urt. v. 27.11.1990, Az.: 1 BvR 402/87, Rn. 145 = BVerfGE 83, 130 – Josefine Mutzenbacher.
25 BVerfG, Urt. v. 14.5.1985, Az.: 1 BvR 233, 341/81, Rn. 352–353 = BVerfGE 69, 315 – Brokdorf.
26 Siehe zum Bestimmtheitsgebot bei Strafgesetzen Brade, § 26.2 C.I.1.c), in diesem Lehrbuch.

3. Wesensgehaltsgarantie

Nach der in Art. 19 II GG normierten Wesensgehaltsgarantie darf kein Grundrecht in seinem Wesensgehalt angetastet werden.[27] Die Wesensgehaltsgarantie schützt materiell die Ausübung von Grundrechten durch das Individuum[28] und formell die Kompetenz des **verfassungsändernden Gesetzgebers** vor dem Zugriff des einfachen Gesetzgebers. Nur der verfassungsändernde Gesetzgeber darf nach Art. 79 II GG Grundrechte in ihrem Wesenskern durch eine Grundgesetzänderung mit Zwei-Drittel-Mehrheit beschränken und ist daher auch nicht an die Wesensgehaltsgarantie gebunden.[29] Darin kommt letztlich die in Art. 1 III GG festgeschriebene Grundrechtsbindung aller Staatsgewalt zum Ausdruck.[30]

Der Wesensgehalt muss **für jedes Grundrecht individuell** bestimmt werden.[31] Wie dieser Wesensgehalt für ein Grundrecht konkret bestimmt werden kann, ist allerdings unklar. Nach der Lehre vom absoluten Wesensgehalt ist der Wesensgehalt absolut, also unabhängig von einer Abwägung mit konfligierenden Rechtsgütern zu bestimmen.[32] Nach der in der Rechtsprechung des BVerfG angedeuteten Lehre vom relativen Wesensgehalt ist der Wesensgehalt relativ, also abhängig vom Einzelfall zu bestimmen. Sofern „gewichtige Schutzinteressen Dritter den Eingriff legitimieren und der Grundsatz der Verhältnismäßigkeit gewahrt ist", bleibt der Wesensgehalt eines Grundrechts im Einzelfall unangetastet.[33] Die relative Auffassung des BVerfG ist aufgrund der individualrechtsschützenden Funktion der Grundrechte im Allgemeinen und der Wesensgehaltsgarantie im Besonderen vorzugswürdig.[34] Zu berücksichtigen sind also neben dem Grundrecht auch Zweck und Intensität des Eingriffs im Einzelfall.[35]

Im Rahmen der Wesensgehaltsgarantie ist allerdings nicht nur umstritten, ob der Wesensgehalt abstrakt (so die Lehre vom absoluten Wesensgehalt) oder im Rahmen einer Abwägung im Einzelfall (so die Lehre vom relativen Wesensgehalt) bestimmt werden muss. Vielmehr ist ebenfalls unklar, ob die Wesensgehaltsgarantie neben der allgemein anerkannten **objektiven Sicherungsfunktion**

---

27 Dreier, in: Dreier, GG, 3. Aufl. 2013, Art. 19 II Rn. 9.

28 Dreier, in: Dreier, GG, 3. Aufl. 2013, Art. 19 II Rn. 13.

29 Lenz, Vorbehaltlose Freiheitsrechte, 2006, 70 f.; BVerfG, Urt. v. 3.2.2004, Az.: 1 BvR 2378/98, 1084/99, Rn. 109–112 = BVerfGE 109, 279 – Großer Lauschangriff; siehe zum verfassungsändernden Gesetzgeber § 22, im OpenRewi Lehrbuch zum Staatsorganisationsrecht.

30 Enders, in: Epping/Hillgruber, BeckOK GG, 49. Ed. 15.11.2021, Art. 19 Rn. 21.

31 Dreier, in: Dreier, GG, 3. Aufl. 2013, Art. 19 II Rn. 15.

32 Huber, in: v. Mangoldt/Klein/Starck, GG, 7. Aufl. 2018, Art. 19 Rn. 136–137.

33 BVerfG, Urt. v. 15.2.2006, Az.: 1 BvR 357/05, Rn. 154 = BVerfGE 115, 118 – Luftsicherheitsgesetz.

34 Dreier, in: Dreier, GG, 3. Aufl. 2013, Art. 19 II Rn. 16–17.

35 Kerkemeyer, in: v. Münch/Kunig, GG, 7. Aufl. 2021, Art. 19 Rn. 52.

auch **subjektive Grundrechtspositionen** von Grundrechtsträger:innen schützt. Diese Frage muss gleichsam ausgehend von der individualrechtsschützenden Funktion der Grundrechte im Allgemeinen und der Wesensgehaltsgarantie im Besonderen im Sinne einer subjektiven Sicherungsfunktion entschieden werden.[36] Die Wesensgehaltsgarantie schützt also auch die subjektive Rechtsposition von Grundrechtsträger:innen.

ℹ Weiterführendes Wissen

Durch die überzeugende Lehre vom relativen Wesensgehalt und die Anerkennung einer auch subjektiven Sicherungsfunktion der Wesensgehaltsgarantie kommt es zu einer Überschneidung von Wesensgehaltsgarantie und Verhältnismäßigkeitsgrundsatz. Für diese Überschneidungen ist aber weder die Verfassungsgebung noch die Auslegung der Wesensgehaltsgarantie verantwortlich, sondern allein der Siegeszug der Verhältnismäßigkeit als zentraler Absicherungsmechanismus der grundrechtlichen Freiheitsverbürgungen. Der Verfassungsgeber konnte den vom BVerfG initiierten Erfolg der Verhältnismäßigkeit schlicht nicht vorhersehen.[37] In der Rechtsprechung des BVerfG (und damit auch in einem Großteil der Klausuren) hat die Wesensgehaltsgarantie daher auch keine besondere Relevanz. Eine prominente Ausnahme in der Spruchpraxis stellt das Jugendhilfe-Urteil des BVerfG von 1967 dar, in dem das Gericht eine Freiheitsentziehung zur bloßen Verhaltensverbesserung ohne Gefährdung für den Betroffenen oder die Allgemeinheit als Verstoß gegen den Wesensgehalt der persönlichen Freiheit in Art. 2 II GG angesehen hat. Doch bereits zu diesem frühen Zeitpunkt sicherte sich das BVerfG mit einem Verweis auf den ebenfalls verletzten Verhältnismäßigkeitsgrundsatz ab.[38]

---

4. Verbot des Einzelfallgesetzes

Nach dem in Art. 19 I 1 GG normierten Verbot des Einzelfallgesetzes müssen grundrechtseingreifende Gesetze „allgemein und nicht nur für den Einzelfall gelten". Der Gesetzgeber darf keine Sonderregelung für einen ausgewählten Fall unter vergleichbaren Sachverhalten schaffen.[39] Das Verbot des Einzelfallgesetzes stellt eine Konkretisierung des <u>allgemeinen Gleichheitssatzes</u> dar[40] und schützt den Grundsatz der Gewaltenteilung, indem es der Verwaltung Handlungsspielräume für den Einzelfall überlässt.[41] Entgegen des klaren Wortlauts von Art. 19 I 1 GG („Soweit nach diesem Grundgesetz ein Grundrecht durch Gesetz

---

36 Dreier, in: Dreier, GG, 3. Aufl. 2013, Art. 19 II Rn. 13.
37 Zu alledem: Dreier, in: Dreier, GG, 3. Aufl. 2013, Art. 19 II Rn. 18.
38 BVerfG, Urt. v. 18.7.1967, Az.: 2 BvF 3, 4, 5, 6, 7, 8/62; 2 BvR 139, 140, 334, 335/62, Rn. 140–143 = BVerfGE 22, 180 – Jugendhilfe.
39 BVerfG, Urt. v. 7.5.1969, Az.: 2 BvL 15/67, Rn. 99 = BVerfGE 25, 371 – Lex Rheinstahl.
40 Siehe zum allgemeinen Gleichheitssatz Macoun, § 19.1, in diesem Lehrbuch.
41 Epping, Grundrechte, 8. Aufl. 2019, Kapitel 2 Rn. 70.

Max Milas

oder auf Grund eines Gesetzes eingeschränkt werden kann") gilt das Verbot des Einzelfallgesetzes nach überwiegender Ansicht in der Literatur nicht nur für Grundrechte mit Schrankenvorbehalt, sondern für alle Grundrechte.[42]

Ein Gesetz gilt dann als „allgemein im Sinne von Art. 19 I 1 GG, wenn sich wegen der **abstrakten** Fassung der gesetzlichen Tatbestände nicht absehen lässt, auf wie viele und welche Fälle das Gesetz Anwendung findet, wenn also nicht nur ein einmaliger Eintritt der vorgesehenen Rechtsfolgen möglich ist."[43] Ein Gesetz ist dann nicht mehr allgemein, wenn zum Zeitpunkt des Gesetzes nur ein **individualisierbarer Personenkreis** besteht, auf den sich die Anwendbarkeit des Gesetzes (auch in Zukunft) beschränken wird. Tritt ein Sachverhalt allerdings nur einmalig auf, darf der Gesetzgeber auch ein Einzelfallgesetz erlassen, sofern für diese Sonderbehandlung ein sachlicher Grund vorliegt.[44] Die Schutzzwecke von Art. 19 I 1 GG greifen in diesem Fall nicht.

Klausurtaktik   **!**

Das BVerfG hat bisher noch kein Gesetz für nichtig erklärt, weil es gegen das Verbot des Einzelfallgesetzes verstoßen hat. In Grenzfällen rechtfertigte die besondere Situation (beispielsweise Flutkatastrophe) das faktische Einzelfallgesetz.[45]

---

5. Zitiergebot

Nach dem in Art. 19 I 2 GG normierten Zitiergebot muss das grundrechtseinschränkende Gesetz das Grundrecht nennen, in das es eingreift. Verstößt das Gesetz gegen das Zitiergebot, ist es nichtig.[46]

Durch das Zitiergebot soll dem Gesetzgeber bewusst werden, dass er in Grundrechte eingreift (**Warnfunktion**). Dadurch wird dem Gesetzgeber die Möglichkeit gegeben, die Folgen des Grundrechtseingriffs zu berücksichtigen (**Besin-**

---

42 Dreier, in: Dreier, GG, 3. Aufl. 2013, Art. 19 I Rn. 1 m.w.N; siehe zu den verschiedenen Schrankenvorbehalten, Milas, § 6 C.II., in diesem Lehrbuch.
43 BVerfG, Urt. v. 2.3.1999, Az.: 1 BvL 2/91, Rn. 109 = BVerfGE 99, 367 – Montan Mitbestimmung.
44 BVerfG, Urt. v. 30.6.2015, Az.: 2 BvR 1282/11, Rn. 131–132 = BVerfGE 139, 321 – Zeugen Jehovas Bremen.
45 BVerfG, Urt. v. 18.12.1968, Az.: 1 BvR 638/64, 1 BvR 673/64, 1 BvR 200/65, 1 BvR 238/65, 1 BvR 249/65, Rn. 134–135 = BVerfGE 24, 367 – Hamburgisches Deichordnungsgesetz.
46 BVerfG, Urt. v. 25.5.1956, Az.: 1 BvR 190/55, Rn. 9, 10 = BVerfGE 5, 13 – Blutgruppenuntersuchung.

Max Milas

nungsfunktion). Für die Gesetzesanwendung stellt das Zitiergebot klar, dass das auszulegende Gesetz in Grundrechte eingreift (**Klarstellungsfunktion**).[47]

Das BVerfG wendet das Zitiergebot eher **zurückhaltend** an, um eine unnötige Belastung des Gesetzgebers zu verhindern.[48] Nur wenn das Zitiergebot im konkreten Fall auch der Warn-, Besinnungs- und Klarstellungsfunktion dient, wird das Zitiergebot angewendet.[49] Für Grundrechte ohne Schrankenvorbehalt schließt schon die systematische Auslegung im Zusammenhang mit Art. 19 I 1 GG eine Anwendung des Zitiergebots aus. Das Verbot des Einzelfallgesetzes und das Zitiergebot gelten nach dem Wortlaut von Art. 19 I 1 GG nur für Grundrechte, die „durch Gesetz oder auf Grund eines Gesetzes eingeschränkt werden können". Diesem Wortlaut folgend wendet das BVerfG das Zitiergebot nicht auf faktische oder mittelbare Beeinträchtigungen[50], vorkonstitutionelle Gesetze, die allgemeine Handlungsfreiheit, allgemeine Gesetze im Sinne von Art. 5 II GG sowie offenkundige Grundrechtseingriffe an.[51] Die zurückhaltende Anwendung des Zitiergebotes durch das BVerfG wird in der Literatur zu Recht kritisiert. Da eine überzeugende Gegeninterpretation des Zitiergebotes fehlt, sind die Ausnahmen des BVerfG in der Prüfung aber hinzunehmen.[52]

❗ Klausurtaktik

Für das Sicherheitsrecht ist das Zitiergebot dagegen streng anzuwenden. Die Warn-, Besinnungs- und Klarstellungsfunktion des Zitiergebots sind im Sicherheitsrecht von besonderer Relevanz. Gerade aufgrund der komplexen grundrechtlichen Interessenlage (Individualschutz auf der einen Seite gegen Schutz der Allgemeinheit auf der anderen Seite) sowie der damit verbundenen Betroffenheit von mehreren Grundrechten (insbesondere Recht auf freie Entfaltung der Persönlichkeit[53], Fernmeldegeheimnis[54] und Unverletzlichkeit der Wohnung[55]) muss dem Gesetzgeber im

---

47 Epping, Grundrechte, 8. Aufl. 2019, Kapitel 15 Rn. 760; Dreier, in: Dreier, GG, 3. Aufl. 2013, Art. 19 I Rn. 19.
48 BVerfG, Urt. v. 30.5.1973, Az.: 2 BvL 4/73, Rn. 14 = BVerfGE 35, 185 – Haftgrund Wiederholungsgefahr.
49 Epping, Grundrechte, 8. Aufl. 2019, Kapitel 15 Rn. 760.
50 BVerfG, Urt. v. 18.2.1970, Az.: 2 BvR 531/68, Rn. 44, 45 = BVerfGE 28, 36 – Zitiergebot.
51 Epping, Grundrechte, 8. Aufl. 2019, Kapitel 15 Rn. 764; Michael/Morlok, Grundrechte, 7. Aufl. 2020, § 22 Rn. 581.
52 Dreier, in: Dreier, GG, 3. Aufl. 2013, Art. 19 I Rn. 27, 28; Manssen, Staatsrecht II, 17. Aufl. 2020, § 8 Rn. 189.
53 Siehe zur freien Entfaltung der Persönlichkeit Valentiner, § 18.2, in diesem Lehrbuch.
54 Siehe zum Fernmeldegeheimnis Petras, § 24.1 A.I.2., in diesem Lehrbuch.
55 Siehe zur Unverletzlichkeit der Wohnung Kohal, § 24.2, in diesem Lehrbuch.

Gesetzgebungsverfahren aufgezeigt werden, welche Grundrechte durch das Gesetz eingeschränkt werden.[56]

6. Verhältnismäßigkeit

Der Grundsatz der Verhältnismäßigkeit bindet die gesamte Staatsgewalt. Er ist also sowohl für Gesetze der Legislative als auch für Rechtsverordnungen beziehungsweise Verwaltungsakte der Exekutive oder Urteile der Judikative zu prüfen.[57] Bei der grundrechtlichen Überprüfung eines Urteils, das auf eine Rechtsverordnung gestützt wurde, die wiederum auf ein Gesetz gestützt wurde, ist also eine dreifache Prüfung der Verhältnismäßigkeit (für Gesetz, Rechtsverordnung und Urteil) vorzunehmen. Dabei unterscheidet sich insbesondere die **Kontrollintensität** je nach Sachverhalt, Grundrechtsrelevanz und Gewalt erheblich.

Weiterführendes Wissen

Der im Rechtstaatsprinzip in Art. 20 III GG und den einzelnen Grundrechten zum Ausdruck kommende Grundsatz der Verhältnismäßigkeit[58] ist bereits seit Ende des 19. Jahrhunderts Teil des deutschen (und teilweise auch internationalen) rechtswissenschaftlichen Diskurses und der Verwaltungsrechtsprechung.[59] Allerdings war allein die Exekutive an diesen Grundsatz gebunden. Erst die an Art. 1 III GG anknüpfende Rechtsprechung des BVerfG[60] dehnte den Grundsatz auf die Legislative aus und setzte so einen weltweiten Trend.[61]

Im Folgenden wird der Verhältnismäßigkeitsgrundsatz für Legislative, Exekutive und Judikative **gemeinsam** dargestellt. Gewaltenspezifische Besonderheiten (insbesondere in Bezug auf die verfassungsgerichtliche Kontrolldichte) werden dabei allerdings hervorgehoben. Dieser Aufbau soll nicht dazu verleiten, nur *eine* Verhältnismäßigkeitsprüfung vorzunehmen. Vielmehr ist die Verhältnismäßigkeit jeder einzelnen Maßnahme isoliert zu prüfen.

---

56 BVerfG, Urt. v. 16.3.2005, Az.: 1 BvR 668/04, Rn. 84–90 = BVerfGE 113, 348 – Vorbeugende Telekommunikationsüberwachung; BVerfG, Urt. v. 27.2.2009, Az.: 1 BvR 370/07, 1 BvR 595/07, Rn. 300–302 = BVerfGE 120, 274 – Online-Durchsuchung.
57 Lepsius, in: Jestaedt/Lepsius, Verhältnismäßigkeit, 2015, 1 (4).
58 Huster/Rux, in: Epping/Hillgruber, BeckOK GG, 49. Ed. 15.11.2021, Art. 20 Rn. 189, 190.
59 Lepsius, in: Jestaedt/Lepsius, Verhältnismäßigkeit, 2015, 1 (2).
60 BVerfG, Urt. v. 16.01.1957, Az.: 1 BvR 253/56 = BVerfGE 6, 32 – Elfes; BVerfG, Urt. v. 11.06.1958, Az.: 1 BvR 596/56 = BVerfGE 7, 377 – Apotheke.
61 Stone Sweet/Mathews, Columbia Journal of Transnational Law 2008, 73.

> **i** **Weiterführendes Wissen**
>
> Der Grundsatz der Verhältnismäßigkeit wird in Anlehnung an *Lerche* auch als Übermaßverbot be-
> zeichnet.[62] Eine inhaltliche Unterscheidung geht damit nicht einher. Die Begriffe können syno-
> nym verwendet werden. Allerdings legt die Bezeichnung als Übermaßverbot offen, dass verfas-
> sungsrechtlich eben keine Verhältnismäßigkeit geboten, sondern nur Unverhältnismäßigkeit
> verboten ist, denn Mittel und Zweck dürfen (nur) nicht außer Verhältnis zueinander stehen. Diese
> auf das Unterlassen bezogene Perspektive erleichtert eine überzeugende Prüfung der Verhältnis-
> mäßigkeit.

a) Entstehung des Verhältnismäßigkeitsgrundsatzes

Die besondere Relevanz des Verhältnismäßigkeitsgrundsatzes kann nur vor
dem Hintergrund des Elfes-Urteils des BVerfG verstanden werden. In dem Urteil
dehnte das BVerfG die allgemeine Handlungsfreiheit aus Art. 2 I GG (lückenlos)
auf jedes menschliche Verhalten ohne Beschränkungen auf die Persönlichkeitsentfaltung aus.[63] Das BVerfG ergänzte diese Erweiterung des Schutzbereiches
der allgemeinen Handlungsfreiheit durch ein weites Verständnis des Schrankenvorbehaltes in Art. 2 I GG. Die „verfassungsmäßige Ordnung" umfasst seit
„Elfes" alle formell und materiell verfassungsmäßigen Gesetze[64] und entspricht
damit einem einfachen Gesetzesvorbehalt.[65] Zwar fällt seit „Elfes" jedes
menschliche Verhalten in den Schutzbereich der allgemeinen Handlungsfreiheit
(oder eines spezielleren Grundrechts[66]). Allerdings kann auch jedes einfache
Gesetz als Teil der „verfassungsmäßige(n) Ordnung" einen Eingriff in die allgemeine Handlungsfreiheit rechtfertigen. Damit sich weiter Schutzbereich und
weiter Schrankenvorbehalt nicht gegenseitig aufheben, ist eine strenge Kontrolle des einschränkenden Gesetzes und des Einzelaktes auf Ebene der „Schranken-Schranken" notwendig. An dieser Stelle wird der Grundsatz der Verhältnismäßigkeit relevant. Er reagiert auf die weiten Beschränkungsmöglichkeiten der
allgemeinen Handlungsfreiheit durch den allgemeinen Gesetzesvorbehalt mit
einer Eingrenzung des staatlichen Handelns auf verhältnismäßige Rechtsakte.
Mit der weiten Auslegung des Schutzbereichs und des Schrankenvorbehalts der
allgemeinen Handlungsfreiheit im Elfes-Urteil erweitert das BVerfG also seinen

---

62 Lerche, Übermaß und Verfassungsrecht, 2. Aufl. 1999.
63 BVerfG, Urt. v. 16.01.1957, Az.: 1 BvR 253/56, Rn. 13–16 = BVerfGE 6, 32 – Elfes.
64 BVerfG, Urt. v. 16.01.1957, Az.: 1 BvR 253/56, Rn. 17–33 = BVerfGE 6, 32 – Elfes.
65 Murswiek, in: Sachs, GG, 7. Aufl. 2014, Art. 2 Rn. 90; siehe zu den verschiedenen Schrankenvorbehalten Milas, § 6 C.II., in diesem Lehrbuch.
66 Siehe zu den Grundrechtskonkurrenzen Brade, § 12, in diesem Lehrbuch.

Kontrollauftrag. An die Seite des lückenlosen Grundrechtsschutzes der Menschen tritt eine lückenlose Grundrechtsprechungskompetenz des BVerfG.[67]

Klausurtaktik   ❗

Das BVerfG hat zur <u>Meinungsfreiheit die Wechselwirkungslehre</u>[68] und zur <u>Berufsfreiheit die Drei-Stufen-Lehre</u>[69] entwickelt. Beide Lehren sind Vorläufer einer strukturierten Verhältnismäßigkeitsprüfung und durch die Kanonisierung des Verhältnismäßigkeitsgrundsatzes eigentlich obsolet.[70] Nichtsdestoweniger wird eine Erwähnung von Wechselwirkungslehre und Drei-Stufen-Lehre von Prüfer:innen erwartet. Ein Verweis auf die Ablösung der Lehren durch die strukturierten Verhältnismäßigkeitsprüfung ist aber auch in der Klausur überzeugend.

---

b) Aufbau der Verhältnismäßigkeitsprüfung

Die **vierstufige** Prüfungsstruktur des Grundsatzes der Verhältnismäßigkeit ist allgemein anerkannt. Erstens muss der Staat (Legislative, Exekutive und Judikative) mit seinem Eingriff in die Grundrechte einen **legitimen Zweck** verfolgen. Zweitens muss der Eingriff auch **geeignet** sein, den damit verfolgten Zweck zu erreichen. Drittens muss der Eingriff **erforderlich** sein. Viertens muss der Eingriff auch **angemessen** sein.[71]

Aus diesem vierstufigen Prüfungsaufbau folgt, dass gedanklich zunächst eingreifende Gewalt, Eingriffszweck und Eingriffsintensität möglichst präzise herausgearbeitet werden müssen. Auf Grundlage dieser Herausarbeitung kann dann die Kontrolldichte für die Prüfung der Verhältnismäßigkeit herausgearbeitet werden. Die Kontrolldichte ist insbesondere für Tatsachenfragen in Geeignetheit und Erforderlichkeit sowie für Wertungsfragen in der Erforderlichkeit und Angemessenheit relevant. Um die Feststellung der Kontrolldichte zu rationalisieren, können drei „je-desto-Formeln" kombiniert verwendet werden:

1. Je unmittelbarer die Maßnahme den konkreten Eingriff darstellt, desto höher die Kontrolldichte (gewaltenspezifische Dimension der Kontrolldichte)[72]
2. Je gewichtiger der mit dem Eingriff verfolgte Zweck, desto geringer die Kontrolldichte (teleologische Dimension der Kontrolldichte)

---

67 Murswiek, in: Sachs, GG, 7. Aufl. 2014, Art. 2 Rn. 56.
68 Siehe zur Wechselwirkungslehre Wienfort, § 20.1 C.I.4., in diesem Lehrbuch.
69 Siehe zur Drei-Stufen-Lehre Goldberg, § 21.2 A.II.2., in diesem Lehrbuch.
70 Lepsius, in: Jestaedt/Lepsius, Verhältnismäßigkeit, 2015, 1 (5, Fn. 9).
71 Dreier, in: Dreier, GG, 3. Aufl. 2013, Vor Art. 1 Rn. 146.
72 Basierend auf Lepsius, in: Jestaedt/Lepsius, Verhältnismäßigkeit, 2015, 1 (10–13).

3. Je intensiver der Eingriff, desto höher die Kontrolldichte (eingriffsspezifische Dimension der Kontrolldichte)

ℹ Weiterführendes Wissen

Das BVerfG berücksichtigt die gewaltenspezifische Dimension bei der Bestimmung der Kontrolldichte nicht. Stattdessen arbeitet das Gericht (insbesondere bei Geeignetheit und Erforderlichkeit) mit Einschätzungs-, Beurteilungs- und Prognosespielräumen oder auch Einschätzungsprärogativen des Gesetzgebers.[73] Beide Ansätze dürften trotz Unterschieden in Terminologie und Ausgangspunkt (Primat der Legislative vs. Primat des BVerfG[74]) in der Prüfung zu dem gleichen Ergebnis kommen, dass abstrakt-generelle Gesetze eher selten für unverhältnismäßig erklärt werden, konkret-individuelle Einzelakte (insbesondere Exekutivmaßnahmen) hingegen schon (sogenannte gewaltenspezifische Dimension der Kontrolldichte).

---

aa) Legitimer Zweck

Die erste Voraussetzung des Grundsatzes der Verhältnismäßigkeit ist, dass der Staat mit seinem Grundrechtseingriff einen legitimen Zweck verfolgt. In einem ersten Schritt ist also der mit dem Eingriff verfolgte Zweck möglichst präzise herauszuarbeiten. Zweitens muss der Zweck auch legitim sein. Das ist fast immer der Fall, da der Staat in seinen Zielsetzungen grundsätzlich frei ist. Die Grenzen legitimer Zwecke werden durch die Verfassung selbst gezogen (beispielsweise Gleichbehandlungsgebot in Art. 3 I GG oder Verbot des Angriffskrieges in Art. 26 I GG).[75]

❗ Klausurtaktik

Sollte der vom Staat verfolgte Zweck vom Grundgesetz mit Verfassungsrang ausgestattet worden sein (beispielsweise Staatszielbestimmungen in Art. 20a GG, Grundrechte oder auch Kompetenztitel), sollte bereits hier auf diese Verfassungsgüter verwiesen werden. Die (verfassungsrechtliche) Relevanz des Zwecks lässt sich dann in der Angemessenheitsprüfung aufgreifen.

Der „legitime Zweck" ist dabei eine der drei angesprochenen Schaltstellen der Verhältnismäßigkeitsprüfung: Je gewichtiger der mit dem Eingriff verfolgte Zweck, desto geringer die Kontrolldichte. Dabei gilt, dass der Schutz von Leben,

---

73 BVerfG, Urt. v. 19.7.2000, Az.: 1 BvR 539/96, Rn. 80 = BVerfGE 102, 197 – Spielbankengesetz Baden-Württemberg; BVerfG, Urt. v. 28.3.2006, Az.: 1 BvR 1054/01, Rn. 121 = BVerfGE 115, 276 – Sportwetten; BVerfG, Urt. v. 2.3.2010, Az.: 1 BvR 256, 263, 586/08, Rn. 248 = BVerfGE 125, 260 – Vorratsdatenspeicherung.
74 Lepsius, in: Jestaedt/Lepsius, Verhältnismäßigkeit, 2015, 1 (11–12).
75 Huster/Rux, in: Epping/Hillgruber, BeckOK GG, 49. Ed. 15.11.2021, Art. 20 Rn. 193.1.

Gesundheit und Sicherheit für einen gewichtigen Zweck und damit für eine geringere Kontrolldichte spricht. Der Schutz von wirtschaftlichen Freiheiten spricht stattdessen eher für einen Zweck von mittlerem Gewicht und damit für eine höhere Kontrolldichte. Zudem ist der Zweck in der Angemessenheitsprüfung das Relationskriterium für den Grundrechtseingriff und prägt damit das Ergebnis dieser Prüfung vor.

Weiterführendes Wissen

Gerade bei Gesetzen ist es oftmals unmöglich, einen singulären Zweck zu benennen. Vielmehr verfolgen Gesetze in der Regel mehrere Zwecke. Hier können zwei Probleme auftreten: Zum einen kann durch die Auswahl eines singulären Zwecks die Verhältnismäßigkeitsprüfung in erheblichem Maße vorgeprägt werden. Zum anderen können die Zwecke des Gesetzes auch unvereinbar miteinander sein. Gerade bei multipolaren Zielkonflikten ist die Verhältnismäßigkeitsprüfung von Gesetzen nicht mehr handhabbar.[76] Im Bereich der Wirtschaftsgesetzgebung fordert Art. 109 II GG beispielsweise die Berücksichtigung der „Erfordernisse des gesamtwirtschaftlichen Gleichgewichts", also von Wirtschaftswachstum, Preisstabilität, außenwirtschaftlichem Handelsgleichgewicht und hohem Beschäftigungsstand. Ein hohes Wirtschaftswachstum führt aber gleichzeitig auch zu Inflation. Damit wird die Verwirklichung eines Zwecks (hier: Wirtschaftswachstum) zur Belastung eines anderen Zwecks (hier: Preisstabilität). Der Grundrechtsschutz wird in beiden Fällen nicht über eine strenge Prüfung der Verhältnismäßigkeit des Gesetzes, sondern des Einzelakts sichergestellt.

---

bb) Geeignetheit

Die zweite Voraussetzung des Grundsatzes der Verhältnismäßigkeit ist, dass der Eingriff dazu geeignet ist, den erstrebten Zweck zu erreichen. Dabei ist es ausreichend, dass die Möglichkeit der Zweckerreichung besteht.[77] Während beim legitimen Zweck die normative Frage nach der Legitimität des Zwecks beantwortet werden muss, ist für die Geeignetheit die empirische Frage nach der **Zweckförderlichkeit** zu beantworten.[78] Entscheidend sind also nicht Wertungsfragen, sondern (prognostizierte) Tatsachen.[79] Dabei gilt, dass Gesetzgeber und Verwaltung in der Regel in einer besseren Position sind, diese empirischen, oft unsicheren und objektiv nicht beantwortbaren Prognosefragen zumindest vertretbar zu entscheiden. Die Judikative kontrolliert die wissenschaftliche Richtigkeit der Geeignetheit daher nur zurückhaltend.[80] Die gerichtliche Kontrolle konzentriert sich

---

76 Lepsius, in: Jestaedt/Lepsius, Verhältnismäßigkeit, 2015, 1 (35).
77 Dreier, in: Dreier, GG, 3. Aufl. 2013, Vor Art. 1 Rn. 147 m.w.N.
78 Dreier, in: Dreier, GG, 3. Aufl. 2013, Vor Art. 1 Rn. 147 m.w.N.
79 Petersen, Verhältnismäßigkeit als Rationalitätskontrolle, 2015, 169.
80 BVerfG, Urt. v. 23.10.2018, Az.: 1 BvR 2523/13, 1 BvR 595/14, Rn. 20.

auf das rechtliche Bewertungsverfahren und die rechtlichen Bewertungsmaßstäbe und nicht auf das nicht-rechtliche Bewertungsergebnis.

! Klausurtaktik

Die Ausrichtung der Geeignetheit auf empirische Fragen führt dazu, dass ein Rechtsakt des Staates bis zum ersten Staatsexamen nahezu nie an der Geeignetheit scheitert. Empirische Unsicherheiten werden in Klausursachverhalten bis zum ersten Staatsexamen in der Regel eindeutig beantwortet. In diesen Prüfungen stellt die normative Angemessenheitsprüfung in der Regel den Schwerpunkt der Prüfung dar. Für das zweite Staatsexamen wird die Geeignetheit und Erforderlichkeit hingegen relevant. Hier sind die bereits angesprochenen „Je-desto-Formeln" zur Bestimmung der Kontrolldichte das erste Mal zu berücksichtigen: je unmittelbarer die Maßnahme in Grundrechte eingreift, je intensiver der Eingriff und je geringer der Eingriffszweck, desto strenger müssen Tatsachenfragen der Geeignetheit kontrolliert werden. Dabei ist aber stets zu beachten, dass eine Maßnahme bereits dann geeignet ist, wenn die bloße Möglichkeit der Zweckerreichung besteht. Daran fehlt es in der Klausur und Rechtspraxis nur selten.

---

cc) Erforderlichkeit

Die dritte Voraussetzung des Grundsatzes der Verhältnismäßigkeit ist, dass der Eingriff erforderlich ist. Der Eingriff ist erforderlich, wenn kein Mittel existiert, das den Zweck genauso effektiv erreicht, dabei aber weniger intensiv in die Grundrechte der Betroffenen eingreift.[81] In einem ersten Schritt sind **weniger eingriffsintensive** Maßnahmen als die vom Staat gewählte Maßnahme präzise herauszuarbeiten. Dabei sind auch Nebeneffekte und Auswirkungen auf Dritte zu berücksichtigen.[82] In einem zweiten Schritt muss dann die Frage beantwortet werden, ob diese hypothetischen Alternativmaßnahmen den Eingriffszweck zumindest genauso fördern würden wie die vom Staat gewählte Maßnahme. Sollte die Erforderlichkeitsprüfung zu dem Ergebnis kommen, dass es zwar gleich geeignete Alternativmaßnahmen zur Zweckerreichung gibt, Grundrechte dadurch aber auch gleich beeinträchtigt werden, hat der Staat einen sogenannten Mittelwahlspielraum.[83] Auch die Erforderlichkeitsprüfung basiert im Wesentlichen auf der Tatsachendimension, sodass gerichtliche Zurückhaltung gegenüber dem Gesetzgeber und der Verwaltung notwendig ist (Stichworte: Einschätzungsprärogative des Gesetzgebers beziehungsweise Einschätzungs-, Beurteilungs- und Prognosespielräume von Gesetzgeber und Verwaltung).[84]

---

81 Dreier, in: Dreier, GG, 3. Aufl. 2013, Vor Art. 1 Rn. 148.
82 Grzeszick, in: Dürig/Herzog/Scholz, GG, 95. EL Juli 2021, Art. 20, Rn. 115.
83 Klatt/Meister, JuS 2014, 193 (195); Alexy, A Theory of Constitutional Rights, 2. Aufl. 2002, 396.
84 Dreier, in: Dreier, GG, 3. Aufl. 2013, Vor Art. 1 Rn. 148.

Klausurtaktik !

Bei der Erforderlichkeit treffen Tatsachen- auf Wertungsfragen. Während die Existenz eines gleich effektiven Mittels noch empirisch festgestellt werden kann, ist die Frage nach der milderen Grundrechtsbeeinträchtigung nur normativ zu beantworten.[85] Daher sind auch in Klausuren vor und während des ersten Staatsexamens ausgewählte Alternativmittel anhand des Erforderlichkeitsmaßstabes detailliert zu prüfen. Unausweichliche Prognoseunsicherheiten in der Prüfung können unter Zuhilfenahme von Einschätzungs-, Beurteilungs- und Prognosespielräumen zugunsten von Gesetzgeber und Verwaltung gelöst werden. Hier sind die drei „je-desto-Formeln" zur Bestimmung der Kontrolldichte das zweite Mal zu berücksichtigen: je unmittelbarer die Maßnahme in Grundrechte eingreift, je intensiver der Eingriff und je geringer der Eingriffszweck, desto strenger müssen Tatsachenfragen und Wertungsfragen der Erforderlichkeit kontrolliert werden. Besonders relevant ist hier die gewaltenspezifische Dimension der Kontrolldichte. Je unmittelbarer die Maßnahme den konkreten Eingriff darstellt, desto höher die Kontrolldichte. Während ein Gesetz nur in Ausnahmefällen für nicht erforderlich erklärt werden sollte, können gerade Verwaltungsakt oder Urteil im Einzelfall durchaus nicht erforderlich sein.

dd) Angemessenheit

Die vierte und letzte Voraussetzung des Grundsatzes der Verhältnismäßigkeit ist, dass der Eingriff angemessen (auch: verhältnismäßig im engeren Sinne beziehungsweise zumutbar) ist. Der Eingriff ist angemessen, wenn die Schwere des Grundrechtseingriffs **nicht außer Verhältnis** zu den mit dem Eingriff verfolgten Zwecken steht.[86] Da im Rahmen der Erforderlichkeit bereits festgestellt worden ist, dass ein milderes, gleich effektives Mittel nicht existiert, ist die größere Effektivität des vom Staat gewählten Mittels kein tragfähiges Argument für die Angemessenheit eines Eingriffes. Notwendig ist eine Abwägung der widerstreitenden Interessen für und gegen den Grundrechtseingriff in Abhängigkeit des damit verfolgten Zwecks (sogenannte **Zweck-Mittel-Relation**).[87] Im Sinne der „**praktischen Konkordanz**" müssen die verfassungsrechtlichen Positionen in ihrer Wechselwirkung erfasst und begrenzt werden. Ziel der Angemessenheitsprüfung ist ein möglichst **schonender Ausgleich** zwischen den widerstreitenden Rechtspositionen. Erst wenn ein solcher Ausgleich im Einzelfall nicht erreicht werden kann, ist unter Berücksichtigung aller Umstände zu entscheiden, welche verfassungsrechtliche Position im konkreten Fall zurücktreten muss.[88] Auch für die An-

---

85 Petersen, Verhältnismäßigkeit als Rationalitätskontrolle, 2015, 169; Lepsius, in: Jestaedt/Lepsius, Verhältnismäßigkeit, 2015, 1 (20).
86 Huster/Rux, in: Epping/Hillgruber, BeckOK GG, 49. Ed. 15.11.2021, Art. 20 Rn. 197.
87 Dreier, in: Dreier, GG, 3. Aufl. 2013, Vor Art. 1 Rn. 149.
88 BVerfG, Urt. v. 6.5.2016, Az.: 1 BvR 2202/13, Rn. 67; der Grundsatz der praktischen Konkordanz geht auf Konrad Hesse und das Prinzip des schonenden Ausgleichs auf Peter Lerche zurück.

gemessenheit gilt die negative Perspektive der Verhältnismäßigkeitsprüfung: Der Staat muss nicht die gerechteste Lösung gefunden haben, sondern darf nur nicht evident unangemessen handeln.[89] Die demokratische Mehrheitsentscheidung im Parlament ersetzt intersubjektiv nicht nachprüfbare Wertungsentscheidungen.[90]

Formulierungsbeispiel Obersatz der Angemessenheitsprüfung
„Der danach verbleibende Grundrechtskonflikt zwischen der Glaubens- und Bekenntnisfreiheit der Beschwerdeführerin einerseits und dem Grundrecht auf Eigentum sowie der Berufsaus- übungsfreiheit der angrenzenden Betriebsinhaber andererseits ist unter Abwägung aller Um- stände nach dem Grundsatz der praktischen Konkordanz aufzulösen. Das erfordert, dass nicht eine der widerstreitenden Rechtspositionen bevorzugt und maximal behauptet wird, sondern al- le einen möglichst schonenden Ausgleich erfahren. Die benannten kollidierenden verfassungs- rechtlichen Positionen sind in ihrer Wechselwirkung zu erfassen und so zu begrenzen, dass sie möglichst weitgehend wirksam werden. Ist ein solcher Ausgleich nicht erreichbar, ist unter Be- rücksichtigung der falltypischen Gestaltung zu entscheiden, welches Interesse zurückzutreten hat."[91]

Die Angemessenheit kann über einen **dreistufigen** Prüfungsaufbau erheblich ra- tionalisiert werden: In einem ersten Schritt ist die Intensität des Eingriffs fest- zustellen. In einem zweiten Schritt ist die Relevanz des mit dem Eingriff verfolgten Zwecks festzustellen. In einem dritten Schritt ist zu prüfen, ob die Relevanz des Zwecks die Intensität des Eingriffs rechtfertigen kann.[92] Zentrale Abwägungskrite- rien sind dabei auf Seite des Zwecks dessen Relevanz sowie Erfolgswahrschein- lichkeit und auf Seite des Eingriffs dessen Intensität, Folgewirkung sowie die Re- levanz der Grundrechtswahrnehmung.

❗ Klausurtaktik

Die Relevanz des Zwecks und die Relevanz der Grundrechtswahrnehmung kann für eine überzeu- gende Prüfung immer abstrakt, also losgelöst vom Einzelfall, sowie konkret, also in Bezug auf den Einzelfall, herausgearbeitet werden. Beispielsweise sind bei der Abwägung zwischen der wirtschaftlichen Eigentumsfreiheit von Kaufhausbetreiber:in und der politischen Versammlungs- freiheit von Demonstrant:innen sowohl die abstrakte Relevanz der Eigentumsfreiheit (freie Marktwirtschaft) und Versammlungsfreiheit (politische Partizipation von unten) als auch die kon- kreten Belange im Einzelfall zu berücksichtigen. Für die Intensität des Eingriffs gilt, dass Eingriffe in Minderheitenrechte, politische Rechte und Rechte mit Nähe zum Recht auf freie Entfaltung der Persönlichkeit oder zur Menschenwürde schwieriger gerechtfertigt werden können als Eingriffe in wirtschaftliche Rechte. Ausnahme-, Übergangs-, oder Entschädigungsregeln im betroffenen

---

89 Huster/Rux, in: Epping/Hillgruber, BeckOK GG, 49. Ed. 15.11.2021, Art. 20 Rn. 197.1.
90 Grzeszick, in: Dürig/Herzog/Scholz, GG, 95. EL Juli 2021, Art. 20, Rn. 119.
91 BVerfG, Urt. v. 6.5.2016, Az.: 1 BvR 2202/13, Rn. 67.
92 Klatt/Meister, JuS 2014, 193 (196).

Max Milas

Gesetz indizieren aufgrund der damit verbundenen Möglichkeit für Einzelfallgerechtigkeit eine abgeschwächte Eingriffsintensität durch das Gesetz.[93]

Das folgende Schema fasst die Ausführungen zur Angemessenheit zusammen und ermöglicht eine überzeugende Prüfung der Angemessenheit in der Klausur. Die Abwägung zwischen Intensität des Eingriffs und Relevanz des Eingriffszwecks sollte den Schwerpunkt der Prüfung darstellen. Dazu sind alle Informationen aus dem Klausursachverhalt zu berücksichtigen:

1. **Intensität des Eingriffs**
   a) Hohe Intensität: Berührung von allgemeinem Persönlichkeitsrecht, der Menschenwürde, von Minderheitenrechten oder politischen Rechten; Betroffenheit einer Vielzahl von Grundrechtsträger:innen
   b) Einzelfallabhängig: Relevanz des Grundrechts für die Verfassungsordnung im Allgemeinen und für den konkreten Fall, Folgewirkungen des Grundrechtseingriffs
   c) Geringe Intensität: Berührung von wirtschaftlichen Freiheiten; Ausnahme-, Übergangs-, oder Entschädigungsregeln im Gesetz

2. **Relevanz des Eingriffszwecks**
   a) Große Relevanz: Betroffenheit einer grundrechtlichen Schutzpflicht (beispielsweise Gesundheit oder Leben); Schutz einer großen Anzahl an Personen
   b) Einzelfallabhängig: Relevanz des Eingriffszwecks für die Verfassungsordnung im Allgemeinen und für den konkreten Fall
   c) Geringe Relevanz: Schutz von grundrechtlich nicht privilegierten Einzelinteressen, Schutz sonstiger, nicht grundrechtlicher Verfassungsgüter

3. **Abwägung von Eingriffsintensität und Relevanz des Eingriffszwecks**
   a) Abwägung für Angemessenheit der Maßnahme: Relevanz des Eingriffszwecks für die Allgemeinheit überwiegt gegenüber der Intensität des Eingriffs für die:den Einzelne:n
   b) Abwägung gegen Angemessenheit der Maßnahme: Intensität des Eingriffs für die:den Einzelne:n überwiegt gegenüber der Relevanz des Eingriffszwecks für die Allgemeinheit

---

93 Huster/Rux, in: Epping/Hillgruber, BeckOK GG, 49. Ed. 15.11.2021, Art. 20 Rn. 197.

Während Geeignetheit und Erforderlichkeit im Wesentlichen auf Tatsachenfragen aufbauen, ist die Angemessenheit eine **Wertungsfrage**. Für rechtliche Wertungsfragen haben weder der Gesetzgeber noch die Verwaltung eine bessere Sachkompetenz, sodass Einschätzungs-, Beurteilungs- und Prognosespielräume bei der Angemessenheit nur eine untergeordnete Rolle einnehmen und die Kontrolldichte zunimmt.

! **Klausurtaktik**

Aufgrund der normativen Ausrichtung der Angemessenheit stellt diese regelmäßig den **Schwerpunkt** der Verhältnismäßigkeitsprüfung dar. Das BVerfG hat beispielsweise zwischen 1978 und 2012 die Verfassungswidrigkeit von Gesetzen in knapp einem Drittel der Fälle mit der Unangemessenheit begründet.[94] Strukturierte, sachverhaltsaufgreifende und detaillierte Ausführungen zur Angemessenheit sind daher zwingend notwendig. Das gilt sowohl für die Angemessenheit des Gesetzes als auch für die Angemessenheit des Einzelaktes. Gerade die Prüfung der Angemessenheit des Einzelaktes sollte mehrere Seiten in Klausur und Hausarbeit einnehmen und den Schwerpunkt in klassischen Grundrechtsprüfungen darstellen.

B. Verfassungsmäßigkeit der Anwendung und Auslegung des Gesetzes

Sofern das einschränkende Gesetz mit der Verfassung vereinbar ist und der Eingriff in die Grundrechte auf einer Anwendung des Gesetzes beruht, ist in einem letzten Schritt zu prüfen, ob auch die Anwendung des Gesetzes mit der Verfassung vereinbar ist. Prüfungsgegenstand auf dieser Ebene sind insbesondere Rechtsverordnungen, Verwaltungsakte und/oder Gerichtsentscheidungen. Für die Prüfung von formeller und materieller Verhältnismäßigkeit der Anwendung des Gesetzes gelten im Vergleich zur Überprüfung der Verfassungsmäßigkeit des Gesetzes keine Besonderheiten.

Für die formelle Verfassungsmäßigkeit ist erneut die Frage nach der bundesverfassungsrechtlichen (nicht: einfachgesetzlichen und landesverfassungsrechtlichen) **Kompetenz** von entscheidender Bedeutung.

! **Klausurtaktik**

Die formelle Verfassungsmäßigkeit des Einzelakts kann in der Regel mit einem kurzen Normzitat festgestellt werden. Die bundesverfassungsrechtliche Kompetenz der Bundesregierung, eines Bundesministers oder einer Landesregierung zum Erlass von Rechtsverordnungen ergibt sich aus

---

94 Petersen, Verhältnismäßigkeit als Rationalitätskontrolle, 2015, 136–137.

Art. 80 I GG. Auch das Verfahren richtet sich nach Art. 80 GG. Für die Ausführung von Landesgesetzen (beispielsweise durch Verwaltungs- oder Realakte der Polizei- und Ordnungsbehörden) sind immer die Landesbehörden zuständig. Auch für die Ausführung von Bundesgesetzen sind die Länder gemäß Art. 83 GG zuständig, soweit das Grundgesetz dem Bund nicht die Verwaltungskompetenz einräumt. Enthält der Sachverhalt hingegen Ausführungen zu formellen Verfassungsmäßigkeit des Einzelakts, ist eine präzise Lösung unter Anwendung der bundesverfassungsrechtlichen (nicht: landesverfassungsrechtlichen) Regelungen notwendig.[95]

Die materielle Verfassungsmäßigkeit beschränkt sich in der Regel auf den Verhältnismäßigkeitsgrundsatz, da die meisten Prüfungsschritte der Schranken-Schranken nur das Gesetz betreffen (beispielsweise Wesentlichkeitslehre, Bestimmtheitsgebot, Wesensgehaltsgarantie, Verbot des Einzelfallgesetzes und Zitiergebot). Hierfür ist eine **gesonderte Verhältnismäßigkeitsprüfung** durchzuführen, die nicht mehr das Gesetz, sondern den Einzelakt als Maßnahme betrachtet. Die Ausführungen zum Grundsatz der Verhältnismäßigkeit auf Ebene der Verfassungsmäßigkeit des Gesetzes gelten hier entsprechend, wobei auf die gewaltenspezifischen Besonderheiten Rücksicht zu nehmen ist. Insbesondere gilt, dass die Kontrolldichte für den Einzelakt deutlich höher ist als für das Gesetz. Dabei ist eine vollständige und uneingeschränkte Grundrechtsprüfung vorzunehmen, da auch die Rechtsprechung nach Art. 1 III GG an die Grundrechte gebunden ist.[96] Die Fachgerichte können für die Auslegung von Grundrechten keine besonderen Einschätzungs-, Beurteilungs- und Prognosespielräume beanspruchen.

Klausurtaktik   **!**

Während das Gesetz daher fast nie für unverhältnismäßig erklärt wird, ist es durchaus üblich, dass der Einzelakt unverhältnismäßig ist. Für die Klausur ist es sehr wichtig, diese zwei Ebenen (Gesetz und Einzelakt) auseinanderzuhalten. Für die verfassungsrechtliche Beurteilung des Gesetzes spielt der Einzelakt keine Rolle. Ebenso ist das Gesetz für die verfassungsrechtliche Beurteilung des Einzelakts nicht von Relevanz. Für jede Ebene ist eine **getrennte Prüfung** der formellen und materiellen Verfassungsmäßigkeit durchzuführen. Zunächst ist also die (formelle und materielle) Verfassungsmäßigkeit des Gesetzes zu prüfen. Erst im Anschluss daran ist dann die (formelle und materielle) Verfassungsmäßigkeit des Einzelakts zu prüfen. In der Regel stellt dieser zweite Schritt (Verfassungsmäßigkeit des Einzelakts [insbesondere Verhältnismäßigkeit des Einzelakts]) den Schwerpunkt der Klausur dar.

---

95 Siehe zu den grundgesetzlichen Kompetenzvorschriften für Rechtsverordnungen und Verwaltungshandeln Bustami/Kohal, § 23 und Herold, § 24, im OpenRewi Lehrbuch zum Staatsorganisationsrecht.
96 Manssen, Staatsrecht II, 17. Aufl. 2020, § 8 Rn. 228.

Prüfungsmaßstab bei der Verfassungsmäßigkeit der Anwendung des Gesetzes ist nur die Verfassung selbst, also die Verletzung von **spezifischem Verfassungsrecht**.[97] Das BVerfG ist keine **Superrevisionsinstanz** und kontrolliert „nur", ob durch den Einzelakt Grundrechte verletzt worden sind. Davon zu trennen ist aber die **Anwendung von einfachgesetzlichen Normen**. Das BVerfG kontrolliert die Anwendung von einfachgesetzlichen Normen nur im Hinblick darauf, ob die Fachgerichte einfachgesetzliche Normen willkürlich angewendet haben.[98] Grundrechtlicher Anknüpfungspunkt für diese Willkürkontrolle ist Art. 3 I GG.[99]

Zusammenfassung: Die wichtigsten Punkte
- Auf Ebene der **Grenzen der Einschränkbarkeit** muss geprüft werden, ob das einschränkende Gesetz den Anforderungen des Grundgesetzes an Grundrechtseingriffe genügt.
- Ist neben dem Gesetz noch die **Anwendung des Gesetzes im Einzelfall** zu prüfen, muss auch dieser Einzelakt den Anforderungen an Grundrechtseingriffe genügen. Vorzunehmen ist dann eine **doppelte Prüfung** der „Schranken-Schranken" einerseits für das Gesetz und andererseits für den Einzelakt.
- Die **Verhältnismäßigkeitsprüfung** ist in der Regel der wichtigste Teil der Grenzen der Einschränkbarkeit. Dazu muss der Staat mit seinem Eingriff in die Grundrechte einen **legitimen Zweck** verfolgen. Der Eingriff muss auch **geeignet** sein, den damit verfolgten Zweck zu erreichen. Drittens muss der Eingriff **erforderlich** sein. Viertens muss der Eingriff auch **angemessen** sein.

Weiterführende Studienliteratur
- Sebastian Graf von Kielmansegg, Die Grundrechtsprüfung, JuS 2008, S. 23–29
- Matthias Klatt/Moritz Meister, Der Grundsatz der Verhältnismäßigkeit, JuS 2014, S. 193–199
- Tristan Kalenborn, Die praktische Konkordanz in der Fallbearbeitung, JA 2016, S. 6–12

Dieses Kapitel darf gerne kommentiert, verändert und beliebig genutzt werden. Jeder Link in der PDF-Version des Textes führt zur Überarbeitungsmöglichkeit bei der Plattform Wikibooks. Eine konkrete Anleitung zur Mitarbeit & Weiternutzung findet sich auf unserer Homepage | ebenfalls über den abgebildeten QR-Code mit der Smartphone-Kamera erreichbar.

---

97 BVerfG, Urt. v. 10.6.1964, Az.: 1 BvR 37/63, Rn. 21–22 = BVerfGE 18, 85 – Spezifisches Verfassungsrecht.
98 Siehe zur Willkürprüfung Macoun, § 19.1 A.II.1., in diesem Lehrbuch.
99 BVerfG, Urt. v. 3.11.1982, Az.: 1 BvR 710/82 = BVerfGE 62, 189 (192) – Willkürverbot.

Max Milas

Abschnitt 3
Grundrechtsschutz und Dritte

§ 8 Schutzpflichten

Notwendiges Vorwissen: Grundrechtsfunktionen, juristische Auslegungsmethoden

Lernziel: Schutzpflichten verstehen und prüfen können

Für dieses Kapitel gibt es frei zugängliche interaktive Übungen. Halte einfach deine Smartphone-Kamera vor den Kasten mit den Punkten (QR-Code).

Grundrechte vermitteln in ihrer objektiven Grundrechtsfunktion auch staatliche Schutzpflichten. Die staatliche Schutzaufgabe **bewahrt** Grundrechtsträger:innen vor Verletzungen ihrer Grundrechte durch aktives Tun Dritter oder Unterlassungen des Staates. Der Rechtsanspruch ist auf das Ergreifen geeigneter Maßnahmen zum Schutz der grundrechtlichen Güter durch den grundrechtsverpflichteten Staat gerichtet und damit die Kehrseite eines abwehrrechtlichen Unterlassungsanspruchs. Die dogmatische Herleitung und genaue Konstruktion der Schutzpflichten ist Gegenstand einer andauernden Diskussion. Ein Verstoß gegen Schutzpflichten ist schwierig festzustellen. Auch für die Fallprüfung ergeben sich Besonderheiten, da die abwehrrechtliche Prüfung nicht bruchlos übertragbar ist.

Weiterführendes Wissen

Aus historischer Perspektive wurden die Grundrechte in Deutschland nie ausschließlich als reine Abwehrrechte gegen den Staat verstanden, sondern auch als Normen, die der staatlichen Gewalt Aufgaben und Ziele zuweisen.[1] Die Anerkennung weiterer Grundrechtsdimensionen erfolgte durch das BVerfG in seinen Anfangsjahren eher zögerlich. Unstreitig bestätigt wurde die objektive Dimension der Grundrechte im Lüth-Urteil des BVerfG.[2] Trotz des erheblichen Zeitabstandes wird die objektive Dimension der Grundrechte immer noch als „moderne" oder „jüngere" Ent-

---

1 Zur historischen Entwicklung der Schutzpflichten bpsw.: Stern, DÖV 2010, 241 (242 ff.).
2 BVerfG, Beschl. v. 15.1.1958, Az.: 1 BvR 400/51 = BVerfGE 7, 198.

https://doi.org/10.1515/9783110765533-008

wicklung der Grundrechtsdogmatik bezeichnet, dies gilt auch für die Schutzpflichten. Für die Fallprüfung haben diese historischen Hintergründe keine Relevanz, erklären aber den zum Teil irritierenden Terminus.

Grundrechtliche Schutzpflichten gründen sich auf den Gedanken, dass Freiheit durch ein **staatliches Unterlassen** ebenso gefährdet sein kann wie durch aktives Eingreifen. Als Konsequenz können aus den Grundrechten auch Handlungspflichten folgen. Die rechtssystematische Ausgestaltung von Schutzrechten ist auch an anderen Stellen der Rechtsordnung bekannt, wie z. B. die Garantenpflicht im Strafrecht.

Schutzpflichten können die Grundrechtsausübung zum einen ermöglichen, zum anderen auch **beeinträchtigen.** Gerade eine Pflicht, einschränkende Normen oder sogar Strafgesetze als Ausfluss einer Schutzpflicht zu erlassen, führt stets dazu, dass gleichzeitig Eingriffe in Freiheitsrechte anderer erfolgen, die aus abwehrrechtlicher Perspektive relevant sind. Diese Konsequenz spricht aber nicht gegen die Anerkennung von Schutzpflichten an sich. Die individuellen Interessen müssen stets im Einzelfall abgewogen werden; deshalb per se eine objektiv-rechtliche Schutzfunktion zu versagen, wird auch der tatsächlichen Gefährdungslage grundrechtlicher Freiheiten nicht gerecht. Grundrechtsschutz ist originäre Rechtspflicht des Staates und kann auch in Form einer Garantenstellung für den Schutz grundrechtlicher Freiheiten gefordert sein. Schutzpflichten sind deshalb kein Bruch mit dem effektiven Grundrechtsschutz, sondern seine Konsequenz.

A. Normativer Ausgangspunkt

Das Grundgesetz formuliert eine ausdrückliche Basis der grundrechtlichen Schutzpflichten in Art. 1 I 2 GG. Der Schutz der Menschenwürde und die Funktionen der Grundrechte fordern auch staatliche Handlungspflichten. Der konkrete Gegenstand der Schutzpflichten wird durch die einzelnen Grundrechte näher bestimmt. Art. 6 IV GG normiert sogar einen ausdrücklichen Schutzauftrag. Die Grundrechte sind multifunktional und mehrdimensional, weshalb zu einem effektiven Grundrechtsschutz auch gehört, durch staatliches Handeln lebenswerte Grundlagen für die Freiheitsausübung zu schaffen.[3] Da die grundrechtsgebundene Staatsgewalt aktiv tätig werden muss, um Schutzpflichten zu erfüllen, gehören diese im weitesten Sinne zu den Staatsaufgaben. Der Unterschied gegenüber den

---

3 Zu den Grundrechtsfunktionen Ruschemeier, § 1 in diesem Lehrbuch.

Hannah Ruschemeier/Julian Senders

allgemeinen Staatsaufgaben, wie zum Beispiel Sicherheit, liegt darin, dass sich **konkrete Handlungspflichten für den Staat** aus den Schutzpflichten ableiten lassen, die über Strukturbestimmungen und Ziele hinausgehen.[4]

I. Schutzpflichten und Gewaltenteilung

Aus der Perspektive des effektiven Grundrechtsschutzes ist die Handlungspflicht des Staates einleuchtend. Allerdings stellen sich in der praktischen Handhabung der konkreten Schutzpflichten Abgrenzungsprobleme, die letztlich in der Gewaltenteilung wurzeln. Die abwehrrechtliche Grundrechtsverletzung hat eine klare Konsequenz: die Unterlassung der Maßnahme, welche den nicht gerechtfertigten Grundrechtseingriff darstellt. Resultat einer Schutzpflichtverletzung hingegen ist, dass eine verfassungswidrige Unterlassung des Gesetzgebers festgestellt wird. Bei den Schutzpflichten gibt es kaum Konstellationen, in denen nur **eine einzige bestimmte, klar umrissene** Maßnahme zur Verfügung steht, um dem grundrechtswidrigen Unterlassen abzuhelfen. Überwiegend geht es darum, ein bestimmtes Schutzniveau zu erreichen, das sich auf mehreren Wegen realisieren lässt.[5]

Es ist allerdings zuvörderst Aufgabe des parlamentarisch legitimierten Gesetzgebers, unter der Vielzahl der zur Verfügung stehenden Maßnahmen zu wählen und in Gesetzesform zu beschließen. Andererseits ist auch der Gesetzgeber, wie alle Staatsgewalten, bei seinen Entscheidungen an die Grundrechte gebunden und deshalb verpflichtet, ein bestimmtes, verfassungsrechtlich gefordertes Schutzniveau herzustellen. Daraus entsteht ein **Konflikt** zwischen Rechtsprechung und Gesetzgebung: Um effektiven Grundrechtsschutz zu gewährleisten, müssen auch Schutzpflichtverletzungen justiziabel sein. Anderseits dürfen die Gerichte nicht zum „Ersatzgesetzgeber" werden und konkrete Maßnahmen vorgeben, über die das Parlament entscheiden müsste. Deshalb steht dem Gesetzgeber bei der Erfüllung der Schutzpflicht eine weite Einschätzungsprärogative, das heißt ein weiter „Einschätzungs-, Wertungs- und Gestaltungsspielraum" zu.[6] Das BVerfG stellt aus diesem Grund die Verletzung einer Schutzpflicht nur fest, wenn Schutzvorkehrungen überhaupt nicht getroffen wurden, sie offensichtlich ungeeignet oder völlig unzulänglich sind oder erheblich hinter dem erstrebten Schutzziel zurückbleiben.[7]

---

4 Dreier, in: ders. GG Kommentar, 3. Aufl. 2013, Vorb. vor Art. 1, Rn. 102.
5 Vgl. BVerfG, Urt. v. 9.2.2021, Az.: 1 BvL 1/09 = BVerfGE 125, 175.
6 BVerfG, Urt. v. 1.12.2009, Az.: 1 BvR 2857 = BVerfGE 125, 39 (78).
7 BVerfGE, Urt. v. 10.1.1995, Az.: 1 BvF 1/90 = BVerfGE 92, 46 (46) – st. Rspr.

II. Reichweite

Aufgrund des weiten Einschätzungsspielraums des Gesetzgebers ist eine Schutz-pflichtverletzung mangels konkreter Handlungsvorgabe **praktisch schwerer festzustellen** als ein nicht-gerechtfertigter Grundrechtseingriff. Der durch die Schutzpflicht erfasste Bereich entspricht dem <u>Schutzbereich</u> des Grundrechts. Daher muss sich zunächst der objektive Schutzgehalt, der jedem Grundrecht inne-wohnt, zu einer konkreten Schutzpflicht verdichtet haben.

1. Schwelle der Verdichtung des objektiven Schutzgehalts zu einer konkreten Schutzpflicht

Die Frage nach der Gefährdungsschwelle ist deswegen wichtig, weil in der freiheitlichen Gesellschaftsordnung grundsätzlich die staatliche Verantwortung durch das eigenverantwortliche Handeln der Bürger:innen begrenzt ist. Stell-vertretend hierfür steht die Grundentscheidung der allgemeinen Handlungs-freiheit in <u>Art. 2 I GG</u>, aus welcher folgt, dass alles erlaubt ist, was nicht verboten ist. Insofern darf und soll der Staat nicht durch Regelungen alle denkbaren Risiken für Leben und Gesundheit, die sich aus dem Handeln Dritter ergeben, einschränken. Daher bedarf es der Überschreitung einer gewissen Gefährdungs-schwelle für die Schutzgüter, die an die Stelle des „Eingriffs" in der klassischen Abwehrrechtsdogmatik tritt. Diese Schwelle ist von zwei Elementen abhängig: Zunächst bedarf es einer (drohenden) eingriffsadäquaten Beeinträchtigung der Schutzgüter: das private Verhalten Dritter oder die von einem Naturereignis ausgehende Wirkung auf Leben oder körperliche Unversehrtheit muss eine einem staatlichen Eingriff vergleichbare Wirkung haben. Zudem muss eine gewisse Wahrscheinlichkeit des Eintritts dieser Beeinträchtigung bestehen.[8] Ein konkret drohender Eingriff beziehungsweise eine solche Wirkung ist aber nicht erforderlich. Bereits im Vorfeld, ohne, dass Schädigungen eintreten oder ein-zutreten drohen, können Grundrechtsgefährdungen gegeben sein, sodass der Staat zur Risikovorsorge tätig werden muss.[9] Absolute Sicherheit hinsichtlich des Schadenseintritts ist nicht zu verlangen, vielmehr genügt eine hinreichende Wahrscheinlichkeit. An diese Schwelle sind umso niedrigere Anforderungen zu stellen, je größer das Risikopotential für Leben oder Gesundheit ist.[10]

---

8 Epping, Grundrechte, 8. Aufl. 2019, Rn. 125.
9 BVerfG, Beschl. v. 4.5.2011, Az.: 1 BvR 1502/08, Rn. 37; BVerfG, Beschl. v. 8.8.1978, Az.: 2 BvL 8/77, Rn. 115 = BVerfGE 49, 89 (141 f.).
10 BVerfG, Beschl. v. 18.2.2010, Az.: 2 BvR 2502/08, Rn. 18.

2. Schutzpflichtverletzung: Untermaßverbot und Kontrolldichte

Die Beeinträchtigungen der Schutzpflicht liegen in der staatlichen Schutzversagung. Der schwierigste Teil der Prüfung ist die verfassungsrechtliche Rechtfertigung einer Schutzpflichtversagung (= Feststellung einer Schutzpflichtverletzung), über die bis heute Uneinigkeit herrscht. Da die Verhältnismäßigkeitsprüfung mangels Grundrechtseingriff nicht übertragbar ist, muss das Unterschreiten des ausreichenden Schutzniveaus unter Berücksichtigung der gesetzlichen Einschätzungsprärogative festgestellt werden. Diese Grenze wird auch als **Untermaßverbot** bezeichnet. Der konkrete Inhalt hängt von der Art, der Nähe und dem Ausmaß möglicher Gefahren sowie der Bedeutung des verfassungsrechtlich geschützten Rechtsguts ab.[11] Das Untermaßverbot bildet begrifflich das Korrelat zum Übermaßverbot in der Prüfung von Abwehrrechten.[12] Spiegelbildlich zur Schwelle der Grundrechtsgefährdung, an die keine übertriebenen Anforderungen (im Sinne absoluter Sicherheit einer Grundrechtsbeeinträchtigung) gestellt werden dürfen, darf vom Staat aber auch kein Verhalten gefordert werden, welches mit absoluter Sicherheit Grundrechtsgefährdungen ausschließt.

Die konkreten Maßstäbe dafür, wann der Staat seinen Schutzpflichten nachkommt und wann nicht, gehören zu den kompliziertesten Fragen des Verfassungsrechts. Zu beachten ist dabei, dass die Austarierung von Grundrechtskonflikten auf einer typisierenden, abstrakten Ebene zuallererst dem Gesetzgeber obliegt. Aus Gründen der Gewaltenteilung billigt das BVerfG den staatlichen Stellen deswegen grundsätzlich einen weiten Einschätzungs-, Wertungs- und Gestaltungsspielraum zu, wenn es um die konkrete Erfüllung staatlicher Schutzpflichten geht.[13] Wäre dies anders, würden Gerichte teilweise „reinregieren" können, das heißt, ein Großteil politischer Entscheidungsgewalt würde vom Gesetzgeber auf die Gerichte verlagert werden.

Weiterführendes Wissen

Dass diese Verlagerung verfassungsrechtlich und demokratietheoretisch mehr als bedenklich ist, ergibt sich aus den verschiedenen Graden der Legitimation, die einerseits dem Gesetzgeber (hohe demokratische Legitimation der Mehrheitsentscheidungen von nach Art. 38 GG gewählten Abgeordneten des Bundestages) und andererseits den Richter:innen zukommen (nur sehr indirekte Rückführung der Staatsgewalt im Sinne des Art. 20 GG über die sogenannte „Legitimationskette").

---

11 BVerfG, Urt. v. 8.8.1978, Az.: 2 BvL 8/77 = BVerfGE 49, 89 (142).
12 Isensee, in: Handbuch des Staatsrechts, Bd. IX 2011, § 191 Rn. 303. Das BVerfG hat diese Terminologie übernommen: BVerfG, Urt. v. 28.5.1993, Az.: 2 BvF 2/90, 4/92, 5/92, Rn. 159 ff. = NJW 1993, 1751 (1754).
13 BVerfG, Urt. v. 16.10.1977, Az.: 1 BvQ 5/77, Rn. 15 = BVerfGE 46, 160 (164 f.); Urt. v. 26.1.1988, Az.: 1 BvR 1561/82 = BVerfGE 77, 381 (405).

Eine gerichtliche Kontrolle der vom Gesetzgeber getroffenen Maßnahmen kann dabei auf drei verschiedenen Stufen erfolgen:[14] In der Regel prüft das BVerfG lediglich, ob der Gesetzgeber Schutzvorkehrungen überhaupt nicht getroffen hat oder die ergriffenen Maßnahmen gänzlich ungeeignet oder völlig unzulänglich sind, um das gebotene Schutzziel zu erreichen (**Evidenzkontrolle**).[15] Dieser sehr zurückhaltende Maßstab trägt dem grundsätzlichen Vorrang demokratisch legitimierter Entscheidungen Rechnung. Der gerichtliche Kontrollmaßstab wurde damit allerdings keineswegs abschließend festgelegt.[16] Im Rahmen einer **Vertretbarkeitskontrolle** erweitert sich der Kontrollmaßstab, indem überprüft wird, ob die vom Staat gewählten Schutzvorkehrungen auf einer sorgfältigen Tatsachenermittlung und auf vertretbaren Einschätzungen beruhen.[17] In bestimmten Konstellationen ist darüber hinaus eine umfassende inhaltliche Prüfung der staatlichen Schutzmaßnahmen vorzunehmen.[18] Welche der drei Kontrollstufen im Einzelfall zur Anwendung kommt, ist maßgeblich dadurch beeinflusst, wie weit die dem Gesetzgeber im konkreten Fall zuzugestehende Einschätzungsprärogative reicht. Diese ist wiederum unter anderem von verschiedenen Faktoren abhängig, wie der Eigenart des in Rede stehenden Sachbereichs, den Möglichkeiten, sich ein hinreichend sicheres Urteil zu bilden, und der Bedeutung der auf dem Spiele stehenden Rechtsgüter.[19]

Beispiel: In der Rechtsprechung des Bundesverfassungsgerichts finden sich Beispiele zu unterschiedlichen Lebensbereichen
– Zum Schutz des allgemeinen Persönlichkeitsrechts vor Beeinträchtigungen durch Kunst[20]

---

14 Vgl. hierzu BVerfG, Urt. v. 1.3.1979, Az.: 1 BvR 532, 533/77, 419/78 und BvL 21/78, Rn. 131 = BVerfGE 50, 290 (333).

15 BVerfG, Beschl. v. 18.2.2010, Az.: 2 BvR 2502/08, Rn. 11 = NVwZ 2010, 702.

16 Gerhardt, Probleme des gesetzgeberischen Unterlassens in der Rechtsprechung des Bundesverfassungsgerichts, 29–30 unter Verweis auf BVerfG, Urt. v. 1.3.1979, Az.: 1 BvR 532/77, 533/77, 419/78 und BvL 21/78, Rn. 131 = BVerfGE 50, 290 (332f.). Siehe auch Klein, Das Untermaßverbot, JuS 2006, 960 (961).

17 Vgl. hierzu beispielsweise BVerfG, Beschl. v. 18.12.1968, Az.: 1 BvL 5/64, Rn. 12 = BVerfGE 25, 1 (12f., 17).

18 Eine solche über die Evidenz- und Vertretbarkeitskontrolle hinausgehende Inhaltskontrolle wurde mit Blick auf das Rechtsgut des ungeborenen Lebens wohl in BVerfG, Urt. v. 28.5.1993, Az.: 2 BvF 2/90, 4-5/92, Rn. 180 ff. = BVerfGE 88, 203 (262ff.) vorgenommen. Siehe auch im Kontext der Menschenwürdegarantie BVerfG, Urt. v. 21.7.1977, Az.: 1 BvL 14/76, Rn. 174 ff. = BVerfGE 45, 187 (237 ff.).

19 Vgl. zum Einschätzungs-, Wertungs- und Gestaltungsspielraum des Gesetzgebers und zu den damit korrespondierenden Kontrollmaßstäben des Gerichts BVerfGE 50, 290 (332f.); BVerfG, Urt. v. 28.5.1993, Az.: 2 BvF 2/90, 4-5/92, Rn. 182 = BVerfGE 88, 203 (254, 262f.).

20 BVerfG, Beschl. v. 13.7.2007, Az.: 1 BvR 1783/05 = BVerfGE 119, 1.

Hannah Ruschemeier/Julian Senders

- Zum Schutz der Privatautonomie vor stark belastenden, ungleichen vertraglichen Bindungen[21]
- Zum Schutz des Eigentums vor Benachteiligungen von Vermögenswerten bei kapitalbildenden Lebensversicherungen[22]
- Zum Schutz der körperlichen Unversehrtheit nicht einsichtsfähiger Menschen[23]
- Zum Schutz der körperlichen Unversehrtheit vor technischen Risiken[24]

Weiterführendes Wissen

Das BVerfG hat in einem atomrechtlichen Verfahren auf die „Grenzen menschlichen Erkenntnisvermögens" verwiesen und einen Maßstab gebilligt, der atomrechtliche Genehmigungen nur dann zulässt, wenn nach dem Stand von Wissenschaft und Technik ein mit schweren Folgen verbundenes Schadensereignis praktisch ausgeschlossen erscheint.[25] Allerdings dürfte das erlaubte Restrisiko deutlich weiter gehen: Der vom BVerfG erarbeitete Maßstab ist derjenige der (sehr vagen) „praktischen Vernunft". Was noch innerhalb der praktischen Vernunft liege, sei als sozialadäquate Last von allen zu tragen.[26] Insofern kann auch das Kriterium der Sozialadäquanz herangezogen werden, um zu beurteilen, ob ein Risiko beziehungsweise eine Gefährdung noch hinzunehmen sind. Allein hieraus erklärt sich, dass – jedenfalls nach der (noch) bestehenden Anschauung[27] – der jährlich mit Hunderten Toten einhergehende Kraftfahrzeugverkehr und dessen alltägliches Gefährdungspotenzial grundsätzlich als sozialadäquat hingenommen wird.

Der so geschaffene Maßstab der „praktischen Vernunft" für eine Umschreibung von Schutzpflichten führt allerdings zu einer hohen Anfälligkeit der Schutzgewährung je nach Weltanschauung der rechtsanwendenden Person und kann dafür ursächlich sein, dass die Schutzpflichtdimension des Art. 2 II 1 GG sich gegenüber geänderten gesellschaftlichen Vorstellungen nicht durchsetzen kann. Dies trifft etwa für die Diskussion zu, wonach es beim Straßenverkehr infolge des Zuwachses von motorisierten und nicht motorisierten Verkehrsteilnehmern, aber auch aus klimapolitischen Gründen, einer Neuaufteilung des öffentlichen Raumes beziehungsweise der Straßenfläche bedarf: Hier haben sich die stadtplanerischen Zugänge und die verkehrsplanerische Forschung deutlich weiter entwickelt als der rechtliche Rahmen.

---

21 BVerfG, Beschl. v. 19.10.1993, Az.: 1 BvR 567/89 = BVerfGE 89, 214.
22 BVerfG, Urt. v. 26.7.2005, Az.: 1 BvR 80/95 = BVerfGE 114, 73.
23 BVerfG, Beschl. v. 26.7.2016, Az.: 1 BvL 8/15 = BVerfGE 142, 313.
24 BVerfG, Beschl. v. 8.8.1978, Az.: 2 BvL 8/77 = BVerfGE 49, 89.
25 BVerfG, Beschl. v. 8.8.1978, Az.: 2 BvL 8/77 = BVerfGE 49, 89, 143 – Kalkar II.
26 BVerfG, Beschl. v. 8.8.1978, Az.: 2 BvL 8/77, Rn. 117 f. = BVerfGE 49, 89 (143).
27 Diese Anschauung gerät allerdings mehr und mehr in Kritik, vgl. etwa die deutlichen Worte bei Kingreen, VerfBlog 20.3.2020.

Hannah Ruschemeier/Julian Senders

III. Fallbeispiele und extraterritoriale Anwendung

Die konkrete Umsetzung der Schutzpflichten ist stark abhängig von den zugrundeliegenden Grundrechten. Besonders hervorgehoben werden kann hier die Weiterentwicklung der Dogmatik anhand des Grundrechts auf Leben und körperliche Unversehrtheit. Gerade während der Corona-Pandemie kam es hier zu zahlreichen Entscheidungen. Immer wieder thematisiert wurde die Schutzpflichtendimension in Bezug auf Umwelt, technische Risiken und Klimaschutz. Aufgrund der internationalen Reichweite staatlicher Aktivität stellt sich hier häufig die Frage, inwiefern die deutsche Staatsgewalt zu **auswärtigem Handeln** verpflichtet werden kann.

ℹ Weiterführendes Wissen

Auch nach dem BND-Urteil des BVerfG zur unbegrenzten Grundrechtsgeltung im Ausland aus abwehrrechtlicher Perspektive[28] ist nicht geklärt, ob Schutzpflichten auch extraterritorial gelten oder auf das deutsche Staatsgebiet begrenzt sind.

Die konkreten Voraussetzungen extraterritorialer Schutzpflichten hat das BVerfG auch in seinem Beschluss zum Klimaschutzgesetz nicht weiter konkretisiert.[29] Dort hatten zwei Beschwerdeführer:innen aus Nepal und Bangladesch die Verletzung von Schutzpflichten zur Reduzierung der Erderwärmung durch die Bundesrepublik Deutschland gerügt. Im Ergebnis verneinte das BVerfG die Verletzung einer Schutzpflicht, schloss aber eine extraterritoriale Geltung auch nicht per se aus, sondern benannte als möglichen Anknüpfungspunkt die schweren Beeinträchtigungen, welche auch durch von Deutschland ausgehende Treibhausgasemissionen verursacht sind.[30] Die Argumentation deutet aber darauf hin, dass bei globalen Maßnahmen gegen den Klimawandel konkrete Minderungsmaßnahmen wie das Bundesklimaschutzgesetz in einem anderen Staat nicht durch Deutschland ergriffen werden können. Der Maßstab, dass Schutzmaßnahmen nicht hinter dem Schutzziel erheblich zurückbleiben dürfen, wird deshalb noch einmal abgesenkt sein.[31] Die Prüfung der Verletzung der Schutzpflicht sei auch deshalb nicht möglich, da jede nationale Maßnahme zur Emissionsminderung und Anpassung kumulativ mit anderen internationalen Maßnahmen zusammenwirke.[32] Damit kann zwar eine Schutzpflicht bestehen, ein Verstoß dagegen wäre aber wohl nie justiziabel.

---

28 BVerfG, Urt. v. 19.5.2020, Az.: 1 BvR 2835/17.
29 BVerfG, Beschl. v. 24.3.2021, Az.: 1 BvR 2656/18.
30 BVerfG, Beschl. v. 24.3.2021, Az.: 1 BvR 2656/18, Rn. 175.
31 Dazu auch Kahl/Bustami, JuWissBlog, 7.5.21.
32 BVerfG, Beschl. v. 24.3.2021, Az.: 1 BvR 2656/18, Rn. 180.

Hannah Ruschemeier/Julian Senders

B. Hinweise zu Fallbearbeitung und Prüfungsaufbau

Die Schutzpflichtendimension der Grundrechte kann im Rahmen der Fallbearbeitung in zwei grundsätzlich voneinander zu trennenden Konstellationen relevant werden.

I. Erste Konstellation (inzidente Schutzpflichtenprüfung)

Nach wie vor wird in einem überwiegenden Teil grundrechtlicher Fallkonstellationen die Beeinträchtigung von Grundrechten in ihrer klassischen, abwehrrechtlichen Dimension durch staatliches Handeln abgeprüft. Oft ist aber staatliches Handeln – etwa der Erlass von Rechtsvorschriften, die in Grundrechte eingreifen – darauf gerichtet, ein bestimmtes grundrechtsgefährdendes Verhalten zu verbieten. Der Staat geht mithin einer Schutzpflicht – etwa hinsichtlich der körperlichen Unversehrtheit (Art. 2 II 1 GG) – nach und greift deswegen in diesem Bereich – etwa gesundheitsgefährdende Berufsausübung (Art. 12 GG) – in Grundrechte ein. Der Erlass von Rechtsvorschriften ist hierfür das primäre Mittel.[33] Wird nun, wie dies in Klausurkonstellationen meistens der Fall ist, in der Fallbearbeitung diese Abwehrperspektive eingenommen, ist die staatliche Schutzpflicht und ihre Reichweite als „kollidierendes Verfassungsrecht" im Rahmen der Verhältnismäßigkeitsprüfung und dort im Rahmen der **Angemessenheit** bei der Abwägung widerstreitender Rechtspositionen zu thematisieren.

II. Zweite Konstellation (echte Schutzpflichtenprüfung)

Immer häufiger sind in der Rechtspraxis Konstellationen anzutreffen, in denen Beschwerdeführer:innen gerade den Schutz ihrer Grundrechte einklagen. Dies wird sich auch in der Klausurpraxis widerspiegeln, sodass auch „echte" Schutzpflichtenkonstellationen ein realistischeres Klausurthema sind. In solchen Fällen ist das jeweils eingeklagte Grundrecht als eigenes Grundrecht in seiner Schutzpflichtendimension zu prüfen. Dies stellt Studierende, die an den abwehrrechtlichen Prüfungsaufbau gewöhnt sind, oftmals vor Probleme. Die Prüfung von Schutzpflichten beziehungsweise von Verletzungen von Schutzpflichten bricht nämlich aus dem bekannten, dreistufigen Prüfungsaufbau „Schutzbereich – Eingriff – verfassungsrechtliche Rechtfertigung" aus.

---

[33] Rixen, in: Sachs, GG, 9. Aufl. 2021, Art. 2 Rn. 191.

Hannah Ruschemeier/Julian Senders

Zu empfehlen ist an dieser Stelle eine zweistufige Prüfung. Eine solche fragt **erstens** nach dem grundsätzlichen Bestehen eines Anspruchs auf staatlichen Schutz und **zweitens** nach der Erfüllung dieses Schutzanspruchs durch den Staat.[34] Im Rahmen der Prüfung eines grundsätzlichen Anspruchs auf staatlichen Schutz ist die Schutzgewährleistung und damit die Eröffnung des Schutzbereichs zu prüfen. Da es aber um einen Anspruch auf staatlichen Schutz geht, muss in einem zweiten Unterschritt geprüft werden, ob sich die objektive Schutzpflichtdimension, die jedes Grundrecht grundsätzlich aufweist, zu einem Schutzanspruch der:des Anspruchsteller:in verdichtet hat. Sodann erfolgt die Prüfung, ob der Schutzanspruch erfüllt wurde.

! Klausurtaktik

Ein Beispiel für eine Prüfung, ob ein solcher Schutzanspruch besteht und ob er verfassungsmäßig umgesetzt wurde, findet sich im Lösungsvorschlag zur Klimaklage im OpenRewi Fallbuch. Die dort vertretene, zweistufige Aufbauvariante erfordert es, entweder schon im Rahmen der Beschwerdebefugnis, spätestens aber – etwa wenn die Zulässigkeitsprüfung erlassen ist – im Rahmen der Begründetheit „Farbe zu bekennen" und von Anfang an eine Schutzpflichtverletzung zu prüfen. Bei dem dreistufigen, abwehrrechtlichen Aufbau könnte das zunächst offen gelassen werden. Bei diesem würde mit der klassischen Grundrechtsdogmatik („Schutzbereich", „Eingriff") begonnen, ein Eingriff abgelehnt und dann eine „Schutzpflichtverletzung" geprüft. Dadurch, dass dieser Prüfungsaufbau abwehrrechtlich beginnt, unterlässt der Bearbeitende aber an dieser Stelle die (kurze) Prüfung, ob sich die objektive Schutzpflicht zu einem Schutzanspruch verdichtet hat. Diese muss dann im Rahmen des zweiten Schrittes erfolgen. Dies kann von Korrektor:innen negativ bewertet werden, weshalb der hier vorgeschlagene Anspruchsaufbau vorzugswürdig ist.

---

i Weiterführendes Wissen

Die Terminologie „Schutzbereich" anstelle von „Bestehen eines Anspruchs auf staatlichen Schutz" ist nach unserer Auffassung unpräzise, weil „Schutzbereich" unpassenderweise einen vom Staat freizuhaltenden Bereich suggeriert. Sie wird dennoch vertreten, ohne dass dies im Ergebnis Auswirkungen auf die Prüfung hätte.[35] Die von *Epping* vorgenommene Bezeichnung als Schutzbereich bringt nur den Vorteil mit sich, dass die Begründetheitsprüfung mit einer klassischen abwehrrechtlichen Grundrechtsprüfung eingeleitet und erst mit der Ablehnung eines staatlichen Verhaltens als Anknüpfungspunkt des Eingriffs in die Schutzpflichtenprüfung übergeleitet werden kann.

---

34 Hauptstadtfälle (FU Berlin), Fall: Rettung vor der Insolvenz, Teil B. I.
35 Epping, Grundrechte, 8. Aufl. 2019, Rn. 141.

Hannah Ruschemeier/Julian Senders

Hannah Ruschemeier/Julian Senders

§ 9 Mittelbare Drittwirkung der Grundrechte

Notwendiges Vorwissen: Grundrechtsfunktionen/-dimensionen, Schutzpflichten

Lernziel: Mittelbare Drittwirkung kennen und erklären können, Grundrechtswirkung zwischen Privaten verstehen und in der Klausur damit umgehen können

Für dieses Kapitel gibt es frei zugängliche interaktive Übungen. Halte einfach deine Smartphone-Kamera vor den Kasten mit den Punkten (QR-Code).

Die Frage nach der Grundrechtswirkung zwischen Privaten ist die Frage danach, ob – und wenn ja: unter welchen Umständen und wie weit – Private, also Grundrechtsberechtigte, gegenüber anderen Privaten an Grundrechte gebunden sind. Nach Auffassung des BVerfG und der ganz überwiegenden Literatur besteht keine unmittelbare, sondern nur eine mittelbare Bindung.

❗ Klausurtaktik

Die sogenannte **mittelbare Drittwirkung** (auch: Ausstrahlungswirkung[1] / Privatwirkung[2] / Horizontalwirkung[3]) spielt nicht nur für die Rechtsprechung des BVerfG und deren wissenschaftliche Aufarbeitung eine große Rolle, sie ist auch häufig Gegenstand von Klausuren in Studium und Examen. Das Thema ist sowohl aus theoretisch-dogmatischer Perspektive als auch in der Klausurpraxis nicht ganz einfach. Die Drittwirkungsdogmatik entwickelt sich kontinuierlich weiter; Einzelheiten sind umstritten. In der Klausur ist daher nicht entscheidend, wie man die Frage nach der Grundrechtswirkung zwischen Privaten dogmatisch verortet, sondern Problembewusstsein und Grundverständnis zu zeigen.

---

1 BVerfG, Urt. v. 15.1.1958, Az.: 1 BvR 400/51, Rn. 30 = BVerfGE 7, 198 (206 f.) – Lüth; Sachs, in: Sachs, GG, 9. Aufl. 2021, Vor Art. 1 Rn. 32. Der Begriff bezeichnet allerdings nicht nur die hier behandelte Ausstrahlungswirkung der Grundrechte auf das Zivilrecht, sondern auf alle Rechtsbereiche.

2 Bumke/Voßkuhle, Casebook Verfassungsrecht, 8. Aufl. 2020, Rn. 204; Ruffert, JuS 2020, 1 spricht von „Privatrechtswirkung".

3 Bethge, Zur Problematik von Grundrechtskollisionen, 1977, 19.

A. Begriff und Herleitung

I. Ausgangspunkt: Private als Grundrechtsberechtigte, der Staat als Grundrechtsverpflichteter

Nach Art. 1 III GG binden die Grundrechte alle staatliche Gewalt. Der Staat muss also jede Handlung, welche die grundrechtlich geschützte Freiheit Privater verkürzt, rechtfertigen. **Private** sind dagegen nicht grundrechtsverpflichtet, sondern grundrechtsberechtigt. Wären Private unmittelbar an die Grundrechte gebunden, müssten sie jedes Handeln, das die Grundrechte anderer verkürzt, rechtfertigen. Das widerspräche dem ganz überwiegenden Verständnis der allgemeinen Handlungsfreiheit (Art. 2 I GG).[4] Auch historische Argumente sprechen dafür, dass die Grundrechte des Grundgesetzes nur den Staat unmittelbar binden: Grundrechte sind als Abwehrrechte der Bürger:innen gegen staatliches Handeln entstanden.[5]

Weiterführendes Wissen

Ein systematisches Argument unterstützt dies: Gemäß Art. 9 III 2 GG sind (privatrechtliche) Abreden, die das Koalitionsrecht einschränken oder zu behindern suchen, nichtig. Private sind hier also unmittelbar gebunden. Aus dieser ausdrücklichen Regelung lässt sich im Wege des Umkehrschlusses folgern, dass eine solche unmittelbare Wirkung in anderen Fällen gerade nicht gilt.[6]

Staatliche Gerichte sind dagegen **gemäß Art. 1 III, 20 III GG** unmittelbar an Grundrechte gebunden. Entscheiden diese über eine privatrechtliche Streitigkeit, dürfen sie die Grundrechte der Parteien nicht verletzen. Nach der Lehre von der **mittelbaren Drittwirkung** liegt eine Verletzung der Grundrechte auch vor, wenn die Gerichte die **Ausstrahlungswirkung** der Grundrechte auf das streitige Privatrechtsverhältnis verkennen. Dass die Grundrechte auf das Privatrecht ausstrahlen

---

4 Siehe auch Bumke/Voßkuhle, Casebook Verfassungsrecht, 8. Aufl. 2020, Rn. 204.
5 Papier, HbGR § 55 Rn. 2 m.w.N., siehe auch BVerfG, Urt. v. 15.1.1958, Az.: 1 BvR 400/51, Rn. 25 = BVerfGE 7, 198 (204f.) – Lüth. S. differenzierend aber Grimm, in: Grundrechtsfunktionen jenseits des Staates, 2021, 21 (38). Für weitere Argumente gegen eine unmittelbare Drittwirkung der Grundrechte im Privatrechtsverhältnis vgl. Papier, HbGR § 55 Rn. 18ff.
6 Teilweise wird auch die Menschenwürde, Art. 1 I 1 GG, als Grundrecht mit unmittelbarer Drittwirkung angesehen, siehe etwa Bumke/Voßkuhle, Casebook Verfassungsrecht, 8. Aufl. 2020, Rn. 204; Guckelberger, JuS 2003, 1151 (1152).

Nora Wienfort

und deswegen von den Gerichten zu beachten sind, bedarf (auch in der Klausur) der Begründung.

II. Dogmatische Herleitung der mittelbaren Drittwirkung

Dass Grundrechte Private nicht unmittelbar verpflichten, bedeutet nicht, dass Grundrechte in Rechtsverhältnissen zwischen Privaten bedeutungslos sind. Das BVerfG hat in seiner bis heute wohl bedeutendsten Entscheidung, dem Lüth-Urteil aus dem Jahr 1958,[7] festgestellt, „daß das Grundgesetz, das keine wertneutrale Ordnung sein will (...), in seinem Grundrechtsabschnitt auch eine **objektive Wertordnung** aufgerichtet hat und daß gerade hierin eine prinzipielle Verstärkungskraft der Geltungskraft der Grundrechte zum Ausdruck kommt (...) Dieses Wertsystem, das seinen Mittelpunkt in der innerhalb der sozialen Gemeinschaft sich frei entfaltenden menschlichen Persönlichkeit und ihrer Würde findet, muß als verfassungsrechtliche Grundentscheidung für alle Bereiche des Rechts gelten (...) So beeinflußt es selbstverständlich auch das bürgerliche Recht; keine bürgerlichrechtliche Vorschrift darf in Widerspruch zu ihm stehen, jede muß in seinem Geiste ausgelegt werden."[8] Mit anderen Worten: Die Grundrechte des GG wirken auf die Auslegung und Anwendung privatrechtlicher Vorschriften ein und sind von Fachgerichten bei Entscheidungen über privatrechtliche Streitigkeiten daher **mittelbar** zu berücksichtigen.

Diese mittelbare Wirkung der Grundrechte auf Privatrechtsverhältnisse ist nicht nur objektives Recht. Sie hat auch **subjektive Wirkung** – das bedeutet, Bürger:innen können sich gegen die Verletzung ihrer Grundrechte durch fachgerichtliche Entscheidungen zur Wehr setzen. Sie haben einen Anspruch darauf, dass ihre Grundrechte auch durch die rechtsprechende Gewalt Beachtung finden.[9] Würden mit der objektiven Werteordnung keine entsprechenden subjektiven Rechte korrespondieren, könnten Bürger:innen entsprechende Grundrechtsverletzungen, die aus einer die Grundrechte verkennenden Auslegung und Anwen-

---

7 BVerfG, Urt. v. 15.1.1958, Az.: 1 BvR 400/51 = BVerfGE 7, 198 – Lüth. Der Beschwerdeführer, Lüth, hatte 1950 als Vorsitzender des Hamburger Presseklubs in einer Ansprache zum Boykott der Filme Veit Harlans aufgerufen. Harlan, ein Filmregisseur, war unter anderem für seinen antisemitischen nationalsozialistischen Propagandafilm „Jud Süß" (1940) bekannt. Das zuständige Landgericht sah in diesem Boykottaufruf eine vorsätzliche sittenwidrige Schädigung im Sinne des § 826 BGB und erließ eine einstweilige Verfügung gegen Lüth, die ihm den Boykottaufruf verbot. Gegen diese Entscheidung setzte Lüth sich mit seiner Verfassungsbeschwerde zur Wehr.
8 BVerfG, Urt. v. 15.1.1958, Az.: 1 BvR 400/51, Rn. 26 = BVerfGE 7, 198 (205) – Lüth.
9 Ebd. Rn. 29.

Nora Wienfort

dung einfachen Rechts durch Fachgerichte resultieren, nicht geltend machen. Fachgerichtliche Entscheidungen über Privatrechtsstreitigkeiten wären dann (außer auf die Verletzung von Justizgrundrechten hin) verfassungsgerichtlich nicht überprüfbar.

Examenswissen

Nach herrschender Literaturansicht ist die mittelbare Drittwirkung keine eigenständige Grundrechtsdimension.[10] Sie lässt sich vielmehr über die **Abwehr-** und die **Schutzpflichtdimension** der Grundrechte rekonstruieren.[11] In **außervertraglichen** Fallkonstellationen beurteilt sich die Frage, welche Grundrechtsdimension einschlägig ist, danach, ob sich die handelnde oder die duldende Partei des Rechtsstreits gegen die fachgerichtliche Entscheidung wehrt. Entscheidet ein Fachgericht, dass eine Handlung einer Privaten rechtswidrig ist, der *status quo* sich also nicht ändert, liegt in dieser Entscheidung ein Eingriff in die jeweils einschlägigen Grundrechte der handelnden Privaten. Einschlägig ist dann die abwehrrechtliche Dimension der Grundrechte. Entscheidet das Fachgericht dagegen, dass die Handlung eines Privaten rechtmäßig und von der anderen Partei des Rechtsstreits zu dulden ist, der *status quo* sich also ändert, liegt darin eine Versagung von Schutz gegenüber der Grundrechtsposition der betroffenen Partei. Einschlägig ist dann die Schutzpflichtdimension der Grundrechte.

Ist die mittelbare Drittwirkung von Grundrechten in einem **Vertragsverhältnis** zu prüfen, ist die Abgrenzung zwischen Eingriff und Schutzpflichtversagung schwierig, weil das Fachgericht durch seine Entscheidung den von den Parteien vertraglich gewollten **status quo** ja gerade erst ermittelt. Auch hier lässt sich jedoch danach unterscheiden, ob eine Partei handeln darf und die andere Partei dulden muss (dann ist aus Sicht der unterlegenen, duldenden Partei die Abwehrrechtsdimension der Grundrechte einschlägig) oder ob eine Partei nicht handeln darf und die andere Partei nicht dulden muss (dann ist aus Sicht der unterlegenen Partei, die die gewünschte Handlung nicht durchführen darf, die Schutzpflichtdimension der Grundrechte einschlägig).[12] Über welche Grundrechtsdimension sich der Fall am besten rekonstruieren lässt (und damit auch in der Klausur aufbauen lässt, siehe dazu unten C. II.), hängt also davon ab, welche Partei im fachgerichtlichen Verfahren unterliegt und sich dagegen im Wege der Verfassungsbeschwerde zur Wehr setzt. Das „zufällige" Ergebnis des fachgerichtlichen Rechtsstreits darf freilich nicht über den Prüfungsmaßstab der Verfassungsbeschwerde entscheiden, der ja in der Abwehr-

---

10 Bumke/Voßkuhle, Casebook Verfassungsrecht, 8. Aufl. 2020, Rn. 229; Papier, HbGR § 55 Rn. 10.

11 Canaris, in: Festschrift für Hans Nawiasky, 1956, 157 ff. So auch Bumke/Voßkuhle, Casebook Verfassungsrecht, 8. Aufl. 2020, Rn. 229 ff.; Michael/Morlok, Grundrechte, 7. Aufl. 2020, § 15 Rn. 506 ff. Ein Überblick über verschiedene Ansätze dogmatischer Rekonstruktion findet sich bei Dreier, in: Dreier, GG, 3. Aufl. 2013, Vorb. Rn. 99 ff. So rekonstruiert etwa Poscher, Grundrechte als Abwehrrechte, 2003, die mittelbare Drittwirkung allein abwehrrechtlich (315 ff.), siehe auch Kingreen/Poscher, Grundrechte. Staatsrecht II, 37. Aufl. 2021, § 4 Rn. 129.

12 Ähnlich Bumke/Voßkuhle, Casebook Verfassungsrecht, 8. Aufl. 2020, Rn. 233: Die abwehrrechtliche Dimension sei einschlägig, wenn die zivilgerichtliche Entscheidung die Qualität eines Grundrechtseingriffs aufweist, weil sie etwa eine vertragliche Pflicht für unwirksam erachtet oder eine konkrete Pflicht statuiert wird.

Nora Wienfort

rechtsdimension mit dem Übermaßverbot in der Regel deutlich strenger ist als in der Schutz-pflichtdimension mit dem Untermaßverbot. Dies ist jedoch unproblematisch, weil in Fällen mittelbarer Drittwirkung unabhängig von der einschlägigen Grundrechtsdimension jeweils der gleiche Prüfungsmaßstab Anwendung findet (siehe dazu unten C. IV.).

B. Voraussetzungen und Reichweite der Mittelbaren Drittwirkung

I. Einwirkung der Grundrechte auf das einfache Recht

Grundsätzlich können alle Grundrechte über das Medium des einfachen Rechts auf das Verhältnis zwischen Privaten einwirken. Dies gilt sowohl für Freiheits- als auch für Gleichheitsrechte und sowohl für außervertragliche als auch für vertragliche Konstellationen. Die Voraussetzungen, Einwirkung und Reichweite können sich jedoch im Einzelnen unterscheiden.

Die **Einwirkung** der Grundrechte erfolgt über Normen des Privatrechts. Deren Auslegung und Anwendung folgt den Vorgaben des Grundgesetzes.[13] Virulent wird dies insbesondere bei der Auslegung und Anwendung zivilrechtlicher **Generalklauseln** (§§ 138, 242,[14] 826 BGB[15]) und **unbestimmter Rechtsbegriffe** (zum Beispiel „Rechtswidrigkeit" im Sinne des § 823 I BGB[16]).

Inhalt und **Reichweite** der Einwirkung hängen von den Umständen des Einzelfalls ab.[17] Maßgeblich sind insbesondere die Unausweichlichkeit von Situationen, das Ungleichgewicht zwischen sich gegenüberstehenden Parteien, die gesellschaftliche Bedeutung von bestimmten Leistungen und die soziale Mächtigkeit einer Seite.[18] Im Ergebnis kann die Grundrechtsbindung Privater derjenigen des Staates nahe- oder gleichkommen, etwa wenn private Unternehmen in eine staatsähnlich dominante Position rücken oder die Bereitstellung der Rahmenbedingungen öffentlicher Kommunikation selbst übernehmen.[19] Aus der Bin-

---

13 BVerfG, Urt. v. 15.1.1958, Az.: 1 BvR 400/51, Rn. 27 = BVerfGE 7, 198 (205) – Lüth.
14 BVerfG, Beschl. v. 19.10.1993, Az.: 1 BvR 567/89, 1 BvR 1044/89, Rn. 49 = BVerfGE 89, 214 (229) – Bürgschaftsvertrag.
15 BVerfG, Urt. v. 15.1.1958, Az.: 1 BvR 400/51, Rn. 29 = BVerfGE 7, 198 – Lüth.
16 BVerfG, Beschl. v. 26.2.1969, Az.: 1 BvR 619/63, Rn. 21 = BVerfGE 25, 256 (263) – Blinkfüer.
17 BVerfG, Beschl. v. 11.4.2018, Az.: 1 BvR 3080/09, Rn. 33 = BVerfGE 148, 267 (280 f.) – Stadionverbot.
18 Ebd.
19 BVerfG, Urt. v. 22.2.2011, Az.: 1 BvR 699/06, Rn. 59 = BVerfGE 128, 226 (249 f.) – Fraport; BVerfG, Beschl. v. 6.11.2019, Az.: 1 BvR 16/13, Rn. 88 = BVerfGE 152, 152 (191) – Recht auf Vergessen I.

Nora Wienfort

dung können auch Verfahrenspflichten für Private folgen, etwa Anhörungs- und Begründungspflichten.[20] Das ändert aber nichts daran, dass die Privaten nur mittelbar an die Grundrechte gebunden sind.[21]

Beispiel: In der Stadionverbots-Entscheidung[22] hat das BVerfG entschieden, dass ein Fußballverein, der dem Beschwerdeführer ein bundesweites Stadionverbot auferlegt hatte, die ihm zumutbaren Anstrengungen zur Aufklärung des Sachverhalts unternehmen muss. Dies schließe die Anhörung der Betroffenen ein, außerdem sei die Entscheidung auf Verlangen zu begründen.

II. Besonderheiten bestimmter Fallkonstellationen

1. Freiheits- vs. Gleichheitsrechte

Die bundesverfassungsgerichtliche Rechtsprechung entwickelte die mittelbare Drittwirkung anhand von Freiheitsrechten.[23] In jüngerer Zeit hat sich das BVerfG aber auch mit der mittelbaren Drittwirkung des allgemeinen[24] und der besonderen Gleichheitsrechte[25] auseinandergesetzt. Auch diese können mittelbare Drittwirkung entfalten, wobei wiederum Reichweite und Inhalt von den Umständen des Einzelfalls abhängen.

Beispiel: In der Stadionverbots-Entscheidung[26] hat das BVerfG Verfahrensanforderungen für das Verhängen eines Stadionverbots aus Art. 3 I GG hergeleitet. Stadionverbote dürften nicht willkürlich verhängt werden, sondern müssten auf einem sachlichen Grund beruhen.

In der **Stadionverbots-Entscheidung** hat das BVerfG klargestellt, dass aus Art. 3 I GG kein allgemeiner Grundsatz folge, wonach private Vertragsbeziehungen jeweils den Rechtfertigungsanforderungen des Gleichbehandlungsgebots

---

20 BVerfG, Beschl. v. 11.4.2018, Az.: 1 BvR 3080/09, Rn. 46 = BVerfGE 148, 267 (317) – Stadionverbot.
21 Ebd. Rn. 47 f.; so auch Bumke/Voßkuhle, Casebook Verfassungsrecht, 8. Aufl. 2020, Rn. 210 ff., andere Ansicht Hellgardt, JZ 2018, 901 (901 f.); Michael/Morlok, Grundrechte, 7. Aufl. 2020, § 15 Rn. 479.
22 BVerfG, Beschl. v. 11.4.2018, Az.: 1 BvR 3080/09 = BVerfGE 148, 267 – Stadionverbot.
23 Vgl. nur Lüth und Blinkfüer: Meinungsfreiheit, Art. 5 I 1 GG; Bürgschaftsvertrag und Ehevertrag: Privatautonomie aus Art. 2 I GG (bei Ehevertrag i. V. m. Art. 6 IV und 6 II GG); Parabolantenne I: Informationsfreiheit, Art. 5 I 1 GG und Art. 14 GG; Fraport und Bierdosen-Flashmob: Art. 8 I GG (wenn auch Fraport selbst ein Fall unmittelbarer Drittwirkung ist).
24 BVerfG, Beschl. v. 11.4.2018, Az.: 1 BvR 3080/09 = BVerfGE 148, 267 – Stadionverbot.
25 BVerfG, Beschl. v. 27.8.2019, Az.: 1 BvR 879/12 – NPD-Funktionär (Verbot der Benachteiligung aufgrund der politischen Anschauung, Art. 3 III 1 GG); BVerfG, Beschl. v. 30.1.2020, Az.: 2 BvR 1005/18 – Blindenführhund (Verbot der Benachteiligung wegen Behinderung, Art. 3 III 2 GG).
26 BVerfG, Beschl. v. 11.4.2018, Az.: 1 BvR 3080/09 = BVerfGE 148, 267 – Stadionverbot.

Nora Wienfort

unterlägen.[27] Aber: „Gleichheitsrechtliche Anforderungen für das Verhältnis zwischen Privaten können sich aus Art. 3 I GG (...) für spezifische Konstellationen ergeben. (...) Maßgeblich für die mittelbare Drittwirkung des Gleichbehandlungsgebots ist dessen Charakter als einseitiger, auf das Hausrecht gestützter Ausschluss von Veranstaltungen, die aufgrund eigener Entscheidung der Veranstalter **einem großen Publikum ohne Ansehen der Person geöffnet** werden und der für die Betroffenen **in erheblichem Umfang über die Teilnahme am gesellschaftlichen Leben entscheidet.**"[28] Private bedürfen für den Ausschluss bestimmter Personen dann eines **sachlichen Grundes.**[29] Gleiches kann für Fälle gelten, in denen Privaten aus einer **Monopolstellung** oder **struktureller Überlegenheit** eine besondere Entscheidungsmacht zukommt.[30]

❗ Examenswissen

Die in der Wissenschaft umstrittene[31] **Stadionverbots-Entscheidung** sollte im Examen bekannt sein. Im Zusammenhang mit dieser Entscheidung wird häufig die Frage diskutiert, wie weit die Bindung von Anbietern sozialer Netzwerke (etwa Facebook, Twitter) reicht. Das BVerfG hat diese Frage bisher nicht entschieden.[32] Das macht sie für Klausuren und Hausarbeiten besonders interessant.[33] Fachgerichte haben sich mit dieser Frage dagegen schon mehrfach auseinandergesetzt.[34]

---

27 BVerfG, Beschl. v. 11.4.2018, Az.: 1 BvR 3080/09, Rn. 40 = BVerfGE 148, 267 (283) – Stadionverbot.

28 Ebd. Rn. 41.; Hervorhebungen durch die Verf.

29 Ebd.

30 Ebd.

31 Vgl. nur die – im Ergebnis nicht überzeugende – Kritik von Hellgardt, JZ 2018, 901 und Michl, JZ 2018, 910: Beide vertreten, die Stadionverbotsentscheidung führe zu einer unmittelbaren Drittwirkung des Art. 3 GG. Dabei verkennen sie, dass es sich konstruktiv weiterhin um eine mittelbare Drittwirkung handelt: Die Grundrechte sind gemittelt über die Normen des Privatrechts im Streit zwischen Privaten zu berücksichtigen. Von der *dogmatischen Konstruktion* der Drittwirkung ist ihre *inhaltliche Reichweite* zu unterscheiden. Diese kann für Private der Bindung des Staates im Einzelfall nahe- oder gleichkommen.

32 In der Entscheidung BVerfG, Beschl. v. 22.5.2019, Az.: 1 BvQ 42/19 – „Der III. Weg" stellte das BVerfG fest, dass diese Frage noch ungeklärt ist. Es ließ sie aber offen, da sie für die im Rahmen der Entscheidung im einstweiligen Rechtsschutz vorzunehmende Folgenabwägung keine Rolle spielte.

33 Siehe etwa den Übungsfall Mast/Gafus, JuS 2021, 153; Augsberg/Petras, JuS 2022, 97.

34 Vgl. nur BGH, Urt. v. 29.7.2021, Az.: III ZR 192/20, Rn. 66ff.; BGH, Urt. v. 29.7.2021, Az.: 179/20, Rn. 54ff.; in den Vorinstanzen herrschte keine Einigkeit, vgl. OLG Dresden, Beschl. v. 8.8.2018, Az.: 4 W 577/18, Rn. 13ff.; OLG München, Beschl. v. 24.8.2018, Az.: 18 W 1294/18, Rn. 20 ff; OLG Stuttgart, Beschl. v. 6.9.2018, Az.: 4 W 63/18, Rn. 71ff.; OLG München, Beschl. v. 17.9.2018, Az.: 18 W 1383/18, Rn. 16ff.; OLG Karlsruhe, Beschl. v. 28.2.2019, Az.: 6 W 81/18, Rn. 42ff.; OLG Hamm, Beschl. v. 15.9.2020, Az.: I-29 U 6/20 29, Rn. 152ff., insbesondere Rn. 161.

Nora Wienfort

Die besonderen Gleichheitsrechte können ebenfalls auf die Rechtsbeziehungen zwischen Privaten einwirken. Auch hier ist mit den gegenläufigen Grundrechtspositionen der anderen Vertragspartei abzuwägen.[35]

Beispiel: So ist etwa bei der Auslegung des Allgemeinen Gleichbehandlungsgesetzes (AGG) Art. 3 III 2 GG zu beachten. Daraus kann sich die Pflicht einer Arztpraxis ergeben, eine blinde Person mit ihrem Blindenführhund passieren zu lassen, wenn diese die von ihr aufgesuchte Physiotherapiepraxis nicht auf anderem Wege selbstständig erreichen kann.[36]

2. Außervertragliche vs. vertragliche Rechtsverhältnisse

Die Grundrechte wirken sowohl auf außervertragliche Rechtsverhältnisse (Delikt, dingliche Rechte) als auch auf Vertragsverhältnisse ein. Dass die Grundrechte auch in Vertragsverhältnissen mittelbar Wirkung entfalten, ist dabei schwieriger zu begründen: Denn die durch Art. 2 I GG grundrechtlich abgesicherte **Privatautonomie**[37] stellt es den Vertragsparteien grundsätzlich frei, über Abschluss und Inhalt ihres Vertrags zu entscheiden. Die Rechtssphären zwischen den Vertragsparteien sind also nicht durch staatliche Ge- und Verbote voneinander abgegrenzt (wie etwa durch das deliktsrechtliche Verbot der vorsätzlichen sittenwidrigen Schädigung, § 826 BGB), sondern nach freiem Willen der Parteien. Dennoch folgt gerade aus der grundrechtlich garantierten Privatautonomie, dass die Grundrechte auch im Vertragsverhältnis wirken: Denn die Privatautonomie ist nur gesichert, wenn beide Vertragsparteien selbstbestimmt über den Inhalt des Vertrags verhandeln können. Tatsächlich hat manchmal aber eine der Vertragsparteien ein starkes Übergewicht, das so weit reichen kann, dass die andere Partei in Abschluss und Gestaltung des Vertrags nicht mehr selbst-, sondern **fremdbestimmt** ist (sogenannte gestörte Vertragsparität).[38]

Beispiel: Geschäftlich unerfahrene junge Erwachsene übernehmen eine selbstschuldnerische Bürgschaft für Familienangehörige, meist ihre Eltern, obwohl sie nur geringfügige Einkünfte und kein eigenes wirtschaftliches Interesse am Geschäft haben.[39]

---

35 BVerfG, Beschl. v. 27.8.2019, Az.: 1 BvR 879/12, Rn. 11 – NPD-Funktionär; BVerfG, Beschl. v. 30.1.2020, Az.: 2 BvR 1005/18, Rn. 34 – Blindenführhund.
36 BVerfG, Beschl. v. 30.1.2020, Az.: 2 BvR 1005/18 – Blindenführhund.
37 BVerfG, Beschl. v. 19.10.1993, Az.: 1 BvR 567/89, 1 BvR 1044/89, Rn. 51 m.w.N. = BVerfGE 89, 214 (230) – Bürgschaftsvertrag.
38 Ebd. Rn. 54 ff.; BVerfG, Urt. v. 6.2.2001, Az.: 1 BvR 12/92, Rn. 34 = BVerfGE 103, 89 (102) – Unterhaltsverzichtsvertrag.
39 BVerfG, Beschl. v. 19.10.1993, Az.: 1 BvR 567/89, 1 BvR 1044/89 = BVerfGE 89, 214 – Bürgschaftsvertrag.

Nora Wienfort

Wenn es sich um eine typisierbare Fallgestaltung handelt, bei der ein Vertragsteil strukturell unterlegen ist und die Folgen des Vertrags für diesen Vertragsteil ungewöhnlich belastend sind, müssen Fachgerichte die Privatautonomie zur Geltung bringen, indem sie eine Inhaltskontrolle des Vertrags, insbesondere durch Anwendung der Generalklauseln (§§ 138, 242 BGB), vornehmen.[40] Neben diesen Fällen, in denen die Grundrechte eine Inhaltskontrolle von Verträgen verlangen, gibt es auch Fälle, in denen der Vertrag zu einer zwischen den Parteien umstrittenen Frage schweigt und sich auch durch Vertragsauslegung gemäß §§ 133, 157 BGB keine Antwort ermitteln lässt. Dann sind die Grundrechte bei Auslegung und Anwendung der einschlägigen gesetzlichen Vorschriften zu berücksichtigen.[41]

Beispiel: Haben die Parteien eines Mietvertrags keine Regelung darüber getroffen, ob der Mieter eine Parabolantenne anbringen darf, um Fernsehprogramme aus seiner Heimat zu empfangen, ist die Informationsfreiheit des Mieters bei der Auslegung der einschlägigen Vorschriften des Mietrechts (§§ 535 ff. BGB) zu berücksichtigen.[42]

C. Mittelbare Drittwirkung in der Klausur

Sachverhalte, in denen die mittelbare Drittwirkung eine Rolle spielt, gelangen als **Urteilsverfassungsbeschwerden** zum BVerfG – denn es steht die Verfassungsmäßigkeit einer fachgerichtlichen Entscheidung (und nicht etwa die eines Akts der Legislative oder der Exekutive) infrage. Beim Aufbau der Klausur sind einige Besonderheiten zu beachten.

I. Zulässigkeit

Bei der Prüfung der Zulässigkeit der Verfassungsbeschwerde ist im Rahmen der **Beschwerdebefugnis** zu problematisieren, ob eine Grundrechtsverletzung bei der Entscheidung über eine privatrechtliche Streitigkeit überhaupt möglich erscheint, obwohl Grundrechte nur den Staat unmittelbar binden. Es gibt zwei Möglichkeiten:

---

40 BVerfG, Beschl. v. 19.10.1993, Az.: 1 BvR 567/89, 1 BvR 1044/89, Rn. 49 = BVerfGE 89, 214 (229) – Bürgschaftsvertrag.
41 BVerfG, Beschl. v. 9.2.1994, Az.: 1 BvR 1687/92, Rn. 17 ff. = BVerfGE 90, 27 (33 ff.) – Parabolantenne I.
42 BVerfG, Beschl. v. 9.2.1994, Az.: 1 BvR 1687/92 = BVerfGE 90, 27 – Parabolantenne I.

1. Üblich und empfehlenswert ist es, im Rahmen der Beschwerdebefugnis die mittelbare Drittwirkung und ihre dogmatische Herleitung kurz darzustellen.[43] In der Begründetheit muss auf diese Frage dann nicht mehr eingegangen werden. Beide Herleitungen schließen sich nicht aus, sondern ergänzen sich. Ein Beispiel für eine solche Formulierung findet sich in Fall 7 des Open Rewi Fallbuchs.
2. Man kann auch im Rahmen der Beschwerdebefugnis nur in einem Satz darstellen, dass Grundrechte auch im Rahmen eines Rechtsstreits zwischen zwei Privaten zu berücksichtigen sind. Die ausführlichere Herleitung und Begründung der mittelbaren Drittwirkung erfolgt dann am Anfang der Begründetheitsprüfung vor[44] oder nach[45] der Eröffnung des Schutzbereichs.

II. Begründetheit

Es gibt zwei Möglichkeiten, die Begründetheitsprüfung im Fall mittelbarer Drittwirkung aufzubauen: abwehrrechtlich (Schutzbereich – **Eingriff** – Rechtfertigung) oder als Prüfung einer Schutzversagung (Schutzbereich – **Schutzversagung** – Rechtfertigung). In der Regel empfiehlt sich gerade zu Beginn des Studiums der **abwehrrechtliche** Aufbau, weil dieser vertrauter ist.

Klausurtaktik   **!**

Welcher Aufbau von beiden näher liegt, hängt davon ab, ob sich die angegriffene fachgerichtliche Entscheidung eher als Eingriff in die Grundrechte der einen Partei oder als Schutzversagung in die Grundrechte der anderen Partei darstellt (siehe dazu oben A. II. 2.).

Beispiel: Im der Lüth-Entscheidung[46] zugrundeliegenden Rechtsstreit war zu klären, ob der Hamburger Senatsdirektor Lüth zum Boykott des neuen Films des Regisseurs Veit Harlan aufrufen durfte. Geklagt hatte die Produktions-GmbH des neuen Films. Die Fachgerichte sahen in dem Boykottaufruf einen Verstoß gegen § 826 BGB und verurteilten Lüth zur Unterlassung. Aus Sicht Lüths stellte sich dies als **Eingriff** in seine Meinungsfreiheit dar. Hätten die Fachgerichte zugunsten Lüths entschieden, hätte die Produktions-GmbH (nach heutigem Stand der Dogmatik) vor dem BVerfG geltend machen können, der Staat habe ihr den ihr zustehenden staatlichen **Schutz** gegen Beeinträchtigungen ihrer Gewerbefreiheit aus Art. 12 GG versagt.

---

43 So auch bei Mast/Gafus, JuS 2021, 153 (154 f.); Stinner, JuS 2015, 616 (618 f.).
44 Augsberg/Viellechner, JuS 2008, 406 (407).
45 Kingreen/Poscher, Grundrechte. Staatsrecht II, 37. Aufl. 2021, § 4 Rn. 140.
46 BVerfG, Urt. v. 15.1.1958, Az.: 1 BvR 400/51 = BVerfGE 7, 198 – Lüth.

Nora Wienfort

In einigen Fällen ist es schwierig, zu entscheiden, ob die Rekonstruktion über einen Eingriff oder über eine Schutzversagung näher liegt. Das gilt insbesondere, wenn Parteien in einem Vertragsverhältnis über eine Frage streiten, die der Vertrag weder ausdrücklich noch implizit durch Auslegung gemäß §§ 133, 157 BGB regelt.

Beispiel: Im der Parabolantennen-Entscheidung[47] zugrundeliegenden Rechtsstreit war zu klären, ob ein Mieter an die Fassade seiner Mietwohnung eine Parabolantenne anbringen dürfe, um Fernsehprogramme aus seiner Heimat zu empfangen. Der Vermieter war nicht einverstanden. Der Mietvertrag enthielt keine Regelungen zum Anbringen von Parabolantennen. Die zuständigen Fachgerichte gaben dem Vermieter unter Verweis auf seine Eigentumsrechte aus Art. 14 GG recht. Dagegen ging der Mieter unter Verweis auf seine durch Art. 5 I 1 Hs. 2 GG geschützte Informationsfreiheit vor. Ob sich die Entscheidungen der Fachgerichte aus Sicht des Mieters als Eingriff in Art. 5 I 1 Hs. 2 GG (Verletzung des status quo) oder als staatliche Schutzversagung (die gerade daran liegt, dass der Staat dem status quo nicht abhilft) darstellt, hängt davon ab, was man als status quo ausmacht: Dass Mieter:innen grundsätzlich Parabolantennen anbringen dürfen oder dass Mieter:innen dies ohne Erlaubnis der Vermieter:innen grundsätzlich nicht dürfen. Der Vertrag traf hierzu aber gerade keine Regelung.

❗ Klausurtaktik

In solchen Fällen können beide Aufbauvarianten gewählt werden. Ggf. finden sich auch im Sachverhalt Anhaltspunkte, die einen der beiden Aufbauten nahelegen. Allerdings muss dann ggf. der Eingriff problematisiert werden. Siehe dazu Fall 7 im Open Rewi Fallbuch. Für den Prüfungsmaßstab hat die Entscheidung zwischen abwehrrechtlichem Aufbau und Schutzpflicht-Aufbau keine Konsequenzen.

III. Prüfungsmaßstab des BVerfG

Wie für alle Urteilsverfassungsbeschwerden gilt: Das BVerfG ist keine „Superrevisionsinstanz".[48] Es prüft allein die **Verletzung spezifischen Verfassungsrechts**. In Fällen mittelbarer Drittwirkung kann eine Verletzung spezifischen Verfassungsrechts entweder darin liegen, (1) dass bereits das der Entscheidung zugrundeliegende einfache Recht gegen Vorgaben des GG verstößt, (2) dass das Fachgericht die Bedeutung der Grundrechte für die Auslegung und Anwendung des einfachen Rechts vollständig übersehen hat, oder (3) dass die fachgerichtliche

---

47 BVerfG, Beschl. v. 9.2.1994, Az.: 1 BvR 1687/92 = BVerfGE 90, 27 – Parabolantenne I.
48 BVerfG, Urt. v. 15.1.1958, Az.: 1 BvR 400/51, Rn. 30 = BVerfGE 7, 198 (206f.) – Lüth.

Nora Wienfort

Entscheidung auf einer grundlegend unrichtigen Anschauung der Bedeutung der Grundrechte für den Fall beruht.

Klausurtaktik   !

Dieser Prüfungsmaßstab ist einleitend entweder zu Beginn der Begründetheitsprüfung oder zu Beginn der Prüfung der Verfassungsmäßigkeit der fachgerichtlichen Entscheidung kurz darzustellen. Siehe dazu Fall 5 im Open Rewi Fallbuch.

Die Schwelle einer Korrektur durch das BVerfG ist erst erreicht, „wenn die Auslegung der Zivilgerichte Fehler erkennen lässt, die auf einer grundsätzlich unrichtigen Anschauung von der Bedeutung der betroffenen Grundrechte beruhen und auch in ihrer materiellen Bedeutung für den konkreten Rechtsfall von einigem Gewicht sind, insbesondere weil darunter die Abwägung der beiderseitigen Rechtspositionen im Rahmen der privatrechtlichen Regelung leidet."[49] Die Fachgerichte haben also einen weiten Spielraum.[50] Für die Frage, ob das Fachgericht die Bedeutung eines Grundrechts grundlegend verkannt hat, kommt es nicht darauf an, ob es in seiner Entscheidung die einschlägigen Grundrechte namentlich nennt, sondern nur darauf, „dass den grundrechtlichen Wertungen im Ergebnis hinreichend Rechnung getragen wird."[51]

IV. Praktische Konkordanz statt vierstufiger Verhältnismäßigkeitsprüfung

Im Rahmen der Verfassungsmäßigkeit der angegriffenen fachgerichtlichen Entscheidung ist zu prüfen, ob diese die gegenläufigen grundrechtlichen Interessen Privater in angemessenen Ausgleich bringt, also **praktische Konkordanz**[52] herstellt. Dies gilt unabhängig davon, ob die Begründetheit anhand des Abwehrrechts- oder des Schutzpflichtschemas aufgebaut wird. Da sich gegenläufige Interessen gleichgeordneter Privater gegenüberstehen, ist weder das Übermaßverbot (Verhältnismäßigkeit) noch das Untermaßverbot zu prüfen, sondern der Punkt zu bestimmen, an dem die gegenläufigen Interessen der Privaten in **optimalem Verhältnis** zueinander stehen.

---

49 BVerfG, Beschl. v. 11.4.2018, Az.: 1 BvR 3080/09, Rn. 34 = BVerfGE 148, 267 (281) – Stadionverbot.
50 Ebd. Rn. 44.
51 Ebd.
52 Hesse, Grundzüge des Verfassungsrechts der Bundesrepublik Deutschland, Neudruck der 20. Aufl. 1999, § 2 Rn. 72.

Nora Wienfort

Eine vierstufige Verhältnismäßigkeitsprüfung (legitimer Zweck – Eignung – Erforderlichkeit – Angemessenheit/Zumutbarkeit) ist in Fällen mittelbarer Drittwirkung also **nicht** durchzuführen.[53] Denn diese ist auf das – hierarchische – Verhältnis zwischen Grundrechten Privater auf der einen Seite und der Zweckverfolgung des rechenschaftspflichtigen Staates auf der anderen Seite zugeschnitten. In Fällen mittelbarer Drittwirkung stehen sich aber die Interessen zweier gleichwertiger Privater gegenüber. Ziel ist der Ausgleich bürgerlicher Freiheitssphären untereinander.[54]

Dafür, dass unabhängig vom gewählten Aufbau allein die Herstellung praktischer Konkordanz zu prüfen ist, spricht auch eine weitere Überlegung: Ob der abwehrrechtliche oder der Schutzpflichtaufbau näher liegt, hängt davon ab, welche Partei im fachgerichtlichen Verfahren unterlegen ist und daher Verfassungsbeschwerde erhebt (siehe oben A. II. 2.). Welche Partei im fachgerichtlichen Verfahren unterlegen ist, darf aber nicht über den verfassungsrechtlichen Prüfungsmaßstab entscheiden. Es wäre also falsch, für den abwehrrechtlichen Aufbau mit der Verhältnismäßigkeitsprüfung einen strengeren Prüfungsmaßstab anzulegen als für den Schutzpflichtaufbau mit seinem weniger strengen Untermaßverbot.

Stattdessen gilt es, eine geordnete Abwägung der entgegenstehenden grundrechtlichen Interessen durchzuführen, um beiden Seiten zu optimaler Geltung zu verhelfen. Hier ist es wichtig, die eigene Argumentation in einem klaren **Dreischritt** zu ordnen:

(1) Bestimmung und Gewichtung der tangierten grundrechtlichen Interessen der Partei 1
(2) Bestimmung und Gewichtung der tangierten grundrechtlichen Interessen der Partei 2
(3) Ausgleich: Welches Interesse überwiegt im konkreten Fall?

Zusammenfassung: Die wichtigsten Punkte
– Die Grundrechte des GG wirken auf die Auslegung und Anwendung privatrechtlicher Vorschriften ein und sind von Fachgerichten bei Entscheidungen über privatrechtliche Streitigkeiten mittelbar zu berücksichtigen.
– Die Einwirkung der Grundrechte erfolgt über Normen des Privatrechts, insbesondere über die zivilrechtlichen Generalklauseln und über unbestimmte Rechtsbegriffe.

---

53 So auch Augsberg/Viellechner, JuS 2008, 406 (409 f.); Frenzel, JuS 2013, 37 (41); Mast/Gafus, JuS 2021, 153 (158); andere Ansicht Michael/Morlok, Grundrechte, 7. Aufl. 2020, § 15 Rn. 508; unklar insoweit Kingreen/Poscher, Grundrechte. Staatsrecht II, 37. Aufl. 2021, § 4 Rn. 137.
54 BVerfG, Urt. v. 22.2.2011, Az.: 1 BvR 699/06, Rn. 59 – BVerfGE 128, 226 (249 f.) – Fraport.

Nora Wienfort

- In der Klausur ist weder das Über- noch das Untermaßverbot zu prüfen, sondern es ist praktische Konkordanz zwischen den gegenläufigen Interessen herzustellen.

Weiterführende Studienliteratur
- Matthias Ruffert, Privatrechtswirkung der Grundrechte, JuS 2020, S. 1–6 (unter Berücksichtigung des Unionsrechts)
- Ino Augsberg/Lars Viellechner, Die Drittwirkung der Grundrechte als Aufbauproblem, JuS 2008, S. 406–414
- Christian Bumke/Andreas Voßkuhle, Casebook Verfassungsrecht, 8. Aufl. 2020, Rn. 204 ff.
- **Übungsfall Fortgeschrittene:** Sebastian Theß, Referendarexamensklausur – Öffentliches Recht: Grundrechte – Blog-Berichterstattung über das Zittern der Bundeskanzlerin, JuS 2021, S. 247–253
- **Übungsfall Fortgeschrittene**: Tobias Mast/Tobias Gafus, Referendarexamensklausur – Öffentliches Recht: Grundrechte – Die Online-Versammlung, JuS 2021, S. 153–160

Nora Wienfort

Abschnitt 4
Verfahren, Konkurrenzen, Prüfungsschemata

§ 10 Die Verfassungsbeschwerde

Notwendiges Vorwissen: Grundrechtsfunktionen; Grundrechtsberechtigung Allgemein; Grundrechtsberechtigung Juristischer Personen; Grundrechtsbindung; Die Charta-Rechte in der Rechtsprechung des BVerfG

Lernziel: Prüfungsvoraussetzungen einer Verfassungsbeschwerde verstehen

---

Für dieses Kapitel gibt es frei zugängliche interaktive Übungen. Halte einfach deine Smartphone-Kamera vor den Kasten mit den Punkten (QR-Code).

Die Verfassungsbeschwerde ist ein **außerordentlicher Rechtsbehelf,** mit dem sich die beschwerdeführende Person gegen eine Verletzung von Grundrechten oder grundrechtsgleichen Rechten wenden kann. Neben diesem Individualrechtsschutz kommt der Verfassungsbeschwerde auch die Funktion zu, das objektive Verfassungsrecht zu wahren sowie seiner Auslegung und Fortbildung zu dienen.[1]

Weiterführendes Wissen

Von den beim BVerfG anhängigen Verfahren überwiegt die Verfassungsbeschwerde deutlich. Im Jahr 2019 sind beim BVerfG beispielsweise 5.158 Verfassungsbeschwerden von insgesamt 5.446 Verfahren eingegangen.[2] Um das BVerfG zu entlasten, wurde in der Vergangenheit ein Annahmeverfahren gemäß § 93a BVerfGG eingeführt. Eine Verfassungsbeschwerde ist gemäß § 93a II BVerfGG zur Entscheidung anzunehmen, soweit ihr grundsätzliche verfassungsrechtliche Bedeutung zukommt oder wenn es zur Durchsetzung der in § 90 I BVerfGG genannten Rechte angezeigt ist; dies kann auch der Fall sein, wenn der beschwerdeführenden Person durch die Versagung der Entscheidung zur Sache ein besonders schwerer Nachteil entsteht. Gemäß § 93b BVerfGG entscheiden die Kammern beziehungsweise der Senat (vgl. § 15a BVerfGG) über die Annahme der Verfassungsbeschwerde.

---

1 BVerfG, Urt. v. 14.7.1998, Az.: 1 BvR 1640/97, Rn. 112 m.w.N. = BeckRS 1998, 21931.
2 BVerfG, Jahresstatistik, Verfahrenserledigungen von Verfassungsbeschwerden 2015–2019; BVerfG, Verfahrenseingänge seit 7. September 1951, 3.

Formulierungsbeispiel Obersatz

„Die Verfassungsbeschwerde der beschwerdeführenden Person hat Aussicht auf Erfolg, wenn sie zulässig ist und soweit sie begründet ist."

A. Zulässigkeit

Formulierungsbeispiel Obersatz

„Die Verfassungsbeschwerde ist zulässig, wenn sie die Voraussetzungen des Art. 93 I Nr. 4a GG und der §§ 13 Nr. 8a, 23, 90 ff. BVerfGG erfüllt."

I. Zuständigkeit des BVerfG

Gemäß Art. 93 I Nr. 4a GG, §§ 13 Nr. 8a, 90 ff. BVerfGG entscheidet das BVerfG über Verfassungsbeschwerden, die von jedermann mit der Behauptung erhoben werden können, durch die öffentliche Gewalt in einem seiner:ihrer Grundrechte oder in einem seiner:ihrer in Art. 20 IV, 33, 38, 101, 103 und 104 GG enthaltenen Rechte verletzt zu sein.

! Klausurtaktik

Da dieser Punkt keinen Anlass zu weiteren Diskussionen geben wird, ist er entsprechend kurz zu fassen und vielmehr allein der Vollständigkeit halber anzusprechen.

Formulierungsbeispiel Obersatz

„Nach Art. 93 I Nr. 4a GG, §§ 13 Nr. 8a, 90 ff. BVerfGG ist das BVerfG für die Entscheidung über Verfassungsbeschwerden zuständig." ODER „Das BVerfG ist gemäß Art. 93 I Nr. 4a GG, §§ 13 Nr. 8a, 90 ff. BVerfGG für die Entscheidung über Verfassungsbeschwerden zuständig."

II. Beschwerdefähigkeit

! Klausurtaktik

Die Bezeichnung dieses Prüfungspunktes ist nicht einheitlich. Zum Teil wird er auch Beschwerde- beziehungsweise Beteiligtenfähigkeit, nur Beteiligtenfähigkeit, Antragsberechtigung oder Beschwerdeberechtigung genannt. Inhaltlich sind aber stets die gleiche Fragen Gegenstand der Prüfung. Andere sortieren die Beschwerdefähigkeit sowie mitunter die Prozessfähigkeit unter den Oberpunkt Beschwerdeführer:in. Für Erstsemester-Klausuren bietet es sich daher an, die in den Veranstaltungen gebrauchte Terminologie zu verwenden. In der Examensklausur, bei der die Korrigierenden unbekannt sind, obliegt es dem Studierenden sich auf eine Formulierung festzulegen. Ein Verweis auf die anderen Bezeichnungen unterbleibt dabei.

Louisa Linke

Gemäß Art. 93 I Nr. 4a GG, § 90 I 1 BVerfGG ist „jedermann" beschwerdefähig, der:die behauptet, in einem seiner:ihrer Grundrechte oder einem seiner:ihrer grundrechtsgleichen Rechte verletzt zu sein. Bei diesem Prüfungspunkt ist allein entscheidend, ob die beschwerdeführende Person Trägerin von Grundrechten oder grundrechtsgleichen Rechten sein kann.

Klausurtaktik ❗

Alternativ wird neben der Grundrechtsträgerschaft auch von einer <u>Grundrechtsberechtigung oder einer Grundrechtsfähigkeit</u> gesprochen.

1. Natürliche Person

Klausurtaktik ❗

Ist die beschwerdeführende Person eine **natürliche Person,** bedarf es bei diesem Prüfungspunkt regelmäßig keiner vertieften Ausführungen, denn diese ist Trägerin von Grundrechten. In diesen Fällen kann auf die strikte Anwendung des Gutachtenstils verzichtet werden.

Formulierungsbeispiel Obersatz
„Gemäß Art. 93 I Nr. 4a GG, § 90 I BVerfGG ist „jedermann", also jede Person, die Trägerin von Grundrechten oder grundrechtsgleichen Rechten sein kann, beschwerdefähig. Indem XY als natürliche Person Grundrechtsträger:in ist, ist er/sie „jedermann" und somit beschwerdefähig." ODER „XY ist als natürliche Person Grundrechtsträger:in und damit „jedermann" im Sinne des Art. 93 I Nr. 4a GG, § 90 I BVerfGG, sodass er/sie beschwerdefähig ist." ODER „Bei Problemen: XY müsste beschwerdefähig sein. Dies ist gemäß Art 93 I Nr. 4a GG, § 90 I BVerfGG „jedermann", also jeder, der Träger von Grundrechten oder grundrechtsgleichen Rechten sein kann."

Wenn die natürliche Person im konkreten Fall (EU)-Ausländer:in ist (also nicht Deutsche:r im Sinne des Art. 116 I GG), wird die Problematik des Grundrechtsschutzes <u>(Stichwort: Deutschengrundrechte)</u> bereits an diesem Punkt angesprochen.[3] Ob sich (EU)-Ausländer:innen aber tatsächlich auf das als verletzt vorgetragene Grundrecht berufen können, ist bei der Beschwerdebefugnis zu klären. Im Rahmen der Beschwerdefähigkeit steht die Frage im Vordergrund, ob die beschwerdeführende Person allgemein Trägerin von Grundrechten und

---

3 Siehe beispielsweise Schlaich/Korioth, Das Bundesverfassungsgericht, 11. Aufl. 2018, Rn. 206; Manssen, Staatsrecht II, 17. Aufl. 2020, Rn. 912; Grünewald, in: BeckOK BVerfGG, 11. Ed. 1.7.2021, § 90 BVerfGG Rn. 16 f.; Bethge, in: Schmidt-Bleibtreu/Klein/Bethge, Bundesverfassungsgerichtsgesetz, 61. EL 7.2021, § 90 BVerfGG Rn. 131.

Louisa Linke

grundrechtsgleichen Rechten sein kann (beziehungsweise grundrechtsfähig oder grundrechtsberechtigt ist). Dies ist auch bei (EU)-Ausländer:innen der Fall.

Vertiefende Ausführungen können notwendig werden, wenn die zeitliche Dimension der Grundrechtsfähigkeit im Sachverhalt thematisiert wird. Grundsätzlich ist eine natürliche Person von Geburt an bis zum Tod[4] beschwerdefähig. Davon gibt es im Einzelfall Abweichungen: So kann etwa der **nasciturus** (das gezeugte, aber noch ungeborene Kind) einen grundrechtlichen Schutz über Art. 2 II 1 1. Alt. GG i.V.m. Art. 1 I GG erfahren.[5] In der Literatur wird darüber hinaus ebenfalls vertreten, dass die Erbrechtsgarantie (Art. 14 I 1 GG)[6] sowie der Schutz der (werdenden) Familie (Art. 6 I GG)[7] anwendbar sind. Das BVerfG hat dabei offengelassen, ob der grundrechtliche Schutz bereits ab Verschmelzung von Ei und Samenzelle oder erst mit der Nidation (14. Tag nach Empfängnis) besteht.[8]

Verstorbenen wird jedenfalls ein postmortaler Persönlichkeitsschutz aus Art. 1 I GG zugesprochen.[9] Das BVerfG verneint hingegen einen weitergehenden Grundrechtsschutz aus Art. 2 I i.V.m. Art. 1 I GG, denn Träger:innen des allgemeinen Persönlichkeitsrechts sind allein die Lebenden.[10]

2. Juristische Personen

Neben natürlichen Personen können auch **juristische Personen** Gegenstand des Klausursachverhaltes sein. Anders als bei natürlichen Personen sind hier oftmals weitergehende Ausführungen notwendig. Gemäß Art. 19 III GG gelten die Grundrechte auch für inländische juristische Personen, soweit sie ihrem Wesen nach auf diese anwendbar sind.

Formulierungsbeispiel Obersatz

„Die XY müsste beschwerdefähig sein. Gemäß Art. 93 I Nr. 4a GG, § 90 I BVerfGG ist „jedermann", also jede Person, die Trägerin von Grundrechten sein kann, beschwerdefähig. Dies sind zunächst alle natürlichen Personen. Allerdings können sich nach Art. 19 III GG auch inländische

---

4 Der Tod ist in Einklang mit § 3 II Nr. 2 Transplantationsgesetz mit dem endgültigen, nicht behebbaren Ausfall der Gesamtfunktion des Großhirns, des Kleinhirns und des Hirnstamms anzunehmen, was nach Verfahrensregeln festzustellen ist.
5 BVerfG, Urt. v. 25.2.1975, Az.: 1 BvF 6/74, Rn. 165 = NJW 1975, 573 (575).
6 Bethge, in: Schmidt-Bleibtreu/Klein/Bethge, Bundesverfassungsgerichtsgesetz, 61. EL 7.2021, § 90 BVerfGG Rn. 130 m.w.N.
7 Bethge, in: Schmidt-Bleibtreu/Klein/Bethge, Bundesverfassungsgerichtsgesetz, 61. EL 7.2021, § 90 BVerfGG Rn. 130 m.w.N.
8 BVerfG, Urt. v. 28.5.1993, Az.: 2 BvF 2/90, Rn. 151 = NJW 1993, 1751 (1753).
9 BVerfG, Beschl. v. 19.12.2007, Az.: 1 BvR 1533/07, Rn. 7 m.w.N. = NVwZ 2008, 549 (550).
10 BVerfG, Beschl. v. 19.12.2007, Az.: 1 BvR 1533/07, Rn. 7 m.w.N. = NVwZ 2008, 549 (550).

juristische Personen auf Grundrechte berufen, soweit die Grundrechte ihrem Wesen nach auf sie anwendbar sind."

Klausurtaktik █!█

Es wird uneinheitlich gehandhabt, ob bereits bei diesem Prüfungspunkt die wesensmäßige Anwendbarkeit der Grundrechte auf die juristischen Personen vollständig durchgeprüft[11] wird oder diese Prüfung erst in der Beschwerdebefugnis[12] erfolgt. Innerhalb der Beschwerdebefugnis wird gemäß Art. 93 I Nr. 4a GG, § 90 I BVerfGG relevant, ob die beschwerdeführende Person die Möglichkeit der Verletzung eines Grundrechts oder grundrechtsgleichen Rechtes behaupten kann. Da sich die Beurteilung der wesensmäßigen Anwendbarkeit der Grundrechte auf das konkret in Betracht kommende Grundrecht bezieht, erscheint es sinnvoller, diese Problematik erst im Rahmen der Beschwerdebefugnis zu thematisieren. Bei einer Erstsemester-Klausur sollten sich die Studierenden an dem in den Veranstaltungen kommunizierten Aufbau orientieren. In der Examensklausur, bei der die Korrigierenden unbekannt sind, obliegt es dem Studierenden, sich auf einen Aufbau festzulegen. Eine Begründung des Aufbaus erfolgt jedoch in keinem Fall.

Juristische Personen (auch aus dem **Nicht-EU-Ausland**) können sich zumindest auf die grundrechtsgleichen Verfahrensrechte aus Art. 101 I 2 und 103 I GG berufen.[13]

III. Prozessfähigkeit

Klausurtaktik █!█

Dieser Prüfungspunkt wird mitunter auch Verfahrensfähigkeit genannt. Oftmals wird die Prozessfähigkeit in den Lösungen gar nicht angesprochen. Studierende sollten sich in der Regel mit ein bis zwei Sätzen kurzfassen und auf diesen Prüfungspunkt nicht verzichten.

---

11 Siehe beispielsweise Schlaich/Korioth, Das Bundesverfassungsgericht, 11. Aufl. 2018, Rn. 206; Grünewald, in: BeckOK BVerfGG, 11. Ed. 1.7.2021, § 90 BVerfGG Rn. 23 ff.; Bethge, in: Schmidt-Bleibtreu/Klein/Bethge, Bundesverfassungsgerichtsgesetz, 61. EL 7.2021, § 90 BVerfGG Rn. 132 ff.
12 Siehe beispielsweise Kingreen/Poscher, Grundrechte Staatsrecht II, 36. Aufl. 2020, Rn. 1291; Ebert, ZJS 2015, 485 (485 f.).
13 Ein Sterbehilfeverein mit Sitz in der Schweiz kann sich nicht auf die materiellen Grundrechte berufen, siehe BVerfG, Urt. v. 26.2.2020, Az.: 2 BvR 2347/15, Rn. 185 m.w.N. = BeckRS 2020, 2216; BVerfG, Beschl. v. 27.4.2010 Az.: 2 BvR 1848/07, Rn. 11 m.w.N. = GRUR 2010, 1031 (1031). Siehe zu juristischen Personen aus dem EU-Ausland BVerfG, Urt. v. 26.2.2020, Az.: 2 BvR 2347/15, Rn. 185 m.w.N. = BeckRS 2020, 2216.

Mit der Prozessfähigkeit ist gemeint, dass die beschwerdeführende Person fähig sein muss, Prozesshandlungen selbst vorzunehmen oder durch eine:n Bevollmächtigte:n vornehmen zu lassen. Sie ist innerhalb des BVerfGG nicht geregelt. Dennoch ist aufgrund der besonderen Eigenart der verfassungsrechtlichen Verfahren nicht kurzerhand auf die Regelungen der anderen Prozessordnungen zurückzugreifen, denn diese knüpfen an die Geschäftsfähigkeit an (vgl. § 51 I ZPO).[14] Die Prozessfähigkeit ist stattdessen vielmehr dann anzunehmen, wenn andernfalls ein effektiver Grundrechtsschutz nicht gewährleistet ist.[15]

Formulierungsbeispiel Obersatz
„Die beschwerdeführende Person müsste auch prozessfähig sein, also die Fähigkeit innehaben, Prozesshandlungen selbst oder durch eine:n selbst bestellte:n Vertreter:in vornehmen zu können."

In der Regel wird dieser Prüfungspunkt keine Schwierigkeiten bereiten. Darüber hinausgehende Ausführungen werden aber notwendig, wenn die beschwerdeführende Person noch minderjährig ist. **Minderjährige** können im eigenen Namen eine Verfassungsbeschwerde erheben, wenn sie als reif genug angesehen werden, innerhalb des vom Grundrecht geschützten Verantwortungsbereiches eigenverantwortlich zu agieren und sie die erforderliche Einsichtsfähigkeit aufweisen.[16] Es kommt auf ihre **Grundrechtsmündigkeit** an, die in Bezug auf das einschlägige Grundrecht bestimmt wird. Dabei ist die Verfahrensfähigkeit insbesondere zu bejahen, wenn sich nur auf diesem Wege ein effektiver Grundrechtsschutz verwirklichen lässt.[17]

Beispiel: Ein Klassiker bildet die Frage der Religionsmündigkeit. Um die Einsichtsfähigkeit eines Kindes zu beurteilen, bieten einfachgesetzliche Regelungen Anhaltspunkte. Für die Religionsfreiheit kann § 5 des Gesetzes über die religiöse Kindererziehung einbezogen werden[18], wonach nach der Vollendung des vierzehnten Lebensjahrs dem Kinde die Entscheidung darüber zusteht, zu welchem religiösen Bekenntnis es sich halten will. Ist eine Grundrechtsmündigkeit zu verneinen, dann können die gesetzlichen Vertreter:innen die Prozesshandlungen vornehmen beziehungsweise eine bevollmächtigte Person bestimmen. Die elterliche Sorge schließt auch die Vertretung des Kindes ein (§ 1629 I 1 BGB). Dies umfasst das Recht der Eltern, für ihre minderjährigen Kinder Verfassungsbeschwerde einzulegen und sie im entsprechenden Verfahren zu vertreten.[19]

---

14 BVerfG, Beschl. v. 16.6.2016, Az.: 1 BvR 2509/15, Rn. 10 m.w.N. = NZA-RR 2016, 495 (495).
15 BVerfG, Beschl. v. 16.6.2016, Az.: 1 BvR 2509/15, Rn. 10 = NZA-RR 2016, 495 (495).
16 BVerfG, Beschl. v. 26.5.1970, Az.: 1 BvR 345/69, Rn. 54 = BeckRS 9998, 109338.
17 BVerfG, Beschl. v. 16.6.2016, Az.: 1 BvR 2509/15, Rn. 54 = BeckRS 2016, 48238.
18 Ebert, ZJS 2015, 485 (486 m.w.N.).
19 Zu beachten ist insbesondere auch, ob ein gemeinschaftliches Sorgerecht besteht. Ist dies der Fall, müssen beide Elternteile das Kind vertreten, BVerfG, Beschl. v. 20.11.2019, Az.: 1 BvR 1734/19, Rn. 2 = BeckRS 2019, 30707.

Louisa Linke

Juristische Personen müssen sich durch ihre:n Vertreter:in vertreten lassen (vgl. § 35 I GmbHG oder § 78 I 1 AktG).

IV. Beschwerdegegenstand

Beschwerdegegenstand ist gemäß Art. 93 I Nr. 4a GG, § 90 I BVerfGG ein **„Akt öffentlicher Gewalt"**. Dies kann ein **Handeln oder Unterlassen** sowohl der **Exekutive**, der **Judikative** als auch der **Legislative** sein. Dem Beschwerdegegenstand ist eine besondere Aufmerksamkeit zu widmen, denn dieser hat Einfluss auf die Prüfung im Rahmen der Begründetheit der Verfassungsbeschwerde. Der Aufbau der Prüfung unterscheidet danach üblicherweise zwischen einer Rechtssatz- und einer Urteilsverfassungsbeschwerde. Insofern wird bei der Urteilsverfassungsbeschwerde zusätzlich auch noch die Verfassungsmäßigkeit der Gesetzesanwendung im Einzelfall geprüft.

Examenswissen   ❗

Ein **Unterlassen** der Rechtsprechung kommt etwa durch eine Nichtbeachtung einer Vorlagepflicht in Betracht (Art. 101 I 2 GG), wodurch der betroffenen Person der:die gesetzliche Richter:in entzogen wurde. Beschwerdegegenstand kann auch das Unterlassen des Gesetzgebers sein, wenn dieser aufgrund eines grundrechtlichen Schutzauftrages der Normerlasspflicht nicht nachkommt und dem Untermaßverbot nicht gerecht wird. Auch ein Unterlassen der Exekutive kann zum Beispiel durch ein Fehlen exekutiver Normsetzung relevant werden.[20] Zu differenzieren ist bei einem gesetzgeberischen Unterlassen zwischen einem **echten** und einem **unechten Unterlassen**. Ein echtes Unterlassen liegt vor, wenn der Gesetzgeber vollständig untätig geblieben ist, während ein unechtes Unterlassen anzunehmen ist, sobald der Gesetzgeber zwar tätig geworden ist, aber seinen Schutzauftrag nur unzureichend wahrnimmt oder er das Untermaßgebot nicht wahrt.[21]

Klausurtaktik   ❗

Siehe hierzu den Fall 4 im OpenRewi Grundrechte Fallbuch.

---

20 Siehe zu diesen und weiteren Beispielen m.w.N. Bethge, in: Schmidt-Bleibtreu/Klein/Bethge, Bundesverfassungsgerichtsgesetz, 61. EL 7.2021, § 90 BVerfGG Rn. 184 ff.
21 Siehe zu diesen und weiteren Beispielen m.w.N. Bethge, in: Schmidt-Bleibtreu/Klein/Bethge, Bundesverfassungsgerichtsgesetz, 61. EL 7.2021, § 90 BVerfGG Rn. 220 f.; siehe insbesondere auch BVerfG, Beschl. v. 24.3.2021, Az.: 1 BvR 2656/18, Rn. 95 = BeckRS 2021, 8946; siehe auch Gerhardt, Probleme des gesetzgeberischen Unterlassens in der Rechtsprechung des Bundesverfassungsgerichts, 2007, 17.

Louisa Linke

Thematisiert der Sachverhalt **mehrere Akte** der öffentlichen Gewalt (zum Beispiel Verwaltungsakt – Entscheidungen der Gerichte im Instanzenzug), ist zu prüfen, gegen welchen Akt sich die beschwerdeführende Person konkret wendet. Dies ist dem Antrag der beschwerdeführenden Person – in der Klausur dem Klausursachverhalt – zu entnehmen. Richtet sich die Verfassungsbeschwerde sowohl gegen den Verwaltungsakt als auch gegen die Gerichtsentscheidungen, handelt es sich dabei immer nur um *eine* Verfassungsbeschwerde.[22] Dabei sind aber mehrere Beschwerdegegenstände möglich. Ist die beschwerdeführende Person sowohl durch den Verwaltungsakt als auch durch die Gerichtsentscheidungen in einem ihrer Grundrechte verletzt und ist der Verfassungsbeschwerde (gegen den Verwaltungsakt sowie die Gerichtsentscheidungen) daher stattzugeben, so hebt das BVerfG die Entscheidungen (beginnend vom Verwaltungsakt bis zur letztinstanzlichen Entscheidung) gemäß § 95 II BVerfGG auf.[23] Bei der Frage des Beschwerdegegenstandes ist aber auch zu berücksichtigen, dass, sofern eine höhere Instanz über den Prozessgegenstand in vollem Umfang entschieden hat, das BVerfG von einer prozessualen Überholung der vorhergehenden Entscheidung ausgeht.[24] Innerhalb der Klausur hat die Frage, ob sich die beschwerdeführende Person in zulässiger Weise gegen den Verwaltungsakt und die im Instanzenzug ergangenen Entscheidungen oder nur gegen die letztinstanzliche Entscheidung richtet, keinen Einfluss auf den weiteren Prüfungsaufbau. Im Rahmen der Begründetheit der Verfassungsbeschwerde wird regelmäßig nur zwischen einer Rechtssatz- und einer Urteilsverfassungsbeschwerde unterschieden.

! **Klausurtaktik**

Siehe zum Beschwerdegegenstand auch die Lösungen zu den Fällen 5, 9, 10 des OpenRewi Grundrechte Fallbuches.

Formulierungsbeispiel Obersatz
„Beschwerdegegenstand einer Verfassungsbeschwerde ist gemäß Art. 93 I Nr. 4a GG, § 90 I BVerfGG jeder „Akt öffentlicher Gewalt". Dies kann ein Handeln oder Unterlassen sowohl der Exekutive, der Judikative als auch der Legislative sein."

Beschwerdegegenstand einer Verfassungsbeschwerde können nur **Akte der deutschen öffentlichen Gewalt** sein.

---

22 BVerfG, Beschl. v. 15.4.1980, Az.: 2 BvR 842/77, Rn. 34 f. = BeckRS 9998, 104502.
23 Bethge, in: Schmidt-Bleibtreu/Klein/Bethge, Bundesverfassungsgerichtsgesetz, 61. EL 7.2021, § 90 BVerfGG Rn. 183.
24 Die Verfassungsbeschwerde gegen eine Entscheidung der unteren Instanz ist dann unzulässig, siehe BVerfG, Beschl. v. 27.12.2006, Az.: 2 BvR 1895/05, Rn. 19 = BeckRS 2006, 18575.

Louisa Linke

Examenswissen

Das schließt folglich Maßnahmen von Organen, Einrichtungen und sonstigen Stellen der Europäischen Union als unmittelbaren Beschwerdegegenstand aus. Diese können lediglich als Vorfrage vom BVerfG im Rahmen der Verfassungsbeschwerde zu prüfen sein, sofern sie Grundrechtsberechtigte in Deutschland in ihren Interessen berühren.[25] Dafür müssen sie den Anlass des Handelns deutscher Staatsorgane bilden oder sich aus der Integrationsverantwortung ergebene Handlungs- und Unterlassungspflichten deutscher Verfassungsorgane verursachen.[26]

V. Beschwerdebefugnis

Die Verfassungsbeschwerde soll einen individuellen Rechtsschutz gewährleisten,[27] deshalb muss die beschwerdeführende Person die Möglichkeit der Verletzung in eigenen Grundrechten oder grundrechtsgleichen Rechten plausibel behaupten. Die Verfassungsbeschwerde unterscheidet sich insofern von der Popularklage (vgl. Art. 98 S. 4 der Verfassung des Freistaates Bayern).[28] Zugleich muss die beschwerdeführende Person durch den Akt der öffentlichen Gewalt in ihren Grundrechten oder grundrechtsgleichen Rechten selbst, unmittelbar und gegenwärtig betroffen sein.[29] Zwar wurde dieses Prüfprogramm zunächst nur für Rechtssatzverfassungsbeschwerden entwickelt, es wird aber inzwischen durchgehend geprüft, wenngleich die Ausführungen in den anderen Fallgestaltungen oftmals kürzer gehalten werden können.[30]

Formulierungsbeispiel Obersatz

„Gemäß Art. 93 I Nr. 4a GG, § 90 I BVerfGG ist die Behauptung einer Grundrechtsverletzung erforderlich. Diesem Erfordernis wird genügt, wenn die Möglichkeit einer Grundrechtsverletzung besteht und die beschwerdeführende Person selbst, gegenwärtig und unmittelbar betroffen ist."

---

25 Siehe zu diesen Ausführungen BVerfG, Beschl. v. 26.5.2020, Az.: 2 BvR 43/16, Rn. 89 = BeckRS 2020, 11538.

26 BVerfG, Beschl. v. 26.5.2020, Az.: 2 BvR 43/16, Rn. 89 = BeckRS 2020, 11538.

27 BVerfG, Beschl. v. 13.4.2010, Az.: 1 BvR 216/07, Rn. 35 = BeckRS 2010, 51005.

28 Die Popularklage kann von jedermann erhoben werden, ohne dass er oder sie unmittelbar betroffen ist.

29 BVerfG, Urt. v. 6.12.2016, Az.: 1 BvR 2821/11, Rn. 207 m.w.N. = NJW 2017, 217 (220).

30 Siehe zur Urteilsverfassungsbeschwerde etwa BVerfG, Beschl. v. 15.7.2015, Az.: 2 BvR 2292/13, Rn. 55 m.w.N. = BeckRS 2015, 51305.

Louisa Linke

❗ Klausurtaktik

Die folgenden Ausführungen dienen dazu, auf mögliche Probleme innerhalb des Klausursachverhaltes hinzuweisen. Oftmals können die Prüfungspunkte „Möglichkeit der Rechtsverletzung" sowie „eigene, unmittelbare und gegenwärtige Betroffenheit" kurzgefasst werden.

---

1. Möglichkeit der Grundrechtsverletzung

Der Vortrag der beschwerdeführenden Person muss die Möglichkeit einer Grundrechtsverletzung oder der Verletzung eines grundrechtsgleichen Rechtes ergeben.

Den Prüfungsmaßstab des BVerfG bildet das Grundgesetz. Mit den Entscheidungen Recht auf Vergessen I und II können aber auch Unionsgrundrechte einen zulässigen Prüfungsmaßstab vor dem BVerfG bilden.

Die Möglichkeit einer Grundrechtsverletzung verlangt, dass eine solche nicht von vornherein ausgeschlossen ist.[31] Insbesondere bei Gerichtsentscheidungen ist genau herauszuarbeiten, wogegen sich die beschwerdeführende Person wendet: gegen das Ergebnis oder gegen das Verfahren.

❗ Klausurtaktik

Studierende sollten dabei der vertieften Prüfung der Grundrechtsverletzung im Rahmen der Begründetheit nicht vorgreifen. Die Möglichkeit einer Grundrechtsverletzung sollte nur verneint werden, wenn der Schutzbereich evident nicht eröffnet ist.

Beispiel: An der Möglichkeit einer Grundrechtsverletzung fehlte es im folgenden Beispiel: Eine Schülerin richtet sich mit ihrer Verfassungsbeschwerde gegen die Versagung der Befreiung vom koedukativen Schwimmunterricht für Mädchen und Jungen. Hierbei macht sie auch die Verletzung des elterlichen Erziehungsrechts geltend. Ein solches Recht steht jedoch allein den Eltern zu, sie selbst ist daher nicht Trägerin dieses Grundrechts.[32]

Näher zu problematisieren wäre es, wenn der Sachverhalt auf eine Konstellation der mittelbaren Drittwirkung hindeutet. Die Zulässigkeit der mittelbaren Drittwirkung und ihre dogmatische Herleitung können bereits an dieser Stelle dargestellt werden. Alternativ bietet sich eine Vertiefung in der Begründetheit an. Dann ist im Rahmen der Beschwerdebefugnis nur knapp zu erwähnen, dass Grundrechte auch im Rahmen eines Rechtsstreits zwischen zwei Privaten zu berücksichtigen sind.

---

31 BVerfG, Urt. v. 23.6.2009, Az.: 1 BvR 2858/07, Rn. 119 f. m. w. N. = BeckRS 2009, 41838.
32 BVerfG, Beschl. v. 8.11.2016, Az.: 1 BvR 3237/13, Rn. 24 = BeckRS 2009, 41838.

Louisa Linke

!

---

a) EU-Ausländer:in

Näherer Ausführungen bedarf es auch, wenn die beschwerdeführende Person ein:e EU-Ausländer:in ist. Umstritten ist hierbei, ob sich diese auch auf Deutschengrundrechte berufen können oder Art. 2 I GG zu prüfen wäre (bei Übertragung der Schutzbereichs- und Schrankenregelungen des speziellen Grundrechts).

b) Juristische Person

Ausführlicher darzustellen ist ferner die Beschwerdebefugnis einer **juristischen Person**. Gemäß Art. 19 III GG gelten die Grundrechte auch für inländische juristische Personen, soweit sie ihrem Wesen nach auf diese anwendbar sind. Im Rahmen der Beschwerdebefugnis ist nunmehr konkret zu prüfen, ob das als verletzt behauptete Grundrecht wesensmäßig auf juristische Personen (inländische beziehungsweise solche aus dem EU-Ausland) anwendbar ist. Für die Frage, ob die Grundrechte ihrem Wesen nach auf juristische Personen anwendbar sind, haben sich die Theorien personales Substrat und grundrechtstypische Gefährdungslage herausgebildet.

Juristische Personen aus dem Nicht-EU-Ausland können sich zumindest auf die grundrechtsgleichen Verfahrensrechte aus Art. 101 I 2 und 103 I GG berufen.[33]

Besonderheiten gelten bei juristischen Personen des öffentlichen Rechts. Diese können sich auf Grundrechte berufen, soweit sie unmittelbar dem durch die Grundrechte geschützten Lebensbereich zugeordnet sind.[34]

Auch wenn die Grundrechtsfähigkeit in Hinblick auf materielle Grundrechte abgelehnt wird, können sich juristische Personen jedenfalls auf die Prozessgrundrechte berufen.[35]

---

33 BVerfG, Beschl. v. 27.4.2010, Az.: 2 BvR 1848/07, Rn. 11 m.w.N. = GRUR 2010, 1031 (1031).
34 BVerfG, Beschl. v. 9.1.2007, Az.: 1 BvR 1949/05, Rn. 13 m.w.N. = NVwZ 2007, 1420 (1420).
35 BVerfG, Beschl. v. 16.12.2014, Az.: 1 BvR 2142/11, Rn. 55 m.w.N. = NVwZ 2015, 510 (511).

Louisa Linke

2. Eigene, unmittelbare und gegenwärtige Betroffenheit

! Klausurtaktik

Die folgenden Prüfungspunkte müssen nicht in einer bestimmten Reihenfolge abgearbeitet werden.

a) Eigene Betroffenheit

Für eine eigene Beschwer muss die beschwerdeführende Person geltend machen, in ihren eigenen Grundrechten verletzt zu sein. Entscheidend ist dabei, dass eine Rechtsposition der beschwerdeführenden Person berührt wurde. Nur diese kann ihr Recht geltend machen, eine Übertragung an Dritte (gewillkürte Prozessstandschaft) ist unzulässig.[36] Der Akt der öffentlichen Gewalt muss rechtliche Auswirkungen haben, die nicht bloß als Reflex anzusehen sind.[37] Dabei muss die beschwerdeführende Person nicht unbedingt Adressatin des Aktes sein.

Beispiel: Die beschwerdeführenden Personen, die zu einem späteren Zeitpunkt eine professionelle Suizidhilfe in Anspruch nehmen möchten, sind nicht Adressat:innen des § 217 StGB. Dennoch wirkt die Norm nicht nur reflexartig. Die beschwerdeführenden Personen werden in rechtlich erheblicher Weise berührt, denn die Norm zielt zumindest mittelbar darauf ab, deren grundrechtliche Freiheiten zu limitieren.[38] Anders ist das beispielsweise bei Regelungen der Erbschaftssteuer: Erblasser:innen können sich nicht gegen diese wenden, denn sie sind nicht in ihrer Testierfreiheit (Art. 14 I 1 2. Alt. GG) betroffen.[39]

b) Unmittelbare Betroffenheit

Eine unmittelbare Betroffenheit liegt vor, wenn die angegriffene Vorschrift **ohne** einen weiteren vermittelnden **Vollziehungsakt** in den Rechtskreis der beschwerdeführenden Person eingreift.[40] Der Prüfungspunkt der unmittelbaren Betroffenheit wird insbesondere bei Verfassungsbeschwerden gegen Gesetze zu diskutieren sein. Zu prüfen ist insofern, ob es noch eines Vollzugsaktes bedarf, den die beschwerdeführende Person grundsätzlich zunächst abwarten und entsprechend angreifen müsste.[41]

---

36 BVerfG, Urt. v. 17.6.2004, Az.: 2 BvR 383/03, Rn. 223 m.w.N. = NJW 2005, 126 (131).
37 BVerfG, Beschl. v. 26.6.1979, Az.: 1 BvR 290/79, Rn. 18 f. m.w.N. = VerwRspr 1980, 298.
38 BVerfG, Urt. v. 26.2.2020, Az.: 2 BvR 234/15, Rn. 195 f. = BeckRS 2020, 2216.
39 BVerfG, Beschl. v. 30.10.2010, Az.: 1 BvR 3196/09, Rn. 15 ff. = NJW 2011, 366 (366 f.).
40 BVerfG, Beschl. v. 15.10.2008, Az.: 2 BvR 236/08, Rn. 174 m.w.N. = NVwZ 2009, 103 (105).
41 BVerfG, Beschl. v. 15.10.2008, Az.: 2 BvR 236/08, Rn. 174 m.w.N. = NVwZ 2009, 103 (105).

Louisa Linke

Eine unmittelbare Betroffenheit ist aber anzunehmen, wenn das Gesetz „**self-executing**" wirkt, also Personen unmittelbar durch das Gesetz und ohne weiteren Vollzugsakt in ihren Rechten betroffen sind. Dies ist etwa der Fall, wenn der beschwerdeführenden Person eine zeitlich und inhaltlich konkretisierte Verpflichtung auferlegt wird, die sogleich bemerkbare Rechtsfolgen mit sich bringt.[42]

Beispiel: Das Berliner Ladenöffnungsgesetz in der Fassung vom 17.11.2006 sah vor, dass Verkaufsstellen an allen vier Adventssonntagen geöffnet sein dürfen (§ 3 I 2. Alt. BerlLadÖffG). Das galt automatisch und bedurfte keines weiteren Vollzugsaktes, sodass die Beschwerdeführenden unmittelbar betroffen waren.[43] Bei den Verfassungsbeschwerden gegen das Klimaschutzgesetz bejahte das BVerfG ebenfalls eine unmittelbare Betroffenheit, da die künftige Grundrechtsbeeinträchtigung bereits im derzeitigen Recht unumkehrbar angelegt ist.[44]

Ermächtigt ein Gesetz eine Behörde zum Erlass eines Verwaltungsaktes, fehlt es regelmäßig an einer unmittelbaren Betroffenheit.

Beispiel: Das Infektionsschutzgesetz ermächtigt die zuständige Behörde in § 28 IfSG zu Schutzmaßnahmen zur Verhinderung der Covid-19-Pandemie. Wegen dieses Vollzugsaktes fehlt es an einer unmittelbaren Betroffenheit; eine dagegen gerichtete Verfassungsbeschwerde war unzulässig.[45]

Eine Ausnahme vom Grundsatz der unmittelbaren Betroffenheit gewährt das BVerfG, wenn es der beschwerdeführenden Person nicht möglich beziehungsweise **nicht in zumutbarer Weise** möglich ist, sich gegen den Vollzugsakt zu wenden. Letzteres ist etwa im Rahmen des Straf- und Ordnungswidrigkeitenrechts der Fall. Denn es wäre den beschwerdeführenden Personen nicht zumutbar, zunächst gegen die straf- beziehungsweise bußgeldbewehrte Rechtsnorm zu verstoßen, um sich in einem späteren Verfahren auf die Verfassungswidrigkeit der Norm berufen zu können.[46]

Beispiel: Nach dem Luftsicherheitsgesetz vom 11.1.2005 durften entführte Flugzeuge unter bestimmten Umständen abgeschossen werden. In einer dagegen gerichteten Verfassungsbeschwerde nahm das BVerfG eine unmittelbare Betroffenheit der beschwerdeführenden Personen an, weil sie aus beruflichen und privaten Gründen häufig zivile Flugzeuge nutzen und

42 BVerfG, Beschl. v. 18.5.2004, Az.: 2 BvR 2374/99, Rn. 66 = NVwZ 2004, 1477 (1478).
43 BVerfG, Urt. v. 1.12.2009, Az.: 1 BvR 2857/07, Rn. 125 = BeckRS 2009, 41838.
44 BVerfG, Beschl. v. 24.3.2021, Az.: 1 BvR 2656/18, Rn. 133 = BeckRS 2021, 8946.
45 BVerfG, Beschl. v. 28.12.2020, Az.: 1 BvR 2692/20, Rn. 6 = BeckRS 2020, 38044.
46 BVerfG, Beschl. v. 14.11.1989, Az.: 1 BvL 14/85, Rn. 41 m.w.N. = NJW 1990, 1349 (1349).

ihre Betroffenheit damit hinreichend wahrscheinlich war. Ihnen war es nicht zumutbar, den Vollzugsakt – den Flugzeugabschuss – abzuwarten.[47]

c) Gegenwärtige Betroffenheit

Die beschwerdeführende Person muss **schon oder noch betroffen** sein.[48]

Beispiel: Sobald ein Gesetz wie das Landschaftsschutzgesetz mit Regelungen zum Reiten im Walde in Kraft getreten ist, sind Reiter:innen gegenwärtig betroffen. Gegenwärtig betroffen von einer berufsausübungsregelnden Norm können auch bereits Studierende sein.[49]

Eine gegenwärtige Betroffenheit ist zu verneinen, wenn die Betroffenheit erst zu einem noch näher zu konkretisierenden Zeitpunkt in der *Zukunft* eintritt.[50]

Beispiel: Dieser Zeitpunkt kann auch etwas weiter entfernt sein. Bei den Verfassungsbeschwerden gegen das Klimaschutzgesetz bejahte das BVerfG die unmittelbare Betroffenheit, weil die Gefahr künftiger Freiheitsbeschränkungen durch den Klimawandel schon gegenwärtig eine Grundrechtsbetroffenheit darstellt.[51] Denn die Ursache für die künftigen Gefahren liegen in der Gegenwart: Ohne konkrete Maßnahmen wird eine unumkehrbare Entwicklung in Gang gesetzt, die später nicht mehr mit einer Verfassungsbeschwerde angreifbar wäre.

Eine Verfassungsbeschwerde kann in Ausnahmefällen auch schon *vor Inkrafttreten eines Gesetzes* zulässig sein. Dies ist der Fall, wenn die künftigen Rechtswirkungen bereits gegenwärtig klar abzusehen und für die Beschwerdeführer:innen gewiss sind.[52] Eine gegenwärtige Betroffenheit wird in Ausnahmefällen auch bereits *vor einem Vollziehungsakt* angenommen. Hierfür muss das Gesetz später nicht mehr veränderbare Entscheidungen bedingen oder bereits jetzt Dispositionen erzwingen, die bei einem späteren Gesetzesvollzug nicht nachholbar wären.[53]

Beispiel: Zur Durchführung des Gesetzes über eine Volks-, Berufs-, Wohnungs- und Arbeitsstättenzählung (Volkszählungsgesetz 1983) war eine Aufforderung zur Auskunftserteilung (Vollzugsakt) erforderlich. Laut BVerfG mussten die Beschwerdeführenden die Aufforderung aber nicht ab-

---

47 BVerfG, Urt. v. 15.2.2006, Az.: 1 BvR 357/05, Rn. 78 ff. = NJW 2006, 751 (753).
48 BVerfG, Beschl. v. 15.7.2015, Az.: 2 BvR 2292/13, Rn. 58 m.w.N. = BeckRS 2015, 51305.
49 BVerfG, Beschl. v. 25.6.1969, Az.: 2 BvR 128/66, Rn. 20 ff. = BeckRS 1969, 104921.
50 Siehe BVerfG, Beschl. v. 18.5.1982, Az.: 1 BvR 602/78, Rn. 41 = NJW 1982, 2551 (2552): „Für die Zulässigkeit einer unmittelbar gegen Gesetze gerichteten Verfassungsbeschwerde genügt es nicht, daß die Beschwerdeführer irgendwann einmal in der Zukunft („virtuell") von der beanstandeten Gesetzesvorschrift betroffen sein könnten".
51 BVerfG, Beschl. v. 24.3.2021, Az.: 1 BvR 2656/18, Rn. 130 = BeckRS 2021, 8946.
52 BVerfG, Beschl. v. 7.10.2003, Az.: 1 BvR 1712/01, Rn. 56 = NVwZ 2004, 329 (330).
53 BVerfG, Urt. v. 15.12.1983, Az.: 1 BvR 209/83, Rn. 132 m.w.N. = BeckRS 1983, 107398.

Louisa Linke

warten; die Verfassungsbeschwerde war zulässig. Das Gericht argumentierte mit dem kurzen Zeitraum zwischen Austeilung und Einsammlung der Erhebungsbögen, innerhalb dessen nur schwer ausreichender Rechtsschutz zu erlangen war.[54]

Eine Betroffenheit kann darüber hinaus auch dann anzunehmen sein, wenn sich die eigentliche Grundrechtsverletzung bereits **erledigt** hat. Das BVerfG hat hierzu folgende Fallgruppen entwickelt: Vorliegen eines *besonders schwerwiegenden Grundrechtseingriffes*, sodass eine verfassungsrechtliche Frage von grundsätzlicher Bedeutung andernfalls unbeantwortet bliebe, *anhaltende Beeinträchtigung* der beschwerdeführenden Person durch die staatlichen Maßnahmen oder Bestehen eines *Rehabilitationsinteresses*.[55] Des Weiteren hat es auch akzeptiert, wenn eine *Wiederholungsgefahr* angenommen werden kann.[56]

Beispiel: Ein verbeamteter Lehrer nahm ohne Genehmigung an einem Streik teil. Daraufhin erging eine Disziplinarverfügung, die er im Instanzenzug erfolglos angriff. Anschließend erhob er Verfassungsbeschwerde. Noch vor der Entscheidung des BVerfG schied er aus dem Beamtenverhältnis aus. Das BVerfG hat hier ein Rehabilitationsinteresse angenommen.[57] Einen besonders schwerwiegenden Grundrechtseingriff sowie eine Wiederholungsgefahr erkannte das BVerfG im Hinblick auf eine Verfassungsbeschwerde, die die Zulassung von Fernsehaufnahmen in einem Gerichtsverfahren zum Gegenstand hatte, während das Gerichtsverfahren bis zur Entscheidung des BVerfG bereits beendet war.[58]

VI. Rechtswegerschöpfung und Subsidiarität

Die Verfassungsbeschwerde kann gemäß **§ 90 II 1 BVerfGG erst nach Erschöpfung des Rechtsweges** erhoben werden, soweit ein Rechtsweg zulässig ist. Darüber hinaus hat das BVerfG den Grundsatz der **Subsidiarität** entwickelt. Dieser ist gewahrt, wenn der beschwerdeführenden Person keine weiteren und zumutbaren Möglichkeiten zur Verfügung stehen, den Akt der öffentlichen Gewalt anzugreifen.[59]

---

54 BVerfG, Urt. v. 15.12.1983, Az.: 1 BvR 209/83, Rn. 132f. m.w.N. = BeckRS 1983, 107398.
55 BVerfG, Urt. v. 12.6.2018, Az.: 2 BvR 1738/12, Rn. 108 m.w.N. = NVwZ 2018, 1121 (1122).
56 Bethge, in: Schmidt-Bleibtreu/Klein/Bethge, Bundesverfassungsgerichtsgesetz, 61. EL 7.2021, § 90 BVerfGG Rn. 370 m.w.N.; siehe auch BVerfG, Beschl. v. 5.2.1991, Az.: 2 BvR 263/86, Rn. 48 = NJW 1991, 2623 (2624).
57 BVerfG, Urt. v. 12.6.2018, Az.: 2 BvR 1738/12, Rn. 108 = NVwZ 2018, 1121 (1122).
58 BVerfG, Urt. v. 24.1.2001, Az.: 1 BvR 2623/95, Rn. 55 = NJW 2001, 1633 (1634).
59 BVerfG, Beschl. v. 16.7.2015, Az.: 1 BvR 1014/1, Rn. 4 m.w.N. = NVwZ-RR 2016, 1 (1).

Der Grundsatz der Rechtswegerschöpfung und der Grundsatz der Subsidiarität haben mehrere Funktionen. Sie formen das Verhältnis zwischen Fachgerichtsbarkeit und BVerfG, denn zunächst sind die Fachgerichte angehalten, die Grundrechte zu wahren.[60] Dadurch kann dem BVerfG ein eingehend geprüftes Tatsachenmaterial vorgelegt werden. Zudem erhält es eine fachgerichtliche Begutachtung der Sach- und Rechtslage.[61] Diese Zulässigkeitsvoraussetzungen sollen das BVerfG folglich auch entlasten.[62] Schließlich sollen die Grundsätze einen missbräuchlichen oder übermäßigen Gebrauch von Verfassungsbeschwerden verhindern, um die Funktionsfähigkeit des Gerichts zu wahren.[63]

Formulierungsbeispiel Obersatz
„Die Verfassungsbeschwerde kann gemäß § 90 II 1 BVerfGG erst nach Erschöpfung des Rechtsweges erhoben werden, soweit ein Rechtsweg zulässig ist. Außerdem darf der Grundsatz der Subsidiarität der Zulässigkeit der Verfassungsbeschwerde nicht entgegenstehen. Dieser ist gewahrt, wenn der beschwerdeführenden Person keine weiteren Möglichkeiten zur Verfügung stehen, den Akt der öffentlichen Gewalt zumutbar anderweitig anzugreifen."

1. Rechtswegerschöpfung

Unter einem Rechtsweg versteht das BVerfG jede in einem Gesetz vorgesehene Möglichkeit, gerichtlichen Rechtsschutz zu erlangen.[64]

a) Gesetzlich geregelter Rechtsbehelf

Inwiefern ein Rechtsweg zur Verfügung steht, hängt von der Art des angegriffenen Aktes ab. Ein Akt der **Exekutive**, beispielsweise ein Verwaltungsakt, ist zunächst unter Einhaltung des Instanzenzuges in der Fachgerichtsbarkeit anzugreifen. Demgegenüber ist gegen Akte der **Legislative,** also Gesetze, kein unmittelbarer Rechtsweg zulässig (anders kann die Subsidiarität zu bewerten sein).

! Examenswissen

Begehrt die beschwerdeführende Person den Erlass eines (bestimmten) Gesetzes aufgrund einer Schutzpflichtenkonstellation (echtes/unechtes Unterlassen), fehlt ebenfalls ein gesetzlich geregelter Rechtsbehelf.

---

60 BVerfG, Beschl. v. 30.4.2003, Az.: 1 PBvU 1/02, Rn. 56 m. w. N. = NJW 2003, 1924 (1928).
61 BVerfG, Beschl. v. 16.7.2015, Az.: 1 BvR 1014/1, Rn. 4 m. w. N. = NVwZ-RR 2016, 1 (2).
62 BVerfG, Beschl. v. 7.7.1955, Az.: 1 BvR 108/52 = NJW 1955, 1270 (1271).
63 BVerfG, Beschl. v. 3.4.1979, Az.: 1 BvR 1460/78, Rn. 18 = NJW 1979, 1541 (1541).
64 BVerfG, Beschl. v. 25.11.2008, Az.: 1 BvR 848/07, Rn. 39 m.w.N. = NJW 1979, 1541 (1541); siehe zu diesem Erfordernis mit weiteren Ausführungen Niesler, in: BeckOK BVerfGG, 11. Ed. 1.7.2021, § 90 Abs. 2 BVerfGG Rn. 27 ff.

Louisa Linke

Klausurtaktik

Siehe dazu auch Fall 4 des OpenRewi Grundrechte Fallbuches.

!

Wendet sich die beschwerdeführende Person gegen eine Entscheidung der **Judikative im einstweiligen Rechtsschutz** und hat diese hierfür den Instanzenzug erschöpft, ist auch der Rechtsweg als erschöpft anzusehen.[65] Zu beachten ist allerdings, dass der Verfassungsbeschwerde weiterhin der Grundsatz der Subsidiarität entgegenstehen könnte.

b) Ausnahmen

Zwei Ausnahmen vom Grundsatz der Rechtswegerschöpfung regelt **§ 90 II 2 BVerfGG.** Demnach kann das BVerfG über eine vor Erschöpfung des Rechtswegs eingelegte Verfassungsbeschwerde sofort entscheiden, wenn sie von allgemeiner Bedeutung ist oder wenn der beschwerdeführenden Person ein schwerer und unabwendbarer Nachteil entstünde, falls sie zunächst auf den Rechtsweg verwiesen würde. Es handelt sich hierbei um eine Ermessensvorschrift. Das BVerfG berücksichtigt dabei den Zweck der Zulässigkeitsvoraussetzung[66] sowie etwa die Eilbedürftigkeit der Verfassungsbeschwerde[67] oder die Dringlichkeit anderer Verfahren.[68] Dabei muss die Beschreitung des Rechtswegs zumindest noch möglich sein.[69]

Eine Verfassungsbeschwerde von **allgemeiner Bedeutung** liegt vor, wenn der Fall grundsätzliche Fragen aufwirft, die im Rahmen der Verfassungsbeschwerde geklärt werden sollen oder der Gegenstand eine erhebliche Anzahl gleich gelagerter Fälle berührt, die in diesem Zusammenhang mitentschieden werden müssen.[70]

Allerdings ist Voraussetzung einer solchen Ausnahme, dass keine fachgerichtliche Vorklärung der Sach- und Rechtslage erforderlich ist.

Beispiel: Im Zuge der Covid-19-Pandemie hatte das Land Berlin am 22.3.2020 eine SARS-CoV-2-Eindämmungsmaßnahmenverordnung erlassen, die unter anderem Versammlungen grundsätzlich verbot. Das BVerfG sah nicht nur spezifisch verfassungsrechtliche Fragen berührt und ver-

---

65 BVerfG, Beschl. v. 17.4.2000, Az.: 1 BvR 721/99, Rn. 7 = NJW 2000, 3195 (3196).
66 BVerfG, Beschl. v. 22.11.1994, Az.: 1 BvR 351/91, Rn. 50 m.w.N. = NJW 1995, 511 (511).
67 BVerfG, Beschl. v. 30.5.2018, Az.: 2 BvR 981/18, Rn. 4 = BeckRS 2018, 13055.
68 BVerfG, Beschl. v. 13.6.1958, Az.: 1 BvR 346/57 = BeckRS 1958, 103553.
69 BVerfG, Beschl. v. 14.1.1981, Az.: 1 BvR 612/72, Rn. 64 m.w.N. = NJW 1981, 1655 (1655).
70 BVerfG, Beschl. v. 9.3.2018, Az.: 2 BvR 174/18, Rn. 15 m.w.N. = NJW 2018, 1532 (1533).

neinte eine Ausnahme vom Grundsatz der Rechtswegerschöpfung. Denn neben verfassungs-rechtlichen Fragen würden auch die tatsächliche Entwicklung der Covid-19-Pandemie und ihre Rahmenbedingungen – einschließlich fachwissenschaftlicher Bewertungen und Risikoeinschät-zungen – relevant. Diese aufzubereiten sei Aufgabe der Fachgerichte.[71]

Schwere und unabwendbare Nachteile im Sinne des § 90 II 2 BVerfGG liegen vor, wenn ein besonders intensiver und nicht reparabler Grundrechtseingriff droht.[72] Um dies zu ermitteln, können etwa das Alter einer Person – inklusive der zu erwartende Zeitverzug innerhalb des Instanzenzuges[73] – oder finanzielle As-pekte[74] eine Rolle spielen.

Beispiel: Der Angeklagte beantragte die Beiordnung eines zweiten Anwaltes. Der stellvertretende Vorsitzende ordnete dabei aber einen anderen als im Antrag genannten Anwalt bei. Nachdem auch der Antrag auf Aufhebung der Beiordnung dieses Anwaltes sowie eine Beschwerde erfolglos blieben, erhob der Angeklagte Verfassungsbeschwerde. Dabei ist eine solche Zwischenentschei-dung nicht unmittelbar mit der Verfassungsbeschwerde angreifbar. Im vorliegenden Fall erkann-te das BVerfG hingegen einen schweren und unabwendbaren Nachteil. Denn der Angeklagte war bereits seit über zwei Jahren in Untersuchungshaft. Die Beweisaufnahme musste bereits zweimal durchgeführt werden. Dabei kam es auch schon zu den Plädoyers, wobei die Staatsanwaltschaft auf Freispruch plädierte. In einem Revisionsverfahren wäre die Beweisaufnahme zum dritten Mal zu wiederholen. Außerdem verwies das BVerfG auf den aufgrund des Art. 2 II GG besonders zu berücksichtigenden Beschleunigungsgrundsatz.[75]

Eine weitere Ausnahme lässt das BVerfG zu, wenn die Erschöpfung des Rechts-weges **unzumutbar** erscheint. Dies ist etwa der Fall, wenn das Gesetz später nicht mehr korrigierbare Dispositionen verlangt oder der Rechtsschutz als offensicht-lich sinn- und aussichtslos zu beurteilen ist.[76]

Beispiel: Eine Prüfungskandidatin wandte sich gerichtlich gegen einen Bescheid, mit dem ihr mitgeteilt wurde, dass sie eine Prüfung nicht bestanden habe. Eine gegen das Urteil eingelegte Berufung wurde zurückgewiesen, ohne die Revision zuzulassen. Ihre Verfassungsbeschwerde war auch ohne vorherige Nichtzulassungsbeschwerde zulässig. Wegen der gefestigten Recht-sprechung des BVerwG wäre diese sinn- und aussichtslos gewesen und eine Rechtswegerschöp-fung daher unzumutbar.[77]

71 BVerfG, Beschl. v. 31.3.2020, Az.: 1 BvR 712/20, Rn. 17 = NVwZ 2020, 622 (624).
72 BVerfG, Beschl. v. 9.3.2018, Az.: 2 BvR 174/18, Rn. 16 m.w.N. = NJW 2018, 1532 (1533).
73 BVerfG, Beschl. v. 28.6.2004, Az.: 2 BvR 1379/01, Rn. 34 = NJW 2004, 3257 (3258).
74 BVerfG, Beschl. v. 19.5.1992, Az.: 1 BvR 986/91, Rn. 22 = BeckRS 9998, 173304.
75 BVerfG, Beschl. v. 25.9.2001, Az.: 2 BvR 1152/01, Rn. 27 ff. = NJW 2001, 3695 (3696).
76 BVerfG, Beschl. v. 11.10.1988, Az.: 1 BvR 777/85 = NJW 1992, 1303 (1304 f.).
77 BVerfG, Beschl. v. 17.4.1991, Az.: 1 BvR 1529/84, Rn. 47 = NJW 1991, 2008 (2009).

Louisa Linke

2. Grundsatz der Subsidiarität

Der Grundsatz der Subsidiarität ist gewahrt, wenn keine zumutbaren Möglichkeiten zur Verfügung stehen, den Akt der öffentlichen Gewalt anderweitig anzugreifen.[78]

Beispiel: Nicht zumutbar ist es zu verlangen, dass die beschwerdeführende Person erst einer bußgeldbewehrten Vorschrift zuwiderhandeln muss.

Welche anderen Möglichkeiten zur Verfügung stehen, hängt – wie bei der Rechtswegerschöpfung – von der Art des angegriffenen Aktes ab. Die im Rahmen der Rechtswegerschöpfung dargestellten Ausnahmen gemäß § 90 II 2 BVerfGG gelten für die Subsidiarität analog.[79]

a) Gesetze: Fachgerichtliche Kontrolle

Im Rahmen der Subsidiarität kommt als eine anderweitige Möglichkeit, den Akt anzugreifen, eine inzidente Fachgerichtskontrolle in Betracht. Dies gilt unstreitig bei materiellen Gesetzen wie **Rechtsverordnungen** des Bundes. Ob diese verfassungswidrig sind, kann inzident mit der Feststellungsklage nach § 43 VwGO überprüft werden. Eine solche Klage vor den Verwaltungsgerichten hat dann zum Ziel festzustellen, dass die beschwerdeführende Person in ihren subjektiven Rechten verletzt wurde.[80] Ob die inzidente Überprüfung im Wege der Feststellungsklage auch bei einem formellen Gesetz, also einem **Parlamentsgesetz**, eine zumutbare Rechtsschutzmöglichkeit darstellt, hängt vom Einzelfall ab.

Beispiel: Eine Verfassungsbeschwerde gegen Anzeigepflichten des Hamburgischen Denkmalschutzgesetzes war unzulässig, weil sich die beschwerdeführende Person nicht zunächst mit der Feststellungklage gegen das Gesetz gerichtet hatte.[81] Anders beim Klimaschutzgesetz, hier sah das BVerfG in der Feststellungsklage keine zumutbare Rechtsschutzmöglichkeit. Denn eine fachgerichtliche Aufarbeitung hätte keine Entlastung für das BVerfG gebracht, da es nicht um tatsächliche oder einfachrechtliche, sondern nur um verfassungsrechtliche Fragen ging.[82]

---

78 BVerfG, Beschl. v. 16.7.2015, Az.: 1 BvR 1014/1, Rn. 4 m.w.N. = NVwZ-RR 2016, 1 (1).
79 BVerfG, Beschl. v. 14.7.1999, Az.: 1 BvR 995/95, Rn. 110 = NJW 2000, 1471 (1471).
80 BVerfG, Beschl. v. 17.1.2006, Az.: 1 BvR 541/02, Rn. 50 = NVwZ 2006, 922 (924).
81 BVerfG, Beschl. v. 20.9.2007, Az.: 1 BvR 816/07, juris Rn. 50; siehe auch BVerfG, Beschl. v. 25.2.2004 Az.: 1 BvR 2016/01, Rn. 53 f. = NVwZ 2004, 977 (979); siehe zu dieser Problematik auch Stohlmann, JuWissBlog Nr. 69/2021, 23.6.2021.
82 BVerfG, Beschl. v. 24.3.2021, Az.: 1 BvR 2656/18, Rn. 140 = BeckRS 2021, 8946.

Louisa Linke

Von einer inzidenten Fachgerichtskontrolle eines Parlamentsgesetzes kann folglich abgesehen werden, sofern allein spezifisch verfassungsrechtliche Fragen relevant werden, sodass das BVerfG keiner Aufbereitung der Tatsachen- und Rechtsgrundlage durch die Fachgerichtsbarkeit bedarf.[83] Des Weiteren kann davon abgesehen werden, sofern infolge der gesetzlichen Regelung gewichtige Dispositionen von der antragstellenden Person abverlangt werden, die später nicht rückgängig gemacht werden können.[84]

b) Exekutivakte: Verwaltungsverfahren

Der Grundsatz der Subsidiarität kann es erforderlich machen, zunächst bei der zuständigen Behörde einen Antrag zu stellen, dessen Ablehnung als Verwaltungsakt in der Fachgerichtsbarkeit anzugreifen wäre.

Beispiel: In Nordrhein-Westfahlen ist es bußgeldbewehrt verboten, am Karfreitag einen Film vorzuführen, der nicht vom Kultusminister oder der von ihm bestimmten Stelle als zur Aufführung am Karfreitag geeignet anerkannt ist (vgl. § 6 III Nr. 3 Feiertagsgesetz). Hiergegen kann sich die beschwerdeführende Person aber nicht direkt im Rahmen einer Verfassungsbeschwerde wenden. Denn der beschwerdeführenden Person war es zumutbar, eine Ausnahme von dem Verbot gemäß § 10 I Feiertagsgesetz zu beantragen.[85]

c) Einstweiliger Rechtsschutz: Hauptsacheverfahren

Richtet sich die beschwerdeführende Person gegen eine Entscheidung im **einstweiligen gerichtlichen Rechtsschutz**, so ist für die Frage der Subsidiarität die konkrete Beschwer näher zu betrachten. Der Grundsatz der Subsidiarität kann der Zulässigkeit entgegenstehen, wenn die Möglichkeit besteht, dass der Beschwer mit **Betreiben des Hauptsacheverfahrens** abgeholfen werden könnte. Anders sieht dies hingegen aus, wenn der Verweis auf das Hauptsacheverfahren für die beschwerdeführende Person **nicht zumutbar** ist. Dies kann in Betracht kommen, wenn das Hauptsacheverfahren angesichts der bestehenden Rechtsprechung als offensichtlich aussichtslos zu beurteilen ist, oder der Eilentscheidung selbst eine Grundrechtsverletzung immanent ist, etwa durch die Verletzung von Verfahrensgrundrechten.[86]

---

83 BVerfG, Beschl. v. 24.3.2021, Az.: 1 BvR 2656/18, Rn. 140 m.w.N. = BeckRS 2021, 8946.
84 BVerfG, Beschl. v. 18.12.2018, Az.: 1 BvR 2795/09, Rn. 45 m.w.N. = NJW 2019, 842 (843).
85 BVerfG, Beschl. v. 9.11.2017, Az.: 1 BvR 1489/16, Rn. 16 = NVwZ-RR 2018, 249 (250).
86 BVerfG, Beschl. v. 21.6.2019, Az.: 2 BvR 2189/18, Rn. 18 = BeckRS 2019, 15723.

VII. Form und Frist des Antrages

Formulierungsbeispiel Obersatz

„Die beschwerdeführende Person müsste mit ihrem Antrag die Form- und Fristvorschriften wahren. Die Verfassungsbeschwerde ist gemäß § 23 I 1 BVerfGG schriftlich beim BVerfG einzureichen und gemäß §§ 23 I 2, 92 BVerfGG zu begründen. Außerdem ist die Frist des § 93 I 1 BVerfGG (oder § 93 III BVerfGG) zu wahren." ODER „Die beschwerdeführende Person wahrt mit ihrem Antrag die erforderliche Form gemäß §§ 23 I, 92 BVerfGG und Frist gemäß § 93 I 1 (oder § 93 III BVerfGG)."

1. Form

Die Verfassungsbeschwerde muss gemäß § 23 I 1 BVerfGG **schriftlich** beim BVerfG eingereicht werden. Mit dem Schriftformerfordernis soll eine Rechtsklarheit bezogen auf die beschwerdeführende Person und ihr Begehren sichergestellt werden. Daher muss sich aus dem Schriftstück zwingend der Inhalt der Erklärung sowie die Identität der Person, die diese abgibt, ergeben.[87] Durch das Schriftformerfordernis erhält das BVerfG eine zuverlässige Grundlage für den weiteren Verfahrensablauf. Daher ist eine handschriftliche Unterzeichnung nicht zwingend erforderlich.[88] Ein Antrag, der per Telefax eingeht, wahrt das Schriftformerfordernis.[89]

Klausurtaktik   **!**

Siehe zu der Thematik im Rahmen der Fallbearbeitung Fall 9 des OpenRewi Grundrechte Fallbuches.

Anders sieht dies hingegen bei einem Antrag per E-Mail aus. Eine E-Mail ist nicht zum sofortigen Ausdruck bestimmt, darin liegt der Unterschied zum Fax. Auch ein Antrag, der per De-Mail eingeht, wahrt das Schriftformerfordernis nicht. Der Gesetzgeber müsste diesen Übermittlungsweg zunächst eröffnen.[90]

Der Antrag muss eine ausreichende **Begründung** gemäß §§ 23 I 2, 92 BVerfGG aufweisen. Darin sind das Recht, das verletzt sein soll, und die Handlung oder Unterlassung des Organs oder der Behörde, durch die sich die beschwerdeführende Person verletzt fühlt, zu bezeichnen.

---

87 BVerfG, Beschl. v. 19.2.1963, Az.: 1 BvR 610/62 = NJW 1963, 755 (755).
88 BVerfG, Beschl. v. 19.2.1963, Az.: 1 BvR 610/62 = NJW 1963, 755 (755).
89 BVerfG, Beschl. v. 16.4.2007, Az.: 2 BvR 359/07, Rn. 110 = NJW 2007, 2838 (2838).
90 Siehe zur E-Mail und zur De-Mail BVerfG, Beschl. v. 19.11.2018, Az.: 1 BvR 2391/18, Rn. 3 f. m. w. N. = BeckRS 2018, 31134; siehe ausführlich auch v. Coelln, in: Schmidt-Bleibtreu/Klein/Bethge, Bundesverfassungsgerichtsgesetz, 61. EL 7.2021, § 23 BVerfGG Rn. 46 ff. m. w. N.

2. Frist

Die Verfassungsbeschwerde muss des Weiteren fristgerecht erhoben werden. Gemäß § 93 I 1 BVerfGG ist die Verfassungsbeschwerde **binnen eines Monats** zu erheben und zu begründen. Richtet sich die Verfassungsbeschwerde jedoch gegen ein Gesetz oder gegen einen sonstigen Hoheitsakt, gegen den ein Rechtsweg nicht offensteht, greift die längere Frist des § 93 III BVerfGG. Die Verfassungsbeschwerde kann dann **binnen eines Jahres** seit dem Inkrafttreten des Gesetzes oder dem Erlass des Hoheitsaktes erhoben werden.

Die Monatsfrist **beginnt** gemäß § 93 I 2 BVerfGG mit der Zustellung oder formlosen Mitteilung der in vollständiger Form abgefassten Entscheidung, wenn diese nach den maßgebenden verfahrensrechtlichen Vorschriften von Amts wegen vorzunehmen ist. In anderen Fällen beginnt die Frist gemäß § 93 I 3 BVerfGG mit der Verkündung der Entscheidung oder, wenn diese nicht zu verkünden ist, mit ihrer sonstigen Bekanntgabe an die beschwerdeführende Person.

Die **Berechnung** der Frist erfolgt anhand der §§ 222 ZPO, 187 ff. BGB.[91] Gemäß § 187 I BGB wird bei der Berechnung der Frist der Tag nicht mitgerechnet, in welchen das Ereignis oder der Zeitpunkt fällt. Gemäß § 188 II BGB endet die Frist am selben Tag nach dem in der Frist bestimmten Zeitraum (Tage, Monate, Jahre). Des Weiteren ist § 188 III BGB einzubeziehen. Fehlt bei einer nach Monaten bestimmten Frist in dem letzten Monat der für ihren Ablauf maßgebende Tag, so endet die Frist mit dem Ablauf des letzten Tages dieses Monats. Fällt das Fristende dann rechnerisch auf einen Sonntag oder einen Feiertag, so endet die Frist gemäß §§ 222 II ZPO, 193 BGB erst am folgenden Werktag.

! **Klausurtaktik**

Die Problematik der fristgerechten Verfassungsbeschwerde wird in den Fällen 1 und 5 des Open-Rewi Grundrechte Fallbuches behandelt.

Beispiel: 1. Für eine der beschwerdeführenden Person am 8.1.2021 zugestellten Entscheidung endete die Frist am 8.2.2021. 2. Für eine der beschwerdeführenden Person am 21.1.2021 zugestellten Entscheidung endete die Frist am 22.2.2021 (der 21.02.2021 war ein Sonntag – §§ 222 II ZPO, 193 BGB). 3. Für eine der beschwerdeführenden Person am 31.1.2021 zugestellten Entscheidung wäre die Frist unter Berücksichtigung des § 188 III BGB am 28.2.2021 geendet. Da dies aber ein Sonntag war, endete die Frist am 1.3.2021 (§§ 222 II ZPO, 193 BGB).

---

91 BVerfG, Beschl. v. 21.2.2001, Az.: 2 BvR 1469/00, Rn. 3 = NJW 2001, 1567 (1568).

Louisa Linke

Examenswissen [!]

Richtet sich die Verfassungsbeschwerde gegen ein echtes Unterlassen, kann § 93 I und III BVerfGG aufgrund seines Wortlautes nicht unmittelbar angewendet werden. Anders als bei einem Akt der öffentlichen Gewalt, der eine Entscheidung, ein Gesetz oder einen sonstigen Hoheitsakt darstellt, lässt sich bei einem echten Unterlassen ein konkreter Zeitpunkt für den Beginn der Frist nicht festlegen. Daher ist eine Verfassungsbeschwerde solange zulässig, wie das echte Unterlassen noch andauert.[92] Bei einem unechten Unterlassen sind hingegen die Fristen einzuhalten.[93]

War eine beschwerdeführende Person ohne Verschulden verhindert, diese Frist einzuhalten, ist ihr gemäß § 93 II 1 BVerfGG auf Antrag **Wiedereinsetzung in den vorigen Stand** zu gewähren. Der Antrag ist dabei gemäß § 93 II 2 BVerfGG binnen zwei Wochen nach Wegfall des Hindernisses zu stellen.

Klausurtaktik [!]

Siehe dazu auch Fall 9 des OpenRewi Grundrechte Fallbuches.

B. Begründetheit

Formulierungsbeispiel Obersatz

„Die Verfassungsbeschwerde müsste auch begründet sein. Sie ist begründet, wenn die beschwerdeführende Person durch den Akt der öffentlichen Gewalt in einem Grundrecht oder grundrechtsgleichen Rechts verletzt wird."

Der Prüfungsmaßstab des BVerfG ist nicht auf die als verletzt gerügten Grundrechte beschränkt; alle in Betracht kommenden Verletzungen sind zu prüfen.[94] Der Prüfungsaufbau variiert, je nachdem, ob Freiheits- oder Gleichheitsrechte zu prüfen sind. Der Aufbau hängt auch davon ab, welche Grundrechtsdimension im Vordergrund der Prüfung steht.

---

92 BVerfG, Beschl. v. 29.5.2013, Az.: 2 BvR 1804/12, Rn. 26 = BeckRS 2013, 54079.
93 BVerfG, Beschl. v. 2.5.2018, Az.: 1 BvR 3250/14, Rn. 8 = NVwZ 2018, 1635 (1635); siehe dazu auch m.w.N. Walter, in: BeckOK BVerfGG, 11. Ed. 1.7.2021, § 93 BVerfGG Rn. 91.
94 BVerfG, Beschl. v. 4.6.1985, Az.: 2 BvR 1703/83, Rn. 54 = BeckRS 1985, 108897.

I. Freiheitsrechte

Geht es um Freiheitsrechte als **Abwehrrechte**, ist zu prüfen, ob durch den Beschwerdegegenstand ein Eingriff in den Schutzbereich eines Grundrechts erfolgt, der nicht gerechtfertigt ist. Hierbei wird zwischen einer Rechtssatz- und einer Urteilsverfassungsbeschwerde unterschieden. Bei letzterer ist im Rahmen der Schranken-Schranken neben der Verfassungsmäßigkeit der gesetzlichen Grundlage auch noch die Verfassungsmäßigkeit der Anwendung der gesetzlichen Grundlage im Einzelfall zu prüfen.

Formulierungsbeispiel Obersatz

„Die Verfassungsbeschwerde müsste auch begründet sein. Sie ist begründet, wenn die beschwerdeführende Person durch den Akt der öffentlichen Gewalt in einem Grundrecht oder grundrechtsgleichen Recht verletzt wird. Dies ist der Fall, wenn durch den Beschwerdegegenstand ein Eingriff in den Schutzbereich eines Grundrechts erfolgt, der nicht gerechtfertigt ist."

Wendet sich die beschwerdeführende Person hingegen gegen eine **Schutzpflichtverletzung**, ist zu prüfen, ob ein Anspruch auf staatlichen Schutz aus einem Grundrecht besteht und der Gesetzgeber diese Schutzpflicht verletzt hat. Das BVerfG prüft hierbei, ob der Gesetzgeber das Untermaßverbot eingehalten hat. Hierfür müssen die vom Gesetzgeber getroffenen Maßnahmen „für einen angemessenen und wirksamen Schutz ausreichend sein und zudem auf sorgfältigen Tatsachenermittlungen und vertretbaren Einschätzungen beruhen".[95]

! Klausurtaktik

Siehe dazu auch Fall 4 des OpenRewi Grundrechte Fallbuches.

Formulierungsbeispiel Obersatz

„Die Verfassungsbeschwerde müsste auch begründet sein. Dies ist der Fall, wenn ein Anspruch auf staatlichen Schutz aus einem Grundrecht besteht und der Gesetzgeber diese Schutzpflicht verletzt hat."

---

[95] BVerfG, Urt. v. 28.5.1993, Az.: 2 BvF 2/90, Rn. 159 = NJW 1993, 1751 (1754).

Louisa Linke

II. Gleichheitsrechte

Bei Gleichheitsrechten ist eine Grundrechtsverletzung dann anzunehmen, wenn durch den Akt der öffentlichen Gewalt <u>eine Ungleichbehandlung erfolgt, die verfassungsrechtlich nicht gerechtfertigt werden kann.</u>

Formulierungsbeispiel Obersatz
„Die Verfassungsbeschwerde müsste auch begründet sein. Dies ist der Fall, wenn eine Ungleichbehandlung durch den Akt der öffentlichen Gewalt erfolgt, ohne dass diese verfassungsrechtlich gerechtfertigt werden kann."

III. Besonderheit: Urteilsverfassungsbeschwerde

Handelt es sich um eine <u>Urteilsverfassungsbeschwerde</u>, ist zu berücksichtigen, dass das **BVerfG keine** <u>Superrevisionsinstanz</u> ist.[96] Dem Sinn der Verfassungsbeschwerde als auch der spezifischen Funktion des BVerfG würde es widersprechen, wenn das BVerfG eine unbeschränkte rechtliche Nachprüfung von gerichtlichen Entscheidungen vornehmen würde.[97]

Formulierungsbeispiel Obersatz
„Das BVerfG ist keine Superrevisionsinstanz. Es prüft nicht die Auslegung einfachen Rechts, sondern allein die Verletzung spezifischen Verfassungsrechts. Relevant werden könnte hierbei eine Verletzung von Verfahrensgrundrechten, die Anwendung eines verfassungswidrigen Gesetzes, die fehlende Berücksichtigung einzelner Grundrechte oder eine Missachtung der Reichweite oder der Bedeutung der Grundrechte bei der Auslegung und Anwendung des einfachen Rechts durch eine:n Richter:in."

C. Entscheidung des BVerfG

Wird einer Verfassungsbeschwerde stattgegeben, so ist für den Tenor der Entscheidung § 95 BVerfGG zu berücksichtigen. Wird der Verfassungsbeschwerde gegen eine Entscheidung stattgegeben, so hebt das BVerfG die Entscheidung (vollständig oder teilweise) mit ex tunc Wirkung (von Anfang an) auf.[98] Dies bedeutet eine Kassation der Entscheidungen, das heißt die Außerkraftsetzung der

---

96 BVerfG Beschl. v. 24.10.1999, Az.: 2 BvR 1821/99, Rn. 5 = BeckRS 1999, 23087; Klein/Sennekamp, NJW 2007, 945 (947).
97 BVerfG, Beschl. v. 10.6.1964, Az.: 1 BvR 37/63, Rn. 20 ff. = GRUR 1964, 554 (556).
98 BVerfG, Beschl. v. 8.2.1994, Az.: 1 BvR 765/89, Rn. 38 = NJW 1994, 1053 (1054).

Louisa Linke

Bestandskraft von Verwaltungsakten sowie der Rechtskraft von Gerichtsentscheidungen. Ist gegen die Verletzung der Rechtsweg zulässig – also in den Fällen des § 90 II 1 BVerfGG – verweist das BVerfG die Sache für eine erneute fachgerichtliche Entscheidung an das zuständige Gericht zurück.

Bei einer Verfassungsbeschwerde gegen ein Gesetz (unmittelbar oder mittelbar, vgl. § 95 III 2 BVerfGG), kann das BVerfG gemäß § 95 III 1 BVerfGG das Gesetz für nichtig erklären. Ein für **nichtig** erklärtes Gesetz ist ex tunc (von Anfang an) unwirksam.

Daneben hat das BVerfG im Wege der richterlichen Rechtsfortbildung bestimmt, dass es ein Gesetz gemäß § 95 III 1 BVerfGG nicht nur für nichtig, sondern auch für **unvereinbar** mit dem Grundgesetz erklären kann, wodurch der Gesetzgeber verpflichtet ist, diesen verfassungswidrigen Zustand der Rechtsordnung innerhalb des vom BVerfG gesetzten Zeitrahmens zu beheben.[99] Das für unvereinbar erklärte Gesetz bleibt Teil der Rechtsordnung, sodass der Gesetzgeber mittels einer Gesetzesänderung einen verfassungsgemäßen Zustand herstellen muss. In der Regel geht mit der Unvereinbarkeitserklärung für die Übergangszeit eine Anwendungssperre für das als mit dem Grundgesetz für unvereinbar erklärtem Gesetz einher. Dementsprechend ist ebenfalls von einer ex tunc Wirkung auszugehen.

Allerdings kann das BVerfG auch stattdessen die Fortgeltung des Gesetzes bestimmen. Außerdem kann das BVerfG diese **Fortgeltung** des Gesetzes inhaltlich modifizieren.[100] Eine Fortgeltungsanordnung kommt etwa in Betracht, wenn andernfalls ein Zustand entstehen würde, der noch deutlicher der verfassungsmäßigen Ordnung widerspräche.[101]

Die Entscheidungen des BVerfG haben **Bindungswirkung**, vgl. § 31 I BVerfGG. Außerdem haben sie in den Fällen des § 13 Nr. 8a BVerfGG *Gesetzeskraft*, sofern das BVerfG ein Gesetz als mit dem Grundgesetz vereinbar oder unvereinbar oder für nichtig erklärt.

---

99 BVerfG, Beschl. v. 4.12.2002, Az.: 2 BvR 400/98, Rn. 73 f. = NJW 2003, 2079 (2083).
100 Siehe zu diesem Absatz von Ungern-Sternberg, in: BeckOK BVerfGG, 10. Ed. 1.1.2021, § 95 BVerfGG Rn. 42 ff.
101 BVerfG, Urt. v. 4.5.2011, Az.: 2 BvR 2365/09, Rn. 168 m.w.N. = NJW 2011, 1931 (1945).

Louisa Linke

D. Aufbauschema

Zulässigkeit der Verfassungsbeschwerde

A. Zulässigkeit
I. Zuständigkeit des BVerfG, Art. 93 I Nr. 4a GG, §§ 13 Nr. 8a, 90 ff. BVerfGG

II. Beschwerdefähigkeit, Art. 93 I Nr. 4a GG, § 90 I 1 BVerfGG
- „jedermann" ist beschwerdefähig, der:die behauptet, in einem seiner:ihrer Grundrechte oder in einem grundrechtsgleichen Recht verletzt zu sein
- „jedermann" = jeder, der:die Träger:in von Grundrechten oder grundrechtsgleichen Rechten sein kann
- bei natürlichen Personen: in der Regel unproblematisch
- unabhängig von der Staatsangehörigkeit (Thematik: Deutschengrundrecht/Jedermann-Grundrecht → wird bei der Beschwerdebefugnis geprüft)
- P: die zeitliche Dimension der Grundrechtsfähigkeit (zum Beispiel Tote)
- P: bei juristischen Personen: Art. 19 III GG

III. Prozessfähigkeit
- ist innerhalb des BVerfGG nicht geregelt
- die beschwerdeführende Person muss fähig sein, Prozesshandlungen selbst vornehmen zu können oder durch Bevollmächtigte vornehmen zu lassen
  - geschäftsfähige natürliche Personen: unproblematisch (+)
  - Minderjährige/nicht voll geschäftsfähige Personen: werden vertreten durch gesetzliche:n Vertreter:in, aber zum Beispiel bei Minderjährigen abhängig vom konkreten Fall (zum Beispiel Alter), in Bezug auf einige Grundrechte können sie auch als grundrechtsmündig angesehen werden (zum Beispiel Religionsfreiheit)
  - juristische Personen: werden vertreten durch ihren Vorstand etc.

IV. Beschwerdegegenstand, Art. 93 I Nr. 4a GG, § 90 I BVerfGG
- jeder „Akt der öffentlichen Gewalt" → der Exekutive, der Judikative oder der Legislative
- dies kann sowohl ein Handeln oder Unterlassen sein

Louisa Linke

V. Beschwerdebefugnis
1. Möglichkeit der Grundrechtsverletzung

- der Vortrag der beschwerdeführenden Person muss die Möglichkeit einer Grundrechtsverletzung oder der Verletzung eines grundrechtsgleichen Rechts ergeben, das heißt eine solche darf nicht von vornherein ausgeschlossen sein
- Prüfungsmaßstab: beachte Recht auf Vergessen I und II
- P: EU-Ausländer:in und Deutschengrundrecht:
  - Deutsche, siehe Art. 116 GG
  - Diskriminierungsverbot, siehe Art. 18 AEUV
  - → eine Ansicht: Anwendung des Art. 2 I GG (aber Übertragung der speziellen Schutzbereich- und Schrankenregelungen des Deutschengrundrechts)
  - → andere Ansicht: Anwendbarkeit des Deutschengrundrechts aufgrund des allgemeinen Diskriminierungsverbotes wegen der Staatsangehörigkeit (Art. 18 AEUV)
- P: *juristische Personen*: Art. 19 III GG → wesensmäßige Anwendbarkeit des Grundrechts auf juristische Personen (inländisch/EU-Ausland) prüfen
  - BVerfG: Personales Substrat
  - Literatur: Grundrechtstypische Gefährdungslage
- P: *juristische Personen aus dem Nicht-EU-Ausland*: können sich zumindest auf die grundrechtsgleichen Verfahrensrechte aus Art. 101 I 2, 103 I GG berufen, mögliche Verletzung dieser prüfen
- P: juristische Person des öffentlichen Rechts
  - Konfusionsargument
  - Ausnahme: soweit die juristischen Personen unmittelbar dem durch die Grundrechte geschützten Lebensbereich zugeordnet sind (zum Beispiel Hochschulen)

2. Eigene, unmittelbare und gegenwärtige Betroffenheit
a) Eigene Betroffenheit

- antragstellende Person ist in ihren eigenen Grundrechten betroffen
- der Akt der öffentlichen Gewalt muss rechtliche Auswirkungen haben, die nicht bloß als Reflex anzusehen sind

b) Unmittelbare Betroffenheit
- wenn die angegriffene Vorschrift ohne einen weiteren vermittelnden Vollziehungsakt in den Rechtskreis der beschwerdeführenden Person eingreift
- beachte Gesetz wirkt „self-executing" (bedarf keines Vollzugsaktes) → wenn eine zeitlich und inhaltlich konkretisierte Verpflichtung auferlegt wird, die sogleich bemerkbare Rechtsfolgen in sich birgt
- Ausnahme: Unzumutbarkeit des Abwartens (zum Beispiel Straf- und Ordnungswidrigkeitenrecht)

c) Gegenwärtige Betroffenheit
- die beschwerdeführende Person muss schon oder noch betroffen sein
- in Ausnahmefällen bereits vor Vollziehungsakt gegeben → Gesetz muss später nicht mehr veränderbare Entscheidungen bedingen oder bereits jetzt Dispositionen erzwingen, die bei einem späteren Gesetzesvollzug nicht nachholbar wären
- beachte bei erledigter Grundrechtsverletzung: Betroffenheit (+), wenn Vorliegen eines besonders schwerwiegenden Grundrechtseingriffes, anhaltende Beeinträchtigung der beschwerdeführenden Person durch die staatlichen Maßnahmen, Bestehen eines Rehabilitationsinteresses, Wiederholungsgefahr

VI. Rechtswegerschöpfung und Subsidiarität
1. Rechtswegerschöpfung
- Rechtsweg ist jede in einem Gesetz vorgesehene Möglichkeit gerichtlichen Rechtsschutz zu erlangen
- gegen ein Gesetz ist kein unmittelbarer Rechtsweg zulässig
- Ausnahme: § 90 II 2 BVerfGG; Unzumutbarkeit der Erschöpfung des Rechtwegs (Gesetz verlangt später nicht mehr korrigierbare Dispositionen oder der Rechtsschutz ist offensichtlich sinn- und aussichtslos)

2. Subsidiarität
- vorherige Ausschöpfung aller Möglichkeiten, den Akt der öffentlichen Gewalt zumutbar anderweitig anzugreifen (mittelbar/unmittelbar; behördlich/gerichtlich)
- Ausnahme: § 90 II 2 BVerfGG analog

Louisa Linke

VII. Form und Frist des Antrags, §§ 23 I, 92, 93 BVerfGG

1. Form
- Formerfordernis, § 23 I 1 BVerfGG: schriftlich
- Begründungserfordernis, §§ 23 I 2, 92 BVerfGG

2. Frist
- grundsätzlich 1 Monat, § 93 I 1 BVerfGG, bei Gesetzen 1 Jahr, § 93 III BVerfGG
- Berechnung anhand der §§ 222 ZPO, 187 ff. BGB
- Antrag auf Wiedereinsetzung in den vorigen Stand möglich, § 93 II 1 BVerfGG

B. Begründetheit
- Prüfung einer Verletzung des Grundrechts oder des grundrechtsgleichen Rechts
- Aufbaue variiert: Rechtssatz- oder Urteilsverfassungsbeschwerde
- Bei Urteilsverfassungsbeschwerde: BVerfG keine Superrevisionsinstanz
  - Überprüfung anhand spezifischen Verfassungsrechts: Verletzung von Verfahrensgrundrechten, Anwendung eines verfassungswidrigen Gesetzes, fehlende Berücksichtigung einzelner Grundrechte oder eine Missachtung der Reichweite oder der Bedeutung der Grundrechte bei der Auslegung und Anwendung des einfachen Rechts durch eine:n Richter:in
- Aufbau variiert je nach Prüfung Freiheitsrecht (Abwehrrecht, Schutzpflichtverletzung), Prüfung Gleichheitsrecht

Weiterführende Studienliteratur
- Björn P. Ebert, Grundwissen: Verfassungsbeschwerde, ZJS 2015, S. 485–491
- Oliver Klein/Christoph Sennekamp, Aktuelle Zulässigkeitsprobleme der Verfassungsbeschwerde, NJW 2007, S. 945–956

Zusammenfassung: Die wichtigsten Punkte

–   Die Prüfungspunkte der **Zulässigkeit** der Verfassungsbeschwerde sind: Zuständigkeit des BVerfG, Beschwerdefähigkeit, Prozessfähigkeit, Beschwerdegegenstand, Beschwerdebefugnis, Rechtswegerschöpfung und Subsidiarität sowie Form und Frist.

–   Bei der *Beschwerdefähigkeit* ist zu prüfen, ob die beschwerdeführende Person Trägerin von Grundrechten und grundrechtsgleichen Rechten sein kann.

–   Bei dem *Beschwerdegegenstand* ist zu begutachten, ob ein Akt der öffentlichen Gewalt vorliegt. Dies kann ein Handeln oder Unterlassen sowohl der Exekutive, der Judikative als auch der Legislative sein.

–   Im Rahmen der *Beschwerdebefugnis* ist zu prüfen, ob die beschwerdeführende Person die Möglichkeit der Grundrechtsverletzung behaupten kann (besondere Aufmerksamkeit ist Ausländer:innen sowie juristischen Personen zu widmen) und sie selbst (eigene Grundrechtsverletzung), unmittelbar (kein weiterer Vollziehungsakt notwendig) oder gegenwärtig (schon oder noch) betroffen ist.

–   Die Verfassungsbeschwerde ist darüber hinaus nur zulässig, wenn der *Rechtsweg* erschöpft wurde. Außerdem darf der Grundsatz der *Subsidiarität* der Zulässigkeit der Verfassungsbeschwerde nicht entgegenstehen. Dies ist der Fall, wenn der beschwerdeführenden Person keine weiteren Möglichkeiten zur Verfügung stehen, den Akt der öffentlichen Gewalt zumutbar anderweitig anzugreifen.

–   Im Rahmen der **Begründetheit** der Verfassungsbeschwerde ist zu differenzieren, ob Freiheits- oder Gleichheitsrechte zu prüfen sind. Die Freiheitsrechte können dabei als Abwehrrechte oder als Schutzpflicht relevant werden. Darüber hinaus richtet sich der Aufbau danach, ob sich die Verfassungsbeschwerde gegen eine gerichtliche Entscheidung (Urteilsverfassungsbeschwerde) oder einen Rechtssatz (Rechtssatzverfassungsbeschwerde) richtet.

Dieses Kapitel darf gerne kommentiert, verändert und beliebig genutzt werden. Jeder Link in der PDF-Version des Textes führt zur Überarbeitungsmöglichkeit bei der Plattform Wikibooks. Eine konkrete Anleitung zur Mitarbeit & Weiternutzung findet sich auf unserer Homepage ebenfalls über den abgebildeten QR-Code mit der Smartphone-Kamera erreichbar.

Louisa Linke

§ 11 Einstweiliger Rechtsschutz

Notwendiges Vorwissen: Grundrechtsfunktionen; Grundrechtsberechtigung Allgemein; Grundrechtsberechtigung Juristischer Personen; Grundrechtsbindung; Die Charta-Rechte in der Rechtsprechung des BVerfG

Lernziel: Prüfungsvoraussetzungen des einstweiligen Rechtsschutzes vor dem BVerfG verstehen

Die durchschnittliche Verfahrensdauer von Verfassungsbeschwerden beläuft sich in 80 Prozent der Verfahren auf ein Jahr, in zehn Prozent der Verfahren auf zwei Jahre und zehn Prozent der Verfahren sind drei Jahre und länger anhängig.[1] Aufgrund der Länge der Verfahren drohen **irreversible** Zustände im Einzelfall, also der Eintritt nicht rückgängig zu machender Folgen vor dem Ergehen einer Entscheidung in der Hauptsache (Verfassungsbeschwerde). Dies soll durch den Erlass einer einstweiligen Anordnung verhindert werden. Der einstweilige Rechtsschutz vor dem BVerfG hat dabei zwei Funktionen: die Sicherungsfunktion und die Befriedungsfunktion. So soll die Schaffung vollendeter Tatsachen verhindert werden, wodurch die Wirksamkeit und Durchsetzbarkeit der später im Hauptsacheverfahren ergehenden Entscheidung gesichert werden soll.[2] Die Befriedungsfunktion ist in der bis zum Ergehen der Hauptsachentscheidung verbindlichen und abschließenden Regelung zu sehen.[3]

---

1 Siehe BVerfG, Durchschnittliche Verfahrensdauer der Verfassungsbeschwerden der Jahre 2011–2020, Jahresstatistik 2020. Dabei kann das BVerfG bei der Reihenfolge der Bearbeitung der Verfassungsbeschwerden aufgrund seiner besonderen Rolle als Hüter der Verfassung verstärkt andere Kriterien als die chronologische Reihenfolge des Eingangs der Verfahren beachten. So kann es auch Verfassungsbeschwerden vorziehen, die für die Allgemeinheit eine besondere Bedeutung aufweisen, dazu BVerfG, Beschl. v. 20.8.2015, Az.: 1 BvR 2781/13, Rn. 31 m.w.N. = NJW 2015, 3361 (3363).
2 BVerfG, Beschl. v. 24.7.2020, Az.: 2 BvR 1285/20, Rn. 3 m.w.N. = BeckRS 2020, 17534.
3 Walter, in: BeckOK BVerfGG, 11. Ed. 1.7.2021, § 32 BVerfGG Rn. 3 m.w.N.

Klausurtaktik ❗

Die meisten Klausursachverhalte werden allein die Prüfung einer Verfassungsbeschwerde zum Gegenstand haben. Dennoch ist es **nicht unwahrscheinlich**, dass die Prüfung der Erfolgsaussichten eines Antrages auf einstweiligen Rechtsschutz als Ergänzung einbezogen wird, um die Schwierigkeit des Falles zu erhöhen. Angesichts der zahlreichen Anträge im einstweiligen Rechtsschutz im Zuge der Covid-19-Pandemie ist es umso wahrscheinlicher, dass die Studierenden mit der Thematik des einstweiligen Rechtsschutzes in der Klausur konfrontiert werden.

Siehe für die Fallbearbeitung beispielsweise Fall 9 aus dem OpenRewi Grundrechte Fallbuch.

A. Zulässigkeit

Klausurtaktik ❗

Die im Rahmen der Zulässigkeit zu prüfenden Punkte weichen je nach Ersteller:in der Lösungsskizze deutlich voneinander ab. Ein einheitliches Prüfungsschema hat sich noch nicht entwickelt. Geprüft wird beispielsweise manchmal auch die Prozessfähigkeit oder, dass es an einer evidenten Unzulässigkeit des Hauptsacheverfahrens (mitunter im Rechtsschutzbedürfnis oder als gesonderter Prüfungspunkt angesprochen) fehlt. Hingegen wird zum Teil auf die Antragsbefugnis verzichtet. Die folgenden Ausführungen sind daher nur als ein **Vorschlag** zu verstehen.

Formulierungsbeispiel Obersatz
„Der Antrag auf einstweiligen Rechtsschutz ist zulässig, wenn alle Sachentscheidungsvoraussetzungen vorliegen."

I. Zuständigkeit

Für den Erlass einer einstweiligen Anordnung ist das BVerfG gemäß § 32 I BVerfGG zuständig.

II. Statthaftigkeit

§ 32 I BVerfGG setzt einen **„Streitfall"** für den Erlass einer einstweiligen Anordnung voraus. Ein solcher Streitfall liegt vor, wenn ein Hauptsacheverfahren anhängig oder zumindest möglich ist.[4] Der einstweilige Rechtsschutz ist demnach

---

4 Bäcker, JuS 2013, 119 (120 m.w.N.).

Louisa Linke

akzessorisch zum Hauptsacheverfahren, welches den Streitfall bildet. Dabei ist der einstweilige Rechtsschutz grundsätzlich innerhalb aller Verfahrensarten vor dem BVerfG denkbar.

ℹ️ Weiterführendes Wissen

Eine Ausnahme bildet Art. 93 I Nr. 4c GG, siehe dazu § 96a III BVerfGG.

Ein **isolierter Antrag auf Erlass einer einstweiligen Anordnung** ist möglich. Dabei muss es der den Antrag stellenden Person aber noch möglich sein, einen zulässigen Antrag in der Hauptsache zu stellen.

III. Antragsberechtigung

Die Antragsberechtigung richtet sich nach dem Hauptsacheverfahren. Entscheidend ist, ob die antragstellende Person des einstweiligen Rechtsschutzverfahrens im Hauptsacheverfahren als Beteilige:r (antragstellende Person, Antragsgegner:in oder sonstige beteiligte Person, siehe dazu zum Beispiel §§ 36 oder 90 I BVerfGG) anzusehen ist.[5] Ist im Hauptsacheverfahren eine Verfassungsbeschwerde anhängig oder diese möglich, ist für die Antragsberechtigung im einstweiligen Rechtsschutz zu prüfen, ob die antragstellende Person im Hauptsacheverfahren beschwerdefähig wäre.

Sofern bereits ein Hauptsacheverfahren vor dem BVerfG anhängig ist, ist das BVerfG auch dazu ermächtigt, eine einstweilige Anordnung von Amts wegen, also ohne das Vorliegen eines Antrages, zu erlassen.[6]

IV. Antragsbefugnis

Das BVerfG kann gemäß § 32 I BVerfGG eine einstweilige Anordnung zur Abwehr schwerer Nachteile, zur Verhinderung drohender Gewalt oder aus einem anderen wichtigen Grund zum gemeinen Wohl erlassen, sofern dies dringend geboten ist. Klausurrelevant wird dabei am ehesten eine Abwehr schwerer Nachteile sein, wo-

---

5 BVerfG, Urt. v. 4.5.1971, Az.: 1 BvR 96/71, juris Rn. 9.

6 BVerfG, Beschl. v. 22.3.2005, Az.: 1 BvR 2357/04, Rn. 43 m.w.N. = NJW 2005, 1179 (1180). Dies wird in der Literatur strittig gesehen, siehe dazu näher Graßhof, in: Schmidt-Bleibtreu/Klein/Bethge, Bundesverfassungsgerichtsgesetz, 61. EL 7.2021, § 32 BVerfGG Rn. 28 ff.

Louisa Linke

bei auch das gemeine Wohl (also das Allgemeinwohl) in Betracht kommt.[7] Demnach ist eine Antragsbefugnis gegeben, wenn es möglich erscheint, dass der antragstellenden Person oder der Allgemeinheit ein schwerer Nachteil droht.[8]

Klausurtaktik

!

Zum Teil wird hier bereits ein Anordnungsgrund geprüft. Dieser verlangt, dass die einstweilige Anordnung zur Abwehr eines schweren Nachteils dringend geboten ist, vgl. § 32 I BVerfGG. Nach dem vorliegenden Aufbauvorschlag wird diese Thematik erst in der Begründetheit relevant.[9]

V. Keine Vorwegnahme der Hauptsache

Unzulässig sind Anträge, die auf eine endgültige Sachentscheidung abzielen. Denn mit der einstweiligen Anordnung soll ein Zustand allein vorläufig geregelt werden, nicht aber die Hauptsache vorentschieden.[10] **Ausnahmen** von diesem Grundsatz sind aber im Interesse eines effektiven Rechtsschutzes möglich, wenn eine Entscheidung in der Hauptsache möglicherweise *zu spät* käme **und** der antragstellenden Person *kein ausreichender Rechtsschutz* auch auf andere Weise gewährt werden kann[11] oder ihr ein schwerer, nicht wiedergutzumachender *Nachteil* entstünde.[12]

Beispiel: Im Zuge der Covid-19-Pandemie wurden verschiedene Versammlungen angemeldet, die jedoch mit einem Verweis auf den Infektionsschutz verboten wurden. Ist angesichts des bald anstehenden Termins der geplanten Versammlung eine rechtzeitige Entscheidung des BVerfG nicht zu erwarten, kann ausnahmsweise eine einstweilige Anordnung erfolgen, die die Hauptsache vorwegnimmt.[13]

Klausurtaktik

!

Die Vorwegnahme der Hauptsache wird mitunter im Rahmen des Rechtsschutzbedürfnisses oder der Subsidiarität geprüft.

---

7 Siehe dazu m.w.N. Bäcker, JuS 2013, 119 (121).
8 Bäcker, JuS 2013, 119 (121).
9 Siehe auch Bäcker, JuS 2013, 119 (121).
10 BVerfG, Beschl. v. 10.10.2017, Az.: 2 BvR 859/15, Rn. 11 m.w.N. = NJW 2017, 3584 (3585).
11 BVerfG, Beschl. v. 10.10.2017, Az.: 2 BvR 859/15, Rn. 11 m.w.N. = NJW 2017, 3584 (3585).
12 BVerfG, Beschl. v. 21.4.2020, Az.: 2 BvQ 21/20, Rn. 2 m.w.N. = BeckRS 2020, 6722.
13 BVerfG, Beschl. v. 15.4.2020, Az.: 1 BvR 828/20, Rn. 8f. m.w.N. = NJW 2020, 1426 (1426).

Louisa Linke

VI. Subsidiarität des einstweiligen Rechtsschutzes

Der Grundsatz der Subsidiarität findet auch im einstweiligen Rechtsschutz Anwendung. Voraussetzung einer Anordnung ist demnach unter anderem, dass die antragstellende Person ihre gefährdete Rechtsposition nicht auf einem anderen Weg sichern kann.[14] Entscheidend kann dabei sein, ob sie bereits im fachgerichtlichen Verfahren erfolglos einen Antrag auf einstweiligen Rechtsschutz gestellt hat.[15]

VII. Rechtsschutzbedürfnis

Im Zeitpunkt der Entscheidung des BVerfG muss ein allgemeines Rechtsschutzbedürfnis bestehen. Liegen die übrigen Zulässigkeitsvoraussetzungen vor, so wird dies bereits indiziert.[16] Das Rechtsschutzbedürfnis kann aber fehlen, wenn etwa zu erwarten ist, dass das BVerfG rechtzeitig in dem Hauptsacheverfahren entscheidet,[17] die beantragte Maßnahme nicht vollzogen werden kann[18] oder der antragstellenden Person eigene Maßnahmen möglich sind, durch die sie ihr beantragtes Ziel erreichen kann[19] oder die beantragte Maßnahme nicht mehr geboten ist[20].

VIII. Form und Frist

Der Antrag muss schriftlich beim BVerfG eingehen (vgl. § 23 I 1 BVerfGG); er ist zu begründen (vgl. § 23 I 2 BVerfGG). Eine Frist für den Antrag auf Erlass einer einstweiligen Anordnung sieht das BVerfGG nicht vor.

---

14 Walter, in: BeckOK BVerfGG, 11. Ed. 1.7.2021, § 32 BVerfGG Rn. 39 m.w.N.
15 BVerfG, Beschl. v. 30.8.2020, Az.: 1 BvQ 94/2, Rn. 7 = NVwZ 2020, 1508 (1509).
16 Walter, in: BeckOK BVerfGG, 11. Ed. 1.7.2021, § 32 BVerfGG Rn. 40 m.w.N.
17 BVerfG, Beschl. v. 22.4.2013, Az.: 1 BvR 640/13, Rn. 2 m.w.N. = BeckRS 2013, 50773; siehe zu diesem und den folgenden Beispielen auch Walter, in: BeckOK BVerfGG, 11. Ed. 1.7.2021, § 32 BVerfGG Rn. 40 m.w.N.
18 BVerfG, Beschl. v. 19.12.1967, Az.: 2 BvQ 2/67, Rn. 8f. m.w.N. = BeckRS 1967, 104171.
19 BVerfG, Urt. v. 10.12.1953, Az.: 2 BvQ 1/53, Rn. 20 = BeckRS 1953, 00240.
20 BVerfG, Beschl. v. 30.10.2019, Az.: 2 BvR 980/16, Rn. 11 = EuZW 2019, 946 (947).

Louisa Linke

B. Begründetheit

Formulierungsbeispiel Obersatz
„Der Antrag auf einstweiligen Rechtsschutz müsste auch begründet sein."

Der Antrag auf einstweiligen Rechtsschutz ist nach § 32 I BVerfGG begründet, wenn dies zur Abwehr schwerer Nachteile, zur Verhinderung drohender Gewalt oder aus einem anderen wichtigen Grund zum gemeinen Wohl dringend geboten ist. Abweichend von der Formulierung „kann" in § 32 BVerfGG muss das BVerfG unter diesen Voraussetzungen eine einstweilige Anordnung erlassen.[21]

Klausurtaktik   **!**

Vor der eigentlichen Prüfung der Begründetheit des Antrages kann ein Gliederungspunkt eingefügt werden, der sich mit dem Prüfungsmaßstab des BVerfG auseinandersetzt. Dieser kann entsprechend mit Prüfungsmaßstab oder Prüfungsumfang überschrieben werden. Außerdem können die Überschriften auch anders gewählt werden mit der Folge, dass ein anderer Aufbau der
Begründetheitsprüfung vorzunehmen ist. So kann I. auch allgemeiner als Erfolgsaussichten in
der Hauptsache tituliert werden, sodass die summarische Prüfung der Erfolgsaussichten in besonderen Ausnahmefällen bereits dort zu prüfen wäre. Um der korrigierenden Person in der Klausur aber aufzuzeigen, dass die besondere Prüfung der Begründetheit (Folgenabwägung) grundsätzlich bekannt ist, ist der hier vorgeschlagene Aufbau empfehlenswert.
  Auch wenn der Wortlaut des § 32 I BVerfGG besagt, dass das BVerfG einen Zustand durch
die einstweilige Anordnung vorläufig regeln kann, wenn dies zur Abwehr schwerer Nachteile, zur
Verhinderung drohender Gewalt oder aus einem anderen wichtigen Grund zum gemeinen Wohl
dringend geboten ist, wird die **Dringlichkeit** zumeist nicht gesondert geprüft, denn sie wird durch
die Nachteile bereits indiziert.[22]

I. Offensichtliche Unzulässigkeit oder Unbegründetheit der Hauptsache

Zunächst ist zu prüfen, ob die Verfassungsbeschwerde in der Hauptsache **offensichtlich unzulässig**[23] **oder unbegründet** ist. Ist dies der Fall, ist der Antrag im
einstweiligen Rechtsschutz unbegründet. Denn ein solcher Antrag erfüllt keine
Sicherungsfunktion. Der Begriff der **Offensichtlichkeit** verlangt in Bezug auf

---

21 Walter, in: BeckOK BVerfGG, 11. Ed. 1.7.2021, § 32 BVerfGG Rn. 82.
22 Walter, in: BeckOK BVerfGG, 11. Ed. 1.7.2021, § 32 BVerfGG Rn. 58.
23 Die Literatur ist sich nicht einig, ob sich die Offensichtlichkeit auch auf die Zulässigkeit bezieht, zustimmend Walter, in: BeckOK BVerfGG, 11. Ed. 1.7.2021, § 32 BVerfGG Rn. 46; ablehnend
Bäcker, JuS 2013, 119 (122).

Louisa Linke

eine Unzulässigkeit beziehungsweise Unbegründetheit, dass kein Gesichtspunkt denkbar ist, bei der die Verfassungsbeschwerde erfolgversprechend wäre.[24]

Ist dagegen die Verfassungsbeschwerde **offensichtlich zulässig und begründet**, dann ist der Antrag im einstweiligen Rechtsschutz begründet. Fehlt es an dieser Offensichtlichkeit, nimmt das BVerfG in einem nächsten Schritt eine Folgenabwägung vor.

Beispiel: Im Zuge der Covid-19-Pandemie beschloss der Bundestag 2021 eine Änderung des Infektionsschutzgesetzes (IfSG), die unter dem Begriff „Bundesnotbremse" besondere mediale Aufmerksamkeit erfuhr. Darin fanden sich unter anderem Regelungen zu nächtlichen Ausgangsbeschränkungen. Eilanträge gegen diese Regelungen lehnte das BVerfG ab. Es hielt die Verfassungsbeschwerden im Hauptsacheverfahren weder für offensichtlich unzulässig noch für offensichtlich unbegründet. Insbesondere erachtete es das BVerfG als offen, ob das Gesetzgebungsverfahren ordnungsgemäß durchgeführt und die Verhältnismäßigkeit gewahrt wurde. Daher prüfte es im zweiten Schritt die Folgenabwägung.[25]

II. Folgenabwägung (Doppelhypothese)

Ist der Ausgang des Verfahrens offen, so führt das BVerfG eine **Folgenabwägung** im Wege der **Doppelhypothese** durch. Die Erfolgsaussichten in der Hauptsache sind dabei nicht zu berücksichtigen, entscheidend sind die drohenden Nachteile. Verschiedene Nachteile sind miteinander abzuwägen: Auf der einen Seite stehen die Nachteile, die eintreten würden, würde die einstweilige Anordnung nicht erlassen, aber der Antrag in der Hauptsache Erfolg hätte. Auf der anderen Seite stehen die Nachteile, die entstehen würden, würde das BVerfG die begehrte Anordnung erlassen, aber das Hauptsacheverfahren würde letztlich erfolglos bleiben.[26] Relevant werden dabei die Nachteile nicht nur der Verfahrensbeteiligten, sondern aller Betroffenen.[27] Sind die Nachteile als gleich schwer zu qualifizieren, kann eine einstweilige Anordnung nicht ergehen.[28] Wie der Wortlaut des § 23 BVerfGG nahe legt, müssen die Nachteile, die drohen, als „schwerer Nachteil", „drohende Gewalt" oder „ein anderer wichtiger Grund" qualifiziert werden können.[29]

---

24 Walter, in: BeckOK BVerfGG, 11. Ed. 1.7.2021, § 32 BVerfGG Rn. 46.
25 BVerfG, Beschl. v. 5.5.2021, Az.: 1 BvR 781/21, Rn. 19, 22, 27, 42 = NVwZ 2021, 789 (790f.).
26 BVerfG, Urt. v. 13.10.2016, Az.: 2 BvR 1444/16, Rn. 35 m.w.N. = BeckRS 2016, 52943.
27 BVerfG, Beschl. v. 7.4.2020, Az.: 1 BvR 755/20, Rn. 8 m.w.N. = BeckRS 2020, 5317.
28 Aubel, in: Pieroth/Silberkuhl, Die Verfassungsbeschwerde, 2008, § 32 BVerfGG Rn. 41.
29 Graßhof, in: Schmidt-Bleibtreu/Klein/Bethge, Bundesverfassungsgerichtsgesetz, 61. EL 7.2021, § 32 BVerfGG Rn. 57ff.

Beispiel: In den einstweiligen Rechtsschutzverfahren gegen § 28b I 1 Nr. 2 des Infektionsschutzgesetzes ergab die Folgenabwägung, dass die Nachteile, die entstehen würden, wenn die einstweilige Anordnung versagt wird – weiterhin bestehende Beschränkungen der privaten Lebensgestaltung, die auch nicht im Nachhinein kompensiert werden können –, die Verfassungsbeschwerde aber Erfolg hätte, die Nachteile nicht überwiegen, die entstehen würden, wenn die Anordnung erlassen wird, die Verfassungsbeschwerde aber kein Erfolg hätte – Einschränkung der dem Gesetzgeber zur Verfügung stehenden Mittel zur Infektionsbekämpfung.[30]

Allgemein wendet das BVerfG einen strengen Maßstab an.[31] Wird die einstweilige Außer-Kraft-Setzung eines Gesetzes begehrt, ist der Maßstab sogar noch strenger: Die Nachteile müssen deutlich überwiegen,[32] zudem müssen die Gründe ein besonderes Gewicht aufweisen.[33] Denn der Erlass einer einstweiligen Anordnung greift bedeutend in die Gestaltungsfreiheit des Gesetzgebers ein.

Beispiel: Erfolglos blieb beispielsweise ein Antrag auf Erlass einer einstweiligen Anordnung gegen das In-Kraft-Treten des Gesetzes zur Beendigung der Diskriminierung gleichgeschlechtlicher Gemeinschaften: Lebenspartnerschaften vom 16.2.2001.[34] Das BVerfG entschied, dass die Nachteile bei Erlass der einstweiligen Anordnung deutlich überwiegen würden. Denn es käme zu einem unwiderruflichen Rechtsverlust im Rahmen der privaten Lebensgestaltung bei den durch das Gesetz begünstigten Personen. Dabei ist zu berücksichtigen, dass der Gesetzgeber mit dem Gesetz Diskriminierungen abbauen und die Begünstigten bei einer Entfaltung ihrer Persönlichkeit unterstützen wollte, weshalb die Nachteile besonders schwer wiegen würden.[35]

III. Ausnahme von der Folgenabwägung: Summarische Prüfung der Erfolgsaussichten der Hauptsache

Von dieser Folgenabwägung sieht das BVerfG in Ausnahmefällen ab und prüft summarisch die Erfolgsaussichten in der Hauptsache. Dies kann dann der Fall sein, wenn mit dem Erlass der einstweiligen Anordnung eine Vorwegnahme der Hauptsache vorliegen würde oder nur in diesem Falle ein effektiver Rechtsschutz gewährt werden kann.[36] Ist die Hauptsache, also im Klausursachverhalt zumeist die Verfassungsbeschwerde, im Rahmen der summarischen Prüfung als zulässig und begründet anzusehen, so ergibt dies einen schweren Nachteil beziehungs-

---

30 BVerfG, Beschl. v. 5.5.2021, Az.: 1 BvR 781/21, Rn. 43 ff., 52 ff. = NVwZ 2021, 789 (791 ff.).
31 BVerfG, Beschl. v. 4.5.2012, Az.: 1 BvR 367/12, Rn. 27 = NJW 2012, 1941 (1942).
32 BVerfG, Beschl. v. 18.5.2016, Az.: 1 BvR 895/16, Rn. 47 = BeckRS 2016, 46065.
33 BVerfG, Beschl. v. 22.5.2001, Az.: 2 BvQ 48/00, Rn. 16 = NJW 2001, 3253 (3253).
34 BVerfG, Urt. v. 18.7.2001, Az.: 1 BvQ 23/01 u.a., Rn. 29 f. = NJW 2001, 2457 (2459).
35 BVerfG, Urt. v. 18.7.2001, Az.: 1 BvQ 23/01, Rn. 29 ff. = NJW 2001, 2457 (2459).
36 Walter, in: BeckOK BVerfGG, 11. Ed. 1.7.2021, § 32 BVerfGG Rn. 58 ff. m.w.N.

Louisa Linke

weise, kann dies ein wichtiger Grund zum gemeinen Wohl darstellen, der den Erlass einer einstweiligen Anordnung begründet.

Beispiel: Die antragstellende Person meldete eine Versammlung (Protestcamp) beginnend am 1.9.2020 an. Gegen die daraufhin erlassenen Auflagen wendete sie sich zum Teil erfolglos im einstweiligen Rechtsschutz. Das BVerfG führte bei seiner Begründung im September 2020 aus, dass es bei seiner Entscheidung die erkennbaren Erfolgsaussichten der Verfassungsbeschwerde im Hauptsacheverfahren zu beachten hat, sobald ein Abwarten den Grundrechtsschutz mit hoher Wahrscheinlichkeit vereitelte. Vorliegend würde ein Abwarten bis zum Abschluss des Verfassungsbeschwerdeverfahrens beziehungsweise des verwaltungsgerichtlichen Hauptsacheverfahrens einen effektiven (also insbesondere rechtzeitigen) fachgerichtlichen Rechtsschutz gegen die Auflagen mit hoher Wahrscheinlichkeit infolge Zeitablaufs vereiteln.[37]

C. Entscheidung des BVerfG

Die Entscheidung des BVerfG kann bei erfolgreichen Anträgen angesichts der denkbaren Regelungsgegenstände und der notwendigen Vorgaben durch das BVerfG vielfältig ausgestaltet sein.

Beispiel: So kann der Tenor bestimmen, dass ein Gesetz bis zur Entscheidung des BVerfG, längstens für die Dauer von sechs Monaten, einstweilen außer Kraft gesetzt wird.[38] Ebenso kann der Tenor Auflagen zur Durchführung einer Versammlung enthalten.[39]

Gemäß § 32 VI 1 BVerfGG tritt die einstweilige Anordnung nach sechs Monaten außer Kraft. Oftmals werden die einstweiligen Anordnungen auch befristet bis zum Zeitpunkt der Entscheidung in der Hauptsache. Gemäß § 32 VI 2 BVerfGG kann eine einstweilige Anordnung auch wiederholt werden.

---

37 BVerfG, Beschl. v. 21.9.2020, Az.: 1 BvR 2146/20, Rn. 2, 4 = BeckRS 2020, 23470.
38 BVerfG, Beschl. v. 22.5.2001, Az.: 2 BvQ 48/00 = BeckRS 2001, 30182154.
39 BVerfG, Beschl. v. 18.8.2000, Az.: 1 BvQ 23/00 = BeckRS 2000, 22348.

D. Aufbauschema

Einstweiliger Rechtsschutz

A. Zulässigkeit
I. Zuständigkeit BVerfG, § 32 I BVerfGG

II. Statthaftigkeit
- „Streitfall" → Hauptsacheverfahren, welches anhängig oder zumindest möglich ist

III. Antragsberechtigung
- richtet sich nach dem Hauptsacheverfahren: ist antragstellende Person im Hauptsacheverfahren beschwerdefähig?

IV. Antragsbefugnis, § 32 I BVerfGG
- wenn es möglich erscheint, dass der antragstellenden Person oder der Allgemeinheit ein schwerer Nachteil droht

V. Keine Vorwegnahme der Hauptsache
- unzulässig sind Anträge, die auf eine endgültige Sachentscheidung abzielen
- Ausnahmen: Entscheidung in der Hauptsache käme möglicherweise zu spät und der antragstellenden Person kann kein ausreichender Rechtsschutz auf andere Weise gewährt werden oder ihr entstünde ein schwerer, nicht wiedergutzumachender Nachteil

VI. Subsidiarität des einstweiligen Rechtsschutzes
- gefährdete Rechtsposition kann nicht auf einem anderen Weg gesichert werden

VII. Rechtschutzbedürfnis
- indiziert, wenn die übrigen Zulässigkeitsvoraussetzungen vorliegen
- fehlt insbesondere, wenn rechtzeitige Entscheidung des BVerfG im Hauptsacheverfahren zu erwarten ist, die beantragte Maßnahme nicht vollzogen werden kann oder der antragstellenden Person eigene Maßnahmen möglich

Louisa Linke

sind, durch die sie ihr beantragtes Ziel erreichen kann beziehungsweise die beantragte Maßnahme nicht mehr geboten ist

VIII. Form und Frist
1. *Form*
- Formerfordernis, § 23 I 1 BVerfGG: schriftlich
- Begründungserfordernis, § 23 I 2 BVerfGG

2. *Frist*
- keine Frist gesetzlich vorgesehen

B. Begründetheit
I. Offensichtliche Unzulässigkeit oder Unbegründetheit der Hauptsache (beziehungsweise offensichtliche Zulässigkeit und Begründetheit der Hauptsache)
- Offensichtlichkeit: verlangt in Bezug auf eine Unzulässigkeit beziehungsweise Unbegründetheit, dass kein Gesichtspunkt ersichtlich ist, der die Verfassungsbeschwerde als Erfolg versprechend erscheinen lässt

II. Folgenabwägung (Doppelhypothese)
- Abwägen:
    - 1. Nachteile, die eintreten würden, würde die einstweilige Anordnung nicht erlassen, aber der Antrag in der Hauptsache Erfolg hätte
    - 2. Nachteile, die entstehen würden, würde die begehrte Anordnung erlassen, aber das Hauptsacheverfahren letztlich erfolglos wäre
- relevant sind Nachteile aller Betroffenen (nicht nur der Verfahrensbeteiligten)

III. Ausnahme von der Folgenabwägung: Summarische Prüfung der Erfolgsaussichten der Hauptsache
- Fallgruppen: Vorwegnahme der Hauptsache, effektiver Rechtsschutz kann nicht auf anderem Wege gewährleistet werden
- summarische Prüfung der Erfolgsaussichten in der Hauptsache nach üblichem Schema

Louisa Linke

Weiterführende Studienliteratur
- Carsten Bäcker, Die einstweilige Anordnung im Verfassungsprozessrecht, JuS 2013, S. 119–124

Zusammenfassung: Die wichtigsten Punkte
- Die Prüfungspunkte im Rahmen der **Zulässigkeit** der einstweiligen Anordnung sind Zuständigkeit, Statthaftigkeit, Antragsberechtigung, Antragsbefugnis, Keine Vorwegnahme der Hauptsache, Subsidiarität des einstweiligen Rechtsschutzes, Rechtsschutzbedürfnis und Form sowie Frist.
- Im Rahmen der **Begründetheit** ist zunächst prüfen, ob die Verfassungsbeschwerde in der Hauptsache *offensichtlich unzulässig oder unbegründet* ist. Ist dies nicht der Fall findet eine *Folgenabwägung* (Doppelhypothese) statt. Dabei sind die Nachteile, die eintreten würden, würde die einstweilige Anordnung nicht erlassen, aber der Antrag in der Hauptsache Erfolg hätte, mit den Nachteilen abzuwägen, die entstehen würden, würde das BVerfG die begehrte Anordnung erlassen, aber das Hauptsacheverfahren letztlich erfolglos bleiben würde. Abweichend davon findet eine *summarische Prüfung der Erfolgsaussichten* der Hauptsache statt, wenn mit dem Erlass der einstweiligen Anordnung eine Vorwegnahme der Hauptsache vorliegen würde oder nur in diesem Falle ein effektiver Rechtsschutz gewährt werden kann.

Louisa Linke

§ 12 Grundrechtskonkurrenzen

Notwendiges Vorwissen: <u>Prüfungsstruktur Freiheitsgrundrecht</u>

Lernziel: Grundrechtliche Konkurrenzlagen verstehen und in Klausuren lösen können

---

Für dieses Kapitel gibt es frei zugängliche interaktive Übungen. Halte einfach deine Smartphone-Kamera vor den Kasten mit den Punkten (QR-Code).

Eine Konkurrenzlehre existiert nicht nur im Strafrecht. Auch im Verfassungsrecht gibt es Fälle, in denen ein und derselbe Sachverhalt durch mehrere (Grund-)Rechtsnormen gleichermaßen erfasst wird und sich deshalb – sowohl für die Praxis als auch für die Fallbearbeitung – die Frage stellt, welche Konsequenzen dies für die anzuwendenden Normen hat.

A. Vorliegen einer Konkurrenzlage

Es gibt Situationen, in denen sich der:die Grundrechtsträger:in hinsichtlich eines staatlichen (Eingriffs-)Aktes auf mehrere seiner Grundrechte berufen kann, weil sein:ihr Verhalten zugleich vom Schutzbereich mehrerer Grundrechtsnormen[1] (einer Verfassung[2]) erfasst wird (sogenannte **grundrechtliche Konkurrenzlage**).[3]

Beispiel: Verbietet die dafür zuständige Behörde ein religiös motiviertes Straßentheater, das einen Versammlungszweck verfolgt[4], kommt ein Eingriff in den Schutzbereich von Art. 4 GG (Religi-

---

1 Zu Kumulationen von Grundrechten mit anderen Bestimmungen des Grundgesetzes, namentlich mit Staatszielbestimmungen: Augsberg/Augsberg, AöR 132 (2007), 539 (556 ff.); Breckwoldt, Grundrechtskombinationen, 2015, 115 ff.

2 Vgl. zu dem Fall, dass Gewährleistungen unterschiedlicher Garantieebenen (Bundes-/Landesgrundrechte, Unionsgrundrechte, etc.) gleichzeitig zum Tragen kommen (sogenannte vertikale Konkurrenz), die Kapitel zum <u>Grundrechtsschutz im Mehrebenensystem</u> (Brade/Ramson Abschnitt 5, in diesem Lehrbuch).

3 Vgl. nur Dreier, in: Dreier, GG, 3. Aufl. 2013, Vorb. vor Art. 1 GG Rn. 155; Kingreen/Poscher, Grundrechte: Staatsrecht II, 36. Aufl. 2020, § 6 Rn. 388.

4 Beispiel von Hufen, Staatsrecht II: Grundrechte, 7. Aufl. 2018, § 6 Rn. 45.

onsfreiheit), Art. 5 I 1 GG (Meinungsfreiheit), Art. 5 III 1 GG (Kunstfreiheit) sowie von Art. 8 GG (Versammlungsfreiheit) in Betracht.

Von der Grundrechtskonkurrenz ist die **Grundrechtskollision** zu unterscheiden: Sie behandelt nicht das „Miteinander" der Grundrechte eines:r Grundrechtsträgers:in, sondern das „Gegeneinander" der Grundrechte verschiedener Grundrechtsträger:innen.[5] Das ist bei der <u>Einschränkbarkeit von Grundrechten</u> von Bedeutung, da zu den Schranken auch die (Grund-)Rechte Dritter zählen.[6]

Beispiel: Tritt die positive Religionsfreiheit (Art. 4 GG) einer Muslima, die als Lehrerin mit Kopftuch tätig ist, mit der negativen Religionsfreiheit (Art. 4 GG) ihrer Schülerinnen und Schüler in Widerstreit muss diese Grundrechtskollision durch umfassende Güterabwägung der widerstreitenden Rechte gelöst werden.

Weiterführendes Wissen

Ebenfalls keine Fälle der Grundrechtskonkurrenz sind Konstellationen, in denen eine einzelne staatliche Maßnahme verschiedene Grundrechte *unterschiedlicher* Grundrechtsberechtigter berührt; insoweit spricht man von „Grundrechtsparallelität".[7] Davon zu unterscheiden ist der sogenannte additive Grundrechtseingriff, der *verschiedene* einzelne Maßnahmen bündelt, die dieselben Adressat:innen grundrechtlich belasten (zum Beispiel paralleler Einsatz einer Vielzahl von Überwachungsmaßnahmen in einem strafrechtlichen Ermittlungsverfahren[8]).

Weiterführendes Wissen

Sachverhaltszerlegung und Tatbestandsabgrenzung gehen der Konkurrenzlehre vor. Sofern sich der Lebensvorgang nach zeitlichen Maßstäben so zerlegen lässt, dass eine Zuordnung zu unterschiedlichen Grundrechtstatbeständen erfolgen kann, handelt es sich um eine bloße Scheinkonkurrenz und nicht um eine echte Konkurrenzlage.

---

5 Spielmann, Konkurrenz von Grundrechtsnormen, 2008, 24; ähnlich Pischel, JA 2006, 357 (358).
6 Siehe hierzu Milas § 6, in diesem Lehrbuch.
7 Spielmann, Konkurrenz von Grundrechtsnormen, 24. Zur horizontalen Eingriffsaddition siehe nur Brade, DÖV 2019, 852 ff. Inhaltlich eng damit verwandt ist die Problematik der Rügefähigkeit der Verletzung von Grundrechten Dritter mittels der „Elfes-Konstruktion" (dazu ausführlich: Kube, DVBl 2005, 721 ff.).
8 Vgl. <u>BVerfG, Urt. v. 12.4.2005, Az.: 2 BvR 581/01</u> = BVerfGE 112, 304. Näher zum additiven Grundrechtseingriff Ruschemeier, § 5 D., in diesem Lehrbuch.

Alexander Brade

Beispiel: Es dürfte zulässig sein, die polizeiliche Durchsuchung einer Wohnung, die zur Beschlagnahme einer dort gefundenen Sache führt, in zwei Segmente zu zerlegen, von denen eines allein Art. 13 I GG (Durchsuchung) und das andere einzig Art. 14 I GG (Beschlagnahme) betrifft.[9]

Sind mehrere Grundrechte gleichzeitig berührt, bleibt zur Vermeidung der Konkurrenzsituation nur die Möglichkeit der möglichst präzisen Abgrenzung der verschiedenen Schutzbereiche. Das ist ein durchaus probates Mittel, dessen Leistungsfähigkeit aber nicht überschätzt werden sollte: „Tatbestandsabgrenzung der Grundrechtsnormen darf [...] nicht gleich zu Tatbestandsausschluss führen", da mit Grundrechtsbindung auch (und gerade) Grundrechtsausschöpfung, also die Prüfung sämtlicher an sich einschlägiger Grundrechte, gemeint ist.[10]

Beispiel: Oftmals erfolgt die Abgrenzung der Berufsfreiheit von der Eigentumsgarantie danach, ob eine staatliche Belastung auf den Erwerb (Art. 12 I GG) oder den Zugriff auf bereits Erworbenes (Art. 14 I GG) gerichtet ist.[11] Trotz dieser eine klare Abgrenzbarkeit der Grundrechte suggerierenden Faustformel werden beide Grundrechte häufig parallel Anwendung finden, weil Eingriffe oftmals beide Gewährleistungsgehalte berühren.[12]

B. Behandlung der Konkurrenzlage

Steht fest, dass eine grundrechtliche Konkurrenzlage besteht, stellt sich die Frage, ob der Hoheitsakt an allen berührten Grundrechtsnormen zu messen ist (II.), oder ob ein Grundrecht das/die andere/n als Prüfungsmaßstab verdrängt (I.).

I. Normverdrängende Konkurrenz

Hier ist insbesondere an die **Spezialität** zu denken. In diesem Fall enthält eine Grundrechtsnorm alle Tatbestandsmerkmale einer anderen Grundrechtsnorm und zusätzlich weitere Merkmale.[13] Das hat zur Folge, dass die Grundrechtsprüfung ausschließlich am Maßstab der spezielleren Norm zu erfolgen hat. Soweit beispielsweise ein Verhalten Ausdruck der besonderen Freiheitsrechte, sei es der

---

9 Hofmann, AöR 133 (2008), 523 (528) unter Bezugnahme auf Schwabe, Probleme der Grundrechtsdogmatik, 1977, 32.

10 Stern, Das Staatsrecht der Bundesrepublik Deutschland, Bd. III/2, 1994, § 92 S. 1379.

11 Vgl. nur BVerfG, Beschl. v. 8.6.2010, Az.: 1 BvR 2011/07 u. a. Rn. 84 = BVerfGE 126, 112 (135).

12 Siehe dazu allgemein Eisentraut, § 21.1. A.IV., in diesem Lehrbuch.

13 Vgl. nur Hofmann, Jura 2008, 667 (668).

Alexander Brade

Glaubens-, Meinungs- oder Versammlungsfreiheit, ist, wird Art. 2 I GG in seiner Deutung als <u>allgemeine Handlungsfreiheit</u> als die generelle Norm verdrängt[14]; entsprechend gehen die speziellen Gleichheitssätze dem allgemeinen Gleichheitssatz des Art. 3 I GG vor[15]. Im Übrigen hängt die Frage der Spezialität davon ab, wie die Reichweite der Schutzbereiche der jeweils einschlägigen Grundrechtsnormen im Einzelnen bestimmt wird.

Beispiel Nr. 1: Geht man davon aus, dass staatliche Maßnahmen gegen die von Versammlungsteilnehmer:innen vertretenen Ansichten („Inhalt" der Versammlung) allein an Art. 5 I 1 GG zu messen sind, während für solche Hoheitsakte, die sich allein gegen die Meinungsäußerung durch das Medium der Versammlung („Form" der Versammlung) richten, Art. 8 I GG maßgeblich sei[16], läge darin bereits eine tatbestandliche Schutzbereichsabgrenzung, ohne dass es auf das Konkurrenzverhältnis zwischen Art. 5 I 1 GG und Art. 8 I GG ankäme. Wird die Versammlungsfreiheit hingegen lediglich als Freiheit der kollektiven Meinungsäußerung verstanden, spielt die Konkurrenzlehre eine Rolle. Die Versammlungsfreiheit würde dann nämlich, soweit sie einschlägig ist, als speziellere Norm Vorrang vor Art. 5 I 1 GG genießen.

Beispiel Nr. 2: Schwierigkeiten bereitet auch das Verhältnis der Grundrechtsgewährleistungen im Fall des religiös motivierten Straßentheaters mit Versammlungszweck. Es spricht vieles dafür, der Religionsfreiheit (Art. 4 GG) und der Kunstfreiheit (Art. 5 III 1 GG) zumindest im Verhältnis zu Art. 5 I 1 GG den Vorrang einzuräumen. Was die Versammlungsfreiheit (Art. 8 GG) anbelangt, erscheint es indes vertretbar, sie entweder zurücktreten zu lassen[17] oder Idealkonkurrenz anzunehmen[18].

Weiterführendes Wissen　　　　　　　　　　　　　　　　　　　　　　　　　　　ℹ️

Noch ungeklärt ist, ob in der Grundrechtslehre – wie im Strafrecht – Subsidiarität und Konsumtion anzuerkennen sind.[19] Richtigerweise wird man hier zurückhaltend sein müssen: Zwar kann ein Grundrecht *typischerweise*, aber nicht *notwendigerweise* mit anderen Grundrechtsbestimmungen zusammentreffen; man denke nur erneut an das Beispiel einer politischen Versammlung, bei der sowohl der Schutzbereich des Art. 8 GG als auch der des Art. 5 I 1 GG berührt sind.

---

14 Berg, in: Merten/Papier, Handbuch der Grundrechte, Bd. III, 2009, § 71 Rn. 28 m.w.N. Vgl. aber auch Kahl, Die Schutzergänzungsfunktion von Art. 2 Abs. 1 Grundgesetz, 2000, 12ff., der der allgemeinen Handlungsfreiheit eine darüberhinausgehende Wirkung zuschreibt.
15 Sachs, Verfassungsrecht II – Grundrechte, 3. Aufl. 2017, Kap. 11 Rn. 4; Sodan/Ziekow, Grundkurs Öffentliches Recht, 9. Aufl. 2020, § 25 Rn. 2.
16 So die wohl überwiegende Auffassung, vgl. nur <u>BVerfG, Beschl. v. 24.3.2001, Az.: 1 BvQ 13/01 Rn. 23</u> = NJW 2001, 2069 (2070).
17 Vgl. für das Verhältnis zu Art. 5 III 1 GG Gusy, in: v. Mangoldt/Klein/Starck, GG, 7. Aufl. 2018, Art. 8 Rn. 87 und zu Art. 4 I, II GG Höfling, in: Sachs, GG, 8. Aufl. 2018, Art. 8 Rn. 83.
18 Dafür wohl Hufen, Staatsrecht II: Grundrechte, 7. Aufl. 2018, § 6 Rn. 46.
19 Für die Konsumtion Stern, Das Staatsrecht der Bundesrepublik Deutschland, Bd. III/2, 1994, § 92 S. 1398f.

Alexander Brade

Zu bedenken ist aber, dass sich das Grundgesetz für einen ausdifferenzierten Katalog von Grundrechten entschieden hat, die allesamt der Verwirklichung unterschiedlicher Werte dienen.[20] Das gilt es auch bei der Subsidiarität[21] zu beachten, die im Grundgesetz (anders als im StGB) keinen ausdrücklichen Niederschlag gefunden hat; das hat auch seinen Sinn, da Subsidiarität und Konsumtion dem Straftäter eher zum Vorteil gereichen, während es den Grundrechtsberechtigten genau umgekehrt erginge (Stichwort: Effektivität des Grundrechtsschutzes). Gleichwohl ist mitunter im Kontext der allgemeinen Handlungsfreiheit als „Auffanggrundrecht" von Subsidiarität die Rede[22], womit der Sache nach nichts anderes als das bereits beschriebene Spezialitätsverhältnis zwischen Art. 2 I GG und den besonderen Freiheitsgewährleistungen gemeint sein kann.

Nicht zur Auflösung von Konkurrenzlagen taugt die sogenannte „Meistbetroffenheitstheorie"[23]. Sie zieht (allein) diejenige Grundrechtsnorm als Maßstab heran, gegen die sich der Schwerpunkt des Eingriffs richtet.[24] Gegen diese Sichtweise spricht nicht nur die Vagheit des „Schwerpunkt"-Kriteriums, sondern auch die Gefahr, dass auf diese Weise Grundrechtsnormen vorschnell ausgeblendet werden[25].

Beispiel: Kaum nachvollziehbar ist, warum sich ein:e (Presse-)Redakteur:in gegenüber der Behinderung seiner:ihrer Arbeit nicht zugleich auf Art. 5 I 2 GG und Art. 12 I GG berufen können soll. Denn ob der betreffende Hoheitsakt „spezifisch" auf den Beruf oder die Tätigkeit für die Presse zielt, wird sich in der Mehrzahl der Fälle nicht zweifelsfrei ermitteln lassen.[26]

II. Idealkonkurrenz

Besteht keine normverdrängende Konkurrenz, finden die einschlägigen Grundrechtsnormen parallel Anwendung (**Idealkonkurrenz**). Das wirkt sich auf die anzuwendenden Schranken aus (1.) und kann – in Einzelfällen – zu einem neuen Maßstab im (Grundrechts-)Verbund führen (2.).

---

20 Vgl. nur Berg, in: Merten/Papier, Handbuch der Grundrechte, Bd. III, 2009, § 71 Rn. 38.

21 Damit ist gemeint, dass eine (Grundrechts-)Norm nur dann Geltung beansprucht, wenn nicht eine andere Norm eingreift, vgl. Rönnau/Wegner, JuS 2021, 17 (21) (für das Strafrecht).

22 Di Fabio, in: Dürig/Herzog/Scholz, GG, 94. EL Januar 2021, Art. 2 Abs. 1 Rn. 21.

23 Begriff von Schneider, Die Güterabwägung des Bundesverfassungsgerichts bei Grundrechtskonflikten, 1979, 112.

24 So BVerfG, Urt. v. 30.7.2008, Az.: 1 BvR 3262/07 u. a. Rn. 91 = BVerfGE 121, 317 (344 f.).

25 Stern, Das Staatsrecht der Bundesrepublik Deutschland, Bd. III/2, 1994, § 92 S. 1407.

26 Vgl. auch Hofmann, Jura 2008, 667 (669). Andere Ansicht Kingreen/Poscher, Grundrechte: Staatsrecht II, 36. Aufl. 2020, § 6 Rn. 389.

Alexander Brade

1. Schrankendivergenz

Bei der Idealkonkurrenz sind zunächst die konkret heranzuziehenden Grundrechtsschranken zu ermitteln. Keine Probleme ergeben sich dann, wenn sämtliche anzuwendenden Grundrechte demselben Schrankenvorbehalt unterliegen („Schrankenkongruenz"). Sind die Voraussetzungen der **Schrankenvorbehalte** jedoch **unterschiedlich** ausgestaltet (einfacher Gesetzesvorbehalt, qualifizierter Gesetzesvorbehalt oder verfassungsimmanenter Schrankenvorbehalt), stellt sich die Frage, welcher sich durchsetzt. Das ist nach hier vertretener Auffassung die „stärkere" Grundrechtsschranke[27]; eine „Schrankenleihe" vom schwächer ausgestalteten Grundrecht hin zu dem Grundrecht mit dem stärkeren Schutz hätte nämlich zur Folge, dass mehrfach grundrechtlich garantierte Interessen im Ergebnis weniger weitgehend geschützt wären, als wenn nur einfacher Grundrechtsschutz bestünde[28].

Beispiel: Keine Änderung ergibt sich demnach für das religiös motivierte Straßentheater mit Versammlungszweck, da Art. 5 I 1 GG und – nach umstrittener Auffassung – auch Art. 8 I GG durch Art. 4, 5 III 1 GG verdrängt werden und diese (dann idealkonkurrierenden) Grundrechte gleichermaßen einem verfassungsimmanenten Schrankenvorbehalt unterliegen. Anders verhält es sich für die berufliche Tätigkeit als Presseredakteur:in; insoweit muss sich die Beschränkung einheitlich am Maßstab des qualifizierten Gesetzesvorbehalts des Art. 5 II GG messen lassen.

Weiterführendes Wissen

Zwar sind Freiheits- und Gleichheitsgrundrechte grundsätzlich nebeneinander anwendbar.[29] Wechselwirkungen treten indes auch hier auf: So hat das BVerfG beispielsweise gesetzliche Rauchverbote am Maßstab des Art. 12 I GG i. V. m. Art. 3 I GG gemessen.[30] Dem Gestaltungsspielraum des Gesetzgebers sind hier umso engere Grenzen gesetzt, je stärker sich die Ungleichbehandlung auf die Ausübung grundrechtlich geschützter Freiheiten, wie die durch Art. 12 I GG verbürgte Berufsausübungsfreiheit, auswirkt.[31]

---

27 Kingreen/Poscher, Grundrechte: Staatsrecht II, 36. Aufl. 2020, § 6 Rn. 397; Hofmann, AöR 133 (2008), 523 (533) m.w.N. Andere Ansicht Bleckmann/Wiethoff, DÖV 1991, 722 (724).
28 Sachs, Verfassungsrecht II – Grundrechte, 3. Aufl. 2017, Kap. 11 Rn. 11.
29 Pischel, JA 2006, 357 (358).
30 Vgl. BVerfG, Urt. v. 30.7.2008, Az.: 1 BvR 3262/07 u. a. Rn. 149 ff. = BVerfGE 121, 317 (369 ff.).
31 Allgemein zum Einfluss der Freiheitsgrundrechte auf Art. 3 GG Kischel, in: Epping/Hillgruber, BeckOK GG, 46. Ed. 15.2.2021, Art. 3 Rn. 48 ff.

Alexander Brade

2. Grundrechtskumulationen

Das eigentliche Problem kumulierender Belastungen ist durch die Heranziehung der stärksten Grundrechtsschranke aber noch nicht gelöst. Hier kommen „Verstärkungswirkungen unter Grundrechten"[32] zum Zuge, die es sowohl auf Schutzbereichs- als auch auf Rechtfertigungsebene gibt.

a) Schutzbereichsebene

Die Figur der **Schutzbereichsverstärkung** hat das BVerfG maßgeblich in zwei Entscheidungen geprägt. So führt es im Urteil „Caroline von Monaco II" wie folgt aus: „Der Schutzgehalt des allgemeinen Persönlichkeitsrechts von Eltern oder Elternteilen erfährt eine Verstärkung durch Art. 6 I, II GG, soweit es um die Veröffentlichung von Abbildungen geht, die die spezifisch elterliche Hinwendung zu den Kindern zum Gegenstand haben."[33] Eine derartige Grundrechtskombination findet sich auch im Schächt-Urteil, das die Tätigkeit eines nichtdeutschen gläubigen muslimischen Metzgers, der Tiere ohne Betäubung schlachten will, verfassungsrechtlich am Maßstab von Art. 2 I i.V.m. Art. 4 I und II GG beurteilt.[34] In beiden Fällen erkannte das BVerfG einen Grundrechtsverstoß nicht schon wegen der Einzelgewährleistungen, sondern erst mit Rücksicht auf die Nichtbeachtung ihrer spezifischen Verstärkungswirkungen, die auf Rechtfertigungsebene, also im Rahmen der Verhältnismäßigkeit, zum Tragen kommen.

ℹ Weiterführendes Wissen

Das allgemeine Persönlichkeitsrecht im Sinne des Art. 2 I GG i.V.m. Art. 1 I GG bildet zwar die „Urform" der Kombinationsmethodik, stellt aber – streng genommen – keinen Fall der Grundrechtskonkurrenz dar.[35] Jenseits des (allgemein anerkannten) allgemeinen Persönlichkeitsrechts sollte man Kombinationsgrundrechten – generell – mit einer gewissen Skepsis begegnen, weil sie Unklarheiten über die maßgeblichen Grundrechtsbegrenzungen schaffen.[36]

---

32 Sandner, Verstärkungswirkungen unter Grundrechten, 2019.
33 BVerfG, Urt. v. 15.12.1999, Az.: 1 BvR 653/96 Leitsatz Nr. 3 = BVerfGE 101, 361.
34 BVerfG, Urt. v. 15.1.2002, Az.: 1 BvR 1783/99 Leitsatz Nr. 1 = BVerfGE 104, 337. Kritisch Spielmann, JuS 2004, 371 ff.; Augsberg/Augsberg, AöR 132 (2007), 539 (544) m. w. N. Umfassend zu Verbindungen mit Grundrechten in der Rechtsprechung des BVerfG: Meinke, JA 2009, 6 ff.
35 Kunig, in: v. Münch/Kunig, GG, 6. Aufl. 2012, Art. 2 Rn. 30: Trotz der Verbindung zweier eigenständiger Grundrechtsnormen, „handelt [es] sich [beim allgemeinen Persönlichkeitsrecht] um ‚ein' Grundrecht, nicht etwa [um] die ‚kumulative' Anwendung zweier Grundrechte".
36 Sachs, Verfassungsrecht II – Grundrechte, 3. Aufl. 2017, Kap. 11 Rn. 14; ähnlich Dreier, in: Dreier, GG, 3. Aufl. 2013, Vorb. vor Art. 1 Rn. 156. Weiterführend Breckwoldt, Grundrechtskombinationen, 2015, 98 ff.

Alexander Brade

b) Verstärkung auf Rechtfertigungsebene

Damit ist die Idee einer Kombinationsbildung auf Abwägungsebene angesprochen, die den Zweck verfolgt, einer Betroffenheit mehrerer Grundrechte durch einen einzelnen Eingriff im Wege einer **Gesamtabwägung** Rechnung zu tragen.[37] Dem liegt die – zutreffende – Annahme zugrunde, dass die Einschlägigkeit mehrerer Grundrechte in Bezug auf einen konkreten Fall in *bestimmten* Konstellationen zu einem höheren Schutzniveau für die Grundrechtsberechtigten führen kann.[38] Dabei versteht es sich von selbst, dass der Grundrechtsschutz nicht linear zunimmt; Grundrechtsnormen lassen sich nicht mathematisch addieren.[39] Die eigentliche Herausforderung besteht deshalb darin, Kriterien festzulegen, die den Fall der Idealkonkurrenz, in dem die einschlägigen Grundrechte unmodifiziert nebeneinander stehen, von dem Fall unterscheiden, in dem sich aus ihrem Verbund ein neuer Maßstab ergibt. Vielversprechend erscheint der Ansatz, die Verstärkung davon abhängig zu machen, ob die betroffenen Grundrechte „sachlich oder funktionell" verwandt sind.[40] Im Übrigen wird man danach differenzieren müssen, ob und inwieweit die (ideal-)konkurrierenden Grundrechtsnormen in ihrem Rand- oder Kernbereich berührt sind. Marginale Normbetroffenheit steht zwar nach dem oben Gesagten der Bejahung einer Konkurrenzlage mit dem „hauptsächlich einschlägigen Grundrecht" nicht entgegen[41], wohl aber der Annahme einer Verstärkungswirkung des Grundrechtsschutzes.

Beispiel: Bei einem religiös motivierten Straßentheater (mit Versammlungszweck) wird man für die idealkonkurrierenden Grundrechte (Art. 4, 5 III 1 GG) zumindest dann von einer Verstärkungswirkung ausgehen müssen, wenn die künstlerische Darbietung dem religiösen Gebrauch eine besondere Ausdruckskraft verleiht, es sich also nicht bloß um schmückendes Beiwerk handelt.

Weiterführendes Wissen   ℹ

Außerhalb des Anwendungsbereichs der Konkurrenzlehre liegt die Idee einer „funktionalen Verschränkung der Grundrechte" verschiedener Grundrechtsträger:innen, die das BVerfG im Urteil zur Suizidhilfe „entdeckt" hat: „Erst dadurch, dass zwei Personen Grundrechte in einer auf ein gemein-

---

37 Vgl. Spielmann, Konkurrenz von Grundrechtsnormen, 173.
38 Breckwoldt, Grundrechtskombinationen, 2015, 133. Andere Ansicht Dreier, in: Dreier, GG, 3. Aufl. 2013, Vorb. vor Art. 1 Rn. 158. Weiterführend Spielmann, Konkurrenz von Grundrechtsnormen, 2008, 192ff. m.w.N.
39 Hofmann, AöR 133 (2008), 523 (545) schlägt deshalb eine „subadditive Aggregation" der Schutzwirkung vor.
40 Michael/Morlok, Grundrechte, 7. Aufl. 2020, § 4 Rn. 60.
41 Abweichend Stern, Das Staatsrecht der Bundesrepublik Deutschland, Bd. III/2, 1994, § 92 S. 1407.

sames Ziel gerichteten Weise ausüben können, hier die Umsetzung des Wunsches nach assistierter Selbsttötung, wird der verfassungsrechtliche Schutz des Rechts auf selbstbestimmtes Sterben wirksam. Der Gewährleistung des Rechts auf Selbsttötung korrespondiert daher auch ein entsprechend weitreichender grundrechtlicher Schutz des Handelns des Suizidassistenten."[42]

C. Hinweise für die Fallbearbeitung

In der Klausur sind Grundrechtskonkurrenzen selten ausdrücklich zu thematisieren, ihr systematisches Verständnis ist aber entscheidend für die **gedankliche** Vorbereitung der Klausurlösung. Zu empfehlen ist, sämtliche einschlägige Grundrechte nacheinander zu prüfen, wobei die Gleichheitsrechte den Freiheitsrechten nachfolgen. Überlegungen zur Tatbestandsabgrenzung beziehungsweise zur Spezialität sind dabei im Rahmen der Prüfung der Schutzbereichseröffnung (des jeweils vorrangig zu prüfenden spezielleren Grundrechts) anzustellen; in eindeutigen Fällen kann es auch bereits an der Beschwerdebefugnis im Sinne des Art. 93 I Nr. 4a GG fehlen. Besteht Idealkonkurrenz, gelten prinzipiell für jedes Grundrecht (nur) die ihm eigenen Begrenzungen; das bedeutet aber auch, dass sich der Hoheitsakt (auch) an dem am schwersten einschränkbaren Grundrecht messen lassen muss. Die Berührung mehrerer Grundrechte kann zwar bei der Prüfung der Verhältnismäßigkeit eine Rolle spielen. Generell ist von der Annahme einer Verstärkungswirkung aber abzuraten, da für eine eingehende Begründung in Klausuren nur selten Raum ist.

Zusammenfassung: Die wichtigsten Punkte
- Eine grundrechtliche Konkurrenzlage liegt vor, wenn das Verhalten eines:r Grundrechtsträgers:in zugleich tatbestandlich vom Schutzbereich mehrerer Grundrechtsnormen erfasst wird.
- Zu beachten ist, dass der ein spezielles Grundrecht betreffende Eingriff nicht an der ebenfalls betroffenen allgemeineren Grundrechtsbestimmung gemessen wird (Stichwort: Art. 2 I GG als „Auffanggrundrecht"). Sind die einschlägigen Grundrechte dagegen nebeneinander anwendbar (Idealkonkurrenz), setzt sich die „stärkste" Grundrechtsschranke durch; Verstärkungswirkungen zwischen diesen Grundrechten treten dabei nur in begründeten Einzelfällen auf.

Weiterführende Studienliteratur
- Gerhard Pischel, Konkurrenz und Kollision von Grundrechten, JA 2006, S. 357–360
- Michael Sachs, Verfassungsrecht II – Grundrechte, 3. Aufl. 2017, Kapitel 11

---

42 BVerfG, Urt. v. 26.2.2020, Az.: 2 BvR 2347/15 u. a. Rn. 331 = BVerfGE 153, 182 (306 f.).

Dieses Kapitel darf gerne kommentiert, verändert und beliebig genutzt werden. Jeder Link in der PDF-Version des Textes führt zur Überarbeitungsmöglichkeit bei der Plattform Wikibooks. Eine konkrete Anleitung zur Mitarbeit & Weiternutzung findet sich auf unserer Homepage | ebenfalls über den abgebildeten QR-Code mit der Smartphone-Kamera erreichbar.

Alexander Brade

§ 13 Prüfungsschemata

Notwendiges Vorwissen: Grundrechtsberechtigung, Grundrechtsbindung, Freiheitsgrundrechte, Konkurrenzen

Lernziel: Überblick über die Prüfung der Zulässigkeit und Begründetheit der Verfassungsbeschwerde erhalten

Prüfungsschemata stellen eine Orientierung für die Prüfung dar. So erfordern Klausuren in der Regel eine Schwerpunktsetzung; nur bestimmte Punkte sind breit auszuführen. Unproblematisches kann in einem Satz abgehakt werden, ohne dass es einer weiteren Erklärung dafür bedarf. Sind alle Ausführungen gleich lang, ist dies ein Indiz, dass keine Schwerpunkte gesetzt, sondern nur das Schema abgearbeitet wurde. Prüfungsschemata sind für die Prüfungsvorbereitung dennoch sinnvoll, weil sie eine Orientierung geben, an welchen Orten welche Probleme relevant werden können.

A. Zulässigkeit und Begründetheit der Verfassungsbeschwerde

A. Zulässigkeit der Verfassungsbeschwerde
   I.   Zuständigkeit des BVerfG, **Art. 93 I Nr. 4a GG, §§ 13 Nr. 8a, 90 ff. BVerfGG**
   II. Beschwerdefähigkeit, **Art. 93 I Nr. 4a GG, § 90 I 1 BVerfGG**
        Problemfälle EU-Ausländer:innen, nasciturus, Verstorbene, juristische Personen
   III. Prozessfähigkeit
        Problemfall Minderjährige
   IV. Beschwerdegegenstand, **Art. 93 I Nr. 4a GG, § 90 I BVerfGG**
   V.   Beschwerdebefugnis
        1. Möglichkeit der Grundrechtsverletzung
            Problemfälle EU-Ausländer:innen, juristische Personen, juristische Personen des öffentlichen Rechts, privatrechtliche Streitigkeit (mittelbare Drittwirkung)
        2. Eigene, unmittelbare und gegenwärtige Betroffenheit
            a) Eigene Betroffenheit
            b) Unmittelbare Betroffenheit
            c) Gegenwärtige Betroffenheit
   VI. Rechtswegerschöpfung und Subsidiarität
        1. Rechtswegerschöpfung

   2. Grundsatz der Subsidiarität
VII. Form und Frist des Antrages, §§ 23 I, 92, 93 BVerfGG
   1. Form
   2. Frist
B. Begründetheit

Verletzung des Grundrechts oder des grundrechtsgleichen Rechts; Aufbau variiert je nach Prüfung Freiheitsgrundrecht, Prüfung Gleichheitsgrundrecht, Prüfung Schutzrechtsverletzung

B. Prüfung eines Freiheitsgrundrechts

I.   Schutzbereich
   Wichtig: Abgrenzung der Schutzbereiche konkurrierender Grundrechte nach Spezialität
   1. Persönlicher Schutzbereich
      Prüfung insbesondere relevant bei Deutschengrundrechten und bei Grundrechtsberechtigung juristischer Personen
   2. Sachlicher Schutzbereich
II. Eingriff beziehungsweise Schutzversagung
   Problemfälle mittelbare und faktische Eingriffe
III. Rechtfertigung
   1. Einschränkbarkeit des Grundrechts – Schranken
     a) Vorhandensein einer Schranke
     b) Vorhandensein eines Schrankenvorbehalts
        aa) Einfacher Gesetzesvorbehalt
        bb) Qualifizierter Gesetzesvorbehalt
        cc) Verfassungsimmanente Schranken
           kollidierendes Verfassungsrecht: Grundrechte Dritter, Strukturprinzipien des Grundgesetzes
   2. Grenzen der Einschränkbarkeit – Schranken-Schranken
     a) Verfassungsmäßigkeit des Gesetzes
        aa) Formelle Verfassungsmäßigkeit des Gesetzes
           (1) Kompetenz
              ausschließliche/konkurrierende Gesetzgebungskompetenz
           (2) Verfahren
           (3) Form
        bb) Materielle Verfassungsmäßigkeit des Gesetzes
           (1) Wesentlichkeitslehre

Isabell Jandl

Schwerpunkt: hinreichend konkretes Eingriffsgesetz

(2) Bestimmtheitsgebot
(3) Wesensgehaltsgarantie
Problemfall Wesensgehaltsbestimmung
(4) Verbot des Einzelfallgesetzes
(5) Zitiergebot
(6) Verhältnismäßigkeit
Wichtig: Bei Schutzversagung ist nicht Verhältnismäßigkeit zu prüfen, sondern praktische Konkordanz herzustellen.
  (a) Legitimer Zweck
  (b) Geeignetheit
  (c) Erforderlichkeit
  (d) Angemessenheit
  Intensität des Eingriffs wird mit Relevanz des Eingriffszwecks abgewogen

b) Verfassungsmäßigkeit der Anwendung des Gesetzes

C. Prüfung eines Gleichheitsgrundrechts

Prüfung von Art. 3 I GG

I. Schutzbereich
  1. Ungleichbehandlung
  Problemfälle Gleichheitsverstöße der Exekutive (Selbstbindung der Verwaltung), keine Gleichheit im Unrecht
  2. Verfassungsrechtliche Relevanz
II. Verfassungsrechtliche Rechtfertigung
  1. Prüfungsmaßstab
  2. Verhältnismäßigkeitsgrundsatz
    a) Legitime Zwecke
    b) Geeignetheit und Erforderlichkeit
    c) Angemessenheit

Isabell Jandl

Abschnitt 5
Grundrechte im Mehrebenensystem

§ 14 Europarecht

Notwendiges Vorwissen: Grundrechtsfunktionen, Prüfungsstruktur Freiheits-grundrecht und Schutzpflichten

Lernziel: Zusammenspiel der Grundrechtsordnungen und Prüfungsstruktur der Chartagrundrechte verstehen

---

Für dieses Kapitel gibt es frei zugängliche interaktive Übungen. Halte ein-fach deine Smartphone-Kamera vor den Kasten mit den Punkten (QR-Code).

Der Grundrechtsschutz in Deutschland lässt sich nicht mehr allein mit Blick auf die Grundrechte des Grundgesetzes verstehen. Er wird einerseits innerstaatlich mitgeprägt durch die Grundrechte der Landesverfassungen und andererseits durch die Eingliederung Deutschlands in inter- und supranationale Organisatio-nen mit eigenen Grundrechtskatalogen, namentlich der Europäischen Menschen-rechtskonvention (EMRK) und der Charta der Grundrechte der Europäischen Uni-on (GRCh).[1] Dieses Kapitel behandelt das Verständnis dieser (überstaatlichen) Gewährleistungen und ihr Verhältnis zu den Grundrechten des Grundgesetzes. Nicht behandelt werden die Europäischen Grundfreiheiten wie etwa die Waren-verkehrsfreiheit, die zu den Unionsgrundrechten wesensverschieden sind, da sie sich zuvörderst an die Mitgliedstaaten richten und hauptsächlich wirtschaftlichen Allgemeininteressen dienen.[2]

---

1 Manssen, Staatsrecht II: Grundrechte, 17. Aufl. 2020, § 1 Rn. 27. Siehe zu den Landesgrundrech-ten Brade/Ramson, § 16, in diesem Lehrbuch sowie zur EMRK Brade/Ramson, § 15 A., in diesem Lehrbuch.
2 Vgl. Manger-Nestler/Noack, JuS 2013, 503 (506 f.). Näher zum Verhältnis zwischen Grundfrei-heiten und Grundrechten Ehlers, in: ders. (Hrsg.), Europäische Grundrechte und Grundfreiheiten, 4. Aufl. 2014, § 14 Rn. 22 ff.

> **❗ Klausurtaktik**
>
> Besonders die unions- und europarechtlichen Bezüge spielen zunehmend auch in den Prüfungen des ersten Staatsexamens eine Rolle. Das Lehrbuch behandelt sie daher an dieser prominenten Stelle. Die nachstehenden Ausführungen sind grundsätzlich eher dem Examenswissen zuzuordnen. Aus unserer Sicht empfiehlt es sich aber auch für Studierende in den Anfangssemestern, sich einen Überblick zu verschaffen.

A. Charta der Grundrechte der Europäischen Union

Zum Primärrecht der Europäischen Union gehört neben dem Vertrag über die europäische Union (EUV) und dem Vertrag über die Arbeitsweise der Europäischen Union (AEUV) auch die Charta der Grundrechte der Europäischen Union. Gemäß Art. 19 I 1 EUV ist der Gerichtshof der Europäischen Union, der gegenwärtig aus dem Europäischen Gerichtshof (EuGH) und dem Gericht (EuG) besteht, zur „Wahrung des Rechts" in der Europäischen Union berufen. Aufgrund der eingeschränkten Zuständigkeit des Gerichtshofs für individuelle Verfahren (vgl. Art. 263 IV AEUV) gelangen Fragen bezüglich der Auslegung der GRCh in der Regel im Rahmen von Vorabentscheidungsverfahren (Art. 267 AEUV) durch Vorlage nationaler Gerichte zum EuGH.

I. Anwendungsbereich

Vor der eigentlichen Grundrechtsprüfung ist der Frage nachzugehen, ob die Grundrechte der Charta überhaupt anwendbar sind.[3]

1. Anwendungsbereich nach Art. 51 GRCh

Die Grundrechte der Charta binden nach Art. 51 I 1 GRCh stets die Unionsorgane,[4] die Mitgliedstaaten dagegen nur bei der „Durchführung" des Rechts der Union. Dies setzt nach der ständigen Rechtsprechung des EuGH voraus, dass sich die Mitgliedstaaten im „Anwendungsbereich des Unionsrechts" bewegen.[5] Darunter fal-

---

3 Siehe zur Grundrechtsprüfung Brade/Ramson, § 14 A.IV., in diesem Lehrbuch.

4 Im Einzelnen zu den Verpflichteten Schwerdtfeger, in: Meyer/Hölscheidt, Charta der Grundrechte der Europäischen Union 5. Aufl. 2019, Art. 51 Rn. 29 f.

5 EuGH, Urt. v. 29.5.1997, Az.: C-299/95, Rn. 15 – Kremzow; EuGH, Urt. v. 26.2.2013, Az.: C-617/10, Rn. 20 – Åkerberg Fransson. Zur Übertragbarkeit der vor dem Inkrafttreten der Charta ergangenen Rechtsprechung auf Art. 51 I 1 GRCh: Honer, JuS 2017, 409 (412 f.).

Alexander Brade/Lasse Ramson

len zunächst die Fälle, in denen die **Mitgliedstaaten als Vollzugsorgane der EU** fungieren, wobei es nicht entscheidend darauf ankommen soll, ob den nationalen Behörden beim Vollzug Ermessen eingeräumt ist oder nicht.[6] Auch die **Einschränkung einer unionsrechtlich geschaffenen Rechtsposition**, einschließlich der Grundfreiheiten,[7] oder sonstiger unionsrechtlicher Verpflichtungen durch einen Mitgliedstaat rechnet der EuGH dem Anwendungsbereich der Unionsgrundrechte zu.[8] Dies gilt allerdings nur, sofern ein „hinreichender Zusammenhang von einem gewissen Grad" besteht, der darüber hinausgeht, dass „die fraglichen Sachbereiche benachbart sind oder der eine von ihnen mittelbare Auswirkungen auf den anderen haben kann."[9] Diesen Voraussetzungen entsprechen jedenfalls die Fälle, in denen die Mitgliedstaaten mit der legislativen Umsetzung von Richtlinien im Sinne des Art. 288 III AEUV betraut sind. Selbst dort, wo den Mitgliedstaaten bei der Umsetzung ein Gestaltungsspielraum zusteht, soll nach Ansicht des EuGH eine mitgliedstaatliche Unionsgrundrechtsbindung bestehen,[10] die im Grundsatz neben die Bindung an die mitgliedstaatlichen Grundrechte – hier die Grundrechte des Grundgesetzes – treten kann (sogenannte „bedingte Doppelgeltung"[11]).[12]

Weiterführendes Wissen

Das Verständnis des EuGH zu Art. 51 I 1 GRCh geht zu weit. Der Begriff „Durchführung" ist schon seinem Wortsinn nach restriktiver zu verstehen als der des „Anwendungsbereichs". „Durchführung" meint danach „Ausführung" beziehungsweise „Vollzug" des Unionsrechts, und zwar (nur) in dem Umfang, den das Unionsrecht zwingend vorgibt.[13] Etwas anderes ergibt sich auch nicht aus teleologischen Gesichtspunkten: Der Zweck mitgliedstaatlicher Bindung an die Grundrechtecharta besteht in der Absicherung des Anwendungsvorrangs des übrigen Unionsrechts, *soweit* dessen Einheitlichkeit durch konkurrierende mitgliedstaatliche Grundrechte gefährdet wäre. Überall dort, wo keine einheitliche Anwendung des Unionsrechts intendiert ist, bleibt also Raum

---

6 Siehe bereits EuGH, Urt. v. 13.7.1989, Az.: C-5/88, Rn. 22 – Wachauf.
7 EuGH, Urt. v. 18.6.1991, Az.: C-260/89, Rn. 42 – ERT.
8 Vgl. EuGH, Urt. v. 10.4.2003, Az.: C-276/01, Rn. 71 – Steffensen; EuGH, Urt. v. 26.2.2013, Az.: C-617/10, Rn. 24 ff. – Åkerberg Fransson (mitgliedstaatliche Verpflichtung einer ordnungsgemäßen Steuererhebung).
9 EuGH, Urt. v. 6.3.2014, Az.: C-206/13, Rn. 24 – Siragusa; Urt. v. 22.1.2010, Az.: C-177/18, Rn. 58 – Almudena.
10 EuGH, Urt. v. 27.6.2006, Az.: C-540/03, Rn. 104 f.
11 Thym, JZ 2015, 53 (55).
12 EuGH, Urt. v. 26.2.2013, Az.: C-617/10, Rn. 29 – Åkerberg Fransson.
13 Einschränkend wegen der verschiedenen Sprachfassungen der Charta und der Schwierigkeit zwischen vollständiger und teilweiser Determination zu unterscheiden: Jarass, in: ders., Charta der Grundrechte der EU, 4. Aufl. 2021, Art. 51 Rn. 22, 26.

Alexander Brade/Lasse Ramson

für einen vielfältigen nationalen Grundrechtsschutz.[14] Diese Erwägungen dürfen auch nicht durch den Verweis auf die nach Art. 52 VII GRCh „gebührend" zu berücksichtigenden Erläuterungen überspielt werden.[15] So dürfte auch der Hinweis des BVerfG zu verstehen sein, wonach Art. 51 I 1 GRCh nicht in der Art verstanden werden dürfe, dass „jeder sachliche Bezug einer Regelung zum bloß abstrakten Anwendungsbereich des Unionsrechts oder rein tatsächliche Auswirkungen auf dieses"[16] ausreiche.

2. Territoriale Geltung

In räumlicher Hinsicht kommen die Chartagrundrechte im Geltungsbereich des Unionsrechts (Art. 52 EUV i.V.m. Art. 355 AEUV) zur Anwendung. Bislang ungeklärt ist die Frage nach einer extraterritorialen Geltung der EU-Grundrechte.[17] Zumindest für ihre „klassische" Abwehrfunktion wird man die Bindung der nach Art. 51 I 1 GRCh Grundrechtsverpflichteten auch außerhalb des Territoriums der EU bejahen müssen.[18]

II. Die Charta-Rechte in der Rechtsprechung des BVerfG

Das BVerfG ging zunächst – anders als der EuGH – nicht von einer parallelen Geltung der Grundrechte des Grundgesetzes und der Europäischen Grundrechtecharta aus. Von dieser sogenannten **Trennungsthese** ist das BVerfG inzwischen aber zum Teil abgerückt. Insgesamt haben die Chartagrundrechte für die Rechtsprechung des BVerfG enorm an Bedeutung gewonnen, und zwar einerseits dadurch, dass das Gericht sie nunmehr zum **unmittelbaren Prüfungsmaßstab** erklärt hat und die Grundrechte des Grundgesetzes andererseits in ihrem Licht auslegt.

---

14 Vgl. Masing, JZ 2015, 477 (483). Mit Nachweisen zur Gegenauffassung Honer, JuS 2017, 409 (411).

15 Maßgeblich darauf abstellend aber EuGH, Urt. v. 26.2.2013, Az.: C-617/10, Rn. 20 – Åkerberg Fransson. Allgemein zum Charakter der Erläuterungen zum Text der Charta: Jarass/Kment, EU-Grundrechte, 2. Aufl. 2019, § 2 Rn. 30.

16 BVerfG, Urt. v. 24.4.2013, Az.: 1 BvR 1215/07 = BVerfGE 133, 277 (316); im Anschluss daran BVerfG, Beschl. v. 6.11.2019, Az.: 1 BvR 16/13, Rn. 43.

17 Hierzu für die Grundrechte des Grundgesetzes nur BVerfG, Urt. v. 19.5.2020, Az.: 1 BvR 2835/17.

18 Jarass, in: ders., Charta der Grundrechte der EU, 4. Aufl. 2021, Art. 51 Rn. 44 m.w.N.

1. Ursprüngliche „Trennungsthese" des BVerfG

Das BVerfG ging zunächst davon aus, dass die nationalen Grundrechte im Falle der Gewährung eines Gestaltungsspielraums, insbesondere im Rahmen der Richtlinienumsetzung, vollumfänglich anwendbar bleiben sollen.[19] Demgegenüber hielt es im Bereich der zwingenden Vorgaben des Unionsrechts allein die Chartagrundrechte für einschlägig.[20] Daraus resultierte eine Art „Trennungsthese", die darauf abzielte, die deutsche und die unionale Grundrechtssphäre möglichst präzise voneinander zu unterscheiden.[21]

2. Kehrtwende mit „Recht auf Vergessen" und „Europäischem Haftbefehl III"

Das änderte sich 2019 mit den Beschlüssen „Recht auf Vergessen I und II": Das BVerfG stellt hiermit klar, dass die beiden Grundrechtskataloge prinzipiell parallel anwendbar sind.[22] Das betrifft zunächst den für die Mitgliedstaaten **gestaltungsoffenen Bereich** („**Recht auf Vergessen I**").

Weiterführendes Wissen　　　　　　　　　　　　　　　　　　　　　　　`i`

Ob das europäische Recht dem deutschen Gesetzgeber und der deutschen Rechtsanwendung Gestaltungsspielraum lässt, ist anhand der konkreten unionsrechtlichen Normen zu bestimmen. In der Regel lassen die – unmittelbar Rechtswirkung erzeugenden – **Verordnungen** im Sinne des Art. 288 II AEUV keinen Umsetzungsspielraum in den Mitgliedsstaaten. Ausnahmsweise können sie allerdings so genannte Öffnungsklauseln enthalten, die es den Mitgliedsstaaten erlauben, eigene Akzente zu setzen. Dann kann sich auch Verordnungsrecht ausnahmsweise im gestaltungsoffenen Bereich bewegen. Die **Richtlinien** im Sinne des Art. 288 III AEUV lassen in der Regel ihrer Konzeption gemäß große Gestaltungsspielräume. Ausnahmsweise können sich aber auch Anforderungen aus Richtlinien so zu Details verdichten, dass die nationale Umsetzung praktisch nur in einer Wiederholung der unionsrechtlichen Regelung besteht. Dann befindet sich Richtlinienrecht ausnahmsweise nicht im gestaltungsoffenen Bereich.

Insoweit wendet das BVerfG die Grundrechte des Grundgesetzes **auch** dann an, wenn das innerstaatliche Recht der Durchführung des Unionsrechts im Sinne des Art. 51 I 1 GRCh dient.[23] Es spricht von einer „primären Anwendung der Grundrechte des Grundgesetzes", die das BVerfG auf die (berechtigte) Annahme stützt,

---

19 Vgl. nur BVerfG, Urt. v. 2.3.2010, Az.: 1 BvR 256 u. a. = BVerfGE 125, 260 (306 f.).
20 Ludwigs/Sikora, JuS 2017, 385 (390).
21 Vgl. Michl, Jura 2020, 479 (480 f.); Thym, NVwZ 2013, 889 (892).
22 Neumann/Eichberger, JuS 2020, 502. Siehe zum Recht auf Vergessen Petras, § 24.5., in diesem Lehrbuch.
23 BVerfG, Beschl. v. 6.11.2019, Az.: 1 BvR 16/13, Rn. 41 ff.

Alexander Brade/Lasse Ramson

dass das Unionsrecht dort, wo es den Mitgliedstaaten fachrechtliche Gestaltungs-spielräume einräumt, regelmäßig nicht auf eine Einheitlichkeit des Grundrechts-schutzes zielt, sondern Grundrechtsvielfalt zulässt.[24] Eine Prüfung allein am Maßstab der deutschen Grundrechte sei aber, so heißt es weiter, dann nicht aus-reichend, „wenn konkrete und hinreichende Anhaltspunkte vorliegen, dass hier-durch das grundrechtliche Schutzniveau des Unionsrechts ausnahmsweise nicht gewährleistet ist."[25] Soweit also der Grundrechtsschutz durch die Charta inhalt-lich weiter reicht als der durch das Grundgesetz, sei zusätzlich eine Prüfung in-nerstaatlichen Rechts, das der Durchführung des Unionsrechts dient, auch *unmit-telbar* am Maßstab der Grundrechte der Charta geboten.

Auch im Fall der Anwendung unionsrechtlich **vollständig vereinheitlichter Regelungen** hält sich das BVerfG selbst für zur Prüfung am Maßstab der Unions-grundrechte berechtigt („**Recht auf Vergessen II**"[26]). Zur Begründung stützt sich das BVerfG auf seine Integrationsverantwortung nach Art. 23 I GG[27] und darauf, dass die Unionsgrundrechte heute ein „Funktionsäquivalent" zu den Grundrech-ten des Grundgesetzes bildeten.[28] Die Einbeziehung der Unionsgrundrechte ver-biete, so das BVerfG, auch nicht der Wortlaut der Verfassung, insbesondere nicht Art. 93 I Nr. 4a GG, der die Zuständigkeit des BVerfG für die Verfassungsbe-schwerde regelt.[29]

ℹ Weiterführendes Wissen

Die Auffassung des BVerfG überzeugt nicht. Richtigerweise steht Art. 93 I Nr. 4a GG in seiner der-zeitigen Fassung einer Prüfung von Unionsgrundrechten im Verfahren der Verfassungsbeschwer-de entgegen. Dem BVerfG, das den *Wortlaut* als „offene Formulierung" begreift, ist entgegen-zuhalten, dass Art. 93 I Nr. 4a GG zu den „grundrechtsgleichen Rechten" wie Art. 101–103 GG explizit nur solche des Grundgesetzes zählt, was dann auch für die dort genannten „Grundrech-te" zu gelten hat. Soweit ersichtlich stellt – trotz an sich ebenfalls fehlender Klarstellung im Normtext – auch niemand infrage, dass mit der „öffentlichen Gewalt" ausschließlich die deut-sche Staatsgewalt gemeint ist. Weiter gilt es zu bedenken, dass Art. 93 I Nr. 4a GG *systematisch* auf den Abschnitt über die Grundrechte des Grundgesetzes (Art. 1–19 GG) Bezug nimmt.[30] Dazu zählt Art. 23 GG, auf den das BVerfG zur Begründung verweist, gerade nicht. Abgesehen davon

---

24 BVerfG, Beschl. v. 6.11.2019, Az.: 1 BvR 16/13, Rn. 49 ff.

25 BVerfG, Beschl. v. 6.11.2019, Az.: 1 BvR 16/13, Rn. 63.

26 BVerfG, Beschl. v. 6.11.2019, Az.: 1 BvR 276/17.

27 BVerfG, Beschl. v. 6.11.2019, Az.: 1 BvR 276/17, Rn. 53 ff. (Erster Senat).

28 BVerfG, Beschl. v. 6.11.2019, Az.: 1 BvR 276/17, Rn. 59 (Erster Senat); ebenso BVerfG, Beschl. v. 1.12.2020, Az.: 2 BvR 1845/18 u.a., Rn. 37 – Europäischer Haftbefehl III (Zweiter Senat), vgl. auch BVerfG, Beschl. v. 27.4.2021, Az.: 2 BvR 206/14 – Ökotox (Zweiter Senat).

29 BVerfG, Beschl. v. 6.11.2019, Az.: 1 BvR 276/17, Rn. 67. Siehe zur Zulässigkeit der Verfassungs-beschwerde Linke, § 10, in diesem Lehrbuch.

30 Edenharter, DÖV 2020, 349 (353).

Alexander Brade/Lasse Ramson

beruft sich der Erste Senat des BVerfG insoweit auf ein Verständnis des Begriffs der Integrationsverantwortung, das sein „Erfinder" – der Zweite Senat – nicht teilt.[31] Dass die *Entstehungsgeschichte* des Art. 93 I Nr. 4a GG seiner Anwendung auf die Unionsgrundrechte entgegensteht, muss das BVerfG dabei selbst einräumen.[32] Abhilfe schafft schließlich auch nicht das *Telos*: Der Sinn und Zweck der Vorschrift liegt zwar in der Bereitstellung eines wirksamen Grundrechtsschutzes, der in der Konzeption der Unionsgrundrechte ein „Funktionsäquivalent" finden mag, aber zugleich nicht den beschränkten Anwendungsbereich der Grundrechtecharta (Art. 51 I 1 GRCh) teilt. Dessen ungeachtet trifft das Argument, das BVerfG habe einen umfassenden Grundrechtsschutz zu gewährleisten, so nicht zu. Das BVerfG ist vielmehr auf die im Grundgesetz eingeräumten – ganz bestimmten – Zuständigkeiten beschränkt.[33]

Klausurtaktik   ❗

Im Rahmen der Prüfung des Beschwerdegegenstandes im Sinne des § 90 I BVerfGG gilt es herauszuarbeiten, dass die Anwendung von Rechtsvorschriften – unabhängig davon, wie weit ihre unionsrechtliche Determinierung reicht – durch ein deutsches Fachgericht einen Akt der (deutschen) öffentlichen Gewalt darstellt. Bei der Beschwerdebefugnis ist dann zwischen dem vereinheitlichten und dem gestaltungsoffenen Bereich zu unterscheiden:[34]

- Im **gestaltungsoffenen** Bereich kommen zunächst die Grundrechte des Grundgesetzes zum Tragen (gegebenenfalls ergänzt um eine zusätzliche Prüfung der Verletzung inhaltlich weitergehender Unionsgrundrechte in der Begründetheit).
- In **unionsrechtlich vollständig vereinheitlichten** Materien bildet die Grundrechtecharta den (alleinigen) Prüfungsmaßstab. Insoweit kann sich die Verfassungsbeschwerde also bereits dann als zulässig erweisen, wenn sie die Geltendmachung einer Verletzung von Unionsgrundrechten zum Inhalt hat.

---

3. Die verfassungsgerichtlichen Kontrollvorbehalte

Die Nichtanwendung der deutschen Grundrechte als Kontrollmaßstab beruht auf der Anerkennung des **Anwendungsvorrangs des Unionsrechts**[35] und lässt die

---

31 Brade/Gentzsch, DÖV 2021, 327 (329 f.). Vgl. aber BVerfG, Beschl. v. 27.4.2021, Az.: 2 BvR 206/14 – Ökotox (Zweiter Senat), Rn. 71.
32 BVerfG, Beschl. v. 6.11.2019, Az.: 1 BvR 276/17, Rn. 67; instruktiv zur Historie: Michl, Jura 2020, 479 (483 f.).
33 Klein, DÖV 2020, 341 (343 f.).
34 Vgl. auch zum Folgenden Neumann/Eichberger, JuS 2020, 502 (505 f.) (mit angehängtem Prüfungsschema).
35 Darüber besteht im Grundsatz Einigkeit, nur die Begründungen variieren: Während der EuGH mit der Einheitlichkeit und Effektivität des Unionsrechts argumentiert (siehe bereits EuGH, Urt. v. 15.7.1964, Az.: 6/64 = Slg. 1964, 1251 (1269 f.) – Costa; speziell für den Grundrechtsbereich EuGH, Urt. v. 26.2.2013, Az.: C-399/11, Rn. 58 ff. – Melloni), stellt das BVerfG maßgeblich auf die in Art. 23 I 2 GG enthaltene Ermächtigung ab, Hoheitsrechte auf die Europäische Union zu übertra-

Geltung der Grundrechte des Grundgesetzes als solche unberührt. So erklärt sich, dass der Anwendungsvorrang unter dem Vorbehalt steht, dass der Schutz des jeweiligen Grundrechts durch die stattdessen zur Anwendung kommenden Grundrechte der Union hinreichend wirksam ist (sogenannter „Solange II-Vorbehalt").[36]

Von größerer Bedeutung sind die weiteren Vorbehalte der sogenannten **Ultra-vires-Kontrolle** und der Wahrung der **Verfassungsidentität**. Bei der Ultra-vires-Kontrolle prüft das BVerfG, ob sich das Handeln von EU-Organen im Rahmen des Zustimmungsgesetzes gemäß Art. 23 I 2 GG bewegt oder die Maßnahme aus dem vom parlamentarischen Gesetzgeber vorgegebenen Rahmen ausbricht und daher am Anwendungsvorrang des Unionsrechts (ausnahmsweise) nicht teilhat.[37] Von einem solchen Fall würde das BVerfG wohl dann ausgehen, wenn der EuGH den <u>Anwendungsbereich des Art. 51 I 1 GRCh</u> entgegen dem oben Gesagten über Gebühr weit ausdehnen würde.[38] Im Rahmen der Identitätskontrolle prüft das BVerfG wiederum, ob die durch Art. 23 I 3 GG i. V. m. Art. 79 III GG für unantastbar erklärten Grundsätze – darunter die Menschenwürde (Art. 1 I GG) – bei der Übertragung von Hoheitsrechten durch den deutschen Gesetzgeber oder durch eine Maßnahme von EU-Organen berührt werden, was im Ergebnis ebenfalls dazu führen kann, dass Unionsrecht in Deutschland für unanwendbar erklärt wird.[39] Dieser Fall dürfte in Zukunft aber nur noch selten auftreten, da die Grundrechtecharta, zu deren Prüfung sich das BVerfG nunmehr berufen fühlt, im Wesentlichen nicht hinter den „Mindeststandard" des Grundgesetzes zurückfallen dürfte.[40]

III. Verpflichtungsdimensionen der Charta-Rechte

Die GRCh enthält verschiedene Typen von Bestimmungen. Dabei ist auf einer ersten Ebene zwischen Rechten und Grundsätzen zu differenzieren. Die Rechte lassen sich wiederum in bestimmte Verpflichtungsdimensionen einsortieren.

---

gen, mit der das Grundgesetz die im Zustimmungsgesetz zu den Verträgen enthaltene Einräumung eines Anwendungsvorrangs zugunsten des Unionsrechts billige (vgl. etwa <u>BVerfG, Beschl. v. 15.12.2015, Az.: 2 BvR 2735/14</u> = BVerfGE 140, 317 (335) m.w.N.).

36 <u>BVerfG, Beschl. v. 22.10.1986, Az.: 2 BvR 197/83</u> = BVerfGE 73, 339 (376, 387).

37 <u>BVerfG, Urt. v. 21.6.2016, Az.: 2 BvE 13/13 u.a.</u> = BVerfGE 142, 123 (203) m.w.N.

38 Vgl. <u>BVerfG, Urt. v. 24.4.2013, Az.: 1 BvR 1215/07</u> = BVerfGE 133, 277 (316).

39 Vgl. nur <u>BVerfG, Beschl. v. 15.12.2015, Az.: 2 BvR 2735/14</u> = BVerfGE 140, 317 (336f.). Näher Ludwigs/Sikora, JuS 2017, 385 (389).

40 Vgl. <u>BVerfG, Beschl. v. 1.12.2020, Az.: 2 BvR 1845/18 u.a., Rn. 40 – Europäischer Haftbefehl III</u>.

Alexander Brade/Lasse Ramson

1. Unterscheidung zwischen Rechten und Grundsätzen

Nicht alle Regelungen der GRCh enthalten tatsächlich Grundrechte im Sinne von einklagbaren Individualrechten. Deutlich wird die der GRCh eigene Unterscheidung in Art. 52 GRCh zwischen „Rechten und Freiheiten" (I 1) und „Grundsätzen" (V). Die Unterscheidung findet sich auch in Art. 51 I 2 GRCh wieder, wo davon die Rede ist, dass die Grundrechtsverpflichteten die Rechte zu „achten" und sich an die Grundsätze zu „halten" haben. Im Ergebnis sind die **Grundsätze** dadurch gekennzeichnet, dass aus ihnen keine unmittelbaren Individualrechte folgen. **Rechte** können nur aus den Umsetzungsakten folgen, die zur Ausfüllung der Grundsätze notwendig sind (Art. 52 V 1 GRCh).

2. Verpflichtungsdimensionen der GRCh-Rechte

Die Rechte der GRCh lassen sich wie folgt in die Verpflichtungsdimensionen der Achtungs-, Schutz- und Leistungspflichten sowie der Verfahrensrechte kategorisieren.[41]

a) Achtungspflichten

Die prototypische Form des GRCh-Rechts ist – wie bei den Grundrechten des Grundgesetzes – das Abwehrrecht, das gegen staatliche Interventionen in den geschützten Bereich schützt und daher von den Grundrechtsverpflichteten geachtet werden muss.[42] Es lassen sich dabei freiheitsrechtliche und gleichheitsrechtliche (inkl. Diskriminierungsverboten) Gewährleistungen unterscheiden, wobei zu bedenken ist, dass aus Gleichheitsrechten auch abgeleitete Leistungspflichten resultieren können.[43]

b) Schutzpflichten

Die Bestimmungen der GRCh können Schutzpflichten begründen, also eine Pflicht der Grundrechtsverpflichteten, die Grundrechtsberechtigten vor Gefahren und Zugriffen Dritter zu schützen. Häufig werden solche Bestimmungen aller-

---

41 Siehe zu diesen Dimensionen im Allgemeinen Ruschemeier, § 1 B., in diesem Lehrbuch.
42 Ehlers, in: ders. (Hrsg.), Europäische Grundrechte und Grundfreiheiten, 4. Aufl. 2014, § 14 Rn. 41.
43 Ehlers, in: ders. (Hrsg.), Europäische Grundrechte und Grundfreiheiten, 4. Aufl. 2014, § 14 Rn. 42.

dings als Grundsätze und nicht als Rechte zu kategorisieren sein.[44] Eine unmittelbare Schutzpflicht deutet der EuGH etwa bei der Menschenwürdeverpflichtung an.[45] Dabei ist im Unionsrecht auch eine Wirkung der Rechte in Privatrechtsverhältnissen ähnlich der mittelbaren Drittwirkung der Grundrechte des Grundgesetzes anerkannt.[46]

c) Leistungspflichten

Die GRCh kennt auch Leistungsrechte (und damit verbundene Gewährungspflichten). Gleichheitsrechte können abgeleitete Leistungsansprüche begründen.[47] Daneben gibt es originäre Leistungsansprüche vor allem in der Form von Teilhabeberechten, die sich auf bestehende Einrichtungen der Grundrechtsverpflichteten beziehen. Bestehen solche Einrichtungen, besteht ein Anspruch auf Zugang.[48]

Beispiele: Art. 14 I GRCh enthält eine Verpflichtung der Mitgliedsstaaten, Zugang zu Bildungseinrichtungen zu gewähren.[49]

d) Verfahrensrechte

Daneben besteht die Verpflichtung, bestimmte justizielle Verfahrensrechte zu gewährleisten. Sie haben eine große praktische Bedeutung und gehen teilweise zumindest über die geschriebenen Gewährleistungen des GG und der EMRK hinaus.[50] Nicht alle Verfahrensrechte sind im Titel VI („Justizielle Rechte") enthalten. So schützt etwa das Recht auf Freiheit und Sicherheit aus Art. 6 GRCh vor willkürlichen Verhaftungen.[51]

---

44 Ehlers, in: ders. (Hrsg.), Europäische Grundrechte und Grundfreiheiten, 4. Aufl. 2014, § 14 Rn. 45.

45 Vgl. EuGH, Urt. v. 14.10.2004, Az.: C-36/02, Rn. 34f. – Omega.

46 Vgl. BVerfG, Urt. v. 6.11.2019, Az.: 1 BvR 267/17, Rn. 96f. – Recht auf Vergessen II.

47 Ehlers, in: ders. (Hrsg.), Europäische Grundrechte und Grundfreiheiten, 4. Aufl. 2014, § 14 Rn. 42.

48 Ehlers, in: ders. (Hrsg.), Europäische Grundrechte und Grundfreiheiten, 4. Aufl. 2014, § 14 Rn. 44.

49 Thiele, in: Pechstein/Nowak/Häde, Frankfurter Kommentar, 2017, Art. 14 GRCh Rn. 11.

50 Vgl. Ehlers, in: ders. (Hrsg.), Europäische Grundrechte und Grundfreiheiten, 4. Aufl. 2014, § 14 Rn. 47f.

51 Vgl. Wolff, in: Pechstein/Nowak/Häde, Frankfurter Kommentar, 2017, Art. 6 Rn. 23ff.

Alexander Brade/Lasse Ramson

IV. Prüfung der Charta-Rechte

Für die Prüfung von Rechten bietet sich, soweit die „klassische" Abwehrpflicht tangiert ist, ein an das <u>deutsche Recht</u> angelehnter **dreistufiger Aufbau** aus Schutzbereich, Eingriff und Rechtfertigung an.

1. Schutzbereich
a) Persönlicher Schutzbereich

Ein Großteil der Rechte der GRCh ist menschenrechtlich ausgestaltet, es können sich in ihrem Anwendungsbereich der GRCh also alle lebenden natürlichen Personen auf sie berufen. Ausnahmsweise schützen allerdings Art. 15 II, 39, 40,[52] 45 I, 46 GRCh nur Unionsbürger:innen. Die **Unionsbürgerschaft** knüpft gemäß Art. 9 Satz 2 EUV/Art. 20 I 2 AEUV an die Staatsangehörigkeit der Mitgliedstaaten an. Dementsprechend kann sich auf die soeben benannten Vorschriften berufen, wer die Staatsangehörigkeit eines Mitgliedsstaates innehat. Einige wenige Rechte der GRCh (Art. 34 II, 42–44) sind zwar Menschenrechte, stehen aber nur Personen mit rechtmäßigem Wohnsitz in der EU zu. Man kann sie daher als **Einwohner:innenrechte** bezeichnen.

Die Anwendbarkeit der GRCh auf **juristische Personen** ist nicht einheitlich geregelt und eine klare Rechtsprechung existiert bislang ebenfalls nicht. Das bisweilen vorgebrachte Argument, aus dem Wortlaut der einzelnen Bestimmungen der GRCh, in denen manchmal von „Menschen" und manchmal von „Personen" die Rede sei, könne darauf geschlossen werden, dass die GRCh nur mit letzterer Formulierung eine Öffnung des jeweiligen Rechts für juristische Personen bezwecke,[53] ist nicht überzeugend. Grund dafür ist, dass diese sprachliche Unterscheidung nur in der deutschen Version der GRCh in dieser Form enthalten ist, aber alle Sprachfassungen der GRCh gleichermaßen verbindlich sind.

Beispiel: In Art. 6 und Art. 7 GRCh steht in der deutschen Sprachfassung „Mensch" und „Person". In der englischen Sprachfassung ist hingegen in beiden Vorschriften von „Everyone", in der französischen Sprachfassung von „Toute personne" die Rede.[54]

---

52 Siehe dazu auch Art. 28 I 3 GG.
53 Vgl. etwa Ruffert/Schramm, JuS 2020, 1022 (1025).
54 <u>Sprachvergleich, Abl. (EU) 14.12.2007, C-303/1.</u>

Alexander Brade/Lasse Ramson

! **Examenswissen**

Klar ist allerdings, dass nicht alle Rechte der GRCh auf juristische Personen anwendbar sind. Es ist überzeugend, insoweit von einem Regel-Ausnahme-Verhältnis auszugehen: In der Regel sind juristische Personen (im grundrechtlichen Sinne, also auch teilrechtsfähige Personenvereinigungen) bezüglich der GRCh-Rechte grundrechtsfähig, solange in Bezug auf das spezifische Recht im konkreten Fall nichts dagegenspricht.[55] Für Unionsbürger:innenrechte muss die juristische Person ihren satzungsmäßigen Sitz in der EU haben.[56] Angesichts der Konvergenzklausel in Art. 52 III 1 GRCh ist es überzeugend, eine umfassende Grundrechtsfähigkeit von nicht hoheitlich tätigen juristischen Personen anzunehmen.

! **Klausurtaktik**

Gedanklich hilfreich ist es, die Rechte der GRCh in drei Gruppen einzuteilen:[57]
–   Rechte, die prinzipiell nicht auf juristische Personen anwendbar sind, da sie an Eigenschaften anknüpfen, die nur natürliche Personen aufweisen, oder Tätigkeiten betreffen, die nur natürliche Personen ausüben können. Das sind etwa die Menschenwürde (Art. 1 GRCh), das Recht auf Leben (Art. 2 I GRCh) oder das Ehe- und Familienrecht (Art. 6 GRCh).
–   Rechte, die prinzipiell auf alle (teil-)rechtsfähigen Entitäten anwendbar sind, weil sie unterschiedslos juristische und natürliche Personen betreffen. Das betrifft vor allem die justiziellen Rechte des VI. Titels der GRCh.
–   Rechte, die näherer Auslegung entsprechend der oben ausgeführten Grundsätze bedürfen.

b) Sachlicher Schutzbereich

Hier kann nicht auf die einzelnen Schutzgehalte der GRCh eingegangen werden. Allerdings sind bei der Ermittlung der Schutzbereiche der GRCh-Rechte einige Besonderheiten zu beachten, die sich aus der Einfügung der GRCh in das Umfeld grundrechtsgewährleistender Bestimmungen der Mitgliedsstaaten und der EMRK ergeben. Im Verhältnis der Rechte der GRCh zu denen der EMRK ist Art. 52 III 1 GRCh von Bedeutung, der die EMRK-Rechte – inklusive der Zusatzprotokolle[58] – als Mindeststandard des Grundrechtsschutzes in die GRCh einbindet. Das bedeutet, dass einem GRCh-Recht, dem ein EMRK-Recht entspricht, die gleiche Bedeutung und Tragweite beizumessen ist wie dem EMRK-Recht in seiner Auslegung durch den EGMR.[59] Da der EuGH diese Bestimmung ernst nimmt und in Reaktion

---

55 Vgl. Goldhammer/Sieber, JuS 2018, 22 (25).
56 Jarass, in: ders., Charta der Grundrechte der EU, 4. Aufl. 2021, Art. 51 Rn. 59.
57 Diese Einteilung folgt Goldhammer/Sieber, JuS 2018, 22 (24).
58 Erläuterungen zur GRCh, Abl. (EU) 14.12.2007, C-303/17, Art. 52.
59 EuGH, Urt. v. 5.10.2010, Az.: C-400/10 PPU, Rn. 53 – McB.

auf EGMR-Rechtsprechung in Einzelfällen sogar bereits seine Rechtsprechung geändert hat,[60] kommt es im Ergebnis zu einem **Gleichlauf** der sachlichen Schutzbereiche der GRCh und der EMRK,[61] wobei ein weitergehender Schutz durch die GRCh gemäß Art. 52 III 2 GRCh nicht auf ein eventuell niedrigeres Schutzniveau der EMRK abgesenkt wird.

Weiterführendes Wissen

Die Erläuterungen zur Charta[62] gehen davon aus, dass folgende Rechte jeweils die gleiche Bedeutung und Tragweite haben:

GRCh	EMRK
Art. 2	Art. 2
Art. 4	Art. 3
Art. 5 I, II	Art. 4
Art. 6	Art. 5
Art. 7	Art. 8
Art. 10 I	Art. 9
Art. 11	Art. 10 (zum Teil)
Art. 17	Art. 1 1. ZP
Art. 19 I	Art. 4 4. ZP
Art. 19 II	Art. 3
Art. 48	Art. 6 II, III
Art. 49 I 1, 2, II	Art. 7

Die Erläuterungen gehen daneben davon aus, dass folgende Bestimmungen der GRCh beziehungsweise des AEUV über die Reichweite der parallelen EMRK-Rechte hinausgehen:

GRCh/AEUV	EMRK
Art. 9	Art. 12
Art. 12 I	Art. 11
Art. 14 I, III	Art. 2 1. ZP

---

60 Vgl. nur EuGH, Urt. v. 22.10.2002, Az.: C-94/00, vor allem Rn. 29 – Roquette Frères.
61 Ludwigs/Sikora, JuS 2017, 385 (392).
62 Erläuterungen zur GRCh, Abl. (EU) 14.12.2007, C-303/17, Art. 52.

Alexander Brade/Lasse Ramson

GRCh/AEUV	EMRK
Art. 47 II, III	Art. 6 I
Art. 50	Art. 4 7. ZP
Art. 18 I AEUV	Art. 16

2. Eingriff

Ein Eingriff im Sinne der GRCh ist eine Einwirkung von Grundrechtsverpflichteten, die eine zurechenbare belastende oder nachteilige Wirkung bei Grund-
rechtsträgern hat.[63] Es handelt sich also um einen **materiellen Eingriffsbegriff.**
Allerdings müssen mittelbar-faktische Auswirkungen eine gewisse Bedeutungs-
schwelle überschreiten,[64] sodass mittelbare Bagatelleingriffe schon nicht die
Eingriffsschwelle überschreiten. Auch Ungleichbehandlungen und Diskriminierungen können als Eingriff im Sinne des ansonsten eher freiheitsrechtlich kon-
struierten Art. 52 I 1 GRCh behandelt werden.[65]

3. Rechtfertigung

Die GRCh enthält, anders als das Grundgesetz oder die EMRK, in Art. 52 I 1 GRCh
einen **einheitlichen Einschränkungsvorbehalt.** Demnach muss jede Einschränkung der Rechte der GRCh „gesetzlich vorgesehen sein". Es handelt sich bei
Art. 52 I 1 GRCh daher um einen allgemeinen Gesetzesvorbehalt. Dem Wortlaut
folgend („Jede Einschränkung") scheint der Vorbehalt für alle in der GRCh normierten Rechte zu gelten. Nach der Rechtsprechung des EuGH unterliegen allerdings bestimmte Rechte, vor allem die Menschenwürde aus Art. 1 I GRCh, keinem
Einschränkungsvorbehalt, sodass Eingriffe in sie nicht zu rechtfertigen sind.[66]
Spezielle Einschränkungsvorbehalte, wie sie in Art. 8 II und Art. 17 I 2, 3 GRCh
normiert sind, treten neben den einheitlichen Einschränkungsvorbehalt, wobei
das höhere Schutzniveau maßgeblich ist.[67]

---

63 Jarass, in: ders., Charta der Grundrechte der EU, 4. Aufl. 2021, Art. 52 Rn. 11.
64 Vgl. EuGH, Beschl. v. 23.9.2004, Az.: C-435/02 u. a., Rn. 49 – Axel Springer.
65 Vgl. Jarass, in: ders., Charta der Grundrechte der EU, 4. Aufl. 2021, Art. 52 Rn. 10.
66 Vgl. EuGH, Urt. v. 16.2.2017, Az.: C-578/16 PPU, Rn. 59 – C.K. u. a.
67 Schwerdtfeger, in: Meyer/Hölscheidt, GRCh, 5. Aufl. 2019, Art. 52 Rn. 28.

Alexander Brade/Lasse Ramson

a) Einschränkbarkeit (Schranke): „Gesetzlich vorbehalten"

Der Begriff des Gesetzes ist materiell zu verstehen und bezieht sich sowohl auf die Unionsrechtsordnung als auch auf die Rechtsordnungen der Mitgliedsstaaten, soweit die GRCh auf sie <u>anwendbar</u> ist. Dieses materielle Verständnis bedeutet, dass aus dem Unionsrecht auch Verordnungen des Rates[68] oder der Kommission[69] und nach Art. 216 II AEUV für die Union und die Mitgliedsstaaten verbindliche völkerrechtliche Verträge[70] im Sinne des Art. 52 I 1 GRCh gesetzliche Regelungen darstellen. Der Begriff ist also weiter als der des Gesetzgebungsakts aus Art. 289 III AEUV. Aus dem deutschen Regelungsinstrumentarium sind Verordnungs- oder Satzungsregelungen ausreichend. Alle in Frage kommenden gesetzlichen Regelungen müssen außerdem hinreichend „klar und genau"[71] sein, also dem Bestimmtheitsgrundsatz genügen.

b) Grenzen der Einschränkbarkeit (Schranken-Schranken)
aa) Verhältnismäßigkeit

Die Prüfung des Verhältnismäßigkeitsgrundsatzes ähnelt im Ausgangspunkt der aus dem <u>deutschen Recht</u> bekannten Prüfungsfolge: „Nach diesem Grundsatz hängt die Rechtmäßigkeit [...] davon ab, daß die [Maßnahmen] zur Erreichung der mit der fraglichen Regelung zulässigerweise verfolgten Ziele geeignet und erforderlich sind. Dabei ist, wenn mehrere geeignete Maßnahmen zur Auswahl stehen, die am wenigsten belastende zu wählen; ferner müssen die verursachten Nachteile in angemessenem Verhältnis zu den angestrebten Zielen stehen."[72] Auch hier sind also die Elemente **legitimes Ziel – Geeignetheit – Erforderlichkeit – Angemessenheit** vorhanden. Allerdings liegt in der Prüfung des EuGH der Schwerpunkt tendenziell in der Erforderlichkeitsprüfung, während die Angemessenheitsprüfung häufig als ein Teil derselben gesehen wird.[73] Bei alledem gesteht der EuGH gesetzgebenden Organen tendenziell einen weiteren Spielraum zu als das BVerfG im deutschen Verfassungsrecht.

---

68 <u>EuGH</u>, Urt. v. 17.10.2013, Az.: C-291/12, Rn. 35 – Schwarz.

69 <u>EuGH</u>, Urt. v. 9.11.2010, Az.: C-92/09 u. a., Rn. 66 – Schecke/Eifert.

70 GA Mengozzi, Schlussanträge v. 8.9.2016, Gutachten 1/15, Rn. 192 – Fluggastdatenabkommen (Kanada).

71 <u>EuGH</u>, Urt. v. 17.12.2015, Az.: C-419/14, Rn. 81 – WebMindLicenses.

72 <u>EuGH</u>, Urt. v. 13.11.1990, C-331/88, Rn. 13 – Fedesa u. a. Siehe zum deutschen Recht Milas, § 7 A.II.6., in diesem Lehrbuch.

73 Vgl. <u>EuGH</u>, Urt. v. 18.3.2010, Az.: C-317/08 u. a., Rn. 65 – Alassini u. a.

Alexander Brade/Lasse Ramson

(1) Legitimes Ziel

Als legitimes Ziel kommen ausweislich des Art. 52 I 2 GRCh gemeinwohldienliche Zielsetzungen, die von der Union anerkannt sind, und kollidierende Rechte anderer in Frage. Dies umfasst die als solche benannten Ziele der Union aus Art. 3 EUV, aber auch alle anderen primärrechtlich besonders anerkannten Interessen.[74]

(2) Geeignetheit

Nach ständiger Rechtsprechung des EuGH ist eine Regelung zur Zielerreichung geeignet, soweit sie „tatsächlich dem Anliegen gerecht wird, es in kohärenter und systematischer Weise zu erreichen".[75] Damit ist in der Regel kein strengerer Maßstab verbunden als in der Geeignetheitsprüfung im deutschen Recht.

(3) Erforderlichkeit und Angemessenheit

Die Erforderlichkeitsprüfung (im engeren Sinne) erfolgt nicht immer einheitlich. Gerade der EuGH greift in einigen Urteilen die aus der deutschen Grundrechtsprüfung bekannte Formel, dass zur Erforderlichkeit kein gleich geeignetes, milderes Mittel zur Verfügung stehen darf, auf.[76] Es ist sinnvoll, diese Formel in der Prüfung zu übernehmen. Die Angemessenheitsprüfung als Teil der Erforderlichkeitsprüfung wird im Rahmen der GRCh-Prüfung tendenziell dem nationalen Recht immer ähnlicher vorgenommen.[77] Es kommt also zu einer umfassenden Ziel-Mittel-Abwägung, die an die deutsche Angemessenheitsprüfung angelehnt werden kann.

bb) Wesensgehaltsgarantie

Neben dem Verhältnismäßigkeitsgrundsatz steht die Wesensgehaltsgarantie des Art. 52 I 1 GRCh. Ihr zufolge darf ein Recht nicht als solches infrage gestellt werden.[78] Wie beim grundgesetzlichen Wesensgehalt ist fraglich, ob der Wesensgehaltsgarantie neben dem Verhältnismäßigkeitsgrundsatz ein eigener Anwendungsbereich zukommt. Sie wird sich darauf beschränken müssen, einen

---

74 Erläuterungen zur GRCh, Abl. (EU) 14.12.2007, C-303/17, Art. 52.
75 EuGH, Urt. v. 21.7.2011, Az.: C-159/10 u.a., Rn. 85 – Fuchs/Köhler m.w.N.
76 Nur EuGH, Urt. v. 27.9.2017, Az.: C-73/16, Rn. 68 – Puškár.
77 Pache, in: Pechstein/Nowak/Häde, Frankfurter Kommentar, 2017, Art. 52 GRCh Rn. 29.
78 Nur EuGH, Urt. v. 27.9.2017, Az.: C-73/16, Rn. 64 – Puškár.

unantastbaren Kernbereich der Rechte vor jeglichem Zugriff zu schützen,[79] worin dann auch der Würdegehalt der Rechte aufgeht.[80]

B. Gegenüberstellung der Charta-Rechte und der Grundrechte des Grundgesetzes

Zwischen den Rechten der GRCh und den Grundrechten des Grundgesetzes gibt es weitreichende Überschneidungen, was auch daran liegt, dass sich die GRCh teilweise, etwa bei der Menschenwürde, erkennbar das GG zum Vorbild nimmt. Einige GRCh-Rechte bleiben allerdings hinter denen des Grundgesetzes zurück, andere gehen über sie hinaus. Auf Schrankenebene ist nochmals daran zu erinnern, dass vorbehaltlos gewährleistete Rechte in der GRCh ungewöhnlich sind. Im Folgenden geht es daher nur um einen Vergleich der Schutzbereiche.

I. Rechte der Grundrechtecharta, deren Schutzbereich enger ist als im Grundgesetz

Im Gegensatz zum Art. 2 I GG fehlt es in der GRCh an einer Bestimmung zur allgemeinen Handlungsfreiheit. Insbesondere lässt sich eine solche nicht dem Recht auf Freiheit (und Sicherheit) des Art. 6 GRCh entnehmen.[81] Verschiedene GRCh-Bestimmungen verweisen in erster Linie auf die Bestimmungen der Mitgliedstaaten. In der Regel werden sie als Grundsätze zu qualifizieren sein.

II. Rechte der Grundrechtscharta, deren Schutzbereich weiter ist als im Grundgesetz

Einige Rechte der GRCh haben im Ergebnis einen vergleichbaren Schutzbereich wie die GG-Grundrechte, gestalten diesen aber präziser aus.

Beispiele: Das Recht auf körperliche Unversehrtheit (Art. 3 GRCh) ist insbesondere in Hinblick auf bestimmte bioethische Fragen deutlich gegenüber Art. 2 II 1 GG präzisiert und kann in Einzelfragen über dessen Schutzniveau hinausgehen.[82]

---

79 Jarass, in: ders., Charta der Grundrechte der EU, 4. Aufl. 2021, Art. 52 Rn. 28.
80 Vgl. zum Würdegehalt der GRCh-Rechte Erläuterungen zur GRCh, Abl. (EU) 14.12.2007, C-303/17, Art. 1.
81 Ogorek, in: Stern/Sachs, GRCh, Art. 6 Rn. 4. m. w. N.
82 Heselhaus, in: Pechstein/Nowak/Häde, Frankfurter Kommentar, Art. 3 GRCh Rn. 7.

Die durch das BVerfG nur richterrechtlich entwickelten Rechte zum Schutz personenbezogener Daten, das heißt das Recht auf „informationelle Selbstbestimmung"[83] sowie das Recht auf „Gewährleistung der Vertraulichkeit und Integrität informationstechnischer Systeme"[84], welche das Gericht aus dem allgemeinen Persönlichkeitsrecht aus Art. 1 I GG i.V.m. Art. 2 I GG ableitet, sind durch Art. 8 GRCh explizit unter Schutz gestellt.

Das Eigentumsrecht schützt in Art. 17 II GRCh explizit auch geistiges Eigentum, welches von Art. 14 I 1 GG nur implizit erfasst ist.[85]

Die justiziellen Rechte der Art. 47–50 GRCh sind insgesamt detaillierter ausgestaltet als im Grundgesetz, ohne dass damit der Sache nach ein höheres Schutzniveau verbunden wäre.

Andere Rechte sind ebenfalls präziser ausgestaltet als im Grundgesetz, fügen aber zusätzlich neue Schutzdimensionen hinzu.

Beispiele: Detailliert ausgestaltet ist das Recht auf eine gute Verwaltung (Art. 41 GRCh), dass in Deutschland nur in Ansätzen durch das Rechtsstaatsprinzip abgebildet ist.[86]

Da die verbotenen Diskriminierungskategorien des Art. 3 III 1 GG abschließend sind,[87] geht Art. 21 I GRCh schon deshalb darüber hinaus, da mit der „sozialen Herkunft", dem „Alter" und der „sexuellen Ausrichtung" Diskriminierungskategorien enthalten sind, die in Art. 3 III 1 GG nicht vorkommen. Die weiteren in Art. 21 I GRCh enthaltenen Begriffe dürften in den Diskriminierungskategorien des Art. 3 III 1 GG enthalten sein, präzisieren diese aber. Während Art. 3 II 2 GG nur die Bevorzugung von Frauen zugunsten der Beseitigungen struktureller Diskriminierungen erlaubt,[88] enthält Art. 32 II GRCh eine Ausnahme, die auf das jeweils unterrepräsentierte Geschlecht abstellt. Auch die Regelung des Art. 26 GRCh zu Menschen mit Behinderung geht über die Regelung in Art. 3 III 2 GG hinaus.

Bestimmte Rechte haben keine explizite Entsprechung im Grundgesetz.

Beispiele: Eine Art. 19 GRCh vergleichbare Regelung zum Schutz bei Abschiebung, Ausweisung oder Auslieferung fehlt im GG völlig, wenngleich ihre einzelnen Gehalte durch die Grundrechte ebenfalls gewährleistet sind.

Spezifisch auf Kinder zugeschnittene Rechte gibt es im GG praktisch (noch) nicht. Insofern ist Art. 24 GRCh ohne Entsprechung im Grundgesetz. Gleiches gilt für die „Rechte älterer Menschen" des Art. 25 GRCh.

---

83 BVerfG, Urt. v. 15.12.1983, Az.: 1 BvR 209 u.a. = BVerfGE 65, 1 (43) – Volkszählung.
84 BVerfG, Urt. v. 27.2.2008, Az.: 1 BvR 370/07, Leitsatz 1.
85 Vgl. Papier/Shirvani, in: Dürig/Herzog/Scholz, GG, 95. EL Juli 2021, Art. 14 Rn. 314.
86 Vgl. Galetta/Grzeszick, in: Stern/Sachs, GRCh, 2016, Art. 41 Rn. 6.
87 Kischel, in: Epping/Hillgruber, BeckOK GG, 45. Ed. 15.11.2020, Art. 3 Rn. 231.
88 Vgl. BVerfG, Urt. v. 24.1.1995, Az.: 1 BvL 18/93 = BVerfGE 92, 91 (109).

Alexander Brade/Lasse Ramson

Das Recht auf Dokumentenzugang (Art. 42 GRCh) hat ebenso wenig im deutschen Bundesrecht eine Entsprechung wie das Recht auf Zugang zu einem Bürgerbeauftragten (Art. 43 GRCh) oder das Recht auf konsularischen Schutz (Art. 46 GRCh).

Die GRCh hebt zudem verschiedene Rechte, die in Deutschland nur einfachgesetzlich gewährleistet sind, auf grundrechtliche Ebene.

Beispiele: Das gilt etwa für die Rechte auf kostenlose Arbeitsvermittlung (Art. 29 GRCh), Urlaub (Art. 31 GRCh), Mutterschutz und Elternzeit (Art. 33 GRCh) und Teilnahme an sozialen Sicherungssystemen (Art. 34 GRCh).

Zusammenfassung: Die wichtigsten Punkte
- Die Anwendbarkeit der Grundrechtecharta bestimmt sich nach der Vorschrift des Art. 51 I 1 GRCh.
- Seit „Recht auf Vergessen" wendet das BVerfG die GRCh-Rechte im Verfassungsbeschwerdeverfahren auch unmittelbar an.
- Der Prüfungsaufbau der Chartagrundrechte entspricht im Wesentlichen jenem der Grundrechte des Grundgesetzes.

Weiterführende Studienliteratur
- Mathias Honer, Die Grundrechte der EU-Grundrechtecharta, JA 2021, S. 219–224
- Walther Michl, Die Neuausrichtung des Bundesverfassungsgerichts in der digitalisierten Grundrechtelandschaft, Jura 2020, S. 479–490
- Lars S. Otto/Johannes Hein, Fortgeschrittenenklausur – Öffentliches Recht: Europarecht – Jetzt geht's um die Wurst!, JuS 2014, S. 529–535

Alexander Brade/Lasse Ramson

§ 15 Völkerrecht

Notwendiges Vorwissen: <u>Grundrechtsfunktionen</u>, <u>Prüfungsstruktur Freiheits-grundrecht</u> und <u>Schutzpflichten</u>

Lernziel: Zusammenspiel der Grundrechtsordnungen und Prüfungsstruktur der Konventionsgrundrechte verstehen

---

Für dieses Kapitel gibt es frei zugängliche interaktive Übungen. Halte einfach deine Smartphone-Kamera vor den Kasten mit den Punkten (QR-Code).

Auch das Völkerrecht hält in verschiedenen Katalogen und gewohnheitsrechtlich menschenrechtliche Gewährleistungen bereit. Praktisch besonders bedeutsam für die deutsche Rechtsordnung sind die Rechte der Konvention zum Schutze der Menschenrechte und Grundfreiheiten (Europäische Menschenrechtskonvention, EMRK) inklusive ihrer Zusatzprotokolle.

A. Konventionsgrundrechte der EMRK

Die EMRK ist ein völkerrechtlicher Vertrag, der zwischen den 47 Mitgliedsstaaten des Europarats geschlossen wurde. Daneben existieren noch diverse Zusatzprotokolle zur EMRK, die weitere Grundrechte oder Verfahrensregeln für den EGMR enthalten und nicht alle von allen Mitgliedsstaaten ratifiziert wurden. Der Europarat ist eine seit 1949 existierende internationale Organisation mit Sitz in Strasbourg (Frankreich). Neben den Mitgliedsstaaten des Europarats könnte auch die Europäische Union der EMRK beitreten, verzichtet allerdings bisher darauf. Für die Auslegung und Anwendung der EMRK und die Durchsetzung der in ihr enthaltenen Rechte gegenüber den Mitgliedsstaaten ist in Strasbourg der Europäische Gerichtshof für Menschenrechte (EGMR) als dauerndes Gericht eingerichtet. Gemäß Art. 34 S. 1 EMRK kann sich jede Person im Anwendungsbereich der EMRK mit der Individualbeschwerde an den EGMR wenden.

I. Anwendungsbereich

Die EMRK ist in den Staaten (räumlich) anwendbar, die ihr beigetreten sind. In zeitlicher Hinsicht wirkt sie nicht zurück, sondern gilt seit dem Inkrafttreten für den jeweiligen Mitgliedstaat.

II. Die Konventionsrechte in der Rechtsprechung des BVerfG und des EuGH

1. Die Berücksichtigung der EMRK auf nationaler Ebene

Völkerrechtliche Verträge werden aufgrund der Regelung des Art. 59 II 1 GG allgemein in den Rang einfacher Bundesgesetze eingeordnet.[1]

Weiterführendes Wissen <kbd>i</kbd>

Diese Ansicht ist nicht überzeugend. Es ist mittlerweile allgemein anerkannt, dass Normen des Völkerrechts nicht als nationales Recht in die deutsche Rechtsordnung implementiert werden, sondern ihren völkerrechtlichen Charakter behalten.[2] Das heißt auch, ihr Verhältnis zum deutschen Recht müsste sich nach dem Völkerrecht bestimmen. Und dieses bestimmt in Art. 27 S. 1 VCLT[3]: „A party may not invoke the provisions of its internal law as justification for its failure to perform a treaty." Damit die hierdurch bezweckte effektive Durchsetzung des Völkerrechts möglich ist, ist die pauschale Einordnung in den Rang des einfachen Bundesgesetzes nicht ausreichend. Zudem enthält Art. 59 II 1 GG auch gar nicht zwingend eine Rangbestimmung.[4]

Bezüglich der EMRK erhält das BVerfG der Sache nach diese „Rangbestimmung" aufrecht.[5] Allerdings kommt es durch die weitgehenden Schlüsse in der Görgülü-Entscheidung[6] effektiv zu einer Art Vorrangwirkung der EMRK sogar gegenüber dem deutschen Verfassungsrecht.[7] Demnach folgt aus der **Völkerrechtsfreundlichkeit des Grundgesetzes,** die sich aus diversen Vorschriften der Verfassung ablesen lässt, ein Gebot, Konflikte mit völkerrechtlichen Verpflichtungen durch

---

1 Pieper, in: Epping/Hillgruber, BeckOK GG, 49. Ed. 15.11.2021, Art. 59 Rn. 43 m.w.N.
2 Vgl. Payandeh, Völkerrechtsfreundlichkeit als Verfassungsprinzip, JöR n.F. 2009, 465 (474f.) m.w.N.
3 Wiener Vertragsrechtskonvention.
4 Nettesheim, in: Dürig/Herzog/Scholz, GG, 95. EL Juli 2021, Art. 59 Rn. 183.
5 BVerfG, Beschl. v. 4.10.2004, Az.: 2 BvR 1481/04 = BVerfGE 111, 307 (315) – Görgülü.
6 BVerfG, Beschl. v. 4.10.2004, Az.: 2 BvR 1481/04 = BVerfGE 111, 307 – Görgülü.
7 Grabenwarter, in: Merten/Papier (Hrsg.), Handbuch der Grundrechte in Deutschland und Europa, Bd. VI/1, 2010, § 169 Rn. 16.

Alexander Brade/Lasse Ramson

völkerrechtskonforme Auslegung auch der Grundrechte zu vermeiden.[8] Dabei ist auch die Rechtsprechung des EGMR zu den entsprechenden Grundrechtspositionen zu beachten.[9] Insofern haben die EMRK-Rechte „verfassungsrechtliche Bedeutung"[10].

2. Einfluss der Konventionsgrundrechte auf das Unionsrecht

Eigentlich sollte auch die Europäische Union der EMRK beitreten, und ein entsprechender Auftrag ist weiterhin in Art. 6 II 1 EUV enthalten. Art. 59 II EMRK enthält seit Inkrafttreten des 14. Zusatzprotokolls im Jahre 2010 eine explizite Bestimmung, die der EU den Beitritt erlaubt. Die weit fortgeschrittenen Beitrittsbemühungen der EU-Institutionen sind allerdings seit 2014 erheblich ins Stocken geraten, nachdem der EuGH in einem Gutachten über den Übereinkunftsentwurf erhebliche Bedenken an dessen Vereinbarkeit mit dem Unionsrecht angemeldet hatte.[11] Sollte die EU in Zukunft der EMRK beitreten, würde diese gegenüber den Mitgliedsstaaten am Anwendungsvorrang des Unionsrechts teilhaben. Art. 6 III EUV verschafft der EMRK derzeit hingegen keinen Anwendungsvorrang gegenüber dem nationalen Recht,[12] da die EMRK vor einem eventuellen Beitritt der EU kein „Rechtsinstrument [darstellt], dass formell in die Unionsrechtsordnung aufgenommen worden ist."[13] Die praktische Bedeutung der EMRK und der EGMR-Rechtsprechung ist für den EuGH dennoch hoch, da dieser wegen der Bestimmung in Art. 52 III 1 GRCh die GRCh im Sinne der EMRK und der dazu ergangenen Rechtsprechung auslegen muss.

Da die EU kein Konventionsmitglied ist, kann Unionsrecht nur **mittelbar** vor den EGMR geraten. Insbesondere ist es ausgeschlossen, die Union oder ihre Organe als Nicht-Partei der GRCh vor dem EGMR anzugreifen.[14] Allerdings sind umgekehrt Mitgliedsstaaten der EMRK, die gleichzeitig Mitgliedsstaaten der EU sind, nicht deshalb von ihren Pflichten aus der EMRK befreit, weil sie in Durchführung

---

8 BVerfG, Beschl. v. 4.10.2004, Az.: 2 BvR 1481/04 = BVerfGE 111, 307 (317f.) – Görgülü.
9 BVerfG, Beschl. v. 4.10.2004, Az.: 2 BvR 1481/04 = BVerfGE 111, 307 (324) – Görgülü.
10 BVerfG, Urt. v. 4.5.2011, Az.: 2 BvR 2365/09 u. a., Rn. 88.
11 EuGH, Gutachten v. 18.12.2014, 2/13 – EMRK nach Lissabon.
12 EuGH, Urt. v. 4.4.2012, Az.: C-571/10, Rn. 63 – Kamberaj.
13 EuGH, Urt. v. 26.2.2013, Az.: C-617/10, Rn. 44 – Åkerberg Fransson.
14 Ständige Rechtsprechung, vgl. nur EGMR, 10.7.1978, Nr. 8030/77, Confédération Française Démocratique du Travail v. The European Communities/Alternatively: Their Member States, S. 235 (französisch)/240 (englisch).

Alexander Brade/Lasse Ramson

oder Umsetzung von Unionsrecht handeln.[15] Im Einzelfall kann daher fraglich sein, ob ein Hoheitsakt noch im dem Mitgliedsstaat zurechenbaren Bereich liegt.

Beispiel: Der EGMR wies ein Verfahren, in dem ein Verstoß gegen Verfahrensrechte in einem Vorabentscheidungsverfahren vor dem EuGH gemäß Art. 267 I AEUV gerügt wurde, nicht als unzulässig ab: Aufgrund der gewillkürten Vorlage durch das vorlegende niederländische Gericht sei das Vorabentscheidungsverfahren durch den Mitgliedsstaat veranlasst gewesen und damit ein Hoheitsakt desselben gegeben.[16]

Konfliktmöglichkeiten zwischen GRCh und EMRK ergeben sich daher hauptsächlich für die Mitgliedsstaaten selbst, für die es zu divergierenden Grundrechtsanforderungen aus EMRK und GRCh kommen kann, und im konkreten Fall sogar zu abweichender Rechtsprechung der beiden Gerichtshöfe. Indes entschärft der EGMR diesen möglichen Konflikt mit seiner eigenen „Solange"-Formel: „State action taken in compliance with [international] legal obligations is justified as long as the relevant organisation is considered to protect fundamental rights, as regards both the substantive guarantees offered and the mechanisms controlling their observance, in a manner which can be considered at least equivalent to that for which the Convention provides."[17] Diesen Zustand sieht der EGMR unter dem Grundrechtsregime der EU als gegeben an,[18] sodass eine widerlegliche Vermutung dafür gilt, dass auf das Unionsrecht bezogene Durchführungs- und Umsetzungsakte der Mitgliedsstaaten und ihnen zurechenbare Unionsakte nicht EMRK-widrig sind.

III. Verpflichtungsdimensionen der Konventionsrechte

Die Konventionsrechte lassen sich nach ihrem Gehalt vier verschiedenen Verpflichtungsdimensionen[19] zuordnen: Achtungspflichten, Schutzpflichten, Leistungspflichten sowie den Verfahrensgarantien.

---

15 Vgl. EGMR, 30.6.2005, Nr. 45036/98, Bosphorus v. Ireland, Rn. 153.
16 EGMR, 20.1.2009, Nr. 13645/05, Cooperatieve Producentenorganisatie van de Nederlandse Kokkelvisserij v. The Netherlands; vgl. dazu Klein, in: HbGrundR VI/1, 2010, § 167 Rn. 50.
17 EGMR, 30.6.2005, Nr. 45036/98, Bosphorus v. Ireland, Rn. 155.
18 Kritisch Klein, in: Merten/Papier (Hrsg.), Handbuch der Grundrechte in Deutschland und Europa, Bd. VI/1, 2010, § 167 Rn. 42 m.w.N.
19 Ehlers, in: ders. (Hrsg.), Europäische Grundrechte und Grundfreiheiten, 4. Aufl. 2014, § 2 Rn. 25 ff. spricht stattdessen in Anlehnung an das deutsche Recht von Grundrechtsfunktionen. Siehe zu diesen Funktionen im Allgemeinen Ruschemeier, § 1 B., in diesem Lehrbuch.

1. Achtungspflichten

Wie die Rechte des Grundgesetzes und der GRCh werden auch die Konventionsrechte primär als Abwehrrechte verstanden.[20] Insoweit begründen sie subjektive
Rechte, die auf die Unterlassung und – im Fall der Zuwiderhandlung – auf Beseitigung ungerechtfertigter Beeinträchtigungen der Konventionsrechte durch die
Mitgliedstaaten gerichtet sind. Dabei ist zwischen positiven und negativen Freiheitsgewährleistungen einerseits und den Diskriminierungsverboten andererseits
zu unterscheiden.

2. Schutzpflichten

Unter Schutzpflichten wird die Pflicht der Mitgliedstaaten verstanden, die ihrer
Hoheitsgewalt unterstehenden Personen vor Grundrechtsbeeinträchtigungen
durch Private, fremde Hoheitsgewalt oder Naturgewalt zu schützen.[21] Welche
Konventionsrechte eine solche Schutzdimension enthalten, ist noch nicht abschließend geklärt. Hauptanwendungsfall dürfte aber das Recht auf Leben aus
Art. 2 EMRK[22] sein, wobei der EGMR den Mitgliedstaaten einen Einschätzungsspielraum bei der Erfüllung der Schutzpflichten zubilligt.

Beispiel: Art. 2 EMRK verpflichtet mitgliedstaatliche Behörden, eine Person an einer Selbsttötung zu hindern, wenn sie die Entscheidung dazu nicht frei und in Kenntnis aller Umstände getroffen hat.[23]

3. Leistungspflichten

Aus den Konventionsrechten lassen sich auch Leistungspflichten ableiten, die auf
den **Zugang** zu staatlichen Einrichtungen oder Leistungen gerichtet sind. Anknüpfungspunkt dafür ist zum einen das Diskriminierungsverbot des Art. 14
EMRK, für den Fall, dass Einzelnen bereits (in diskriminierender Art und Weise)

---

20 Ehlers, in: ders. (Hrsg.), Europäische Grundrechte und Grundfreiheiten, 4. Aufl. 2014, § 2
Rn. 26.
21 Peters/Altwicker, EMRK, 2. Aufl. 2012, § 2 Rn. 33; ausführlich dazu Szczekalla, Die sogenannten grundrechtlichen Schutzpflichten im deutschen und europäischen Recht, 2002, 712ff. Siehe
zu den Schutzpflichten Ruschemeier/Senders, § 8, in diesem Lehrbuch.
22 Zu Menschenrechtsverletzungen infolge des Klimawandels Hänni, EuGRZ 2019, 1ff. Für
Deutschland: BVerfG, Beschl. v. 24.3.2021, Az.: 1 BvR 2656/18, Rn. 147.
23 EGMR, 20.1.2011, Haas v. Switzerland, Nr. 31322/07, Rn. 54 = NJW 2011, 3773.

eine Begünstigung gewährt worden ist.[24] Zum anderen existieren – vereinzelt – originäre Teilhaberechte, darunter der Anspruch für die Presse auf Zugang zu (vorhandenen) Informationen aus Art. 10 EMRK.[25]

Beispiel: Art. 3 EMRK verpflichtet die Konventionsstaaten zwar grundsätzlich nicht dazu, Flüchtlingen ein Recht auf Unterkunft zu geben oder sie finanziell zu unterstützen. Anders kann sich die Situation aber dann darstellen, wenn diese Personen ansonsten keine Möglichkeit haben, für ihr eigenes menschenwürdiges Überleben in den Konventionsstaaten zu sorgen.[26]

4. Verfahrensgarantien

Die EMRK enthält eine Reihe expliziter Verfahrensrechte wie Art. 5 EMRK (Schutz vor und im Fall von Verhaftungen), Art. 6 EMRK (Recht auf ein faires Verfahren), Art. 7 EMRK (Keine Strafe ohne Gesetz) und Art. 13 EMRK (Recht auf wirksame Beschwerde). Daneben lassen sich dem materiellen Konventionsrecht verfahrensrechtliche Anforderungen entnehmen, darunter Untersuchungspflichten bei mit Gewaltanwendung verbundenen Verstößen gegen Konventionsrechte[27].

IV. Prüfung der Konventionsgrundrechte

Soweit die Konventionsrechte anwendbar sind, verläuft ihre Prüfung grundsätzlich so wie bei den Grundrechten des Grundgesetzes.[28] Zu unterscheiden ist dabei zwischen den einzelnen Verpflichtungsdimensionen; während die Achtungspflichten ausführlich behandelt werden, beschränkt sich die folgende Darstellung für die übrigen Dimensionen auf die jeweiligen Abweichungen in der Prüfungsstruktur.

1. Achtungspflichten

Soweit die „klassische" abwehrrechtliche Dimension betroffen ist, ist zuerst die Beeinträchtigung der Ausübung eines Rechts, also – der deutschen Terminologie

---

24 Vgl. Ehlers, in: ders. (Hrsg.), Europäische Grundrechte und Grundfreiheiten, 4. Aufl. 2014, § 2 Rn. 28; ausführlich Peters/König, in: Dörr/Grote/Marauhn, EMRK/GG, 2. Aufl. 2013, Kap. 21 Rn. 85 ff.

25 EGMR, 14.4.2009, Társaság a Szabadságjogokért v. Hungary, Nr. 37374/05, Rn. 35 ff.

26 EGMR, 21.1.2011, M.S.S. v. Belgium and Greece, Nr. 30696/09 = NVwZ 2011, 413.

27 Vgl. zum Beispiel EGMR, 9.4.2009, Šilih v. Slovenia, Nr. 71463/01: Verletzung von Art. 2 EMRK in seinem prozessualen Aspekt („procedural limb").

28 Siehe dazu im Allgemeinen Milas/Ruschemeier, Abschnitt 2, in diesem Lehrbuch.

folgend – der Eingriff in den Schutzbereich eines (Konventions-)Rechts zu prüfen, und danach die Rechtfertigung des Eingriffs.

a) Schutzbereich

Als Schutzbereich („scope") bezeichnet man das jeweilige Anwendungsfeld der Konventionsrechte. Er weist ein spezifisches Verhalten einer Person einem bestimmten Recht, zum Beispiel dem Recht, seine Meinung frei zu äußern (Art. 10 I 1 EMRK), zu. Neben einer so verstandenen positiven Verhaltensfreiheit kann in Einzelfällen auch die Freiheit, etwas nicht zu tun, geschützt sein.

Beispiel: Anerkannt ist etwa die negative Religionsfreiheit bei Art. 9 I EMRK.[29]

Dagegen erübrigt sich die Unterscheidung zwischen sachlichem und persönlichem Schutzbereich in aller Regel. Sämtliche in der Konvention selbst (ihre Zusatzprotokolle ausgenommen) niedergelegten Rechte sind – im Unterschied zu denen des Grundgesetzes – sogenannte Jedermannsrechte.

---

i Weiterführendes Wissen

Die **Auslegung** der Konventionsrechte folgt ein Stück weit eigenen Gesetzmäßigkeiten, es kommt also nicht allein auf die allgemeinen Auslegungsmethoden an, die ihren Niederschlag in Art. 31 ff. VCLT[30] gefunden haben. So versteht der EGMR die EMRK als „living instrument which […] must be interpreted in the light of present-day conditions".[31] Außerdem billigt er den Vertragsparteien in Fällen, in denen unter ihnen kein Konsens besteht, oftmals einen Einschätzungsspielraum (margin of appreciation) zu und respektiert auf diese Weise die souveränen Entscheidungen der Vertragsparteien, die Vielfalt der Vertragsstaaten und die Subsidiarität des völkerrechtlichen Menschenrechtsschutzes.[32]

---

b) Eingriff

Im Anschluss ist zu prüfen, ob die Ausübung des tangierten Konventionsrechts beeinträchtigt wurde („interference with a right"); erst der Eingriff löst die „rechtsstaatliche Rechtfertigungsprozedur"[33] aus. Eine solche Beeinträchtigung

---

29 EGMR, 26.7.2007, Folgerø v. Norway, Nr. 15472/02, Rn. 84 ff.
30 Wiener Vertragsrechtskonvention.
31 EGMR, 25.4.1978, Tyrer v. United Kingdom, Nr. 5856/72, Rn. 31.
32 Braasch, JuS 2013, 602 (604).
33 Für die deutsche Rechtsordnung: Hillgruber, in: Isensee/Kirchhof (Hrsg.), Handbuch des Staatsrechts, Bd. IX, 3. Aufl. 2011, § 200 Rn. 76.

Alexander Brade/Lasse Ramson

liegt dann vor, wenn ein dem (Mitglieds-)Staat zurechenbares Verhalten ein konventionsrechtlich geschütztes Verhalten beschränkt oder unmöglich macht.[34] Diese Definition entspricht im Wesentlichen der des „modernen" Eingriffsbegriffs für die Grundrechte des Grundgesetzes. Es kommt also grundsätzlich nicht darauf an, ob die Nachteilszufügung final oder unbeabsichtigt, unmittelbar oder mittelbar, rechtlich oder tatsächlich beziehungsweise mit oder ohne Befehl erfolgt ist. Um einen wirksamen Schutz der Konventionsrechte zu gewährleisten, werden vielmehr auch mittelbare Eingriffe erfasst, die sich nicht direkt gegen die geschützte Person richten (wie behördliche Warnungen vor Sekten[35]) oder tatsächliche Beeinträchtigungen, wie zum Beispiel das behördliche Sammeln und Speichern persönlicher Daten[36].[37]

c) Rechtfertigung

Auf der dritten Stufe der Prüfung ist die Frage zu beantworten, ob die Beeinträchtigung des Schutzbereichs eines Konventionsrechts gerechtfertigt werden kann. Dabei ist wie bei den Grundrechten des Grundgesetzes zwischen Konventionsrechten mit einer speziellen Einschränkungsbefugnis („Schranke") und vorbehaltlos gewährleisteten Konventionsrechten zu unterscheiden. Beide unterliegen allerdings den allgemeinen Schrankenregelungen der Art. 15–17 EMRK; abgesehen davon gelten für sie jeweils weitere Rechtfertigungsanforderungen („Schranken-Schranken").

aa) Einschränkbarkeit (Schranken)
(1) Allgemeine Ausnahmen, Art. 15–17 EMRK

Nach Art. 15 EMRK kann im Fall des Krieges oder eines anderen öffentlichen Notstandes jede Vertragspartei Abweichungen von den Konventionsrechten (ausgenommen die in Art. 15 II EMRK genannten wie das Folterverbot) vorsehen, soweit es die Lage unbedingt erfordert und wenn die Maßnahmen nicht in Widerspruch zu den sonstigen völkerrechtlichen Verpflichtungen der Vertragspartei stehen. Unter einem derartigen Notstand ist eine außerordentliche und unmittelbar drohende Gefahrensituation zu verstehen, welche die Gesamtheit der Bevölkerung berührt und das Zusammenleben der Gemeinschaft im Staat be-

---

34 Peters/Altwicker, EMRK, 2. Aufl. 2012, § 3 Rn. 3.
35 EGMR, 6.11.2008, Leela Förderkreis E.V. v. Germany, Nr. 58911/00, Rn. 83 f. = NVwZ 2010, 177.
36 EGMR, 4.12.2008, S. and Marper v. the United Kingdom, Nr. 30562/04 u. a., Rn. 67.
37 Ehlers, in: ders. (Hrsg.), Europäische Grundrechte und Grundfreiheiten, 4. Aufl. 2014, § 2 Rn. 70.

droht.[38] Insoweit wird den Vertragsparteien ein Beurteilungsspielraum einge-räumt;[39] das Abweichen von den Konventionsverpflichtungen muss aber dem Verhältnismäßigkeitsgrundsatz („unbedingt erfordert") genügen, woran es in der Praxis häufig fehlen wird[40].

---

i Weiterführendes Wissen

Daneben erlaubt es Art. 16 EMRK den Vertragsstaaten, im Anwendungsbereich der Meinungs-, Versammlungs- und Vereinigungsfreiheit (Art. 10, 11 EMRK) – ungeachtet des allgemeinen Diskri-minierungsverbots (Art. 14 EMRK) – die politische Tätigkeit ausländischer Personen zu beschrän-ken. Diese Vorschrift spielt indes schon deswegen praktisch keine Rolle, weil sie wegen Art. 18 ff. AEUV auf EU-Bürger nicht anwendbar ist[41]. Das Missbrauchsverbot des Art. 17 EMRK ist ungleich bedeutsamer; es verweigert dem einzelnen Grundrechtsträger die Berufung auf die Rechte der Konvention, sofern er diese Freiheiten zerstören möchte[42]. So kann etwa die Leugnung des Holo-caust[43] ebensowenig den Schutz der Meinungsfreiheit nach Art. 10 EMRK beanspruchen wie an-tisemitische[44] oder islamophobische Äußerungen[45].

---

(2) (Implizite) Schranken bei vorbehaltlosen Konventionsrechten

Vorbehaltlos gewährleistete Konventionsrechte sind – im Unterschied zu den Grundrechten des Grundgesetzes – die Ausnahme.

Beispiel: Während Art. 4 GG nicht ausdrücklich die Möglichkeit der Beschränkung vorsieht und daher nur durch kollidierendes Verfassungsrecht begrenzt werden kann, enthält Art. 9 II EMRK einen expliziten Schrankenvorbehalt.

Soweit es an einer expliziten Schranke fehlt, stellt sich weiter die Frage, ob das betreffende Konventionsrecht überhaupt einer Beschränkung zugänglich ist. Für

---

38 EGMR, 19.2.2009, A. and Others v. the United Kingdom, Nr. 3455/05, Rn. 176.
39 EGMR, 25.5.1993, Brannigan and McBride v. the United Kingdom, Nr. 14553/89 u. a., Rn. 43.
40 Vgl. zum Beispiel EGMR, 19.2.2009, A. and Others v. the United Kingdom, Nr. 3455/05, Rn. 185 ff.; ausführlich dazu Polzin, ZaöRV 78 (2018), 635 (650 ff.) auch mit Blick auf die türkische Derogationserklärung i. S. v. Art. 15 III EMRK.
41 Mensching, in: Karpenstein/Mayer, Konvention zum Schutz der Menschenrechte und Grund-freiheiten: EMRK, 2. Aufl. 2015, Art. 16 Rn. 4.
42 EGMR, 1.7.1961, Lawless v. Ireland, Nr. 332/57, Rn. 7.
43 EGMR, 24.6.2003, Garaudy v. France, Nr. 65831/01.
44 EGMR, 20.2.2007, Ivanov v. Russia, Nr. 35222/04.
45 EGMR, 16.11.2004, Norwood v. United Kingdom, Nr. 23131/03.

das Verbot der Folter wird man das beispielsweise verneinen müssen;[46] „Bagatellfälle" unterfallen insoweit freilich schon nicht dem Schutzbereich des Art. 3 EMRK[47]. Anerkannt hat der EGMR dagegen zum Beispiel die Staatenimmunität als eine implizite Schranke des Rechts auf Zugang zu gerichtlichem Rechtsschutz (Art. 6 I EMRK)[48], soweit die Rechtfertigungsvoraussetzungen im Übrigen (Schranken-Schranken) vorliegen.

(3) Explizite Schrankenregelungen

Regelmäßig gibt es **spezielle Schrankenregelungen**, die jeweils nur die Einschränkung des Konventionsrechts erlauben, für das sie formuliert sind.[49] So erlaubt Art. 8 II EMRK die Einschränkung des Rechts auf Achtung des Privat- und Familienlebens (Art. 8 I EMRK), soweit die darin geregelten (einschränkenden) Voraussetzungen vorliegen.

bb) Grenzen der Einschränkbarkeit (Schranken-Schranken)

Die Schrankenziehung ist ihrerseits Beschränkungen unterworfen („Schranken-Schranken").[50] Insoweit lassen sich gewisse Gemeinsamkeiten zwischen den einzelnen Konventionsrechten ausmachen: Die Beeinträchtigung muss erstens gesetzlich vorgesehen sein, zweitens muss sie einem berechtigten Ziel dienen und drittens in Ansehung dieses Ziels verhältnismäßig sein.

(1) Gesetzesvorbehalt

Alle Abwehrrechte der EMRK verlangen – wenngleich die Formulierungen variieren – eine gesetzliche Grundlage des Eingriffs. Dafür kommt prinzipiell jedes Gesetz im materiellen Sinne, also jede abstrakt-generelle Norm mit Außenwirkung (eingeschlossen die Rechtsverordnung) in Betracht,[51] und zwar unabhängig da-

---

46 Sinner, in: Karpenstein/Mayer, Konvention zum Schutz der Menschenrechte und Grundfreiheiten: EMRK, 2. Aufl. 2015, Art. 3 Rn. 33.

47 Vgl. Marauhn/Merhof, in: Dörr/Grote/Marauhn, EMRK/GG, 2. Aufl. 2013, Kap. 7 Rn. 17, 19.

48 EGMR, 23.3.2010, Cudak v. Lithuania, Nr. 15869/02, Rn. 57.

49 Ehlers, in: ders. (Hrsg.), Europäische Grundrechte und Grundfreiheiten, 4. Aufl. 2014, § 2 Rn. 74.

50 Siehe für das deutsche Recht Milas, § 7, in diesem Lehrbuch.

51 Peters/Altwicker, EMRK, 2. Aufl. 2012, § 3 Rn. 8; näher Matscher, Der Gesetzesbegriff der EMRK, FS Loebenstein, 1991, 105 ff.

Alexander Brade/Lasse Ramson

von, ob sie sich auf ein Parlamentsgesetz zurückführen lässt[52]. Abgesehen davon muss die Rechtsgrundlage dem Bürger ausreichend zugänglich[53] und hinreichend bestimmt sein; der EGMR hat zum Beispiel gesetzliche Regelungen, die einen Verstoß gegen die „guten Sitten" voraussetzen, für zu unbestimmt erachtet[54].

(2) Legitimität des Ziels

Weiter muss die Beeinträchtigung einem legitimen Ziel dienen. Welche Ziele damit gemeint sind, lässt sich dem jeweiligen Konventionsrecht entnehmen.

Beispiel: Bei Art. 9 II EMRK (Gedanken-, Gewissens- und Religionsfreiheit) sind es die öffentliche Sicherheit, der Schutz der öffentlichen Ordnung, die Gesundheit oder Moral oder der Schutz der Rechte und Freiheiten anderer.

Dahingehend, ob die staatliche Maßnahme wirklich einem der genannten Ziele dient, besteht für die Mitgliedstaaten ein erheblicher Beurteilungsspielraum. Vor diesem Hintergrund erübrigt sich zumeist eine genaue Abgrenzung der einzelnen Eingriffsziele.[55]

(3) Verhältnismäßigkeit der Beeinträchtigung

Neben dem Vorliegen eines legitimen Ziels muss die Beeinträchtigung, um mit Art. 8–11 EMRK zu sprechen, „in einer demokratischen Gesellschaft" notwendig sein. Dies entspricht der Sache nach dem **Verhältnismäßigkeitsprinzip**.[56] Zu prüfen ist also, ähnlich wie im <u>deutschen Recht</u>, die Geeignetheit der staatlichen Maßnahme (Möglichkeit der Zielerreichung), ihre Erforderlichkeit (mildestes gleich geeignetes Mittel) sowie die Angemessenheit des eingesetzten Mittels in Relation zu den Belangen des Berechtigten. Dabei nimmt sich der EGMR tenden-

---

52 Strittig, andere Ansicht Marauhn/Merhof, in: Dörr/Grote/Marauhn, EMRK/GG, 2. Aufl. 2013, Kap. 7 Rn. 26. Zur „deutschen" Wesentlichkeitslehre siehe Milas § 7 A.II.1., in diesem Lehrbuch.
53 <u>EGMR, 26.4.1979, Sunday Times v. the United Kingdom, Nr. 6538/74</u>, Rn. 49.
54 <u>EGMR, 25.11.1999, Hashman and Harrup v. the United Kingdom, Nr. 25594/94</u>, Rn. 36ff.
55 Vgl. Grabenwarter/Pabel, EMRK, 6. Aufl. 2016, § 18 Rn. 13 (auch zur Eigentumsgarantie des Art. 1 1. ZP, bei der es an einer expliziten Aufzählung legitimer Ziele fehlt).
56 Vgl. nur <u>EGMR, 25.2.1993, Funke v. France, Nr. 10828/84</u>, Rn. 57: „proportionate to the legitimate aim pursued".

ziell stärker zurück als das BVerfG[57]; i. d. R. verzichtet er auch auf eine (explizite) Prüfung der Erfordernisse der Geeignetheit und Erforderlichkeit[58].

2. Weitere Verpflichtungsdimensionen

Für sämtliche Verpflichtungsdimensionen ist das soeben für die Achtungspflichten entwickelte Prüfungsschema zugrunde zu legen. Modifikationen sind nur vereinzelt vonnöten:

So ist bei den **Schutzpflichten** schon im Rahmen der Betroffenheit des Schutzbereichs herauszuarbeiten, ob und inwieweit sich aus dem jeweiligen Konventionsrecht überhaupt derartige Pflichten ergeben. Sodann ist bei der Beeinträchtigung die Nichterfüllung positiver Pflichten des Staates zu prüfen, bevor unter dem Stichwort „Rechtfertigung" eine Abwägung zwischen den für und gegen die Untätigkeit sprechenden Gründen stattfindet.[59] Dabei dürfen den Mitgliedstaaten keine unmöglichen oder unverhältnismäßigen Lasten auferlegt werden.[60]

Auch bei den **Verfahrensgarantien** ist im ersten Schritt die Eröffnung des Schutzbereichs zu prüfen; für Art. 6 EMRK muss zum Beispiel ermittelt werden, ob eine „zivilrechtliche Streitigkeit" oder eine „strafrechtliche Anklage" vorliegt. Daran schließt sich die Prüfung der jeweiligen verfahrensrechtlichen Vorgaben an,[61] wozu – wie im Fall des Zugangs zu Gericht nach Art. 6 EMRK – auch die Verhältnismäßigkeit der Beschränkung gehören kann[62]. Ähnliche Grundsätze gelten für die (originären) Leistungspflichten: Soweit sich eine derartige Pflicht aus dem Schutzbereich eines Konventionsrechts ableiten lässt, ist nicht die Rechtfertigung einer Beeinträchtigung zu prüfen, sondern vielmehr, ob das Verhalten des jeweiligen Mitgliedstaats mit dem Konventionsrecht vereinbar ist.

Weiterführendes Wissen

Art. 14 EMRK verbietet (ungerechtfertigte) Diskriminierungen (lediglich) im Hinblick auf den Genuss der von der Konvention anerkannten Rechte und Freiheiten. Dies rechtfertigt es, das Diskri-

---

57 Zum Einschätzungsspielraum der Mitgliedstaaten („margin of appreciation") insbesondere für den Fall, dass es an gemeineuropäischen Wertvorstellungen fehlt: Peters/Altwicker, EMRK, 2. Aufl. 2012, § 3 Rn. 18 m.w.N.
58 Vgl. Grabenwarter/Pabel, EMRK, 6. Aufl. 2016, § 18 Rn. 15.
59 Vgl. Peters/Altwicker, EMRK, 2. Aufl. 2012, § 3 Rn. 2, 5, 15.
60 EGMR, 28.10.1998, Osman v. the United Kingdom, Nr. 23452/94, Rn. 116.
61 Grabenwarter/Pabel, EMRK, 6. Aufl. 2016, § 18 Rn. 1, 28 ff. wollen deswegen von vornherein zwischen Abwehrrechten und Verfahrensrechten unterscheiden.
62 Vgl. etwa EGMR, 15.11.2007, Khamidov v. Russia, Nr. 72118/01, Rn. 155.

minierungsverbot zweistufig zu prüfen[63]: Soweit die Konventionsrechte anwendbar sind, ist daher zu ermitteln, ob eine ungleiche Behandlung vergleichbarer Sachverhalte vorliegt und ob sich diese rechtfertigen lässt.[64] Der EGMR prüft dabei, ob der Zweck der Ungleichbehandlung legitim ist und ob die Ungleichbehandlung in einem angemessenen Verhältnis zu diesem Zweck steht.[65]

V. Gegenüberstellung der Konventionsgrundrechte mit denen des Grundgesetzes

Die Konventionsgrundrechte decken sich zu großen Teilen mit denen des Grundgesetzes, wobei der Sinngehalt im Einzelnen variieren kann. Hier soll es zunächst nur um die Fälle gehen, bei denen die Gewährleistungen der EMRK hinter denen des Grundgesetzes zurückbleiben oder – umgekehrt – darüber hinausgehen und die Grundrechte des Grundgesetzes so ergänzen. Letzteres ist insbesondere dann von Interesse, wenn sich die Frage einer völkerrechtsfreundlichen Auslegung des Grundgesetzes stellt.

1. Rechte der EMRK, deren Schutzbereich enger ist als im Grundgesetz

Eine allgemeine Handlungsfreiheit, wie sie das Grundgesetz in ihrem Art. 2 I vorsieht, kennt die EMRK nicht. Das Recht jeder Person auf Achtung des Privat- und Familienlebens (Art. 8 EMRK) wird zwar weit ausgelegt[66], aber doch enger als bei Art. 2 I GG. So setzt der EGMR voraus, dass die betreffenden Handlungen von gewisser Relevanz für die menschliche Persönlichkeit sind.[67] Keine ausdrückliche Erwähnung in der Konvention findet auch die Menschenwürde. Sie spielt aber sowohl für das Folterverbot (Art. 3 EMRK) als auch für die Abschaffung der Todesstrafe (13. Zusatzprotokoll zur EMRK) eine gewisse Rolle. Der EGMR führt daher aus: „Das Wesentliche der Konvention ist die Achtung der Menschenwürde und der menschlichen Freiheit."[68] In diesem Zusammenhang ist noch das Grundrecht auf Asyl zu erwähnen, das die Konvention nicht ausdrücklich anerkennt. Gleich-

---

63 Alternativ ist wie bei den Unionsgrundrechten auch ein dreistufiger Aufbau vertretbar.

64 Peters/Altwicker, EMRK, 2. Aufl. 2012, § 3 Rn. 17.

65 Vgl. Sauer, in: Karpenstein/Mayer, Konvention zum Schutz der Menschenrechte und Grundfreiheiten: EMRK, 2. Aufl. 2015, Art. 14 Rn. 35 ff. mit Nachweisen zur Rechtsprechung.

66 EGMR, 22.1.2008, E.B. v. France, Nr. 43546/02, Rn. 43 = NJW 2009, 3637.

67 EGMR, 24.11.2009, Friend and Others v. the United Kingdom, Nr. 16072/06 u.a., Rn. 40 ff.; zur „Persönlichkeitskerntheorie" bei Art. 2 I GG.

68 EGMR, 29.4.2002, Pretty v. the United Kingdom, Nr. 2346/02, Rn. 65 = NJW 2002, 2851 (2854).

wohl lassen sich Art. 3 EMRK Abschiebungs- und Auslieferungsverbote entnehmen, soweit im Zielstaat die Anwendung von Folter droht[69].

Abgesehen von den Teilelementen des Verbots der Sklaverei und der Zwangsarbeit (Art. 4 II, III EMRK), fehlt in der EMRK außerdem ein Schutz der Berufsfreiheit. Dieses Defizit wird aber zumindest teilweise dadurch kompensiert, dass berufsbezogene Betätigungen des Einzelnen auch als Bestandteil von Art. 8 EMRK angesehen werden[70]. Ähnliche Beobachtungen lassen sich für den allgemeinen Gleichheitssatz machen. Art. 14 EMRK verbietet – als lediglich akzessorisches Recht – nur Diskriminierungen im Hinblick auf den Genuss der von der Konvention anerkannten Rechte und Freiheiten.[71]

2. Rechte der EMRK, deren Schutzbereich weiter ist als im Grundgesetz
Die Konvention geht einerseits zum Teil materiellrechtlich über die Grundrechte des Grundgesetzes hinaus. So enthält zum Beispiel Art. 2 des (1.) Zusatzprotokolls zur EMRK ein „Recht auf Bildung", das nur teilweise von Art. 2 I GG[72] beziehungsweise Art. 12 I GG (i. V. m. Art. 3 I GG)[73] abgebildet wird. Was das explizit in Art. 3 EMRK normierte Folterverbot angeht, wird man davon ausgehen müssen, dass es in Art. 1 I GG und Art. 2 II GG enthalten ist, deren Regelungsgehalte insoweit durch die konventionsrechtliche Gewährleistung unterstrichen werden[74].

Besonderes Augenmerk legt die EMRK andererseits auf die Gewährung von Verfahrensgarantien, die zum Teil erheblich über diejenigen des Grundgesetzes hinausgehen. Art. 5 EMRK korrespondiert zwar mit den Garantien des Art. 104 GG, zeigt sich dabei aber deutlich „detailverliebter".

Beispiel: Art. 5 V EMRK zählt die Haftgründe abschließend auf und gewährt ferner ein Recht auf Haftentschädigung.

---

69 EGMR, 13.12.2016, Paposhvili v. Belgium, Nr. 41738/10, Rn. 172 ff.
70 EGMR, 27.7.2004, Sidabras and Džiautas v. Lithuania, Nr. 55480/00, Rn. 47 ff.
71 Ehlers, in: ders. (Hrsg.), Europäische Grundrechte und Grundfreiheiten, 4. Aufl. 2014, § 2 Rn. 27; mit Nachweisen zur durchaus großzügigen Rechtsprechung des EGMR, vgl. nur Sauer, in: Karpenstein/Mayer, Konvention zum Schutz der Menschenrechte und Grundfreiheiten: EMRK, 2. Aufl. 2015, Art. 14 Rn. 9. Zum allgemeinen Diskriminierungsverbot durch das 12. Zusatzprotokoll zur EMRK: Peters/König, in: Dörr/Grote/Marauhn, EMRK/GG, 2. Aufl. 2013, Kap. 21 Rn. 45 ff.
72 Zum „Recht auf Ausbildung": BVerfG, Beschl. v. 8.10.1997, Az.: 1 BvR 9/97 = BVerfGE 96, 288 (306).
73 Vgl. nur BVerfG, Beschl. v. 8.5.2013, Az.: 1 BvL 1/08 = BVerfGE 134, 1 zur Verfassungsmäßigkeit der Studiengebühren, beachte nunmehr aber das „Recht auf schulische Bildung": BVerfG, Beschl. v. 19.11.2021, Az.: 1 BvR 971/21 u.a., Ls. 1 – Bundesnotbremse II (Schulschließungen).
74 Vgl. Sinner, in: Karpenstein/Mayer, Konvention zum Schutz der Menschenrechte und Grundfreiheiten: EMRK, 2. Aufl. 2015, Art. 3 Rn. 4 (auch zum Fall „Gäfgen").

Alexander Brade/Lasse Ramson

Dasselbe gilt für das Recht auf ein faires Verfahren im Sinne des Art. 6 EMRK, das unter anderem ein Recht auf Verhandlung in angemessener Frist sowie die Unschuldsvermutung einschließt. Sein Pendant im Grundgesetz – das BVerfG stützt sich insofern auf Art. 2 I i.V.m. Art. 20 III GG[75] – enthält im Vergleich zu Art. 6 EMRK keine in allen Einzelheiten bestimmten Gebote und Verbote. Weitgehend parallel liegen dagegen Art. 13 EMRK (Recht auf wirksame Beschwerde) und Art. 19 IV GG.[76] Keinerlei Entsprechung im Grundgesetz haben schließlich eine Reihe der in den Zusatzprotokollen zur EMRK normierten Konventionsrechte, darunter das (in Deutschland noch keine Geltung beanspruchende) Recht auf Entschädigung bei Fehlurteilen (Art. 3 des 7. Zusatzprotokolls zur EMRK) sowie das Recht, Strafurteile von einem übergeordneten Gericht nachprüfen zu lassen (Art. 2 des 7. Zusatzprotokolls zur EMRK).

B. Andere Instrumente des Völkerrechts

I. Völkervertragsrechtliche Regime

Neben der EMRK existieren noch diverse weitere völkervertragsrechtliche Instrumente, die Menschenrechte beinhalten, wobei im Gegensatz zur EMRK nicht alle dieser Instrumente über ein Individualbeschwerdeinstrument verfügen. Völkervertragsrecht lässt sich in regionale und überregionale Abkommen unterteilen.

1. Regionales Völkervertragsrecht

Der maßgebliche Rahmen für regionale Verträge, an denen Deutschland beteiligt ist, ist der Europarat. Neben der EMRK und ihren Zusatzprotokollen existieren darin weitere menschenrechtliche Abkommen, die grundrechtliche Bestimmungen enthalten. Viele von ihnen enthalten keine unmittelbaren Individualrechte, sondern bedürfen der Umsetzung durch Gesetzgebungstätigkeit. Besonders hervorzuheben ist die europäische Sozialcharta, die Teilhabe- und Leistungsrechte statuiert. Sie ist für Deutschland mangels Ratifikation nicht in der 1996 aufgelegten revidierten Fassung verbindlich,[77] sondern in der Ursprungsfassung von 1961. Da-

---

75 Vgl. zum Beispiel BVerfG, Beschl. v. 8.6.2010, Az.: 2 BvR 432/07, Rn. 39 = NJW 2011, 591.
76 Zu den Unterschieden im Einzelnen: Richter, in: Dörr/Grote/Marauhn, EMRK/GG, 2. Aufl. 2013, Kap. 20 Rn. 12 ff.
77 Liste der Unterzeichnerstaaten der revidierten Sozialcharta, die keine Ratifizierung vorgenommen haben, auf der Website des Europarats.

Alexander Brade/Lasse Ramson

neben existieren diverse weitere Abkommen, die sich etwa mit der Gleichstellung von Männern und Frauen, Kinderrechten sowie (Sprach-)Minderheitenschutz beschäftigen.[78]

2. Regionenübergreifendes Völkervertragsrecht

Auch im regionenübergreifenden Rahmen, vor allem unter der Schirmherrschaft der Vereinten Nationen, gibt es eine große Zahl menschenrechtlichen Vertragsrechts. Das bekannteste universelle menschenrechtliche Dokument, die Allgemeine Erklärung der Menschenrechte, hat zwar eine hohe politische Bedeutung, ist aber als Resolution der UN-Generalversammlung rechtlich unverbindlich.[79] Verbindlich sind hingegen die beiden „großen" Menschenrechtspakte: Der Pakt über die bürgerlichen und politischen Rechte (ICCPR) und der Pakt über die wirtschaftlichen, sozialen und kulturellen Rechte (ICESCR). Sie bauen auf der Allgemeinen Erklärung auf und präzisieren und erweitern die darin enthaltenen Menschenrechte.[80] Beide Pakte wurden im Laufe der Jahre durch Zusatzprotokolle ergänzt. Daneben besteht eine Vielzahl von weiteren, bereichsspezifischen menschenrechtlichen Verträgen.[81]

3. Wirkung in der deutschen Rechtsordnung

Völkerrechtliche Verträge, also auch die hier vorgestellten menschenrechtlichen Instrumente, teilen innerhalb der deutschen Rechtsordnung den Rang des Zustimmungsgesetzes, sind also gemäß Art. 59 II 1 GG als einfache Bundesgesetze einzustufen.[82] Angesichts der Völkerrechts- und vor allem Menschenrechtsfreundlichkeit (Art. 1 II GG) des Grundgesetzes ist es allerdings überzeugend, in Anlehnung an die Görgülü-Rechtsprechung zur EMRK die Grundrechte des Grundgesetzes auch mit Blick auf andere menschenrechtliche Verträge **völker-**

---

78 Eine Übersicht über die von Deutschland ratifizierten (nicht nur menschenrechtlichen) Verträge im Rahmen des Europarats findet sich auf der Website des Europarats; unterzeichnete, aber nicht ratifizierte Verträge finden sich ebenfalls dort.
79 Nettesheim, in: Merten/Papier (Hrsg.), Handbuch der Grundrechte in Deutschland und Europa, Bd. VI/2, 2010, § 173 Rn. 11.
80 Nettesheim, in: Merten/Papier (Hrsg.), Handbuch der Grundrechte in Deutschland und Europa, Bd. VI/2, 2010, § 173 Rn. 12.
81 Siehe nur die Auswahl der wichtigsten Menschenrechtsverträge, auch zu spezifischen Themen, vom Büro des UN-Hochkommissars für Menschenrechte auf der Website des Office of the United Nations High Commissioner for Human Rights.
82 Vedder, in: Merten/Papier (Hrsg.), Handbuch der Grundrechte in Deutschland und Europa, Bd. VI/2, 2010, § 174 Rn. 163.

Alexander Brade/Lasse Ramson

rechtskonform auszulegen.[83] Bezüglich des Übereinkommens über die Rechte von Menschen mit Behinderungen (CRPD) hat das BVerfG eine solche völkerrechtskonforme Auslegung der Grundrechte anerkannt,[84] zum Internationalen Übereinkommen zur Beseitigung jeder Form von Rassendiskriminierung (ICERD) und zum Übereinkommen zur Beseitigung jeder Form von Diskriminierung der Frau (CEDAW), denen insoweit auch Potenziale zugeschrieben werden, existieren noch keine Entscheidungen. Dabei ist allerdings einschränkend zu bedenken, dass völkervertragsrechtliche Bestimmungen nur insoweit im Rahmen der deutschen Rechtsordnung Geltung beanspruchen, wie sie unmittelbar anwendbar (self-executing) sind. Dies ist in jedem Fall durch Auslegung zu ermitteln, wobei maßgebliche Kriterien die Frage der Subsumtionsfähigkeit und in Bezug auf Grundrechtspositionen die Frage ist, ob die maßgebliche Bestimmung ihrem Sinn und Zweck nach unmittelbar Individualrechte vermitteln soll. Dabei gelten die völkerrechtlichen Auslegungsregeln der Art. 31 ff. VCLT[85] und die Rechtsprechung internationaler Gerichte ist zu respektieren.[86]

Häufig wird es auch in Fällen der unmittelbaren Anwendbarkeit nicht notwendig sein, die betreffende Norm anzuwenden, wenn die entsprechende Grundrechtsposition aus dem Grundgesetz einen weiterreichenden Schutz gewährt.

Beispiel: Art. 16 Nr. 1 Genfer Flüchtlingskonvention (GFK) gewährt Flüchtlingen unmittelbar freien Zugang zu Gerichten der Unterzeichnerstaaten. Dadurch, dass die Rechtsschutzgarantie des Art. 19 IV GG ohnehin als Menschenrecht ausgestaltet ist, bedarf es wegen des zumindest gleichwertigen Schutzes keiner Erweiterung des Schutzbereichs von Art. 19 IV GG durch Art. 16 Nr. 1 GFK.

II. Völkergewohnheitsrecht

Völkergewohnheitsrecht ist eine Form ungeschriebenen Völkerrechts, das durch allgemeine Übung (consuetudo), getragen von der Überzeugung der rechtlichen Verbindlichkeit der Norm (opinio iuris), entsteht. Soweit sich im Völkergewohnheitsrecht menschenrechtliche Gewährleistungen finden lassen, werden diese durch Art. 25 Satz 1 GG eins zu eins in deutsches Recht umgesetzt. Das heißt auch, dass sie nur insoweit echte Individualrechte begründen, wie die völkerrechtliche

---

83 Vedder, in: Merten/Papier (Hrsg.), Handbuch der Grundrechte in Deutschland und Europa, Bd. VI/2, 2010, § 174 Rn. 163.
84 BVerfG, Beschl. v. 30.1.2020, Az.: 2 BvR 1005/18, Rn. 39 f.
85 Wiener Vertragsrechtskonvention.
86 BVerfG, Beschl. v. 7.9.2019, Az.: 2 BvE 2/16, Rn. 51.

Norm solche Rechte enthält.[87] Die Geltung und Reichweite praktisch aller völkergewohnheitsrechtlichen menschenrechtlichen Gewährleistungen ist umstritten.[88] Da meist nur Kernbereiche allgemein anerkannt sind, spielen völkergewohnheitsrechtliche Menschenrechte für das deutsche Recht, das mit seinen Grundrechten häufig einen umfassenderen Schutz gewährt, nur selten eine Rolle. Praktisch bedeutsam sind sie vor allem im Bereich der justiziellen Rechte, insbesondere in Auslieferungsverfahren.[89]

Beispiel: Das BVerfG nimmt an, dass es bestimmte Prüfpflichten für deutsche Gerichte gibt, bevor sie die Auslieferung im Ausland verurteilter Straftäter billigen, da Kernbereiche des fairen Verfahrens durch Völkergewohnheitsrecht geschützt und daher über Art. 25 Satz 1, 2 GG zu beachten sind.[90]

Zusammenfassung: Die wichtigsten Punkte
– Soweit die EMRK nach ihrem Art. 1 anwendbar ist, orientiert sich die Prüfung der Konventionsrechte weitgehend an der Struktur zu den Grundrechten des Grundgesetzes.
– Die Grundrechte des Grundgesetzes sind mit Blick auf die EMRK und andere menschenrechtliche Verträge völkerrechtskonform auszulegen.
– Inhaltlich unterscheiden sich die Bundesgrundrechte und die Konventionsrechte zum Teil erheblich, insbesondere für den Bereich der Verfahrensgarantien.

Weiterführende Studienliteratur
– Patrick Braasch, Einführung in die Europäische Menschenrechtskonvention, JuS 2013, S. 602–607
– Dirk Ehlers (Hrsg.), Europäische Grundrechte und Grundfreiheiten, 4. Aufl. 2015, vor allem § 2 (Allgemeine Lehren)
– Christoph Grabenwarter/Katharina Pabel, Europäische Menschenrechtskonvention, 7. Aufl. 2021

Dieses Kapitel darf gerne kommentiert, verändert und beliebig genutzt werden. Jeder Link in der PDF-Version des Textes führt zur Überarbeitungsmöglichkeit bei der Plattform Wikibooks. Eine konkrete Anleitung zur Mitarbeit & Weiternutzung findet sich auf unserer Homepage | ebenfalls über den abgebildeten QR-Code mit der Smartphone-Kamera erreichbar.

---

87 Vgl. BVerfG, Beschl. v. 3.12.1969, Az.: 1 BvR 624/56 = BVerfGE 27, 253 (274) – Kriegsfolgeschäden.
88 Oeter, in: Merten/Papier (Hrsg.), Handbuch der Grundrechte in Deutschland und Europa, Bd. VI/2, 2010, § 180 Rn. 5.
89 Siehe die Liste bei Herdegen, in: Dürig/Herzog/Scholz, GG, 95. EL Juli 2021,, Art. 25 Rn. 71.
90 BVerfG, Beschl. v. 4.7.2005, Az.: 2 BvR 283/05, Rn. 24.

Alexander Brade/Lasse Ramson

§ 16 Landesverfassungen in Deutschland

Notwendiges Vorwissen: Grundrechtsfunktionen, Prüfungsstruktur Freiheits-grundrecht und Schutzpflichten

Lernziel: Zusammenspiel der Grundrechtsordnungen des Bundes und der Länder verstehen

---

Für dieses Kapitel gibt es frei zugängliche interaktive Übungen. Halte ein-fach deine Smartphone-Kamera vor den Kasten mit den Punkten (QR-Code).

Landesverfassungen enthalten Grundrechte in unterschiedlichem Umfang: Die Verfassung der Freien und Hansestadt Hamburg kommt als einzige ganz ohne Grundrechtsgewährleistungen aus,[1] während andere Länder (Baden-Württem-berg, Nordrhein-Westfalen, Schleswig-Holstein) die Grundrechte des Grundgeset-zes insgesamt zum Bestandteil ihrer Landesverfassung erklären beziehungsweise zusätzlich eigene Grundrechte vorsehen (Mecklenburg-Vorpommern, Niedersach-sen)[2]. Alle übrigen Landesverfassungen enthalten gänzlich eigenständige Grund-rechtskataloge, die zum Teil auch soziale Grundrechte umfassen. Gerade für diese Bundesländer stellt sich die Frage, wie sich ihre grundrechtlichen Gewährleistun-gen zu denen des Grundgesetzes verhalten.

A. Landesgrundrechte

I. Anwendungsbereich der Landesgrundrechte

Landesgrundrechte kommen unmittelbar nur gegenüber der Landesstaatsgewalt zum Tragen, sei es dadurch, dass die Exekutive, die Judikative oder – allen vo-

---

1 Zur (im Ergebnis zu verneinenden) Frage, ob die Länder zur Einführung eines eigenstaatlichen Grundrechtstatbestandes verpflichtet sind etwa Dietlein, AöR 120 (1995), 1 (2) m.w.N. Allgemein zu den Grenzen der Verfassungsautonomie der Länder: Lindner, AöR 143 (2018), 437 (442ff.).
2 Zur rechtlichen Problematik dieser Übernahmeklauseln („Rezeption") ausführlich Dietlein, AöR 120 (1995), 1 (4ff.); Grawert, in: Merten/Papier (Hrsg.), Handbuch der Grundrechte in Deutschland und Europa, Bd. III, 2009, § 84 Rn. 21ff.

ran – die Legislative[3] des jeweiligen Bundeslandes durch ihr Tätigwerden in die (Landes-)Grundrechte des oder der Einzelnen eingreift. Da Art. 1 III GG nicht nur die Bundes-, sondern jegliche Landesstaatsgewalt außerdem an die Grundrechte des Grundgesetzes bindet,[4] kommt es insoweit zu einer **Verdoppelung** des Grundrechtsschutzes und damit zu einer „Verdoppelung der Nichtigkeitschance" vor den Landesverfassungsgerichten[5]. Das ist für die Betroffenen vor allem dann von Bedeutung, wenn die Landesgrundrechte materiellrechtlich ein <u>Mehr an Schutz</u> gegenüber den Grundrechten des Grundgesetzes gewähren oder die prozessualen Hürden dort niedriger ausfallen.

Beispiel: Gegen ein bayerisches Landesgesetz besteht die für jedermann vorgesehene Möglichkeit, Popularklage beim Bayerischen Verfassungsgerichtshof einzulegen (Art. 98 S. 4 Verf. Bayern, § 55 BayVfGHG).[6]

Dagegen sind die Grundrechte der Landesverfassungen für das BVerfG nicht unmittelbarer Maßstab.[7] Es zieht sie allenfalls **rechtsvergleichend** heran, um den Inhalt der Grundrechte des Grundgesetzes näher zu bestimmen.[8]

II. Verhältnis zu den Grundrechten des Grundgesetzes

Für das Verhältnis von Landesgrundrechten und Bundesgrundrechten gelten zwei Grundsätze: Soweit Grundrechte eines Landes im Gegensatz zum Bundesrecht (einschließlich des Grundgesetzes) stehen, geht das Bundesrecht vor, **Art. 31 GG.**[9]

---

3 Vgl. Classen, Staatsrecht II: Grundrechte, 2018, § 2 Rn. 36.
4 Dietlein, AöR 120 (1995), 1 (2); Uerpmann, Der Staat 35 (1996), 428 (439).
5 Lindner, JuS 2018, 233 (234).
6 Ausführlich zur Popularklage in Bayern: Sodan, in: Merten/Papier (Hrsg.), Handbuch der Grundrechte in Deutschland und Europa, Bd. III, 2009, § 84 Rn. 34 ff.
7 Manssen, Staatsrecht II: Grundrechte, 17. Aufl. 2020, § 1 Rn. 20.
8 Vgl. etwa <u>BVerfG, Beschl. v. 24.4.1953, Az.: 1 BvR 102/51</u> = BVerfGE 2, 237 (262) für das Verständnis des allgemeinen Gleichheitssatzes. Zur wechselwirksamen Grundrechtsauslegung im Einzelnen Grawert, in: Merten/Papier (Hrsg.), Handbuch der Grundrechte in Deutschland und Europa, Bd. III, 2009, § 84 Rn. 43 ff.
9 Hufen, Staatsrecht II: Grundrechte, 7. Aufl. 2018, § 4 Rn. 8.

Alexander Brade/Lasse Ramson

Beispiel: Bis zu ihrer Reform im Jahr 2018 sah die Verfassung des Landes Hessen in ihren Art. 21 I 2 und Art. 109 I 2 die Verhängung der Todesstrafe vor, was ersichtlich im Widerspruch zu Art. 102 GG stand.

Soweit die Landesgrundrechte jedoch mit den Grundrechten des Grundgesetzes übereinstimmen, sind sie nach **Art. 142 GG** gültig und binden die Landesstaatsgewalt uneingeschränkt. Darunter fallen nicht nur inhaltsgleiche (Landes-) Grundrechte[10], sondern (über den Wortlaut des Art. 142 GG hinaus) auch solche die – gegebenenfalls als Ausfluss der Rechtsprechung der Landesverfassungsgerichte – einen weitergehenden Schutz gewährleisten. Umstritten ist, was im Fall der Unterschreitung des grundgesetzlichen Schutzniveaus geschieht.[11] Die inzwischen überwiegende Auffassung geht davon aus, dass auch dann kein Kollisionsfall gegeben ist, mit der Folge, dass das entsprechende Landesgrundrecht fortgilt.[12]

Es gibt Fälle, in denen die Landesgrundrechte zwar über Art. 142 GG weitergelten, sie aber **nicht als Maßstab** für die Überprüfung von Landesrechtsakten herangezogen werden können. Das gilt zum einen, soweit der entsprechende Akt durch Unionsrecht oder Bundesrecht determiniert, das heißt inhaltlich vorfestgelegt ist und dieses keine Gestaltungsspielräume zugunsten der Landesstaatsgewalt einräumt.[13] Zum anderen soll sowohl eine Prüfung des bundesrechtlichen materiellen Rechts (BGB, BauGB, StGB, etc.) als auch seiner Anwendung im Ein-

---

10 Inhaltsgleich – und damit zulässiger Prüfungsmaßstab für das Landesverfassungsgericht – ist das entsprechende Landesgrundrecht nur, wenn es in dem zu entscheidenden Fall zu demselben Ergebnis wie das Grundgesetz führt (BVerfG, Beschl. v. 15.10.1997, Az.: 2 BvN 1/95 = BVerfGE 96, 345 (345 f.); dem folgend zum Beispiel HessStGH, Urt. v. 10.5.2017, Az.: P.St. 2545 = NVwZ 2017, 1136. Eingehend zu den Entwicklungsstationen der Rechtsprechung des BVerfG: Grawert, in: Merten/Papier (Hrsg.), Handbuch der Grundrechte in Deutschland und Europa, Bd. III, 2009, § 84 Rn. 76 ff. m. w. N.

11 Ausführlich zum Merkmal der „Übereinstimmung" Unruh, in: v. Mangoldt/Klein/Starck, GG, 7. Aufl. 2018, Art. 142 Rn. 9 ff. und Maurer, in: Merten/Papier (Hrsg.), Handbuch der Grundrechte in Deutschland und Europa, Bd. III, 2009, § 82 Rn. 62 ff.

12 BVerfG, Beschl. v. 15.10.1997, Az.: 2 BvN 1/95 = BVerfGE 96, 345 (365): „Übereinstimmung" im Sinne des Art. 142 GG = Widerspruchsfreiheit. Vgl. etwa Dreier, in: Dreier, GG, 3. Aufl. 2015, Art. 31 Rn. 51; näher Lindner, JuS 2018, 233 (235 f.) am Beispiel der Art. 103, 159 Verf. Bayern, die an sich hinter Art. 14 III GG zurückbleiben, weil sie im Fall der Legislativenteignung keine im Gesetz geregelte Entschädigung einfordern, dafür aber generell in Kraft bleiben.

13 Vgl. nur Möstl, AöR 130 (2005), 350 (383).

Alexander Brade/Lasse Ramson

zelfall[14] durch ein Landesgericht[15] anhand der Landesgrundrechte ausscheiden. Für zulässig gehalten wird eine solche Kontrolle demgegenüber bezüglich der Anwendung der (bundesrechtlichen) Normen des Prozessrechts (ZPO, VwGO, StPO, etc.) im Hinblick auf die Einhaltung der <u>Verfahrensgrundrechte</u>: Soweit Landes- und Bundesverfahrensgrundrechte[16] inhaltsgleich im obigen Sinne sind, könne die Entscheidung des Landesgerichts – obwohl in einem bundesrechtlich geregelten Verfahren ergangen – demnach durch das Landesverfassungsgericht (auch) am Maßstab der Landesverfassung überprüft werden.[17]

B. Gegenüberstellung der Grundrechte der Länder mit denen des Bundes

Soweit eine Landesverfassung überhaupt keine Grundrechte enthält oder die (gesamten) Grundrechte des Grundgesetzes inkorporiert, stellt sich die Frage von vornherein nicht, welche grundrechtlichen Besonderheiten sie aufweist. Enthält die jeweilige Landesverfassung dagegen einen eigenständigen Grundrechtskatalog, offenbart sich eine außerordentliche Regelungsvielfalt. Insbesondere die älteren Landesverfassungen weisen dabei einzelne Grundrechte auf, deren Normtext vollständig mit denen des Grundgesetzes **übereinstimmt**.

Beispiel: Art. 7 I Verf. Rheinland-Pfalz lautet ebenso wie Art. 13 I GG: „Die Wohnung ist unverletzlich".

---

14 Eine Kontrolle am Maßstab des Willkürverbots für möglich haltend: BayVerfGHE 57, 16 (20) = BeckRS 2004, 147569. Noch weitergehender <u>VerfGH Berlin, Beschl. v. 12.1.1993, Az.: 55/92, Rn. 22</u> (zu diesem sogenannten Honecker-Beschluss zum Beispiel Brocker, DÖV 2021, 1 (5 ff.)) sowie der VerfGH Sachsen, s. zum Beispiel <u>Beschl. v. 29.1.2004, Az.: Vf. 22-IV-03</u> sowie kürzlich <u>Beschl. v. 30.8.2018, Az.: Vf. 73-IV-18</u> (kritisch zu letzterem <u>Gmeiner, ZIS 2019, 451 (454 f.)</u>). Ausführlich zur (divergenten) Rechtsprechung der Landesverfassungsgerichte: Rozek, in: Merten/Papier (Hrsg.), Handbuch der Grundrechte in Deutschland und Europa, Bd. III, 2009, § 85 Rn. 12 ff., 39 ff.
15 Ist die landesgerichtliche Entscheidung bereits durch ein Bundesgericht bestätigt worden, kommt eine Überprüfung durch das Landesverfassungsgericht jedenfalls dann nicht mehr in Betracht, wenn sich das Bundesgericht inhaltlich mit der landesgerichtlichen Entscheidung auseinandergesetzt hat. Dazu Sodan, in: Merten/Papier (Hrsg.), Handbuch der Grundrechte in Deutschland und Europa, Bd. III, 2009, § 84 Rn. 55.
16 Achtung: Entgegen seinem Wortlaut wird Art. 142 GG auch auf die in Art. 101, 103 und 104 GG geregelten grundrechtsgleichen Rechte angewendet, Grawert, in: Merten/Papier (Hrsg.), Handbuch der Grundrechte in Deutschland und Europa, Bd. III, 2009, § 84 Rn. 95; andere Ansicht Hain, JZ 1998, 620 (622).
17 Vgl. <u>BVerfG, Beschl. v. 15.10.1997, Az.: 2 BvN 1/95</u> = BVerfGE 96, 345 (346). Dazu zum Beispiel <u>Gmeiner, ZIS 2019, 451 f., 453</u>.

Alexander Brade/Lasse Ramson

Vor diesem Hintergrund orientieren sich die Landesverfassungsgerichte häufig an der Rechtsprechung des BVerfG zu den gleichlautenden Grundrechten des Grundgesetzes.[18] Daneben finden sich wörtliche Übernahmen einzelner Grundrechte des Grundgesetzes in neueren Landesverfassungen, darunter der Verfassung des Freistaates Sachsen.

Beispiel: Die Sächsische Verfassung hat unter anderem den Schutz der Menschenwürde (Art. 14 I), das Recht auf freie Entfaltung der Persönlichkeit (Art. 15), das Recht auf Leben und Freiheit der Person (Art. 16 I) sowie die Versammlungsfreiheit (Art. 23) wortgleich aus dem Grundgesetz übernommen.

Abweichungen finden sich ebenfalls sowohl in den „alten" als auch in den „neuen" Landesverfassungen[19]. Art. 2 I Verf. Hessen vom 1.12.1946 lautet zum Beispiel wie folgt: „Der Mensch ist frei. Er darf tun und lassen, was die Rechte anderer nicht verletzt oder die verfassungsmäßige Ordnung des Gemeinwesens nicht beeinträchtigt." Trotz abweichender Formulierung ergeben sich dabei keinerlei Abweichungen vom Schutzbereich des Art. 2 I GG – verstanden als <u>allgemeine Handlungsfreiheit</u>.[20] Dasselbe Phänomen lässt sich bei den Grundrechten beobachten, die die neueren Landesverfassungen der Rechtsprechung des BVerfG entnommen und diese entsprechend in ihren Grundrechtekatalog aufgenommen haben. Prominentes Beispiel ist das Datenschutz-Grundrecht als Äquivalent zum <u>Grundrecht auf informationelle Selbstbestimmung</u>.[21] So heißt es in Art. 33 der Sächsischen Verfassung: „Jeder Mensch hat das Recht, über die Erhebung, Verwendung und Weitergabe seiner personenbezogenen Daten selbst zu bestimmen."

Anders liegt es, soweit die Landesgrundrechte über das Schutzniveau des Grundgesetzes **hinausgehen**. Art. 6 Verf. Hessen macht aus dem „Deutschengrundrecht" des Art. 11 GG beispielsweise ein „Jedermannsrecht".[22] Weiterungen gibt es auch für den sachlichen Schutzbereich. So hat die Verfassung für den Freistaat Thüringen schon weit vor Anerkennung des Rechts auf selbstbestimmtes

---

18 Vgl. Lange, in: Merten/Papier (Hrsg.), Handbuch der Grundrechte in Deutschland und Europa, Bd. III, 2009, § 83 Rn. 9 (am Beispiel von Art. 14 GG und Art. 103 I Verf. Bayern).

19 Ausführlich zur Entwicklung vor- und nachgrundgesetzlicher Landesgrundrechte sowie den Grundrechten der neuen Länder: Maurer, in: Merten/Papier (Hrsg.), Handbuch der Grundrechte in Deutschland und Europa, Bd. III, 2009, § 82 Rn. 37 ff. und Peine, LKV 2012, 385 (386).

20 Siehe zu diesem Grundrecht Würkert, § 17, in diesem Lehrbuch.

21 Siehe dazu Ruschemeier, § 24.3., in diesem Lehrbuch.

22 Durner, in: Merten/Papier (Hrsg.), Handbuch der Grundrechte in Deutschland und Europa, Bd. VIII, 2017, § 234 Rn. 21. Weiterführend Lange, in: Merten/Papier (Hrsg.), Handbuch der Grundrechte in Deutschland und Europa, Bd. III, 2009, § 83 Rn. 36.

Alexander Brade/Lasse Ramson

Sterben durch das BVerfG[23] ausgesprochen, dass die Würde des Menschen „auch im Sterben zu achten und zu schützen" ist (Art. 1 I 2)[24]. Daneben erkennen zahlreiche Landesverfassungen sogenannte **soziale Grundrechte** in weitaus größerem Umfang als das Grundgesetz an.[25] Diese unterscheiden sich insofern von den „klassischen" Freiheits- und Gleichheitsrechten, als sie vom Staat nicht fordern, Eingriffe zu unterlassen, sondern ihn umgekehrt zum Handeln zwingen und dabei gegebenenfalls auch Eingriffe zulasten Privater vorzunehmen.

Beispiel: Zu diesen Rechten gehören die Pflicht zur Förderung der Erwachsenenweiterbildung (Art. 33 I), der Kunst und Kultur (Art. 34 I, II) sowie des Sports (Art. 35) in der Verfassung des Landes Brandenburg[26]. Die bremische Verfassung erkennt weiter ein Recht auf Arbeit (Art. 8 I) sowie den Anspruch auf eine angemessene Wohnung (Art. 14 I) an.

Weiterführendes Wissen

Das hat für die Betroffenen auch praktische Folgen: Gewährt die jeweilige Landesverfassung wie zum Beispiel in Berlin ein Recht auf angemessenen Wohnraum (Art. 28 I) ergibt sich daraus eine stärkere Rechtsposition vor den Landesverfassungsgerichten als vor dem BVerfG, was selbst dann gilt, wenn man dieses Recht – entgegen dem Normtext – „lediglich" als eine Art Staatszielbestimmung deutet[27].

Eher selten tritt dagegen der Fall auf, dass die Landesgrundrechte hinter dem Schutzniveau des Grundgesetzes zurückbleiben. Zu nennen ist die Berufsfreiheit in Art. 28 I Verf. Sachsen, die im Unterschied zu Art. 12 I GG kein Grundrecht auf Schulbildung enthält.[28] Außerdem fällt Art. 15 Verf. Brandenburg ins Auge, der insofern hinter Art. 13 GG zurückbleibt, als er den Rechtsstand vor der Grundgesetzänderung aus dem Jahr 1998, die zu einer Weiterung des Schutzes vor heim-

---

23 BVerfG, Urt. v. 26.2.2020, Az.: 2 BvR 2347/15 u.a. = NJW 2020, 905.
24 Näher dazu Hillgruber, in: Merten/Papier (Hrsg.), Handbuch der Grundrechte in Deutschland und Europa, Bd. VIII, 2017, § 233 Rn. 35.
25 Ausführlich Shirvani, in: Merten/Papier (Hrsg.), Handbuch der Grundrechte in Deutschland und Europa, Bd. VIII, 2017, § 242.
26 Näher zum „einmaligen" Brandenburger Grundrechtskatalog: Peine, LKV 2012, 385 (387).
27 Vgl. für Bayern Kment, NJW 2018, 3692 (3694) m.w.N.; zur Debatte über die Sozialisierung von Wohnraum in Berlin und der dort fehlenden Entsprechung zu Art. 15 GG siehe Eisentraut, § 21.1. A.II.3, in diesem Lehrbuch.
28 Vgl. Peine, LKV 2012, 385 (389); VerfGH Sachsen, Beschl. v. 10.12.2004, Az.: Vf. 11-IV-04.

Alexander Brade/Lasse Ramson

licher Wohnraumüberwachung geführt hat, aufrechterhält[29]. Das ändert indes nichts an der Geltung dieses Landesgrundrechts als solchem. Denn Art. 142 GG verlangt wie gesagt gerade keine identischen Regelungen, sondern sichert im Ergebnis die Geltung der Landesgrundrechte ab.

Zusammenfassung: Die wichtigsten Punkte
- Die Bedeutung der Landesgrundrechte nimmt beständig zu (was nicht unbedingt für ihre Klausurrelevanz gilt), wobei sich ihre Regelungssystematik in den einzelnen Bundesländern unterscheidet.
- Inhaltlich gehen die Regelungen zum Teil erheblich über die des Bundes hinaus (Stichwort: soziale Grundrechte).
- Landesgrundrechte binden nur die Länder, können aber in den Grenzen des Art. 142 GG auch für die Überprüfung von Bundesrecht maßgeblich sein.

Weiterführende Studienliteratur
- Josef Franz Lindner, Landesgrundrechte: Bedeutung, Dogmatik, Klausurrelevanz, JuS 2018, S. 233–238
- Detlef Merten, in: ders./Hans-Jürgen Papier (Hrsg.), Handbuch der Grundrechte in Deutschland und Europa, Bd. VIII: Landesgrundrechte in Deutschland, 2017, § 232.
- Franz-Joseph Peine, Verfassungsgebung und Grundrechte – der Gestaltungsspielraum der Landesverfassungsgeber, LKV 2012, S. 385–390

---

29 Vgl. VerfG Brandenburg, Urt. v. 30.6.1999, Az.: VfGBbg 3/98. Ausführlich zu dem dahinterstehenden Problemkreis: Guckelberger, in: Merten/Papier (Hrsg.), Handbuch der Grundrechte in Deutschland und Europa, Bd. VIII, 2017, § 235 Rn. 24 ff.

Alexander Brade/Lasse Ramson

Abschnitt 6
Einzelgrundrechte des Grundgesetzes

§ 17 Allgemeine Handlungsfreiheit – Art. 2 I GG

Notwendiges Vorwissen: Verfassungsbeschwerde, Prüfung eines Freiheitsgrundrechts

Lernziel: Umfang von Schutzbereich, Eingriffsrechtfertigung und die spezifische Funktion von Art. 2 I GG verstehen

---

Für dieses Kapitel gibt es frei zugängliche interaktive Übungen. Halte einfach deine Smartphone-Kamera vor den Kasten mit den Punkten (QR-Code).

Die allgemeine Handlungsfreiheit stellt eine konzeptionelle Abkehr von der vor der Verfassung geltenden und weit verbreiteten Idee des Verhältnisses von Mensch und Staat dar. Der Mensch war zuvor vor allem im Rahmen des Staates und um seinetwillen gedacht worden: als Untertan:in, als pflichtige Staatsbürger:in und zuletzt als Teil einer „Volksgemeinschaft". Art. 2 I GG änderte dieses Verhältnis und erklärte die Freiheit des Menschen – auch die Freiheit vom Staat – zum Ausgangspunkt der grundrechtlichen Gewährleistungen. Der Staat dient damit der Verwirklichung der Freiheit der zu einer Bevölkerung zusammengefassten Individuen, statt dass die Individuen und ihre Freiheit dem Staat dienen.[1] Die Frage, wie weitreichend dieser Wandel sein und in welche Worte er dementsprechend gekleidet werden sollte, war Gegenstand einer intensiven Auseinandersetzung im Rahmen des Verfassungsgebungsprozesses. In den unterschiedlichen Textfassungen des Grundrechts lässt sich manches von dem, wie die allgemeine Handlungsfreiheit heute verstanden und angewendet wird, deutlicher erkennen, als in der schlussendlich in Kraft getretenen Fassung des Art. 2 I GG.[2]

---

1 Darnstädt, Verschlusssache Karlsruhe, 2. Aufl. 2019, 130 ff.
2 Hofmaier, Verfassung verstehen, 2013, 28 ff.

A. Schutzbereich

Der erste Halbsatz des Art. 2 I GG „Jeder hat das Recht auf die freie Entfaltung seiner Persönlichkeit", der den Schutzbereich beschreibt, ließe eine Vielzahl an Interpretationen zu. „Entfaltung der Persönlichkeit" scheint im ersten Zugriff nur Dinge zu erfassen, die für die Entwicklung und Auslegung der Persönlichkeit relevant sind. Demnach wären nur Aspekte geschützt, die tatsächlich die Persönlichkeit – also den Charakter oder das Wesen einer Person – auszudrücken vermögen oder für die persönliche Entwicklung relevant sind.[3]

Historisch gesehen ist dieser **Wortlaut** ein Zugeständnis an den festlichen Charakter, den das Grundgesetz in seiner Sprache widerspiegeln sollte. Frühe Fassungen – von denen allein sprachlich, nicht aber inhaltlich abgewichen werden sollte – lauteten: „Der Mensch ist frei."; „Alle Menschen sind frei." und „Jeder ist frei zu tun und zu lassen, was die Rechte anderer nicht verletzt und nicht gegen die verfassungsmäßige Ordnung oder das Sittengesetz verstößt."[4] Vor diesem historischen Hintergrund ist vor allem das Wort „frei", welches die „Entfaltung der Persönlichkeit" charakterisiert, das wichtige Wort. Damit einher geht ein Verständnis für den Schutzbereich, in dem nicht nur charakter- oder persönlichkeitsrelevante Dinge umfasst sind, sondern die gesamte Freiheitsbetätigung der Person.[5]

Gestützt wird diese **historische Auslegung** durch das **Telos** der allgemeinen Handlungsfreiheit. Eine weite Auslegung des Schutzbereichs führt auch zu einem weiten grundrechtlichen Schutz. Nur, wenn jedwede staatliche Freiheitsverkürzung gegenüber dem Individuum einen Eingriff darstellt, weil Freiheit in diesem Zusammenhang tatsächlich allumfassend gemeint ist, existiert im System des Grundgesetzes auch eine verfassungsrechtlich justiziable Rechtfertigungspflicht des Staates gegenüber dem Individuum.[6] Ein allumfassender Begriff von Freiheit führt zudem dazu, dass sich der Staat nicht nur gegenüber dem Individuum für jedwede Freiheitsverkürzung rechtfertigen muss, sondern diese auch gerichtlich durch das BVerfG überprüfbar sind. Somit entspricht eine weite Auslegung dem Sinn und Zweck eines umfangreichen Grundrechtsschutzes und einer weiten Zuständigkeit des BVerfG.

Die allgemeine Handlungsfreiheit schützt, anders als andere Grundrechte, nicht bestimmte Bereiche menschlicher Existenz. Sie statuiert vielmehr die grund-

---

3 Vgl. BVerfG, Urt. v. 20.7.1954, Az.: 1 BvR 459, 484, 548, 555, 623, 651, 748, 783, 801/52, 5, 9/53, 96, 114/54, Rn. 27 f. = BVerfGE 4, 7, (15) – Investitionshilfe.

4 Hofmaier, Verfassung verstehen, 2013, 28 ff.

5 BVerfG, Urt. v. 16.1.1957, Az.: 1 BvR 253/56, Rn. 15 = BVerfGE 6, 32 (36 f.) – Elfes.

6 BVerfG, Urt. v. 16.1.1957, Az.: 1 BvR 253/56, Rn. 16 = BVerfGE 6, 32 (37) – Elfes.

sätzliche Freiheit des Menschen. Der Schutzbereich umfasst somit jedes menschliche Tun oder Unterlassen. Dabei ist es nicht relevant, welcher Rolle diesem Tun oder Unterlassen für die Entfaltung der Persönlichkeit zukommt.[7]

Beispiel: Erhalten eines Reisepasses,[8] Abwerfen von Flugblättern von einem fahrenden Laster,[9] Taubenfüttern im Park,[10] Reiten im Wald,[11] Konsum von Cannabis[12]

Weiterführendes Wissen

Die Frage, ob jedes menschliche Tun oder Unterlassen in den Rang einer grundrechtlich geschützten Tätigkeit erhoben werden soll, war von Anfang an umstritten. So kommentierte etwa der Allgemeine Redaktionsausschuss im Rahmen der zweiten Lesung des Grundgesetzes: „Die freie Entfaltung der Persönlichkeit ist ein Vorgang, der sich im wesentlichen außerhalb der staatlichen Ordnung vollzieht."[13] Grundrechte sollten demnach nichts Banales sein. Die allgemeine Handlungsfreiheit sollte folglich im Gewicht den übrigen Grundrechten in nichts nachstehen. Was diesen Anforderungen nicht genüge, sei demnach auch nicht vom Schutzbereich umfasst. Das BVerfG ist dieser Auffassung seit seinem Elfes-Urteil 1957, in welchem es die Möglichkeit einen Pass zu erhalten und damit ausreisen zu können unter Art. 2 I GG subsumiert hatte, nicht gefolgt.

Prominent für eine andere Auslegung von Art. 2 I GG eingetreten ist der ehemalige Richter des BVerfG, Dieter Grimm, in seinem Sondervotum zur Entscheidung „Reiten im Walde". Dieses sah er schon nicht vom Schutzbereich erfasst.[14] Er plädierte dafür, dass „diese vom Grundgesetz nicht vorgesehene Banalisierung der Grundrechte und die damit verbundene Ausuferung der Verfassungsbeschwerde rückgängig gemacht werden"[15] sollte.

---

7 BVerfG, Beschl. v. 6.6.1989, Az.: 1 BvR 921/85, Rn. 78 = BVerfGE 80, 137 (152f.) – Reiten im Walde.
8 BVerfG, Urt. v. 16.1.1957, Az.: 1 BvR 253/5, Rn. 12 = BVerfGE 6, 32 (36) – Elfes.
9 BVerfG, Beschl. v. 3.1.1957, Az.: 1 BvR 194/52, Rn. 15, 24 = BVerfGE 7, 111 (115f.) – Bayerische Flugblätter.
10 BVerfG, Beschl. v, 23.5.1980, Az.: 2 BvR 854/79, Rn. 4 = BVerfGE 54, 143 (146) – Taubenfüttern im Park.
11 BVerfG, Beschl. v. 6.6.1989, Az.: 1 BvR 921/85, Rn. 78 = BVerfGE 80, 137 (152f.) – Reiten im Walde.
12 BVerfG, Beschl. v. 9.3.1994, Az.: 2 BvL 43/92, Rn. 118f. = BVerfGE 90, 145 (171f.) – Cannabis.
13 Hofmaier, Verfassung verstehen, 2013, 30.
14 BVerfG, Beschl. v. 6.6.1989, Az.: 1 BvR 921/85, Rn. 112 = BVerfGE 80, 137 (170) – Reiten im Walde-Sondervotum Grimm.
15 BVerfG, Beschl. v. 6.6.1989, Az.: 1 BvR 921/85, Rn. 109 = BVerfGE 80, 137 (168) – Reiten im Walde-Sondervotum Grimm.

Felix Würkert

I. Privatautonomie

Dem Grundgesetz ist ein eindeutiger Entwurf eines Wirtschaftssystems nicht unmittelbar zu entnehmen, auch wenn mit dem Schutz des Eigentums (Art. 14 GG)[16], der Berufsfreiheit (Art. 12 GG)[17] und der Koalitionsfreiheit (Art. 9 III GG)[18] gewisse Grundpfeiler gesetzt sind. Ein weiterer solcher Grundpfeiler wird in Art. 2 I GG verortet. Da die allgemeine Handlungsfreiheit die Freiheit der Grundrechtsträger:innen vollumfänglich schützt, umfasst dieser Schutz auch „die Freiheit im wirtschaftlichen Verkehr und die Vertragsfreiheit".[19]

Dabei steht die Begründung von Rechtsverhältnissen in einem doppelten Bezug zum Freiheitsbegriff des Grundgesetzes: Einerseits wird die **Möglichkeit** der autonomen Begründung von Rechtsverhältnissen als Ausdruck der Freiheit verstanden – und zum Teil überhöht.[20] Anderseits setzt die autonome Begründung von Rechtsverhältnissen die Freiheit der Grundrechtsträger:innen grundsätzlich voraus. So stellt etwa die abstrakte Möglichkeit, einen Vertrag schließen zu können, Freiheit dar, während etwa ein unter vorgehaltener Waffe unterschriebener Vertrag wenig bis nichts mit Freiheit zu tun hat. Diese miteinander verwobenen Aspekte der Privatautonomie können grundrechtsdogmatisch in drei unterschiedliche Komponenten aufgeteilt werden: ein grundrechtliches Abwehrrecht gegen den Staat; eine grundrechtliche Schutzpflicht des Staates gegenüber der Grundrechtsträger:in und eine Institutsgarantie.

Zentrale Zielrichtung des **Abwehrrechts** ist die Abwehr staatlicher Zugriffe auf den Inhalt und die Form von Rechtsverhältnissen.

Durch die **Schutzpflichtkomponente** der Privatautonomie aus Art. 2 I GG sollen Grundrechtsträger:innen durch den Staat davor geschützt werden, Rechtsverhältnisse trotz mangelnder Autonomie einzugehen, also übervorteilt zu werden („…darf nicht nur das Recht des Stärkeren gelten").[21]

---

16 Siehe zum Schutz des Eigentums Eisentraut, § 21.1, in diesem Lehrbuch.

17 Siehe zur Berufsfreiheit Goldberg, § 21.2, in diesem Lehrbuch.

18 Siehe zur Koalitionsfreiheit Knuth, § 21.3, in diesem Lehrbuch.

19 BVerfG, Beschl. v. 12.11.1958, Az.: 2 BvL 4, 26, 40/56, 1, 7/57, Rn. 212 = BVerfGE 8, 274 (328) – Preisgesetz.

20 Vgl. dazu die kritischen, wenn auch zum Teil in nicht mehr zeitgemäße Dogmatik eingekleideten Anmerkungen am Beispiel Flumes: Mückenberger, KJ 1971, 248 (251 ff.).

21 BVerfG, Beschl. v. 19.10.1993, Az.: 1 BvR 567, 1044/89, Rn. 55 = BVerfGE 89, 214 (231 f.) – Bürgschaftsverträge.

Felix Würkert

Examenswissen

Diese Grenze sah das BVerfG bei der Bürgschaftserklärung einer 21-Jährigen ohne qualifizierte Berufsausbildung oder Vermögen für einen Kredit ihres Vaters in Höhe von 100.000 DM zu einem Zinssatz von 8,5 Prozent als überschritten an.[22]

Verbunden werden die Abwehr- und die Schutzpflichtkomponente durch eine **Form der Institutsgarantie**, der zufolge der Gesetzgeber eine entsprechende Rechtsordnung bereitzuhalten hat. Zwar können wir uns – je nach rechtsphilosophischen Vorannahmen – einen Vertragsschluss zwischen zwei Personen im rechtlichen Vakuum vorstellen, aber in der Realität, auf die sich das Grundgesetz bezieht, bedarf es für die Ausübung der Privatautonomie einer Rechtsordnung. Diese muss Durchsetzungsmechanismen enthalten, wie auch bestimmte vertypte Rechtsverhältnissen und Regeln, über deren Begründung, Ende und vieles mehr. Daher ist der Staat aus Art. 2 I GG verpflichtet, die Existenz einer solchen Rechtsordnung zu gewährleisten.[23]

Weiterführendes Wissen

Welche **Form** die Ausgestaltung der Privatautonomie hat und wie dabei die Freiheitssphären der an einem Rechtsverhältnis Beteiligten zueinander ins Verhältnis gesetzt werden, ist eine Frage, die dem Gesetzgeber und damit der politischen Auseinandersetzung obliegt. Verfassungsdogmatisch gehört dieser Aspekt zur Schranke der „verfassungsmäßigen Ordnung", der weiter unten erörtert wird. Hier wird er erwähnt, um die Privatautonomie als Grundrechtskomponente en bloc darstellen und verstehen zu können. Die mögliche Spannbreite der Ausgestaltung reicht von einem konkurrenzbasierten, marktliberalen, rein formalen Freiheitsbegriff, der sich in der Einsichtsfähigkeit sowie der Freiheit von Irrtum und Zwang im Sinne der §§ 104 ff. BGB erschöpft, über reformistische Korrekturversuche der vorgefundenen und sich vertiefenden Ungleichgewichte durch Arbeitnehmer:innen-, Mieter:innen- oder Verbraucher:innenschutz[24] bis hin zu den Entwürfen Wolfgang Abendroths, der Art. 2 I GG mit den Worten „Die Freiheitsgarantie des Art. 2 GG meint nicht den homo oeconomicus des wirtschaftsliberalen Denkens."[25] charakterisierte und unter Verweis auf das Sozialstaatsprinzip aus Art. 20 I, Art. 28 I GG die „Gesellschaft-

---

22 BVerfG, Beschl. v. 19.10.1993, Az.: 1 BvR 567, 1044/89, Rn. 10, 23, 60 ff. = BVerfGE 89, 214 (218 ff., 234 f.) – Bürgschaftsverträge.
23 BVerfG, Beschl. v. 19.10.1993, Az.: 1 BvR 567, 1044/89, Rn. 54 = BVerfGE 89, 214 (231 f.) – Bürgschaftsverträge.
24 Habermas, Faktizität und Geltung, 6. Aufl. 2017, 485 ff.
25 Abendroth, in: Buckmiller/Perels/Schöler (Hrsg.), Wolfgang Abendroth – Gesammelte Schriften, Bd. II, 2008, 343.

Felix Würkert

und Wirtschaftsordnung selbst [der] demokratische[n] Willensbildung des Volkes [zur Dispositi-on]"[26] stellte.

II. Auffanggrundrecht für sogenannte Deutschengrundrechte

Soweit eine Person nicht Deutsch im Sinne von Art. 116 GG ist und daher nicht vom *personellen* Schutzbereich der sogenannten Deutschengrundrechte[27] erfasst ist, misst sich ihre Freiheitsbetätigung im Rahmen des *sachlichen* Schutzbereichs dieses Deutschengrundrechts an Art. 2 I GG. Dies wird bei der Versammlungsfrei-heit (Art. 8 I GG), [28] der Vereinigungsfreiheit (Art. 9 I GG)[29], dem Recht auf Freizü-gigkeit (Art. 11 I GG)[30] und der Berufsfreiheit (Art. 12 GG)[31] relevant. Insoweit greift die ganz grundsätzliche Funktion von Art. 2 I GG als Auffanggrundrecht.

III. Schutz von EU-Bürger:innen

Das Grundgesetz steht mit seiner Konzeption von Grundrechten, von denen man-che nur für „Deutsche" im Sinne von Art. 116 GG gelten, im Widerspruch zu Art. 18 AEUV (siehe zu dieser Problematik das Kapitel zur Grundrechtsberechti-gung).[32] Dieser statuiert ein Verbot, Unionsbürger:innen aufgrund ihrer Staats-angehörigkeit zu diskriminieren. Dieses Problem kann auf zwei Weisen gelöst werden: Ein erster Weg ist eine europarechtskonforme Auslegung, die Unionsbür-ger:innen auch als „Deutsche" im Sinne der Grundrechte versteht. Manche sehen hier allerdings die Möglichkeiten einer europarechtskonformen Auslegung über-schritten. Sie verweisen auf einen anderen Weg: Art. 2 I GG umfasse als Auffang-grundrecht auch den Schutzbereich der übrigen Grundrechte. So könne EU-Bür-ger:innen über Art. 2 I GG das gleiche Maß an Grundrechtsschutz gewährt

---

26 Abendroth, in: Buckmiller/Perels/Schöler (Hrsg.), Wolfgang Abendroth – Gesammelte Schrif-ten, Bd. II, 2008, 346.; zur damit verbunden Forsthoff-Abendroth-Kontroverse siehe: Meinel, Der Jurist in der industriellen Gesellschaft, 2011, 360 ff.
27 Siehe zu den Deutschengrundrechten González Hauck, § 2 A., in diesem Lehrbuch.
28 Siehe zur Versammlungsfreiheit Goldberg/González Hauck, § 20.3, in diesem Lehrbuch.
29 Siehe zur Vereinigungsfreiheit Knuth, § 20.4, in diesem Lehrbuch.
30 Siehe zur Freizügigkeit Jandl, § 25.2, in diesem Lehrbuch.
31 Siehe zur Berufsfreiheit Goldberg, § 21.2, in diesem Lehrbuch.
32 Siehe zu den Deutschengrundrechten und EU-Ausländer:innen, González Hauck, § 2 A.II, in diesem Lehrbuch.

Felix Würkert

werden. Dabei sollen die Spezifika dieser Grundrechte (Schutzbereich, Eingriff, Rechtfertigung) in Art. 2 I GG hineingelesen werden.[33]

Klausurtaktik !

Für EU-Bürger:innen im Falle von Deutschengrundrechten den Weg über Art. 2 I GG zu gehen, ist nicht falsch, sondern völlig vertretbar. Im Ergebnis sind EU-Bürger:innen jedoch stets in gleichem Maß geschützt wie „Deutsche". Der Weg über Art. 2 I GG birgt dabei vor allem Fallstricke bei der Darstellung in der Klausur, etwa wie und warum der qualifizierte Gesetzesvorbehalt aus Art. 8 II GG nun in Art. 2 I GG hineingelesen wird. Deshalb bietet sich aus pragmatischer Sicht die europarechtskonforme Auslegung an.

B. Eingriff

Eingriffe sind im Sinne des modernen Eingriffsbegriffs[34] alle staatlichen Verkürzungen des Schutzbereichs, also jede Freiheitsbeeinträchtigung. In der Rechtsprechung des BVerfG verdeutlichen dies bekannte Beispiele, wie die Nichtausstellung eines Reisepasses,[35] das Verbot des Taubenfütterns im Park[36] und des Reitens im Wald.[37] Doch auch die Abberufung aus dem Personalrat[38], der erzwungene Haarschnitt[39], eine Verschlechterung im System der staatlichen Hinterbliebenenrente[40] oder die Verringerung des Umfangs der durch die gesetzlichen Krankenkassen übernommenen Behandlungsmethoden[41] stellen Eingriffe dar.

---

33 Bauer/Kahl, JZ 1995, 1077; Nettesheim, AöR 119 (1994), 261.
34 Siehe zu den Eingriffsbegriffen Ruschemeier, § 5 C., in diesem Lehrbuch.
35 BVerfG, Urt. v. 16.1.1957, Az.: 1 BvR 253/56, Rn. 16, 30 = BVerfGE 6, 32 (37, 41) – Elfes.
36 BVerfG, Beschl. v, 23.5.1980, Az.: 2 BvR 854/79, Rn. 4 = BVerfGE 54, 143 (146) – Taubenfüttern im Park.
37 BVerfG, Beschl. v. 6.6.1989, Az.: 1 BvR 921/85, Rn. 78 = BVerfGE 80, 137 (152f.) – Reiten im Walde.
38 BVerfG, Beschl. v. 27.3.1979, Az.: 2 BvR 1011/78, Rn. 32 = BVerfGE 51, 77 (89) – Personalrat.
39 BVerfG, Beschl. v. 14.2.1978, Az.: 2 BvR 406/77, Rn. 42 = BVerfGE 47, 239 (248) – Zwangsweiser Haarschnitt.
40 BVerfG, Beschl. v. 18.2.1998, Az.: 1 BvR 1318, 1484/86, Rn. 60 = BVerfGE 97, 271 (286) – Hinterbliebenenrente II.
41 BVerfG, Beschl. v. 6.12.2005, Az.: 1 BvR 347/98, Rn. 49 = BVerfGE 115, 25 (42f.) – Gesetzliche Krankenversicherung.

i Weiterführendes Wissen

Immer wieder wird diskutiert, eine Einschränkung des Eingriffsbegriffs für Art. 2 I GG durchzufüh-ren.[42] Begründet wird dies mit der großen Belastung – oder gar Überlastung – des BVerfG. Eine Einschränkung des Eingriffsbegriffs würde indes die Auffangfunktion von Art. 2 I GG aushebeln und damit auch die bisherige verfassungsgerichtliche Rechtsprechung zu allen anderen Grund-rechten untergraben, deren Schutzbereich unter der Annahme bestimmt wurden, dass Art. 2 I GG als eben solches Auffanggrundrecht fungiert. Die grundsätzliche Rechtfertigungsbedürftigkeit staatlicher Freiheitsverkürzung gegenüber dem betroffenen Individuum mag praktisch lästig erscheinen, aber sie ist schlussendlich ein prägendes Merkmal demokratischer Rechtsstaat-lichkeit. Zwischen Eingriffen und „bloßen Belästigungen" oder „Bagatellen" differenzieren zu wollen,[43] verkennt die Offenheit des grundrechtlichen Freiheitsbegriffs, der es gerade dem Indi-viduum überlässt, den Inhalt seiner Freiheit selbst zu bestimmen.

C. Rechtfertigung

Die allgemeine Handlungsfreiheit ist ausweislich ihres Wortlauts durch die „Rechten anderer", die „verfassungsmäßigen Ordnung" und das „Sittengesetz" (sogenannte **„Schrankentrias"**) einschränkbar.

I. Verfassungsmäßige Ordnung als einfacher Gesetzesvorbehalt

Von der Schrankentrias des Art. 2 I GG findet tatsächlich jedoch allein die Schran-ke der **verfassungsmäßigen Ordnung** Anwendung. Denn dieser Begriff wird im Rahmen von Art. 2 I GG sehr weit ausgelegt. Dabei legt der Wortlaut zunächst na-he, dass mit der „verfassungsmäßigen Ordnung" die Verfassungsordnung ge-meint sein soll und es sich somit lediglich um einen expliziten Hinweis auf ver-fassungsimmanente Schranken handelt. Demgegenüber legt das BVerfG den Begriff – in Anlehnung an ein Wortspiel des OVG Nordrhein-Westfalen – als die „der Verfassung gemäßen" Ordnung aus.[44] Unter verfassungsmäßiger Ordnung ist im Rahmen von Art. 2 I GG folglich die gesamte Rechtsordnung zu verstehen, welche „die materiellen und formellen Normen der Verfassung zu beachten hat, also eine verfassungsmäßige Rechtsordnung sein muß".[45] Mit umfasst sind daher

---

42 Kingreen/Poscher, Grundrechte, Staatsrecht II, 35. Aufl. 2019, Rn. 454 ff.; Epping, Grundrech-te, 8. Aufl. 2019, 291 Rn. 567 f.
43 Epping, Grundrechte, 8. Aufl. 2019, 291 Rn. 568.
44 BVerfG, Urt. v. 16.1.1957, Az.: 1 BvR 253/56, Rn. 17 = BVerfGE 6, 32 (37 f.) – Elfes; unter Verweis auf OVG Nordrhein-Westfalen, Urt. v. 18.12.1954, Az.: VII A 38/54 = MDR 1955, 762.
45 BVerfG, Urt. v. 16.1.1957, Az.: 1 BvR 253/56, Rn. 17 = BVerfGE 6, 32 (37 f.) – Elfes.

Felix Würkert

auch die Rechte anderer und die Sittengesetze. Im Ergebnis steht die allgemeine Handlungsfreiheit unter einem **einfachen Gesetzesvorbehalt**: Um sie einzuschränken, genügt das Vorhandensein eines – seinerseits verfassungskonformen – Gesetzes.

Klausurtaktik !

Für Art. 2 I GG gilt: verfassungsmäßige Ordnung = an die Verfassung gebundenen Ordnung = gesamte Rechtsordnung = einfacher Gesetzesvorbehalt.

Diese weite Auslegung des Begriffs „verfassungsmäßige Ordnung" als einfacher Gesetzesvorbehalt in Art. 2 I GG unterscheidet sich deutlich von der Auslegung des Begriffs an anderen Stellen des Grundgesetzes, etwa in Art. 9 II, Art. 20 III und Art. 28 I 1 und 3 GG.

Weiterführendes Wissen i

Dass der Begriff „verfassungsmäßige Ordnung" je nach Verfassungsnorm unterschiedlich ausgelegt wird, hängt mit seinen jeweils anderen Funktionen zusammen. In Art. 20 III GG („Die Gesetzgebung ist an die verfassungsmäßige Ordnung, [...] gebunden.") beschreibt der Begriff die Grenzen der Befugnisse der Gesetzgebung.; in Art. 9 II GG („Vereinigungen, [...] die sich gegen die verfassungsmäßige Ordnung [...] richten, sind verboten.") nur „gewisse elementare Grundsätze der Verfassung"[46], welche zum zu verteidigenden Kernbestand der wehrhaften Demokratie gehören.

II. Rechte anderer und Sittengesetz

Den beiden anderen Elementen der Schrankentrias in Art. 2 I GG – den „Rechten anderer" und dem „Sittengesetz" – kommt daneben keine eigenständige Bedeutung zu. **Rechte anderer** meint die subjektiven Rechte Dritter, also sich – aus der Rechtsordnung ergebende – Rechtspositionen und ist folglich bereits vom allgemeinen Gesetzesvorbehalt „verfassungsgemäßen Ordnung" erfasst.

Das „**Sittengesetz**" stellt eine zutiefst problembehaftete – und in der Gegenwart irrelevante – Schranke dar. In der Rechtsprechung des BVerfG kommt diese Schranke bisher nur ein einziges Mal vor, 1957 in der sogenannten Homosexuellenentscheidung und zudem ohne eine klar subsumierbare Definition.[47]

---

46 BVerfG, Urt. v. 16.1.1957, Az.: 1 BvR 253/56, Rn. 18 = BVerfGE 6, 32 (38) – Elfes.
47 BVerfG, Urt. v. 10.5.1957, Az.: 1 BvR 550/52, Rn. 174 = BVerfGE 6, 389 (434).

> **i** **Weiterführendes Wissen**
>
> Die bisherige Einmaligkeit und die fehlende subsumierbare Definition mag auch darin begründet liegen, dass sich der Begriff nicht rechtsstaatskonform definieren lässt.[48] Vielmehr konstatierte das BVerfG: „Gleichgeschlechtliche Betätigung verstößt eindeutig gegen das Sittengesetz."[49] Dass dies „eindeutig" sein soll, verdeutlicht primär die Unsubsumierbarkeit des Begriffs der Sittengesetze, die letztlich Normen jenseits der gesetzlichen Ordnung darstellen und damit auch mit dem Vorbehalt des Gesetzes im Konflikt stehen.[50] Die argumentative Leere, die sich hinter diesem „eindeutig" verbirgt, legt auch der Umstand nahe, dass es das BVerfG seinerzeit gleichwohl für nötig erachtete, über drei Seiten hinweg Ausführungen zum Sittlichkeitsempfinden der Mehrheitsgesellschaft vorzunehmen. Der Begriff des Sittengesetzes diente damit bisher lediglich als Einfallstor einer auch religiös motivierten und begründeten[51] gruppenbezogenen Menschenfeindlichkeit, die durch den Untergang des Nationalsozialismus und das Inkrafttreten des Grundgesetzes keine Zäsur erfahren und der auch das BVerfG zunächst keinen Einhalt geboten hat.[52] Mittlerweile hat auch das BVerfG durch eine Vielzahl von Entscheidungen dazu beigetragen, dass ein Abbau der Diskriminierung homosexueller Menschen erkämpft werden konnte.[53] 2017 hat der Bundestag durch das Gesetz zur strafrechtlichen Rehabilitierung der nach dem 8. Mai 1945 wegen einvernehmlicher homosexueller Handlungen verurteilter Personen[54] die auf § 175 StGB beruhenden Urteile – und damit auch die durch das BVerfG aufrechterhaltenen Urteile – aufgehoben und einen Entschädigungsanspruch geschaffen.

D. Grundrechtskonkurrenzen/Auffanggrundrecht

Die allgemeine Handlungsfreiheit erfasst aufgrund ihres weiten Zuschnitts auch die Schutzbereiche aller weiteren Grundrechte und grundrechtsgleichen Rechte. Sobald jedoch eines dieser Grundrechte einschlägig – also der Schutzbereich eröffnet – ist, tritt die allgemeine Handlungsfreiheit als subsidiäres Grundrecht zurück und ist nicht zu prüfen.[55] Art. 2 I GG ist auch dann subsidiär, wenn zwar der Schutzbereich eines speziellen Grundrechts eröffnet ist, es aber an einem Eingriff fehlt. Auch dann ist Art. 2 I GG nicht zu prüfen.

---

48 Epping, Grundrechte, 8. Aufl. 2019, 294, Rn. 575.

49 BVerfG, Urt. v. 10.5.1957, Az.: 1 BvR 550/52, Rn. 174 = BVerfGE 6, 389 (434).

50 Epping, Grundrechte, 8. Aufl. 2019, 294, Rn. 575; andere Ansicht Ipsen, Grundrechte, 23. Aufl. 2020, 244, Rn. 788, der unter Verweis auf die Entscheidung des BVerfG von einer rechtlichen Schranke durch Anerkennung beziehungsweise Transformation spricht.

51 BVerfG, Urt. v. 10.5.1957, Az.: 1 BvR 550/52, Rn. 174 = BVerfGE 6, 389 (434).

52 Zinn, in: Zinn (Hrsg.), Homosexuelle in Deutschland 1933–1969 – Beiträge zu Alltag, Stigmatisierung und Verfolgung, 2020, 15, 33–47.

53 Pschorr/Spanner, in: Donath/Bretthauer u.a. (Hrsg.), 59. ATÖR – Verfassungen, 2019, 137, 148–155.

54 StRehaHomg v. 17.7.2017, BGBl. I, 2443.

55 Siehe zu den Grundrechtskonkurrenzen Brade, § 12, in diesem Lehrbuch.

Felix Würkert

Zusammenfassung: Die wichtigsten Punkte
- Art. 2 I GG schützt jede Aktivität von Grundrechtsträger:innen.
- Bei Art. 2 I GG ist die „verfassungsmäßige Ordnung" als einfacher Gesetzesvorbehalt zu verstehen. Die anderen beiden Schranken kommen nicht zur Anwendung.
- Art. 2 I GG ist subsidiär zu allen anderen Grundrechten.

Weiterführende Studienliteratur
- Gabriele Britz, Freie Entfaltung der Persönlichkeit (Art. 2 I GG) – Verfassungsversprechen zwischen Naivität und Hybris?, NVwZ 2019, S. 672–677
- Thomas Darnstädt, Verschlusssache Karlsruhe: Die internen Akten des Bundesverfassungsgerichts, 2. Aufl. 2019, Kapitel 3 & 4
- Wolfgang Kahl, Grundfälle zu Art. 2 I GG, JuS 2008, S. 595–600
- LTO, LTO-Quiz zu Art. 2 Abs. 1 GG – Die Freiheit des Einzelnen
- Jörg Menzel/ Ralf Müller-Terpitz (Hrsg.), Verfassungsrechtsprechung, 2. Aufl. 2011 (darin Nr. 6, 9, 71, 73)

Dieses Kapitel darf gerne kommentiert, verändert und beliebig genutzt werden. Jeder Link in der PDF-Version des Textes führt zur Überarbeitungsmöglichkeit bei der Plattform Wikibooks. Eine konkrete Anleitung zur Mitarbeit & Weiternutzung findet sich auf unserer Homepage | ebenfalls über den abgebildeten QR-Code mit der Smartphone-Kamera erreichbar.

Felix Würkert

§ 18 Körper & Persönlichkeit

Die Verfassung stellt die Würde und die personale Autonomie des Menschen in Art. 1 und Art. 2 GG als vornehmste Versprechen des Grundgesetzes und als zentrale Bezugspunkte für die folgenden grundrechtlichen Gewährleistungen an ihren Anfang. Für die Menschenwürdegarantie ergibt sich die herausragende Bedeutung neben der Stellung dadurch, dass Art. 1 GG von der Ewigkeitsklausel des Art. 79 III GG umfasst und somit unveränderbar ist.

Das Recht auf freie Entfaltung der Persönlichkeit aus Art. 2 I GG ergänzt die der Verfassungsnorm nachfolgenden Gleichheits- und die speziellen Freiheitsrechte und sichert elementare Bedingungen für ein freies, selbstbestimmtes und gleichberechtigtes Leben. Es ist als dynamisches Grundrecht offen für neue Gefährdungen für den Menschen im Zusammenhang mit dem technischen, ökologischen und sozialen Wandel. Vor diesem Hintergrund hat es durch die Rechtsprechung als allgemeines Persönlichkeitsrecht (hergleitet aus Art. 2 I in Verbindung mit Art. 1 I GG) verschiedene Ausprägungen erfahren: als Recht auf Privatsphäre und Recht auf Selbstdarstellung, vor dem Hintergrund des gesellschaftlichen Wandels etwa als Recht auf Anerkennung der geschlechtlichen Identität und der sexuellen Selbstbestimmung, mit Blick auf den technologischen Fortschritt insbesondere als Recht auf informationelle Selbstbestimmung, Recht auf Vertraulichkeit informationstechnischer Systeme und zuletzt als Recht auf Vergessen.

Dieses Kapitel behandelt außerdem das Recht auf Leben und körperliche Unversehrtheit aus Art. 2 II GG. Die Menschenwürdegarantie, der Schutz der Autonomie und der Integrität der Person werden hier in enger Verbindung dargestellt. Schwerwiegende Beeinträchtigungen der körperlichen Unversehrtheit weisen einen engen Bezug zur Menschenwürde auf; noch offensichtlicher ist dies mit Blick auf den Schutz des Lebens. Auch die staatlichen Schutzpflichten, die hinsichtlich zentraler Verfassungsgüter wie dem Leben, der körperlichen Unversehrtheit, der Freiheit und der sexuellen Selbstbestimmung bestehen, werden aus Art. 2 II GG in Verbindung mit der Menschenwürdegarantie aus Art. 1 I GG hergeleitet.

Aktuelle Debatten

Der Klimawandel und die Covid-19-Pandemie fordern die grundrechtlichen Gewährleistungen aus Art. 1 und Art. 2 GG in besonderer Weise. Nachgegangen wird in diesem Kapitel der hoch aktuellen Frage nach den grundrechtlichen Bezügen des Umwelt- und Klimaschutzes.

Eine weitere höchst aktuelle Frage betrifft in der Covid-19-Pandemie das Unterlassen der staatlichen Regelung der Triage. Der Begriff der Triage bezeichnet die Auswahlsituation, die im Falle medizinischer Versorgungsengpässe eintritt, wie es in der Pandemie in Bezug auf die Verteilung von Beatmungsgeräten befürchtet wurde. Mit seinem Beschluss vom 16. Dezember 2021 (Aktenzeichen: 1 BvR 1541/20) hat das BVerfG in einem gesetzgeberischen Unterlassen, Kriterien für die Triage zu regeln, eine Verletzung staatlicher Schutzpflichten aus Art. 2 II 1 und Art. 3 III 2 GG erkannt. Die Benachteiligung von Menschen mit Behinderung könne hierbei auch eine Verletzung der Menschenwürde darstellen. Schließlich hat das BVerfG erst 2020 ausdrücklich klargestellt, dass das Recht auf selbstbestimmtes Sterben grundrechtlichen Schutz des Rechts auf freie Entfaltung der Persönlichkeit genießt. Damit wurde eine umstrittene Spannungslage zwischen staatlicher Schutzpflicht für das Leben und der Selbstbestimmung der Person aufgelöst.

Christoph Schröder/Julian Senders/Dana-Sophia Valentiner

§ 18.1 Menschenwürde – Art. 1 I GG

Notwendiges Vorwissen: Grundrechtsfunktionen

Lernziel: Grundverständnis der Menschenwürdedogmatik entwickeln, den ideengeschichtlichen Hintergrund in Grundzügen verstehen, die konkrete Anwendung – vor allem das Vorliegen eines Eingriffes und die Darstellung des Schutzbereiches – anhand verschiedener Fallgruppen nachvollziehen

---

Für dieses Kapitel gibt es frei zugängliche interaktive Übungen. Halte einfach deine Smartphone-Kamera vor den Kasten mit den Punkten (QR-Code).

Der Menschenwürde kommt als zentrales objektiv-rechtliches **Konstitutionsprinzip**, als „Staatsfundamentalnorm"[1] eine prägende Stellung im deutschen Verfassungsgefüge zu.[2] Dies wird nicht nur durch die herausgehobene Stellung ganz am Anfang des Grundgesetzes deutlich, sondern auch durch die Entscheidung des Verfassungsgesetzgebers, durch die Aufnahme des Art. 1 I GG in die Ewigkeitsklausel des Art. 79 III GG die Menschenwürde von der Möglichkeit einer Änderung auszunehmen. Dies hat zur Folge, dass nicht einmal eine verfassungsändernde Mehrheit den Schutz der Menschenwürde aus dem Grundgesetz streichen könnte.

! Klausurtaktik

Aufgrund dieser besonderen Eigenschaft ist es stets erforderlich, die Menschenwürde bei der Rechtsanwendung mitzudenken und zu beachten; sie stellt die „absolut unabänderliche Bedingung und Grenze jeglicher Rechtsanwendung"[3] dar. Allerdings lässt sich der konkrete Schutzgehalt der Menschenwürde nicht ohne Weiteres bestimmen. Die maßgebliche Leistung in der juristischen Klausur stellt die saubere Arbeit bei der Prüfung des Schutzbereichs dar.

---

1 Linke, JuS 2016, 888.
2 Hufen, JuS 2010, 1 (2); Dreier in: ders. (Hrsg.), GG, 3. Aufl. 2013, Art. 1 Abs. 1, Rn. 44.
3 Enders in: Masing/Wieland (Hrsg.), Menschenwürde – Demokratie – Christliche Gerechtigkeit, 2011, 9 (15).

https://doi.org/10.1515/9783110765533-019

A. Schutzgehalt der Menschenwürde

Für die Bestimmung des Schutzbereichs ist mehr noch als bei anderen Grundrechten eine zumindest grundlegende Kenntnis der historischen und weltanschaulichen Hintergründe der Menschenwürde erforderlich. Erste **Würdekonzepte**, wenn auch noch inhaltlich fernab von dem Menschenwürdebegriff des Grundgesetzes, finden sich bereits in der Antike bei den griechischen und römischen Philosophen.[4] In die Interpretation der Menschenwürde in der Bundesrepublik fließen insbesondere weltanschauliche Aspekte des Christentums und Judentums, Gedanken der Aufklärung und – für die deutsche Verfassungsordnung besonders relevant – die Erfahrungen des Nationalsozialismus mit ein.[5]

Weiterführendes Wissen

Davon ausgehend variieren Vorstellungen von Würdedefinition und geschütztem Verhalten. Dem vorgelagert ist die Frage nach der grundsätzlichen Grundrechtsqualität der Menschenwürde. Mitunter wird vertreten, der Menschenwürde käme kein subjektiv-rechtlicher Schutzgehalt zu, sie gehe nicht über ihre Rolle als objektiv-rechtliches Konstitutionsprinzip heraus.[6] Dies steht aber zum einen der systematischen Stellung im 1. Abschnitt des Grundgesetzes, der die Grundrechte, also subjektive Abwehrrechte gegen den Staat beinhaltet, entgegen. Zum anderen hätte dies zur Folge, dass die Menschenwürde bei staatlichen Eingriffen nicht justiziabel wäre. Ein derartiges Schutzdefizit ist mit der herausgehobenen Bedeutung der Menschenwürde nur schwer vereinbar.[7] Somit hat die Menschenwürdegarantie auch einen subjektiv-rechtlichen Gehalt.

Klausurtaktik

In der Klausur kann diese Diskussion an zwei Stellen thematisiert werden: Erstens im Rahmen der Beschwerdebefugnis. Dann ist zu prüfen, ob eine Verletzung subjektiver Rechte bereits von vornherein ausgeschlossen ist. Zweitens ist es möglich, den Streit im Rahmen der Begründetheitsprüfung vor der Eröffnung des Schutzbereichs zu thematisieren. Die Diskussion sollte allerdings nur angeführt werden, wenn die Prüfung der Verletzung der Menschenwürde den Schwerpunkt des Falls bildet.

---

4 Zur Ideengeschichte etwa Schaede in: Bahr/Heinig (Hrsg.), Menschenwürde in der säkularen Verfassungsordnung, 2006, 7 ff.; von der Pfordten, Menschenwürde, 2016, 11 ff.
5 Hufen, JuS 2010, 1 (2).
6 So etwa Epping, Grundrechte, 9. Aufl. 2021, Rn. 594; ausführlich zur Einordnung der Menschenwürde in die Grundrechtsdogmatik Enders, Die Menschenwürde in der Verfassungsordnung, 1997, S. 101 ff.
7 Dafür auch Herdegen in: Dürig/Herzog/Scholz (Hrsg.), GG, 95. EL Juli 2021, Art. 1 Abs. 1, Rn. 29.

Christoph Schröder

I. Definitionsansätze

1. Negativdefinition durch die Objektformel

Steht man in der Falllösung vor der Aufgabe, die Menschenwürde zu definieren, so führt ein erster Zugriff zu der von Staatsrechtslehrer Günter Dürig entwickelten sogenannten **Objektformel**, die auch das BVerfG in seiner Rechtsprechung heranzieht. Danach ist die Menschenwürde dann betroffen, „wenn der konkrete Mensch zum Objekt, zu einem bloßen Mittel, zur vertretbaren Größe herabgewürdigt wird."[8] Maßgeblich für eine Verletzung der Menschenwürde soll also sein, dass einem konkreten Menschen ein selbstbestimmtes Verhalten abgesprochen wird. Die Menschenwürdeverletzung liegt insofern in einer Aberkennung der Subjektqualität des Individuums. Diesen Ansatz hat das BVerfG aufgegriffen und nimmt eine Würdeverletzung an, wenn dem Individuum eigene Einflussmöglichkeiten auf Entscheidungen, die seine Rechte betreffen, genommen werden.[9]

Beispiel: Beinhaltet ein Gesetz die Erlaubnis, dass die Luftwaffe ein Flugzeug, das von Terrorist: innen entführt wurde und als Angriffsmittel gegen eine Vielzahl von Personen gerichtet wird, abschießt, obwohl sich neben den Terrorist:innen unbeteiligte Passagiere an Bord des Flugzeugs befinden, liegt nach der Objektformel eine Menschenwürdeverletzung vor. Denn die Passagiere, die ohne Wissen um die bevorstehende Entführung des Flugzeugs den Flug angetreten haben, sind dem Abschuss durch den Staat ausgeliefert, ohne selbst irgendeine Form von Einfluss auf den gegen sie gerichteten Eingriff zu haben.[10]

Weiterführendes Wissen

Diese Herangehensweise zur Bestimmung des Schutzgehalts der Menschenwürde setzt sich zum einen dem Einwand aus, dass der Schutzbereich über den Eingriff definiert wird und somit von der herrschenden Grundrechtsdogmatik abweicht. Zum anderen mute die Objektformel auch vage an und tauge lediglich zur Identifikation evidenter Würdeverletzungen.[11]

---

8 Dürig, AöR 81 (1956), 117 (127).
9 BVerfG, Beschl. v. 8.1.1959, Az.: 1 BvR 396/55 = BVerfGE 9, 89 (95); BVerfG, Beschl. v. 20.10.1992, Az.: 1 BvR 698/89 = BVerfGE 87, 209 (228); BVerfG, Urt. v. 15.2.2006, Az.: 1 BvR 357/05 = BVerfGE 115, 118 (153), in der aber wohlgemerkt die freie und selbstbestimmte Entfaltung der Menschen als positives Charakteristikum der Menschenwürde Erwähnung findet.
10 Nachgebildet BVerfG, Urt. v. 15.2.2006, Az.: 1 BvR 357/05 = BVerfGE 115, 118.
11 Dreier, in: ders. (Hrsg.), GG, 3. Aufl. 2013, Art. 1 Abs. 1, Rn. 55.

Christoph Schröder

2. Versuche einer positiven Definition

Klausurtaktik

Eine Auseinandersetzung mit den nachfolgenden theoretischen Ideen kann zum Verständnis der Menschenwürde erheblich beitragen. Für Klausuren im Pflichtfach sind sie weniger relevant; erwartet wird ein solches Wissen allenfalls im Rahmen des Schwerpunktbereichstudiums.

Die dogmatisch herrschende Auslegung greift theoretische Ideen der sogenannten **Wert- und Mitgifttheorien** auf. Im säkularen Staat nicht entscheidend, aber für das Verständnis dieser Lehre erkenntnisstiftend, ist eine in christlich-jüdischer Tradition wurzelnde Lesart, die dem Menschen aufgrund seiner Gottesebenbildlichkeit in jedweder Situation eine unveräußerliche Würde zuspricht. Argumentativ in der christlichen Mitgifttheorie wurzelnd, von dieser letztendlich aber losgelöst und fortentwickelt, ist die Auffassung Immanuel Kants, dass aufgrund der wenigstens potenziellen Vernunftbegabung des Menschen diesem Würde zukommen muss.[12] Das bedeutet, dass der Mensch um seiner selbst Willen und weil er in der Lage ist, durch seinen Verstand gesteuerte Handlungen selbstbestimmt durchzuführen, Träger der Menschenwürde ist.

Weitere Ansätze zur Herleitung, die – je nach Verständnis – für die Auslegung der Menschenwürde relevant sein können, liefern **Interaktionsansätze** und **Kommunikations-** beziehungsweise **Anerkennungstheorien**.[13] Auf eine prägnante Aussage heruntergebrochen lässt sich Folgendes festhalten: Die Menschenwürde ist einerseits Grundlage, andererseits Sicherungsinstrument für **menschliche Selbstbestimmung und Freiheit.**

II. Würderelevantes Verhalten

Im Grundsatz statuiert die Menschenwürdegarantie einen Achtungsanspruch hinsichtlich des Eigenwerts jedes menschlichen Individuums.[14] Die Würde dient als Grundlage individueller Freiheitsentfaltung und soll die Fähigkeit zur **selbst-**

---

12 Zur Fortentwicklung der religiös bedingten Auffassungen von der Menschenwürde durch Kant siehe von der Pfordten, Menschenwürde, 2016, 34 ff.
13 Überblicksartig Dreier, DÖV 1995, 1036 (1038 f.).
14 Hufen, JuS 2010, 1 (2); BVerfG, Beschl. v. 20.10.1992, Az.: 1 BvR 698/89 = BVerfGE 87, 209 (228).

Christoph Schröder

bestimmten und autonomen Entfaltung der einzelnen Person gewährleisten.[15] Sähe man allerdings in jeder Ausübung individueller Freiheiten ein menschenwürderelevantes Verhalten, so wären die übrigen Freiheitsgrundrechte überflüssig. Damit in der Fallbearbeitung überhaupt eine Thematisierung der Menschenwürde plausibel erscheint, muss eine erhebliche Beschneidung der individuellen Selbstbestimmung im Raum stehen.

❗ Klausurtaktik

Das BVerfG bildet hierzu die im Folgenden dargestellten Fallgruppen, an denen sich auch Klausurlösungen orientieren sollten.[16] Liegt in der Klausur ein Sachverhalt vor, der eine dieser Fallgruppen thematisiert, so sollte man die Menschenwürde – jedenfalls gedanklich – in den Klausuraufbau einbeziehen. Die in den Fallgruppen angesprochenen Verhaltensweisen sind oft zugleich durch andere Grundrechte konkretisiert. Dies liegt daran, dass viele Grundrechte des Grundgesetzes in ihrem Kern einen Menschenwürdebezug haben. Daraus folgt aber auch, dass die Menschenwürde immer erst dann betroffen ist, wenn in den absoluten Kerngehalt eines Grundrechts eingegriffen wird. Die wesentliche juristische Leistung besteht in der Klausur dann darin, die Berührung des Kernbereichs argumentativ darzulegen.

---

1. Schutz körperlicher und seelischer Integrität

Die Menschenwürde gewährt einen Schutz des Individuums vor erheblichen Beeinträchtigungen der körperlichen und seelischen Integrität durch grausame und unmenschliche Behandlungen, wie etwa Folter.

Anders als andere körperliche Beeinträchtigungen durch den Staat, die zwar in den Schutzbereich des Art. 2 II GG fallen, aber grundsätzlich abwägungsfähig sind, stellt die Folter aufgrund ihrer Zielsetzung zur Beeinflussung der freien Willensbildung des Individuums durch die Androhung und Zufügung körperlicher Schmerzen eine erhebliche Beeinträchtigung der freien Entfaltung und Selbstbestimmung des Individuums dar und macht dieses unter Missachtung des eigenen Achtungsanspruches zum Objekt hoheitlicher Strafverfolgung.[17] Gleichzeitig verletzt selbst die erheblichste Beeinträchtigungen der körperlichen Integrität – die staatliche Beendigung des Lebens – nicht zwangsweise die Menschenwürde.

---

15 Sacksofsky, in: Masing/Wieland (Hrsg.), Menschenwürde – Demokratie – Christliche Gerechtigkeit, 2011, 23 (25 f.)

16 Einen Überblick über die Fallgruppen findet sich etwa bei Epping, Grundrechte, 9. Aufl. 2021, Rn. 606 ff.; Hufen, JuS 2010, 1 (2 ff.).

17 BVerfG, Beschl. v. 14.12.2004, Az.: 2 BvR 1249/04, Rn. 7.

Christoph Schröder

Maßstab ist ausschließlich Art. 2 II GG, der andernfalls überflüssig wäre. Würde-schutz und Lebensschutz sind insofern nicht untrennbar verknüpft.[18]

Examenswissen   **!**

Dies wird deutlich, wenn man die Entscheidung des BVerfG zur Strafbarkeit der geschäftsmäßi-gen Sterbehilfe betrachtet.[19] Das BVerfG betrachtet die Menschenwürde nicht als Grundlage ei-nes absoluten Lebensschutzes, notfalls auch des Individuums vor sich selbst, sondern gewährt vor dem Hintergrund der Selbstbestimmung und Eigenverantwortung als wesentlicher Ausprä-gung der Menschenwürde ein Recht auf Selbsttötung. Dies umfasst laut BVerfG auch die In-anspruchnahme von Unterstützung durch fachkundige Dritte.[20]

Weiterführendes Wissen   **i**

Es ist fragwürdig, ob auch die Konsultation von unterstützenden Dritten ohne Weiteres unter Selbstbestimmungsgesichtspunkten von der Menschenwürde umfasst ist. So ist etwa der Grad der Abhängigkeit von Dritten zur Verwirklichung des Sterbewunsches miteinzubeziehen[21], so-dass ein assistierter Suizid nur bei anderweitig nicht realisierbarem selbstbestimmten Sterben zulässig ist. Dies gewinnt auch durch die Entscheidung des BVerwG an Gewicht, ausnahmsweise den Zugang zu eine Selbsttötung ermöglichen den Medikamenten zuzulassen, wenn die sterbe-willige Person sich in einer extremen Notlage befindet.[22] So würde auch die staatliche Schutz-pflicht hinsichtlich der Menschenwürde und des Lebens nicht in den Hintergrund treten. Auch vor dem Hintergrund des bundesverfassungsgerichtlichen Urteils zur Sterbehilfe steht der Augsbur-ger-Münchener-Hallescher-Entwurf für ein Sterbehilfegesetz, in dem, sehr weitgehend wohl-gemerkt, ein einfachgesetzlicher Anspruch auf Selbsttötung normiert werden soll.[23]

---

2. Schutz des Kernbereichs privater Lebensgestaltung

Ebenso von der Menschenwürde geschützt ist ein unantastbarer **Kernbereich privater Lebensgestaltung**. Dieser Schutz verbietet es, in die sogenannte Intim-sphäre des Individuums vorzudringen und diese auszuforschen. So soll dem Indi-viduum der Raum gegeben werden, seine höchstpersönliche Lebensgestaltung durchzuführen. Die Intimsphäre ordnet sich in die Sphärendogmatik des BVerfG zum allgemeinen Persönlichkeitsrecht ein, sodass sie in dem entsprechenden Ka-pitel eingehend erörtert wird. Dennoch sei bereits an dieser Stelle gesagt, dass ein

---

18 Heun, in: Bahr/Heinig (Hrsg.), Menschenwürde in der säkularen Verfassungsordnung, 2006, 197 (199).
19 BVerfG, Urt. v. 26.2.2020, Az.: 2 BvR 2347/15 = BVerfGE 153, 182.
20 BVerfG, Urt. v. 26.2.2020, Az.: 2 BvR 2347/15, Rn. 213 = BVerfGE 153, 182 (264 f.).
21 Hartmann, JZ 2020, 642 (644).
22 BVerwG, Urt. v. 2.3.2017, Az.: 3 C 19.15 Rn. 22 ff.
23 Dorneck et al., Sterbehilfegesetz, 2021.

Christoph Schröder

Eingriff in die Intimsphäre stets einen nicht zu rechtfertigenden Eingriff auch in die Menschenwürde darstellt. Denn je näher das eingreifende Verhalten dem Kernbereich der privaten Lebensgestaltung kommt, desto stärker werden die Intimsphäre prägende Menschenwürdebelange berührt.

Beispiel: Der Kernbereich privater Lebensgestaltung ist berührt, wenn Strafverfolgungsbehörden durch die akustische Überwachung des Wohnraums intimste Äußerungen einer Person mithören.[24]

3. Schutz der Identität

In eine ähnliche Richtung geht der Schutz der Identität des Individuums. Durch Art. 1 I GG ist auch die selbstständige Verfügung des Menschen über sich selbst geschützt. Dies umfasst, wie das Individuum sein Geschlecht versteht (dazu ausführlich das Kapitel zum allgemeinen Persönlichkeitsrecht).

Beispiel: Wird einer Person, die sich einer geschlechtsangleichende Operation unterzogen hat, die Änderung ihres personenstandsrechtlichen Geschlechtseintrags im Geburtenregister versagt, so ist die Identität der betroffenen Person und damit ein Aspekt der Menschenwürde betroffen.[25]

4. Schutz der persönlichen Ehre

Schützt die Menschenwürde den Achtungsanspruch des Individuums, so erschließt es sich leicht, dass hiervon auch die persönliche Ehre als Ausgestaltung der Würde umfasst ist. Hierbei ist allerdings nicht jedes ehrverletzende Verhalten gleichzeitig als Verletzung der Menschenwürde anzusehen; es bedarf vielmehr einer besonders erheblichen Beeinträchtigung der persönlichen Ehre, die die betroffene Person in ihrer gesellschaftlichen Stellung zu einem bloßen Objekt herabzustufen sucht. Ist diese Voraussetzung nicht erfüllt, ist das Individuum durch das allgemeine Persönlichkeitsrecht vor ehrverletzendem Verhalten geschützt.

Beispiel: Bei einer Bundeswehrübung wird ein Hauptgefreiter der Reserve als Träger einer Übungsbombe eingesetzt. Ein Leutnant der Reserve nimmt diesen gefangen, fesselt ihn, bedroht ihn mehrfach verbal mit dem Tod und demütigt ihn vor anderen Soldaten mit sadistischen sowie sexuellen Anspielungen, um seine Überlegenheit und Machtstellung zu demonstrieren. Dieser eklatante Übergriff hat das Bundesverwaltungsgericht bewogen, in der Ehrverletzung auch eine Verletzung der Menschenwürde zu sehen.[26]

---

24 Vgl. dazu BVerfG, Urt. v. 3.3.2004, Az.: 1 BvR 2378/98 Rn. 119 f = BVerfGE 109, 279 (313f.) – Großer Lauschangriff.
25 Nach BVerfG, Beschl. v. 11.10.1978, Az.: 1 BvR 16/72 = BVerfGE 49, 286.
26 Aus BVerwG, Urt. v. 20.3.1991, Az.: 2 WD 59/90.

Christoph Schröder

5. Sicherung eines Existenzminimums

In Verbindung mit dem **Sozialstaatsprinzip** leitet das BVerfG ebenfalls aus der Menschenwürde einen Anspruch auf die Gewährung eines Existenzminimums her.[27] Aus Art. 1 I GG ergibt sich nicht lediglich ein Abwehrrecht, sondern auch eine positive **Gewährleistungspflicht**, aufgrund derer der Staat dem Individuum im Bedarfsfall die für eine menschenwürdige Lebensführung notwendigen Mittel zur Verfügung stellen muss.[28] Dazu zählen sowohl die grundlegenden Mittel der physischen Existenz des Menschen, als auch die Mittel, um ein Mindestmaß an gesellschaftlicher und kultureller Teilhabe zu ermöglichen.[29]

Weiterführendes Wissen

Diese Rechtsprechung des BVerfG kann für sich in Anspruch nehmen, im Grundsatz sozialen Ungleichheiten und ihren negativen Folgen für ein selbstbestimmtes Leben entgegenzutreten. Allerdings darf man die Rechtsprechung auch nicht überschätzen, überlässt sie doch dem Gesetzgeber bei der Ausgestaltung des Existenzminimums einen erheblichen Gestaltungsspielraum.[30]

Gleichzeitig hat das BVerfG es als zulässig angesehen, dass Bezüge staatlicher Sozialhilfemaßnahmen zur Existenzsicherung gekürzt werden können, sofern die Leistungsempfänger:innen ihren Mitwirkungspflichten zur Wiedereingliederung in die Erwerbstätigkeit nicht nachkommen. Weil die Bezieher:innen der Sozialhilfemaßnahmen die Folge einer fehlenden Mitwirkung kennen, werde der Eigenverantwortung des Individuums hinreichend Rechnung getragen.[31] Auch wenn durch Sanktionen die staatlichen Leistungen unter ein Existenzminimum fallen, sei die Menschenwürde bei verhältnismäßigen Sanktionen nicht verletzt, wenn diese nicht repressiv Fehlverhalten ahnden wollen. Die Leistungsbezieher:innen müssen vielmehr dazu bewegt werden, an Maßnahmen teilzunehmen, die eine Bedürftigkeit in Zukunft verhindern können.[32]

Weiterführendes Wissen

Diese Rechtsprechung des BVerfG irritiert zunächst. Es wirkt mit der absoluten Gewährleistung der Menschenwürde nicht vereinbar, wenn sie einer einzelfallabhängigen Verhältnismäßigkeits-

---

27 Dazu BVerfG, Urt. v. 9.2.2010, Az.: 1 BvL 1/09 = BVerfGE 125, 175.
28 BVerfG, Urt. v. 9.2.2010, Az.: BvL 1/09 = BVerfGE 125, 175 (222f.).
29 BVerfG, Urt. v. 9.2.2010, Az.: 1 BvL 1/09 = BVerfGE 125, 175 (223); BVerfG, Urt. v. 5.11.2019, Az.: 1 BvL 7/16, Rn. 119.
30 Seiler, JZ 2010, 500 (505).
31 BVerfG, Urt. v. 5.11.2019, Az.: 1 BvL 7/16, Rn. 130.
32 BVerfG, Urt. v. 5.11.2019, Az.: 1 BvL 7/16, Rn. 131.

Christoph Schröder

prüfung zugänglich gemacht wird und sich so dem Vorwurf einer Relativierung ausgesetzt sieht.[33] Zieht man allerdings die Objektformel zur Beurteilung heran, wird man feststellen, dass das Gericht dem Individuum die durch die Menschenwürde gesicherte Selbstbestimmung gerade nicht abspricht, wenn es die Kürzungen der Sozialleistungen davon abhängig macht, dass eine zumutbare Maßnahme aufgrund einer autonomen Entscheidung nicht wahrgenommen wurde.[34]

6. Elementare Rechtsgleichheit

Ebenso von der Menschenwürde umfasst ist die prinzipielle Gleichheit aller Menschen und das Verbot systematischer Diskriminierung und Demütigung.[35] Auch hier stellt nicht jedwede Ungleichbehandlung einen Verstoß gegen die Menschenwürde dar. Vielmehr soll dieser Aspekt der Menschenwürde ihren egalitären Charakter sichern, also verhindern, dass die Individualität aufgrund der Zuschreibung zu einer bestimmten Kategorie, etwa „Herkunft, Rasse, Lebensalter, oder Geschlecht", aberkannt wird.[36] Als besondere Ausgestaltung dieser elementaren Rechtsgleichheit finden sich auch in Art. 3 III GG die besonderen Diskriminierungsverbote.

B. Personelle Trägerschaft

Die Menschenwürde ist ein Jedermann-Grundrecht: Sie ist universell gewährleistet und gilt für alle Menschen unabhängig von ihrer Nationalität oder ihrer Fähigkeit, dieses Grundrecht in seiner Tragweite zu begreifen.

❗ Klausurtaktik

Nähere Ausführungen zur Grundrechtsträgerschaft braucht es in der Klausur nur in den nachfolgend dargestellten Konstellationen: vor der Geburt und nach dem Tod.

I. Würdeträgerschaft vor der Geburt

Ein Grenzbereich der personellen Trägerschaft ist die Zeit vor der Geburt. Es fragt sich, ab welchem Zeitpunkt ein Mensch als Mensch angesehen wird und damit **Träger:in der Menschenwürde** ist. In seinen Entscheidungen zur Strafbarkeit

---

33 Schmidt, GRZ 2020, 107 (114).
34 Dies sieht gerade das BVerfG vor, vgl. BVerfG, Urt. v. 5.11.2019, Az.: 1 BvL 7/16 Rn. 133.
35 Hofmann, AöR 118 (1993), 353 (363); Epping, Grundrechte, 9. Aufl. 2021, Rn. 612.
36 So etwa auch BVerfG, Urt. v. 17.1.2017, Az.: 2 BvB 1/13 Rn. 541 = BVerfGE 144, 20 (207 f.).

Christoph Schröder

des Schwangerschaftsabbruchs hat das BVerfG in den Jahren 1975 und 1993 den Beginn des menschlichen Lebens jedenfalls ab dem Zeitpunkt der Nidation, also der Einnistung der befruchteten Eizelle in die Gebärmutter, anerkannt.[37] Ab diesem Zeitpunkt entwickelt sich der *nasciturus*, dem bereits eine festgelegte Identität und Individualität zukomme, als Mensch und nicht erst zum Menschen.[38]

1. Schutzpflicht für werdendes Leben

Daraus leitet sich eine **Schutzpflicht** des Staates für das ungeborene Leben ab, deren Maß durch das Grundrecht auf Leben aus Art. 2 II GG konkretisiert wird. Aus Art. 1 I GG erwächst insbesondere ein **Untermaßverbot**, es sind also durch den Gesetzgeber Mindestanforderungen an den Schwangerschaftsabbruch zu stellen.[39] Dies führt zu einer dogmatisch schwierig aufzulösenden Konfliktsituation gegenüberstehender Würdepositionen. Einerseits bedingt die Menschenwürde des ungeborenen Kindes eine Schutzpflicht, andererseits darf die schwangere Person[40] aufgrund ihrer Würde nicht bedingungslos zur Austragung des Kindes verpflichtet werden. Zulässig ist es allerdings, einer schwangeren Person einen Beratungstermin aufzuerlegen, bevor diese sich zu einem Schwangerschaftsabbruch entscheidet, sofern ihr die Letztverantwortung über die Entscheidung zukommt. Dies entspricht auch einem Verständnis der Menschenwürde als Grundlage freier Selbstbestimmung, sofern auch die tatsächliche Handhabung der Beratung der schwangeren Person eine eigenverantwortliche, wenn auch für den grundgesetzlichen Lebensschutz sensibilisierte, Entscheidungsmöglichkeit überlässt.[41]

Weiterführendes Wissen

Das BVerfG hat entschieden, dass nicht bereits der Schwangerschaftsabbruch als solcher die Menschenwürde des ungeborenen Kindes verletzt.[42] Hiergegen könnte man wohl einwenden, dass durch die nicht selbstbestimmte Beendigung des Lebens dem Kind die Grundlage der Wür-

---

37 BVerfG, Urt. v. 25.2.1975, Az.: 1 BvF 1,2,3,4,5,6/74 = BVerfGE 39, 1 (37); BVerfG, Urt.v. 28.5.1993, Az.: 2 BvF 2/90 und 4,5/92 = BVerfGE 88, 203 (251 f.).
38 BVerfG, Urt.v. 28.5.1993, Az.: 2 BvF 2/90 und 4,5/92 = BVerfGE 88, 203 (251 f.).
39 BVerfG, Urt.v. 28.5.1993, Az.: 2 BvF 2/90 und 4,5/92 = BVerfGE 88, 203 (251 f.).
40 Im Folgenden wird der Begriff der schwangeren Person statt der Mutter verwendet. Dies hat den Hintergrund, dass der Begriff „Mutter" mitunter zu einer Emotionalisierung der Debatte um die Zulässigkeit von Schwangerschaftsabbrüchen herangezogen wird. Weiterführend dazu vgl. bereits González Hauck, § 2 C Fn. 9 in diesem Lehrbuch.
41 Andere Ansicht zur Grundrechtsträgerschaft ungeborenen Lebens González Hauck, § 2 C in diesem Lehrbuch.
42 Vgl. dazu BVerfG, Urt. v. 25.2.1975, Az.: 1 BvF 1,2,3,4,5,6/74 = BVerfGE 39, 1; BVerfG, Urt.v. 28.5.1993, Az.: 2 BvF 2/90 und 4,5/92 = BVerfGE 88, 203.

Christoph Schröder

deträgerschaft genommen wird. Dagegen spricht allerdings, dass bei einem solchen Verständnis der explizite Schutz des Rechts auf Leben aus Art. 2 II GG redundant wäre, da man stets auf die Menschenwürde rekurrieren könnte.

2. Problematiken einer fortgeschrittenen Humangenetik

Ein weiterer Grenzfall mit Bezug zur Menschenwürde ist die sogenannte **Präimplantationsdiagnostik**. Im Vergleich zu der Problematik um den Schwangerschaftsabbruch ist die Frage der personellen Trägerschaft der Menschenwürde hier noch weiter vorverlagert. Bei dieser Technik wird ein außerhalb des Körpers der schwangeren Person erzeugter Embryo auf potenzielle Krankheiten untersucht, bevor er in die Gebärmutter eingesetzt wird.[43] Die Rechtsprechung des BVerfG zum Schwangerschaftsabbruch lässt sich hier nicht analog heranziehen, da das BVerfG diese Frage explizit offengelassen hat.[44] Die Einstufung des Embryos als Mensch im Sinne des Art. 1 I GG ist insbesondere deswegen relevant, weil hierdurch vielfältige wissenschaftliche Untersuchungen am Embryo, die diesen zum reinen Forschungsobjekt machen würden, rechtlich unmöglich wären. Anhand dieser Thematik wird wohl noch mehr als in der Beurteilung des Menschseins im Rahmen des Schwangerschaftsabbruchs deutlich, dass das Menschsein mehr eine ethisch-normative als eine medizinisch-naturwissenschaftlich zu beurteilende Frage ist. Es lässt sich also nicht primär anhand medizinischer Erkenntnisse das Menschsein bejahen, sondern diese medizinisch-naturwissenschaftlich festgestellten Tatsachen ergeben aufgrund einer normativen Bewertung, ob menschliches Leben vorliegt.

Beispiel: Erkennt man den Embryo als Menschen an, verbietet es sich etwa, embryonale Stammzellen zu therapeutischen Zwecken zu verwenden. Täte man dies, wäre der Embryo nämlich zu einer Art lebendem Ersatzteillager degradiert, würde mithin lediglich als Mittel zum Zweck der Heilung eines anderen Menschen genutzt.

---

i Weiterführendes Wissen

An dieser Stelle gehen die Beurteilungen auch aufgrund unterschiedlicher geistesgeschichtlicher Begründungsansätze der Menschenwürde auseinander. Sieht man etwa die Menschenwürde vor dem Hintergrund der im Nationalsozialismus betriebenen Eugenik, also der Tötung von Menschen mit Erbkrankheiten, mutet es durchaus fragwürdig an, Embryonen auf ebensolche Krank-

---

43 Umfassend zur Debatte um die PID Lungstras, NJ 2010, 485, zur Technik der PID insbesondere S. 486f.
44 Wohl aber in diese Richtung tendierend BVerfG, Urt.v. 28.5.1993, Az.: 2 BvF 2/90 und 4,5/92 = BVerfGE 88, 203 (251).

Christoph Schröder

heiten zu untersuchen. Dies ist allerdings eine ethische Frage, für die in Prüfungsarbeiten eine Argumentation in beide Richtungen möglich ist.

II. Postmortaler Würdeschutz

Die Menschenwürde erlischt nicht mit dem Tod. Aus dem absoluten Menschenwürdeschutz ergibt sich, dass auch eine **postmortale** Herabwürdigung die Garantie aus Art. 1 I GG verletzen kann. Insofern besteht für den Staat auch eine Schutzpflicht für die Personenwürde und -ehre nach dem Tod. Abgrenzungsschwierigkeiten zum <u>allgemeinen Persönlichkeitsrecht</u> ergeben sich dafür nach dem Tod nicht mehr. Dieses schützt nämlich die freie Entfaltung der Persönlichkeit, die nach dem Tod nicht mehr möglich ist. Das Grundrecht aus Art. 2 I GG setzt eine wenigstens potenziell zukünftig handlungsfähige Person voraus.[45] Insofern ist der postmortale Persönlichkeitsschutz wenigstens auf verfassungsrechtlicher Ebene ausschließlich und unmittelbar über die Menschenwürde abgesichert.

C. Verletzung der Menschenwürde durch Eingriff

Abweichend von der gängigen Grundrechtsdogmatik in Bezug auf Freiheitsrechte ist eine Rechtfertigung von Eingriffen in den Schutzbereich der Menschenwürde nicht möglich. Aus dem Wortlaut von Art. 1 I GG ("Die Würde des Menschen ist *unantastbar.*"; Hervorhebung durch den Verf.) ergibt sich ein absolutes Verbot, den Schutzbereich zu beeinträchtigen. Somit folgt aus diesem Wortlaut ein **Abwägungsverbot**, das zu einem Überwiegen der Würde unabhängig von der Gewichtung des widerstreitenden Rechtsguts führt.

I. Menschenwürdeverletzung als Kernbereichseingriff

Um eine allzu ausufernde Beschränkung hoheitlichen Handelns zu verhindern, ist ein Eingriff in die Menschenwürde deswegen nur dann gegeben, wenn der bereits angesprochene Kernbereich selbstbestimmten Verhaltens beeinträchtigt wird. Nicht jede staatliche Maßnahme, die die selbstbestimmte Persönlichkeitsentfaltung berührt, führt bereits zu einer Menschenwürdeverletzung. Erst wenn

---

45 BVerfG, Beschl. v. 24.2.1971, Az.: 1 BvR 435/68 = BVerfGE 30,173 (194) – Mephisto.

Christoph Schröder

elementare Aspekte der Persönlichkeitsentwicklung beeinträchtigt werden, kann von einer solchen gesprochen werden. Dieser Kernbereich ist aber nicht mit dem Wesensgehalt eines Grundrechts, den die **Wesensgehaltsgarantie** aus Art. 19 II GG schützt, gleichzusetzen.[46] So ist es denkbar, dass der Wesensgehalt eines Grundrechts berührt wird, ohne gleichzeitig den Achtungsanspruch des Individuums zu negieren und ihm selbstbestimmtes Verhalten zu verwehren.

II. Eingriff durch Abwägung

Neben der Verkürzung des angesprochenen Kernbereichs verletzt es ebenfalls die Menschenwürde, wenn sie einem Abwägungsprozess zugeführt wird. Sie gilt absolut und kann nicht unterschiedlich gewichtet werden, sodass sie in einer Abwägung stets überwiegen müsste.[47] Eine Gewichtung findet im Menschenwürdekontext dennoch statt, nämlich abstrakt auf der Ebene der Schutzbereichsbestimmung.[48] Im Kontext des allgemeinen Persönlichkeitsrechts findet die Zuordnung zu der Intimsphäre aufgrund von Wertungsgesichtspunkten statt, sodass der auch menschenwürderelevante Schutzbereich hier mittels eines Abwägungsprozesses bestimmt wird.[49]

! **Klausurtaktik**

Spricht man also von einer Unantastbarkeit im Sinne eines Abwägungsverbots, so meint dies in der Rechtspraxis lediglich, dass abweichend vom grundsätzlich bekannten Prüfungsschema eines Freiheitsgrundrechts die Stufe der Rechtfertigung einschließlich der Verhältnismäßigkeitsprüfung entfällt.

D. Europäische und internationale Bezüge

Auch im europäischen Recht hat die Menschenwürde normativ Beachtung gefunden. Ebenso prominent wie in der grundgesetzlichen Ordnung findet sich in Art. 1 GRCh der Schutz der Menschenwürde verbürgt. Bezugnehmend auf die Präambel

---

46 Ausführlich dazu Huber in: v. Mangoldt/Klein/Starck (Hrsg.), Grundgesetz, Bd. I, 7. Aufl. 2018, Art. 19 Rn. 121 ff.
47 Etwa BVerfG, Beschl. v. 10.10.1995, Az.: 1 BvR 1476, 1980/91, 102,221/92 = BVerfGE 93, 266 (293); BVerfG, Beschl. v. 11.3.2003, Az.: 1 BvR 426/02, Rn. 26 = BVerfGE 107, 275 (284).
48 Teifke, Das Prinzip der Menschenwürde, 2011, 154 f.; kritisch hierzu Schmidt, GRZ 2020, 107 (113 f.).
49 Teifke, Das Prinzip der Menschenwürde, 2011, 16 ff.

Christoph Schröder

der Allgemeinen Erklärung der Menschenrechte[50] wird sie als oberster Wert der unionalen Rechtsordnung gesehen.[51] Die Menschenwürde der EU ergibt sich im Wesentlichen auch aus der Verfassungsüberlieferung der Mitgliedstaaten, sodass sie im Einklang mit den mitgliedstaatlichen Überlieferungen auszulegen ist.[52] Die EMRK sieht den Schutz der Menschenwürde zwar nicht explizit vor, untersagt aber eine Vielzahl an Verhaltensweisen, die als Menschenwürdeverletzungen zu werten sind.[53]

Zusammenfassung: Die wichtigsten Punkte
- Noch immer ist die durch *Günter Dürig* geprägte Objektformel für die fallbezogene Anwendung der Menschenwürde maßgebend. Danach liegt eine Würdeverletzung vor, wenn das Individuum staatlichem Handeln ohne Einflussmöglichkeiten ausgesetzt ist und zum bloßen Objekt desselben wird.
- Aufgrund der fehlenden Rechtfertigungsmöglichkeit erfolgt die wesentliche Prüfung der Menschenwürde auf der Schutzbereichsebene.
- Eine Verletzung der Menschenwürde liegt insbesondere bei einer Beeinträchtigung des Kerns selbstbestimmten Handelns vor. Die Menschenwürde ist nicht abwägungsfähig.

Weiterführende Studienliteratur
- Tobias Linke, Die Menschenwürde im Überblick: Konstitutionsprinzip, Grundrecht, Schutzpflicht, JuS 2016, S. 888–893
- Friedhelm Hufen, Die Menschenwürde, Art. 1 I GG, JuS 2010, S. 1–10

Dieses Kapitel darf gerne kommentiert, verändert und beliebig genutzt werden. Jeder Link in der PDF-Version des Textes führt zur Überarbeitungsmöglichkeit bei der Plattform Wikibooks. Eine konkrete Anleitung zur Mitarbeit & Weiternutzung findet sich auf unserer Homepage ebenfalls über den abgebildeten QR-Code mit der Smartphone-Kamera erreichbar.

---

50 Vgl. Erläuterungen zur Charta der Grundrechte, ABl. 2007 C 303/17.
51 Jarass, Charta der Grundrechte der EU, 4. Aufl. 2021, Art. 1 Rn. 2.
52 Borowsky, in: Meyer/Hölscheidt (Hrsg.), Charta der Grundrechte der Europäischen Union, 5. Aufl. 2019, Art. 1 Rn. 27.
53 Man denke etwa an das Verbot der Folter (Art. 3), Zwangsarbeit (Art. 4) oder das Verbot der Todesstrafe (13. Zusatzprotokoll zur EMRK, Art. 1).

Christoph Schröder

§ 18.2 Recht auf freie Entfaltung der Persönlichkeit – Art. 2 I i.V.m Art. 1 I GG

Notwendiges Vorwissen: Prüfung eines Freiheitsgrundrechts, Grundrechtsfunktionen, allgemeine Handlungsfreiheit – Art. 2 I GG

Lernziel: Recht auf freie Entfaltung der Persönlichkeit als dynamisches Grundrecht in seinen verschiedenen Ausprägungen kennenlernen, Überblick über den möglichen Prüfungsaufbau in der Klausur gewinnen

Für dieses Kapitel gibt es frei zugängliche interaktive Übungen. Halte einfach deine Smartphone-Kamera vor den Kasten mit den Punkten (QR-Code).

Das Persönlichkeitsrecht zählt zu den „am schwersten fassbaren Grundrechten des Grundgesetzes"[1]. Das liegt in der Formulierung des Art. 2 I 1 Hs. 1 GG begründet, die sehr weitreichend ein Recht auf die freie Entfaltung der Persönlichkeit verspricht. Das BVerfG hat dieses Recht unter Rückgriff auf die Menschenwürde aus Art. 1 I GG zum sogenannten „allgemeinen Persönlichkeitsrecht" verdichtet. Auch um das Persönlichkeitsrecht von der allgemeinen Handlungsfreiheit abzugrenzen, haben BVerfG und Literatur spezifische **Fallgruppen** des Persönlichkeitsschutzes (zum Beispiel: Recht auf Privatsphäre, Recht am eigenen Bild, postmortaler Persönlichkeitsschutz) gebildet.[2] Allerdings zeigen technischer und gesellschaftlicher Wandel immer wieder weitere typisierte Gefährdungen für die Persönlichkeitsentfaltung auf, die eine Ausdifferenzierung und Ergänzung der Kasuistik (zum Beispiel um den Schutz der Vertraulichkeit und Integrität informationstechnischer Systeme oder das Recht auf Anerkenntnis der geschlechtlichen Identität) erforderlich machen.

> ℹ️ **Weiterführendes Wissen**
>
> Die Ausbildungsliteratur unterscheidet in Anlehnung an die Rechtsprechung des BVerfG klassisch zwischen dem allgemeinen Persönlichkeitsrecht und der allgemeinen Handlungsfreiheit. Die allgemeine Handlungsfreiheit wird dabei unmittelbar aus Art. 2 I GG hergeleitet, während das allgemeine Persönlichkeitsrecht auf Art. 2 I in Verbindung mit Art. 1 I GG gestützt wird. Die Dog-

---

1 Lang, in: BeckOK, 46. Ed. 15.2.2021, Art. 2 GG Rn. 31.
2 Siehe zur allgemeinen Handlungsfreiheit Würkert, § 17, in diesem Lehrbuch.

matik zum allgemeinen Persönlichkeitsrecht und zur allgemeinen Handlungsfreiheit löst sich mit dieser Unterscheidung ein Stück weit vom Wortlaut des Art. 2 I 1 Hs. 1 GG („Jeder hat das Recht auf die freie Entfaltung seiner Persönlichkeit."). Um dies zu verstehen, muss man wissen, dass das BVerfG in seiner Elfes-Entscheidung zunächst mit der allgemeinen Handlungsfreiheit ein weites Auffanggrundrecht schuf, das verhältnismäßig einfach einzuschränken ist.[3] Für die herausgebildeten Fallgruppen zum allgemeinen Persönlichkeitsrecht stellte das Gericht sodann unter Rückgriff auf die Menschenwürdegarantie aus Art. 1 I GG höhere Anforderungen an die Rechtfertigung eines Eingriffs auf.

A. Schutzbereich

Das BVerfG leitet das allgemeine Persönlichkeitsrecht aus Art. 2 I in Verbindung mit der <u>Menschenwürdegarantie</u> aus Art. 1 I GG her.[4]

Weiterführendes Wissen   [i]

Zunächst entwickelte das Reichsgericht das allgemeine Persönlichkeitsrecht im Zivilrecht. Der BGH stützte es später auf Art. 1 I GG in Verbindung mit Art. 2 I GG, wobei das Gericht die Menschenwürde zuerst nannte. In der Soraya-Entscheidung griff das BVerfG im Jahr 1973 das privatrechtliche Persönlichkeitsrecht auf und formulierte ausdrücklich das verfassungsrechtliche allgemeine Persönlichkeitsrecht.[5]

Die Verknüpfung mit Art. 1 I GG ermöglicht vor allem, einen absolut geschützten unantastbaren Bereich menschlicher Freiheit zu beschreiben, der vor staatlichem Zugriff geschützt sein soll. Schon in der **Elfes-Entscheidung** aus dem Jahr 1957 stellte das BVerfG heraus, dass „dem einzelnen Bürger eine Sphäre privater Lebensgestaltung verfassungskräftig vorbehalten ist, also ein letzter unantastbarer Bereich menschlicher Freiheit besteht, der der Einwirkung der gesamten öffentlichen Gewalt entzogen ist".[6] In der **Mikrozensus-Entscheidung** aus dem Jahr 1969 konkretisierte das BVerfG unter Rezeption der Literatur, der:dem Einzelnen müsse „um der freien und selbstverantwortlichen Entfaltung seiner Persönlichkeit willen ein ‚Innenraum' verbleiben [...], in dem er ‚sich selbst besitzt' und ‚in den er sich zurückziehen kann, zu dem die Umwelt keinen Zutritt hat, in dem man in Ruhe gelassen wird und ein Recht auf Einsamkeit genießt'".[7] Ein solcher un-

---

3 BVerfG, Urt. v. 16.1.1957, Az.: 1 BvR 253/56, Rn. 14 ff. = <u>BVerfGE 6, 32 (36 f.)</u> – Elfes.
4 Siehe zur Menschenwürde Schröder, § 18.1, in diesem Lehrbuch.
5 BVerfG, Beschl. v. 14.2.1973, Az.: 1 BvR 112/65, Rn. 27 f. = <u>BVerfGE 34, 269 (281)</u> – Soraya.
6 BVerfG, Urt. v. 16.1.1957, Az.: 1 BvR 253/56, Rn. 32 = <u>BVerfGE 6, 32 (41)</u> – Elfes.
7 BVerfG, Beschl. v. 16.7.1969, Az.: 1 BvL 19/63, Rn. 34 = <u>BVerfGE 27, 1 (6)</u> – Mikrozensus.

antastbarer Bereich privater Lebensgestaltung ließe sich mit den weiten Schrankenregelungen des Art. 2 I GG allerdings nicht vereinbaren. Das Persönlichkeitsrecht sichert erst „unter dem Einfluß des Art. 1 I GG" diesen besonderen Schutz.[8]

ℹ Weiterführendes Wissen

Ob der beabsichtigte Persönlichkeitsschutz nur durch die Herleitung des allgemeinen Persönlichkeitsrechts unter Rückgriff auf die Garantie der Menschenwürde aus Art. 1 I GG sichergestellt werden kann, wird teilweise bezweifelt.[9] Zum Teil wird die Rechtsprechung des BVerfG dahingehend verstanden, dass „Art. 1 eher als Interpretationsrichtlinie [...], denn als Rechtsquelle für das allgemeine Persönlichkeitsrecht" herangezogen werde.[10] Die Garantie der Menschenwürde wäre demnach vorrangig auf der Ebene der Rechtfertigung eines Eingriffs zu berücksichtigen, jedoch nicht zwingend erforderlich zur Herleitung des Persönlichkeitsrechts.

Das Recht auf freie Entfaltung der Persönlichkeit **ergänzt die speziellen Freiheitsrechte** und sichert die von diesen nicht erfassten Grundbedingungen der Persönlichkeitsentfaltung.[11] Das BVerfG leitet daher aus diesem Recht die staatliche Aufgabe ab, „Grundbedingungen dafür zu sichern, dass die einzelne Person ihre Individualität selbstbestimmt entwickeln und wahren kann"[12]. Die Sicherung der Grundbedingungen erfolgt durch unterschiedliche Maßnahmen, in abwehrrechtlicher Hinsicht etwa durch Unterlassen von Eingriffen in die Privatsphäre. Das BVerfG formuliert überdies eine „Schutzpflicht der staatlichen Organe, die sich auch auf die Gewährleistung der für die Persönlichkeitsentfaltung konstitutiven Bedingungen bezieht"[13].

---

8 Jarass, NJW 1989, 857.

9 Überzeugend Britz, Freie Entfaltung durch Selbstdarstellung – Eine Rekonstruktion des allgemeinen Persönlichkeitsrechts aus Art. 2 I GG, 2007, 25 f.; kritisch Horn, in: Isensee/Kirchhof (Hrsg.), Handbuch des Staatsrechts, Bd. VII, 3. Aufl. 2009, § 149 Rn. 29.

10 Lang, in: BeckOK, 46. Ed. 15.2.2021, Art. 2 GG Rn. 33 mit Verweis auf BVerfG, Beschl. v. 15.1.1970, Az.: 1 BvR 13/68, Rn. 17 f. = BVerfGE 27, 344 (350 f.) – Ehescheidungsakten.

11 Siehe nur BVerfG, Beschl. v. 26.2.1997, Az.: 1 BvR 2172/96, Rn. 81 = BVerfGE 95, 220 (241) – Aufzeichnungspflicht; Beschl. v. 10.11.1998, Az.: 1 BvR 1531/96, Rn. 42 = 99, 185 (193 f.) – Scientology; Urt. v. 15.12.1999, Az.: 1 BvR 653/96, Rn. 68 f. = 101, 361 (380) – Caroline von Monaco II; Beschl. v. 13.6.2007, Az.: 1 BvR 1783/05, Rn. 70 ff. = 119, 1 (23 f.) – Esra.

12 BVerfG, Beschl. v. 10.10.2017, Az.: 1 BvR 2019/16, Rn. 38 m.w.N. = BVerfGE 147, 1 (19) – Geschlechtsidentität.

13 BVerfG, Beschl. v. 6.5.1997, Az.: 1 BvR 409/90, Rn. 28 = BVerfGE 96, 56 (64 m.w.N.) – Vaterschaftsauskunft.

Dana-Sophia Valentiner

I. Sachlicher Schutzbereich

Das Recht auf freie Entfaltung der Persönlichkeit schützt – neben der allgemeinen Handlungsfreiheit – in sachlicher Hinsicht die **personale Autonomie** der Einzelnen als „eine sich innerhalb der sozialen Gemeinschaft entfaltende, auf Kommunikation angewiesene Persönlichkeit",[14] und zwar als Recht, „über sich nach eigenen Maßstäben [zu] verfügen"[15]. Erfasst sind davon – so das BVerfG – „nur solche Elemente der Persönlichkeitsentfaltung, die – ohne bereits Gegenstand der besonderen Freiheitsgarantien des Grundgesetzes zu sein – diesen in ihrer konstituierenden Bedeutung für die Persönlichkeit nicht nachstehen"[16]. Art. 2 I (in Verbindung mit Art. 1 I) GG gebietet also „nicht Schutz gegen alles, was die selbstbestimmte Persönlichkeitsentwicklung auf irgendeine Weise beeinträchtigen könnte"[17]. Der sachliche Schutzbereich ist vielmehr dann eröffnet, „wenn die selbstbestimmte Entwicklung und Wahrung der Persönlichkeit spezifisch gefährdet ist"[18]. Spezifische Gefährdungen hat das BVerfG in den nachfolgenden Konstellationen angenommen, in denen es verschiedene **Ausprägungen** des Persönlichkeitsrechts als Rechte benannt und anerkannt hat. Es handelt sich dogmatisch um eigenständige Grundrechte.

Weiterführendes Wissen   [i]

Ausprägungen des Persönlichkeitsrechts werden in der Literatur unterschiedlich systematisiert, zum Beispiel anhand der normativen Dimensionen der Selbstbestimmung, Selbstbewahrung und Selbstdarstellung[19] oder in Themenbereichen (Identität und Individualität, Privatleben, Selbstdarstellung in der Öffentlichkeit, informationelle Selbstbestimmung, Vertraulichkeit und Integrität informationstechnischer Systeme) zusammengefasst.[20] Die Darstellung hier erfolgt im Schutzbereich in Anlehnung an die Fallgruppen, die das BVerfG in seiner Rechtsprechung herausgebildet hat.

---

14 Im Kontext des Rechts auf informationelle Selbstbestimmung BVerfG, Urt. v. 15.12.1983, Az.: 1 BvR 209, 269, 362, 420, 440, 484/83, Rn. 156 = BVerfGE 65, 1 (44) – Volkszählung.
15 BVerfG, Urt. v. 26.2.2020, Az.: 2 BvR 2347/15, Rn. 207.
16 Ständige Rechtsprechung, siehe nur BVerfG, Urt. v. 19.4.2016, Az.: 1 BvR 3309/13, Rn. 32 = BVerfGE 141, 186 (201 f. m. w. N.) – Isolierte Vaterschaftsfeststellung.
17 BVerfG, Beschl. v. 10.10.2017, Az.: 1 BvR 2019/16, Rn. 38 = BVerfGE 147, 1 (19) – Geschlechtsidentität.
18 BVerfG, Beschl. v. 10.10.2017, Az.: 1 BvR 2019/16, Rn. 38 = BVerfGE 147, 1 (19) – Geschlechtsidentität.
19 Kingreen/Poscher, Grundrechte, 36. Aufl. 2020, Rn. 442 ff.
20 Papier/Krönke, Grundkurs Öffentliches Recht 2: Grundrechte, 4. Aufl. 2020, Rn. 178.

Dana-Sophia Valentiner

1. Recht auf Privatsphäre

Art. 2 I (in Verbindung mit Art. 1 I) GG garantiert als **Recht auf Privatsphäre** „jedem Einzelnen einen autonomen Bereich privater Lebensgestaltung, in dem er seine Individualität entwickeln und wahren kann"[21]. Daraus folgt das Recht der Person, sich (insbesondere: räumlich) zurückzuziehen, abzuschirmen und allein zu sein.[22] Schutz und Achtung der Privatsphäre sind in ganz unterschiedlichen Konstellationen bedeutsam.

Beispiel: Geschützt sind die Vertraulichkeit des Tagebuchs, die Kommunikation unter Ehegatt:innen, ärztliche Aufzeichnungen über den Gesundheitszustand einer Person sowie das Ärztin-Patient-Verhältnis und bestimmte räumliche Rückzugsorte (wobei die Wohnung dem besonderen Schutz des Art. 13 I GG unterliegt[23]).

a) Differenzierung verschiedener Sphären

Um die Selbstbestimmung der Person über persönliche Lebenssachverhalte mit staatlichen Interessen und Interessen der Allgemeinheit in Einklang zu bringen, differenzierte das BVerfG in seiner früheren Rechtsprechung verschiedene **Sphären** der Persönlichkeitsentfaltung mit unterschiedlicher Schutzintensität.

! Examenswissen

Die Differenzierung geht auf die zivilgerichtliche Rechtsprechung zurück, die wiederum durch das BVerfG aufgegriffen wurde.

Das BVerfG unterschied innerhalb eines abgestuften Schutzkonzepts die **Sozialsphäre**, die **Privatsphäre** und die **Intimsphäre**, oder auch: die Sphäre der Gemeinschaft, die Sphäre anderer und die eigene Sphäre.[24]

Die Intimsphäre beziehungsweise eigene Sphäre ist demnach durch einen besonders starken Bezug zur Menschenwürde ausgezeichnet und deshalb absolut geschützt, das heißt: eine verfassungsrechtliche Rechtfertigung eines Eingriffs ist nicht möglich. Staatliche Eingriffe in die Privatsphäre können unter strengen Anforderungen an die Verhältnismäßigkeit gerechtfertigt werden. Als legitimer Zweck kommen nur Gemeinwohlerwägungen in Betracht. Eingriffe in die Sozial-

---

[21] BVerfG, Urt. v. 5.6.1973, Az.: 1 BvR 536/72, Rn. 44 = BVerfGE 35, 202 (220) – Lebach; Urt. v. 31.1.1989, Az.: 1 BvL 17/87, Rn. 53 = 79, 256 (268) – Kenntnis der eigenen Abstammung.

[22] Vgl. Kingreen/Poscher, Grundrechte, 36. Aufl. 2020, Rn. 444.

[23] Siehe zum Schutz der Wohnung Kohal, § 24.2, in diesem Lehrbuch.

[24] Vgl. BVerfG, Beschl. v. 14.9.1989, Az.: 2 BvR 1062/87, Rn. 29f. = BVerfGE 80, 367 (374) – Tagebuch.

Dana-Sophia Valentiner

sphäre können unter weniger strengen Anforderungen gerechtfertigt werden,[25] das heißt: hier genügt ein einfacher legitimer Zweck für die verfassungsrechtliche Rechtfertigung. Die sogenannte Sphärentheorie stellt also „umso strenge[re] Anforderungen an die Verhältnismäßigkeit staatlicher Eingriffe [...], je mehr im Bild konzentrischer Kreise der innere Bereich berührt wird"[26].

b) Grenzen der „Sphärentheorie"
In der Rechtsprechung haben sich aber auch die **Grenzen** der typisierenden Differenzierung im Sinne der sogenannten Sphärentheorie gezeigt, besonders bei der Persönlichkeitsentfaltung in Interaktion mit anderen. Hier ist nicht immer deutlich, wann ein Sozialbezug vorliegt und unter welchen Voraussetzungen Interaktionen in die geschützte Intimsphäre fallen. Das stellt die „Sphärentheorie" als solche in Frage.[27] Das BVerfG behalf sich zunächst, indem es auf die Intensität des Sozialbezugs und des Näheverhältnisses der beteiligten Personen in einer konkreten Situation abstellte, um die Anforderungen an die Rechtfertigung eines Eingriffs zu bestimmen.

Beispiel: Ein intensiverer Schutz besteht demnach bei vertraulichen Gesprächen innerhalb der Wohnung oder vertraulichen Briefen zwischen Geschwistern.

Weitere Grenzen der sogenannten „Sphärentheorie" zeigen sich in Anbetracht neuer Gefährdungslagen für die freie Persönlichkeitsentfaltung, zum Beispiel durch gewandelte technische Möglichkeiten.[28] Diese lassen sich nicht schematisch mit Blick auf räumliche Verhältnisse und soziale Nähebeziehungen lösen.[29]

Klausurtaktik   !

Die Einordnung des Sachverhalts in eine der drei Sphären ist in einer Klausur zum Privatsphärenschutz regelmäßig trotz Kritik an der „Sphärentheorie" empfehlenswert, weil Lösungsskizzen diese Differenzierung durchaus noch vorsehen. Im Rahmen der Rechtfertigung stellen sich je nach betroffener Sphäre besondere Anforderungen an die Verhältnismäßigkeit. Es ist vertretbar, die „Sphärentheorie" entweder im Schutzbereich anzusprechen oder erst bei der Prüfung der Rechtfertigung.

---

25 Siehe nur BVerfG, Beschl. v. 15.1.1970, Az.: 1 BvR 13/68, Rn. 17 f. = BVerfGE 27, 344 (351) – Ehescheidungsakten.
26 Lang, in: BeckOK, 46. Ed. 15.2.2021, Art. 2 GG Rn. 35.
27 Eine „Verdunkelung" der Rechtslage durch die „Sphärentheorie" bemängeln Kunig/Kämmerer, in: v. Münch/Kunig, 7. Aufl. 2021, Art. 2 GG Rn. 88.
28 Horn, in: Isensee/Kirchhof (Hrsg.), Handbuch des Staatsrechts, Bd. VII, 3. Aufl. 2009, § 149 Rn. 35.
29 Nebel, ZD 2015, 517 (518).

Dana-Sophia Valentiner

Die „Sphärentheorie" ist allerdings nur heranzuziehen, soweit das Recht auf freie Entfaltung der Persönlichkeit als Recht auf Privatsphäre betroffen ist. In den anderen Fallgruppen ist eine Differenzierung anhand der „Sphärentheorie" wenig zielführend.

2. Recht auf Selbstdarstellung

Das Recht auf Privatsphäre wird ergänzt durch das **Recht auf Selbstdarstellung**, welches das Individuum hinsichtlich seiner öffentlichen Wahrnehmung als Person schützt. Das Recht auf Selbstdarstellung wird unter anderem durch den **Schutz der persönlichen Ehre** gewährleistet.[30] Über den Ehrschutz hinaus erstreckt es sich aber auch auf weitere Aspekte des sozialen Geltungsanspruchs des Menschen.[31] Das Recht auf freie Entfaltung der Persönlichkeit garantiert so ein breit verstandenes **Recht auf Selbstdarstellung in der Öffentlichkeit**. Der Einzelnen obliegt danach die Befugnis, selbst darüber zu entscheiden, ob und wie sie als Person dargestellt wird.[32] Dazu gehört „die Möglichkeit, sich in der Kommunikation nach eigener Einschätzung situationsangemessen zu verhalten und sich auf die jeweiligen Kommunikationspartner einzustellen".[33] Dem grundrechtsgebundenen Staat ist es außerdem untersagt, sich in herabsetzender Weise über seine Bürger:innen zu äußern und etwa von ihnen kundgetane Meinungen abschätzig zu kommentieren.[34]

Zu dem Grundrecht auf Selbstdarstellung gehört auch die Selbstbestimmung darüber, ob ein Kommunikationsinhalt einzig der Gesprächspartnerin, einem bestimmten Personenkreis oder der Öffentlichkeit zugänglich sein soll.

---

i **Weiterführendes Wissen**

Im Zusammenwirken der unterschiedlichen Ausprägungen des Rechts auf Selbstdarstellung und des Rechts auf informationelle Selbstbestimmung garantiert das Persönlichkeitsrecht einen

---

30 BVerfG, Beschl. v. 3.6.1980, Az.: 1 BvR 185/77, Rn. 14 = BVerfGE 54, 148 (154) – Eppler; Beschl. v. 3.6.1980, Az.: 1 BvR 797/78, Rn. 22 = 54, 208 (217) – Böll; Beschl. v. 10.10.1995, Az.: 1 BvR 1476/ 91, 1980/91, 102/92, 221/92, Rn. 109 = 93, 266 (290) – „Soldaten sind Mörder"; Beschl. v. 25.10.2005, Az.: 1 BvR 1696/98, Rn. 25 = 114, 339 (346) – Mehrdeutige Meinungsäußerungen.
31 BVerfG, Beschl. v. 17.8.2010, Az.: 1 BvR 2585/06, Rn. 21 = NJW 2011, 511.
32 Grundlegend Britz, Freie Entfaltung durch Selbstdarstellung – Eine Rekonstruktion des allgemeinen Persönlichkeitsrechts aus Art. 2 I GG, 2007, passim.
33 BVerfG, Beschl. v. 9.10.2002, Az.: 1 BvR 1611/96, 1 BvR 805/98, Rn. 29 = BVerfGE 106, 28 (39) – Mithörvorrichtung.
34 BVerfG, Beschl. v. 17.8.2010, Az.: 1 BvR 2585/06, Rn. 21 = NJW 2011, 511.

Dana-Sophia Valentiner

weitreichenden **Offenbarungsschutz.**[35] Das Individuum kann selbst darüber befinden, welche (höchst-)persönlichen Lebenssachverhalte es mit wem und unter welchen Umständen teilt. Ihm obliegt die Kontrollbefugnis über den Zugang zum Selbst.

Der Schutz der **Selbstdarstellung in der Öffentlichkeit** bezieht sich insbesondere auf die Offenbarung (höchst-)persönlicher Lebenssachverhalte, unter anderem durch die Medien Film, Audio und Literatur. Geschützt ist das **Recht am eigenen Bild**[36] **und am gesprochenen Wort**, außerdem das Recht auf Richtigstellung beziehungsweise Gegendarstellung.[37]

Beispiel: Schutz vor heimlichen Film- und Tonaufnahmen

Geschützt ist auch das **Recht am eigenen Namen**, der Ausdruck der Individualität und Identität der Person ist.[38]

Beispiel: Schutz des Nachnamens auch bei Eheschließung durch Wahlfreiheit zwischen der Fortführung des Geburtsnamens und der Bestimmung eines gemeinsamen Familiennamens

Das Recht auf freie Entfaltung der Persönlichkeit schützt auch vor herabwürdigenden Äußerungen und Beleidigungen.[39] Es kann insoweit die Meinungsäußerungsfreiheit aus Art. 5 I 1 GG beschränken.[40] Dies gilt besonders, wenn die Herabwürdigung auf diskriminierenden Äußerungen beruht, die an die in Art. 3 III 1 GG genannten verpönten Merkmale anknüpfen.[41]

---

35 Siehe dazu Valentiner, Das Grundrecht auf sexuelle Selbstbestimmung: Zugleich eine gewährleistungsdogmatische Rekonstruktion des Rechts auf die freie Entfaltung der Persönlichkeit, 2021, 119 f.

36 Tinnefeld/Viethen, NZA 2003, 468 (469 f.).

37 Siehe nur BVerfG, Beschl. v. 14.1.1998, Az.: 1 BvR 1861/93, 1864/96, 2073/97, Rn. 82 = BVerfGE 97, 125 (147) – Caroline von Monaco I.

38 Vgl. BVerfG, Beschl. v. 8.3.1988, Az.: 1 BvL 9/85, 43/86, Rn. 47 = BVerfGE 78, 38 (49) – Gemeinsamer Familienname; Urt. v. 30.1.2002, Az.: 1 BvL 23/96, Rn. 51 f. = 104, 373 (385) – Ausschluss vom Doppelnamen; Urt. v. 5.5.2009, Az.: 1 BvR 1155/03, Rn. 24 = 123, 90 (102) – Mehrfachnamen.

39 Siehe zur Meinungsfreiheit in einer solchen Konstellation Fall 5, im OpenRewi Grundrechte Fallbuch.

40 Siehe zu den geschützten Verhaltensweisen der Meinungsäußerungsfreiheit Wienfort, § 20.1 A.I.2., in diesem Lehrbuch.

41 BVerfG, Beschl. v. 2.11.2020, Az.: 1 BvR 2727/19, Rn. 18.

Dana-Sophia Valentiner

Eine besondere Ausformung des Rechts auf Selbstdarstellung im digitalen Kontext stellt das vom BVerfG jüngst thematisierte Recht auf Vergessen dar.[42]

3. Recht auf Anerkenntnis der geschlechtlichen Identität

In seiner Funktion zur Wahrung der Individualität und Identität gewährleistet das Recht auf freie Entfaltung der Persönlichkeit das **Recht, die eigene Geschlechtsidentität zu finden und zu erkennen**, sowie das **Recht auf Anerkennung der geschlechtlichen Identität**.[43]

Beispiel: Anerkennung der nicht-binären Geschlechtsidentität durch eine Eintragungsmöglichkeit „divers" im Personenstandsrecht

Dieses Recht konkretisierte das BVerfG in verschiedenen Entscheidungen zum sogenannten Transsexuellengesetz (TSG), das im Jahr 1980 in Kraft trat und bis heute eine Möglichkeit der Berichtigung des personenstandsrechtlichen Geschlechtseintrags regelt. Das BVerfG erklärte zentrale Vorschriften dieses Gesetzes für verfassungswidrig.[44] Das TSG stellte mit Grundrechten nicht vereinbare Voraussetzungen für die personenstandsrechtliche Anerkennung des Geschlechts von trans Personen auf: Die antragstellenden Personen mussten sich unter anderem einem die äußeren Geschlechtsmerkmale verändernden operativen Eingriff unterzogen haben, dauernd fortpflanzungsunfähig und unverheiratet sein.

In der Entscheidung zur sogenannten „Dritten Option" aus dem Jahr 2017 betreffend die personenstandsrechtliche Anerkennung der Geschlechtsidentität stellte sich das BVerfG gegen die bislang Gesetz und Rechtsprechung prägende bipolare Geschlechternorm, also die Annahme einer „natürlichen" Zweigeschlechtlichkeit.[45] Wenn der Gesetzgeber beispielsweise im Personenstandsrecht an das Geschlecht von Personen anknüpft und eine Eintragung des Geschlechts in das

---

42 Siehe zum Recht auf Vergessen Petras, § 24.5, in diesem Lehrbuch.

43 Siehe nur BVerfG, Beschl. v. 6.12.2005, Az.: 1 BvL 3/03, Rn. 47 f. = BVerfGE 115, 1 (14); Beschl. v. 18.7.2006, Az.: 1 BvL 1, 12/04, Rn. 64 = 116, 243 (262 f.); Beschl. v. 27.5.2008, Az.: 1 BvL 10/05, Rn. 37 = 121, 175 (190); Beschl. v. 11.1.2011, Az.: 1 BvR 3295/07, Rn. 51 = 128, 109 (214).

44 Einen Überblick über die Rechtsprechung bis 2011 bietet Wielpütz, NVwZ 2011, 474 ff.

45 BVerfG, Beschl. v. 10.10.2017, Az.: 1 BvR 2019/16, Rn. 38 = BVerfGE 147, 1 – Geschlechtsidentität.

Dana-Sophia Valentiner

Personenstandsregister vorsieht, muss eine Möglichkeit für nicht-binäre Menschen bestehen, in ihrer Geschlechtsidentität positiv anerkannt zu werden.[46]

Weiterführendes Wissen   i

Das Recht auf Anerkennung der geschlechtlichen Identität und das Recht auf sexuelle Selbstbestimmung (siehe hierzu unter 5.) sind verschiedene Ausprägungen des allgemeinen Persönlichkeitsrechts. In der Literatur werden sie teilweise verwechselt oder miteinander vermengt. Dies geht auch auf den Umstand zurück, dass die Rechtsprechung des BVerfG zum TSG von „Transsexualität" spricht. Heute werden Fragen der personenstandsrechtlichen Anerkennung der Geschlechtsidentität hingegen deutlicher als solche benannt (zum Beispiel durch Begriffe wie „Transgeschlechtlichkeit" und „Intergeschlechtlichkeit"). Es ging auch in den TSG-Entscheidungen des BVerfG nie um Sexualitäten, sondern immer um die Geschlechtsidentität.

---

4. Recht auf Kenntnis der Abstammung

Das Recht auf freie Entfaltung der Persönlichkeit umfasst auch das **Recht auf Kenntnis der eigenen Abstammung.** Laut BVerfG sind Verständnis und Entfaltung der Individualität eng mit der Kenntnis der für sie konstitutiven Faktoren verbunden.[47] Zu diesen Faktoren zählt auch die Abstammung. Die Kenntnis darüber, von wem eine Person genetisch abstammt, kann ein Anknüpfungspunkt für das Verständnis und die Entfaltung der eigenen Individualität sein. Das BVerfG führt dazu aus, dass die „Möglichkeit, sich als Individuum nicht nur sozial, sondern auch genealogisch in eine Beziehung zu anderen zu setzen, […] im Bewusstsein der einzelnen Person eine Schlüsselstellung für ihre Individualitätsfindung wie für ihr Selbstverständnis und ihre langfristigen familiären Beziehungen zu anderen einnehmen" könne.[48] Das Recht auf freie Entfaltung der Persönlichkeit schützt daher auch vor der Vorenthaltung verfügbarer Informationen über die eigene Abstammung.[49] Es beinhaltet zwar keinen Anspruch auf Verschaffung, wohl aber den Auftrag an den Staat, vor der Vorenthaltung verfügbarer Abstammungsinformationen zu schützen. Ein verfassungsrechtlich garantierter Anspruch gegenüber dem mutmaßlich leiblichen, aber nicht rechtlichen

---

46 Zur Entscheidung und weiteren Reformbedarfen siehe Berndt-Benecke, NVwZ 2019, 286 (288 ff.).

47 BVerfG, Urt. v. 31.1.1989, Az.: 1 BvL 17/87, Rn. 53 = BVerfGE 79, 256 (268) – Kenntnis der eigenen Abstammung.

48 BVerfG, Urt. v. 19.4.2016, Az.: 1 BvR 3309/13, Rn. 35 = BVerfGE 141, 186 (202) – Isolierte Vaterschaftsfeststellung.

49 BVerfG, Urt. v. 19.4.2016, Az.: 1 BvR 3309/13, Rn. 31 = BVerfGE 141, 186 (201) – Isolierte Vaterschaftsfeststellung.

Dana-Sophia Valentiner

Vater darauf, dass dieser in eine genetische Abstammungsuntersuchung einwilligt und die Entnahme einer für die Untersuchung geeigneten genetischen Probe duldet, folgt aus dem Recht auf Kenntnis der eigenen Abstammung jedoch nicht.

Daneben gewährleistet das Recht auf freie Entfaltung der Persönlichkeit auch das **Recht eines Vaters auf Kenntnis der Abstammung des ihm rechtlich zugeordneten Kindes.** Zur Verwirklichung dieses Rechts ist es verfassungsrechtlich sogar geboten, gesetzliche Regelungen zur Feststellung der Abstammung eines Kindes von dem rechtlichen Vater zu treffen.[50]

5. Recht auf sexuelle Selbstbestimmung

Eine weitere Ausprägung des Rechts auf freie Entfaltung der Persönlichkeit stellt das **Recht auf sexuelle Selbstbestimmung** dar. Das BVerfG benannte dieses Recht erstmals ausdrücklich in der Entscheidung zur Strafbarkeit des Geschwisterbeischlafs (§ 173 II 2 StGB),[51] machte aber bereits in früheren Entscheidungen deutlich, dass die Sexualität als Lebensbereich dem besonderen Schutz des Persönlichkeitsrechts unterliegt. Das Recht auf sexuelle Selbstbestimmung gewährleistet die Befugnis, das Verhältnis zur eigenen Sexualität und sexuelle Beziehungen zu anderen zu gestalten.[52] Es gebietet zudem – in seiner Schutzpflichtendimension – effektiven staatlichen Schutz vor sexualisierter Gewalt und sexuellen Übergriffen.

Beispiel: geschützt sind konsensuell ausgeübte sexuelle Handlungen zwischen Erwachsenen

6. Recht auf selbstbestimmtes Sterben

Das Recht auf freie Entfaltung der Persönlichkeit umfasst „als Ausdruck persönlicher Autonomie auch ein **Recht auf selbstbestimmtes Sterben,** welches das **Recht auf Selbsttötung** einschließt"[53]. Das Recht auf selbstbestimmtes Sterben ist gewährleistet, soweit ein Mensch selbstbestimmt und eigenverantwortlich entscheidet, sich das Leben zu nehmen. Das BVerfG hat im Jahr 2020 entschieden,

---

50 BVerfG, Urt. v. 13.2.2007, Az.: 1 BvR 421/05, Rn. 59 ff. = BVerfGE 117, 202 (225 ff.) – Vaterschaftsfeststellung.
51 BVerfG, Beschl. v. 26.2.2008, Az.: 2 BvR 392/07, Rn. 33 = BVerfGE 120, 224 (239) – Geschwisterbeischlaf.
52 Grundlegend Valentiner, Das Grundrecht auf sexuelle Selbstbestimmung: Zugleich eine gewährleistungsdogmatische Rekonstruktion des Rechts auf die freie Entfaltung der Persönlichkeit, 2021.
53 BVerfG, Urt. v. 26.2.2020, Az.: 2 BvR 2347/15, Rn. 208.

Dana-Sophia Valentiner

dass der Grundrechtsschutz sich auch auf die Freiheit erstreckt, für das selbstbestimmte Sterben bei Dritten Hilfe zu suchen und sie auch in Anspruch zu nehmen.[54] Das strafrechtliche Verbot der geschäftsmäßigen Förderung der Selbsttötung war deshalb verfassungswidrig, weil es der zum Suizid entschlossenen Person faktisch unmöglich machte, geschäftsmäßig angebotene Suizidhilfe in Anspruch zu nehmen.

7. Recht auf informationelle Selbstbestimmung

Eine spezielle Ausprägung des Rechts auf freie Entfaltung der Persönlichkeit ist das Recht auf informationelle Selbstbestimmung.[55] Es setzt sich aus Elementen des Schutzes der Privatsphäre und des Rechts auf Selbstdarstellung zusammen, mit einem besonderen Fokus auf den Schutz persönlicher Daten.

8. Schutz der Vertraulichkeit und Integrität informationstechnischer Systeme (IT-Grundrecht)

Eine technische Weiterentwicklung des Rechts auf Privatsphäre ist das Recht auf Schutz der Vertraulichkeit und Integrität informationstechnischer Systeme.[56]

II. Persönlicher Schutzbereich

Das Recht auf freie Entfaltung der Persönlichkeit ist ein sogenanntes „Jedermannsgrundrecht",[57] das heißt: **jede natürliche Person** kann sich auf den Schutz der freien Entfaltung der Persönlichkeit berufen.

Ob der Schutz des Persönlichkeitsrechts sich auf den **Schutz des ungeborenen Lebens** erstreckt, wird unterschiedlich bewertet. Zum Teil wird ein pränataler Persönlichkeitsschutz mit dem Argument angenommen, ungeborenes Leben verfüge jedenfalls potenziell über die Möglichkeit zur Entfaltung der Persönlichkeit.[58] Nach anderer Ansicht wird der Schutz des ungeborenen Lebens nicht durch das allgemeine Persönlichkeitsrecht, sondern über die Schutzpflicht des

---

54 BVerfG, Urt. v. 26.2.2020, Az.: 2 BvR 2347/15, Rn. 212.
55 Siehe zur informationellen Selbstbestimmung Ruschemeier, § 24.3, in diesem Lehrbuch.
56 Siehe zum IT-Grundrecht Petras, § 24.4, in diesem Lehrbuch.
57 Siehe hierzu González Hauck, § 2 A.I., in diesem Lehrbuch.
58 Lang, in: BeckOK GG, 46. Ed. 15.2.2021, Art. 2 GG Rn. 49.

Staates aus Art. 2 II in Verbindung mit der Menschenwürdegarantie sichergestellt.[59]

Art. 2 I in Verbindung mit Art. 1 I GG gewährleistet **kein postmortales Persönlichkeitsrecht.** Der Schutz des Persönlichkeitsrechts ist auf die Entfaltung
der Persönlichkeit gerichtet. Das setzt die Existenz einer wenigstens potenziell
oder zukünftig handlungsfähigen Person unabdingbar voraus.[60] Eine Fortwirkung des Persönlichkeitsrechts über den Tod hinaus ist abzulehnen, weil Trägerin
dieses Grundrechts nur die lebende Person sein kann.[61] Allerdings wäre es mit der
Menschenwürdegarantie nicht mehr vereinbar, wenn Personen nach ihrem Tod
herabgewürdigt oder erniedrigt werden dürften. Der essentielle postmortale Wür-
deschutz wird unmittelbar durch die Menschenwürdegarantie aus Art. 1 I GG,
nicht durch das Persönlichkeitsrecht vermittelt.

Umstritten ist die Frage, ob **juristische Personen** über Art. 19 III GG den
Schutz des Persönlichkeitsrechts genießen können, weil der Menschenwürdekern
des Persönlichkeitsrechts durch die Verbindung von Art. 2 I GG mit der Menschenwürdegarantie aus Art. 1 I GG besonders betont wird. Juristische Personen
besitzen jedoch keine Menschenwürde. Gegen eine wesensmäßige Anwendbarkeit auf juristische Personen spricht weiter, dass das allgemeine Persönlichkeitsrecht im Kern auf die Gewährleistung personaler Autonomie gerichtet ist, die juristische Personen nicht entfalten können. Das BVerfG hat eine wesensmäßige
Anwendbarkeit auf juristische Personen des Privatrechts aber in Bezug auf das
Recht am gesprochenen Wort angenommen.[62] Dieses Recht sichere vor allem,
dass sich die Beteiligten in der Kommunikation eigenbestimmt und situationsangemessen verhalten können. Auch eine juristische Person, die durch natürliche
Personen kommuniziert, könne insoweit einer grundrechtstypischen Gefährdungslage ausgesetzt sein.[63]

Beispiel: Schutz vor dem unbefugten Aufzeichnen oder Mithören von Gesprächen zwischen natürlichen Personen, die für eine juristische Person auftreten

---

59 Siehe hierzu Schröder, § 18.1 A.II., in diesem Lehrbuch.

60 BVerfG, Beschl. v. 24.2.1971, Az.: 1 BvR 435/68, Rn. 60 = BVerfGE 30, 173 (194) – Mephisto.

61 BVerfG, Beschl. v. 24.2.1971, Az.: 1 BvR 435/68, Rn. 60 = BVerfGE 30, 173 (194) – Mephisto.

62 Vgl. BVerfG, Beschl. v. 9.10.2002, Az.: 1 BvR 1611/96, 1 BvR 805/98, Rn. 38 = BVerfGE 106, 28
(43) – Mithörvorrichtung.

63 BVerfG, Beschl. v. 9.10.2002, Az.: 1 BvR 1611/96, 1 BvR 805/98, Rn. 38 = BVerfGE 106, 28 (43) –
Mithörvorrichtung.

Dana-Sophia Valentiner

B. Eingriff

Bei der Prüfung des Eingriffs ergeben sich keine Besonderheiten. Denkbar sind vielfältige Eingriffe im „klassischen" und „modernen" Sinn.[64]

Willigt die grundrechtsberechtigte Person in die Beeinträchtigung des Persönlichkeitsrechts, etwa in die Erhebung personenbezogener Daten oder die Verwendung von Foto- oder Videoaufnahmen ihrer Person ein, liegt in der Regel kein Grundrechtseingriff vor.[65]

Das Recht auf freie Entfaltung der Persönlichkeit in seinen unterschiedlichen Ausprägungen gerät häufig mit der Grundrechtsausübung Dritter in Konflikt.

Beispiel: Die Äußerung einer Person (A) im Rahmen ihrer Meinungsäußerungsfreiheit betrifft höchstpersönliche Aspekte des Lebens einer anderen Person (B) und/oder ist geeignet, diese herabzuwürdigen.

In solchen Konstellationen ist die mittelbare Drittwirkung der Grundrechte zu beachten.[66] Der Staat hat insbesondere durch die Justiz die Ausstrahlungswirkung der Grundrechte bei der Rechtsanwendung und -auslegung hinreichend zu berücksichtigen und grundrechtlichen Wertungen zur Geltung zu verhelfen.

Beispiel: Wird im vorgenannten Beispiel Person A wegen ihrer Äußerung strafrechtlich verfolgt (zum Beispiel wegen Beleidigung gemäß § 185 StGB), muss das Strafgericht bei der Rechtsanwendung und -auslegung sowohl die Meinungsäußerungsfreiheit (Art. 5 I 1 GG) als Abwehrrecht der A als auch den Schutz der persönlichen Ehre beziehungsweise das Recht auf Selbstdarstellung (Art. 2 I in Verbindung mit 1 I GG) der B berücksichtigen. Letzteres wird in diesem Fallbeispiel in seiner Schutzpflichtendimension relevant.

C. Rechtfertigung

I. Einschränkbarkeit

Das Recht auf freie Entfaltung der Persönlichkeit ist einschränkbar durch die „Rechte anderer", die „verfassungsmäßige Ordnung" und das „Sittengesetz" (Art. 2 I Hs. 2 GG). Diese sogenannte Schrankentrias erschöpft sich letztlich in der verfassungsmäßigen Ordnung im Sinne eines einfachen Gesetzesvorbehalts.[67]

---

64 Siehe zu den Eingriffsbegriffen Ruschemeier, § 5 C., in diesem Lehrbuch.
65 Martini, JA 2009, 839 (842).
66 Siehe zur mittelbaren Drittwirkung Wienfort, § 9, in diesem Lehrbuch.
67 Siehe zur Schrankentrias Würkert, § 17 C., in diesem Lehrbuch.

Das Persönlichkeitsrecht ist also grundsätzlich einschränkbar durch formell und materiell verfassungsmäßige Gesetze.

ℹ Weiterführendes Wissen

Teilweise wird in der Literatur die Anwendbarkeit der Schrankentrias auf das Persönlichkeitsrecht in seinen verschiedenen Ausprägungen wegen dessen Menschenwürdebezug abgelehnt und stattdessen ein vorbehaltloser Grundrechtsschutz postuliert.[68] Dies lässt sich nur vor dem Hintergrund der dogmatischen Herleitung des allgemeinen Persönlichkeitsrechts aus der Verbindung von Art. 2 I GG und Art. 1 I GG verstehen. Der Wortlaut aus Art. 2 I GG steht dieser Ansicht jedoch entgegen. Das Ziel, die Menschenwürdegarantie aus Art. 1 I GG durch eine vorbehaltlose Grundrechtsgewährleistung besonders zu schützen, kann vielmehr auch auf Ebene der Schranken-Schranken verfolgt werden. Art. 1 I GG tritt im Rahmen der Verhältnismäßigkeitsprüfung schutzverstärkend hinzu, wenn elementare Aspekte der Persönlichkeitsentfaltung betroffen sind.

II. Grenzen der Einschränkbarkeit

Bei der Prüfung, ob im konkreten Fall die Grenzen der Einschränkbarkeit eingehalten wurden, ist die **Menschenwürdegarantie** aus Art. 1 I GG – gewissermaßen als „Auslegungsrichtlinie"[69] – zu berücksichtigen. An dieser Stelle wird also bedeutsam, dass der grundrechtliche Persönlichkeitsschutz nach der Rechtsprechung des BVerfG aus Art. 2 I in Verbindung mit Art. 1 I GG hergeleitet wird. Die Verknüpfung von Art. 2 I GG mit der Menschenwürdegarantie aus Art. 1 I GG hat im Wesentlichen zwei Auswirkungen:

1) Das Recht auf freie Entfaltung der Persönlichkeit beinhaltet einen unantastbaren **Kernbereich** privater Lebensgestaltung, der jeglichem staatlichen Eingriff entzogen ist.[70] Dieser absolute Schutz beruht darauf, dass die Menschenwürde „unantastbar" ist und Beeinträchtigungen der Menschenwürde somit verfassungsrechtlich nicht zu rechtfertigen sind.[71]

2) Auch in Konstellationen, in denen der unantastbare Kernbereich des Persönlichkeitsrechts nicht betroffen ist, ist der **Menschenwürdebezug** zu beachten. Je intensiver der Menschenwürdebezug ausfällt, desto höhere Anforderungen ergeben sich an die verfassungsrechtliche Rechtfertigung.

---

68 Tiedemann, DÖV 2003, 74 (76).
69 Starck, in: v. Mangoldt/Klein/Starck, 7. Aufl. 2018, Art. 2 GG Rn. 89.
70 BVerfG, Urt. v. 16.1.1957, Az.: 1 BvR 253/56, Rn. 32 = BVerfGE 6, 32 (41) – Elfes.
71 Siehe hierzu Schröder, § 18.1 C., in diesem Lehrbuch.

Dana-Sophia Valentiner

Diese Auswirkungen hegte das BVerfG für das Recht auf **Privatsphäre** als Ausprägung von Art. 2 I in Verbindung mit Art. 1 I GG mit seiner ausdifferenzierten Sphärendogmatik – auch: „Sphärentheorie" (s. o.) – ein. Je nachdem, welche Sphäre betroffen ist, sollen unterschiedliche Anforderungen an den legitimen Zweck und die Angemessenheit einer Beeinträchtigung des Persönlichkeitsrechts gestellt (s. o.). Weil keine klaren Abgrenzungskriterien für die Sphäreneinteilung vorliegen und sich die Sphärendogmatik außerdem nicht ohne Weiteres auf andere Ausprägungen des Rechts auf freie Entfaltung der Persönlichkeit (zum Beispiel das Recht auf Anerkenntnis der geschlechtlichen Identität) übertragen lässt, ist es aber überzeugender, die Grenzen der Einschränkbarkeit ausschließlich danach zu bestimmen, wie stark der Menschenwürdebezug ausgeprägt ist. Ist der Menschenwürdebezug derart intensiv, dass sich jeder Eingriff in das Grundrecht verbietet, ist eine verfassungsrechtliche Rechtfertigung nicht möglich. Handelt es sich nicht um einen solchen Fall absoluten Schutzes, ist im Rahmen der Verhältnismäßigkeitsprüfung die Intensität des Menschenwürdebezugs zu berücksichtigen.[72] Der Menschenwürdebezug fällt insoweit autonomieverstärkend ins Gewicht.

Klausurtaktik !

Für die Klausurbearbeitung empfiehlt es sich dennoch, bei der Prüfung der Rechtfertigung eines Eingriffs in das Recht auf Privatsphäre die sogenannte „Sphärentheorie" kurz anzusprechen und den konkreten Sachverhalt einer der Sphären (Intim-, Privat-, Sozialsphäre) zuzuordnen. Viele Prüfer:innen wollen hierzu einfach etwas lesen. Die Prüfung darf sich aber nicht in der Zuordnung erschöpfen. Zusätzlich sind ein vorliegendes besonderes Näheverhältnis und der konkrete Sozialbezug zu berücksichtigen. Sofern nicht unzweifelhaft die Intimsphäre betroffen und somit ein absoluter Schutz geboten ist, ist eine sorgfältige Verhältnismäßigkeitsprüfung durchzuführen. Zu berücksichtigen sind hier wiederum das abstrakte Gewicht der in Rede stehenden Schutzgüter und ihr Menschenwürdebezug, die Intensität ihrer konkreten Betroffenheit und sämtliche Argumente für und wider die Angemessenheit.

D. Grundrechtskonkurrenzen

Das Recht auf freie Entfaltung der Persönlichkeit in den hier dargestellten Ausprägungen steht grundsätzlich gleichberechtigt neben anderen Freiheitsrechten.[73] Nach den Grundsätzen der Spezialität tritt das Recht auf freie Entfaltung der Persönlichkeit aber hinter anderen besonderen Freiheitsrechten zurück, soweit diese

---

72 Siehe zur Prüfung der Verhältnismäßigkeit allgemein Milas, § 7 A.II.6., in diesem Lehrbuch.
73 Lang, in: BeckOK GG, 46. Ed. 15.2.2021, Art. 2 GG Rn. 54.

das in Rede stehende verfassungsrechtliche Schutzgut explizit erfassen.[74] Sofern andere Grundrechte dem Schutz der Privatsphäre dienen (zum Beispiel Art. 13 I GG), gehen diese dem Recht auf Privatsphäre aus Art. 2 I GG vor.[75] Gegenüber der allgemeinen Handlungsfreiheit, die ebenfalls aus Art. 2 I GG hergeleitet wird, stellt das allgemeine Persönlichkeitsrecht das speziellere Grundrecht dar.[76]

Bei den Grundrechtskonkurrenzen ist weiter der **dynamische** Charakter des Rechts auf freie Entfaltung der Persönlichkeit zu beachten, der Fortentwicklungen des Grundrechtsschutzes erforderlich macht, um mit Blick auf neuartige Gefährdungen für die Persönlichkeitsentfaltung (zum Beispiel aufgrund technischer Innovationen oder gesellschaftlichen Wandels) grundrechtliche Schutzlücken zu schließen.

Die unterschiedlichen Ausprägungen des Rechts auf freie Entfaltung der Persönlichkeit werden durch das BVerfG nicht immer trennscharf voneinander abgegrenzt, auch wenn es sich bei den unterschiedlichen Ausprägungen um eigenständige Rechte handelt. Teilweise kommt es hier auch zu **Überschneidungen** der grundrechtlichen Schutzbereiche.

Beispiel: In der Entscheidung zum sogenannten Scheinvaterregress geht es um die Auskunft der Mutter eines Kindes gegenüber dem rechtlichen Vater über ihre Sexualpartner im Zeitpunkt der Empfängnis zur Durchsetzung seiner unterhaltsrechtlicher Regressansprüche.[77] Ein richterrechtlich anerkannter Auskunftsanspruch tangiert die informationelle Selbstbestimmung (so das BVerfG), aber auch die sexuelle Selbstbestimmung der Betroffenen, jeweils als Selbstbestimmung über die Offenbarung von sexualitätsbezogenen Daten.

E. Europäische und internationale Bezüge

Im europäischen und internationalen Grund- und Menschenrechtsschutzsystem wird die freie Entfaltung der Persönlichkeit vor allem durch **Privatheitsrechte** garantiert. Der Schutz beziehungsweise die Achtung des Privatlebens ist in einer ganzen Reihe von Rechtstexten des europäischen und internationalen Menschenrechtsschutzes verankert.

Art. 8 EMRK und Art. 7 GRCh regeln, dass jede Person das Recht auf Achtung ihres Privat- und Familienlebens, ihrer Wohnung und ihrer Korrespondenz hat (vgl. auch Art. 17 ICCPR). Der EGMR versteht das Privatheitsrecht aus Art. 8 EMRK

---

[74] Siehe zur Spezialität Brade, § 12 B.I., in diesem Lehrbuch.
[75] Kunig/Kämmerer, in: v. Münch/Kunig, 7. Aufl. 2021, Art. 2 GG Rn. 59.
[76] Rixen, in: Sachs, 9. Aufl. 2021, Art. 2 GG Rn. 64.
[77] BVerfG, Beschl. v. 24.2.2015, Az.: 1 BvR 472/14 = BVerfGE 138, 377 – Mutmaßlicher Vater.

umfassend als Garantie personaler Autonomie[78] und weist damit im Ergebnis ein mit dem Persönlichkeitsrecht aus Art. 2 I (in Verbindung mit Art. 1 I) GG vergleichbares Schutzniveau auf.

In UN-Menschenrechtsabkommen werden die Privatheitsrechte ebenfalls benannt und konkretisiert. Art. 22 I CRPD stellt klar, dass Privatheitsrechte für Menschen mit Behinderungen unabhängig von Aufenthaltsort oder Wohnform gelten, in der sie leben. Art. 22 II CRPD statuiert zudem die Pflicht der Vertragsstaaten, auf der Grundlage der Gleichberechtigung mit anderen die Vertraulichkeit von Informationen über die Person, die Gesundheit und die Rehabilitation von Menschen mit Behinderungen zu schützen. Nach der UN-Kinderrechtskonvention gelten Privatheitsrechte auch für Kinder, vgl. Art. 16 CRC.

Zusammenfassung: Die wichtigsten Punkte
- Das Recht auf freie Entfaltung der Persönlichkeit ist ein dynamisches Grundrecht, das aus Art. 2 I in Verbindung mit Art. 1 I GG hergeleitet wird.
- Vor dem Hintergrund neuer Gefährdungen für die Persönlichkeitsentfaltung, die sich aus dem technischen oder sozialen Wandel ergeben können, wird es durch das BVerfG regelmäßig um weitere Ausprägungen konkretisiert.
- Im Rahmen der Rechtfertigung eines Eingriffs in das Recht auf freie Persönlichkeitsentfaltung ist die Menschenwürdegarantie aus Art. 1 I GG besonders zu berücksichtigen.
- Das Recht auf freie Entfaltung der Persönlichkeit aus Art. 2 I in Verbindung mit Art. 1 I GG garantiert einen unantastbaren Kernbereich privater Lebensgestaltung. Liegt ein derart intensiver Menschenwürdebezug vor, kann ein Eingriff von vornherein nicht gerechtfertigt werden. Im Übrigen ist die Intensität des Menschenwürdebezugs ausschlaggebend für die Anforderungen an die Rechtfertigung im Rahmen der Verhältnismäßigkeitsprüfung.

Weiterführende Studienliteratur
- Gabriele Britz, Freie Entfaltung der Persönlichkeit (Art. 2 I 1 GG) – Verfassungsversprechen zwischen Naivität und Hybris?, NVwZ 2019, S. 672–677
- Fall 7 aus dem OpenRewi Fallbuch zum allgemeinen Persönlichkeitsrecht

---

---

78 Vgl. EGMR, Urt. v. 29.4.2002, Az.: 2346/02, Rn. 61 = NJW 2002, 2851 (2853f.) – Pretty v. The United Kingdom; Urt. v. 12.6.2003, Az.: 35968/97, Rn. 69 – van Kück v. Germany.

Dana-Sophia Valentiner

§ 18.3 Recht auf Leben und körperliche Unversehrtheit – Art. 2 II GG

Notwendiges Vorwissen: Menschenwürdegarantie (Art. 1 I GG); Allgemeine Handlungsfreiheit (Art. 2 I GG); Schutzpflichten

Lernziel: Die Bedeutung des Rechts auf Leben und körperliche Unversehrtheit in seiner Reichweite und Bedeutung erfassen; die Relevanz der Schutzpflichtendimension und ihre Handhabung in der Klausur kennenlernen

Für dieses Kapitel gibt es frei zugängliche interaktive Übungen. Halte einfach deine Smartphone-Kamera vor den Kasten mit den Punkten (QR-Code).

Gemäß Art. 2 II 1 GG hat jede:r das Recht auf Leben und körperliche Unversehrtheit.

Obwohl schon John Locke eine Dreiteilung der Rechtsstellung des Einzelnen im Staat („life, liberty and state"[1]) als natürliches Recht postulierte, wurde in Deutschland ein besonderer Grundrechtsschutz in den ersten Verfassungsurkunden für nicht notwendig gehalten.[2] Erst nach 1945 fanden das Recht auf Leben und körperliche Unversehrtheit ihren Weg in deutsche Verfassungstexte[3] und schließlich auch in das Grundgesetz. Hintergrund für die Entscheidung, diesen allgemeinen Gedanken menschenrechtlichen Denkens[4] zu kodifizieren, waren vor allem die Erfahrungen mit der **nationalsozialistischen Herrschaft** und ihrer gegen Leben und körperliche Integrität gerichteten Programmatik, die in Holocaust, Euthanasie, Folter und medizinischen Experimenten an Gefangenen gipfelte.[5] Verwiesen wird auch auf die stalinistischen Verfolgungen und die Forderungen nach der Tötung lebensunwerten Lebens bereits in den 1920er Jahren.[6]

---

1 Locke, Two Treatises of Government, §§ 59, 87, 135.

2 Sachs, Verfassungsrecht II Grundrechte, 3. Aufl. 2017, S. 284.

3 Art. 3 HessVerf; Art. 5 II BremVerf; Art. 3 Verf Rh-Pf; Art. 1 Satz 2 SaarlVerf.

4 Schulze-Fielitz, in: Dreier, GG, 3. Aufl. 2013, Art. 2 II GG, Rn. 1.

5 Epping, Grundrechte, 9. Aufl. 2021, Rn. 104.

6 Starck, in: v. Mangoldt/Klein/Starck, GG, 7. Aufl. 2018, Art. 2 Rn. 189.

https://doi.org/10.1515/9783110765533-021

Weiterführendes Wissen

Vor dem Hintergrund der nationalsozialistischen Verbrechen als Hauptmotiv für die Schaffung von Art. 2 II 1 GG wurde schon früh die Nähe dieses Grundrechts, insbesondere des Rechts auf Leben, zur Menschenwürdegarantie aus Art. 1 I GG gesehen.[7] Die Deutung des Grundrechts aus Art. 2 II 1 GG hat sich seitdem aber über solche Sachverhalte staatlicher Eingriffe hinaus verselbstständigt. Zu der originär abwehrrechtlichen Bedeutung dieses Grundrechts ist im Laufe der Jahrzehnte die **Schutzpflichtdimension** hinzugetreten,[8] die heutzutage erhebliche Bedeutung erlangt hat und weiter erlangen wird.[9] Sie ist stets einschlägig, wenn Debatten um „Sicherheit vs. Freiheit" geführt werden[10], wird aber vor allem im Zusammenhang mit Umweltbelastungen[11], der Klimakrise sowie jüngst der Corona-Pandemie und ihrer Bewältigung virulent.

Klausurtaktik

Nach wie vor wird in einem überwiegenden Teil grundrechtlicher Klausurkonstellationen die Beeinträchtigung von Grundrechten in ihrer klassischen, **abwehrrechtlichen** Dimension durch staatliches Handeln abgeprüft. In den Fällen kann Art. 2 II 1 GG vor allem als grundrechtliches Fundament einer eingreifenden Maßnahme relevant werden. Dies geht darauf zurück, dass der Erlass von Rechtsnormen – solcher Rechtsnormen, die ein bestimmtes lebens- oder gesundheitsgefährdendes Verhalten verbieten – das primäre Mittel zur Erfüllung der Schutzpflicht aus Art. 2 II 1 GG ist.[12] Ein sehr praxisrelevantes Beispiel hierfür sind Maßnahmen des auf die menschliche Gesundheit bezogenen Umweltschutzes (zum Beispiel die Schaffung einer Genehmigungspflicht für bestimmte Anlagen, § 4 I BImSchG), die in die allgemeine Handlungsfreiheit (Art. 2 I GG), die Berufsfreiheit (Art. 12 GG) und ggf. die Eigentumsgarantie (Art. 14 GG) eingreifen. Wird also die Perspektive einer durch Gesundheitsschutzmaßnahmen beeinträchtigten Grundrechtsträger:in eingenommen, ist Art. 2 II 1 GG und seine Reichweite als „kollidierendes Verfassungsrecht" im Rahmen der Verhältnismäßigkeitsprüfung zu thematisieren.

---

7 Hierzu Di Fabio, in: Dürig/Herzog/Scholz, GG, 95. EL 2021, Art. 2 II 1 Rn. 9 ff.

8 Grundlegend Hermes, Das Grundrecht auf Schutz von Leben und Gesundheit, 1987.

9 Di Fabio, in: Dürig/Herzog/Scholz, GG, 95. EL 2021, Art. 2 II Rn. 7.

10 Di Fabio, in: Dürig/Herzog/Scholz, GG, 95. EL 2021, Art. 2 II 2 Rn. 6.

11 Vgl. etwa BVerfG, Beschl. v. 20.12.1979, Az.: 1 BvR 385/77.

12 Rixen, in: Sachs, GG, 9. Aufl. 2021, Art. 2 Rn. 191.

Julian Senders

A. Schutzbereich

I. Das Recht auf Leben

1. Sachlicher Schutzbereich

Das Grundrecht auf Leben schützt die biologisch-physische Existenz, das heißt das körperliche Dasein eines jeden Menschen vom Zeitpunkt seines Entstehens an bis zum Eintritt des Todes.[13] Dabei findet in scharfer Abgrenzung zu den Erfahrungen mit nationalsozialistischen Anschauungen keinerlei Differenzierung zwischen mehr oder weniger „wertvollem" oder gar „unwertem" Leben statt.[14] Nicht zum Recht auf Leben gehört nach einhelliger Rechtsauffassung das Recht auf Selbsttötung; dessen Ausübung ist aber laut BVerfG vom <u>allgemeinen Persönlichkeitsrecht (Art. 2 I i.V.m. Art. 1 I GG)</u> umfasst.[15]

ℹ Weiterführendes Wissen

Diese Verweigerung, das eigene Ableben zum Schutzbereich hinzuzuzählen, erschließt sich nicht. Denn auch bei anderen Grundrechten – etwa der Meinungsfreiheit – ist der actus contrarius selbstverständlich vom Grundrechtsgehalt umfasst. Nur eine christliche beziehungsweise religiöse Motivation der Verknüpfung der nicht individuell verzichtbaren Menschenwürde mit dem Lebensgrundrecht kann eine solche Schutzbereichslücke erklären.

---

a) Beginn des Lebens

Unstreitig ist, dass das Leben nicht erst mit der Geburt einsetzt, sondern auch das werdende Leben (*nasciturus*) grundrechtlichen Schutz genießt. Umstritten ist der genaue **Lebensbeginn**. Nach ständiger Rechtsprechung des BVerfG ist Leben – jedenfalls – mit dem 14. Tag nach der Befruchtung anzunehmen, also der Einnistung der befruchteten Eizelle in der Gebärmutter (sogenannte Nidation).[16] Hierin liegt eine erhebliche Diskrepanz zum Verständnis des Strafrechts, wonach der Lebensschutz mit dem Einsetzen der Eröffnungswehen einsetzt[17], sowie zum Zivilrecht, welches den Lebensbeginn gar auf den Zeitpunkt der Vollendung der Ge-

---

13 <u>BVerfG, Urt. v. 15.2.2006, Az.: 1 BvR 357/05, Rn. 85</u> = BVerfGE 115, 118 (139); Epping, Grundrechte, 9. Aufl. 2021, Rn. 105a.
14 Sachs, Verfassungsrecht II Grundrechte, 3. Aufl. 2017, Art. 2 Rn. 74.
15 BVerfG, Urt. v. 26.2.2020, Az.: 2 BvR 22347/15 u.a., Rn. 204 ff. = NJW 2020, 905 (906); Sachs, Verfassungsrecht II Grundrechte, 3. Aufl. 2017, Art. 2 Rn. 84.
16 <u>BVerfG, Urt. v. 25.2.1975, Az.: 1 BvF 1-6/74, Rn. 133</u> = BVerfGE 39, 1, 37; <u>Urt. v. 28.5.1993, Az.: 2 BvF 2/90, 4-5/92, Rn. 151</u> = BVerfGE 88, 203, 251.
17 Zuletzt <u>BGH, Urt. v. 11.11.2020, Az.: 5 StR 256/20</u> mit Verweis auf BGHSt 32, 194.

burt legt (vgl. § 1 BGB). Ob schon vor der Nidation Lebensschutz vorliegen kann, hat das BVerfG offen gelassen.[18] Die Verlagerung auf den 14. Tag trifft zum Teil jedenfalls auch auf Kritik: Es dürfe nicht Lebensschutz von vornherein durch eine restriktive, die zwischen Verschmelzung von Ei und Samenzelle bis zur Nidation andauernde Phase ausklammernde, Definition der Schwangerschaft versagt werden. Das BVerfG selbst vermute, dass mit dieser Verschmelzung menschliches Leben entstehe.[19] In der Tat verhält sich das BVerfG an dieser Stelle zumindest uneindeutig.

Weiterführendes Wissen $\boxed{\text{i}}$

Eine solche, weniger restriktive Definition der Schwangerschaft muss im Ergebnis kein Hindernis für ein **liberales Abtreibungsrecht** darstellen. Denn es erfolgt zwar eine Erweiterung des Schutzbereichs des (ungeborenen) Lebens, welches aber in der verfassungsrechtlichen Rechtfertigung ein ausreichendes Korrektiv zugunsten der Rechte der Schwangeren finden kann.[20]

Ob eine **künstliche Befruchtung** außerhalb des menschlichen Körpers den Lebensschutz nach Art. 2 II 1 GG aktiviert, hängt von der Frage ab, ob man weitergehend schon die Befruchtung der Eizelle – also ein Stadium vor der Nidation – als ausreichend ansieht.[21] Dies ist umstritten. Aus dem Differenzierungsverbot zwischen „lebensunwertem" und „lebenswerten" Leben muss ein im Zweifel weites Verständnis des Lebens auch in puncto Beginn und Ende abgeleitet werden, das heißt der Beginn ist grundsätzlich weit vorzuverlagern und das Ende weit hinauszuschieben.[22]

b) Ende des Lebens

Streitpotenzial besteht auch über den **Endzeitpunkt** des Lebens. Überwiegend wird für das Ende des Lebens auf den **Hirntod** beziehungsweise Ganzhirntod abgestellt, das heißt das irreversible Erlöschen aller Hirnströme beziehungsweise der endgültige und vollständige Ausfall des Gehirns und der geistigen Funktio-

---

18 Urt. v. 28.5.1993, Az.: 2 BvF 2/90, 4-5/92, Rn. 151 = BVerfGE 88, 203, 251.
19 Sachs, Verfassungsrecht II Grundrechte, 3. Aufl. 2017, Art. 2 Rn. 78 f.
20 Die Rechtsprechung des BVerfG wird von einer anderen Auffassung in durchaus vertretbarer Weise kritisiert, da sie den Sinn und Zweck über die Wortlautauslegung stellt, siehe hierzu González Hauck, § 2 C, in diesem Lehrbuch.
21 Epping, Grundrechte, 9. Aufl. 2021, Rn. 106.
22 Di Fabio, in: Dürig/Herzog/Scholz, GG, 95. EL 2021, Art. 2 II Nr. 1 Rn. 18.

nen.[23] Wenn auch aus Gründen der Normenhierarchie keine Auslegung des Verfassungsrechts anhand des einfachen Rechts erfolgen kann und darf, kann die Hirntoddefinition des § 3 II Nr. 2 Transplantationsgesetz (TPG) eine Orientierung bieten, wonach gilt: Die Entnahme von Organen oder Geweben ist unzulässig, wenn nicht vor der Entnahme bei dem Organ- oder Gewebespender der endgültige, nicht behebbare Ausfall der Gesamtfunktion des Großhirns, des Kleinhirns und des Hirnstamms nach Verfahrensregeln, die dem Stand der Erkenntnisse der medizinischen Wissenschaft entsprechen, festgestellt ist. Nach einer anderen Ansicht ist dagegen der **Herztod**, das heißt der Ausfall des Herz-Kreislauf-Systems, maßgeblich.[24] Hierfür wird argumentiert, dass mit dem Hirntod gerade nicht alle Funktionen menschlichen Lebens erlöschen und es sogar denkbar ist, dass erhebliche Lebensprozesse wie etwa eine Schwangerschaft der hirntoten schwangeren Person noch ablaufen können.[25] Beide Ansichten erscheinen vertretbar.

ℹ Weiterführendes Wissen

Angeführt wird gegen das Hirntodkriterium, dass das Gehirn nicht die ihm bislang zugeschriebene alleinige Funktion als Integrator der verschiedenen Körperfunktionen aufweist, sondern diese Integration eine spontane Eigenschaft des ganzen Organismus darstellt.[26] Hirntote seien keine toten, sondern sterbende und damit noch lebende Menschen.[27] Der Verweis auf das Transplantationsgesetz sei schon deswegen verfehlt, weil dieses Gesetz zwei unterschiedliche Todesbegriffe verwendet.[28] Der Idee des Hirntodes wird zum Teil auch eine pragmatische Begründung unterstellt, die die Organentnahme erleichtert, was aber als unzulässige und mit dem Wert des Lebens unvereinbare Zweckmäßigkeitserwägung angesehen wird.[29]

---

2. Persönlicher Schutzbereich

Das Recht auf Leben gilt unabhängig von der Staatsangehörigkeit. Trägerin ist jede lebende natürliche Person[30], auf die weitere beziehungsweise künftige Lebensfähigkeit kommt es nicht an.[31] Träger ist zudem vor der Geburt der *nascitu-*

---

23 Epping, Grundrechte, 9. Aufl. 2021, Rn. 106; Schultze-Fielitz, in: Dreier, GG, 3. Aufl. 2013, Art. 2 II Rn. 30; einschränkend Di Fabio, in: Dürig/Herzog/Scholz, GG, 95. EL 2021, Art. 2 II Nr. 1 Rn. 21.

24 Vgl. etwa Rixen, in: Sachs, GG, 9. Aufl. 2021, Art. 2 Rn. 142.

25 Sachs, Verfassungsrecht II Grundrechte, 3. Aufl. 2017, Art. 2 Rn. 81 f.

26 Lang, in: BeckOK-GG, 45. Ed. 15.11.2020, Art. 2 Rn. 61.

27 Rixen, in: Sachs, GG, 9. Aufl. 2021, Art. 2 Rn. 142.

28 Prütting/Roth, MedizinR, 4. Aufl. 2016, TPG, § 3 Rn. 7 ff.

29 Rixen, in: Sachs, GG, 9. Aufl. 2021, Art. 2 Rn. 142.

30 Kunig/Kämmerer, in: v. Münch/Kunig, GG, 7. Aufl. 2021, Art 2 Rn. 115.

31 Schultze-Fielitz, in: Dreier, GG, 3. Aufl. 2013, Art. 2 II Rn. 40.

Julian Senders

rus.[32] Die deutsche Staatsgewalt ist auch im Ausland an Art. 2 II 1 GG gebunden, wenn dort staatliche Betätigung das Leben von Menschen gefährdet.[33] Juristische Personen sind nicht geschützt, weil ein Recht auf Leben nach den Grundsätzen des Art. 19 III GG nicht wesensgemäß auf diese anwendbar ist.[34]

II. Das Recht auf körperliche Unversehrtheit

Das Recht auf körperliche Unversehrtheit umfasst die körperliche Integrität des lebenden Menschen in ihrem biologisch-physiologischen Sinne.[35]

1. Sachlicher Schutzbereich: Körperliche Unversehrtheit = Gesundheit?

Zweifelhaft ist, inwieweit der Begriff der „körperlichen Unversehrtheit" mit dem Schutz der Gesundheit zusammenfällt. Jedenfalls soll die Gesundheit im Sinne der weiten Definition der WHO („Zustand des vollständigen körperlichen, geistigen und sozialen Wohlbefindens und nicht nur das Freisein von Krankheit und Gebrechen"[36]) nach einer im Schrifttum vertretenen Auffassung nicht durch Art. 2 II 1 GG erfasst sein.[37] Ohne sich explizit für oder gegen die WHO-Definition auszusprechen, hat das BVerfG frühzeitig den Anwendungsbereich über die bloße körperliche Komponente hinaus erweitert und hierzu auf die Auslegung im Lichte der Menschenwürdegarantie sowie den Charakter des Art. 2 II GG als Antwort auf das nationalsozialistische Unrecht verwiesen. Die Zufügung nichtkörperlicher Einwirkungen, die der Zufügung von Schmerzen entspricht, fällt demnach in den Schutzbereich.[38] Dies gilt auch für psychische Krankheitszustände.[39]

---

32 Sachs, Verfassungsrecht II Grundrechte, 3. Aufl. 2017, Art. 2 Rn. 86.
33 BVerfG, Urt. v. 21.3.1957, Az.: 1 BvR 65/54, BVerfGE 6, 290 (295) = NJW 1957, 745; BVerfG, Beschl. v. 25.3.1981, Az.: 2 BvR 1258/79, BVerfGE 57, 9 (23) = NJW 1981, 1154; Augsberg, JuS 2011, 128 (132 f.)
34 BVerfG, Beschl. v. 21.3.2012, Az.: 1 BvR 2492/08 = NVwZ 2012, 818 (819); BVerwG, Urt. v. 29.7.1977, Az.: IV C 51/75 = NJW 1978, 554 (555); Kunig/Kämmerer, in: v. Münch/Kunig, GG, 7. Aufl. 2021, Rn. 90; Sachs, Verfassungsrecht II Grundrechte, 3. Aufl. 2017, Art. 2 Rn. 87.
35 BVerfG, Beschl. v. 14.1.1981, Az.: 1 BvR 612/72, Rn. 73 ff. = BVerfGE 56, 54 (73 ff.); Epping, Grundrechte, 9. Aufl. 2021, Rn. 107.
36 Präambel zur Satzung der Weltgesundheitsorganisation, vgl. BGBl. II 1974, 43 (45).
37 Kunig/Kämmerer, in: v. Münch/Kunig, GG, 7. Aufl. 2021, Rn. 116; Epping, Grundrechte, 9. Aufl. 2021, Rn. 108.
38 BVerfG, Beschl. v. 14.1.1981, Az.: 1 BvR 612/72, Rn. 75 f. = BVerfGE 56, 54 (74 f.).
39 BVerfG, Urt. v. 3.10.1979, Az.: 1 BvR 614/79 = BVerfGE 52, 214 (220 f.); für das Schrifttum vgl. statt aller Epping, Grundrechte, 9. Aufl. 2021, Rn. 107.

Julian Senders

2. Persönlicher Schutzbereich

Der persönliche Schutzbereich des Rechts auf körperliche Unversehrtheit läuft aufgrund seines engen Zusammenhangs zum Recht auf Leben[40] mit dem persönlichen Schutzbereich des Rechts auf Leben gleich. Insbesondere ist im Hinblick auf den Lebensanfang festzustellen, dass ebenso wie beim Recht auf Leben der *nasciturus* auch in seiner körperlichen Unversehrtheit geschützt wird.[41] In leichter Abweichung wird in der zivilgerichtlichen Rechtsprechung die Auffassung vertreten, dass der „werdende Mensch" beziehungsweise das nicht geborene Leben gar eines erhöhten Schutzes im Hinblick auf die körperliche Unversehrtheit bedürfe als ein „lebender" beziehungsweise geborener Mensch, weshalb vorgeburtliche Schädigungen als eine Schädigung des nach der Geburt rechtsfähigen Menschen angesehen werden.[42]

B. Eingriff

I. Recht auf Leben

In seiner abwehrrechtlichen Ausprägung richtet sich Art. 2 II 1 GG wie jedes Grundrecht gegen staatliches Handeln. Einen Eingriff stellen dabei grundsätzlich rechtliche oder faktische staatliche Maßnahmen dar, welche den Tod eines Menschen bewirken.[43] Aber nicht erst die Herbeiführung des Todes ist ein Eingriff: Schon die entsprechende **Gefährdung** greift in das Grundrecht ein, soweit diese nach Art, Nähe und Ausmaß der Gefahr einer Verletzung nahekommt.[44]

Beispiel: Damit sind die Verhängung und Vollstreckung der – auch gemäß Art. 102 GG verbotenen – Todesstrafe[45] sowie der polizeiliche „finale Rettungsschuss" eindeutige, unmittelbare Eingriffe in das Recht auf Leben.[46]

Im Übrigen ist – dem modernen Eingriffsbegriff folgend – zwischen solchen unmittelbaren Eingriffen einerseits sowie mittelbaren Eingriffen andererseits zu unterscheiden. Für einen mittelbaren Eingriff bedarf es eines **Verusachungszusammenhanges** zwischen der staatlichen Maßnahme und dem Tod eines Menschen.

---

40 Di Fabio, in: Dürig/Herzog/Scholz, GG, 95. EL 2021, Art. 2 II 1 Rn. 58.
41 Di Fabio, in: Dürig/Herzog/Scholz, GG, 95. EL 2021, Art. 2 II 1 Rn. 58; Schulze-Fielitz, in: Dreier, GG, 3. Aufl. 2013, Art. 2 II Rn. 40.
42 BGH, Urt. v. 20.12.1952, Az.: II ZR 141/51.
43 Lang, in: BeckOK-GG, 45. Ed. 15.11.2020, Art. 2 Rn. 65.
44 BVerfG, Beschl. v. 8.8.1978, Az.: 2 BvL 8/77, Rn. 115 = BVerfGE 49, 89 (141 f.) – Kalkar I; Schulze-Fielitz, in: Dreier, GG, 3. Aufl. 2013, Art. 2 II Rn. 43.
45 BVerwG, Urt. v. 19.11.1996, Az.: 1 C 6.95 = BVerwGE 102, 249 (259).
46 Di Fabio, in: Dürig/Herzog/Scholz, GG, 95. EL 2021, Art. 2 II 1 Rn. 33.

Julian Senders

Examenswissen !

Wie dieser Verursachungszusammenhang konkret beschaffen sein muss, ist nicht abschließend geklärt. Manche führen an, dieser setze Willen und Wissen über die Todesfolge voraus.[47] Demgegenüber ergibt sich aus der Rechtsprechung des BVerfG, dass ein mittelbarer Eingriff schon dann gegeben ist, wenn die Beeinträchtigung des Grundrechts eine unbeabsichtigte Nebenfolge des staatlichen Handels und dem Staat zurechenbar ist.[48] Es dürfen keine wesentlichen Zwischenursachen eintreten, die den Zusammenhang entfallen lassen; einer Finalität im Sinne einer Bezweckung bedarf es in Abkehr vom klassischen Eingriffsbegriff gerade nicht. Dass das BVerfG in einer Entscheidung von einer „mittelbar zielgerichteten Beeinträchtigung" eines Grundrechts gesprochen hat[49], ist kein Argument dafür, dass das BVerfG für einen mittelbaren Eingriff stets Zielgerichtetheit erfordert. Es reicht eine gewisse Vorhersehbarkeit des Beeinträchtigungserfolges, was schon dann gegeben sein kann, wenn der Beeinträchtigungserfolg eine objektiv typische Folge des staatlichen Handelns darstellt.[50] Dem schließt sich zutreffend eine weitere Auffassung im Schrifttum an.[51]

II. Recht auf körperliche Unversehrtheit

Eingriffe in das Recht auf körperliche Unversehrtheit können durch direktes, in den menschlichen Körper eingreifendes Handeln der öffentlichen Gewalt stattfinden.

Beispiel: Einsatz von Brechmitteln; strafprozessrechtlich motiviere Blutentnahme/Liquorentnahme; Veränderung der Haar- und Barttracht[52] – trotz fehlender Schmerzzufügung[53]; „Impfzwang"[54]

---

[47] Di Fabio, in: Dürig/Herzog/Scholz, GG, 95. EL 2021, Art. 2 II 1 Rn. 33.
[48] BVerfG, Beschl. v. 16.3.1982, Az.: 1 BvR 938/81 = BVerfGE 60, 105; BVerfG, Beschl. v. 16.12.1983, Az.: 2 BvR 1160, 1565, 1714/83 = BVerfGE 66, 39; BVerfG, Urt. v. 3.3.2004, Az.: 1 BvR 2378/98, 1084/99 = BVerfGE 109, 279 (300 f.).
[49] BVerfG, Urt. v. 5.11.2003, Az.: 1 BvR 1266/00, Rn. 35 = BVerfGE 110, 177 (191).
[50] Epping, Grundrechte, 9. Aufl. 2021, Rn. 395.
[51] Vgl. Schulze-Fielitz, in: Dreier, GG, 3. Aufl. 2013, Art. 2 II Rn. 44.
[52] Schulze-Fielitz, in: Dreier, GG, 3. Aufl. 2013, Art. 2 II Rn. 47.
[53] BVerfG, Beschl. v. 14.2.1978, Az.: 2 BvR 406/77, Rn. 41 ff. = BVerfGE 47, 239 (249). Kunig/Kämmerer, in: v. Münch/Kunig, GG, 7. Aufl. 2021, Art. 2 Rn. 126, bezeichnen solche Eingriffe ungenau als „nicht substanziell". Dabei ist das Schneiden der Haare oder Schneiden der Nägel durchaus eine Veränderung an der körperlichen Substanz, sie ist nur – anders als der Einsatz von Brechmitteln oder der zur Blutentnahme notwendige Einstich – nicht mit Schmerzen verbunden.
[54] BVerwG, Urt. v. 14.7.1959, Az.: I C 170/56, NJW 1959, 2325 (2325 f.); Rixen, in: Sachs, GG, 9. Aufl. 2021, Art. 2 Rn. 186.

Julian Senders

Denkbar sind, dem modernen Eingriffsbegriff folgend, auch indirekte Eingriffe (z. T. auch als ungezielte Eingriffe bezeichnet).

Beispiel: Unterbindung des Zugangs zu leidensmindernden Therapiemethoden als indirekter Eingriff[55]

Irreführend ist die Einordnung als „Eingriff durch Unterlassen"[56], da dies die eingriffsrechtliche Dogmatik verlässt. Relevant ist allein, dass der indirekte Eingriff dem Staat objektiv zurechenbar ist, um eine klare Abgrenzung zu solchen Konstellationen zu ziehen, die in den Bereich der Schutzpflichtendimension fallen. Relevant ist die Unterscheidung, weil es in letzterem Fall seitens des Staates keiner Ermächtigungsgrundlage für sein Nichthandeln bedarf.[57]

C. Rechtfertigung

I. Einschränkbarkeit der Grundrechte

Das Grundrecht auf Leben sowie das Grundrecht auf körperliche Unversehrtheit weisen – anders als die Menschenwürde – Schranken auf: Art. 2 II 3 GG enthält für Eingriffe in beide Grundrechte einen **einfachen Gesetzesvorbehalt**. Allerdings wird trotz der Formulierung, die auch ein materielles Gesetz ausreichen lassen würde („aufgrund eines Gesetzes"), mit Blick auf die Wesentlichkeitslehre beziehungsweise den Parlamentsvorbehalt ein förmliches Gesetz gefordert.[58] Höchstgerichtlich ist die besondere Bedeutung des Lebens als Basis der Menschenwürde und Voraussetzung aller anderen Grundrechte anerkannt.[59]

II. Grenzen der Einschränkbarkeit

1. Normierte Grenzen

Verfassungsrechtliche Anforderungen an das in Art. 2 II 1 GG eingreifende Gesetz, die Schranken-Schranke, finden sich vor allem in Art. 104 I 2 sowie Art. 102 GG.

---

55 BVerfG, Beschl. v. 11.8.1999, Az.: 1 BvR 2181/98 u. a. = NJW 1999, 3399 (3401).

56 Schulze-Fielitz, in: Dreier, GG, 3. Aufl. 2013, Art. 2 II Rn. 48.

57 Hierzu näher Di Fabio, in: Dürig/Herzog/Scholz, GG, 95. EL 2021, Art. 2 II 1, Rn. 68.

58 Lang, in: BeckOK-GG, 46. Ed. 15.2.2021, Art. 2 Rn. 68; ausführlich Kunig/Kämmerer, in: v. Münch/Kunig, GG, 7. Aufl. 2021, Art. 2 Rn. 145 ff.

59 BVerfG, Urt. v. 24.2.1975, Az.: 1 BvF 1-6/74, Rn. 14 = BVerfGE 39, 1 (42).

Gemäß Art. 104 I 2 GG ist es verboten, festgehaltene Personen seelisch oder körperlich zu misshandeln, wobei der Begriff der Misshandlung weit zu verstehen ist.[60] Zudem verbietet Art. 102 GG die Todesstrafe, wodurch hier im Ergebnis eine Rechtfertigung jeweils ausscheidet.

2. Grundsatz der Verhältnismäßigkeit

Das Art. 2 II 1 GG einschränkende Gesetz muss außerdem dem **Grundsatz der Verhältnismäßigkeit** als Schranken-Schranke genügen. Für die Verhältnismäßigkeitsprüfung kann generell zwischen gezielten und ungezielten Eingriffen unterschieden werden.[61]

a) Gezielte Eingriffe

Wegen der hohen Bedeutung des Lebens ist eine **gezielte Tötung** von Menschen **grundsätzlich nicht rechtfertigungsfähig**.[62] Ausnahmen bilden die gesetzlichen Rechtfertigungsgründe (Notwehr/Nothilfe, rechtfertigender Notstand), die nur in Fällen mittelbarer Drittwirkung der Grundrechte zwischen Privaten relevant werden. Dies zeigt bereits: Aufgrund der hohen Bedeutung des Rechts auf Leben können Eingriffe oft nur mit dem Recht auf Leben einer anderen Person gerechtfertigt werden.

Beispiel: Das Luftsicherheitsgesetz aus dem Jahr 2005 erlaubte es, ein gekapertes Flugzeug zum Zwecke der Rettung anderer Menschenleben abzuschießen. Hierbei käme es zu einer sehr problematischen Abwägung von Menschenleben gegen Menschenleben. Das BVerfG hat eine solche gezielte Opferung von Leben daher für unter anderem mit Art. 2 II 1 GG unvereinbar erklärt.[63] Hieran wird auch die Menschenwürdekomponente des Grundrechts auf Leben noch einmal deutlich.[64]

Nicht nur für das Leben, auch für das Recht auf körperliche Unversehrtheit wird im Rahmen der Verhältnismäßigkeitsprüfung mit Blick auf den Menschenwürdebezug der körperlichen Integrität ein **strenger Maßstab** verlangt.[65] Zwangsbehandlungsmaßnahmen gegen den Willen des Patienten dürfen nur als letztes Mittel eingesetzt werden, wenn mildere Mittel keinen Erfolg versprechen.[66] Auch

---

60 Lang, in BeckOK-GG, 46. Ed. 15.2.2021, Art. 2 Rn. 69.
61 Rixen, in: Sachs, GG, 9. Aufl. 2021, Art. 2 Rn. 171 ff.
62 Rixen, in: Sachs, GG, 9. Aufl. 2021, Art. 2 Rn. 171.
63 BVerfG, Beschl. v. 20.3.2013, Az.: 2 BvF 1/05 = BVerfGE 133, 241 – Luftsicherheitsgesetz.
64 Siehe zur Menschenwürde Schröder, § 18.1., in diesem Lehrbuch.
65 Epping, Grundrechte, 9. Aufl. 2021, Rn. 116
66 BVerfG, Beschl. v. 23.3.2011, Az.: 2 BvR 882/09, Rn. 58 = NJW 2011, 2113 (2116).

militärisch motivierte Eingriffe sind grundsätzlich rechtfertigungsfähig, denn das Grundgesetz erlaubt prinzipiell Verteidigungskriege.[67] Denn ein Verteidigungskrieg lässt sich wohl – wenn auch in einem anderen Maßstab – nach der Konzeption des GG mit einer Notwehrsituation vergleichen.

b) Ungezielte Eingriffe

Ein weniger strenger Maßstab könnte für **ungezielte Eingriffe** in Art. 2 II 1 GG gelten. Denn jegliche Risiken für Leben und körperliche Unversehrtheit zu verhindern, würde das menschliche Zusammenleben weitestgehend unmöglich machen. Mithin gibt es Konstellationen, in denen staatliches Handeln – etwa durch die Ermöglichung oder Nichtunterbindung bestimmter privater Handlungen – mittelbar dazu führt, dass – etwa durch Unfälle und Unfallfolgen oder durch Umwelt- und Lebensmittelverunreinigungen – Leben oder körperliche Unversehrtheit beeinträchtigt werden.

Hinsichtlich der Frage nach dem staatlich zu gewährleistenden Maß an Sicherheit bleibt das BVerfG in dogmatischer Hinsicht vage und grenzt „bloße Grundrechtsgefährdungen", die noch im „Vorfeld" verfassungsrechtlich relevanter Grundrechtsbeeinträchtigungen erfolgen, von Grundrechtsverletzungen ab und postuliert für letztere das Vorliegen besonderer Voraussetzungen.[68] Dies wird so zu verstehen sein, dass Risiken grundsätzlich hinzunehmen sind, solange sie nicht die (aus dem Polizeirecht bekannte) Gefahrenschwelle überschreiten.[69]

D. Schutzpflichtendimension

Das Grundrecht auf Leben und körperliche Unversehrtheit weist neben der abwehrrechtlichen Dimension eine Schutzpflichtendimension auf.

! **Klausurtaktik**

Die Schutzpflichtendimension von Art. 2 II GG kann in der Klausur in zwei Konstellationen vorkommen, die einen unterschiedlichen Aufbau erfordern (ausführlich § 8 B.). In der ersten Konstellation kommt der Staat seiner Schutzpflicht aus Art. 2 II 1 GG nach und greift dadurch in andere Freiheitsrechte ein. Möchte jemand diesen Eingriff in eigene Rechte abwehren, sind die Schutzpflichten **inzident als kollidierendes Verfassungsrecht** bei der Angemessenheit zu prüfen.

---

67 Rixen, in: Sachs, GG, 9. Aufl. 2021, Art. 2 Rn. 172.
68 BVerfG, Beschl. v. 19.6.1979, Az.: 2 BvR 1060/78, Rn. 71 = BVerfGE 51, 324 (346 f.); BVerfG, Beschl. v. 8.8.1978, Az.: 2 BvL 8/77, Rn. 115 = BVerfGE 49, 89 (141 f.).
69 Rixen, in: Sachs, GG, 9. Aufl. 2021, Art. 2 Rn. 177.

Julian Senders

In der zweiten Konstellation liegt es umgekehrt: Beschwerdeführende möchten gerade Lebens- oder Gesundheitsschutz einklagen. In solchen Fällen ist Art. 2 II 1 GG als **eigenes Grundrecht** zu prüfen. Siehe hierzu die <u>Musterlösung des Falles 4 im OpenRewi Grundrechte Fallbuch</u>.

I. Überblick

1. Bedeutung

Schon frühzeitig hat das BVerfG entschieden, dass die Schutzpflicht des Staates es gebiete, „sich schützend und fördernd vor [das] Leben zu stellen"[70]. Zudem hat es festgestellt, dass das Leben nicht nur vor staatlichen, sondern auch vor rechtswidrigen Eingriffen durch Dritte zu schützen sei.[71] Zutreffend heißt es, dass diese Schutzpflichtdimension nicht nur eine der beiden, sondern in der heutigen Verfassungspraxis sogar die **bedeutendere** Dimension von Art. 2 II 1 GG darstellt.[72] Die Schutzpflichtendimension hat mit der Zeit erheblich an Bedeutung gewonnen, was auf einen teilweisen Rückzug der Staatsgewalt in ihrem klassisch verstandenen Sinne – nämlich als befehlend auftretende Ordnungsmacht – zurückgeführt wird.[73]

2. Herleitung

Dass eine Schutzpflicht des Staates im Hinblick auf Leben und körperliche Unversehrtheit besteht, steht außer Frage. Strittig ist nicht das „Ob", aber das „Wie": Zur Herleitung von Schutzpflichten auf Leben und körperliche Unversehrtheit gibt es verschiedene Ansätze. Das Grundgesetz ordnet Schutzpflichten explizit an: Art. 1 I 2 GG verpflichtet alle staatliche Gewalt, die Würde des Menschen zu achten und zu schützen. In der Entscheidung über die Entführung von Hanns-Martin Schleyer durch die RAF stellt das BVerfG auch explizit auf „Art. 2 II 1 in Verbindung mit Art. 1 I 2 GG" für die Begründung der Schutzpflicht ab.[74] Damit wird eine Überschneidung der Schutzbereiche der **Menschenwürdegarantie** und des Rechts auf Leben und körperliche Unversehrtheit jedenfalls insoweit vo-

---

70 BVerfG, Urt. v. 25.2.1975, Az.: 1 BvF 1-6/74 = BVerfGE 39, 1 (42); <u>BVerfG, Urt. v. 16.10.1977, Az.: 1 BvQ 5/77</u> = BVerfGE 46, 160 (164).
71 <u>BVerfG, Urt. v. 25.2.1975, Az.: 1 BvF 1-6/74</u> = BVerfGE 39, 1 (42); <u>BVerfG, Urt. v. 16.10.1977, Az.: 1 BvQ 5/77</u> = BVerfGE 46, 160 (164).
72 Bumke/Voßkuhle, Casebook Verfassungsrecht, 8. Aufl. 2020, Rn. 412.
73 Di Fabio, in: Dürig/Herzog/Scholz, GG, 95. EL 2021, Art. 2 II 1, Rn. 41.
74 <u>BVerfG, Urt. v. 16.10.1977, Az.: 1 BvQ 5/77</u> = BVerfGE 46, 160 (164).

rausgesetzt. Ein Teil der Literatur schließt sich dem an.[75] Das BVerfG hat aber in seiner aktuelleren Rechtsprechung wiederholt auf **Art. 2 II 1 GG allein** abgestellt[76] und sodann auch explizit zum Ausdruck gebracht, dass diesen Grundrechten auch ohne Art. 1 I 2 GG, sondern schon für sich genommen eine hohe Bedeutung in der Wertordnung des Grundgesetzes zukommt.[77]

ℹ Weiterführendes Wissen

Eine weitere Ansicht stellt dagegen vor allem auf das Gewaltmonopol des Staates als Spiegelbild der Friedenspflicht der Bürger:innen ab, weswegen diese auch zu schützen seien.[78] Die letztgenannte Begründung kann aber allenfalls teilweise überzeugen. Sie korrespondiert mit der klassischen Vorstellung des Staates als Garant der Freiheit und Sicherheit seiner Bürger:innen,[79] meint dabei aber vor allem die Sicherheit vor lebensgefährdender oder gesundheitsgefährdender Gewaltanwendung. Zurzeit verlagert sich die Bedeutung der Schutzpflichtdimension auf Fälle vorgeblich **sozialüblichen** Verhaltens mit schädlichen Folgen, die aber aus juristischer Sicht kaum unter den Gewaltbegriff fallen dürften (zum Beispiel das Rauchen in öffentlichen Räumen oder das Fahren klima- und umweltschädlicher Fahrzeuge).

II. Reichweite

Bei dem „Wie" staatlicher Schutzpflichten ist nicht nur die Herleitung strittig; auch ihr Umfang ist unklar. Ungeklärt ist, ab welcher Schwelle sie eingreifen, das heißt welche Gefährdung des Schutzguts nötig ist[80] und wie weit sie reichen.[81] Durch das BVerfG ist zudem auch ein Schutz von Grundrechtsträger:innen „vor sich selbst" anerkannt, soweit ein Mensch keine selbstbestimmten und eigenverantwortlichen Entscheidungen treffen könne.[82] Grundsätzlich bedarf es einer ein-

---

75 Hermes, Das Grundrecht auf Schutz von Leben und Gesundheit: Schutzpflicht und Schutzanspruch aus Art. 2 Abs. 2 Satz 1 GG, 1987.
76 BVerfG, Urt. v. 27.2.2008, Az.: 1 BvR 370, 595/07, Rn. 220 = BVerfGE 120, 274 (319); BVerfG, Urt. v. 30.7.2008, Az.: 1 BvR 3262/07, 402, 906/08, Rn. 119 = BVerfGE 121, 317 (356).
77 BVerfG, Urt. v. 8.6.2010, Az.: 1 BvR 2011/07, 2959/07, Rn. 95 = BVerfGE 126, 112 (140).
78 Isensee, Das Grundrecht auf Sicherheit, 1983, 21 ff.
79 Glaeßner, Sicherheit in Freiheit: Die Schutzfunktion des demokratischen Staates und die Freiheit der Bürger, Opladen 2003, S. 89. Die Funktion des Staates als Garant für Freiheit und Sicherheit wird auch vorausgesetzt bei Hoffmann-Riem, Der Staat als Garant von Freiheit und Sicherheit, in: Freiheit und Sicherheit, 2016, 19 (22).
80 Epping, Grundrechte, 9. Aufl. 2021, Rn. 124.
81 Richter, DVBl. 2021, 16, (18).
82 BVerfG, Beschl. v. 26.7.2016, Az.: 1 BvL 8/15, Rn. 73 f. = BVerfGE 142, 313 (337); BVerfG, Urt. v. 24.7.2018, Az.: 2 BvR 309/15, 502/16, Rn. 74 = BVerfG, NJW 2018, 2619 (2622) – Fixierung.

griffsadäquaten Beeinträchtigung der Schutzgüter sowie eines staatlichen Verhaltens, welches das Untermaßverbot verletze. Dies kann in zwei Stufen geprüft werden.[83]

III. Einzelfälle

Die nachfolgenden Abschnitte betreffen besonders interessante und rechtspolitisch relevante Konstellationen, in denen das Grundrecht auf Leben und körperliche Unversehrtheit in seiner Schutzpflichtdimension zum Tragen kommt.

1. Schwangerschaftsabbruch

Beim Schwangerschaftsabbruch, der in Deutschland grundsätzlich und mitsamt unterstützenden, begleitenden oder bewerbenden Handlungen strafbar ist (§§ 218, 218b f., 219a f. StGB) handelt es sich um eine absolute Ausnahmesituation, in der die widerstreitenden Rechtsgüter der schwangeren Person und des werdenden Lebens in einer Person physisch vereint sind.[84] Das BVerfG hält die Strafbarkeit des Schwangerschaftsabbruchs – jedenfalls ab einem bestimmten Stadium der Schwangerschaft[85] – für verfassungsrechtlich geboten.[86] Die entgegenstehenden Grundrechte der schwangeren Person sieht es dadurch gewahrt, dass nach Durchlaufen einer Beratung innerhalb der ersten zwölf Schwangerschaftswochen die straffreie Möglichkeit des Schwangerschaftsabbruchs besteht.[87]

Weiterführendes Wissen

Über das Werbeverbot in § 219a StGB, welches Normalisierung und Kommerzialisierung von Schwangerschaftsabbrüchen entgegenwirken soll[88], ist eine rechtspolitische Auseinandersetzung entflammt, nachdem eine Ärztin nach dieser Vorschrift verurteilt worden ist.[89] Gegen die Verurteilung wurde nach ihrer Bestätigung Verfassungsbeschwerde erhoben.[90] Entgegen den

---

83 Siehe zu einer solchen Prüfung Ruschemeier/Senders, § 8, in diesem Lehrbuch.
84 Rixen, in: Sachs, GG, 9. Aufl. 2021, Art. 2 Rn. 173.
85 Früher noch anders: BVerfG, Urt. v. 25.2.1975, Az.: 1 BvF 1-6/74, Rn. 186 ff. = BVerfGE 39, 1 (61 ff.)
86 BVerfG, Urt. v. 28.5.1993, Az.: 2 BvF 2/90, 4-5/92, Rn. 186 ff. = BVerfGE 88, 203 (264 ff.).
87 Vgl. das ablehnende Sondervotum der Richter Mahrenholz und Sommer, BVerfGE 88, 203 (340 f.); zur aktuellen Debatte um eine Entkriminalisierung Schürmann, VerfBlog, 18.11.2020.
88 BT-Drs. 7/1981, 17.
89 AG Gießen, Urt. v. 24.11.2017, Az.: 507 Ds 501 Js 15031/15.
90 Anhängig beim BVerfG unter dem Az.: 2 BvR 290/20.

Julian Senders

zahlreichen, sogar aus dem kirchlichen Bereich[91] kommenden Stimmen, die sich für eine Streichung aussprechen, wird vereinzelt eine Abschwächung des Lebensschutzes infolge der Streichung befürchtet.[92] Nach einer anderen Ansicht geht es § 219a StGB allerdings nicht um den Schutz des Lebens, sondern allenfalls um den Schutz eines gesellschaftlichen Klimas, in welchem Schwangerschaftsabbrüche nicht zur Normalität gehören.[93] Trotz des weiten Einschätzungsspielraums des Gesetzgebers darf dieser die starke Grundrechtsposition der schwangeren Person nicht übergehen, die hier der schwachen, allenfalls indirekten Lebensschutzgewährleistung des § 219a StGB gegenübersteht. Damit steht im Einklang, dass durch die neue Regierungskoalition zwischenzeitlich eine Streichung des § 219a StGB auf den Weg gebracht worden ist.[94]

2. Umwelt, Klimaschutz und Verkehr

Wirtschaftliche Betätigung und motorisierte Mobilität gehen auf vielfältige Art und Weise – etwa durch Luftschadstoffe, wasser- oder bodenverunreinigende Abfälle und den Ausstoß von Treibhausgasen – mit einer Beeinträchtigung sowohl der lokalen und regionalen Umwelt als auch der Schädigung des Weltklimas einher. Diese Umwelt- und Klimabeeinträchtigungen ziehen wiederum kurz-, mittel- oder langfristig gesundheitsschädliche oder sogar lebensgefährliche Folgen für Menschen nach sich. Da dies auf unterschiedliche Weisen geschieht, ergeben sich auch unterschiedliche rechtliche Bewertungen und Ansatzpunkte. Auf die Bedeutung der grundrechtlichen Schutzpflichten wird im Kapitel zum Umwelt- und Klimaschutz näher eingegangen.[95]

3. Schutzpflichten in der Pandemie

Ein weiteres Beispiel für die Schutzpflichtdimension des Art. 2 II 1 GG stellt die Pandemiebekämpfung dar.

Beispiel: Unter Berufung auf die staatliche Schutzpflicht aus Art. 2 II 1 GG forderten mehrere Beschwerdeführer:innen in einem Eilantrag die Schaffung gesetzlicher Vorgaben über die sogenannte Triage.[96] Bei den antragstellenden Personen bestand wegen verschiedener Behin-

---

91 Evangelische Frauen in Hessen und Nassau, Pressemitteilung vom 30.1.2019.

92 Fischer/Scheliha, VerfBlog, 16.3.2018.

93 Vgl. Gesellschaft für Freiheitsrechte, Themenseite § 219a StGB, 22.2.2018.

94 Bundesministerium der Justiz, Referentenentwurf, Entwurf eines Gesetzes zur Änderung des Strafgesetzbuches - Aufhebung des Verbots der Werbung für den Schwangerschaftsabbruch (§ 219a StGB), 25.1.2022.

95 Siehe zu den grundrechtlichen Bezügen von Umwelt- und Klimaschutz Senders, § 18.4., in diesem Lehrbuch.

96 Vgl. vor der Entscheidung Brade/Müller, NVwZ 2020, 1792.

Julian Senders

derungen und Vorerkrankungen ein erhöhtes Risiko für einen schweren Krankheitsverlauf. Sie machten eine Schutzpflichtverletzung dadurch geltend, dass sie nach den nicht gesetzlich geregelten, aktuell geltenden medizinischen Richtlinien im Triagefall „aussortiert" würden. Das BVerfG stellte eine Verletzung des Art. 3 III 2 GG (Verbot der Benachteiligung wegen einer Behinderung) fest und verpflichtete den Gesetzgeber, umgehend geeignete Vorkehrungen zu treffen. Art. 2 II 1 GG spielt dabei eine wichtige Rolle: Der Schutzauftrag aus Art. 3 III 2 GG verdichte sich zu einer Handlungspflicht, wenn der Schutz des Lebens und der körperlichen Unversehrtheit durch eine drohende Benachteiligung, der die Betroffenen nicht ausweichen können, unmittelbar gefährdet werden.[97]

Das BVerfG hat die Relevanz der staatlichen Schutzpflicht bereits in der Anfangsphase der Covid19-Pandemie herausgestellt[98]: Der Staat sei zum Schutz der Bevölkerung und dem Grundrecht auf Leben und körperliche Unversehrtheit nicht nur berechtigt, sondern auch verpflichtet.[99] Diese Schutzpflicht rechtfertige auch Versammlungsverbote.[100] Ebenso betonen auch die Landesverfassungsgerichte[101] und Verwaltungsgerichte[102] den staatlichen Schutzauftrag für Art. 2 II 1 GG.

Examenswissen: Grundrechtliche Konflikte zeigen sich vor allem bei der Frage der **Verhältnismäßigkeit** von Maßnahmen. Besonders herausfordernd ist dabei das pandemietypische Spezifikum der **Ungewissheit**. Diese besteht insbesondere hinsichtlich der individuellen Gefährlichkeit einer neuen Krankheit, ihrer Langzeitfolgen sowie künftiger Mutationen und bislang gegebenenfalls unbekannter Verbreitungsarten. Manche schlussfolgern, dass angesichts dieser Ungewissheit die staatliche Schutzpflicht für das Leben und die körperliche Unversehrtheit umso **strikterе Eingriffe** in andere Freiheitsrechte rechtfertige.[103] Nach Ansicht der Rechtsprechung komme der Gesetzgebung dagegen aufgrund der Ungewissheit lediglich eine weite Einschätzungsprärogative zu.[104] Diese wirkt sich vor allem bei der Frage des legitimen Zwecks, der Geeignetheit und der Erforderlichkeit aus. Auf Angemessenheitsebene kann dies nicht uneingeschränkt gelten, da die Verfassungsmäßigkeit von Maßnahmen dann allein von epidemiologischen Erkenntnisgewinnen abhängig wäre. Vielmehr muss an dieser Stelle ein erweiterter Einschätzungsspielraum aufgrund von Ungewissheit durch zeitliche Befristungen ausgeglichen werden.[105] Dies sieht auch die Rechtsprechung so und hält daher bei der Prüfung der Angemessenheit zeitliche, aber auch

---

97 BVerfG, Beschl. v. 16.12.2021, Az.: 1 BvR 1541/20, Rn. 97, 109.
98 Vgl. etwa BVerfG, Beschl. v. 10.4.2020, Az.: 1 BvQ 28/20, Rn. 14.
99 BVerfG, Beschl. v. 13.5.2020, Az.: 1 BvR 1021/20, Rn. 8.
100 BVerfG, Beschl. v. 30.8.2020, Az.: 1 BvQ 94/20, Rn. 16.
101 BayVerfGH, Entsch. v. 30.12.2020, Az.: Vf. 96-VII-20, juris Rn. 21.
102 OVG Berlin-Brandenburg, Beschl. v. 4.11.2020, Az.: 11 S 94/20, Rn. 25; OVG Magdeburg, Beschl. v. 4.11.2020, Az.: 3 R 218/20, Rn. 28; VG München, Beschl. v. 27.10.2020, Az.: M 26b SE 20.5311, Rn. 37.
103 Richter, DVBl 2021, 16.
104 BVerfG, Beschl. v. 13.5.2020, Az.: 1 BvR 1021/20, Rn. 10 = NVwZ 2020, 876 (878); BVerfG, Beschl. v. 12.5.2020, Az.: 1 BvR 1027/20, Rn. 7 = NVwZ 2020, 1823 (1824).
105 Goldhammer/Neuhöfer, JuS 2021, 212 (216 f.).

Julian Senders

sachliche Einschränkungen der Freiheitseingriffe für notwendig.[106] Die zeitliche Komponente lässt sich verallgemeinern: Je länger Einschränkungen dauern, desto höher sind die Rechtfertigungsanforderungen an sie.[107]

E. Konkurrenzen

Die Grundrechte aus Art. 2 II 1 GG stehen selbstständig neben anderen Freiheitsrechten des Grundgesetzes, dabei steht insbesondere das Recht auf Leben selbstständig neben Art. 1 I GG.[108] Die Zusammenführung des Grundrechts auf Leben und der Menschenwürdegarantie durch die Rechtsprechung[109] sollte nicht darüber hinwegtäuschen, dass es sich um zwei selbstständige Grundrechte mit selbstständigen Schutzbereichen handelt, die miteinander historisch und ideell verwoben sind.

! **Klausurtaktik**

In Klausur und Hausarbeit sollte die Eigenständigkeit dieser Grundrechte in Überschriften und Obersätzen deutlich gemacht werden.

F. Europäische und internationale Bezüge

Art. 2 EMRK schützt das **Recht auf Leben.** Auffällig ist vor allem, dass Art. 2 I 2 EMRK noch die Vollstreckung eines Todesurteils als Ausnahme vom Verbot der absichtlichen Tötung vorsieht. Das Verbot der Todesstrafe in Art. 102 GG gilt dennoch uneingeschränkt. Das **Recht auf körperliche Unversehrtheit** ist nicht ausdrücklich in der EMRK geschützt. Jedoch ergibt sich eine äußere Grenze aus dem Folterverbot in Art. 3 EMRK. Staatliche Eingriffe unterhalb der Schwere des Art. 3

---

106 BVerfG, Beschl. v. 13.5.2020, Az.: 1 BvR 1021/20, Rn. 10 = NVwZ 2020, 876 (878); OVG Weimar, Beschl. v. 8.4.2020, Az.: 3 EN 245/20, BeckRS 2020, 8272 Rn. 36 ff.; VGH München, Beschl. v. 30.3.2020, Az.: 20 NE 20.632, NJW 2020, 1236 Rn. 63 f.
107 Vgl. Kingreen, VerfBlog, 20.3.2020, der hier die Parallele zum Polizeirecht – Art. 4 III Bay-PAG – zieht.
108 Schulze-Fielitz, in: Dreier, GG, 3. Aufl. 2013, Art. 2 II Rn. 118.
109 Vgl. etwa BVerfG, Urt. v. 25.2.1975, Az.: 1 BvF 1-6/74, Rn. 150.

Julian Senders

EMRK werden unter den Schutz der körperlichen Integrität als Bestandteil des „Privatlebens" im Sinne des Art. 8 EMRK subsumiert.[110]

Auf Unionsebene ergibt sich ein Recht auf Leben aus Art. 2 GRCh, welches in Art. 2 II GRCh ebenso die Todesstrafe kategorisch verbietet. Das Recht auf körperliche Unversehrtheit folgt aus Art. 3 GRCh. Art. 3 II GRCh formuliert abweichend von der sehr allgemein gehaltenen Regelung in Art. 2 II 1 GG mehrere wichtige Maßgaben beziehungsweise Einschränkungen für die Ausübung von Medizin und Biologie.

Zusammenfassung: Die wichtigsten Punkte
- Nach ständiger Rechtsprechung des BVerfG beginnt das Leben jedenfalls mit dem 14. Tag nach der Befruchtung mit der Einnistung der Eizelle (sogenannte Nidation).
- Schon die Lebensgefährdung kann einen Eingriff in Art. 2 II 1 GG darstellen, soweit diese nach Art, Nähe und Ausmaß der Gefahr einer Verletzung nahekommt.
- Zur Annahme mittelbarer Eingriffe in Leben und körperliche Unversehrtheit bedarf es eines Verursachungszusammenhangs.
- Im Rahmen mittelbarer Eingriffe in Leben und körperliche Unversehrtheit ist bei der verfassungsrechtlichen Rechtfertigung abzugrenzen, ob ein hinzunehmendes Risiko bestand oder die Gefahrenschwelle überschritten wurde.
- Die Schutzpflichtendimension des Art. 2 II 1 GG hat zunehmend an Bedeutung gewonnen. Ihre Reichweite ist jedoch bis heute ungeklärt. Fest steht aber: Zur Aktivierung der Schutzpflicht bedarf es einer (drohenden) eingriffsadäquaten Beeinträchtigung der Schutzgüter, die einem staatlichen Eingriff vergleichbar ist.
- Für die Erfüllung der Schutzpflicht gilt grundsätzlich das sogenannte Untermaßverbot mit einer Evidenzkontrolle.

Weiterführende Studienliteratur
- **Allgemein:** Volker Epping, Grundrechte, 9. Aufl. 2021, Rn. 104–144; Michael Sachs, Verfassungsrecht II – Grundrechte, 3. Aufl. 2017, S. 257–268
- **Pandemie und Gesundheitsschutz:** Dietrich Murswiek, Wie wiegt man Corona?, VerfBlog 16.3.2021; Michael Goldhammer/Stefan Neuhöfer, Grundrechte in der Pandemie – Allgemeine Lehren, JuS 2021, S. 212–217; Anfängerklausur: Sabine Schäufler, Anfängerklausur – Öffentliches Recht: Grundrechte – Ostern in der Pandemie, JuS 2021, S. 332–338; Daniel Wolff/Patrick Zimmermann, Impfförder- und Impffolgenrecht in der COVID-19-Pandemie, NVwZ 2021, 182

---

110 Meyer-Ladewig/Nettesheim, in: Meyer-Ladewig/Nettesheim/v. Raumer, EMRK, 4. Aufl. 2017, Art. 8 Rn. 11 f.

Julian Senders

Julian Senders

§ 18.4 Grundrechtliche Bezüge von Umwelt- und Klimaschutz

Notwendiges Vorwissen: Grundrecht auf Leben und körperliche Unversehrtheit, insbesondere dessen Schutzpflichtendimension

Lernziel: die grundrechtliche Dimension von Umwelt- und Klimaschutzkonstellationen verstehen, wesentliche grundrechtsdogmatische Anknüpfungspunkte für die überzeugende Strukturierung und Lösung solcher Konstellationen kennenlernen, Klimabeschluss des BVerfG in Grundzügen nachvollziehen

---

Für dieses Kapitel gibt es frei zugängliche interaktive Übungen. Halte einfach deine Smartphone-Kamera vor den Kasten mit den Punkten (QR-Code).

Das Grundgesetz verpflichtet den Staat in Art. 20a GG, die „natürlichen Lebensgrundlagen" zu schützen. Damit wird verfassungsrechtlich eine intakte Umwelt als Grundlage für das Leben und folglich auch für die Wahrnehmung und Ausübung aller anderen Grundrechte anerkannt. Die Auswirkungen der Klimakrise sind bereits heute global spürbar. Die Bundesregierung geht davon aus, dass erhebliche Auswirkungen wie etwa extreme Dürre auch für Deutschland zu erwarten sind.[1]

A. Umwelt- und Klimaschutz als grundrechtsrelevantes Thema

In der Grundrechtsprüfung ist zwischen Konstellationen des Umweltschutzes beziehungsweise der Umweltverschmutzung und klimaschädlichem Verhalten zu unterscheiden. Die Konkretisierungsgrade der Gefährdungen und die Kausalzusammenhänge sind jeweils verschieden: Die **Umweltverschmutzung** führt unmittelbar kausal zu einer aktuellen Gesundheitsbeeinträchtigung in ihrem Umfeld. Ein Beispiel ist die Luftverschmutzung durch eine Anlage oder ein Fahrzeug.

---

[1] Bundesregierung, Anh. 2 des Fortschrittsberichts der BReg. zur Deutschen Anpassungsstrategie an den Klimawandel, 2015, 116 ff. (s. etwa S. 202 f.); BReg., Klimaschutzprogramm 2030 zur Umsetzung des Klimaschutzplans 2050, 2019, 7; BReg., Klimaschutzplan 2050, 2. Aufl. 2019, 12.

Demgegenüber schafft **klimaschädliches Verhalten** erst durch die Diffusion und Kumulation der Treibhausgase in der Atmosphäre eine Voraussetzung dafür, dass das Leben auf der Erde insgesamt und längerfristig nur unter erschwerten Bedingungen möglich sein wird.

I. Umweltschutz

Für die Gesundheitsrelevanz von Umweltproblemen gibt es viele Beispiele: Das können altbekannte Konstellationen wie der Schutz vor Luftverschmutzung sein, aber auch ganz neue Problemstellungen wie Mikroplastik-Rückstände im Trinkwasser. In solchen Umweltschutzkonstellationen kann einerseits die Schutzpflichtendimension des Art. 2 II 1 GG oder aber andererseits, wenn durch Umweltbeeinträchtigungen Schäden am Eigentum eintreten, Art. 14 GG den Anknüpfungspunkt bilden. Aufseiten der umweltverschmutzenden Akteur:innen bilden vor allem Art. 12 und 14 GG die grundrechtlichen Anknüpfungspunkte.

II. Klimaschutz

Der Umweltschutz beschäftigt schon seit vielen Jahren die Rechtswissenschaft und die Gerichte. Inzwischen wird der Klimaschutz zunehmend auch ein Thema in der juristischen Praxis und Ausbildung. Als Ausgangspunkt wurde hierfür bislang oftmals die Schutzpflichtendimension des Art. 2 II 1 GG gewählt. Das BVerfG hat mit seinem sogenannten **Klimabeschluss im März 2021**[2] zur Frage der einschlägigen Grundrechtsdimension Stellung bezogen. Daraus geht unzweifelhaft hervor, dass nicht die Schutzpflichtendimension des Art. 2 II 1 GG, sondern die Freiheitsgrundrechte in ihrer intertemporalen Reichweite und in engem Zusammenspiel mit Art. 20a GG den Anknüpfungspunkt für verfassungsrechtliche Klimaschutzklagen bilden.

! **Klausurtaktik**

Die Bearbeitung von klimaschutzrechtlichen Konstellationen in Grundrechtsklausuren ist dogmatisch anspruchsvoll und eignet sich vorrangig für Examensklausuren oder Hausarbeiten. Eine praktische Aufbereitung findet sich im Fall 4 des OpenRewi Fallbuchs.

---

2 BVerfG, Beschl. v. 24.3.2021, Az.: 1 BvR 2656/18, 78/20, 96/20, 288/20 = NJW 2021, 1723.

Julian Senders

B. Anknüpfungspunkte in der Grundrechtsprüfung

Je nach Problemkonstellation können sich unterschiedliche Ausgangspunkte für die Prüfung von Grundrechten ergeben.

I. Intertemporale Freiheitssicherung als Ausgangspunkt für ambitionierteren Klimaschutz

Das BVerfG hat mehreren gegen das Klimaschutzgesetz erhobenen Verfassungs-beschwerden zum Teil stattgegeben: Der Gesetzgeber müsse das Klimaschutz-gesetz anpassen, soweit die Treibhausgas-Minderungsziele nach 2030 nicht fest-gelegt sind und die Festlegung durch eine Verordnungsbefugnis auf das Jahr 2025 delegiert wird.[3] Aktuell seien viele menschliche Verhaltensweisen, die so-wohl durch die allgemeine Handlungsfreiheit als auch durch die spezifischen Freiheitsverbürgungen geschützt seien, mit der Freisetzung von CO_2[4] verbunden. Damit eröffnet das BVerfG den Schutzbereich der Grundrechte in ihrer <u>Abwehr-rechtsdimension</u>. Es knüpft dabei nicht an ein bestimmtes Grundrecht an, son-dern an **sämtliche Grundrechte.**

Die freie Wahrnehmung und Ausübung dieser Grundrechte in der Zukunft sei aufgrund der dann notwendigen Klimaschutzmaßnahmen dergestalt gefährdet, dass sie schon jetzt zu einer Verpflichtung führe, die Klimaschutzlasten anders zu verteilen. Wenn heutige Freiheitsausübungen zur Verringerung eines aus Klima-schutzgründen notwendigen CO_2-Budgets beitragen, seien ihnen verfassungs-rechtliche Grenzen gesetzt. Diese Grenzen ergäben sich aus Art. 20a GG, der ein Klimaschutzgebot enthalte. Mit fortschreitendem Klimawandel nehme wegen der sich intensivierenden Umweltauswirkungen das relative Gewicht des Interesses an der Freiheitsausübung im Rahmen der Abwägung ab.[5] Dies kann mit der Funk-tionsweise eines Thermostats[6] veranschaulicht werden: Mit faktischer Aufhei-zung muss notwendigerweise die „gesetzgeberische Kühlenergie" zulasten der Freiheitsgrundrechte erhöht werden. Zugleich liegt hierin eine einzigartige Typi-sierung der abstrakten Wertigkeit eines Schutzguts in der Zukunft.

---

3 BVerfG, Beschl. v. 24.3.2021, Az.: 1 BvR 2656/18, 78/20, 96/20, 288/20 = NJW 2021, 1723.
4 Ist nachfolgend von CO_2 die Rede, sind ebenso die anderen klimarelevanten Treibhausgase (insbesondere Methan und Distickstoffoxid) mitgemeint.
5 BVerfG, Beschl. v. 24.3.2021, Az.: 1 BvR 2656/18, 78/20, 96/20, 288/20, Rn. 185 = NJW 2021, 1723 (1738).
6 Steinbeis, <u>VerfBlog</u>, 30.4.2021.

Aktuell bestehende Regelungen im Klimaschutzgesetz verteilen das CO_2-Restbudget Deutschlands großzügig auf wenige Jahre, womit zugleich das Restbudget nach Ablauf dieser Jahre irreversibel verkleinert wird. Diese Art der „verschwenderischen" Verteilung ist CO_2-emittierende Freiheitsausübung. Hieraus folge eine „eingriffsähnliche Vorwirkung" der jetzigen Emissionsmengenregelungen.[7] Das BVerfG begründet im Ergebnis einen Eingriff („eingriffsähnliche Vorwirkung") in die Freiheitsgrundrechte aufgrund einer zeitlichen Vorwegnahme der Wirkung bestehender Regelungen für die künftige Freiheitsausübung. Dieses **intertemporale Verständnis** von Freiheitsgrundrechten stellt ein Novum dar, welches bereits für rege Resonanz im Schrifttum gesorgt hat.[8]

II. Die Schutzpflichtendimension des Art. 2 II 1 GG

1. Untergeordnete Bedeutung für den Klimaschutz

Zwar ist trotz der Schwierigkeit einer dogmatischen Begründung[9] heutzutage kaum zweifelhaft, dass eine grundrechtliche Schutzpflicht im Hinblick auf umweltvermittelte und auch klimawandelbedingte[10] Lebens- und Gesundheitsgefährdungen besteht. Die Relevanz der Schutzpflichtendimension der Grundrechte und insbesondere des Art. 2 II 1 GG für klimaschutzrechtliche Konstellationen sind mit dem Klimabeschluss des BVerfG aber deutlich in den Hintergrund getreten. Dies liegt vor allem an den materiellen Anforderungen, die aus der Schutzpflichtendimension folgen: Eine Schutzpflichtverletzung liegt erst dann vor, wenn **gar keine oder mit Blick auf das Schutzziel völlig ungeeignete** Schutzvorkehrungen getroffen wurden.[11] Dem Gesetzgeber wird ein grundsätzlich weiter Einschätzungsspielraum zugestanden, der sich vor allem aus dem Gewaltenteilungsgrundsatz (Art. 20 II 2 GG) erklärt.

---

7 BVerfG, Beschl. v. 24.3.2021, Az.: 1 BvR 2656/18, 78/20, 96/20, 288/20, Rn. 186 f. = NJW 2021, 1723 (1738).

8 Vgl. etwa Stäsche, EnWZ 2021, 193 (194); Muckel, JA 2021, 610 (613); kritisch aus dogmatischer Sicht Calliess, ZUR 2021, 355 (357). Frenz, EnWZ 2021, 201 (202), sieht gar einen „Übergang vom liberalen zum ökologischen Freiheitsverständnis".

9 Kloepfer, Umweltrecht, 4. Aufl. 2016, § 3 Rn. 68, bezeichnet das Problem der grundrechtsabgeleiteten staatlichen Leistungspflichten als eines der schwierigsten Grundrechtsprobleme im Umweltbereich.

10 BVerfG, Beschl. v. 24.3.2021, Az.: 1 BvR 2656/18, 78/20, 96/20, 288/20, Rn. 145 = NJW 2021, 1723 (1732).

11 BVerfG, Beschl. v. 26.1.1988, Az.: 1 BvR 1561/82 (B), NJW 1988, 427 (428); Beschl. v. 30.11.1988, Az.: 1 BvR 1301/84, NJW 1989, 1271 (1275).

Julian Senders

In seinem Klimabeschluss konnte das BVerfG – anders als einige Stimmen im Schrifttum[12] – im Ergebnis keine völlige Ungeeignetheit der Bestimmungen des Klimaschutzgesetzes erkennen. Eine völlige Ungeeignetheit der staatlichen Maßnahmen läge allenfalls dann vor, wenn dem Klimawandel freier Lauf gelassen und lediglich Anpassungsmaßnahmen ergriffen würden.[13] Konkretisierbare staatliche Pflichten im Hinblick auf Treibhausgas-Einsparungsziele und -pfade erkannte das BVerfG nicht etwa im Rahmen der Schutzpflichten, sondern verortete die Problematik wie oben erläutert bei der Frage der künftigen Ausübung der Freiheitsgrundrechte. Für klassische, lokal oder regional zu verortende Umweltprobleme bleibt Art. 2 II 1 GG in seiner Schutzpflichtendimension dagegen nach wie vor der zentrale Anknüpfungspunkt.

2. Ökologisches Existenzminimum

Im Übrigen gilt hinsichtlich klassischer Umweltgefahren: Bei entfernten Gefahren oder gar Risiken ist der Staat aufgrund seiner Schutzpflicht für Leben und körperliche Unversehrtheit verpflichtet, eine auf die Vermeidung von Grundrechtsgefährdungen abzielende Risikovorsorge sicherzustellen.[14] Es gilt überdies die Regel, dass mit zunehmendem Schädigungspotenzial eines Ereignisses für Leben oder Gesundheit die Schwelle für die Eintrittswahrscheinlichkeit sinkt, die eine solche Schutzpflicht auslöst.[15] Mit dem Mülheim-Kärlich-Beschluss etablierte das BVerfG schon vor vielen Jahren den **„Grundrechtsschutz durch Verfahren"**. Das heißt: Sind Personen durch eine staatliche Maßnahme – in dem Ausgangsfall von einer Anlagengenehmigung – betroffen, können ihre Grundrechte auch dadurch in angemessener Weise gewahrt werden, dass sie am Genehmigungsverfahren teilhaben können.[16]

Die wichtigste Begründung verfassungsrechtlicher Schutzansprüche ist jedoch das sogenannte **„ökologische Existenzminimum"**[17], welches auch als „Grundrechtsvoraussetzungsschutz"[18] bezeichnet wurde. Zum Teil wird es auch – wie von den Beschwerdeführer:innen in den Verfassungsbeschwerden gegen das

---

12 Heß/Wulff, EurUP 2020, 386 (389).
13 BVerfG, Beschl. v. 24.3.2021, Az.: 1 BvR 2656/18, 78/20, 96/20, 288/20, Rn. 157 = NJW 2021, 1723 (1733).
14 BVerfG, Beschl. v. 4.5.2011, Az.: 1 BvR 1502/08, juris Rn. 37.
15 Gärditz, in: Landmann/Rohmer, Umweltrecht, 96. EL Sept. 2021, Art. 20a GG Rn. 86.
16 BVerfG, Beschl. v. 20.12.1979, Az.: 1 BvR 385/77, Rn. 82 = BVerfGE 53, 30 (75).
17 Begriffsprägend Rupp, JZ 1971, 404; Scholz, JuS 1976, 232 (234).
18 Kloepfer, Umweltrecht, 4. Aufl. 2016, § 3 Rn. 70.

Klimaschutzgesetz geltend gemacht[19] – als Grundrecht behandelt. Mit der Pflicht zur Gewährleistung eines ökologischen Existenzminimums besteht nach der Rechtsprechung des BVerfG nur dann ein Konflikt, wenn existenzbedrohende Zustände katastrophalen oder gar apokalyptischen Ausmaßes durch den Staat hingenommen werden.[20] Hiervon kann bei der Klimaschutzthematik noch nicht die Rede sein, angesichts der neuen Rückgriffsmöglichkeit auf die Freiheitsgrundrechte in ihrer intertemporalen (Abwehrrechts-)Dimension ist dies nun auch nicht notwendig. Ob ein solcher Grundrechtsschutz überhaupt besteht, wurde vom BVerfG im Ergebnis offen gelassen.[21]

C. Art. 20a GG

Art. 20a GG macht den Schutz der natürlichen Lebensgrundlagen und der Tiere im Wege einer unmittelbar geltenden, bindenden verfassungsrechtlichen Bestimmung zur Staatsaufgabe. Die Vorschrift wurde durch Gesetz vom 27.10.1994 eingeführt; der Tierschutz wurde 2002 ergänzt.

Art. 20a GG formuliert einen Auftrag für das gesamte staatliche Handeln und für die Auslegung von Gesetzen und sonstigen Rechtsvorschriften.[22] Darin ist zugleich ein Optimierungsgebot enthalten, das heißt, die Staatsaufgabe soll so gut wie rechtlich und faktisch möglich verwirklicht werden. Nach einhelliger Auffassung[23] und nach dem Willen des Grundgesetzgebers[24] stellt die Vorschrift aber **kein einklagbares Grundrecht** dar. Sie kann deswegen auch nicht Ausgangspunkt einer grundrechtlichen Prüfung in Klima- und Umweltkonstellationen sein. Dennoch kommt Art. 20a GG – vor allem nach dem Klimabeschluss des BVerfG – eine erhebliche Bedeutung bei der Beurteilung klimaschutzrechtlicher Konstellationen zu: Bildet die „intertemporale Freiheitssicherung" den dogmatischen Anknüpfungspunkt für die Grundrechtsprüfung, ergeben sich materielle Klimaschutzanforderungen und -maßgaben aus Art. 20a GG: Erst diese Vorschrift

---

19 BVerfG, Beschl. v. 24.3.2021, Az.: 1 BvR 2656/18, 78/20, 96/20, 288/20, Rn. 113 = NJW 2021, 1723 (1727).
20 BVerfG, Beschl. v. 18.2.2010, Az.: 2 BvR 2502/08, Rn. 13.
21 BVerfG, Beschl. v. 24.3.2021, Az.: 1 BvR 2656/18, 78/20, 96/20, 288/20, Rn. 115 = NJW 2021, 1723 (1727).
22 Schulze-Fielitz, in: Dreier, GG, 3. Aufl. 2015, Art. 20a Rn. 25; Jarass, in: ders./Pieroth, GG, 16. Aufl. 2020, Art. 20a Rn. 1.
23 BVerwG, Urt. v. 6.11.1997, Az.: 4 A 16/97 = NVwZ 1998, 398 (399); Beschl. v. 19.12.1997, Az.: 8 B 234.97; Epiney, in: v. Mangoldt/Klein/Starck, GG, 7. Aufl. 2018, Art. 20a Rn. 37 f.
24 BT-Drs. 12/7109, 7 f.

verleiht der Vorstellung von einem endlichen CO_2-Budget verfassungsrechtliche Relevanz.

I. Schutzumfang

Vom Schutzauftrag des Art. 20a GG umfasst ist die gesamte natürliche Umwelt[25], das heißt die Gesamtheit der natürlichen Voraussetzungen, die möglichst vielen Menschen ein Leben und Überleben unter menschenwürdigen und gesunden Umständen ermöglichen.[26] Umfasst sind der Boden, das Wasser, und die Atmosphäre – also die Luft und die Ozonschicht – und mithin auch das Klima.[27] **Nicht** vom Schutzgehalt des Art. 20a GG umfasst sind dagegen von Menschenhand geschaffene Einrichtungen[28] sowie Kulturdenkmäler.[29]

Klausurtaktik   !

Über die Weite des Schutzauftrags besteht Uneinigkeit. Nach einer verbreiteten Auffassung beschränkt sich Art. 20a GG auf einen **anthropozentrischen**, das heißt menschzentrierten, Zugriff auf das Thema Umweltschutz. Mit den natürlichen Lebensgrundlagen seien allein die Grundlagen des menschlichen Lebens gemeint.[30] Argumentiert wird an dieser Stelle mit der grundlegenden Ausrichtung des gesamten übrigen Grundgesetzes auf den Schutz des menschlichen Individuums.[31] Dem steht eine **ökozentrische** Auffassung gegenüber, die keinen Anlass zu einer Verengung der „natürlichen Lebensgrundlagen" auf allein menschliche Lebensgrundlagen sieht. Im Ergebnis läuft dies auf ein Zugeständnis von Eigenrechten der Natur beziehungsweise der Pflanzen sowie der Tiere hinaus.[32] Eine **vermittelnde Auffassung** hält einen über den anthropozentrischen Zugriff gehenden Schutz für prinzipiell möglich, im Konfliktfall seien aber die Lebens-

---

25 Jarass, in: ders./Pieroth, GG, 16. Aufl. 2020, Art. 20a Rn. 3.

26 Schulze-Fielitz, in: Dreier, GG, 3. Aufl. 2015, Art. 20a Rn. 32; Murswiek, in: Sachs, GG, 9. Aufl. 2021, Art. 20a Rn. 29.

27 BVerwG, Urt. v. 25.1.2006, Az.: 8 C 13/05, Rn. 14; Schulze-Fielitz, in: Dreier, GG, 3. Aufl. 2015, Art. 20a Rn. 32; Sommermann, in: v. Münch/Kunig, GG, 7. Aufl. 2021, Art. 20a Rn. 33; Attendorn, NVwZ 2012, 1569 (1570).

28 Jarass, in: ders./Pieroth, GG, Art. 20a Rn. 4; Epiney in: v. Mangoldt/Klein/Starck, GG, 7. Aufl. 2018, Art. 20a Rn. 16, 18.

29 Schulze-Fielitz, in: Dreier, GG, 3. Aufl. 2015, Art. 19a Rn. 33.

30 Scholz, in: Dürig/Herzog/Scholz, GG, 95. EL Juli 2021, Art. 20a, Rn. 38 ff.; Kloepfer, DVBl 1996, 73 (77); Peters, NVwZ 1995, 555.

31 Bernsdorff, NuR 1997, 328, 331; BT-Drucks. 12/6000, 67; Scholz, in: Dürig/Herzog/Scholz, GG, 95. EL Juli 2021, Art. 20a, Rn. 40.

32 Ein prominenter Vertreter dieser Ansicht ist Bosselmann, Im Namen der Natur, 1992; ders., KritJ 1986, 1 ff. Die Idee der Eigenrechte der Natur stammt – jedenfalls im westlichen Kulturkreis – von Stone. Sein grundlegender Aufsatz „Should Trees Have Standing?" (Stone, Southern California Law Review 45 (1972), 450) ist lesenswert. Er argumentiert u.a. damit, dass das Zugeständnis

Julian Senders

grundlagen des Menschen vorrangig zu behandeln.[33] Denn aufgrund des Schutzauftrags können mit Blick auf die „Verantwortung für die künftigen Generationen" nicht von vornherein diejenigen Tier- und Pflanzenarten vom Schutzumfang ausgenommen werden, deren Bedeutung als Lebensgrundlage für den Menschen **nach dem derzeitigen Stand** nicht erkennbar ist.[34] Damit läuft allerdings auch diese Auffassung auf einen anthropozentrischen Zugang zum verfassungsrechtlichen Umweltschutzziel hinaus.

II. Umwelt- und Klimaschutz als Aspekt intergenerationeller Gerechtigkeit

Die natürlichen Lebensgrundlagen und die Tiere sind nach Art. 20a GG „auch in Verantwortung für die nachfolgenden Generationen" zu schützen. Das heißt: Umwelt- und Klima sind für die Zukunft zu schützen – Anstrengungen hierfür sind aber schon in der Gegenwart nötig. Hierzu müssen Langzeitrisiken berücksichtigt werden.[35] Aus der Inbezugnahme nachfolgender Generationen erwächst ein Prinzip **intergenerationeller Gerechtigkeit**.[36] Das BVerfG hatte bereits seit Längerem aus Art. 20a GG abgeleitet, dass der Gesetzgeber wegen des Nachhaltigkeitsprinzips gehalten sei, „weitere Reduktionen beim Treibhausgasausstoß zu erreichen"[37]. Aus Art. 20a GG werden objektive Gesetzgebungspflichten hergeleitet, geeignete Vorschriften für den Schutz der natürlichen Lebensgrundlagen zu erlassen.[38] Christian Calliess leitet aus Art. 20a GG (und Art. 191, 11 AEUV) ab, dass die Klimaschutzpolitik der EU und ihrer Mitgliedstaaten aufgrund der „planetaren Grenzen" dazu verpflichtet ist, von Klima-Kipppunkten und damit ökologischen Belastungsgrenzen Abstand zu halten und von diesen nicht rückgängig zu machenden Grenzüberschreitungen wegzusteuern.[39]

In seinem Klimabeschluss hat das BVerfG aus dem Gebot intergenerationeller Gerechtigkeit ferner eine Zielverpflichtung des Staates zur Erreichung von **Klima-**

---

von Eigenrechten auch für Frauen und soziale und sexuelle Minderheiten vor einigen Jahrhunderten und zum Teil sogar Jahrzehnten undenkbar war, nun aber praktiziert werde.

33 Murswiek, in: Sachs, GG, 9. Aufl. 2021, Art. 20a Rn. 26; Koenig, DÖV 1996, 943 (946); deutlich an dieser Stelle Waechter, NuR 1996, 321 (324 f.).

34 Sommermann, in: v. Münch/Kunig, GG, 7. Aufl. 2021, Art. 20a Rn. 32.

35 Maßgeblich ist an dieser Stelle insbesondere das Nachhaltigkeitsprinzip, dazu Epiney, in: v. Mangoldt/Klein/Starck, GG, 7. Aufl. 2018, Art. 20a Rn. 30 f.

36 Schulze-Fielitz, in: Dreier, GG, 3. Aufl. 2015, Art. 20a Rn. 38.

37 BVerfG, Beschl. v. 13.3.2007, Az.: 1 BvF 1/05, Rn. 111 = BVerfGE 118, 79 (111).

38 Schulze-Fielitz, in: Dreier, GG, 3. Aufl. 2015, Art. 20a Rn. 69; Jarass, in: ders./Pieroth, GG, Art. 20a Rn. 18; Epiney, in: v. Mangoldt/Klein/Starck, GG, 7. Aufl. 2018, Art. 20a Rn. 43.

39 Calliess, ZUR 2019, 385 (386).

neutralität abgeleitet.[40] Dies stellt ein Novum dar. Der Gesetzgeber habe das in Art. 20a GG enthaltene Klimaschutzgebot durch die Bezugnahme auf die Klimaziele des Pariser Abkommens im Gesetzeszweck insoweit „verfassungsrechtlich maßgeblich" konkretisiert und sei dabei auch innerhalb eines ihm zustehenden „Konkretisierungsspielraums" geblieben.[41] Damit wird Art. 20a GG gegenüber einer einfachgesetzlichen Konkretisierung geöffnet, zugleich wird diese einfachgesetzliche Entscheidung durch Art. 20a GG verfassungsrechtlich abgesichert.

Weiterführendes Wissen

Auf den ersten Blick wirkt die Herleitung der verfassungsrechtlichen Maßstäbe aus den Bestimmungen des einfachen Rechts problematisch. Im Ergebnis geht es dem BVerfG aber lediglich um **Folgerichtigkeit**: Der Gesetzgeber dürfe die Zielfestlegungen durchaus ändern – dies setze aber neue, hinreichende wissenschaftliche Erkenntnisse über die Entwicklung der anthropogenen Erderwärmung voraus, um dem Art. 20a GG inhärenten Klimaschutzgebot gerecht zu werden.[42] Insoweit wird Art. 20a GG ein eigenständiger Charakter zugesprochen. Der Gesetzgeber wird aber an die von ihm getroffene Zielfestlegung gebunden. Dies erinnert vor allem an die in ständiger Rechtsprechung vor allem im Steuerrecht geprägten Gebote der Folgerichtigkeit und Belastungsgleichheit: Hat sich der Gesetzgeber einmal für eine bestimmte Konzeption entschieden, muss er diese grundsätzlich auch bei der weiteren Konkretisierung der Regelungen zugrunde legen[43] und die Lasten gleichmäßig verteilen[44]. Diese Gebote werden nun auf das Umweltrecht ausgedehnt und modifiziert: Art. 20a GG fordert eine folgerichtige Umsetzung der Entscheidung, die Pariser Klimaziele zu erreichen, sowie eine nunmehr auch in zeitlicher Hinsicht gerechte Verteilung einmal festgelegter Emissionsminderungslasten.

Die **Aufwertung des Art. 20a GG** erfolgt nun dadurch, dass das BVerfG annimmt, dass gerade wegen dieser Norm mit zunehmendem Temperaturanstieg eine Einschränkung von Freiheitsgrundrechten erleichtert möglich sein wird. Der Vorschrift und den hinter ihr stehenden Belangen wird mithin das Potenzial zugestanden, sich gegenüber den Freiheitsgrundrechten durchzusetzen. Art. 20a GG bildet damit überhaupt erst den Schlüssel zur Figur der intertemporalen Freiheits-

---

40 BVerfG, Beschl. v. 24.3.2021, Az.: 1 BvR 2656/18, 78/20, 96/20, 288/20, Rn. 198 = NJW 2021, 1723 (1740).
41 BVerfG, Beschl. v. 24.3.2021, Az.: 1 BvR 2656/18, 78/20, 96/20, 288/20, Rn. 208 ff. = NJW 2021, 1723 (1742 ff.).
42 BVerfG, Beschl. v. 24.3.2021, Az.: 1 BvR 2656/18, 78/20, 96/20, 288/20, Rn. 212 = NJW 2021, 1723 (1742).
43 BVerfG, Beschl. v. 8.10.1963, Az.: 2 BvR 108/62, Rn. 24; BVerfG, Urt. v. 7.5.1968, Az.: 1 BvR 420/64, BVerfGE 23, 242, 256; BVerfG, Beschl. v. 22.6.1995, Az.: 2 BvL 37/91, Rn. 46.
44 BVerfG, Beschl. v. 25.6.2014, Az.: 1 BvR 668/10, 1 BvR 2104/10, Rn. 48; BVerfG, Urt. v. 18.7.2018, Az.: 1 BvR 1675/16, 745, 836, 981/17, Rn. 65.

Julian Senders

sicherung. Die Vorschrift wird dadurch scharf geschaltet: Das BVerfG bezeichnet sie explizit als justiziabel.[45]

III. Bearbeitung in der Grundrechtsklausur

Im Prüfungsaufbau wird Art. 20a GG bei der verfassungsrechtlichen Rechtfertigung eines Eingriffs in Grundrechte – vor allem in Wirtschaftsgrundrechte (Art. 12, 14 GG) – relevant. Die im Rahmen des **Verhältnismäßigkeitsgebots** zu prüfenden Aspekte der Geeignetheit, Erforderlichkeit und Angemessenheit sind dann unter ökologischen Gesichtspunkten zu betrachten.[46]

---

i **Weiterführendes Wissen**

Auch wenn Art. 20a GG selbst kein Grundrecht, sondern „nur" eine Staatsziel- beziehungsweise Staatsstrukturbestimmung darstellt, bedeutet dies nicht, dass die von Art. 20a GG in Schutz genommenen Belange den Grundrechten in irgendeiner Weise untergeordnet sind. Der Charakter als subjektives öffentliches Recht bedeutet noch keine höhere hierarchische Position. Zu gewichten sind im Rahmen einer Verhältnismäßigkeitsprüfung nicht allein die abstrakten Wertigkeiten der verfassungsrechtlichen Positionen, sondern die Grade der wechselseitigen Beeinträchtigungen der Rechtsgüter im konkreten Einzelfall.[47]

Zusammenfassung: Die wichtigsten Punkte
- Durch den Klimabeschluss des BVerfG ergibt sich ein **Paradigmenwechsel** im grundrechtsdogmatischen Zugriff bei Klimaschutzkonstellationen: Geht es um die Formulierung von CO_2-Restbudgets, ist demnach primär an die abwehrrechtliche Dimension der Grundrechte in ihrer intertemporalen Wirkung anzuknüpfen und nicht an die Schutzpflichtendimension des Art. 2 II 1 GG.
- Art. 20a GG bildet die Grundvoraussetzung für den intertemporalen Grundrechtsschutz und ist zugleich das Einfallstor für die vom Gesetzgeber einfachgesetzlich festgelegten Ziele in das Verfassungsrecht.
- Die Schutzpflichtendimension des Art. 2 II 1 GG bleibt vor allem für klassische Umweltschutzkonstellationen von lokaler und regionaler Bedeutung relevant.

---

45 BVerfG, Beschl. v. 24.3.2021, Az.: 1 BvR 2656/18, 78/20, 96/20, 288/20, Rn. 205 = NJW 2021, 1723 (1741).

46 Schulze-Fielitz, in: Dreier, GG, 3. Aufl. 2015, Art. 20a Rn. 45, 47.

47 So auch Kloepfer, Umweltrecht, 4. Aufl. 2016, § 3 Rn. 25.

Julian Senders

Weiterführende Studienliteratur
- Siehe etwa die Beiträge von Katja Rath/Martin Benner, Ein Grundrecht auf Generationengerechtigkeit?, VerfBlog, 7.5.2021; Helmut Philipp Aust, Klimaschutz aus Karlsruhe, VerfBlog, 5.5.2021
- Felix Ekardt/Franziska Heß, Intertemporaler Freiheitsschutz, Existenzminimum und Gewaltenteilung nach dem BVerfG-Klima-Beschluss, ZUR 2021, S. 579–585
- Bernhard Wegener, Menschenrecht auf Klimaschutz?, NJW 2022, S. 425–431

Dieses Kapitel darf gerne kommentiert, verändert und beliebig genutzt werden. Jeder Link in der PDF-Version des Textes führt zur Überarbeitungsmöglichkeit bei der Plattform Wikibooks. Eine konkrete Anleitung zur Mitarbeit & Weiternutzung findet sich auf unserer Homepage | ebenfalls über den abgebildeten QR-Code mit der Smartphone-Kamera erreichbar.

Julian Senders

§ 19 Gleichheit & Nichtdiskriminierung

Der Wunsch nach der Gleichheit von Menschen ist so grundlegend und gleichzeitig herausfordernd, dass er die Menschheit seit jeher beschäftigt. Bereits in der Antike entstand die bekannte Formel, nach der Gleiches gleich und Ungleiches ungleich zu behandeln sei.[1] In der Französischen Revolution forderten Bürger:innen neben Freiheit (liberté) auch Gleichheit (égalité) – dies fand sich bereits 1791 in der Verfassung wieder.[2] Allerdings umfasste die Gleichheit nur die männlichen Bürger und von ihnen auch nicht alle (auch schwarze und jüdische Franzosen wurden benachteiligt). Daher forderte die Frauenrechtlerin Olympe de Gouges in ihrer „Erklärung der Rechte der Frau und Bürgerin" eine neue, universal-egalitäre Verfassung.[3]

Gleichheitsgewährleistungen sind ein wichtiger Bestandteil des Grundgesetzes und des Grundrechteschutzes. Sie finden sich im Grundgesetz an verschiedenen Stellen und in verschiedenen Ausprägungen (außer in Art. 3 I–III GG auch in Art. 33 I–III GG und Art. 38 I 1 GG). Der allgemeine Gleichheitssatz aus Art. 3 I GG ist eines der tragenden Konstitutionsprinzipien der freiheitlich-demokratischen Verfassung.[4] In der Ausbildungsliteratur wird Art. 3 I GG nicht zuletzt wegen seiner Abstraktheit oftmals nur oberflächlich angeschnitten. Es gibt wenige Klausurfälle, in denen Art 3 I GG eine eigenständige Rolle spielt und nicht nur als Anhängsel am Ende der Klausur mitangesprochen wird. Die Bedeutung des allgemeinen Gleichheitssatzes könnte in Zukunft jedoch zunehmen. Konflikte zwischen Freiheit und Gleichheit sind insbesondere während der Covid-19-Pandemie deutlich geworden. Aktuelle gesellschaftliche Debatten drehen sich etwa um staatliches Eingreifen in die Freiheit zur Herstellung faktischer (Chancen-)Gleichheit, wie zum Beispiel Umverteilung durch (Vermögens-)Besteuerung.[5]

---

1 Boysen, in: Münch/Kunig, GG, 7. Aufl. 2021, Art. 3 Rn. 2.
2 Epping, Grundrechte, 9. Aufl. 2021 Rn. 765.
3 Siehe unter: https://de.wikipedia.org/wiki/Olympe_de_Gouges.
4 BVerfG, Urt. v. 20.2.1957, Az.: 1 BvR 441/53, Rn. 14 = BVerfGE 6, 257 – Teilweises gesetzgeberisches Unterlassen; siehe zum allgemeinen Gleichheitssatz Macoun, § 19.1, in diesem Lehrbuch.
5 Epping, Grundrechte, 9. Aufl. 2021 Rn. 766; siehe auch https://www.bpb.de/nachschlagen/lexika/das-junge-politik-lexikon/321318/vermoegenssteuer.

Mehr Aufmerksamkeit haben in den letzten Jahren auch die speziellen Gleichheitssätze der Art. 3 II, III GG erfahren. Diese sind als <u>Konkretisierungen</u> von Art. 3 I GG vorrangig zu prüfen.[6] Art. 3 II GG, welcher die Gleichstellung von Frauen und Männern fordert, ist insbesondere durch <u>Paritätsregelungen</u> in der öffentlichen Wahrnehmung präsent.[7] Auch <u>Art. 3 III GG</u> ist zunehmend in den Fokus gerückt, zum Beispiel wenn es um die Rechtmäßigkeit von <u>Racial Profiling</u> geht.[8]

---

6 Siehe zu den speziellen Gleichheitssätzen González Hauck, § 19.2 und § 19.3, in diesem Lehrbuch.
7 Siehe zu Paritätsregelungen: https://de.wikipedia.org/wiki/Parit%C3%A4tsgesetz.
8 Siehe zu Art. 3 III GG González Hauck, § 19.3, in diesem Lehrbuch und zum Racial Profiling Macoun, Fall 10 im OpenRewi Fallbuch.

Maureen Macoun/Sué González Hauck

§ 19.1 Gleichheit – Art. 3 I GG

Notwendiges Vorwissen: Grundrechtsfunktionen und -dimensionen, Grundrechtsberechtigung, Grundrechtsbindung, Schutzpflichten, Mittelbare Drittwirkung

Lernziel: Überblick über den allgemeinen Gleichheitssatz, Prüfungsschema verstehen und Verletzung von Art. 3 I GG prüfen können

Der Wortlaut des Art. 3 I GG („Alle Menschen sind vor dem Gesetz gleich.") gibt kaum Hinweise für die Grundrechtsprüfung, sondern lässt viel Raum für Interpretation. Der allgemeine Gleichheitssatz verlangt dem Wortlaut zufolge die **Rechtsanwendungsgleichheit** durch die Exekutive und Judikative (**Gleichheit vor dem Gesetz**). Darüber hinaus umfasst er nach heute allgemein anerkanntem Verständnis auch die **Rechtssetzungsgleichheit** der Legislative (**Gleichheit des Gesetzes**). Dieses Gebot lässt sich aus dem Zusammenhang von Art. 3 I GG mit der Bindung der Gesetzgebung an die Grundrechte herleiten, Art. 1 III GG.[1]

ℹ Weiterführendes Wissen

Wichtige Weichenstellung für das Verständnis von rechtlicher Gleichheit geschahen in dem Leistungsstaat unter Bismarcks Führung durch das Auseinanderdriften von Freiheits- und Gleichheitsrechten. Durch die eingeführten (Sozial-)Leistungen wurde der Staat nicht nur als Garant von Gleichheit, sondern auch als ihr Adressat angesehen.[2] Weitere bedeutsame Entwicklungen fanden in der Zwischenkriegszeit statt. Gerhard Leibholz und Heinrich Triepel sprachen sich für das erweiterte Verständnis von der **Rechtsanwendungsgleichheit zur Rechtssetzungsgleichheit** aus.[3]

Im Kern verlangt Art. 3 I GG, Gleiches gleich und Ungleiches ungleich zu behandeln. Nicht ganz einfach zu beantworten ist, was mit „gleich" gemeint ist. Art. 3 I GG verlangt keine völlige Gleichbehandlung, er verbietet nicht jede Ungleichbehandlung. Dies folgt im Umkehrschluss aus Art. 3 II GG und Art. 3 III GG: Wenn Art. 3 I GG jede Bevorzugung oder Benachteiligung verbieten würde, wären die beiden weiteren Absätze gegenstandslos und überflüssig. So ist es jedoch nicht, denn Art. 3 I GG verbietet nur die grundlose Ungleichbehandlung, die nicht verfassungsrechtlich zu rechtfertigen ist. Die Absätze 2 und 3 legen fest, an wel-

---

1 Pöschl, Gleichheit vor dem Gesetz, 2008, 133 ff.; Kingreen/Poscher, Grundrechte, Staatsrecht II, 35. Aufl. 2019, Rn. 515.
2 Boysen, in: Münch/Kunig, GG, 7. Aufl. 2021, Art. 3 Rn. 5.
3 Boysen, in: Münch/Kunig, GG, 7. Aufl. 2021, Art. 3 Rn. 6.

https://doi.org/10.1515/9783110765533-024

che Merkmale zur Rechtfertigung keinesfalls angeknüpft werden darf.[4] Daraus folgt schon ein erster wichtiger Hinweis für das Prüfungsschema.

Weiterführendes Wissen ⓘ

Umstritten ist die Frage, ob Art. 3 I GG über das Verbot einer verfassungswidrigen Ungleichbehandlung hinaus auf ein **Differenzierungsgebot** enthält. Danach könnte eine Grundrechtsverletzung auch darin bestehen, dass wesentlich Ungleiches gleich behandelt wird. Das BVerfG greift in seiner Willkürformel (anders als bei der Neuen Formel) beide Elemente nebeneinander auf. Jedoch schließt es eine originäre Differenzierungspflicht des Gesetzgebers aus: „Der Gleichheitssatz verpflichtet den Gesetzgeber nicht, unter allen Umständen Ungleiches ungleich zu behandeln. Entscheidend ist vielmehr, ob für eine am Gerechtigkeitsgedanken orientierte Betrachtungsweise die tatsächlichen Ungleichheiten in dem jeweils in Betracht kommenden Zusammenhang so bedeutsam sind, daß der Gesetzgeber sie bei seiner Regelung beachten muß."[5]

Der Gleichheitssatz begründet nach heute herrschender Ansicht ein **subjektives** Recht auf Gleichbehandlung des:der Einzelnen gegenüber dem Staat. Dabei bildet er keinen realen Zustand ab, sondern begründet Rechtspflichten des Staates.[6] Neben dieser subjektiv-rechtliche Komponente hat Art. 3 I GG eine **objektiv**-rechtliche Komponente, mit der er alle Staatsgewalt zur Gleichbehandlung aller Menschen verpflichtet. In subjektiv-rechtlicher Hinsicht erlangt Art. 3 I GG auch als Teilhaberecht Bedeutung. Dagegen wird verstoßen, wenn der Staat einem Personenkreis Leistungen gewährt, während er einen anderen Personenkreis davon ausschließt.[7] Ein bekanntes Beispiel für die Ausprägung als Teilhaberecht ist die **Numerus-clausus-Entscheidung** des BVerfG, in der das Gericht das Recht auf Zulassung zum Studium aus der Berufsfreiheit in Verbindung mit dem Gleichheitssatz und dem Sozialstaatsprinzip hergeleitet hat.[8]

---

4 Kingreen/Poscher, Grundrechte, Staatsrecht II, 35. Aufl. 2019, Rn. 515.
5 BVerfG, Urt. v. 30.4.1952, Az.: 1 BvR 14/52, 1 BvR 25/52, 1 BvR 167/52, Ls. 3 = BVerfGE 1, 264 – Bezirksschornsteinfeger.
6 Boysen, in: Münch/Kunig, GG, 7. Aufl. 2021, Art. 3, Rn. 1 f.; Epping, Grundrechte, 9. Aufl. 2021, Rn. 770.
7 BVerfG, Beschl. v. 8.6.2004, Az.: 2 BvL 5/00, Rn. 62 = BVerfGE 110, 412 – Teilkindergeld.
8 BVerfG, Urt. v. 18.7.1972, Az.: 1 BvL 32/70 und 25/71, Rn. 76 = BVerfGE 33, 303 – Numerus clausus I.

Maureen Macoun

A. Der allgemeine Gleichheitssatz

Ein Grund für die Randstellung des Art. 3 I GG in der juristischen Ausbildung dürfte in seinem von den Freiheitsrechten abweichenden Prüfungsschema liegen. Der vertraute Dreischritt von Schutzbereich – Eingriff – Rechtfertigung ist für Art. 3 I GG eher ungeeignet. Die Prüfung von Gleichheitsrechten besteht nur aus zwei Prüfungsschritten. Zuerst muss eine Ungleichbehandlung festgestellt werden. Liegt diese vor, ist zu untersuchen, ob sie verfassungsrechtlich gerechtfertigt sein kann.[9]

I. Verfassungsrechtlich relevante Ungleichbehandlung

Nicht jede Ungleichbehandlung bedarf einer verfassungsrechtlichen Rechtfertigung. Rechtfertigungsbedürftig ist vielmehr nur die Ungleichbehandlung von „wesentlich Gleichem". Die Herausforderung in der Prüfung einer Verletzung liegt nun darin, dass der Gleichheitssatz weder Auskunft über die zu wählenden Vergleichsgruppen noch über den gemeinsamen Oberbegriff gibt. Art. 3 I GG schweigt auch zu der Frage, wann eine Differenzierung verfassungsrechtlich relevant ist.[10]

1. Ungleichbehandlung

Zunächst muss untersucht werden, ob eine Ungleichbehandlung vorliegt. Dabei sind zwei Schritte vorzunehmen, die gedanklich aber zusammenfallen (können). Im ersten Schritt sind **Vergleichsgruppen** zu bilden. Im zweiten Schritt ist zu prüfen, ob eine Ungleichbehandlung dieser Gruppen vorliegt. Zentral ist dabei die Frage, ob zwei Situationen wesentlich gleich sind. Dem liegt die Erkenntnis zugrunde, dass sich niemals zwei „gleiche" Menschen der exakt „gleichen" Behandlung ausgesetzt sehen werden. Gleichheit ist also nicht im Sinne von „Identität" zu verstehen, sondern im Sinne von „Vergleichbarkeit".[11]

Es geht darum, zunächst Vergleichsgruppen und Bezugspunkte zu bilden. Die Bezugspunkte dienen dazu, die Ungleichbehandlung herauszuarbeiten. Ungleichbehandlung meint in diesem Zusammenhang eine unterschiedliche

---

9 Gröpl, in: Gröpl/Windthorst/v. Coelln (Hrsg.), Studienkommentar, 4. Aufl. 2020, Art. 3 Rn. 4; Kingreen/Poscher, Grundrechte, Staatsrecht II, 35. Aufl. 2019, Rn. 517.
10 Boysen, in: Münch/Kunig, GG, 7. Aufl. 2021, Art. 3 Rn. 52.
11 Epping, Grundrechte, 9. Aufl. 2021, Rn. 780.

Maureen Macoun

Rechtsfolge.[12] Unter einem Bezugspunkt ist ein **gemeinsamer Oberbegriff** zu verstehen.[13] Der Oberbegriff soll sicherstellen, dass die zu vergleichenden Sachverhalte genügend Gemeinsamkeiten aufweisen (also wesentlich gleich sind), um sie im Rahmen der Prüfung von Art. 3 I GG gegenüberzustellen. Dafür muss der gewählte Oberbegriff Ausgangs- und Vergleichssachverhalt abbilden. Das Differenzierungsmerkmal, auf dem die staatliche Maßnahme beruht, soll deutlich sichtbar werden.[14]

Klausurtaktik   !

Die Wahl des Oberbegriffes kann durchaus eine Herausforderung sein. Ein korrekter Oberbegriff ist maßgeblich für die ganze weitere Prüfung. Daher sollte hier gründlich vorgegangen werden.

Beispiel: A ist Fahrerin eines PKW. Für sie gilt das Straßenverkehrsrecht. B betreibt eine Bar, für ihn gilt das Gaststättenrecht. A und B werden zwar rechtlich unterschiedlich behandelt, aber hier fehlt der Bezugspunkt für einen Vergleich. Dadurch liegt keine Ungleichbehandlung vor, die verfassungsrechtlich zu rechtfertigen wäre. Anders wäre es, wenn C hinzukommt, die ein Restaurant betreibt. Gemeinsamer Bezugspunkt für B und C wäre dann der Betrieb einer Gaststätte. Die Vergleichsgruppen (oder das Vergleichspaar) wären Barbetreiber:innen und Restaurantbetreiber:innen, die unter den gemeinsamen Oberbegriff Gaststättenbetreiber:innen fallen.

Wichtig ist, dass der gemeinsame Oberbegriff die nach einem Unterscheidungsmerkmal verschiedenen Personen (B und C – Bar und Restaurant) vollständig und abschließend **sichtbar** macht.

2. Verfassungsrechtliche Relevanz

Nicht jede Ungleichbehandlung ist verfassungsrechtlich rechtfertigungsbedürftig. Die Ungleichbehandlung muss auch verfassungsrechtlich relevant sein.

Eine Ungleichbehandlung ist nur dann relevant, wenn sie nicht durch **unterschiedliche Hoheitsträger:innen** vorgenommen wird. Keine relevante Ungleichbehandlung besteht daher, wenn eine Vergleichsgruppe einer landesrechtlichen Regelung unterliegt und die andere Vergleichsgruppe einer bundesrechtlichen.[15]

---

12 Epping, Grundrechte, 9. Aufl. 2021 Rn. 778.
13 Kingreen/Poscher, Grundrechte, Staatsrecht II, 35. Aufl. 2019, Rn. 518 f.
14 Mülder/Weitensteiner, Jura 2019, 51 (54).
15 BVerfG, Beschl. v. 7.11.1995, Az.: 2 BvR 413/88, Rn. 105 ff. = BVerfGE 93, 319 (352) – Wasserpfennig.

Maureen Macoun

Weiterführendes Wissen

Ein länderübergreifender Gleichheitssatz würde das Ende des Föderalismus bedeuten. Ähnliches gilt für die Betätigung von Kommunen im Rahmen ihrer Selbstverwaltungsangelegenheiten.

Klausurtaktik

Es gibt unterschiedliche Ansätze hinsichtlich der Präzision und den Anforderungen an die Vergleichsgruppenbildung. Eine sehr gewissenhafte Prüfung der Vergleichsgruppen kann dazu führen, dass von vornherein wesentlich Gleiches gar nicht vorliegt und eine Ungleichbehandlung dann ausscheidet. Die Frage, ob die Ungleichbehandlung gerechtfertigt ist, stellt sich also gar nicht erst. Hier wird auch von der „Tatbestandslösung" gesprochen. Diesem Ansatz folgt das BVerfG (überwiegend) nicht, sondern legt die Auswahl des Vergleichspaares auf das Ergebnis an, dass eine Ungleichbehandlung vorliegt. Sodann liegt der **Schwerpunkt bei der Rechtfertigung,** sodass dieses Vorgehen auch „Rechtfertigungslösung" genannt wird. Der wesentliche Unterschied besteht in der Argumentationslast. Während bei der Tatbestandslösung zunächst die Ungleichbehandlung durch die Person dargelegt werden muss, die sich darauf beruft (Amtsermittlungsgrundsatz im Verwaltungsrecht beachten), ist es bei der Rechtfertigungslösung Aufgabe des Gesetzgebers, Sachgründe für die Ungleichbehandlung anzuführen.[16]

---

3. Grundrechtsberechtigte

Grundrechtsberechtigt sind zunächst einmal alle Menschen – also alle **natürlichen Personen**, unabhängig von ihrer Staatsangehörigkeit oder einem Wohnsitz im Inland. Auch wenn die Staatsangehörigkeit keine Voraussetzung für die Grundrechtsberechtigung ist, so kann sie dennoch ein zulässiges Differenzierungskriterium sein (siehe nur Art. 8 I GG).[17]

Klausurtaktik

In der Klausur oder Hausarbeit empfiehlt es sich, auf diese Punkte nur einzugehen, wenn im Sachverhalt Probleme angelegt sind. So ist zum Beispiel bei einer juristischen Person auszuführen, ob und warum sich diese auf Art. 3 I GG berufen kann, obwohl der Wortlaut („alle Menschen") dies zunächst nicht vermuten lässt.

---

16 Gröpl, in: Gröpl/Windthorst/v. Coelln (Hrsg.), Studienkommentar, 4. Aufl. 2020, Art. 3 Rn. 5b, 28.
17 Boysen, in: Münch/Kunig, GG, 7. Aufl. 2021, Art. 3 Rn. 29 ff.; siehe zur Versammlungsfreiheit Goldberg/González Hauck, § 20.3, in diesem Lehrbuch.

Maureen Macoun

Bei **inländischen juristische Personen** gilt <u>Art. 19 III GG</u>.[18] Das BVerfG folgt einer abgestuften Anwendbarkeit: Je intensiver die hinter der juristischen Person stehenden natürlichen Personen betroffen sind, desto strengere Anforderungen des Gleichheitssatzes gelten.[19]

Ausländische juristische Personen (maßgeblich ist hier der Sitz) sind nach überwiegender Ansicht vom Anwendungsgereich ausgeschlossen.[20] Etwas anderes gilt für juristische Personen mit Sitz in der EU, da diese durch das Diskriminierungsverbot erfasst sind, Art. 18 AEUV.[21] Juristische Personen des öffentlichen Rechts sind grundsätzlich nicht grundrechtsberechtigt (<u>Konfusionsargument</u>).[22] Ausnahmen bilden außerhalb der staatlichen Hoheit stehende Kirchen, aber auch Universitäten und Rundfunkanstalten.[23]

4. Grundrechtsverpflichtete

Die oben dargestellten Prüfungspunkte zielen insbesondere auf den Fall ab, dass die verfassungswidrige Ungleichbehandlung durch ein Gesetz erfolgt, also durch einen Akt der Legislative. Selbstverständlich können Ungleichbehandlungen auch durch die Verwaltung (zum Beispiel in Form eines Verwaltungsaktes) oder durch die Rechtsprechung (zum Beispiel durch ein den Verwaltungsakt bestätigendes Urteil) erfolgen. Für die Prüfung ergeben sich dadurch kaum Unterschiede – das Prüfungsschema gilt für alle Fälle der Ungleichbehandlung unabhängig davon, von welcher Gewalt diese ausgeht.

Weiterführendes Wissen

Dennoch ergeben sich für Exekutive und Judikative einige (wenige) Besonderheiten. Für Gleichheitsverstöße durch die Exekutive ist die sogenannte **Selbstbindung der Verwaltung** relevant. Dieser Grundsatz wird aus Art. 3 I GG hergeleitet und führt dazu, dass die Verwaltung nicht ohne rechtfertigenden Grund von Verwaltungsvorschriften, mit denen die Auslegung unbestimmter Rechtsbegriffe oder die Ausübung von Ermessen gesteuert wird, oder von einer ständigen Verwaltungspraxis abweichen darf. Außerdem gilt der Grundsatz: **Keine Gleichheit im Unrecht**. Sollte die Verwaltung einem:einer Bürger:in eine Leistung zu Unrecht gewähren, kann ein:e zweite:r Bürger:in diese rechtswidrige Leistung nicht ebenfalls fordern. Denn der allgemeine Gleichheits-

---

18 Siehe zu juristischen Personen Ramson, § 3 I., in diesem Lehrbuch.

19 BVerfG, Urt. v. 2.3.1999, Az.: 1 BvL 2/91, Rn. 105 = BVerfGE 99, 367 – Montan-Mitbestimmung.

20 Siehe zur Streitdarstellung Ramson, § 3 I.2., in diesem Lehrbuch.

21 Boysen, in: Münch/Kunig, GG, 7. Aufl. 2021, Art. 3 Rn. 32.

22 Siehe zum Konfusionsargument Ramson, § 3 I.3.b), in diesem Lehrbuch.

23 Boysen, in: Münch/Kunig, GG, 7. Aufl. 2021, Art. 3 Rn. 33.

Maureen Macoun

satz begründet keinen Anspruch auf Fehlerwiederholung.[24] Eine Selbstbindung der Rechtsprechung wird nur ausnahmsweise angenommen. Ein Verstoß der Rechtsprechung gegen den allgemeinen Gleichheitsgrundsatz kommt nur in Betracht, wenn „gewisse äußerste Grenzen" bei der Anwendung und Auslegung des einfachen Rechts nicht beachtet wurden.[25] Jedoch ist Art. 3 I GG nicht verletzt, wenn sich das entscheidende Gericht mit der Rechtslage eingehend auseinandergesetzt hat und seine Auffassung nicht jeden sachlichen Grundes entbehrt.[26]

! Examenswissen

Die Anforderungen an die Rechtfertigung sinken, wenn der Staat ungleich behandelt, indem er bestimmte Personen(-gruppen) fördert, er also nicht negativ, sondern sozusagen positiv diskriminiert. Im Bereich der Leistungsverwaltung stehen dem Staat regelmäßig zahlreiche Handlungsmöglichkeiten zur Verfügung, sodass der Nachweis, dass keine andere Art der Förderung, die milder oder schonender in der Ungleichbehandlung wäre, zur Verfügung steht, kaum gelingen wird. Daher muss in diesem Fall genügen, dass keine Förderungsalternative erkennbar ist, die einerseits den Staat gleich oder weniger belastet, den Förderungszweck besser verfolgt und andererseits die nicht geförderte Personengruppe milder und schonender behandelt.[27] Außerdem besteht kein Anspruch des:der Einzelnen darauf, dass der Staat Leistungen entsprechend der Nachfrage schafft. Das Recht auf chancengleichen Zugang zu bestehenden staatlichen Leistungen besteht nur in dem Rahmen, in dem der Staat tatsächlich Angebote zur Verfügung stellt. Die Leistungsansprüche richten sich nach den vorhandenen Ressourcen.[28]

5. Mittelbare Drittwirkung

Auch bei Art. 3 I GG stellt sich die Frage nach der mittelbaren Drittwirkung.[29] Der allgemeine Gleichheitssatz ist Teil der objektiven Werteordnung des Grundgesetzes und strahlt dadurch auch in Privatrechtsverhältnisse hinein.[30] Relevanz erlangte die Frage nach der mittelbaren Drittwirkung im Zusammenhang mit dem Ausschluss einzelner Zuschauer:innen von Großveranstaltungen wie Fußballspielen durch Fußballvereine. In einer vielbeachteten Entscheidung stellte das BVerfG 2018 fest, dass Art. 3 I GG mittelbare Drittwirkung etwa dann entfaltet, „wenn einzelne Personen mittels des privatrechtlichen Hausrechts von Veranstal-

---

24 Epping, Grundrechte, 9. Aufl. 2021 Rn. 791.
25 BVerfG, Beschl. v. 24.3.1976, Az.: 2 BvR 804/75, Rn. 33 = BVerfGE 42, 64 – Zwangsversteigerung I.
26 BVerfG, Urt. v. 8.7.1997, Az.: 1 BvR 1934/93, Rn. 49 = BVerfGE 96, 189 (204).
27 Kingreen/Poscher, Grundrechte, Staatsrecht II, 35. Aufl. 2019, Rn. 533.
28 Gröpl, in: Gröpl/Windthorst/v. Coelln (Hrsg.), Studienkommentar, 4. Aufl. 2020, Art. 3 Rn. 5c.
29 Siehe zur mittelbaren Drittwirkung Wienfort, § 9 A.I., in diesem Lehrbuch.
30 Siehe zur objektiven Werteordnung Wienfort, § 9 A.II., in diesem Lehrbuch.

Maureen Macoun

tungen ausgeschlossen werden, die von Privaten aufgrund eigener Entscheidung einem großen Publikum ohne Ansehen der Person geöffnet werden und wenn der Ausschluss für die Betroffenen in erheblichem Umfang über die Teilhabe am gesellschaftlichen Leben entscheidet. Die Veranstalter dürfen hier ihre Entscheidungsmacht nicht dazu nutzen, bestimmte Personen ohne sachlichen Grund von einem solchen Ereignis auszuschließen".[31]

II. Verfassungsrechtliche Rechtfertigung

Der eigentliche Schwerpunkt bei der Prüfung der Grundrechtsverletzung liegt in der Frage, welcher **Maßstab** an die Rechtfertigungsprüfung anzulegen ist – also mit welcher inhaltlichen Tiefe diese Prüfung durchzuführen ist.

1. Prüfungsmaßstab

Inzwischen geht das BVerfG von einem **stufenlosen Prüfungsmaßstab** aus, der letztlich als Spektrum (von – bis) verstanden werden kann und an die Verhältnismäßigkeitsprüfung angepasst ist.[32] Auf der einen Seite dieses Spektrums stehen die geringen Anforderungen der Willkürkontrolle. Auf der anderen Seite steht die strenge Verhältnismäßigkeitsprüfung (an die Besonderheiten des Gleichheitssatzes angepasst). Wichtig ist dabei, dass stets eine Verhältnismäßigkeitsprüfung vorgenommen wird, bei der nur der Maßstab, der an diese Prüfung angelegt wird, variiert.[33] Der Maßstab der **Willkürformel** wird in solchen Fällen angewendet, in denen die Ungleichbehandlung sach- oder verhaltensbezogen ist. Bei der Willkürformel ist „der Gleichheitssatz [...] verletzt, wenn sich ein vernünftiger, sich aus der Natur der Sache ergebender oder sonst wie sachlich einleuchtender Grund für die gesetzliche Differenzierung oder Gleichbehandlung nicht finden läßt, kurzum, wenn die Bestimmung als willkürlich bezeichnet werden muß." Der Prüfungsmaßstab der **sogenannten Neuen Formel** wird dagegen zugrunde gelegt, wenn die Ungleichbehandlung Personengruppen betrifft und insbesondere dann, wenn die Differenzierung an Eigenschaften anknüpft, auf welche der:die Einzelne keinen Einfluss hat. Bei diesen „personenbezogenen" Differenzierungen ist der Rechtfertigungsmaßstab wesentlich strenger.

---

31 BVerfG, Beschl. v. 11.4.2018, Az.: 1 BvR 3080/09 Ls. 2 = BVerfGE 148, 267 – Stadionverbot.
32 BVerfG, Beschl. v. 18.7.2012, Az.: 1 BvL 16/11, Rn. 30 = BVerfGE 132, 179.
33 Epping, Grundrechte, 9. Aufl. 2021, Rn. 798.

Maureen Macoun

---

i **Weiterführendes Wissen**

In seinem Südweststaat-Urteil aus dem Jahr 1951 legte das BVerfG zum ersten Mal den Maßstab des Willkürverbots an. Damit sprach das BVerfG dem Gesetzgeber einen weiten Ermessensspielraum zu. Der weite Ermessensspielraum und die beschränkte Kontrolle durch das BVerfG führten dazu, dass in der Folge kaum Verfassungsbeschwerden unter Berufung auf eine Verletzung von Art. 3 I GG Erfolg hatten. Das BVerfG wurde sodann für seine Zurückhaltung kritisiert, bis es schließlich 1980 die sogenannte **Neue Formel** entwickelte.[34] Danach ist der Gleichheitssatz „vor allem dann verletzt, wenn eine Gruppe von Normadressaten im Vergleich zu anderen Normadressaten anders behandelt wird, obwohl zwischen beiden Gruppen keine Unterschiede von solcher Art und solchem Gewicht bestehen, daß sie die ungleiche Behandlung rechtfertigen könnten."[35] Die Prüfung von Gleichheitsverstößen wurde so den Abwehrrechten angenähert. Das Willkürverbot wurde dabei nicht etwa aufgegeben, sondern neben der neuen Formel fortgeführt. Das Ergebnis ist heute eine gleitende Skala vom Willkürverbot am einen Ende bis hin zur strengen Bindung an die Verhältnismäßigkeitsprüfung am anderen Ende.[36]

! **Klausurtaktik**

Die Herausforderung in der Klausurbearbeitung liegt nun darin herauszufinden, welcher Maßstab angewendet werden sollte. Dabei handelt es sich immer um eine Einzelfallprüfung. Hier gilt es, gründlich zu arbeiten, alle Hinweise im Sachverhalt zu verwenden und die eigene Entscheidung gut zu begründen. Letztlich werden in den meisten Fällen verschiedene Lösungen vertretbar sein. Es kommt – wie so oft – auf eine gute Argumentation an.

Mit zunehmender Intensität wachsen die Anforderungen an die Verhältnismäßigkeit. Gerade bei der Prüfung der Angemessenheit ist zu erörtern, ob die Ungleichbehandlung von einem hinreichenden Sachgrund getragen wird und in einem sachlichen Zusammenhang zu der Verschiedenheit der ungleich behandelten Sachverhalte steht. Mit steigender Intensität wachsen auch die Erwartungen an die Treffsicherheit, die Differenzierung darf also nur solche Fälle erfassen, die der Zweck trägt.

---

34 Boysen, in: Münch/Kunig, GG, 7. Aufl. 2021, Art. 3 Rn. 26.
35 BVerfG, Beschl. v. 7.10.1980, Az.: 1 BvL 50/79, 1 BvL 89/79, 1 BvR 240/79, Rn. 61 = BVerfGE 55, 72 – Präklusion I.
36 Boysen, in: Münch/Kunig, GG, 7. Aufl. 2021, Art. 3 Rn. 27.

Maureen Macoun

Klausurtaktik !

Siehe dazu den Fall 10 <u>zum Racial Profiling</u> aus dem OpenRewi Fallbuch.[37]

Insgesamt muss der Zweck in einem angemessenen Verhältnis zur Ungleichbehandlung stehen. Besondere Bedeutung für den Maßstab und die Anforderungen an die Rechtfertigung kommt dem personalen Bezug zu, also der Frage nach der **individuellen Verfügbarkeit** des Differenzierungskriteriums. Bedeutsam ist daher, ob die Unterscheidung an ein Verhalten oder an eine unabänderliche Eigenschaft von Personen anknüpft, also für den:die Betroffene unausweichlich ist.[38]

Darüber hinaus zieht das BVerfG als weiteres Kriterium den normativen Einfluss von **Freiheitsrechten** heran. Die Anforderungen an die Rechtfertigung steigen, wenn die Ungleichbehandlung sich negativ auf die Ausübung von Freiheitsrechten auswirkt. Relevant ist in diesem Zusammenhang auch der Begriff der <u>mittelbaren Diskriminierung</u>.[39] Die Intensität von Ungleichbehandlungen wird unzureichend beurteilt, wenn nur direkte, unmittelbare Diskriminierungen bzw. Ungleichbehandlungen erfasst werden.

Weiterführendes Wissen i

Dies ist jedoch insofern problematisch, als dass einige Freiheitsrechte von Natur aus eher sachbezogen als personenbezogen sind (zum Beispiel Art. 14 I GG). Darüber hinaus stellt diese Argumentation einen Zirkelschluss dar. Wenn eine Ungleichbehandlung die Ausübung eines Freiheitsrechts erschwert, so ist auch eine Verletzung des jeweiligen Freiheitsrechts zu prüfen. In der Verhältnismäßigkeitsprüfung würden dann dieselben Erwägungen angeführt und mit Blick auf Art. 3 I GG nur wiederholt werden.[40]

Klausurtaktik !

Der Prüfungsmaßstab hängt vom Differenzierungskriterium ab. Die Intensität ist bei sach-/situations-/verhaltensbezogenen Ungleichbehandlungen auf die Evidenzkontrolle beschränkt. Bei einer persönlichkeitsbezogenen Unterscheidung steigt die Prüfungsintensität und wird zur Verhältnismäßigkeitsprüfung.

---

37 Siehe zur Intensität des Eingriffs Macoun, Fall 10, im OpenRewi Fallbuch.
38 Boysen, in: Münch/Kunig, GG, 7. Aufl. 2021, Art. 3 Rn. 107.
39 Siehe zur mittelbaren Diskriminierung González Hauck, § 19.3 A.III., in diesem Lehrbuch.
40 Boysen, in: Münch/Kunig, GG, 7. Aufl. 2021, Art. 3 Rn. 108 f.

Maureen Macoun

2. Verhältnismäßigkeitsgrundsatz

Einen Schwerpunkt der Grundrechtsprüfung bildet der Verhältnismäßigkeits-grundsatz.[41] Dabei ist zu prüfen, ob der von der Ungleichbehandlung verfolgte Zweck legitim ist, die Ungleichbehandlung geeignet und erforderlich ist und in einem angemessenen Verhältnis zum Zweck steht.

a) Legitime Zwecke

Als legitime Zwecke für die Rechtfertigung einer Ungleichbehandlung kommen zunächst einmal alle in Betracht, die nicht ausdrücklich verboten sind.[42] Zu den verbotenen Differenzierungsmerkmalen zählen die sogenannten „verpönten" Merkmale des Art. 3 III 1 GG.[43] Hier zeigt sich nun zum ersten Mal der ermittelte Prüfungsmaßstab. Gilt ein weniger strenger Maßstab, darf der Zweck der Ungleichbehandlung nur nicht evident unsachlich sein (vgl. Willkürformel mit Evidenzkontrolle). Bei stärkerer Beeinträchtigungsintensität verlangt der strengere Prüfungsmaßstab, dass die Ungleichbehandlung hinreichend plausibel ist.[44]

Beispiel: Eintrittsermäßigungen für Theaterbesuche, die sich nur an Einwohner:innen einer Gemeinde und nicht an Auswärtige richten, schaffen erst die Unterschiede und auch deren Ausmaß (Höhe der Ermäßigung). Die Rechtfertigung dieser Ungleichbehandlung kann nicht im Unterschied selbst liegen. Deshalb ist auch der Wohnsitz kein Grund, der die Ungleichbehandlung rechtfertigen könnte. Jedoch kann die Gemeinde als legitime Zwecke zum Beispiel anführen, dass sie knappe Ressourcen auf den eigenen Aufgabenbereich beschränken oder Gemeindeangehörigen einen Ausgleich für besondere Belastungen gewähren möchte.

b) Geeignetheit und Erforderlichkeit

Bei der Prüfung der Geeignetheit wird untersucht, ob die Ungleichbehandlung die Erreichung des Zwecks zumindest fördern kann.[45] Auch hier gelten je nach Prüfungsmaßstab unterschiedlich strenge Anforderungen. Bei der Erforderlichkeit ist wie gewohnt zu prüfen, ob zur Zweckerreichung mildere Mittel als die Ungleichbehandlung zur Verfügung gestanden hätten, die aber genauso geeignet sein

---

41 Siehe zur Verhältnismäßigkeit Milas, § 7 A.II.6., in diesem Lehrbuch.
42 Siehe zu legitimen Zwecken Milas, § 7 A.II.6.a)aa), in diesem Lehrbuch.
43 Siehe zu den verpönten Merkmalen González Hauck, § 19.3 A.I., in diesem Lehrbuch; Kingreen/Poscher, Grundrechte, Staatsrecht II, 35. Aufl. 2019, Rn. 528.
44 Mülder/Weitensteiner, Jura 2019, 51 (59).
45 Siehe zur Geeignetheit Milas, § 7 A.II.6.a)bb), in diesem Lehrbuch.

Maureen Macoun

müssen.[46] Entscheidend ist, ob es eine weniger belastende, aber ebenso zielgenaue Unterscheidung gibt. Somit ist eine Maßnahme schon dann erforderlich, wenn es keine Alternative gibt, die den Zweck mindestens genauso gut erreicht und zugleich die benachteiligte Personengruppe schonender und milder behandelt.[47]

c) Angemessenheit

Schließlich ist zu prüfen, ob der Zweck in einem angemessenen Verhältnis zur Ungleichbehandlung steht.[48] Das BVerfG räumt dem Gesetzgeber, der Verwaltung und den Gerichten dabei große Einschätzungs- und Gestaltungsspielräume ein. Relevant ist hier erneut die **Intensität der Beeinträchtigung** für die von einer Ungleichbehandlung Betroffenen. Je stärker die Intensität ist, desto weniger Gestaltungsspielraum wird dem Gesetzgeber eingeräumt. Gleichzeitig darf nicht verkannt werden, dass der Gesetzgeber eine Vielzahl von Fällen regeln und hierzu verallgemeinernde Normen aufstellen kann.[49] Dazu darf der Gesetzgeber sehr wohl generalisierende, typisierende und pauschalierende Vorschriften erlassen, sofern er sich am Regelfall orientiert und nicht den atypischen Fall als Leitbild wählt.[50]

B. Konkurrenzen

Auf Konkurrenzebene stellen sich bei Art. 3 I GG zwei Fragen: Zum einen ist zu klären, wie sich der allgemeine Gleichheitssatz zu Freiheitsrechten verhält.[51] Zum anderen ist das Verhältnis des Art. 3 I GG zu Art. 3 II und III GG in den Blick zu nehmen.

Klausurtaktik   ❗

In Klausur oder Hausarbeit wird der Sachverhalt oftmals zunächst die Prüfung einer Verletzung eines oder mehrerer Freiheitsrechte nahelegen. In diesem Fall empfiehlt es sich, die einfache Faustregel Freiheitsrecht vor Gleichheitsrecht zu befolgen. Dafür sprechen aus taktischen Erwä-

---

46 Siehe zur Erforderlichkeit Milas, § 7 A.II.6.a)cc), in diesem Lehrbuch.
47 Mülder/Weitensteiner, Jura 2019, 51 (60).
48 Siehe zur Angemessenheit Milas, § 7 A.II.6.a)dd), in diesem Lehrbuch.
49 BVerfG, Beschl. v. 8.10.1991, Az.: 1 BvL 50/86, Rn. 38 = BVerfGE 84, 348 – Zweifamilienhaus.
50 BVerfG, Beschl. v. 16.3.2005, Az.: 2 BvL 7/00, Rn. 48 = BVerfGE 112, 268 (284) – Kinderbetreuungskosten.
51 Siehe zur Grundrechtskonkurrenz Brade, § 12, in diesem Lehrbuch.

gungen zwei Gründe. Einerseits kann die Verletzung eines Freiheitsrechts Auswirkungen auf den Prüfungsmaßstab von Art. 3 I GG haben. Andererseits ist bei einer Grundrechtsverletzung durch ein Gesetz die Prüfung der formellen Verfassungsmäßigkeit vorgezogen und muss nicht in das Schema von Art. 3 I GG eingebaut werden.[52]

Innerhalb der Gleichheitsrechte aus Art. 3 GG gilt der Grundsatz der Spezialkonkurrenz (lex specialis derogat legi generali): Sofern einer der speziellen Gleichheitssätze aus Art. 3 II oder III GG einschlägig ist, geht dieser vor.[53]

C. Europäische und internationale Bezüge

Der Gleichheitsschutz im europäischen und internationalen Recht wird im Kapitel zu Art. 3 II GG dargestellt.[54]

Zusammenfassung: Die wichtigsten Punkte
- Voraussetzungen der Ungleichbehandlung: Eine verfassungsrechtlich relevante Ungleichbehandlung hat drei Voraussetzungen. Sie liegt vor, wenn
  - eine Person oder Personengruppe bzw. Situation (Vergleichsgruppe) auf eine bestimmte Art und Weise (durch Leistung, Eingriff, Teilhabe oder Verfahren) rechtlich behandelt wird,
  - eine andere Vergleichsgruppe auf eine andere bestimmte Art und Weise behandelt wird und
  - beide Vergleichsgruppen unter einen gemeinsamen Oberbegriff fallen, der andere Personen(-gruppen)/Situationen ausschließt.[55]
- Wichtig für die Beurteilung der Intensität sind folgende Erwägungen:
  - je näher das Unterscheidungskriterium einem der verpönten Merkmale des Art. 3 III 1 GG steht,
  - je weniger der:die Betroffene Einfluss auf das Kriterium hat und
  - Je stärker die Ungleichbehandlung den Gebrauch von grundrechtlich geschützten Freiheiten erschwert, desto höher wird die Intensität der Beeinträchtigung beurteilt.[56]

---

52 Mülder/Weitensteiner, Jura 2019, 51 (52).
53 Siehe zu den speziellen Gleichheitssätzen González Hauck, § 19.2 D., in diesem Lehrbuch.
54 Siehe zu europäischen und internationalen Bezügen González Hauck, § 19.2 E., in diesem Lehrbuch.
55 Kingreen/Poscher, Grundrechte, Staatsrecht II, 35. Aufl. 2019, Rn. 523.
56 Kingreen/Poscher, Grundrechte, Staatsrecht II, 35. Aufl. 2019, Rn. 530.

Maureen Macoun

Weiterführende Studienliteratur

- Somen Kempny/ Martina Lämmle, Der „allgemeine Gleichheitssatz" des Art. 3 I GG im juristischen Gutachten, Teil 1–3, JuS 2020, S. 22–26, 113–117, 215–220
- Magdalena Pöschl, Gleichheit vor dem Gesetz, 2008
- Tilmann Altwicker, Menschenrechtlicher Gleichheitsschutz: Beiträge zum ausländischen öffentlichen Recht und Völkerrecht, Band 223, 2011
- Wissenschaftlicher Dienst des Europäisches Parlaments, Grundsätze der Gleichheit und Nichtdiskriminierung, eine rechtsvergleichende Perspektive: Deutschland, 2020

Maureen Macoun

§ 19.2 Gleichberechtigungsauftrag – Art. 3 II GG

Notwendiges Vorwissen: allgemeiner Gleichheitssatz

Lernziel: Struktur des Art. 3 II GG verstehen, Art. 3 II GG in der Prüfung anwenden können

Eine hervorgehobene Stellung innerhalb der besonderen Gleichheitssätze nimmt Art. 3 II GG ein. Der darin enthaltene Gleichberechtigungsauftrag enthält zum einen ein besonderes Diskriminierungsverbot, das sowohl vor unmittelbarer als auch vor mittelbarer Benachteiligung aufgrund des Geschlechts schützt (Art. 3 II 1 GG). Zum anderen enthält Art. 3 II 2 GG den Auftrag an die Gesetzgebung, aktiv auf die tatsächliche Verwirklichung der Gleichberechtigung der Geschlechter hinzuwirken (Art. 3 II 2 GG). Schließlich enthält Art. 3 II GG auch Schutzpflichten, die darauf gerichtet sind, die Gleichberechtigung der Geschlechter auch gegenüber Privaten durchzusetzen.

A. Diskriminierungsverbot, Art. 3 II 1 GG

I. Formelle Gleichheit: Art. 3 II 1 GG als Differenzierungsverbot

Art. 3 II 1 GG ist zunächst darauf gerichtet, formelle Gleichheit zwischen Männern und Frauen zu gewährleisten. Er enthält also ein formelles Verbot der rechtlichen Differenzierung nach dem Geschlecht. Dieses Verbot gilt, wie die meisten grundrechtlichen Gewährleistungen, nicht absolut. Ein Verstoß gegen das formelle Differenzierungsverbot ist also nur dann im Ergebnis verfassungswidrig, wenn er nicht gerechtfertigt ist.

1. Verbot der Differenzierung nach dem Geschlecht

Das Verbot der **unmittelbaren Ungleichbehandlung** schützt vor einer direkten Anknüpfung an das Geschlecht.

Art. 3 II 1 GG enthält zunächst ein **Differenzierungsverbot**.[1] Die Norm „verbietet grundsätzlich und ein für alle Mal die rechtliche Differenzierung

---

1 BVerfG, Urt. v. 18.12.1953, Az.: 1 BvL 106/53, Rn. 40 = BVerfGE 3, 225; BVerfG, Beschl. v. 21.5.1974, Az.: 1 BvL 22/71 und 21/72, Rn. 97 = BVerfGE 37, 217.

nach dem Geschlecht", also eine „Differenzierung nach dem Vergleichspaar Mann-Frau".[2]

Beispiel: Die deutlichsten Beispiele für Verstöße gegen dieses in Art. 3 II 1 GG enthaltene Differenzierungsverbot sind die diskriminierenden familienrechtlichen Regelungen, die mittlerweile aus dem BGB verschwunden sind. Zu solchen Normen des BGB, die bis zum Inkrafttreten des Gleichberechtigungsgesetzes[3] im Jahr 1958 galten, zählte beispielsweise der § 1354 I BGB a.F., der besagte, dass „dem Manne die Entscheidung in allen das gemeinschaftliche Leben betreffenden Angelegenheiten" zustehe. Des Weiteren bestimmte der § 1356 BGB in seiner bis 1958 geltenden Fassung, dass die Frau berechtigt und verpflichtet sei, „das gemeinschaftliche Hauswesen zu leiten" (Absatz 1) und „[z]u Arbeiten im Hauswesen und im Geschäfte des Mannes" verpflichtet sei, „soweit eine solche Thätigkeit nach den Verhältnissen, in denen die Ehegatten leben, üblich ist". Die Geschichte des § 1356 BGB zeigt zugleich, dass mit dem Gleichberechtigungsgesetz nicht auf einen Schlag formelle Gleichberechtigung im Familienrecht erreicht wurde. Bis 1977 galt § 1356 I BGB in der folgenden Fassung: „Die Frau führt den Haushalt in eigener Verantwortung. Sie ist berechtigt, erwerbstätig zu sein, soweit dies mit ihren Pflichten in Ehe und Familie vereinbar ist".

Ute Sacksofsky identifiziert anhand der frühen Rechtsprechung des BVerfG **vier wesentliche Merkmale** des in Art. 3 II 1 GG enthaltenen Differenzierungsverbots: Erstens verbiete es die Anknüpfung unterschiedlicher Rechtsfolgen an Geschlechtsunterschiede. Zweitens komme es nicht darauf an, an welches Geschlecht angeknüpft werde und ob damit eine Benachteiligung verbunden sei. Drittens folge aus dem formalen Charakter des Differenzierungsverbots, dass geschlechtsneutral formulierte Rechtsnormen nicht von dem Differenzierungsverbot erfasst seien. Viertens lasse sich das Differenzierungsverbot verstehen als ein Gebot formaler Gleichstellung, das letztlich zum Ziel habe, eine Rechtsordnung zu schaffen, in der das Merkmal Geschlecht nicht vorkommt.[4]

Insgesamt dient das in Art. 3 II 1 GG enthaltene Differenzierungsverbot also dazu, **formelle Gleichheit** herzustellen.

Teilweise wird vorgeschlagen, auch Regelungen, die an „typische Begleitmerkmale" eines Geschlechts anknüpfen, also an Umstände, die (vermeintlich) nur bei einem Geschlecht vorkommen, als Verstöße gegen das der formellen Gleichheit verpflichtete Differenzierungsverbot zu verstehen.[5]

Beispiel: Regelungen, die an Schwangerschaft oder Mutterschaft anknüpfen

---

2 BVerfG, Beschl. v. 21.5.1974, Az.: 1 BvL 22/71 und 21/72, Rn. 97 = BVerfGE 37, 217.
3 Gesetz über die Gleichberechtigung von Mann und Frau auf dem Gebiete des bürgerlichen Rechts vom 18.6.1957, BGBl. I 1957, 609.
4 Zum Ganzen: Sacksofsky, Das Grundrecht auf Gleichberechtigung, 2. Aufl. 1996, 26–27.
5 Langenfeld, in: Dürig/Herzog/Scholz, GG, 95. EL Juli 2021, Art. 3 Abs. 2 Rn. 25.

Sué González Hauck

Aus systematischen Gründen ist es jedoch vorzugswürdig, klar zwischen einer formellen Anknüpfung an das Geschlecht einerseits und **faktischer** oder **mittelbarer** Benachteiligung eines Geschlechts andererseits zu unterscheiden. Bei Regelungen, die geschlechtsneutral formuliert sind, aber gleichwohl überwiegend Frauen treffen, unterscheidet das BVerfG nicht danach, ob diese überwiegende Betroffenheit aufgrund „natürlicher" oder gesellschaftlicher Unterschiede gegeben ist. Anders als bei einer formellen Anknüpfung an das Geschlecht prüft das BVerfG in diesen Fällen aber zusätzlich, ob eine faktische Benachteiligung gegeben ist.[6]

2. Rechtfertigung einer Differenzierung nach dem Geschlecht

Nicht jede Differenzierung nach dem Geschlecht ist im Ergebnis verfassungswidrig. Ein Verstoß gegen das in Art. 3 II 1 GG enthaltene Differenzierungsverbot kann im Einzelfall gerechtfertigt sein. Die Rechtfertigungsprüfung folgt strukturell der Prüfung anhand der „Neuen Formel" bei Art. 3 I GG.[7] Es ist also eine Verhältnismäßigkeitsprüfung durchzuführen. An den legitimen Zweck für eine Differenzierung sind dabei jedoch **erhöhte Anforderungen** zu stellen. Die Ungleichbehandlung muss entweder zwingend geboten sein – wobei dieser Rechtfertigungstatbestand zunehmend restriktiv ausgelegt wird – oder der Verwirklichung kollidierenden Verfassungsrechts dienen.

a) Zwingende Gründe für eine Ungleichbehandlung

Die Entwicklung der Rechtsprechung des BVerfG spiegelt den gesellschaftlichen Wandel wider, der sich im Hinblick auf das Verständnis der Verhältnisse der Geschlechter zueinander seit den Anfangsjahren der Bundesrepublik vollzogen hat. In einer Entscheidung aus den 1950er Jahren hielt es das BVerfG beispielsweise noch für selbstverständlich, dass „im Bereich des Familienrechts im Hinblick auf die objektiven biologischen oder funktionalen (arbeitsteiligen) Unterschiede nach der Natur des jeweiligen Lebensverhältnisses auch eine besondere rechtliche Regelung erlaubt oder sogar notwendig ist".[8]

In der jüngeren Rechtsprechung hat das BVerfG zwar nicht vollständig Abstand genommen von der Idee der „natürlichen" Unterschiede, die eine Differenzierung nach dem Geschlecht rechtfertigen können; es legt diese Ausnahme jedoch

---

6 BVerfG, Beschl. v. 27.11.1997, Az.: 1 BvL 12/91, Rn. 36 = BVerfGE 97, 35 – Hamburger Ruhegeldgesetz.
7 Siehe zum Prüfungsmaßstab bei Art. 3 I GG Macoun, § 19.1 B.I., in diesem Lehrbuch.
8 BVerfG, Urt. v. 18.12.1953, Az.: 1 BvL 106/53, Rn. 42 = BVerfGE 3, 225.

Sué González Hauck

zunehmend restriktiv aus und achtet darauf, solche zwingenden Gründe von lediglich sozial verankerten Rollenbildern zu unterscheiden.[9] Eine entsprechende Formulierung aus der jüngeren Rechtsprechung lautet etwa: „An das Geschlecht anknüpfende differenzierende Regelungen sind mit Art. 3 Abs. 3 S. 1 GG nur vereinbar, soweit sie zur Lösung von Problemen, die ihrer Natur nach entweder nur bei Männern oder nur bei Frauen auftreten können, zwingend erforderlich sind".[10]

Klausurtaktik !

Gerade in der frühen Rechtsprechung des BVerfG hat es Ungleichbehandlungen, die auf vermeintlich objektiven und „natürlichen" Unterschieden beruhen, aus dem Anwendungsbereich des Art. 3 II GG komplett ausgenommen, wie etwa in der sehr problematischen Homosexuellen-Entscheidung.[11] Die neueren Formulierungen, in denen etwa von „zwingender Erforderlichkeit" die Rede ist, deuten eher auf eine Verortung auf Rechtfertigungsebene hin.

---

b) Rechtfertigung durch kollidierendes Verfassungsrecht

Eine Norm kollidierenden Verfassungsrechts, die eine formelle Ungleichbehandlung der Geschlechter rechtfertigen kann, ist insbesondere der in Art. 3 II 2 GG enthaltene **Gleichstellungsauftrag**. Dieser erlaubt es, „faktische Nachteile, die typischerweise Frauen treffen, durch begünstigende Regelungen auszugleichen".[12]

Examenswissen !

Die Frage, ob **Frauenquoten** verfassungsrechtlich zulässig sind, kann in der Klausur wie folgt diskutiert werden: Zunächst stellt eine Regelung, die Frauen bevorzugt, einen Verstoß gegen das in Art. 3 II 1 GG enthaltene Differenzierungsverbot dar. Dieser könnte jedoch aufgrund kollidierenden Verfassungsrechts gerechtfertigt sein. Enthielte Art. 3 II 2 GG keinen konkreten Auftrag an die Gesetzgebung, faktische Nachteile auszugleichen und somit auf die Herstellung tatsächlicher und nicht nur formeller Gleichheit hinzuwirken, so entfaltete diese Norm neben Art. 3 II 1 GG keinerlei Wirkung. Art. 3 II 2 GG kann daher grundsätzlich herangezogen werden, um eine formelle Ungleichbehandlung der Geschlechter zu rechtfertigen. Ob die formelle Ungleichbehandlung im Einzelfall gerechtfertigt ist, muss anhand einer Abwägung der betroffenen Verfassungsgüter er-

---

9 BVerfG, Urt. v. 28.1.1992, Az.: 1 BvR 1025/82, 1 BvL 16/83 und 10/91, Rn. 59 = BVerfGE 85, 191 – Nachtarbeitsverbot.
10 BVerfG, Urt. v. 28.1.1992, Az.: 1 BvR 1025/82, 1 BvL 16/83 und 10/91, Rn. 56 = BVerfGE 85, 191 – Nachtarbeitsverbot; BVerfG, Beschl. v. 25.10.2005, Az.: 2 BvR 524/01, Rn. 25 = BVerfGE 114, 357.
11 BVerfG, Urt. v. 10.5.1957, Az.: 1 BvR 550/52, Rn. 142 = BVerfGE 6, 389 – Homosexuelle.
12 BVerfG, Beschl. v. 24.1.1995, Az.: 1 BvL 18/93 und 5,6,7/94, 1 BvR 403, 569/94, Rn. 65 = BVerfGE 92, 91.

Sué González Hauck

mittelt werden. Welche Verfassungsgüter wie intensiv betroffen sind, hängt von dem Anwendungsbereich und der konkreten Ausgestaltung der Quote ab.

Hinsichtlich des Anwendungsbereichs ist insbesondere zu unterscheiden, ob die Quotenregelung für den öffentlichen Dienst, für die Privatwirtschaft, oder für politische Parteien gilt. Bei Quoten für den öffentlichen Dienst ist insbesondere Art. 33 II GG in die Abwägung einzustellen, bei Quoten für die Privatwirtschaft die <u>Berufsfreiheit</u> aus Art. 12 GG und die durch Art. 2 I GG geschützte <u>Privatautonomie</u>.[13] Quoten, die sich politische Parteien nicht selbst geben, sondern zu deren Einhaltung sie gesetzlich verpflichtet werden, sind an <u>Art. 21 GG</u> und <u>Art. 38 GG</u> zu messen.

Bei der konkreten Ausgestaltung der Quote ist danach zu unterscheiden, ob es sich, wie in den meisten Fällen, um eine Verfahrensregelung handelt, die auf **Chancengleichheit** gerichtet ist, oder um eine Regelung, die einen bestimmten Frauenanteil fest vorschreibt und damit **Ergebnisgleichheit** anstrebt. Eine auf Chancengleichheit gerichtete Verfahrensregelung ist gegenüber einer auf Ergebnisgleichheit gerichteten festen Quote ein milderes Mittel, wobei im Einzelfall genau zu prüfen ist, ob die Regelung auch gleich wirksam ist.

II. Mittelbare Benachteiligung aufgrund des Geschlechts

Art. 3 II 1 GG schützt nicht nur vor einer unmittelbaren Anknüpfung an das Geschlecht, sondern auch vor mittelbarer oder faktischer Diskriminierung. Eine solche kommt in Betracht, wenn geschlechtsneutral formulierte Regelungen typischerweise ein Geschlecht betreffen.

Beispiel: Faktisch oder mittelbar diskriminierend können beispielsweise Regelungen sein, die auf Teilzeitbeschäftigte Anwendung finden, da Frauen sehr viel häufiger in Teilzeit beschäftigt sind als Männer.

! **Klausurtaktik**

Das BVerfG zieht in Fällen, die eine mittelbare oder faktische Benachteiligung betreffen, Art. 3 II 2 GG ergänzend heran, um zu bekräftigen, dass sich Art. 3 II GG allgemein auch auf die Lebenswirklichkeit erstreckt und auf tatsächliche und nicht nur formelle Gleichberechtigung gerichtet ist. Aus zwei Gründen empfiehlt es sich, in der Klausur die Prüfung der mittelbaren Diskriminierung auf Art. 3 II 1 GG zu stützen und Art. 3 II 2 GG ebenfalls nur ergänzend heranzuziehen: Erstens hat das BVerfG die Figur der mittelbaren Diskriminierung bereits vor der Einführung des Art. 3 II 2 GG aus der bis dahin allein in Art. 3 II GG enthaltenen Formulierung „Männer und Frauen sind gleichberechtigt" abgeleitet. Zweitens enthält Art. 3 II 2 GG für sich genommen nach der herrschenden Meinung keine subjektiven Rechte, sondern einen allgemeinen Auftrag an die Gesetzgebung.

---

13 Siehe zur Berufsfreiheit Goldberg, § 21.2, in diesem Lehrbuch und zur Privatautonomie Würkert, § 17 A.I., in diesem Lehrbuch.

Sué González Hauck

1. Vorliegen einer mittelbaren Benachteiligung

Eine mittelbare Diskriminierung kommt immer dann in Betracht, wenn eine Rechtsnorm nicht direkt an das Geschlecht anknüpft, sondern formell auf Menschen aller Geschlechter anwendbar ist. Auch eine Norm, die **geschlechtsneutral formuliert** ist, kann also gegen Art. 3 II 1 GG verstoßen.

Dass auch solche geschlechtsneutral formulierten Normen grundsätzlich gegen Art. 3 II 1 GG verstoßen können, ergibt sich daraus, dass das Gebot der Gleichberechtigung von Männern und Frauen nicht nur auf formelle Gleichheit, sondern auch auf die **Angleichung der Lebensverhältnisse** zielt.[14]

Eine mittelbare Diskriminierung und damit ein Verstoß gegen das Gleichberechtigungsgebot aus Art. 3 II 1 GG liegt vor, wenn eine geschlechtsneutral formulierte Norm **überwiegend Personen eines Geschlechts betrifft** und dadurch eine **geschlechtstypische faktische Benachteiligung** entsteht.[15]

2. Rechtfertigung einer mittelbaren Benachteiligung

Die Anforderungen an die Rechtfertigung einer mittelbaren Diskriminierung sind niedriger als bei einer unmittelbaren Diskriminierung. Es genügt nach der Rechtsprechung des BVerfG, „wenn die diskriminierende Regelung auf hinreichenden sachlichen Gründen beruht"[16].

B. Gleichberechtigungsauftrag, Art. 3 II 2 GG

Schon vor der Einführung des Art. 3 II 2 GG hatte das BVerfG in seiner Rechtsprechung den Art. 3 II GG so entwickelt, dass sein Regelungsgehalt über die rein formelle Gleichberechtigung hinausging. In der berühmten Entscheidung zum Nachtarbeitsverbot heißt es dazu: „Der Satz „Männer und Frauen sind gleichberechtigt" will nicht nur Rechtsnormen beseitigen, die Vor- oder Nachteile an Geschlechtsmerkmale anknüpfen, sondern für die Zukunft die Gleichberechtigung der Geschlechter durchsetzen. Er zielt auf die **Angleichung der Lebensverhältnisse**. So müssen Frauen die gleichen Erwerbschancen haben wie Männer. **Überkommene Rollenverteilungen**, die zu einer höheren Belastung oder sonstigen

---

14 BVerfG, Beschl. v. 18.11.2003, Az.: 1 BvR 302/96, Rn. 111 = BVerfGE 109, 64 – Mutterschaftsgeld II; BVerfG, Beschl. v. 25.10.2005, Az.: 2 BvR 524/01, Rn. 25 = BVerfGE 114, 357.
15 BVerfG, Beschl. v. 5.4.2005, Az.: 1 BvR 774/02, Rn. 53 = BVerfGE 113, 1 – Kindererziehungszeiten in der Altersversorgung.
16 BVerfG, Beschl. v. 5.4.2005, Az.: 1 BvR 774/02, Rn. 53 – Kindererziehungszeiten in der Altersversorgung.

Sué González Hauck

Nachteilen für Frauen führen, dürfen durch staatliche Maßnahmen **nicht verfestigt** werden. **Faktische Nachteile**, die typischerweise Frauen treffen, dürfen wegen des Gleichberechtigungsgebots des Art. 3 Abs. 2 GG durch begünstigende Regelungen **ausgeglichen** werden".[17]

Diese Haltung des BVerfG hatte sich jedoch erst nach und nach aus einem zunächst rein formellen Gleichheitsverständnis heraus entwickelt. Gerade der letzte Teil der oben zitierten Passage aus dem Urteil zum Nachtarbeitsverbot, der einen Auftrag zum Ausgleich faktischer Nachteile durch formell begünstigende Regelungen beschreibt, blieb in Literatur und Praxis umstritten und wurde von den Instanzgerichten nicht einheitlich umgesetzt. Daher schlug die Gemeinsame Verfassungskommission die Ergänzung des Art. 3 II GG durch die nunmehr in Art. 3 II 2 GG enthaltene Formulierung vor.[18]

Art. 3 II 2 GG begründet anders als Art. 3 II 1 GG nach herrschender Meinung kein subjektives Recht, sondern einen primär an die Gesetzgebung gerichteten **Förderauftrag** mit dem Charakter einer **Staatszielbestimmung**.[19]

C. Grundrechtliche Schutzpflichten aus Art. 3 II GG

Aus Art. 3 II GG ergeben sich nicht nur Abwehrrechte gegen eine unmittelbare oder mittelbare Diskriminierung und ein allgemeiner Auftrag an die Gesetzgebung, sondern auch Schutzpflichten. Die Gesetzgebung ist also verpflichtet, für die Durchsetzung der Gleichberechtigung auch gegenüber Privaten zu sorgen.

Wie für Schutzpflichten typisch, hat die Gesetzgebung einen breiten Gestaltungsspielraum. Es obliegt der Ausgestaltungsbefugnis der Gesetzgebung, über die „Art und Weise, wie der Staat seine Verpflichtung erfüllt, die tatsächliche Durchsetzung der Gleichberechtigung von Frauen und Männern zu fördern und auf die Beseitigung bestehender Nachteile hinzuwirken"[20].

---

17 BVerfG, Urteil v. 28.1.1992, Az.: 1 BvR 1025/82, 1 BvL 16/83 und 10/91, Rn. 54 = BVerfGE 85, 191 – Nachtarbeitsverbot.

18 Bericht der Gemeinsamen Verfassungskommission vom 5.11.1993, BT-Drs. 12/6000, 49.

19 Gröpl, in: ders./Windthorst/v. Coelln (Hrsg.), Studienkommentar GG, 4. Aufl. 2019, Art. 3 Rn. 70.

20 BVerfG, Beschl. v. 18.11.2003, Az.: 1 BvR 302/96, Rn. 114 = BVerfGE 109, 64 – Mutterschaftsgeld II.

Sué González Hauck

Beispiel: Zur Umsetzung der Schutzpflichten dienen etwa einfachgesetzliche Diskriminierungs-verbote, wie sie in § 611 BGB a.F. enthalten waren und heute im Allgemeinen Gleichbehand-lungsgesetz (AGG) enthalten sind.[21] Regelmäßig sind sie jedoch nicht ausreichend, sodass auch in materieller Hinsicht darauf hinzuwirken ist, dass keine faktische Diskriminierung entsteht.

D. Konkurrenzen

Bei den in Art. 3 II 1 und Art. 3 III GG enthaltenen Diskriminierungsverboten han-delt es sich um Konkretisierungen des allgemeinen Gleichheitssatzes.[22] Als be-sondere Gleichheitssätze haben Art. 3 II und III GG Vorrang gegenüber dem all-gemeinen Gleichheitssatz in Art. 3 I GG. Fällt ein Lebenssachverhalt in den Anwendungsbereich von Art. 3 II oder III GG, so ist nach der Prüfung der jeweili-gen besonderen Ausprägung des Gleichheitssatzes kein Raum mehr für eine Prü-fung des allgemeinen Gleichheitssatzes.[23] Mehrere spezielle Gleichheitssätze sind grundsätzlich nebeneinander anwendbar.[24]

Weiterführendes Wissen

Art. 3 II und III GG sind nicht die einzigen Normen des Grundgesetzes, die sich als besondere Gleichheitssätze verstehen lassen und die daher gegenüber Art. 3 I GG als speziellere Normen Vorrang haben. Ein weiteres Beispiel für eine solche besondere Ausprägung des allgemeinen Gleichheitssatzes ist Art. 6 V GG, der nichteheliche Kinder vor Diskriminierung schützt.[25]

E. Europäische und internationale Bezüge

Wie im Antidiskriminierungsrecht allgemein stammen viele Impulse für die recht-liche Gleichstellung der Geschlechter aus dem Völker- und Europarecht. Das BVerfG hat sich in der Vergangenheit bei der Auslegung des Art. 3 II GG wieder-holt auf völker- und europarechtliche Normen und auf die Rechtsprechung des

---

21 BVerfG, Beschl. v. 18.11.2003, Az.: 1 BvR 302/96, Rn. 114 = BVerfGE 109, 64 – Mutterschafts-geld II.
22 BVerfG, Urt. v. 18.12.1953, Az.: 1 BvL 106/53, Rn. 39 = BVerfGE 3, 225.
23 BVerfG, Beschl. v. 14.4.1959, Az.: 1 BvL 23, 34/57, Rn. 42 = BVerfGE 9, 237; Langenfeld, in: Dü-rig/Herzog/Scholz, GG, 95. EL Juli 2021, Art. 3 Abs. 2 Rn. 14.
24 Kischel, in: BeckOK GG, 46. Ed. 15.2.2021, Art. 3 Rn. 2.
25 BVerfG, Beschl. v. 29.1.1969, Az.: 1 BvR 26/66, Rn. 20 = BVerfGE 25, 167.

Sué González Hauck

EuGH bezogen, insbesondere in Fällen, die eine mittelbare oder faktische Diskriminierung zum Gegenstand hatten.[26]

I. Europarecht

Aus dem unionsrechtlichen Primärrecht sind insbesondere Art. 21, 23 GRCh und Art. 157 AEUV relevant. Neben dem Art. 21 GRCh, der in einer Reihe besonderer Diskriminierungsverbote auch die Diskriminierung wegen des Geschlechts verbietet, enthält Art. 23 GRCh einen Gleichstellungsauftrag, der Art. 3 II GG ähnelt: „Die Gleichheit von Frauen und Männern ist in allen Bereichen, einschließlich der Beschäftigung, der Arbeit und des Arbeitsentgelts, sicherzustellen. Der Grundsatz der Gleichheit steht der Beibehaltung oder der Einführung spezifischer Vergünstigungen für das unterrepräsentierte Geschlecht nicht entgegen". Art. 157 AEUV verpflichtet die Mitgliedstaaten dazu, die Anwendung des Grundsatzes des gleichen Entgelts für Männer und Frauen bei gleicher oder gleichwertiger Arbeit sicherzustellen.

ℹ Weiterführendes Wissen

Auf sekundärrechtlicher Ebene sind insbesondere die Richtlinie 2006/54/EG des Europäischen Parlaments und des Rates vom 5. Juli 2006 zur Verwirklichung des Grundsatzes der Chancengleichheit und Gleichbehandlung von Männern und Frauen in Arbeits- und Beschäftigungsfragen und die Richtlinie 2004/113/EG zur Gleichstellung der Geschlechter auch außerhalb der Arbeitswelt hervorzuheben. Gemeinsam mit der Antirassismusrichtlinie (2000/43/EG) und der Rahmenrichtlinie Beschäftigung (2000/78/EG) bilden sie den unionsrechtlichen Rahmen für das Allgemeine Gleichbehandlungsgesetz (AGG).

II. Völkerrecht

Besonders wichtig im System des völkerrechtlichen Schutzes vor sexistischer Diskriminierung ist das UN-Übereinkommen zur Beseitigung jeder Form der Diskriminierung der Frau,[27] das auch unter der englischen Abkürzung **CEDAW** für

---

26 BVerfG, Beschl. v. 27.11.1997, Az.: 1 BvL 12/91, Rn. 36 = BVerfGE 97, 35 – Hamburger Ruhegeldgesetz; BVerfG Beschl. v. 18.11.2003, Az.: 1 BvR 302/96, Rn. 112 = BVerfGE 109, 64 – Mutterschaftsgeld II.
27 Übereinkommen v. 18.12.1979 zur Beseitigung jeder Form der Diskriminierung der Frau, BGBl. II 1985, 1234.

Sué González Hauck

„Convention on the Elimination of All Forms of Discrimination against Women" bekannt ist. Eine Besonderheit der CEDAW besteht darin, dass diese Konvention nicht nur Verbote der unmittelbaren und mittelbaren Diskriminierung enthält, sondern auch eine Verpflichtung, bestehenden Vorurteilen und stereotypen Rollenverteilungspraktiken entgegenzuwirken (Art. 5 lit. a, Art. 10 lit. c CEDAW).

Zusammenfassung: Die wichtigsten Punkte
- Art. 3 II 1 GG schützt vor unmittelbarer Ungleichbehandlung von Männern und Frauen.
- Art. 3 II 1 GG schützt auch vor mittelbarer Benachteiligung aufgrund des Geschlechts.
- Art. 3 II 2 GG enthält darüber hinaus einen Auftrag zur Herstellung tatsächlicher Gleichheit.
- Eine Ungleichbehandlung aufgrund des Geschlechts ist in der Regel nur gerechtfertigt, wenn sie auf kollidierendes Verfassungsrecht gestützt werden kann.
- Zur Rechtfertigung einer formellen Ungleichbehandlung kann insbesondere der Auftrag aus Art. 3 II 2 GG herangezogen werden.

Weiterführende Studienliteratur
- Lena Foljanty und Ulrike Lembke, Feministische Rechtswissenschaft, Ein Studienbuch, 2. Aufl. 2012
- Kerstin Geppert, Parität geht nicht… oder doch?, JuWissBlog, Nr. 16/2021 v. 11.2.2021, https://www.juwiss.de/16-2021/
- Dana-Sophia Valentiner, How to… Paritätsgesetz: Mit dem Bundesverfassungsgericht zur verfassungskonformen Regelung, Verfassungsblog, 4.2.2021, https://verfassungsblog.de/how-to-paritatsgesetz/

Sué González Hauck

§ 19.3 Diskriminierungsverbote – Art. 3 III GG

Notwendiges Vorwissen: allgemeiner Gleichheitssatz, Art. 3 I GG

Lernziel: Struktur der besonderen Diskriminierungsverbote verstehen

---

Für dieses Kapitel gibt es frei zugängliche interaktive Übungen. Halte einfach deine Smartphone-Kamera vor den Kasten mit den Punkten (QR-Code).

Art. 3 III GG enthält eine Reihe spezieller Gleichheitssätze. Wie bei dem allgemeinen Gleichheitssatz aus Art. 3 I GG verläuft die Prüfung in zwei Schritten. Zunächst ist zu prüfen, ob eine Ungleichbehandlung wegen eines der genannten Merkmale vorliegt. In einem zweiten Schritt ist danach zu fragen, ob die Ungleichbehandlung gerechtfertigt ist.

A. Ungleichbehandlung wegen eines in Art. 3 III GG genannten Merkmals

Art. 3 III GG nennt „verpönte Merkmale", wegen der eine Ungleichbehandlung grundsätzlich unzulässig ist. Bei der Prüfung, ob der Tatbestand eines speziellen Diskriminierungsverbots aus Art. 3 III GG erfüllt ist, ist also herauszuarbeiten, welches Merkmal in Betracht kommt und ob eine Ungleichbehandlung **wegen** dieses Merkmals vorliegt.

I. Die Merkmale des Art. 3 III GG

Die Merkmale des Art. 3 III GG zielen auf den Schutz bestimmter Personengruppen, die strukturell diskriminierungsgefährdet sind.[1]

Gemäß Art. 3 III 1 GG darf niemand wegen der darin genannten Merkmale „benachteiligt **oder** bevorzugt" werden. Art. 3 III 2 GG schreibt vor, dass niemand wegen seiner Behinderung **benachteiligt** werden darf.

---

1 BVerfG, Beschl. v. 10.10.2017, Az.: 1 BvR 2019/16, Rn. 59 = BVerfGE 147, 1 – Dritte Option.

https://doi.org/10.1515/9783110765533-026

1. Geschlecht

Mit der Entscheidung des BVerfG zur sogenannten dritten Option hat Art. 3 III 1 GG im Hinblick auf das Merkmal „Geschlecht" eine eigenständige Bedeutung gegenüber Art. 3 II GG gewonnen. Art. 3 III 1 GG schützt demnach „nicht nur Männer und Frauen, sondern auch Menschen, die sich diesen beiden Kategorien in ihrer geschlechtlichen Identität nicht zuordnen, vor Diskriminierung wegen ihres Geschlechts".[2]

Der Schutz vor Diskriminierung wegen des Geschlechts aus Art. 3 III 1 GG flankiert somit das als Teil des allgemeinen Persönlichkeitsrechts (Art. 2 I in Verbindung mit 1 I GG) geschützte <u>Recht auf Anerkenntnis der geschlechtlichen Identität</u>.[3]

2. „Rasse"

Menschliche „Rassen" im biologischen Sinn existieren nicht. Der biologistische Rassenbegriff ist schon lange wissenschaftlich diskreditiert und beruht selbst auf Rassismus.[4] Insbesondere vor dem Hintergrund der perfiden nationalsozialistischen Rassenlehre und in dem Wissen, dass das Grundgesetz explizit in Abkehr von nationalsozialistischem Gedankengut konzipiert wurde, ist bei der Auslegung und Anwendung des Rechtsbegriffs „Rasse" darauf zu achten, dass biologistische und rassistische Konzeptionen des Begriffs nicht verfestigt und weitergetragen werden.

Das gelingt nicht, indem einfach auf die „vermeintlich biologische Bestimmbarkeit" oder mittelbar auf biologistische Kriterien wie Hautfarbe abgestellt wird.[5] Um den Fokus auf die Diskriminierungserfahrung zu lenken, wird aktuell diskutiert, ob die Formulierung „Diskriminierung wegen der Rasse" durch eine Formulierung ersetzt werden soll, die die Diskriminierungserfahrung und nicht das Merkmal in den Vordergrund rückt (beispielsweise „rassistische Diskriminierung").[6] Für ein Festhalten an dem Begriff „Rasse" wird jedoch vorgetragen, dass dadurch der Anschluss an sozialwissenschaftliche Erkenntnisse

---

2 BVerfG, Beschl. v. 10.10.2017, Az.: 1 BvR 2019/16, Rn. 56 = BVerfGE 147, 1 – Dritte Option.
3 Siehe zum Recht auf Anerkennung der geschlechtlichen Identität Valentiner, § 18.2 A.I.3., in diesem Lehrbuch.
4 Müller-Wille, in: Lutz/Macho/Staupe/Zirden (Hrsg.) Der (im-)perfekte Mensch, 2003, 57–71.
5 Dafür, dass gerade auch abgelehnte Rassebegriffe erfasst werden müssen, und somit für eine Definition des Begriffs der Rasse anhand vermeintlich vererbbarer Merkmale: Kischel, in: Beck-OK GG, 46. Ed. 15.2.2021, Art. 3 Rn. 223.
6 Liebscher, Rasse im Recht – Recht gegen Rassismus, 2021, 236 ff.

Sué González Hauck

und an den internationalen sozialwissenschaftlichen und juristischen Diskurs ermöglicht wird.[7]

❗ Klausurtaktik

Ein Vorschlag für den Umgang mit dem Merkmal „Rasse" in der Falllösung findet sich in Fall 10 des OpenRewi Fallbuchs zum **Racial Profiling**.

Das Tabu rund um den Begriff „Rasse" hat dazu geführt, dass sich die Rechtsprechung in Deutschland fast gar nicht mit dem Begriff auseinandergesetzt hat. Bis vor kurzem hatte das BVerfG noch nie eine Diskriminierung wegen der Rasse festgestellt.[8] In einem Fall, der eine in besonders auffälliger Weise eindeutig rassistische Beleidigung betraf, hat das BVerfG im November 2020 das Verbot der Diskriminierung wegen der Rasse aus Art. 3 III GG herangezogen, um Grenzen der Meinungsfreiheit aus Art. 5 I GG aufzuzeigen.[9]

❗ Klausurtaktik

Siehe dazu auch Valentiner, Fall 5, im OpenRewi Fallbuch.

---

3. Sprache

„Sprache" im Sinne des Art. 3 III 1 GG ist die **Muttersprache** einer Person, wozu auch Dialekte zählen.[10]

4. Abstammung, Heimat und Herkunft

Nach der Definition des BVerfG bezieht sich der Begriff „**Heimat**" auf die örtliche Herkunft nach Geburt oder Ansässigkeit. Der Begriff „**Herkunft**" beschreibt über den örtlichen Aspekt hinaus „die ständisch-soziale Abstammung".[11] Unter dem Begriff „Herkunft" in Art. 3 III GG ist also die „soziale Herkunft" im Sinne der Zugehörigkeit zu einer sozialen Klasse zu verstehen.[12] Nicht umfasst sind jedoch die persönlichen finanziellen und sozialen Verhältnisse: „Dem Wort ‚Herkunft' ist,

---

7 Barskanmaz, Recht und Rassismus, 2019, 21 f.
8 Barskanmaz, Recht und Rassismus, 2019, 21 f.
9 BVerfG, Beschl. v. 2.11.2020, Az.: 1 BvR 2727/19, Rn. 11, 18.
10 Gröpl, ders./Windthorst/v. Coelln (Hrsg.), Studienkommentar GG, 4. Aufl. 2019, Art. 3 Rn. 91.
11 BVerfG, Beschl. v. 25.5.1956, Az.: 1 BvR 83/56, NJW 1956, 985 (986).
12 BVerfG, Beschl. v. 22.1.1959, Az.: 1 BvR 154/55, Rn. 18 = BVerfGE 9, 124 – Armenrecht.

Sué González Hauck

ähnlich wie dem verwandten, gelegentlich sogar synonym gebrauchten Wort ,**Abstammung**', das Element des Überkommenen eigentümlich, das zwar in die Gegenwart hineinwirkt aber von der gegenwärtigen Lage des Menschen unabhängig ist, ja häufig gerade als Ausdruck eines gewissen Spannungsverhältnisses zwischen der gegenwärtigen sozialen Lage und derjenigen gebraucht wird, in die der Mensch hineingeboren ist. ,Herkunft' meint also die von den Vorfahren hergeleitete soziale Verwurzelung, nicht die in den eigenen Lebensumständen begründete Zugehörigkeit zu einer bestimmten sozialen Schicht".[13]

Das Merkmal Abstammung hat eine eigenständige Bedeutung soweit es über den wirtschaftlich-sozialen Aspekt der Herkunft hinausgeht. Während Herkunft die soziale Klasse meint, in die ein Mensch hineingeboren wird, bezieht sich Abstammung auf alle anderen Aspekte, die sich ebenfalls aus der Beziehung eines Menschen zu dessen Vorfahren ergeben können.[14]

Beispiel: Das Verbot der Diskriminierung wegen der Abstammung verbietet etwa eine Sippenhaft, also Strafen, die nicht an eigenes Verhalten, sondern an das Verhalten von Familienmitgliedern anknüpfen.

5. Glauben und religiöse Anschauung

Die Definition des Merkmals „Glauben und religiöse Anschauung" in Art. 3 III GG deckt sich mit dem Schutzbereich des Art. 4 GG. Das Verbot der Diskriminierung wegen des Glaubens oder der religiösen Anschauung verstärkt die in Art. 4 GG geschützte Religionsfreiheit.[15]

6. Politische Anschauungen

So wie das Diskriminierungsverbot hinsichtlich des Merkmals „Glauben und religiöse Anschauung" Art. 4 GG flankiert und verstärkt, steht auch das Verbot der Ungleichbehandlung wegen der politischen Anschauung in einem engen Zusammenhang mit anderen Grundrechten. Konkret ist es im Zusammenhang mit der Meinungsfreiheit (Art. 5 I GG), der Versammlungsfreiheit (Art. 8 I GG), der Koalitionsfreiheit (Art. 9 III 1 GG) und der sich aus Art. 21 GG ergebenden Sonderstellung politischer Parteien zu sehen. Art. 3 III 1 GG stellt also diesen Freiheitsrechten explizit eine gleichheitsrechtliche Dimension zur Seite.

---

13 BVerfG, Beschl. v. 22.1.1959, Az.: 1 BvR 154/55, Rn. 19 = BVerfGE 9, 124 – Armenrecht.
14 BVerfG, Beschl. v. 22.1.1959, Az.: 1 BvR 154/55, Rn. 18 = BVerfGE 9, 124 – Armenrecht.
15 BVerfG, Beschl. v. 27.1.2015, Az.: 1 BvR 471/10, Rn. 125 = BVerfGE 138, 296.

Sué González Hauck

Entgegen einer vereinzelten in diese Richtung gehenden und nie wieder aufgegriffenen Aussage in der frühen Rechtsprechung des BVerfG[16] ist nicht nur das bloße Haben einer politischen Anschauung als Teil des in Art. 3 III 1 GG genannten Merkmals geschützt, sondern auch das Äußern und **Verbreiten** dieser Anschauungen.

Anschauungen und Verhalten, die nicht unter den Schutzbereich der Art. 5 I GG, Art. 8 I GG, oder Art. 9 I GG fallen können, können nach dem Grundsatz der Einheit der Verfassung auch nicht im Rahmen des Art. 3 III GG derart geschützt sein, dass an die Verbreitung dieser Anschauungen keine Rechtsfolgen geknüpft werden dürften. Das ist insbesondere der Fall bei falschen Tatsachenbehauptungen.

Beispiel: Die Behauptung, Covid-19 existiere nicht und sei im Rahmen einer Verschwörung erfunden worden, ist eine falsche Tatsachenbehauptung und damit keine politische Anschauung im Sinne des Art. 3 III 1 GG.

Überwiegend wird auch angenommen, dass Anschauungen, die sich gegen die freiheitlich-demokratische Grundordnung richten, nicht durch Art. 3 III GG geschützt sind.[17]

7. Behinderung

Der im Jahr 1994 eingefügte[18] Art. 3 III 2 GG enthält das Verbot der Benachteiligung wegen einer Behinderung. Nach der in der Rechtsprechung gängigen Definition ist unter Behinderung „die Auswirkung einer nicht nur vorübergehenden Funktionsbeeinträchtigung, die auf einem regelwidrigen körperlichen, geistigen oder seelischen Zustand beruht," zu verstehen.[19]

Anders als bei den in Art. 3 III 1 GG genannten Merkmalen ist es nicht verboten, eine Person aufgrund der Behinderung zu bevorzugen. Im Gegenteil verpflichtet Art. 3 III 2 GG den Staat dazu, durch formell bevorzugende Regelungen den tatsächlichen Nachteilen entgegenzuwirken, die für Menschen mit alltagsrelevanten Einschränkungen entstehen. Art. 3 III 2 GG enthält neben dem subjek-

16 BVerfG, Beschl. v. 22.5.1975, Az.: 2 BvL 13/73, Rn. 41 = BVerfGE 39, 334 – Extremistenbeschluss.
17 BVerfG, Beschl. v. 22.5.1975, Az.: 2 BvL 13/73, Rn. 41 = BVerfGE 39, 334 – Extremistenbeschluss; Langenfeld, in: Dürig/Herzog/Scholz, GG, 95. EL Juli 2021, Art. 3 Abs. 3 Rn. 70.
18 Gesetz zur Änderung des Grundgesetzes vom 27.10.1994, BGBl. I 1994, 3146.
19 BVerfG, Beschl. v. 8.10.1997, Az.: 1 BvR 9/97, Rn. 63 = BVerfGE 96, 288 – Integrative Beschulung.

Sué González Hauck

tiven Abwehrrecht, das vor einer Diskriminierung wegen der Behinderung schützt, auch ein Teilhaberecht auf angemessene Förder- und Integrationsmaßnahmen.[20]

Beispiel: In seiner teilhaberechtlichen Dimension verpflichtet Art. 3 III 2 GG dazu, einen barrierefreien Zugang zu öffentlichen Einrichtungen zu ermöglichen.

Neben der abwehrrechtlichen und der teilhaberechtlichen Dimension enthält Art. 3 III 2 auch einen allgemeinen gesetzgeberischen Auftrag in Form einer Staatszielbestimmung.[21]

8. Nicht in Art. 3 III GG genannte Merkmale

In der jüngeren Rechtsprechung des BVerfG zeichnet sich die Tendenz ab, Gruppen, die nicht mit einem Merkmal in Art. 3 III GG explizit benannt, aber auf eine vergleichbare Weise strukturell diskriminierungsgefährdet sind, einen Schutz zukommen zu lassen, der sich dem Schutz des Art. 3 III GG zumindest stark annähert.

Relevant ist das insbesondere für das Merkmal der **sexuellen Orientierung**. Formell verankert ist das „Quasi-Diskriminierungsverbot" wegen der sexuellen Orientierung in Art. 3 I GG, jedoch prüft das BVerfG entsprechend der Struktur in Art. 3 III GG, ob eine Rechtsfolge an das Merkmal der sexuellen Orientierung geknüpft wird und stellt im Fall des Vorliegens einer solchen Anknüpfung sehr hohe Anforderungen an deren Rechtfertigung auf.

Wiederholt hat der verfassungsändernde Gesetzgeber eine Änderung des Art. 3 III GG dahingehend, den Text um das Merkmal der sexuellen Orientierung zu ergänzen, abgelehnt, wobei zuletzt einer der tragenden Gründe darin bestand, dass nach der Rechtsprechung des BVerfGs ohnehin aus Art. 3 I GG ein mit dem Art. 3 III GG vergleichbares Schutzniveau gewährleistet sei.

II. Ungleichbehandlung *wegen* eines der genannten Merkmale

Es ist davon auszugehen, dass jede Differenzierung anhand eines der genannten Merkmale entweder benachteiligend oder bevorzugend wirkt. Daher ist bei der

---

20 Gröpl, in: ders./Windthorst/v. Coelln (Hrsg.), Studienkommentar GG, 4. Aufl. 2019, Art. 3 Rn. 101.
21 Gröpl, in: ders./Windthorst/v. Coelln (Hrsg.), Studienkommentar GG, 4. Aufl. 2019, Art. 3 Rn. 101.

Prüfung des Art. 3 III 1 GG allgemeiner nach einer Ungleichbehandlung wegen eines der genannten Merkmale zu fragen. Art. 3 III GG enthält somit primär ein **Differenzierungsverbot** oder **tatbestandliches Anknüpfungsverbot**. Das bedeutet, dass Rechtsfolgen grundsätzlich nicht an eines der in Art. 3 III GG genannten Merkmale geknüpft werden dürfen.

ℹ Weiterführendes Wissen

In seiner früheren Rechtsprechung ging das BVerfG teilweise davon aus, dass eine Ungleichbehandlung nur dann „wegen" eines der genannten Merkmale erfolgt, wenn nach der gesetzgeberischen Intention das primäre Ziel gerade in der Differenzierung nach einem der genannten Merkmale vorliegt. Davon ist das BVerfG jedoch explizit abgerückt.[22] Auch bei Verwaltungshandeln ist es ausreichend, dass die Behörde eine Rechtsfolge an eines der Merkmale des Art. 3 III GG anknüpft, ohne dass dies das primäre Ziel des Handelns der Behörde sein muss.

Eine Ungleichbehandlung erfolgt nur dann „wegen" des jeweiligen Merkmals, wenn sich die Rechtsfolge nicht bereits aus einem anderen Grund ergibt. So hat das BVerfG beispielsweise im Hinblick auf Vorschriften, die Deutsch als Gerichtssprache vorschreiben, bereits auf Tatbestandsebene einen Verstoß gegen das Verbot der Diskriminierung wegen der Sprache verneint. Insbesondere dadurch, dass Urteile der Strafgerichte in deutscher Sprache abzufassen seien, werde ein Angeklagter, dessen Muttersprache nicht Deutsch ist, nicht rechtlich benachteiligt, denn seine Sprache werde nicht als Anknüpfungspunkt für Rechtsnachteile verwendet.[23]

⚠ Examenswissen

Die Frage, auf welche Weise das Kriterium der Kausalität zu berücksichtigen ist, wenn ein in Art. 3 III GG genanntes Merkmal Teil eines vielfältigen Motivbündels für die rechtliche Differenzierung ist, wird uneinheitlich beurteilt. Richtigerweise ist die alleinige Kausalität eines der Merkmale des Art. 3 III GG für staatliches Handeln eine hinreichende, aber keine notwendige Bedingung für eine Ungleichbehandlung im Sinne des Art. 3 III GG. Von einem Verstoß gegen Art. 3 III GG auf Tatbestandsebene ist auch dann auszugehen, wenn die Diskriminierung nur eine von mehreren Ursachen für die Rechtsfolge ist. Dabei kommt es nicht darauf an, dass das in Art. 3 III GG genannte Merkmal ein „tragender Grund" für die Rechtsfolge ist oder auf andere Weise besonders gesteigertes Gewicht bei der hoheitlichen Entscheidungsfindung entfaltet.[24] Entscheidungsprozesse lassen sich selbst im Idealfall nicht vollständig transparent gestalten, sodass sich oft nicht feststellen lassen wird, welcher von vielen Gründen für die Entscheidung

---

22 BVerfG, Urt. v. 28.1.1992, Az.: 1 BvR 1025/82, 1 BvL 16/83 und 10/91, Rn. 53–54.
23 BVerfG, Beschl. v. 17.5.1983, Az.: 2 BvR 731/80, NJW 1983, 2762 (2765); OVG Koblenz, Urt. v. 27.3.2014, Az.: 7 A 10993/12, Rn. 36.
24 So auch Kischel, in: BeckOK GG, 46. Ed. 15.2.2021, Art. 3 Rn. 212a.

Sué González Hauck

ausschlaggebend war. Zudem spielen unbewusste Vorurteile eine große Rolle, deren ausschlag-
gebende Kausalität sich ebenfalls oft nicht nachweisen lässt. Schließlich ließe sich selbst in den
Fällen gezielter Diskriminierung meistens ein unverfänglicher Grund finden, der ausschlaggebend gewesen sein soll und als solcher vorgeschoben werden kann, woraus sich ein hohes
Missbrauchspotenzial ergibt.

III. Mittelbare Diskriminierung

Eine mittelbare Diskriminierung liegt wie bei Art. 3 II GG vor, wenn eine **scheinbar neutral formulierte Norm** im Ergebnis faktisch **überwiegend eine bestimmte Personengruppe** trifft und sich **benachteiligend auswirkt.**

Umstritten ist, ob Art. 3 III GG über das auch als Verbot der unmittelbaren
Diskriminierung zu verstehende Differenzierungsverbot hinaus ein Verbot der
mittelbaren Diskriminierung enthält.

Aus der Rechtsprechung des BVerfG lassen sich unterschiedliche Schlüsse
ziehen. Einerseits hat das BVerfG vereinzelt festgestellt, dass die besonderen Diskriminierungsverbote des Art. 3 III GG nicht zu einem Ausgleich von Nachteilen
verpflichten, die sich aus tatsächlichen und nicht aus rechtlichen Gründen ergeben.[25] Auch solle der über Art. 3 III GG hinausgehende Gehalt des Art. 3 II GG
(auch vor der Ergänzung durch Art. 3 II 2 GG) darin bestehen, dass sich Art. 3 II GG
auch auf die Lebenswirklichkeit beziehe, mithin auf die Herstellung tatsächlicher
Gleichstellung gerichtet sei. Daraus lässt sich schließen, dass Art. 3 III GG auf formelle Gleichheit und damit auf das schlichte Anknüpfungsverbot beschränkt sein
soll. Andererseits hat das BVerfG in seiner Rechtsprechung zu der Diskriminierung aufgrund des Geschlechts wiederholt das **Verbot einer mittelbaren Diskriminierung** auch aus Art. 3 III GG abgeleitet.

Gegen die Annahme, Art. 3 III GG enthalte auch ein Verbot der mittelbaren
Diskriminierung, wird in der Literatur insbesondere angeführt, dies führe zu einer
zu weitreichenden Einschränkung der Gesetzgebung. Dafür, dass auch mittelbare
Diskriminierungen von Art. 3 III GG zu erfassen sind, lässt sich jedoch anführen,
dass das Verbot der mittelbaren Diskriminierung nicht nur aufgrund des Geschlechts, sondern auch aufgrund der „Rasse", der Religion und anderer Merkmale, im Europarecht fest verankert ist. Das BVerfG bezieht sich in diesem Punkt
auch regelmäßig auf die Rechtsprechung des EuGH. Die befürchtete Einschrän-

---

25 BVerfG, Beschl. v. 17.5.1983, Az.: 2 BvR 731/80 = NJW 1983, 2762 (2765).

Sué González Hauck

kung der Politik durch ein Verbot der mittelbaren Diskriminierung besteht also ohnehin. Die Frage ist, ob aus dem Grundgesetz ein eigener Maßstab für die Überprüfung mittelbar diskriminierenden hoheitlichen Handelns zu entwickeln ist oder ob die Überprüfung allein der europäischen Ebene überlassen wird.

B. Rechtfertigung der Ungleichbehandlung

Die eigenständige Bedeutung der besonderen Diskriminierungsverbote des Art. 3 III GG gegenüber dem in Art. 3 I GG enthaltenen Allgemeinen Gleichheitssatz besteht in den **gesteigerten** Anforderungen an die Rechtfertigung. Art. 3 III GG ist insofern als Fortsetzung der Intensitätsskala zu sehen, die einem besonders schwerwiegenden Verstoß gegen den allgemeinen Gleichheitssatz gesteigerte Anforderungen auf Rechtfertigungsebene gegenüberstellt.[26] Am oberen Ende dieser Skala knüpft Art. 3 III GG an und erfordert demgegenüber nochmals gesteigerte Anforderungen an die Rechtfertigungsprüfung. In diesem Sinne zieht Art. 3 III GG der Gestaltungsfreiheit der Gesetzgebung engere Grenzen.[27]

Wie bei Art. 3 II GG kann auch eine Ungleichbehandlung wegen eines in Art. 3 III GG enthaltenen Merkmals im Wege einer Abwägung mit kollidierendem Verfassungsrecht gerechtfertigt sein.[28]

In Betracht kommen etwa die Staatsstrukturprinzipien aus Art. 20 I GG, Staatszielbestimmungen in Art. 20a, aber auch beispielsweise Art. 3 II 2 GG.

Eine Ungleichbehandlung wegen der Abstammung und Herkunft kann unter Rückgriff auf die verfassungsrechtlich verankerten Institutsgarantien des Familienrechts und des Erbrechts gerechtfertigt sein,[29] eine Ungleichbehandlung aufgrund des Glaubens oder der religiösen Anschauung durch das Staatskirchenrecht.[30]

---

26 Siehe zum Prüfungsmaßstab bei Art. 3 I GG, Macoun, § 19.1 B.I., in diesem Lehrbuch.
27 BVerfG, Beschl. v. 17.2.1999, Az.: 1 BvL 26/97, Rn. 13.
28 BVerfG, Beschl. v. 24.1.1995, Az.: 1 BvL 18/93 und 5, 6, 7/94, 1 BvR 403, 569/94, Rn. 65 = BVerfGE 92, 91 – Feuerwehrabgabe; BVerfG, Beschl. v. 17.2.1999, Az.: 1 BvL 26/97, Rn. 13.
29 Epping, Grundrechte, 8. Aufl. 2019, Rn. 830.
30 Gröpl, in: ders./Windthorst/v. Coelln (Hrsg.), Studienkommentar GG, 4. Aufl. 2019, Art. 3 Rn. 99.

Sué González Hauck

Examenswissen !

In der Literatur wird von Vertreter:innen, die der Anerkennung einer mittelbaren Diskriminierung im Rahmen des Art. 3 III GG bereits auf Tatbestandsebene skeptisch gegenüberstehen, verlangt, dass auf Rechtfertigungsebene bei einer mittelbaren Diskriminierung nicht mehr die oben aufgeführten strengen Anforderungen an die Rechtfertigungsprüfung gälten. Stattdessen bestünden dieselben gestuften Rechtfertigungsanforderungen wie bei Art. 3 I GG.[31] Die praktischen Auswirkungen auf die Prüfung dürften sich dabei in Grenzen halten. Jedenfalls wäre bei einer Prüfung anhand des Art. 3 I GG allein wegen der Nähe zu Art. 3 III GG eine besonders sorgfältige Verhältnismäßigkeitsprüfung anzustellen.

C. Schutzpflichten

Umstritten ist, ob die speziellen Gleichheitssätze in Art. 3 II und III GG im Vergleich zu dem allgemeinen Gleichheitssatz aus Art. 3 I GG erhöhte Schutzpflichten des Staates begründen.

Nach einer Ansicht treffen den Staat keine Pflichten, den Schutz vor Diskriminierung wegen eines in Art. 3 II, III GG genannten Merkmals auch im Privatrechtsverkehr durchzusetzen, die über die Schutzpflichten aus Art. 3 I GG hinausgingen. Es gehöre zu der grundrechtlich geschützten Privatautonomie, Differenzierungen nach beliebigen Merkmalen vornehmen zu dürfen, und zwar auch auf eine Weise, die dem Staat untersagt wäre.[32] Der einfachgesetzliche Schutz vor Diskriminierungen im Privatrechtsverkehr, wie er insbesondere im Allgemeinen Gleichbehandlungsgesetz (AGG) ausgestaltet ist, wird somit nicht als Ausfluss der Art. 3 II, III GG angesehen, sondern lediglich als unionsrechtlich determiniert.

Alternativ lässt sich argumentieren, dass sowohl die durch Art. 2 I GG geschützte Privatautonomie als auch die in Art. 3 GG enthaltenen allgemeinen und speziellen Gleichheitssätze „unter dem Dach des Menschenwürdeschutzes nach Art. 1 I GG" stehen.[33] Betrachtet man die in Art. 2 I GG geschützte Privatautonomie folglich nicht isoliert, sondern im Kontext anderer Grundrechte, so gebietet es der Grundsatz der Einheit der Verfassung, „Freiheit in Gleichheit als Verwirklichung

---

31 Kischel, in: BeckOK GG, 46. Ed. 15.2.2021, Art. 3 Rn. 218.
32 Kischel, in: BeckOK GG, 46. Ed. 15.2.2021, Art. 3 Rn. 210; Langenfeld, in: Dürig/Herzog/Scholz, GG, 95. EL Juli 2021, Art. 3 Abs. 3 Rn. 81–83.
33 Baer, ZRP 2002, 290 (291).

Sué González Hauck

der Menschenwürde zu ermöglichen". Folglich kann kein Grundrecht dazu ermächtigen, Freiheit diskriminierend zu nutzen.[34]

Das BVerfG hat die Frage nach erhöhten Schutzpflichten aus Art. 3 II und III GG in seiner Entscheidung über Stadionverbote bewusst offengelassen.[35]

D. Konkurrenzen

Art. 3 III GG hat als lex specialis Vorrang vor Art. 3 I GG.

Andere spezielle Gleichheitssätze sowie Freiheitsrechte können neben Art. 3 III GG anwendbar sein.

E. Europäische und internationale Bezüge

Der Schutz vor Diskriminierung ist in besonders hohem Maß unions- und völkerrechtlich determiniert.

I. Europarecht

Die Europäische Grundrechtecharta enthält in Art. 21 ein Diskriminierungsverbot mit einem ausführlichen Katalog an Merkmalen, der unter anderem auch die sexuelle Orientierung enthält: „Diskriminierungen insbesondere wegen des Geschlechts, der Rasse, der Hautfarbe, der ethnischen oder sozialen Herkunft, der genetischen Merkmale, der Sprache, der Religion oder der Weltanschauung, der politischen oder sonstigen Anschauung, der Zugehörigkeit zu einer nationalen Minderheit, des Vermögens, der Geburt, einer Behinderung, des Alters oder der sexuellen Ausrichtung sind verboten".

---

i **Weiterführendes Wissen**

Die größte Bedeutung erlangt das Recht der Europäischen Union über die zahlreichen Antidiskriminierungsrichtlinien. Hervorzuheben ist insbesondere die sogenannte Rahmenrichtlinie, die

---

34 Baer, ZRP 2002, 290 (292).
35 BVerfG, Beschl. v. 11.4.2018, Az.: 1 BvR 3080/09, Rn. 40 = BVerfGE 148, 267 – Stadionverbote.

Sué González Hauck

das System des europäischen Antidiskriminierungsrechts bestimmt.[36] In Umsetzung der europäischen Antidiskriminierungsrichtlinien wurde in Deutschland das AGG erlassen.

II. Völkerrecht

Auf völkerrechtlicher Ebene finden sich eine Reihe allgemeiner sogenannter **akzessorischer** Diskriminierungsverbote. „Akzessorisch" bedeutet in diesem Zusammenhang, dass die Diskriminierungsverbote nicht isoliert angewendet werden, sondern dass sie sich schon ihrem Wortlaut nach auf die Freiheitsrechte beziehen.

Art. 1 der Allgemeinen Erklärung der Menschenrechte lautet etwa in der nichtamtlichen deutschen Übersetzung: „Jeder hat Anspruch auf alle in dieser Erklärung verkündeten Rechte und Freiheiten, ohne irgendeinen Unterschied, etwa nach Rasse, Hautfarbe, Geschlecht, Sprache, Religion, politischer oder sonstiger Anschauung, nationaler oder sozialer Herkunft, Vermögen, Geburt oder sonstigem Stand".

Ähnlich statuiert Art. 2 II des Internationalen Pakts über bürgerliche und politische Rechte (IPbpR):[37] „Jeder Vertragsstaat verpflichtet sich, die in diesem Pakt anerkannten Rechte zu achten und sie allen in seinem Gebiet befindlichen und seiner Herrschaft unterstehenden Personen ohne Unterschied wie insbesondere der Rasse, der Hautfarbe, des Geschlechts, der Sprache, der Religion, der politischen oder sonstigen Anschauung, der nationalen oder sozialen Herkunft, des Vermögens, der Geburt oder des sonstigen Status zu gewährleisten".

Auch Art. 14 EMRK hat eine gegenüber den Freiheitsrechten akzessorische Struktur: „Der Genuss der in dieser Konvention anerkannten Rechte und Freiheiten ist ohne Diskriminierung insbesondere wegen des Geschlechts, der Rasse, der Hautfarbe, der Sprache, der Religion, der politischen oder sonstigen Anschauung, der nationalen oder sozialen Herkunft, der Zugehörigkeit zu einer nationalen Minderheit, des Vermögens, der Geburt oder eines sonstigen Status zu gewährleisten".

Einzelnen vulnerablen Gruppen sind zusätzlich **spezielle Antidiskriminierungskonventionen** gewidmet, wie etwa das Internationale Übereinkommen zur Beseitigung jeder Form der Rassendiskriminierung[38], das Übereinkommen zur

---

36 RL 2000/78/EG des Rates v. 27.11.2000 zur Festlegung eines allgemeinen Rahmens für die Verwirklichung der Gleichbehandlung in Beschäftigung und Beruf.
37 Internationaler Pakt über bürgerliche und politische Rechte v. 19.12.1966, BGBl. II 1973, 1533.
38 Internationales Übereinkommen v. 7.3.1969 zur Beseitigung jeder Form der Rassendiskriminierung, BGBl. II 1969, 961.

Sué González Hauck

Beseitigung jeder Form der Diskriminierung der Frau[39] oder das Übereinkommen über die Rechte von Menschen mit Behinderungen.[40]

Zusammenfassung: Die wichtigsten Punkte
- Art. 3 III GG enthält besondere Diskriminierungsverbote, die den allgemeinen Gleichheitssatz aus Art. 3 I GG konkretisieren.
- Der Zweck der besonderen Diskriminierungsverbote besteht darin, Gruppen, die strukturell besonders diskriminierungsgefährdet sind, zu schützen.
- Ungleichbehandlungen wegen der in Art. 3 III GG Merkmale sind nicht in jedem Fall unzulässig, unterliegen jedoch erhöhten Anforderungen an die Rechtfertigung.

Weiterführende Studienliteratur
- Susanne Baer, Gleichberechtigung Revisited, NJW 2013, S. 3145–3149
- Sigrid Boysen, Racial Profiling, Jura 2020, S. 1192–1199

Dieses Kapitel darf gerne kommentiert, verändert und beliebig genutzt werden. Jeder Link in der PDF-Version des Textes führt zur Überarbeitungsmöglichkeit bei der Plattform Wikibooks. Eine konkrete Anleitung zur Mitarbeit & Weiternutzung findet sich auf unserer Homepage | ebenfalls über den abgebildeten QR-Code mit der Smartphone-Kamera erreichbar.

---

39 Übereinkommen v. 18.12.1979 zur Beseitigung jeder Form der Diskriminierung der Frau, BGBl. II 1985, 1234.
40 Übereinkommen über die Rechte von Menschen mit Behinderungen v. 13.12.2006, BGBl. II 2008, 1419.

Sué González Hauck

§ 20 Kommunikation & Meinung

Das Grundgesetz geht von einem **„gemeinschaftsgebundenen** und **gemein-schaftsbezogenen"**[1] **Menschenbild** aus. Das Individuum ist zur Entfaltung seiner Persönlichkeit auf Kontakt, Austausch und zwischenmenschliche Verbindungen angewiesen. Die in diesem Kapitel als **Kommunikationsgrundrechte** zusammengefassten Grundrechtsartikel entfalten aber auch Bedeutung über die individuelle Persönlichkeitsentfaltung hinaus. Eine demokratische Gesellschaft bedarf für ihre Organisation eines Prozesses der freien Meinungsbildung gleichermaßen im **Individuellen** wie auch im **Öffentlichen**. Demokratische Teilhabe, Mehrheitsbildung, Minderheitenschutz, Entscheidungsfindung und schließlich auch die Kontrolle der Ausübung demokratisch verliehener Herrschaftsgewalt setzen voraus, dass Meinungen frei gebildet und geäußert werden können.

Diesen Anspruch haben auch bereits frühere deutsche Verfassungen formuliert. Im Zentrum des grundrechtlichen Schutzes steht die Meinungsfreiheit des Art. 5 I 1 Var. 1 GG, die durch die Informationsfreiheit (Art. 5 I 1 Var. 2) ihr Gegenstück erfährt. Die Freiheit massenmedialer Kommunikation gewährleisten die Medienfreiheiten, Art. 5 I 2 GG. Hier tritt das Element der Persönlichkeitsentfaltung stärker gegenüber der Funktion freier Medien für den Prozess der individuellen und öffentlichen Meinungsbildung zurück.

Meinungsbildung erfolgt aber nicht nur in den analogen oder digitalen Feuilletons und Kommentarspalten der Zeitungen, in den Sendungen des Rundfunks oder in den Feeds sozialer Medien, sondern findet einen kollektiven Ausdruck auch auf den Straßen. Den Versammlungen verleiht die Versammlungsfreiheit (Art. 8 GG) grundrechtlichen Schutz. Wie weit dieser reicht, hängt dabei auch davon ab, ob als deren Zweck der Schutz des Individuums vor sozialer Isolation oder die Teilhabe an politischer Meinungsbildung gesehen wird. Bedeutung für die Meinungsbildung haben aber nicht nur temporäre, sich in Anbetracht eines singulär verbindenden Moments vorübergehend bildende Zusammenschlüsse, sondern auch auf Dauer angelegte Zusammenschlüsse, die vom Schutzbereich der allgemeinen Vereinigungsfreiheit des Art. 9 I GG erfasst werden. Kommunikation verläuft dabei nicht nur zwischen Privaten, sondern bindet auch den Staat als Kommunikationsakteur ein: Mit dem Petitionsrecht (Art. 17 GG) kennt das Grundgesetz ein niedrigschwelliges Instrument, mit dem Betroffene ihre Beschwerden und Bitten an zuständige staatliche Stellen adressieren können.

---

1 BVerfG, Urt. v. 1.3.1979, Az.: 1 BvR 532/77, 1 BvR 533/77, 1 BvR 419/78, 1 BvL 21/78 = BVerfGE 50, 290 (320) – Mitbestimmung.

Kommunikation verlagert sich zunehmend ins **Internet**. Damit ändern sich nicht nur die Formen von Kommunikation (Austausch von WhatsApps statt eines Anrufs auf das Festnetztelefon), sondern es entstehen auch neue Arten von Inhalten (etwa Instagram-Storys, Videos auf Tiktok oder Petitionen auf openPetition). Das Internet ist dabei nicht einfach ein neues Medium neben „klassischen" Medien wie Presse oder Rundfunk: Einerseits ist das Internet eine neue Verbreitungsform klassischer Medien (Streamen von Rundfunk-Angeboten, Zeitungen in Online-Version). Andererseits ermöglicht es hybride Formate (etwa Zeitungsartikel, die von kurzen Videos oder Tweets unterbrochen sind) und schließlich ganz neue Medien (insb. Soziale Netzwerke wie Facebook oder Twitter). Diese Veränderungen stellen auch das Recht vor **Herausforderungen**: Klassische Kategorisierungen passen nicht mehr. Definitionen müssen verändert oder ergänzt werden, um Phänomene wie Online-Flashmobs oder Shitstorms zu erfassen. Rechtsprechung und Literatur sind vielfach noch in der Findungsphase. Das macht aktuelle Internetphänomene für Klausursteller:innen interessant. Hier gilt es, nicht nur auswendig gelerntes Wissen zu reproduzieren, sondern überkommene Kategorien zu hinterfragen und unter Rückgriff auf die Schutzzwecke der Grundrechte kreativ zu argumentieren: Ist die Online-Versammlung durch Art. 8 GG geschützt? Ist ein online gestellter Zeitungsbericht Presse i.S.d. Art. 5 I 2 GG? Macht es einen Unterschied, ob eine herabwürdigende Äußerung am Stammtisch geäußert wird oder auf Twitter?

Stephan Gerbig/Katharina Goldberg/Sué González Hauck/Luca Knuth/Nora Wienfort

§ 20.1 Meinungsfreiheit – Art. 5 GG

Notwendiges Vorwissen: Prüfung Freiheitsgrundrecht

Lernziel: das Grundrecht der Meinungsfreiheit nach Art. 5 I 1 GG kennen, in der Klausur sicher damit umgehen können

---

Für dieses Kapitel gibt es frei zugängliche interaktive Übungen. Halte einfach deine Smartphone-Kamera vor den Kasten mit den Punkten (QR-Code).

Die Meinungsfreiheit ist in den Worten des BVerfG „als **unmittelbarster Ausdruck der menschlichen Persönlichkeit** eines der vornehmsten Menschenrechte überhaupt" und „für eine **freiheitlich-demokratische Staatsordnung (...)** schlechthin konstituierend".[1] Darin werden die **zwei Funktionen** der Meinungsfreiheit deutlich: Einerseits dient sie der freien Persönlichkeitsentfaltung Einzelner. Andererseits dient sie dem demokratischen Meinungsbildungsprozess, der die gemäß Art. 20 II 2 GG periodisch stattfindenden Wahlen und Abstimmungen kontinuierlich begleitet.[2]

A. Schutzbereich

I. Sachlicher Schutzbereich

1. Schutzgegenstand

Der Begriff „Meinung" im Sinne des Art. 5 I 1 GG umfasst grundsätzlich **Werturteile** und **Tatsachenbehauptungen**. In erster Linie sind Werturteile geschützt. **Werturteile** sind solche Inhalte, die ein „Element der Stellungnahme, des Dafürhaltens, des Meinens im Rahmen einer geistigen Auseinandersetzung"[3] beinhalten. Sie haben keinen objektiven Richtigkeitsanspruch, sondern drücken das sub-

---

1 BVerfG, Urt. v. 15.1.1958, Az.: 1 BvR 400/51 Rn. 33 = BVerfGE 7, 198 (208) – Lüth.

2 Vgl. Dreier, in: Dreier, GG, 3. Aufl. 2013, Art. 20 I GG Rn. 77; zur Bedeutung der – u. a. durch die grundgesetzlichen Kommunikationsfreiheiten ermöglichten – Bildung einer öffentlichen Meinung in der Demokratie siehe nur BVerfG, Urt. v. 30.6.2009, Az.: 2 BvE 2/08 u. a., Rn. 250 = BVerfGE 123, 267 (358) – Lissabon.

3 BVerfG, Beschl. v. 22.6.1982, Az.: 1 BvR 1376/79, Rn. 15 = BVerfGE 61, 1 (7) – Wahlkampf.

jektive Verhältnis einer Person zu einem Sachverhalt aus. Sie sind also nicht empirisch beweisbar.[4]

Daneben sind auch **Tatsachenbehauptungen** (also Inhalte, die dem Richtigkeitsbeweis zugänglich sind) vom Schutz der Meinungsfreiheit erfasst, soweit sie Voraussetzung der Meinungsbildung[5] und **nicht erwiesen oder ersichtlich unwahr** sind.[6] Dabei dürfen an den Sorgfaltsmaßstab der sich äußernden Person allerdings keine überhöhten Anforderungen gestellt werden. Sie muss die Richtigkeit von Tatsachenbehauptungen nicht umfassend recherchieren. Dies würde die effektive Ausübung der Meinungsfreiheit hindern. Ausgenommen vom Schutzbereich ist daher nur die bewusste Lüge.

Viele Aussagen lassen sich nicht eindeutig als Werturteil oder Tatsachenbehauptung bestimmen, sondern enthalten **Bestandteile von beidem.** Um einen möglichst weitgehenden Grundrechtsschutz zu gewährleisten, ist eine Aussage vom Schutzbereich der Meinungsfreiheit schon erfasst, wenn Werturteile und Tatsachenbehauptungen vermischt oder verbunden sind[7] und eine Abgrenzung nicht möglich ist.[8]

ℹ Weiterführendes Wissen

Für vor allem in Sozialen Netzwerken kursierende **Fake News** gelten bezüglich des Schutzes durch Art. 5 I 1 GG keine Besonderheiten: Entscheidend ist eine saubere Abgrenzung zwischen Tatsachen- und Meinungsbestandteilen der Äußerung. Im zweiten Schritt ist zu fragen, ob abtrennbare Tatsachenbehauptungen erwiesen oder ersichtlich unwahr sind. Angesichts der geringen Sorgfaltsanforderungen an Private wird der Schutz des Art. 5 I 1 GG in den meisten Fällen greifen.

Die Meinungsfreiheit schützt eine Äußerung unabhängig davon, ob sie „begründet oder grundlos, emotional oder rational ist, als wertvoll oder wertlos, gefährlich oder harmlos eingeschätzt wird"[9]. Auch **herabwürdigende Äußerungen**

---

4 BVerfG, Beschl. v. 14.3.1972, Az.: 2 BvR 41/71, Rn. 27 = BVerfGE 33, 1 (14) – Strafvollzug; BVerfG, Beschl. v. 13.4.1994, Az.: 1 BvR 23/94, Rn. 26 = BVerfGE 90, 241 (247) – Auschwitzlüge.
5 BVerfG, Beschl. v. 22.6.1982, Az.: 1 BvR 1376/79, Rn. 16 = BVerfGE 61, 1 (7) – Wahlkampf.
6 BVerfG, Beschl. v. 10.11.1998, Az.: 1 BvR 1531/96, Rn. 52 = BVerfGE 99, 185 (197) – Scientology. Teile der Literatur plädieren dafür, Tatsachen grundsätzlich in den Schutzbereich der Meinungsfreiheit einzubeziehen, vgl. etwa v. Wendt, in: Münch/Kunig, GG, 7. Aufl. 2021, Art. 5 GG Rn. 29.
7 BVerfG, Beschl. v. 22.6.1982, Az.: 1 BvR 1376/79, Rn. 16 = BVerfGE 61, 1 (7) – Wahlkampf.
8 BVerfG, Beschl. v. 13.4.1994, Az.: 1 BvR 23/94, Rn. 29 = BVerfGE 90, 241 (248) – Auschwitzlüge.
9 BVerfG, Beschl. v. 4.11.2009, Az.: 1 BvR 2150/08, Rn. 49 = BVerfGE 124, 300 (320) – Wunsiedel.

Nora Wienfort

einschließlich **Formalbeleidigungen,**[10] **Schmähkritik**[11] und **menschenwürde-verletzende** Inhalte sind geschützt.[12] Gleiches gilt für Inhalte, die sich gegen die grundgesetzliche Ordnung richten.[13] Für die Eröffnung des Schutzbereichs ist auch unerheblich, welcher **Zweck** mit der Äußerung verfolgt wird: Dieser kann fremd- oder eigennützig (zum Beispiel Werbung[14]) sein.

Auch echte **Fragen** sind vom Schutzbereich erfasst.[15] **Rhetorische** Fragen sind als Werturteil oder Tatsachenbehauptung einzuordnen und entsprechend geschützt.[16]

Klausurtaktik

Ist in der Klausur zu prüfen, ob eine Aussage vom Schutzbereich des Art. 5 I 1 GG erfasst wird, ist sorgfältig zwischen den einzelnen Teilgehalten der Äußerung zu differenzieren und zu überlegen, ob einzelne, abtrennbare Sätze oder Satzteile aus dem Schutzbereich herausfallen. Bei der Auslegung der Äußerung ist die Wechselwirkungslehre (siehe dazu unten) zu beachten: Die Auslegung muss möglichst meinungsfreiheitsfreundlich erfolgen. Das heißt: Kommen mehrere Verständnisse der Aussage in Betracht, sind im Zweifel diejenigen zugrunde zu legen, die vom Schutzbereich der Meinungsfreiheit erfasst sind. In Zweifelsfällen ist es ratsam, sich für ein weites Schutzbereichsverständnis zu entscheiden und das Gewicht der Meinungsfreiheit im konkreten Fall in der Abwägung als gering zu veranschlagen.

---

10 Kürzlich BVerfG, Beschl. v. 19.5.2020, Az.: 1 BvR 2459/19, Rn. 12, 15 und Beschl. vom selben Tage, Az.: 1 BvR 2397/19, Rn. 12, 15 m.w.N.; früher ausgenommen: siehe nur BVerfG, Beschl. v. 19.4.1990, Az.: 1 BvR 40/86 und 1 BvR 42/86 = BVerfGE 82, 43 (51) – Strauß-Transparent.
11 Kürzlich BVerfG, Beschl. v. 19.5.2020, Az.: 1 BvR 2459/19, Rn. 12, 15 und Beschl. vom selben Tage, Az.: 2397/19 Rn. 12, 15 m.w.N.; andere Ansicht Michael/Morlok, Grundrechte, 7. Aufl. 2019, Rn. 210.
12 Kürzlich BVerfG, Beschl. v. 19.5.2020, Az.: 1 BvR 2459/19, Rn. 15 und Beschl. vom selben Tage, Az.: 1 BvR 2397/19 Rn. 15 m.w.N.
13 BVerfG, Beschl. v. 4.11.2009, Az.: 1 BvR 2150/08, Rn. 67 = BVerfGE 124, 300, 320 – Wunsiedel.
14 BVerfG, Urt. v. 12.12.2000, Az.: 1 BvR 1762/95 und 1 BvR 1787/95 = BVerfGE 102, 347 – Benetton Schockwerbung; siehe auch Grabenwarter, in: Dürig/Herzog/Scholz, GG, 95. EL Juli 2021, Art. 5 GG Rn. 64 m.w.N.
15 BVerfG, Beschl. v. 9.10.1991, Az.: 1 BvR 221/90, Rn. 43 = BVerfGE 85, 23 (32) – Rhetorische Frage.
16 BVerfG, Beschl. v. 9.10.1991, Az.: 1 BvR 221/90, Rn. 45 = BVerfGE 85, 23 (32) – Rhetorische Frage.

Nora Wienfort

2. Geschützte Verhaltensweisen

Die Meinungsfreiheit schützt nicht nur das **Äußern** und **Verbreiten** einer Meinung, sondern auch das vorausgelagerte **Bilden**[17] und **Haben**[18] einer Meinung und die nachgelagerte geistige **Wirkung** der Äußerung.[19] Das Äußern und Verbreiten kann nicht nur **durch Wort, Schrift und Bild**, sondern auch **auf andere Weise**, etwa konkludent, erfolgen.[20]

Beispiel: Aufnäher auf der Kleidung, Sticker und Plaketten, Verwendung von Gesten und Symbolen, Setzen von Links

Auch die **Wahl von Ort und Zeit** der Äußerung ist geschützt.[21] Die Äußerung kann auch **anonym** erfolgen.[22] Entscheidend ist, dass der Meinungsäußerung allein geistige, argumentative Wirkung zukommt. Ist sie mit Nötigung, Gewalt oder Zwang verbunden, ist sie nicht vom Schutzbereich erfasst. **Boykottaufrufe**, die allein als Mittel des geistigen Meinungskampfes dienen, sind also geschützt, während Boykottaufrufe, die mit wirtschaftlichem Druck einhergehen, nicht erfasst sind.[23]

Geschützt ist auch die **negative** Meinungsfreiheit, also die Freiheit, eine Meinung nicht zu haben, oder nicht als eigene zu äußern.[24] Dagegen vermittelt Art. 5 I 1 GG keinen Schutz davor, fremde Meinungen zu äußern, sofern sie als fremd gekennzeichnet werden können.[25]

---

17 BVerfG, Beschl. v. 3.10.1969, Az.: 1 BvR 46/65, Rn. 27 = BVerfGE 27, 71 (81) – Leipziger Volkszeitung; s. einschränkend aber Jarass, in: ders./Pieroth, GG, 16. Aufl. 2020, Art. 5 GG Rn. 6.
18 Grabenwarter, in: Dürig/Herzog/Scholz, GG, 95. EL Juli 2021, Art. 5 GG Rn. 77ff.
19 BVerfG, Urt. v. 15.1.1958, Az.: 1 BvR 400/51 Rn. 38 = BVerfGE 7, 198 (210) – Lüth.
20 Schulze-Fielitz, in: Dreier, GG, 3. Aufl. 2013, Art. 5 I, II GG Rn. 75; Grabenwarter, in: Dürig/Herzog/Scholz, GG, 95. EL Juli 2021, Art. 5 GG Rn. 82.
21 BVerfG, Beschl. v. 10.10.1995, Az.: 1 BvR 1476/91 u.a., Rn. 103 = BVerfGE 93, 266 (289) – „Soldaten sind Mörder".
22 Schulze-Fielitz, in: Dreier, GG, 3. Aufl. 2013, Art. 5 I, II GG Rn. 75; Grabenwarter, in: Dürig/Herzog/Scholz, GG, 95. EL Juli 2021, Art. 5 GG Rn. 86.
23 BVerfG, Beschl. v. 26.2.1969, Az.: 1 BvR 619/63, Rn. 23ff. = BVerfGE 25, 256 (264ff.) – Blinkfüer.
24 BVerfG, Urt. v. 15.12.1983, Rn. 149 = BVerfGE 65, 1 (40f.) – Volkszählung.
25 BVerfG, Beschl. v. 22.1.1997, Az.: 2 BvR 1915/91, Rn. 47f. = BVerfGE 95, 173 (182) – Warnhinweise für Tabakerzeugnisse.

Nora Wienfort

II. Persönlicher Schutzbereich

Vom persönlichen Schutzbereich erfasst ist „jeder", also **jede natürliche Person**. Für juristische Personen gelten die allgemeinen Grundsätze:[26] Juristische Personen des Privatrechts sind erfasst, wenn die Voraussetzungen des Art. 19 III GG vorliegen.[27] Juristische Personen des öffentlichen Rechts sind dagegen nach ganz herrschender Ansicht vom Schutzbereich grundsätzlich nicht erfasst („**Konfusionsargument**").[28] Ausgenommen sind davon allerdings Universitäten, Rundfunkanstalten und öffentlich-rechtliche Religionsgemeinschaften. Hier ist im Einzelnen zu prüfen, ob die Äußerung Ausdruck grundrechtlicher Betätigung ist.

B. Eingriff

Hinsichtlich des Eingriffsbegriffs ergeben sich für die Meinungsfreiheit keine Besonderheiten.

Klausurtaktik   ❗

Meinungsfreiheits-Klausuren sind häufig Fälle mittelbarer Drittwirkung. Siehe dazu Fall 5 im Fallbuch.

C. Rechtfertigung

I. Einschränkbarkeit des Grundrechts

Gemäß Art. 5 II GG findet die Meinungsfreiheit ihre Schranken in den Vorschriften der **allgemeinen Gesetze**, den gesetzlichen Bestimmungen zum Schutze der Jugend und im Recht der persönlichen Ehre. Die Einschränkbarkeit durch allgemeine Gesetze ist dabei von größter Relevanz. „**Gesetz**" ist hier weit zu verstehen und umfasst auch untergesetzliche Bestimmungen (Rechtsverordnungen, Satzungen) und Richterrecht.[29]

---

26 Siehe zu juristischen Personen Ramson, § 3, in diesem Lehrbuch.
27 Grabenwarter, in: Dürig/Herzog/Scholz, GG, 95. EL Juli 2021, Art. 5 GG Rn. 33 ff.
28 Grabenwarter, in: Dürig/Herzog/Scholz, GG, 95. EL Juli 2021, Art. 5 GG Rn. 38 m. w. N.
29 Schemmer, in: BeckOK GG, 50. Ed. 15.2.2022, Art. 5 GG Rn. 98 m. w. N.

Nora Wienfort

1. Allgemeine Gesetze, Art. 5 II GG

Allgemeine Gesetze im Sinne des Art. 5 II GG sind in den Worten des BVerfG solche, „die **nicht eine Meinung als solche verbieten,** die sich nicht gegen die Äußerung der Meinung als solche richten, sondern **dem Schutz eines schlechthin ohne Rücksicht auf eine bestimmte Meinung zu schützenden Rechtsguts** dienen (...). Dieses Rechtsgut muss in der Rechtsordnung allgemein und damit unabhängig davon geschützt sein, ob es durch Meinungsäußerungen oder auf andere Weise verletzt werden kann".[30] Ein Gesetz ist nicht allgemein, „wenn eine inhaltsbezogene Meinungsbeschränkung nicht hinreichend offen gefasst ist und sich von vornherein nur gegen bestimmte Überzeugungen, Haltungen oder Ideologien richtet"[31] (sogenanntes **Verbot der Standpunktdiskriminierung**).

Diese Definition ist von der ganz herrschenden Lehre akzeptiert[32] und kann in Klausuren ohne weitere Begründung verwendet werden.

Beispiel: Beispiele für allgemeine Gesetze sind etwa die polizeilichen Generalklauseln, die ehrschützenden Straftatbestände der §§ 185ff. StGB oder die beamtenrechtliche Mäßigungspflicht (vergleiche § 60 II BBG).

„Allgemeine Gesetze" sind also nicht der Gegenbegriff zum „Einzelfallgesetz", das Art. 19 I 1 GG verbietet. Dies folgt schon daraus, dass das Verbot des Einzelfallgesetzes für Einschränkungen aller Grundrechte und damit auch für Einschränkungen der Meinungsfreiheit gilt. Eine weitere Erwähnung in Art. 5 II GG wäre also überflüssig.

❗ Examenswissen

Was unter „allgemeinen Gesetzen" als Schranken der Meinungsfreiheit zu verstehen ist, war schon zu Zeiten der Weimarer Reichsverfassung umstritten. Nach Art. **118 I 1 WRV** hatte jeder Deutsche das Recht, innerhalb der Schranken der allgemeinen Gesetze seine Meinung durch Wort, Schrift, Druck, Bild oder in sonstiger Weise frei zu äußern. Die beiden wichtigsten Positionen bzgl. der Auslegung der „allgemeinen Gesetze" waren die **Sonderrechtslehre** einerseits und die **Abwägungslehre** andererseits. Nach der maßgeblich von Häntzschel und Rothenbücher entwickelten Sonderrechtslehre sind Gesetze allgemein, wenn durch sie Meinungsäußerungen nicht zum Zwecke der Unterdrückung ihres gedanklichen Inhalts, sondern zum Schutz eines schlechthin, ohne Rücksicht auf eine bestimmte Meinung zu schützenden Rechtsguts beschränkt werden.[33] Nach der Abwägungslehre Smends sind Gesetze allgemein, wenn das von ihnen geschützte Gut wichtiger ist als die Meinungsfreiheit.[34] Das BVerfG nahm beide Lehren in der

---

30 BVerfG, Beschl. v. 4.11.2009, Az.: 1 BvR 2150/08, Rn. 54 = BVerfGE 124, 300 (322) – Wunsiedel.
31 BVerfG, Beschl. v. 4.11.2009, Az.: 1 BvR 2150/08, Rn. 57 = BVerfGE 124, 300 (323) – Wunsiedel.
32 Vgl. nur Schulze-Fielitz, in: Dreier, GG, 3. Aufl. 2013, Art. 5 I, II GG Rn. 143; Starck/Paulus, in: v. Mangoldt/Klein/Starck, GG, 7. Aufl. 2018, Art. 5 GG Rn. 283.
33 Rothenbücher, VVDStRL 4 (1928), 6 (19f.), s. auch Häntzschel, AöR 10 (1926), 228 (232f.).
34 Smend, VVDStRL 4 (1928), 44 (52).

Nora Wienfort

sogenannten **Kombinationsformel** auf.[35] Inzwischen ist das Abwägungselement aus dem Begriff des allgemeinen Gesetzes auf die Rechtfertigungsebene gewandert.[36]

Examenswissen

Eine **Ausnahme** von Art. 5 II GG hat das BVerfG in seiner sehr umstrittenen **Wunsiedel-Entscheidung**[37] für die Volksverhetzung im Sinne des § 130 IV StGB gebilligt: Nach § 130 IV StGB ist die Billigung, Leugnung oder Verharmlosung bestimmter unter der Herrschaft des Nationalsozialismus begangener Handlung strafbar, wenn sie den öffentlichen Frieden stört. Bei dieser Vorschrift handelt es sich um **Sonderrecht**, weil sie allein Rechtsgutsverletzungen adressiert, „die sich aus der Äußerung *einer bestimmten Meinung*, nämlich der Gutheißung der nationalsozialistischen Gewalt- und Willkürherrschaft, ergeben."[38] Das BVerfG macht aber eine Ausnahme „für Vorschriften, die auf die Verhinderung einer propagandistischen Affirmation der nationalsozialistischen Gewalt- und Willkürherrschaft zwischen den Jahren 1933 und 1945 zielen."[39] Es handele sich um eine „geschichtlich begründete Sonderkonstellation".[40]

Diese Rechtsprechung sollte man kennen, auch wenn sie sich nicht auf andere Sachverhalte übertragen lässt. Für fortgeschrittene Studierende empfiehlt es sich, die Wunsiedel-Entscheidung einmal selbst zu lesen.

---

2. Recht der persönlichen Ehre und Jugendschutz, Art. 5 II GG

Weitere Schranken der Meinungsfreiheit ergeben sich aus den gesetzlichen Bestimmungen zum Schutze der Jugend und dem Recht der persönlichen Ehre. Nach ständiger Rechtsprechung des BVerfG müssen auch diese Schranken **allgemeine Gesetze** im Sinne des Art. 5 II GG sein.[41]

---

35 BVerfG, Urt. v. 15.1.1958, Az.: 1 BvR 400/51 Rn. 35 = BVerfGE 7, 198 (209) – Lüth: „alle Gesetze (...), die „nicht eine Meinung als solche verbieten, die sich nicht gegen die Äußerung der Meinung als solche richten", die vielmehr „dem Schutze eines schlechthin, ohne Rücksicht auf eine bestimmte Meinung, zu schützenden Rechtsguts dienen", dem Schutze eines Gemeinschaftswerts, der gegenüber der Betätigung der Meinungsfreiheit den Vorrang hat."
36 BVerfG, Beschl. v. 4.11.2009, Az.: 1 BvR 2150/08 = BVerfGE 124 (300) – Wunsiedel.
37 BVerfG, Beschl. v. 4.11.2009, Az.: 1 BvR 2150/08 = BVerfGE 124 (300) – Wunsiedel.
38 BVerfG, Beschl. v. 4.11.2009, Az.: 1 BvR 2150/08, Rn. 61 = BVerfGE 124, 300 (326) – Wunsiedel; Hervorhebung durch die Verf.
39 BVerfG, Beschl. v. 4.11.2009, Az.: 1 BvR 2150/08, Rn. 65 = BVerfGE 124, 300 (328) – Wunsiedel.
40 BVerfG, Beschl. v. 4.11.2009, Az.: 1 BvR 2150/08, Rn. 66 = BVerfGE 124, 300 (329) – Wunsiedel.
41 BVerfG, Beschl. v. 4.11.2009, Az.: 1 BvR 2150/08, Rn. 63 = BVerfGE 124, 300 (326 f.) – Wunsiedel.

Nora Wienfort

Das **Recht der persönlichen Ehre** ist nach ganz herrschender Ansicht vom Schutz des <u>allgemeinen Persönlichkeitsrechts</u> (Art. 2 I i. V. m. Art. 1 I GG) erfasst.[42] In der Rechtsprechung wie in Klausuren und Hausarbeiten kommen Sachverhalte häufig vor, in denen die Meinungsfreiheit und das Recht der persönlichen Ehre miteinander in Ausgleich zu bringen sind.[43] Aus der expliziten Nennung des Ehrschutzes in Art. 5 II GG ergeben sich für die Prüfung keine Besonderheiten.

Examenswissen: Der praktische Anwendungsbereich – und entsprechend die Klausurrelevanz – der Jugendschutz-Schranke ist gering. Beispiele für entsprechende Vorschriften finden sich etwa im Jugendmedienschutz-Staatsvertrag (JMStV). In der Klausur ist bei der Prüfung der Einschränkbarkeit des Grundrechts festzustellen, dass auch Gesetze zum Zwecke des Jugendschutzes allgemeine Gesetze sein müssen. In der Verhältnismäßigkeitsprüfung stellt der Jugendschutz den legitimen Zweck des Eingriffs dar.

Weiterführendes Wissen

Die Begriffe **„Hate Speech"** bzw. **„Hassrede"** sind keine Rechtsbegriffe. Regelmäßig versteht man darunter unsachliche Äußerungen, die andere Menschen auf Grund ihrer Zugehörigkeit zu einer Gruppe herabwürdigen, herabwürdigen sollen oder zur Herabwürdigung aufrufen oder aufstacheln.[44] Hate Speech kann etwa unter den Straftatbestand des § 130 StGB (Volksverhetzung) oder unter die §§ 185 ff. StGB (Beleidigungsdelikte) fallen. Eine zivilrechtliche Pflicht zu Unterlassung und Widerruf und ggf. Schadensersatz und Schmerzensgeld kann sich etwa aus §§ 823, 1004 BGB analog i. V. m. Art. 2 I, 1 I GG ergeben. Anbieter Sozialer Netzwerke (Twitter, Facebook etc.) sind gemäß § 3 II NetzDG verpflichtet, bestimmte gemeldete Hate Speech-Inhalte zu entfernen oder zu sperren. Hate Speech im Internet ist ein zur Zeit nicht nur in der Rechtswissenschaft vieldiskutiertes Phänomen und liegt als Thema für Klausuren und Hausarbeiten nahe. Im konkreten Fall ist ein Ausgleich zwischen der Meinungsfreiheit der sich äußernden Person und dem allgemeinen Persönlichkeitsrecht der betroffenen Person zu suchen.

Klausurtaktik

Dazu mehr <u>im Fall zur Meinungsfreiheit</u> des OpenRewi Fallbuches.

---

[42] Vgl. nur BVerfG, Beschl. v. 10.10.1995, Az.: 1 BvR 1476/91 u. a., Rn. 109 = BVerfGE 93, 266 (290) – „Soldaten sind Mörder"; Grabenwarter, in: Dürig/Herzog/Scholz, GG, 95. EL Juli 2021, Art. 5 GG Rn. 195 m. w. N.
[43] Siehe zum allgemeinen Persönlichkeitsrecht Valentiner, § 18.2, in diesem Lehrbuch.
[44] Theß/Wienfort, in: Kuschel/Asmussen/Golla (Hrsg.), Intelligente Systeme – Intelligentes Recht, 2021, 9 (10) m. w. N.

Nora Wienfort

3. Weitere Schranken der Meinungsfreiheit

Weitere Schranken (auch) der Meinungsfreiheit finden sich in Art. 9 II, 17a I, 21 II und III GG.[45]

4. Wechselwirkungslehre

Bei der **Auslegung des einschränkenden Gesetzes** ist die sogenannte **Wechselwirkungslehre** zu beachten: Zwischen Schutzbereich der Meinungsfreiheit und ihren Schranken muss eine Wechselwirkung stattfinden, indem „die Schranken zwar dem Wortlaut nach dem Grundrecht Grenzen setzen, ihrerseits aber aus der Erkenntnis der grundlegenden Bedeutung dieses Grundrechts im freiheitlich demokratischen Staat ausgelegt und so in ihrer das Grundrecht begrenzenden Wirkung selbst wieder eingeschränkt werden müssen."[46] In der Sache entspricht dies dem Grundsatz der **verfassungskonformen Auslegung**.[47] Die Wechselwirkungslehre ist auch bei der Deutung der streitigen Äußerung zu beachten.

II. Grenzen der Einschränkbarkeit

1. Zensurverbot, Art. 5 I 3 GG

Gemäß Art. 5 I 3 GG findet eine **Zensur** nicht statt. Zensur im Sinne des GG meint nur die sogenannte **Vor-** oder **Präventivzensur**, das heißt die Prüfung des Inhalts einer Äußerung vor ihrer Veröffentlichung.[48] Auf bereits veröffentlichte Äußerungen (sogenannte **Nachzensur**) findet es dagegen keine Anwendung; es gelten dann die Schranken insbesondere des Art. 5 II GG.

2. Deutung der Äußerung

Bevor die streitige Meinungsäußerung zu gegenläufigen Belangen ins Verhältnis gesetzt werden kann, ist sie zunächst zu **deuten**. Dabei ist wiederum die **Wechselwirkungslehre** zu beachten. Bezüglich der Deutung der Äußerung bedeutet

---

45 Vgl. Kingreen/Poscher, Grundrechte, 37. Aufl. 2021, Rn. 707 f.
46 BVerfG, Urt. v. 15.1.1958, Az.: 1 BvR 400/51 Rn. 34 = BVerfGE 7, 198 (208 f.) – Lüth.; BVerfG, Beschl. v. 4.11.2009, Az.: 1 BvR 2150/08, Rn. 71 = BVerfGE 124, 300 (332 f.) – Wunsiedel.
47 So auch Kingreen/Poscher, Grundrechte, 37. Aufl. 2021, Rn. 697.
48 St. Rspr., vgl. BVerfG, Beschl. v. 25.4.1972, Az.: 1 BvL 13/67, Rn. 71 ff. = BVerfGE 33, 52 (71 f.) – Verbringungsgesetz; BVerfG, Beschl. v. 20.10.1992, Az.: 1 BvR 698/89, Rn. 113 = BVerfGE 87, 209 (230) – Tanz der Teufel; Grabenwarter, in: Dürig/Herzog/Scholz, GG, 95. EL Juli 2021, Art. 5 GG Rn. 116 m.w.N.

Nora Wienfort

das nichts anderes als die Prüfung der <u>Verhältnismäßigkeit</u>.[49] Die Äußerung ist aus Sicht eines unvoreingenommenen und verständigen Publikums auszulegen.[50]

! **Klausurtaktik**

Auch wenn die Wechselwirkungslehre in der allgemeinen Grundrechtsdogmatik aufgegangen ist und keine eigenständige Bedeutung mehr hat, sollte der Begriff in der Klausur fallen.

---

3. Formalbeleidigung, Schmähkritik, Menschenwürde

Handelt es sich bei einer Äußerung um eine Formalbeleidigung oder Schmähkritik oder verletzt die Äußerung die Menschenwürde einer anderen Person, findet eine Einzelfallabwägung in der Regel **nicht** statt.

Eine **Formalbeleidigung** ist eine Äußerung, die die Form eines nach allgemeiner Auffassung besonders krassen, aus sich heraus herabwürdigenden Schimpfworts – etwa aus der Fäkalsprache – hat.[51] Auf den Kontext der Äußerung kommt es dann nicht an.

Schmähkritik liegt vor, „wenn nicht mehr die Auseinandersetzung in der Sache, sondern die Diffamierung der Person im Vordergrund steht",[52] das heißt „wenn eine Äußerung keinen irgendwie nachvollziehbaren Bezug mehr zu einer sachlichen Auseinandersetzung hat und es bei ihr im Grunde nur um das grundlose Verächtlichmachen der betroffenen Person als solcher geht."[53] Wie aus der Definition deutlich wird, kann die in Streit stehende Äußerung nicht isoliert betrachtet werden, weil es stark auf den Kontext ankommt, in dem sie gefallen ist.

Eine Verletzung der **Menschenwürde** liegt vor, „wenn sich eine Äußerung nicht lediglich gegen einzelne Persönlichkeitsrechte richtet, sondern einer konkreten Person den ihre menschliche Würde ausmachenden Kern der Persönlichkeit abspricht."[54]

---

49 So auch Grabenwarter, in: Dürig/Herzog/Scholz, GG, 95. EL Juli 2021, Art. 5 Rn. 140 ff.
50 BVerfG, Beschl. v. 10.10.1995, Az.: 1 BvR 1476/91 u. a., Rn. 120 = BVerfGE 93, 266 (295) – „Soldaten sind Mörder".
51 BVerfG, Beschl. v. 19.5.2020, Az.: 1 BvR 2397/19, Rn. 21.
52 BVerfG, Beschl. v. 26.6.1990, Az.: 1 BvR 1165/89, Rn. 41 = BVerfGE 82, 272 (283 f.) – Zwangsdemokrat; BVerfG, Beschl. v. 10.10.1995, Az.: 1 BvR 1476/91 u. a., Rn. 117 = BVerfGE 93, 266 (294, 303) – „Soldaten sind Mörder"; zuletzt prägnant BVerfG, Beschl. v. 19.5.2020, Az.: 1 BvR 2397/19, Rn. 18.
53 BVerfG, Beschl. v. 19.5.2020, Az.: 1 BvR 2397/19, Rn. 19.
54 BVerfG, Beschl. v. 19.5.2020, Az.: 1 BvR 2397/19, Rn. 22.

Nora Wienfort

Diese drei Fallgruppen sind zurückhaltend anzuwenden;[55] das BVerfG bestätigt entsprechende Einordnungen durch die Fachgerichte nur selten.[56]

Klausurtaktik   ❗

In der Klausur sind diese drei Fallgruppen anzuprüfen, soweit sie in Betracht kommen. Selbst wenn man überzeugt davon ist, dass eine der Fallgruppen vorliegt, empfiehlt es sich aus zwei Gründen, hilfsgutachterlich eine Abwägung vorzunehmen: Erstens sind die drei Fallgruppen nach der Rechtsprechung des BVerfG so eng zu verstehen, dass sich kaum eine Äußerung unstreitig unter eine der drei Fallgruppen subsumieren lässt. Zweitens ist es aus klausurtaktischen Gründen nicht ratsam, sich die Abwägung „abzuschneiden". Siehe dazu Fall 5 im OpenRewi Fallbuch.

---

4. Verhältnismäßigkeitsprüfung
Wichtigste Schranken-Schranke der Meinungsfreiheit ist die Verhältnismäßigkeitsprüfung (bzw. in Fällen mittelbarer Drittwirkung die Herstellung **praktischer Konkordanz**).

Klausurtaktik   ❗

In der Klausur liegt hier in der Regel ein Schwerpunkt. Der Sachverhalt ist umfassend auszuwerten: Wer äußert sich? Wer ist von der Äußerung betroffen? Was sind Anlass und Kontext der Äußerung? In welcher Form erfolgte sie? Welchen Inhalt und welchen Zweck hat sie?

Besonders häufig sind die Meinungsfreiheit auf der einen und das allgemeine Persönlichkeitsrecht (in seiner ehrschützenden Ausprägung oder in seiner Ausprägung als Recht auf Selbstdarstellung) auf der anderen Seite in Ausgleich zu bringen. Für die Interessengewichtung im Einzelfall hat die Rechtsprechung zahlreiche Kriterien entwickelt. Dazu gehören:
- Wer äußert sich: Für die Presse gelten höhere **Sorgfaltsanforderungen** als für Private;[57] die soziale Bedingtheit der jeweiligen Sprecher:innen ist in Rechnung zu stellen.[58]

---

55 BVerfG, Beschl. v. 19.5.2020, Az.: 1 BvR 2397/19, Rn. 17.
56 Einen Verstoß gegen die Menschenwürde hat das BVerfG kürzlich in der Äußerung „Ugah, Ugah" gegenüber einem dunkelhäutigen Kollegen gesehen, vgl. BVerfG, Beschl. v. 2.11.2020, Az.: 1 BvR 2727/19, Rn. 18 und im OpenRewi Fallbuch Fall 5.
57 BVerfG, Beschl. v. 9.10.1991, Az.: 1 BvR 1555/88, Rn. 62f. = BVerfGE 85, 1 (22f.) – Bayer.
58 BVerfG, Beschl. v. 19.5.2020, Az.: 1 BvR 2397/19, Rn. 28.

Nora Wienfort

- Wer ist betroffen: Amtsträger:innen und Politiker:innen müssen stärkere Beeinträchtigungen ihrer Persönlichkeitsrechte hinnehmen, weil **Machtkritik** in der Demokratie eine wesentliche Funktion erfüllt;[59] stärkere Beeinträchtigungen muss auch hinnehmen, wer die streitige Äußerung durch eigene Äußerungen veranlasst hat.[60]
- Form der Äußerung: Die Beeinträchtigung der Persönlichkeitsrechte Betroffener ist stärker, wenn die Äußerung **schriftlich** statt mündlich[61] oder unter Nutzung von **Bildnissen** der Betroffenen erfolgt.[62]
- Kontext der Äußerung: **Spontane** Meinungsäußerungen sind großzügiger zu gewährleisten als nicht spontane[63] – auch, um **Abschreckungseffekte** auf die Ausübung der Meinungsfreiheit zu vermeiden. Im „**Kampf ums Recht**" sind starke und eindringliche Ausdrücke erlaubt, um die eigene Rechtsposition zu betonen.[64]
- Inhalt der Äußerung: für Beiträge zum öffentlichen Meinungskampf in einer die Öffentlichkeit wesentlich berührenden Frage gilt eine (widerlegliche) **Vermutung zugunsten der Freiheit der Rede.**[65]

Aufseiten der Interessen Betroffener ist etwa die Sphärentheorie zu beachten.

---

i **Weiterführendes Wissen**

Die aktuelle Kammerentscheidung **BVerfG, Beschl. v. 19.5.2020, 1 BvR 2397/19** gibt einen guten Überblick über zahlreiche Abwägungskriterien bei Konflikten von Meinungsfreiheit und Ehrschutz.

---

59 BVerfG, Beschl. v. 10.10.1995, Az.: 1 BvR 1476/91 u.a., Rn. 114 = BVerfGE 93, 266 (293) – „Soldaten sind Mörder".
60 BVerfG, Beschl. v. 25.1.1961, Az.: 1 BvR 9/57, Rn. 65 = BVerfGE 12, 113 (131) – Schmid-Spiegel.
61 BVerfG, Beschl. v. 19.5.2020, Az.: 1 BvR 2397/19, Rn. 34.
62 BVerfG, Beschl. v. 19.5.2020, Az.: 1 BvR 2397/19, Rn. 34.
63 BVerfG, Beschl. v. 11.5.1976, Az.: 1 BvR 671/70, Rn. 22 = BVerfGE 42, 143 (152f.) – Deutschland-Magazin.
64 BVerfG, Beschl. v. 19.5.2020, Az.: 1 BvR 2397/19, Rn. 33.
65 BVerfG, Urt. v. 15.1.1958, Az.: 1 BvR 400/51 Rn. 34 = BVerfGE 7, 198 (212) – Lüth.

Nora Wienfort

D. Grundrechtskonkurrenzen

Kommen <u>mehrere Grundrechte in Betracht</u>, ist zu prüfen, wie diese sich zueinander verhalten.

Werden Meinungen im Rahmen der Ausübung der <u>Medienfreiheiten</u> aus Art. 5 I 2 GG (**Pressefreiheit, Rundfunk- und Filmfreiheit**) geäußert, ist nach Schutzrichtung im Einzelfall zu differenzieren: Die Meinungsäußerung als solche ist durch die Meinungsfreiheit geschützt, auch wenn sie im Wege von Presseerzeugnissen, Rundfunk oder Film verbreitet wird. Die Medienfreiheiten der Art. 5 I 2 GG schützen dagegen gerade die spezifische Bedeutung von Presse, Rundfunk und Film für die Meinungsbildung.[66] Die Meinungs- und die <u>Informationsfreiheit</u> stehen in der Regel nebeneinander, da sie unterschiedliche Schutzgehalte haben (Schutz der Äußerung auf der einen Seite; Schutz des Empfangs der Äußerung auf der anderen).

Die Grundrechte aus **Art. 5 III GG** gehen der Meinungsfreiheit ebenfalls als *leges speciales* vor. Dabei ist zu beachten, dass nicht jede **Satire** „Kunst" im Sinne des Art. 5 III GG darstellt.[67] Siehe dazu auch <u>§ 23.1 zur Kunstfreiheit</u>.

Die <u>Versammlungsfreiheit</u> (Art. 8 GG) und die Meinungsfreiheit sind nebeneinander anwendbar. Wird das Recht, im Rahmen der Versammlung bestimmte Meinungsinhalte zu äußern, eingeschränkt, ist diese Einschränkung an Art. 5 I, II GG zu messen.

Beispiel: Versammlungsauflage, die die Leugnung des Holocausts untersagt[68]

E. Parallele Regelungen auf EU- und EMRK-Ebene

Art. 10 I 1, 2 EMRK schützt die freie Meinungsäußerung einschließlich des Informationsempfangs und der Informationsweitergabe. Dabei ist unerheblich, welchen Inhalt, welchen Zweck und welche Wertigkeit die Äußerung hat. Geschützt sind alle Äußerungen unabhängig davon, ob sie **Werturteile** oder (wahre oder – ggf. bewusst – unwahre) **Tatsachenbehauptungen** sind. Der Schutzbereich ist insoweit also weiter als der des Art. 5 I 1 GG. Allerdings ist **Art. 17 EMRK** zu beachten, wonach die Konvention nicht so auszulegen ist, als begründe sie das Recht,

---

66 BVerfG, Beschl. v. 9.10.1991, Az.: 1 BvR 1555/88, <u>Rn. 38 ff.</u> = BVerfGE 85, 1 (11) – Bayer. Kommen sowohl Meinungs- als auch Medienfreiheit in Betracht, sind beide kumulativ zu prüfen.
67 Schulze-Fielitz, in: Dreier, GG, 3. Aufl. 2013, Art. 5 I, II GG Rn. 68.
68 BVerfG, Beschl. v. 13.4.1994, Az.: 1 BvR 23/94, <u>Rn. 25</u> = BVerfGE 90, 241 (246) – Auschwitzlüge.

eine Handlung vorzunehmen, die darauf abzielt, die in der Konvention festgeleg-ten Rechte und Freiheiten abzuschaffen oder sie stärker einzuschränken, als es in der Konvention vorgesehen ist. Auf Grundlage des Art. 17 EMRK hat der EGMR et-wa die Leugnung des Holocaust[69] und rassistische Äußerungen[70] als vom Schutz-bereich des Art. 10 EMRK nicht erfasst eingeordnet. Auch die Wahl der Form der Meinungsäußerung ist umfassend geschützt. Schranken der Meinungsfreiheit er-geben sich aus Art. 10 I 3, II EMRK.

Art. 11 I GRCh hat denselben Wortlaut wie Art. 10 I 1, 2 EMRK. Der sachliche Schutzbereich erfasst Meinungen (Werturteile), Informationen (Tatsachenbe-hauptungen) und Ideen unabhängig von Inhalt, Zweck und Wertigkeit der Äuße-rung,[71] ist also wie der Schutzbereich des Art. 10 EMRK weiter als der des Art. 5 I 1 GG. Schranken des Grundrechts ergeben sich über Art. 52 III GRCh aus Art. 10 I 3, II EMRK.

! Examenswissen

Ob daneben die Schranke des Art. 52 I GRCh anwendbar ist, ist umstritten.[72]

Zusammenfassung: Die wichtigsten Punkte
- Der Schutzbereich der Meinungsfreiheit erfasst insbesondere Werturteile, aber auch be-stimmte Tatsachenbehauptungen.
- „Allgemeine Gesetze" im Sinne des Art. 5 II GG sind Gesetze, die nicht eine Meinung als solche verbieten, die sich nicht gegen die Äußerung der Meinung als solche richten, son-dern dem Schutz eines schlechthin ohne Rücksicht auf eine bestimmte Meinung zu schützenden Rechtsguts dienen.
- Die Wechselwirkungslehre entspricht dem Grundsatz der verfassungskonformen Aus-legung; das Stichwort sollte in der Klausur trotzdem fallen.
- Das Zensurverbot aus Art. 5 I 3 GG erfasst nur die Vorzensur.
- Wenn Meinungsäußerungen als Schmähkritik oder Formalbeleidigungen einzuordnen sind oder die Menschenwürde anderer verletzen, findet eine Einzelfallabwägung in der Regel nicht statt.

---

69 EGMR, Entsch. v. 13.12.2005, Az.: 7485/03 – Witzsch v. Germany.
70 EGMR, Urt. v. 23.09.1994, Az.: 15890/89 – Jersild v. Dänemark.
71 Jarass, in: ders., Charta der Grundrechte der EU, 4. Aufl. 2021, Art. 11 GRCh Rn. 10 f.
72 Vgl. dazu Cornils, in: BeckOK-Informations- und Medienrecht, 35. Ed. 1.2.2021, Art. 11 GRChar-ta Rn. 34.

Nora Wienfort

Weiterführende Studienliteratur

– Mehrdad Payandeh, Anfängerklausur – Öffentliches Recht: Grundrechte – Meinungsfreiheit und Beleidigung, JuS 2016, S. 909–914
– **Fortgeschrittenenklausur** zum NetzDG: Martin Kment/Alexander Lehmann/Julia Adler, „Das aufmüpfige Gericht", Jura 2019, S. 994–1006
– **Examensprüfungsgespräch**: Valentin Schatz/Felix Bode, Die „Böhmermann-Affäre", Jura 2019, S. 94–104

Nora Wienfort

§ 20.2 Informationsfreiheit und Medienfreiheiten – Art. 5 GG

Notwendiges Vorwissen: Allgemeine Grundrechtslehren; Meinungsfreiheit

Lernziel: Die Informationsfreiheit und die Medienfreiheiten verstehen

---

Für dieses Kapitel gibt es frei zugängliche interaktive Übungen. Halte einfach deine Smartphone-Kamera vor den Kasten mit den Punkten (QR-Code).

Der Schutz der Meinungsäußerungsfreiheit wird durch die **Informationsfreiheit** in Art. 5 I 1 GG und die **Medienfreiheiten** des Art. 5 I 2 GG flankiert.[1]

A. Die Informationsfreiheit (Art. 5 I 1 GG)

Auch wenn die Informationsfreiheit in der Rechtsprechung des BVerfGs bisher eine eher untergeordnete Rolle gespielt hat[2], stellt sie ein **eigenständiges,** zu den anderen Grundrechten des Art. 5 I GG **gleichwertiges Grundrecht** dar,[3] welches die Meinungsäußerungsfreiheit aus der Perspektive der Meinungsempfänger:innen ergänzt und so erst einen umfassenden Schutz des Meinungsbildungsprozesses ermöglicht.[4]

---

1 Zur Meinungsfreiheit bereits Wienfort, § 20.1, in diesem Lehrbuch.

2 Überblick zu den bisher ergangenen Leitentscheidungen des BVerfG zur Informationsfreiheit bei Nolte, NVwZ 2018, 521.

3 BVerfG, Beschl v. 3.10.1969, Az.: 1 BvR 46/65, Rn. 27 = BVerfGE 27, 71 (80) – Leipziger Volkszeitung.

4 Vgl. BVerfG, Beschl. v. 9.2.1994, Az.: 1 BvR 1687/92, Rn. 12 = BVerfGE 90, 27 (32) – Parabolantenne; Hesse, Grundzüge des Verfassungsrechts der Bundesrepublik, 20. Aufl. 1999, Rn. 399, der in ihr das „notwendige Gegenstück zur Freiheit der Meinungsäußerungsfreiheit" erblickte.

I. Schutzbereich

1. Sachlich

Ihr sachlicher Schutzbereich umfasst die ungehinderte Unterrichtung aus **allgemein zugänglichen Informationsquellen.**

Die vom Grundgesetz selbst nicht näher umschriebenen **Informationsquellen** umfassen grundsätzlich alle Informationsträger.[5] Enthalten ist danach alles, was überhaupt rezipiert werden kann: Jenseits der paradigmatischen und besonders bedeutsamen Beispiele in Form schriftlicher Publikationen der Massenmedien also auch auditive, visuelle und audiovisuelle Darstellungen, bis hin zum bloßen gesprochenen Wort und tatsächlichen Ereignissen oder Vorgängen, wie beispielsweise einer Gerichtsverhandlung.[6]

Nachdem danach (fast) alles zur Quelle einer Information gemacht werden kann, kommt es maßgeblich auf die Eingrenzung an, dass nur die Unterrichtung aus **allgemein zugänglichen** Quellen geschützt ist. Nach der ständigen Rechtsprechung des BVerfGs ist eine Informationsquelle allgemein zugänglich, wenn sie geeignet und bestimmt ist, der Allgemeinheit im Sinne eines unbestimmten Personenkreises Informationen zu verschaffen.[7] Hinsichtlich der **Eignung** zur allgemeinen Zugänglichkeit ist danach zu fragen, ob die Informationsquelle ihrer Natur nach überhaupt einem unbeschränkten Personenkreis zugänglich gemacht werden kann.[8] Voraussetzung einer **Bestimmung** zur allgemeinen Zugänglichkeit ist zunächst die Existenz einer bestimmungsberechtigten Person. Bei Privatrechtssubjekten folgt dies aus den maßgeblichen Normen des Privatrechts, wohingegen das Bestimmungsrecht des Staates regelmäßig anhand öffentlichrechtlicher Normen, insbesondere anhand von Kompetenzvorschriften, zu ermitteln ist.[9] Die Berechtigten müssen diese Bestimmungsbefugnis auch ausgeübt haben, wobei aber die Reichweite der Zugänglichmachung und ihre Modalitäten festgelegt werden können. Dies kann beispielsweise durch Festlegung einer Ein-

---

5 Vgl. nur Schemmer, in: Epping/Hillgruber (Hrsg.), BeckOK GG, 50. Ed. 15.2.2022, Art. 5 Rn. 25 m. w. N.
6 BVerfG, Urt. v. 24.1.2001, Az.: 1 BvR 2623/95, 1 BvR 622/99, Rn. 59 = BVerfGE 103, 44 (61) – Gerichtsverhandlung.
7 St. Rspr., vgl. BVerfG, Beschl. v. 3.10.1969, Az.: 1 BvR 46/65, Rn. 35 = BVerfGE 27, 71 (83) – Leipziger Volkszeitung; BVerfGE 90, 27 (32); 103, 44 (60).
8 BVerfG, Beschl. v. 3.10.1969, Az.: 1 BvR 46/65, Rn. 35. = BVerfGE 27, 71 (84 f.) – Leipziger Volkszeitung.
9 BVerfG, Urt. v. 24.1.2001, Az.: 1 BvR 2623/95, 1 BvR 622/99, Rn. 59 = BVerfGE 103, 44 (60) – Gerichtsverhandlung.

Luca Knuth

trittszahlung erfolgen.[10] Liegt keine derartige Bestimmung vor, ist grundsätzlich auch der Schutzbereich der Informationsfreiheit nicht eröffnet.

❗ Examenswissen

Die Anwendung des Merkmals der Bestimmung auf den **Hoheitsträger** führt zu der nicht unproblematischen Situation, dass der eigentlich grundrechtsverpflichtete Staat die Eröffnung und Reichweite des Schutzbereichs der Informationsfreiheit festlegen kann. Die Problematik ist durch die in den Informationsfreiheitsgesetzen der Länder und des Bundes enthaltenen Ansprüche auf Informationserteilung (z. B. Art. 1 I 1 IFG) zumindest dann weitgehend entschärft, wenn hierin eine Ausübung des Bestimmungsrechts durch den Gesetzgeber gesehen wird, während die verwaltungsrechtliche Entscheidung bloßer Vollzug im Rahmen dieser Bestimmung ist.[11] Gleichwohl vermittelt diese Konstruktion dem Informationszugangsrecht grundsätzlich keinen verfassungsrechtlichen Bestandsschutz: Die Eröffnung des Schutzbereichs der Informationsfreiheit bleibt von der Existenz der einfachgesetzlichen Normen abhängig. Vorgeschlagen werden daher auch Konstruktionen, die im Demokratie- oder Rechtsstaatsprinzip eine unmittelbar in der Verfassung enthaltene Bestimmung von gewissen Informationsbeständen zur allgemeinen Zugänglichkeit sehen.[12]

Die **Unterrichtung** als geschützte Tätigkeit der Informationsfreiheit umfasst nicht allein die bloß passive Entgegennahme einer Information, sondern auch solche (aktiven) Tätigkeiten, die zur Informationserlangung und -rezeption dienen,[13] etwa in Form der Nutzung einer Parabolantenne.[14] Die technische Aufbereitung und Speicherung von Informationen fällt auch unter den Schutzbereich, nicht jedoch die Weitergabe, welche regelmäßig entweder in den Schutzbereich der Meinungsfreiheit oder der Mediengrundrechte fällt.[15]

Einen **Anspruch auf Zugänglichmachen** einer Information vermittelt Art. 5 I 1 2. Var. GG nach Auffassung des BVerfGs nur dann, wenn der Staat durch rechtliche Regelung bereits eine Bestimmung zur allgemeinen Zugänglichkeit getroffen hat, dennoch aber einen Zugang verweigert oder beschränkt.[16] Eine leis-

---

10 Vgl. Schulze-Fielitz, in: Dreier (Hrsg.), GG-Kommentar, 3. Aufl. 2013, Art. 5 Abs. 1 und 2 Rn. 78.

11 Hierzu Nolte, NVwZ 2018, 521.

12 Scherzberg, Die Öffentlichkeit der Verwaltung, 2000, 291 ff.; Wegener, Informationsfreiheit, FS Bartlsperger, 2006, 165 ff.

13 BVerfG, Beschl. v. 3.10.1969, Az.: 1 BvR 46/65, Rn. 44 BVerfGE 27, 71 (82) – Leipziger Volkszeitung.

14 BVerfG, Beschl. v. 9.2.1994, Az.: 1 BvR 1687/92, Rn. 15 = BVerfGE 90, 27 (32f.).

15 Dörr, in: Merten/Papier (Hrsg.), Handbuch der Grundrechte, Bd. IV, 2011, § 103 Rn. 58.

16 BVerfG, Urt. v. 24.1.2001, Az.: 1 BvR 2623/95, 1 BvR 622/99, Rn. 59 = BVerfGE 103, 44 (60) – Gerichtsverhandlung.

Luca Knuth

tungsrechtliche Dimension der Informationsfreiheit sei darüber hinaus aber nicht enthalten.[17]

Grundsätzlich kann die Informationsfreiheit auch in **negativer Wirkrichtung** vor dem **ungewollten Aufdrängen einer Information** schützen, wie es insbesondere durch staatliche Propaganda aber auch in Form von Werbung erfolgen kann.[18] In der Regel wird hier jedoch primär auf das allgemeine Persönlichkeitsrecht abgestellt.[19]

2. Personell
In personeller Hinsicht ist sie, wie auch die übrigen Grundrechte des Art. 5 I GG, unbeschränkt gewährleistet, mithin ein sogenanntes „Jedermann-Grundrecht".

II. Eingriffe

Anknüpfend an den modernen Eingriffsbegriff stellt jede Verhinderung oder Beeinträchtigung, sei es auch nur durch zeitliche Verzögerung, der Unterrichtung aus einer in den Schutzbereich fallenden allgemein zugänglichen Informationsquelle einen **Eingriff** in die Informationsfreiheit dar.[20] Ist eine in den staatlichen Verfügungsbereich fallende Quelle – etwa aufgrund einer Regelung in dem entsprechenden Informationsfreiheitsgesetz – zur allgemeinen Zugänglichkeit bestimmt und damit der Schutzbereich der Informationsfreiheit eröffnet, stellt auch die rechtsgrundlose Verweigerung des Zugangs einen Eingriff dar.[21]

Stellt das Gesetz jedoch lediglich Regelungen der **Modalitäten des Zugangs** auf, die für einen Informationszugang Voraussetzung sind, handelt es sich hierbei nicht um einen Eingriff. Dies folgt daraus, dass hier überhaupt erst ein Zugriff auf die Informationen ermöglicht, nicht jedoch ein Informationszugang behindert wird. Bisweilen kann diese **Unterscheidung** zwischen Eingriff und Modalitätenregelung jedoch problematisch sein.

---

17 Ausführlich hierzu und im Ergebnis ablehnend Wirtz/Brink, NVwZ 2015, 1166 passim.
18 Hain, in: Spindler/Schuster (Hrsg.), Recht der elektronischen Medien, 4. Aufl. 2019, Rn. 27.
19 Kritisch Fikentscher/Möllers, NJW 1998, 1337 (1340 ff.).
20 Siehe ausführlich zum modernen Eingriffsbegriff Ruschemeier, § 5, in diesem Lehrbuch.
21 Wirtz/Brink, NVwZ 2015, 1166.

Luca Knuth

III. Rechtfertigung

Die Informationsfreiheit unterliegt gleichermaßen wie auch die Meinungsfreiheit den Schrankenregelungen des Art. 5 II GG. Eine Besonderheit hinsichtlich der Grenzen der Einschränkbarkeit ergibt sich insbesondere daraus, dass das Zensurverbot nicht auf die Informationsfreiheit anwendbar ist.[22]

B. Die Medienfreiheiten (Art. 5 I 2 GG)

Nach traditionellem Verständnis enthält Art. 5 I 2 GG gleich drei eigenständige Grundrechte: die Presse-, Rundfunk- und Filmfreiheit. Die Systematik der Norm reflektiert insofern den Status quo der technischen Entwicklung massenmedialer Informationsverbreitung zur Zeit der Entstehung des Grundgesetzes und findet zugleich in der technischen Entwicklung neuer medialer Produktions- und Verbreitungsbedingungen ihre gegenwärtige Herausforderung.

I. Schutzbereiche und Eingriffe

1. Die Pressefreiheit
Das älteste Medium unter den in Art. 5 I 2 GG aufgeführten ist die Presse.

a) Sachlicher Schutzbereich
aa) Der Pressebegriff
Nach traditioneller Auffassung umfasst der Begriff der Presse alle zur Verbreitung an die Allgemeinheit geeigneten und bestimmten **Druckerzeugnisse**.[23] Paradigmatisch dafür sind periodisch erscheinende Printpublikationen in Form von Zeitungen, Zeitschriften und Magazinen. Aber auch einmalig, nicht-periodisch erscheinende Veröffentlichungen, wie Flugblätter, Plakate oder Bücher, sind erfasst. Diese formale, auf die Art des Erzeugnisses und dessen Verbreitung abstellende Definition sichert einen weiten Gewährleistungsbereich. Auf den Inhalt der Publikation kommt es dabei nicht an, es erfolgt also keine Beschränkung auf

---

22 BVerfG, Beschl. v. 14.10.1969, Az.: 1 BvR 30/66, Rn. 46 = BVerfGE 27, 88 (102) – Der Demokrat.
23 BVerfG, Beschl. v. 8.10.1996, Az.: 1 BvR 1183/90, Rn. 26 = BVerfGE 95, 28 (34) – Werkszeitung.

journalistisch-redaktionelle Veröffentlichungen.[24] Genauso wie das „Qualitäts-blatt" ist auch die Unterhaltungszeitschrift erfasst. Auch die Anzeigenteile einer Zeitung und Werbung fallen unter den Pressebegriff.[25]

Eine Erweiterung erfährt der Pressebegriff, wenn nicht auf den drucktech-nischen Erzeugungsvorgang im engeren Sinne, sondern die Verbreitung mittels eines **verkörperten Trägermediums** abgestellt wird und damit als Druckwerk auch Tonträger, etwa CDs oder Schallplatten, einbezogen werden.[26]

Examenswissen ❗

Diese formelle Begriffsbestimmung wird jedoch durch die **technologische Entwicklung** medialer Verbreitungsvorgänge herausgefordert. Das Internet verändert nicht nur unseren Medienkon-sum, sondern lässt vielgestaltige neue, nicht länger verkörperte Publikationsformen entstehen. Im Zentrum steht dabei die Abgrenzung innerhalb der die Medienlandschaft der Entstehungszeit des Grundgesetzes reflektierenden Medientrias des Art. 5 I 2 GG und der Presse- und Rundfunk-freiheit im Besonderen. Bei strikter Anwendung des Kriteriums der drucktechnischen Erzeugung schiede hier in nahezu allen Fällen eine Subsumtion unter den Pressebegriff aus.

Um auf die geänderten Herstellungs-, Verbreitungs- und Konsumpraktiken pressemedialer Erzeugnisse adäquat zu reagieren und den Pressebegriff „technologieneutral"[27] auszugestalten, werden verschiedene Verfahren einer Erweiterung des Pressebegriffes vorgeschlagen: Nament-lich ließe sich der Betrachtungsgegenstand einer solchen Kategorisierung selbst im Wege einer Perspektiverweiterung verändern, statt auf die konkrete Publikation wäre dann auf die Tätigkei-ten des publizierenden Organs abzustellen.[28] In diese Richtung weist durchaus auch das BVerfG, soweit es Veröffentlichungen in Online-Archiven klassischer Zeitungen der Pressefreiheit zu-weist.[29] Andere wiederum stellen darauf ab, ob bei der konkreten Publikation die schriftlichen Elemente und Standbilder oder Bewegtbilder und Ton im Vordergrund stehen[30] oder wollen das

---

24 BVerfG, Beschl. v. 14.2.1973, Az.: 1 BvR 112/65, Rn. 36 = BVerfGE 34, 269 (283) – Soraya; BVerfG, Beschl. v. 15.12.1999, Az.: 1 BvR 653/96, Rn. 96 ff. = BVerfGE 101, 361 (389) – Caroline von Monaco II.

25 BVerfG, Urt. v. 4.4.1967, Az.: 1 BvR 414/64, Rn. 19 ff. = BVerfGE 21, 271 (278) – Südkurier; BVerfG Beschl. v. 10.5.1983, Az.: 1 BvR 385/82 = BVerfGE 64, 108 (114 f.) – Chiffreanzeigen.

26 So statt vieler Jarass, in: ders. /Pieroth (Hrsg.), GG-Kommentar, 16. Aufl. 2020, Rn. 34. In diese Richtung weisen auch einfachgesetzliche Bestimmungen der Landespressegesetze, vgl. etwa § 7 I LPG NRW.

27 Degenhart, in: Friauf/Höfling (Hrsg.), Berliner Kommentar zum Grundgesetz, EL 2/21 Novem-ber 2021, Art. 5 Rn. 197.

28 In diese Richtung etwa Möllers, AfP 2008, 241 (250); Held, Online-Angebote öffentlich-recht-licher Rundfunkanstalten, 2008, 64 f.

29 BVerfG, Beschl. v. 17.11.2011, Az.: 1 BvR 1145/11, Rn. 7 = BVerfG NJW 2012, 754 (755).

30 So etwa Gersdorf, Legitimation und Limitierung von Online-Angeboten des öffentlich-recht-lichen Rundfunks, 2009, 28 f.

Luca Knuth

Kriterium der drucktechnischen Verkörperung gänzlich aufgeben und die Pressefreiheit auch bei sämtlichen klassischen Druckerzeugnissen „ähnlichen" digitalen Medien anwenden.[31]

bb) Gewährleistungen

Die Pressefreiheit gewährleistet den Schutz des **gesamten pressespezifischen Handlungsvorgangs** „von der Beschaffung der Information bis zur Verbreitung der Nachrichten und Meinungen"[32]. In ihrem Zentrum steht dabei die freie Entscheidung über „Art und Ausrichtung, Inhalt und Form"[33]. Diese **Gestaltungsfreiheit** meint sowohl die inhaltliche als auch die äußerliche (formale) Gestaltung.[34] Die Presse soll nicht nur nach eigenen, publizistischen Kriterien entscheiden, was sie zum Gegenstand ihrer Publikationen macht, sondern auch, wie sie sich inhaltlich und gestalterisch damit auseinandersetzt.

Die freie inhaltliche Ausrichtung ist nicht auf einzelne Beiträge beschränkt. Die Presse trifft grundsätzlich keine Pflicht zur Ausgewogenheit oder zur Neutralität. Vielmehr ist die eigene politische oder weltanschauliche Selbstverortung eines Presseorgans als solche geschützt (**Tendenzfreiheit**): Eine Zeitung kann sich also gleichermaßen einem linken, einem rechten, konservativen, liberalen oder sozialistischen Spektrum oder einer bestimmten weltanschaulichen Strömung verschreiben, wie speziellen Themen oder Regionen.[35]

Konkret lässt sich die Reichweite des sachlichen Schutzbereichs funktional bestimmen: Geschützt ist jeder Tätigkeitsbereich, der Voraussetzung für die Wahrnehmung der Funktion einer freien Presse für die individuelle und öffentliche Meinungsbildung ist.[36] Geschützt sind daher neben der journalistisch-re-

---

31 Degenhart, in: Friauf/Höfling (Hrsg.), Berliner Kommentar zum Grundgesetz, EL 2/21 November 2021, Art. 5 Abs. 1 und 2 Rn. 197 f.; Kühling, in: Gersdorf/Paal (Hrsg.), BeckOK Informations- und Medienrecht, 35. Ed. 1.11.2021, GG Art. 5 Rn. 88; zurecht kritisch Hain, Verfassungsrecht, in: Spindler/Schuster (Hrsg.), Recht der elektronischen Medien, 4. Aufl. 2019, Rn. 48.
32 BVerfG, Urt. v. 5.8.1966, Az.: 1 BvR 586/62, 610/63 und 512/64, Rn. 38 = BVerfGE 20, 162 (176) – Spiegel.
33 BVerfG, Beschl. v. 15.12.1999, Az.: 1 BvR 653/96, Rn. 96 = BVerfGE 101, 361 (389) – Caroline von Monaco.
34 BVerfG, Beschl. v. 14.1.1998, Az.: 1 BvR 1861/93, 1 BvR 1864/96, 1 BvR 2073/97, Rn. 71 = BVerfGE 97, 125 (144) – Caroline von Monaco I.
35 Vgl. BVerfG, Beschl. v. 6.11.1979, Az.: 1 BvR 81/76, Rn. 42 = BVerfGE 52, 283 (296) – Tendenzbetrieb.
36 BVerfG, Beschl. v. 25.1.1984, Az.: 1 BvR 272/81, Rn. 48 = BVerfGE 66, 116 (133) – Wallraff; für eine solch funktionale Bestimmung des sachlichen Schutzbereichs auch Beater, Medienrecht, 2. Aufl. 2016, Rn. 140.

daktionellen Inhaltsproduktion auch **pressespezifische Hilfstätigkeiten**, soweit sie Voraussetzung des Publikationsvorganges sind.[37] Dies ist etwa bei der Akquise und Verbreitung von Anzeigen der Fall.[38]

Voraussetzung für die Funktion einer freien Presse ist auch, dass sie ungehindert Informationen beschaffen kann. Um ihre Kontrollfunktion wirksam ausüben zu können und auch solche Informationen, die nicht bereits öffentlich bekannt, gegebenenfalls sogar bewusst im Verborgenen gehalten werden, zu erhalten, ist sie oftmals auf Informationen aus dem Binnenbereich von Institutionen angewiesen. Um an diese zu gelangen, braucht es private Informant:innen oder Whistleblower:innen, die ihrerseits oftmals auf Anonymität angewiesen sind. Dieses Vertrauensverhältnis zwischen Presse und privaten Quellen ist als **Informant:innenschutz** durch Art. 5 I 2 GG gewährleistet.[39]

Hat die Presse Kenntnisse erlangt, gilt es diese zu überprüfen, zu analysieren, einzuordnen und auch zu archivieren. Auch diese redaktionsinternen Vorgänge erfordern einen gegenüber staatlichem Zugriff geschützten Vertrauensbereich, den die Pressefreiheit als **Redaktionsgeheimnis** schützt, dem gegenüber dem Informant:innenschutz eigenständige Bedeutung zukommt.[40]

Neben der individualrechtlichen Abwehrfunktion misst das BVerfG der Pressefreiheit auch einen **objektivrechtlichen Gehalt** im Sinne einer Einrichtungsgarantie der freien Presse zu.[41] Hieraus können beispielsweise Verpflichtungen des Staates zur Vielfaltssicherung auf dem Pressemarkt im Falle der Monopolbildung folgen.[42]

Examenswissen ❗

Auch wenn sich in Zeiten sinkender Auflagen gedruckter Publikationen aus verlegerischer Perspektive die Frage nach einer aus der Institutsgarantie erwachsenden **Verpflichtung zu staatlicher Förderung** stellen mag, folgt aus der objektiven Gewährleistung grundsätzlich kein subjekti-

---

37 BVerfG, Urt. v. 12.3.2003, Az.: 1 BvR 330/96, 1 BvR 348/99, Rn. 103 = BVerfGE 107, 299 (329 f.) – CICERO.
38 BVerfG, Beschl. v. 10.5.1983, Az.: 1 BvR 385/82, Rn. 19 ff. = BVerfGE 64, 108 (114 f.) – Chiffreanzeigen.
39 BVerfG, Urt. v. 5.8.1966, Az.: 1 BvR 586/62, Rn. 38 = BVerfGE 20, 162 (176) – Spiegel.
40 BVerfG, Beschl. v. 25.1.1984, Az.: 1 BvR 272/81, Rn. 49 = BVerfGE 66, 116 (133) – Wallraff.
41 BVerfG, Urt. v. 27.2.2007, Az.: 1 BvR 538/06, Rn. 42 = BVerfGE 117, 244 (258 f.) – CICERO.
42 Vgl. BVerfG, Urt. v. 5.8.1966, Az.: 1 BvR 586/62, 610/63 und 512/64, Rn. 37 = BVerfGE 20, 162 (176) – Spiegel; Schulze-Fielitz, in: Dreier (Hrsg.), GG-Kommentar, 3. Aufl. 2013, Art. 5 Abs. 1 und 2 Rn. 227.

ver Anspruch hierauf. Dort wo der Staat dennoch Subventionen gewährt,[43] unterliegt er einer aus Art. 5 I 2 GG folgenden inhaltlichen Neutralitätspflicht, darf also durch die Förderung weder den Pressemarkt verzerren, noch Einfluss auf Inhalt oder Gestaltung der Presse nehmen.[44]

Um die der Presse zukommende Funktion der Machtkontrolle als Teil des Meinungsbildungsprozesses auszuüben, ist sie auf Informationszugang gegenüber dem Staat angewiesen. Aus der objektiven Dimension der Pressefreiheit folgt deshalb ein verfassungsunmittelbarer **Auskunftsanspruch** der Presse.

! **Examenswissen**

Diesen hat das BVerwG aus Art. 5 I 2 GG abgeleitet[45], das BVerfG hat die Frage indes bisher offengelassen.[46] Die Notwendigkeit für die Herleitung eines verfassungsunmittelbaren Auskunftsanspruches ergab sich für das BVerwG jedoch nur, weil es die Anwendung der in den Pressegesetzen der Länder[47] vorgesehenen Informationszugangsrechte der Presse auf Bundesbehörden aus kompetenziellen Gründen ablehnte.[48] Da der Bund keine entsprechende einfachrechtliche Anspruchsgrundlage normiert hatte, musste das BVerwG diesen aus Art. 5 I 2 GG herleiten. Unabhängig von der Zuständigkeitsfrage spricht für die Annahme eines solchen Anspruchs, dass der EGMR in seiner – im Wege der völkerrechtsfreundlichen Auslegung zu berücksichtigenden – Rechtsprechung Informationszugangsrechte solcher Personen aus Art. 10 EMRK ableitet, denen eine Funktion als „public watchdog" zukommt, wie es neben der Presse etwa auch bei Nichtregierungsorganisationen oder Wissenschaftler:innen der Fall sei.[49]

---

43 Vgl. etwa den Überblick über aktuelle Förderungstätigkeiten im Pressewesen bei Buschow/ Wellbrock, Die Innovationslandschaft des Journalismus in Deutschland, Wissenschaftliches Gutachten im Auftrag der Landesmedienanstalt NRW, 2020, 27 f.
44 BVerfG, Beschl. v. 6.6.1989, Az.: 1 BvR 727/84, Rn. 27 ff. = BVerfGE 80, 124 (133 f.) – Postzeitungsdienst.
45 BVerwG, Urt. v. 20.2.2013, Az.: 6 A 2/12, Rn. 27 f. = NVwZ 2013, 1006 (1008 f.); BVerwGE 151, 348 (350).
46 BVerfG, Beschl. v. 8.9.2014, Az.: 1 BvR 23/14 = BVerfG, NJW 2014, 3711 (3712); BVerfG, Beschl. v. 27.7.2015, Az.: 1 BvR 1452/13 = BVerfG, NVwZ 2016, (51).
47 Vgl. stellvertretend für die weitgehend übereinstimmenden Normen § 4 BlnPrG.
48 BVerwG, Urt. v. 20.2.2013, Az.: 6 A 2/12, Rn. 17 ff. = NVwZ 2013, 1006 (1007 f.); kritisch Huber, NVwZ 2013, 1010.
49 Vgl. EGMR, Urt. v. 8.11.2016, Az.: 18 030/11, Rn. 156 ff. = NVwZ 2017, 1843 (1846 f.) – Magyar Helsinki Bizottság/Ungarn.

Luca Knuth

b) Personeller Schutzbereich

Die Medienfreiheiten des Art. 5 I 2 GG sind in personeller Hinsicht unbegrenzt gewährleistet, also **Menschenrechte**. Für den Schutzbereich der Pressefreiheit bedeutet dies, dass grundsätzlich alle natürlichen und – nach Maßgabe des Art. 19 III GG – auch juristischen Personen, die eine wesensgemäß mit der Pressefreiheit verbundene Tätigkeit ausüben, Trägerinnen der Pressefreiheit sind.[50]

Beispiel: Neben Journalist:innen, Redakteur:innen und Autor:innen können sich auch die Presseverlage, die Herausgeber:innen und jene, die pressespezifische Hilfstätigkeiten ausüben, auf die Pressefreiheit berufen.

c) Eingriffe

Grundsätzlich jede staatliche Beeinträchtigung dieser Gewährleistungen stellt einen **Eingriff** in den Schutzbereich der Pressefreiheit dar.

Beispiel: Verhängung eines Berufsausübungsverbotes für eine:n Redakteur:in.[51]

Eine besondere Gefährdungslage für die freie Presse ergibt sich insbesondere dort, wo sie zum Ziel von Maßnahmen im Rahmen eines Ermittlungsverfahrens wird.

Beispiel: Anordnung einer Durchsuchung von Redaktionsräumen oder der Beschlagnahme von Presseerzeugnissen[52]

Auch faktische Eingriffe sind möglich und liegen insbesondere dann vor, wenn der Staat Einfluss auf den Inhalt eines Presseerzeugnisses ausübt, ein Presseorgan nachrichtendienstlich überwacht oder es im Verfassungsschutzbericht aufgeführt wird.[53]

Konstellationen der mittelbaren Drittwirkung ergeben sich vielfach dort, wo die Berichterstattung der Presse in den Konflikt mit Persönlichkeitsrechten Dritter gerät.[54]

---

50 BVerfG, Urt. v. 27.2.2007, Az.: 1 BvR 538, 2045/06, Rn. 42 = BVerfGE 117, 244 (259) – CICERO.
51 BVerfG, Beschl. v. 6.10.1959, Az.: 1 BvL 118/53, Rn. 14 f. = BVerfGE 10, 118 (121) – Berufsverbot I.
52 BVerfG, Urt. v. 27.2.2007, Az.: 1 BvR 538/06 u. a., Rn. 43 f. = BVerfGE 117, 244 (259 f.) – CICERO.
53 BVerfG, Beschl. v. 24.5.2005, Az.: 1 BvR 1072/01, Rn. 50 = BVerfGE 113, 63 (77) – Junge Freiheit; dazu auch Schemmer, in: Epping/Hillgruber (Hrsg.), BeckOK GG, 50. Ed. 15.2.2022, Art. 5 Rn. 54.
54 Zur mittelbaren Drittwirkung Wienfort, § 9, in diesem Lehrbuch; zum allgemeinen Persönlichkeitsrecht Valentiner, § 18.2, in diesem Lehrbuch.

Luca Knuth

Beispiel: Verpflichtung zum Abdruck einer Gegendarstellung[55] durch ein Gericht; gerichtliche Untersagung des Abdruckes einer Werbeanzeige[56]

! **Klausurtaktik**

Für die klausurmäßige Darstellung einer solchen Konstellation anhand des Rechts auf Vergessen vergleiche Fall 7 im OpenRewi Fallbuch.

---

2. Die Rundfunkfreiheit

Die Rundfunkfreiheit ist in der Rechtsprechung des BVerfG, gerade auch gegenüber der Pressefreiheit, in besonderer Weise ausgestaltet worden. Im Vordergrund der Rechtsprechung stand dabei die aus der **objektiven** Gewährleistungsdimension abgeleitete Notwendigkeit der Vielfaltssicherung, denn anders als bei der Presse war die Möglichkeit des Rundfunkbetriebs lange Zeit schon durch die faktisch geringen Frequenzkapazitäten begrenzt.[57] Nichtsdestoweniger kann die Rundfunkfreiheit in der Klausur grundsätzlich gleich anderen Freiheitsrechten geprüft werden, wobei jedoch der Abgrenzung von Eingriffen und Ausgestaltungen sowie daran anknüpfenden Rechtfertigungsmaßstäben besondere Bedeutung zukommt.[58]

a) Sachlicher Schutzbereich
aa) Der Rundfunkbegriff

Die Bestimmung des Rundfunks erfolgt grundsätzlich formal, ohne Rücksicht auf den konkreten Inhalt.[59] Der Rundfunkbegriff umfasst jede an die Allgemeinheit im Sinne einer unbegrenzten Personengruppe gerichtete Darbietung von Gedankeninhalten.[60] Hieraus lassen sich **drei maßgebliche Kriterien** herleiten: Die Adressierung an die Allgemeinheit, die Darbietung und die nicht-körperliche Ver-

---

55 BVerfG, Beschl. v. 14.1.1998, Az.: 1 BvR 1861/93, Rn. 70 ff. = BVerfGE 97, 125 (145 f.) – Caroline von Monaco I.

56 BVerfG, Beschl. v. 12.12.2000, Az.: 1 BvR 1762/95, Rn. 43 – Schockwerbung I.

57 Insofern von der Rundfunkfreiheit als „eigentümliches Grundrecht" sprechend Eifert, Jura 2015, 356; für einen knappen Überblick über die Rechtsprechung des BVerfG vgl. Ladeur/Gostomzyk, JuS 2002, 1145.

58 So auch Eifert, Jura 2015, 356.

59 Starck/Paulus, in: v. Mangoldt/Klein/Starck (Hrsg.), Kommentar zum Grundgesetz, Bd. I, 7. Aufl., 2018, Art. 5 Abs. 1 und 2 Rn. 174.

60 Hierzu ausführlich statt vieler Schultze-Fielitz, in: Dreier (Hrsg.) GG-Kommentar, 3. Aufl. 2013, Art. 5 Abs. 1 und 2 Rn. 99.

breitung. Paradigmatische Beispiele für Rundfunk im Sinne des Art. 5 I 2 GG sind das klassische lineare Fernsehen und der Hörfunk (Radio).[61]

Weiterführendes Wissen 🛈

Dass der Rundfunk an eine unbestimmte Personengruppe gerichtet ist, grenzt ihn gegenüber der privaten Kommunikation, etwa Telefonate, E-Mails und Messengerdienste, ab.[62] Das Kriterium der Verbreitung mittels physikalischer Wellen, also gerade nicht-körperlich, unterscheidet ihn hingegen vom traditionellen Pressebegriff und dem Film.[63] Eine derartige Verbreitung liegt nicht nur bei den klassischen Verbreitungsformen des Fernsehens und des Hörfunks vor, sondern auch bei Verbreitung über das Internet.[64] Das Darbietungselement setzt eine programmliche Aufbereitung von Inhalten und eine Meinungsbildungsrelevanz voraus, die in der Literatur bisweilen anhand der Formel der dem Rundfunk vom BVerfG zugeschriebenen besonderen „Breitenwirkung, Aktualität und Suggestivkraft"[65] äußerst restriktiv verstanden wird.[66] Um einen umfassenden grundrechtlichen Schutz sämtlicher massenmedialer Kommunikationsformen zu gewährleisten, sollte demgegenüber der Schutzbereich der Rundfunkfreiheit weit verstanden werden.[67]

Examenswissen ❗

Aus der Perspektive des Rundfunkbegriffes ist mit den Kriterien der Verbreitung und dem Darbietungselement wiederum die Frage nach der Einordnung der **Internetmedien** angesprochen. Möchte man diese durch eine begriffliche Erweiterung des Pressebegriffes der Pressefreiheit zuordnen, läuft dies letztlich aber auf eine Aufgabe oder zumindest Relativierung der durch die Medientrias indizierten Abgrenzung anhand der Art der Verbreitung hinaus. Damit avanciert das Darbietungselement zum entscheidenden Abgrenzungskriterium, was insofern gesteigerte Anforderungen als folgerichtig erscheinen lässt, um die betroffenen Medien ihrerseits wiederum aus dem Schutzbereich der Rundfunkfreiheit auszuscheiden. Demgegenüber lassen sich die Internetmedien bei Abstellen auf das Verbreitungskriterium ohne Weiteres unter den auf die nicht-körperliche Verbreitung abstellenden Rundfunkbegriff fassen. Daher erscheint es naheliegender, sie verfassungsrechtlich als Rundfunk einzuordnen.

---

61 BVerfG, Urt. v. 28.2.1961, Az.: 2 BvG 1, 2/60, Rn. 81 = BVerfGE 12, 205 (226); insofern vom „klassischen Rundfunk" sprechend: Eifert, Jura 2015, 356 (360).
62 Vgl. auch die Aufzählung bei Schulze-Fielitz, in: Dreier (Hrsg.), GG-Kommentar, 3. Aufl. 2013, Art. 5 Abs. 1 und 2 Rn. 101.
63 Eifert, Jura 2015, 356 (359); Schemmer, in: Epping/Hillgruber (Hrsg.), BeckOK GG, 50. Ed. 15.2.2022, Art. 5 Rn. 67.
64 Statt vieler Klaes, ZUM 2009, 135 (137 ff.).
65 BVerfG, Urt. v. 22.2.1994, Az.: 1 BvL 30/88, Rn. 140 = BVerfGE 90, 60 (87).
66 So etwa Kube, Handbuch des Staatsrechts, Bd. IV, 3. Aufl. 2006, § 91 Rn. 14 ff.; Weberling, AfP 2008, 445 (446 f.).
67 So auch Eifert, Jura 2015, 356 (358); auf die einfachrechtliche Herkunft des Kriteriums verweisend Hain, Verfassungsrecht, in: Spindler/Schuster (Hrsg.), Recht der elektronischen Medien, 4. Aufl. 2019, Rn. 50.

Luca Knuth

! **Klausurtaktik**

Da die Entwicklung der Internetmedien nach wie vor ebenso fortschreitet wie die Diskussion um ihre Einordnung, kommt es hier in Klausuren weniger auf das Ergebnis als die schlüssige Auseinandersetzung mit der Thematik an. Subsumiert man die Internetmedien unter die Rundfunkfreiheit, stellt sich im nächsten Schritt die Frage, ob diese spezifisch auf den klassisch-linearen Rundfunk ausgerichtete Rechtsprechung auch auf diese anwendbar ist. Insbesondere die Erfordernisse einer Staatsaufsicht und eines Zulassungserfordernisses scheinen jedoch kaum auf die gegenwärtige Funktionsweise der Internetmedien zu passen. Die – insofern bereits zwischen öffentlich-rechtlichen und privaten Rundfunkanbietern divergierende – Auslegung der Rundfunkfreiheit sollte dann im Ergebnis hinsichtlich dieser Medien einem der Pressefreiheit entsprechenden Gewährleistungsumfang angenähert werden.

i **Weiterführendes Wissen**

Die Problematik der als „hinderlich"[68] empfundenen Einordnung der Telemedien in die Medientrias des Art. 5 I 2 GG wirft die Frage auf, ob diese nicht zu einem **einheitlichen Grundrecht der Medienfreiheit** fortentwickelt werden kann. Anknüpfen ließe sich dabei an die Intention des Verfassungsgebers, der mit der Medientrias des Art. 5 I 2 GG gerade einen nach damaligem Stand technologischer Entwicklung umfassenden Schutz des gesamten massenkommunikativen Prozesses bezweckte.[69] Leitbildfunktion könnte hierbei der umfassenden Kommunikationsfreiheit des Art. 11 II GRCh zukommen.[70] Dies sollte jedoch nicht als ein Vorhaben der Einebnung des Grundrechtsschutzes, sondern vielmehr als auf die Abbildung des gesamten Massenkommunikationsprozesses gerade in der Vielfalt seiner Erscheinungsformen und daraus erwachsender differenzierter Anforderungen an einen den jeweiligen kommunikativen Prozess angemessenen Grundrechtsschutz gerichtet verstanden werden. Entscheidende Frage einer solchen dogmatischen Fortentwicklung ist dabei, ob bzw. wie sich die Sonderrolle des Rundfunks in eine solche Dogmatik einfügen kann.[71]

---

68 So Spiecker gen. Döhmann, VVDStRL 77 (2018), 9 (52, Fn. 175).

69 Insofern zutreffend Kühling, in: Gersdorf/Paal (Hrsg.), BeckOK Informations- und Medienrecht, 35. Ed. 1.11.2021, GG Art. 5 Rn. 88.

70 In diese Richtung schon Hoffmann-Riem, in: Denninger (Hrsg.), AK-GG, Bd. I, 3. Aufl. 2001, Art. 5 Abs. 1, 2, Rn. 119; explizit Fechner, Medienrecht, 20. Aufl. 2019, 47; Hain, Verfassungsrecht, in: Spindler/Schuster (Hrsg.), Recht der elektronischen Medien, 3. Aufl. 2019, Rn. 131; Schulz, CR 2008, 470.

71 Vgl. etwa die Ansätze von Hain, Verfassungsrecht, in: Spindler/Schuster (Hrsg.), Recht der elektronischen Medien, 3. Aufl. 2019, Rn. 131; Schmitt, DÖV 2019, 949.

Luca Knuth

bb) Gewährleistungen

Schutz verleiht die Rundfunkfreiheit – insofern mit der Pressefreiheit vergleichbar – für **sämtliche rundfunkspezifische Tätigkeiten**, von der Informationsbeschaffung über die Sendungsproduktion bis hin zu ihrer Verbreitung. Beispielhaft ist etwa die Nutzung rundfunkspezifischer Aufnahmegeräte.[72] Umfasst sind auch sämtliche (Hilfs-)Tätigkeiten, die Voraussetzung einer angemessenen Funktionserfüllung sind.[73]

Individualgrundrechtlicher Kern der Rundfunkfreiheit ist die **„Programmautonomie"**. Diese umfasst die Freiheit der Programmauswahl, des Inhalts und der Gestaltung. **„Berichterstattung"** i.S.d. Art. 5 I 2 Var. 2 GG ist weit zu verstehen, umfasst sind sowohl Tatsachenmitteilungen als auch die Verbreitung von Meinungen. Ebenfalls geschützt sind das Redaktionsgeheimnis und der Informant:innenschutz.[74]

Diese individualrechtliche Abwehrfunktion der Rundfunkfreiheit ist durch die Rechtsprechung des BVerfG, welche das Verständnis der Rundfunkfreiheit wie kaum ein anderes Grundrecht geprägt hat, zugunsten ihrer objektiv-institutionellen Dimension zurückgedrängt worden.[75] Ausgangspunkt dieser Rechtsprechung ist der vom BVerfG vorgenommene Befund, dass die Ausübung der Rundfunkfreiheit aufgrund beschränkter Frequenzkapazitäten technisch begrenzt sei und damit eine „Sondersituation" bestehe.[76] Diese Erwägung hat es später dadurch ergänzt, dass dem Rundfunk zugleich aufgrund seiner „Breitenwirkung, Aktualität und Suggestivkraft"[77] auch eine besonders hohe Bedeutung für den Prozess der individuellen und öffentlichen Meinungsbildung als dessen „Medium und Faktor" zukomme.[78] Daraus folgernd hat es die Rundfunkfreiheit als eine dem Prozess der Meinungsbildung **„dienende Freiheit"** charakterisiert, die der

---

72 BVerfG, Urt. v. 24.1.2001, Az.: 1 BvR 2623/95, 1 BvR 622/99, Rn. 59 = BVerfGE 103, 44 (59).

73 BVerfG, Urt. v. 12.3.2003, Az.: 1 BvR 330/96, Rn. 103 = BVerfGE 107, 299 (329f.) – Fernmeldegeheimnis.

74 BVerfG, Urt. v. 12.3.2003, Az.: 1 BvR 330/96, Rn. 103 = BVerfGE 107, 299 (329f.) – Fernmeldegeheimnis.

75 Die Entscheidungen des BVerfG in denen es seine Dogmatik der Rundfunkordnung weitgehend ausdifferenziert hat, werden als „Rundfunkentscheidungen" bezeichnet. Die Entwicklung der Rechtsprechung des BVerfGs wird überblicksartig bei Ladeur/Gostomzyk, JuS 2002, 1145ff. nachgezeichnet. Eine Kurzdarstellung aller Rundfunkentscheidungen findet sich bei Fechner, Medienrecht, 20. Aufl. 2019, S. 296ff.

76 Schon BVerfG, Urt. v. 28.2.1961, Az.: 2 BvG 1, 2/60, Rn. 180 = BVerfGE 12, 205 (261) – Deutschland-Fernsehen.

77 BVerfG, Urt. v. 22.2.1994, Az.: 1 BvL 30/88, Rn. 140 = BVerfGE 90, 60 (87).

78 BVerfG, Urt. v. 28.2.1961, Az.: 2 BvG 1, 2/60, Rn. 179 = BVerfGE 12, 205 (260); BVerfG, Urt. v. 16.6.1981, Az.: 1 BvL 89/78, Rn. 102 = BVerfGE 57, 295 (323).

Luca Knuth

gesetzlichen Ausgestaltung in Form einer **positiven Ordnung** bedürfe, welche einerseits die **Staatsferne** des Rundfunks und andererseits dessen **Meinungsvielfalt** sicherstellen müsse.[79]

In der Bundesrepublik hat sich historisch eine „**duale Rundfunkordnung**" herausgebildet, in der ein **öffentlich-rechtlicher Rundfunk**, bestehend aus den öffentlich-rechtlichen Rundfunkanstalten, und **private Rundfunkanbieter** nebeneinander existieren. Die verfassungsrechtlichen Anforderungen an diese und damit im Ergebnis auch die Reichweite des jeweiligen Schutzbereiches der Rundfunkfreiheit unterscheiden sich.

b) Persönlicher Schutzbereich

Hinsichtlich des personellen Schutzbereichs ergibt sich eine Besonderheit vor allem aus der Grundrechtsberechtigung der Träger:innen des öffentlichen Rundfunks.[80] Auch wenn die Grundrechte grundsätzlich den Staat verpflichten und damit juristische Personen des öffentlichen Rechts nicht grundrechtsberechtigt sind, gelten Bereichsausnahmen, wenn sie unmittelbar dem grundrechtlich geschützten Lebensbereich zugeordnet sind sowie unabhängig vom Staat der Verwirklichung des Grundrechts dienen. Daher folgt aus der Staatsfreiheit des öffentlich-rechtlichen Rundfunks dessen (partielle) Grundrechtsberechtigung.[81]

c) Eingriffe

Besondere Aufmerksamkeit sollte hier auf die **Abgrenzung** von Eingriffen und bloßen Ausgestaltungen gelegt werden. Eine zentrale Folge der Konstruktion der Rundfunkfreiheit als eine „dienende" und dem daraus folgenden Ausgestaltungsauftrag an den Gesetzgeber ist, dass derartige Ausgestaltungen keine Eingriffe darstellen. Die Abgrenzung erscheint jedoch nicht immer leicht.

Im Grundsatz gilt: Zielt die Regelung auf eine Absicherung der Freiheit des Rundfunks, so handelt es sich regelmäßig um eine Ausgestaltung. Sollen hingegen andere Rechtsgüter durch die Regelung vor einer Gefährdung durch Rundfunksendungen geschützt werden, liegt in aller Regel ein Eingriff vor.[82] So bezwecken die Bestimmungen zur Aufsicht der Landesmedienanstalten über den privaten Rundfunk und das Zulassungsverfahren die Organisation der durch

---

79 BVerfG, Urt. v. 16.6.1981, Az.: 1 BvL 89/78, Rn. 102 = BVerfGE 57, 295 (323).
80 Siehe zu juristischen Personen Ramson, § 3, in diesem Lehrbuch.
81 BVerfG, Urt. v. 27.7.1971, Az.: 2 BvF 1/68, 2 BvR 702/68, Rn. 21 ff. = BVerfGE 31, 314 (322) – Umsatzsteuer.
82 Vertiefend zur Abgrenzung Lerche, AfP 2007, 52 (53).

Luca Knuth

Art. 5 I 2 GG gewährleisteten Rundfunkfreiheit, nicht deren Beeinträchtigung, und sind damit als Ausgestaltungen zu qualifizieren.[83]

Klausurtaktik   !

Auch wenn in der Klausur eine Ausgestaltung angenommen wird, ist die Prüfung keineswegs zu beenden. Auch Ausgestaltungsregelungen unterliegen verfassungsrechtlichen Anforderungen, die sich insbesondere aus dem betreffenden Grundrecht selbst ergeben.

---

3. Die Filmfreiheit

Gegenstand der Filmfreiheit ist (nur) der durch ein Trägermedium verkörperte Film, der zur an die Allgemeinheit im Sinne eines unbestimmten Personenkreises gerichteten Vorführung an einem Ort (insbesondere: Kino) bestimmt ist.[84] Für ihre Gewährleistungen gilt weitgehend das zur Pressefreiheit Gesagte entsprechend. Die Filmfreiheit hat in der Rechtsprechung bislang jedoch nur geringe Bedeutung erlangt, was letztlich auch darin begründet ist, dass in ihren Schutzbereich fallende Filme oftmals Kunstwerke sind und damit in den spezielleren Schutzbereich der Kunstfreiheit fallen.[85]

III. Rechtfertigung

1. Einschränkbarkeit

Auch die Medienfreiheiten unterliegen den Schrankenregelungen des Art. 5 II GG: namentlich dem **Schutz der Jugend**, der **persönlichen Ehre** und den **allgemeinen Gesetzen**. Insofern gilt grundsätzlich das hinsichtlich der Meinungsfreiheit (Art. 5 I 1 Var. 1 GG) zum Begriff der allgemeinen Gesetze Gesagte auch hinsichtlich der Medienfreiheiten.[86]

---

83 BVerfG, Urt. v. 16.6.1981, Az.: 1 BvL 89/78, Rn. 118 ff. = BVerfGE 57, 295.

84 Für eine Erweiterung auf nicht-verkörperte Filme Ladeur, in: Paschke/Berlit/Meyer/Kröner (Hrsg.), Hamburger Kommentar – Gesamtes Medienrecht, 4. Aufl. 2020, Rn. 145.

85 So auch Gröpl, in: ders./Windthorst/von Coelln (Hrsg.), Studienkommentar GG, 4. Aufl. 2020, Art. 5 Rn. 65.

86 Vgl. zu Meinungsfreiheit Wienfort, § 20.1, in diesem Lehrbuch.

> ### ! Examenswissen
>
> Für die Medienarbeit relevante Schranken können insbesondere Normen des Straf- bzw. Strafprozessrechts werden, wie z. B. Straftatbestände, die eine Weitergabe von spezifischen, der Geheimhaltung unterliegenden Informationen unter Strafe stellen.[87] Von großer Bedeutung der Berichterstattung der Medien über (prominente) Personen sind die §§ 22 ff. des Kunsturhebergesetzes und daneben auch die Vorschriften des sonstigen Urheberrechts und mit zunehmender Bedeutung auch des Datenschutzrechts. Das **Recht der persönlichen Ehre** ist als Bestandteil des allgemeinen Persönlichkeitsrechts grundrechtlich verankert[88] und entfaltet insbesondere in Drittwirkungskonstellationen durch zivilrechtliche Anspruchsgrundlagen derjenigen, die zum Gegenstand medialer Berichterstattung werden, Bedeutung. Als Ansprüche kommen insbesondere Unterlassungs- und Beseitigungsansprüche oder Schadensersatzansprüche nach §§ 1004 I analog, 823 ff. BGB in Betracht. Auch die einfachgesetzlich normierten[89] **Ansprüche auf Gegendarstellung** bei Verbreitung personenbezogener Tatsachenbehauptungen schützen das allgemeine Persönlichkeitsrecht. Diese verschaffen den Einzelnen ein Instrument der öffentlichen Darstellung ihrer selbst entgegenzutreten, haben also eine das Persönlichkeitsrecht schützende Intention und sollen verhindern, dass Einzelne zum bloßen Objekt medialer Berichterstattung werden.[90]
>
> Medienkonsum kann, etwa wenn pornografische oder gewaltvolle Darstellungen rezipiert werden, negative Auswirkungen auf die Persönlichkeitsentwicklung jugendlicher Menschen haben. Dem trägt der Schrankenvorbehalt zum **Schutz der Jugend** Rechnung. Hierauf lassen sich zum Beispiel Beschränkungen des Vertriebs ebenso stützen wie solche der Werbung für jugendgefährdende Medien.[91]

2. Grenzen der Einschränkbarkeit

Als Grenze der Einschränkbarkeit[92] der Medienfreiheiten fungiert die Wechselwirkungslehre[93]. Danach sind insbesondere einfachrechtliche Generalklauseln wie

---

87 Vgl. BVerfG, Urt. v. 5.8.1966, Az.: 1 BVR 586/62 u. a., Rn. 41 f. = BVerfGE 20, 162 – Spiegel.
88 Das Recht der persönlichen Ehre stellt dabei nur einen Bestandteil des allgemeinen Persönlichkeitsrechts dar, welches auch hierüber hinaus im Rahmen der allgemeinen Gesetze Einschränkungen der Medienfreiheiten begründen kann. Siehe hierzu auch das Kapitel zum allgemeinen Persönlichkeitsrecht.
89 Vgl. etwa § 11 LPrG NRW und für journalistisch-redaktionell gestaltete Telemedien § 20 MStV.
90 BVerfG, Beschl. v. 8.2.1983, Az.: 1 BvL 20/81, Rn. 32 = BVerfGE 63, 131 (142) – Gegendarstellung.
91 BVerfG, Beschl. v. 22.6.1960, Az.: 2 BvR 125/60, Rn. 13 = BVerfGE 11, 234 (238) – Jugendgefährdende Schriften I; BVerfG, Beschl. v. 23.3.1971, Az.: 1 BvL 25/61 und 3/62, Rn. 41 ff. = BVerfGE 30, 336 (347 ff.) – Jugendgefährdende Schriften II; BVerfG, Beschl. v. 13.1.1988 – 1 BvR 1548/82, Rn. 41 ff. = BVerfGE 77, 346 (356 f.) – Presse-Grosso.
92 Vgl. Fechner, Medienrecht, 20. Aufl. 2019, S. 256.
93 Zur Wechselwirkungslehre bereits die Darstellung zur Meinungsfreiheit Wienfort, § 20.1, in diesem Lehrbuch.

zum Beispiel § 23 I Nr. 1 KUG, wonach die Verbreitung eines Bildnisses bei Personen der Zeitgeschichte auch ohne eine Einwilligung zulässig sein kann, im Lichte der Medienfreiheit auszulegen. Die Wechselwirkungslehre geht aber insofern über die verfassungskonforme Auslegung hinaus, als die Vereinbarkeit des Gesetzes mit dem Grundrecht der Pressefreiheit nicht nur hinsichtlich der Verhältnismäßigkeit des Gesetzes geprüft werden muss, sondern auch im Sinne der Verhältnismäßigkeit der Anwendung im Einzelfall die besondere Bedeutung der freien Medien für das Gemeinwesen zu berücksichtigen ist. Dies ist gerade Ausdruck der objektiven Dimension der Medienfreiheiten.[94]

In den Fällen der <u>mittelbaren Drittwirkung</u> bei Kollisionen der Kommunikationsfreiheiten und dem <u>allgemeinen Persönlichkeitsrecht</u> obliegt den Gerichten die stets anhand des besonderen Kontexts des Einzelfalles vorzunehmende Abwägung zwischen den widerstreitenden Grundrechtsinteressen, die in praktische Konkordanz zu bringen sind.[95]

Hierbei ist einerseits darauf zu achten, ob sich durch die massenmediale Verbreitung eine besondere Intensität der Persönlichkeitsrechtsbeeinträchtigung ergibt. Regelmäßig wird die erhöhte Reichweite[96] oder die dauerhafte Abrufbarkeit[97] die Intensität der Beeinträchtigung verstärken. Umgekehrt ist aber auch die besondere Bedeutung der Medien für die individuelle und öffentliche Meinungsbildung in die Abwägung einzustellen. Verstärkende Wirkung kann dabei insbesondere dem öffentlichen Informationsinteresse zukommen. Auch wenn der Schutzbereich der Medienfreiheiten sich grundsätzlich ohne Rücksicht auf den Inhalt bestimmt, können sich hier Unterschiede nach Art und Inhalt des Medienproduktes ergeben. Bloß unterhaltenden Veröffentlichungen kommt danach unter Umständen ein geringeres Gewicht zu als für die politische Meinungsbildung besonders relevanten.[98]

---

94 Im Hinblick auf die Pressefreiheit <u>BVerfG, Urt. v. 5.8.1966, Az.: 1 BVR 586/62 u.a., Rn. 40</u> = BVerfGE 20, 162 – Spiegel.
95 Zur mittelbaren Drittwirkung vgl. Wienfort, § 9, in diesem Lehrbuch; zum allgemeinen Persönlichkeitsrecht Valentiner, § 18.2, in diesem Lehrbuch.
96 Vgl. für die höhere Intensität im Falle der Fernsehberichterstattung gegenüber einer bloß Wortberichterstattung etwa <u>BVerfG, Urt. v. 5.6.1973, Az.: 1 BvR 536/72, Rn. 56</u> = BVerfGE 35, 202 (226 f.) – Lebach.
97 Vgl. dazu das Kapitel zum <u>Recht auf Vergessen</u> Petras, § 24.5, in diesem Lehrbuch.
98 Schulz, in: Paschke/Berlit/Meyer (Hrsg.), Hamburger Kommentar – Gesamtes Medienrecht, 4. Aufl. 2021, Rn. 66.

Luca Knuth

IV. Konkurrenzen

Die Medienfreiheiten werden nach traditionellem Verständnis untereinander anhand der technischen Verbreitungsform abgegrenzt. Für das Verhältnis der Medienfreiheit zur Informationsfreiheit nimmt das BVerfG an, dass, soweit die Medien sich aus allgemein zugänglichen Quellen informieren (wollen), grundsätzlich der Schutzbereich der Informationsfreiheit eröffnet ist und die Medienfreiheiten dahinter zurücktreten.[99] Zur Abgrenzung der Medienfreiheiten zur Meinungsfreiheit vergleiche das Kapitel zur Meinungsfreiheit.

V. Europäische und internationale Bezüge

Die in Art. 10 EMRK geschützte Meinungsfreiheit nennt die Medienfreiheiten zwar nicht ausdrücklich als geschützt, der EGMR liest sie aber in den Schutzbereich der Meinungsäußerungsfreiheit hinein und weist den Medien einen gegenüber sonstigen Meinungsverbreitungsformen privilegierten Schutz zu, der in ihrer Funktion für demokratische Gesellschaften begründet ist.[100] Diese Funktion charakterisiert er bildlich, indem er die Medien als „public watchdog"[101] bezeichnet. Dabei sind neben der klassischen Presse insbesondere auch der öffentlich-rechtliche Rundfunk[102] und audio-visuelle Medien[103] erfasst. Die Subsumtion der verschiedensten – vor allem auch der relativ neuen – medialen Ausdrucks- und Kommunikationsmittel erleichtert, dass Art. 10 I EMRK selbst keine Differenzierung nach verschiedenen (massen-)kommunikativen Formen intendiert, sondern insofern umfassend die Freiheit des kommunikativen Prozesses gewährleistet. Eine Differenzierung wird erst im Rahmen der Rechtfertigung relevant, wobei der EGMR vorrangig auf den journalistischen Charakter der Tätigkeiten abstellt.[104] Er entnimmt Art. 10 I EMRK sachlich einen umfassenden Schutz journalistischer Tätigkeit. Geschützt sind insbesondere journalistisch-redaktionelle Vorbereitungshandlungen, insbesondere in Form der Recherche, der insofern eine essentielle

---

99 BVerfG, Beschl. v. 19.12.2007, Az.: 1 BvR 620/07, Rn. 27 = BVerfGE 119, 309 (318); Hain, Verfassungsrecht, in: Spindler/Schuster (Hrsg.) Recht der elektronischen Medien, 4. Aufl. 2019, Rn 34.
100 Vgl. nur EGMR, Urt. v. 21.12.2004, Az.: Nr. 61513/00, Rn. 64 – Busuioc/Moldawien.
101 EGMR, Urt. v. 7.2.2012, Az.: Nr. 40660/08 und 60641/08, Rn. 102 – von Hannover/Deutschland.
102 EGMR, Urt. v. 30.3.2004, Az.: Nr. 53984/00 – Radio France ua/Frankreich.
103 EGMR, Urt. v. 23.9.1994, Az.: 15890/89, Rn. 31 – Jersild/Dänemark.
104 Hierzu Cornils, in: Gersdorf/Paal (Hrsg.), BeckOK Informations- und Medienrecht, 35. Ed. 1.2.2021, EMRK Art. 10 Rn. 22ff.

Luca Knuth

Bedeutung zukomme.[105] Daneben hat der EGMR auch dem Quellenschutz hohe Bedeutung beigemessen.[106]

Art. 11 GRCh, der hinsichtlich der in Abs. 1 gewährleisteten Meinungsäußerungsfreiheit in seiner Fassung auf Art. 10 EMRK zurückgeht, gewährleistet demgegenüber in Abs. 2 ausdrücklich die Freiheit und Pluralität der Medien. Auch insofern besteht folglich kein Bedürfnis für eine Differenzierung nach Art verschiedener Medien.

Zusammenfassung: Die wichtigsten Punkte
– Die Informationsfreiheit schützt die Unterrichtung aus allgemein zugänglichen Quellen.
– Quellen sind allgemein zugänglich, wenn sie geeignet und bestimmt sind einem unbestimmten Personenkreis zugänglich zu sein.
– Art. 5 I 2 GG enthält nach traditionellem Verständnis drei Grundrechte, die Presse-, Rundfunk- und Filmfreiheit, die sich anhand der Verbreitungstechnik abgrenzen.
– Die Eröffnung des Schutzbereichs der Mediengrundrechte bestimmt sich grundsätzlich ohne Rücksicht auf den Inhalt des Mediums.
– Bei der Pressefreiheit steht die individualrechtliche Dimension im Vordergrund.
– Die Rundfunkfreiheit wurde durch das BVerfG als „dienende Freiheit" charakterisiert. Damit verbunden ist ein Ausgestaltungsauftrag des Gesetzgebers.
– Der Auftrag zur Ausgestaltung der einfachrechtlichen Rundfunkordnung wird durch insbesondere durch die Prinzipien der Staatsferne einerseits und der Pluralitätssicherung andererseits bestimmt.

Weiterführende Studienliteratur
– Martin Eifert, Die Rundfunkfreiheit, Jura 2015, S. 356–368
– Karl-Heinz Ladeur/Tobias Gostomzyk, Rundfunkfreiheit und Rechtsdogmatik – Zum Doppelcharakter des Art. 5 I 2 GG in der Rechtsprechung des BVerfG, JuS 2002, S. 1145–1154
– Rüdiger Nolte, Die Gewährleistung des Zugangs zu Daten der Exekutive durch das Grundrecht der Informationsfreiheit, NVwZ 2018, S. 521–528
– Friedrich Schoch, Das Grundrecht der Informationsfreiheit, Jura 2008, S. 25–34

---

105 EGMR, Urt. v. 27.6.2017, Az.: 931/13, Rn. 128 – Satakunnan Markkinapörssi Oy and Satamedia Oy/Finnland.
106 EGMR, Urt. v. 27.3.1996, Az.: 17488/90, Rn. 39 – Goodwin/UK.

Luca Knuth

§ 20.3 Versammlungsfreiheit – Art. 8 GG

Notwendiges Vorwissen: Prüfungsaufbau eines Freiheitsgrundrechts

Lernziel: von der Versammlungsfreiheit geschützte Tätigkeiten und Räume abgrenzen

---

Für dieses Kapitel gibt es frei zugängliche interaktive Übungen. Halte einfach deine Smartphone-Kamera vor den Kasten mit den Punkten (QR-Code).

Die in Art. 8 GG geschützte Versammlungsfreiheit ist ein zentraler Bestandteil der Demokratie. Versammlungen bieten „die Möglichkeit zur öffentlichen Einflussnahme auf den politischen Prozess, zur Entwicklung pluralistischer Initiativen und Alternativen oder auch zu Kritik und Protest[...]; sie enthalten ein Stück ursprünglich-ungebändigter unmittelbarer Demokratie, das geeignet ist, den politischen Betrieb vor Erstarrung in geschäftiger Routine zu bewahren".[1] Die Versammlungsfreiheit ist ebenso aus einer Prüfungsperspektive interessant, da sich hier an sehr greifbaren Beispielen das Zusammenspiel zwischen Verfassungsrecht und Verwaltungsrecht abbilden lässt. Grundrechtsklausuren werden daher häufig zu Themen der Versammlungsfreiheit gestellt.[2] Zudem ist Art. 8 GG ebenso wie das Versammlungsgesetz des Bundes (bzw. die Versammlungsgesetze der Länder) regelmäßiger Prüfungsgegenstand verwaltungsrechtlicher Klausuren.[3]

---

1 Hesse, Grundzüge des Verfassungsrechts der Bundesrepublik Deutschlands, 14. Aufl. 1984, 157, zitiert in BVerfG, Beschl. v. 14.5.1985, Az.: 1 BvR 233, 341/81, Rn. 67 = BVerfGE 69, 315 – Brokdorf.

2 Siehe als Beispiel für einen Übungsfall zur Versammlungsfreiheit González Hauck, Fall 6, im OpenRewi Fallbuch.

3 Siehe zu der besonderen Bedeutung von Ermächtigungsgrundlagen des Versammlungsrechts in verwaltungsrechtlichen Klausuren Eisentraut, in: Eisentraut, Verwaltungsrecht in der Klausur, § 2, Rn. 1037–1041.

A. Schutzbereich

Bereits der Schutzbereich von Art. 8 I GG kann erhebliche Probleme bergen. Bei einer Prüfung von Art. 8 I GG kann hier ein Schwerpunkt der Klausurbearbeitung liegen.

I. Sachlicher Schutzbereich

1. Versammlungsbegriff

Im Kern lässt sich eine **Versammlung** definieren als eine Zusammenkunft mehrerer Personen zu einem gemeinsamen Zweck.

Umstritten ist die **Mindestanzahl** an Personen, die für eine Versammlung zusammenkommen müssen. Teilweise wird der Wortlaut herangezogen, um eine Versammlung quantitativ erst ab drei teilnehmenden Personen anzunehmen. Diese Auslegung ist aber zu restriktiv. Entscheidend ist der Sinn und Zweck des Art. 8 I GG. Gerade weil die Versammlungsfreiheit individuell Personen schützt, die sich zur gemeinsamen Meinungskundgabe zusammenschließen und dies bereits im Austausch von zwei Personen geschehen kann, ist eine Mindestpersonenzahl abzulehnen. Vielmehr reicht eine Zusammenkunft von **zwei Personen** für das Vorliegen einer Versammlung aus.[4]

In dem Element des **gemeinsamen Zwecks** besteht der Unterschied zwischen einer Versammlung und einer bloßen Ansammlung oder zufällig entstehenden Menschenmenge. Anhand unterschiedlicher Anforderungen an den gemeinsamen Zweck lassen sich engere und weitere Versammlungsbegriffe unterscheiden. Nach dem weitesten Versammlungsbegriff genügt (nahezu) jeder gemeinsame Zweck. Andere Stimmen fordern dagegen, dass der Zweck der Versammlung in der gemeinsamen Meinungsbildung und -äußerung bestehen muss, wobei teilweise darüber hinaus angenommen wird, dass sich diese Meinungsbildung und -kundgabe auf öffentliche Angelegenheiten beziehen müsse. Nachdem sich das BVerfG anfangs[5] eher zugunsten einer möglichst weiten Auslegung des Art. 8 I GG positioniert hatte, wendet es in der jüngeren Rechtsprechung einen restriktiveren Versammlungsbegriff an. Der Zweck der Zusammenkunft muss danach auf die **Teilhabe an der öffentlichen Meinungsbildung** gerichtet sein. Nach dieser Definition sind Versammlungen im Sinne des Art. 8 GG „örtliche Zu-

---

4 So auch Papier/Krönke, Grundkurs Öffentliches Recht 2, Grundrechte, 3. Aufl. 2018, Rn. 329.
5 BVerfG, Beschl. v. 14.5.1985, Az.: 1 BvR 233 341/81, Rn. 61 = BVerfGE 69, 315 – Brokdorf.

Katharina Goldberg/Sué González Hauck

sammenkünfte mehrerer Personen zur gemeinschaftlichen, auf die Teilhabe an der öffentlichen Meinungsbildung gerichteten Erörterung oder Kundgebung".[6]

Nicht umfasst von dem engeren Versammlungsbegriff sind Veranstaltungen, die allein dem **Vergnügen** dienen.

Beispiel: Volksfeste

Auch Veranstaltungen, die nach der Rechtsprechung „der bloßen Zurschaustellung eines Lebensgefühls" dienen, fallen nicht in den Schutzbereich des Art. 8 I GG.

Beispiel: Loveparade[7]

Solche reinen „Massenpartys" fallen selbst dann nicht in den Schutzbereich der Versammlungsfreiheit, wenn bei ihrer Gelegenheit auch Meinungskundgaben erfolgen. Abzugrenzen sind sie von Veranstaltungen, die primär einen kommunikativen, auf die öffentliche Meinungsbildung gerichteten Zweck verfolgen und diesen Zweck mittels Musik und Tanz verwirklichen.[8]

❗ Klausurtaktik

Ein Beispiel für eine entsprechende Abgrenzung zwischen reinen Massenpartys und Versammlungen, die Elemente von Vergnügungsveranstaltungen aufweisen, findet sich in Fall 6 zur Versammlungsfreiheit aus dem OpenRewi Grundrechte Fallbuch.

Bei sogenannten **gemischten Veranstaltungen**, die sowohl Elemente aufweisen, die auf öffentliche Meinungskundgabe gerichtet sind, als auch solche, die einen bloßen Unterhaltungszweck oder einen anderen Zweck verfolgen, der dem Meinungskundgabezweck nicht zuzurechnen ist, ist im Wege einer Gesamtschau aller relevanten tatsächlichen Umstände zu beurteilen, ob die Veranstaltung nach ihrem Gesamtgepräge eine Versammlung darstellt oder nicht.[9] Diese Beurteilung des **Gesamtgepräges** der Veranstaltung erfolgt nach der Rechtsprechung des Bundesverwaltungsgerichts in drei Schritten. In einem ersten Schritt ist zu entscheiden, welche Modalitäten der Veranstaltung einen kommunikativen, auf die

6 BVerfG, Beschl. v. 24.10.2001, Az.: 1 BvR 1190/90, 2173/93, 433/96, Rn. 39 = BVerfGE 104, 92 – Sitzblockaden III.
7 BVerfG, Beschl. v. 12.7.2001, Az.: 1 BvQ 28/01, Rn. 18–19.
8 BVerwG, Urt. v. 16.5.2007, Az.: 6 C 23.06, Rn. 15.
9 BVerwG, Urt. v. 16.5.2007, Az.: 6 C 23.06, Rn. 16–17.

Katharina Goldberg/Sué González Hauck

öffentliche Meinungskundgabe gerichteten Zweck aufweisen. Die Entscheidung, welche Elemente als Meinungskundgabe in diesem Sinne anzusehen sind, erfolgt anhand einer wertenden Betrachtung aus der Sicht eine:r außenstehenden Betrachter:in. Dabei können auch Aussagen der Veranstalter:innen im Vorfeld der Veranstaltung einbezogen werden.[10] In einem zweiten Schritt sind die Elemente und Modalitäten der Veranstaltung, die anderen Zwecken als der öffentlichen Meinungskundgabe dienen, zu erfassen. In einem dritten Schritt schließlich ist zu beurteilen, welches Gewicht den auf die öffentliche Meinungskundgabe gerichteten Elementen gegenüber anderen Elementen der Veranstaltung zukommt, die nicht auf die öffentliche Meinungskundgabe gerichtet sind. Lässt sich nicht eindeutig feststellen, ob das Gewicht der auf den Zweck der öffentlichen Meinungskundgabe gerichteten Elemente oder das der anderen Elemente überwiegt, so ist im Zweifel davon auszugehen, dass es sich um eine Versammlung im Sinne des Art. 8 I GG handelt.[11]

Beispiel: Konzerte rechtsextremer Bands sieht die fachgerichtliche Rechtsprechung regelmäßig als Versammlungen im Sinne des Art. 8 I GG an. Entscheidend sei die innere Bindung der Teilnehmenden auf ideologischer Ebene und der Zweck, die eigene politische Identität zu bestätigen und zu bestärken.[12]

Auch Straßenblockaden oder **Blockaden** von Bauarbeiten können nach der Rechtsprechung in den Schutzbereich des Art. 8 I GG fallen, wenn diese von den Versammlungsteilnehmenden als „ein dem Kommunikationsanliegen untergeordnetes Mittel zur symbolischen Unterstützung ihres Protests und damit zur Verstärkung der kommunikativen Wirkung in der Öffentlichkeit" eingesetzt werden.[13] Bereits auf Schutzbereichsebene ausgeschlossen sind dagegen Verhaltensweisen, die lediglich dazu dienen, die eigenen Forderungen direkt zwangsweise durchzusetzen.[14]

Nach herrschender Meinung sind nur solche Veranstaltungen als Versammlungen im Sinne des Art. 8 GG zu verstehen, bei denen die Teilnehmenden gemeinsam an einem Ort körperlich **anwesend** sind.[15] Mit dem Argument, dass Verfassungen neue gesellschaftliche Entwicklungen nicht ausschließen dürfen, um ihre Steuerungsfunktion nicht zu verlieren, wird jedoch vereinzelt vertreten, dass

---

10 BVerwG, Urt. v. 16.5.2007, Az.: 6 C 23.06, Rn. 17.

11 BVerwG, Urt. v. 16.5.2007, Az.: 6 C 23.06, Rn. 18.

12 VG Meiningen, Beschl. v. 3.7.2017, Az.: 2 E 221/17 (Ls.); OVG Weimar, Beschl. v. 4.7.2019, Az.: 3 EO 467/19, Rn. 4.

13 BVerfG, Beschl. v. 24.10.2001, Az.: 1 BvR 1190/90, 2173/93, 433/96, Rn. 40 = BVerfGE 104, 92 – Sitzblockaden III.

14 BVerfG, Beschl. v. 24.10.2001, Az.: 1 BvR 1190/90, 2173/93, 433/96, Rn. 42 = BVerfGE 104, 92 – Sitzblockaden III.

15 Depenheuer, in: Dürig/Herzog/Scholz, GG, 95. EL Juli 2021, Art. 8 Rn. 7.

Katharina Goldberg/Sué González Hauck

Art. 8 GG auch auf **virtuelle** Verhaltensweisen anzuwenden sei.[16] Nicht zuletzt die Verlagerung großer Teile des gesellschaftlichen und öffentlichen Lebens, insbesondere auch des politischen Protests, auf den virtuellen Raum während der Covid-19-Pandemie hat verdeutlicht, wie wichtig es ist, die Grundrechte für das digitale Zeitalter weiterzuentwickeln.

2. Örtlicher und zeitlicher Umfang des Schutzbereichs

In zeitlicher Hinsicht ist vom Schutzbereich des Art. 8 I GG nicht nur der Zeitraum der Versammlungsdurchführung selbst umfasst. Auch **vorbereitende** Maßnahmen sind geschützt.[17]

Beispiel: Ankündigung der Versammlung, Einladung zur Versammlung, Anreise und Zugang zur Versammlung

Auch über die Anreise und den unmittelbaren Zugang zur Versammlung hinaus entfaltet die Versammlungsfreiheit eine Vorwirkung. Beispielsweise kann der Aufenthalt in einem Camp, das potenziellen Versammlungsteilnehmer:innen zur Unterkunft dient, geschützt sein, wenn dieser Aufenthalt für die Teilnahme an der Veranstaltung notwendig ist.[18]

In der **Beendigungsphase** einer Versammlung schützt Art. 8 I GG vor Maßnahmen, die darauf gerichtet sind, die Teilnehmenden von der erneuten Teilnahme an künftigen Versammlungen abzuhalten.[19]

3. Geschützte Verhaltensweisen

Art. 8 I GG gewährleistet das Recht, selbst über Ort, Zeitpunkt, Art und Inhalt der Veranstaltung zu bestimmen.[20] Dabei muss das Anliegen der öffentlichen Meinungskundgabe nicht verbalisiert werden, sondern es sind auch vielfältige nicht-verbale Ausdrucksformen denkbar.[21]

Geschützt sind **alle versammlungsbezogenen Verhaltensweisen**. Darunter fallen auch solche, die dazu dienen, größtmögliche Aufmerksamkeit zu erzeugen.

---

16 Welzel, MMR 2021, 220.
17 BVerfG, Beschl. v. 14.5.1985, Az.: 1 BvR 233 341/81, Rn. 71 = BVerfGE 69, 315 – Brokdorf.
18 BVerwG, Urt. v. 25.10.2017, Az.: 6 C 46.16, Rn. 29.
19 Schneider, in: BeckOK GG, 46. Ed. 15.2.2021, Art. 8 Rn. 22.
20 BVerfG, Beschl. v. 14.5.1985, Az.: 1 BvR 233 341/81, Rn. 62 = BVerfGE 69, 315 – Brokdorf.
21 BVerfG, Beschl. v. 14.5.1985, Az.: 1 BvR 233 341/81, Rn. 61 = BVerfGE 69, 315 – Brokdorf.

Katharina Goldberg/Sué González Hauck

Beispiel: Reden halten, Transparente mitführen, Handzettel verteilen, grundsätzlich auch: Lautsprecher und Megaphone einsetzen

Behinderungen Dritter durch Lärm oder Verkehrseinschränkungen sind erst auf der Ebene der Rechtfertigung relevant.[22]

Auch ein Verhalten, das sich **kritisch mit dem Versammlungsthema auseinandersetzt**, ist grundsätzlich von der Versammlungsfreiheit geschützt. Insbesondere darf nicht ohne weiteres angenommen werden, einzelne Teilnehmende, die eine von der Versammlungsleitung abweichende Meinung kundtun, führten eine nicht angemeldete Gegendemonstration durch, um darauf polizeiliche Maßnahmen wie Identitätsfeststellungen zu stützen.[23]

Gegendemonstrationen sind nicht geschützt, wenn sie allein darauf gerichtet sind, eine andere Versammlung zu verhindern.[24]

Bei **Nebeneinrichtungen** wie Versammlungsinfrastruktur und sonstigen „Begleiterscheinungen" einer Versammlung muss anhand der Sachverhaltsinformationen sorgfältig geprüft werden, ob diese von dem Schutzbereich des Art. 8 I GG erfasst sind. Zu bedenken ist dabei, dass die Eröffnung des Schutzbereichs des Art. 8 I GG wegen des hohen Stellenwerts der Versammlungsfreiheit regelmäßig zur Folge hat, dass andere Interessen und Freiheitsrechte zurückgedrängt werden. Das gilt insbesondere für die Rechte von Anwohner:innen, Verkehrsteilnehmenden und Gewerbetreibenden. In der Rechtsprechung besteht daher die Bestrebung, „die Reichweite des Versammlungsgrundrechts und die damit einhergehende Inanspruchnahme öffentlichen Straßenraums nicht nach Belieben ausufern zu lassen".[25]

Beispiel: Solche Nebeneinrichtungen sind etwa Informationsstände, Stände zur Verpflegung, Küchen- und Toilettenwägen und Schlafzelte.

Klausurtaktik !

In der Klausur ist jede einzelne Nebeneinrichtung sorgfältig auf ihre **funktionale oder symbolische Notwendigkeit** für den mit der Versammlung verfolgten Zweck der Meinungskundgabe zu prüfen, wobei die konkrete Art und Dauer der Versammlung zu berücksichtigen ist. Hier liegt in der Regel ein wichtiger Schwerpunkt der Klausur.

---

22 Schneider, in: BeckOK GG, 46. Ed. 15.2.2021, Art. 8 Rn. 13.
23 BVerfG, Beschl. v. 7.3.1995, Az.: 1 BvR 1564/92, Rn. 11–13 = BVerfGE 92, 191 – Personalienangabe.
24 BVerfG, Beschl. v. 11.6.1991, 1 BvR 772/90 = BVerfGE 84, 203 – Republikaner.
25 OVG Berlin-Brandenburg, Beschl. v. 16.8.2012, Az.: OVG 1 S 108.12, Rn. 7.

Katharina Goldberg/Sué González Hauck

Beispiel: Informationsstände oder Rednerpulte haben einen direkten Bezug zu der mit der Versammlung bezweckten Meinungskundgabe und fallen daher regelmäßig in den Schutzbereich von Art. 8 I GG. Grundsätzlich nicht geschützt sind dagegen Einrichtungen, die der Verpflegung der Teilnehmenden mit warmen Mahlzeiten dienen. Letzteres gilt jedenfalls dann, wenn es sich um eine Veranstaltung von kürzerer Dauer handelt und die Verpflegung weder notwendig ist, um die physische Präsenz der Teilnehmenden sicherzustellen noch eine besondere funktionale oder symbolische Bedeutung hat.[26]

! Examenswissen

Aktuell besonders umstritten – und daher auch klausurrelevant – ist die Frage, ob auch das Einrichten und Betreiben von Protestcamps zu den von Art. 8 I GG geschützten Verhaltensweisen zählt.

Beispiel: Das „G20-Protestcamp", die Baumhausdörfer im Hambacher Forst, aber auch eine von Corona-Leugner:innen geplante „Dauermahnwache"

Das BVerfG hatte bisher nur in Eilverfahren Gelegenheit, sich mit solchen Protestcamps zu befassen. Es hat dabei explizit darauf hingewiesen, dass die Frage, ob und in welchem Umfang Art. 8 I GG die Einrichtung von Protestcamps unter Inanspruchnahme öffentlicher Anlagen schützt, in seiner Rechtsprechung nicht geklärt ist.[27]

! Klausurtaktik

In der Klausur empfiehlt es sich, die allgemeinen in der Rechtsprechung etablierten Kriterien heranzuziehen. Das bedeutet, dass für die Beurteilung, ob es sich insgesamt um eine Versammlung im Sinne des Art. 8 I GG handelt, die oben vorgestellte Prüfung in drei Schritten vorzunehmen ist, in der zunächst die der Meinungskundgabe dienenden Elemente einerseits und die übrigen Elemente andererseits zu identifizieren sind und anschließend eine Gesamtbetrachtung vorzunehmen ist. Ist danach das Protestcamp insgesamt als Versammlung anzusehen, so sind einzelne Elemente, deren Einordnung zwischen den Beteiligten streitig ist, auf ihre funktionale oder symbolische Bedeutung für die Meinungskundgabe zu überprüfen.

Beispiel: Zelte, die nur als Schlafplätze und nicht zur Meinungskundgabe genutzt werden, dürften anhand der dargestellten Kriterien in der Regel nicht selbst als Teil einer Versammlung anzusehen sein. Sie können jedoch im Rahmen des Vorfeldschutzes einer späteren Versammlung von dem Schutzbereich des Art. 8 I GG umfasst sein.[28]

---

26 VGH München, Beschl. v. 24.2.2017, Az.: 10 ZB 15.1803, Rn. 13.
27 BVerfG, Beschl. v. 30.8.2020, Az.: 1 BvQ 94/20, Rn. 13; BVerfG, Beschl. v. 28.6.2017, Az.: 1 BvR 1387/17, Rn. 21 f.
28 BVerwG, Urt. v. 25.10.2017, Az.: 6 C 46.16, Rn. 29.

Katharina Goldberg/Sué González Hauck

Geschützt ist auch die **negative Versammlungsfreiheit:** Art. 8 I GG bewahrt vor staatlichem Zwang, an einer öffentlichen Veranstaltung teilzunehmen.[29]

4. Einschränkung des Schutzbereichs: friedlich und ohne Waffen

Von Art. 8 I GG geschützt sind nur Versammlungen, die „friedlich und ohne Waffen" durchgeführt werden. Gerade weil es sich um eine Einschränkung auf Schutzbereichsebene handelt, die im Gegensatz zu Einschränkungen auf Rechtfertigungsebene keine Abwägung erlaubt, dürfen **keine übersteigerten Anforderungen an die Friedlichkeit** einer Versammlung gestellt werden. Zudem liefe der Gesetzesvorbehalt des Art. 8 II GG leer, wenn etwa bereits jeder Gesetzesverstoß einzelner Teilnehmer:innen dazu führte, dass die Versammlung insgesamt nicht mehr als friedlich anzusehen ist.[30]

Eine Versammlung ist erst dann **nicht mehr friedlich** im Sinne des Art. 8 I GG, „wenn Handlungen von einiger Gefährlichkeit wie etwa aggressive Ausschreitungen gegen Personen oder Sachen oder sonstige Gewalttätigkeiten stattfinden, nicht schon, wenn es zu Behinderungen Dritter kommt".[31]

Examenswissen   ❗

Der Begriff der Unfriedlichkeit ist daher insbesondere nicht identisch mit dem in der Rechtsprechung sehr weit verstandenen Gewaltbegriff in § 240 StGB.[32]

Auch führt **unfriedliches Verhalten einzelner Teilnehmer:innen** nicht direkt dazu, dass die ganze Versammlung als unfriedlich zu qualifizieren ist. Ansonsten „hätten diese es in der Hand, Demonstrationen ‚umzufunktionieren'" und es ließe sich praktisch jede Großdemonstration verbieten.[33] Eine Versammlung ist daher erst dann insgesamt als unfriedlich anzusehen, wenn sie aufgrund gehäufter Aus-

---

29 BVerfG, Beschl. v. 14.5.1985, Az.: 1 BvR 233 341/81, Rn. 62 = BVerfGE 69, 315 – Brokdorf.

30 BVerfG, Urt. v. 11.11.1986, Az.: 1 BvR 713/83, 921, 1190/84 und 333, 248, 306, 497/85, Rn. 86 = BVerfGE 73, 206 – Sitzblockaden I.

31 BVerfG, Beschl. v. 24.10.2001, Az.: 1 BvR 1190/90, 2173/93, 433/96, Rn. 45 = BVerfGE 104, 92 – Sitzblockaden III.

32 BVerfG, Urt. v. 11.11.1986, Az.: 1 BvR 713/83, 921, 1190/84 und 333, 248, 306, 497/85, Rn. 86 = BVerfGE 73, 206 – Sitzblockaden I; BVerfG, Beschl. v. 24.10.2001, Az.: 1 BvR 1190/90, 2173/93, 433/96, Rn. 46 = BVerfGE 104, 92 – Sitzblockaden III.

33 BVerfG, Beschl. v. 14.5.1985, Az.: 1 BvR 233, 341/81, Rn. 93 = BVerfGE 69, 315 – Brokdorf.

Katharina Goldberg/Sué González Hauck

schreitungen gegen Personen oder Sachen insgesamt einen durch Aggression geprägten Charakter gewonnen hat.[34]

Ergibt eine „Prognose mit hoher Wahrscheinlichkeit", dass der:die Veranstalter:in einer Versammlung und sein Anhang Gewalttätigkeiten beabsichtigen oder ein solches Verhalten zumindest billigen wird, kann ein Versammlungsverbot angeordnet werden.[35] In der verfassungsrechtlichen Klausur kommt es für diese Prognose auf den Zeitpunkt der gerichtlichen Entscheidung an.[36]

---

i **Weiterführendes Wissen**

Umstritten ist, ob Art. 2 I GG subsidiär auf unfriedliche Demonstrationen Anwendung findet.[37]

Dem Mitführen von **Waffen** ist bereits eine derartige Gefährlichkeit inhärent, dass der Schutzbereich des Versammlungsrechts dieses nicht erfasst. Waffen sind solche im technischen Sinne (vgl. § 1 WaffG). Ob auch objektiv gefährliche und subjektiv für die Verletzung von Personen oder die Beschädigung von Sachen bestimmte Gegenstände vom Waffenbegriff erfasst sind, ist umstritten. Für eine enge Auslegung des Begriffs spricht, dass das subjektive Element eine Prognoseentscheidung verlangt, wie sie im Rahmen der Feststellung der Unfriedlichkeit üblich ist. Daher sind sonstige gefährliche Gegenstände nach den allgemeinen Kriterien der Friedlichkeit zu beurteilen.[38]

---

i **Weiterführendes Wissen**

Auf Versammlungen sind Uniformen laut § 3 VersG verboten. Dieses generelle **Uniformverbot** findet aber keine Erwähnung in Art. 8 I GG. Entsprechend umstritten ist dessen Verfassungsmäßigkeit. Nach dem Sächsischen Oberverwaltungsgericht ist ein Uniformverbot nur gerechtfertigt, wenn das Tragen einer Uniform Gewaltbereitschaft signalisiert oder Versammlungsteilnehmer:innen oder Passant:innen auf andere Art und Weise unter Druck setzt.[39] Daher ist § 3 I VersG teleologisch zu reduzieren: Nicht erfasst sind Kleidungsstücke, die zwar eine gemeinsame politische Gesinnung zum Ausdruck bringen, jedoch keine Gewaltbereitschaft signalisieren.[40]

---

34 BVerfG, Beschl. v. 7.3.2011, Az.: 1 BvR 388/05, Rn. 35.
35 BVerfG, Beschl. v. 14.5.1985, Az.: 1 BvR 233 341/81, Rn. 92 = BVerfGE 69, 315 – Brokdorf.
36 BVerfG, Beschl. v. 6.6.2007, Az.: 1 BvR 1423/07, juris Rn. 18 = NJW 2007, 2167.
37 Vgl. Schneider, in: BeckOK GG, 46. Ed. 15.2.2021, Art. 8 Rn. 22.
38 Vgl. Schneider, in: BeckOK GG, 46. Ed. 15.2.2021, Art. 8 Rn. 16.
39 Sächsisches OVG, Urt. v. 9.11.2001, Az.: 3 BS 257/01, juris Rn. 7.
40 Sächsisches OVG, Urt. v. 9.11.2001, Az.: 3 BS 257/01, juris Rn. 7; zur teleologischen Reduktion der Norm Schultze-Fielitz in: Dreier, Grundgesetz, 3. Aufl. 2013, Art. 8 Rn. 36, sogar für eine Verfassungswidrigkeit Höfling, in: Sachs, Grundgesetz, 9. Aufl. 2021, Art. 8 Rn. 71.

Katharina Goldberg/Sué González Hauck

II. Persönlicher Schutzbereich

Bei der Versammlungsfreiheit des Art. 8 GG handelt es sich um ein sogenanntes Deutschengrundrecht.[41] Ausländer:innen können sich auf Art. 2 I GG sowie einfachgesetzlich auf § 1 VersG berufen.

Auch inländische juristische Personen (insb. Vereine, die als Veranstalter auftreten) sind vom persönlichen Schutzbereich der Versammlungsfreiheit erfasst.[42]

Staatsorgane können sich nicht auf Art. 8 I GG berufen, wenn sie eine Veranstaltung organisieren. Ein grundrechtlicher Schutz der Teilnehmer:innen einer durch den Staat organisierten Veranstaltung kann jedoch trotzdem bestehen[43].

B. Eingriff

Die Eingriffsprüfung kann auf Basis des klassischen sowie des modernen Eingriffsverständnis erfolgen.[44]

Als Eingriffe in die Versammlungsfreiheit kommen beispielsweise Verbote und Auflösungen von Versammlungen mit ihren strafrechtlichen Sanktionen, Auflagen, Ausschließungen einzelner Teilnehmer:innen, Behinderungen und Beschränkungen bei der An- oder Abreise in Betracht.[45] Zudem kann das Grundrecht durch faktische Maßnahmen, die in ihrer Intensität imperativen Maßnahmen gleichstehen und eine abschreckende Wirkung haben (wie als Boykottaufrufe zu verstehende Pressemitteilungen)[46], beeinträchtigt werden.

C. Rechtfertigung

I. Einschränkbarkeit

Die Einschränkbarkeit von Art. 8 I GG hängt davon ab, ob eine Versammlung unter freiem Himmel oder in geschlossenen Räumen stattfindet.[47] Für Versammlun-

---

41 Siehe zur Grundrechtsberechtigung González Hauck, § 2, in diesem Lehrbuch.
42 Siehe zur Grundrechtsberechtigung juristischer Personen Ramson, § 3, in diesem Lehrbuch.
43 BVerfG, Ablehnung einstweilige Anordnung vom 6.5.2005, Az.: 1 BvR 961/05, Rn. 24.
44 Siehe zu den verschiedenen Eingriffsverständnissen Ruschemeier, § 5 C., in diesem Lehrbuch.
45 Kingreen/Poscher, Grundrechte Staatsrecht II, 36. Auflage 2020, Rn. 825.
46 BVerfG, Beschl. v. 7.11.2015, Az.: 2 BvQ 39/15, Rn. 11 ff. = BVerfGE 140, 225 – Rote Karte.
47 Siehe zur Einschränkbarkeit von Grundrechten allgemein Ruschemeier, § 6, in diesem Lehrbuch.

gen unter freiem Himmel gilt der Gesetzesvorbehalt des Art. 8 II GG, für solche in geschlossenen Räumen gelten die verfassungsimmanenten Schranken.

1. Abgrenzung: „unter freiem Himmel" oder in geschlossenen Räumen?

Die Beschränkung von Versammlungen unter freiem Himmel ist nach Art. 8 II GG erleichtert, weil „wegen der Berührung mit der Außenwelt ein besonderer, namentlich organisationsrechtlicher und verfahrensrechtlicher Regelungsbedarf besteht, um einerseits die realen Voraussetzungen für die Ausübung zu schaffen, andererseits kollidierende Interessen anderer hinreichend zu wahren".[48]

Idealtypisch für „Versammlungen unter freiem Himmel" sind solche auf öffentlichen Straßen und Plätzen. Diesen steht als Gegenbild die Versammlung in von der Öffentlichkeit abgeschiedenen Räumen, wie etwa in Hinterzimmern von Gaststätten, gegenüber,[49] bei denen die Versammlungsfreiheit vorbehaltslos gewährleistet ist. Dabei kommt es auf eine physische Überdachung des Versammlungsortes nicht an. Zur Abgrenzung ist zu ermitteln, ob die Versammlung von der Allgemeinheit abgeschirmt und damit weniger konfliktprovozierend ist, ob eine unmittelbare Auseinandersetzung mit der unbeteiligten Öffentlichkeit vorgesehen ist und die Versammlung damit ein höheres und weniger beherrschbares Gefahrenpotential innehat.[50]

2. Gesetzesvorbehalt des Art. 8 II GG: „unter freiem Himmel"

Das Versammlungsrecht aus Art. 8 I GG für Versammlungen unter freiem Himmel kann durch Gesetz oder aufgrund eines Gesetzes beschränkt werden, vgl. Art. 8 II GG.

Abzugrenzen ist hier zunächst, dass der Gesetzesvorbehalt des Art. 8 II GG nur für **versammlungsspezifische** und nicht für meinungsspezifische Eingriffe gilt. Für meinungsspezifische Eingriffe bestimmt sich die verfassungsrechtliche Rechtfertigung nach Art. 5 II GG.[51] Ein Vorgehen gegen Versammlungen muss damit meinungsneutral sein und darf sich nicht danach unterscheiden, ob eine Versammlung in irgendeiner Weise politisch radikal ist.[52]

---

48 BVerfG, Beschl. v. 14.5.1985, Az.: 1 BvR 233, 341/81, Rn. 69 = BVerfGE 69, 315 – Brokdorf.
49 BVerfG, Urt. v. 22.2.2011, Az.: 1 BvR 699/06, Rn. 77 = BVerfGE 128, 226 – Fraport.
50 BVerfG, Urt. v. 22.2.2011, Az.: 1 BvR 699/06, Rn. 77 = BVerfGE 128, 226 – Fraport.
51 BVerfG, Beschl. v. 23.6.2004, Az.: 1 BvQ 19/04, Rn. 19 = BVerfGE 111, 147 – Inhaltsbezogenes Versammlungsverbot.
52 BVerfG, Beschl. v. 23.6.2004, Az.: 1 BvQ 19/04, Rn. 24 = BVerfGE 111, 147 – Inhaltsbezogenes Versammlungsverbot.

Katharina Goldberg/Sué González Hauck

Einfache Gesetze, mit denen die Versammlungsfreiheit nach Art. 8 II GG eingeschränkt werden kann, sind insbesondere die **Versammlungsgesetze des Bundes und der Länder**. Diese gelten aber grundsätzlich nur für öffentliche, d.h. jedermann zugängliche Versammlungen. Grundsätzlich sind die Ermächtigungsgrundlagen des allgemeinen Polizeirechts nicht anwendbar („gesperrt"), wenn ein Versammlungsgesetz Anwendung findet. Man spricht von der Polizeifestigkeit des Versammlungsrechts.[53]

3. Einschränkbarkeit bei Versammlungen in geschlossenen Räumen

Da Versammlungen in geschlossenen Räumen nicht ausdrücklich in Art. 8 II GG erwähnt sind, gilt der Gesetzesvorbehalt für sie nicht. Ihre Einschränkbarkeit ergibt sich nur aus Art. 8 I GG selbst und aus dem kollidierenden Verfassungsrecht. So dienen die Vorschriften der Versammlungsgesetze zu Versammlungen in geschlossenen Räumen[54] dazu, die Merkmale „friedlich und ohne Waffen" einfachgesetzlich auszuformen.

II. Grenzen der Einschränkbarkeit

Art. 8 I GG legt als Grenze der Einschränkbarkeit fest, dass das Versammlungsrecht „**ohne Anmeldung und Erlaubnis**" gewährt wird. Die in den Versammlungsgesetzen trotzdem vorgesehene Anmeldepflicht[55] darf daher keine Voraussetzung für die Durchführung einer Versammlung sein. Es handelt sich um eine Obliegenheit, also eine Handlungspflicht, die nicht erzwungen werden kann. Dies dient dem Schutz der Versammlung: Wenn die Polizei rechtzeitig vom Vorhaben der Versammlung weiß, kann sie die notwendigen Maßnahmen für den Schutz ihres reibungslosen, verkehrssicheren Ablaufs und damit auch den Schutz der öffentlichen Sicherheit und Ordnung treffen.[56] So muss insbesondere bei Spontan- oder Eildemonstrationen auf die Voraussetzung einer rechtzeitigen Anmeldung verzichtet werden.[57]

---

53 Siehe zur Polizeifestigkeit des Versammlungsrechts Eisentraut, in: Eisentraut, Verwaltungsrecht in der Klausur, § 2, Rn. 1037.
54 Beispielsweise §§ 5–13 VersG des Bundes.
55 Siehe § 14 VersG des Bundes.
56 Kingreen/Poscher, Grundrechte Staatsrecht II, 36. Auflage 2020, Rn. 833.
57 BVerfG, Beschl. v. 14.5.1985, Az.: 1 BvR 233, 341/81, Rn. 74 ff. = BVerfGE 69, 315 – Brokdorf.

Katharina Goldberg/Sué González Hauck

D. Grundrechtskonkurrenzen

Art. 8 I GG steht in Idealkonkurrenz mit Art. 5 I GG.[58] Während Art. 5 I GG vor allem vor Beschränkungen des Inhalts und der Form einer Meinungsäußerung schützt,[59] schützt Art. 8 I GG das Zusammenkommen zum Zwecke einer gemeinschaftlichen, auf die Teilhabe an der öffentlichen Meinungsbildung gerichteten Erörterung oder Kundgebung[60].

E. Europäische und internationale Bezüge

In Art. 12 GrCh ist die Versammlungsfreiheit auf der Ebene des europäischen Unionsrechts geschützt. Der Artikel enthält zugleich die Vereinigungsfreiheit und die Koalitionsfreiheit. Wie bei Art. 8 GG erstreckt sich der Schutzbereich nur auf friedliche Versammlungen.

Die gleiche Struktur und nahezu den gleichen Wortlaut wie Art. 12 GrCh weist auf regionaler völkerrechtlicher Ebene Art. 11 EMRK auf. Dieser schützt ebenfalls das Recht, sich frei und friedlich zu versammeln und enthält neben der Versammlungsfreiheit ebenfalls die Vereinigungs- und die Koalitionsfreiheit.

---

i **Weiterführendes Wissen**

Auf universalvölkerrechtlicher Ebene schützen Art. 20 der Allgemeinen Erklärung der Menschenrechte (AEMR) und Art. 21 des Internationalen Pakts über bürgerliche und politische Rechte (IPbpR) die Versammlungsfreiheit. Für die Auslegung des IPbpR von großer Bedeutung sind die Kommentare (General Comments) des UN-Menschenrechtsausschusses (Human Rights Committee). Im September 2020 veröffentlichte der Ausschuss den vielbeachteten Comment No. 37 zu dem Recht, sich friedlich zu versammeln.[61] Festgehalten ist darin unter anderem, dass auch Ausländer:innen und Staatenlose das Recht haben, sich friedlich zu versammeln. Deutschland ist also völkerrechtlich verpflichtet – jedenfalls auf der Ebene des einfachen Rechts – die Versammlungsfreiheit von Personen zu garantieren, die nicht deutsche Staatsbürger:innen oder EU-Bürger:innen sind.

---

58 Siehe zu den Konkurrenzen Brade, § 12, in diesem Lehrbuch.
59 Siehe zur Meinungsfreiheit Wienfort, § 20.1, in diesem Lehrbuch.
60 BVerfG, Beschl. v. 23.6.2004, Az.: 1 BvQ 19/04, Rn. 19 = BVerfGE 111, 147 – Inhaltsbezogenes Versammlungsverbot.
61 United Nations, Human Rights Committee, General Comment No. 37 (2020) on the right to peaceful assembly (article 21), 17.9.2020, UN Doc. CCPR/C/GC/37.

Katharina Goldberg/Sué González Hauck

Zusammenfassung: Die wichtigsten Punkte
- Die Versammlungsfreiheit ist ein häufig in Prüfungsarbeiten abgefragtes Grundrecht. Der Schwerpunkt der Prüfungsarbeit kann bereits im Schutzbereich liegen. Aktuelle Entwicklungen und die Weiterentwicklung von Versammlungsformaten bieten immer neue Anknüpfungspunkte, um im Rahmen des Schutzbereichs Fragen neu zu stellen und mit unterschiedlichen Schwerpunkten zu erörtern. Dabei ist besonders auf die Abgrenzungen „in geschlossenen Räumen" bzw. „unter freiem Himmel"; „friedlich" bzw. „unfriedlich" und „Teilhabe an der öffentlichen Meinungsbildung" bzw. „Vergnügen" zu achten.
- Die einzelnen grundrechtsbezogenen Maßnahmen müssen jede für sich ermittelt und am verfassungsrechtlichen Maßstab geprüft werden.
- Die Versammlungsfreiheit findet ihre einfachgesetzliche Ausformung in den Versammlungsgesetzen der Länder bzw. des Bundes.
- Von der Versammlungsfreiheit geschützte Versammlungen werden durch die Versammlungsgesetze und nicht durch die Polizeigesetze eingeschränkt. Eine Abgrenzung ist insbesondere bei Maßnahmen im Vorfeld einer Versammlung oder nach einer Versammlung wichtig.

Weiterführende Studienliteratur
- Tobias Mast/Tobias Gafus, Die Online-Versammlung, JuS 2021, S. 153–160
- Fortgeschrittenenklausur im Verwaltungsrecht mit ausgeprägtem versammlungsrechtlichen Schwerpunkt: Anne Wagner/Sebastian Schlingloff, JA 2021, S. 224–233

Katharina Goldberg/Sué González Hauck

§ 20.4 Vereinigungsfreiheit – Art. 9 GG

Notwendiges Vorwissen: Grundrechtsberechtigung juristischer Personen; allgemeine Handlungsfreiheit

Lernziel: Vereinigungsfreiheit als Teil der Kommunikationsgrundrechte verstehen

---

Für dieses Kapitel gibt es frei zugängliche interaktive Übungen. Halte einfach deine Smartphone-Kamera vor den Kasten mit den Punkten (QR-Code).

Art. 9 I GG schützt das Recht, Vereine und Gesellschaften zu bilden. Als allgemeines Grundrecht der Vereinigungsfreiheit ist es in doppelter Hinsicht bedeutsam: Für Individuen ist es Ausdruck einer freien Persönlichkeitsentfaltung, gesamtgesellschaftlich ist es als „Prinzip freier sozialer Gruppenbildung" essenziell für ein demokratisch und rechtsstaatlich verfasstes Gemeinwesen.[1]

A. Schutzbereich

I. Sachlicher Schutzbereich

1. Vereinigung

Die Begriffe Verein und Gesellschaft lassen sich unter dem Oberbegriff der Vereinigungen zusammenfassen. Was eine solche Vereinigung ist, definiert Art. 9 I GG nicht. Allgemein wird darunter jede Assoziation einer Mehrheit von natürlichen oder juristischen Personen ohne Rücksicht auf deren Rechtsform gefasst, die sich für eine gewisse zeitliche Dauerhaftigkeit auf freiwilliger Basis zur Verfolgung eines gemeinsamen Zweckes zusammenschließt und einer organisierten Willensbildung unterwirft.[2]

---

1 BVerfG, Urt. v. 1.3.1979, Az.: 1 BvR 532/77 u.a., Rn. 176 = BVerfGE 50, 290 (320) – Mitbestimmung.

2 Scholz, in: Dürig/Herzog/Scholz, GG, 95. EL Juli 2021, Art. 9 Rn. 57 m.w.N.

Klausurtaktik   !

Die Definition des Vereinigungsbegriffs entspricht inhaltlich der einfachgesetzlichen Definition des Vereins in § 2 VereinsG.[3] Freilich kann das einfache Recht nicht den Inhalt verfassungsrechtlicher Normen bestimmen, weshalb § 2 I VereinsG in der Klausur nur als Erinnerungsstütze genutzt werden sollte.[4]

Zunächst muss eine **Personenmehrheit** vorliegen. Unerheblich ist, ob es natürliche oder juristische Personen sind; auch ein Zusammenschluss juristischer Personen ist eine Vereinigung.

Beispiel: Keine Vereinigung ist daher eine Stiftung: Eine Stiftung ist vielmehr rechtlich verselbständigtes Vermögen und weist damit keine Personenmehrheit auf.[5]

Welchen **gemeinsamen Zweck** der Zusammenschluss verfolgt, ist durch Art. 9 I GG nicht vorgegeben. Schließlich ist entscheidend, ob der Zusammenschluss eine hinreichende organisatorische und zeitliche **Stabilität** aufweist. Dies setzt einerseits eine gewisse Dauerhaftigkeit und andererseits eine organisierte Willensbildung voraus. Die zeitliche Dauerhaftigkeit des Zusammenschlusses grenzt die Vereinigung von einer Versammlung im Sinne des Art. 8 GG ab.[6]

Examenswissen   !

Die Regelung des Vereinsverbotes in Art. 9 II GG enthält entgegen der Formulierung „sind verboten" keine Schutzbereichseinschränkung, wie es bei der Versammlungsfreiheit nach Art. 8 GG der Fall ist. Art. 9 II GG ist vielmehr eine Regelung der verfassungsrechtlichen Rechtfertigung für den Eingriff in Form eines Vereinsverbotes. Dem Exekutivakt des Verbots kommt insofern konstitutive Bedeutung zu; es ist seinerseits an Art. 9 II GG zu messen. Damit fallen Vereinigungen unabhängig von ihrer konkreten Zwecksetzung auch dann grundsätzlich in den Schutzbereich des Art. 9 I GG, wenn sie die Tatbestände des Vereinigungsverbotes erfüllen.[7]

---

3 Kingreen/Poscher, Grundrechte, 34. Aufl. 2018, Rn. 841.
4 Vgl. von Coelln, in: ders./Windthorst/von Coelln (Hrsg.), Studienkommentar GG, 4. Aufl. 2020, Art. 9 Rn. 7 f.
5 BVerwG, Urt. v. 12.2.1998, Az.: 3 C 55.96 = BVerwGE 106, 177 (181) – Franz-Schönhuber-Stiftung.
6 Siehe zur Versammlungsfreiheit Goldberg/González Hauck, § 20.3, in diesem Lehrbuch.
7 So nunmehr ausdrücklich BVerfG Beschl. v. 13.7.2018, Az.: 1 BvR 1474/12, Rn. 100 = BVerfGE 149, 160 (193). Das BVerfG hat damit die in der Literatur bereits herrschende Auffassung bestätigt, vgl. statt vieler Höfling, in: Sachs (Hrsg.), GG, 9. Aufl. 2021, Art. 9 Rn. 40 f. m. w. N.; ablehnend Epping, Grundrechte, 8. Aufl. 2019, Rn. 873.

Luca Knuth

2. Individuelle Vereinigungsfreiheit

Aus der Perspektive des Individuums umfasst Art. 9 I GG in positiver Wendung die Freiheit, eine Vereinigung zu **gründen** und bestehenden Vereinigungen **beizutreten**. Geschützt sind auch die vereinigungsspezifischen Handlungen des Individuums im Rahmen der **Partizipation** an den inneren und äußeren Vereinstätigkeiten.[8] In negativer Schutzrichtung gewährleistet Art. 9 I GG auch die Freiheit des **Fernbleibens** und die Möglichkeit des **Austritts**.[9] Keinen Schutz vermittelt die negative Vereinigungsfreiheit nach Auffassung des BVerfG jedoch vor **Pflichtmitgliedschaften in Körperschaften des öffentlichen Rechts**.[10]

Beispiel: Pflichtmitgliedschaften in der Industrie- und Handelskammern (vgl. § 2 IHKG); Pflichtmitgliedschaft in der sogenannten selbstverfassten Studierendenschaft

---

! **Examenswissen**

Das BVerfG begründet die Ablehnung der Eröffnung des Schutzbereichs der Vereinigungsfreiheit neben einer historischen Auslegung auch mit einem Umkehrschluss aus der Begrenzung des Schutzbereichs auf den Schutz privater Vereinigungen: Weil Art. 9 I GG in positiver Hinsicht bereits auf Gründungen privatrechtlicher Vereinigungen beschränkt sei, müsse das Gleiche auch für ihre negative Dimension gelten (sogenannte Spiegelbildtheorie). Derartige Pflichtmitgliedschaften seien daher am Maßstab des Art. 2 I GG zu messen.[11] Diese Rechtsprechung stößt in der Literatur auf verbreitete Kritik: Insbesondere könne der vom BVerfG angeführte Umkehrschluss nicht überzeugen. Betroffen sei vielmehr die klassische abwehrrechtliche Funktion des Art. 9 I GG, weshalb dessen Schutzbereich eröffnet sei.[12]

---

3. Kollektive Vereinigungsfreiheit

Beruft sich eine Vereinigung selbst auf Art. 9 I GG, ist vorrangig ihr **Bestand** geschützt. Der Schutz von **Tätigkeiten** der Vereinigungen selbst leitet sich aus diesem Bestandsschutz ab, ist also durch den Schutzbereich des Art. 9 I GG umfasst, wenn die Tätigkeit zur Entstehung und Aufrechterhaltung ihres Bestands dient

---

8 BVerfG, Beschl. v. 13.7.2018, Az.: 1 BvR 1474/12, Rn. 97 = BVerfGE 149, 160 (192).
9 BVerfG, Urt. v. 1.3.1979, Az.: 1 BvR 532/77 u.a., Rn. 177 = BVerfGE 50, 290 (354) – Mitbestimmung; BVerfG, Urt. v. 10.6.2009, Az.: 1 BvR 706/08, Rn. 158 = BVerfGE 123, 186 (237).
10 BVerfG, Beschl. v. 12.7.2017, Az.: 1 BvR 2222/12, Rn. 79 = BVerfGE 146, 164 (193 ff.) – Pflichtmitgliedschaft IHK.
11 BVerfG, Beschl. v. 12.7.2017, Az.: 1 BvR 2222/12, Rn. 79 = BVerfGE 146, 164 (193 ff.) – Pflichtmitgliedschaft IHK.
12 Statt vieler und m.w.N. zum Meinungsstand Bauer, in: Dreier (Hrsg.), GG-Kommentar 3. Aufl. 2013, Art. 9 Rn. 48; ausführlich zur Problematik auch Hatje/Terhechte, NJW 2002, 1849 (1850).

Luca Knuth

und damit vereinigungsspezifisch ist. Umfasst sind nach der Rechtsprechung etwa der Schutz des Namens[13], der werbewirksamen Selbstdarstellung[14] und der autonomen Entscheidung über Mitgliederaufnahme und -ausschluss.[15]

II. Personeller Schutzbereich

In personeller Hinsicht ist die Vereinigungsfreiheit ein „Doppelgrundrecht": Es schützt sowohl **Individuen** als auch die **Vereinigungen** selbst. Die kollektivrechtliche Dimension entnimmt das BVerfG unmittelbar aus Art. 9 I GG und leitet sie nicht – wie im Regelfall – aus Art. 19 III GG her.[16] Dem Wortlaut nach ist Art. 9 I GG ein Bürger:innenrecht („alle Deutschen"). Somit stellt sich bei **(EU-) ausländischen** Individuen und Kollektiven die Frage nach ihrer Grundrechtsberechtigung.

Weiterführendes Wissen   `i`

Während bei EU-Ausländer:innen ein vergleichbarer Grundrechtsschutz aus dem Anwendungsvorrang des Unionsrechts folgt, bleibt für Nicht-EU-Ausländer:innen nur der Rückgriff auf Art. 2 I GG. Allgemein zur Problematik des Grundrechtsberechtigung von EU-Ausländer:innen siehe bereits das Kapitel zur Grundrechtsberechtigung.[17]

---

13 BVerfG, Beschl. v. 24.2.1971, Az.: 1 BvR 438, 456 u.a., Rn. 50 = BVerfGE 30, 227 (241f.) – Vereinsname.
14 BVerfG, 9.10.1991, Az.: 1 BvR 397/87, Rn. 16 = BVerfGE 84, 372 (377f.) – Lohnsteuerhilfeverein.
15 BVerfG, Beschl. v. 10.6.2009, Az.: 1 BvR 825/08, Rn. 42 = BVerfGE 124, 25 (34).
16 St. Rspr. vgl. BVerfG, Beschl. v. 24.2.1971, Az.: 1 BvR 438/68 u.a., Rn. 49 = BVerfGE 30, 227 (241) – Vereinsname; BVerfG, Urt. v. 1.3.1979, Az.: 1 BvR 532/77 u.a., Rn. 177 = BVerfGE 50, 290 (353f.) – Mitbestimmungsgesetz; BVerfG, Beschl. v. 9.10.1991, Az.: 1 BvR 397/87, Rn. 16 = BVerfGE 84, 372 (378) – Lohnsteuerhilfeverein; BVerfG, Urt. v. 10.6.2009, Az.: 1 BvR 706/08 u.a., Rn. 158 = 123, 186 (237); BVerfG, Beschl. v. 10.6.2009, Az.: 1 BvR 825/08 u.a., Rn. 37 = BVerfGE 124, 25 (34); demgegenüber für eine Herleitung der Grundrechtsberechtigung juristischer Personen über Art. 19 Abs. 3 GG Höfling, in Sachs (Hrsg.), GG-Kommentar, 9. Aufl. 2021, Art. 9 Rn. 26f.
17 Ausführlich hierzu auch Bauer, in: Dreier (Hrsg.), GG-Kommentar, 3. Aufl. 2013, Art. 9 Rn. 15ff.; allgemein zur Grundrechtsberechtigung von (EU-)Ausländer:innen González Hauck, § 2, in diesem Lehrbuch.

Luca Knuth

B. Eingriff

Der schwerwiegendste Eingriff in die Vereinigungsfreiheit ist das Vereinsverbot (Art. 9 II GG). Aber auch unterhalb dieser Schwelle kommen eine Vielzahl von Beeinträchtigungen in Betracht.

Beispiel: So kann zum Beispiel präventiv die Gründung von Vereinigungen durch Genehmigungsvorbehalte[18] beeinträchtigt, der Beitritt oder Verbleib in einem Verein verhindert oder die Mitgliedswerbung oder Außendarstellung eines Vereins untersagt werden.[19]

Darüber hinaus sind auch Eingriffe möglich, die nur mittelbar oder faktisch die Vereinigungsfreiheit beeinträchtigen.

Beispiel: nachrichtendienstliche Überwachung von Vereinsaktivitäten[20]

Die Vereinigungsfreiheit bedarf der Ausgestaltung durch die Gesetzgebung.[21] Insofern ist das Grundrecht vergleichbar mit Art. 14 I GG und Art. 19 IV 1 GG.

! Examenswissen

Für die Ausgestaltung gelten die folgenden Maßstäbe: Bloße **Ausgestaltungen** der privatrechtlichen Rechtsformen von Vereinigungen sind keine Eingriffe. So greift beispielsweise die Eintragungspflicht in das Vereins- oder Handelsregister nicht in die Vereinigungsfreiheit ein, sondern ermöglicht überhaupt erst die Nutzung der spezifischen Rechtsform zur Realisierung der Vereinigungsfreiheit.[22] Gleichwohl sind auch einfachgesetzliche Ausgestaltungen der Vereinigungsfreiheit nicht unbegrenzt möglich. Ausgestaltungen müssen sich an den speziellen Schutzgehalten von Art. 9 I GG orientieren und im Hinblick hierauf verhältnismäßig sein.[23]

---

18 BVerfG, Beschl. v. 1.4.2003, Az.: 1 BvR 539/03 – Schießsportverband.
19 BVerfG, Beschl. v. 9.10.1991, Az.: 1 BvR 397/87, Rn. 16 = BVerfGE 84, 372 (377 f.) – Lohnsteuerhilfeverein.
20 Hierzu Höfling, in: Sachs (Hrsg.), GG, 9. Aufl. 2021, Art. 9 Rn. 36 m.w.N.
21 BVerfG, Urt. v. 1.3.1979, Az.: 1 BvR 532/77 u.a., Rn. 160 f. = BVerfGE 50, 290 (354 f.) – Mitbestimmung.
22 Höfling, in: Sachs (Hrsg.), GG-Kommentar, 9. Aufl. 2021, Art. 9 Rn. 38 m.w.N.
23 Vgl. BVerfG, 9.10.1991, Az.: 1 BvR 397/87, Rn. 17 = BVerfGE 84, 372 (378 f.) – Lohnsteuerhilfeverein; zur Prüfung einer als Ausgestaltung qualifizierten Regelung anhand des Grundsatzes der Verhältnismäßigkeit: BVerfG, Beschl. v. 19.1.2001, Az.: 1 BvR 1759/91 = BVerfG, NJW 2001, 2617 (2617 ff.).

Luca Knuth

Klausurtaktik

!

In der Klausurlösung sollten bloße Ausgestaltungen aus klausurtaktischen Gründen nur zurückhaltend angenommen werden, um nicht vorzeitig aus der Prüfung auszuscheiden. In jedem Falle ist eine Rechtfertigungsprüfung anhand der dargestellten Maßstäbe vorzunehmen.

C. Rechtfertigung

Eingriffe in die Vereinigungsfreiheit bedürfen der verfassungsrechtlichen Rechtfertigung.

I. Einschränkbarkeit

Für das Vereinigungsverbot sieht **Art. 9 II GG** eine spezifische Schrankenregelung vor. Das in Art. 9 II GG geregelte Verbot von Vereinigungen wird als „Ausdruck einer pluralistischen aber wehrhaften verfassungsstaatlichen Demokratie" gelesen und als Instrument „präventiven Verfassungsschutzes" charakterisiert.[24] Entgegen seinem Wortlaut („sind verboten") führt Art. 9 II GG nicht verfassungsunmittelbar zum Eintritt der Verbotswirkung, sondern bedarf eines konstituierenden Verbotsaktes.[25]

Examenswissen

!

Das Verbot und sein Verfahren sind einfachgesetzlich in den §§ 3 ff. VereinsG ausgestaltet. Die Kompetenz für den Erlass von Verbotsverfügungen kommt bei bundesweit tätigen Vereinen dem Bundesinnenminister und bei sonstigen Vereinen der jeweiligen Landesinnenministerin zu, vgl. § 3 II VereinsG.[26]

Darüber hinaus enthält Art. 9 I GG zwar keinen ausdrücklichen Schrankenvorbehalt. Neben die verfassungsunmittelbare Schranke des Art. 9 II GG treten aber verfassungsimmanente Schranken.

---

24 BVerfG, Beschl. v. 13.7.2018, Az.: 1 BvR 1474 u.a., Rn. 101 = BVerfGE 149, 160 (194).
25 BVerfG, Beschl. v. 13.7.2018, Az.: 1 BvR 1474 u.a., Rn. 100 = BVerfGE 149, 160 (194).
26 Ausführlich hierzu Baudewin, NVwZ 2013, 1049.

Luca Knuth

---

i **Weiterführendes Wissen**

Dies folgt – im Einklang mit der allgemeinen Schrankendogmatik – aus der Systematik von Art. 9 I und II GG sowie dem Übermaßverbot: Wenn sogar der schwerwiegendste Eingriff in die Vereinigungsfreiheit – ein Vereinigungsverbot – ausdrücklich vorgesehen ist, müssen auch weniger intensiv in die Vereinigungsfreiheit eingreifende Maßnahmen möglich sein, wenn sie den Zweck gleich gut fördern. Wären Einschränkungen nicht möglich, hätten Vereinigungen nach Art. 9 I GG mehr Freiheiten als natürliche Personen, was nicht intendiert sein kann.[27]

Beispiel: Nimmt man an, dass die Pflichtmitgliedschaft in öffentlich-rechtlichen Körperschaften einen Eingriff in die negative Vereinigungsfreiheit darstellt, misst sich die verfassungsrechtliche Rechtfertigung daran, ob eine solche Pflichtmitgliedschaft Grundrechten Dritter oder sonstigen Rechtsgütern von Verfassungsrang dient und im Hinblick auf diesen Zweck verhältnismäßig ist. Ob in diesen Konstellationen ein kollidierendes Verfassungsgut in Betracht kommt, wird jedoch oftmals fraglich sein. Zu denken wäre insofern etwa an das Sozialstaatsprinzip.[28] Geht man hingegen mit der Rechtsprechung davon aus, dass Art. 9 I GG nicht berührt und damit die allgemeine Handlungsfreiheit (Art. 2 I GG) einschlägig ist, greift zugleich deren weite Schrankentrias. Hiernach muss die zur Mitgliedschaft verpflichtende Norm lediglich einem legitimen Zweck dienen und im Hinblick auf diesen dem Verhältnismäßigkeitsprinzip genügen. Im Ergebnis fällt damit die Annahme einer verfassungsrechtlichen Rechtfertigung der Pflichtmitgliedschaft in aller Regel leichter.

II. Grenzen der Einschränkbarkeit

Sowohl Vereinigungsverbote nach Art. 9 II GG als auch alle weiteren Einschränkungen der allgemeinen Vereinigungsfreiheit unterliegen ihrerseits Grenzen.

1. Vereinigungsverbot (Art. 9 II GG)

Das Verbot einer Vereinigung ist durch Art. 9 II GG an das Vorliegen abschließender[29], also durch den einfachen Gesetzgeber nicht erweiterbarer, **Verbotsgründe** geknüpft. Namentlich müssen Zwecke oder Tätigkeiten der Vereinigung den Strafgesetzen zuwiderlaufen oder sich gegen die verfassungsmäßige Ordnung

---

27 Statt vieler Bauer, in: Dreier (Hrsg.), Grundgesetz-Kommentar, 3. Aufl. 2013, Art. 9 Rn. 59.

28 So hat das BVerfG etwa in einer Kammerentscheidung die Pflichtmitgliedschaft in einem genossenschaftlichen Prüfungsverband bei hypothetischer Annahme einer Betroffenheit in Art. 9 III GG als durch das Sozialstaatsgebot gerechtfertigt angesehen, BVerfG, Beschl. v. 19.1.2001, Az.: 1 BvR 1759/91 = BVerfG, NJW 2001, 2617 (2618).

29 BVerfG, Beschl. v. 15.6.1989, Az.: 2 BvL 4/87, Rn. 36 = BVerfGE 80, 244 (254) – Vereinsverbot.

Luca Knuth

oder den Gedanken der Völkerverständigung richten. Nur wenn zumindest einer dieser Verbotsgründe vorliegt, ist das Verbot einer Vereinigung verfassungsrechtlich gerechtfertigt. Erfüllt eine Vereinigung zumindest einen dieser Verbotsgründe, ist der Erlass des Verbots nicht in das Ermessen der Exekutive gestellt. Auch das Vereinigungsverbot unterliegt dabei dem Grundsatz der Verhältnismäßigkeit, was sich insbesondere in einer restriktiven Auslegung der Verbotsgründe realisiert.[30]

Examenswissen   ❗

Um eine einfach-gesetzliche Verengung des Schutzbereichs zu vermeiden, kann **Strafgesetz** im Sinne des Art. 9 II GG nur eine solches sein, das dergestalt **allgemein** ist, dass es sich nicht spezifisch gegen Vereinigungen richtet.[31] Die Vereinigungen selbst können freilich keine Strafgesetze verletzen, weshalb es darauf ankommt, ob der Vereinigung Verstöße ihrer Organe, Mitglieder oder sonstiger Dritter zurechenbar sind. Kriterien für die **Zurechnung** sind die Nähe der handelnden Personen zu der Vereinigung und ob die handelnden Personen nach außen erkennbar für die Vereinigung auftreten und diese das Auftreten billigt oder sogar fördert. Eine zurechenbare Verletzung genügt aber noch nicht, wenn sie nur vereinzelt auftritt. Die zuzurechnende Verletzung muss vielmehr **„prägend"** für die Vereinigung sein, wie es das BVerfG aus dem Grundsatz der Verhältnismäßigkeit und aus dem präventiven Charakter des Vereinigungsverbotes herleitet.[32]

Die **verfassungsmäßige Ordnung** als zweites Schutzgut des Art. 9 II GG erfasst nur elementare Verfassungsgrundsätze. Dies sind die Menschenwürde (Art. 1 I GG), das Demokratie- und das Rechtsstaatsprinzip.[33] Das Schutzgut des **Gedankens der Völkerverständigung** ist hingegen dann betroffen, wenn eine Vereinigung oder Dritte in einer der Vereinigung zurechenbaren Weise „in den internationalen Beziehungen Gewalt oder vergleichbar schwerwiegende völkerrechtswidrige Handlungen aktiv propagier[en] oder förder[n]."[34] Das hinsichtlich der beiden letztgenannten Verbotsgründe erforderliche **„Sich-Richten"** meint eine nach außen tretende „kämpferisch-aggressive Haltung" der Vereinigung. Einerseits ist damit die bloß ablehnende Haltung gegenüber den Schutzgütern nicht hinreichend, andererseits bedarf es im Gegensatz zum Parteiverbot (Art. 21 II GG) auch keiner tatsächlichen Gefährdungslage für die Schutzgüter.[35]

---

30 BVerfG, Beschl. v. 13.7.2018, Az.: 1 BvR 1474/12 u.a., Rn. 102f. = BVerfGE 149, 160 (194f.).
31 BVerfG, Beschl. v. 13.7.2018, Az.: 1 BvR 1474 u.a., Rn. 105 = BVerfGE 149, 160 (196).
32 BVerfG, Beschl. v. 13.7.2018, Az.: 1 BvR 1474 u.a., Rn. 106 = BVerfGE 149, 160 (196); BVerfG, Beschl. v. 2.8.2019, Az.: 1 BvR 1099/16, Rn. 23.
33 BVerfG, Beschl. v. 13.7.2018, Az.: 1 BvR 1474 u.a., Rn. 107 = BVerfGE 149, 160 (197). Damit ist der Begriff, der gleichlautend auch in Art. 2 I 1 GG verwendet wird, anders als dort nicht als „Gesamtheit der Normen, die formell und materiell der Verfassung gemäß sind" (BVerfG, Urt. v. 16.1. 1957, Az.: 1 BvR 253/56, Rn. 26ff. = BVerfGE 6, 32 (37ff.)) zu verstehen, sondern so wie der Begriff der „freiheitlich demokratischen Grundordnung" in Art. 18 S. 1 GG und Art. 21 II 1 GG.
34 BVerfG, Beschl. v. 13.7.2018, Az.: 1 BvR 1474 u.a., Rn. 112 = BVerfGE 149, 160 (200).
35 BVerfG, Beschl. v. 13.7.2018, Az.: 1 BvR 1474 u.a., Rn. 109f. = BVerfGE 149, 160 (198f.).

Luca Knuth

ℹ Weiterführendes Wissen

Wegen ihrer herausragenden Bedeutung ist ein Parteiverbot an strengere Voraussetzungen geknüpft als das Vereinigungsverbot. Nach Art. 21 II GG kann ein Parteiverbot nur bei Vorliegen der dortigen, enger gefassten Verbotsgründe ergehen, also wenn die Partei nach ihren Zielen oder dem Verhalten ihrer Anhänger:innen darauf ausgerichtet ist, die freiheitlich-demokratische Grundordnung zu beeinträchtigen, zu beseitigen oder den Bestand der Bundesrepublik Deutschland zu gefährden. Auch kompetenziell unterscheiden sich die Verbote: Vereine können durch die Exekutive (Bundes- bzw. Landesminister) verboten werden, wohingegen es bei Parteien einer Entscheidung des BVerfGs bedarf. Aus diesen Unterschieden folgt zugleich, dass Art. 21 II GG lex specialis gegenüber Art. 9 II GG ist.[36]

2. Sonstige Einschränkungen

Sonstige Einschränkungen der Vereinigungsfreiheit unterliegen den allgemeinen Grenzen: Maßgebliche Bedeutung kommt dabei regelmäßig dem Grundsatz der Verhältnismäßigkeit zu.

D. Konkurrenzen

Schwierigkeiten bereiten insbesondere bei der kollektiven Dimension von Art. 9 I GG die <u>Konkurrenzverhältnisse zu anderen Grundrechten</u>.[37] Als „lex generalis' der kollektiven Grundrechtsausübung"[38] tritt Art. 9 I GG regelmäßig hinter speziellen Normen kollektiven Grundrechtsschutzes zurück. Dies gilt hinsichtlich des Art. 9 III GG, der ein spezifisches Grundrecht der Koalitionen enthält, sowie hinsichtlich Art. 21 GG (Parteien) und Art. 140 GG i.V.m. Art. 137 V WRV (Religionsgemeinschaften).

Dort, wo kollektive Handlungen jenseits der vereinigungsspezifischen Tätigkeiten betroffen sind, intendiert Art. 9 I GG jedoch keine Erweiterung des Grundrechtsschutzes gegenüber den natürlichen Personen.[39] Wird etwa im Rahmen von Ermittlungen die Post einer Vereinigung abgefangen, so bleibt es grundsätzlich bei der Eröffnung des Schutzbereichs des Art. 10 GG.[40] Eine Besonderheit ergibt sich jedoch dort, wo Grundrechte kollektive Elemente beinhalten und in den ver-

---

36 Hierzu knapp Baudewin, NVwZ 2013, 1049 (1051); umfassend zum Parteiverbot Shirvani, JZ 2014, 1074 m.w.N.
37 Vgl. zu den Grundrechtskonkurrenzen Brade, § 12, in diesem Lehrbuch.
38 Schiffbauer, JZ 2019, 130 (131).
39 BVerfGE 54, 237 (251); <u>BVerfG, Beschl. v. 13.7.2018, Az.: 1 BvR 1474/12 u.a., Rn. 98</u> = BVerfGE 149, 160 (192).
40 <u>BVerfG, Beschl. v. 13.7.2018, Az.: 1 BvR 1474/12 u.a., Rn. 88</u> = BVerfGE 149, 160 (189).

Luca Knuth

einigungsspezifischen Gewährleistungsgehalt, beispielsweise durch ein Vereinsverbot, eingegriffen wird. Etwa bei Art. 5 I 1 GG und Art. 3 GG ist grundsätzlich Art. 9 I GG einschlägig, jedoch sind die speziellen Wertungen der Grundrechte in die Prüfung zu integrieren.[41]

E. Europäische und internationale Bezüge

Parallelvorschriften zu Art. 9 I GG finden sich in Art. 11 EMRK und Art. 12 GRCh. In den beiden Normen ist neben einer allgemeinen Vereinigungsfreiheit auch die Koalitions- und die Versammlungsfreiheit gewährleistet.

Zusammenfassung: Die wichtigsten Punkte
- Die Vereinigungsfreiheit schützt als Doppelgrundrecht sowohl die Individuen als auch die Vereinigungen selbst.
- Der Vereinigungsbegriff erfasst jede Assoziation einer Mehrheit von natürlichen oder juristischen Personen ohne Rücksicht auf deren Rechtsform, die sich für eine gewisse zeitliche Dauerhaftigkeit auf freiwilliger Basis zur Verfolgung eines gemeinsamen Zweckes zusammenschließt und einer organisierten Willensbildung unterwirft.
- Die Vereinigungsfreiheit ist ausgestaltungsbedürftig.
- Art. 9 II GG enthält mit dem Vereinigungsverbot eine verfassungsunmittelbare Schranke; daneben können Eingriffe durch Grundrechte Dritter und sonstige Verfassungsgüter gerechtfertigt sein.
- Die Vereinigungsfreiheit ist „lex generalis" kollektiver Grundrechtsausübung.

Weiterführende Studienliteratur
- Christian Baudewin, Das Vereinsverbot, NVwZ 2013, S. 1049–1054
- Winfried Kluth, Die Vereinigungs- und Koalitionsfreiheit gem. Art. 9 GG, Jura 2019, S. 719–726

---

41 BVerfG, Beschl. v. 13.7.2018, Az.: 1 BvR 1474/12 u. a., Rn. 94 = BVerfGE 149, 160 (191); ausführlich zu den Konkurrenzen auch Schiffbauer, JZ 2019, 130 (132).

Luca Knuth

§ 20.5 Petitionsrecht – Art. 17 GG

Notwendiges Vorwissen: Grundrechtsfunktionen

Lernziel: Reichweite und die Bedeutung von Petitionen als außergerichtliche Rechtsbehelfe kennenlernen

---

Für dieses Kapitel gibt es frei zugängliche interaktive Übungen. Halte einfach deine Smartphone-Kamera vor den Kasten mit den Punkten (QR-Code).

Unter Petitionen werden an zuständige staatliche Stellen gerichtete **Beschwerden und Bitten** verstanden. Während sich Beschwerden auf Vergangenes beziehen, sind Bitten auf die Zukunft gerichtet.

Bei dem Petitionsrecht im Sinne des Art. 17 GG handelt es sich nicht um ein Abwehrrecht, sondern um ein Leistungsrecht: Aus dem Petitionsrecht erwächst der Anspruch, dass eine Petition von der zuständigen staatlichen Stelle zur Kenntnis genommen, geprüft und beantwortet werden muss. Mit diesem Charakter als Leistungsrecht geht ein besonderer Prüfungsaufbau einher.

Zwar ist die Prüfungsrelevanz dieses Grundrechts überschaubar, gleichwohl kommt ihm in der **Praxis** eine extrem hohe Bedeutung zu.[1] Durch den außerförmlichen Charakter ist das Petitionsrecht ein niedrigschwelliges Instrument, mit dem Menschen ihre Anliegen zur Kenntnis staatlicher Stellen bringen können; vor diesem Hintergrund gilt das Petitionsrecht auch als „soziales Frühwarnsystem".[2]

Petitionen können an alle staatliche Stellen gerichtet werden: Parlamente auf Landes- und Bundesebene[3], Behörden oder (insbesondere in Form von Gegenvorstellungen) Gerichte. Hierfür muss allerdings die Zuständigkeit der adressierten Stelle gegeben sein.[4]

---

1 2019 sind alleine beim Bundestag 13.529 Petitionen eingegangen, vgl. Deutscher Bundestag, Der Jahresbericht des Petitionsausschusses – Ausgabe 2020, 99.

2 BT-Drs. 6/3829, 29; vgl. Graf Vitzthum, JZ 1985, 809 (809).

3 Auf Bundesebene sieht Art. 45c GG die Einrichtung eines Petitionsausschusses beim Bundestag vor.

4 BVerfG, Beschl. v. 22.4.1953, Az.: 1 BvR 162/51, Rn. 23 = BVerfGE 2, 225 (229) – Petitionsbescheid.

https://doi.org/10.1515/9783110765533-032

Weiterführendes Wissen

Häufig beschränken sich Darstellungen zum Petitionsrecht auf den parlamentarischen Kontext. Tatsächlich ist der Anwendungsbereich des Petitionsrechts jedoch sehr weit und etwa auch bei Remonstrationen gegen Prüfungsbeurteilungen eröffnet. Jede Kommunikation von Bürger:innen mit staatlichen Hoheitsträger:innen ist insofern (potenziell) vor dem Hintergrund des Petitionsrechts zu betrachten.

A. Anspruchsberechtigte

Jede natürliche Person kann sich auf das Petitionsrecht im Sinne des Art. 17 GG berufen. Das gilt auch für Kinder und Jugendliche.[5] Rechtliche Geschäfts- bzw. Prozessfähigkeit ist nicht erforderlich, es genügt, die eigenen Gedanken in Form einer Petition zum Ausdruck bringen zu können.[6] Auch ausländische **Personen** können sich auf das Petitionsrecht im Sinne des Art. 17 GG berufen. Dies gilt auch für im Ausland lebende ausländische Personen, soweit das Anliegen die Zuständigkeit einer innerstaatlichen Stelle betrifft.[7]

Mit Blick auf sogenannte **Sonderrechtsverhältnisse**[8] bestehen gewisse Beschränkungen der grundsätzlichen Anspruchsberechtigung: Art. 17a GG eröffnet weitreichende Möglichkeiten, um das Petitionsrecht von Soldat:innen einzuschränken. Im Bereich des Strafvollzugs können Gefangene aus Art. 17 GG „keinen Anspruch auf Kontaktaufnahme zu Mitgefangenen zum Zwecke der Abfassung einer gemeinschaftlichen Petition herleiten, sofern und solange solche

---

5 Für staatliche Hoheitsträger:innen können bei Petitionen von Kindern und Jugendlichen besondere Sorgfaltspflichten bestehen, vgl. UN Committee on the Rights of the Child, General Comment No. 12: The right of the child to be heard, UN Dok. CRC/C/GC/12, Rn. 134. Zudem besteht in diesen Fällen die Verpflichtung, sich mit dem Anliegen in einer dem Alter und dem Entwicklungsstand des:der Petent:in entsprechenden Weise auseinanderzusetzen, vgl. ebd., Rn. 28.

6 OVG Berlin, Urt. v. 26.8.1975, Az.: V B 22.73.

7 BVerwG, Urt. v. 22.5.1980, Az.: 7 C 73/78, juris Rn. 18; in dem konkreten Fall ging es um die ausländerbehördliche Behandlung des Petenten während seines Aufenthalts in der Bundesrepublik.

8 Dieser Begriff wurde früher verwendet, um auszudrücken, dass gewisse Personenkreise (insbesondere Beamt:innen, Soldat:innen, Gefangene, Lehrkräfte) von einem umfassenden Grundrechtsschutz ausgenommen sind. Das BVerfG hat bereits in den 1970ern festgestellt, dass auch Personen in Sonderrechtsverhältnissen Träger:innen von Grundrechten sind; aus dem Zweck des jeweiligen Sonderrechtsverhältnisses können sich jedoch rechtfertigungsbedürftige Grundrechtseinschränkungen ergeben, siehe BVerfG, Beschl. v. 14.3.1972, Az.: 2 BvR 41/71, Rn. 18 – BVerfGE, 33, 1 (11) – Strafgefangene.

Stephan Gerbig

Kontakte mit dem Haftzweck unvereinbar sind."[9] Beamt:innen sind dazu verpflichtet, bei Anliegen, die einen dienstlichen Bezug haben, zunächst den Dienstweg einzuhalten.[10]

Auch juristische Personen können sich auf das Petitionsrecht berufen. Ihre grundrechtliche Gefährdungslage ergibt sich daraus, dass sie hoheitlicher Staatsgewalt unterworfen sind.

Das Petitionsrecht kann einzeln oder in Gemeinschaft mit anderen[11] **geltend** gemacht werden; möglich ist auch die Einreichung als sogenannte „öffentliche Petition", sofern diese ein allgemeines Interesse bedient.[12]

Gerade online eingereichte Petitionen haben das Potenzial, eine Vielzahl von Menschen zu erreichen, die sich der Petition anschließen, und dadurch tatsächliche Veränderungsprozesse bewirken zu können.

Beispiel: Petition „Drosselung der Surfgeschwindigkeit stoppen, Netzneutralität gesetzlich festschreiben" mit mehr als 200.000 Unterstützer:innen (2013)[13]; Petition „Verbietet #Upskirting in Deutschland!" mit mehr als 100.000 Unterstützer:innen (2019)[14]

B. Anspruchsvoraussetzungen

Gegenstand einer Petition kann jede Form staatlicher Hoheitsausübung, insbesondere auch ein hoheitliches Unterlassen, sein. Auch nicht formalisierte Rechtsbehelfe (wie etwa Gegenvorstellungen oder Dienstaufsichtsbeschwerden[15]) fallen unter das Petitionsrecht im Sinne des Art. 17 GG, eine explizite Kennzeich-

---

9 BVerfG, Beschl. v. 1.8.1978, Az.: 2 BvR 1013/77, Rn. 117 = BVerfGE 49, 24 (57) – Kontaktsperre-Gesetz.

10 Vgl. BGH, Urt. v. 23.9.1976, Az.: III ZR 121/74, juris Rn. 34; siehe hierzu vertiefend Wissenschaftliche Dienste des Bundestages, Zur Wahrnehmung des Petitionsrechts aus Art. 17 GG durch Beamte, Az.: WD 3-3000-148/17, 2017.

11 Für die Unterschiede zwischen Mehrfachpetitionen, Sammelpetitionen, Massenpetitionen und öffentlichen Petitionen siehe 2.2 der Grundsätze des Petitionsausschusses über die Behandlung von Bitten und Beschwerden (Verfahrensgrundsätze).

12 Vgl. BVerfG, Beschl. v. 27.9.2011, Az.: 2 BvR 1558/11, juris Rn. 2.

13 Die Petition hat bewirkt, dass die Deutsche Telekom geplante Drosselungen der Surfgeschwindigkeit korrigiert hat. Die Petition wurde über die Petitionsplattform change.org eingereicht.

14 Die Petition war letztlich ursächlich für ein anschließendes Gesetzgebungsverfahren mit einer Verabschiedung einer neuen gesetzlichen Regelung (§ 184k StGB). Die Petition wurde über die Petitionsplattform change.org eingereicht.

15 BVerwG, Beschl. v. 1.9.1976, Az.: VII B 101.75, juris Rn. 12; BFH, Urt. v. 22.4.1965, Az.: V 45/62 U, juris Rn. 9.

Stephan Gerbig

nung als „Petition" ist nicht erforderlich. Art. 17 GG verlangt bereits dem Wortlaut nach, dass die Petition schriftlich eingebracht werden muss.[16] Nicht als Petition gelten Anliegen mit beleidigendem, erpresserischem oder vergleichbarem Charakter.[17]

C. Anspruchsinhalt

Das Petitionsrecht verpflichtet die adressierte staatliche Stelle, den vorgebrachten Vorgang tatsächlich entgegen und inhaltlich zur Kenntnis zu nehmen, sie anschließend der Sache nach zu prüfen und zu beantworten.[18] Eine bloße Empfangsbestätigung genügt nicht[19], das Petitionsrecht gibt aber keinen Anspruch darauf, dass die Beantwortung umfassend begründet sein muss.[20] Vielmehr genügt ein „sachlicher Bescheid, aus dem ersichtlich ist, wie die angegangene Stelle die Petition zu behandeln gedenkt."[21] Mit dem Petitionsrecht ist ferner kein Anspruch auf eine Entscheidung im begehrten Sinn verbunden.[22]

Eine rechtfertigungsbedürftige Beeinträchtigung des Petitionsrechts liegt beispielsweise vor, wenn eine ordnungsgemäße Petition nicht angenommen oder nicht ausreichend behandelt wird. Für eine ordnungsgemäße Bescheidung der Petition ist der Rechtsweg zu den Verwaltungsgerichten eröffnet.[23]

Wird eine Petition, die bereits ordnungsgemäß beschieden wurde und insofern erledigt ist, mit dem gleichen Inhalt erneut erhoben, so besteht kein Anspruch auf erneute sachliche Bescheidung.[24]

---

16 In der Praxis wird dieses Erfordernis durch die Möglichkeit, Petitionen über Online-Formulare einreichen zu können, zunehmend relativiert.

17 BVerfG, Beschl. v. 22.4.1953, Az.: 1 BvR 162/51, Rn. 24 = BVerfGE 2, 225 (229) – Petitionsbescheid.

18 BVerwG, Beschl. v. 1.9.1976, Az.: VII B 101.75, juris Rn. 12; BVerfG, Beschl. v. 22.4.1953, Az.: 1 BvR 162/51, Rn. 25 = BVerfGE 2, 225 (230) – Petitionsbescheid.

19 BVerfG, Beschl. v. 22.4.1953, Az.: 1 BvR 162/51, Rn. 27 = BVerfGE 2, 225 (230) – Petitionsbescheid.

20 BVerfG, Beschl. v. 22.4.1953, Az.: 1 BvR 162/51, Rn. 28 = BVerfGE 2, 225 (230) – Petitionsbescheid.

21 BVerfG, Beschl. v. 22.4.1953, Az.: 1 BvR 162/51, Rn. 28 = BVerfGE 2, 225 (230) – Petitionsbescheid.

22 BVerwG, Beschl. v. 1.9.1976, Az.: VII B 101.75, juris Rn. 12.

23 BVerfG, Beschl. v. 19.5.1988, Az.: 1 BvR 644/88, juris Rn. 1.

24 BVerfG, Beschl. v. 22.4.1953, Az.: 1 BvR 162/51, Rn. 33 = BVerfGE 2, 225 (232) – Petitionsbescheid.

Stephan Gerbig

D. Anspruchsgrenzen

Das Petitionsrecht ist ein vorbehaltslos gewährleistetes Grundrecht, welches jedoch verfassungsimmanenten Schranken unterliegt.[25]

E. Europäische und internationale Bezüge

Art. 43 und 44 GRCh gewähren Unionsbürger:innen das Recht, sich mit einer Petition an den:die Europäische:n Bürgerbeauftragte:n sowie an das Europäische Parlament zu wenden. Zudem folgt aus Art. 41 IV GRCh das Recht, sich an alle Organe der EU wenden zu können. Diese Regelungen werden jeweils in Art. 24 AEUV ergänzt beziehungsweise konkretisiert.

Zusammenfassung: Die wichtigsten Punkte
- Bitten und Beschwerden, die die Zuständigkeit staatlicher Hoheitsträger:innen betreffen, können gegenüber der Legislative, der Exekutive und der Judikative erhoben werden.
- Aus dem Petitionsrecht folgt der Anspruch, dass die Petition ordnungsgemäß beschieden werden muss. Diesem Anspruch ist bereits genüge getan, wenn aus der Antwort ersichtlich ist, wie mit der Petition umgangen wird. Ein Anspruch auf eine umfassende Begründung besteht nicht.

Weiterführende Studienliteratur
- Michael Hornig, Die Petitionsfreiheit als Element der Staatskommunikation, 2001
- Wolfgang Graf Vitzthum, Das Grundrecht der Petitionsfreiheit, JZ 1985, S. 809–817

---

25 BVerfG, Beschl. v. 12.12.1990, Az.: 1 BvR 839/90, juris Rn. 20.

Stephan Gerbig

§ 21 Wirtschaft & Gemeinwohl

Die in diesem Abschnitt behandelten Grundrechte der <u>Eigentums- und Erbrechts-</u><u>garantie</u>, der <u>Berufsfreiheit</u> und der <u>Koalitionsfreiheit</u> werden den sogenannten **Wirtschaftsgrundrechten** zugeordnet. Dies liegt in ihrer besonderen Bezüglich-keit zur Wirtschaft begründet: <u>Art. 12 I GG</u> schützt die Freiheit, einer Erwerbstätig-keit nachzugehen. <u>Art. 14 I 1 GG</u> ergänzt diesen Schutz um das Recht, das Erwor-bene auch behalten zu dürfen und darüber sogar über den Tod hinaus zu verfügen (Erbrechtsgarantie). <u>Art. 9 III GG</u> gewährt das Recht, zur Wahrung und Förderung der Arbeits- und Wirtschaftsbedingungen Vereinigungen zu bilden.

Ob die Grundrechte als Teil einer grundgesetzlichen „<u>Wirtschaftsverfassung</u>" gelten können, ist umstritten. Denn das Grundgesetz enthält nur punktuelle Rege-lungen mit Bezug zur Wirtschaft, keinen eigenständigen Abschnitt.[1] Weder die Extrempositionen, wonach das Grundgesetz eine planwirtschaftliche Anlage auf-weise oder strikt marktwirtschaftlich konzipiert sei, noch der vermittelnde An-satz, dem zufolge die Verfassung eine soziale Marktwirtschaft konstituiere, konn-ten sich durchsetzen.[2] Diesen Ansätzen hat das BVerfG durch den Ausspruch von der **„wirtschaftspolitischen Neutralität des GG"** eine Absage erteilt,[3] auch wenn daran bis heute von Teilen der Literatur Kritik geübt wird.[4] Dementspre-chend sieht die heute wohl herrschende Meinung die Frage der wirtschaftspoliti-schen Ausrichtung Deutschlands als dem politischen Diskurs überlassen an. Bedeutung entfaltet das Grundgesetz aber als Ordnungsrahmen, an dem wirt-schaftspolitische Einzelmaßnahmen zu messen sind.[5] Nur insofern kann von „Wirtschaftsverfassung" gesprochen werden. Hieraus können durchaus gewisse Grenzen für wirtschaftspolitische Extreme abgeleitet werden: Marktradikalen Lö-sungen, bei denen der Staat seine Steuerungsressourcen gänzlich zugunsten der „unsichtbaren Hand des Marktes" aufgäbe, stünde etwa das Sozialstaatsprinzip aus Art. 20 I GG, die Menschenwürde, der Gleichheitssatz, der Umweltschutz aus Art. 20a GG, die Möglichkeit zu Grundrechtsschranken und die Sozialbindung des

---

1 Anders war dies noch in der Weimarer Reichsverfassung, siehe den als „Das Wirtschaftsleben" überschriebenen <u>5. Abschnitt (Art. 151ff. WRV)</u>.
2 Vgl. Hufen, Staatsrecht II, 9. Aufl. 2021, 3. Teil,6. Abschnitt Rn. 2ff.
3 BVerfG, Urt. v. 20.7.1954, Az.: 1 BvR 459 u. a. = BVerfGE 4, 7 (17) – Investitionshilfe; BVerfG, Urt. v. 1.3.1979, Az.: 1 BvR 532, 533/17 u. a. = BVerfGE 50, 290 (336) – Mitbestimmung.
4 Siehe eingehend Sodan, in: Ziekow, Wirtschaft und Verwaltung vor den Herausforderungen der Zukunft, 2000, 35 (36ff.).
5 Hufen, Staatsrecht II, 9. Aufl. 2021, 3. Teil, 6. Abschnitt Rn. 4; vgl. auch Knauff, Öffentliches Wirtschaftsrecht, 2. Aufl. 2020, § 2 Rn. 1.

Eigentums entgegen.[6] Art. 12 I und 14 I 1, 15 GG stünden aber andererseits einer zentral gelenkten Planwirtschaft und einer vollständigen Vergesellschaftung des Privateigentums entgegen. Das Grundgesetz gewährt also einerseits wirtschaftliche Freiheiten, erlaubt dem Gesetzgeber aber zugleich, diese im Sinne des Gemeinwohls einzuschränken. Diese Spannungslage aus Gemeinwohlbindung und wirtschaftlicher Freiheit macht die Wirtschaftsgrundrechte so spannend, weil ihr Verhältnis in jeder staatlichen Maßnahme neu ausgelotet werden muss.

Die Grundrechte erfüllen mehrere für das Wirtschaftsrecht relevante Funktionen.[7] Als Abwehrrechte schützen Art. 12 I und 14 I GG vor staatlichen Eingriffen in Beruf, Wettbewerb, Eigentum und Erbrecht. Art. 9 III GG schützt vor Beeinträchtigungen der koalitionsmäßigen Betätigungsfreiheit. Darüber hinaus haben die Wirtschaftsgrundrechte auch Bedeutung in ihrer Leistungsdimension (status positivus). Zwar begründen sie nach h.M. keine originären Leistungsansprüche. Die Normen vermitteln aber staatliche Schutzpflichten und daraus folgende Handlungsaufträge. Art. 12 I GG (i.V.m. Art. 3 I GG) gewährleistet zudem einen Anspruch auf chancengerechte Teilhabe am Wettbewerb (sogenannte **derivative Teilhaberechte**). Hier erfolgt Grundrechtsschutz durch Verfahren, indem die Grundrechte die chancengerechte Teilhabe an wirtschaftsrelevanten Verfahren gewährleisten. Art. 14 I GG erfüllt schließlich die Funktion einer Einrichtungsgarantie.

---

6 Hufen, Staatsrecht II, 9. Aufl. 2021, 3. Teil, 6. Abschnitt Rn. 5.
7 Siehe zu den Grundrechtsfunktionen Ruschemeier § 1 C., in diesem Lehrbuch.

Nikolas Eisentraut

§ 21.1 Eigentum, Erbrecht, Sozialisierung – Art. 14, 15 GG

Notwendiges Vorwissen: allgemeine Prüfungsstruktur von Abwehrrechten

Lernziele: Dogmatik der Eigentums- und Erbrechtsgewährleistung in seiner abwehrrechtlichen Dimension beherrschen; Definition des Eigentums und der Eingriffsqualifikationen (Inhalts- und Schrankenbestimmung, Enteignung und Sozialisierung) sowie der Rechtfertigungsanforderungen erlernen

---

Für dieses Kapitel gibt es frei zugängliche interaktive Übungen. Halte einfach deine Smartphone-Kamera vor den Kasten mit den Punkten (QR-Code).

Die neben Art. 12 I GG bedeutsamsten Grundrechte mit Bezug zur Wirtschaft enthält Art. 14 I 1 GG, der das Eigentum und das Erbrecht schützt.

Klausurtaktik   !

Art. 14 GG kommt zentrale Bedeutung in juristischen Prüfungen zu.[1] In Klausuren wird insbesondere die Eigentumsgarantie abgeprüft, während das Erbrecht eine eher untergeordnete Rolle spielt. Art. 14 GG darf deshalb keinesfalls „auf Lücke gelernt" werden.[2]

Das BVerfG spricht bezüglich der Eigentumsgarantie von einem **„elementaren Grundrecht"** und einer **„Wertentscheidung (...) von besonderer Bedeutung"**.[3] Anknüpfend an die Berufsfreiheit aus Art. 12 I GG, die den Erwerb schützt, dehnt Art. 14 I 1 GG den grundrechtlichen Schutz auch auf das Erworbene (Eigentum) aus und erstreckt diesen Schutz noch über den Tod hinaus (Erbrecht).[4] Die Gewährleistungen von Eigentum und Erbrecht schaffen damit eine

---

1 Detterbeck, Öffentliches Recht, 11. Aufl. 2018, Rn. 495; Gröpl, in: Gröpl/Windthorst/von Coelln, Grundgesetz, Studienkommentar, 5. Aufl. 2022, Art. 14 Rn. 3.

2 So auch Gröpl, in: Gröpl/Windthorst/von Coelln, Grundgesetz, Studienkommentar, 5. Aufl. 2022, Art. 14 Rn. 3.

3 BVerfG, Beschl. v. 16.2.2000, Az.: 1 BvR 242/19, 1 BvR 315/99, Rn. 39 = BVerfGE 102, 1.

4 Gröpl, in: Gröpl/Windthorst/von Coelln, Grundgesetz, Studienkommentar, 5. Aufl. 2022, Art. 14 Rn. 32.

wichtige intrinsische Motivation dafür, erwerbstätig zu sein. Zugleich werden sie als ein für die **persönliche Freiheit des Einzelnen** wesentliches Element qualifiziert.[5]

Die Eigentums- und Erbrechtsgarantie erfüllt mehrere Funktionen. Zentrale Bedeutung kommt Art. 14 I 1 GG in seiner Funktion als Abwehrrecht zu (status negativus). Art. 14 I 1 GG schützt dafür vor staatlichen Eingriffen in Eigentum und Erbrecht.

Art. 14 I 1 GG wird zudem die **Funktion einer** Institutsgarantie zugewiesen: Eigentum und Erbrecht dürfen als Gewährleistungen nicht gänzlich abgeschafft werden.

Darüber hinaus hat Art. 14 I 1 GG auch Bedeutung in seiner Leistungsdimension (status positivus). Zwar begründet das Grundrecht nach herrschender Meinung keine originären Leistungsansprüche: Art. 14 I 1 GG gewährt keinen Anspruch auf Gewährung von Eigentum oder einen Anspruch auf ein Erbe.[6] Anerkannt ist jedoch, dass die Eigentumsgarantie jedenfalls staatliche Schutzpflichten auslöst und sich daraus auch Handlungsaufträge ableiten lassen: Art. 14 I 1 GG verpflichtet den Gesetzgeber zur Ausgestaltung eines einfachrechtlichen Eigentumsregimes und auch zu einem ausreichenden strafrechtlichen Eigentumsschutz.[7] Weiterhin folgt aus Art. 14 I 1 GG eine Schutzpflicht in Hinblick auf die Eigentumsgefahren des Klimawandels, der Auswirkungen insbesondere auf landwirtschaftlich genutzte Flächen und Immobilien zeigen wird.[8] Diskutiert wird zudem, ob Art. 14 I 1 GG auch dazu verpflichtet, die vermögensrechtlichen Rechtspositionen der Bürger:innen zu bewahren und etwa vor Entwertung zu schützen.[9] Womöglich lässt sich aus Art. 14 GG i. V. m. dem Sozialstaatsprinzip aus Art. 20 I GG auch eine Schutzpflicht des Gesetzgebers herleiten, auf eine „breite Eigentumsstreuung hinzuwirken und der auseinanderdriftenden Vermögensverteilung entgegenzuwirken"[10].

---

5 Kingreen/Poscher, Grundrechte, 37. Aufl. 2021, Rn. 1030; Hufen, Staatsrecht II, 9. Aufl. 2021, § 38 Rn. 1.

6 Hufen, Staatsrecht II, 9. Aufl. 2021, § 38 Rn. 45.

7 Siehe §§ 242, 303 StGB; so Axer, in: Epping/Hillgruber, BeckOK GG, 50. Ed. 15.2.2022, Art. 14 Rn. 22.

8 Diese Schutzpflicht wird durch das Klimaschutzgesetz jedoch nicht verletzt, siehe BVerfG, Beschl. v. 24.3.2021, Az.: 1 BvR 2656/18, Rn. 171 f.

9 Befürwortend Gröpl, in: Gröpl/Windthorst/von Coelln, Grundgesetz, Studienkommentar, 5. Aufl. 2022, Art. 14 Rn. 36; ablehnend Wieland, VerfBlog, 24.8.2021.

10 Allein auf Art. 20 I GG abstellend Papier/Shirvani, in: Dürig/Herzog/Scholz, GG, 95. EL Juli 2021, Art. 14 Rn. 145; die Justiziabilität in Frage stellend Bryde/Wallrabenstein, in: v. Münch/Kunig, GG, 7. Auflage 2021, Art. 14 Rn. 73.

Nikolas Eisentraut

Schließlich kann Art. 14 I 1 GG in seiner **Dimension als** <u>Verfahrensgarantie</u> entfaltet werden: Art. 14 I 1 GG gewährleistet, dass Zugriffen auf das Eigentum ein hinreichend offenes Verfahren vorgeschaltet ist, das die Abwägung privater und öffentlicher Belange sicherstellt.[11] Auch drängt Art. 14 I 1 GG auf die Schaffung von effektiven Möglichkeiten, um Eigentümerinteressen in Verwaltungs- und Gerichtsverfahren vertreten, verfolgen und durchsetzen zu können.[12]

Weiterführendes Wissen

Diskutiert wird zudem eine Deutung des Art. 14 II 1 GG als sogenannte Grundpflicht des:der Eigentümer:in.[13] In Rede steht also eine Inpflichtnahme Privater als eigentlich Grundrechtsberechtigte. Gegen eine solche Deutung wird argumentiert, dass Art. 14 II 1 GG nicht die Bürger:innen selbst adressiert, sondern nur die Ausgestaltung durch den Gesetzgeber prägt.[14] Art. 14 II GG kommt daher im Wesentlichen Bedeutung als Schranke und als Abwägungsbelang im Rahmen der Verhältnismäßigkeitsprüfung zu.

A. Die Eigentumsgarantie (Art. 14 I 1 Alt. 1 GG)

Auch wenn die Eigentumsgarantie auf den ersten Blick dogmatisch anspruchsvoll erscheint, lässt sie sich in Prüfungssituationen gut beherrschen, wenn die **wesentliche Struktur** bekannt ist. Neben dem Eigentumsbegriff spielen bei Art. 14 I 1 GG die Qualifikation des Eingriffs und die sich daraus ergebenden Rechtfertigungsanforderungen eine hervorgehobene Rolle.

I. Schutzbereich

Die Dogmatik zum Schutzbereich der Eigentumsgarantie bringt in sachlicher Hinsicht einige Besonderheiten mit sich, die es in der Klausur zu beherrschen gilt. Bei der Prüfung des persönlichen Anwendungsbereichs ist ein sicherer Umgang mit den allgemeinen Grundrechtslehren (Art. 19 III GG) notwendig.

---

11 Hufen, Staatsrecht II, 9. Aufl. 2021, § 38 Rn. 46.

12 Kingreen/Poscher, Grundrechte, 37. Aufl. 2021, Rn. 1046.

13 Dafür Bryde/Wallrabenstein, in: v. Münch/Kunig, GG, 7. Aufl. 2021, Art. 14 Rn. 98, 101; dagegen Axer, in: Epping/Hillgruber, BeckOK Grundgesetz, 50. Ed. 15.2.2022, Art. 14 Rn. 25.

14 So Hufen, Staatsrecht II, 9. Aufl. 2021, § 38 Rn. 49; Axer, in: Epping/Hillgruber, BeckOK Grundgesetz, 50. Ed. 15.2.2022, Art. 14 Rn. 25; Papier/Shirvani, in: Dürig/Herzog/Scholz, GG, 95. EL Juli 2021, Art. 14 Rn. 415 f.

1. Sachlicher Schutzbereich

In sachlicher Hinsicht schützt Art. 14 I 1 GG das Eigentum. Dem Begriff liegt eine besondere dogmatische Struktur zugrunde, weil nach Art. 14 I 2 GG nicht nur die Schranken, sondern auch der Inhalt des Eigentums durch die Gesetze bestimmt werden. Eigentum wird insofern als Produkt der Rechtsordnung qualifiziert und erfordert die gesetzgeberische Zuweisung von Eigentumspositionen (**normgeprägtes Grundrecht**).[15]

Dennoch soll das Eigentum nicht vollständig der Disposition des Gesetzgebers überlassen sein.[16] Ansonsten könnte dieser nämlich den Schutzbereich weitreichend minimieren und damit den verfassungsrechtlich gewährten Schutz wesentlich schmälern oder gar ganz aufheben. Um dies zu verhindern, wird Art. 14 I 1 GG als Institutsgarantie verstanden, die den Gesetzgeber daran hindert, „dass solche Sachbereiche der Privatrechtsordnung entzogen werden, die zum elementaren Bestand grundrechtlich geschützter Betätigung im vermögensrechtlichen Bereich gehören (...)"[17].

Damit liegt dem GG am Ende doch ein **eigenständiger, verfassungsrechtlicher Eigentumsbegriff** zugrunde, dessen Ausgestaltung dem Gesetzgeber entzogen ist und der ihn sogar verpflichtet, bestimmte einfachrechtliche Eigentumspositionen zu schaffen. Für dessen Inhalt wird dem bürgerlich-rechtlichen Eigentum der §§ 903 ff. BGB Leitbildfunktion und Prägewirkung zugemessen.[18] Der verfassungsrechtliche Eigentumsbegriff erfasst darüber hinaus aber auch dem bürgerlich-rechtlichen Eigentum vergleichbare einfachrechtlich ausgestaltete Rechtspositionen, soweit sie die Definitionsmerkmale des verfassungsrechtlichen Eigentumsbegriffs erfüllen.

Auch wenn der Verfassung danach ein eigenständiger Eigentumsbegriff zugrunde liegt und dem Gesetzgeber insofern Schranken bei der Ausgestaltung gesetzt sind, sollen aus Art. 14 I 1 GG dennoch keine unmittelbaren verfassungsrechtlichen Eigentumspositionen abgeleitet werden können; die konkrete Eigen-

---

15 Axer, in: Epping/Hillgruber, BeckOK GG, 50. Ed. 15.2.2022, Art. 14 Rn. 7; Gröpl, in: Gröpl/Windthorst/von Coelln, Grundgesetz, Studienkommentar, 5. Aufl. 2022, Art. 14 Rn. 15.

16 Eine ähnliche Problematik stellt sich im Rahmen des Art. 12 I GG bei der Diskussion, ob das Erlaubtsein der Tätigkeit Element des Berufsbegriffs ist; auch hier geht die herrschende Meinung davon aus, dass die Definition des Berufs dem Gesetzgeber entzogen ist. Bei Art. 14 I 2 GG gibt es jedoch die von Art. 12 I GG abweichende Anordnung einer inhaltlichen Ausgestaltungsbefugnis des Gesetzgebers.

17 BVerfG, Beschl. v. 15.7.1981, Az.: 1 BvL 77/78, Rn. 174 = BVerfGE 58, 300 – Nassauskiesung; vgl. auch Bryde/Wallrabenstein, in: v. Münch/Kunig, GG, Band 1, 7. Aufl. 2021, Art. 14 Rn. 104; dies anerkennt auch Wieland, in: Dreier, GG, Band 1, 3. Aufl. 2013, Art. 14 Rn. 31.

18 Axer, in: Epping/Hillgruber, BeckOK GG, 50. Ed. 15.2.2022, Art. 14 Rn. 10; siehe auch Hufen, Staatsrecht II, 9. Aufl. 2021, § 38 Rn. 8.

Nikolas Eisentraut

tumsposition bedarf immer der einfachgesetzlichen Ausgestaltung durch den Gesetzgeber.[19]

Klausurtaktik !

Das „Hin und Her" zwischen einfach-gesetzlicher Ausgestaltung und verfassungsrechtlicher Rahmung scheint ein wenig der Quadratur des Kreises zu gleichen. In Klausuren wird es im Definitionsteil regelmäßig reichen, auf die Besonderheit des normgeprägten sachlichen Schutzbereichs der Eigentumsgarantie hinzuweisen, sodann aber festzustellen, dass der Verfassung dennoch ein eigenständiger verfassungsrechtlicher Eigentumsbegriff zugrunde liegt, weil sonst eine Umkehr der Normenhierarchie und damit ein Verstoß gegen Art. 1 III GG drohte.[20]

---

a) Eigentumsbegriff

Als Eigentum im verfassungsrechtlichen Sinne werden **alle konkreten vermögenswerten Rechtspositionen** erfasst, die den Grundrechtsträger:innen von der Rechtsordnung zur Ausübung nach eigenverantwortlicher Entscheidung zum Privaten Nutzen zugewiesen sind.[21]

Klausurtaktik !

In der Klausur lässt sich gut mit dieser Definition arbeiten. Sie sollte daher unbedingt beherrscht werden.

Kennzeichen von Eigentum ist die **Ausschließlichkeit der Rechtsposition** und die damit verbundene **Nutzungs- und Verfügungsbefugnis**. Art. 14 I 1 GG schützt dementsprechend nicht nur das Eigentum im statischen Sinne, sondern auch seine Benutzung.[22] Das BVerfG spricht in diesem Zusammenhang davon, dass Art. 14 I 1 GG das Recht gewährleistet, Eigentum zu besitzen oder sonst innezuhaben, zu nutzen, zu verwalten und über es zu verfügen.[23] Im Falle von Verkaufsverboten ist neben der Erwerbsfreiheit daher regelmäßig auch die Verfügungsbefugnis über konkrete Eigentumspositionen beeinträchtigt, sodass beide

---

19 Papier/Shirvani, in: Dürig/Herzog/Scholz, GG, 95. EL Juli 2021, Art. 14 Rn. 152.
20 Papier/Shirvani, in: Dürig/Herzog/Scholz, GG, 95. EL Juli 2021, Art. 14 Rn. 153.
21 Vgl. BVerfG, Beschl. v. 7.12.2004, Az.: 1 BvR 1804/03, Rn. 46 = BVerfGE 112, 93 (107); Gröpl, in: Gröpl/Windthorst/von Coelln, Grundgesetz, Studienkommentar, 5. Aufl. 2022, Art. 14 Rn. 23.
22 BVerfG, Urt. v. 6.12.2016, Az.: 1 BvR 2821/11, Rn. 228 = BVerfGE 143, 246; Hufen, Staatsrecht II, 9. Aufl. 2021, § 38 Rn. 17; Detterbeck, Öffentliches Recht, 11. Aufl. 2018, Rn. 497.
23 BVerfG, Beschl. v. 5.2.2002, Az.: 2 BvR 305, 348/993, Rn. 43 = BVerfGE 105, 17.

Nikolas Eisentraut

Grundrechte nebeneinander Anwendung finden können.[24] Bezüglich der Nutzung wird jedoch teilweise zwischen dem Eigentum an beweglichen Sachen und dem Grundstückseigentum differenziert: Nur Verfügungen über letzteres sollen auch von Art. 14 I 1 GG geschützt sein, um den Anwendungsbereich der Eigentumsgarantie nicht ausufern zu lassen.[25]

Beispiel: Der Atomausstieg durch die 13. AtG-Novelle bewirkte, dass eine Nutzung der Atomkraftwerke künftig nicht mehr möglich ist. Auch diese Nutzbarkeit der Anlagen genießt den verfassungsrechtlichen Schutz des Art. 14 I 1 GG.[26]

Nicht von Art. 14 I 1 GG geschützt ist hingegen der Erwerb von Eigentum, hier ist Art. 12 I GG bzw. Art. 2 I GG einschlägig.[27]

b) Eigentum im Sinne des bürgerlichen Rechts

Zum Eigentum im Sinne des Art. 14 I 1 GG zählt zunächst das Eigentum im Sinne des bürgerlichen Rechts. Hierzu gehören gemäß § 903 BGB Sachen (§§ 90, 94 BGB) und Tiere (§ 90a BGB). Dem verfassungsrechtlichen Eigentumsbegriff unterfallen neben dem Eigentum an beweglichen Sachen auch das Grundeigentum (Eigentum am Boden).[28]

Beispiel: Die Regelungen zum Atomausstieg durch die 13. AtG-Novelle betrafen das von Art. 14 I 1 GG geschützte dingliche Anlageneigentum der Atomkraftwerksbetreiber.[29]

! **Examenswissen**

Umstritten ist, ob zum verfassungsrechtlich geschützten Grundeigentum auch die Baufreiheit zu rechnen ist, also das Recht, das Grundstück im Rahmen der Gesetze zu bebauen. Ein Teil der Literatur bejaht dies, weil Art. 14 I 1 GG auch das Recht des Eigentümers eines Grundstücks schütze, dieses zu nutzen und damit auch zu bebauen.[30] Dagegen wird jedoch eingewandt, dass die

---

24 Detterbeck, Öffentliches Recht, 11. Aufl. 2018, Rn. 501.
25 So Kingreen/Poscher, Grundrechte, 37. Aufl. 2021, Rn. 1044.
26 BVerfG, Urt. v. 6.12.2016, Az.: 1 BvR 2821/11, Rn. 228 = BVerfGE 143, 246.
27 Gröpl, in: Gröpl/Windthorst/von Coelln, Grundgesetz, Studienkommentar, 5. Aufl. 2022, Art. 14 Rn. 35.
28 Hufen, Staatsrecht II, 9. Aufl. 2021, § 38 Rn. 9.
29 BVerfG, Urt. v. 6.12.2016, Az.: 1 BvR 2821/11, Rn. 228 ff. = BVerfGE 143, 246.
30 So Hufen, Staatsrecht II, 9. Aufl. 2021, § 38 Rn. 9; Papier/Shirvani, in: Dürig/Herzog/Scholz, GG, 95. EL Juli 2021, Art. 14 Rn. 164 ff.

Nikolas Eisentraut

Bebaubarkeit eines Grundstücks erst von der einfachrechtlichen Ausgestaltung des Gesetzgebers abhänge und diese deshalb nicht a priori aus Art. 14 I 1 GG fließe.[31]

c) Ausdehnung auf privatrechtliche Rechtspositionen über das Eigentum im Sinne des bürgerlichen Rechts hinaus

Aufgrund der verfassungsrechtlichen Definition des Eigentums lassen sich weitere privatrechtliche Rechtspositionen ausmachen, die zwar nach bürgerlichem Recht nicht als Eigentum qualifiziert werden, nach Verfassungsrecht aber schon.

Dies gilt für das **Wohnungseigentum** im Sinne des Wohnungseigentumsgesetzes sowie weitere dingliche (absolute) Rechte wie **Erbbaurechte, Grundschulden, Hypotheken und Vorkaufsrechte.**[32]

Weiterhin erfasst ist das **Anteilseigentum** an einem Unternehmen, beispielsweise durch Aktien.[33] Auch **geistiges Eigentum** wird von Art. 14 I 1 GG erfasst (so **Urheberrechte**, aber auch gewerbliche Schutzrechte wie Patente und Marken).

Weiterführendes Wissen

In der digitalisierten Gesellschaft nimmt die Bedeutung von sächlichem Eigentum zunehmend ab und es kommt zu einer Entmaterialisierung und Entindividualisierung von Eigentumspositionen.[34] So macht die „Sharing Economy" die Notwendigkeit materiellen Eigentums für die Konsument:innen zunehmend überflüssig, wenn etwa Autos, Fahrräder und Roller in einer Großstadt geteilt statt dauerhaft besessen werden oder Musik und Filme nicht mehr gegenständlich vermittelt, sondern über allen Nutzer:innen zugängliche Plattformen digital bereitgestellt werden. Dadurch nehmen die Bedeutung von Ausbildung, Arbeitsplatz und Ansprüchen an die sozialen Sicherungssysteme als Grundlage individueller Freiheit zu.[35] Zugleich verlagert sich die Bedeutung des Art. 14 I 1 GG aber in den virtuellen Raum, weil die Bedeutung des Schutzes geistigen Eigentums zunimmt. Stärker kollektivistisch geprägte Vorstellungen von Besitzrechten an geistigen Schöpfungen sind in der digitalen Community weit verbreitet, sodass geistige Eigentumsrechte über offene Lizenzen (etwa Creative Commons) relativiert werden. Auch der Gesetzgeber ist bereit, geistige Eigentumsrechte etwa zugunsten von Wissenschaft und Forschung einzuschränken, siehe §§ 60a ff. UrhG.

---

31 Vgl. Lege, ZJS 2012, 44 (45); Beaucamp, JA 2018, 487 (487 ff.).
32 Hufen, Staatsrecht II, 9. Aufl. 2021, § 38 Rn. 9; weitreichende Aufzählung bei Gröpl, in: Gröpl/Windthorst/von Coelln, Grundgesetz, Studienkommentar, 5. Aufl. 2022, Art. 14 Rn. 25.
33 Hufen, Staatsrecht II, 9. Aufl. 2021, § 38 Rn. 11.
34 Hufen, Staatsrecht II, 9. Aufl. 2021, § 38 Rn. 4.
35 Hufen, Staatsrecht II, 9. Aufl. 2021, § 38 Rn. 4.

Nikolas Eisentraut

Vom BVerfG wurde weiterhin der berechtigte **Besitz der Mieter:innen an Wohnraum** (§§ 535 ff. i. V. m. §§ 854 ff. BGB) vom Eigentumsbegriff des Art. 14 I 1 GG als erfasst angesehen.[36]

Umstritten ist, ob **obligatorische/relative Rechte** aus zivilrechtlichen Verträgen dem verfassungsrechtlichen Eigentumsbegriff unterfallen.[37] Für eine Erfassung auch obligatorischer Rechte spricht, dass diese dem:der jeweiligen Inhaber:in in der Definition entsprechender Weise zugeordnet werden, weil er:sie bezüglich dieser Rechte nutzungs- und verfügungsbefugt ist.[38]

Ob auch das **Recht am eingerichteten und ausgeübten Gewerbebetrieb** von Art. 14 I 1 GG erfasst wird, ist seit Langem umstritten. Als „Inbegriff der wirtschaftlichen Grundlagen des Gewerbebetriebs"[39] umfasst das Recht am eingerichteten und ausgeübten Gewerbebetrieb die „Gesamtheit der sachlichen, persönlichen und sonstigen Mittel, die in der Hand des Betriebsinhabers zu einem einheitlichen Organismus zusammengefasst sind"[40]. Die Frage wird **vom BVerfG regelmäßig offen gelassen**, weil der Schutz des Art. 14 I 1 GG nicht über den Schutz des Eigentums an den konkreten Produktionsmitteln selbst hinausgehe.[41] Die Erfassung des Rechts am eingerichteten und ausgeübten Gewerbebetrieb ist auch deshalb zweifelhaft, weil der Terminus eine Mehrzahl an Sachen und Rechten beinhaltet und damit womöglich schon keine hinreichend konkrete Eigentumsposition umfasst.[42]

Beispiel: Die Covid-19-bedingten Betriebsschließungen werden in der Literatur teilweise als Eingriff in das Recht am eingerichteten und ausgeübten Gewerbebetrieb qualifiziert.[43] Lehnt man den Schutz des Rechts am eingerichteten und ausgeübten Gewerbebetrieb von Art. 14 I 1 GG hin-

---

36 BVerfG, Beschl. v. 26.5.1993, Az.: 1 BvR 208/93, Rn. 19 ff. = BVerfGE 89, 1; ablehnend aber Hufen, Staatsrecht II, 9. Aufl. 2021, § 38 Rn. 12.
37 Dagegen Hufen, Staatsrecht II, 9. Aufl. 2021, § 38 Rn. 12.
38 Papier/Shirvani, in: Dürig/Herzog/Scholz, GG, 95. EL Juli 2021, Art. 14 Rn. 322; Gröpl, in: Gröpl/Windthorst/von Coelln, Grundgesetz, Studienkommentar, 5. Aufl. 2022, Art. 14 Rn. 25.
39 Hufen, Staatsrecht II, 9. Aufl. 2021, § 38 Rn. 14.
40 Shirvani, NVwZ 2020, 1457 (1458).
41 Vgl. BVerfG, Urt. v. 6.12.2016, Az.: 1 BvR 2821/11, Rn. 240 = BVerfGE 143, 246.
42 In diese Richtung Gröpl, in: Gröpl/Windthorst/von Coelln, Grundgesetz, Studienkommentar, 5. Aufl. 2022, Art. 14 Rn. 26; so auch Kingreen/Poscher, Grundrechte, 37. Aufl. 2021, Rn. 1040; für einen Schutz aber Papier/Shirvani, in: Dürig/Herzog/Scholz, GG, 95. EL Juli 2021, Art. 14 Rn. 200; Shirvani, NVwZ 2020, 1457 (1458) m.w.N.
43 So Shirvani, NVwZ 2020, 1457 (1458); diesen Aspekt referenziert auch der VGH Baden-Württemberg, Beschl. v. 18.2.2021, Az.: 1 S 398/21 (juris Rn. 99); offenlassend BayVGH, Beschl. v. 16.4.2021, Az.: 20 NE 21.965, Rn. 28.

Nikolas Eisentraut

gegen ab, muss untersucht werden, ob durch die Betriebsschließungen ansonsten die Nutzung konkreter Eigentumspositionen berührt wird.

Examenswissen

Ein Dateneigentum ist bisher nicht in einer den verfassungsrechtlichen Voraussetzungen entsprechenden Weise vom Gesetzgeber ausgestaltet worden. Mangels Qualität als Sachen sind Daten zunächst einmal weder eigentums- noch besitzfähig. Aber auch eine analoge Anwendung der Vorschriften über den Besitz (§§ 854 ff. BGB) auf Daten kann diese nicht in ausreichender Weise qualifizieren, um den Schutzbereich des Art. 14 I 1 GG für eröffnet anzusehen, da es insoweit an der erforderlichen Verfügungsbefugnis fehlt.[44] Auch ein Urheberrecht an Daten wird grundsätzlich nicht anerkannt.[45] Vom verfassungsrechtlichen Eigentumsbegriff erfasst angesehen werden können jedoch schuldrechtliche Ansprüche mit Bezug zu Daten wie etwa der vertragliche Anspruch gegen einen Cloud-Anbieter auf Zugang zu in der Cloud gespeicherten Daten[46] oder Datenlizenzen.[47]

Die Schaffung von einfachrechtlichen Eigentumstatbeständen für Daten wird immer wieder kontrovers diskutiert, mehrheitlich aber wohl abgelehnt.[48] Auch folgt aus Art. 14 I 1 GG keine Pflicht des Gesetzgebers, ein solches Dateneigentum einzuführen.[49] Daten sind dadurch jedoch nicht schutzlos gestellt: (Personenbezogene) Daten werden vielmehr im allgemeinen Persönlichkeitsrecht verortet und deren Nutzung dem darin gründenden Datenschutzrecht unterworfen.[50]

---

d) Öffentlich-rechtliche Rechtspositionen

Auch vermögenswerte subjektiv-öffentliche Rechte können dem Eigentumsschutz unterfallen. Erforderlich ist, dass es sich um **vermögenswerte Rechtspositionen** handelt, die einer privatnützigen Zuordnung entsprechen und **auf nicht unerheblicher Eigenleistung beruhen**.[51]

---

44 Michl, NJW 2019, 2729 (2732).
45 Näher am Beispiel des immaterialgüterrechtlichen Schutzes von KI-Trainingsdaten Hacker, GRUR 2020, 1025.
46 Michl, NJW 2019, 2729 (2732).
47 Zu letzteren aus einfachrechtlicher Perspektive Schur, GRUR 2020, 1142.
48 Siehe den Bericht der Arbeitsgruppe „Digitaler Neustart" der Konferenz der Justizministerinnen und Justizminister der Länder v. 15.5.2017, abrufbar unter https://jm.rlp.de/fileadmin/mjv/ Jumiko/Fruehjahrskonferenz_neu/Bericht_der_AG_Digitaler_Neustart_vom_15._Mai_2017.pdf; ablehnend Determann, ZD 2018, 503; demgegenüber vorsichtig befürwortend Werner, NJOZ 2019, 1041 (1044).
49 Prägnant Michl, NJW 2019, 2729.
50 Zum Recht auf informationelle Selbstbestimmung Ruschemeier, § 24.3, in diesem Lehrbuch.
51 Kingreen/Poscher, Grundrechte, 37. Aufl. 2021, Rn. 1038.

Nikolas Eisentraut

Anwartschaften aus der Arbeitslosen- und Rentenversicherung wurden danach als Äquivalent eigener Leistung als Eigentum qualifiziert.[52] Dies gilt jedoch nicht für Ansprüche auf Arbeitslosengeld II (Hartz IV), weil sie nicht auf der eigenen Leistung der Empfänger:innen beruhen.[53]

Öffentlich-rechtlichen Erlaubnissen und Genehmigungen (beispielsweise die Erlaubnis zum Betrieb eines Atomkraftwerks) fehlt es ebenfalls an den Voraussetzungen für den Schutz öffentlicher vermögenswerter Rechte, weil sie nicht auf hinreichenden Eigenleistungen beruhen und auch keine Verfügungsbefugnis eingeräumt wird.[54]

e) Gewinnchancen, Situationsvorteile und Investitionen

Nicht geschützt werden rein wirtschaftliche und geschäftliche **Gewinnchancen und Situationsvorteile**.[55]

Beispiel: Nicht geschützt wird etwa die Lage eines Grundstücks[56] oder die Erwartung, dass ein landwirtschaftliches Grundstück Bauland wird.[57]

Demgegenüber können bereits getätigte **Investitionen** in ein von der Eigentumsgarantie umfassten Gegenstand vom Schutzbereich erfasst werden.[58]

f) Grundwasser und Bodenschätze

Grundwasser und Wasser eines fließenden oberirdischen Gewässers sind nicht eigentumsfähig, § 4 II WHG. **Bodenschätze** können zwar als Eigentumsposition schutzfähig sein; der Schutz wird jedoch durch die einfachrechtlichen Vorschriften des BBergG stark überlagert.[59]

---

52 Kingreen/Poscher, Grundrechte, 37. Aufl. 2021, Rn. 1038.
53 Näher Axer, in: Epping/Hillgruber, BeckOK GG, 50. Ed. 15.2.2022, Art. 14 Rn. 56 ff.
54 Vgl. BVerfG, Urt. v. 6.12.2016, Az.: 1 BvR 2821/11, Rn. 231 = BVerfGE 143, 246.
55 Hufen, Staatsrecht II, 9. Aufl. 2021, § 38 Rn. 13; Kingreen/Poscher, Grundrechte, 37. Aufl. 2021, Rn. 1042.
56 Hufen, Staatsrecht II, 9. Aufl. 2021, § 38 Rn. 13; Gröpl, in: Gröpl/Windthorst/von Coelln, Grundgesetz, Studienkommentar, 5. Aufl. 2022, Art. 14 Rn. 30.
57 Beispiel nach Kingreen/Poscher, Grundrechte, 37. Aufl. 2021, Rn. 1043.
58 BVerfG, Urt. v. 6.12.2016, Az.: 1 BvR 2821/11, Rn. 226 = BVerfGE 143, 246.
59 Siehe näher Papier/Shirvani, in: Dürig/Herzog/Scholz, GG, 95. EL Juli 2021, Art. 14 Rn. 324.

Nikolas Eisentraut

g) Vermögen, Tauschwert und Besteuerung

Das Vermögen als solches ist nicht unter Art. 14 I 1 GG schutzfähig, weil insofern die Anknüpfung an ein konkretes vermögenswertes Recht fehlt. Geschützt wird nur der konkrete Bestand an Geldmünzen/Scheinen.

Examenswissen   !

Verwaltungsakte, aufgrund derer eine Zahlung eines Geldbetrags verlangt wird, greifen auf das Vermögen als Ganzes zu und berühren damit nicht das Eigentumsrecht aus Art. 14 I 1 GG.[60] Eine Ausnahme wird für den Fall anerkannt, dass Kosten aufgrund der Eigentümerstellung der Adressat:innen auferlegt werden.[61]

Steuern an sich berühren ebenfalls nicht den Schutzbereich, da sie auf das Vermögen erhoben werden; anderes gilt aber bei erdrosselnden Abgaben und soweit die Steuer die Substanz des Eigentums betrifft, etwa im Falle der Erbschaftssteuer oder der Vermögenssteuer.[62] Auch der **Wert des Geldes** ist nicht unter Art. 14 I 1 GG schutzfähig, weil es sich beim Tauschwert um kein konkretes Recht, sondern nur einen Annex zu einem vermögenswerten Recht handelt. Art. 14 I 1 GG gewährt insofern keinen Schutz vor Inflation.[63] Diskutiert wird jedoch, ob dem Staat aus Art. 14 I 1 GG eine Schutzpflicht erwächst, die vermögensrechtlichen Rechtspositionen seiner Bürger zu bewahren und ab wann die Schutzpflicht greifen sollte.[64]

---

2. Persönlicher Schutzbereich

In persönlicher Hinsicht handelt es sich bei Art. 14 I 1 GG um ein Jedermann-Grundrecht/Menschenrecht.[65]

Aufgrund seiner wirtschaftsrechtlichen Relevanz spielt im Rahmen der Prüfung des Art. 14 I 1 GG regelmäßig auch die Frage eine hervorgehobene Rolle, ob **Personenvereinigungen** Grundrechtsträger des Art. 14 I 1 GG sein können. Dies beurteilt sich entsprechend der allgemeinen Lehren nach Art. 19 III GG, der die Grundrechtsfähigkeit auch für inländische juristische Personen eröffnet,

---

60 Gröpl, in: Gröpl/Windthorst/von Coelln, Grundgesetz, Studienkommentar, 5. Aufl. 2022, Art. 14 Rn. 28.

61 Gröpl, in: Gröpl/Windthorst/von Coelln, Grundgesetz, Studienkommentar, 5. Aufl. 2022, Art. 14 Rn. 29.

62 Gröpl, in: Gröpl/Windthorst/von Coelln, Grundgesetz, Studienkommentar, 5. Aufl. 2022, Art. 14 Rn. 28 f.; weitergehend Kingreen/Poscher, Grundrechte, 37. Aufl. 2021, Rn. 1039.

63 Gröpl, in: Gröpl/Windthorst/von Coelln, Grundgesetz, Studienkommentar, 5. Aufl. 2022, Art. 14 Rn. 36.

64 Siehe näher Gröpl, in: Gröpl/Windthorst/von Coelln, Grundgesetz, Studienkommentar, 5. Aufl. 2022, Art. 14 Rn. 36.

65 Siehe zur Grundrechtsberechtigung bei Jedermannsgrundrechten González Hauck, § 2 A., in diesem Lehrbuch.

Nikolas Eisentraut

soweit die Grundrechte ihrem Wesen nach auf die juristische Person anwendbar sind.[66]

Im Grundsatz gilt: Art. 14 GG schützt nicht das Privateigentum, sondern nur das Eigentum Privater.[67] Juristische Personen des Öffentlichen Rechts sind daher nicht grundrechtsberechtigt. Gleiches gilt für juristische Personen des Privatrechts, wenn deren Anteile von der Öffentlichen Hand gehalten werden.

! **Examenswissen**

Eine Ausnahme wird vom BVerfG für **EU-ausländische öffentliche Unternehmen** anerkannt. Zwar stehen auch hinter dem EU-ausländischen öffentlichen Unternehmen keine natürlichen Personen, sondern ein Mitgliedstaat der EU. Nach der Lehre vom personalen Substrat liefe Art. 19 III GG also eigentlich leer. Zugleich läuft bei EU-ausländischen öffentlichen Unternehmen aber das Konfusionsargument ins Leere, da ein EU-ausländisches öffentliches Unternehmen nicht Verpflichteter der deutschen Grundrechte ist. Die insofern offene Auslegung des Art. 19 III GG nimmt das BVerfG zugunsten der Grundrechtsberechtigung EU-ausländischer öffentlicher Unternehmen vor. Dafür rekurriert das BVerfG auf die Europarechtsfreundlichkeit des GG: In Anbetracht der EMRK müsse auch einer juristischen Person in EU-ausländischer staatlicher Trägerschaft effektiver Rechtsschutz ermöglicht werden.[68] Zudem sei ansonsten ein Verstoß gegen die Niederlassungsfreiheit (Art. 54 I i. V. m. 49 I 2 AEUV) zu befürchten.[69] Insofern sei in diesem speziellen Fall eine Abweichung von der Lehre vom personalen Substrat gerechtfertigt.

II. Eingriff

In seiner abwehrrechtlichen Dimension setzt Art. 14 I 1 GG die Feststellung eines Eingriffs in das Eigentum voraus. Ein Eingriff in die Eigentumsgarantie kann auch bei nur mittelbar-faktisch wirkenden Maßnahmen angenommen werden, soweit ein hinreichender Bezug zum Eigentum besteht. Als Eingriff kann danach jede Verkürzung der Eigentümerbefugnisse qualifiziert werden.[70]

---

66 Siehe allgemein zur Grundrechtsberechtigung juristischer Personen Ramson, § 3, in diesem Lehrbuch.

67 Gröpl, in: Gröpl/Windthorst/von Coelln, Grundgesetz, Studienkommentar, 5. Aufl. 2022, Art. 14 Rn. 12.

68 BVerfG, Urt. v. 6.12.2016, Az.: 1 BvR 2821/11, Rn. 202 = BVerfGE 143, 246.

69 BVerfG, Urt. v. 6.12.2016, Az.: 1 BvR 2821/11, Rn. 197; kritisch dazu Ludwigs, NVwZ-Beil. 1/ 2017, S. 6, der Zweifel am Eingriffscharakter des Gesetzes hat, da es nicht um den Marktzugang geht, wenn der Markt mit dem Ausstieg aus der Atomkraft geschlossen wird; zudem schlägt er als tauglichen Rechtfertigungsgrund die Lehre vom persönlichen Substrat als Teil der Verfassungsidentität nach Art. 4 II EUV vor.

70 Detterbeck, Öffentliches Recht, 11. Aufl. 2018, Rn. 514.

Nikolas Eisentraut

Beispiel: die Beeinträchtigung eines Grundstücks durch Verkehrslärm[71]

Weiterhin erfordert Art. 14 I 1 GG die **Qualifikation des Eingriffs** danach, ob es sich um eine Inhalts- und Schrankenbestimmung, um eine Enteignung oder um eine Sozialisierung handelt. Die Qualifikation hat unmittelbare Auswirkungen auf die Rechtfertigungsprüfung, ihr kommt daher eine zentrale Bedeutung zu.

1. Inhalts- und Schrankenbestimmung

Inhalts- und Schrankenbestimmungen legen nach dem BVerfG **generell und abstrakt die Rechte und Pflichten des:der Eigentümer:in** fest, bestimmen also den Inhalt des Eigentums und seine Schranken.[72]

Beispiele: Die durch Bundesgesetz erfolgende **Verkürzung von Restlaufzeiten für Atomkraftwerke** im Rahmen der 13. AtG-Novelle entzieht weder konkrete Eigentumspositionen, da die Anlagen im Eigentum der Atomkraftwerksbetreiber verbleiben, noch liegt ein Güterbeschaffungsvorgang vor, da mit der Verkürzung der Laufzeiten keinerlei Rechtspositionen auf den Staat oder Dritte übergehen; es handelt sich bei der Maßnahme vielmehr um eine Inhalts- und Schrankenbestimmung.[73] Betriebsschließungen im Zusammenhang mit der **Covid-19-Pandemie** sind ebenfalls als Inhalts- und Schrankenbestimmungen zu qualifizieren. Bei diesen handelt es sich allein um Nutzungsbeschränkungen, es fehlt also an einem vollständigen oder teilweisen Entzug einer konkreten Eigentumsposition und auch an einer Güterbeschaffung.[74]

Weiterführendes Wissen

Während Inhaltsnormen die Befugnisse des Eigentümers bezüglich seines Eigentums bestimmen, legen Schrankenbestimmungen dem Eigentümer Handlungs-, Duldungs- und Unterlassungspflichten auf.[75] Die Differenzierung ist für die Rechtfertigung jedoch nicht von tieferer Bedeutung, obwohl Inhaltsbestimmungen eigentlich nur den sachlichen Schutzbereich ausgestalten, während nur Schrankenbestimmungen als Eingriff zu rechtfertigen sein müssten. Dies liegt darin begründet, dass eine trennscharfe Abgrenzung kaum zu leisten ist.[76] Eine Inhalts- und Schrankenbestimmung liegt auch dann vor, wenn sie durch Einzelakt konkretisiert wird.[77]

---

71 BVerwG, Urt. v. 22.5.1987, Az.: 4 C 17/84 u.a. = BVerwGE 77, 295.
72 BVerfG, Beschl. v. 14.1.2004, Az.: 2 BvR 564/95, Rn. 89 = BVerfGE 110, 1.
73 BVerfG, Urt. v. 6.12.2016, Az.: 1 BvR 2821/11, Rn. 242ff. = BVerfGE 143, 246.
74 BayVGH, Beschl. v. 16.4.2021, Az.: 20 NE 21.965, Rn. 29.
75 Gröpl, in: Gröpl/Windthorst/von Coelln, Grundgesetz, Studienkommentar, 5. Aufl. 2022, Art. 14 Rn. 45.
76 Gröpl, in: Gröpl/Windthorst/von Coelln, Grundgesetz, Studienkommentar, 5. Aufl. 2022, Art. 14 Rn. 46.
77 BVerfG, Beschl. v. 14.1.2004, Az.: 2 BvR 564/95, Rn. 89 = BVerfGE 110, 1.

Nikolas Eisentraut

2. Enteignung

Was unter den Begriff der Enteignung fällt, war zunächst umstritten. Sowohl die vom BGH ursprünglich vertretene Sonderopfertheorie als auch die vom BVerwG vertretene Schweretheorie wurden mittlerweile aufgegeben.[78]

Das BVerfG und die heute herrschende Meinung, der sich auch BGH und BVerwG angeschlossen haben, stellen für die Abgrenzung zwischen Enteignung und Inhalts- und Schrankenbestimmung nur auf formale Kriterien – Form und Zweckrichtung des Eingriffs – ab.[79] Verkürzen gezielt eingreifende und das Eigentum vollständig oder teilweise entziehende gesetzliche Bestimmungen konkret-individuell, stellen sie Eingriffe in Form einer Enteignung dar (sogenannter **enger/formaler Enteignungsbegriff**[80]. Zudem muss ein **Güterbeschaffungsvorgang** vorliegen: Es muss zur Erfüllung konkreter öffentlicher Aufgaben eine Rechtsübertragung erfolgen.

Beispiele: Im Rahmen der **Fachplanung** sind Enteignungen vorgesehen, s. § 19 FStrG, § 22 AEG und § 45 EnWG.

❗ Klausurtaktik

In der Klausur bietet es sich an, den Eingriffsakt zunächst auf seine Qualität als Enteignung zu prüfen. Können die Voraussetzungen verneint werden, kann regelmäßig von einer Inhalts- und Schrankenbestimmung ausgegangen werden. Geprüft werden muss:
1. Das Vorliegen einer konkreten Eigentumsposition,
2. ein gezielter hoheitlicher Zugriff auf diese Rechtsposition, wobei der Zugriff die Qualität eines Rechtsakts haben muss (nicht: Realakt),
3. ein vollständiger oder teilweiser Entzug der Eigentumsposition durch den Zugriff,
4. der Zugriff muss der Erfüllung öffentlicher Aufgaben dienen (Art. 14 III 1 GG: dem Wohle der Allgemeinheit); dafür erfolgt eine Güterbeschaffung im Sinne einer Rechtsübertragung.[81]

Unterschieden wird zwischen **Legal- und Administrativenteignungen**: Art. 14 III 2 GG bestimmt, dass eine Enteignung „durch Gesetz" oder „aufgrund ei-

---

[78] Vgl. Gröpl, in: Gröpl/Windthorst/von Coelln, Grundgesetz, Studienkommentar, 5. Aufl. 2022, Art. 14 Rn. 51; näher zu den vormals vertretenen Theorien Poscher/Kingreen, Grundrechte, 37. Aufl. 2021, Rn. 1053 ff.

[79] Grundlegend der sogenannte Nassauskiesungsbeschluss des BVerfG, Beschl. v. 15.7.1981, Az.: 1 BvL 77/78, Rn. 151 ff. = BVerfGE 58, 300.

[80] Vgl. Gröpl, in: Gröpl/Windthorst/von Coelln, Grundgesetz, Studienkommentar, 5. Aufl. 2022, Art. 14 Rn. 43, 49.

[81] Gröpl, in: Gröpl/Windthorst/von Coelln, Grundgesetz, Studienkommentar, 5. Aufl. 2022, Art. 14 Rn. 43.

nes Gesetzes" erfolgen kann. Mit der Formulierung „durch Gesetz" ist die Legislativenteignung, mit der Formulierung „aufgrund eines Gesetzes" die Administrativenteignung gemeint. Die Administrativenteignung zeichnet sich dadurch aus, dass sie durch die Exekutive auf der Grundlage einer entsprechenden gesetzlichen Ermächtigung durchgeführt wird (beispielsweise §§ 85 ff. BauGB). Das kann durch die Handlungsformen Verwaltungsakt, Satzung oder Rechtsverordnung geschehen. Die zur Administrativenteignung ermächtigende Grundlage stellt im Regelfall dann eine Enteignungsnorm dar, wenn sie die Exekutive ermächtigt, eine vollständige oder teilweise Entziehung konkreter subjektiver Rechtspositionen im Sinne des Art. 14 I 1 GG vorzunehmen. Demgegenüber spricht man von einer Legislativenteignung, wenn die Enteignung durch die entsprechende gesetzliche Bestimmung selbst vorgenommen wird, ohne dass ein weiterer Vollzugsakt erforderlich wäre. Die Legislativenteignung ist gegenüber der Administrativenteignung subsidiär, weil der Rechtsschutz bei Legislativenteignungen weniger effektiv ausgestaltet ist.[82]

Klausurtaktik !

In der Klausurlösung macht die Feststellung, um was für eine Form von Enteignung es sich handelt, für die anschließende Rechtfertigungsprüfung Sinn.

---

3. Sozialisierung

Einen besonderen Eingriff in Art. 14 I 1 GG stellt schließlich die Sozialisierung nach Art. 15 GG dar. Nach heute wohl herrschender Meinung handelt es sich bei Art. 15 GG um **kein eigenständiges Grundrecht**, sondern um eine besondere Ermächtigung für Eingriffe in das Eigentum.[83]

Examenswissen !

In der Praxis harrt die Norm zwar noch ihrer Anwendung, hat jedoch zuletzt aufgrund der Diskussionen im Land Berlin um die Sozialisierung der Deutsche Wohnen SE neuerlich Beachtung gefunden.[84] Zuvor wurde bereits im Zuge der Finanzkrise über die rechtlichen Möglichkeiten zur So-

---

82 Axer, in: Epping/Hillgruber, BeckOK GG, 50. Ed. 15.2.2022, Art. 14 Rn. 110.
83 Kingreen/Poscher, Grundrechte, 37. Aufl. 2021, Rn. 1093; Hufen, Staatsrecht II, 9. Aufl. 2021, § 38 Rn. 32; Sodan/Ferlemann, LKV 2019, 193 (194); Gröpl, in: Gröpl/Windthorst/von Coelln, Grundgesetz, Studienkommentar, 5. Aufl. 2022, Art. 14 Rn. 15.
84 Siehe dazu aus der breiten Rezeption in der Literatur Kloth, BRZ 2020, 86; Röhner, KJ 2020, 16; Drohsel, KJ 2020, 30; Sodan/Ferlemann, LKV 2019, 193; Haaß, LKV 2019, 145; Ipsen, NVwZ 2019, 527; Kloepfer, NJW 2019, 1656; Schede/Schuldt, ZRP 2019, 78; Schmidt, DÖV 2019, 508; Thiel, DÖV

zialisierung von Banken diskutiert.[85] Die dogmatische Struktur der Norm ist bisher jedoch noch nicht abschließend diskutiert.

Kennzeichen der Sozialisierung ist ausweislich des Wortlauts des Art. 15 Satz 1 GG, dass Grund und Boden, Naturschätze oder Produktionsmittel (**sozialisierungsfähige Wirtschaftsgüter**) zum Zwecke der Vergesellschaftung durch ein Gesetz, das Art und Ausmaß der Entschädigung regelt, in Gemeineigentum oder in andere Formen der Gemeinwirtschaft überführt werden.

Sozialisierung ist also gekennzeichnet von einer abstrakt-generellen, auf Gemeinwirtschaftlichkeit ausgerichteten **Umgestaltung der Eigentumsposition**. Nicht notwendig ist dafür ein Eigentümer:innenwechsel.[86] Nach heute wohl überwiegender Auffassung handelt es sich bei der Sozialisierung deshalb auch um keinen Unterfall der Enteignung, sondern um ein eigenes Rechtsinstitut.[87] Gegenstand der Überführung in Gemeineigentum oder in andere Formen der Gemeinwirtschaft sind nicht wie bei der Enteignung einzelne Vermögensbestandteile, sondern es geht um die zwangsweise Überführung ganzer Unternehmen/Wirtschaftszweige in Gemeineigentum; die Enteignung ist zudem projektbezogen, während die Sozialisierung als wirtschaftspolitisches Mittel qualifiziert werden kann.[88]

! **Klausurtaktik**

Untersucht werden kann für die Qualifikation bereits auf Eingriffsebene,
1. ob ein sozialisierungsfähiges Wirtschaftsgut im Sinne des Art. 15 GG vorliegt. Hierzu zählen Grund und Boden, Naturschätze und Produktionsmittel. Um die Reichweite des Begriffs der Produktionsmittel wird gestritten: Während nach einer engen Auslegung hiervon nur sachliche und rechtliche Mittel erfasst sind, die der gegenständlichen Produktion dienen,[89] erfasst der Begriff nach einem weiten Verständnis alle Mittel, die unmittelbar oder auch nur

---

2019, 497; Waldhoff/Neumeier, LKV 2019, 385; Wolfers/Opper, DVBl 2019, 542; auch der Berliner Senat hat sich mit den Rechtsfragen in einem Standpunkt auseinandergesetzt, Abgeordnetenhaus Drs. 18/3054 v. 24.9.2020.

85 Gröpl, in: Gröpl/Windthorst/von Coelln, Grundgesetz, Studienkommentar, 5. Aufl. 2022, Art. 15 Rn. 12; näher Tuschl, Verstaatlichung von Banken, 2017, 285 ff.

86 Gröpl, in: Gröpl/Windthorst/von Coelln, Grundgesetz, Studienkommentar, 5. Aufl. 2022, Art. 15 Rn. 15; anders womöglich Kingreen/Poscher, Grundrechte, 37. Aufl. 2021, Rn. 1093, die einen Entzug des Eigentums verlangen.

87 Kloth. BRZ 2020, 86 (89); Kingreen/Poscher, Grundrechte, 37. Aufl. 2021, Rn. 1093.

88 Kloepfer, NJW 2019, 1656 (1658).

89 So Gröpl, in: Gröpl/Windthorst/von Coelln, Grundgesetz, Studienkommentar, 5. Aufl. 2022, Art. 15 Rn. 11.

Nikolas Eisentraut

mittelbar der Produktion dienen; erfasst sind danach Unternehmen in ihrer Gänze, also auch solche, die Dienstleistungen erbringen wie Banken und Versicherungen.[90]

2. ob das in Rede stehende Gesetz auf die Überführung des sozialisierungsfähigen Wirtschaftsguts in Gemeineigentum oder in andere Formen der Gemeinwirtschaft abzielt. Gemeinwirtschaft meint dabei die Ausrichtung an der gesellschaftlichen Bedarfsdeckung und der Verfolgung sonstiger Gemeinwohlziele.[91] Die Vergesellschaftung zielt darauf ab, von einer auf private Gewinnerzielung gerichteten Organisationsform auf eine gemeinnützige überzugehen.[92]

Ist der Eingriff danach als Sozialisierung zu qualifizieren, ergeben sich auch auf Rechtfertigungsebene eigenständige Anforderungen.

III. Rechtfertigung

Eingriffe in Art. 14 I 1 GG müssen gerechtfertigt werden können, um verfassungsmäßig zu sein.

1. Einschränkbarkeit des Grundrechts

Art. 14 I 2 GG normiert einen **Gesetzesvorbehalt.** Als Beschränkungsnormen kommen sowohl formelle als auch Gesetze in nur-materiellem Sinne wie Rechtsverordnungen und Satzungen in Betracht, solange sie auf einer hinreichend bestimmten parlamentsgesetzlichen Grundlage fußen.[93] Das beschränkende Gesetz muss formell und materiell verfassungsgemäß sein, also auch der Zuständigkeitsverteilung des GG genügen.

Beispiel: Im Falle des Berliner Mietendeckels hat das BVerfG die Gesetzgebungskompetenz des Landes Berlin verneint und das Gesetz deshalb für verfassungswidrig erachtet. Auf die materielle Vereinbarkeit mit Art. 14 I 1 GG musste das BVerfG daher nicht mehr eingehen.[94]

---

90 So Kingreen/Poscher, Grundrechte, 37. Aufl. 2021, Rn. 1094; differenzierend in Hinblick auf Finanzmarktunternehmen Tuschl, Verstaatlichung von Banken, 2017, S. 290 ff.: nur bestimmte Geschäftsbereiche wie infrastrukturelle Einrichtungen und das grundlegende Einlagengeschäft.
91 Bryde, in: v. Münch/Kunig, GG, 7. Aufl. 2021, Art. 15 Rn. 14.
92 Bryde, in: v. Münch/Kunig, GG, 7. Aufl. 2021, Art. 15 Rn. 10.
93 Gröpl, in: Gröpl/Windthorst/von Coelln, Grundgesetz, Studienkommentar, 5. Aufl. 2022, Art. 14 Rn. 53.
94 BVerfG, Beschl. v. 25.3.2021, Az.: 2 BvF 1/20; zuvor schon die Gesetzgebungskompetenz des Landes Berlin ablehnend Kreuter-Kirchhof, DÖV 2021, 103 (108 f.); andere Ansicht Fischer-Lescano/Gutmann, KJ 2020, 3 (4 ff.); s. auch Schemmel, JuS 2020, 529 (531 f.).

Nikolas Eisentraut

Das beschränkende Gesetz muss formell und materiell verfassungsgemäß sein, also auch der Zuständigkeitsverteilung des GG genügen.

Als Schranken-Schranke kommt der Verhältnismäßigkeit zentrale Bedeutung zu.[95] Art. 19 I GG findet hingegen keine Anwendung, weder in seiner Ausgestaltung als Zitiergebot, noch in Form des Verbots des Einzelfallgesetzes.[96]

2. Rechtfertigungsanforderungen in Hinblick auf die Art des Eingriffs

In Abhängigkeit von der Qualifikation des Eingriffs sind zudem die **spezifischen Rechtfertigungsanforderungen der Art. 14 und 15 GG** zu prüfen.

a) Inhalts- und Schrankenbestimmung

Für Inhalts- und Schrankenbestimmungen ist zunächst zu berücksichtigen, dass der Schrankenvorbehalt des Art. 14 I 2 GG durch Art. 14 II GG konkretisiert wird. Im Rahmen der Ausgestaltung von Inhalts- und Schrankenbestimmungen ist der Gesetzgeber danach berechtigt und verpflichtet, das Ziel der Sozialpflichtigkeit des Eigentums zu verfolgen.[97]

ℹ Weiterführendes Wissen

Art. 14 II GG wird von Teilen der Literatur zudem als eigenständige Schranke des Art. 14 I 1 GG qualifiziert. Diese Auffassung ist eng mit der Annahme verknüpft, Art. 14 II 1 GG normiere eine verfassungsunmittelbare Grundpflicht des Eigentümers. Die wohl überwiegende Auffassung geht hingegen davon aus, dass Art. 14 II GG mit Art. 14 I 2 GG eine einheitliche Schranke bilde.[98]

Bei der **Prüfung der Verhältnismäßigkeit** als Schranken-Schranke sind mehrere Art. 14-spezifische Abwägungsbelange zu berücksichtigen.

aa) Abwägungsfähige Belange im Rahmen der Verhältnismäßigkeitsprüfung

Einen wichtigen Abwägungsbelang, der zugunsten der Eigentumsbeeinträchtigung angeführt werden kann, stellt die **Sozialbindung des Eigentums** nach

---

95 Gröpl, in: Gröpl/Windthorst/von Coelln, Grundgesetz, Studienkommentar, 5. Aufl. 2022, Art. 14 Rn. 61.

96 Siehe zu diesen Schranken-Schranken Milas, § 7 A.II.4. und 5., in diesem Lehrbuch.

97 Papier/Shirvani, in: Dürig/Herzog/Scholz, GG, 95. EL Juli 2021, Art. 14 Rn. 416; Bryde/Wallrabenstein, in: v. Münch/Kunig, GG, 7. Auflage 2021, Art. 14 Rn. 99.

98 Papier/Shirvani, in: Dürig/Herzog/Scholz, GG, 95. EL Juli 2021, Art. 14 Rn. 415f.

Art. 14 II GG dar. Sie fungiert als Gegengewicht zur von Art. 14 I 1 GG eingeräumten Privatnützigkeit des Eigentums und stellt das Grundrecht in einen besonderen Pflichtenkontext. Das BVerfG formuliert insoweit eine Je-desto-Formel: „Die Befugnis des Gesetzgebers zur Beschränkung des Privateigentums reicht umso weiter, je mehr das Eigentumsobjekt in einem sozialen Bezug und einer sozialen Funktion steht."[99] Einen besonderen sozialen Bezug bestimmt das BVerfG unter Rückgriff auf die Eigenart und die Funktion des Vermögensgegenstandes.[100] Bejaht wurde der besondere soziale Bezug etwa für das Grundeigentum,[101] aber auch für die Eigentumsrechte von Energieunternehmen an Kernkraftwerken.[102]

Abwägungsgesichtspunkte zugunsten des:der Eigentümer:in sind insbesondere die **Schwere und Tragweite des Eingriffs.**[103] Bedeutung kommt auch dem Gesichtspunkt des **Vertrauensschutzes** zu, der aus Art. 20 III GG fließt und im Rahmen der Verhältnismäßigkeit der Eigentumsbeeinträchtigung zu berücksichtigen ist.

In der Abwägung muss schließlich der **Einschätzungs- und Gestaltungsspielraum des Gesetzgebers** ausreichend in Rechnung gestellt werden.[104]

bb) Mögliches Erfordernis einer Ausgleichsregelung

Eine Junktimklausel (Entschädigungsregelung) ist für Inhalts- und Schrankenbestimmungen gerade nicht vorgegeben (Umkehrschluss zu Art. 14 III 1 GG). Auch bei Inhalts- und Schrankenbestimmungen kann es jedoch ausnahmsweise geboten sein, eine **Ausgleichsregelung** zu normieren, wenn es etwa zu einem weitreichenden Entzug einer Eigentumsposition ohne Güterbeschaffung kommt.[105] In Betracht kommen hierfür zunächst Übergangsregelungen, die die Lasten der Inhalts- und Schrankenbestimmung zugunsten der betroffenen Eigentümer „abfedern".[106] Darüber hinaus sind aber auch finanzielle Ausgleichsansprüche denkbar. Begrifflich sollte dann darauf geachtet werden, nicht von Entschädigungs-,

---

99 Gröpl, in: Gröpl/Windthorst/von Coelln, Grundgesetz, Studienkommentar, 5. Aufl. 2022, Art. 14 Rn. 57.
100 BVerfG, Beschl. v. 16.2.2000, Az.: 1 BvR 242/91, 1 BvR 315/99, Rn. 45 = BVerfGE 102, 1.
101 Gröpl, in: Gröpl/Windthorst/von Coelln, Grundgesetz, Studienkommentar, 5. Aufl. 2022, Art. 14 Rn. 66.
102 BVerfG, Urt. v. 6.12.2016, Az.: 1 BvR 2821/11, Rn. 218 f. = BVerfGE 143, 246.
103 Gröpl, in: Gröpl/Windthorst/von Coelln, Grundgesetz, Studienkommentar, 5. Aufl. 2022, Art. 14 Rn. 65 mit Beispielen.
104 BVerfG, Urt. v. 28.2.1980, Az.: 1 BvL 17/77 = BVerfGE 53, 257 (293).
105 BVerfG, Urt. v. 6.12.2016, Az.: 1 BvR 2821/11, Rn. 258 ff. = BVerfGE 143, 246.
106 Vgl. Gröpl, in: Gröpl/Windthorst/von Coelln, Grundgesetz, Studienkommentar, 5. Aufl. 2022, Art. 14 Rn. 70 f.

Nikolas Eisentraut

sondern von Ausgleichsregelung zu sprechen, um deutlich zu machen, dass es sich gerade um kein Art. 14 III 1 GG entsprechendes Institut handelt.

cc) Institutsgarantie als Schranken-Schranke

Als „letzte Grenze"[107] für Inhalts- und Schrankenbestimmungen fungiert die **Institutsgarantie**. Ihre Bedeutung ist in der Praxis jedoch gering, da sie nur einen Grundbestand an Normen umfasst, den der Gesetzgeber nicht unterschreiten darf.[108]

b) Enteignungen

Enteignungen unterliegen den besonderen Rechtfertigungsanforderungen des Art. 14 III GG. Das dafür notwendige Enteignungsgesetz muss seinerseits verfassungsmäßig sein.

aa) Junktim-Klausel

Erforderlich ist insbesondere eine sogenannte **Junktim-Klausel nach Art. 14 III 2 GG**. Dass das GG eine Entschädigungsregelung verlangt, engt die Gestaltungsmöglichkeiten des Gesetzgebers bedeutend ein.[109] Durch die Junktim-Klausel wird die Bestandsgarantie des Eigentums zu einer Wertgarantie erweitert, indem der Verlust des Eigentums entschädigt werden muss.[110] Nach Art. 14 III 3 GG ist der Gesetzgeber gehalten, die Entschädigung unter gerechter Abwägung der Interessen der Allgemeinheit und der Beteiligten zu bestimmen.

ℹ Weiterführendes Wissen

Für die Höhe kann der Verkehrswert ausschlaggebend sein; der Gesetzgeber ist hierauf aber nicht festgelegt, soweit davon eine Abweichung im Einzelfall gerechtfertigt ist.[111] Entgangene Ge-

---

107 Kingreen/Poscher, Grundrechte, 37. Aufl. 2021, Rn. 1091.
108 Vergleiche Kingreen/Poscher, Grundrechte, 37. Aufl. 2021, Rn. 1091f.
109 Gröpl, in: Gröpl/Windthorst/von Coelln, Grundgesetz, Studienkommentar, 5. Aufl. 2022, Art. 14 Rn. 42.
110 Kingreen/Poscher, Grundrechte, 37. Aufl. 2021, Rn. 1030.
111 Gröpl, in: Gröpl/Windthorst/von Coelln, Grundgesetz, Studienkommentar, 5. Aufl. 2022, Art. 14 Rn. 99.

Nikolas Eisentraut

winne oder Gewinnchancen sind nicht zu ersetzen, da es sich beim Entschädigungsanspruch nach Art. 14 III 2 GG nicht um Schadensersatz handelt.[112]

Fehlt es bei einer Enteignung an der Junktim-Klausel, ist die Enteignung verfassungswidrig. Die Bürger:innen sind dann verpflichtet, gegen die Regelung Rechtsschutz in Anspruch zu nehmen. Ein **„dulde und liquidiere" wird nicht anerkannt,** es ist also nicht möglich, eine Enteignung über sich ergehen zu lassen und nachträglich Schadensersatzansprüche geltend zu machen.[113]

Examenswissen !

Dennoch gibt es im Staatshaftungsrecht weiterhin Entschädigungen wegen enteignendem und enteignungsgleichem Eingriff (sowie aus Aufopferung), jedoch nur unter Wahrung des Vorrangs des Primärrechtsschutzes. Diese Anspruchsgrundlagen werden eingehend in den das Staatshaftungsrecht behandelnden Lehrbüchern zum Allgemeinen Verwaltungsrecht behandelt.[114]

Klausurtaktik !

In Klausuren sind zwei Konstellationen zu trennen: In der Konstellation 1 geht um die Prüfung, ob eine staatliche Maßnahme die Eigentumsgarantie verletzt – dann ist Art. 14 I 1 GG in der hier aufgezeigten Dogmatik zu prüfen. In der Konstellation 2 wird nach Entschädigungsansprüchen aufgrund von Eigentumsbeeinträchtigungen gefragt. Dann handelt es sich um eine staatshaftungsrechtliche Prüfungsfrage, die Ausführungen dazu erforderlich macht, ob ein solcher Entschädigungsanspruch aus einer Junktim-Klausel, oder, soweit diese fehlt, aus den Instituten des enteignenden oder enteignungsgleichen Eingriffs (sowie aus Aufopferung) hergeleitet werden kann.

bb) Verhältnismäßigkeit

Bedeutung kommt weiterhin der Verhältnismäßigkeit zu.[115] Erforderlich ist dafür, dass die Enteignung im Sinne des Art. 14 III 1 GG zum **Wohl der Allgemeinheit**

---

112 Gröpl, in: Gröpl/Windthorst/von Coelln, Grundgesetz, Studienkommentar, 5. Aufl. 2022, Art. 14 Rn. 99.
113 So grundlegend das BVerfG in der Rechtssache Naßauskiesung, BVerfG, Beschl. v. 15.7.1981, Az.: 1 BvL 77/78 = BVerfGE 58, 300.
114 Siehe etwa Himstedt, in: Eisentraut (Hrsg.), Verwaltungsrecht in der Klausur, § 11 Rn. 76 ff.
115 Allgemein zur Verhältnismäßigkeit Milas, § 7 A.II.6, in diesem Lehrbuch.

erfolgt. Dadurch wird der legitime Zweck auf **Gemeinwohlgründe** festgelegt, sodass die Verfolgung rein fiskalischer oder privater Interessen ausscheidet.[116]

Im Rahmen der Prüfung ist zu berücksichtigen, dass Enteignungen nur dann **erforderlich** sind, wenn mildere, gleich wirksame Mittel nicht zur Verfügung stehen; als milderes Mittel in Betracht käme etwa der Versuch, das zu enteignende Objekt käuflich zu erwerben.[117] Gegenüber der Inhalts- und Schrankenbestimmung soll hingegen kein Subsidiaritätsverhältnis dergestalt bestehen, dass zunächst auf die Inhalts- und Schrankenbestimmung und erst, falls diese nicht zum Ziel führt, auf die Enteignung zurückgegriffen werden darf, da es sich hierbei um gänzlich unterschiedliche Eingriffsarten handelt.[118] Die Administrativenteignung geht der Legalenteignung vor.[119]

In der **Angemessenheit** ist zu berücksichtigen, dass es sich bei der Enteignung um einen besonders schwerwiegenden Grundrechtseingriff handelt, dessen Rechtfertigung ein besonders gewichtiges dringendes öffentliches Interesse verlangt.[120]

cc) Institutsgarantie als Schranken-Schranke
Auch für Enteignungen fungiert als „letzte Grenze"[121] die **Institutsgarantie**.

c) Sozialisierung
Handelt es sich um eine Sozialisierung, kann das sozialisierende Gesetz zunächst in kompetenzieller Hinsicht auf seine Verfassungsmäßigkeit untersucht werden. Die konkurrierende Gesetzgebungszuständigkeit des Bundes folgt aus **Art. 74 I Nr. 15 GG**. Da der Bund von seiner Kompetenz bisher keinen Gebrauch gemacht hat, wird den Ländern für eigene Sozialisierungsgesetze gegenwärtig eine „freie Bahn" attestiert.[122]

---

116 Gröpl, in: Gröpl/Windthorst/von Coelln, Grundgesetz, Studienkommentar, 5. Aufl. 2022, Art. 14 Rn. 89.

117 Gröpl, in: Gröpl/Windthorst/von Coelln, Grundgesetz, Studienkommentar, 5. Aufl. 2022, Art. 14 Rn. 91.

118 Lege, ZJS 2012, 44 (51).

119 Gröpl, in: Gröpl/Windthorst/von Coelln, Grundgesetz, Studienkommentar, 5. Aufl. 2022, Art. 14 Rn. 92.

120 BVerfG, Urt. v. 24.3.1987, Az.: 1 BvR 1046/85, Rn. 69 = BVerfGE 74, 264 – Boxberg.

121 Kingreen/Poscher, Grundrechte, 37. Aufl. 2021, Rn. 1091.

122 Kloepfer, NJW 2019, 1656 (1659).

Nikolas Eisentraut

Examenswissen !

Eine Vergesellschaftung kann nur durch Gesetz erfolgen (**Legalsozialisierung**), während eine Administrativsozialisierung ausgeschlossen ist.[123]

Umstritten ist, ob eine **Verhältnismäßigkeitsprüfung** durchzuführen ist. Obwohl der Verhältnismäßigkeitsgrundsatz als allgemeines Gebot für Staatshandeln anerkannt ist, wird seine Anwendbarkeit teilweise spezifisch im Kontext des Art. 15 GG in Frage gestellt, um die wirtschaftspolitische Neutralität des Grundgesetzes zu wahren.[124]

Weiterhin muss nach Art. 15 Satz 2 GG eine Art. 14 III 3, 4 GG entsprechende **Junktim-Klausel** vorgesehen sein. Die Höhe der vorzusehenden Entschädigung ist umstritten. Während sich ein Teil der Literatur für eine Orientierung am Verkehrswert ausspricht,[125] wird von anderer Seite zugunsten eines „sozialisierungsfreundlicheren" Maßstabs plädiert, der keine starre Orientierung am Verkehrswert verlangt.[126]

IV. Konkurrenzen

Wird der Schutzbereich des Art. 14 I 1 GG für eröffnet erachtet, tritt die **allgemeine Handlungsfreiheit** (Art. 2 I GG) dahinter im Wege der <u>Konkurrenzen</u> zurück.[127]

Näherer Betrachtung bedarf regelmäßig das **Verhältnis zu Art. 12 I GG**. Im Grundsatz schützt Art. 12 I GG den Erwerb, während Art. 14 I 1 GG das bereits Erworbene schützt. Trotz dieser eine klare Abgrenzbarkeit der Grundrechte suggerierenden Faustformel werden beide Grundrechte häufig parallel Anwendung finden, weil Eingriffe oftmals beide Gewährleistungsgehalte berühren.[128]

B. Die Erbrechtsgarantie (Art. 14 I 1 Alt. 2 GG)

Art. 14 I 1 GG schützt neben dem Eigentum auch das Erbrecht. Hierin wird teilweise ein **eigenständiges Grundrecht** gesehen,[129] teilweise wird die Erwähnung des

---

123 Gröpl, in: Gröpl/Windthorst/von Coelln, Grundgesetz, Studienkommentar, 5. Aufl. 2022, Art. 15 Rn. 6.

124 So etwa Kingreen/Poscher, Grundrechte, 37. Aufl. 2021, Rn. 1094, andere Ansicht m.w.N. <u>Kloth, BRZ 2020, 86</u> (90f.).

125 Siehe etwa <u>Kloth, BRZ 2020, 86</u> (93f.).

126 Siehe etwa Kingreen/Poscher, Grundrechte, 37. Aufl. 2021, Rn. 1094.

127 Siehe zu den Konkurrenzen Brade, § 12, in diesem Lehrbuch.

128 <u>Siehe etwa BVerfG, Urt. v. 6.12.2016, Az.: 1 BvR 2821/11</u>, Rn. 214ff. (zu Art. 14 GG) und Rn. 390ff. (zu Art. 12 GG) = BVerfGE 143, 246.

129 So wohl Hufen, Staatsrecht II, 9. Aufl. 2021, § 38 Rn. 58.

Nikolas Eisentraut

Erbrechts nur als Klarstellung qualifiziert.[130] Erstere Auffassung überzeugt, da die Erbrechtsgarantie gerade über die mit dem Tod erlöschende Eigentumsgarantie hinausweist.[131] Der Grundrechtsschutz des Eigentums wird durch die Erbrechtsgarantie auf den Übergang des Eigentums auf die Erben erstreckt.[132] Darüber hinaus wird der Erbrechtsgarantie auch ein Zusammenhang zum allgemeinen Persönlichkeitsrecht attestiert, weil es die persönliche Selbstbestimmung über den Tod hinaus gewährleistet.[133]

ℹ Weiterführendes Wissen

Wie die Eigentumsgarantie wird auch die Erbrechtsgarantie seit jeher kontrovers diskutiert. Während die Erbrechtsgarantie in ihren Anfängen zunächst als Grundrecht durchgesetzt werden musste, steht heute zumeist die Kritik am Erbe als „unverdientes Eigentum" im Kontext von Debatten um Verteilungsgerechtigkeit im Vordergrund.[134] Auch die Erbrechtsgarantie steht damit in einer Spannungslage zwischen privater Verfügungsautonomie und der „sozialstaatlichen Aufgabe der Wahrung des sozialen Gleichgewichts"[135]. Die Debatten werden häufig im Kontext der Besteuerung von Erbschaften geführt.[136]

I. Schutzbereich

Die Erbrechtsgarantie umfasst das Recht des:der Erblasser:in, sein:ihr Vermögen frei zu vererben (sogenannte **Testierfreiheit**) und das Recht der Erben, in die Rechtsposition des:der Erblasser:in einzutreten (**passives Erbrecht**).[137]

Inhalt und Schranken der Erbrechtsgarantie können – entsprechend zum Eigentum – durch den Gesetzgeber ausgestaltet werden. Die Erbrechtsgarantie wird aber ebenfalls als **Rechtsinstitut** geschützt;[138] entsprechend der Dogmatik zur Eigentumsgarantie dürfte das Erbrecht demnach vom Gesetzgeber nicht vollständig

---

130 In diese Richtung wohl Kingreen/Poscher, Grundrechte, 37. Aufl. 2021, § 23 Rn. 1048, die das Recht des Erblassers, sein Vermögen zu vererben, bereits von Schutz des Eigentums erfasst ansehen.
131 Vergleiche Papier/Shirvani, in: Dürig/Herzog/Scholz, GG, 95. EL Juli 2021, Art. 14 Rn. 404.
132 Vergleiche Kingreen/Poscher, Grundrechte, 37. Aufl. 2021, § 23 Rn. 1030.
133 Hufen, Staatsrecht II, 9. Aufl. 2021, § 38 Rn. 58.
134 Vergleiche Hufen, Staatsrecht II, 9. Aufl. 2021, § 38 Rn. 59.
135 Hufen, Staatsrecht II, 9. Aufl. 2021, § 38 Rn. 59.
136 Näher Hufen, Staatsrecht II, 9. Aufl. 2021, § 38 Rn. 59.
137 BVerfG, Beschl. v. 28.10.1997, Az.: 1 BvR 1644/94, Rn. 18 = BVerfGE 97, 1; Gröpl, in: Gröpl/Windthorst/von Coelln, Grundgesetz, Studienkommentar, 5. Aufl. 2022, Art. 14 Rn. 31; Hufen, Staatsrecht II, 9. Aufl. 2021, § 38 Rn. 60.
138 BVerfG, Beschl. v. 28.10.1997, Az.: 1 BvR 1644/94, Rn. 18 = BVerfGE 97, 1.

Nikolas Eisentraut

abgeschafft werden. Nach der Rechtsprechung des BVerfG eröffnet Art. 14 I 2 GG dem Gesetzgeber aber eine **weitreichende Gestaltungsbefugnis** für das Erbrecht.[139] Die wesentlichen Regelungen zum Erbrecht finden sich in den §§ 1922ff. BGB.

Beispiel: Zum passiven Erbrecht gehört auch das Recht der erbenden Eltern, auf Briefe, Tagebücher und auch den Facebook-Account ihrer verstorbenen Tochter zuzugreifen.[140]

In Hinblick auf den persönlichen Schutzbereich ist die Erbrechtsgarantie als **Menschenrecht** ausgestaltet und insofern nicht auf Deutsche limitiert. Träger der Testierfreiheit können jedoch allein natürliche Personen sein, weil eine juristische Person nicht von Todes wegen verfügen kann.[141] Demgegenüber können juristische Personen mit einer Erbschaft bedacht werden, sie sind also Träger des passiven Erbrechts.

II. Eingriff

Anders als bei der Eigentumsgarantie scheint das BVerfG im Kontext der Erbrechtsgarantie zwischen **Inhalts- und Schrankenbestimmungen** für die Qualifizierung des Eingriffs zu differenzieren. Danach können reine Inhaltsbestimmungen nicht als Eingriff qualifiziert werden, wenn sie von der Gestaltungsfreiheit des Gesetzgebers gedeckt sind.

Beispiel: die formellen Voraussetzungen der Ausübung der Testierfreiheit[142], die Erbschaftssteuer[143] und das Pflichtteilsrecht (§ 2303 I BGB)[144]

---

139 BVerfG, Beschl. v. 28.10.1997, Az.: 1 BvR 1644/94, Rn. 19 = BVerfGE 97, 1.
140 Hufen, Staatsrecht II, 9. Aufl. 2021, § 38 Rn. 60; zum Facebook-Account BGH, Urt. v. 12.7.2018, Az.: III ZR 183/17, Rn. 85.
141 Vgl. Hufen, Staatsrecht II, 9. Aufl. 2021, § 38 Rn. 60.
142 Hufen, Staatsrecht II, 9. Aufl. 2021, § 38 Rn. 61.
143 Hufen, Staatsrecht II, 9. Aufl. 2021, § 38 Rn. 61.
144 BVerfG, Beschl. v. 19.4.2005, Az.: 1 BvR 1644/00, Rn. 76; anders aber Hufen, Staatsrecht II, 9. Aufl. 2021, § 38 Rn. 62, der das Pflichtteilsrecht als rechtfertigungsbedürftigen Eingriff qualifiziert.

Nikolas Eisentraut

III. Rechtfertigung

Art. 14 I 2 GG normiert für die Erbrechtsgarantie einen einfachen Schrankenvorbehalt.[145] Erforderlich für Eingriffe ist demnach stets eine gesetzliche Grundlage.[146] Als Schranken-Schranke spielt wiederum die **Verhältnismäßigkeit** eine
tragende Bedeutung. Umstritten ist, ob Art. 14 II GG den Rechtfertigungsmaßstab
beeinflusst, da die Norm ausweislich ihres Wortlauts allein davon spricht, dass das
Eigentum, nicht aber das Erbrecht verpflichtet. Für eine Erstreckung könnte aber
der enge Zusammenhang von Eigentums- und Erbrechtsgarantie angeführt werden.[147] Als Ultima ratio fungiert auch die **Institutsgarantie** des Erbrechts als „letzte Grenze", sollte der Gesetzgeber das Erbrecht substanziell aushöhlen wollen.[148]

C. Europäische und internationale Bezüge

Während die Eigentumsgarantie mittlerweile auch auf Ebene des europäischen
Grundrechtsschutzes Einzug gehalten hat, finden sich kaum Verbürgungen der
Erbrechtsgarantie.
In der GRCh wird das Eigentum durch Art. 17 GRCh gewährleistet.[149] Hiervon
erfasst angesehen wird auch das Erbrecht.[150] Bedeutung kommt auch Art. 345
AEUV zu, wonach die Zuständigkeit der Mitgliedstaaten, über die Zuordnung des

---

145 Siehe allgemein zur Schrankendogmatik Milas § 6, in diesem Lehrbuch.
146 Hufen, Staatsrecht II, 9. Aufl. 2021, § 38 Rn. 62.
147 So Depenheuer/Froese, in: v. Mangoldt/Klein/Starck, GG, 7. Aufl. 2018, Art. 14 Rn. 526; befürwortend auch Bryde/Wallrabenstein, in: v. Münch/Kunig, GG, 7. Aufl. 2021, Art. 14 Rn. 79.
148 Näher zur Institutsgarantie Depenheuer/Froese, in: v. Mangoldt/Klein/Starck, GG, 7. Aufl.
2018, Art. 14 Rn. 518.
149 Einführend zur GRCh Brade/Ramson § 14 A., in diesem Lehrbuch; eingehend zur Dogmatik des
Art. 17 GRCh Calliess, in: Ehlers, Europäische Grundrechte und Grundfreiheiten, 4. Aufl. 2014, § 20.
150 Hufen, Staatsrecht II, 9. Aufl. 2021, § 38 Rn. 64.

Nikolas Eisentraut

Eigentums in private oder öffentliche Trägerschaft bestimmen zu dürfen, vom Unionsrecht unangetastet bleibt.

Auch in der <u>EMRK</u> findet sich eine Eigentumsgewährleistung.[151] Während der Schutz des Eigentums zunächst in der EMRK nicht vorgesehen war, ergänzte man diesen durch Art. 1 des ersten Zusatzprotokolls zur EMRK.[152] Dabei gründete die anfängliche Zurückhaltung in dem Willen, die unterschiedlichen Vorstellungen über die Ausgestaltung der nationalstaatlichen Wirtschaftsordnung vor einer zu starken völkerrechtlichen Beeinflussung zu schützen; im Zuge der voranschreitenden Angleichung der Wirtschaftssysteme hat dieser Aspekt jedoch an Bedeutung verloren.[153] Ein Schutz des Erbrechts findet sich in der EMRK hingegen nicht.[154]

Die Eigentumsgarantie wird weiterhin in Art. 17 der <u>Allgemeinen Erklärung der Menschenrechte</u> anerkannt, im Internationalen Pakt über wirtschaftliche, soziale und kulturelle Rechte findet sich in Art. 15 hingegen nur der Schutz des geistigen Eigentums wieder.

Zusammenfassung der wichtigsten Punkte

- Art. 14 I 1 GG schützt in seiner abwehrrechtlichen Dimension zwei Schutzbereiche: das Eigentum und das Erbrecht.
- Die Eigentumsfreiheit ist ein Jedermanngrundrecht. In sachlicher Hinsicht handelt es sich bei Art. 14 I 1 GG um ein normgeprägtes Grundrecht. Als Eigentum im verfassungsrechtlichen Sinne werden alle konkreten vermögenswerten Rechtspositionen erfasst, die den Grundrechtsträger:innen von der Rechtsordnung zur Ausübung nach eigenverantwortlicher Entscheidung zum privaten Nutzen zugewiesen sind.
- Auf Eingriffsebene bedarf es einer Qualifikation des Eingriffs danach, ob es sich um eine Inhalts- und Schrankenbestimmung, um eine Enteignung oder um eine Sozialisierung handelt.
- Die Rechtfertigungsanforderungen sind davon abhängig, wie der Eingriff qualifiziert wurde. Für Enteignungen greifen die besonderen Voraussetzungen des Art. 14 III GG, insbesondere ist eine Junktim-Klausel erforderlich. Für Inhalts- und Schrankenbestimmungen greift insbesondere der Verhältnismäßigkeitsgrundsatz, wobei grundrechtsspezifische Abwägungsbelange Berücksichtigung finden müssen. Für Sozialisierungen sind die Rechtfertigungsanforderungen im Einzelnen umstritten.

---

151 Einführend zur EMRK Brade/Ramson, § 15 A., in diesem Lehrbuch.
152 Wegener, in: Ehlers, Europäische Grundrechte und Grundfreiheiten, 4. Aufl. 2014, § 5 Rn. 1; eingehend zur dogmatischen Struktur der Norm ders., a.a.O., Rn. 3 ff.; siehe auch Kriebaum, Eigentumsschutz im Völkerrecht, 2008, 33; näher zur Dogmatik auch Schilling, Internationaler Menschenrechtsschutz, 3. Aufl. 2016, Rn. 513 ff.
153 Wegener, in: Ehlers, Europäische Grundrechte und Grundfreiheiten, 4. Aufl. 2014, § 5 Rn. 2.
154 Hufen, Staatsrecht II, 9. Aufl. 2021, § 38 Rn. 64.

Nikolas Eisentraut

- Die **Erbrechtsgarantie** umfasst die Testierfreiheit und das passive Erbrecht. Neben klassischen Eingriffen kann der Eingriff auch nach dem modernen Eingriffsbegriff bejaht werden. Art. 14 I 2 GG normiert für die Erbrechtsgarantie einen einfachen Schrankenvorbehalt. Die Verhältnismäßigkeit spielt als Schranken-Schranke eine zentrale Rolle.

Weiterführende Studienliteratur
- Friedhelm Hufen, Staatsrecht II, 23. Aufl. 2020, § 38
- Heike Jochum/Wolfgang Durner, Grundfälle zu Art. 14 GG, JuS 2005, S. 220–223; 320–323; 412–415
- Lars Hummel, Grundfälle zu Art. 15 GG, JuS 2008, S. 1065–1071

Nikolas Eisentraut

§ 21.2 Berufsfreiheit – Art. 12 GG

Notwendiges Vorwissen: Prüfungsaufbau eines Freiheitsgrundrechts

Lernziel: Begriffs des Berufs definieren können, mit der Drei-Stufen-Theorie bei Eingriff und Rechtfertigung umgehen

---

Für dieses Kapitel gibt es frei zugängliche interaktive Übungen. Halte einfach deine Smartphone-Kamera vor den Kasten mit den Punkten (QR-Code).

Die Berufsfreiheit ist als eines der Wirtschaftsgrundrechte[1] beliebt in juristischen Prüfungen. Da ihre Prüfung strukturell eine Besonderheit aufweist, sollte sie im Studium nicht vernachlässigt werden. Sie kann Studierenden regelmäßig sowohl in verfassungsrechtlichen[2] als auch in verwaltungsrechtlichen Fallgestaltungen[3] begegnen. Art. 12 I GG beinhaltet sowohl Abwehr- als auch Teilhaberechte.[4] Art. 12 II und III GG beinhalten den Schutz vor Arbeitszwang und Zwangsarbeit.

A. Das Abwehrrecht des Art. 12 I GG

Art. 12 I GG ist trotz seiner entgegenstehenden Formulierung ein einheitliches Grundrecht, das die **Berufswahl-**, **Berufsausübungs-**, **Arbeitsplatzwahl-** und **Ausbildungswahlfreiheit** umfasst. Die Begriffe der „Wahl" und „Ausübung" eines Berufes lassen sich nicht trennen, sondern beschreiben jeweils eine zeitliche Phase der Berufstätigkeit zwischen ihrer Aufnahme und Ausübung. Daher spricht das BVerfG von einem **einheitlichen Grundrecht** der Berufsfreiheit, nimmt aber

---

1 Siehe zu den Wirtschaftsgrundrechten die Einleitung vor §§ 21 ff., in diesem Lehrbuch.
2 Siehe zur Berufsfreiheit in verfassungsrechtlichen Fallgestaltungen Krämer, Fall 2, im OpenRewi Fallbuch.
3 Siehe zur Berufsfreiheit in verwaltungsrechtlichen Fallgestaltungen Macoun, Fall 10, im Open-Rewi Fallbuch.
4 Siehe zu Teilhaberechten Ruschemeier, § 1, in diesem Lehrbuch.

https://doi.org/10.1515/9783110765533-035

eine Differenzierung zwischen Berufsausübung und Berufswahl im Rahmen der verfassungsrechtlichen Rechtfertigung eines Eingriffes vor.[5]

I. Schutzbereich

1. Sachlicher Schutzbereich

Art. 12 I 1 schützt ausdrücklich die Freiheit der Wahl des Berufs, des Arbeitsplatzes und der Ausbildungsstätte. Aus Art. 12 I 2 GG ergibt sich zudem, dass auch die Freiheit der Berufsausübung geschützt wird. Trotz des **einheitlichen Schutzbereiches** des Art. 12 I GG wird Inhalt und Umfang des Schutzbereiches durch eine Anknüpfung an diese Begriffe beschrieben.

a) Berufswahlfreiheit und Berufsausübungsfreiheit

Der **Beruf** ist eine auf eine gewisse Dauer angelegte, der Schaffung und Erhaltung einer Lebensgrundlage dienende Tätigkeit.[6] Unter den Berufsbegriff fallen alle denkbaren und damit auch neuen Berufsbilder. Auch Zweitberufe oder nebenberufliche Tätigkeiten sind geschützt (beispielsweise Züchter:innen von Kampfhunden[7]). Abzugrenzen ist der Beruf von den Hobbies einer Grundrechtsträger:in, die nicht von Art. 12 GG erfasst werden. Auch verbotene Tätigkeiten sind grundsätzlich erfasst, durch das Verbot greift der Gesetzgeber in Art. 12 I GG ein. Nur sozialschädliche Tätigkeiten werden nicht vom Berufsbegriff erfasst (beispielsweise Drogenhandel, Menschenhandel, Auftragsmord).

Art. 12 I GG schützt sowohl die **Berufswahlfreiheit**, die in Satz 1 genannt ist, als auch die Berufsausübungsfreiheit, die in Satz 2 erwähnt wird. Die Berufswahlfreiheit schützt die Entscheidung, überhaupt einen Beruf zu ergreifen. Ebenso geschützt sind die Entscheidungen, einen Beruf nicht zu ergreifen oder einen solchen zu beenden. Die Berufswahlfreiheit ist stets einschlägig, wenn es um das „Ob" der Berufsausübung geht. Die Berufswahlfreiheit gilt auch für Nebenbeschäftigungen und Zweitberufe.

Die **Berufsausübungsfreiheit** schützt das „Wie" der Berufsausübung. Dies umfasst die Bestimmung von Form, Mittel und Umfang der Tätigkeit.

---

5 Siehe zur historischen Entstehung dieser vermeintlich drei Schutzbereiche Kingreen/Poscher, Grundrechte Staatsrecht II, 36. Aufl. 2020, § 21 Rn. 933.

6 BVerfG, Urt. v. 11.6.1958, Az.: 1 BvR 596/56, Rn. 54 ff. = BVerfGE 7, 377 (404 ff.) – Apotheken-Urteil.

7 BVerfG, Urt. v. 5.11.2003, Az.: 1 BvR 1778/01, Rn. 61 ff. = BVerfGE 110, 141 (156) – Kampfhunde.

b) Freiheit der Wahl des Arbeitsplatzes

Der **Arbeitsplatz** ist der Platz, an dem der Beruf ausgeübt wird sowie der Umkreis der Betätigung.[8] Gegenstand des Grundrechts auf freie Wahl des Arbeitsplatzes ist der Entschluss der einzelnen Person, eine konkrete Beschäftigungsmöglichkeit in dem gewählten Beruf zu ergreifen, diese beizubehalten oder aufzugeben.[9] Das Grundrecht umfasst bei abhängig Beschäftigten auch den Zutritt zum Arbeitsmarkt und die Wahl des:der Vertragspartner:in.[10]

c) Freiheit der Wahl der Ausbildungsstätte

Unter einer **Ausbildungsstätte** versteht man eine berufsbezogene Einrichtung, die mehr als nur die allgemeine Schulbildung vermittelt und damit der Ausbildung für einen Beruf dient. Das Recht auf Zugang zur Ausbildungsstätte steht unter Kapazitätsvorbehalt, wobei bei staatlichen Ausbildungsstätten ein Kapazitätserschöpfungsgebot besteht (praktisch besonders relevant bei Studienplätzen an der Universität im Bereich Medizin). Art. 12 I GG schützt entgegen seinem Wortlaut nicht nur die Wahl der Ausbildungsstätte, sondern auch die Ausbildung und das Ausbildungswesen an sich.[11]

2. Persönlicher Schutzbereich

In persönlicher Hinsicht sind Grundrechtsträger:innen von Art. 12 I GG alle Deutschen gemäß Art. 116 GG, für die die im Kapitel Grundrechtsberechtigung[12] diskutierte Ausweitung auf EU-Bürger:innen besteht. Nicht-EU-Bürger:innen können sich auf die allgemeine Handlungsfreiheit des Art. 2 I GG[13] berufen. Nach Maßgabe des Art. 19 III GG[14] schützt Art. 12 I GG auch inländische juristische Personen. Schutzgut des Art. 12 I GG ist bei juristischen Personen die Freiheit, eine Erwerbszwecken dienende Tätigkeit, insbesondere ein Gewerbe, zu betreiben, so-

---

8 BVerfG, Urt. v. 24.4.1991, Az.: 1 BvR 1341/90, Rn. 58 = BVerfGE 84, 133 (146) – Warteschleife.

9 BVerfG, Urt. v. 24.4.1991, Az.: 1 BvR 1341/90, Rn. 58 = BVerfGE 84, 133 (146) – Warteschleife.

10 BVerfG, Urt. v. 25.1.2011, Az.: 1 BvR 1741/09, Rn. 69 = BVerfGE 128, 157.

11 BVerfG, Urt. v. 3.5.1972, Az.: 1 BvL 32/70 und 25/71, Rn. 64 = BVerfGE 33, 303 – Numerus clausus I.

12 Siehe zur Grundrechtsberechtigung González Hauck, § 2, in diesem Lehrbuch.

13 Siehe zu Art. 2 I GG Würkert, § 17, in diesem Lehrbuch.

14 Siehe zur Grundrechtsbindung juristischer Personen Ramson, § 3, in diesem Lehrbuch.

Katharina Goldberg

weit diese Tätigkeit ihrem Wesen und ihrer Art nach in gleicher Weise von einer juristischen wie von einer natürlichen Person ausgeübt werden kann.[15]

II. Eingriff

Im Rahmen der Prüfung von Art. 12 I GG macht es einen Unterschied, ob man dem klassischen oder dem modernen Eingriffsverständnis[16] folgt. Definiert man einen Eingriff nach dem klassischen Eingriffsverständnis ist ein Eingriff eine imperative (mit Befehl und Zwang durchsetzbare), zielgerichtete (finale), rechtsförmliche und unmittelbare Maßnahme. Nach dem modernen Eingriffsbegriff[17] ist ein Eingriff in den Schutzbereich eines Grundrechts schon gegeben, wenn staatliches Handeln dem Einzelnen ein Verhalten, das in den Schutzbereich eines Grundrechts fällt, ganz oder teilweise unmöglich macht oder erschwert.

1. Berufsregelnde Tendenz

Folgt man dem **modernen Eingriffsverständnis**, haben viele Handlungen des Staates zunächst mittelbar Auswirkungen auf die Berufstätigkeit.

Beispiel: Verkehrsrechtliche Regelungen haben beispielsweise mittelbare Wirkung auf die Tätigkeit von Lieferdiensten.

Für das einheitliche Grundrecht der **Berufsfreiheit** gibt das BVerfG daher das zusätzliche Kriterium der **berufsregelnden Tendenz des staatlichen Handelns**[18] vor, um den Eingriffscharakter staatlichen Handelns zu ermitteln. Eine berufsregelnde Tendenz liegt vor, wenn die Maßnahme im Schwerpunkt Tätigkeiten betrifft, die typischerweise beruflich ausgeübt werden. Nur bei Vorliegen dieses zusätzlichen Kriteriums kommt es zu einem Eingriff in die Berufsfreiheit.

---

15 St. Rspr., vgl. BVerfG, Beschl. v. 16.3.1971, Az.: 1 BvR 52, 665, 667, 754/66, Rn. 61 = BVerfGE 30, 292 – Erdölbevorratung.

16 Siehe zu den Eingriffsverständnissen Ruschemeier, § 5 C., in diesem Lehrbuch.

17 Siehe zu den Eingriffsverständnissen Ruschemeier, § 5 C., in diesem Lehrbuch.

18 BVerfG, Beschl. v. 30.10.1961, Az.: 1 BvR 833/59, Rn. 20 = BVerfGE 13, 181 – Schankerlaubnissteuer.

Katharina Goldberg

2. Art des Eingriffs

Eingriffe in die Berufsfreiheit können durch Rechtsakt oder durch Realakt erfolgen.

Beispiel: Einen solchen Realakt stellt staatliches Informationshandeln dar, wenn es in seiner Zielsetzung und seinen mittelbar-faktischen Wirkungen einem Eingriff in die Berufsfreiheit als funktionales Äquivalent gleichkommt.[19]

Es ist zudem sinnvoll, bereits im Eingriff zu bestimmen, ob in die Berufswahl- oder die Berufsausübungsfreiheit eingegriffen wurde. Dies ist darauf zurückzuführen, dass das BVerfG in seinem Apotheken-Urteil die sogenannte **Drei-Stufen-Theorie** entwickelt hat.[20] Dafür hat das BVerfG innerhalb des einheitlichen Grundrechts der Berufsfreiheit Eingriffsarten in drei Intensitätsstufen ausformuliert, denen je nach Intensität höhere Anforderungen an die Rechtfertigung eines Eingriffs folgen. Der Eingriff mit der niedrigsten Intensität ist einer in die Berufsausübungsfreiheit, es folgt auf der zweiten Stufe der Eingriff in die subjektive Berufswahlfreiheit und schließlich auf der dritten Stufe der Eingriff in die objektive Berufswahlfreiheit.

Ein Eingriff in die **Berufsausübungsfreiheit** liegt vor, wenn das „**Wie**“, also die Art und Weise der Berufsausübung betroffen ist.

Beispiel: Die Festsetzung von Ladenschlusszeiten[21], Rauchverbot in Gaststätten[22]

In die **subjektive Berufswahlfreiheit** wird eingegriffen, wenn das „ob“ der Berufswahl, also der Zugang zu einem Beruf betroffen ist und die staatliche Maßnahme sich auf Umstände, die in der Person des Betroffenen liegen, stützt.

Beispiel: Der Meisterzwang: Es steht jedem Betroffenen grundsätzlich frei, eine Meisterprüfung abzulegen und ist somit nur eine Frage der subjektiven Qualifikation. Weitere Beispiele: Altersgrenzen, Zuverlässigkeit, Würdigkeit, Geschäfts- und Prozessfähigkeit, erfolgreich abgelegte Prüfungen, beruflich erworbene Erfahrungen und die Nichternennung von Rechtsanwält:innen zu Staatsbeamt:innen.[23]

19 BVerfG, Beschl. v. 31.3.2018, Az.: 1 BvF 1/13, Rn. 28 = BVerfGE 148, 40 – Lebensmittelpranger.
20 BVerfG, Urt. v. 11.6.1958, Az.: 1 BvR 596/56, Rn. 67 = BVerfGE 7, 377 (404 ff.) – Apotheken-Urteil.
21 BVerfG, Urt. v. 29.11.1961, Az.: 1 BvR 760/57, Rn. 10 = BVerfGE 13, 237 – Ladenschlußgesetz II.
22 BVerfG, Urt. v. 30.7.2008, Az.: 1 BvR 3262/07, 1 BvR 402/08, 1 BvR 906/08 Rn. 57 = BVerfGE 121, 317.
23 Beispiele nach Kingreen/Poscher, Grundrechte Staatsrecht II, 36. Auflage 2020, Rn. 961.

Katharina Goldberg

In die **objektive Berufswahlfreiheit** wird eingegriffen, wenn das „Ob" der Berufswahl, also der Zugang zu einem Beruf betroffen ist und die staatliche Maßnahme sich auf Umstände, die außerhalb der Person des Betroffenen liegen, stützt.

Beispiel: Nur eine bestimmte Anzahl von Apotheken wird anteilig zur Bevölkerung zugelassen. So sehr ein:e Apotheker:in auch subjektiv an sich arbeitet, er:sie kann die objektive Anzahl verfügbarer Apotheken nicht ändern.[24]

Die Art des Eingriffs ist nicht nur bei der Berufswahl- und Berufsausübungsfreiheit, sondern auch bei Freiheit der **Wahl des Arbeitsplatzes** und Freiheit der **Wahl der Ausbildungsstätte** relevant. Die Wahl des Arbeitsplatzes kann ebenfalls an subjektive und objektive Voraussetzungen für den Erhalt eines Arbeitsplatzes angeknüpft werden. Bei der Ausbildungsfreiheit kommen neben der Anknüpfung an subjektive oder objektive Voraussetzungen auch Regelungen betreffend das Ausbildungswesen (also das „Wie" der Ausbildung) in Betracht.

! **Klausurtaktik**

Die Abgrenzung zwischen den Stufen des Eingriffes kann mitunter Schwierigkeiten bereiten. Da hierdurch jedoch nur eine Vorsortierung geschieht, die Anhaltspunkte für die Möglichkeit der Rechtfertigung des Eingriffs bieten soll, die hierfür durch das BVerfG entwickelten Maßstäbe jedoch nicht schematisch Anwendung auf die Eingriffsstufen finden, kommt es vor allem auf eine saubere Argumentation an. Die Bestimmung der Art des Eingriffs kann daher auch später im Rahmen der Angemessenheit stattfinden. Wichtig ist nur, dass entweder unter dem Prüfungspunkt Eingriff oder unter dem Prüfungspunkt Rechtfertigung die Drei-Stufen-Theorie nachgezeichnet und ihr Einfluss auf die heutige Rechtsprechung des BVerfG dargelegt wird. Der hier gewählte Aufbau entzerrt die Prüfung.

III. Rechtfertigung

Ein Eingriff in Art. 12 I GG kann <u>durch Gesetz oder auf Grund eines Gesetzes</u>[25] gerechtfertigt werden.

---

24 So auch in <u>BVerfG, Urt. v. 11.6.1958, Az.: 1 BvR 596/56, Rn. 57</u> = BVerfGE 7, 377 (404 ff.) – Apotheken-Urteil.
25 Siehe zur Einschränkbarkeit eines Grundrechts – Schranken Milas, § 6, in diesem Lehrbuch.

Katharina Goldberg

1. Einschränkbarkeit des Grundrechts

Art. 12 I 2 GG enthält trotz des missverständlichen Wortlauts eine Schrankenregelung für alle Bestandteile des einheitlichen Grundrechts aus Art. 12 I GG. Durch Gesetz oder auf Grund eines Gesetzes können also sowohl die Berufswahl- als auch die Berufsausübungsfreiheit, die Freiheit der Wahl des Arbeitsplatzes und die Freiheit der Wahl des Ausbildungsplatzes beschränkt werden. Es handelt sich hierbei um einen einfachen Gesetzesvorbehalt.[26]

2. Grenzen der Einschränkbarkeit

Im Rahmen der Verhältnismäßigkeitsprüfung[27] müssen der legitime Zweck, die Geeignetheit, die Erforderlichkeit und die Verhältnismäßigkeit des Eingriffs im engeren Sinne geprüft werden. **Besonderheiten aus der Drei-Stufen-Theorie** ergeben sich für die Erforderlichkeit und die Verhältnismäßigkeit im engeren Sinne.

a) Legitimes Ziel und Geeignetheit

Nach den Anforderungen der Drei-Stufen-Lehre und des Verhältnismäßigkeitsgrundsatzes müssen Eingriffe in die Berufsfreiheit einen **legitimen Zweck** verfolgen und zur Erreichung dieses Zwecks **geeignet** sein. Die Prüfung dieser Voraussetzungen kann noch unbeeinflusst von der Drei-Stufen-Theorie nach dem üblichen Vorgehen erfolgen.

Klausurtaktik !

Es ist ebenso möglich, die hier unter dem Prüfungspunkt der „Erforderlichkeit" aufgeführten Überlegungen zur Prüfung der zusätzlichen Anforderungen der Drei-Stufen-Theorie bereits an dieser Stelle zu prüfen.[28]

---

b) Erforderlichkeit

Im Rahmen der Erforderlichkeit ist zu prüfen, ob es bei gleicher Wirksamkeit kein milderes Mittel zur Erreichung des Zweckes gibt. Für die Prüfung der Erforderlichkeit von Eingriffen in die Berufsfreiheit hat das BVerfG in seinem Apotheken-Urteil den Grundsatz aufgestellt, dass ein Eingriff durch eine Eingriffsart auf einer

---

26 Siehe zum einfachen Gesetzesvorbehalt Milas, § 6, in diesem Lehrbuch.
27 Siehe zu den Grenzen der Einschränkbarkeit – Schranken-Schranken Milas, § 7, in diesem Lehrbuch.
28 Dieser Prüfungsaufbau findet sich beispielsweise bei Goldhammer/Hofmann, JuS 2013, 704 ff.

Katharina Goldberg

höheren Stufe grundsätzlich nicht erforderlich sein kann, wenn ein **Eingriff auf einer niedrigeren Stufe** zur Zweckerreichung ausreichen würde[29]. Es ist daher zu prüfen, ob statt einer objektiven Berufswahlregelung eine subjektive Berufswahlregelung oder Berufsausübungsregelung in Frage kommt. Beim Vorliegen einer subjektiven Berufswahlregelung ist zu prüfen, ob nicht eine Berufsausübungsregelung für die Zweckerreichung ausreicht.

Die Drei-Stufen-Theorie wurde seit ihrer Entstehung in der Rechtsprechung des BVerfG jedoch weiterentwickelt. Das BVerfG hat erkannt, dass eine Maßnahme auf niedrigerer Stufe eine stärkere Eingriffsintensität aufweisen kann als eine Maßnahme auf höherer Stufe.[30]

❗ Klausurtaktik

In ihren Grundgedanken kann (und sollte) die Drei-Stufen-Theorie auch heute noch für die Klausurlösung herangezogen werden. Wenn eine Maßnahme auf niedrigerer Stufe im Einzelfall jedoch eine stärkere Eingriffsintensität aufweist als eine Maßnahme auf höherer Stufe muss von der grundsätzlichen Regel abgewichen werden und die Maßnahme auf der höheren Stufe stellt das mildere Mittel dar (und ist damit erforderlich). Es ist daher notwendig zu prüfen, ob ein Eingriff auf einer niedrigeren Stufe im Einzelfall schwerer wiegt als ein Eingriff auf einer höheren Stufe. In einem solchen Fall bleibt es bei der Erforderlichkeit des Eingriffs auf der höheren Stufe. Hier können Klausurbearbeiter:innen ihr vertieftes Verständnis in der Anwendung der BVerfG-Rechtsprechung zu Art. 12 I GG zeigen, indem sie die Kenntnis der Historie der Normanwendung darlegen, aber die aktuellen Argumentationsmuster aufzeigen.

---

c) Verhältnismäßigkeit im engeren Sinne

Ebenfalls anhand des Apothekerurteils hat das BVerfG **Maßstäbe** dafür entwickelt,[31] wann Eingriffe verhältnismäßig im engeren Sinne sind. Der jeweilige Maßstab orientiert sich an dem Wert des Zweckes, der mit der Maßnahme verfolgt wird.

Eingriffe in die Berufsausübung sind gerechtfertigt, wenn Gesichtspunkte der Zweckmäßigkeit sie verlangen.

Eingriffe in die subjektive Berufswahlfreiheit sind gerechtfertigt, wenn die Ausübung des Berufs ohne Erfüllung der Voraussetzungen unmöglich oder unsachgemäß wäre und Schäden oder Gefahren für die Allgemeinheit drohten.

---

29 BVerfG, Urt. v. 11.6.1958, Az.: 1 BvR 596/56, Rn. 57 = BVerfGE 7, 377 (404 ff.) – Apotheken-Urteil.

30 Vgl. BVerfG, Beschl. v. 16.3.1971, Az.: 1 BvR 52, 665, 667, 754/66, Rn. 64 ff. = BVerfGE 30, 292 – Erdölbevorratung.

31 BVerfG, Urt. v. 11.6.1958, Az.: 1 BvR 596/56, Rn. 77 ff. = BVerfGE 7, 377 – Apotheken-Urteil.

Katharina Goldberg

Eingriffe in die objektive Berufswahlfreiheit sind gerechtfertigt, wenn sie zur Abwehr nachweisbarer oder höchstwahrscheinlicher schwerer Gefahren für ein überragend wichtiges Gemeinschaftsgut erforderlich sind.

Die genaue Bestimmung des Wertes des zu erreichenden Zweckes ist jedoch stark vom **Einzelfall** abhängig. So vertritt auch das BVerfG in seiner Rechtsprechung nicht immer eine klare Linie.[32] Es ist an dieser Stelle also einer guten Argumentation überlassen, welchen Wert ein verfolgter Zweck hat und welcher Eingriff auf diese Weise gerechtfertigt werden kann. Auch die Verhältnismäßigkeit im engeren Sinne ist heute daher nicht mehr „schematisch" anhand der Maßstäbe des Apotheken-Urteils zu prüfen, vielmehr können die Grenzen zwischen den einzelnen Stufen verschwimmen. So hat auch das BVerfG die Stufentheorie durchbrochen, um das Verbot eines Spielbankunternehmens (eine objektive Berufswahlregelung) mit einem „wichtigen Gemeinwohlbelang" zu rechtfertigen[33] und dies mit den „atypischen Besonderheiten" des Berufs der Spielbankbetreiber gerechtfertigt. Bei einer schematischen Anwendung der Drei-Stufen-Theorie wäre eigentlich ein **überragend** wichtiges Gemeinschaftsgut erforderlich gewesen.

Klausurtaktik ❗

Auch hier können Klausurbearbeiter:innen gut zeigen, dass sie die historische Entwicklung der Rechtsprechung des BVerfG kennen, jedoch auch wissen, dass diese sich heute weg von der schematischen Prüfung hin zu einer Stimmigkeitskontrolle unter Abwägung aller einfließenden Faktoren entwickelt hat.

B. Art. 12 I GG als Teilhabe- und Schutzrecht

Art. 12 I GG beinhaltet neben dem Abwehrrecht auch eine teilhaberechtliche Komponente. Diese tritt dann hervor, wenn es von einem staatlichen Gut weniger gibt als Interessenten an dem Gut. In solchen Fällen kann das staatliche Gut nur möglichst gleichmäßig unter den Interessenten verteilt werden. Damit besteht ein Anspruch auf Gleichbehandlung der Interessenten an dem Gut.

---

32 Zu dieser Einschätzung kommen auch nach Kingreen/Poscher, Grundrechte Staatsrecht II, 36. Aufl. 2020, Rn. 985.
33 BVerfG, Beschl. v. 19.7.2000, Az.: 1 BvR 539/96, Rn. 72ff. = BVerfGE 102, 197 – Spielbankengesetz Baden-Württemberg.

Katharina Goldberg

Beispiele: Begrenzte Studienplatzkapazitäten müssen so unter den Interessent:innen verteilt werden, dass unter Ausschöpfung aller personellen und sachlichen Mittel jede:r Interessent:in die Möglichkeit hat, einen Studienplatz zu erhalten bzw. auch an der gewünschten Universität zu studieren[34]. Eine Auswahl nach Leistungskriterien ist dabei gleichheitsrechtlich möglich.[35]

Art. 12 I GG beinhaltet auch eine schutzrechtliche Komponente. So stehen insbesondere Verfahren bei Prüfungen, die den Zugang zu Berufen eröffnen (beispielsweise die juristischen Staatsprüfungen)[36] und ein Mindestschutz des Arbeitsplatzes durch das Kündigungsschutzgesetz und zivilrechtliche Generalklauseln[37] unter dem Schutz des Art. 12 I GG.

C. Freiheit von Arbeitszwang und Schutz vor Zwangsarbeit – Art. 12 II, III GG

Art. 12 II GG enthält die Freiheit von Arbeitszwang. Ihr **Schutzbereich** umfasst „jedermann". Sie schützt in sachlicher Hinsicht davor, zu einer bestimmten Arbeit gezwungen zu werden. Mit der Qualifizierung einer Pflicht als Arbeitszwang ist die Rechtsprechung sehr zurückhaltend. Ein **Eingriff** liegt nur vor, wenn jemand zu einer Arbeit in einem gewissen Umfang gezwungen wird.[38] Wenn ein Zwang zu einer Arbeit im Rahmen der beruflichen Tätigkeit erfolgt, ist nicht Art. 12 II GG, sondern Art. 12 I GG einschlägig.

---

i **Weiterführendes Wissen**

Im Rahmen der **Rechtfertigung** ist zu beachten, dass die Auferlegung von Arbeitszwang durch ein formelles Gesetz erfolgen kann. Dieses muss gem. Art. 12 II GG eine herkömmliche allgemeine und für alle gleiche öffentliche Dienstleistungspflicht vorsehen.

---

34 BVerfG, Urt. v. 18.7.1972, Az.: 1 BvL 32/70 und 25/71, Rn. 66 = BVerfGE 33, 303 – Numerus-clausus I.
35 BVerfG, Urt. v. 8.2.1977, Az.: 1 BvF 1/76, 1 BvL 7,8/75, 1 BvR 239/75, 92, 103–114, 115, 140–143, 187/76, Rn. 57 ff. = BVerfGE 43, 291 – Numerus-clausus II.
36 BVerfG, Beschl. v. 17.4.1991, Az.: 1 BvR 419/81 und 213/83, Rn. 39, 49 ff. = BVerfGE 84, 34 – Gerichtliche Prüfungskontrolle.
37 BVerfG, Beschl. v. 27.1.1998, Az.: 1 BvL 15/87, Rn. 35 = BVerfGE 97, 169 – Kleinbetriebsklausel I.
38 BVerfG, Beschl. v. 13.1.1987, Az.: 2 BvR 209/84, Rn. 69 = BVerfGE 74, 102 – Erziehungsmaßregeln.

Katharina Goldberg

Beispiele: Historisch sind hier gemeindliche Hand- und Spanndienste, die Pflicht zur Deichhilfe und die Feuerwehrpflicht[39] gemeint.

Art. 12 II GG ist daher sowohl in der Praxis als auch in der Prüfung bisher eher unbedeutend.

Art. 12 III GG schützt vor Zwangsarbeit. Zwangsarbeit bedeutet den Einsatz der gesamten Arbeitskraft in bestimmter Weise. Die Freiheit von Zwangsarbeit ist zugleich ein Menschenrecht.

Beispiel: Die Arbeit in Erziehungs-, Arbeits- und Konzentrationslagern.

Weiterführendes Wissen

Zwangsarbeit ist gemäß Art. 12 III GG nur bei gerichtlich angeordneter Freiheitsentziehung zulässig. Beispiele für gerechtfertigte Eingriffe sind die Arbeit Gefangener in einer Justizvollzugsanstalt (vgl. § 41 StVollzG), die im Jugendstrafrecht als Erziehungsmaßregel vorgesehene Weisung, Arbeitsleistungen zu erbringen (§ 10 I 3 Nr. 4 JGG)[40] und die Bewährungsauflage, gemeinnützige Leistungen zu erbringen (§ 56b II Nr. 3 StGB)[41].

D. Konkurrenzen

Art. 12 I GG steht in einem Konkurrenzverhältnis[42] zu **Art. 33 GG**. Art. 33 V GG beinhaltet einen Regelungsauftrag an den Gesetzgeber und eine institutionelle Garantie, enthält aber nach der ständigen Rechtsprechung des BVerfG ein mit der Verfassungsbeschwerde durchsetzbares **subjektives Recht der Beamt:innen.**[43] So sind dem Staat vorbehaltene Berufe von Art. 12 I GG, aber ebenfalls von Art. 33 GG erfasst.

Beispiel: Beamt:innen, Soldat:innen, Richter:innen

---

39 BVerfG, Beschl. v. 29.11.1967, Az.: 1 BvR 175/66, Rn. 12 = BVerfGE 22, 380 – Dienstleistungspflichten von Kreditinstituten.

40 BVerfG, Beschl. v. 13.1.1987, Az.: 2 BvR 209/84, Rn. 57 ff. = BVerfGE 74, 102 (122) – Erziehungsmaßregeln.

41 BVerfG, Beschl. v. 14.11.1990, Az.: 2 BvR 1462/87 juris Rn. 33 ff. = BVerfGE 83, 119.

42 Siehe zu den Grundrechtskonkurrenzen Brade, § 12, in diesem Lehrbuch.

43 BVerfG, Beschl. v. 1.6.1958, Az.: 1 BvR 1/52, 46/52, Rn. 35 = BVerfGE 8, 1 – Teuerungszulage.

Katharina Goldberg

Auch **staatlich gebundene Berufe** werden von Art. 12 I GG erfasst. Diese liegen vor, wenn der Gesetzgeber dem Berufsinhaber öffentliche Aufgaben überträgt, die er dem eigenen Verwaltungsapparat vorbehalten könnte, und zu diesem Zweck die Ausgestaltung des Berufs dem öffentlichen Dienst annähert.[44]

Beispiel: Notar:innen, Prüfingenieur:innen für Baustatik, öffentlich bestellte Vermessungsingenieur:innen sowie Bezirksschornsteinfeger:innen[45]

Art. 33 IV und 5 GG überlagern Art. 12 I GG. Je näher ein Beruf durch öffentlich-rechtliche Bindungen und Auflagen an den „öffentlichen Dienst" herangeführt wird, umso stärker können Sonderregelungen in Anlehnung an Art. 33 GG die Wirkung des Grundrechts aus Art. 12 I GG tatsächlich zurückdrängen.[46]

E. Europäische und internationale Bezüge

Im europäischen Mehrebenensystem[47] gilt, dass die Berufsfreiheit als zentrales **Menschenrecht Kern der europäischen Wirtschaftsverfassung ist**, die auf europäischer Ebene im wirtschaftlichen Bereich einen stärkeren Einfluss hat als die Gewährleistung des Art. 12 GG.[48] Sie findet sich in Art. 15 und 16 GRCh. Art. 15 I GRCh enthält das abwehrrechtlich wirkende Verbot hoheitlich veranlasster Behinderungen unselbständiger Arbeit und verstärkt damit den Rechtfertigungsdruck auf hoheitliche Regelungen von Berufswahl und -ausübung.[49] Art. 16 I GRCh schützt die unternehmerische Freiheit. Zwangs- und Pflichtarbeit werden in Art. 5 II GRCh verboten.

Die **Grundfreiheiten** wirken als besondere Berufsfreiheiten im EU-Binnenmarkt.[50] Ihr Verhältnis zum Grundrecht auf Berufsfreiheit ist bisher ungeklärt. Sekundärrechtlich stützen die Dienstleistungsrichtlinie[51] und die Berufsanerkennungsrichtlinie[52] die Verwirklichung der Berufsfreiheit.

---

44 Ruffert, in BeckOK GG, 47. Ed. 15.5.2021, § 12 Rn. 43.
45 Nach Ruffert, in: BeckOK GG, 47. Ed. 15.5.2021, § 12 Rn. 43.1.
46 BVerfG, Urt. v. 11.6.1958, Az.: 1 BvR 596/56, Rn. 59 = BVerfGE 7, 377 – Apotheken-Urteil.
47 Siehe zum europäischen Mehrebenensystem Brade/Ramson, § 14, in diesem Lehrbuch.
48 Ruffert, in: BeckOK GG, 47. Ed. 15.5.2021, Art. 12 Rn. 1.
49 Ruffert, in: BeckOK GG, 47. Ed. 15.5.2021, Art. 12 Rn. 3.
50 EuGH, Urt. v. 15.10.1987, Az.: C-222/86, Rn. 14 = Slg. 1987, 4097.
51 Richtlinie 2006/123/EG – Dienstleistungsrichtlinie.
52 RL 2005/36/EG über die Anerkennung von Berufsqualifikationen v. 7.9.2005, ABl. L 255, 22.

Katharina Goldberg

Auf <u>völkerrechtlicher Ebene</u>[53] sichern verschiedene Regelungen von Menschenrechten (Art. 12 und 23 Nr. 1 Allgemeine Erklärung der Menschenrechte; Art. 6 I, 7 lit. c Internationaler Pakt über wirtschaftliche, soziale und kulturelle Rechte) und das Übereinkommen der World Trade Organization mit dem General Agreement on Tariffs and Trade für den Warenhandel und dem General Agreement on Trade and Services für den Dienstleistungshandel die transnationale wirtschaftliche Betätigung.[54]

Zusammenfassung: Die wichtigsten Punkte
- Bei der Berufsfreiheit des Art. 12 I GG handelt es sich um ein **einheitliches Grundrecht** mit einem **einheitlich geltenden einfachen Gesetzesvorbehalt**.
- Im Rahmen der Prüfung des Eingriffs und der Rechtfertigung hat das BVerfG die sogenannte **Drei-Stufen-Theorie** entwickelt. Nach dieser ist es notwendig zu bestimmen, auf welcher Stufe (**Berufsausübung, subjektive oder objektive Berufswahl**) ein Eingriff stattgefunden hat, um dessen Intensität und damit die Anforderungen an die Rechtfertigung eines Eingriffs zu prüfen.
- Zu beachten ist jedoch, dass die Drei-Stufen-Theorie **nicht schablonenartig** angewendet werden darf, sondern nur einen Anhaltspunkt für die Intensität eines Eingriffs geben kann und diese darüber hinaus individuell in jedem Einzelfall zu ermitteln ist, um die **Anforderungen für die Rechtfertigung** eines Eingriffs zu ermitteln.

Weiterführende Studienliteratur
- Michael Goldhammer/Andreas W. Hofmann, Anfängerklausur Öffentliches Recht: Grundrechte, Gefährliche Bräune, JuS 2013, S. 704–709

---

53 Siehe zum völkerrechtlichen Mehrebenensystem Brade/Ramson, § 15, in diesem Lehrbuch.
54 Siehe hierzu Ruffert, in: BeckOK GG, 47. Ed. 15.5.2021, Art. 12 Rn. 10.

Katharina Goldberg

§ 21.3 Koalitionsfreiheit – Art. 9 III GG

Notwendiges Vorwissen: allgemeine Grundrechtslehren; Vereinigungsfreiheit

Lernziel: Koalitionsfreiheit in den Kontext der Wirtschaftsgrundrechte einordnen

---

Für dieses Kapitel gibt es frei zugängliche interaktive Übungen. Halte einfach deine Smartphone-Kamera vor den Kasten mit den Punkten (QR-Code).

Die Koalitionsfreiheit in Art. 9 III GG ist ein Sonderfall der allgemeinen Vereinigungsfreiheit (Art. 9 I GG). Sie gewährt das Recht, zur Wahrung und Förderung der Arbeits- und Wirtschaftsbedingungen Vereinigungen zu bilden. Art. 9 III GG ist eine spezielle Ausprägung des kollektiven Grundrechtsschutzes und von großer Bedeutung für das Wirtschaftsleben. Das Grundrecht führt zu einer Rücknahme staatlicher Regelung wirtschaftlicher Verhältnisse zugunsten der Koalitionen, die diese im Rahmen der Tarifautonomie ausfüllen.

! Klausurtaktik

Zwar ist die Koalitionsfreiheit insbesondere in den Anfänger:innenklausuren wohl selten Prüfungsgegenstand, sie ist jedoch mit einigen grundrechtsdogmatischen Besonderheiten verbunden und hat prägende Bedeutung für weite Teile des Arbeitsrechts.

A. Schutzbereich

I. Sachlicher Schutzbereich

In seiner **kollektiven Dimension** schützt Art. 9 III GG eine besondere Form von Vereinigungen, die allgemein als „Koalitionen" bezeichnet werden.[1] Vereinigungen im Sinne des Art. 9 III GG gleichen im Ausgangspunkt dem Vereinigungs-

---

1 So etwa BVerfG, Beschl. v. 14.11.1995, Az.: 1 BvR 601/92, Rn. 19 = BVerfGE 93, 352 (357 f.) – Mitgliederwerbung II; ausführlich zur Bedeutung dieser Terminologie Scholz, in: Dürig/Herzog/Scholz, GG-Kommentar, 95. EL Juli 2021, Art. 9 Rn. 193.

begriff des Art. 9 I GG.[2] Zusätzlich müssen sie einen besonderen Zweck verfolgen: die „Wahrung und Förderung der Arbeits- und Wirtschaftsbedingungen".[3] Aus dieser Formulierung folgt, dass Art. 9 III GG gegenüber Art. 9 I GG lex specialis ist. **Arbeitsbedingungen** sind dabei solche, die konkrete Arbeitsverhältnisse betreffen (z.B. Lohn und Arbeitszeiten), wohingegen **Wirtschaftsbedingungen** allgemeinere Fragen von wirtschafts- und gesellschaftspolitischer Natur sind (zum Beispiel die Bekämpfung der Arbeitslosigkeit).[4]

Beispiel: Gewerkschaften und die Verbände der Arbeitgeber:innen, sowie deren Dachverbände; demgegenüber verfolgen beispielsweise Verbraucherschutzorganisationen ausschließlich eines der Ziele und sind daher keine Koalitionen.[5]

Über den Wortlaut hinaus folgen aus dem Sinn und Zweck des Grundrechts weitergehende Anforderungen an Vereinigungen im Sinne des Art. 9 III GG. Eine Koalition kann ihre grundgesetzlich vorgesehene Funktion – die Interessenvertretung und -durchsetzung zugunsten von Arbeitnehmer:innen oder Arbeitgeber:innen – nur dann effektiv ausfüllen, wenn sie die Gegensätzlichkeit von Arbeitnehmer:innen- und Arbeitgeber:innenseite widerspiegelt. Dies wird durch die Kriterien der Gegnerfreiheit[6] und der Gegnerunabhängigkeit[7] gewährleistet. Während die Gegnerfreiheit auf personelle Überschneidungslosigkeit zielt, also in einem Arbeitnehmer:innenverband nicht zugleich Arbeitgeber:innen Mitglied sein können und umgekehrt, setzt die Gegnerunabhängigkeit voraus, dass der Verband einer Seite keinem beherrschenden Einfluss der anderen Seite ausgesetzt ist, wie es etwa der Fall wäre, wenn eine Gewerkschaft durch die Arbeitgeber:innenseite finanziert würde. Ein Indiz hierfür – und keine eigenständige Voraussetzung – bildet die Überbetrieblichkeit eines Arbeitnehmer:innenverbandes.

---

2 Zum Vereinigungsbegriff vgl. das Kapitel zur <u>allgemeinen Vereinigungsfreiheit</u> Knuth, § 20.4, in diesem Lehrbuch.

3 <u>BVerfG, Beschl. v. 26.6.1991, Az.: 1 BvR 779/85, Rn. 32</u> = BVerfGE 84, 212 (223) – Aussperrung.

4 Ausführlich zu diesem Begriffspaar Jarass, in: ders./Pieroth (Hrsg.), GG, 16. Aufl. 2020, Art. 9 Rn. 34 m.w.N.

5 So Kingreen/Poscher, Grundrechte, 36. Auflage 2020, Rn. 853.

6 <u>BVerfG, Beschl. v. 24.2.1999, Az.: 1 BvR 123/93, Rn. 29</u> = BVerfGE 100, 214 (223) – Gewerkschaftsausschluss: „Gegnerfreiheit gehört zum Wesen der durch Art. 9 Abs. 3 GG geschützten Koalitionen".

7 <u>BVerfG, Urt. v. 6.5.1964, Az.: 1 BvR 79/62, Rn. 31</u> = BVerfGE 18, 18 (28); <u>BVerfG, Urt. v. 1.3.1979, Az.: 1 BvR 532/77, 1 BvR 533/77, 1 BvR 419/78, 1 BvL 21/78, Rn. 206</u> = BVerfGE 50, 290 (373) – Mitbestimmungsgesetz.

Luca Knuth

ℹ Weiterführendes Wissen

Der einfachgesetzliche Begriff der Gewerkschaften in § 2 TVG stellt zusätzlich auch auf die Tariffähigkeit des Arbeitnehmer:innenverbandes ab. Denn das Mittel des Tarifvertragsabschlusses bedarf einer gewissen „sozialen Mächtigkeit" des Verbandes, um die Interessen der Mitglieder gegenüber den jeweiligen Arbeitgeber:innenverbänden auch durchsetzen zu können. Daran kann es insbesondere bei geringen Mitgliederzahlen fehlen. Damit verbunden werden verschiedentlich auch weitergehende Anforderungen an das Vorliegen einer tariffähigen Gewerkschaft gestellt, die sämtlich auf die Bereitschaft und Fähigkeit zur Wahrnehmung der gewerkschaftlichen Aufgaben zielen. Zu nennen sind etwa die Bereitschaft zum Tarifvertragsabschluss (Tarifwilligkeit), die Fähigkeit und Bereitschaft zum Arbeitskampf und die Anerkennung der für das Verfahren des Tarifvertragsabschluss und den Arbeitskampf relevanten Norm.[8] Hierbei handelt es sich aber nicht um Anforderungen des Art. 9 III GG für das Vorliegen einer Koalition. Damit ist der einfachrechtliche Gewerkschaftsbegriff erheblich enger gefasst. Auch ein tarifunfähiger Arbeitnehmer:innenverband kann also Koalition im verfassungsrechtlichen Sinne sein.

Als **Individualgrundrecht** der Arbeitnehmer:innen und Arbeitgeber:innen schützt die Koalitionsfreiheit die **Gründung** und den **Beitritt** zu einer Koalition sowie die **koalitionsmäßige Betätigung**. Als **negative Koalitionsfreiheit** schützt sie zugleich das Fernbleiben von und den Austritt aus einer Koalition.[9] Die kollektive Dimension der Koalitionsfreiheit schützt primär den **Bestand** der Koalitionen selbst. Ein bloßer Bestandsschutz bliebe aber im Hinblick auf die in Art. 9 III GG vorgesehene Funktion der Wahrung und Förderung der Arbeits- und Wirtschaftsbedingungen defizitär. Geschützt sind daher grundsätzlich auch alle **koalitionsspezifischen Verhaltensweisen**.[10] Im Zentrum steht dabei die Ausfüllung des Koalitionszwecks im Rahmen der **Tarifautonomie**, also die Herbeiführung einer konsensualen Regelung durch die sich antagonistisch gegenüberstehenden Koalitionen.

---

8 Ausführlich zu den einfachrechtlichen Anforderungen an den Gewerkschaftsbegriff des § 2 TVG BAG, Beschl. v. 28.3.2006, Az.: 1 ABR 58/04 = NZA 2006, 1112 (1114).
9 BVerfG, Urt. v. 1.3.1979, Az.: 1 BvR 532/77 u. a., Rn. 205 = BVerfGE 50, 290 (367) – Mitbestimmungsgesetz; hinsichtlich der negativen Freiheit noch offenlassend BVerfG, Beschl. v. 24.5.1977, Az.: 2 BvL 11/74, Rn. 86 = BVerfGE 44, 322 (352) – Allgemeinverbindlicherklärung I; insofern annehmend aber BVerfG, Beschl. v. 11.7.2006, Az.: 1 BvL 4/00, Rn. 66 = BVerfGE 116, 202 (218).
10 BVerfG, Urt. v. 11.7.2017, Az.: 1 BvR 1571/15, 132f. = BVerfGE 146, 71 (115f.) – Tarifeinheit; Eine Beschränkung auf den „Kernbereich" koalitionsmäßiger Betätigungen, wie sie das BVerfG in früherer Rechtsprechung vertreten hat, hat es ausdrücklich aufgegeben: BVerfG, Beschl. v. 14.11.1995, Az.: 1 BvR 601/92, Rn. 21ff. = BVerfGE 93, 352 (359f.) – Mitgliederwerbung II.

Luca Knuth

Examenswissen   ❗

Art. 9 III GG nimmt die staatliche Regelungskompetenz für den Bereich der Arbeits- und Wirtschaftsbedingungen zugunsten der Koalitionen zurück.[11] Mit anderen Worten: Die Tarifautonomie begründet einen vom Schutzbereich des Art. 9 III GG statuierten Bereich kollektiver Privatautonomie[12], der auch eine Reaktion auf die strukturelle Ungleichheit zwischen Arbeitgeber:innen- und Arbeitnehmer:innenseite in Arbeitsverhältnissen ist und dazu dient, dieses soziale Spannungsverhältnis zu befrieden.[13] Daher fällt nicht nur das Verfahren des Zustandekommens von Tarifverträgen als das zentrale Instrument zur Erfüllung dieser Koalitionsaufgabe in den Schutzbereich des Art. 9 III GG, sondern auch der Bestand und die Anwendung bereits abgeschlossener Tarifverträge.[14]

Geschützt sind grundsätzlich auch die Mittel des Arbeitskampfes.[15]

Beispiel: auf Seiten der Arbeitnehmer:innen der Streik[16]; auf Seiten der Arbeitgeber:innen die Aussperrung[17]

II. Personeller Schutzbereich

Die Koalitionsfreiheit ist in personeller Hinsicht gleichermaßen „Doppelgrundrecht" wie die <u>Vereinigungsfreiheit</u> in Art. 9 I GG. Grundrechtsberechtigt sind also nicht nur Individuen, sondern auch die Koalitionen selbst.[18] Hinsichtlich der individuellen Dimension ergibt sich jedoch gegenüber der allgemeinen Vereinigungsfreiheit, die als Bürger:innengrundrecht ausgestaltet ist, eine Besonderheit: Wäh-

---

11 BVerfG, Beschl. v. 24.5.1977, Az.: 2 BvL 11/74, Rn. 57f. = BVerfGE 44, 322 (340f.) – Allgemeinverbindlicherklärung I.

12 Dazu ausführlich und m.w.N. Linsenmaier, in: Erfurter Kommentar zum Arbeitsrecht, 21. Aufl. 2021, Rn. 55f.

13 BAG, Urt. v. 16.3.1994, Az.: 5 AZR 339/92 = BAG, NZA 1994, 937 (939); dazu auch knapp Picker, RdA 2014, 25.

14 BVerfG, Urt. v. 11.7.2017, Az.: 1 BvR 1571/15, 131f. = BVerfGE 146, 71 (114f.) – Tarifeinheit.

15 BVerfG, Beschl. v. 26.6.1991, Az.: 1 BvR 779/85, Rn. 34f. = BVerfGE 84, 212 (225) – Aussperrung.

16 BVerfG, Beschl. v. 2.3.1993, Az.: 1 BvR 1213/85, Rn. 43 = BVerfGE 88, 103 (114) – Streikeinsatz von Beamten.

17 BVerfG, Beschl. v. 26.6.1991, Az.: 1 BvR 779/85, Rn. 35f. = BVerfGE 84, 212 (224f.) – Aussperrung.

18 BVerfG, Beschl. v. 26.6.1991, Az.: 1 BvR 779/85, Rn. 33 = BVerfGE 84, 212 (224) – Aussperrung; für eine Herleitung der kollektiven Grundrechtsberechtigung über Art. 19 III GG auch hinsichtlich der Koalitionsfreiheit Höfling, in: Sachs (Hrsg.), GG, 9. Aufl. 2021, Art. 9 Rn. 69f.

Luca Knuth

rend Art. 9 I GG ein sogenanntes „Deutschengrundrecht" ist, gewährleistet Art. 9 III GG ein „Jedermanngrundrecht". Eine gewisse Einschränkung folgt jedoch aus der in der Koalitionsfreiheit angelegten Differenzierung zwischen Arbeitgeber:innen- und Arbeitnehmer:innenseite. Träger:innen des Grundrechts sind folglich **alle Arbeitgeber:innen und Arbeitnehmer:innen** sämtlicher Berufe, einschließlich der Beamt:innen.[19]

B. Eingriff

Staatliche Eingriffe in die Koalitionsfreiheit können sich aus Beeinträchtigungen der koalitionsmäßigen Betätigungsfreiheit ergeben, zum Beispiel in Form eines – für verschiedene berufliche Tätigkeiten bestehenden – **Streikverbots**[20] oder einer Beschränkung der gewerkschaftlichen Wahlwerbung vor Personalratswahlen.[21] Keinen Eingriff stellt aber die Beschränkung gewerkschaftlicher **Werbung** vor allgemeinen politischen Wahlen dar.[22]

In die negative Koalitionsfreiheit wird beispielsweise auch bei einer **Verpflichtung zur Mitgliedschaft** in Verbänden eingegriffen. Keinen Eingriff stellt aber der durch eine Ungleichbehandlung organisierter und nicht organisierter Arbeitnehmer:innen erzeugte bloß **faktische Druck** dar, solange er nicht so erheblich wird, dass er dem Zwang gleich kommt, sich einer Gewerkschaft anzuschließen.[23]

---

19 BVerfG, Beschl. v. 26.6.1991, Az.: 1 BvR 779/85, Rn. 32 = BVerfGE 84, 212 (224) – Aussperrung; BVerfG, Urt. v. 12.6.2018, Az.: 2 BvR 1738/12 u. a., Rn. 113 = BVerfGE 148, 296 (343) – Streikverbot für Beamte; Scholz, in: Dürig/Herzog/Scholz, GG-Kommentar, 95. EL Juli 2021, Art. 9 Rn. 157, der insofern auch von einem „Menschenrecht mit besonderem sozialen Qualifikationsmerkmal" spricht (Rn. 174); für ein Verständnis der Koalitionsfreiheit als Ausdruck des Sozialstaatsprinzips vgl. Kittner, in: Denninger (Hrsg.), AK-GG, Bd. I, 3. Aufl. 2001, Art. 9 Rn. 26.

20 So etwa für Vertragsärzt:innen BSG, Urt. v. 30.11.2016, Az.: B 6 KA 38/15 R = BSG, NZS 2017, 539 ff.; für Lokführer:innen LAG Sachsen, Urt. v. 2.11.2007, Az.: 7 SaGa 19/07 = LAG Sachsen NZA 2008, 59; für Beamt:innen BVerfG, Urt. v. 12.6.2018, Az.: 2 BvR 1738/12, Rn. 121 = BVerfGE 148, 296 (341 f.) – Streikverbot für Beamte.

21 BVerfG, Beschl. v. 30.11.1965, Az.: 2 BvR 54/62, Rn. 35 = BVerfGE 19, 303 (321) – Dortmunder Hauptbahnhof.

22 BVerfG, Beschl. v. 28.4.1976, Az.: 1 BvR 71/73, Rn. 19 ff. = BVerfGE 42, 133 (138 f.) – Wahlwerbung.

23 BVerfG, Beschl. v. 19.10.1966, Az.: 1 BvL 24/65, Rn. 32 f. = BVerfGE 20, 312 (321 f.) – Tariffähigkeit von Innungen.

Luca Knuth

I. Staatliche Regelung im Bereich der Tarifautonomie

Auch in die Tarifautonomie der Koalitionen kann durch staatliche Regelungen eingegriffen werden. Die Tarifautonomie als Ausfluss der Gewährleistungen des Art. 9 III GG gibt den Koalitionen zwar grundsätzlich eine Kompetenz zur Normsetzung, schließt aber eine staatliche Regelung des Arbeitsrechts nicht pauschal aus.[24] Staatliche Regelungen auf dem Gebiet des Arbeitsrechts greifen aber dann in die von Art. 9 III GG gewährleistete Tarifautonomie ein, wenn hierdurch den Koalitionen eine **tarifvertragliche Regelungsmöglichkeit entzogen** oder bestehende **tarifvertragliche Regelungen ausgehebelt** werden.[25]

Beispiel: Zum Jahr 2015 wurde der gesetzliche Mindestlohn eingeführt.[26] Nach § 1 MiLoG gilt eine gesetzliche Lohnuntergrenze, die nach § 3 MiLoG nicht durch tarifvertragliche Vereinbarungen unterschritten werden kann. Die von Art. 9 III GG gewährleistete Tarifautonomie umfasst als kollektives Grundrecht die tarifvertragliche Normsetzungskompetenz der Koalitionen. Im Zentrum tarifvertraglicher Bestimmungen steht regelmäßig der Arbeitslohn. Indem dieser eine gesetzliche, nicht tarifdispositive – also nicht durch die Koalitionen veränderbare – Regelung erfährt, wird den Koalitionen die Möglichkeit der Vereinbarung eines niedrigeren Arbeitslohnes genommen. Zudem werden bestehende Tarifverträge, die einen niedrigeren Arbeitslohn als den gesetzlichen Mindestlohn vorsehen, unwirksam. Daher greift die gesetzliche Vorgabe eines Mindestlohnes in die Koalitionsfreiheit ein.

Examenswissen !

Weitere Beispiele für derartige Eingriffe in die von Art. 9 III GG gewährleistete Tarifautonomie bilden etwa die Aushebelung der tarifvertraglichen Kündigung[27] oder von tarifvertraglichen Vorgaben abweichende gesetzliche Regelungen der Urlaubsanrechnung.[28]

---

24 BVerfG, Beschl. v. 3.4.2001, Az.: 1 BvL 32/97, Rn. 49 = BVerfGE 103, 293 (306) – Urlaubsanrechnung.
25 Winkler, in: v. Münch/Kunig, Grundgesetz-Kommentar 7. Aufl. 2021, Art. 9 Rn. 172 m. w. N.
26 BGBl. I 2014, 1348 ff.
27 Vgl. BVerfG, Beschl. v. 21.5.1999, Az.: 1 BvL 22/98, Rn. 28 = NZI 1999, 359 (Rn. 18 ff.).
28 BVerfG, Beschl. v. 3.4.2001, Az.: 1 BvL 32/97, Rn. 44 = BVerfGE 103, 293 (305) – Urlaubsanrechnung.

Luca Knuth

II. Ausgestaltungen

Die Koalitionsfreiheit ist – wie Art. 9 I GG oder Art. 14 I GG – ein normgeprägtes Grundrecht. Dem Gesetzgeber kommt daher eine Ausgestaltungsbefugnis zu. Eine Schwierigkeit besteht darin, im Einzelfall zwischen einfachgesetzlichen Ausgestaltungen der Koalitionsfreiheit und Eingriffen abzugrenzen. Bloße **Ausgestaltungen und damit keine Eingriffe** in die Koalitionsfreiheit liegen grundsätzlich dann vor, wenn die betreffende Regelung erst die Voraussetzungen dafür schafft, dass die Koalitionsfreiheit wahrgenommen werden kann.[29]

Gleichwohl ist die gesetzgeberische Ausgestaltungsbefugnis kein Gestaltungsraum bar jeder verfassungsrechtlichen Kontrolle. Für derartige Ausgestaltungen besteht ein geminderter Rechtfertigungsmaßstab: Namentlich kommt es auf die Vereinbarkeit der Regelung mit dem Schutzzweck des Grundrechts und die Verhältnismäßigkeit an.[30]

III. Drittwirkung

In Form mittelbarer Drittwirkung erlangt Art. 9 III GG insbesondere in arbeitsrechtlichen Verfahren Bedeutung.[31] Eine darüber hinausgehende grundrechtsdogmatische Besonderheit enthält Art. 9 III 2 GG. Die Vorschrift statuiert ausdrücklich eine **unmittelbare** Drittwirkung, indem sie festlegt, dass Abreden, die die Koalitionsfreiheit einschränken oder zu behindern suchen, nichtig, und hierauf gerichtete Maßnahmen rechtswidrig sind.[32]

---

29 BVerfG, Beschl. v. 24.4.1996, Az.: 1 BvR 712/86, Rn. 106 = BVerfGE 94, 268 (284).
30 Vgl. BVerfG, Urt. v. 1.3.1979, Az.: 1 BvR 532/77, Rn. 208 = BVerfGE 50, 290 (355); hierzu auch Bauer, in: Dreier (Hrsg.), GG-Kommentar, 3. Aufl. 2013, Art. 9 Rn. 52f.
31 Hierzu ausf. Winkler, in: v. Münch/Kunig, Grundgesetz-Kommentar 7. Aufl. 2021, Art. 9, Rn. 176 ff. m.w.N.; grundlegend zur mittelbaren Drittwirkung Wienfort, § 9, in diesem Lehrbuch.
32 BAG, Beschl. v. 20.4.1999, Az.: 1 ABR 72/98 = BAG, NZA 1999, 887 (890f.); BAG, NJW 2005, 3019 (3021); BAG, Beschl. v. 19.9.2006, Az.: 1 ABR 2/06 BAG, NJW 2007, 622 (623); ausführlich Kock, Soziales Recht 2020, 17 (24).

Luca Knuth

C. Rechtfertigung

I. Einschränkbarkeit

Art. 9 III GG selbst enthält keinen ausdrücklichen Schrankenvorbehalt. Die Anwendbarkeit der Schrankenregelung des Vereinigungsverbotes aus Art. 9 II GG auf die Koalitionsfreiheit ist umstritten.

Examenswissen   !

Gegen eine Anwendung spricht insbesondere die Systematik des Art. 9 GG.[33] Hier ist die Koalitionsfreiheit dem Schrankenvorbehalt des Vereinigungsverbotes nachgelagert. In der vergleichbaren Konstellation des Art. 5 GG, in der die Wissenschafts- und Kunstfreiheit des Art. 5 III GG auf die Schrankentrias des Art. 5 II GG systematisch nachfolgt, lehnt das BVerfG deren Anwendung ab.[34] Demgegenüber wird für eine Anwendung der inhaltliche Zusammenhang von Vereinigungs- und Koalitionsfreiheit angeführt.[35]

Eingriffe in die Koalitionsfreiheit können aber dann gerechtfertigt sein, wenn sie dem Schutz von Grundrechten Dritter oder sonstiger Verfassungsgüter dienen.[36] Insofern unterliegt Art. 9 III GG also **verfassungsimmanenten Schranken**. Dies wird zum Beispiel relevant im Falle von Binnenkonflikten zwischen Grundrechtsberechtigten der Koalitionsfreiheit. Besondere Bedeutung bei staatlichen Regelungen der Arbeitsverhältnisse kommt dabei dem in Art. 20 I GG enthaltenen **Sozialstaatsprinzips** als Schranke der Koalitionsfreiheit zu.

Beispiel: Voraussetzung einer verfassungsrechtlichen Rechtfertigung des Eingriffs in die von Art. 9 III GG geschützte Tarifautonomie ist also zunächst, dass die Einführung eines Mindestlohns ihrerseits Grundrechten Dritter oder sonstigen Verfassungsgütern dient. Zwar ließe sich insofern an das in Art. 1 I GG verankerte Recht auf ein menschenwürdiges Existenzminimum denken, die Festlegung einer Lohnuntergrenze dürfte den Bereich der Existenzsicherung aber überschreiten.[37] Auch die bezweckte Verringerung sozialer Unterschiede und die Sicherung der finanziellen Stabilität der sozialen Sicherungssysteme bilden jedoch mit Blick auf das Sozial-

---

33 So etwa Jarass, in: ders./Pieroth, Grundgesetz-Kommentar, 16. Aufl. 2020, Art. 9, Rn. 52.
34 Vgl. BVerfG, Beschl. v. 24.2.1971, Az.: 1 BvR 435/68, Rn. 53f. = BVerfGE 30, 173 (193).
35 So Scholz, in: Dürig/Herzog/Scholz, Grundgesetz-Kommentar, 95. EL Juli 2021, Art. 9 Rn. 336f. m.w.N. zum Meinungsstand.
36 St. Rspr. BVerfG, Beschl. v. 27.4.1999, Az.: 1 BvR 2203/93, Rn. 55f. = BVerfGE 100, 271.
37 Barczak, RdA 2014, 290 (296); Picker, RdA 2014, 24 (28 f.).

Luca Knuth

staatsprinzip des Art. 20 I GG Verfassungsgüter.[38] Das Sozialstaatsprinzip bildet insofern also eine verfassungsimmanente Schranke des Art. 9 III GG.[39]

! Examenswissen

Eine verfassungsimmanente Schranke hat das BVerfG hinsichtlich des Streikverbots für Beamt: innen auch aus der institutionellen Garantie der hergebrachten Grundsätze des Berufsbeamtentums des Art. 33 V GG abgeleitet.[40] Zwar nahm es – wie regelmäßig bei verfassungsimmanenten Einschränkungsermächtigungen – insofern einen Gesetzesvorbehalt hinsichtlich des mit dem Streikverbot verbundenen Eingriffs in die Koalitionsfreiheit der Beamt:innen an, jedoch ließ es eine Herleitung aus den einfachgesetzlichen Normen der §§ 33 ff. BeamtStG insofern genügen.

II. Grenzen der Einschränkbarkeit

Auch die Einschränkbarkeit des Art. 9 III GG unterliegt Grenzen. Zentrale Bedeutung kommt dabei dem Grundsatz der Verhältnismäßigkeit zu. Im Hinblick auf die Verhältnismäßigkeitsprüfung hat das BVerfG bei Eingriffen in die Tarifautonomie eine gewisse **Abstufung des Schutzniveaus** vorgenommen. Besonders hohe Anforderungen gelten an Eingriffe durch Regelungen, die regelmäßig durch die Tarifparteien getroffen werden, also insbesondere hinsichtlich des Arbeitsentgelts oder der sonstigen materiellen Arbeitsbedingungen.[41] Niedrigere Anforderungen hat es hingegen etwa hinsichtlich der zeitlichen Befristung von Arbeitsverhältnissen aufgestellt.[42]

Beispiel: Auch hinsichtlich des Mindestlohnes kommt es also darauf an, ob die Regelung dem Grundsatz der Verhältnismäßigkeit genügt. Mit dem Arbeitslohn ist zwar ein typischer und zentraler Regelungsgegenstand von Tarifverträgen betroffen. Der Eingriff ist jedoch auf die Festlegung einer Lohnuntergrenze beschränkt. Die Regelung betrifft damit faktisch vor allem den Niedriglohnsektor, also einen Wirtschaftsbereich mit niedrigem gewerkschaftlichem Organisati-

---

38 Vgl. auch BVerfG, Beschl. v. 27.4.1999 = BVerfGE 100, 271 (284) – Lohnabstandsklauseln; BVerfG, Beschl. v. 3.4.2001, Az.: 1 BvL 32/97, Rn. 51 = BVerfGE 103, 293 (306 f.) – Urlaubsanrechnung; vgl. auch für die weitergehend vom Gesetzgeber angeführten Regelungszwecke BT-Drs. 18/1558, 27 ff.

39 Vgl. hierzu die ausführlichen Darstellungen von Picker, RdA 2014, 24; Zeising/Weigert, NZA 2015, 15.

40 BVerfG, Urt. v. 12.6.2018, Az.: 2 BvR 1738/12, Rn. 117 ff. = BVerfGE 148, 296 (344).

41 BVerfG, Beschl. v. 3.4.2001, Az.: 1 BvL 32/97, Rn. 56 = BVerfGE 103, 293 (308) – Urlaubsanrechnung.

42 BVerfG, Beschl. v. 24.4.1996, Az.: 1 BvR 712/86, Rn. 114 = BVerfGE 94, 268 (287) – Wissenschaftliches Personal.

onsgrad, in dem die kollektive Durchsetzung von Tariflöhnen deutlich geschwächt ist.[43] Diesem Eingriff steht insbesondere das Sozialstaatsprinzip, welches einen gesetzgeberischen Gestaltungsauftrag zum Ausgleich sozialer Ungleichheit enthält, als Verfassungsgut von hoher Bedeutung entgegen.[44] Damit ist die Regelung des Mindestlohnes verhältnismäßig.[45]

D. Europäische und internationale Bezüge

Die Koalitionsfreiheit ist auch in der GRCh und der EMRK geschützt. Art. 12 I GRCh gewährleistet neben der Versammlungs- auch die Vereinigungsfreiheit. Der dieser zugrundeliegende weite Vereinigungsbegriff ist weitgehend parallel zu dem des Art. 9 I GG zu verstehen und erfasst damit auch die Koalitionen. Besonders hervorgehoben werden dabei die ausdrücklich genannten Gewerkschaften. Auch wenn sie nicht ausdrücklich als Koalitionsfreiheit bezeichnet wird, umfasst die Vereinigungsfreiheit des Art. 12 I GRCh damit funktional auch Elemente der Koalitionsfreiheit. Entgegen dem Anschein des Wortlautes ist nicht allein die Gründung von Koalitionen und der Beitritt zu ihnen, sondern ebenfalls das Fernbleiben als negative Wirkrichtung[46] gewährleistet. Daneben garantiert Art. 28 GRCh den Arbeitnehmer:innen und Arbeitgeber:innen sowie ihren jeweiligen Organisationen auch ein Grundrecht auf Kollektivverhandlungen und -maßnahmen. Als letztere wird insbesondere der Streik durch ausdrückliche Nennung hervorgehoben.

Klausurtaktik ❗

Nach Art. 51 GRCh gilt die Charta für die Mitgliedsstaaten ausschließlich im Anwendungsbereich des Unionsrechts.[47] Da es der Union nach Art. 153 V AEUV an einer Kompetenz für die Regelung des Koalitionsrechts und damit zusammenhängender Sachmaterien mangelt, ist Art. 28 GRCh bislang nur geringe praktische Bedeutung zugekommen.[48]

---

43 Vgl. Picker, RdA 2014, 25 (27), von einem „strukturellen Versagen" der Tarifautonomie sprechend.

44 BVerfG, Beschl. v. 27.4.1999, Az.: 1 BvR 2203/93 u. a., Rn. 59 = BVerfGE 100, 271 (284) – Lohnabstandsklauseln.

45 So im Ergebnis auch Barczak, RdA 2014, 290 (298); Zeising/Weigert, NZA 2015, 15 (18); andere Ansicht Henssler, RdA 2015, 43 (46).

46 EuGH, Urt. v. 9.3.2006, Az.: C-499/04, Rn. 34 – Werhof = Slg. 2006, 2397..

47 EuGH, Urt. v. 26.2.2013, Az.: C-617/10 = NJW 2013, 1415 – Åkerberg Fransson.

48 Hierzu ausführlich Löwisch/Rieble, Grundlagen, in dies. (Hrsg.), Tarifvertragsgesetz, 4. Aufl. 2017, Rn. 288 ff.

Luca Knuth

Sprachlich ähnlich wie Art. 12 GRCh ist auch Art. 11 EMRK formuliert, wonach jede Person das Recht hat „sich frei mit anderen zusammenzuschließen". Auch insofern wird keine eigenständige Koalitionsfreiheit proklamiert, die Gewerkschaften werden jedoch explizit hervorgehoben und die Koalitionsfreiheit damit ebenfalls funktional von der Vereinigungsfreiheit umfasst. Eine ausdrückliche Gewährleistung der koalitionsspezifischen Tätigkeiten enthält die EMRK jedoch nicht.

! **Examenswissen**

Dass das Zusammenwirken der verschiedenen Grundrechte im Mehrebenensystem des europäischen Grundrechtsschutzes nicht immer frei von Spannungen ist, illustriert das folgende Beispiel.

Beispiel: Das aus Art. 33 V GG abgeleitete Streikverbot für Beamte:innen hat das BVerfG unter anderem deshalb für am Maßstab des Grundgesetzes für gerechtfertigt angesehen, weil es der Funktionsfähigkeit des Staates und seiner Einrichtungen und dem staatlichen Bildungs- und Erziehungsauftrag aus Art. 7 I GG diene sowie den Gewerkschaften der Beamt:innen Beteiligungsrechte an der gesetzlichen Regelung der Alimentation zustünden.[49] Problematisch ist aber, ob sich dies mit der Rechtsprechung des EGMR vereinbaren lässt. Art. 11 EMRK sieht dem Wortlaut nach zwar nicht ausdrücklich einen Schutz des Arbeitskampfes vor, der EGMR hat einen solchen jedoch abgeleitet und auch auf Beamt:innen erstreckt.[50] Zwar ist Art. 11 EMRK nicht vorbehaltlos gewährleistet und kann insbesondere bei Angehörigen des öffentlichen Dienstes und Beamt:innen durchaus eingeschränkt werden, vgl. Art. 11 II EMRK. Aber ein absolutes, unterschiedsloses Streikverbot für alle Staatsbediensteten ohne Rücksicht auf darauf, ob die Betroffenen überwiegend hoheitliche Tätigkeiten ausüben, hat der EGMR jedenfalls als unverhältnismäßig angesehen.[51] Gleichwohl hat das BVerfG eine Rückwirkung im Wege der völkerrechtskonformen Auslegung abgelehnt[52] und angedeutet, dass es – im Falle einer konfligierenden künftigen Entscheidung des EGMR – für eine sodann in Rede stehende völkerrechtsfreundliche Auslegung wohl keinen Raum sehe.[53]

---

49 BVerfG, Urt. v. 12.6.2018, Az.: 2 BvR 1738/12, Rn. 166 ff.
50 Zunächst hat der EGMR in der Rechtssache *Demir und Baykara* die Tarifverhandlungen als geschützt angesehen, EGMR, Urt. v. 12.11.2008, Az.: 34503/97 Rn. 153, 157 – Demir and Baykara/Türkei, und diesen später auch auf den Streik erstreckt: EGMR, 21.4.2009, Az.: 68959/01, Rn. 24 = NZA 2010, 1423 (1424) – Enerji Yap-Yol Sen/Türkei.
51 EGMR, Urt. v. 21.4.2009, Az.: 68959/01, Rn. 32 = NZA 2010, 1423 (1424 f.) Enerji Yap-Yol Sen/Türkei.
52 BVerfG, Urt. v. 12.6.2018, Az.: 2 BvR 1738/12, Rn. 172 ff.; ganz anders noch die Vorinstanz BVerwG, Urt. v. 27.2.2014, Az.: 2 C 1.13, Rn. 47 ff.; ausfürlich und kritisch zur Entscheidung des BVerfG: Hering, ZaöRV 2019, 241 (247 ff.).
53 BVerfG, Urt. v. 12.6.2018, Az.: 2 BvR 1738/12, Rn. 172.

Luca Knuth

Zusammenfassung: Die wichtigsten Punkte
- Die Koalitionsfreiheit ist, wie auch Art. 9 I GG, Doppelgrundrecht.
- Koalitionen heben sich durch ihren spezifischen Zweck der „Wahrung und Förderung der Arbeits- und Wirtschaftsbedingungen" von sonstigen Vereinigungen ab.
- Die Tarifautonomie ist von Art. 9 III GG gewährleistet.
- Bedeutung für ihre Einschränkbarkeit kommt insbesondere verfassungsimmanenten Schranken zu.

Weiterführende Studienliteratur
- Wolfgang Kluth, Die Vereinigungs- und Koalitionsfreiheit gem. Art. 9 GG, Jura 2019, S. 719–726
- Ulrich Preis/Alberto Povedano Peramato, Das Arbeitskampfrecht im Überblick, Ad Legendum 2018, S. 157–163

Dieses Kapitel darf gerne kommentiert, verändert und beliebig genutzt werden. Jeder Link in der PDF-Version des Textes führt zur Überarbeitungsmöglichkeit bei der Plattform Wikibooks. Eine konkrete Anleitung zur Mitarbeit & Weiternutzung findet sich auf unserer Homepage | ebenfalls über den abgebildeten QR-Code mit der Smartphone-Kamera erreichbar.

§ 22 Religion & Familie

Die Religions-, Weltanschauungs- und Gewissensfreiheit aus Art. 4 GG stellt die Entfaltung persönlicher religiöser, weltanschaulicher oder gewissensbezogener Überzeugungen im öffentlichen Raum unter Schutz, entfacht aber auch Debatten über den Umgang mit Religion in der pluralen Gesellschaft. Der grundrechtliche Schutz von Ehe & Familie aus Art. 6 GG normiert besondere Rechte für Ehe und Familie, ist aber mit Verantwortung, wie etwa von Eltern, verbunden. Art. 7 GG stellt das ganze Schulwesen unter staatliche Aufsicht und bringt dadurch deutlich zum Ausdruck, dass Bildung in der öffentlichen Verantwortung liegt. Die allgemeine Schulaufsicht erstreckt sich dabei auch auf die Einrichtung und Durchführung des Religionsunterrichts sowie auf den Betrieb von Privatschulen.

Diese drei Grundrechtsnormen stehen in engen sachlichen **Zusammenhängen** und haben signifikante Schnittmengen: Art. 4 GG und Art. 6 GG befassen sich mit der **Reichweite des religiösen Erziehungsrechts der Eltern** – auch und gerade im Hinblick auf die eigenständige Religionsfreiheit des Kindes. Im Kontext von Art. 4 GG und Art. 7 GG geht es unter anderem um die Frage, welcher **verfassungsrechtliche Spielraum für den Religionsunterricht an Schulen** besteht. Mit Art. 7 II, III GG bestehen hierfür auch gesonderte Bestimmungen, die einerseits die Einrichtung des Religionsunterrichts garantieren, gleichzeitig jedoch die (negative) Glaubens- und Weltanschauungsfreiheit von Schüler:innen, Eltern und Lehrer:innen berücksichtigen. Art. 6 GG und Art. 7 GG werfen im Verhältnis untereinander vor allem die Frage auf, welche Möglichkeiten für Eltern bestehen, im Bildungssystem für eine angemessene **Berücksichtigung ihrer elterlichen Überzeugungen** und Interessen sorgen zu können.

Vor dem Hintergrund, dass die drei Grundrechtsnormen in diesem Kapitel an komplexe Spannungsfelder zwischen individualrechtlichen Ansprüchen und öffentlicher Verantwortung ansetzen, ist es wenig verwunderlich, dass Diskussionen über thematisch einschlägige verfassungsrechtliche beziehungsweise verfassungsrechtsrelevante Paradigmenwechsel meist sehr kontrovers verlaufen. Dies zeigte sich beispielsweise in der einfachgesetzlichen Ausdehnung des Ehebegriffs[1], in der Debatte über eine mögliche Hinzufügung von expliziten Kinderrech-

---

1 Siehe zum Meinungsspektrum beispielsweise die Beiträge auf dem Verfassungsblog, insbesondere Volkmann, VerfBlog, 2.7.2017; Hong, VerfBlog, 29.6.2017. Die Kontroverse dieser Thematik zeigt sich auch darin, dass im entsprechenden Gesetzgebungsverfahren die Fraktionsdisziplin aufgehoben wurde.

ten im Grundgesetz[2] oder aber im Gesetzgebungsverfahren über beamtenrechtliche Vorschriften[3], die Grenzen für ein selbstbestimmtes Erscheinungsbild setzen. Im Spannungsfeld von staatlicher Schulaufsicht und elterlichem Erziehungsrecht gilt dies auch für das Thema Schulpflicht, das im Hinblick auf das sogenannte „home-schooling" immer wieder Gegenstand nationaler wie auch internationaler Entscheidungen und Debatten ist.[4] Ferner sorgte die Kollision von Versammlungsfreiheit und Schulpflicht mit Beginn der „Fridays for future"-Demonstrationen für kontroverse rechtspolitische Debatten.[5] Während islamischer Religionsunterricht bereits in mehreren Bundesländern – zum Teil im Rahmen von Modellversuchen – an öffentlichen Schulen eingeführt worden ist[6], bleibt die Kontroverse um dessen formelle, materielle wie auch tatsächliche Voraussetzungen bestehen.[7]

---

2 Siehe zum Meinungsspektrum beispielsweise die Beiträge auf dem Verfassungsblog, insbesondere Wapler, VerfBlog, 14.1.2021; v. Landenberg-Roberg, VerfBlog, 13.1.2021; Gerbig, VerfBlog, 5.3.2020; Donath, VerfBlog, 1.1.2020.
3 Siehe hierzu die Gesetzgebungsmaterialien, insbesondere die Beschlussempfehlung und den Bericht des Innenausschusses, BT-Drs. 19/28836, 12f.
4 Boysen, in: v. Münch/Kunig, GG, 7. Aufl. 2021, Art. 7 Rn. 50; Hufen, Staatsrecht II – Grundrechte, 8. Aufl. 2020, § 32 Rn. 37 m.w.N. zur Rechtsprechung. Konkret geht es hier nicht um den während der Covid-19-Pandemie praktizierten Fernunterricht, sondern um die vollständige Übernahme der Lehre durch die Eltern (beziehungsweise von Eltern ausgesuchten Personen) im häuslichen und familiären Kontext.
5 Siehe hierzu unter anderem Rux, NJW Aktuell 2019, 1517ff.; Friedrich, NVwZ 2019, 598ff.
6 Für Details hierzu siehe Mediendienst Integration, Islamischer Religionsunterricht in Deutschland, Mai 2020.
7 Für einen Überblick über die einzelnen Voraussetzungen siehe Boysen, in: v. Münch/Kunig, GG, 7. Aufl. 2021, Art. 7 Rn. 92–94. Allgemein zum islamischen Religionsunterricht siehe Grzeszick ZevKR 62 (2017), 362ff.; Hillgruber KuR 2017, 225ff.; Bock, Islamischer Religionsunterricht?, 2. Aufl. 2007.

Stephan Gerbig/Verena Kahl/Emily Mary Laing

§ 22.1 Religions-, Weltanschauungs- und Gewissensfreiheit – Art. 4 GG

Notwendiges Vorwissen: Prüfung eines Freiheitsgrundrechts, Grundrechtsfunktionen, allgemeine Handlungsfreiheit – Art. 2 I GG

Lernziel: Religions- und Weltanschauungsfreiheit sowie die Gewissensfreiheit als höchstpersönliche Grundrechte kennenlernen, Überblick über den Prüfungsaufbau in der Klausur gewinnen

---

Für dieses Kapitel gibt es frei zugängliche interaktive Übungen. Halte einfach deine Smartphone-Kamera vor den Kasten mit den Punkten (QR-Code).

Art. 4 GG statuiert die **Religions- und Weltanschauungsfreiheit** sowie die **Gewissensfreiheit**. Zur Religions- und Weltanschauungsfreiheit gehört auch die ungestörte Religionsausübung (Art. 4 II GG). Sie ist als **einheitliches Grundrecht** zu verstehen, welches sich aus den ersten beiden Absätzen des Art. 4 GG zusammensetzt.[1]

❗ Examenswissen

Die Religionsfreiheit ist stark durch historische Vorläufer geprägt. Dies zeigt sich auch darin, dass Art. 140 GG immer noch auf einzelne Artikel der Weimarer Reichsverfassung zum Religionsverfassungsrecht Bezug nimmt und diese so in das Grundgesetz inkorporiert. Während auch die Gewissensfreiheit schon Bestandteil der Weimarer Reichsverfassung war (Art. 135 WRV), sind das Recht auf Kriegsdienstverweigerung sowie die Weltanschauungsfreiheit als individuelle Grundrechte erstmals mit dem Grundgesetz verfassungsrechtlich normiert worden; die Weimarer Reichsverfassung hatte Weltanschauungsgemeinschaften aber schon den Religionsgemeinschaften gleichgestellt (Art. 137 VII WRV).

---

1 BVerfG, Urt. v. 24.9.2003, Az.: 2 BvR 1436/02, Rn. 37 = BVerfGE 108, 282 (297) – Kopftuch; BVerfG, Beschl. v. 16.10.1968, Az.: 1 BvR 241/66, Rn. 19 = BVerfGE 24, 236 (245) – (Aktion) Rumpelkammer.

A. Religions- und Weltanschauungsfreiheit

Die Religions- und Weltanschauungsfreiheit ist stark durch die Menschenwürde geprägt[2] und gehört zu den Grundrechten, die nicht nach Art. 18 GG verwirkt werden können.[3] Sie wird durch eine Vielzahl weiterer verfassungsrechtlicher Bestimmungen flankiert.[4]

I. Schutzbereich

1. Sachlicher Schutzbereich

Unter einer **Religion** oder einer Weltanschauung ist eine mit der Person des Menschen verbundene Gewissheit „über bestimmte Aussagen zum Weltganzen sowie zur Herkunft und zum Ziel des menschlichen Lebens zu verstehen"; einer Religion liegt dabei eine den Menschen überschreitende und umgreifende Wirklichkeit (transzendent) zugrunde, während sich eine Weltanschauung demgegenüber auf rein innerweltliche Bezüge (immanent) beschränkt.[5] Unerheblich ist, um welche Religion beziehungsweise Weltanschauung es sich handelt: Das Grundgesetz kennt keine Staatsreligion (Art. 140 GG i.V.m. Art. 137 I WRV) und ist dem religionsverfassungsrechtlichen Grundsatz der Gleichbehandlung von Religionsgemeinschaften (sogenannte „**Parität**") verpflichtet: Hieraus folgt, dass der Staat allen Religions- und Weltanschauungsgemeinschaften inhaltlich neutral gegenüberstehen muss und sich nicht mit einer bestimmten Religions- oder Welt-

---

2 Vgl. BVerfG, Beschl. v. 16.10.1979, Az.: 1 BvR 647/70 u.a., Rn. 63 = BVerfGE 52, 223 (247) – Schulgebet; BVerfG, Beschl. v. 1.7.1987, Az.: 2 BvR 478, 962/86, Rn. 41 = BVerfGE 76, 143 (158) – Ahmadiyya-Glaubensgemeinschaft; BVerfG, Urt. v. 24.9.2003, Az.: 2 BvR 1436/02, Rn. 42 = BVerfGE 108, 282 (300) – Kopftuch.

3 Dass Art. 4 GG in der Liste der nach Art. 18 GG verwirkbaren Grundrechte nicht genannt wird, gründet sich darauf, dass die Religions- und Weltanschauungsfreiheit in besonderem Ausmaß auf der Menschenwürde beruht und damit partiell auch einen absoluten Schutz genießt; siehe vertiefend zum Verhältnis von Art. 4 GG und Art. 18 GG: Wissenschaftliche Dienste des Bundestages, Zur Aufnahme des Grundrechts der ungestörten Religionsausübung in die Verwirkungsregelung des Art. 18 GG, Az.: WD 3-3000-221/17, 2017.

4 Hierzu zählen neben den Bestimmungen aus der Weimarer Reichsverfassung, die über Art. 140 GG in das Grundgesetz inkorporiert wurden, Art. 3 III, Art. 33 III sowie Art. 7 II, II GG, siehe BVerfG, Beschl. v. 16.10.1968, Az.: 1 BvR 241/66, Rn. 20 = BVerfGE 24, 236 (246) – (Aktion) Rumpelkammer.

5 BVerwG, Urt. v. 27.3.1992, Az.: 7 C 21/90, juris Rn. 23.

Stephan Gerbig

anschauungsgemeinschaft identifizieren darf.[6] Dies gilt auch im Hinblick auf etablierte Religions- und Weltanschauungsgemeinschaften.[7]

Klassischerweise wird bei der Religions- und Weltanschauungsfreiheit zwischen der inneren Freiheit (**forum internum**) und der äußeren Freiheit (**forum externum**) unterschieden[8]:

Zur **inneren Freiheit** gehört nicht nur die Freiheit, einen Glauben zu haben – oder keinen Glauben haben zu wollen (sog. negative Religionsfreiheit[9]) –, sondern auch die Religionsausübung im privaten Bereich.

Beispiel: der häusliche Gottesdienst; die Möglichkeit zum Reden über den eigenen Glauben und zum religiösen Bekenntnis im nachbarschaftlich-kommunikativen Bereich; das Gebet und der Gottesdienst abseits der Öffentlichkeit in persönlicher Gemeinschaft mit anderen Gläubigen dort, wo man sich nach Treu und Glauben unter sich wissen darf (sogenanntes „religiöses Existenzminimum")[10]

Zur **äußeren Freiheit** gehört es, den Glauben zu manifestieren, zu bekennen und zu verbreiten. Hier ist ein umfassendes Verständnis geboten: Von der äußeren Freiheit sind nicht nur kultische Handlungen, die Ausübung sowie die Beachtung religiöser Gebräuche, die religiöse Erziehung, freireligiöse und atheistische Feiern sowie andere Äußerungen des religiösen und weltanschaulichen Lebens umfasst[11]; vielmehr umfasst die äußere Freiheit auch das Recht, sein gesamtes Verhalten an den Lehren seines Glaubens auszurichten und seiner inneren Glaubens-

---

6 BVerfG, Beschl. v. 16.10.1968, Az.: 1 BvR 241/66, Rn. 20 = BVerfGE 24, 236 (246) – (Aktion) Rumpelkammer; BVerfG, Urt. v. 24.9.2003, Az.: 2 BvR 1436/02, Rn. 42 = BVerfGE 108, 282 (300) – Kopftuch.

7 Bereits in den 1970ern hat das BVerfG die früher vertretene sogenannte „Kulturadäquanzformel" – die Auffassung, dass vom Schutzbereich der Religions- oder Weltanschauungsfreiheit nur die Verhaltensweisen umfasst seien, „die sich bei den heutigen Kulturvölkern auf dem Boden gewisser übereinstimmender sittlicher Grundanschauungen im Laufe der geschichtlichen Entwicklung herausgebildet" haben, vgl. BVerfG, Beschl. v. 8.11.1960, Az.: 1 BvR 59/56, Rn. 9 = BVerfGE 12, 1 (4) – Glaubensabwerbung – aufgegeben, siehe hierzu BVerfG, Beschl. v. 17.12.1975, Az.: 1 BvR 63/68, Rn. 102 = BVerfGE 41, 29 (50) – Simultanschule.

8 Anders der EuGH, jedenfalls für das europäische Asylrecht, siehe EuGH, Urt. v. 5.9.2012, Az.: C-71/11 u. C-99/11, Rn. 62ff.

9 BVerfG, Beschl. v. 27.1.2015, Az.: 1 BvR 471/10, Rn. 104 = BVerfGE 138, 296 (336) – Kopftuchverbot NRW.

10 BVerfG, Beschl. v. 1.7.1987, Az.: 2 BvR 478, 962/86, Rn. 41 = BVerfGE 76, 143 (158) – Ahmadiyya-Glaubensgemeinschaft.

11 BVerfG, Beschl. v. 16.10.1968, Az.: 1 BvR 241/66, Rn. 21 = BVerfGE 24, 236 (246) – (Aktion) Rumpelkammer.

Stephan Gerbig

überzeugung gemäß zu handeln. Nicht erforderlich ist, dass bestimmte Verhaltensweisen von der jeweiligen Lehre als zwingend erwartet werden.[12]

Dies führt dazu, dass die Religions- und Weltanschauungsfreiheit einen sehr weiten Schutzbereich haben kann und im Einzelfall klärungsbedürftig ist, ob eine gewisse Verhaltensweise als zum Schutzbereich der Religions- und Weltanschauungsfreiheit zugehörig betrachtet werden kann. Für die **Klärung im Einzelfall** sind folgende Kriterien maßgeblich: Die Religions- und Weltanschauungsfreiheit nach Art. 4 GG überlässt es der einzelnen Person, selbst zu entscheiden, welche religiösen oder weltanschaulichen Verhaltensweisen sie für sich annimmt und befolgt oder ablehnt.[13] Vor diesem Hintergrund ist die Frage, welche Verhaltensweise schon oder noch in den sachlichen Schutzbereich der Religions- und Weltanschauungsfreiheit fällt, maßgeblich abhängig von dem **Selbstverständnis** der betroffenen Personen. Staatliche Stellen sind deshalb dazu verpflichtet, sich im Kontext von etwaigen Grundrechtseingriffen mit den individuellen religiösen oder weltanschaulichen Ansichten der betroffenen Personen auseinanderzusetzen.[14]

Indes würde eine alleinige Bestimmung nach dem subjektiven Selbstverständnis dazu führen, dass die Religions- und Weltanschauungsfreiheit grenzenlos werden kann. Vor diesem Hintergrund dürfen staatliche Stellen eine religiöse oder weltanschauliche Überzeugung zwar nicht bewerten, aber zumindest prüfen, ob die Motivation für eine gewisse Verhaltensweise hinreichend **substantiiert dargelegt** ist und sich in plausibler Weise als eine religiöse beziehungsweise weltanschauliche Motivation qualifizieren lässt.[15]

Weiterführendes Wissen   ℹ️

Das BVerfG hat auch bereits Mitgliedern der sogenannten Osho-Bewegung zugesprochen, sich jedenfalls auf die Weltanschauungsfreiheit berufen zu können; in diesem Kontext erklärte es auch eine gleichzeitige wirtschaftliche Betätigung als unschädlich, solange die ideellen Zielsetzungen nicht nur als Vorwand für wirtschaftliche Aktivitäten dienen.[16]

Umstritten ist, ob auch Mitglieder der Scientology-Kirche – oder gar diese selbst im Wege der kollektiven Religions- beziehungsweise Weltanschauungsfreiheit – den Schutz der Religions-

---

12 BVerfG, Beschl. v. 19.10.1971, Az.: 1 BvR 387/65, Rn. 21 = BVerfGE 32, 98 (106) – Gesundbeter; BVerfG, Beschl. v. 27.1.2015, Az.: 1 BvR 471/10, Rn. 89 = BVerfGE 138, 296 (330) – Kopftuchverbot NRW.
13 BVerfG, Urt. v. 24.9.2003, Az.: 2 BvR 1436/02, Rn. 46 = BVerfGE 108, 282 (302) – Kopftuch.
14 Siehe exemplarisch BVerfG, Beschl. v. 27.1.2015, Az.: 1 BvR 471/10, Rn. 96 = BVerfGE 138, 296 (332) – Kopftuchverbot NRW.
15 BVerfG, Beschl. v. 27.1.2015, Az.: 1 BvR 471/10, Rn. 86 = BVerfGE 138, 296 (329) – Kopftuchverbot NRW.
16 BVerfG, Beschl. v. 26.6.2002, Az.: 1 BvR 670/91, Rn. 51 = BVerfGE 105, 279 (293) – Osho.

Stephan Gerbig

beziehungsweise der Weltanschauungsfreiheit in Anspruch nehmen können; das BVerwG hat dies im Hinblick auf Mitglieder der Scientology-Kirche in der Vergangenheit schon bejaht, das BVerfG hat dies bisher offen gelassen.[17] Der EGMR hat in einem gegen Russland gerichteten Verfahren die Scientology-Kirche im Schutzbereich der Vereinigungsfreiheit nach Art. 11 EMRK verortet, diese aber ergänzend im Lichte der Religionsfreiheit nach Art. 9 EMRK ausgelegt.[18]

Im Rahmen einer neutralen, allgemeingültigen und nicht konfessionell oder weltanschaulich gebundenen Betrachtung ist deshalb bei der Frage, ob eine gewisse Verhaltensweise in den Schutzbereich der Religions- und Weltanschauungsfreiheit fällt, auch das Selbstverständnis der Religions- und Weltanschauungsgemeinschaft zu berücksichtigen.[19] Dies führt jedoch keineswegs zu dem Automatismus, dass das Mehrheitsverständnis innerhalb einer Religions- oder Weltanschauungsfreiheit maßgeblich ist: Insbesondere dann, wenn innerhalb einer Religions- oder Weltanschauungsgemeinschaft divergierende Ansichten vertreten werden, käme eine Orientierung am Mehrheitsverständnis einer unzulässigen Bewertung gleich.[20] Bei der zulässigen Plausibilitätsprüfung müssen deshalb alle in Betracht kommenden Deutungsmöglichkeiten berücksichtigt werden.[21]

❗ Examenswissen

Dies beschränkt sich nicht nur auf Deutungsmöglichkeiten, die von Autoritäten innerhalb der jeweiligen Religions- und Weltanschauungsgemeinschaft vertreten werden, sondern gilt auch für hinreichend plausible eigenständige Deutungen der individuellen Person; dies folgt notwendigerweise aus dem Umstand, dass die Religions- und Weltanschauungsfreiheit von der Würde des Menschen und der freien Entfaltung der Persönlichkeit in Selbstbestimmung und Eigenverantwortung geprägt ist.[22]

Es gibt jedoch Formen vermeintlich religiös oder weltanschaulich motivierter Verhaltensweisen, die vom Schutzbereich der Religions- und Weltanschauungsfreiheit **ausgenommen** sind: Dies ist der Fall, wenn die Religions- oder Weltanschauungsfreiheit missbräuchlich dafür verwendet wird, um die Würde anderer Personen zu verletzen.[23]

---

17 Vgl. BVerwG, Urt. v. 15.12.2005, Az.: 7 C 20.04, juris Rn. 12; BVerfG, Beschl. v. 28.3.2002, Az.: 2 BvR 307/01, juris Rn. 21.
18 EGMR, Urt. v. 5.4.2007, Az.: 18147/02, Rn. 64 – Church of Scientology Moscow gegen Russland.
19 BVerfG, Beschl. v. 16.10.1968, Az.: 1 BvR 241/66, Rn. 25 = BVerfGE 24, 236 (247) – (Aktion) Rumpelkammer.
20 Vgl. BVerfG, Beschl. v. 27.1.2015, Az.: 1 BvR 471/10, Rn. 86 = BVerfGE 138, 296 (329) – Kopftuchverbot NRW; BVerfG, Urt. v. 24.9.2003, Az.: 2 BvR 1436/02, Rn. 40 = BVerfGE 108, 282 (299) – Kopftuch.
21 BVerfG, Urt. v. 24.9.2003, Az.: 2 BvR 1436/02, Rn. 50 = BVerfGE 108, 282 (304) – Kopftuch.
22 BVerfG, Urt. v. 24.9.2003, Az.: 2 BvR 1436/02, Rn. 42 = BVerfGE 108, 282 (300) – Kopftuch.
23 BVerfG, Beschl. v. 8.11.1960, Az.: 1 BvR 59/56, Rn. 9 = BVerfGE 12, 1 (4) – Glaubensabwerbung.

Stephan Gerbig

Beispiel: religiöse Riten der Tempelunzucht, der Menschopfer, der Witwenverbrennung oder Polygamie[24]

Demgegenüber ist nicht bereits automatisch jede tatbestandliche Verwirklichung von Strafnormen automatisch vom Schutzbereich der Religions- und Weltanschauungsfreiheit ausgenommen, vielmehr kann Art. 4 GG auch auf die Auslegung und Anwendung von Strafnormen ausstrahlen.[25]

2. Persönlicher Schutzbereich

Jede natürliche Person kann sich auf die individuelle Religionsfreiheit im Sinne des Art. 4 I, II GG berufen. Dies gilt auch für Kinder.

Weiterführendes Wissen

Folgerichtig prüfen das BVerwG und das BVerfG Sachverhalte, die die Religionsfreiheit von Kindern unter 14 Jahren betreffen, auch primär am Maßstab der Religionsfreiheit des Kindes, nicht aber am Maßstab des religiösen Erziehungsrechts.[26] Zwar wird im Hinblick auf die Religionsfreiheit von Kindern in der Literatur häufig Bezug genommen auf das Gesetz über die religiöse Kindererziehung (KErzG), welches als vorkonstitutionelles Recht gemäß Art. 123 I GG fort gilt. § 5 KErzG schreibt vor, dass Kinder ab 14 Jahren das Recht haben, über das eigene Bekenntnis frei entscheiden zu können, und bereits ab 12 Jahren nicht mehr gegen ihren Willen in einem anderen als dem bisherigen Bekenntnis erzogen werden können. Diese Altersgrenzen haben jedoch lediglich eine Indizwirkung für die Prozessfähigkeit im Kontext der Religionsfreiheit und markieren zudem, ab welchem Alter etwaige Konflikte zwischen der Religionsfreiheit des Kindes und dem religiösen Erziehungsrecht der Eltern in jedem Fall unerheblich sind, weil das religiöse Erziehungsrecht der Eltern verdrängt wird. Die Altersgrenzen stellen jedoch weder die Grundrechtsträgerschaft von Kindern im Hinblick auf die Religionsfreiheit in Frage, noch die Fähigkeit von Kindern, ihre Religionsfreiheit selbst auszuüben. Jedenfalls mit der Ratifizierung der UN-Kinderrechtskonvention (UN-KRK), dessen Art. 14 UN-KRK explizit die eigenständige Religionsfreiheit von Kindern festschreibt[27], dürfte es hieran keinen Zweifel mehr geben.

Trotz der Neutralität des Staates in Religionsfragen können sich auch Amtsträger:innen und Beamt:innen im öffentlichen Dienst sowie vergleichbare Personen, die

---

24 BVerwG, Urt. v. 21.6.2005, Az.: 2 WD 12.04, juris Rn. 303.
25 BVerfG, Beschl. v. 19.10.1971, Az.: 1 BvR 387/65, Rn. 31 = BVerfGE 32, 98 (107) – Gesundbeter.
26 Vgl. BVerwG, Urt. v. 11.9.2013, 6 C 25.12; BVerfG, Beschl. v. 8.11.2016, Az.: 1 BvR 3237/13.
27 Während andere Vertragsstaaten zu Art. 14 UN-KRK bei der Ratifizierung einen Vorbehalt hinterlegt haben, der sich darauf bezieht, dass die Religionsfreiheit erst ab 18 Jahren greift, hat Deutschland hiervon keinen Gebrauch gemacht.

Stephan Gerbig

den Staat repräsentierende Aufgaben ausüben, auf die Religions- und Weltanschauungsfreiheit berufen.[28]

Die Religions- und Weltanschauungsfreiheit steht auch **Vereinigungen** zu, die sich die partielle Pflege des religiösen oder weltanschaulichen Lebens ihrer Mitglieder zum Ziel gesetzt haben.[29] Auch Religionsgemeinschaften, die gemäß Art. 140 GG i. V. m. Art. 137 V WRV über den Status als Körperschaft des öffentlichen Rechts verfügen, können sich auf die Religionsfreiheit nach Art. 4 I, II GG berufen; sie nehmen grundsätzlich keine Staatsaufgaben wahr, sind nicht in die Staatsorganisation eingebunden und unterliegen keiner staatlichen Aufsicht.[30]

II. Eingriff

Beim Eingriff in die Religions- und Weltanschauungsfreiheit sind, neben den allgemeinen Grundlagen zu einem Grundrechtseingriff[31], Besonderheiten zu berücksichtigen.

Das Neutralitätsgebot verpflichtet den Staat zu einer gewissen Zurückhaltung: Vor diesem Hintergrund sind staatliche **Warnungen** vor religiösen oder weltanschaulichen Gruppen, insbesondere dann, wenn entsprechende Warnungen ein deutliches Werturteil enthalten, als rechtfertigungsbedürftiger Grundrechtseingriff zu qualifizieren; der Staat muss sich hier zurechnen lassen, dass er durch derartige Äußerungen mittelbar-faktische Wirkungen auslösen kann.[32] Demgegenüber greifen staatliche Darstellungen von Religions- und Weltanschauungsgemeinschaften, die keine diffamierende oder verfälschende Ausrichtung haben, sondern im Rahmen einer sachlich geführten Informationstätigkeit erfolgen, nicht in die Religions- und Weltanschauungsfreiheit ein.[33]

---

28 BVerfG, Beschl. v. 14.1.2020, Az.: 2 BvR 1333/17, juris Rn. 79; BVerfG, Beschl. v. 27.1.2015, Az.: 1 BvR 471/10, Rn. 84 = BVerfGE 138, 296 (328) – Kopftuchverbot NRW. In der abweichenden Meinung der Richter Jentsch, Di Fabio und Mellinghoff zum Urteil des BVerfG v. 24.9.2003 (Az.: 2 BvR 1436/02 = BVerfGE 108, 282 (314) – Kopftuch) gehen diese demgegenüber davon aus, dass sich Beamt:innen in freier Willensentscheidung auf die Seite des Staates stellen würden und sich nur insoweit auf Grundrechte berufen können, wie dies mit dem grundsätzlichen Vorrang der Dienstpflichten vereinbar ist.
29 BVerfG, Beschl. v. 16.10.1968, Az.: 1 BvR 241/66, Rn. 22 = BVerfGE 24, 236 (246) – (Aktion) Rumpelkammer.
30 BVerfG, Beschl. v. 30.6.2015, Az.: 2 BvR 1282/11, Rn. 91 = BVerfGE 139, 321 (350) – Zeugen Jehovas Bremen.
31 Siehe hierzu vertiefend die allgemeinen Ausführungen zu einem Grundrechtseingriff.
32 BVerfG, Beschl. v. 26.6.2002, Az.: 1 BvR 670/91, Rn. 92 = BVerfGE 105, 279 (309) – Osho.
33 BVerfG, Beschl. v. 26.6.2002, Az.: 1 BvR 670/91, Rn. 56 = BVerfGE 105, 279 (295) – Osho.

Stephan Gerbig

Auch die hoheitlich verursachte **Konfrontation mit religiösen Symbolen** kann einen Grundrechtseingriff darstellen: Zwar folgt aus der negativen Religions- und Weltanschauungsfreiheit kein Anspruch, von jeglicher Konfrontation mit anderen religiösen oder weltanschaulichen Einstellungen verschont zu werden.[34] Ein rechtfertigungsbedürftiger Grundrechtseingriff in die negative Religions- und Weltanschauungsfreiheit Dritter liegt aber in den Fällen vor, in denen die in hoheitlicher Verantwortung liegenden Rahmenumstände (insbesondere die Dauer und die Intensität der Konfrontation mit einem religiösen Symbol) es fast unmöglich machen, der Konfrontation zu entgehen.

Beispiel: in Unterrichtsräumen oder Gerichtssälen hängende Kreuze[35]; Rechtsreferendarinnen, die im staatsanwaltlichen Sitzungsdienst oder bei vergleichbaren Tätigkeiten (in denen die besondere Neutralität sogar durch staatliche Bekleidungsvorschriften vorgegeben ist) ein Kopftuch tragen[36]

Von Lehrkräften, die im Schulalltag ein Kopftuch oder vergleichbare religiös konnotierte Bekleidung tragen, geht hingegen nicht automatisch ein Eingriff in die negative Religionsfreiheit der Schüler:innen aus; dies ist erst dann der Fall, wenn die Lehrkräfte verbal für ihre religiöse Überzeugung werben und versuchen, Schüler:innen gezielt zu beeinflussen.[37]

III. Rechtfertigung

1. Einschränkbarkeit des Grundrechts
Die Religions- und Weltanschauungsfreiheit zählt zu den wenigen Grundrechten, die nur durch **verfassungsimmanente Schranken** beschränkt werden können.[38] Hierbei ist ein schonender Ausgleich zwischen den betroffenen verfassungsrechtlich geschützten Positionen vorzunehmen (sogenannte praktische Konkor-

---

34 BVerfG, Beschl. v. 27.1.2015, Az.: 1 BvR 471, 1181/10, Rn. 104 = BVerfGE 138, 296 (336) – Kopftuchverbot NRW.
35 BVerfG, Beschl. v. 16.5.1995, Az.: 1 BvR 1087/91, Rn. 40 = BVerfGE 93, 1 (18) – Kruzifix; BVerwG, Urt. v. 30.11.2011, Az.: 6 C 20.10, juris Rn. 30; BVerfG, Beschl. v. 17.7.1973, Az.: 1 BvR 308/69, Rn. 28 = BVerfGE 35, 366 (375) – Kreuz im Gerichtssaal.
36 BVerfG, Beschl. v. 14.1.2020, Az.: 2 BvR 1333/17, Rn. 95.
37 BVerfG, Beschl. v. 27.1.2015, Az.: 1 BvR 471/10, Rn. 105 = BVerfGE 138, 296 (337) – Kopftuchverbot NRW.
38 BVerfG, Beschl. v. 28.3.2002, Az.: 2 BvR 307/01, juris Rn. 22.

Stephan Gerbig

danz).[39] Der Gesetzgeber ist jedoch dazu verpflichtet, in komplexen Kollisionsfällen durch eine gesetzliche Regelung die „Schranken der widerstreitenden Freiheitsgarantien jedenfalls so weit selbst zu bestimmen, wie eine solche Festlegung für die Ausübung dieser Freiheitsrechte wesentlich ist".[40]

ℹ Weiterführendes Wissen

Zum Teil wurde in Literatur und Rechtsprechung angenommen, dass in Art. 140 GG i.V.m. Art. 136 I WRV ein allgemeiner Gesetzesvorbehalt zur Religionsfreiheit aus Art. 4 I, II GG enthalten sei: Art. 140 GG i.V.m. Art. 136 I WRV normiert, dass die staatsbürgerlichen Rechte und Pflichten nicht durch die Ausübung der Religionsfreiheit bedingt oder beschränkt werden. Die oberste staatsbürgerliche Pflicht sei die Einhaltung der Gesetze. Das BVerfG hat sich einer solchen Lesart des Art. 140 GG i.V.m. Art. 136 I WRV nicht angeschlossen.[41] Auch Schrankenleihen über Art. 2 I GG oder Art. 5 II GG wurden schon in der Literatur diskutiert, das BVerfG hat sich hierzu aber ebenfalls unmissverständlich ablehnend positioniert.[42] In Prüfungen können hier jedoch vertiefende Ausführungen erforderlich sein.

❗ Klausurtaktik

Vergleiche hierzu Fall 9 im Grundrechte-Fallbuch.

---

2. Grenzen der Einschränkbarkeit

Im Rahmen von konkreten Abwägungsfragen ist grundsätzlich zu berücksichtigen, dass die staatliche Neutralität in Religions- und Weltanschauungssachen nicht auf einer strikten Trennung zwischen Staat und Religion beziehungsweise Weltanschauung beruht. Vielmehr ist das deutsche Verfassungsrecht durch eine für alle Religionen und Weltanschauungen gleichermaßen **„fördernde Haltung"** des Staates geprägt.[43] Art. 4 I, II GG verpflichtet den Staat deshalb auch im positiven Sinn, „den Raum für die aktive Betätigung der Glaubensüberzeugung und die Verwirklichung der autonomen Persönlichkeit auf weltanschaulich-religiösem Gebiet zu sichern".[44]

---

39 BVerfG, Beschl. v. 28.3.2002, Az.: 2 BvR 307/01, juris Rn. 23.
40 BVerfG, Urt. v. 24.9.2003, Az.: 2 BvR 1436/02, Rn. 67 = BVerfGE 108, 282 (311) – Kopftuch.
41 BVerfG, Beschl. v. 11.4.1972, Az.: 2 BvR 75/71, Rn. 18 = BVerfGE 33, 23 (30) – Eidesverweigerung aus Glaubensgründen.
42 BVerfG, Beschl. v. 19.10.1971, Az.: 1 BvR 387/65, Rn. 23 = BVerfGE 32, 98 (107) – Gesundbeter.
43 BVerfG, Urt. v. 24.9.2003, Az.: 2 BvR 1436/02, Rn. 43 = BVerfGE 108, 282 (300) – Kopftuch.
44 BVerfG, Urt. v. 24.9.2003, Az.: 2 BvR 1436/02, Rn. 43 = BVerfGE 108, 282 (300) – Kopftuch.

Stephan Gerbig

Weiterführendes Wissen

Diese Grundausrichtung wird auch als „fördernde Neutralität" bezeichnet. Sie unterscheidet sich grundlegend von religionsverfassungsrechtlichen Modellen in anderen europäischen Staaten, insbesondere einer strikten Trennung zwischen Staat und Religion beziehungsweise Weltanschauung, wie es sie in laizistisch ausgerichteten Staaten wie Frankreich gibt.

Klassischerweise ist die im sachlichen Schutzbereich der Religions- und Weltanschauungsfreiheit vorgenommene Differenzierung zwischen dem forum internum und dem forum externum auch relevant für den **Abwägungsmaßstab**: Eingriffe in das forum internum sollen demnach nur dann zulässigerweise in Betracht kommen, „sofern etwa die besondere Art und Weise des Bekenntnisses oder der Glaubensbekundung in erheblich friedenstörender Weise in die Lebenssphäre anderer Bürger hinübergriffe oder mit dem Grundbestand des ordre public nicht vereinbar wäre."[45] In der Konsequenz wären die verfassungsrechtlichen Anforderungen an die Rechtfertigung eines Eingriffs in das forum internum weitaus höher als an die Rechtfertigung eines Eingriff in das forum externum. Der EuGH hat diese klassische Differenzierung in ein forum internum und ein forum externum jedenfalls für den Kontext des europäischen Asylrechts verworfen und stellt für Differenzierungen ausschließlich auf die Intensität des Grundrechtseingriffs ab.[46] Ein solcher Umgang erleichtert eine sorgfältige Abwägung, da Eingriffe in das forum internum nicht zwingenderweise eine höhere Eingriffsintensität als Eingriffe in das forum externum haben müssen; dies gilt umso mehr angesichts der Tatsache, dass die tatsächliche Eingriffsintensität stark individuell sein kann.

Die Reichweite der Religions- und Weltanschauungsfreiheit soll nachfolgend durch unterschiedliche Fallgruppen, die vielfach Gegenstand einer gerichtlichen Auseinandersetzung geworden sind, verdeutlicht werden:

a) Kollision mit Strafnormen

Die Religions- und Weltanschauungsfreiheit strahlt auf die Auslegung und Anwendung von Strafnormen aus.[47] Das BVerfG hatte vor diesem Hintergrund die Verurteilung eines Mannes wegen unterlassener Hilfeleistung aufgehoben, der die Einweisung seiner Ehefrau, die sich in einem lebensbedrohlichen Zustand befand, ins Krankenhaus unterließ, und stattdessen gemeinsam mit ihr (erfolglos)

---

45 BVerfG, Beschl. v. 1.7.1987, Az.: 2 BvR 478, 962/86, Rn. 41 = BVerfGE 76, 143 (158) – Ahmadiyya-Glaubensgemeinschaft.
46 EuGH, Urt. v. 5.9.2012, Az.: C-71/11 u. C-99/11, Rn. 62ff. – Deutschland gegen Y und Z.
47 BVerfG, Beschl. v. 19.10.1971, Az.: 1 BvR 387/65, Rn. 29 = BVerfGE 32, 98 (109) – Gesundbeter.

Stephan Gerbig

für ihre Genesung betete. Nach den Feststellungen der Instanzgerichte handelte der Mann dabei auf Bitten seiner Ehefrau und aus tiefer religiöser Überzeugung. Das BVerfG hielt fest, dass ein unterlassenes Handeln, das für einen Menschen aufgrund der eigenen Glaubensüberzeugung nicht vollziehbar ist, im Lichte der Religions- und Weltanschauungsfreiheit nicht zwingend strafrechtlich geahndet werden darf.[48] Maßgeblich für die Bewertung im Einzelfall ist, ob der „konkrete Konflikt zwischen einer nach allgemeinen Anschauungen bestehenden Rechtspflicht und einem Glaubensgebot den Täter in eine seelische Bedrängnis bringt, der gegenüber die kriminelle Bestrafung, die ihn zum Rechtsbrecher stempelt, sich als eine übermäßige und daher seine Menschenwürde verletzende soziale Reaktion darstellen würde."[49]

b) Religions- und Weltanschauungsfreiheit im schulischen Kontext

Insbesondere die Frage, ob Lehrer:innen im Schulunterricht ein Kopftuch beziehungsweise vergleichbare religiös motivierte Bekleidung tragen dürfen, hat in der Vergangenheit für viele kontroverse Diskussionen gesorgt. Das BVerfG entschied, dass ein entsprechendes pauschales Verbot unverhältnismäßig ist. Lediglich bezogen auf Einzelfälle, in denen es eine hinreichend konkrete Gefahr gibt, dass der Schulfrieden gestört wird, kann – das Bestehen einer gesetzlichen Ermächtigungsgrundlage und die Einhaltung des Verhältnismäßigkeitsgrundsatzes vorausgesetzt – ein solches Verbot in Betracht kommen.[50] In diesen Fällen muss ein Verbot jedoch unterschiedslos für alle äußeren religiösen Bekundungen gelten.[51] Auch im Hinblick auf Schüler:innen werden entsprechende Verbote zunehmend diskutiert[52]; diesbezüglich ist bei Abwägungsfragen zusätzlich zu berücksichtigen, dass Schüler:innen der Schulpflicht unterliegen und, anders als Lehrkräfte, keine hoheitlichen Aufgaben wahrnehmen.

---

i **Weiterführendes Wissen**

Bei Abwägungsfragen zur Religionsfreiheit im schulischen Kontext sind auch die menschenrechtlich verbrieften Bildungsziele zu berücksichtigen. Art. 29 I lit. d) UN-KRK sieht vor, dass Bildung Kinder auf ein verantwortungsbewusstes Leben in einer freien Gesellschaft vorbereiten soll; hier-

---

48 BVerfG, Beschl. v. 19.10.1971, Az.: 1 BvR 387/65, Rn. 33 = BVerfGE 32, 98 (109) – Gesundbeter.
49 BVerfG, Beschl. v. 19.10.1971, Az.: 1 BvR 387/65, Rn. 28 = BVerfGE 32, 98 (109) – Gesundbeter.
50 BVerfG, Beschl. v. 27.1.2015, Az.: 1 BvR 471/10, Rn. 113 = BVerfGE 138, 296 (341) – Kopftuchverbot NRW.
51 BVerfG, Beschl. v. 27.1.2015, Az.: 1 BvR 471/10, Rn. 128 = BVerfGE 138, 296 (348) – Kopftuchverbot NRW.
52 Siehe zum Sach- und Streitstand Hecker, NVwZ 2021, 286.

Stephan Gerbig

zu gehört explizit auch, Toleranz zwischen unterschiedlichen religiösen Gruppen zu erlernen. Mit diesem Bildungsziel ist es nicht vereinbar, wenn pauschal jede Form von Religiosität – egal ob von Lehrkräften[53], oder von Schüler:innen – aus dem schulischem Raum herausgehalten werden soll, ohne im konkreten Fall zu prüfen, ob der <u>Schulfrieden</u> tatsächlich gestört wird.

Religiös konnotierte Symbole können nicht nur von Personen in den schulischen Raum getragen werden, sondern auch von behördlicher Seite, etwa in Form von Kreuzen, die in Unterrichtsräumen angebracht werden. Diesbezüglich sind Abwägungsfragen klarer und eindeutiger zu klären, weil in solchen Fällen die negative Religionsfreiheit eines größeren Personenkreises betroffen ist, ohne aber, dass die positive Religionsfreiheit einer Einzelperson hierzu in Konkurrenz tritt. Da der Staat zu einer Neutralität in Religions- und Weltanschauungsfragen verpflichtet ist, ist das Anbringen eines Kreuzes in Unterrichtsräumen in staatlichen Pflichtschulen unzulässig.[54]

Examenswissen ❗

Die Religions- und Weltanschauungsfreiheit kann auch mit konkreten Unterrichtsinhalten kollidieren. Eine Befreiung von Unterrichtsveranstaltungen aus religiösen oder weltanschaulichen Gründen kann jedoch nur in Ausnahmefällen in Betracht kommen.[55] Voraussetzung hierfür ist, dass zunächst die Möglichkeiten einer kompromisshaften Konfliktentschärfung ausgelotet werden.[56] Eine Befreiung vom koedukativen Schwimmunterricht für muslimische Schülerinnen, die sich aus religiösen Gründen gegenüber ihren Mitschüler:innen nicht in gewöhnlicher Badekleidung zeigen möchten, kommt nach Auffassung des BVerwG deshalb nicht in Betracht, weil durch bestimmte Badebekleidung (sogenannte Burkini) die Möglichkeit eines schonenden Ausgleichs zwischen der Religionsfreiheit der Schülerinnen und dem Bildungsauftrag besteht.[57] Betroffene dürfen indes nicht pauschal auf solche Alternativen verwiesen werden beziehungsweise sie haben die Gelegenheit, plausibel darzulegen, weshalb auch solche Alternativen nicht mit ihren individuellen Glaubensüberzeugen vereinbar sind.[58]

---

53 Auch gegen Lehrerinnen verhängte Kopftuchverbote können das Verständnis von Kindern von Toleranz und Religionsfreiheit negativ beinträchtigen, vgl. UN Committee on the Rights of the Child, Concluding observations: Germany, 26.2.2004, <u>UN Doc. CRC/C/15/Add.226</u>, Rn. 30.
54 <u>BVerfG, Beschl. v. 16.5.1995, Az.: 1 BvR 1087/91, Rn. 48</u> = BVerfGE 93, 1 (21) – Kruzifix.
55 BVerwG, Urt. v. 11.9.2013, Az.: 6 C 25.12, juris Rn. 17.
56 BVerwG, Urt. v. 11.9.2013, Az.: 6 C 25.12, juris Rn. 18.
57 BVerwG, Urt. v. 11.9.2013, Az.: 6 C 25.12, juris Rn. 25.
58 Vgl. BVerfG, Beschl. v. 8.9.2016, Az.: 1 BvR 3237/13, juris Rn. 30.

Stephan Gerbig

c) Religions- und Weltanschauungsfreiheit im Kontext öffentlicher Amtsübung

Im Hinblick auf eine Rechtsreferendarin, die im Rahmen des juristischen Vorbereitungsdienstes auch während eigenständig durchzuführender Aufgaben, bei denen sie als Repräsentantin des Staates wahrgenommen wird (wie etwa die staatsanwaltschaftliche Sitzungsvertretung), ein Kopftuch tragen wollte, hat das BVerfG entschieden, dass ein entsprechendes Verbot verfassungsrechtlich zulässig sein kann; maßgebliche Verfassungsgüter, die zur Religionsfreiheit der Rechtsreferendarin in Widerstreit traten, waren der Grundsatz der religiös-weltanschaulichen Neutralität, der Grundsatz der Funktionsfähigkeit der Rechtspflege sowie die mögliche negative Religionsfreiheit Dritter; das Kopftuch stellte jedoch nicht das Gebot richterlicher Unparteilichkeit in Frage.[59]

❗ Klausurtaktik

Vergleiche hierzu <u>Fall 9</u> im Grundrechte-Fallbuch.

Die Anbringung eines Kreuzes in einem Gerichtssaal verletzt jedenfalls dann die Religions- und Weltanschauungsfreiheit, wenn eine beteiligte Person die Durchführung der Verhandlung ohne Kreuz begehrt und das Gericht dem nicht entspricht; der Zwang zum „Verhandeln unter dem Kreuz" stellt eine unzumutbare innere Belastung dar.[60]

IV. Konkurrenzen

Die Religions- und Weltanschauungsfreiheit kann vielfach im Zusammenspiel mit anderen Grundrechten betroffen sein. Bei entsprechenden Fallkonstellationen gelten die allgemeinen Grundsätze zu den <u>Grundrechtskonkurrenzen</u>.

V. Europäische und internationale Bezüge

Neben Art. 9 EMRK ist die Religions- und Weltanschauungsfreiheit auch in Art. 10 der Charta der Grundrechte der Europäischen Union (GRCh), in Art. 18 des Inter-

---

59 BVerfG, Beschl. v. 14.1.2020, Az.: 2 BvR 1333/17, juris Rn. 86. Anders hierzu die abweichende Meinung des Richters Maidowski, der für die rechtliche Abwägung vor allem differenzierter auf die Spezifika des juristischen Vorbereitungsdienstes abstellt (Rn. 14).
60 <u>BVerfG, Beschl. v. 17.7.1973, Az.: 1 BvR 308/69, Rn. 29</u> = BVerfGE 35, 366 (376) – Kreuz im Gerichtssaal.

Stephan Gerbig

nationalen Pakts über bürgerliche und politische Rechte[61] (UN-Zivilpakt) und in Art. 14 des Übereinkommens über die Rechte des Kindes[62] (UN-KRK) verbrieft.

Mit Blick auf das internationale Mehrebenensystem ist zu berücksichtigen, dass der Umgang mit dem religiösen oder weltanschaulichen Bekenntnis zu den wesentlichen Bereichen demokratischer Selbstgestaltung eines Staates gehört;[63] insofern gibt es sowohl nach dem Verständnis des BVerfG, als auch nach dem Verständnis des EGMR bei der Anwendung der Religions- und Weltanschauungsfreiheit nach Art. 9 EMRK einen **„erheblichen Spielraum"** für eine innerstaatliche Ausgestaltung der Religions- und Weltanschauungsfreiheit.[64] Dies gilt insbesondere bei rechtlichen Fragestellungen, die stark die nationale beziehungsweise kulturelle Identität eines Staates berühren – wie etwa die Ausgestaltung des Bildungssektors oder des öffentlichen Dienstes. Demgegenüber sind gerade in Politikfeldern, die maßgeblich durch die Europäische Union geregelt werden – wie etwa das Arbeitsrecht – Perspektiven des EuGH und des EGMR zwingend maßgeblich zu berücksichtigen.

Weiterführendes Wissen

Gerade das (kirchliche) Arbeitsrecht ist in den letzten Jahren vielfach Gegenstand einschlägiger Rechtsprechung des EuGH gewesen. Mit Blick auf private Arbeitgeber ist hier zunächst maßgeblich, dass aufgrund der Gleichbehandlungsrahmenrichtlinie (RL 2000/78/EG) der Anwendungsbereich der GRCh eröffnet ist und insofern bei etwaigen Konfliktfällen der Religions- und Weltanschauungsfreiheit nach Art. 10 GRCh wie auch der unternehmerischen Freiheit nach Art. 16 GRCh Rechnung zu tragen ist.

Der EuGH hat dem Direktionsrecht des Arbeitgebers im Hinblick auf Verbote religiöser Bekleidung am Arbeitsplatz enge Grenzen gesetzt; maßgebliche Abwägungskriterien können insbesondere der Wunsch eines Unternehmens nach Neutralität, die nationale Verfassungsidentität oder das konkrete Ausmaß der Störungen betrieblicher Abläufe sein.[65] Strittig ist mit Blick für Deutschland insbesondere, ob der Arbeitgeber bei dem allgemeinen Aufstellen eines Beklei-

---

61 BGBl. 1973 II S. 1533, 1534.
62 BGBl. 1992 II S. 121, 122.
63 BVerfG, Urt. v. 30.6.2009, Az.: 2 BvE 2/08, Rn. 260 = BVerfGE 123, 267 (363) – Lissabon.
64 BVerfG, Beschl. v. 27.1.2015, Az.: 1 BvR 471/10, Rn. 150 = BVerfGE 138, 296 (357) – Kopftuchverbot NRW; EGMR, Urt. v. 18.3.2011, Az.: 30814/06, Rn. 70 – Lautsi und andere gegen Italien. Der vom EGMR entwickelte Beurteilungsspielraum wird als „margin of appreciation"-Doktrin bezeichnet.
65 Siehe hierzu vertiefend unter Auswertung der einschlägigen Rechtsprechung des EuGH Schröder, Religionsfreiheit im Beruf, GRZ 2020, 21 ff.

Stephan Gerbig

dungsverbotes bereits eine umfassende Abwägung der widerstreitenden Interessen garantieren muss, oder erst im Falle einer Anwendung der entsprechenden Regel im Einzelfall.[66]

B. Gewissensfreiheit

Die Gewissensfreiheit ist durch die Menschenwürde geprägt[67] und gehört ebenfalls zu den Grundrechten, die nicht nach Art. 18 GG verwirkt werden können. Sie gewährt nicht nur subjektive Rechte, sondern gilt zugleich als eine „wertentscheidende Grundsatznorm", die bei jedem staatlichen Handeln „ihre Wertmaßstäbe setzende Kraft entfaltet und Beachtung verlangt."[68]

I. Schutzbereich

1. Sachlicher Schutzbereich

Die Gewissensfreiheit schützt jede ernste sittliche, das heißt an den Kategorien von „gut" und „böse" orientierte Entscheidung, die der Einzelne in einer bestimmten Situation für sich als bindend wahrnimmt, so dass er nicht ohne Gewissensnot gegen sie handeln könnte.[69] Einer Gewissensentscheidung liegt stets eine Werterkenntnis und -entscheidung zugrunde und hat durch das individuelle Erkennen von „gut" und „böse" insofern einen ethischen Bezug; diese ethischen Gebote können auch auf den Lehren einer Religion oder einer Weltanschauung beruhen.[70]

Die Gewissensfreiheit schützt „nicht nur die Freiheit, ein Gewissen zu haben, sondern grundsätzlich auch die Freiheit, von der öffentlichen Gewalt nicht verpflichtet zu werden, gegen Gebote und Verbote des Gewissens zu handeln."[71] Die

---

66 Siehe hierzu das noch anhängige Vorlageverfahren nach Art. 267 AEUV, BAG, Beschl. v. 30.1.2019, Az.: 10 AZR 299/18 (A), juris Rn. 75 ff.

67 Vgl. BVerfG, Beschl. v. 26.5.1970, Az.: 1 BvR 83 u. a., Rn. 70 = BVerfGE 28, 243 (260) – Dienstpflichtverweigerung.

68 BVerfG, Beschl. v. 5.3.1968, Az.: 1 BvR 579/67, Rn. 20 = BVerfGE 23, 127 (134) – Zeugen Jehovas.

69 BVerfG, Beschl. v. 20.12.1960, Az.: 1 BvL 21/60, Rn. 30 = BVerfGE 12, 45 (55) – Kriegsdienstverweigerung.

70 BVerwG, Urt. v. 21.6.2005, Az.: 2 WD 12.04, juris Rn. 152.

71 BVerfG, Beschl. v. 30.6.1988, Az.: 2 BvR 701/86, Rn. 16 = BVerfGE 78, 391 (395) – Totalverweigerung I.

Stephan Gerbig

Gewissensfreiheit enthält deshalb nicht nur ein Abwehrrecht gegen staatliche Eingriffe, sondern aus ihr erwächst auch ein Anspruch gegen den Staat, den Raum für eine aktive Betätigung des Gewissens zu sichern und geeignete und erforderliche Maßnahmen zur Ermöglichung gewissenskonformen Verhaltens zu treffen.[72]

2. Persönlicher Schutzbereich

Jede natürliche Person kann sich auf die Gewissensfreiheit nach Art. 4 I GG berufen. Auch Personen, die hoheitliche Aufgaben wahrnehmen, sind hierbei vom Schutz der Gewissensfreiheit nicht ausgenommen; dies gilt auch für Soldat:innen im Hinblick auf ihnen erteilte Vorgesetztenbefehle.[73] Die Gewissensfreiheit ist nicht auf juristische Personen anwendbar.[74]

II. Eingriff

Ein Eingriff in die Gewissensfreiheit liegt in jeder staatlichen Maßnahme, die dem Grundrechtsberechtigten ein nach seinem Gewissen (nicht) gebotenes Handeln verbietet beziehungsweise dazu verpflichtet.[75] Ein Eingriff in die Gewissensfreiheit liegt jedoch nicht vor, wenn dem Grundrechtsberechtigten eine zumutbare Handlungsalternative offen steht.[76]

III. Rechtfertigung

1. Einschränkbarkeit des Grundrechts

Die Gewissensfreiheit gehört zu den vorbehaltlos gewährleisteten Grundrechten, kann jedoch durch verfassungsimmanente Schranken beschränkt werden.[77] Der Gesetzgeber ist dazu verpflichtet, in komplexen Kollisionsfällen durch eine gesetzliche Regelung die „Schranken der widerstreitenden Freiheitsgarantien jeden-

---

72 BVerwG, Urt. v. 18.6.1997, Az.: 6 C 5/96, juris Rn. 33.
73 BVerwG, Urt. v. 21.6.2005, Az.: 2 WD 12.04, juris Rn. 143.
74 BVerwG, Urt. v. 5.11.1981, Az.: 3 C 10/81, juris Rn. 23.
75 Vgl. Germann, in: BeckOK GG, 49. Ed. 15.11.2021, Art. 4 GG Rn. 94.
76 BVerwG, Urt. v. 21.6.2005, Az.: 2 WD 12.04, juris Rn. 95.
77 BVerwG, Urt. v. 18.6.1997, Az.: 6 C 5/96, juris Rn. 35.

Stephan Gerbig

falls so weit selbst zu bestimmen, wie eine solche Festlegung für die Ausübung dieser Freiheitsrechte wesentlich ist."[78]

2. Grenzen der Einschränkbarkeit

Die Gewissensfreiheit verpflichtet die Grundrechtsberechtigten zu einem konstruktiven Dialog mit hoheitlichen Stellen: Im Falle eines drohenden Gewissenskonflikts obliegt es – soweit möglich – dem Grundrechtsberechtigten, Vorschläge für eine gewissensschonende(re) Alternative darzulegen.[79] Sofern keine zumutbaren Alternativen in Betracht kommen, ist die Gewissensfreiheit mit der entgegenstehenden verfassungsrechtlichen Position nach den allgemeinen Regeln abzuwägen.

C. Konkurrenzen

Das Recht der Kriegsdienstverweigerung nach Art. 4 III GG ist lex specialis zur Gewissensfreiheit aus Art. 4 I GG[80]; durch die Aussetzung der Wehrpflicht beschränkt sich die gegenwärtige praktische Bedeutung des Rechts der Kriegsdienstverweigerung auf den Spannungs- und Verteidigungsfall.

D. Europäische und internationale Bezüge

Neben Art. 9 EMRK ist die Gewissensfreiheit auch in Art. 10 der Charta der Grundrechte der Europäischen Union (GRCh), in Art. 18 des Internationalen Pakts über bürgerliche und politische Rechte (UN-Zivilpakt)[81] und in Art. 14 des Übereinkommens über die Rechte des Kindes (UN-KRK)[82] verbrieft.

---

78 BVerwG, Urt. v. 21.6.2005, Az.: 2 WD 12.04, juris Rn. 308; BVerfG, Urt. v. 24.9.2003, Az.: 2 BvR 1436/02, Rn. 67 = BVerfGE 108, 282 (311) – Kopftuch.
79 Vgl. BVerwG, Urt. v. 18.6.1997, Az.: 6 C 5/96, juris Rn. 67; BVerfG, Beschl. v. 20.3.2000, Az.: 1 BvR 1834/97, juris Rn. 7.
80 Vgl. BVerfG, Beschl. v. 4.10.1965, Az.: 1 BvR 112/63, Rn. 9 = BVerfGE 19, 135 (138) – Ersatzdienstverweigerer.
81 BGBl. 1973 II S. 1533, 1534.
82 BGBl. 1992 II S. 121, 122.

Stephan Gerbig

Zusammenfassung: Die wichtigsten Punkte

– Die Religions- und Weltanschauungsfreiheit wie auch die Gewissensfreiheit unterliegen lediglich verfassungsimmanenten Schranken.

– Der Staat darf sich mit keiner Religion oder Weltanschauung identifizieren und ist zur Gleichbehandlung der Religions- und Weltanschauungsgemeinschaften verpflichtet (Grundsatz der Parität). Das deutsche religionsverfassungsrechtliche Modell ist aber dadurch gekennzeichnet, dass der Staat Religions- und Weltanschauungsgemeinschaften grundsätzlich fördernd gegenübersteht (Grundsatz der fördernden Neutralität).

– Ob eine Verhaltensweise in den Schutzbereich der Religions- und Weltanschauungsfreiheit fällt, muss von den Berechtigten lediglich hinreichend plausibel dargelegt werden. Dabei ist primär die individuelle Motivation und Haltung des Berechtigten maßgebend.

– Bei etwaigen staatlich bewirkten Gewissenskonflikten ist die Person, die sich auf die Gewissensfreiheit beruft, dazu verpflichtet, der staatlichen Stelle mögliche Vorschläge für eine gewissensschonende(re) Alternative zu unterbreiten.

Weiterführende Studienliteratur

– Rudi Lang, Fall 9 zur Religionsfreiheit im OpenRewi Grundrechte Fallbuch

– Christoph Schröder, Religionsfreiheit im Beruf, GRZ 2020, S. 19–24

– Daniel Weidemann, Religiöse Symbole vor Gericht – Teil 1, ZJS 2016, S. 286–296

– Daniel Weidemann, Religiöse Symbole vor Gericht – Teil 2, ZJS 2016, S. 404–413

Stephan Gerbig

§ 22.2 Ehe & Familie – Art. 6 GG

Notwendiges Vorwissen: Prüfung eines Freiheitsgrundrechts, Grundrechtsfunktionen- und Dimensionen

Lernziel: Art. 6 GG zum Schutz von Ehe und Familie in Struktur und Aufbau kennenlernen

---

Für dieses Kapitel gibt es frei zugängliche interaktive Übungen. Halte einfach deine Smartphone-Kamera vor den Kasten mit den Punkten (QR-Code).

Der Art. 6 GG enthält insgesamt vier Grundrechte, die jeweils unterschiedliche Dimensionen aufweisen. Alle vier Grundrechte sind objektive Wertentscheidungen, die Ehe und Familie sowie das Eltern-Kind-Verhältnis im öffentlichen und privaten Raum unter Schutz stellen und fördern sollen. Von größerer Bedeutung sind der **Schutz von Ehe und Familie** in Art. 6 I GG sowie das **Elternrecht** in Art. 6 II und III GG. Neben den klassischen abwehrrechtlichen Dimensionen entfalten die Einrichtungsgarantien (auch: Institutsgarantien) Relevanz, die Ehe, Familie und Elternverantwortung in ihren wesentlichen Elementen schützen. Der **Schutz- und Fürsorgeanspruch für Mütter** in Art. 6 IV GG sowie der **Gleichstellungsauftrag für uneheliche Kinder** aus Art. 6 V GG spielen heutzutage eine eher untergeordnete Rolle, da der Gesetzgeber dort seinem grundgesetzlichen Auftrag weitgehend nachgekommen ist.

ℹ Weiterführendes Wissen

Schon länger wird diskutiert, ob dem Art. 6 GG ein Absatz hinzugefügt werden soll, um die UN-Kinderrechtskonvention auch im Grundgesetz zu verankern. Ein entsprechender Vorschlag wurde im Januar 2021 im Bundeskabinett verabschiedet und im Bundestag sowie Bundesrat beraten,[1] allerdings im Ergebnis (vorerst) nicht umgesetzt.[2] Es ist rechtswissenschaftlich und gesellschaftlich umstritten, inwiefern eine Verankerung von Kinderrechten im Grundgesetz die Stellung und Rechte von Kindern stärkt und wie sich eine solche Änderung gegenüber dem Elternrecht verhält.

---

1 BT-Drs. 19/28138.

2 So die ehemalige Familien- und Justizministerin Lambrecht am 7.6.2021, https://www.tagesschau.de/inland/innenpolitik/kinderrechte-grundgesetz-113.html (zuletzt abgerufen am 23.2.2022).

https://doi.org/10.1515/9783110765533-039

A. Schutzbereiche

I. Ehe und Familie, Art. 6 I GG

Im Parlamentarischen Rat war es zunächst offen, ob (und wie genau) der Schutz von Ehe und Familie ähnlich der Weimarer Reichsverfassung (Art. 119 WRV) überhaupt in das Grundgesetz aufgenommen wird.[3] Gewählt wurde letztlich eine sehr einfache Formulierung, die ohne (direkten) Bezug auf Geschlecht, Rechtmäßigkeit und Bevölkerungspolitik auskommt.[4]

1. Sachlicher Schutzbereich
a) Ehe

Das BVerfG definiert die Ehe bisher als eine **auf Dauer** angelegte Lebensgemeinschaft von **einem Mann und einer Frau**, begründet auf **freiem Entschluss** unter **Mitwirkung des Staates**, in der Mann und Frau in gleichberechtigter Partnerschaft zueinander stehen und über die Ausgestaltung ihres Zusammenlebens frei entscheiden können.[5] Dieses Verständnis von **bürgerlichrechtlicher Ehe** (im Gegensatz zur kirchlichen) ordnet das Institut der Ehe dem Zivilrecht zu.

Examenswissen   !

Je nachdem, welcher Ehe- und Familienbegriff vertreten wird, wandelt sich die Vorstellung, was genau von der sogenannten Institutsgarantie der Ehe umfasst ist. Institutsgarantien schützen Einrichtungen des Privatrechts (neben Ehe und Familie sind dies zum Beispiel Eigentum und Erbrecht). Das Institut umfasst in der Hinsicht den „Kern" des Grundrechtes, der auch durch Gestaltung des Privatrechts nicht geändert werden kann. Die herrschende Meinung zählt zu diesen nicht abänderbaren Merkmalen der Ehe folgendes: die Verschiedengeschlechtlichkeit, die Einehe, der freie Entschluss zur und die freie Ausgestaltung der Partnerschaft, die staatliche Mitwirkung sowie die prinzipielle Unauflöslichkeit. Diese können durch den Gesetzgeber nicht geändert werden, sodass auch die 2017 erfolgte Änderung von § 1353 BGB (Öffnung der Ehe für gleichgeschlechtliche Paare) nicht zu einer Änderung des verfassungsrechtlichen Ehebegriffes führte. Für die Änderung des Ehebegriffs wäre eine Verfassungsänderung notwendig. Kritik an diesem Ansatz umfasst, dass in der liberalen Grundordnung des Grundgesetzes eine Freiheits-

---

3 Kotzur/Vasel in: Stern/Becker, 3. Aufl. 2018, Art. 6 GG Rn. 4f.
4 Zum Vergleich der erste Vorschlag lautete: „Die Ehe als rechtmäßige Form der dauernden Lebensgemeinschaft von Mann und Frau und die aus ihr wachsende Familie sowie die aus der Ehe und der Zugehörigkeit zur Familie fließende Rechte und Pflichten stehen unter dem besonderen Schutz der Verfassung." (Parlamentarischer Rat, Drs. 203).
5 BVerfG, Urt. v. 17.7.2002, Az.: 1 BvF 1/01 = BVerfGE 105, 313 (345) – Eingetragene Lebenspartnerschaft.

Emily Mary Laing

erweiterung immer zu begrüßen ist und es fernliegt, dass das Grundgesetz eine Vergrößerung von Freiheit verhindern soll oder gar muss. Gerade, wenn man Art. 6 I GG zusammen mit dem allgemeinen Persönlichkeitsrecht (Art. 2 i.V.m. Art. 1 I GG) sowie dem allgemeinen Gleichheitssatz (Art. 3 I GG) denkt, wäre es diskriminierend und realitätsfern, **gleichgeschlechtlichen** Paaren aufgrund der Institutsgarantie keinen Schutz zu gewähren.[6]

ℹ Weiterführendes Wissen

Derzeit sind mehrere konkrete Normenkontrollen vor dem BVerfG anhängig, die sich mit der rechtlichen Stellung von Eltern in gleichgeschlechtlichen Ehen befassen. Möglicherweise verleiten diese Normenkontrollen das BVerfG dazu, den Ehebegriff angesichts der neuen Rechtslage neu zu definieren.

Unter den Ehebegriff fällt auch die sogenannte **hinkende Ehe**: das ist eine Ehe, die unter ausländischem Recht geschlossen wurde und zugleich den deutschen Anforderungen an eine Eheschließung nicht genügen.[7]

Beispiel: In einigen Ländern sind ohne staatliche Mitwirkung geschlossene Ehen (zum Beispiel nur kirchliche Trauungen) wirksam. Nach deutschem Recht wäre dies eine unwirksam geschlossene Ehe, sodass sich Personen nicht mehr auf den Schutz der Ehe berufen könnten. Um Schutzlücken zu vermeiden, reicht es, dass eine Ehe nach dem jeweiligen Recht des ausländischen Staates wirksam und anerkannt ist.

Eine **nicht-eheliche Lebensgemeinschaft** fällt nicht unter den Ehebegriff. Umstritten ist, ob eine **Scheinehe** (eine Ehe, die zur Erlangung eines Aufenthaltstitels geschlossen wird) vom verfassungsrechtlichen Ehebegriff umfasst ist. Für die Einordnung als Ehe spricht, dass die Motivlage von Eheschließenden kaum zu erforschen ist.

❗ Klausurtaktik

Bei dem Wort „Ehe" stellt sich in der Schutzbereichsprüfung immer die Frage, inwiefern sich bestimmte Ehekonstellationen (insbesondere gleichgeschlechtliche Ehen) auf den Schutz berufen können. Erst wenn eine Partnerschaft selbst als „Ehe" qualifiziert, kann man anschließend die Frage stellen, welche Lebensbereiche der Eheschutz umfasst.

---

6 Vertieft dazu Heiderhoff, NZFam 2020, 320 (325).
7 BVerfG, Beschl. v. 30.11.1982, Az.: 1 BvR 818/81 = BVerfGE 62, 323 – Hinkende Ehe.

Emily Mary Laing

Geschützt sind von Art. 6 I GG alle Aspekte, die das **eheliche Zusammenleben** betreffen.

Beispiel: freie Wahl des Ehegatten, Abschluss eines Ehevertrags, Aufteilung der Aufgaben im Haushalt, Finanzverteilung, Bestimmung des Wohnsitzes, Fortführung der Ehe, Anzahl der Kinder

---

Examenswissen   **!**

Zusätzlich ist die Entscheidung, nicht zu heiraten (negative Eheschließungsfreiheit) vom Schutzbereich der Ehe erfasst; ebenso entfaltet Art. 6 I GG noch Schutzwirkung in die Ehescheidung und ihre Folgen hinein. Umstritten ist, ob auch die Wahl des Ehenamens zu Art. 6 I GG zu zählen ist oder zum Schutzbereich des <u>allgemeinen Persönlichkeitsrechts</u> gehört.[8]

Neben der abwehrrechtlichen beinhaltet Art. 6 I GG auch eine gleichheitsrechtliche Dimension. Ehen dürfen in jedem Fall nicht schlechter gestellt werden als andere Lebensformen. Andersherum gebietet Art. 6 I GG trotz der Formulierung „besonderer Schutz" keine Besserstellung der Ehe gegenüber anderen (sogenanntes Abstandsgebot).[9]

Examenswissen   **!**

Es ist umstritten, ob Art. 6 I GG ein spezielles Gleichheitsrecht gegenüber <u>Art. 3 I GG</u> darstellt oder in Verknüpfung gedacht werden muss. Soweit eine beschwerdeführe Person Diskriminierung erfährt, weil ihre:seine Lebensform nicht als Ehe oder Familie gilt, kann man einen Eingriff in Art. 3 I (oder II) GG prüfen, der möglicherweise durch Art. 6 I GG gerechtfertigt sein könnte. Nur, wenn verheiratete Beschwerdeführerende sich auf Art. 6 I GG berufen möchten, um spezifisch nicht wie eine andere Lebensform behandelt zu werden (also Ungleichheit anzunehmen), lohnt es sich, direkt Art. 6 I GG zu prüfen. Allerdings wird eine solche Beschwerde aufgrund des fehlenden Abstandsgebots regelmäßig zum Scheitern verurteilt sein.

---

8 Das BVerfG ordnet den Namen anscheinend eher dem allgemeinen Persönlichkeitsrecht zu. Siehe BVerfG, Urt. v. 18.2.2004, Az.: 1 BvR 193/97 = <u>BVerfGE 109, 256</u> – (Vor)Ehename; BVerfG, Urt. v. 5.5.2009, <u>Az.: 1 BvR 1155/03.</u>
9 Insbesondere BVerfG, Urt. v. 17.7.2002, Az.: 1 BvF 1/01 = <u>BVerfGE 105, 313</u> – Gleichgeschlechtliche Lebenspartnerschaft.

Emily Mary Laing

b) Familie

Die Familie ist als rechtliches Institut weniger stark ausgeprägt als die Ehe, da sie stärker von der tatsächlichen gelebten Gemeinschaft geprägt wird. Die Familie ist die **umfassende Gemeinschaft von Eltern und ihren Kindern**.[10] Zwar ist die Familie in Art. 6 I GG durchaus ehegeprägt, allerdings beschränkt sie sich nicht auf ein „verheiratete Eltern-Kinder"-Bild (sogenannte Kleinfamilie), sondern umfasst weitere Teile der Familie, soweit bei ihnen tatsächlich eine von familiärer Verbundenheit geprägte engere Beziehung vorliegt (sogenannte **Großfamilie**).[11]

Beispiel: Großeltern, Tanten oder Cousins, die mit in der Hausgemeinschaft leben oder sich fast täglich sehen

Familie ist **nicht rein biologisch** zu verstehen. Auch Stief-, Adoptiv- oder Pflegekinder fallen unter den Familienbegriff. Ebenfalls sind rechtliche Zugehörigkeiten nicht immer maßgeblich: ein biologischer, nicht-rechtlicher Vater, der Verantwortung übernimmt, gehört zur Familie.[12]

! **Examenswissen**

Soweit Kinder oder Eltern fehlen, ist die Zugehörigkeit zum Familienbegriff z. T. umstritten: Anerkannt ist, dass nach dem Tod von Familienmitgliedern oder bei elternlosen Geschwistern weiterhin eine (Rest-)Familie vorliegt, die sich auf Art. 6 I GG berufen kann.

Kinderlose Paare sind vom Familienbegriff des Grundgesetzes ausgeschlossen.

Die Mehrehe (z.B. eine Frau mit mehreren Ehemännern) ist vom Ehebegriff ausgeschlossen, die Mitglieder der Mehrehe sind als jedoch als Familie von Art. 6 I GG geschützt.

Die Schutzwirkung des Art. 6 I GG ist mit der **Intensität der Beziehungen** verknüpft: wenn die Kinder aus dem Elternhaus ausziehen, wandelt sich die bis dahin bestehende Hausgemeinschaft (bei kleineren Kindern auch: Erziehungsgemeinschaft) in eine Begegnungsgemeinschaft, der eine geringere Schutzintensität zugestanden wird.[13]

---

10 BVerfG, Urt. v. 29.7.1959, Az.: 1 BvR 205/58, Rn. 28.
11 BVerfG, Beschl. v. 24.6.2014, Az.: 1 BvR 2926/13, Rn. 23.
12 BVerfG, Beschl. v. 9.4.2003, Az.: 1 BvR 1493/96.
13 BVerfG, Beschl. v. 18.4.1989, Az.: 2 BvR 1169/84 – Volljährigenadoption I.

Emily Mary Laing

2. Persönlicher Schutzbereich

Der **persönliche Schutzbereich** von Ehe und Familie umfasst nationalitätsunabhängig alle natürlichen Personen, die von dem jeweiligen staatlichen Akt betroffen sind – also jedes einzelne Mitglied der jeweiligen Ehe- oder Familiengemeinschaft.[14]

II. Elternrecht, Art. 6 II, III GG

Vor allem die Eltern und nicht der Staat sind für die Kindererziehung verantwortlich. Dies ist die maßgebliche Stoßrichtung des Elternrechts aus Art. 6 II, III GG und Teil der dort verankerten Institutsgarantie.

1. Sachlicher Schutzbereich

Das Grundgesetz überlässt gemäß Art. 6 II, III GG den Eltern die freie Entscheidung über die **Erziehung und Pflege des Kindes**.

Beispiel: Namenswahl für das Kind, Recht auf religiöse Art der Kindererziehung (siehe hierzu auch <u>Religionsfreiheit</u> und <u>Schule</u>), Bestimmung, wer das Kind wann und wie betreut

2. Persönlicher Schutzbereich

Das Elternrecht steht den **rechtlichen Eltern** und zwar jedem Elternteil einzeln zu. Pflegeeltern und Großeltern sind grundsätzlich nicht berechtigt, solange sie nicht Vormund des Kindes sind. Leibliche Väter, die nicht rechtliche Väter sind, können sich nicht unmittelbar auf Art. 6 II 1 GG berufen. Allerdings muss der Gesetzgeber ihm die Möglichkeit geben, im Regelfall die rechtliche Vaterposition zu erhalten.[15]

III. Schutz und Fürsorge von Müttern, Art. 6 IV GG sowie Gleichstellung von unehelichen Kindern, Art. 6 V GG

Art. 6 IV und V GG sind Leistungsgrundrechte, die jeweils einen Anspruch auf gesetzgeberisches Handeln beinhalten. Individualisierte Einzelmaßnahmen können

---

14 BVerfG, Beschl. v. 12.5.1987, Az.: <u>2 BvR 1226/83</u> – Familiennachzug.
15 BVerfG, Beschl. v. 9.4.2003, Az.: <u>1 BvR 1493/96, 1724/01</u> – Biologischer Vater.

Emily Mary Laing

nur selten gefordert werden. Unterlassene Gesetzgebung kann jedoch durchaus von betroffenen Müttern oder Kindern im Rahmen von Verfassungsbeschwerden gerügt werden (<u>Untermaßverbot</u>).[16] Neben dieser leistungsrechtlichen Dimension wirken Art. 6 IV und V GG auch als spezielle Diskriminierungsverbote: (Werdende) Mütter und uneheliche Kinder dürfen nicht aufgrund dieser Eigenschaften benachteiligt werden. Im Rahmen der Mutterschaft beziehen sich die gesetzgeberischen Pflichten vor allem auf sozial- und arbeitsrechtliche Regelungen wie Kündigungsschutz oder Mutterschaftsgeld, bei unehelichen Kindern auf das Erb- oder Familienrecht.

B. Eingriff

Als normgeprägtes Grundrecht ist bei Art. 6 I GG stets zu prüfen, ob es sich bei dem jeweiligen Akt tatsächlich um einen Eingriff in Ehe oder Familie oder nur um eine notwendige Ausgestaltung dieser Institute handelt.

Ausgestaltungen stellen keine <u>Eingriffe</u> dar, sie sind vielmehr notwendig, um die offenen Begriffe in Art. 6 I GG zu konkretisieren. Auch bei einer Ausgestaltung ist der Gesetzgeber dem Verhältnismäßigkeitsgrundsatz unterworfen.

Beispiel: Eingriffe können Verpflichtungen zur Ehelosigkeit im Arbeitsverhältnis oder das grundsätzliche Verbot der Eheschließung oder Kinderlosigkeit sein. Ausgestaltungen können nach herrschender Meinung die Definition der Mutterschaft (<u>§ 1591 BGB</u>), das Verbot der Ehe, wenn man bereits verheiratet ist (<u>§ 1306 BGB</u>) oder die Gestaltung der Trauung (<u>§ 1312 BGB</u>) sein.

Die **Unterscheidung** ist im Einzelfall komplex und die Übergänge fließend. Eine zunächst ausgestaltende Regelung kann in einen Eingriff übergehen, wenn die Regelung dem verfassungsrechtlichen Leitbild von Ehe und Familie nicht mehr entspricht, sondern Ehe und Familie schädigen, stören oder beeinträchtigen.[17]

! **Examenswissen**

Die heutige gesetzliche Ausgestaltung von Aufgabenteilungen in der Ehe ist zum Teil Ausdruck von <u>Art. 3 II 2 GG</u> (Gleichstellungsgebot). So ist das familiäre Letztentscheidungsrecht von Männern ebenso abgeschafft wie die Möglichkeit der Männer, ihren Ehefrauen Lohnarbeit zu verbieten. Diese Regelungen wieder einzuführen, wäre sowohl ein Eingriff in Art. 6 I GG als auch in <u>Art. 3 II GG</u>.

---

16 Badura in: Dürig/Herzog/Scholz, 95. EL 2021, Art. 6 GG Rn. 162.
17 Siehe BVerfG, Beschl. v. 3.10.1989, Az.: <u>1 BvL 78/86</u> – Schlüsselgewalt.

Auch bei dem Elternrecht ist zwischen nötiger gesetzgeberischer Ausgestaltung und Eingriffen zu unterscheiden.

C. Rechtfertigung

I. Ehe und Familie

Art. 6 I GG ist ein vorbehaltlos gewährleistetes Grundrecht, sodass zunächst nur **verfassungsimmanente** Schranken herangezogen werden können. Als Schranken-Schranke wirken die oben erwähnte Institutsgarantie sowie die Verhältnismäßigkeit.

II. Elternrecht

Der Staat übt gemäß Art. 6 II 2 GG in Bezug auf das Elternrecht ein sogenanntes **Wächteramt** aus: Er ist berechtigt, bei elterlichem Versagen die Pflege und Erziehung des jeweiligen Kindes im Interesse des Kindeswohls sicherzustellen.[18] Diese staatliche Aufgabe deutet auf die andere Seite des Elternrechts hin, nämlich die **Elternverantwortung.** Diese Verantwortung umfasst die Pflicht, Kinder ohne rechtswidrige Handlungen zu erziehen (damit einher geht ein Recht des Kindes). Diese Pflichtenbindung der Eltern sowie die Wächterfunktion bilden die **Schranken** des Elternrechts. Darüber hinaus ist die Schulaufsicht gemäß Art. 7 I GG eine Schranke des Elternrechts.

Als **Schranken-Schranke** ist Art. 6 III GG zu verstehen, der die Voraussetzungen für das staatliche Eingreifen regelt: Erst, wenn eine nachhaltige Gefahr für das Kindeswohl vorliegt, können Eltern vollständig von der Erziehung ausgeschlossen werden.[19]

D. Europäische und internationale Bezüge

Sowohl Art. 9 GRCh (Recht, eine Ehe einzugehen und eine Familie zu gründen) als auch Art. 12 EMRK (Recht auf Eheschließung) verpflichten die Mitgliedsstaaten **nicht**, gleichgeschlechtliche Ehen einzuführen. Anders als Art. 6 I GG lassen

---

18 BVerfG, Beschl. v. 29.7.1968, Az.: 1 BvL 20/63.
19 Ausführlich: BVerfG, NJW 2017, 1295 (1297).

Emily Mary Laing

sie es jedoch zu, dass Mitgliedsstaaten zivilrechtlich den Schutzbereich der Ehe erweitern. Trotz der Nennung der Verschiedengeschlechtlichkeit in Art. 12 EMRK liest der EGMR darin keine zwingende Institutsgarantie mehr, die gleichgeschlechtliche Ehen zwangsläufig aus dem Schutzbereich ausschlösse.[20] In Staaten ohne Öffnung der Ehe sind Paare auf den Schutz des Art. 8 EMRK verwiesen. Bei diesem steht vor allem das Zusammenleben als Familie im Vordergrund. In Verbindung mit Art. 14 EMRK werden unehelichen Kindern vor Diskriminierung geschützt,[21] ebenso darf die geschlechtliche Zugehörigkeit von Eltern nicht generell Familienleben verunmöglichen (z.B. Verbot Stiefkindadoption).[22] Weiterhin dürfen Ehen und nicht-eheliche Partnerschaften ungleich behandelt werden.

Zusammenfassung: Die wichtigsten Punkte
– Vor allem Art. 6 I und II GG sind normengeprägt und müssen vom Gesetzgeber ausgestaltet werden, um den Schutzzweck der Grundrechte umzusetzen. Grenzen dieser Ausgestaltung liegen in den jeweiligen Institutsgarantien, die einen festen Kern der Grundrechte vor ihrer Abschaffung durch den einfachen Gesetzgeber schützen.
– Derzeit weicht der verfassungsrechtliche vom familienrechtlichen Ehebegriff teilweise ab.
– Auch, wenn der Staat gemäß Art. 6 II 2 GG die Erziehung von Kindern überwacht, können Kinder nur unter Beachtung hoher Hürden von ihren Eltern getrennt werden.
– Art. 6 I, IV und V GG (Ehe und Familie, Mutterschutz, uneheliche Kinder) sind zusätzlich Diskriminierungsverbote.

Weiterführende Studienliteratur
– Bettina Heiderhoff, Aktuelle Fragen zur Art. 6 GG: Flüchtlingsfamilien, Regenbogenfamilien, Patchworkfamilien – und das Kindergrundrecht, NZFam 2020, S. 320–326

---

20 EGMR, Urt. v. 24.6.2010, Az.: 30141/04 – Schalk u. Kopf v. Österreich.
21 EGMR, Urt. v. 13.5.1979, Az.: 6833/74 = EGMR-E 1, 396 – Diskriminierung nichtehelicher Kinder.
22 EGMR, Urt. v. 19.2.2013, Az.: 19010/07 – X u.a. v. Österreich.

Emily Mary Laing

§ 22.3 Schule – Art. 7 GG

Notwendiges Vorwissen: <u>Einführung in die allgemeinen Grundrechtslehren</u>, <u>Religions-, Weltanschauungs- und Gewissensfreiheit – Art. 4</u>, <u>Ehe & Familie – Art. 6</u>

Lernziel: komplexe Grundstruktur des Art. 7 GG verstehen, Überblick über dessen einzelne Grundrechte gewinnen

---

Für dieses Kapitel gibt es frei zugängliche interaktive Übungen. Halte einfach deine Smartphone-Kamera vor den Kasten mit den Punkten (QR-Code).

Art. 7 GG stellt ein komplexes Geflecht bestehend aus organisationsrechtlichen Vorschriften, institutionellen Garantien sowie Grundrechten und grundrechtsgleichen Rechten im Kontext des Schulwesens dar. Die Norm ist entstehungsgeschichtlich auch ein Ausdruck verschiedener rechtlicher und rechtspolitischer Spannungsfelder. Das bisweilen wenig homogen wirkende Konstrukt ist unter anderem geprägt von der Unterscheidung von Staat und Gesellschaft, dem kirchlichen Einfluss auf die Bildung, Schulaufsicht und Religionsfreiheit, sowie dem Verhältnis von bundesverfassungsrechtlicher Regelung und föderalen Zuständigkeiten.[1]

A. Die staatliche Schulaufsicht, Art. 7 I GG

In grundrechtsdogmatischer Hinsicht fungiert Art. 7 I GG als Schranke anderer Grundrechte, beispielsweise des elterlichen Erziehungsrechts aus Art. 6 II GG oder der Religionsfreiheit aus Art. 4 GG, und kann somit Eingriffe in diese Grundrechte legitimieren.[2] Ein Ausgleich kollidierender Rechte erfolgt wie üblich im Sinne einer praktischen Konkordanz.

Art. 7 I GG enthält für sich genommen trotz seiner prominenten Stellung kein Grundrecht, sondern eine nicht weniger relevante organisationsrechtliche Be-

---

1 Zur Entstehungsgeschichte und Bedeutung des Art. 7 GG vgl. insbesondere Boysen, in: v. Münch/Kunig, GG, 7. Aufl. 2021, Art. 7 Rn. 1ff.
2 Konstellationen solcher Kollisionen mit Hinweisen auf entsprechende verfassungsrechtliche Rechtsprechung finden sich bei Kingreen/Poscher, Grundrechte – Staatsrecht II, 36. Aufl. 2020, § 12 Rn. 641, § 15 Rn. 773.

stimmung. In seinem Beschluss zu Schulschließungen im Rahmen der Bundesnotbremse II leitete das BVerfG jedoch aus Art. 2 I i.V.m. Art. 7 I GG das **Recht auf
schulische Bildung** her, das abwehrrechtliche, leistungs- und teilhaberechtliche
Dimensionen sowie staatliche Schutzpflichten umfasst[3].

Art. 7 I GG unterstellt das gesamte Schulwesen der staatlichen Aufsicht (so-
genannte **Schulhoheit**) und normiert eine entsprechend umfassende Organisati-
ons-, Leitungs- und Planungskompetenz.[4] Darunter fallen neben strukturellen
Aufgaben und Befugnissen, wie der Errichtung, Organisation und Schließung von
Schulen, auch die inhaltliche Gestaltung und Festlegung von Unterrichtszielen,
Ausbildungsgängen sowie Art und Inhalt des Schulunterrichts.[5] Schulen definie-
ren sich in der Tradition des Schulrechtlers Hans Heckel als auf Dauer angelegte
Einrichtungen der Erziehung und des Unterrichts, die über ein zusammenhän-
gendes Unterrichtsprogramm verfügen, das bestimmten Erziehungs- und Bil-
dungszielen dient.[6] Die in Art. 7 I GG verankerte staatliche Schulhoheit, welche
Zuständigkeit der Länder ist, begründet zudem einen eigenständigen **staatlichen
Bildungs- und Erziehungsauftrag**, der dem Elternrecht gleichgeordnet ist.[7]

ℹ️ Weiterführendes Wissen

Mit Art. 7 I GG trifft das Grundgesetz eine Entscheidung für die **Kollektivbeschulung** der (schul-
pflichtigen) Kinder und Jugendlichen und überträgt dem Staat damit die Verantwortung, einen
Rahmen für das gesamte Schulwesen vorzugeben.[8] Vor diesem Hintergrund wirft das sogenannte
Homeschooling mehrere Rechtsprobleme auf: Wie weit geht die Schulpflicht der Kinder und Jugendlichen aus Art. 7 I GG? Schließt sie – auch unter Einbeziehung des ebenfalls verfassungsrechtlich garantierten Elternrechts – eine häusliche Beschulung ganz grundsätzlich aus, oder

---

3 Vgl. BVerfG, Beschl. v. 19.11.2021, Az.: BvR 971/21, 1 BvR 1069/21, Rn. 44 (Schulschließung).
4 Vgl. BVerfG, Beschl. v. 24.6.1969, Az.: 2 BvR 446/64, Rn. 47 = BVerfGE 26, 228 – Sorsum.
5 Vgl. BVerfG, Urt. v. 6.12.1972, Az.: 1 BvR 230/70 u. 95/71, Rn. 84 = BVerfGE 34, 165 – Förderstufe; BVerfG, Beschl. v. 21.12.1977, Az.: 1 BvL 1/75, 1 BvR 147/75, Rn. 98 f., 119 f. = BVerfGE 47, 46 –
Sexualkundeunterricht; BVerfG, Beschl. v. 16.10.1979, Az.: 1 BvR 647/70 u. 7/74, Rn. 39 = BVerfGE
52, 223 – Schulgebet; BVerfG, Urt. v. 14.7.1998, Az.: 1 BvR 1640/97, Rn. 125 = BVerfGE 98, 218 –
Rechtschreibreform.
6 Vgl. Heckel, Deutsches Privatschulrecht, 1955, 218 m.w.N. Siehe auch Boysen, in: v. Münch/
Kunig, GG, 7. Aufl. 2021, Art. 7 Rn. 59; Badura, in: Dürig/Herzog/Scholz, 95. EL Juli 2021, Art. 7
Rn. 11.
7 Vgl. BVerfG, Urt. v. 6.12.1972, Az.: 1 BvR 230/70 u. 95/71, Rn. 105 = BVerfGE 34, 165 – Förderstufe; BVerfG, Beschl. v. 21.12.1977, Az.: 1 BvL 1/75, 1 BvR 147/75, Rn. 99 = BVerfGE 47, 46 – Sexualkundeunterricht. Zum staatlichen Erziehungsauftrag siehe unter anderem Pieroth, DVBl 1994,
949 (950 ff.); Richter, RdJB 2015, 483 ff. Zu den unterschiedlichen Schwerpunkten des staatlichen
Erziehungsauftrags einerseits und des elterlichen Erziehungsrechts andererseits sowie entsprechenden Konfliktfällen siehe Boysen, in: v. Münch/Kunig, GG, 7. Aufl. 2021, Art. 7 Rn. 53 ff.
8 Jestaedt, in: Handbuch des Staatsrechts, Bd. VII, 3. Aufl. 2009, § 156 Rn. 88.

Verena Kahl

grenzt sie diese Option nur ein?[9] Ob Homeschooling aus Glaubens- und Gewissensgründen zulässig sein sollte, bringt weitere Probleme hinsichtlich der sich hier stellenden Frage nach der Zumutbarkeit des Schulwesens als solches mit sich.[10] Eine vollständige Übernahme der Lehre durch die Eltern oder durch die von den Eltern bestimmten Personen wird durch die Rechtsprechung abgelehnt.[11] Das Homeschooling als vollständige Übernahme der Lehre im häuslichen und familiären Kontext ist selbstverständlich abzugrenzen von dem während der Covid-19-Pandemie praktizierten Fernunterricht.

B. Grundrechte im Kontext des Religionsunterrichts, Art. 7 II, III GG

Art. 7 II und III GG enthalten Grundrechte im Kontext des Religionsunterrichts in Gestalt sogenannter Leistungs- und Abwehrrechte.

Unter **Religionsunterricht** ist jede schulische Veranstaltung zur Glaubensunterweisung zu verstehen. Sie erfolgt in „**konfessioneller Positivität und Gebundenheit**" und mit Wahrheitsanspruch hinsichtlich des Bekenntnisinhalts und der vermittelten Glaubenssätze der Religionsgemeinschaften.[12] Der Religionsunterricht ist zudem über Art. 7 III 1 GG als **Institutsgarantie** verankert.[13] Dies stellt eine Ausnahme zu der grundsätzlichen Trennung von Staat und Kirche und der damit einhergehenden Bekenntnisneutralität[14] des Staates dar.[15] Der Religionsunterricht wird vor der allgemeinen Schulaufsicht des Staates aus Art. 7 I GG und dem subjektiven Mitwirkungsrecht der Religionsgemeinschaften aus

---

9 Kritisch zur Absolutheit der allgemeinen Schulpflicht in Bezug auf Art. 7 I GG Thurn/Reimer, NVwZ 2008, 718 (721).

10 Eine pauschale Unzumutbarkeit ablehnend Jestaedt, in: Handbuch des Staatsrechts, Bd. VII, 3. Aufl. 2009, § 156 Rn. 88. Siehe zum Thema Schulpflicht und elterliches Erziehungsrecht Hebeler/Schmidt, NVwZ 2005, 1368 ff. und zum Thema Homeschooling aus Glaubens- und Gewissensgründen Tangermann, ZevKR 51 (2006), 393 ff.

11 Hufen, Staatsrecht II – Grundrechte, 8. Aufl. 2020, § 32 Rn. 37 m. w. N. zur Rspr. des BVerfG, BVerwG und EGMR.

12 BVerwG, Urt. v. 16.4.2014, Az.: 6 C 11.13, Rn. 18 mit Verweis auf BVerfG, Beschl. v. 25.2.1987, Az.: 1 BvR 47/84 = BVerfGE 74, 244 (252) – Religionsunterricht – Teilnahme am Religionsunterricht eines anderen Bekenntnisses.

13 Vgl. Kingreen/Poscher, Grundrechte – Staatsrecht II, 36. Aufl. 2020, § 16 Rn. 785.

14 Die Bekenntnisneutralität des Staates folgt aus Art. 4 I, II, Art. 3 III 1, Art. 33 III sowie Art. 140 GG i. V. m. Art. 136 I, II, IV GG und Art. 137 I WRV, vgl. Mager, in: v. Münch/Kunig, GG, 7. Aufl. 2021, Art. 4 Rn. 5.

15 Vgl. Kingreen/Poscher, Grundrechte – Staatsrecht II, 36. Aufl. 2020, § 12 Rn. 641, § 16 Rn. 786.

Verena Kahl

Art. 7 III GG somit zu einer gemeinsamen Aufgabe von Staat und Religionsgemeinschaften (sogenannte res mixta).[16]

---

i Weiterführendes Wissen

In Abgrenzung zum Religionsunterricht stellt der **Ethikunterricht** auf eine reine **Wissen**svermittlung **ohne Bekenntnis**inhalt ab; das kann als überkonfessionelle und vergleichende Betrachtung religiöser Lehren geschehen. Auch bloße Morallehren, Sittenunterricht oder historisierende und relativierende Religionskunde fallen mangels konfessioneller Positivität und Gebundenheit nicht unter den Begriff des Religionsunterrichts.[17] Hingegen sind zwischenkirchliche Kooperationen sowie bikonfessioneller, ökumenischer oder konfessionell geöffneter Religionsunterricht möglich.[18]

I. Schutzbereich

1. Teilnahme am Religionsunterricht, Art. 7 II GG

Art. 7 II GG verankert das Recht der Erziehungsberechtigten, über die Teilnahme des Kindes am Religionsunterricht zu bestimmen. Dieses Recht entspringt einerseits dem elterlichen Erziehungsrecht des Art. 6 II GG und andererseits der Religions- und Weltanschauungsfreiheit der Eltern aus Art. 4 I, II GG und stellt gleichermaßen eine Ergänzung wie auch Konkretisierung dieser Verbürgungen dar.[19]

! Examenswissen

Mit Eintritt der sogenannten Religionsmündigkeit entscheidet das Kind selbst, ob es am Religionsunterricht teilnehmen möchte. Diese Entscheidungsfreiheit gründet verfassungsrechtlich jedoch nicht auf Art. 7 II GG, sondern folgt aus der Religions- und Weltanschauungsfreiheit des Kindes gemäß Art. 4 I, II GG.[20] Somit haben die Erziehungsberechtigten zumindest bis zur Religi-

---

16 Vgl. Boysen, in: v. Münch/Kunig, GG, 7. Aufl. 2021, Art. 7 Rn. 81, 89.
17 Vgl. BVerwG, Urt. v. 16.4.2014, Az.: 6 C 11.13, Rn. 18 mit Verweis auf BVerfG, Beschl. v. 25.2.1987, Az.: 1 BvR 47/84 = BVerfGE 74, 244 (252) – Religionsunterricht.
18 Kingreen/Poscher, Grundrechte – Staatsrecht II, 36. Aufl. 2020, § 16 Rn. 790. Siehe allgemein auch Mückl, Religionsunterricht bikonfessionell, ökumenisch, multireligiös, ZevKR 64 (2019), 225 ff.
19 Vgl. Kingreen/Poscher, Grundrechte – Staatsrecht II, 36. Aufl. 2020, § 16 Rn. 792. Siehe zum Erziehungsrecht Laing, § 22.2 A.II, in diesem Lehrbuch. Siehe zur Religions- und Weltanschauungsfreiheit Gerbig, § 22.1, in diesem Lehrbuch.
20 Vgl. Hufen, Staatsrecht II – Grundrechte, 8. Aufl. 2020, § 32 Rn. 17.

Verena Kahl

onsmündigkeit des Kindes das Recht, dieses vom Religionsunterricht abzumelden.[21] Art. 7 II GG verbürgt insofern eine Entscheidung über die Nichtteilnahme am Religionsunterricht.[22]

In persönlicher Hinsicht schützt Art. 7 II GG somit nur die Erziehungsberechtigten. Nicht Gegenstand des Art. 7 II GG ist der wertbezogene Ethikunterricht, dessen mögliche Einführung sich aus dem Erziehungsrecht des Staates des Art. 7 I GG ableitet.[23]

2. Religionsunterricht als Grundrecht der Religionsausübung, Art. 7 III 1, 2 GG

Die Norm des Art. 7 III 1, 2 GG verbürgt die Religionsausübung in Gestalt des **Religionsunterrichts**. Das Besondere hieran ist, dass der Religionsunterricht in dem grundsätzlich von Bekenntnisneutralität geprägten staatlichen Schulkontext verankert wird und damit auch Ausprägung der Ausübung öffentlicher Gewalt ist. In diesem Sinne konkretisiert Art. 7 III GG die Religions- und Weltanschauungsfreiheit des Art. 4 I, II GG und wird gleichzeitig zum lex specialis von Art. 140 GG i.V.m. Art. 137 I WRV.[24] Inhaltlich garantiert er das **Grundrecht der Religionsgemeinschaften** auf die Einrichtung und Veranstaltung des Religionsunterrichts als ordentliches Lehrfach an allen öffentlichen Schulen mit Ausnahme der bekenntnisfreien Schulen.[25] Somit hat der Staat auch die damit einhergehenden Kosten zu tragen.[26] Insofern stellt Art. 7 III GG neben der Institutsgarantie auch ein Leistungsgrundrecht dar.[27]

Examenswissen !

Öffentliche Schulen verstehen sich in Abgrenzung zu sogenannten Privatschulen als alle vom Staat getragenen Schulen[28], während bekenntnisfreie Schulen als sogenannte Weltanschau-

---

21 Vgl. Boysen, in: v. Münch/Kunig, GG, 7. Aufl. 2021, Art. 7 Rn. 77.

22 Vgl. Jeand'Heur/Korioth, Grundzüge des Staatskirchenrechts, 2000, Rn. 312; Boysen, in: v. Münch/Kunig, GG, 7. Aufl. 2021, Art. 7 Rn. 77.

23 Vgl. Hufen, Staatsrecht II – Grundrechte, 8. Aufl. 2020, § 32 Rn. 18.

24 Vgl. Kingreen/Poscher, Grundrechte – Staatsrecht II, 36. Aufl. 2020, § 16 Rn. 786.

25 Vgl. Kingreen/Poscher, Grundrechte – Staatsrecht II, 36. Aufl. 2020, § 16 Rn. 788.

26 Vgl. Boysen, in: v. Münch/Kunig, GG, 7. Aufl. 2021, Art. 7 Rn. 82.

27 Vgl. Hufen, Staatsrecht II – Grundrechte, 8. Aufl. 2020, § 32 Rn. 24. Siehe zu Leistungsrechten einführend Ruschemeier, § 1 B.I.2.a), in diesem Lehrbuch.

28 Kingreen/Poscher, Grundrechte – Staatsrecht II, 36. Aufl. 2020, § 16 Rn. 788.

Verena Kahl

ungsschulen beziehungsweise solche Schulen gelten, an denen kein Religionsunterricht erteilt wird.[29]

Eine Religionsgemeinschaft wird klassischerweise definiert als jeder „Verband, der die Angehörigen ein und desselben Glaubensbekenntnisses – oder mehrerer verwandter Glaubensbekenntnisse – zu allseitiger Erfüllung der durch das gemeinsame Bekenntnis gestellten Aufgaben zusammenfaßt."[30] Der Religionsunterricht steht grundsätzlich allen Religionsgemeinschaften unabhängig von ihrer Organisationsform offen, sodass der Status einer Körperschaft des öffentlichen Rechts nicht erforderlich ist.[31]

ℹ️ Weiterführendes Wissen

Kontrovers diskutiert wird in diesem Rahmen allerdings die **Einbeziehung islamischen Religionsunterrichts**. Einwände gibt es in formeller, materieller und praktischer Hinsicht: In formeller Hinsicht ist unklar, ob der Islam den genauen – und in sich schon umstrittenen – Anforderungen an die Organisation einer Religionsgemeinschaft genügt. Nach Ansicht des BVerwG muss eine Religionsgemeinschaft lediglich ein „Minimum an Organisation" vorweisen.[32] Teilweise vertritt die Literatur den Standpunkt, dass es „exakter Regelungen zur Mitgliedschaft" bedürfe, weshalb es sich bei den in Deutschland ansässigen muslimischen Organisationen überwiegend nicht um Religionsgemeinschaften im Sinne des Art. 7 III GG handeln solle.[33] In materieller Hinsicht wird zwar angenommen, dass der islamische Religionsunterricht durch den Art. 7 III GG grundsätzlich garantiert wird.[34] Bisweilen wird jedoch vertreten, dass ein ordentlicher Islamunterricht erst dann stattfinden solle, wenn die Vereinbarkeit (verfassungs-)rechtlicher und pädagogischer Standards sichergestellt sei.[35] Hiergegen wird wiederum vorgebracht, dass von den islamischen Religionsgemeinschaften wie von den Kirchen nur ein allgemeiner bona fides gegenüber dem Staat gefordert werde.[36] In praktischer Hinsicht fehle es dem Islam in der Bundesrepublik an einem eigenen Selbstverständnis und an einer mit den (christlichen) Kirchen vergleichbaren religiösen Autorität und damit einer Ansprechpartnerin für die nach dem Staatskirchenrecht voraus-

---

29 Vgl. Boysen, in: v. Münch/Kunig, GG, 7. Aufl. 2021, Art. 7 Rn. 88.

30 Vgl. BVerwG, Urt. v. 15.6.1995, Az.: 3 C 31.93, Rn. 9 m.w.N. = BVerwGE 99, 1 – Schächten; BVerwG, Urt. v. 23.2.2005, Az.: 6 C 2.04 m.w.N. = BVerwGE 123, 49 (54 f., 70).

31 Vgl. u. a. BVerfG, Urt. v. 19.12.2000, Az.: 2 BvR 1500/97, Rn. 95 = BVerfGE 102, 370 – Körperschaftsstatus der Zeugen Jehovas.

32 BVerwG, Urt. v. 23.2.2005, Az.: 6 C 2.04 = BVerwGE 123, 49 (55).

33 Siehe Muckel, in: Merten/Papier, Handbuch der Grundrechte in Deutschland und Europa, Bd. IV, 1. Aufl. 2011, § 96 Rn. 46. Kritisch gegenüber zu strengen Anforderungen hingegen Boysen, in: v. Münch/Kunig, GG, 7. Aufl. 2021, Art. 7 Rn. 92

34 BVerwG, Urt. v. 23.2.2005, Az.: 6 C 2.04 = BVerwGE 123, 49 (69 ff.); Heckel, JZ 54 (1999), 741 (741).

35 Germann, in: Epping/Hillgruber, BeckOK GG, 47. Ed. 15.05.2021, Art. 7 Rn. 56.3.

36 Boysen, in: v. Münch/Kunig, GG, 7. Aufl. 2021, Art. 7 Rn. 94.

Verena Kahl

gesetzte Kooperation zwischen Staat und Religionsgemeinschaften.[37] In der Praxis existieren in den Ländern indes eine **Vielzahl von Modellen**, die islamischen Religionsunterricht in den Schulen einbeziehen.[38]

Ob neben den Religionsgemeinschaften auch Schüler:innen und Erziehungsberechtigte Grundrechtsträger:innen dieses Leistungsgrundrechts sind, ist **strittig**.[39] Die Garantie des Religionsunterrichts als ordentliches Lehrfach macht dieses zum **Pflichtfach** und damit zum Teil der Schulpflicht.[40] Dies schließt eine Benotung sowie die Versetzungsrelevanz des Religionsunterrichts mit ein.[41] Als ordentliches Lehr- und Pflichtfach steht der Religionsunterricht somit gleichberechtigt neben anderen Fächern.[42] Aus dem Recht auf Erteilung des Religionsunterrichts folgt auch das Recht der Religionsgemeinschaften, die Inhalte des Unterrichts nach ihrem Selbstverständnis selbst zu bestimmen.[43] Mithin obliegt den Religionsgemeinschaften auch die Entscheidung darüber, ob sie Wert auf die konfessionelle Homogenität der Unterrichtsteilnehmenden legen oder auch konfessionslose oder -fremde Schüler:innen zum Religionsunterricht zulassen.[44]

Weiterführendes Wissen　　　　　　　　　　　　　　　　　　　　　　i

Während die inhaltliche Gestaltung des Religionsunterrichts als grundrechtliche Garantie den Religionsgemeinschaften zusteht, obliegt dem Staat aufgrund seiner allgemeinen Schulaufsicht gemäß Art. 7 I GG und infolge des Religionsunterrichts als res mixta die Regelung der organisato-

---

37 So die Einschätzung von Hufen, Staatsrecht II – Grundrechte, § 32 Rn. 45.
38 Zu den unterschiedlichen Modellen siehe Mediendienst Integration, Islamischer Religionsunterricht in Deutschland, Mai 2020.
39 Für die Annahme einer Grundrechtsträgerschaft von Schüler:innen siehe u. a. Boysen, in: v. Münch/Kunig, GG, 7. Aufl. 2021, Art. 7 Rn. 81. Für eine zusätzliche Grundrechtsträgerschaft der Erziehungsberechtigten siehe Hufen, Staatsrecht II – Grundrechte, 8. Aufl. 2020, § 32 Rn. 21; Badura, in: Dürig/Herzog/Scholz, 95. EL Juli 2021, Art. 7 GG Rn. 69. Gegen eine über die Religionsgemeinschaften hinausgehende Grundrechtsträgerschaft siehe hingegen Kingreen/Poscher, Grundrechte – Staatsrecht II, 36. Aufl. 2020, § 16 Rn. 786.
40 Vgl. Mückl, in: Handbuch des Staatsrechts, Bd. VII, 3. Aufl. 2009, § 161 Rn. 31.
41 Vgl. BVerwG, Urt. v. 6.7.1973, Az.: VII C 36/71 = BVerwGE 42, 346 (349) = NJW 1973, 1815.
42 Vgl. Kingreen/Poscher, Grundrechte – Staatsrecht II, 36. Aufl. 2020, § 16 Rn. 789.
43 Siehe BVerfG, Beschl. v. 25.2.1987, Az.: 1 BvR 47/84 = BVerfGE 74, 244 (252) – Religionsunterricht.
44 Vgl. BVerfG, Beschl. v. 25.2.1987, Az.: 1 BvR 47/84 = BVerfGE 74, 244 (253) – Religionsunterricht.

Verena Kahl

rischen Fragen[45], insbesondere die Bereitstellung der Lehrvoraussetzungen, die Fachaufsicht über den Unterricht wie auch die Dienstaufsicht über die Lehre.[46]

3. (Negative) Religionsfreiheit von Lehrer:innen

Art. 7 III 3 GG ist ein Grundrecht der Lehrer:innen, denen in Konkretisierung ihrer (negativen) Glaubens- und Weltanschauungsfreiheit gemäß Art. 4, I, II GG die Ablehnung der Erteilung von Religionsunterricht freisteht.[47] Sie können in Begrenzung der beamtenrechtlichen Direktionsbefugnis mithin nicht zur Erteilung von Religionsunterricht verpflichtet werden.[48] Art. 7 III 3 GG fungiert insofern auch als Diskriminierungsverbot, als den Lehrenden aus der Weigerung, Religionsunterricht zu erteilen, keine Nachteile entstehen dürfen.[49]

II. Eingriffe

Im Rahmen des Art. 7 II GG sind Eingriffe in dessen Abwehr- und Leistungsdimension möglich.[50] Ebenso kann ein Eingriff in das aus der institutionellen Garantie erwachsende Leistungsrecht des Art. 7 III GG erfolgen. Staatliche Maßgaben für die inhaltliche **Gestaltung** des Religionsunterrichts stellen Eingriffe in das Grundrecht aus Art. 7 III 1, 2 GG dar.[51] Angesichts der organisatorischen Befugnisse des Staates besteht für diesen jedoch ein gewisser Spielraum bei der Einrichtung des Religionsunterrichts, dessen Ausübung unter die Schulaufsicht des Art. 7 I GG fällt und damit kein Eingriff in den Schutzbereich des Art. 7 III 1, 2 GG ist.[52] Allerdings umfasst dieser Spielraum nicht solche organisatorischen Maßnahmen, die den Religionsunterricht derart beeinträchtigen, dass er tatsächlich nicht mehr wahrgenommen werden kann.[53]

---

45 Vgl. Kingreen/Poscher, Grundrechte – Staatsrecht II, 36. Aufl. 2020, § 16 Rn. 790.
46 Boysen, in: v. Münch/Kunig, GG, 7. Aufl. 2021, Art. 7 Rn. 82.
47 Vgl. Kingreen/Poscher, Grundrechte – Staatsrecht II, 36. Aufl. 2020, § 16 Rn. 791.
48 Vgl. Badura, in: Dürig/Herzog/Scholz, 95. EL Juli 2021, Art. 7 Rn. 86. Siehe zur (negativen) Glaubens- und Weltanschauungsfreiheit Gerbig, § 22.1 A.I.1., in diesem Lehrbuch.
49 Vgl. Boysen, in: v. Münch/Kunig, GG, 7. Aufl. 2021, Art. 7 Rn. 95.
50 Vgl. Brosius-Gersdorf, in: Dreier, GG, 3. Aufl. 2013, Art. 7 Rn. 83.
51 Siehe Boysen, in: v. Münch/Kunig, GG, 7. Aufl. 2021, Art. 7 Rn. 89 zum Verzicht des Staates auf inhaltliche Einmischung.
52 Vgl. Boysen, in: v. Münch/Kunig, GG, 7. Aufl. 2021, Art. 7 Rn. 82–83.
53 Vgl. Hufen, Staatsrecht II – Grundrechte, 8. Aufl. 2020, § 32 Rn. 22.

Verena Kahl

Beispiel: Die staatlich auferlegte Pflicht zur Teilnahme am beziehungsweise Erteilung des Religionsunterrichts greifen in Art. 7 II, III 3 GG ein.[54] Eine **Ergänzung** des Religionsunterrichts durch einen religiös und weltanschaulich neutralen Ethikunterricht stellt hingegen **keinen Eingriff** in Art. 7 III 1, 2 GG dar, ebenso wenig die Pflicht der Kinder, anstelle des Religionsunterrichts ersatzweise an diesem Unterricht teilzunehmen gegen Art. 7 II GG.[55]

III. Verfassungsrechtliche Rechtfertigung

Die Grundrechte aus Art. 7 II, III GG sind nicht mit expliziten Schranken versehen und somit vorbehaltlos <u>gewährleistet</u>.[56] Sie unterliegen folglich den <u>verfassungsimmanenten Schranken</u>, welche einen Ausgleich gegenüberstehender Interessen im Wege der <u>praktischen Konkordanz</u> erfordern.[57] Im Sinne einer aus der Schulaufsicht folgenden Rechtsaufsicht des Staates darf er rechts- und verfassungswidrigen Religionsunterricht, beispielsweise in Form von staatsfeindlichen Bestrebungen oder Verstößen gegen das Toleranzgebot,[58] mit entsprechenden Maßnahmen entgegentreten.[59]

C. Die Privatschulfreiheit, Art. 7 IV, V GG

Art. 7 IV und V GG normieren die Privatschulschulfreiheit. In Abgrenzung zu den öffentlich-rechtlichen Schulen handelt es sich bei Privatschulen um „**Schulen in freier Trägerschaft**", wobei die größte Gruppe der Schulträger:innen Kirchen und Religionsgemeinschaften sind.[60] Art. 7 IV und V GG enthalten zum einen ein Grundrecht auf Errichtung und Betreibung von Privatschulen im Sinne eines **Ab-**

---

54 Siehe Hufen, Staatsrecht II – Grundrechte, 8. Aufl. 2020, § 32 Rn. 16; Badura, in: Dürig/Herzog/Scholz, GG, 95. EL Juli 2021, Art. 7 Rn. 75, 83, 86.

55 Vgl. <u>BVerfG, Beschl. v. 15.3.2007, Az.: 1 BvR 2780/06, Rn. 26f.</u> = NVwZ 2008, 72.

56 Vgl. Kingreen/Poscher, Grundrechte – Staatsrecht II, 36. Aufl. 2020, § 16 Rn. 793. Siehe zur Einschränkbarkeit des Grundrechts Milas, § 6, in diesem Lehrbuch.

57 Siehe zu verfassungsimmanenten Schranken Milas, § 6 C.II.3, in diesem Lehrbuch. Zur praktischen Konkordanz siehe Milas, § 7, A.II.6.b.dd., in diesem Lehrbuch.

58 Vgl. Geis, in: Friauf/Höfling, Berliner Kommentar zum GG, 11. EL 2004, Art. 7 Rn. 61.

59 Vgl. Hufen, Staatsrecht II – Grundrechte, 8. Aufl. 2020, § 32 Rn. 23, der dort als Beispiel einen Religionsunterricht anführt, welcher „sich gegen die Gleichberechtigung der Frau, die Trennung von Staat und Kirche, die Gleichberechtigung der Religionen und die Verneinung der negativen Religionsfreiheit richtet".

60 Hufen, Staatsrecht II – Grundrechte, 8. Aufl. 2020, § 32 Rn. 25.

Verena Kahl

wehranspruchs gegen staatliche Eingriffe.[61] Zum anderen garantiert Art. 7 IV 1 GG Privatschulen als Institution (sogenannte **Instituts- oder Einrichtungsgarantie**).[62] Dies gilt jedoch nur im Hinblick auf die Institution Privatschule als solche, die einzelne Privatschule genießt hingegen keinen individuellen Bestandsschutz.[63] Während sich Art. 7 IV 1 GG auf Ersatzschulen und Ergänzungsschulen bezieht, gelten Art. 7 I 2 bis 4 und Art. 7 V GG nur für Ergänzungsschulen.[64] In Art. 7 IV 1 GG konkretisiert sich die Absage an ein staatliches Schulmonopol.[65] Ersatzschulen sind solche Privatschulen, die als Ersatz für eine vorhandene oder geplante öffentliche Schule dienen sollen, während der Begriff der Ergänzungsschule alle anderen Privatschulen bezeichnet.[66] Neben dem Abwehrrecht und der Institutsgarantie erwächst aus Art. 7 IV GG zudem die Pflicht des Staates, das private Ersatzschulwesen neben dem öffentlichen Schulwesen zu fördern und seinen Bestand zu schützen, sogenannte objektive Schutzpflicht.[67] Da Schutz und Förderung der Institution „Privatschule" ohne eine finanzielle Förderung kaum möglich sind, erstarkt diese objektive Schutzpflicht zu einem **Leistungsgrundrecht**.[68] Eine Handlungspflicht des Staates erfolgt jedoch erst dann, wenn das Ersatzschulwesen in seinem Bestand gefährdet ist.[69]

---

61 Vgl. BVerfG, Beschl. v. 14.11.1969, Az.: 1 BvL 24/64, Rn. 23 ff. = BVerfGE 27, 195 – Anerkannte Privatschulen.
62 Vgl. BVerfG, Urt. v. 26.3.1957, Az.: 2 BvG 1/55, Rn. 21 f. = BVerfGE 6, 309 – Reichskonkordat; BVerfG, Beschl. v. 9.3.1994, Az.: 1 BvR 682, 712/88, Rn. 27 = BVerfGE 90, 107 – Waldorfschule/ Bayern.
63 Vgl. Boysen, in: v. Münch/Kunig, GG, 7. Aufl. 2021, Art. 7 Rn. 99.
64 Vgl. Kingreen/Poscher, Grundrechte – Staatsrecht II, 36. Aufl. 2020, § 16 Rn. 796.
65 Vgl. BVerfG, Urt. v. 6.12.1972, Az.: 1 BvR 230/70 u. 95/71, Rn. 125 = BVerfGE 34, 165 – Förderstufe.
66 Siehe BVerfG, Beschl. v. 14.11.1969, Az.: 1 BvL 24/64, Rn. 26 f. = BVerfGE 27, 195 – Anerkannte Privatschulen.
67 Vgl. BVerfG, Urt. v. 8.4.1987, Az.: 1 BvL 8, 16/84, Rn. 88 ff. = BVerfGE 75, 40 – Privatschulfinanzierung I. Siehe zur objektiven Schutzpflicht Ruschemeier, § 1 B.I.2.b), in diesem Lehrbuch.
68 Hufen, Staatsrecht II – Grundrechte, 8. Aufl. 2020, § 32 Rn. 31 m. w. N. zur rechtlichen Begründung der Leistungsfunktion des Grundrechts aus Art. 7 IV GG.
69 Vgl. BVerfG, Urt. v. 8.4.1987, Az.: 1 BvL 8, 16/84, Rn. 88 = BVerfGE 75, 40 – Privatschulfinanzierung I.

Verena Kahl

I. Schutzbereich

Art. 7 IV 1 GG verankert neben der Institutsgarantie und als Ausdruck der **Schulvielfalt**[70] das Grundrecht, Privatschulen in freier Trägerschaft zu errichten und zu betreiben.[71] Die Gründungsfreiheit umfasst im Sinne eines klassischen Abwehrrechts auch die personelle, finanzielle und inhaltliche Unabhängigkeit.[72] Dies beinhaltet eine entsprechende Gestaltungsfreiheit der jeweiligen Träger:innen sowohl im Hinblick auf die Organisation der Schule und des Unterrichts (**Gestaltung des äußeren Schulbetriebs**), wie auch in Bezug auf die Konzeption und Auswahl der Fächer, Lehrmethoden, Bildungs- und Erziehungsziele und die Erstellung von Lehrplänen (**Gestaltung des inneren Schulbetriebs**).[73]

Bei der Gründung und dem Betrieb von Ersatzschulen handelt es sich um ein sogenanntes normgeprägtes Grundrecht.[74] Aufgrund der Tatsache, dass Ersatzschulen öffentliche Schulen ersetzen[75], fallen sie unter den in Art. 7 IV 2 HS 1 verankerten Genehmigungsvorbehalt.[76] Dies beruht auch auf den mit der Ersetzung einhergehenden Gefahren für die Durchsetzung der Ziele des staatlichen Schulwesens.[77] Verfolgen die Schulen keine staatsfeindlichen oder verfassungswidrigen Erziehungsziele und liegen die Voraussetzungen des Art. 7 IV 3–4, V GG vor, besteht jedoch ein Anspruch auf Erteilung der Genehmigung.[78]

---

70 Vgl. BVerfG, Urt. v. 8.4.1987, Az.: 1 BvL 8, 16/84, Rn. 87 ff. = BVerfGE 75, 40 – Privatschulfinanzierung I.

71 Vgl. BVerfG, Beschl. v. 14.11.1969, Az.: 1 BvL 24/64, Rn. 23 ff. = BVerfGE 27, 195 – Anerkannte Privatschulen.

72 Vgl. Hufen, Staatsrecht II – Grundrechte, 8. Aufl. 2020, § 32 Rn. 27.

73 Vgl. BVerfG, Beschl. v. 14.11.1969, Az.: 1 BvL 24/64, Rn. 24 = BVerfGE 27, 195 – Anerkannte Privatschulen.

74 Vgl. Kingreen/Poscher, Grundrechte – Staatsrecht II, 36. Aufl. 2020, § 16 Rn. 797. Siehe zum normgeprägten Grundrecht Eisentraut, § 21.1 A.I.1, in diesem Lehrbuch.

75 Vgl. Kingreen/Poscher, Grundrechte – Staatsrecht II, 36. Aufl. 2020, § 16 Rn. 797.

76 Zur Unterscheidung von Genehmigung und Anerkennung von Privatschulen vgl. Boysen, in: v. Münch/Kunig, GG, 7. Aufl. 2021, Art. 7 Rn. 106.

77 Vgl. Boysen, in: v. Münch/Kunig, GG, 7. Aufl. 2021, Art. 7 Rn. 102.

78 Vgl. Boysen, in: v. Münch/Kunig, GG, 7. Aufl. 2021, Art. 7 Rn. 102, 104; Badura, in: Dürig/Herzog/Scholz, 95. EL Juli 2021, Art. 7 Rn. 111 m. w. N. Siehe auch Vogel, DÖV 2008, 895, insbes. 901 ff.

Verena Kahl

II. Eingriff

Eingriffe in die Gründung und den Betrieb von Privatschulen sind verhindernde, behindernde oder erschwerende staatliche Ge- oder Verbote.[79] Liegen die Voraussetzungen für die Genehmigung nach Art. 7 IV, V GG vor, stellt deren Verweigerung ebenfalls einen Eingriff in den Schutzbereich des Art. 7 IV GG dar.[80]

III. Verfassungsrechtliche Rechtfertigung

Auch Art. 7 IV GG enthält keinen Gesetzesvorbehalt und wird damit vorbehaltlos – im Rahmen der verfassungsimmanenten Schranken – gewährt.[81] Einschränkungen des Art. 7 IV GG können somit nur erfolgen, wenn dies zur Wahrung von gleichwertigen Verfassungsgütern oder der Verwirklichung der in Art. 7 IV 3 GG genannten Ziele erforderlich ist.[82] Insofern ergibt sich aus der in Art. 7 I GG verankerten Schulaufsicht und der aus der res mixta folgenden Zuständigkeit für organisatorische Fragen das Recht des Staates zur Überwachung des Betriebs der Privatschulen im Hinblick darauf, ob diese die Genehmigungsvoraussetzungen fortdauernd erfüllen.[83] Insofern ist die Aufhebung der Genehmigung bei Verstoß gegen die genannten Voraussetzungen verfassungsrechtlich legitimiert.[84] Art. 7 IV 2 GG stellt keine Eingriffsermächtigung dar, sondern setzt lediglich den Ausgestaltungsrahmen des Art. 7 IV 3-4, V GG voraus.[85]

D. Europäische und internationale Bezüge

Auch im Europa- und Völkerrecht finden sich Regelungen, welche die Bereiche Schule und Bildung in Bezug nehmen und bisweilen sogar über den im Grundgesetz gewährten Schutz hinausgehen.

---

79 Vgl. Hufen, Staatsrecht II – Grundrechte, 8. Aufl. 2020, § 32 Rn. 29.
80 Vgl. Hufen, Staatsrecht II – Grundrechte, 8. Aufl. 2020, § 32 Rn. 29.
81 Vgl. Kingreen/Poscher, Grundrechte – Staatsrecht II, 36. Aufl. 2020, § 16 Rn. 801.
82 Vgl. Hufen, Staatsrecht II – Grundrechte, 8. Aufl. 2020, § 32 Rn. 30.
83 Siehe Boysen, in: v. Münch/Kunig, GG, 7. Aufl. 2021, Art. 7 Rn. 104.
84 Vgl. Kingreen/Poscher, Grundrechte – Staatsrecht II, 36. Aufl. 2020, § 16 Rn. 802.
85 Vgl. Kingreen/Poscher, Grundrechte – Staatsrecht II, 36. Aufl. 2020, § 16 Rn. 801.

Verena Kahl

Examenswissen: Auf internationaler Ebene verankert die <u>Allgemeine Erklärung der Menschenrechte (AEMR)</u>[86] ein **Recht auf Bildung** in Art. 26 I 1 und sieht darüber hinaus die Unentgeltlichkeit des Unterrichts an Elementar- und Grundschulen wie auch obligatorischen Elementarunterricht als Konkretisierungen dieses Rechts vor. In seinem Absatz 2 zeigt die Norm zudem die Verknüpfungen des Rechts auf Bildung mit anderen Menschenrechten als Ziel eben solcher Bildung auf.[87] Rechtsverbindliches Gegenstück zu Art. 26 AEMR ist Art. 13 des Internationalen Paktes über wirtschaftliche, soziale und kulturelle Rechte[88], der ebenfalls das Recht auf Bildung mit entsprechenden Konkretisierungen kodifiziert. Besondere praktische Relevanz kommt Art. 24 der <u>Behindertenrechtskonvention</u>[89] zu, der das Recht von Menschen mit Behinderung auf Bildung normiert und zu dessen Verwirklichung die Vertragsstaaten zur Gewährleistung eines integrativen beziehungsweise inklusiven Bildungssystems verpflichtet.[90]

Weiterführendes Wissen

Die deutsche Ratifikation der UN-Behindertenrechtskonvention führte zu vielzähligen Schulgesetznovellen und ist immer noch Anlass für kontrovers geführte Debatten[91], stellt doch der Grundsatz der Inklusion beziehungsweise Integration das deutsche Bildungssystem vor vielfältige Herausforderungen.[92] Ferner von Bedeutung sind Art. 29 der <u>UN-Kinderrechtskonvention</u>[93] wie auch Art. 7 des <u>Internationalen Übereinkommens zur Beseitigung jeder Form von Rassendiskriminierung.</u>[94]

Im europäischen Kontext spielt Art. 2 des 1. Zusatzprotokolls der <u>Europäischen Menschenrechtskonvention (EMRK)</u> eine hervorgehobene Rolle.[95] Er schafft einen

---

86 Allgemeine Erklärung der Menschenrechte vom 10.12.1948, Resolution 217 A (III) der Generalversammlung vom 10.12.1948.
87 Vgl. Boysen, in: v. Münch/Kunig, GG, 7. Aufl. 2021, Art. 7 Rn. 45.
88 Internationaler Pakt über wirtschaftliche, soziale und kulturelle Rechte vom 16.12.1966, in Kraft getreten am 3.1.1976, BGBl. 1973 II 1569.
89 Übereinkommen über die Rechte von Menschen mit Behinderungen vom 13.12.2006, in Kraft getreten am 3.5.2008, BGBl. 2008 II 1419.
90 Vgl. Hufen, Staatsrecht II – Grundrechte, 8. Aufl. 2020, § 32 Rn. 35.
91 Vgl. Boysen, in: v. Münch/Kunig, GG, 7. Aufl. 2021, Art. 7 Rn. 46 m. w. N. zu Diskussionen um die Abgrenzung der Begriffe Inklusion und Integration wie auch zu Fragen eines subjektiven Rechts auf Zugang zum Regelunterricht und der Anwendung des Art. 24 Behindertenrechtskonvention auf Privatschulen Anwendung findet.
92 Vgl. Hufen, Staatsrecht II – Grundrechte, 8. Aufl. 2020, § 32 Rn. 39.
93 Übereinkommen über die Rechte des Kindes vom 20.11.1989, in Kraft getreten am 2.9.1990, BGBl. 1992 II 122.
94 Internationalen Übereinkommens zur Beseitigung jeder Form von Rassendiskriminierung vom 7.3.1966, in Kraft getreten am 4.1.1969, BGBl. 1969 II 962.
95 Siehe allgemein zum Recht auf Bildung im Rahmen der EMRK, Langenfeld, RdJB 55 (2007), 412ff.

Verena Kahl

Rechtsanspruch auf Bildung und bildet damit sowohl ein subjektives Teilhaberecht als auch eine entsprechende Institutsgarantie[96], welche die Vertragsstaaten – unter Verbleib eines weiten Entscheidungsspielraums – zur Vorhaltung einer entsprechenden Bildungsinfrastruktur verpflichten.[97] Zu den Inhaber:innen dieses Rechts gehören auch die in den Vertragsstaaten lebenden Ausländer:innen.[98] Insofern geht Art. 2 des 1. Zusatzprotokolls der EMRK sowohl im Hinblick auf die inhaltliche Gewährleistung als auch die Grundrechtsträgerschaft über die Regelungen des Grundgesetzes hinaus.[99]

Im Bereich des EU-Rechts orientiert sich das in Art. 14 der Europäischen Grundrechtecharta (GRCh) kodifizierte Recht auf Bildung deutlich an Art. 2 des 1. Zusatzprotokolls der EMRK, nimmt jedoch zusätzlich explizit die berufliche Aus- und Weiterbildung in Bezug[100] und sieht in den Absätzen 2 und 3 das Recht auf eine unentgeltliche Teilnahme am Pflichtschulunterricht ebenso vor wie die Gründungsfreiheit von Lehranstalten.[101]

Zusammenfassung: Die wichtigsten Punkte
– Art. 7 GG ist ein Konglomerat aus organisationsrechtlichen Normen sowie Abwehr- und Leistungsgrundrechten in den Bereichen Schulaufsicht, Religionsunterricht und Privatschulen. Sein Absatz 1 beauftragt als organisationsrechtliche Norm den Staat mit der Aufsicht des Schulwesens.
– Art. 7 II GG garantiert das Bestimmungsrecht der Erziehungsberechtigten über die Teilnahme ihrer Kinder am Religionsunterricht. Das Bestimmungsrecht der Kinder selbst folgt nicht aus Art. 7 II GG, sondern unmittelbar aus der Glaubens- und Gewissensfreiheit des Art. 4 I, II GG.
– Der Religionsunterricht ist eine gemeinsame Aufgabe von Religionsgemeinschaft und Staat (res mixta) und als Institutsgarantie in Art. 7 III 1, 2 GG verankert.
– Mit Art. 7 IV und V GG garantiert das GG die Privatschulfreiheit unter Genehmigungsvorbehalt und erteilt gleichzeitig eine Absage an ein staatliches Schulmonopol.

Weiterführende Studienliteratur
– Christoph Tangermann, „Homeschooling" aus Glaubens- und Gewissensgründen, ZevKR 51 (2006), S. 393–417

---

96 Vgl. Boysen, in: v. Münch/Kunig, GG, 7. Aufl. 2021, Art. 7 Rn. 47.
97 Vgl. Langenfeld, RdJB 55 (2007), 412 (417).
98 Vgl. Langenfeld, RdJB 55 (2007), 412 (424).
99 Vgl. EGMR, Urt. v. 29.6.2007, Az.: 15472/02 = NVwZ 2008, 1217 – Folgerø and others v. Norway; Hufen, Staatsrecht II – Grundrechte, 8. Aufl. 2020, § 32 Rn. 35.
100 Vgl. Langenfeld, RdJB 55 (2007), 412 (423).
101 Vgl. Boysen, in: v. Münch/Kunig, GG, 7. Aufl. 2021, Art. 7 Rn. 44.

Verena Kahl

Verena Kahl

§ 23 Kunst & Wissenschaft

Das Grundgesetz garantiert in Art. 5 III GG die Kunst- und Wissenschaftsfreiheit. Das mag zunächst überraschen, weil beide Grundrechte keinen **unmittelbaren** materiellen Zusammenhang aufweisen. Gemein ist ihnen aber der geistige **Schaffensprozess** und die Präsentation der erzielten Endergebnisse. Sowohl Kunst als auch Wissenschaft brauchen einen geschützten Bereich, der durch staatliche Absicherungen garantiert wird. Das gilt besonders für eine, von externen Interessen unabhängige, wissenschaftliche Forschung, die auf ausgebaute Infrastrukturen angewiesen ist.[1] Kunst wie Wissenschaft sind wichtige Inspirationsquellen der pluralen Gesellschaft.

Der Wissenschaftsfreiheit liegt „der Gedanke zugrunde, dass eine von gesellschaftlichen Nützlichkeits- und politischen Zweckmäßigkeitsvorstellungen freie Wissenschaft Staat und Gesellschaft im Ergebnis am besten dient."[2] Die Trias „Wissenschaft, Forschung und Lehre" in Art. 5 II GG ist nicht als Aufzählung jeweils eigenständiger Grundrechte zu verstehen; Forschung und Lehre stellen vielmehr Konkretisierungen der Wissenschaft dar.

Die Kunstfreiheit stellt die Rechtsanwender:in vor allem vor die Herausforderung, Kunst definieren zu müssen, um den Schutzbereich zu beschreiben. Eine zu enge Definition würde den Schutz ins Gegenteil verkehren, eine zu weitgehende Definition droht konturlos zu sein. Die herrschende Meinung bemüht sich hier, mit einem offenen Kunstbegriff ein hohes Maß an Einzelfallgerechtigkeit zu ermöglichen, dies aber zulasten der Bestimmbarkeit. Maßgeblich geprägt sind die Zugriffe auf den Begriff der Kunst von dem „Gebot der Neutralität und Toleranz gegenüber dem Pluralismus im Kunstverständnis"[3].

---

1 Augsberg, in: Der Eigenwert des Verfassungsrechts, 2011, 187 (199).
2 BVerfG, Beschl. v. 20.7.2010, Az.: 1 BvR 748/06 = BVerfGE 127, 87 (115).
3 BGH, Urt. v. 3.6.1975, Az.: VI ZR 123/74 = NJW 1975, 1882 (1884).

https://doi.org/10.1515/9783110765533-041

§ 23.1 Kunstfreiheit – Art. 5 III GG

Notwendiges Vorwissen: Schutzbereich, Eingriff, Rechtfertigung, Meinungsfreiheit

Lernziel: Schutzbereichsdefinition der Kunstfreiheit beherrschen, Schranken der Kunstfreiheit verstehen

---

Für dieses Kapitel gibt es frei zugängliche interaktive Übungen. Halte einfach deine Smartphone-Kamera vor den Kasten mit den Punkten (QR-Code).

Die in Art. 5 III GG verankerte Kunstfreiheit ist eine objektiv wertentscheidende Norm.[1] Als solche hat sie eine weitreichende Ausstrahlungswirkung für die gesamte Rechtsordnung. So ist sie regelmäßig bei Ermessensentscheidungen oder auch bei zivilrechtlichen Generalklauseln (mittelbare Drittwirkung)[2] zu beachten. Auch und gerade aber schützt sie das individuelle Schöpfen und Wirken von Künstler:innen.[3]

Weiterführendes Wissen

Nach der nationalsozialistischen Verfolgung sogenannter „entarteter Kunst" kann die Implementierung der sehr offen formulierten Kunstfreiheit im Grundgesetz als expliziter Gegenentwurf hierzu verstanden werden. Auch die fehlenden Grundrechtsschranken und das damit hohe Schutzniveau lassen dies vermuten. Tatsächlich aber kannte bereits die Weimarer Reichsverfassung mit ihrem Art. 142 eine zum heutigen Art. 5 III GG sehr ähnlich lautende Norm.[4] Im Zuge historischer Auslegung ist der repressiv-propagandistische Umgang der Nationalsozialisten mit der Kunstfreiheit zu berücksichtigen.[5]

---

1 Siehe zur objektiven Dimension der Grundrechte Ruschemeier, § 1, in diesem Lehrbuch.
2 Siehe zur mittelbaren Drittwirkung Wienfort, § 9, in diesem Lehrbuch.
3 BVerfG, Beschl. v. 24.2.1971, Az.: 1 BvR 435/68, Rn. 46 = BVerfG 30, 173 (188).
4 Risse, Akten und Protokolle in 14 Bänden (1986–2009), in: Bundesarchiv (Hrsg.), Band 5, 2010, 55.
5 BVerfG, Beschl. v. 4.11.2009, Az.: 1 BvR 2150/08 = BVerfGE 124, 300.

A. Schutzbereich

I. Sachlicher Schutzbereich

Für das Verständnis der Kunstfreiheit sind der Kunstbegriff und dessen Reichweite essenziell.

1. Kunst

Die Definition des Kunstbegriffs ist umstritten.[6] Im Zuge der autarken Auslegung verfassungsrechtlicher Begriffe ist es dem einfachen Gesetzgeber verwehrt, den Begriff „Kunst" auf Verfassungsebene vorzugeben.[7] Die juristische Methodik ist hier mit dem Problem konfrontiert, einen Schutzbereich definieren zu müssen, gleichzeitig jedoch abhängig von der Definition die Reichweite des Schutzes abzuschwächen.[8]

---

i **Weiterführendes Wissen**

Es ist wichtig, sich zu verinnerlichen, wieso genau dieses Definitionsproblem auftaucht: Für die Rechtsanwendung muss eine Kunstdefinition vorliegen, da anderenfalls keine Differenzierung zwischen anderen grundrechtsrelevanten Handlungsweisen und solchen, die unter die Kunstfreiheit fallen, vorgenommen werden kann. Dem weltanschaulich neutralen Staat (Art. 20 I GG – Demokratieprinzip) ist es jedoch verwehrt, zwischen „guter" und „schlechter" Kunst zu unterscheiden.[9] Dieses Ergebnis wird durch die historischen Eingangsüberlegungen bestätigt: Eine Aufteilung in „schützenswerte" und „nicht schützenswerte" Kunst soll nach Möglichkeit vermieden werden.

Drei Definitionsannäherungen wurden vom BVerfG mit der Zeit entwickelt. Diese Definitionen widersprechen sich untereinander nicht, sondern akzentuieren unterschiedliche Aspekte von Kunst. Die Definitionen finden regelmäßig nebeneinander Anwendung und dienen zur Operationalisierung der Feststellung, ob Kunst vorliegt.[10]

---

6 Ipsen, Staatsrecht II, 23. Aufl. 2020, Rn. 502.
7 Barczak, JuS 2021, 1 (7).
8 Ipsen, Staatsrecht II, 23. Aufl. 2020, Rn. 503 ff.
9 BVerfG, Beschl. v. 3.6.1987, Az.: 1 BvR 313/85 = BVerfGE 75, 369.
10 Schröder, JA 2016, 641 (645).

Jaschar Kohal

Klausurtaktik   !

In den allermeisten Fällen dürfte der formale Kunstbegriff bereits für eine brauchbare Subsumtion ausreichen. Es bietet sich folgendes Vorgehen an:

1. Kurze Definition aller drei Kunstbegriffe.
2. Subsumtion unter den formalen Kunstbegriff.
3. Darlegung, dass dieser der Engste aller Kunstbegriffe ist und dementsprechend die Voraussetzungen aller drei Kunstbegriffe damit vorliegen.

Beispiel: Ein Gemälde, eine Statue und klassische Musikwerke sind in ihrer Kunsteigenschaft so anerkannt, dass keine tiefgreifenden Erläuterungen notwendig sind. Anders aber teilweise bei „Gangstarap" oder Videospielen als Kunstgattung, welche diese Anerkennung gerade erst in Ansätzen erstritten haben.

Hier bietet es sich an, die unterschiedlichen Kunstbegriffe darzustellen, um dann aufzuzeigen, ob bereits der formale Kunstbegriff einschlägig ist. Dann sind „erst recht" die Anforderungen an die anderen Kunstbegriffe erfüllt.

---

a) Materieller Kunstbegriff

In seiner Mephisto-Entscheidung[11] äußerte sich das BVerfG zur Kunstdefinition wie folgt: „Das Wesentliche der künstlerischen Betätigung ist die freie schöpferische Gestaltung, in der Eindrücke, Erfahrungen, Erlebnisse des Künstlers durch das Medium einer bestimmten Formensprache zu unmittelbarer Anschauung gebracht werden."[12] Die Frage nach der Kunstqualität ist entsprechend abhängig von dem Inhalt des fraglichen Werks.[13]

b) Formaler Kunstbegriff

Der formale Kunstbegriff konzentriert sich zur Bestimmung der Kunstqualität auf die zur Erzeugung des Kunstwerks notwendige Handlung, beispielsweise „Malen, Bildhauen oder Dichten"[14]. Hierbei ist problematisch, dass nur schon als solche anerkannte Kunstformen unter diese Definition fallen. Dies führt zu dem Problem, dass neue Phänomene nicht adäquat erfasst werden können und der Schutzbereich entsprechend restriktiv ausgelegt wird. Verfassungsrechtliche Begriffe dürfen, im Regelfall, nicht durch den einfachen Gesetzgeber definiert werden. Auch müssen die Definitionen so weit sein, dass sie die fraglichen Schutzbereiche nicht a priori derart verkürzen, dass lediglich Mehrheitsauffassungen

---

11 BVerfG, Beschl. v. 24.2.1971, Az.: 1 BvR 435/68, Rn. 46 = BVerfG 30, 173.
12 BVerfG, Beschl. v. 24.2.1971, Az.: 1 BvR 435/68, Rn. 46 = BVerfG 30, 173 (188).
13 Lenski, Jura 2016, 35.
14 BVerfG, Beschl. v. 17.7.1984, Az.: 1 BvR 816/82 = BVerfGE 67, 213 (226 f.).

Jaschar Kohal

geschützt werden. Der formale Kunstbegriff läuft hierbei Gefahr, neue, gerade in der Entwicklung befindliche, oder auch noch nicht anerkannte Kunstformen zu diskriminieren, indem ihnen der Schutz verwehrt wird.

Beispiel: „Art brut" oder auch „Outsider Art" (also Kunst, welche von Laien erschaffen wurde); nach mathematischen Modellen erzeugte Musik/Bilder[15]

c) Offener Kunstbegriff

Letztlich behält sich das BVerfG vor, den Kunstbegriff völlig offen zu definieren. Hierbei ist auf die „Mannigfaltigkeit ihres Aussagegehalts"[16] abzustellen. Entsprechend macht gerade die Vielschichtigkeit der Interpretationsmöglichkeiten ein Werk als Kunst aus. Dieser offene Kunstbegriff reagiert am weitreichendsten auf die bereits beschriebene Schwierigkeit, Kunst überhaupt zu definieren.

Beispiel: Ein pornografischer Roman ist nach dem offenen Kunstbegriff auf etwaige tiefergehende Interpretationsschichten („Mannigfaltigkeit") zu überprüfen, was auch auf weitreichendere Interpretationen schließen lässt.

2. Reichweite

Regelmäßig diskussionswürdig ist die Reichweite der Kunstfreiheit. Grundsätzlich wird hier zwischen **„Werk- und Wirkbereich"** unterschieden. Unter den **Werkbereich** fallen die für das künstlerische Endprodukt notwendigen Handlungen und damit der Entstehungsprozess. Der **Wirkbereich** hingegen schützt die Möglichkeit der Zurschaustellung des Kunstwerkes (Verbreitung, Veröffentlichung).[17]

3. Schutzbereichseinschränkungen

Diskutiert wird, ob Kunstaktionen, welche unmittelbar in fremde Rechte eingreifen, überhaupt in den Schutzbereich der Kunstfreiheit fallen oder von vornherein von diesem ausgeschlossen sind. Hierbei ist insbesondere an ungenehmigte Graffiti-Kunst zu denken, welche auf fremdes Eigentum gesprüht wird. Eine Auffassung möchte hier bereits die Eröffnung des sachlichen Schutzbereichs verneinen.

---

15 Siehe beispielsweise die Software AIVA, welche eigene Musik erzeugt; Maizels, Raw Creation – outsider art and beyond, 2000.
16 BVerfG, Beschl. v. 17.7.1984, Az.: 1 BvR 816/82 = BVerfGE 67, 213 (226 f.).
17 BVerfG, Beschl. v. 28.1.2019, Az.: 1 BvR 1738/16, Rn. 14.

Jaschar Kohal

Sie beruft sich darauf, dass eine solch evidente Überschreitung fremder Interessen schon nicht als zum Schutzbereich eines Grundrechts zugehörig angesehen werden kann.[18] Die Mehrheit erachtet den Schutzbereich wohl als eröffnet, sieht aber etwaige Eingriffe in die Kunstfreiheit (beispielsweise aufgrund einer Verurteilung wegen Sachbeschädigung) als gerechtfertigt an.[19]

II. Persönlicher Schutzbereich

Der persönliche Schutzbereich weist keine Besonderheiten auf. Die Kunstfreiheit kann von „jedermann" geltend gemacht werden.[20] Auch juristische Personen können sich grundsätzlich nach Art. 19 III GG auf die Kunstfreiheit berufen.[21]

Beispiel: Buchverlage, Filmverleih, Musikveranstalter:innen

Weiterführendes Wissen

Die Mehrheit der Autor:innen behandelt Fragen zur Reichweite des Grundrechts als solche des persönlichen Schutzbereichs.[22] Richtigerweise sind diese Ausführungen aber eine Frage des sachlichen Schutzbereichs und sollten entsprechend auch nur dort erörtert werden.[23] Der Schwerpunkt dieser Erweiterungen des Personenkreises ergibt sich letztlich direkt aus der Tätigkeit. Beide Wege sind in einer Prüfung jedenfalls vertretbar.

B. Eingriff

Eingriffe in die Kunstfreiheit weisen keine Besonderheiten auf. Denkbar sind auch faktische Eingriffe.

Beispiel: faktischer Eingriff durch staatliche Unterstützung (insbesondere finanzielle) bestimmter Kunstformen

---

18 Schröder, JA 2016, 641 (646).
19 Epping, Grundrechte, 9. Aufl. 2021, Rn. 279.
20 Ipsen, Staatsrecht II, 23. Aufl. 2020, Rn. 499.
21 Ipsen, Staatsrecht II, 23. Aufl. 2020, Rn. 499.
22 Epping, Grundrechte, 9. Aufl. 2021, Rn. 273.
23 Thiel, ZJS 2009, 160 (163).

Jaschar Kohal

C. Rechtfertigung

I. Einschränkbarkeit der Kunstfreiheit

Art. 5 III GG nennt keine <u>Einschränkungsmöglichkeiten</u> der Kunstfreiheit. In Betracht kommen daher **verfassungsimmanente Schranken** (kollidierendes Verfassungsrecht).[24] Typische Fallkonstellationen sind hierbei Persönlichkeitsrechte Dritter (Art. 2 I i. V. m. Art. 1 I GG)[25], Eigentum (Art. 14 GG)[26], auch aber das Ansehen des Staates und seiner Institutionen (siehe § 90a StGB)[27] und der Jugendschutz, welcher nach Art. 6 I GG Verfassungsrang genießt[28].

II. Grenzen der Einschränkbarkeit

Die Rechtsprechung sieht die Kunstfreiheit als sehr gewichtiges Recht an, welches sich in der Verhältnismäßigkeitsprüfung regelmäßig durchsetzt.[29] Das BVerfG sieht dabei Verfassungsbeschwerden zur Kunstfreiheit bereits dann als begründet an, wenn die vorherige Instanz sich **nicht** näher mit der potenziellen **Kunsteigenschaft des Werks befasst** hat. Bereits in seiner Entscheidung „Josefine Mutzenbacher" hat das BVerfG diesen Grundsatz aufgestellt.[30] Das Werk „Josefine Mutzenbacher" – ein pornografischer Roman – wurde von der Bundesprüfstelle für jugendgefährdende Medien als jugendgefährdend eingestuft, was den öffentlichen Verkauf stark erschwerte. Die Verfassungsbeschwerde hatte primär deshalb Erfolg, weil das OVG Münster sich überhaupt nicht mit der Frage auseinandergesetzt hatte, ob das Werk unter den Schutzbereich der Kunstfreiheit fallen könnte. Nach erfolgreicher Verfassungsbeschwerde entschied das OVG Münster nochmals gegen den Antragsteller und für die Jugendgefährdung – diesmal aber auch unter Berücksichtigung der Kunstfreiheit.[31]

---

24 Henschel, NJW 1990, 1937.
25 BVerfG, Beschl. v. 3.6.1987, Az.: 1 BvR 313/85 = BVerfGE 75, 369 (379).
26 BVerfG, Beschl. v. 19.3.1984, 2 BvR 1/84.
27 BVerfG, Beschl. v. 7.3.1990, Az.: 1 BvR 266/86 = BVerfGE 81, 278.
28 BVerfG, Beschl. v. 27.11.1990, Az.: 1 BvR 402/87 = BVerfG 83, 130.
29 Schröder, JA 2016, 641 (644).
30 BVerfG, Beschl. v. 27.11.1990, Az.: 1 BvR 402/87 = BVerfGE 83, 130.
31 OVG Nordrhein-Westfalen, Urt. v. 11.9.1997, Az.: 20 A 6471/95.

Weiterführendes Wissen

Die Düsseldorfer Staatsanwaltschaft stellte jüngst ein Strafverfahren wegen § 130 StGB gegen die Rapper Kollegah und Farid Bang wegen der Zeile „Mein Körper definierter als der von Auschwitzinsassen" bereits mangels Anfangsverdachts ein. Zur Begründung führte die Staatsanwaltschaft aus, dass das Genre des „Gangstarap" gerade darauf ausgerichtet ist, auch mit völlig geschmacklosen Aussagen zu provozieren oder anzuekeln. Der Tabubruch sei hierbei gerade als Teil der Kunst zu verstehen und damit vom Schutzbereich erfasst. Die Staatsanwaltschaft sah hier die Kunstfreiheit als höherrangig an.

Bei der Abwägung ist eine **werkgerechte Interpretation** der Kunst vorzunehmen.[32] Sie ist also nach den der Kunstform eigenen Strukturmerkmalen zu beurteilen.[33]

Beispiel: Der (regelmäßig überspitzt dargestellte) Aussagekern einer Karikatur ist für diese gerade essenziell. Eine werkgerechte Interpretation muss diese Tatsache besonders berücksichtigen. Ähnlich verhält es sich bei Gangsta-Rap: Der tabubrechende Charakter mitsamt grenzüberschreitender Tatsachen macht gerade den Kern dieser Kunstform aus.

Klausurtaktik

Wo die Grenze zwischen der Kunstfreiheit und den kollidierenden Verfassungsgütern verläuft, ist durch eine werkgerechte Interpretation und Abwägung im Einzelfall zu bestimmen.[34] Sofern der Sachverhalt das Kunstwerk abdruckt oder sehr genau beschreibt, sollte das Werk kurz in der Lösung wiedergegeben und interpretiert werden. Entsprechend bietet es sich an, das Werk, sofern möglich, einem Werktyp zuzuordnen, eine kurze historische Eingrenzung vorzunehmen und die letztlich von dem:der Künstler:in intendierte, tieferliegende Aussage herauszuarbeiten. Siehe hierzu auch das BVerfG-Urteil zur Verunglimpfung des Staates und seiner Symbole durch Kunst: Hier stellt das BVerfG Überlegungen zu einem Musikstück der Band SLIME an und vergleicht es mit einem klassischen Werk von Heinrich Heine.[35] So weitläufig wie dort müssen die Ausführungen in einer Klausur natürlich nicht sein.[36]

Bezüglich der **Persönlichkeitsrechte anderer** verlangt das BVerfG von Romanen, welche reale Gegebenheiten wiedergeben, die Verfälschung der Personen. Weiterhin ist zu beachten, inwieweit die Persönlichkeiten solche des öffentlichen Lebens sind (Esra-Entscheidung)[37]. Je prominenter eine Person ist, desto eher

---

32 BVerfG, Beschl. v. 3.6.1987, Az.: 1 BvR 313/85 = BVerfGE 75, 369 (376).
33 BVerfG, Beschl. v. 3.6.1987, Az.: 1 BvR 313/85 = BVerfGE 75, 369 (377).
34 BVerfG, Beschl. v. 3.11.2000, Az.: 1 BvR 581/00, Rn. 20.
35 BVerfG, Beschl. v. 3.11.2000, Az.: 1 BvR 581/00, Rn. 23.
36 Siehe hierzu Schneeberger, Fall 1, im OpenRewi Fallbuch.
37 BVerfG, Beschl. v. 13.6.2007, Az.: 1 BvR 1783/05 = BVerfGE 119, 1.

muss sie solche Einschränkungen ertragen. Die Abwägung fällt dann zugunsten der Kunstfreiheit und zulasten einer Unterlassung der Weiterverbreitung des Werks aus.

Beispiel: Zur Eigentumsfreiheit urteilte das BVerfG jüngst bezüglich der Frage, inwieweit „Sampling", also das immer weiter fortwährende Wiederholen eines nur wenige Sekunden dauernden Ausschnitts eines anderen Stücks innerhalb eines neuen Stücks, von der Kunstfreiheit gedeckt ist.[38] Hierbei sah es, insbesondere in Bezug auf Rapmusik, welche von dieser Methodik lebt, die Interessen des unfreiwilligen Samplegebers als untergeordnet an. Entsprechend ist ein solches Sampling zu dulden.

Sofern Kunst auf öffentlichen Straßen dargestellt wird, kommt es zu Spannungen mit der Notwendigkeit einer etwaigen straßenrechtlichen **Sondernutzungserlaubnis**. Während eine Kunstausstellung auf öffentlichen Straßen selbst noch keine Straßenkunst darstellt,[39] ist die sonstige Rechtslage verworren und unklar. Das BVerwG scheint dazu zu tendieren, eine solche Sondernutzungserlaubnis zu verlangen, sofern es sich nicht um eine spontane Kunstaktion handelt.[40]

D. Konkurrenzen

Die Kunstfreiheit konkurriert regelmäßig mit der Meinungsfreiheit.[41] So zeigen politische Karikaturen sowohl ein Kunst-, als auch ein Meinungsmoment auf. Hier bietet es sich an, nach dem **Schwerpunkt** der Grundrechtsausübung zu fragen. Bei politischen Karikaturen ist die Kunst das Übertragungsmittel für eine politische Botschaft. Entsprechend ist hier häufig die Meinungsfreiheit als Grundrecht einschlägig.

Denkbar sind auch Abgrenzungsfälle zur Versammlungsfreiheit, beispielsweise bei einem Straßentheater.[42] Hier hilft es, sich zunächst zu fragen, ob die Versammlungsfreiheit einschlägig ist. Dies dürfte regelmäßig dann der Fall sein, wenn staatliche Stellen eingreifen, um eine „versammlungsspezifische Gefahr" zu beseitigen. Sofern dies nicht der Fall ist, ist mit der Prüfung der Kunstfreiheit fortzufahren.

---

38 BVerfG, Urt. v. 31.5.2016, Az.: 1 BvR 1585/13 = BVerfGE 142, 74.
39 OVG Nordrhein-Westfalen, Beschl. v. 24.8.2017, Az.: 11 B 938/17.
40 BVerwG, Urt. v. 20.3.2014, Az.: 4 C 11/13, Rn. 21 = BVerwGE 149, 211 (213).
41 BVerfG, Beschl. v. 3.6.1987, Az.: 1 BvR 313/85 = BVerfGE 75, 369 (377).
42 Hessischer VGH, Urt. v. 17.3.2011, Az.: 8 A 1188/10.

Jaschar Kohal

E. Europäische und internationale Bezüge

Die EMRK nennt die Kunstfreiheit nicht ausdrücklich. Der Schutz der Kunstfreiheit wird vielmehr über die Meinungsfreiheit in Art. 10 EMRK vermittelt. Die Kunstfreiheit wird hier als spezifische Meinungsäußerung verstanden, wobei sich dieselben Probleme bei der Kunstdefinition ergeben wie bereits ausgeführt („offener Kunstbegriff"). Werk- und Wirkbereich sowie Intermediäre werden geschützt. Die Grundrechtecharta garantiert die Kunstfreiheit in Art. 13 GrCh.

Zusammenfassung: Die wichtigsten Punkte
- Die Definition des sachlichen Schutzbereichs bereitet bei der Kunstfreiheit regelmäßig Probleme.
- Das Grundgesetz trifft kein Werturteil über die Qualität von Kunst.
- Die Kunstfreiheit ist nur durch verfassungsimmanente Schranken einschränkbar und genießt dementsprechend einen hohen Stellenwert.
- Innerhalb der Klausur ist der Gesamtinhalt des Kunstwerks zunächst darzustellen, um dann in der Rechtfertigung die notwendige Abwägung präzise vornehmen zu können.

Weiterführende Studienliteratur
- Johann Friedrich Henschel, Die Kunstfreiheit in der Rechtsprechung des BVerfG, NJW 1990, S. 1937–1944
- Mustafa Temmuz Oglakcioglu/Christian Rückert, Anklage ohne Grund – Ehrschutz contra Kunstfreiheit am Beispiel des sogenannten Gangsta-Rap, ZUM 2015, S. 876–883
- Michael Betzinger, Grenzen der Kunstfreiheit, JA 2009, S. 125–130

Jaschar Kohal

§ 23.2 Wissenschaftsfreiheit – Art. 5 III GG

Notwendiges Vorwissen: Schutzbereich, Eingriff, Rechtfertigung

Lernziel: Schutzbereichsdefinition der Wissenschaftsfreiheit in Beziehung setzen zu den Schranken der Wissenschaftsfreiheit

---

Für dieses Kapitel gibt es frei zugängliche interaktive Übungen. Halte einfach deine Smartphone-Kamera vor den Kasten mit den Punkten (QR-Code).

Die Freiheit von Forschung, Wissenschaft und Lehre beinhaltet ein Abwehrrecht, entfaltet weitergehend aber auch eine leistungsrechtliche Funktion (objektives Verfassungsrecht).[1] Sie stellt im demokratischen Rechtsstaat die freiheitliche Betätigung der Wissenschaft als Impulsgeberin für gesellschaftliche Debatten und Fortschritt sicher und ermöglicht einen Resonanzraum zum planmäßigen Erkenntnisgewinn.[2]

A. Schutzbereich

I. Sachlicher Schutzbereich

Der sachliche Schutzbereich umfasst das Betreiben von Wissenschaft.

Wissenschaft ist hierbei der **ernsthafte und planmäßige Versuch, Wahrheit** zu ermitteln.[3] Entsprechend wird der Wissenschaftsbegriff durch das BVerfG insbesondere durch die dahinterstehende Methode bestimmt.[4] Diese muss reproduzierbar, in sich schlüssig und eben planmäßig sein. Auch bestimmte Gedankenschulen wissenschaftlicher Strömungen stellen Wissenschaft dar. Ihre Prämissen, welche zumeist als Paradigmen die Grundlagen für die weitere For-

---

1 Epping, Grundrechte, 9. Aufl. 2021, Rn. 288.

2 Habermas, Faktizität und Geltung. Beiträge zur Diskurstheorie des Rechts und des demokratischen Rechtsstaates, 1992, 77.

3 BVerfG, Urt. v. 29.5.1973, Az. 1 BvR 424/72; 1 BvR 325/72 = BVerfGE 35, 79 (112).

4 BVerfG, Urt. v. 29.5.1973, Az. 1 BvR 424/72; 1 BvR 325/72 = BVerfGE 35, 79.

schung bilden, stehen der Annahme der Ergebnisoffenheit nicht entgegen, wenn sie sich in einen Gesamtkontext wissenschaftlicher Tätigkeit integrieren können.[5]

An das Tatbestandsmerkmal der Wissenschaftlichkeit sind keine **überzogenen Anforderungen** zu stellen. So wird auch theologische Forschung, wenngleich nicht gänzlich ergebnisoffen, unter den Schutzbereich subsumiert.[6] Das Tatbestandsmerkmal der „Ernsthaftigkeit" spielt auf das Sammeln und Entwickeln weiterer Kenntnisse unter Grundlage einer Diskussion an; auf die Möglichkeit, eigene Paradigmen auch gänzlich zu verwerfen, ohne den eigenen Forschungsgegenstand zu verlieren.

Gegenbeispiel zur Wissenschaft: Verschwörungserzählungen stellen keine Wissenschaft dar. Sie können keine planmäßige Methode vorweisen. Ihre Ergebnisse sind regelmäßig nicht reproduzierbar. Ihre „Forschung" ist zumeist ergebnisgebunden und zielt damit eben nicht auf eine ergebnisoffene Erforschung der Wahrheit ab.

Forschung und Lehre sind als Unterbegriffe zur Wissenschaftsfreiheit zu verstehen. **Forschung** ist das Werkzeug der Wissenschaft zum weiteren Erkenntnisgewinn. Erfasst werden damit insbesondere die **Organisation** und Vorbereitung, spezifisch der wissenschaftlichen Forschung.[7] Die **Lehrfreiheit** erfasst das Recht, den **Inhalt und Ablauf von Lehrveranstaltungen,** welche Wissenschaft vermitteln, selbst zu bestimmen.[8] Das Grundrecht hat in der Rechtsprechung des BVerfG bisher nur eine untergeordnete Bedeutung. Es ist etwa dann betroffen, wenn die Hochschulleitung die Ausgestaltung der Lehrveranstaltungen genau vorschreibt und beispielsweise verbietet, bestimmte Themengebiete zu lehren.[9]

II. Persönlicher Schutzbereich

Geschützt wird durch die Wissenschaftsfreiheit jede Person, die in Wissenschaft, Forschung und Lehre tätig ist.[10] Es bietet sich an, zur Schutzbereichsbestimmung weitergehend auf die **Nähe und Intensität** zur genuin wissenschaftlichen Arbeit

---

5 BVerfG, Beschl. v. 26.5.1976, Az.: 2 BvR 294/76, Rn. 128 = BVerfGE 90, 1 (13).
6 BVerfG, Beschl. v. 28.10.2008, Az.: 1 BvR 462/06 = BVerfGE 122, 89.
7 Epping, Grundrechte, 9. Aufl. 2021, Rn. 284.
8 BVerfG, Urt. v. 29.5.1973, Az.: 1 BvR 424/71 und 325/72 = BVerfGE 35, 79 (112).
9 BVerfG, Beschl. v. 13.4.2010, Az.: 1 BvR 216/07 = BVerfGE 126, 1.
10 BVerfG, Beschl. v. 1.3.1978, Az.: 1 BvR 333/75 = BVerfG 47, 327 (367).

bei der eigenen Tätigkeit abzustellen.[11] Erfasst werden nur eigene wissenschaftliche Tätigkeiten, entsprechend können sich ausschließlich administrativ tätige Personen in Wissenschaftsorganisationen nicht auf das Grundrecht berufen.[12] Einzelne Fakultäten hingegen können sich auf die Wissenschaftsfreiheit berufen.[13]

Beispiel: rein administrative Tätigkeiten sind die des Geschäftszimmers eines Lehrstuhls, der Poststelle, der Finanzierungsstelle, wohl auch die der studentischen Hilfskräfte, sofern sie nicht unmittelbar an Forschung und Lehre partizipieren

Auch **Studierende** sind vom Schutzbereich erfasst, sofern sie wissenschaftlich tätig werden.[14] Hochschullehrer:innen, wissenschaftliche Mitarbeiter:innen und Fachhochschullehrer:innen sind ebenfalls geschützt.[15] Hochschulen dürfen sich, obgleich nicht direkt erwähnt, ebenfalls auf das Grundrecht berufen.

Zu beachten ist außerdem, dass auch weitere juristische Personen abseits der „klassischen Hochschule" erfasst werden. So können sich auch **private Forschungseinrichtungen** auf Art. 5 III 1 GG berufen. Zu denken ist hier etwa an forschende Pharmaunternehmen.[16] Problematische Grenzfälle sind hierbei die Forschungsabteilungen größerer Unternehmen („Research & Development"). Diese nehmen nicht aktiv am wissenschaftlichen Diskurs teil. Ihre Forschung bezieht sich zielgerichtet auf die Verbesserung eines konkreten Produkts.

Die sogenannte **Treueklausel** des Art. 5 III 2 GG beschränkt bereits den **Schutzbereich** des Grundrechts.[17] Forschung- und Lehre, welche auf die Abschaffung der Verfassung abzielt, werden nicht geschützt. **Wissenschaftlich fundierte Kritik** an der Verfassung bleibt jedoch weiterhin möglich.

B. Eingriff

Die Prüfung des Eingriffs in die Wissenschaftsfreiheit weist keine Besonderheiten auf. Insbesondere ist hier an Verbote und besondere **Genehmigungserforder-**

---

11 BVerfG, Beschl. v. 11.1.1994, Az.: 1 BvR 434/87 = BVerfG 90, 1; Classen, Wissenschaftsfreiheit außerhalb der Hochschule, 1994, 107 ff.

12 Epping, Grundrechte, 9. Aufl. 2021, Rn. 283.

13 BVerfG, Beschl. v. 16.1.1963, Az.: 1 BvR 316/60, Rn. 22 = BVerfG 15, 256 (262).

14 BVerfG, Beschl. v. 7.10.1980, Az.: 1 BvR 1289/78 = BVerfGE 55, 37 (67 f.).

15 BVerfG, Beschl. v. 13.4.2010, Az.: 1 BvR 216/07 = BVerfGE 126, 1.

16 Steinkemper, Die verfassungsrechtliche Stellung der Privathochschule und ihre staatliche Förderung, 2002.

17 Kutscha, NVwZ, 2011, 1178 (1179).

Jaschar Kohal

nisse für die wissenschaftliche Forschung zu denken. Hierzu gehören auch Ethikkommissionen oder Zivilklauseln, welche militärische Forschung unterbinden.[18]

C. Rechtfertigung

I. Einschränkbarkeit

Der Wortlaut von Art. 5 III GG kennt keinen eigenen Gesetzesvorbehalt. Die Schranken der Meinungsfreiheit sind aufgrund der systematischen Stellung nicht auf Art. 5 III GG übertragbar. Entsprechend kann die Wissenschaftsfreiheit nur durch verfassungsimmanente Schranken (kollidierendes Verfassungsrecht) eingeschränkt werden.

Examenswissen   **!**

Die grammatikalische Auslegung ist insofern unergiebig, da nicht klar wird, ob Hochschullehrende generell besonders verfassungstreu sein müssen oder dies nur für Angelegenheiten mit Lehrbezug gilt. Letztere Auffassung ist klar vorzugswürdig: Durch systematische Auslegung wird ersichtlich, dass spezifisch auf den Vorgang des Lehrens Bezug genommen wird. Auch die historische Auslegung zeigt, dass der Gesetzgeber insbesondere das Bild des Hochschullehrers vor Augen hatte, welcher gerade im Hörsaal die Studierenden anstachelt.[19] Gerade hieraus ergibt sich weiterhin, dass bloße, auch heftige Kritik an der Verfassung noch kein Problem darstellt. Die Norm erfasst aber aktiv-kämpferisches Animieren zum Agieren gegen die Verfassung. Der Anwendungsbereich der Norm ist letztlich verschwindend gering.[20] Insbesondere die historische Betrachtung lässt darauf schließen, dass der verfassungsgebende Gesetzgeber aus der historischen Erfahrung heraus nur nochmals betonen wollte, dass die freie Wissenschaft eben nicht als Instrument zum Kampf gegen den Staat gebraucht werden darf.

Weiterführendes Wissen   **i**

Umstritten ist bereits, ob es sich hierbei nicht um einen ganz eigenen Typus einer sogenannten „Grundpflicht" im Grundgesetz handelt, welcher spiegelbildlich zu den Grundrechten Pflichten auferlegt.[21] Diese Frage ist aber theoretischer Natur.

---

18 Hufen, NVwZ 2007, 1265 (168).
19 Risse, Akten und Protokolle in 14 Bänden (1986–2009), in: Bundesarchiv (Hrsg.), Band 5, 2010, 681.
20 Epping, Grundrechte, 9. Aufl. 2021, Rn. 290.
21 Luchterhand, Grundpflichten als Verfassungsproblem in Deutschland, 1988, 23.

Jaschar Kohal

II. Grenzen der Einschränkbarkeit

Bezüglich der theologischen Forschung erkennt das BVerfG aufgrund der Selbst-verwaltung der Religionsgemeinschaften (Art. 140 GG i.V.m Art. 137 III WRV) weitreichende Ausnahmen an. So kann für theologische Fakultäten ein Glaubens-bekenntnis abverlangt werden.[22]

Einige typische Fallkonstellationen betreffen Normen, die Tierversuche er-schweren (Art. 20a GG),[23] sowie urheberrechtliche Fragen (Art. 14 GG, beispiels-weise bezüglich des Kopierens aus anderen Werken). Auch sind Fragen der Pri-vatsphäre bei der Einsicht in Patientenakten oder auch in Gerichtsurteile, sowie Fragen staatlicher Geheimhaltungsbedürfnisse gegenüber wissenschaftlicher Forschung problematisch. Weiterhin sind, im Sinne der praktischen Konkordanz, gegebenenfalls andere Güter von Verfassungsrang, mit der Wissenschaftsfreiheit in Ausgleich zu bringen.

- Hier ist an Tierversuche (von Verfassungsrang nach Art. 20a GG) zu denken, welche durch § 7a TierschutzG geregelt werden.
- Auch der Jugendschutz (Art. 6 I GG) kann ein abwägungsrelevanter Gesichts-punkt sein.[24]
- Das Allgemeine Persönlichkeitsrecht (Recht auf informationelle Selbst-bestimmung) ist insbesondere beim Sammeln von Daten (Datenbanken) zu wissenschaftlichen Zwecken relevant.[25]
- Auch denkbar sind Sicherheitsvorkehrungen für Forschungsanlagen und La-bore (beispielsweise Brandschutz), wobei hier das Recht auf Leben und kör-perliche Unversehrtheit, Art. 2 II GG, das abwägungsrelevante Rechtsgut ist.[26]
- Forschungen an nicht einwilligungsfähigen Personen sind wohl nach Art. 1 I GG immer verboten.[27]
- Gerade im Zuge der Digitalisierung gewinnen auch urheberrechtliche Fra-gestellungen (Kopieren von Material für einen Kurs) immer mehr an Rele-vanz, wobei hier der Ausgleich in Relation zu Art. 14 GG vorzunehmen ist.[28]

---

22 BVerfG, Beschl. v. 28.10.2008, Az.: 1 BvR 462/06 = BVerfGE 122, 89.
23 Siehe zum Staatsziel Tierschutz, Buser, § 9, im OpenRewi Lehrbuch Staatsorganisationsrecht.
24 BVerfG, Beschl. v. 11.1.1994, Az.: 1 BvR 434/87 = BVerfGE 90, 1.
25 Siehe zum allgemeinen Persönlichkeitsrecht in der Ausprägung des Rechts auf informationel-le Selbstbestimmung Ruschemeier, § 24.3 in diesem Lehrbuch.
26 Siehe zum Recht auf Leben und körperliche Unversehrtheit Senders, § 18.3 in diesem Lehr-buch.
27 Siehe zur Menschenwürde Schröder, § 18.1 in diesem Lehrbuch.
28 Siehe zum Eigentumsgrundrecht Eisentraut, § 21.1 in diesem Lehrbuch.

Jaschar Kohal

D. Konkurrenzen

Rein politisch motivierte Äußerungen, auch an der Hochschule selbst (zum Beispiel im Hörsaal), fallen unter die Meinungsfreiheit. Zur dieser besteht regelmäßig ein Konkurrenzverhältnis, welches sich im Rahmen der Spezialität klären lässt. Hierbei ist auf den **Schwerpunkt** der fraglichen Aussage abzustellen.

E. Europäische und internationale Bezüge

Art. 10 EMRK schützt die gesamte Wissenschafts- und Lehrtätigkeit, welche als Meinungsäußerung verstanden wird.[29] Die EMRK kennt keine Beschränkungen auf die Verfassungstreue. In Analogie zur weiten Interpretation der Meinungsfreiheit werden hier auch Vorbereitungshandlungen mit einbezogen, welche Forschung und Lehre erst ermöglichen.

Zusammenfassung: Die wichtigsten Punkte
- Der Schutzbereich der Wissenschaftsfreiheit beinhaltet den ernsthaften und planmäßigen Versuch, die Wahrheit zu ermitteln.
- Typische Spannungsverhältnisse entstehen in den Bereichen Urheberrecht und Tierschutz und mit dem Allgemeinen Persönlichkeitsrecht.

Weiterführende Studienliteratur
- Friedhelm Hufen, Wissenschaft zwischen Freiheit und Kontrolle: Zivilklauseln, Ethikkommissionen und Drittmittelkontrolle aus verfassungsrechtlicher Sicht, NVwZ 2017, S. 1265–1268
- Martin Nettesheim, Grund und Grenzen der Wissenschaftsfreiheit, DVBl 2005, S. 1072–1082

---

29 EGMR, Urt. v. 28.10.1999, Az.: 28396/95.

Jaschar Kohal

§ 24 Digitalität & Privatsphäre

Die **Privatsphäre** wird aus dem allgemeinen Persönlichkeitsrecht abgeleitet und schützt einen Raum der Privatheit, des Höchstpersönlichen, des Eigenen, der anderen nicht zugänglich ist. Hieraus haben sich unterschiedliche Grundrechte entwickelt, die den privaten Bereich auf unterschiedliche Weise spezifizieren. Das Grundrecht aus Art. 13 GG schützt den konkreten **physischen** Rückzugsraum (insbesondere die Wohnung). Hingegen werden alle Arten der **Kommunikation** vom Brief bis zur digitalen Nachricht über Art. 10 GG geschützt.

Der Schutz der Privatsphäre wird schwieriger, je mehr Daten es gibt, aus denen sich Informationen über Personen gewinnen lassen. Diese Informationen können sich aus dem Inhalt der Kommunikation mit anderen, der Ausgestaltung und Nutzung des eigenen räumlichen Rückzugsortes, gespeicherten Daten auf digitalen Endgeräten oder aus Internetquellen ergeben. Aufgrund der **„Digitalität"**[1] von Staat und Gesellschaft sind elektronisch gespeicherte Informationen schneller und in größerer Anzahl verfügbar. Durch technische Entwicklungen kann sich auch die Intensität von Grundrechtseingriffen erhöhen, zum Beispiel durch die vollautomatisierte Auswertung großer Datenmengen. Dabei ist die Privatsphäre sowohl durch zunehmende staatliche Ermittlungs- und Überwachungstätigkeit aus abwehrrechtlicher Perspektive als auch durch die Datensammlung großer Digitalkonzerne nach objektiven Grundrechtsmaßstäben gefährdet.

In den letzten Jahrzehnten hat das BVerfG verschiedene Grundrechte gestärkt und **ausdifferenziert**, um auf besondere Bedrohungsszenarien der Datenverarbeitung durch Großcomputer zu reagieren. Bereits in seinem Urteil zur Volkszählung aus dem Jahr 1983 begründete das Gericht das Grundrecht auf informationelle Selbstbestimmung. Der passive Schutz der Privatsphäre wird ergänzt durch die aktive Gestaltung der Freigabe personenbezogener Daten. Auch das vom EuGH übernommene Recht auf Vergessenwerden gibt den Betroffen das Recht, Daten über die eigene Person zu beeinflussen. Hingegen steht das Recht auf Vertraulichkeit und Integrität informationstechnischer Systeme eher in der Tradition eines abgeschirmten Privatsphärenschutzes; es schützt lediglich persönliche digitale Systeme.

Die **Sicherheitsgesetzgebung** der letzten Jahre verfolgte oft das Ziel, die Kompetenzen von Polizei und Geheimdiensten auszuweiten, um immer tiefer in die Privatsphäre der Bürger:innen eingreifen zu können. Die Änderung des Bundeskriminalamtsgesetzes (BKAG), zur Antiterrordatei, zu den Befugnissen des Bundesnachrichtendienstes (BND) oder die erweiterte Nutzung von Bestands-

---

1 Stalder, Kultur der Digitalität, 2. Aufl. 2017, 18.

https://doi.org/10.1515/9783110765533-044

daten wurden vom BVerfG für verfassungswidrig erklärt. Eingriffe in die Privatsphäre liegen im Spannungsfeld der Argumentationslinien nach mehr Sicherheit einerseits und der Erhaltung von Freiheitsrechten andererseits. Sie sind deshalb oft Gegenstand politischer Debatten.

Jaschar Kohal, Maximilian Petras, Hannah Ruschemeier

§ 24.1 Vertraulichkeit der Kommunikation – Art. 10 GG

Notwendiges Vorwissen: Grundrechtsberechtigung, Grundrechtsbindung, Freiheitsgrundrechte, Konkurrenzen, Grundrecht auf informationelle Selbstbestimmung, IT-Grundrecht

Lernziel: Brief-, Post- und Fernmeldegeheimnis verstehen und voneinander abgrenzen können

---

Für dieses Kapitel gibt es frei zugängliche interaktive Übungen. Halte einfach deine Smartphone-Kamera vor den Kasten mit den Punkten (QR-Code).

Art. 10 GG gewährleistet die Privatheit der individuellen Kommunikation auf Distanz.[1] Hierbei soll verhindert werden, dass der freie Fluss des Informationsaustausches zwischen den Bürger:innen durch die Sorge um die Möglichkeit einer staatlichen Überwachung gehemmt wird.[2] Gerade wenn Telekommunikationseinrichtungen genutzt werden, ist die Kommunikation einer besonderen Gefährdung der Kenntnisnahme durch Dritte ausgesetzt und erfordert einen besonderen Schutz.[3]

A. Schutzbereich

I. Sachlicher Schutzbereich

Art. 10 GG schützt drei unterschiedliche Kommunikationsformen: das Postgeheimnis, das Briefgeheimnis und das Fernmeldegeheimnis.

---

1 BVerfG, Urt. v. 3.3.2004, Az.: 1 BvF 3/92, Rn. 104 f. = BVerfGE 110, 33 – Zollkriminalamt.
2 BVerfG, Urt. v. 14.7.1999, Az.: 1 BvR 2226/94, Rn. 176 f. = BVerfGE 100, 313 – Telekommunikationsüberwachung I.
3 BVerfG, Beschl. v. 9.10.2002, Az.: 1 BvR 1611/96, Rn. 30 = BVerfGE 106, 28 – Mithörvorrichtung.

https://doi.org/10.1515/9783110765533-045

1. Brief- und Postgeheimnis

Das **Briefgeheimnis** spezifiziert den Schutz der Privatheit der Sendung selbst. Geschützt wird jede individuelle Mitteilung, unabhängig ob es sich um einen Brief, ein Paket oder eine Postkarte handelt.[4] Der Schutz gilt unabhängig von der befördernden Organisation.[5]

Das **Postgeheimnis** begründet eine <u>Schutzpflicht des Staates</u> gegenüber den Kommunikationsteilnehmer:innen.[6] Der Staat muss gewährleisten, dass die Privatheit der Kommunikation auch bei privaten Unternehmen gewahrt wird. Eine einfachgesetzliche Konkretisierung des Postgeheimnisses findet sich in <u>§ 39 Postgesetz</u>.

Weiterführendes Wissen

Früher war die komplette Postbeförderung staatlich organisiert. Weil die Exekutive hier das Monopol besaß, wurde das Grundrecht des Postgeheimnisses geschaffen. In den letzten Jahren ist die Bundespost privatisiert worden. Außerdem sind mehrere private Anbieter auf den Markt gekommen. Was daraus für das Postgeheimnis in Art. 10 GG folgt, ist umstritten.[7] Zumindest <u>Art. 87f I GG</u> deutet darauf hin, dass es sich bei dem Telekommunikationsmarkt um eine besondere Konstellation handelt und der Staat grundrechtliche Gewährleistungen über entsprechende Schutzpflichten garantieren muss.[8]

Klausurtaktik

Zwischen Post- und Briefgeheimnis kann es zu **Überschneidungen** kommen, wobei kein Vorrangverhältnis, sondern <u>Idealkonkurrenz</u> besteht.[9] Für die Klausur wird das eher <u>weniger Auswirkungen</u> haben und die Grundrechte sollten hintereinander geprüft werden.

---

2. Fernmeldegeheimnis

Aufgrund der zunehmenden Digitalisierung der Kommunikation ist das Fernmeldegeheimnis inzwischen wichtiger als das Brief- und Postgeheimnis. Gerade hier sind Informationen besonders leicht durch externe Personen zu erlangen und

---

4 Epping, Grundrechte, 9. Aufl. 2021, Rn. 690 ff.
5 Gusy, in: v. Mangoldt/Klein/Starck/Gusy, GG, 7. Aufl. 2018, Art. 10 Rn. 49.
6 Gusy, in: v. Mangoldt/Klein/Starck/Gusy, GG, 7. Aufl. 2018, Art. 10 Rn. 58.
7 Zu den unterschiedlichen Positionen Gusy, in: v. Mangoldt/Klein/Starck/Gusy, GG, 7. Aufl. 2018, Art. 10 Rn. 55 ff.
8 Gusy, in: v. Mangoldt/Klein/Starck/Gusy, GG, 7. Aufl. 2018, Art. 10 Rn. 40.
9 Epping, Grundrechte, 9. Aufl. 2021, Rn. 693.

auszuwerten.[10] Das Fernmeldegeheimnis schützt die Kommunikation über Telekommunikationseinrichtungen (Telefon, Internet) unabhängig von deren Inhalt.[11] Die kommunizierenden Personen sind durch Art. 10 GG so zu stellen als wären sie anwesend.[12] Nicht geschützt ist Massenkommunikation (an eine undefinierte große Öffentlichkeit).

Gleichzeitig sind auch die **Umstände** der Kommunikation geschützt. Dazu gehört insbesondere, ob, wann und wie oft zwischen welchen Personen Nachrichten ausgetauscht worden sind.[13] Auch aus diesen Metadaten lassen sich wesentliche Informationen über eine Person gewinnen, selbst wenn die Inhalte der Kommunikation nicht bekannt sind.

Beispiel: A ruft bei seiner Psychotherapeutin an, um einen Termin zu vereinbaren. Die konkreten Gesprächsinhalte sind den überwachenden Behörden nicht bekannt. Aber die Tatsache, dass psychische Hilfe in Anspruch genommen werden muss, ist eine weitreichende Erkenntnis.

Der Schutz des Art. 10 GG reicht nur so lange, wie der **Vorgang der Kommunikation** andauert, da mit Ankunft bei dem:der Empfänger:in die typischen Gefahren des nicht beherrschbaren Kommunikationsvorgangs entfallen.[14]

---

i | **Weiterführendes Wissen**

Speziell bei E-Mails geht das BVerfG davon aus, dass der Kommunikationsvorgang andauert, solange die Mails noch auf dem Mailserver des Providers gespeichert sind.[15] Überhaupt ist die Abgrenzung, wann der Vorgang noch andauert und wann er schon vorbei ist, in der Praxis häufig schwierig.[16]

---

10 BVerfG, Urt. v. 2.3.2006, Az.: 2 BvR 2099/04, Rn. 80 = BVerfGE 115, 166 – Kommunikationsverbindungsdaten.
11 BVerfG, Urt. v. 20.6.1984, Az.: 1 BvR 1494/78, Rn. 61 = BVerfGE 67, 157 – G 10, BVerfG, Urt. v. 14.7.1999, Az.: 1 BvR 2226/94, Rn. 174 = BVerfGE 100, 313 – Telekommunikationsüberwachung I.
12 Schoch, Jura 2011, 194 (195).
13 BVerfG, Urt. v. 14.7.1999, Az.: 1 BvR 2226/94, Rn. 175 = BVerfGE 100, 313 – Telekommunikationsüberwachung I.
14 BVerfG, Urt. v. 2.3.2006, Az.: 2 BvR 2099/04, Rn. 72 = BVerfGE 115, 166 – Kommunikationsverbindungsdaten.
15 BVerfG, Beschl. v. 16.6.2009, Az.: 2 BvR 902/06, Rn. 46 = BVerfGE 124, 43 – Beschlagnahme von E-Mails.
16 Schoch, Jura 2011, 194 (198).

Maximilian Petras

Beispiel: Die Polizei überwacht die Telefongespräche und Bewegungsdaten eines Verdächtigen, die jener über sein Mobiltelefon vornimmt. In diesem Fall ist Art. 10 GG einschlägig. Sobald die Polizei aber die Wohnung durchsucht und das Handy mitnimmt, um die Daten auszulesen, wäre nicht Art. 10 GG sondern Art. 13 GG und das Recht auf Vertraulichkeit und Integrität informationstechnischer Systeme einschlägig.

Der Schutz von Art. 10 GG gilt in **örtlicher Hinsicht** auch für Ausländer:innen im Ausland. Die deutsche Staatsgewalt ist hier schon wegen Art. 1 III GG umfassend gebunden.[17]

Den Staat trifft gegenüber privaten Telekommunikationsanbietern eine Schutzpflicht. Diese wird primär über einfachgesetzliche Normen, wie § 88 TKG, §§ 201 ff. StGB oder § 39 PostG erfüllt. Gleichzeitig entfaltet Art. 10 GG gegenüber privaten Anbietern von Telekommunikation eine mittelbare Drittwirkung.[18]

II. Persönlicher Schutzbereich

Bei Art. 10 GG handelt es sich nicht um ein sogenanntes „Deutschengrundrecht".[19] Deshalb sind auch Ausländer:innen geschützt. Inländische juristische Personen sind gemäß Art. 19 III GG ebenfalls geschützt, was auch für juristische Personen aus der EU gilt.[20]

B. Eingriff

Ein Eingriff ist jede „Kenntnisnahme, Aufzeichnung und Verwertung von kommunikativen Daten"[21] durch staatliche Stellen.

Examenswissen ❗

Ein solcher Eingriff kann ausnahmsweise entfallen, wenn die Daten technisch bedingt miterfasst, aber sofort danach **spurenlos ausgesondert** werden.[22] Für den staatlichen Eingriff reicht es auch, wenn private Telekommunikationsanbieter:innen verpflichtet werden, die Daten für eine poten-

---

17 BVerfG, Urt. v. 19.5.2020, Az.: 1 BvR 2835/17, Rn. 87 ff. – BND.
18 Schoch, Jura 2011, 194 (196).
19 Siehe zur Grundrechtsberechtigung, González Hauck, § 2, in diesem Lehrbuch.
20 Vgl. Ogorek, in: BeckOK GG, 45. Ed. 15.11.2020, GG Art. 10 Rn. 7.
21 BVerfG, Beschl. v. 25.3.1992, Az.: 1 BvR 1430/88, Rn. 59 = BVerfGE 85, 386 – Fangschaltung.
22 BVerfG, Urt. v. 14.7.1999, Az.: 1 BvR 2226/94, Rn. 202 = BVerfGE 100, 313 – Telekommunikationsüberwachung I.

tielle staatliche Durchsuchung zu speichern, wie dies bei der sogenannten **Vorratsdatenspeiche-rung** der Fall ist.[23]

Typischerweise bleibt der Eingriff selbst aufgrund der Heimlichkeit der Maßnahme von den Betroffenen unbemerkt.

! Klausurtaktik

In der Zulässigkeit der Verfassungsbeschwerde wird dieser Punkt bei der Betroffenheit (selbst und gegenwärtig) der Maßnahme relevant. Gerade wenn sich die Verfassungsbeschwerde gegen ein Gesetz wendet, das lediglich die Kompetenz für Überwachungsmaßnahmen enthält, ist wegen der Heimlichkeit nicht klar, ob überhaupt überwacht worden ist. Deshalb fordert das BVerfG nur, dass die Beschwerdeführer:in mit einiger Wahrscheinlichkeit geltend machen kann, durch die Überwachungsmaßnahme betroffen zu sein.[24]

Gerade nicht geschützt ist das **Vertrauen der Kommunikationspartner:innen** untereinander. Sofern eine beteiligte Person eine dritte Person heimlich mithören lässt, fällt dies nicht unter den Schutz des Art. 10 GG, da hier die Telekommunikationseinrichtung selbst intakt bleibt.[25] Die Betroffenen sind stattdessen eventuell durch das Grundrecht auf informationelle Selbstbestimmung oder das Recht am eigenen Wort geschützt.[26]

C. Rechtfertigung

I. Einschränkbarkeit

Gemäß Art. 10 II 1 GG bedürfen Eingriffe in das Grundrecht einer gesetzlichen Grundlage, die ausreichend **bestimmt** sein muss.[27] Die Voraussetzungen an eine solche Norm hat das BVerfG aus dem Volkszählungsurteil mit dem dort geschaffe-

---

23 BVerfG, Urt. v. 2.3.2010, Az.: 1 BvR 256/08, Rn. 193 = BVerfGE 125, 260 – Vorratsdatenspeicherung.

24 Uerpmann-Wittzack, Jura 2020, 953 (958) m.w.N.

25 BVerfG, Urt. v. 27.2.2008, Az.: 1 BvR 595/07, Rn. 292 = BVerfGE 120, 274 – Online-Durchsuchung.

26 Siehe zur informationellen Selbstbestimmung Ruschemeier, § 24.3, in diesem Lehrbuch.

27 BVerfG, Urt. v. 14.7.1999, Az.: 1 BvR 2226/94, Rn. 178 = BVerfGE 100, 313 – Telekommunikationsüberwachung I.

nen Grundrecht auf informationelle Selbstbestimmung übertragen. Voraussetzungen und Umfang der Eingriffsermächtigungen müssen sich klar und für einzelne Personen erkennbar aus dem Gesetz ergeben, wobei insbesondere der Zweck der Maßnahme aufgeführt werden muss.[28] Auch die Befugnisse der Geheimdienste müssen sich hinreichend deutlich aus dem Gesetz ergeben, weil diese verdeckt und somit besonders intransparent arbeiten.[29] Zweckänderungen von Überwachungsmaßnahmen bedürfen wiederum der gesetzlichen Grundlage.

Examenswissen !

In den zugrundeliegenden Normen der Sicherheitsbehörden müssen zum Beispiel Gesamthaushalt, Personalstärke, konkrete Befugnisse zur Überwachung sowie die interne Verteilung der Verantwortlichkeiten enthalten sein. Speziell für die Überwachung bestimmter Personen müssen konkrete Eingriffsschwellen definiert werden.[30] In Bezug auf die **Übermittlung von Geheimdienstdaten** an ausländische Geheimdienste muss zum Beispiel ein hinreichend gewichtiges Rechtsgut kombiniert mit einer konkretisierten Gefahrenlage oder einem hinreichend konkretisierten Tatverdacht vorliegen.[31]

II. Grenzen der Einschränkbarkeit

Zunächst muss bei der Prüfung der Angemessenheit eines Eingriffs auf den Sinn und Zweck des Art. 10 GG abgestellt werden. Geschützt wird der freie Informationsfluss zwischen den Bürger:innen. Gerade auf der Ebene der Verhältnismäßigkeit ergeben sich nach dem BVerfG verschiedene konkrete Vorkehrungen für die **Rechtfertigung** der jeweiligen Maßnahmen.

Klausurtaktik !

In der Klausur sind die folgenden Kriterien zu berücksichtigen: die Gewichtung des durch eine Überwachungsmaßnahme geschützten Rechtsgutes, Sicherungen durch Verfahren (vor allem Kontrolle durch Gericht), Wahrung der Intimsphäre, Löschpflichten und Grundsätze der Zweckbindung.[32]

---

28 BVerfG, Urt. v. 14.7.1999, Az.: 1 BvR 2226/94, Rn. 178 = BVerfGE 100, 313 – Telekommunikationsüberwachung I.
29 BVerfG, Urt. v. 19.5.2020, Az.: 1 BvR 2835/17, Rn. 139 – BND.
30 BVerfG, Urt. v. 19.5.2020, Az.: 1 BvR 2835/17, Rn. 156 – BND.
31 BVerfG, Urt. v. 19.5.2020, Az.: 1 BvR 2835/17, Rn. 211 – BND.
32 Vgl. die Auflistung bei Bumke/Voßkuhle, Casebook Verfassungsrecht 8. Aufl. 2020, Rn. 1001f.

Bei der Angemessenheitsprüfung muss die **Schwere** der individuellen Überwachungsmaßnahme bestimmt werden. Der Eingriff ist intensiver, sofern eine Person gezielt überwacht wird, als wenn Kommunikationsströme im Rahmen der strategischen Überwachung im Ausland ganz allgemein auf bestimmte Schlagwörter gescant werden.[33] Gleichzeitig können mehrere Überwachungsmaßnahmen (zum Beispiel durch unterschiedliche Behörden) zusammentreffen, wodurch die Eingriffsintensität insgesamt erhöht wird (additiver Grundrechtseingriff, Überwachungsgesamtrechnung).[34] Gerade im Zuge jüngst ausgeweiteter Überwachungsbefugnisse wird eine Überwachungs-Gesamtbilanz wieder diskutiert.[35]

Betroffene Personen haben aufgrund von Art. 10 GG einen Anspruch auf Kenntnis von Maßnahmen der Fernmeldeüberwachung. Daraufhin folgen Rechte auf Löschung und Berichtigung.[36]

! **Examenswissen**

In Art. 10 II 2 GG findet sich ein qualifizierter Gesetzesvorbehalt, der heimliche Eingriffe in die Telekommunikation durch die **Geheimdienste** möglich macht und gleichzeitig das Grundrecht aus Art. 19 IV GG einschränkt.[37] Behördliche Überwachung muss einer kontinuierlichen, unabhängigen Rechtskontrolle unterliegen, da hier individueller Rechtsschutz schwer zu erlangen ist.[38]

Ein **Richter:innenvorbehalt** wie in Art. 13 GG ist in Art. 10 GG gerade nicht enthalten.[39] Ausnahmsweise kann sich ein solcher jedoch aus der Schwere des Eingriffs ergeben.[40]

Speziell bei anlassloser Massenüberwachung im Ausland ergeben sich einige besondere Anforderungen. Zwar ist bei der Prüfung der Verhältnismäßigkeit zu berücksichtigen, dass die Überwachung im Ausland weniger schwer wiegt als im Inland, da die überwachten Personen nicht gleichzeitig der deutschen Staatsgewalt ausgesetzt sind.[41] Allerdings ist die anlasslose Massenüberwachung gleichzeitig sehr weitreichend, weil viele Bereiche des Alltages digitalisiert sind und die Menge der kommunizierten Daten beständig wächst. Mag die Überwachung zunächst anlasslos erfolgen, können die Daten mittels Sprach- und

---

33 BVerfG, Urt. v. 19.5.2020, Az.: 1 BvR 2835/17, Rn. 147 f. – BND.
34 BVerfG, Urt. v. 12.4.2005, Az.: 2 BvR 581/01, Rn. 60 ff. – BND.
35 Kulbatzki, Netzpolitik.org, 26.2.2021.
36 BVerfG, Urt. v. 14.7.1999, Az.: 1 BvR 2226/94, Rn. 183 = BVerfGE 100, 313 – Telekommunikationsüberwachung I.
37 Siehe Grundrecht aus Art. 19 IV GG Hahn, § 26.1, in diesem Lehrbuch.
38 BVerfG, Urt. v. 19.5.2020, Az.: 1 BvR 2835/17, Rn. 272 – BND.
39 Siehe zu Art. 13 GG, Kohal, § 24.2, in diesem Lehrbuch.
40 BVerfG, Urt. v. 2.3.2010, Az.: 1 BvR 256/08, Rn. 248 = BVerfGE 125, 260 – Vorratsdatenspeicherung.
41 BVerfG, Urt. v. 19.5.2020, Az.: 1 BvR 2835/17, Rn. 149 – BND.

Maximilian Petras

Bilderkennung automatisch individualisiert werden.[42] Gleichzeitig muss die Auslandsüberwachung möglichst breit erfolgen, um die für die Handlungsfähigkeit der Bundesrepublik notwendigen Informationen zu erlangen.[43] All das bedeutet nicht, dass die Überwachung rechtlich nicht eingehegt wird. Im Gegenteil hat das BVerfG hier zahlreiche Kriterien wie zum Beispiel Filtertechniken, spezifische Zwecke der Maßnahmen, geographische Begrenzungen oder Vorgaben für Löschpflichten festgelegt.[44]

D. Konkurrenzen

Die informationelle Selbstbestimmung wird wegen des spezielleren Anwendungsbereiches von Art. 10 GG durch diesen verdrängt.[45]

Das Recht auf Integrität und Vertraulichkeit informationstechnischer Systeme oder der Schutz aus Art. 13 GG ist gegenüber Art. 10 GG vorrangig einschlägig, wenn die Nachricht im Herrschaftsbereich der Empfänger:in angekommen ist.[46]

Beispiel: Der Brief ist in der Wohnung oder die Nachricht auf dem Smartphone angekommen und wird dort gespeichert.

Gegebenenfalls kann zusätzlich das über das Recht auf freie Entfaltung der Persönlichkeit geschützte Recht am eigenen Wort oder Bild (je nach Kommunikation) einschlägig sein.

Beispiel: Der Schutz aus Art. 10 GG entfällt, weil eine der Kommunikationsteilnehmer:innen die Polizei mithören lässt.

E. Europäische und internationale Bezüge

In der europäischen Grundrechte-Charta schützt Art. 7 GRCh die Privatsphäre und explizit auch die Privatheit der „Kommunikation". Genau wie in Art. 10 GG wird

---

42 BVerfG, Urt. v. 19.5.2020, Az.: 1 BvR 2835/17, Rn. 151 – BND.
43 BVerfG, Urt. v. 19.5.2020, Az.: 1 BvR 2835/17, Rn. 159 ff. – BND.
44 BVerfG, Urt. v. 19.5.2020, Az.: 1 BvR 2835/17, Rn. 169 ff. – BND.
45 BVerfG, Urt. v. 14.7.1999, Az.: 1 BvR 2226/94, Rn. 172 = BVerfGE 100, 313 – Telekommunikationsüberwachung I.
46 Epping, Grundrechte, 9. Aufl. 2021, Rn. 695.

Maximilian Petras

hier die Kommunikation unter Abwesenden geschützt, allerdings unabhängig von dem verwendeten Medium.[47] Gleiches gilt für Art. 8 EMRK, der von „Korrespondenz" spricht.[48]

Zusammenfassung: Die wichtigsten Punkte
– Art. 10 GG schützt die Privatheit der individuellen Kommunikation.
– Art. 10 GG gilt nur während des Kommunikationsvorganges selbst.
– Zur Rechtfertigung eines Eingriffs (Schranken-Schranken) muss der Gesetzgeber zahlreiche Verfahrensvorgaben einhalten.

Weiterführende Studienliteratur
– Franziska Bantlin, Grundrechtsschutz bei Telekommunikationsüberwachung und Online-Durchsuchung, JuS 2019, S. 669–673
– Friedrich Schoch, Der verfassungsrechtliche Schutz des Fernmeldegeheimnisses (Art. 10 GG), Jura 2011, S. 194–204
– Robert Uerpmann-Wittzack, Der offene Rechtsstaat und seine Freunde, Jura 2020, S. 953–961

---

47 Jarass, GrCh, 4. Aufl. 2021, Art. 7 Rn. 25.
48 Pätzold, in: Karpenstein/Mayer/Pätzold, EMRK, 2. Aufl. 2015, Art. 8 Rn. 59.

Maximilian Petras

§ 24.2 Wohnung als Rückzugsort – Art. 13 GG

Notwendiges Vorwissen: Eingriff, Rechtfertigung, allgemeines Persönlichkeitsrecht

Lernziel: Schutzbereich der Wohnung definieren können, Schranken des Art. 13 GG prüfen, Probleme bei Eingriffen in Geschäftsräumen

---

Für dieses Kapitel gibt es frei zugängliche interaktive Übungen. Halte einfach deine Smartphone-Kamera vor den Kasten mit den Punkten (QR-Code).

Der verfassungsrechtlich verankerte Schutz der Wohnung stellt in der Rechtspraxis ein besonders relevantes Grundrecht dar; insbesondere bei Eingriffen im Strafverfahren oder in der Zivilprozessordnung (Vollstreckungsrecht). Der Wortlaut „unverletzlich" lässt vermuten, dass Eingriffe per se nicht möglich sind. Dies ist jedoch nicht der Fall. Er ist vielmehr einer umfassenden Diskussion im parlamentarischen Rat über eine angemessene Formulierung der Vorschrift geschuldet (ähnlich wie bei Art. 2 I GG). Art. 13 GG zeigt dabei eine komplexe Struktur auf, die von der Rechtsprechung durch **ungeschriebene Grundsätze** weitergehend präzisiert werden.

Weiterführendes Wissen

Die Garantie ist kein grundgesetzliches Novum. Bereits die belgische Verfassung von 1831 hatte mit seinem Art. 10 eine ähnliche Vorschrift („le domicile est inviolable"). Auch die Weimarer Reichsverfassung bestimmte in Art. 115: „Die Wohnung jedes Deutschen ist für ihn Freistätte und unverletzlich. Ausnahmen sind nur auf Grund von Gesetzen zulässig".

A. Schutzbereich

I. Sachlicher Schutzbereich

Die **„Wohnung"** bildet den zentralen Bestandteil des Art. 13 I GG. Der Verfassungstext selbst definiert den Begriff nicht. Zunächst kann der Begriff der Wohnung definiert werden als „nicht öffentlich zugängliche Räume (Privaträume), welche zur Stätte des Aufenthalts oder Wirkens von Menschen gemacht" sind.[1]

1. Privaträume

Die Frage, ob ein Privatraum vorliegt, ist geprägt von einer mittlerweile sehr detaillierten Einzelfallrechtsprechung, welche eine genaue Entscheidung entsprechend erschwert. Grundsätzlich reichen auch nur temporäre Aufenthalte, wie in **Hotels und Ferienwohnungen,** wohl aber auch in medizinischen Einrichtungen, aus.[2] Besondere bauliche Gegebenheiten sind nicht notwendig, weswegen auch Zelte und Wohnwagen unter Art. 13 I GG fallen.[3]

Beispiel: Zuletzt diskutiert wurde die Frage bei der Durchsuchung von Baumhäusern im Hambacher Forst. Möchte die Polizei diese entfernen oder „betreten", stellt sich die Frage, ob die Bauten überhaupt unter den Schutzbereich fallen beziehungsweise ob bei ihrem Entfernen ein Eingriff in Art. 13 GG vorliegt[4].

---

i Weiterführendes Wissen

Ob Hafträumlichkeiten von Art. 13 I GG umfasst werden, ist umstritten. Das BVerfG verneint den Schutzbereich und begründet dies mit dem Vorrang des Hausrechts der Haftanstalt.[5] Entsprechend fallen solche Räumlichkeiten nicht unter den Begriff der Wohnung im Sinne des Art. 13 GG. Beachte aber auch hier, dass andere Grundrechte einschlägig sein können.

---

2. Geschäftsräume

Probleme bereitet das behördliche Betreten von Geschäftsräumen. Unter Zugrundelegung des Sinns und Zwecks von Art. 13 I GG und dem dahinterstehenden Privatsphärenschutz scheinen Geschäftsräume zunächst nicht unter den Schutzbereich zu fallen. Sie sind regelmäßig für den **Publikumsverkehr** offen. Eine Mindermeinung möchte entsprechend nur nach Art. 2 I GG schützen.[6] Für die herrschende Meinung, die jegliche Geschäftsräume unter Art. 13 I GG subsumiert, spricht vor allem die **historische Auslegung**, wonach die Vorläufernormen ebenfalls in diesem Sinne verstanden worden sind.[7] Der Meinungsstreit ist nur für solche Räumlichkeiten relevant, welche dem offenen Publikumsverkehr zugänglich

---

1 BGH, Urt. v. 15.1.1997, Az.: StB 27/96 = NJW 1997, 1018.
2 Epping, Grundrechte, 9. Aufl. 2021, Rn. 664.
3 Epping, Grundrechte, 9. Aufl. 2021, Rn. 664.
4 Thal, BauR 2009, 587 (595).
5 BVerfG, Beschl. v. 4.7.2006, Az.: 2 BvR 460/01 , Rn. 1.
6 Kingreen/Poscher, Staatsrecht II, 38. Aufl. 2020, Rn. 1024.
7 Epping, Grundrechte, 9. Aufl. 2021, Rn. 668.

Jaschar Kohal

sind. Abgeschottete Räumlichkeiten genießen wiederum den vollen Schutz des Art. 13 I GG. Sofern die Räumlichkeiten bereits zuvor betreten wurden, wird die darauffolgende **Nachschau** (beispielsweise bei Hygienekontrollen) nicht als <u>Eingriff</u> in den <u>Schutzbereich</u> betrachtet.[8] Sofern ein Eingriff in den <u>Schutzbereich</u> bejaht wird, reichen regelmäßig auch generelle <u>Ermächtigungsgrundlagen</u> zur <u>Rechtfertigung</u> aus.

Weiterführendes Wissen

Der parlamentarische Rat orientierte sich bei der Abfassung des Art. 13 GG an § 130 Paulskirchenverfassung und Art. 115 WRV, welche die Wohnung durchweg schützten.[9] Art. 13 GG kannte bis 1998 nur drei Absätze. Der verfassungsändernde Gesetzgeber sah jedoch den Bedarf nach weitreichenderen Eingriffsmöglichkeiten, um gegen die als immer intensiver empfundene Bedrohungslage der organisierten Kriminalität vorgehen zu können.[10] Entsprechend wurde Absatz 3 verändert und die Absätze 4 bis 6 wurden eingefügt. Diese **Verfassungsänderung** wurde heftig diskutiert und teilweise auch als verfassungswidriges Verfassungsrecht angesehen (Verstoß gegen Art. 79 III GG i.V.m. Art. 1 I GG).[11] Die Normen würden den sogenannten „großen Lauschangriff" ermöglichen, welcher wiederum in den Kernbereich der privaten Lebensgestaltung eingreift, weswegen ein Menschenwürdeverstoß anzunehmen sei. Das BVerfG räumte mit seiner Entscheidung „Großer Lauschangriff" diese Zweifel aus, legte allerdings enge Grenzen zur Handhabung der Normen fest.[12]

II. Persönlicher Schutzbereich

Trotz der systematischen Nähe zu Art. 14 GG stellt Art. 13 GG **keine bloße Perpetuierung** des <u>Eigentumsgrundrechts</u> dar, sondern schützt gerade die Privatheit der Wohnung. Entsprechend ist auch die Eigentümerstellung für den persönlichen Schutzbereich irrelevant; auch auf die Rechtmäßigkeit des Besitzes kommt es nicht an.[13] **Juristische Personen** können sich gemäß Art. 19 III GG auf Art. 13 GG berufen.[14] Art. 13 GG ist **kein** <u>Deutschengrundrecht</u>, weswegen sich auch <u>ausländische (juristische) Personen</u> darauf berufen können.[15]

---

8 Voßkuhle, DVBl 1994, 611 (616).
9 Epping, Grundrechte, 9. Aufl. 2021, Rn. 661.
10 Gusy, JuS 2004, 457.
11 Dittrich, NStZ 1998, 336.
12 BVerfG, Urt. v. 3.3.2004, Az.: 1 BvR 2378/98, 1084/99 = BVerfGE 109, 279.
13 Wißmann, JuS 2007, 324 (326).
14 BVerfG, Beschl. v. 26.5.1976, Az.: 2 BvR 294/76, Rn. 27.
15 BVerfG, Urt. v. 2.3.2006, 2 BvR 2099/04 = BVerfGE 115, 166 (196).

Jaschar Kohal

B. Eingriff

Bei Eingriffen in den Wohnungsbereich kommt regelmäßig ein <u>Grundrechtsverzicht</u> – in Form eines Einverständnisses zum Betreten der Wohnung – in Betracht.[16] Wenn beispielsweise der Polizei auf explizite Nachfrage hin der Zugang zur Wohnung gestattet wird, liegt kein Eingriff in Art. 13 GG vor. Der <u>Grundrechtsverzicht</u> darf aber weder durch Täuschung noch durch Zwang erzeugt worden sein.

Differenziert werden kann weiterhin zwischen den **Eingriffsmitteln:** Während Abs. 2 die Durchsuchung (also die ziel- und zweckgerichtete Suche nach Dingen oder Personen) gestattet, beziehen sich Abs. 3–6 auf die technische Wohnraumüberwachung.[17] Der Schutzbereich ist damit auch ohne physisches Betreten der Wohnung eröffnet, sofern sie durch technische Vorrichtungen überwacht wird. Abs. 7 ist in diesem Sinne als Auffangtatbestand zu verstehen, wobei der Anwendungsbereich sehr eng und die Anforderungen an die Norm hoch sind.

ℹ Weiterführendes Wissen

Bezüglich Art. 13 VII GG ist umstritten, ob dieser unmittelbar anwendbar ist oder aber weiterhin im Zuge des Vorbehaltes des Gesetzes eine Norm braucht.[18] Die herrschende Meinung geht von einer „administrativen Direktkompetenz" aus.[19] Die praktische Bedeutung des Streits ist gering, es dürfte regelmäßig eine einfachgesetzliche Ermächtigungsgrundlage auffindbar sein.

C. Rechtfertigung

1. Einschränkbarkeit des Grundrechts

Art. 13 I GG enthält einen <u>qualifizierten Gesetzesvorbehalt</u>. Art. 13 II GG gestattet die Durchsuchung nur, sofern eine richterliche Genehmigung vorliegt (sogenannter „Grundrechtsschutz durch Verfahren") und die Maßnahmen beschrieben sind („dort vorgeschriebene Form").[20] Im Falle von **Gefahr in Verzug** kann die Durchsuchung auch ohne richterlichen Beschluss erfolgen. Der Begriff der Gefahr ist in

---

16 <u>Siehe zum Grundrechtsverzicht</u>, González Hauck, § 2, in diesem Lehrbuch.
17 Epping, Grundrechte, 9. Aufl. 2021, Rn. 671.
18 Kühne, in: Sachs, GG Kommentar, 9. Aufl. 2021, Art. 13 Rn. 50.
19 Berkemann, in: AK GG, 3. Aufl. 2001, Art. 13 Rn. 197.
20 BVerwG, Urt. v. 12.12.1967, Az.: I C 122/64, Rn. 3.

Jaschar Kohal

diesem Zusammenhang nicht mit dem Gefahrenbegriff des Polizeirechts zu verwechseln. Gefahr im Verzug liegt vor, wenn eine Sachlage gegeben ist, welche ein unverzügliches Handeln erforderlich macht, da ansonsten der angestrebte Erfolg vereitelt werden würde.[21] Hierbei ist insbesondere an solche Eilfälle zu denken, in welchen zeitlich die Konsultation eines:einer Notfallrichter:in nicht mehr möglich ist. Das Merkmal ist sehr eng auszulegen. Dies rechtfertigt sich aus der Unmöglichkeit, den vorgenommenen Eingriff wieder rückgängig zu machen.[22] Die bloße „Unannehmlichkeit", zuständige Richter:innen auch mitten in der Nacht zu kontaktieren, reicht entsprechend nicht aus.

Auf Gesetze, welche bei fehlender Gefahr im Verzug für die **Durchsuchung der Wohnung** keine richterliche Kontrolle vorsehen, wird Art. 13 II GG unmittelbar angewandt.[23]

Beispiel: Die Polizei beobachtet eine Person beim Kauf von Rauschgift. Sie verfolgt diese, bis die Person in einem Haus verschwindet. Hier liegt keine Gefahr im Verzug vor: Zwar ist Eile geboten (sofortiger Konsum des Rauschgifts), allerdings dauert ein Anruf bei dem:der zuständigen Richter:in auch nicht zu lange, weswegen er zumutbar ist. **Anders aber,** wenn die Polizei eine Geiselnahme beobachtet. Die Geiseln werden lauthals mit der Androhung von Waffengewalt in ein Haus verschafft: Hier liegt Gefahr im Verzug vor. Die Störung ist in jedem Fall sofort zu unterbinden. Das grundrechtssichernde Instrument der richterlichen Anordnung hat hier dem Interesse der Gefahrenabwehr beziehungsweise Strafverfolgung zu weichen.

Weiterführendes Wissen

Die Rechtsprechung des BVerfG verlangt insbesondere bei heimlichen Durchsuchungseingriffen, wie beispielsweise der Durchsuchung eines informationstechnischen Systems (insbesondere Computer), vor Ausführung der Maßnahmen die Entscheidung einer Richter:in. Grundrechtsschutz kann grundsätzlich auch durch Verfahren verwirklicht werden.[24] So steht für die über den Eingriff regelmäßig uninformierte Grundrechtsträger:in im Vorfeld der Maßnahme eine zusätzliche Prüfinstanz zur Verfügung. Die Ausdehnung dieser Regelungstechnik auf viele heimliche Betätigungsfelder mit Eingriff in die Privatsphäre ist umstritten. So wird argumentiert, dass sich aus dem Grundgesetz selbst die Notwendigkeit eines solchen Richter:innenvorbehalts nicht unmittelbar ergebe, weswegen das BVerfG seine Grenzen als Gericht überschreite.[25] Teilweise stellt die Kritik auch darauf ab, dass die zwangsläufige Konsultation des Gerichts zu einem solchen Anstieg der Verfahren führt, dass eine sorgfältige Einzelfallprüfung nicht mehr stattfindet und damit die Effektivität der Maßnahme gänzlich fragwürdig ist.

---

21 BVerfG, Urt. v. 20.2.2001, Az.: 2 BvR 1444/00 = BVerfGE 103, 142 (156).
22 BVerfG, Beschl. v. 16.6.2015, Az.: 2 BvR 2718/10 = BVerfGE 139, 245 (269).
23 BVerfG, Beschl. v. 3.4.1979, Az.: 1 BvR 994/76 = BVerfG 51, 97.
24 BVerfG, Urt. v. 20.4.2016, Az.: 1 BvR 966/09; 1 BvR 1140/09.
25 Durner, DVBl 2016, 780 (782).

Jaschar Kohal

❗ Examenswissen

Art. 13 GG ist Gegenstand einiger Diskussionen im Zuge der Covid-19-Pandemie. So ist diskutabel, ob Webcam-Sitzungen im Homeoffice einen Eingriff in den Schutzbereich darstellen können beziehungsweise wie weit die mittelbare Drittwirkung der Grundrechte zu ziehen ist.[26] Ähnliche Probleme ergeben sich bei Klausuren, welche zu Hause unter Überwachung durch Webcams geschrieben werden.[27] Bei solchen ergibt sich, nach sehr fragwürdiger Auffassung des OVG Schleswig-Holstein, kein Problem, da die Studierenden nicht entgegen ihrem Willen gefilmt werden würden.[28]

Problematisch sind auch Bodycamaufnahmen von Polizeibeamt:innen, sobald diese Wohnungen betreten. Ob die Bestimmungen der DSGVO hier für die Rechtfertigung eines Eingriffs in Art. 13 GG ausreichen, ist umstritten.[29]

---

2. Grenzen der Einschränkbarkeit

a) Bei Geschäftsräumen

Bei **Geschäftsräumen** bereiten Betretungsrechte, beispielsweise nach § 17 II HandwO, Schwierigkeiten: Hält man den Schutzbereich des Art. 13 GG für eröffnet, so aktiviert sich hier das gesamte Folgenregime der Absätze 2–7, inklusive Richter:innenvorbehalt. Die ganz herrschende Meinung sieht entweder einen ungeschriebenen „Absatz 8", welcher beim Betreten von Geschäftsräumen weitreichende Eingriffsmöglichkeiten anerkennt, oder greift auf Art. 2 I GG (mit besonders strenger <u>Verhältnismäßigkeitsprüfung</u>) zurück.[30]

❗ Klausurtaktik

Voraussetzungen sind jedenfalls
1. Eine Ermächtigungsgrundlage, die zum Betreten ermächtigt
2. Zweck, Gegenstand und Umfang der Besichtigung und Prüfung werden deutlich
3. Die gesamte Maßnahme muss einem erlaubten Zweck dienen (entsprechend kein Betreten „unter Vorwand")
4. Das Betreten erfolgt während der üblichen Geschäftszeiten

---

26 Suwelack, ZD 2020, 561 (562).
27 Albrecht/Mc Grath/Uphues, ZD 2021, 80.
28 OVG Schleswig-Holstein, Beschl. v. 4.3.2021, Az.: 3 MR 7/21, Rn. 45.
29 Dafür, ohne weitere Begründung: Lachenmann, NVwZ 2017, 1424; dagegen Petri, ZD 2018, 453 (448).
30 Kingreen/Poscher, Staatrecht II, 36. Aufl. 2020, Rn. 1024.

Jaschar Kohal

b) Verhältnismäßigkeit im engeren Sinn

Wie auch sonst ist weitergehend die <u>Verhältnismäßigkeit</u> zu beachten. So ist besonders die Bedeutung des zu durchsuchenden Raums zu berücksichtigen. So sind **Anwaltskanzleien** aufgrund der besonders sensiblen Informationen besonders schutzwürdig.[31] Auch der <u>Kernbereich privater Lebensgestaltung</u> ist regelmäßig als abwägungsrelevanter Belang zu berücksichtigen.

D. Konkurrenzen

Sofern der <u>Schutzbereich</u> des Art. 13 I GG nicht eröffnet ist, jedoch ein ähnliches Schutzbedürfnis bejaht werden kann, ist auch an das allgemeine Persönlichkeitsrecht, Art. 2 I i.V.m. Art. 1 I GG zu denken. Das Schutzniveau erreicht allerdings hier nicht jenes von Art. 13 GG. Speziell bei **Haftanstalten** prüft das BVerfG bei besonders intensiven Maßnahmen die Möglichkeit der Verletzung der Menschenwürde aus Art. 1 I GG.[32]

Die Überwachung digitaler Endgeräte wird nicht von Art. 13 GG erfasst, da die zu überwachenden Geräte nicht notwendig in einer Wohnung vorzufinden sind. Hier ist auf die <u>Vertraulichkeit und Integrität informationstechnischer Systeme</u> zu verweisen. Art. 10 GG schützt hingegen den bloßen Kommunikationsvorgang zwischen zwei Geräten und damit die eigentliche Signalübertragung.

E. Europäische und internationale Bezüge

Art. 8 EMRK führt unter der Überschrift „Schutz des Privat- und Familienlebens" auch die Wohnung auf, wobei auch hier wieder die Verwandtschaft zur Privatheit der Wohnung deutlich wird. Die Anwendung der Vorschrift ähnelt sehr dem hier zu Art. 13 GG ausgeführten. Freiberufler:innen, welche die Wohnung als Arbeits- und Wohnstätte verwenden, können sich immer auf den Schutz der Wohnung berufen.[33] Während die Abgrenzung zu Art. 14 GG im Grundgesetz trennscharf vorgenommen werden kann, neigt der EGMR dazu, auch Fragen des Wohnungseigentums über Art. 8 EMRK zu lösen.[34]

---

31 Schoch, Jura 2010, 22 (28).
32 BVerfG, Beschl. v. 30.5.1996, Az.: 2 BvR 727/94 = NJW 1996, 2643.
33 EGMR, Urt. v. 26.7.2007, Az.: 64209/01, Rn. 37 ff.
34 EGMR, Urt. v. 24.11.1986, Az.: 9063/80, Rn. 47.

Jaschar Kohal

Zusammenfassung: Die wichtigsten Punkte
- Art. 13 GG schützt die Privatheit von Räumlichkeiten.
- Besonderheiten sind bei Geschäftsräumen zu beachten.

Weiterführende Studienliteratur
- Christoph Möllers, Gefahr im Verzug – Die Unverletzlichkeit der Wohnung vor vermeintlichen Sachzwängen der Strafverfolgung, NJW 2001, S. 1397–1398
- Friedrich Schoch, Die Unverletzlichkeit der Wohnung nach Art. 13 GG, Jura 2010, S. 22–31
- Hinnerk Wißmann, Grundfälle zu Art. 13 GG, JuS 2007, S. 324–328

Jaschar Kohal

§ 24.3 Grundrecht auf informationelle Selbstbestimmung

Notwendiges Vorwissen: Grundrechtsfunktionen, Schutzbereich und Eingriff, Prüfung eines Freiheitsgrundrechts, Recht auf freie Entfaltung der Persönlichkeit

Lernziel: Grundrechtliche Ausprägung des Schutzes persönlicher Daten verstehen und anwenden, Abgrenzung zu anderen Grundrechten nachvollziehen

---

Für dieses Kapitel gibt es frei zugängliche interaktive Übungen. Halte einfach deine Smartphone-Kamera vor den Kasten mit den Punkten (QR-Code).

Das BVerfG leitet das Recht auf informationelle Selbstbestimmung aus dem Recht auf die freie Entfaltung der Persönlichkeit und der Menschenwürde, Art. 2 I i. V. m. Art. 1 I GG, ab. Das Recht auf informationelle **Selbstbestimmung** schützt grundsätzlich die Freiheit der Selbstdarstellung und damit das Recht, selbst darüber zu entscheiden, wie die Darstellung der eigenen Person durch Andere erfolgt. Hier bestehen Überschneidungen mit dem Recht auf freie Entfaltung der Persönlichkeit.[1] **Informationell** bezieht sich in diesem Zusammenhang auf die Befugnis, selbst über die Preisgabe und Verwendung der persönlichen Daten bestimmen zu können.[2] Das Recht auf informationelle Selbstbestimmung ist die Grundlage der einfachgesetzlichen Regelungen des Datenschutzes, wie zum Beispiel dem Bundesdatenschutzgesetz.

A. Recht auf informationelle Selbstbestimmung als Entwicklung der Rechtsprechung

Das Recht auf informationelle Selbstbestimmung wurde durch die Rechtsprechung des BVerfG entwickelt. Deshalb spielt auch die Entwicklung dieser Rechtsprechung für das Verständnis dieses Grundrechts eine besondere Rolle. Die Entwicklung des Rechts auf informationelle Selbstbestimmung ist eine Reaktion auf

---

1 Siehe zum Recht auf freie Entfaltung der Persönlichkeit Valentiner, § 18.2, in diesem Lehrbuch.
2 BVerfG, Urt. v. 15.12.1983, Az.: 1 BvR 209/83 = BVerfGE 65, 1.

neue technische Gefährdungslagen, weshalb sich im Text des Grundgesetzes auch keine expliziten Regelungen zum Schutz der Privatsphäre durch Informationsverarbeitung finden.

ℹ️ Weiterführendes Wissen

Vorschläge, ein Grundrecht auf Datenschutz oder ein Grundrecht der Kommunikations- und Informationsfreiheit explizit in das Grundgesetz aufzunehmen, wurden wiederholt diskutiert, haben sich aber bisher nicht durchsetzen können.[3]

Das Recht auf informationelle Selbstbestimmung wurzelt im Volkszählungsurteil des BVerfG aus dem Jahr 1983.[4] Beschwerdegegenstand waren mehrere Normen des Volkszählungsgesetzes.[5] Im Rahmen der geplanten Volkszählung sollten neben Stammdaten wie Namen und Geschlecht, Geburtstag und Familienstand auch sensible Daten wie die Religionszugehörigkeit und sehr spezifische Daten, wie das vorwiegend benutzte Verkehrsmittel, die Größe der Mietwohnung oder die Miethöhe erhoben werden.[6] Das BVerfG erklärte nicht die Volkszählung an sich für verfassungswidrig, sondern die Kombination der Volkszählung für statistische Zwecke mit den umfassenden Befugnissen eines Melderegisterabgleichs im Gesetz von 1983.[7]

B. Schutzbereich

I. Sachlicher Schutzbereich

Das Recht auf informationelle Selbstbestimmung ist normativ in Art. 2 I GG i. V. m. Art. 1 I GG verankert und gewährleistet die Befugnis des Einzelnen, grundsätzlich selbst über die Preisgabe und Verwertung seiner persönlichen Daten zu bestimmen.[8] Persönliche Daten sind Informationen zu den persönlichen und sachlichen Verhältnissen einer bestimmten oder bestimmbaren Person.

---

3 Siehe die Dokumentation des Wissenschaftlichen Dienst des Bundestages zur Diskussion über Vorschläge zur Aufnahme eines neuen Grundrechts der Kommunikations- beziehungsweise Informationsfreiheit in das Grundgesetz, 5.2.2008, WD 3-034/08.
4 BVerfG, Urt. v. 15.12.1983, Az.: 1 BvR 209/83 = BVerfGE 65, 1.
5 Gesetz über eine Volks-, Berufs-, Wohnungs- und Arbeitsstättenzählung (Volkszählungsgesetz 1983) vom 25.3.1982 (BGBl. I, S. 369) – VZG 1983.
6 Eine kurze historische Einordnung findet sich bei der Anmerkung von Kühling, NJW 2017, 3069.
7 BVerfG, Urt. v. 15.12.1983, Az.: 1 BvR 209/83, Rn. 196 ff. = BVerfGE 65, 1.
8 BVerfG, Urt. v. 15.12.1983, Az.: 1 BvR 209/83, Rn. 145 ff. = BVerfGE 65, 1.

Hannah Ruschemeier

Beispiel: persönliche Daten in Akten wie Krankenakten, Steuerdaten, private Notizen und Tagebücher.

Aufgrund der automatischen Datenverarbeitung gibt es nach dem BVerfG kein „belangloses Datum" mehr.[9] Der Schutzumfang des Rechts auf informationelle Selbstbestimmung beschränkt sich auch deshalb nicht auf Daten, die bereits ihrer Art nach besonders sensibel sind, zum Beispiel Gesundheitsdaten, sondern auch auf Daten mit einem für sich genommen geringen Informationsgehalt.[10]

Beispiel: Hinter der vielzitierten Aussage, dass es kein belangloses Datum mehr gibt, steht die dogmatische Wertung, dass die im Rahmen des allgemeinen Persönlichkeitsrechts entwickelte Sphärentheorie nicht ausreicht, um den Grundrechtsschutz adäquat abzubilden.[11] Informationstechnik ermöglicht es, die einzelnen Sphären übergreifend zu durchdringen. So kann mit vermeintlich unwichtigen oder harmlosen Daten außerhalb des Intimbereichs ebenfalls ein Persönlichkeitsprofil erstellt werden.[12]

Hinter dieser höchstpersönlichen Entscheidungsbefugnis zur Datenfreigabe steht zudem ein grundrechtlicher Schutz von **Privatheit** und letztlich Autonomie, die durch den Schutz der Privatsphäre ermöglicht wird. Das Recht auf informationelle Selbstbestimmung enthält wertungstechnisch ein aktives Element der Selbstbestimmung als Ausdruck der persönlichen Freiheit und ein passives Abwehrelement gegen staatliche Eingriffe. Diese doppelte Schutzfunktion macht es zu einem Recht auf Selbstbewahrung und Recht auf Selbstdarstellung.

Weiterführendes Wissen

Die klassische Schutzbereich-Eingriff-Rechtfertigungsprüfung ist beim Recht auf informationelle Selbstbestimmung nicht ganz einfach ausgestaltet. Es gibt einzelne Stimmen in der Literatur, die das Recht auf informationelle Selbstbestimmung vornehmlich als Ziel und nicht als grundrechtlich geschützte Freiheitsgewährleistung, die in einem Schutzbereich umrissen werden kann, ansehen.[13]

---

9 BVerfG, Urt. v. 15.12.1983, Az.: 1 BvR 209/83, Rn. 150 = BVerfGE 65, 1.
10 BVerfG, Urt. v. 27.2.2008, Az.: 1 BvR 370/07, Rn. 198 = BVerfGE 120, 274.
11 Siehe zum allgemeinen Persönlichkeitsrecht Valentiner, § 18.2, in diesem Lehrbuch.
12 Hufen, Staatsrecht II – Grundrechte, 7. Aufl. 2018, § 12, Rn. 4.
13 Bull, AöR 145 (2020), 291 (294).

Hannah Ruschemeier

II. Persönlicher Schutzbereich

Der **persönliche** Schutzbereich umfasst zuvörderst natürliche Personen. Aufgrund des Menschenwürdegehalts des allgemeinen Persönlichkeitsrechts ist das Recht auf informationelle Selbstbestimmung seinem Wesen nach, Art. 19 III GG, nicht auf juristische Personen anwendbar.[14] Geschäftsgeheimnisse juristischer Personen sind durch Art. 12 oder Art. 14 GG geschützt. Parallel zum allgemeinen Persönlichkeitsrecht endet der Schutz des Grundrechts auf informationelle Selbstbestimmung nicht mit dem Tod.

Beispiel: die ärztliche Schweigepflicht besteht auch nach dem Tod fort.[15]

C. Eingriff

Das BVerfG sieht **jeden Schritt einer Datenerhebung** als eigenständigen Grundrechtseingriff an. Bereits die Erfassung personenbezogener Daten greift danach in das Recht auf informationelle Selbstbestimmung ein.

! **Examenswissen**

Davon macht das BVerfG eine Rückausnahme für vorläufige, sogleich reversible Speicherungen[16], soweit die Daten unmittelbar nach der Erfassung technisch spurlos ausgesondert werden, ohne Möglichkeit einen Personenbezug herzustellen. Dieser Abgleich wird als Nichttreffer-Fall bezeichnet. Ein Eingriff liegt hingegen dann vor, wenn ein Treffer-Fall vorliegt, im konkreten Fall ein Kennzeichen gespeichert und Grundlage weiterer Maßnahmen wird, da es ab diesem Zeitpunkt den staatlichen Stellen zur Verfügung steht.

Dies ist Ausdruck der grundsätzlichen Rechtfertigungsbedürftigkeit staatlichen Handelns. Deshalb ist eine formalisierte Abschichtung der Erhebungs- und Verarbeitungsschritte in detaillierter Form erforderlich, um jeden Einzeleingriff zu erfassen, der jeweils eine eigene hinreichend bestimmte gesetzliche Grundlage, welche die Verarbeitung auf spezifische Schritte begrenzt und damit am Grundsatz der Verhältnismäßigkeit geprüft werden kann.[17] Gesetzliche Regelungen, die

---

14 Andere Ansicht OVG Lüneburg, Beschl. v. 15.5.2005, Az.: 10 ME 385/08, Rn. 23.
15 Hufen, Staatsrecht II – Grundrechte, § 12, Rn. 6.
16 BVerfG, Urt. v. 11.3.2008, Az.: 1 BvR 2074/05 = BVerfGE 120, 378 (399) – Automatisierte Kennzeichenerfassung.
17 BVerfG, Urt. v. 6.11.2019, Az.: 1 BvR 16/13 = BVerfGE 152, 152 – Recht auf Vergessen I.

Hannah Ruschemeier

staatliche Behörden zum Umgang mit personenbezogenen Daten ermächtigen, begründen in der Regel aufeinander aufbauende Eingriffe in das Recht auf informationelle Selbstbestimmung.[18]

Klausurtaktik !

Für die Fallbearbeitung bedeutet dies, dass zwischen Erhebung, Speicherung und Verwendung, zum Beispiel durch einen Abgleich der Daten, zu differenzieren ist und jeder Grundrechtseingriff für sich geprüft werden muss.

Das Recht auf informationelle Selbstbestimmung schützt bereits vor **Gefährdungen** der Befugnis, über die eigenen Daten zu bestimmen. Die Erhebung persönlicher Daten kann auf vielfältige Weise erfolgen, von den analogen Angaben der Volkszählung im Jahr 1983 über staatliches Hacking oder Data-Mining in der heutigen Zeit.

Ein **mittelbarer** Grundrechtseingriff kann dann vorliegen, wenn die staatliche Datenerhebung zu Abschreckungseffekten auf die Grundrechtsausübung führt.[19] Diese Abschreckungseffekte können dazu führen, dass Grundrechtsträger:innen aus Angst vor Datenerhebungen zum Beispiel nicht mehr an Versammlungen teilnehmen und dadurch auf die Wahrnehmung ihrer Grundrechte verzichten.[20]

Die **Weitergabe** erhobener Daten ist ein Grundrechtseingriff, der sich zeitlich an die Erhebung anschließen kann. Dazu gehören zum Beispiel die Ergebnisse einer Überwachung, die im Rahmen des Art. 10 GG selbst verfassungskonform erfolgt ist.[21]

Offenbart eine Person hingegen **freiwillig** personenbezogene Daten im Internet, in sozialen Netzwerken und ähnlichen, unterliegen diese öffentlich zugänglichen Informationen nicht dem Schutz des Grundrechts auf informationelle Selbstbestimmung. Es liegt kein Eingriff in das Recht auf informationelle Selbstbestimmung vor, wenn staatliche Stellen im Internet verfügbare Kommunikationsinhalte erheben, die sich an jedermann oder zumindest an einen nicht weiter abgegrenzten Personenkreis richten.[22]

---

18 BVerfG, Beschl. v. 1.12.2020, Az.: 2 BvR 916/11, Rn. 199.
19 Staben, Der Abschreckungseffekt auf die Grundrechtsausübung, 2016, 146.
20 Das hat das BVerfG bereits im Volkszählungsurteil anerkannt: BVerfG, Urt. v. 15.12.1983, Az.: 1 BvR 209/83, Rn. 146 = BVerfGE 65, 1.
21 BVerfG, Urt. v. 14.7.1999, Az.: 1 BvR 2226/94 = BVerfGE 100, 313 (358).
22 BVerfG, Urt. v. 27.2.2008, Az.: 1 BvR 370/07 Rn. 308 = BVerfGE 120, 274 – Telekommunikationsüberwachung I.

Hannah Ruschemeier

Beispiel: Beobachtung einer allgemein zugänglichen Webseite oder eines öffentlichen Chats, Abonnement einer offenen Mailingliste. Schwieriger sind Fragen von Datennutzungen in sozialen Netzwerken, die in der Regel eine Registrierung voraussetzen (Netzwerköffentlichkeit).

Setzen staatliche Stellen statistische Datenauswertungsprogramme (Data-Mining) ein, um große Mengen an Daten mit dem Ziel zu verarbeiten, Informationen über eine bestimmte Person zusammenzuführen, liegt ein Grundrechtseingriff vor. Das BVerfG begründet bereits 1983 die grundrechtliche Schutzlücke explizit mit den „modernen Bedingungen der Datenverarbeitung", welche die Befugnis des Einzelnen, grundsätzlich selbst zu entscheiden, wann und innerhalb welcher Grenzen persönliche Lebenssachverhalte offenbart werden, besonders gefährdet.

ℹ Weiterführendes Wissen

Insbesondere bergen automatisierte Datenerhebungen für integrierte Informationssysteme zusammen mit anderen Datensammlungen die Gefahr, dass ein teilweises oder weitgehendes Persönlichkeitsbild erstellt wird, ohne dass Betroffene dessen Richtigkeit und Verwendung kontrollieren können.[23] Das heutige Ausmaß der Datenverarbeitung war Anfang der 80er Jahre noch nicht absehbar. Die Erhöhung der Eingriffsintensität durch **technische Entwicklungen** ist eine wiederkehrende Argumentationsstruktur des BVerfG, auch in neueren Entscheidungen.[24] Die Intensität des Grundrechtseingriffs kann sich auch durch die der Datenverarbeitung zugrunde liegende Technik erhöhen: Die Besonderheit des Eingriffspotentials von Maßnahmen der elektronischen Datenverarbeitung liegt zum Beispiel in der Menge der verarbeiteten Daten (Big Data), die auf „konventionellem Wege"[25], d. h. wohl durch menschliche Verarbeitung, gar nicht bewältigt werden könnten. Mit der Eingriffsintensität steigt auch die Kontrolldichte, was zukünftig beim Einsatz von „intelligenten" Technologien, zum Beispiel selbstlernenden Algorithmen zu Problemen führen kann.

Gesetzliche Vorschriften, die staatliche Behörden zum Umgang mit personenbezogenen Daten ermächtigen, begründet in der Regel verschiedene aufeinander aufbauende Eingriffe.

---

23 BVerfG, Urt. v. 15.12.1983, Az.: 1 BvR 209/83, Rn. 145 = BVerfGE 65, 1.
24 Siehe z. B. die Entscheidung zur elektronischen Aufenthaltsüberwachung BVerfG, Beschl. v. 1.12.2020, Az.: 2 BvR 916/11, Rn. 198 – st. Rspr. Weiterführend: Ruschemeier, VerfBlog, 16.12.2020.
25 BVerfG, Beschl. v. 1.12.2020, Az.: 2 BvR 916/ 11, Rn. 198.

Hannah Ruschemeier

Weiterführendes Wissen

Die Erhebung, Speicherung und Verwendung von Daten sind jeweils eigene Grundrechtseingriffe. Bezüglich des Datenaustausches zur staatlichen Aufgabenwahrnehmung ist zusätzlich zwischen der Datenübermittlung durch die Stelle, welche die Informationen vorliegen hat, und der Stelle, die die Informationen abruft, zu unterscheiden. Abfrage und Übermittlung der Daten sind zwei miteinander korrespondiere Grundrechtseingriffe. Erforderlich ist nach der Rechtsprechung des BVerfG das Doppeltürmodell. Danach sind zwei verschiedene gesetzliche Ermächtigungsgrundlagen erforderlich: Die erste (Tür) zur Übermittlung der Daten und die zweite (Tür) zur Datenabfrage. Ist für beide Normbereiche derselbe Gesetzgeber zuständig, können die Ermächtigungsgrundlagen auch in einer Norm zusammengefasst werden.[26] In den aufeinanderfolgenden Dateneingriffen kann man auch einen „iterativen Grundrechtseingriff" sehen, wenn es sich um dieselben Daten handelt, die erhoben und übermittelt werden. Die Grundrechtseingriffe bauen dann in zeitlicher Reihenfolge zwingend aufeinander auf. Damit Daten übermittelt werden können, müssen sie zunächst erhoben werden. Anders liegt die Konstellation eines weiteren additiven Grundrechtseingriffs, der mehrere Grundrechtseingriffe in dasselbe Grundrecht einer grundrechtsberechtigten Person umfasst, die aber nicht zwingend aufeinander aufbauen müssen.

D. Rechtfertigung

Eingriffe in das Recht auf informationelle Selbstbestimmung können gerechtfertigt sein, wenn sie formell und materiell verfassungsgemäß sind. Jeder Eingriff in das Recht muss sich auf eine gesetzliche Grundlage stützen, die dem Grundsatz der Verhältnismäßigkeit entspricht. Das BVerfG fordert zudem, dass jede Datenerhebung nur aus Gründen des überwiegenden Allgemeininteresses zulässig sein kann.[27]

I. Einschränkbarkeit des Grundrechts

Das Recht auf informationelle Selbstbestimmung ist nicht schrankenlos gewährleistet, für jede staatliche Datenerhebung, Speicherung oder Weitergabe ist aber eine hinreichend bestimmte **gesetzliche Grundlage** erforderlich. Es gilt der allgemeine Gesetzesvorbehalt des Art. 2 I GG. Erforderlich ist insbesondere, dass der

---

26 Grundlegend <u>BVerfG, Beschl. v. 24.1.2012, Az.: 1 BvR 1299/05</u> = BVerfGE 130, 151; vertiefend: <u>BVerfG, Beschl. v. 27.5.2020, Az.: 1 BvR 1873/13, Rn. 1-275</u> = BVerfGE 155, 119 (238) – Bestandsdatenauskunft II.
27 <u>BVerfG, Urt. v. 15.12.1983, Az.: 1 BvR 209/83, Rn. 148</u> = BVerfGE 65, 1.

Hannah Ruschemeier

Zweck der Datenverarbeitung klar ersichtlich sowie begrenzt ist, welche Verknüpfungs- und Verwendungsmöglichkeiten bestehen.

Der Gesetzgeber muss zudem organisatorische und **verfahrensrechtliche Vorkehrungen** treffen, die einer Gefahr der Grundrechtsverletzung entgegenwirken.[28] Dazu gehören zum Beispiel Auskunfts- und Löschrechte Betroffener.

II. Grenzen der Einschränkbarkeit

Absolute Grenze ist der Wesensgehalt eines Grundrechts, Art. 19 II GG. Das Recht auf informationelle Selbstbestimmung muss in jedem Fall einen unantastbaren Bereich privater Lebensgestaltung gewährleisten, der einem staatlichen Zugriff entzogen ist.

! **Examenswissen**

Aufgrund ihrer Eingriffsintensität unterliegen staatliche Überwachungsmaßnahmen spezifischen Anforderungen. Das BVerfG hat in seiner Rechtsprechung dazu drei Kriterien entwickelt: Die Überwachung muss durch besondere Schutzmaßnahmen flankiert werden, wenn sie den Kernbereich privater Lebensgestaltung berühren können. Die angestrebte Verwendung der Daten kann ihrerseits besondere grundrechtssichernde Verfahrensvorkehrungen erfordern und sie dürfen nicht zu einer lückenlosen Überwachung führen. Aus einer heimlichen Datenerhebung folgen nach dem Grundsatz der Normenklarheit besonders strenge Anforderungen.[29]

Der Grundsatz der Verhältnismäßigkeit als Grenze der Einschränkbarkeit, fordert beim Recht auf informationelle Selbstbestimmung, dass der Gesetzgeber den **Verwendungszweck** der Datenverarbeitung bereichsspezifisch und präzise bestimmt und dass die Daten für diesen Zweck geeignet und erforderlich sind. Die Verwendung der Daten ist auf diesen gesetzlichen Zweck begrenzt und kann nicht auf andere, wenn auch verfassungsrechtlich zulässige Zwecke gestützt werden. Die Prüfung der Verhältnismäßigkeit ist durch die genauere Definition des Zwecks im einschränkenden Gesetz vorstrukturierter als bei anderen Grundrechten.

Staatliche Ermittlungs- und Überwachungstätigkeiten, die tief in die Privatsphäre der Betroffenen eingreifen, sind nur verhältnismäßig, wenn sie dem Schutz **hinreichend gewichtiger Rechtsgüter** dienen, für deren Gefährdung

---

28 BVerfG, Urt. v. 15.12.1983, Az.: 1 BvR 209/83, Rn. 149 = BVerfGE 65, 1.
29 BVerfG, Urt. v. 20.4.2016, Az.: 1 BvR 966 u.a. = BVerfGE 141, 220 (265).

Hannah Ruschemeier

oder Verletzung im Einzelfall belastbare Anhaltspunkte bestehen. Auch hier gilt die „Je-desto Formel": Je tiefer die Überwachungsmaßnahmen in die Privatsphäre eingreifen, desto strenger sind die Anforderungen an die verfassungsrechtliche Rechtfertigungsprüfung.[30]

Für die konkrete Prüfung ist zwischen präventiven (zur Gefahrenabwehr) und repressiven (zur Strafverfolgung) Maßnahmen zu unterscheiden. Für Maßnahmen zur Gefahrenabwehr kommt es auf das Gewicht der zu schützenden Rechtsgüter an. Zum Schutz von Leib, Leben und Freiheit sind unter Umständen auch heimliche Überwachungsmaßnahmen zulässig, zum Schutz von Sachwerten hingegen nicht.[31]

Zwischen Privaten wirkt das Recht auf informationelle Selbstbestimmung im Wege der <u>mittelbaren Drittwirkung</u>.

Weiterführendes Wissen

Die verfassungsrechtliche Wertung des Schutzes persönlicher Daten strahlt in das Zivilrecht ein, insbesondere über die Generalklauseln. Die aus der Abwehrdimension des Rechts auf informationelle Selbstbestimmung entwickelten Grundsätze lassen sich nicht auf das Verhältnis zwischen Privaten im Gleichordnungsverhältnis übertragen. Im Wege der mittelbaren Drittwirkung ist das Recht auf informationelle Selbstbestimmung vielmehr der Ausdruck der sich gegenüberstehenden Grundrechte im Gegensatz zu einem Abwehranspruch gegenüber dem grundrechtsverpflichteten Staat. Die Wirkweise dieses Grundrechts im Zivilrecht als verfassungsrechtliche Wertentscheidung bedeutet nicht, dass seine Anforderungen deshalb in jedem Fall weniger weit reichen oder weniger anspruchsvoll sind, als die unmittelbar staatsgerichtete Schutzwirkung.[32] Je ungleicher das Verhältnis zwischen den privaten Parteien ist, desto näher kann die Bindung der Grundrechtsbindung des Staates kommen oder dieser sogar entsprechen[33]; zum Beispiel wenn private Unternehmen eine staatsähnliche dominante Position innehaben. Praktische Relevanz hat dies unter anderem im Arbeitsrecht, wo anlasslose Überwachung von Arbeitnehmer:innen unzulässig ist.[34]

Staatliche Strukturen müssen so ausgestaltet sein, dass Verfahren dem Recht auf informationelle Selbstbestimmung gerecht werden. Besondere praktische Relevanz hat die Datenerhebung durch Private, insbesondere global operierende Digitalkonzerne und Plattformbetreiber.

---

30 BVerfG, Urt. v. 20.4.2016, Az.: 1 BvR 966 u. a. = BVerfGE 141, 220 (269).
31 BVerfG, Urt. v. 20.4.2016, Az.: 1 BvR 966 u. a. = BVerfGE 141, 220 (270).
32 BVerfG, Urt. v. 6.11.2019, Az.: 1 BvR 16/13 = BVerfGE 152, 152 – Recht auf Vergessen I.
33 Vgl. BVerfG, Urt. v. 22.2.2011, Az.: 1 BvR 699/06 = BVerfGE 128, 226 (249 f.).
34 BAG, NJW 2017, 3258.

Hannah Ruschemeier

❗ Weiterführendes Wissen

Aufgrund erheblicher Datenmengen ist der tatsächliche Schutz personenbezogener Daten durch intransparente Datenverwendung im digitalen Bereich erheblich gefährdet. Diskutiert wird in globaler Hinsicht auch, inwieweit eine Schutzpflicht des Staates für die informationelle Selbstbestimmung der Bürger:innen gegenüber der Datenerhebung durch ausländische Geheimdienste besteht.[35] Die freiwillige Preisgabe persönlicher Daten ist kein Grundrechtsverzicht, sondern gerade Ausdruck der Befugnis des Einzelnen, selbst über die Preisgabe seiner Daten zu bestimmen.

Auf der **Rechtsfolgenseite** können sich aus einem Eingriff in das Recht der informationellen Selbstbestimmung, der nicht auf einer hinreichenden gesetzlichen Ermächtigungsgrundlage beruht, unmittelbar aus Art. 2 I i.V.m. Art. 1 I GG Abwehransprüche auf Unterlassung von öffentlichen Äußerungen oder Löschung der Daten erhoben werden.

❗ Weiterführendes Wissen

In Betracht kommt der öffentlich-rechtliche Unterlassungsanspruch[36] oder der Folgenbeseitigungsanspruch. Im **zweiten Staatsexamen** spielen die Ermittlungsbefugnisse der Strafprozessordnung zu Datenerhebungen eine besondere Rolle. Wichtig ist auch das Verständnis von Beweisverwertungsverboten. Unselbstständige Beweisverwertungsverbote können sich unmittelbar aus den Grundrechten ergeben; so auch aus einem Verstoß gegen das Recht auf informationelle Selbstbestimmung

---

E. Konkurrenzen

Das Recht auf informationelle Selbstbestimmung ist eine spezielle Ausprägung des allgemeinen Persönlichkeitsrechts und der Menschenwürde, Art. 2 I, Art. 1 I GG. Es enthält keinen umfassenden Schutzanspruch hinsichtlich jedes Umgangs mit Informationen, der die übrigen Schutzdimensionen des allgemeinen Persönlichkeitsrechts allgemein zusammenführen würde, sondern lässt deren Schutzbereiche unberührt.[37] Auch für die Fallbearbeitung bietet es sich deshalb an, die unterschiedlichen Gewährleistungsgehalte des allgemeinen Persönlichkeitsrechts als eigenständige Grundrechte zu begreifen, auch wenn diese dogma-

---

35 Neubert, AöR 140 (2015), 267 ff.
36 VG Berlin, Urt. v. 3.6.1993, Az.: VG 1 A 449/92 – Fall Stolpe zu öffentlichen Äußerungen des Bundesdatenschutzbeauftragten für die Stasi-Unterlagen.
37 BVerfG, Urt. v. 6.11.2019, Az.: 1 BvR 16/13 = BVerfGE 152, 152 – Recht auf Vergessen I.

Hannah Ruschemeier

tisch gesehen alle Ausprägungen des <u>allgemeinen Persönlichkeitsrechts</u> sind. Das Recht auf informationelle Selbstbestimmung ist spezieller als der Schutz der Menschenwürde und des allgemeinen Persönlichkeitsrechts, da es sich auf einen ausgewählten Bereich der Persönlichkeit bezieht und auf die besonderen Gefährdungslagen durch Datenverarbeitung reagiert.

Das <u>Grundrecht auf Gewährleistung der Vertraulichkeit und Integrität informationstechnischer Systeme</u>[38] ist von seiner Schutzausrichtung her besonders eng mit dem Recht auf informationelle Selbstbestimmung verknüpft.[39] Das Recht auf informationelle Selbstbestimmung schützt im Gegensatz zum Grundrecht auf Gewährleistung der Vertraulichkeit und Integrität informationstechnischer Systeme nicht vor den Gefahren, die sich daraus ergeben, dass Grundrechtsträger:innen auf die Nutzung informationstechnischer Systeme angewiesen sind und dadurch zwangsläufig persönliche Daten preisgeben, die einen Zugriff auf einen großen und aussagekräftigen Datenbestand ermöglichen.[40] Schutzgut des Grundrechts auf Gewährleistung der Vertraulichkeit und Integrität informationstechnischer Systeme ist <u>nicht die Entscheidungsfreiheit über personenbezogene Daten</u>, sondern die Sicherheit informationstechnischer Systeme vor Eindringen und Auslesen der in ihnen gespeicherten Daten, weil mit der Eingabe von Daten in ein solches System die Erwartung der Vertraulichkeit verbunden ist.

Der Schutz personenbezogener Daten vor Ermittlung, Speicherung und Weitergabe ist nicht Teil der negativen **Meinungsfreiheit**, da Tatsachen nur dann vom Schutzbereich des Art. 5 I GG umfasst sind, wenn sie zur Meinungsbildung beitragen.[41] Dadurch würden Angaben durch Betroffene selbst, die reine Tatsachenmitteilungen sind, von vorneherein nicht geschützt. Zudem würden Eingriffe durch heimliche Beobachtungen oder Datenerhebungen bei Dritten ebenfalls aus dem Schutzbereich herausfallen.

F. Europäische und internationale Bezüge

Weder in der Europäischen Grundrechtecharta oder der EMRK noch in der Europaratskonvention oder den OECD-Richtlinien findet sich ein Recht auf informationelle Selbstbestimmung. Art. 8 GrCh schützt allerdings ausdrücklich personenbe-

---

38 Entwickelt in BVerfG, Urt. v. 27.2.2008, Az.: 1 BvR 370/07 = BVerfGE 120, 274. Dazu Petras, § 24.4. in diesem Lehrbuch.
39 Siehe zum Grundrecht auf Vertraulichkeit und Integrität informationstechnischer Systeme Petras, § 24.4, in diesem Lehrbuch.
40 BVerfG, Urt. v. 27.2.2008, Az.: 1 BvR 370/07, Rn. 200 = BVerfGE 120, 274.
41 BVerfG, Urt. v. 15.12.1983, Az.: 1 BvR 209/83 = BVerfGE 65, 1.

Hannah Ruschemeier

zogene Daten. Art. 8 EMRK schützt ebenfalls das Recht auf Privatleben, welches durch die Erhebung, Speicherung oder Verwendung personenbezogener Daten erheblich beeinträchtigt werden kann. Der Schutzgehalt des Rechts auf informationelle Selbstbestimmung wird daher ebenfalls in Art. 8 EMRK hineingelesen.[42] Die allgemeine Erklärung der Menschenrechte schützt in Art. 12 AEMR das Privatleben und damit auch den Schutz persönlicher Daten.

ℹ Weiterführendes Wissen

Ausdrücklich ist ein Recht auf Datenschutz als spezielles Grundrecht in Art. 8 der Grundrechtecharta der Europäischen Union sowie in verschiedenen Landesverfassungen Deutschlands normiert.[43] Das Volkszählungsurteil wird als Meilenstein für die verfassungsrechtliche Verankerung des Datenschutzes gesehen und entfaltete auch auf europäischer Ebene Einfluss. Der EuGH hat am Maßstab der europäischen Grundrechtecharta strenge Datenschutzstandards entwickelt, zuletzt in der Entscheidung zu einem Recht auf Vergessen.[44]

Als unmittelbar geltende Verordnung regelt die **europäische Datenschutzgrundverordnung** (DSGVO)[45] umfassende Anforderungen an die Verarbeitung personenbezogener Daten. Die Vorgaben der DSGVO haben hohe Praxisrelevanz, da sie als horizontaler Regulierungsansatz private und staatliche Datenverarbeiter:innen adressieren und damit einen weiteren Anwendungsbereich als die Grundrechte haben, die nur die grundrechtsgebundene Staatsgewalt adressieren. Aufgrund zahlreicher Öffnungsklauseln, die den Mitgliedstaaten eigene Regelungen ermöglichen, ergibt sich aus der DSGVO als Verordnung keine Vollharmonisierung des europäischen Datenschutzstandards.

Zusammenfassung: Die wichtigsten Punkte
- Das Recht auf informationelle Selbstbestimmung ist das „Grundrecht auf Datenschutz".
- Jeder Schritt der Datenverarbeitung ist ein eigener Grundrechtseingriff.

---

42 EGMR Urt. v. 26.3.1987, Az.: 9248/81 – Leander v. Schweden; Urt. v. 16.2.2000, Az.: 27798/95 – Amann v. Schweiz.
43 Art. 33 der Verfassung von Berlin, Art. 11 der Verfassung des Landes Brandenburg, Art. 12 Abs. 4 der Verfassung der Freien Hansestadt Bremen, Art. 6 I des Landes Mecklenburg-Vorpommern, Art. 4 II der Verfassung des Landes Nordrhein-Westfalen, Art. 4 a der Verfassung des Landes Rheinland-Pfalz, Art. 2 Sätze 2 und 3 der Verfassung des Saarlandes, Art. 33 der Verfassung des Freistaates Sachsen, Art. 6 I der Verfassung des Landes Sachsen-Anhalt und Art. 6 II der Verfassung des Freistaates Thüringen; siehe zum Grundrecht auf Informationelle Selbstbestimmung, Ruschemeier, § 24.3, in diesem Lehrbuch.
44 Siehe zum Recht auf Vergessen Petras, § 24.5, in diesem Lehrbuch.
45 Verordnung (EU) 2016/679 des Europäischen Parlaments und des Rates vom 27.4.2016 zum Schutz natürlicher Personen bei der Verarbeitung personenbezogener Daten, zum freien Datenverkehr und zur Aufhebung der Richtlinie 95/46/EG.

Hannah Ruschemeier

- Der Zweck der Datenerhebung muss präzise gesetzlich festgelegt werden.
- Dem Gesetzgeber kommt die besondere Pflicht zu, Grundrechtsschutz durch Verfahren zu gewährleisten.

Weiterführende Studienliteratur
- Claudio Franzius, Das Recht auf informationelle Selbstbestimmung, ZJS 2015, S. 259–270
- Ferdinand Hufen, Staatsrecht II – Grundrechte, 8. Aufl. 2020, § 12, Rn. 22 ff. zu aktuellen Fällen und Problemen
- Christina-Maria Leeb/Johannes Liebhaber, Grundlagen des Datenschutzrechts, JuS 2018, S. 534–538

Hannah Ruschemeier

§ 24.4 Vertraulichkeit und Integrität informationstechnischer Systeme

Notwendiges Vorwissen: <u>Prüfung eines Freiheitsgrundrechts</u>, <u>Recht auf freie Entfaltung der Persönlichkeit</u>, <u>Grundrecht auf informationelle Selbstbestimmung</u>

Lernziel: Grundrecht auf Vertraulichkeit und Integrität informationstechnischer Systeme verstehen und von anderen Gewährleistungen abgrenzen können

---

Für dieses Kapitel gibt es frei zugängliche interaktive Übungen. Halte einfach deine Smartphone-Kamera vor den Kasten mit den Punkten (QR-Code).

Das Grundrecht auf Vertraulichkeit und Integrität informationstechnischer Systeme (teilweise etwas unpräzise als „Computergrundrecht" bezeichnet) wurde vom BVerfG als Ausformung des Persönlichkeitsrechts vor dem Hintergrund neuer Persönlichkeitsgefahren formuliert.[1] Es schützt davor, dass digitale Endgeräte heimlich überwacht werden. Das BVerfG hielt den Schutz bestehender Grundrechte nicht für ausreichend, da so viele private Aspekte unserer Persönlichkeit auf Smartphones oder Computern zu finden sind, dass eine Überwachung sehr viel über die betroffene Person aussagt.

ℹ️ Weiterführendes Wissen

Das BVerfG hielt es für notwendig, die Dogmatik weiter zu entwickeln, weil digitale Endgeräte omnipräsent sind. Faktisch ist ein großer Bereich gesellschaftlicher Teilhabe nur über digitale Kommunikation möglich. Gusy spricht hier anschaulich von einer „Informations- und Kommunikationsgesellschaft"[2]. Dass ein erhöhter Schutzbedarf besteht, war auch in der Literatur unumstritten, allerdings war unklar, ob hierfür tatsächlich ein neues Grundrecht notwendig war. Teilweise wurde die informationelle Selbstbestimmung als ausreichend empfunden, da es letztendlich auch um den Schutz (einer größeren Menge) Daten gehe.[3] Wegen der ebenfalls bestehenden Schwächen der informationellen Selbstbestimmung wurde auch eine Anknüpfung an das

---

1 BVerfG, Urt. v. 27.2.2008, Az.: 1 BvR 595/07, Rn. 168 = BVerfGE 120, 274 – Online-Durchsuchung.
2 Gusy, DuD 2009, 33 (41).
3 Eifert, NVwZ 2008, 521 (522).

Persönlichkeitsrecht unter Einbeziehung von Art. 8 EMRK vorgeschlagen.[4] Andererseits könnte das neue Grundrecht auch so gelesen werden, dass eine rein abwehrrechtliche Perspektive der sonstigen digitalen Grundrechte nicht ausreicht und es auch darum gehen muss, die Vertraulichkeit und Integrität der Systeme einer privaten Kommunikationsinfrastruktur freiheitsfördernd zu gestalten.[5] Gerade die informationelle Selbstbestimmung ist – trotz Ansätzen zu einem Systemdatenschutz – auf die selbstbestimmte Kontrolle einzelner Datenverarbeitungen gerichtet.[6] Wenn auf ein informationstechnisches System zugegriffen wird, ist nicht nur eine Vielzahl unterschiedlicher Datenbestände einsehbar, sondern gleichzeitig (zum Beispiel durch den Zugriff auf Passwörter) der Zugriff auf externe Datenspeicher möglich.[7] Dieses Gefährdungspotential lässt sich nur mit dem Grundrecht auf informationelle Selbstbestimmung nicht abbilden.

A. Schutzbereich

I. Sachlicher Schutzbereich

Das Grundrecht bezieht sich auf **Systeme**, die so viele personenbezogene Daten der betroffenen Person enthalten, dass ein Zugriff auf das System einen Einblick in wesentliche Teile der Lebensgestaltung oder sogar ein aussagekräftiges Bild der Persönlichkeit der Person ermöglicht.[8] Hierbei muss das System als eigenes genutzt werden, sodass eine gewisse Vertraulichkeits- und Integritätserwartung der Nutzer:in besteht.[9] Geschützt wird also nicht nur das System selbst, sondern vor allem das **Vertrauen** darauf, dass ein eingesetztes System so funktioniert, wie es von der Nutzer:in erwartet werden kann.[10] In den Schutz einbezogen sind auch Daten, die zwar auf externen Servern („Cloud") gespeichert werden, aber nur über das Gerät zugänglich sind.

Beispiel: Geschützt sind der eigene Laptop, das eigene Tablet oder das persönliche Smartphone. Nicht geschützt wären öffentlich zugängliche Computer in der Universität. Auch Smart-Home Geräte können darunter fallen, wenn sie im WLAN hängen.

---

4 Wegener/Muth, Jura 2010, 847 (849).
5 Gusy, DuD 2009, 33 (37).
6 Hoffmann-Riem, JZ 2008, 1009 (1015).
7 Hoffmann-Riem, JZ 2008, 1009 (1016).
8 BVerfG, Urt. v. 27.2.2008, Az.: 1 BvR 595/07, Rn. 205 = BVerfGE 120, 274 – Online-Durchsuchung.
9 BVerfG, Urt. v. 27.2.2008, Az.: 1 BvR 595/07, Rn. 208 = BVerfGE 120, 274 – Online-Durchsuchung.
10 Hoffmann-Riem, JZ 2008, 1009 (1012).

Wichtig für die Eröffnung des Schutzbereiches ist der Zugriff auf das System über das Internet (zum Beispiel durch einen „Staatstrojaner" als verwendete Spähsoftware). Wenn die staatlichen Sicherheitsbehörden manuell in die Wohnung eindringen würden, um händisch Spähsoftware auf dem Computer der Zielperson zu installieren, wären eher das Persönlichkeitsrecht in der Dimension des Privatsphärenschutzes und der Schutz der Wohnung aus Art. 13 GG relevant.[11]

ℹ Weiterführendes Wissen

Weitgehend ungeklärt ist die Reichweite des Schutzes gegenüber Privaten.[12] Die Frage wird umso drängender im Angesicht einer Netz-, Soft- und Hardwareinfrastruktur, die weitgehend von global agierenden, durch Geschäftsgeheimnisse notorisch intransparenten Konzernen zur Verfügung gestellt wird.

II. Persönlicher Schutzbereich

Das Grundrecht findet auf alle natürlichen Personen Anwendung, da es aus dem Recht auf freie Entfaltung der Persönlichkeit hergeleitet wird. Auch eine Anwendung auf juristische Personen ist denkbar, ggf. mit einem abgemilderten Schutz, da hier die Aspekte der Menschenwürde nicht betroffen sein können.

B. Eingriff

Ein Eingriff in den Schutzbereich liegt schon dann vor, wenn eine entsprechende Spähsoftware („Trojaner") auf dem Gerät installiert ist und noch keine Daten abgegriffen worden sind. Bereits jetzt ist die **Integrität** des Gerätes betroffen, da schon zu diesem Zeitpunkt beliebige Daten ausgelesen oder sogar verändert/gelöscht werden können.[13] Im Gegensatz zu anderen Beeinträchtigungen digitaler Grundrechte ist der **heimliche** Eingriff hier der Normalfall. Das führt unter anderem zu den besonders hohen Anforderungen an die Rechtfertigung.

---

11 Gusy, DuD 2009, 33 (39).
12 Hoffmann-Riem, JZ 2008, 1009 (1019).
13 BVerfG, Urt. v. 27.2.2008, Az.: 1 BvR 595/07, Rn. 242 = BVerfGE 120, 274 – Online-Durchsuchung.

Maximilian Petras

C. Rechtfertigung

I. Einschränkbarkeit

Das Grundrecht auf Vertraulichkeit und Integrität informationstechnischer Systeme kann wegen der Herleitung aus Art. 2 I GG durch ein Gesetz beschränkt werden. Es handelt sich lediglich um einen <u>einfachen Gesetzesvorbehalt</u>.[14]

II. Grenzen der Einschränkbarkeit

Ein Eingriff in das Grundrecht auf Vertraulichkeit und Integrität informationstechnischer Systeme kann gerechtfertigt werden, solange die gesetzliche Grundlage bestimmte Anforderungen erfüllt. Auch hier steht das BVerfG in seiner Tradition, gegenüber staatlicher Überwachung formelle Anforderungen und äußere Grenzen zu definieren.[15]

Die gesetzliche Grundlage muss dem <u>Bestimmtheitsgebot</u> entsprechen.[16] Insbesondere müssen die tatbestandlichen Voraussetzungen der Eingriffsgrundlage klar herausgestellt werden.[17] Gerade hier ist eine sorgfältige Beachtung des Bestimmtheitsgebotes besonders wichtig, da die Eingriffe heimlich erfolgen und wenigstens die Möglichkeit des Eingriffs bekannt sein soll. Ein Eingriff in das Grundrecht auf Vertraulichkeit und Integrität informationstechnischer Systeme ist nur zum Schutz **besonders hochwertiger Rechtsgüter** möglich, für deren Gefährdung tatsächliche Anhaltspunkte bestehen.[18]

Beispiel: Hochwertige Rechtsgüter, die den Eingriff in ein informationstechnisches System rechtfertigen würden, wären zum Beispiel Leib, Leben, Freiheit der Person oder solche Güter der Allgemeinheit, die staatliche Existenzgrundlagen sichern (kritische Infrastruktur).

Ein **heimlicher** Zugriff auf private Endgeräte ist nicht nur besonders **umfangreich** hinsichtlich der erlangten Daten, er gefährdet auch die Integrität des Rechners, da bestehende Sicherheitslücken ausgeweitet und die Dateien selbst durch

---

14 Siehe zur Einschränkbarkeit von Grundrechten Milas, § 6, in diesem Lehrbuch.
15 Wegener/Muth, Jura 2010, 847 (848).
16 Siehe zu dieser und anderen Grenzen der Einschränkbarkeit von Grundrechten Milas, § 7, in diesem Lehrbuch.
17 BVerfG, Urt. v. 27.2.2008, Az.: 1 BvR 595/07, Rn. 216 = BVerfGE 120, 274 – Online-Durchsuchung.
18 BVerfG, Urt. v. 27.2.2008, Az.: 1 BvR 595/07, Rn. 252 = BVerfGE 120, 274 – Online-Durchsuchung.

den Staat verändert werden könnten.[19] Deshalb steht der Eingriff unter **Richter:innenvorbehalt**.[20] Der Richter:innenvorbehalt wird hier vor allem mit der Hochwertigkeit des betroffenen Rechtsguts, der Heimlichkeit der Maßnahme sowie mit der Schaffung vollendeter Tatsachen, wofür Rechtsschutz typischerweise nicht rechtzeitig möglich ist, begründet.[21]

Ein Eingriff in den Kernbereich der Lebensgestaltung (Intimsphäre) muss durch den Staat von Anfang an vermieden werden.[22] Sofern diese Daten unabsichtlich erhoben werden, muss durch geeignete Verfahren garantiert werden, dass eine anschließende Löschung möglich ist.[23]

ℹ Weiterführendes Wissen

Hier besteht folglich das Dilemma, dass die Daten erst sicher der Intimsphäre zugeordnet werden können, wenn sie durch die Behörden ausgewertet wurden und somit bereits erhoben sind. Allerdings bleibt es laut BVerfG bei dem Vorrang der Nichterhebung. Deshalb muss im Sinne des „zweistufigen Schutzkonzeptes"[24] gezielt nach Anhaltspunkten gesucht werden, ob die Intimsphäre berührt sein könnte.

D. Konkurrenzen

Art. 10 GG ist immer dann einschlägig, wenn der Staat den Kommunikations**vorgang** selbst überwacht. Der Schutz reicht jedoch nicht so weit, dass auch die auf dem Endgerät gespeicherten Daten erfasst würden.[25]

---

19 BVerfG, Urt. v. 27.2.2008, Az.: 1 BvR 595/07, Rn. 242f = BVerfGE 120, 274 – Online-Durchsuchung.
20 BVerfG, Urt. v. 27.2.2008, Az.: 1 BvR 595/07, Rn. 261 = BVerfGE 120, 274 – Online-Durchsuchung.
21 Gusy, DuD 2009, 33 (40).
22 Siehe zum Sphärenkonzept Valentiner, § 18.2 A. I. 1., in diesem Lehrbuch.
23 BVerfG, Urt. v. 27.2.2008, Az.: 1 BvR 595/07, Rn. 283ff. = BVerfGE 120, 274 – Online-Durchsuchung.
24 Hoffmann-Riem, JZ 2008, 1009 (1021).
25 BVerfG, Urt. v. 27.2.2008, Az.: 1 BvR 595/07, Rn. 187 = BVerfGE 120, 274 – Online-Durchsuchung.

Maximilian Petras

Weiterführendes Wissen

Ein Sonderproblem besteht hier bei der sogenannten „Quellen-Telekommunikationsüberwachung". Hier wird in das zur Kommunikation benutzte Gerät eingedrungen, weil die über das Internet verschickten Datenpakete verschlüsselt sind und von den Sicherheitsbehörden nicht gelesen werden können. In diesem Fall müsste auch das Grundrecht auf Vertraulichkeit und Integrität informationstechnischer Systeme greifen.[26]

Das Grundrecht auf Vertraulichkeit und Integrität informationstechnischer Systeme ist gegenüber dem Schutz der Wohnung aus Art. 13 GG spezieller, sofern nicht die komplette Wohnung sondern lediglich der in der Wohnung stehende Computer überwacht wird. Darüber hinaus werden gerade kleine Geräte wie Laptops oder Smartphones nicht ständig in der Wohnung gelagert, sodass sie grundlegend geschützt werden müssen.[27] Wenn allerdings über das Gerät eine Überwachung der Wohnung erfolgt (Kamera oder Mikrofon werden eingeschaltet), stellt das einen eigenständigen Eingriff in Art. 13 GG dar, der auch hieran gemessen werden muss.[28]

Das Recht auf freie Entfaltung der Persönlichkeit in Ausformung des Schutzes der **Privatsphäre** hilft ebenfalls nicht weiter, da die auf einem Endgerät gespeicherten Daten allen möglichen Sphären zugerechnet werden können.[29]

Ebenfalls tritt das **Grundrecht auf informationelle Selbstbestimmung** wegen der besonders großen Menge betroffener Daten und des speziell gelagerten Zugriffes hinter dem hier einschlägigen Grundrecht zurück.[30]

E. Europäische und internationale Bezüge

Ein den Gehalt dieses Grundrechts erfassendes ähnliches Grundrecht auf GRCh- oder EMRK-Ebene gibt es nicht. Am ehesten würde der Schutz durch Art. 7, 8 GRCh garantiert werden, sowohl in Bezug auf die gespeicherten Daten als auch hinsichtlich ihres Privatsphärenbezuges. Gleiches gilt für Art. 8 EMRK.

---

26 Hoffmann-Riem, JZ 2008, 1009 (1022).
27 BVerfG, Urt. v. 27.2.2008, Az.: 1 BvR 595/07, Rn. 196 = BVerfGE 120, 274 – Online-Durchsuchung.
28 Hoffmann-Riem, JZ 2008, 1009 (1021).
29 BVerfG, Urt. v. 27.2.2008, Az.: 1 BvR 595/07, Rn. 199 = BVerfGE 120, 274 – Online-Durchsuchung.
30 BVerfG, Urt. v. 27.2.2008, Az.: 1 BvR 595/07, Rn. 202 = BVerfGE 120, 274 – Online-Durchsuchung.

Maximilian Petras

Zusammenfassung: Die wichtigsten Punkte

– Das „Grundrecht auf Vertraulichkeit und Integrität informationstechnischer Systeme" schützt persönliche digitale Endgeräte.
– Für die Rechtfertigung eines Eingriffes müssen zahlreiche Verfahrensvorkehrungen eingehalten werden.

Weiterführende Studienliteratur

– Bernhard Wegener/Sven Muth, Das „neue Grundrecht" auf Gewährleistung der Vertraulichkeit und Integrität informationstechnischer Systeme, Jura 2010, S. 847–852

Maximilian Petras

§ 24.5 Recht auf Vergessen

Notwendiges Vorwissen: <u>Freiheitsgrundrechte</u>, <u>Europarechtliche Dimension der Grundrechte</u>, <u>Konkurrenzen zwischen Grundrechten</u>, <u>allgemeines Persönlichkeitsrecht</u>

Lernziel: das neue „Recht auf Vergessen" verstehen und in Kontext zu anderen digitalen Grundrechten setzen

---

Für dieses Kapitel gibt es frei zugängliche interaktive Übungen. Halte einfach deine Smartphone-Kamera vor den Kasten mit den Punkten (QR-Code).

Das Recht auf Vergessen ist eines der „jüngsten" Grundrechte. Es wurde vom BVerfG ausdrücklich formuliert, um auf neuartige Probleme öffentlich abrufbarer Informationen über Personen zu reagieren. In den Entscheidungen wird besonders deutlich, dass die Vorschriften des Grundgesetzes eng mit der Grundrechte-Charta der Europäischen Union (GRCh) verwoben sind.[1] Das BVerfG hat anhand des Rechts auf Vergessen am selben Tag ähnliche Sachverhalte einmal anhand der europäischen Grundrechte-Charta[2] und einmal anhand des Grundgesetzes[3] beurteilt. Sofern das Recht auf Vergessen nur auf das Grundgesetz bezogen wird, handelt es sich um eine Fallgruppe des <u>allgemeinen Persönlichkeitsrechts</u> in dessen Ausformung des Rechts auf Selbstdarstellung.

Examenswissen: Was wann einschlägig ist, bestimmt sich danach, ob reines EU-Recht (dann GRCh) oder vom deutschen Gesetzgeber mit eigenem Gestaltungsspielraum umgesetztes EU-Recht (dann Grundrechte) einschlägig ist. Zu den Hintergründen und der Einordnung in der Prüfung vgl. das <u>Kapitel zur europarechtlichen Dimension des Grundrechtsschutzes</u>. Vgl. dort auch die konkrete <u>Behandlung in der Klausur</u>.[4] Dabei erfolgt die Prüfung der Charta-Grundrechte ähnlich zu den Freiheitsgrundrechten des Grundgesetzes, weicht jedoch <u>an einigen Stellen</u> von dieser ab.

---

1 Siehe zur Verwobenheit mit dem Europarecht, Brade/Ramson, § 14, in diesem Lehrbuch.
2 BVerfG, Beschl. v. 6.11.2019, Az.: 1 BvR 16/13 = BVerfGE 152, 152 – Recht auf Vergessen I.
3 BVerfG, Beschl. v. 6.11.2019, Az.: 1 BvR 276/17 = BVerfGE 152, 216 – Recht auf Vergessen II.
4 Siehe zur Klausur, Brade/Ramson, § 14 A. II. 2., in diesem Lehrbuch.

https://doi.org/10.1515/9783110765533-049

i **Weiterführendes Wissen**

Der konkrete Hintergrund dieser Differenzierung liegt in der behandelten Materie. Bei den Entscheidungen zum Recht auf Vergessen II war vor allem das europäische Datenschutzrecht einschlägig. Mit der Datenschutz-Grundverordnung liegt die Zuständigkeit hier alleine bei der Europäischen Union. Hiervon gibt es in der Datenschutz-Grundverordnung (DSGVO) wiederum eine Gegenausnahme in Form der Öffnungsklausel des Art. 85 DSGVO, die speziell für den Bereich von Presse und Medien den Mitgliedsstaaten die Möglichkeit eröffnet, eigenes Recht zu schaffen. In der Entscheidung Recht auf Vergessen I ging es um einen Anspruch gegenüber dem Magazin Spiegel.[5] Deshalb konnte das BVerfG den Fall am Grundgesetz messen.

A. Schutzbereich

Reichweite und Bezugspunkt des Schutzes können entweder in den äußerungsrechtlichen Schutzgehalten des allgemeinen Persönlichkeitsrechts[6] oder in den Art. 7 und 8 GRCh[7] liegen. Letztere garantieren das Recht auf Achtung des Privat- und Familienlebens sowie den Schutz personenbezogener Daten. Beide europäischen Grundrechte sind eng aufeinander bezogen und bilden eine „einheitliche Schutzverbürgung"[8] insbesondere für den Schutz betroffener Personen gegenüber Suchmaschinen.

! **Klausurtaktik**

Das Recht auf Vergessen wird typischerweise in einer Konstellation zwischen Privaten relevant. Ein Prüfungsaufbau Schutzbereich-Eingriff-Rechtfertigung ist hier zwar möglich, es muss aber im Prüfungsschema auf die jeweiligen Besonderheiten der mittelbaren Drittwirkung eingegangen werden. Die in Frage kommenden Grundrechte sind im Wege praktischer Konkordanz zu einem Ausgleich zu bringen, nachdem ihre allgemeine Ausstrahlungswirkung auf das Privatrecht festgestellt worden ist (mittelbare Drittwirkung). Auch auf der Ebene der GRCh gelten die Grundrechte gegenüber Privaten.[9] Zu den daraus resultierenden Aufbaufragen vgl. das Kapitel zur mittelbaren Drittwirkung.[10] Hier wird aus Gründen der Übersichtlichkeit der klassische Aufbau

---

5 BVerfG, Beschl. v. 6.11.2019, Az.: 1 BvR 16/13 = BVerfGE 152, 152 – Recht auf Vergessen I.

6 BVerfG, Beschl. v. 6.11.2019, Az.: 1 BvR 16/13, Rn. 92 = BVerfGE 152, 152 – Recht auf Vergessen I.

7 EuGH, Urt. v. 13.5.2014, Az.: C-131/12, Rn. 69 – Google I, BVerfG, Beschl. v. 6.11.2019, Az.: 1 BvR 276/17, Rn. 99 = BVerfGE 152, 216 – Recht auf Vergessen II.

8 BVerfG, Beschl. v. 6.11.2019, Az.: 1 BvR 276/17, Rn. 99 = BVerfGE 152, 216 – Recht auf Vergessen II.

9 BVerfG, Beschl. v. 6.11.2019, Az.: 1 BvR 276/17, Rn. 96 = BVerfGE 152, 216 – Recht auf Vergessen II.

10 Siehe zur mittelbaren Drittwirkung Wienfort, § 9, in diesem Lehrbuch.

(Schutzbereich-Eingriff-Rechtfertigung) gewählt, aber **an den jeweiligen Stellen auf die korrekte Verwendung in der Klausur** hingewiesen.

I. Sachlicher Schutzbereich

Geschützt wird die Möglichkeit eines gesellschaftlichen Neuanfangs. Unangenehme eigene Handlungen aus der Vergangenheit sind über Suchmaschinen auffindbar, sofern es darüber im Internet festgehaltene Informationen gibt. Dadurch wird die Bildung strukturierter persönlicher Profile über den Inhalt einer einzelnen Homepage hinaus möglich.[11] Die Macht der intermediär tätigen Suchmaschinen ist hier häufig größer als der Einfluss einzelner Webseiten, welche die Inhalte zur Verfügung stellen.[12] Gerade mit zunehmendem Zeitablauf wächst die Notwendigkeit, nicht jedes Mal erneut mit vergangenem Fehlverhalten konfrontiert zu werden. Deshalb wird grundrechtlich garantiert, dass solche Informationen nicht mehr auffindbar gemacht werden können. Das ist nicht nur für die Persönlichkeitsentfaltung der betroffenen Personen wichtig, sondern auch eine Grundbedingung des demokratischen Gemeinwesens.[13]

Beispiel: Eine Person wird „gegoogelt" und als erstes Suchergebnis kommt eine Jahrzehnte zurückliegende schwere Straftat. Hierüber gab es umfangreiche Berichterstattung in weit verbreiteten Presseorganen, die über das Archiv des Magazins frei abgerufen werden können und deshalb in den oberen Suchergebnissen der Suchmaschinen auftauchen.

Weiterführendes Wissen

Der EuGH sprach in seinem ersten Urteil von einem „Recht auf Auslistung", hat diese Terminologie jedoch später im Anschluss an die Überschrift in Art. 17 der Datenschutzgrundverordnung in „Recht auf Vergessen" geändert.[14]

---

11 EuGH, Urt. v. 13.5.2014, Az.: C-131/12, Rn. 37 – Google I.
12 EuGH, Urt. v. 13.5.2014, Az.: C-131/12, Rn. 80 – Google I.
13 BVerfG, Beschl. v. 6.11.2019, Az.: 1 BvR 16/13, Rn. 108 = BVerfGE 152, 152 – Recht auf Vergessen I.
14 EuGH, Urt. v. 24.9.2019, Az.: C-507/17, Rn. 46 – Google II.

Maximilian Petras

II. Persönlicher Schutzbereich

Das Recht auf Vergessen als Ausformung des allgemeinen Persönlichkeitsrechts gilt für alle natürlichen Personen.[15] Im Rahmen der Grundrechtecharta ist das Recht auf Vergessen laut dem BVerfG zusätzlich auf juristische Personen anwendbar.[16]

ℹ Weiterführendes Wissen

Selbstverständlich ist die Anwendung der Art. 7, 8 GRCh auf juristische Personen nicht. Eine Vorschrift wie Art. 19 III GG fehlt auf europäischer Ebene. Allerdings spricht die starke wirtschaftliche Ausrichtung der EU für eine grundsätzliche Anwendung der Charta auf juristische Personen.[17] Darüber hinaus schützt Art. 7 GRCh im Anschluss an die EGMR Rechtsprechung zu Art. 8 EMRK auch berufliche Tätigkeiten juristischer Personen.[18]

B. Eingriff

Von einem Eingriff im klassischen Sinne lässt sich hier **nicht** sprechen, da in den bis jetzt behandelten Konstellationen Beziehungen zwischen Privaten vorliegen und kein Staat dazu kommt, der in Grundrechte eingreift. Die Beeinträchtigung von Privatpersonen oder Unternehmen erfolgt meistens durch Presseorgane oder Suchmaschinen.

❗ Klausurtaktik

In der Klausur ist ein Eingriff in Form des modernen Eingriffsbegriffes möglich, allerdings müssen die Besonderheiten der mittelbaren Drittwirkung beachtet werden.[19] Für die beispielhafte Umsetzung in einem Fall vgl. die Lösung bei Fall 7 im OpenRewi Fallbuch zu den Grundrechten.

---

15 BVerfG, Beschl. v. 6.11.2019, Az.: 1 BvR 16/13 = BVerfGE 152, 152 – Recht auf Vergessen I.

16 BVerfG, Beschl. v. 6.11.2019, Az.: 1 BvR 276/17, Rn. 98 = BVerfGE 152, 216 – Recht auf Vergessen II.

17 Siehe zu juristischen Personen Brade/Ramson, § 14 A. II. 2., in diesem Lehrbuch.

18 EuGH, Urt. v. 14.2.2008, Az.: C-450/06, Rn. 48 – Varec.

19 Siehe zur mittelbaren Drittwirkung in der Klausur Wienfort, § 9 C. IV., in diesem Lehrbuch.

Maximilian Petras

C. Rechtfertigung

I. Einschränkbarkeit des Grundrechts

Durch die Verankerung im allgemeinen Persönlichkeitsrecht oder in den Grundrechten auf Achtung der Privatsphäre und der persönlichen Daten aus Art. 7, 8 GRCh ist das Recht auf Vergessen durch Gesetze einschränkbar, an die keine weiteren speziellen Anforderungen gestellt werden.

Für das allgemeine Persönlichkeitsrecht gilt der einfache Gesetzesvorbehalt aus der Schrankentrias.[20] Für Art. 7, 8 GRCh folgt die Einschränkbarkeit aus Art. 52 I 1 GRCh.

Klausurtaktik   !

In der Klausur wird es an dieser Stelle bei den zugrundeliegenden Normen, die häufig aus dem Zivil- oder Medienrecht stammen, keine weiteren Probleme geben, sodass im Regelfall nur kurz ihre Verfassungsmäßigkeit festgestellt werden sollte. Etwas anderes gilt natürlich, wenn die Klausur neu geschaffene Normen enthält und sich die Verfassungsbeschwerde direkt gegen diese richtet.

II. Grenzen der Einschränkbarkeit

Das Recht auf Vergessen kann nicht unbegrenzt garantiert werden, da Individuen kein unbegrenztes Verfügungsrecht darüber haben, was andere über sie öffentlich kommunizieren.[21]

Sofern hier das **Grundgesetz** einschlägig ist, stehen dem Recht auf Vergessen das Grundrecht auf Meinungsfreiheit und das Grundrecht auf Pressefreiheit aus Art. 5 GG entgegen.[22] Gerade das Grundrecht auf Pressefreiheit schützt ebenfalls die Zugänglichmachung von alten Berichten in einem digitalen Archiv. Sofern die **Grundrechtecharta** einschlägig ist, können sich vor allem private Suchmaschinenbetreiber:innen auf Art. 16 GRCh berufen. Die damit gewährleistete **unter-**

---

20 Siehe zur Einschränkbarkeit von Grundrechten Milas, § 6, in diesem Lehrbuch.
21 BVerfG, Beschl. v. 6.11.2019, Az.: 1 BvR 16/13, Rn. 82 = BVerfGE 152, 152 – Recht auf Vergessen I.
22 BVerfG, Beschl. v. 6.11.2019, Az.: 1 BvR 16/13, Rn. 93 = BVerfGE 152, 152 – Recht auf Vergessen I.

nehmerische Freiheit beinhaltet die Verfolgung wirtschaftlicher Interessen durch das Angebot von Waren und Dienstleistungen.[23]

Die unternehmerische Freiheit wird **verstärkt** durch die Rechte betroffener Medien aus Art. 11 GRCh, deren Inhalte durch die Einwirkung auf die Suchmaschinen beeinträchtigt werden.[24] Zugleich können sich die Suchmaschinen jedoch nicht direkt auf Art. 11 GRCh berufen, sondern der Schutz tritt ergänzend hinzu. Gleiches gilt für das ebenfalls in Art. 11 GRCh verankerte Informationsinteresse der Nutzer:innen, welches durch die Einwirkung auf Suchmaschinen beeinträchtigt wird.

ⓘ Weiterführendes Wissen

Diese klare Berufung auf Medienfreiheiten wird vom EuGH nicht so vertreten, wie vom BVerfG behauptet.[25] Vielmehr geht der EuGH primär auf das Informationsinteresse der Internetnutzer:innen ein und behauptet gar, dass diese gegenüber dem Interesse an der Löschung der Inhalte **grundsätzlich zurücktreten**.[26] Das BVerfG urteilt hier ebenfalls anders als der EuGH, da es keinen prinzipiellen Vorrang des Persönlichkeitsrechts annimmt.[27]

Bei der **Abwägung** der gegenüberstehenden Rechtspositionen, die in einen Ausgleich zu bringen sind (praktische Konkordanz), müssen verschiedene Kriterien berücksichtigt werden. Diese lassen sich sowohl auf die europarechtliche als auch die grundgesetzliche Rechtslage anwenden.

Entscheidend ist zunächst die **Auswirkung** der Berichterstattung für die Privatsphäre und Entfaltung der betroffenen Person gegenüber der gesamtgesellschaftlichen Bedeutung.

❗ Examenswissen

Eine Betroffenheit der Privatsphäre einer Einzelperson wiegt jedenfalls schwerer als die Betroffenheit der Sozialsphäre einer juristischen Person, die gegebenenfalls ihre Zustimmung zu erfolgten Presseberichterstattungen erteilt hat.[28] Ein weiteres Kriterium kann sein, welche Art von

---

23 BVerfG, Beschl. v. 6.11.2019, Az.: 1 BvR 276/17, Rn. 103 = BVerfGE 152, 216 – Recht auf Vergessen II.
24 BVerfG, Beschl. v. 6.11.2019, Az.: 1 BvR 276/17, Rn. 105 = BVerfGE 152, 216 – Recht auf Vergessen II.
25 Hierzu kritisch Kühling, NJW 2020, 275 (281).
26 EuGH, Urt. v. 13.5.2014, Az.: C-131/12, Rn. 97 – Google I.
27 Michl, Jura 2020, 479 (490).
28 BVerfG, Beschl. v. 6.11.2019, Az.: 1 BvR 276/17, Rn. 129 = BVerfGE 152, 216 – Recht auf Vergessen II.

Maximilian Petras

Daten betroffen sind. Die DSGVO beinhaltet in Art. 9 sensible Daten (rassische und ethnische Herkunft, politische Meinungen, religiöse oder weltanschauliche Überzeugungen, genetischen Daten, biometrischen Daten, Gesundheitsdaten oder Daten zum Sexualleben oder der sexuellen Orientierung), die einen Eingriff besonders schwer wiegen lassen.[29] Demgegenüber steht das zu gewichtende Informationsinteresse der Allgemeinheit an den Ereignissen und Berichten.[30] Zu fragen ist also, ob die Information für gesellschaftspolitische Debatten bedeutsam ist. Hierbei kann auch wichtig sein, ob die betroffene Person das Interesse an den Ereignissen durch wiederholte Bezugnahmen in der Öffentlichkeit wach gehalten hat.

Wichtig für die Geltendmachung eines Rechts auf Vergessen ist die **abgelaufene Zeit** seit dem in Frage stehenden Ereignis.[31]

Examenswissen

Je länger ein Ereignis zurück liegt, desto höher sind die Anforderungen an die Interessen der Presse oder Suchmaschinen, die jeweiligen Informationen zugänglich zu machen. Auch die **Reichweite und Fixierung** der Veröffentlichung selbst ist entscheidend. Damit muss zum Beispiel berücksichtigt werden, ob die Information in den Suchergebnissen der Suchmaschinen einen hohen Rang einnimmt oder ob es sich um eine Datei in einem Archiv (nicht veränderbar) oder einen Foreneintrag bzw. eine Bewertung (veränder- und kommentierbar) handelt.[32]

Weiterführendes Wissen

Dass ein Eintrag nicht mehr bei Google auftauchen darf, heißt nicht, dass er überall auf der Welt nicht mehr in den Suchmaschinenergebnissen auftaucht. Zunächst hatte Google die Praxis etabliert, in den jeweiligen Herkunftsländern der Betroffenen die Informationen aus den Suchergebnissen zu nehmen. Diese Art des Geoblockings ist durch geringe technische Kenntnisse leicht zu umgehen. In einem nachfolgenden Urteil hat der EuGH festgestellt, dass Google zumindest in allen Ländern der Europäischen Union das jeweilige Suchergebnis verschwinden lassen muss.[33]

---

29 EuGH, Urt. v. 24.9.2019, Az.: C-136/17, Rn. 67 – Google III.
30 BVerfG, Beschl. v. 6.11.2019, Az.: 1 BvR 16/13, Rn. 121 = BVerfGE 152, 152 – Recht auf Vergessen I.
31 EuGH, Urt. v. 13.5.2014, Az.: C-131/12, Rn. 98 – Google I.
32 BVerfG, Beschl. v. 6.11.2019, Az.: 1 BvR 16/13, Rn. 124f. = BVerfGE 152, 152 – Recht auf Vergessen I.
33 EuGH, Urt. v. 24.9.2019, Az.: C-507/17, Rn. 65 – Google II.

Maximilian Petras

D. Konkurrenzen

Sofern für die Prüfung europarechtliche Grundlagen einschlägig sind, stellt sich die Frage anderer möglicher Grundrechte nicht. Hier arbeitet das BVerfG schlicht mit Art. 7, 8 GRCh.

Gegenüber dem Recht auf **informationelle Selbstbestimmung** ist das Recht auf Vergessen spezieller.[34] Die informationelle Selbstbestimmung schützt vor konkreter Datenverarbeitung und Profilbildung, die oftmals unter Ausschluss der Öffentlichkeit vor sich geht. Das Recht auf Vergessen in seiner Verankerung im allgemeinen Persönlichkeitsrecht schützt vor Informationen, über die öffentlich kommuniziert wird.

E. Europäische und internationale Bezüge

Art. 8 EMRK hat einen ähnlichen Gehalt hinsichtlich der Gewährleistung der Privatsphäre, auf den sich der EuGH in seinen Google-Urteilen explizit bezieht.[35]

Zusammenfassung der wichtigsten Punkte
- Das Recht auf Vergessen ermöglicht es, dass Inhalte aus der Ergebnisliste von Suchmaschinen gelöscht werden beziehungsweise bei entsprechenden Suchanfragen nicht mehr auftauchen.
- Dieses Recht ist nicht grenzenlos gewährleistet, da die Allgemeinheit über die Pressefreiheit eventuell ein legitimes Informationsinteresse hat.
- Das Recht auf Vergessen kann entweder aus dem Grundgesetz oder aus der europäischen Grundrechtecharta hergeleitet werden.

Weiterführende Studienliteratur
- Walther Michl, Die Neuausrichtung des Bundesverfassungsgerichts in der digitalisierten Grundrechtelandschaft, Jura 2020, S. 479–490

---

34 BVerfG, Beschl. v. 6.11.2019, Az.: 1 BvR 16/13, Rn. 91 = BVerfGE 152, 152 – Recht auf Vergessen I.
35 Vgl. nur EuGH, Urt. v. 24.9.2019, Az.: C-136/17, Rn. 76 – Google III.

Maximilian Petras

Zur Gegenüberstellung der Inhalte in den Entscheidungen Recht auf Vergessen I und Recht auf Vergessen II findet sich online eine Übersichtstabelle.

Dieses Kapitel darf gerne kommentiert, verändert und beliebig genutzt werden. Jeder Link in der PDF-Version des Textes führt zur Überarbeitungsmöglichkeit bei der Plattform Wikibooks. Eine konkrete Anleitung zur Mitarbeit & Weiternutzung findet sich <u>auf unserer Homepage</u> | ebenfalls über den abgebildeten QR-Code mit der Smartphone-Kamera erreichbar.

Maximilian Petras

§ 25 Freiheit & Mobilität

Bewegungsfreiheit und Mobilität sind zentrale Gewährleistungen persönlicher Freiheit. Im Grundgesetz sind sie als Ausprägungen des Freiheitsschutzes an verschiedenen Stellen verankert. In diesem Kapitel stehen die Freiheit der Person (Art. 2 II 2, 104 GG), die Freizügigkeit (Art. 11 GG), aber auch der grundrechtliche Schutz vor Ausbürgerung und Auslieferung (Art. 16 GG) und das Asylrecht (Art. 16a GG) im Fokus.

Das Grundgesetz schützt die Freiheit, sich zu einem Ort hin oder von einem Ort wegzubewegen, auf unterschiedliche Weisen. So ergibt sich aus Art. 2 II 2, 104 GG die Freiheit der Person. Hiernach ist die tatsächliche körperliche Bewegungsfreiheit vor staatlichen Eingriffen geschützt. Davon abzugrenzen ist Art. 11 GG, der die Freiheit schützt, sich **an** einen gewissen Ort zu begeben. Art. 2 II 2, 104 GG schützt die Freiheit, einen bestimmten Ort **verlassen** zu dürfen.

Im Rahmen der Schutzbereichsprüfung von Art. 11 I GG ist umstritten, wie das Tatbestandsmerkmal Aufenthalt zu verstehen ist. Hier ist es notwendig, dass Studierende die verschiedenen Auslegungsmöglichkeiten des „vorübergehenden Verweilens" kennen. Art. 11 GG hat auch durch die Covid-19-Pandemie neue Aktualität erhalten, beispielsweise durch das Beherbergungsverbot oder die Anwendung des Seuchenvorbehalts.

Ebenfalls im Kontext der Bewegungsfreiheit stehen der Schutz vor Ausbürgerung und Auslieferung aus Art. 16 GG sowie das Grundrecht auf Asyl aus Art. 16a GG. Art. 16 GG geriet durch eine Gesetzesänderung des Staatsangehörigkeitsrechts aus dem Jahr 2019 wieder in den Fokus der öffentlichen Wahrnehmung. Eine Änderung des Art. 28 Staatsangehörigkeitsgesetz (StAG) ermöglicht es nun, Personen, die sich an Kampfhandlungen terroristischer Vereinigungen im Ausland beteiligen, die Staatsangehörigkeit zu entziehen, sofern sie dadurch nicht staatenlos werden. In diesem Kontext stellte sich die Frage, ob die Gesetzesänderung mit Art. 16 GG vereinbar ist.

Art. 16a GG gewährt einer politisch verfolgten Person das Recht, Schutz in **Deutschland** zu ersuchen und damit die Freiheit, nach Deutschland zum Zwecke des Asylersuchens einzureisen und sich dort legal aufzuhalten. Art. 16a GG gilt als einziges Grundrecht des Grundgesetzes nur für Ausländer:innen.

§ 25.1 Freiheit der Person – Art. 2 II 2, 104 GG

Notwendiges Vorwissen: Schutzbereich und Eingriff, Einschränkbarkeit des Grundrechts – Schranken, Grenzen der Einschränkbarkeit – Schranken-Schranken

Lernziel: Struktur und Eingriffsvarianten der Freiheit der Person verstehen

---

Für dieses Kapitel gibt es frei zugängliche interaktive Übungen. Halte einfach deine Smartphone-Kamera vor den Kasten mit den Punkten (QR-Code).

Die Freiheit der Person ist als Grundrecht in gleich zwei Normen des Grundgesetzes geschützt: Art. 2 II 2 GG und Art. 104 GG. Dabei decken beide Normen den gleichen Schutzbereich ab. Lediglich Art. 104 I 2 GG geht darüber hinaus.[1] Sofern Art. 104 I 2 GG nicht betroffen ist, was in den allermeisten prüfungsrelevanten Konstellationen der Fall sein dürfte, sollten bei der Prüfung der Freiheit der Person Art. 2 II 2 GG und Art. 104 GG zusammen zitiert werden. Auf Ebene von Eingriff und Rechtfertigung wird dann der detail- und umfangreichere Art. 104 GG relevant. Das BVerfG beschreibt das Verhältnis der beiden Grundgesetzartikel als unlöslichen Zusammenhang zwischen der formellen Gewährleistung der Freiheit in Art. 104 GG und der materiellen Freiheitsgarantie des Art. 2 II 2 GG.[2]

Weiterführendes Wissen

Der Grund für die Aufspaltung bzw. Doppelnennung der Freiheit der Person liegt darin begründet, dass sie einerseits im Grundrechtskatalog enthalten sein sollte. Als solcher entspricht Art. 2 II 2 GG dem Text der Weimarer Reichsverfassung (Art. 114 I 1 WRV) und der Paulskirchenverfassung (§ 138 I).[3] Andererseits steht Art. 104 GG in der Tradition detaillierter habeas corpus Regelungen („habeas corpus" lateinisch „Du habest den Körper"; Anfangsphrase eines mittelalter-

---

1 Schulze-Fielitz, in: Dreier (Hrsg.), GG Kommentar, Bd. III, 3. Aufl. 2018, Art. 104 Rn. 23, 60–63.
2 BVerfG, Beschl. v. 10.2.1960, Az.: 1 BvR 526/53, 29/58, Rn. 70 = BVerfGE 10, 302 (322) – Vormundschaft.
3 Schulze-Fielitz, in: Dreier (Hrsg.), GG Kommentar, Bd. I, 3. Aufl. 2013, Art. 2 II 2 GG Rn. 3.

lichen Haftbefehls)[4], wie sie bereits in einer Vielzahl von Landesverfassungen existierten. Als solches wurde Art. 104 GG im Rahmen der Justizgrundrechte im 9. Abschnitt des Grundgesetzes zum Rechtswesen verortet.[5] Während mittlerweile Umfangreiche Normen wie Art. 13 GG und 16a GG existieren, passte damals auch aus ästhetischen Gründen ein so umfangreicher Katalog wie der des Art. 104 GG nicht zum Pathos des Grundrechtskatalogs.[6]

A. Schutzbereich

I. Sachlicher Schutzbereich

Der Satz „Die Freiheit der Person ist unverletzlich." lässt von seinem Wortlaut her eine Vielzahl von Interpretationen zu. Allein die systematische Nähe zur allgemeinen Handlungsfreiheit in Art. 2 I GG verdeutlicht, dass hier ein derart weites Verständnis, wie es der Wortlaut zunächst suggeriert, nicht gemeint sein kann. Wird dieser Satz jedoch mit dem Wortlaut von Art. 104 GG zusammen gesehen, wird deutlich, dass der Schutzbereich dieses Grundrechts die **„tatsächliche körperliche Bewegungsfreiheit** vor staatlichen Eingriffen, also vor Verhaftung, Festnahme und ähnlichen Maßnahmen des unmittelbaren Zwangs" schützt.[7] Dabei umfasst sie auch den Schutz vor „lediglich psychisch vermittelt wirkendem Zwang [, wenn dessen] Zwangswirkung in Ausmaß und Wirkungsweise einem unmittelbaren physischen Zwang vergleichbar ist". Diesen weiter verstandenen Schutzbereich hat das BVerfG erstmals 2021 im Hinblick auf die nächtlichen Ausgangssperren in Reaktion auf die Corona-Pandemie erörtert und angenommen.[8]

---

i **Weiterführendes Wissen**

Zum Teil wird unter Verweis auf das Gewaltmonopol des Staates und dessen grundsätzliche Möglichkeit, Ge- und Verbote mit Zwang durchzusetzen, argumentiert, dass auch solche Ge- und Verbote vom Schutzbereich erfasst sind, deren **zwangsweise Durchsetzung weder erfolgt noch angedroht** wird. Dabei genüge es jedoch noch nicht, wenn etwa lediglich das Erscheinen bis zu einem bestimmten Zeitpunkt angeordnet werde. Vielmehr sei von diesem weiteren Verständnis des Schutzbereichs lediglich die Erscheinungsanordnung zu einem spezifischen Zeitpunkt, der

---

4 Schulze-Fielitz, in: Dreier (Hrsg.), GG Kommentar, Bd. III, 3. Aufl. 2018, Art. 104 Rn. 1.

5 Schulze-Fielitz, in: Dreier (Hrsg.), GG Kommentar, Bd. III, 3. Aufl. 2018, Art. 104 Rn. 6f.

6 Vgl. BVerfG, Beschl. v. 10.2.1960, Az.: 1 BvR 526/53, 29/58, Rn. 69 = BVerfGE 10, 302 (318) – Vormundschaft.

7 BVerfG, Urt. v. 24.7.2018, Az.: 2 BvR 309/15, 502/16, Rn. 65 = BVerfGE 149, 293 (318 f.) – Fixierungen (Hervorhebung durch den Verfasser).

8 BVerfG, Beschl. v. 19.4.2021, Az.: 1 BvR 781/21, Rn. 242 – Bundesnotbremse I.

Felix Würkert

keine autonome Abweichung zulasse, erfasst.[9] Dieser weiten Auslegung wird mit dem Verweis auf die Historie von habeas corpus begegnet.[10]

II. Persönlicher Schutzbereich

Der **persönliche** Schutzbereich erfasst jede Person. Besonders hervorzuheben ist dabei, dass die grundrechtlich geschützte Freiheit nicht etwa von der Einsichtsfähigkeit abhängt, sondern die Freiheit aller schützt.[11] Das Wesen der Freiheit der Person lässt eine Anwendung auf juristische Personen nicht zu, da diese keinen eigenen Körper haben, der geschützt werden könnte.[12]

B. Eingriff

Art. 104 GG unterscheidet zwischen **Freiheitsbeschränkung** (Art 104 I 1 GG) und **Freiheitsentziehung** (Art. 104 II–IV GG). Der Unterschied liegt in der Intensität des Eingriffs.[13]

I. Freiheitsbeschränkung

Art. 104 I 1 GG spricht davon, dass die „Freiheit der Person [...] beschränkt werden [kann]" und nennt die Voraussetzungen dafür. Eine solche „Freiheitsbeschränkung liegt vor, wenn jemand durch die öffentliche Gewalt gegen seinen Willen daran **gehindert** wird, einen **Ort aufzusuchen** oder sich dort aufzuhalten, der ihm an sich (tatsächlich und rechtlich) zugänglich wäre."[14] Diese Definition ist dem

---

9 Kingreen/Poscher, Grundrechte, 36. Aufl. 2020, Rn. 497 f.

10 Bumke/Voßkuhle, Casebook Verfassungsrecht, 8. Aufl. 2020, Rn. 432.

11 BVerfG, Urt. v. 24.7.2018, Az.: 2 BvR 309/15, 502/16, Rn. 66 = BVerfGE 149, 293 (318 f.) – Fixierungen.

12 Siehe zur diesbezüglich fehlenden Grundrechtsberechtigung juristischer Personen Ramson, § 3 A.III.4., in diesem Lehrbuch.

13 BVerfG, Beschl. v. 15.5.2002, Az.: 2 BvR 2292/00, Rn. 24 = BVerfGE 105, 239 (248 f.) – Richtervorbehalt.

14 BVerfG, Urt. v. 24.7.2018, Az.: 2 BvR 309/15, 502/16, Rn. 67 = BVerfGE 149, 293 (319) – Fixierungen.

Felix Würkert

isoliert betrachteten Wortlaut nicht unmittelbar zu entnehmen, sondern wird insbesondere in systematischer Abgrenzung zu Art. 104 II–IV GG hergeleitet.

II. Freiheitsentziehung

Eine Freiheitsentziehung wird als schwerste Form der Freiheitsbeschränkung verstanden. Sie liegt dann vor, wenn die Bewegungsfreiheit in jede Richtung hin aufgehoben wird und nicht nur von kurzfristiger Dauer ist.[15]

❗ Klausurtaktik

Für die Abgrenzung der beiden Eingriffsvarianten ist es sinnvoll, sich die typischen Fallkonstellationen vorzustellen, die darunter verstanden werden. Da diese älter als das Grundgesetz selbst sind, hatten sie sowohl die „Verfasser:innen" des Grundgesetzes als auch die Gerichte vor Augen, als sie Art. 2 II 2 GG und Art. 104 GG verfassten und begannen anzuwenden. Eine Freiheitsbeschränkung liegt etwa bei einer Vorladung einer Zeug:in zu einem Gerichtstermin vor. Diese:r könnte im Fall des Nichterscheinens sogar polizeilich vorgeführt werden. Wenn die bildliche Vorstellung von irgendeiner Art von Zelle ausgeht, liegt in der Regel eine Freiheitsentziehung vor. Soweit es die anwendbare Prüfungsordnung zulässt, ist es eventuell sinnvoll, sich die Worte „beschränkt" in Art. 104 I 1 GG und „Freiheitsentziehung" in Art. 104 II 1 GG zu unterstreichen.

C. Rechtfertigung

Der unlösbare Zusammenhang von Art. 2 II 2 GG und Art. 104 GG wirft die Frage auf, wie ein Eingriff verfassungsrechtlich gerechtfertigt werden kann. Anders als es der Wortlaut von Art. 2 II 2 GG und Art. 2 II 3 GG suggerieren, unterliegt die Rechtfertigung keinem einfachen Gesetzesvorbehalt. Dies ist deshalb der Fall, da sich in Art. 104 GG deutlich detailliertere Rechtfertigungsvoraussetzungen für Freiheitsbeschränkung und Freiheitsentziehung finden als in Art. 2 II 3 GG. Diese sind als zusätzliche Voraussetzungen zu verstehen. Da jeder Eingriff entweder eine Freiheitsbeschränkung oder eine Freiheitsentziehung darstellt, unterliegt die Rechtfertigung in keinem Fall allein dem einfachen Gesetzesvorbehalt des Art. 2 II 3 GG, sondern ist stets um zusätzliche Voraussetzungen aus Art. 104 GG ergänzt.

---

15 BVerfG, Urt. v. 24.7.2018, Az.: 2 BvR 309/15, 502/16, Rn. 67 = BVerfGE 149, 293 (319) – Fixierungen.

Felix Würkert

I. Rechtfertigung von Freiheitsbeschränkungen

Ein Freiheitsbeschränkung ist dem Wortlaut von Art. 104 I 1 GG nach „nur auf Grund eines förmlichen Gesetzes und nur unter Beachtung der darin vorgeschriebenen Formen gerechtfertigt". Damit ergeben sich zwei übergeordnete Rechtfertigungsvoraussetzungen. Einerseits muss die Beschränkung explizit in einem förmlichen Gesetz, also einem Parlamentsgesetz vorgesehen sein.[16] Das bedeutet im Umkehrschluss: keine Analogie, keine Satzung, keine Rechtsverordnung, kein Gewohnheitsrecht.[17] Die zweite Voraussetzung ist die Einhaltung der in diesem Gesetz normierten Formen, womit die einfachgesetzlichen formellen Rechtmäßigkeitsvoraussetzungen Zuständigkeit, Verfahren und Form gemeint sind. Anders als die Formulierung „auf Grund eines förmlichen Gesetzes" nahelegen könnte, kann ein Eingriff auch unmittelbar durch ein Gesetz erfolgen. Beispielhaft ist hier die nächtliche Ausgangssperre in Reaktion auf die Corona-Pandemie. Sie wurde durch das Infektionsschutzgesetz unmittelbar beim Überschreiten bestimmter Inzidenzwerte angeordnet.[18]

Anders als bei den meisten anderen Grundrechten ist wegen der expliziten Nennung dieser Formen die Einhaltung dieser einfachgesetzlichen Voraussetzungen zugleich auch eine verfassungsrechtliche Rechtfertigungsvoraussetzung. Während das BVerfG ansonsten „keine Superrevisionsinstanz" ist und lediglich den Verstoß gegen „spezifisches Verfassungsrecht" prüft,[19] kann es hier auch die Einhaltung des einfachen Rechts prüfen. Die Einhaltung der einfachgesetzlichen formellen Rechtmäßigkeitsvoraussetzungen ist insoweit spezifisches Verfassungsrecht.[20]

II. Rechtfertigung von Freiheitsentziehungen

Für Freiheitsentziehungen stellt Art. 104 II 1 GG die Rechtfertigungsvoraussetzung des **Richter:innenvorbehalts** als Regelfall auf. Die Entscheidung „über die Zulässigkeit" (Art. 104 II 1 Alt. 1 GG) ist dabei die Entscheidung im Vorfeld der

---

16 BVerfG, Urt. v. 5.2.2004, Az.: 2 BvR 2029/01, Rn. 196 = BVerfGE, 109, 133 (188) – Langfristige Sicherheitsverwahrung.
17 Vgl. BVerfG, Beschl. v. 13.10.1970, Az.: 1 BvR 226/70, Rn. 36 f. = BVerfGE 29, 183 (195 f.) – Rücklieferung.
18 BVerfG, Beschl. v. 19.4.2021, Az.: 1 BvR 781/21, Rn. 268 – Bundesnotbremse I.
19 Siehe zum Prüfungsumfang des BVerfG Linke, § 10.B.III., in diesem Lehrbuch.
20 BVerfG, Beschl. v. 7.10.1981, Az.: 2 BvR 1194/80, Rn. 33 = BVerfGE 58, 208 (220) – Baden-Württembergisches Unterbringungsgesetz.

Felix Würkert

Freiheitsentziehung. Die Entscheidung über die Fortdauer (Art. 104 II 1 Alt. 2 GG) setzt somit eine bereits existierende Freiheitsentziehung voraus. Möglich ist dies in Fällen, in denen eine durch ein Gericht angeordnete Freiheitsentziehung verlängert wird **oder** in Fällen, in denen ausnahmsweise eine Freiheitsentziehung vorübergehend bereits ohne gerichtliche Entscheidung zulässig ist. Dass die Fortdauer einer Freiheitsentziehung ohne gerichtliche Anordnung schnellstmöglich zum Gegenstand einer richterlichen Entscheidung gemacht werden muss, ergibt sich aus Art. 104 II 2 GG. Unter welchen Voraussetzungen es ausnahmsweise überhaupt zu einer solchen Freiheitsentziehung ohne vorherige gerichtliche Anordnung kommen darf, ist Art. 104 II 3 und Art. 104 III GG zu entnehmen.

Im Fall der Freiheitsentziehung aufgrund des Verdachts einer Straftat muss die festgenommene Person spätestens am Tag nach der Festnahme einer Richter:in vorgeführt werden, die über die Fortdauer oder das Ende der Freiheitsentziehung entscheidet (Art. 104 III GG).

Art. 104 II 3 GG beschränkt die Möglichkeiten der Polizei dahingehend, dass sie eine Person nur bis zum Ablauf des Tages nach der Festnahme festhalten kann und dann zwingend ein:e Richter:in über die Fortdauer oder das Ende entscheiden muss. Mit Blick auf Art. 104 III GG verbleibt für Art. 104 II 3 GG lediglich dort ein Anwendungsbereich, wo es nicht um Strafverfolgung geht. Für diese ist Art. 104 III GG lex specials.[21]

Eine Freiheitsentziehung darf nie ohne die Entscheidung einer Richter:in erfolgen oder andauern, wenn die Einholung einer solchen Entscheidung möglich ist. Dies ergibt sich aus dem aufgezeigte Regel-Ausnahme-Verhältnis im Hinblick auf den Richter:innenvorbehalt sowie aus Art. 104 II 2 GG, dort insbesondere aus dem Wort „unverzüglich". Dies ist eng auszulegen.[22] Dabei existieren Parallelen zum Richter:innenvorbehalt in Art. 13 GG.[23] Zudem statuiert Art. 104 IV GG eine Benachrichtigungspflicht.

III. Verhältnismäßigkeit

Eingriffe in die Freiheit der Person unterliegen zudem dem Rechtfertigungserfordernis der Verhältnismäßigkeit. Da es sich bei Freiheitsstrafen um besonders tiefgreifende Grundrechtseingriffe handelt, können diese laut dem BVerfG nur dann verhältnismäßig sein, wenn sie konsequent auf eine **straffreie Zukunft** der Be-

---

21 Schulze-Fielitz, in: Dreier (Hrsg.), GG Kommentar, Bd. III, 3. Aufl. 2018, Art. 104 Rn. 54 f.
22 BVerfG, Beschl. v. 15.5.2002, Az.: 2 BvR 2292/00, Rn. 27 = BVerfGE 105, 239 (248 f.) – Richtervorbehalt.
23 Siehe zum Schutz der Wohnung Kohal, § 24.2, in diesem Lehrbuch.

Felix Würkert

troffenen gerichtet sind (Resozialisierung). Dabei soll auch die der Freiheitsstrafe zugeschriebene Schutzfunktion Berücksichtigung finden.[24]

Weiterführendes Wissen　　　　　　　　　　　　　　　　　　　　　　　　　　**i**

An dieser Stelle setzt einer der zentralen Kritikpunkte an der Idee des Strafvollzugs an. In der Strafvollzugspraxis kommt der Resozialisierung nur ein beschränkter Raum zu. Statistische Erhebungen über den Erfolg der Resozialisierungsbemühungen fallen eher negativ aus.[25] Zugleich wird eine stärkere Verbreitung und Relevanz des Gedankens von Schutz und Sicherung festgestellt. Diese Verschiebung und das Ungleichgewicht zwischen Resozialisierung und Sicherung sind umso problematischer, da Freiheitsstrafen selektiv sind, insbesondere entlang von Kategorien wie sozialer Herkunft und Migrationshintergrund.[26] Vor diesem Hintergrund kann man sich die Frage stellen, wie oft Freiheitsstrafen wirklich den hohen verfassungsrechtlichen Anforderungen genügen, wenn wir bereit sind, diese ernst zu nehmen. Davon losgelöst lohnt es sich auch darüber nachzudenken, wie sinnvoll Freiheitsstrafe und Strafvollzug wirklich sind.

Eine **lebenslange** Freiheitsstrafe unterliegt damit sehr hohen, mit der Zeit der Inhaftierung zunehmenden Anforderungen an die Verhältnismäßigkeit – zumal durch eine lebenslange Freiheitsstrafe auch weitere Grundrechte beeinträchtigt werden.[27]

Ähnlich hohe, wenn nicht gar noch höhere Anforderungen sind an die Verhängung von **Sicherungsverwahrung** gemäß § 66 ff. StGB zu stellen, da dort zwar die Gefährlichkeit der Person, nicht aber die mit einer vergangenen Tat verbundene Schuld in die Abwägung eingestellt werden kann. Dieser Umstand führt – unter Berücksichtigung der Rechtsprechung des EGMR – zu einem strengen sogenannten Abstandsgebot, nach dem der Freiheitsentzug in der Sicherungsverwahrung sich von dem einer Haftstrafe unterscheiden muss.[28]

Anderen Inhalts ist die Abwägung im Fall der **Untersuchungshaft**. Hier muss die im Rechtsstaatsprinzip verankerte Unschuldsvermutung berücksichtigt werden.[29] Dies führt einerseits dazu, dass Untersuchungshaft nur Ultima ratio

---

24 BVerfG, Urt. v. 31.5.2006, Az.: 2 BvR 1673, 2402/04, Rn. 51 = BVerfGE 116, 69 (86) – Jugendstrafvollzug.

25 Jehle/Hohmann-Fricke/Albrecht/Tetal, Legalbewährung nach strafrechtlichen Sanktionen, 2021, 17.

26 Dübgen, Theorien der Strafe, 2016, 184.

27 BVerfG, Urt. v. 21.6.1977, Az.: 1 BvL 14/76, Rn. 135 ff. = BVerfGE 45, 187 (223) – Lebenslange Freiheitsstrafe.

28 BVerfG, Urt. v. 4.5.2011, Az.: 2 BvR 2365/09, 740/10, 2333/08, 1152/10, 571/10, Rn. 93 ff. = BVerfGE 128, 326 (371) – EGMR Sicherungsverwahrung.

29 BVerfG, Beschl. v. 15.12.1965, Az.: 1 BvR 513/65, Rn. 13 f. = BVerfGE 19, 342 (347) – Wencker.

Felix Würkert

sein kann und andererseits dazu, dass Verfahren mit Personen in Untersuchungshaft unter Berücksichtigung des Beschleunigungsgrundsatzes zu erfolgen haben.[30]

D. Europäische und internationale Bezüge

Die Tradition des habeas corpus besteht auch auf europäischer Ebene. Während
sich ein allgemeines Recht auf Freiheit und Sicherheit in Art. 5 I 1 EMRK findet,
mit dem Art. 6 GRCh korrespondiert, beinhaltet Art. 5 I 2 a–f EMRK einen Katalog
an Haftgründen.[31]

Zusammenfassung: Die wichtigsten Punkte
- Die Freiheit der Person wird in Art. 2 II 2, 104 GG geschützt. Beide Artikel sind untrennbar
  verbunden.
- Es gibt zwei Eingriffsvarianten: Freiheitsbeschränkungen und Freiheitsentziehungen.

Weiterführende Studienliteratur
- Manuel Brunner, Das Grundrecht auf Freiheit der Person (Art. 2 II 2, 104 GG), Jura 2020,
  S. 1328–1338
- Franziska Dübgen, Theorien der Strafe, 2016
- Helmut Pollähne, Strafvollzug gefährdet Lebenstüchtigkeit. Aktuelle Ausführungen des
  Bundesverfassungsgerichts zum Resozialisierungsanspruch, in: Grundrechte-Report
  2020, S. 21–25

Dieses Kapitel darf gerne kommentiert, verändert und beliebig genutzt werden. Jeder Link in der PDF-Version des Textes führt zur Überarbeitungsmöglichkeit bei der Plattform Wikibooks. Eine konkrete Anleitung zur Mitarbeit
& Weiternutzung findet sich auf unserer Homepage | ebenfalls über den ab-
gebildeten QR-Code mit der Smartphone-Kamera erreichbar.

---

30 BVerfG, Beschl. v. 27.7.1966, Az.: 1 BvR 296/66, Rn. 22 ff. = BVerfGE 20, 144 (148) – Untersuchungshaft.
31 Schulze-Fielitz, in: Dreier (Hrsg.), GG Kommentar, Bd. III, 3. Aufl. 2018, Art. 104 Rn. 9.

Felix Würkert

§ 25.2 Freizügigkeit – Art. 11 GG

Notwendiges Vorwissen: Grundrechtsberechtigung, Grundrechtsbindung, Freiheitsgrundrechte, Konkurrenzen, Art. 2 II 2, 104 GG

Lernziel: Grundrecht auf Freizügigkeit verstehen und abgrenzen

---

Für dieses Kapitel gibt es frei zugängliche interaktive Übungen. Halte einfach deine Smartphone-Kamera vor den Kasten mit den Punkten (QR-Code).

Art. 11 GG garantiert die Freizügigkeit im Bundesgebiet. Sie stellt die Grundvoraussetzung personaler Lebensgestaltung[1] dar und gewährleistet die selbstbestimmte Lebensgestaltung durch die freie Wahl eines Aufenthalts- und Wohnorts[2]. Die Freizügigkeit steht im engen Zusammenhang mit dem Schutz der Freiheit der Person nach Art. 2 II 2, 104 GG[3]. Art. 11 GG ist ein Abwehrrecht; Ansprüche auf staatliches Tätigwerden bestehen nicht.[4]

Klausurtaktik !

Art. 11 GG wird in Klausuren meistens mit Art. 2 II 2 GG kombiniert, damit die Studierenden eine Abgrenzung der Schutzbereiche der beiden Grundrechte vornehmen müssen. Die verschiedenen Ansichten zum Merkmal „vorübergehend" zu kennen ist daher sinnvoll.

A. Schutzbereich

I. Sachlicher Schutzbereich

Geschützt von Art. 11 I GG ist die „Freizügigkeit". Die **Freizügigkeit** ist die Freiheit, an jedem Ort innerhalb des Bundesgebiets Aufenthalt und Wohnsitz zu neh-

---

1 Jarass, in: ders./Pieroth, GG, 16. Aufl. 2020, Art. 11 Rn. 1.
2 BVerfG, Urt. v. 17.12.2013, Az.: 1 BvR 3139/08, Rn. 252 = NVwZ 2014, 211 (223) – Garzweiler.
3 Siehe zu Art. 2 II 2, 104 GG Würkert, § 25.1 in diesem Lehrbuch.
4 OVG Bremen, Beschl. v. 24.11.2008, Az.: S 2 B 558/08 = NVwZ-RR 2009, 424; Gusy, in: v. Mangoldt/Klein/Starck, Kommentar zum Grundgesetz, 7. Aufl. 2018, Art. 11 Rn. 49.

men, also jeden Ort im Bundesgebiet aufzusuchen und sich dort unter Umständen auch länger aufzuhalten.[5]

Der **Wohnsitz** ist die ständige Niederlassung mit dem Willen, nicht nur vorübergehend zu bleiben und den Ort zum Mittelpunkt der Lebensverhältnisse zu machen.[6]

Der **Aufenthalt** umfasst das vorübergehende Verweilen an einem Ort. Umstritten ist hierbei, wie das Tatbestandsmerkmal „vorübergehend" zu verstehen ist. Dabei wird teilweise auf die Relevanz des Aufenthalts für den:die Grundrechtsträger:in abgestellt.[7] Der Aufenthalt muss der persönlichen Entfaltung dienen. Diese Einschätzung macht den Grundrechtsschutz jedoch von Umständen, die nicht in der Person selbst liegen, abhängig und erschwert die Abgrenzung.[8] Eine andere Auffassung stellt auf die Dauer des Aufenthalts ab, wobei es auch hier unterschiedliche Ansichten zur erforderlichen Mindestaufenthaltsdauer gibt. Nach einer Auffassung reicht schon das Verweilen von wenigen Minuten aus, um in den Schutzbereich des Art. 11 I GG zu fallen.[9] Problematisch hieran ist jedoch, dass es nach dieser Auffassung zu einer Grundrechtskonkurrenz mit Art. 2 II GG kommt, da sich die jeweiligen Schutzbereiche dieser Grundrechte dann decken. Eine genaue Abgrenzung der beiden Grundrechte wäre also nicht möglich. Eine andere Ansicht verlangt eine gewisse Dauer des Aufenthalts, eine Übernachtung muss also miteingeschlossen sein.[10] Begründet wird dies unter anderem damit, dass die Einschränkungsmöglichkeiten des Art. 11 II GG (keine ausreichende Lebensgrundlage etc.) typischerweise eine solche Grundrechtsausübung betreffen, welche mit dem Wohnort von Personen zusammenhängt, beziehungsweise mit einer Aufenthaltsdauer, die über die des Art. 2 II GG hinausgeht. Die Anknüpfung an eine zeitliche Komponente erscheint zwar willkürlich (Minuten, Stunden, Übernachtungen etc.), ist aber nötig, um eine Abgrenzung zu Art. 2 II 2 GG ziehen zu können.

---

5 BVerfG, Beschl. v. 7.5.1953, Az.: 1 BvL 104/52, Rn. 27 = BVerfGE 2, 266 (273) – Notaufnahme; BVerfG, Beschl. v. 6.6.1989, Az.: 1 BvR 921/85, Rn. 65 = BVerfGE 80, 137 (150) – Reiten im Walde; BVerfG, Urt. v. 17.3.2004, Az.: 1 BvR 1266/00, Rn. 44 = BVerfGE 110, 177 (190 f.).
6 Pieroth, JuS 1985, 81 (83) in Anlehnung an § 7 BGB.
7 Kunig, Jura 1980, 306 (308).
8 Hamdan, JA 2019, 165 (166).
9 Dicke, in: v. Münch, Grundgesetz Kommentar, 2. Aufl. 1981, Art. 11 Rn. 8; heute a.A. Kunig/Graf von Kielmansegg, in: v. Münch/Kunig, Grundgesetz Kommentar, 7. Aufl. 2021, Art. 11 Rn. 30.
10 Jarass, in: ders./Pieroth, GG, 16. Aufl. 2020, Art. 11 Rn. 2.

Isabell Jandl

Weiterführendes Wissen ℹ️

Das BVerfG stellt darauf ab, ob es sich um eine Verhaltensweise handelt, bei der ein Ortswechsel stattfindet und die dadurch eine über die körperliche Bewegungsfreiheit nach Art. 2 GG hinausgehende persönliche Bedeutung hat.[11] Der Schutzbereich sei zumindest dann nicht eröffnet, wenn man einen Ort nur zur Freizeitgestaltung oder zur Verrichtung von Alltagsangelegenheiten aufsuche.[12] Das BVerfG hat jedoch ausdrücklich offengelassen, inwiefern diese Entscheidung verallgemeinerungsfähig ist.

Geschützt wird von Art. 11 I GG nicht nur die positive, sondern auch die **negative** Freizügigkeit. Jede:r hat damit das Recht, einen Ortswechsel nicht vorzunehmen. Umfasst ist davon auch der Schutz vor Zwangsumsiedlung.[13] Ebenfalls geschützt ist die Einreise, um Aufenthalt in der Bundesrepublik Deutschland zu nehmen, sowie die Einwanderung, um Wohnsitz zu erlangen.[14]

Nicht umfasst vom Schutzbereich des Art. 11 I GG ist die Benutzung eines bestimmten Beförderungsmittels.

Examenswissen ❗

Ebenfalls nicht umfasst von Art. 11 I GG ist die **Ausreise** und **Auswanderung**.[15] Begründet wird dies zum einen mit dem Wortlaut „im ganzen Bundesgebiet"; bei einer Ausreise liegen die Endpunkte der Ortswechsel nicht in der Bundesrepublik. Zum anderen ist die Entstehungsgeschichte des Art. 11 I GG zu beachten. Der Gesetzgeber hat bei der Formulierung der Einschränkungstatbestände offensichtlich an Beschränkungen der innerstaatlichen Freizügigkeit gedacht, aber nicht an die in Deutschland schon seit dem Ersten Weltkrieg ununterbrochenen Beschränkungen der Ausreisefreiheit.[16]

Examenswissen ❗

In der Covid-19-Pandemie ist Art. 11 GG sehr relevant geworden, da es teilweise zu Grenzschließungen gekommen ist, wodurch Menschen aus Deutschland nicht mehr ausreisen konnten. Auch wurde von manchen Gerichten beschlossen, dass das zeitweise herrschende Beherbergungsver-

---

11 BVerfG, Beschl. v. 25.3.2008, Az.: 1 BvR 1548/02, Rn. 25.
12 BVerfG, Beschl. v. 25.3.2008, Az.: 1 BvR 1548/02, Rn. 26.
13 BVerfG, Urt. v. 17.12.2013, Az.: 1 BvR 3139/08, Rn. 254 = NVwZ 2014, 211 (223) – Garzweiler.
14 BVerfG, Beschl. v. 7.5.1953, Az.: 1 BvL 104/52, Rn. 27 = BVerfGE 2, 266 (273) – Notaufnahme.
15 BVerfG, Urt. v. 16.1.1957, Az.: 1 BvR 253/56, Rn. 6 = BVerfGE 6, 32 (34).
16 BVerfG, Urt. v. 16.1.1957, Az.: 1 BvR 253/56, Rn. 11 = BVerfGE 6, 32 (34).

Isabell Jandl

bot gegen Art. 11 I GG verstößt.[17] Ebenfalls betrafen die Ausgangsbeschränkungen den Schutzbereich der Freizügigkeit. Weitere Ausführungen zur Covid-19-Pandemie finden sich im Kapitel 18.3 zu Art. 2 II GG.

II. Persönlicher Schutzbereich

Art. 11 I GG ist ein sogenanntes „Deutschengrundrecht". Träger:in des Grundrechts auf Freizügigkeit ist damit jede natürliche Person, die Deutsche:r im Sinne des Art. 116 GG ist. Für EU-Bürger:innen ist ein äquivalenter Grundrechtsschutz[18] herzustellen. Von Art. 11 GG sind auch ohne Weiteres Minderjährige[19] umfasst.

Auch inländische **juristische Personen des Privatrechts** können sich auf Art. 11 GG berufen, wie sich aus Art. 19 III GG[20] ergibt. Sie sind zwar nicht in ihrer personalen Lebensgestaltung betroffen, allerdings dient die Freizügigkeit auch der Entwicklung des Wirtschaftslebens.[21] Dies beinhaltet die freie Wahl sowie Verlagerung oder Beibehaltung eines Sitzes. Wichtig ist hier, dass meist eine Abgrenzung zu Art. 12 GG erforderlich ist. Juristischen Personen aus Mitgliedstaaten der EU[22] kommt der gleiche Grundrechtsschutz zu.

B. Eingriff

Ein Eingriff in Art. 11 I GG wäre beispielsweise ein Aufenthaltsverbot, ein Platzverweis oder die Sperrung eines Gebiets. Allgemeine Gesetze, die die Freizügigkeit nicht gezielt betreffen, stellen keinen Eingriff in Art. 11 GG dar. Begründet wird dies unter anderem damit, dass Art. 11 II GG nur Einschränkungsmöglichkeiten für unmittelbare Eingriffe enthält.[23]

---

17 VGH Baden-Württemberg, Beschl. v. 15.10.2020, Az.: 1 S 3156/20; OVG Berlin-Brandenburg, Beschl. v. 16.10.2020, Az.: 11 S 87/20; OVG Niedersachsen, Beschl. v. 15.10.2020, Az.: 13 MN 371/20.
18 Siehe zum Grundrechtsschutz für EU-Bürger:innen González Hauck, § 2 A.II., in diesem Lehrbuch.
19 Siehe zum Grundrechtsschutz von Minderjährigen González Hauck, § 2 B., in diesem Lehrbuch.
20 Siehe zum Grundrechtsschutz für juristische Personen Ramson, § 3 A., in diesem Lehrbuch.
21 Epping, Grundrechte, 9. Aufl. 2021, Rn. 742.
22 Siehe zum Grundrechtsschutz für ausländische juristische Personen Ramson, § 3 A.II.2., in diesem Lehrbuch.
23 Kunig, in: v. Münch/Kunig, Grundgesetz Kommentar, 7. Aufl. 2021, Art. 11 Rn. 40.

Isabell Jandl

Beispiel: Wohnortzuweisungsgesetz hindert nur mittelbar an der Wahl eines anderen Wohnorts als dem Zugewiesenen[24]

C. Rechtfertigung

I. Einschränkbarkeit des Grundrechts

Das Grundrecht auf Freizügigkeit unterliegt einem qualifizierten Gesetzesvorbehalt[25] (Art. 11 II GG). In das Recht auf Freizügigkeit kann nur durch Gesetz oder aufgrund eines Gesetzes eingegriffen werden und nur aus einem legitimen Zweck im Sinne des Art. 11 II GG. Gesetze im Sinne des Art. 11 II GG können grundsätzlich Bundes- und Landesgesetze sein. Die ausschließliche Gesetzgebungszuständigkeit des Bundes nach Art. 73 I Nr. 3 GG umfasst zwar die gesetzliche Ausgestaltung der Freizügigkeit, verdrängt aber nicht die herkömmliche Regelungszuständigkeit der Länder im Bereich der Abwehr unmittelbarer Gefahren. Beispielsweise ist der in Art. 11 II GG genannte Katastrophenschutz Gegenstand der Landesgesetzgebung.

II. Grenzen der Einschränkbarkeit

Weiterhin sind die sogenannten Schranken-Schranken[26], also bestimmte materiellrechtliche Anforderungen an die gesetzliche Grundlage, zu beachten. Dazu gehört insbesondere der Grundsatz der Verhältnismäßigkeit[27]. Es ist daher sinnvoll, die in Art. 11 II GG gestellten Anforderungen im Rahmen der Prüfung des legitimen Zwecks zu untersuchen. Welche **Zwecke legitim** sind, wird in Art. 11 II GG abschließend aufgeführt.

Der **Notstandsvorbehalt** besagt, dass die Freizügigkeit beim sogenannten inneren Staatsnotstand (Art. 91 GG) eingeschränkt werden kann.

---

24 BVerfG, Urt. v. 17.3.2004, Az.: 1 BvR 1266/00, Rn. 34 = BVerfGE 110, 177 (191).
25 Siehe zum qualifizierten Gesetzesvorbehalt Milas, § 6 C.II.2., in diesem Lehrbuch.
26 Siehe zu Schranken-Schranken Milas, § 7, in diesem Lehrbuch.
27 Siehe zur Verhältnismäßigkeit Milas, § 7 A.II.6., in diesem Lehrbuch.

ℹ Weiterführendes Wissen

Damit gemeint sind Revolutionen, Staatsstreiche und andere Handlungen, die darauf abzielen, die Bundesrepublik in ihrer Staatsform oder Existenz zu verändern oder beseitigen. Bislang wurde von dem Notstandsvorbehalt noch kein Gebrauch gemacht.

Zur Bekämpfung von Seuchen und Katastrophen kann die Freizügigkeit ebenfalls eingeschränkt werden (**Seuchen- und Katastrophenvorbehalt**). Für eine Seuchengefahr ist erforderlich, dass es sich um eine Krankheit handelt, die unmittelbar oder mittelbar auf den Menschen übertragen werden kann (vgl. § 1 Infektionsschutzgesetz). Naturkatastrophen und Unglücksfälle erfordern eine Unvorhersehbarkeit der Gefahrverwirklichung sowie die Bedrohung einer Vielzahl von Menschen oder eines größeren Gebiets. Naturkatastrophen entstehen durch Naturgewalten, während Unglücksfälle auf menschlicher Gefahrsetzung beruhen.[28]

Beispiel: Aufgrund einer Bombenentschärfung wird die Bevölkerung in einem bestimmten Gebiet evakuiert.

❗ Examenswissen

In der Covid-19-Pandemie ist dieser Vorbehalt sehr relevant geworden. In den Bundesländern wurden Rechtsverordnungen erlassen, die sich auf §§ 28, 28a, 32 Satz 1 IfSG stützten. Für diese Corona-Verordnungen ist im Einzelfall zu prüfen, inwiefern sie in den Schutzbereich des Art. 11 GG eingreifen und ob dieser Eingriff aufgrund des Seuchen- und Katastrophenvorbehalts gerechtfertigt ist.

Die Freizügigkeit kann außerdem eingeschränkt werden, um die Jugend vor Verwahrlosung zu schützen (**Jugendschutzvorbehalt**). Unter „Jugend" versteht man in diesem Sinne alle Personen, die das 18. Lebensjahr noch nicht erreicht haben.[29] Verwahrlosung meint dabei eine Gefährdung des Wohls von Kindern und Jugendlichen in körperlicher, seelischer oder geistiger Hinsicht.[30]

Beispiel: Der 16-jährige A reißt von Zuhause aus, um bei seinem alkoholabhängigen Freund zu leben. Seine Eltern wenden sich an das Jugendamt, welches A gemäß § 42 Sozialgesetzbuch VIII in

---

28 Epping, Grundrechte, 9. Aufl. 2021, Rn. 754.
29 Durner, in: Dürig/Herzog/Scholz, GG-Kommentar, 95. EL Juli 2021, Art. 11 Rn. 148.
30 BVerfG, Beschl. v. 17.2.1982, Az.: 1 BvR 188/80, Rn. 43 = BVerfGE 60, 79 (91).

Isabell Jandl

Obhut nimmt. Ein Eingriff in sein Recht auf Freizügigkeit liegt vor. Dieser lässt sich allerdings durch den Jugendschutzvorbehalt verfassungsrechtlich rechtfertigen.

Auch um strafbaren Handlungen vorzubeugen, kann die Freizügigkeit eingeschränkt werden (**Kriminalvorbehalt**). Vorschriften zur Einschränkung der Freizügigkeit ergeben sich in der Regel aus dem StGB (z. B. §§ 56 ff., §§ 68 ff. StGB) oder aus den Landespolizeigesetzen. Erforderlich ist, dass es sich um präventive Maßnahmen handelt; ein repressives Einschreiten (z. B. Untersuchungshaft) wird also nicht erfasst.

Beispiel: § 56c II Nr. 1 StGB (aufenthaltsbezogene Weisungen bei Strafaussetzung zur Bewährung), § 68b StGB (aufenthaltsbezogene Weisungen der Führungsaufsicht) und § 10 I Nr. 1 und 2 JGG (aufenthaltsbezogene Erziehungsmaßnahmen).

Zusätzlich sind kollidierendes Verfassungsrecht sowie das Zitiergebot[31] des Art. 19 I 2 GG zu beachten. Außerdem wird Art. 11 I GG durch Art. 17a II GG eingeschränkt. Hiernach kann die Freizügigkeit von Wehrpflichtigen und Zivildienstleistenden beschränkt werden, wenn dies der Verteidigung und dem Schutz der Bevölkerung dient.[32]

D. Grundrechtskonkurrenzen

Zwischen Art. 11 GG und Art. 2 II 2, 104 GG[33] gibt es kein Konkurrenzverhältnis, da beide Grundrechte unterschiedliche Schutzgüter haben. Art. 11 GG schützt die Hinbewegungsfreiheit, also Fälle, in denen der:die Grundrechtsträger:in einen Ort aufsuchen will, um dort Aufenthalt oder Wohnsitz zu nehmen. Art. 2 II 2, 104 GG hingegen schützt die körperliche Fortbewegungsfreiheit, also die Freiheit, einen Ort zu verlassen.

Beispiel: Evakuierung wegen Bombenentschärfung (Freiheitsentziehung, um Aufenthalt in einem bestimmten Gebiet zu verhindern; daher Art. 11 GG einschlägig)

---

31 Siehe zum Zitiergebot Milas, § 7 A. II. 5., in diesem Lehrbuch.
32 Durner, in: Dürig/Herzog/Scholz, GG-Kommentar, 95. EL Juli 2021, Art. 11 Rn. 156.
33 Siehe zu Art. 2 II 2, 104 GG Würkert, § 25.1, in diesem Lehrbuch.

Isabell Jandl

Die allgemeine Handlungsfreiheit aus Art. 2 I GG schützt Ortsveränderungen, die von Art. 11 GG und Art. 2 II 2, 104 GG nicht erfasst sind (wie beispielsweise die Ausreisefreiheit).[34]

---

i **Weiterführendes Wissen**

Auch gegenüber Art. 6 II GG gibt es kein Konkurrenzverhältnis, selbst wenn die Kinder selbst Grundrechtsträger:innen sind. Nach Art. 6 II GG und § 163 BGB wird der Aufenthaltsort der Kinder durch die Eltern bestimmt. Diese Entscheidungen der Eltern sind von Art. 11 GG geschützt. Wegen Art. 6 II GG kann es kein eigenes Recht der Kinder auf Bestimmung ihres Aufenthalts geben, das mit einem solchen der Eltern kollidieren würde.

E. Europäische und internationale Bezüge

Im internationalen Kontext nimmt die Freizügigkeit eine wichtige Stellung ein. Sie ist eine völkerrechtlich anerkannte Menschenrechtsgarantie.[35] Diese völkerrechtlichen Gewährleistungen gehen über den Schutz des Art. 11 GG hinaus, da sie nicht auf die Staatsangehörigkeit der betroffenen Personen abstellen. Auch in der Grundrechte-Charta (Art. 45 I GRCh) und in der Europäischen Menschenrechtskonvention (Art. 2 des 4. ZP zur EMRK) ist die Freizügigkeit verankert.

Zusammenfassung: Die wichtigsten Punkte
– Das Grundrecht auf Freizügigkeit schützt die Freiheit, im Bundesgebiet Aufenthalt und Wohnsitz zu nehmen. Auch juristische Personen können sich auf Art. 11 I GG berufen. Ob und inwiefern sich EU-Ausländer:innen auf Art. 11 I GG berufen können, ist umstritten.
– Im Rahmen der Prüfung der Verhältnismäßigkeit des Eingriffs sind die in Art. 11 II GG genannten legitimen Zwecke zu beachten.

Weiterführende Studienliteratur
– Binke Hamdan, Das Grundrecht auf Freizügigkeit nach Art. 11 GG, JA 2019, S. 165–171

---

34 Gusy, in: v. Mangoldt/Klein/Starck, Kommentar zum Grundgesetz, 7. Aufl. 2018, Art. 11 Rn. 68.
35 Wollenschläger, in: Dreier, Grundgesetz-Kommentar, 3. Aufl. 2013, Art. 11 Rn. 10; Kunig/Graf von Kielmansegg, in: v. Münch/Kunig, GG-Kommentar, 7. Aufl. 2021, Art. 11 Rn. 10.

Isabell Jandl

Isabell Jandl

§ 25.3 Schutz vor Ausbürgerung und Auslieferung – Art. 16 GG

Notwendiges Vorwissen: Prüfung eines Freiheitsgrundrechts, Grundrechtsfunktionen, Grundrechtsberechtigung, Schutzbereich

Lernziel: Gewährleistungsgehalte aus Art. 16 I und Art. 16 II GG benennen und unterscheiden können

Für dieses Kapitel gibt es frei zugängliche interaktive Übungen. Halte einfach deine Smartphone-Kamera vor den Kasten mit den Punkten (QR-Code).

Art. 16 GG beinhaltet zwei unterschiedliche grundrechtliche Gewährleistungen: Absatz 1 sieht vor, dass die deutsche Staatsangehörigkeit nicht entzogen werden oder verlustig gehen darf, während Absatz 2 ein Auslieferungsverbot statuiert. Historisch lässt sich der verfassungsrechtliche Schutz der Staatsangehörigkeit in Art. 16 I GG vor dem Hintergrund der Erfahrungen mit der nationalsozialistischen Gesetzgebung zu Ausbürgerungen und dem Verlust der Staatsangehörigkeit verstehen, die rassistisch und politisch motiviert war.[1] Das Auslieferungsverbot des Art. 16 II GG führt historisch hingegen bis auf die Lehnsherrschaft im Mittelalter zurück, die von dem Gedanken einer exklusiven Gerichtsbarkeit und dem Schutz vor Auslieferung der Lehnsmänner an eine andere Gerichtsbarkeit geprägt war.[2] Als gemeinsamen Bezugspunkt von Ausbürgerungs- und Auslieferungsverbot in Art. 16 GG hebt das BVerfG die „besondere Verbindung der Bürger zu der von ihnen getragenen freiheitlichen Rechtsordnung" hervor.[3]

! **Klausurtaktik**

In juristischen Prüfungen spielt Art. 16 GG eine untergeordnete Rolle.

---

1 Hailbronner, in: dies./Maaßen/Hecker/Kau, Staatsangehörigkeitsrecht, 6. Aufl. 2017, Art. 16 GG Rn. 1.

2 Siehe hierzu Giegerich, in: Dürig/Herzog/Scholz, GG, 95. EL Juli 2021, Art. 16 Abs. 2 Rn. 7 ff.

3 BVerfG, Urt. v. 18.7.2005, Az.: 2 BvR 2236/04, Rn. 66 = BVerfGE 113, 273 (294) – Europäischer Haftbefehl.

A. Schutzbereich

Durch Art. 16 GG werden deutsche Staatsangehörige vor Ausbürgerung und Deutsche vor Auslieferung an das Ausland geschützt.

I. Schutz der Staatsangehörigkeit – Art. 16 I GG

Art. 16 I GG schützt die bestehende deutsche Staatsangehörigkeit und festigt durch diesen Schutz die personale Zuordnung von Bürger:innen zum deutschen Staat. An den Status der deutschen Staatsangehörigkeit knüpfen vielfältige Rechte für die einzelne Person an, zum Beispiel das Aufenthaltsrecht, das allgemeine Wahlrecht, aber auch die Deutschengrundrechte, der Zugang zum Beamtentum und die Freizügigkeit innerhalb der Europäischen Union. Aufgrund dieser Funktion stellt die Staatsangehörigkeit eine Achse für diskriminierende Differenzierungen dar.[4] Inkludierende und exkludierende Wirkungen sind – als Ausdruck der gleichheitsrechtlichen Dimension des Art. 16 I GG – bei der Prüfung von Eingriffen in Art. 16 I GG zu berücksichtigen.

Unter welchen Voraussetzungen die deutsche Staatsangehörigkeit besteht, ist in Art. 16 I GG nicht geregelt. Das Staatsangehörigkeitsrecht wird vielmehr vorausgesetzt.[5] Erwerb der Staatsangehörigkeit und Einbürgerung regelt das Staatsangehörigkeitsgesetz (StAG).

In sachlicher Hinsicht verbietet Art. 16 I 1 GG den **Entzug** der deutschen Staatsangehörigkeit. Hoheitsträger:innen jeglicher staatlicher Gewalt dürfen einer Person die wirksam erworbene deutsche Staatsangehörigkeit unter keinen Umständen durch hoheitlichen Akt absprechen.

Nur unter den engen Voraussetzungen des Art. 16 I 2 GG ist ein **Verlust** der deutschen Staatsangehörigkeit zulässig, sofern eine gesetzliche Regelung getroffen wurde und der:die deutsche Staatsangehörige durch den Verlust nicht gegen seinen:ihren Willen staatenlos wird.

Examenswissen !

Die Unterscheidung zwischen **Entzug** und **Verlust** der Staatsangehörigkeit ist bedeutsam für die Rechtfertigung. Während der Entzug der deutschen Staatsangehörigkeit ausnahmslos verboten ist, kann der Verlust gerechtfertigt werden, wenn die Anforderungen des qualifizierten Gesetzes-

---

4 Vgl. v. Arnauld/S. Martini, in: v. Münch/Kunig, GG, 7. Aufl. 2021, Art. 16 Rn. 1.
5 Giegerich, in: Dürig/Herzog/Scholz, GG, 95. EL Juli 2021, Art. 16 Abs. 1 Rn. 88; v. Arnauld/S. Martini, in: v. Münch/Kunig, GG, 7. Aufl. 2021, Art. 16 Rn. 9.

Dana-Sophia Valentiner

vorbehalts erfüllt sind. Trotz dieser Bedeutung besteht keine einhellige Auffassung über die Definition von Entzug und Verlust beziehungsweise ihre Abgrenzung.[6] Überwiegend wird davon ausgegangen, dass der Entzug eine besondere Form des Verlusts, der Verlust also der weiter gefasste Begriff ist.[7] Dafür spricht laut BVerfG der Wortlaut des Art. 16 I 2 GG („Der Verlust […] darf nur auf Grund eines Gesetzes und gegen den Willen des Betroffenen nur dann eintreten, wenn […]"), der nahelegt, dass unter bestimmten Voraussetzungen auch ein gegen den Willen eintretender Verlust rechtmäßig sein kann.[8] Dies sei der Fall, wenn die betroffene Person den Umstand, der zum Entzug führen soll, nicht oder nicht zumutbar beeinflussen kann.[9] Diese Sichtweise lässt sich auch mit dem Sinn und Zweck des Entziehungsverbots begründen, auf rassistische Entziehungen der Staatsbürgerschaft in der NS-Zeit zu reagieren.

ℹ Weiterführendes Wissen

Umstritten ist, ob Art. 16 I 1 GG ein Recht auf diplomatischen Schutz vermittelt oder sich ein solches aus grundrechtlichen Schutzpflichten ableitet.[10] Jedenfalls aufgrund der Schutzpflicht für Leben und körperliche Unversehrtheit aus Art. 2 II 1 GG war es verfassungsrechtlich geboten, deutsche Staatsangehörige nach dem Abzug der US-Streitkräfte und der Streitkräfte der NATO-Länder einschließlich der Bundeswehr aus Afghanistan im Sommer 2021 von dort zu evakuieren.

Art. 16 I GG enthält neben den subjektiv-rechtlichen Gewährleistungen eine **institutionelle Garantie** der Staatsangehörigkeit.[11] Die Gesetzgebung kann daher die deutsche Staatsangehörigkeit nicht als solche abschaffen. Bei der Ausgestaltung des Staatsangehörigkeitsrechts steht ihr aber insgesamt – innerhalb der europa- und völkerrechtlichen Grenzen – ein weiter Spielraum zu.

Vom **persönlichen Schutzbereich** des Art. 16 I GG erfasst sind deutsche Staatsangehörige, also Personen, die auf Grundlage des zum Erwerbszeitpunkt

---

6 Einen ausführlichen Überblick gibt Hailbronner, in: dies./Maaßen/Hecker/Kau, Staatsangehörigkeitsrecht, 6. Aufl. 2017, Art. 16 GG Rn. 32ff. Instruktiv ebenfalls Lübbe-Wolff, Jura 1996, 57 (60ff.).

7 Giegerich, in: Dürig/Herzog/Scholz, GG, 95. EL Juli 2021, Art. 16 Abs. 1 Rn. 132; v. Arnauld/S. Martini, in: v. Münch/Kunig, GG, 7. Aufl. 2021, Art. 16 Rn. 27; Wittreck, in: Dreier (Hrsg.), GG, 3. Aufl. 2013, Art. 16 Rn. 45.

8 BVerfG, Urt. v. 24.5.2006, Az.: 2 BvR 669/04, Rn. 35 = BVerfGE 116, 24 (37) – Einbürgerung.

9 BVerfG, Urt. v. 24.5.2006, Az.: 2 BvR 669/04, Rn. 49 = BVerfGE 116, 24 (44) – Einbürgerung.

10 Für eine aus Art. 16 I GG abgeleitete Schutzpflicht: Hailbronner, in: dies./Maaßen/Hecker/ Kau, Staatsangehörigkeitsrecht, 6. Aufl. 2017, Art. 16 GG Rn. 31. Jedenfalls für eine Herleitung aus grundrechtlichen Schutzpflichten: v. Arnauld/S. Martini, in: v. Münch/Kunig, GG, 7. Aufl. 2021, Art. 16 Rn. 15 m.w.N.

11 Jarass, in: ders./Pieroth, GG, 16. Aufl. 2020, Art. 16 Rn. 1.

Dana-Sophia Valentiner

gültigen Rechts wirksam die Staatsangehörigkeit erworben haben.[12] Nicht zum persönlichen Schutzbereich zählen sogenannte Status-Deutsche (die aber ausdrücklich in Art. 116 I GG genannt werden), also Personen, die als Geflüchtete oder Vertriebene deutscher Volkszugehörigkeit oder als deren Ehegatten oder Abkömmlinge in dem Gebiete des Deutschen Reiches nach dem Stande vom 31. Dezember 1937 Aufnahme gefunden haben. Der persönliche Schutzbereich des Art. 16 I GG ist somit enger zu verstehen als der Deutschenbegriff des Art. 116 I GG. Juristische Personen können sich nicht auf den an den Status natürlicher Personen anknüpfenden Schutz des Art. 16 I GG berufen.

II. Auslieferungsverbot – Art. 16 II GG

Nach Art. 16 II 1 GG darf kein Deutscher an das Ausland ausgeliefert werden. Es handelt sich bei dem Auslieferungsverbot zuvörderst um ein subjektives Abwehrrecht. Art. 16 II GG zielt darauf, deutsche Staatsbürger:innen in ihrem staatsbürgerlichen Status und gegenüber Verfolgung im Ausland besonders zu schützen.[13] Das Auslieferungsverbot stützt das Recht der Staatsbürger:innen, sich in ihrem Heimatland aufhalten zu dürfen. Zugleich ist es Ausdruck der staatlichen Souveränität, indem es das Recht des Staates manifestiert, „seine" Bürger:innen nicht einer fremden Staatsgewalt ausliefern und unterwerfen zu müssen.[14]

Eine **Auslieferung** liegt vor, wenn ein:e Deutsche:r auf Betreiben eines ausländischen Staates unter Mitwirkung deutscher Staatsgewalt aus dem Einflussbereich der ihr zustehenden Hoheitsgewalt „zwangsweise entfernt und in den Bereich einer nichtdeutschen Hoheitsgewalt überführt wird"[15].

Examenswissen ❗

Umstritten ist, ob die sogenannte **Rücklieferung** als unzulässige Auslieferung einzustufen ist. Bei der Rücklieferung befindet sich ein:e Deutsche:r aufgrund einer Vereinbarung mit einem anderen Staat (in dem sich die Person zuletzt aufhielt, etwa weil dort ein Strafverfahren gegen sie betrieben wird) vorübergehend in Deutschland (etwa um die Durchführung eines anderen Strafverfahrens zu ermöglichen), wobei eine Rückführung zwischen den Staaten vereinbart ist. Das BVerfG stufte die vereinbarungsgemäße Rücklieferung bisher nicht als verfassungswidrige Auslieferung im Sinne von Art. 16 II GG ein, weil in solchen Fallkonstellationen ohne Rücklieferungsverein-

---

12 Vgl. BVerfGE 14, 142 (150) = NJW 1962, 1859.
13 BVerfG, Beschl. v. 13.10.1970, Az.: 1 BvR 226/70, Rn. 17 = BVerfGE 29, 183 (189) – Rücklieferung.
14 V. Arnauld/S. Martini, in: v. Münch/Kunig, GG, 7. Aufl. 2021, Art. 16 Rn. 51.
15 BVerfG, Beschl. v. 20.10.1959, Az.: 1 BvR 125/59, Rn. 13 = BVerfGE 10, 136 (139) – Durchlieferung.

Dana-Sophia Valentiner

barung die eigene deutsche Strafverfolgung erschwert würde und die betroffene Person sich ohne eine derartige Überführung sowieso in dem anderen Land befände.[16] Gegen diese Sichtweise kann der Sinn und Zweck des Art. 16 II 1 GG ins Feld geführt werden, der die Bundesrepublik als „sicheren Hafen" für seine Staatsbürger:innen konzipiert.[17]

Der **persönliche Schutzbereich** des Art. 16 II GG ist weiter als jener des Art. 16 I GG: Es handelt sich um ein klassisches Deutschengrundrecht.[18] Von einer Grundrechtsberechtigung von Unionsbürger:innen ist das BVerfG bislang noch nicht ausgegangen; in der Literatur wird eine solche Erweiterung teilweise befürwortet.[19]

B. Eingriff

Als Eingriffe in Art. 16 I GG kommen die Entziehung der deutschen Staatsangehörigkeit nach Art. 16 I 1 GG und der Verlust der deutschen Staatsangehörigkeit nach Art. 16 I 2 GG in Betracht.

Beispiel: automatischer Verlust der deutschen Staatsangehörigkeit eines Kindes infolge Anfechtung der durch einen Deutschen anerkannten Vaterschaft[20]

Die Auslieferung stellt den Eingriff in Art. 16 II GG dar.

! **Klausurtaktik**

Eingriffs- und Schutzbereichsprüfung sind bei Art. 16 GG besonders eng miteinander verzahnt, weil der Artikel den Schutzbereich gewissermaßen ausgehend vom Eingriff bestimmt. Verboten sind nach dem Wortlaut ganz konkrete Eingriffe (Entzug und Verlust der Staatsangehörigkeit, Auslieferung der Person), die zugleich den sachlichen Schutzbereich markieren.

---

16 BVerfG, Beschl. v. 13.10.1970, Az.: 1 BvR 226/70, Rn. 28 f. = BVerfGE 29, 183 (193 f.) – Rücklieferung. Zustimmend Kokott, in: Sachs (Hrsg.), GG, 9. Aufl. 2021, Art. 16 Rn. 37.
17 V. Arnauld/S. Martini, in: v. Münch/Kunig, GG, 7. Aufl. 2021, Art. 16 Rn. 57. Siehe auch Kingreen/Poscher, Grundrechte – Staatsrecht II, 36. Aufl. 2020, Rn. 114, die bereits die Abgabe einer Rücklieferungsvereinbarung für verfassungswidrig halten.
18 Siehe zur Grundrechtsberechtigung González Hauck, § 2 A., in diesem Lehrbuch.
19 Wittreck, in: Dreier (Hrsg.), GG, 3. Aufl. 2013, Art. 16 Rn. 63; v. Arnauld/S. Martini, in: v. Münch/Kunig, GG, 7. Aufl. 2021, Art. 16 Rn. 74.
20 BVerfG, Beschl. v. 17.7.2019, Az.: 2 BvR 1327/18 = NZFam 2019, 813.

Dana-Sophia Valentiner

C. Rechtfertigung

Der **Entzug** der Staatsangehörigkeit ist nach Art. 16 I 1 GG ausnahmslos verboten. Eine verfassungsrechtliche Rechtfertigung kommt nicht in Betracht. Auch verfassungsimmanente Schranken können in Anbetracht der verheerenden Erfahrungen mit dem NS-Regime nicht zur Rechtfertigung eines Entzugs der deutschen Staatsangehörigkeit herangezogen werden.[21]

Der **Verlust** der Staatsangehörigkeit darf nach Art. 16 I 2 GG nur auf Grund eines Gesetzes und gegen den Willen des Betroffenen nur dann eintreten, wenn der Betroffene dadurch nicht staatenlos wird. Es handelt sich um einen **qualifizierten Gesetzesvorbehalt.**

Examenswissen   **!**

Umstritten ist die Verfassungsmäßigkeit der Novelle des § 28 StAG aus dem Jahr 2019. Die Vorschrift sieht nunmehr den Verlust der deutschen Staatsangehörigkeit vor, wenn ein:e Deutsche:r sich an Kampfhandlungen einer terroristischen Vereinigung im Ausland konkret beteiligt, sofern die Person dadurch nicht staatenlos würde. Diese Regelung wird teilweise als unzulässiger Entzug im Sinne des Art. 16 I 1 GG eingeordnet.[22]

Nach Art. 16 II 2 GG können abweichende Regelungen für **Auslieferungen** an einen Mitgliedstaat der Europäischen Union oder an einen internationalen Gerichtshof getroffen werden, soweit rechtsstaatliche Grundsätze gewahrt sind. Dieser **qualifizierte Gesetzesvorbehalt** ist im Jahr 2000 aus Anlass der Unterzeichnung des Statuts des Internationalen Strafgerichtshofs in das Grundgesetz aufgenommen worden. Die Schranke ist Ausdruck der Integration auf Ebene der Europäischen Union und der internationalen Staatengemeinschaft. Die zur Rechtfertigung einer Beeinträchtigung erforderliche Wahrung rechtsstaatlicher Grundsätze bezieht sich insbesondere auf die Gewährleistung eines Kernbestands prozessualer Verfahrensgarantien.[23]

Beispiel: Auslieferungen zur Vollstreckung eines Europäischen Haftbefehls

---

21 Vgl. Wittreck, in: Dreier (Hrsg.), GG, 3. Aufl. 2013, Art. 16 Rn. 51.
22 Kritisch schon zum Gesetzentwurf Wallrabenstein, VerfBlog, 22.6.2019. Andere Ansicht wohl Giegerich, in: Dürig/Herzog/Scholz, GG, 95. EL Juli 2021, Art. 16 Abs. 1 Rn. 157, der von einem Verlust ausgeht (allerdings noch zur Rechtslage vor der Novelle). Wenig überraschend die Novelle als verfassungsrechtlich zulässig erachtend Maaßen, in: BeckOK GG, 47. Ed. 15.2.2021, Art. 16 Rn. 25a.
23 Kokott, in: Sachs (Hrsg.), GG, 9. Aufl. 2021, Art. 16 Rn. 47.

Dana-Sophia Valentiner

D. Europäische und internationale Bezüge

Dem Staatsangehörigkeitsrecht kommt im Völkerrecht eine „wichtige Koordinationsfunktion"[24] zu, indem es die personale Zuordnung der Einzelnen zu Staaten sichert. Art. 16 I GG weist insoweit Bezüge zu Art. 15 der Allgemeinen Erklärung der Menschenrechte auf, der das Menschenrecht auf Staatsangehörigkeit garantiert.[25]

Zusammenfassung: Die wichtigsten Punkte
- Art. 16 GG beinhaltet zwei eigenständige Gewährleistungen: Art. 16 I GG schützt vor Entzug und Verlust der wirksam erworbenen deutschen Staatsangehörigkeit. Art. 16 II GG verbietet die Auslieferung von Deutschen an das Ausland.

Weiterführende Studienliteratur
- „In guter Verfassung" – der Grundgesetz-Podcast, Folge 17, Thema: Die Staatsbürgerschaft – Art. 16 GG mit Sina Fontana
- Andreas Zimmermann/Jan Eiken, Reform des § 28 StAG und das Völkerrecht, in: NVwZ 2019, S. 1313–1318

Dieses Kapitel darf gerne kommentiert, verändert und beliebig genutzt werden. Jeder Link in der PDF-Version des Textes führt zur Überarbeitungsmöglichkeit bei der Plattform Wikibooks. Eine konkrete Anleitung zur Mitarbeit & Weiternutzung findet sich auf unserer Homepage | ebenfalls über den abgebildeten QR-Code mit der Smartphone-Kamera erreichbar.

---

24 V. Arnauld/S. Martini, in: v. Münch/Kunig, GG, 7. Aufl. 2021, Art. 16 Rn. 2.
25 Vgl. v. Arnauld/S. Martini, in: v. Münch/Kunig, GG, 7. Aufl. 2021, Art. 16 Rn. 8.

Dana-Sophia Valentiner

§ 25.4 Recht auf Asyl – Art. 16a GG

Notwendiges Vorwissen: <u>Prüfung eines Freiheitsgrundrechts</u>

Lernziel: Aufbau und Struktur des Asylgrundrechts verstehen, Voraussetzungen kennenlernen, die eine Person erfüllen muss, um als asylberechtigt anerkannt zu werden

---

Für dieses Kapitel gibt es frei zugängliche interaktive Übungen. Halte einfach deine Smartphone-Kamera vor den Kasten mit den Punkten (QR-Code).

„Politisch Verfolgte genießen Asylrecht" – das garantiert das Grundgesetz Geflüchteten bereits seit seinem Inkrafttreten im Jahr 1949.[1] Trotz des allgegenwärtigen Flucht- und Migrationsgeschehens kommt Art. 16a I GG heute kaum praktische Bedeutung zu.

Weiterführendes Wissen

Dies liegt vor allem an der 1993 von CDU/CSU, FDP und SPD beschlossenen Verfassungsänderung, die den vormals in Art. 16 II 2 GG verankerten Grundsatz der Asylgewährung für Schutzsuchende strich und in Art. 16a GG mit mehreren Einschränkungen neu ausrichtete.[2] Nennenswert ist dabei die Regelung des Art. 16a II GG, die vorsieht, dass die Berufung auf ein Asylrecht ausgeschlossen ist, wenn eine Person über einen Staat der Europäischen Union oder einen anderen Staat außerhalb der Europäischen Union einreist, in dem die Anwendung der Genfer Flüchtlingskonvention und der Europäischen Menschenrechtskonvention sichergestellt ist (sogenannte sichere Drittstaaten). Da Deutschland nur an Staaten angrenzt, die Teil der Europäischen Union sind, kann sich eine Person, die über den Landweg nach Deutschland einreist, nicht mehr auf das Asylrecht gemäß Art. 16a I 1 GG berufen. Art. 16a GG begünstigt damit diejenigen Personen, die über internationale Flughäfen nach Deutschland einreisen. Dies führte dazu, dass das Bundesamt für Migration und Flüchtlinge, das für die Prüfung eines Antrags auf Zuerkennung eines Asylrechts nach Art. 16a GG zuständig ist, im Jahr 2016 gerade mal bei 0,3 % der Anträge ein Asylrecht nach Art. 16a GG zuerkannte.[3]

---

1 Tiedemann, ZAR 2009, 161 (162).
2 Poutrus, Umkämpftes Asyl, 2019, 179.
3 Bundesamt für Migration und Flüchtlinge, Aktuelle Zahlen zu Asyl November 2017, 2017, 10.

Art. 16a I GG garantiert schutzsuchenden Personen, die politisch verfolgt werden, ein **Recht auf Asyl**. Unter welchen Voraussetzungen schutzsuchende Personen als politisch verfolgt angesehen werden können, lässt der Wortlaut des Grundgesetzes jedoch offen. Zur inhaltlichen Ausgestaltung des Asylrechts dient die Genfer Flüchtlingskonvention als maßgebliche völkerrechtliche Verpflichtung der Bundesrepublik Deutschland im Bereich des Flüchtlingsschutzes. Diese bestimmt, unter welchen Umständen eine Person als Flüchtling anerkannt werden kann und welche Rechte der betroffenen Person mit diesem Status zukommen, und nimmt als völkerrechtlicher Vertrag Einfluss auf die Ausgestaltung der Grundrechte. Eine umstrittene Frage ist, ob Art. 16a GG ein **Leistungs**- oder **Abwehrrecht** darstellt, also ob Art. 16a GG vor aufenthaltsbeendenden Maßnahmen schützt oder die asylberechtigten Personen ein Recht auf Schutz durch den Staat erhalten. Diese Frage ist sowohl in der Rechtsprechung als auch in der Literatur bis heute ungeklärt und aufgrund der fehlenden praktischen Relevanz des Asylrechts aus Art. 16a GG bisher nicht zu Ende diskutiert worden.

A. Schutzbereich

Den Schutz des Asylrechts genießen nur **Ausländer:innen**, also Personen, die nicht die deutsche, sondern nur eine oder mehrere andere Staatsangehörigkeiten besitzen, sowie staatenlose Personen.[4] Durch den engen Bezug zur Menschenwürde können sich nur **natürliche Personen** auf das Asylrecht berufen, juristische Personen sind vom Asylrecht ausgeschlossen.[5]

i **Weiterführendes Wissen**

Eine in diesem Kontext diskutierte Frage ist, ob sich auch Deutsche im Sinne des Art. 116 I GG auf das Asylrecht berufen können. Überwiegend wird gegen diese Ansicht vorgebracht, dass deutsche Staatsangehörige durch Art. 16 II GG beziehungsweise Art. 11 GG bereits Schutz vor Auslieferung und ein Aufenthaltsrecht in Deutschland erhalten, so dass ein zusätzlicher Schutz über Art. 16a GG nicht notwendig ist.[6] Andere vertreten die Ansicht, durch die Einschränkungen des absoluten Auslieferungsverbots aus Art. 16 II 1 GG durch Art. 16 II 2 GG müssten nun auch Deutsche die Möglichkeit haben, in Deutschland um Asyl zu ersuchen.[7] Historisch war Regelungsabsicht bei Einführung des Grundrechts auf Asyl 1949, das Asylrecht nur Ausländer:innen zu ge-

---

4 Becker, in: v. Mangoldt/Klein/Starck, Grundgesetz, 7. Aufl. 2018, Art. 16a Rn. 106.
5 Becker, in: v. Mangoldt/Klein/Starck, Grundgesetz, 7. Aufl. 2018, Art. 16a Rn. 107.
6 Becker, in: v. Mangoldt/Klein/Starck, Grundgesetz, 7. Aufl. 2018, Art. 16a Rn. 105.
7 Wittreck, in: Dreier, Grundgesetz-Kommentar, 3. Aufl. 2013, Art. 16a Rn. 53.

Saskia Ebert

währen. Dass diese Intention sich durch die Neuausrichtung von Art. 16a GG verändert haben soll, ist nicht erkennbar.[8]

Personen, die sich auf das Asylrecht berufen wollen, müssen **politisch Verfolgte** sein.

I. Verfolgung

Zentraler Bezugspunkt für das Asylrecht ist der Begriff der Verfolgung.

1. Verfolgungshandlung

Unter Verfolgung versteht man solche Eingriffe in die Rechtsgüter der Betroffenen, die über dem üblichen Gewaltmaß in dem betroffenen Staat liegen, also grundlegende Menschenrechtsverletzungen darstellen.[9] Die Rechtsgutsverletzung muss wegen eines asylerheblichen Merkmals erfolgen.[10] **Asylerhebliche Merkmale** sind insbesondere rassistische Gründe, Religion und politische Überzeugung, sowie „unverfügbare Merkmale" einer Person, die ihr „Anderssein prägen".[11] Hierbei stellt die Genfer Flüchtlingskonvention (GFK) die zentrale Orientierungshilfe dar.[12]

Examenswissen

Die Verfolgungshandlung muss **gezielt** stattfinden, die Rechtsgutsverletzung darf also nicht allein durch die generelle Situation im Herkunftsland ausgelöst sein.[13]

---

2. Verfolgungsgefahr

Weiterhin muss eine gewisse **Verfolgungsgefahr** bestehen. Ob eine solche Verfolgungsgefahr gegeben ist, ist im Einzelfall zu entscheiden. Dabei bestehen hinsichtlich der Situation, in der die betroffenen Personen ausgereist sind, unterschiedliche Maßstäbe. Bei Personen, die bereits Verfolgung erlebt haben, muss bei Rückkehr in das Herkunftsland die Wiederholung von Verfolgungsmaßnahmen

---

8 Maaßen, in: Epping/Hillgruber, 45. Ed. 15.11.2020, Art. 16a Rn. 11f.
9 BVerfG, Beschl. v. 10.7.1989, Az.: 2 BvR 502/86, Rn. 42.
10 BVerfG, Beschl. v. 10.7.1989, Az.: 2 BvR 502/86, Rn. 44.
11 BVerfG, Beschl. v. 10.7.1989, Az.: 2 BvR 502/86, Rn. 38.
12 BVerwG, Urt. v. 17.5.1983, Az.: 9 C 36/83, Rn. 17.
13 BVerfG, Beschl. v. 10.7.1989, Az.: 2 BvR 502/86, Rn. 43.

mit **hinreichender Wahrscheinlichkeit** ausgeschlossen sein.[14] Bei der Prognose, ob die betreffende Person in ihr Herkunftsland zurückkehren kann, muss es „überwiegend wahrscheinlich sein, daß der Asylsuchende im Heimatstaat vor Verfolgungsmaßnahmen sicher ist" und falls „nur geringe Zweifel an der Sicherheit" der asylsuchenden Person bei Rückkehr besteht, ist dieser Asyl zu gewähren.[15] Anders verhält es sich beim Vorliegen von sogenannten **Nachfluchtgründen**, die dann gegeben sind, wenn eine Person unverfolgt ausgereist ist und sich die Gründe für die Stellung eines Asylantrags erst nach der Ausreise ergeben haben. Der Prognosemaßstab ist dort höher anzusetzen, da keine Verfolgung vorliegt, die für eine tatsächliche Verfolgungsgefahr sprechen könnte. In diesem Fall ist entscheidend, dass der Person mit **überwiegender Wahrscheinlichkeit** Verfolgung droht.[16]

3. Kausalität

Die Verfolgung muss im kausalen **Zusammenhang zur Flucht** stehen. Die Kausalität kann beispielsweise dann nicht mehr angenommen werden, wenn zwischen Verfolgungshandlung und Ausreise aus dem Verfolgerstaat ein längerer Zeitraum vergeht.[17] Eine Ausnahme besteht jedoch bei **Nachfluchttatbeständen**. Hierbei ist zu unterscheiden zwischen objektiven und subjektiven Nachfluchtgründen. Objektive Nachfluchtgründe sind solche, die unabhängig von der Person im Herkunftsstaat ausgelöst wurden, beispielsweise durch einen Putsch und damit einhergehenden Regierungswechsel.[18] Diese objektiven Nachfluchtgründe ergeben regelmäßig keinerlei Schwierigkeiten bei der Frage, ob eine Verfolgung vorliegt. Beispiele für subjektive Nachfluchtgründe sind das Engagement in einer exilpolitischen Partei oder die Konversion zu einer anderen Religion.

! **Examenswissen**

Solche Gründe sind für die Asylberechtigung aber nur dann maßgeblich, wenn sie „sich als Ausdruck und Fortführung einer schon während des Aufenthalts im Heimatstaat vorhandenen und erkennbar betätigten festen Überzeugung darstellen, mithin als notwendige Konsequenz einer

---

14 BVerfG, Beschl. v. 2.7.1980, Az.: 1 BvR 147/80, Rn. 54.
15 BVerwG, Urt. v. 18.2.1997, Az.: 9 C 9/96, Rn. 12.
16 BVerwG, Urt. v. 29.11.1977, Az.: I C 33.71, Rn. 10.
17 BVerfG, Beschl. v. 12.2.2008, Az.: 2 BvR 2141/06, Rn. 20.
18 BVerfG, Beschl. v. 26.11.1986, Az.: 2 BvR 1058/85, Rn. 38.

Saskia Ebert

dauernden, die eigene Identität prägenden und nach außen kundgegebenen Lebenshaltung erscheinen".[19]

4. Verfolgungsakteur

Asylerhebliche Verfolgung ist grundsätzlich Verfolgung, die vom **Staat** ausgeht.[20] Handlungen von **Dritten**, also nicht staatlichen, sondern privaten Akteuren, stellen dann Verfolgung dar, „wenn der Staat Einzelne oder Gruppen zu Verfolgungsmaßnahmen anregt oder derartige Handlungen unterstützt, billigt oder tatenlos hinnimmt und damit dem Betroffenen den erforderlichen Schutz versagt, weil er hierzu nicht willens oder nicht in der Lage ist".[21]

Beispiel: Als Verfolgung durch nichtstaatliche Akteure ist in der Rechtsprechung die Verfolgung durch die Taliban in Afghanistan anerkannt. Hierbei kann angenommen werden, dass der Staat nicht in der Lage ist, Personen vor Verfolgung durch die Taliban zu schützen.[22]

Examenswissen

Lange Zeit war es umstritten, ob Familien oder einzelne Personen auch Verfolgungsakteure darstellen können. Dies hat sich jedoch mit der Rechtsprechung des BVerwG aus dem Jahr 2006 geändert. Seitdem sind die gleichen Voraussetzungen, wie sie an nichtstaatliche Akteure zu stellen sind, auch auf Privatpersonen übertragbar.[23]

5. Inländische Fluchtalternative

Von der Asylberechtigung sind solche Personen ausgeschlossen, die Schutz vor Verfolgung in einem anderen Gebiet des Herkunftsstaats finden können (sogenannte **inländische Fluchtalternative**).[24]

Examenswissen

Damit ein Gebiet als interne Schutzalternative gelten kann, muss die schutzsuchende Person dort hinreichend sicher vor politischer Verfolgung sein und es dürfen ihr dort auch keine anderen Nachteile und Gefahren drohen, die nach ihrer Intensität und Schwere grundlegende Menschen-

---

19 BVerfG, Beschl. v. 26.11.1986, Az.: 2 BvR 1058/85, Rn. 43.
20 BVerfG, Beschl. v. 10.7.1989, Az.: 2 BvR 502/86, Rn. 40.
21 BVerfG, Beschl. v. 2.7.1980, Az.: BvR 147/80, Rn. 48.
22 VG Würzburg, Urt. v. 17.3.2017, Az.: W 1 K 16.30817, Rn. 20.
23 BVerwG, Urt. v. 18.7.2006, Az.: 1 C 15.05, Rn. 21.
24 BVerfG, Beschl. v. 10.7.1989, Az.: 2 BvR 502/86, Rn. 61.

rechte verletzen könnten.[25] Entscheidend ist zudem, dass es für die betroffenen Personen möglich ist, ihr Existenzminimum zu sichern.[26] Dann kann von ihnen vernünftigerweise erwartet werden, sich dort aufzuhalten.[27]

6. Schutzbereichsbegrenzung: Art. 16a II 1 GG

Asylsuchende, die bereits in einem anderen **sicheren Drittstaat** Schutz erlangen
könnten, sind von der Asylberechtigung gemäß Art. 16a I GG ausgeschlossen. Solche Staaten sind gemäß Art. 16a II 1 GG insbesondere die der Europäischen Union, aber auch andere Staaten, in denen die Anwendung der Europäischen Menschenrechtskonvention und der Genfer Flüchtlingskonvention sichergestellt ist.

II. Politische Verfolgung

Die Verfolgung muss zudem auch eine politische sein.

i Weiterführendes Wissen

In dem Urteil 9 C 36/83 vom 17.5.1983[28] setzt sich das BVerwG näher mit der verfassungsverglei-
chenden und historischen Auslegung des damaligen Art. 16 II GG auseinander. Das verfassungsrechtlich gewährleistete Asylrecht sei zu einer Zeit konzipiert worden, in der Erinnerungen an
Vertreibung und Verfolgung von Personen aufgrund rassistischer Gründe, Religion und politischen Überzeugung noch deutlich spürbar gewesen seien. Zu dieser Zeit seien auch Gesetze entstanden, die Wiedergutmachung für diejenigen gewährleisten, die durch den Nationalsozialismus aufgrund der gleichen Merkmale, wie sie die GFK nennt, Verfolgung erlebt haben. Der
Verfassung immanent sei die Wertung, dass „kein Staat das Recht hat, Leib, Leben oder die persönliche Freiheit des einzelnen aus Gründen zu gefährden oder zu verletzen, die allein in seiner
politischen Überzeugung oder religiösen Grundentscheidung (…) liegen". Diese Wertung spiege-
le Art. 3 III GG für die innerstaatliche Rechtsordnung wider. Art. 16a GG gewähre solchen Personen Schutz, die Verfolgung aufgrund eines in Art. 3 III GG genannten Merkmals im Ausland erlebt haben.

25 Bergmann, in: Bergmann/Dienelt, Ausländerrecht, 13. Aufl. 2020, Art. 16a Rn. 67.
26 BVerfG, Beschl. v. 24.3.1997, Az.: 2 BvR 1024/95, Rn. 19.
27 Tiedemann, Flüchtlingsrecht, 2. Aufl. 2019, 3.2.1.8.
28 BVerwG, Urt. v. 17.5.1983, Az.: 9 C 36/83.

Saskia Ebert

Während das BVerwG bei der Bestimmung des Begriffs politischer Verfolgung im Wesentlichen auf die **Intention** des Verfolgers abstellte und politische Verfolgung dann bejahte, wenn die Verfolgungshandlung darauf abzielte, die betreffende Person gerade in ihrem asylerheblichen Merkmal wie der Religion oder politischen Überzeugung zu treffen,[29] vertritt das BVerfG einen **objektiven Ansatz**.[30] Demnach ist die Intensität der Maßnahme entscheidend und wird im Zusammenspiel mit einer gezielt das asylerhebliche Merkmal betreffenden Handlung zur politischen Verfolgung.[31] Diesem Ansatz ist nun auch das BVerwG gefolgt.

B. Eingriff

Eingriffe in das Asylgrundrecht gemäß Art. 16a I GG sind alle staatlichen Maßnahmen, die den Aufenthalt der schutzsuchenden Person in Deutschland verhindern.[32] Diese können sowohl in der **Abweisung** an der deutschen Grenze liegen[33] als auch in jeglicher Maßnahme, die zu einer **Aufenthaltsbeendigung** führt, beginnend mit der Ablehnung eines Asylantrags[34] bis zur Ausweisung aus dem Bundesgebiet.[35]

Examenswissen   !

Trotz des abwehrrechtlichen Charakters des Grundrechts auf Asyl enthält Art. 16a GG auch eine beschränkte Leistungsdimension.[36] Dies wird erkennbar in dem durch Art. 16a GG gewährten Recht auf die **faire Ausgestaltung des behördlichen Verfahrens** zur Prüfung der Asylberechtigung, um effektiven Zugang zum Schutz durch den Aufnahmestaat zu erhalten.[37] Damit die Gestaltung des Asylverfahrens den Anforderungen aus Art. 16a GG genügt, muss es sachgerecht, geeignet und zumutbar gestaltet sein.[38] Rechte, die aus der Asylgewährung resultieren, müssen jedoch über andere Grundrechte geltend gemacht werden.[39] Bei der Frage, wie die Sozialleistungen von Asylbewerber:innen nach dem AsylbLG ausgestaltet sein müssen, bezog sich das BVerfG

---

29 BVerwG, Urt. v. 17.5.1983, Az.: 9 C 36/83, Rn. 21.
30 Becker, in: v. Mangoldt/Klein/Starck, Grundgesetz, 7. Aufl. 2018, Art. 16a Rn. 40 f.
31 BVerfG, Beschl. v. 10.7.1989, Az.: 2 BvR 502/86, Rn. 42.
32 Wittreck, in: Dreier, Grundgesetz-Kommentar, 3. Aufl. 2013, Art. 16a Rn. 92.
33 BVerfG, Beschl. v. 25.8.1992, Az.: 2 BvR 1433/92, Rn. 18.
34 BVerfG, Beschl. v. 10.7.1989, Az.: 2 BvR 502/86, Rn. 92.
35 Gärditz, in: Dürig/Herzog/Scholz, 95. EL 2021, Art. 16a Rn. 318.
36 Gärditz, in: Dürig/Herzog/Scholz, 95. EL 2021, Art. 16a Rn. 183.
37 Wittreck, in: Dreier (Hrsg.), GG-Kommentar, 3. Aufl. 2013, Art. 16a Rn. 123.
38 BVerfG, Urt. v. 14.5.1996, Az.: 2 BvR 1938/93, Rn. 118.
39 Gärditz, in: Dürig/Herzog/Scholz, 95. EL 2021, Art. 16a Rn. 185.

Saskia Ebert

auf Art. 1 I GG i.V.m Art. 20 I GG.[40] Das Recht auf ausreichende Versorgung mit Lebensmitteln ergibt sich aus Art. 2 II 1 GG.[41]

C. Rechtfertigung

Ob Art. 16a GG klassische Gesetzesvorbehalte enthält[42] oder verfassungsimmanenten Schranken unterliegt, ist umstritten.[43] Zumindest ist das Grundrecht auf Asyl über Art. 16a II und III GG einschränkbar.

Der Gesetzgeber hat gemäß Art. 16a II 2 GG die Möglichkeit, Staaten, die keine Mitgliedstaaten der Europäischen Union sind, **per Gesetz zu sicheren Drittstaaten** zu erklären. Folge dessen ist, dass schutzsuchende Personen, die über eines dieser Länder einreisen, keinen Anspruch auf Asylgewährung gemäß Art. 16a I GG haben. Ein Staat kann dann sicherer Drittstaat werden, wenn er den in Art. 16a II 1 GG genannten völkerrechtlichen Verträgen beigetreten ist und sichergestellt werden kann, dass die schutzsuchende Person nicht in den Verfolgerstaat abgeschoben wird.[44]

Gemäß Art. 16a III 1 GG besteht zudem die Möglichkeit, dass die Gesetzgebung Staaten per **Zustimmungsgesetz** zu sicheren Herkunftsstaaten bestimmt. Dies hat zur Folge, dass grundsätzlich die Vermutung gilt, dass in diesen Staaten keine politische Verfolgung stattfindet. Antragsteller:innen haben jedoch die Möglichkeit, diese Vermutung zu widerlegen.

Art. 16a IV GG beschränkt die **Rechtsschutzmöglichkeiten** von Personen, die aus sicheren Herkunftsstaaten kommen, sowie von Personen, deren Antrag als offensichtlich unbegründet abgelehnt wurde. Dies stelle eine „Begrenzung des verfahrensrechtlichen Schutzbereichs der Asylgewährleistung" dar,[45] und beschränke zudem den aus Art. 19 IV GG gewährleisteten effektiven Rechtsschutz.[46]

40 BVerfG, Urt. v. 18.7.2012, Az.: 1 BvL 10/10, Rn. 62.
41 Von Coelln, in: Gröpl/Windthorst/von Coelln, Studienkommenar GG, 3. Aufl. 2017, Art. 16a Rn. 14.
42 Von Coelln, in: Gröpl/Windthorst/von Coelln, Studienkommentar GG, 3. Aufl. 2017, Art. 16a Rn. 17.
43 Gärditz, in: Dürig/Herzog/Scholz, 95. EL 2021, Art. 16a Rn. 432.
44 BVerfG, Urt. v. 14.5.1996, Az.: 2 BvR 1938/93, Rn. 170.
45 BT-Drs. 12/4152, 4.
46 Becker, in v. Mangoldt/Klein/Starck/, Grundgesetz, 7. Aufl. 2018, Art. 16a Rn. 207.

Saskia Ebert

Weiterführendes Wissen

Die durch die Asylrechtsreform eingeführten Beschränkungen stießen auf viel Kritik, da der Zugang zum Grundrecht auf Asyl deutlich erschwert wurde.[47] Das BVerfG stellte jedoch die Vereinbarkeit der Neuregelungen mit den grundgesetzlichen Vorgaben zu Verfassungsänderungen fest.[48]

D. Europäische und internationale Bezüge

Die nationalen Regelungen zur Zuerkennung der Asylberechtigung aus Art. 16a GG haben nicht nur aufgrund der Einschränkungen aus den Absätzen 2–4 wenig praktische Bedeutung, sondern auch aufgrund der immer stärker werdenden Europäisierung der Asyl- und Migrationspolitik.

Weiterführendes Wissen

Bereits 1999 einigte sich der Europäische Rat darauf, ein Gemeinsames Europäisches Asylsystem (GEAS) zu schaffen.[49] Durch das 1985 beschlossene Schengen-Abkommen wurden Kontrollen an den Innengrenzen Europas abgeschafft, was aber auch, als unerwünschten Nebeneffekt, illegale Migration förderte und einheitliche Regelungen für den Umgang mit schutzsuchenden Personen notwendig machte. In den Jahren 2005 und 2007 wurde in Deutschland die Richtlinie des Rates 2004/83/EG – die Qualifikationsrichtlinie – in nationales Recht umgesetzt,[50] was zur Folge hatte, dass die Voraussetzungen, unter denen Personen internationaler Schutz zu gewähren ist, erstmals in der Europäischen Gemeinschaft einheitlich und verbindlich geregelt wurden. Inzwischen wurde die RL 2004/83/EG durch die RL 2011/95/EU abgelöst und in § 3 und § 4 AsylG in nationales Recht umgesetzt. § 3 und § 4 des AsylG bestimmen, unter welchen Voraussetzungen Personen als Flüchtling oder als subsidiär schutzberechtigt anerkannt werden können. Die unionsrechtliche Grundlage führt dazu, dass die Regelungen des Asylrechts nicht am Maßstab des deutschen Verfassungsrechts, sondern an der **europäischen Grundrechtecharta** zu messen sind.[51]

---

47 Renner, NVwZ 1994, 452.
48 BVerfG, Urt. v. 14.5.1996, Az.: 2 BvR 1938/93, Rn. 199.
49 Progin-Theuerkauf, in: Groeben/Schwarze/Hatje: Europäisches Unionsrecht, 7. Aufl. 2015, Vorbemerkungen zu den Artikeln 77 bis 80 Rn. 5.
50 Tiedemann, ZAR 2009, 161 (166).
51 Gärditz, in: Dürig/Herzog/Scholz, Grundgesetz-Kommentar, 95. EL 2021, Art. 16a Rn. 114.

Saskia Ebert

Zusammenfassung: Die wichtigsten Punkte

- Damit eine Person als asylberechtigt anerkannt werden kann, muss sie in ihrem Herkunftsland verfolgt sein, diese Verfolgung muss politisch sein, die Ausreise aus dem Herkunftsland muss in Verbindung mit der Verfolgung stehen und sie darf keine Fluchtalternative in ihrem Herkunftsland haben.
- Das Asylgrundrecht kann eingeschränkt werden, wenn die Person vor ihrer Ankunft in Deutschland in einem anderen Staat sicher vor Verfolgung gewesen ist. Solche Staaten sind die Mitgliedsstaaten der EU und Staaten, die der Gesetzgeber zu sicheren Drittstaaten erklärt hat.
- Zu unterscheiden ist die Zuerkennung eines Rechts auf Asyl gemäß Art. 16a GG von der Anerkennung als international schutzberechtigter Person gemäß § 3 und § 4 AsylG. Maßnahmen, die auf dem Asylgesetz beruhen, müssen aufgrund der unionsrechtlichen Grundlage am Maßstab der GRCh gemessen werden.

Weiterführende Studienliteratur

- Andreas Meßmann/Thorsten Kornblum, Grundfälle zu Art. 16, Art. 16a GG, Jus 2009, S. 688–691

Saskia Ebert

§ 26 Justiz & Verfahren

Damit die Grundrechte in der Praxis Wirkung entfalten, müssen sie im Konfliktfall durchsetzbar sein. Aus dem Rechtsstaatsprinzip folgt, dass der Staat hierfür vorhersehbare und überprüfbare Verfahren zur Verfügung stellen muss. Grundrechtlich wird dies durch die sogenannten Verfahrensgrundrechte abgesichert.

Mehrere Bereiche judizieller Gewährleistungen sind zu unterscheiden: Den **Zugang** zu einem effektiven Verfahren sichern die Rechtsweggarantie (Art. 19 IV 1 GG) und der allgemeine Justizgewährungsanspruch.[1] Für eine angemessene **Durchführung** des Gerichtsverfahrens sorgen die Verfahrensrechte vor Gericht. Hierbei ist weiter zu differenzieren: In allen Gerichtszweigen gilt das Recht auf den:die gesetzliche:n Richter:in (Art. 101 I 2 GG) und auf rechtliches Gehör (Art. 103 I GG). Im **Strafrecht** gibt es aufgrund der hohen Eingriffsintensität zusätzliche Vorgaben; verboten sind eine Strafe ohne Gesetz (nulla poena sine lege, Art. 103 II GG) und eine mehrmalige Bestrafung wegen derselben Tat (ne bis in idem, Art. 103 III GG).

Der folgende Abschnitt vermittelt die Grundzüge und dogmatischen Besonderheiten dieser zentralen Bereiche. Daneben gibt es eine Reihe weiterer Gewährleistungen mit Verfahrenscharakter. Diese werden an anderen Stellen des Lehrbuchs vertieft behandelt (Petitionsrecht aus Art. 17 GG[2], Art. 14 III 4 GG[3]) oder wegen ihrer geringen Klausurrelevanz ausgeklammert (Fair-trial Grundsatz aus Art. 6 I EMRK, Gebot prozessualer Waffengleichheit aus Art. 3 I GG i.V.m. dem Rechtsstaatsprinzip, Art. 34 S. 3 GG).

Die Verfahrensgrundrechte sind ein zentraler Baustein eines rechtsstaatlichen Justizsystems. Ihre Bedeutung zeigt sich vor allem in der Praxis. Viele Verfassungsbeschwerden rügen eine Verletzung von Verfahrensgrundrechten. Dies überrascht nicht, sichern diese doch den **Minimalstandard an Rechtsschutz**. Judizielle Gewährleistungen kommen vor allem dann zum Zuge, wenn kein oder kein effektives Rechtsschutzverfahren zur Verfügung steht oder Vorgaben innerhalb des Verfahrens unterlaufen wurden. Dies ist beispielsweise im Bereich staatlicher Überwachung oder in Rechtsgebieten der Fall, die von Besonderheiten wie beschleunigten Verfahren – das Migrationsrecht – oder weiten behördlichen Beurteilungs- und Ermessensspielräumen – das Umweltrecht – geprägt sind. Wie wichtig schnelle Rechtsschutzmöglich-

---

1 Anschaulich mit graphischer Übersicht Epping, Grundrechte, 8. Aufl. 2019, Kap. 18 Rn. 913.
2 Siehe Gerbig, § 20.5, in diesem Lehrbuch.
3 Siehe Eisentraut, § 21.1, in diesem Lehrbuch.

keiten gegen Grundrechtseinschränkungen sind, zeigte nicht zuletzt die Covid-19-Pandemie: Die Zahl der Eilverfahren[4] vor dem BVerfG stieg auf ein Rekordniveau.

Daneben sind Verfahrensgrundrechte auch in rechtspolitischer Hinsicht bedeutsam: Sie geben die **Rahmenbedingungen für rechtsstaatliche Verfahren** und die Ausgestaltung des Rechtsschutzsystems insgesamt vor. Reformen des Prozessrechts oder der Justiz – ganz aktuell im Zuge der Digitalisierung oder europäische Impulse für mehr kollektiven Rechtsschutz – müssen sich an ihnen messen lassen. Auch aktuell geplante Reformen des Strafverfahrens und der Strafprozessordnung – zum Beispiel die Wiederaufnahme trotz eines rechtskräftigen Freispruchs – berühren Verfahrensgrundrechte.

Systematisch haben die Rechte innerhalb des Gerichtsverfahrens (Art. 101 I 1 GG; Art. 103 I GG) und im Strafverfahren (Art. 103 II, III GG) als speziellere Regelungen Vorrang vor der Rechtsweggarantie (Art. 19 IV 1 GG); der allgemeine Justizgewährungsanspruch hat eine Auffangfunktion. Ohne Folgen für die Prüfung in der Klausur ist dabei, dass Art. 101 I 1 GG und Art. 103 I GG nur grundrechtsgleiche Rechte sind. Die **Abgrenzung** der einzelnen Gewährleistungen ist nicht ganz einfach. Insbesondere der Anspruch auf rechtliches Gehör und die Rechtsweggarantie überschneiden sich inhaltlich. Eine Leitfrage kann Orientierung geben: Geht es um Ansprüche **auf** Verfahren, also um das „Ob" des gerichtlichen Rechtsschutzes (dann: Art. 19 IV 1 GG) oder um Ansprüche **im** Verfahren, also das „Wie" des gerichtlichen Rechtsschutzes (dann: Art. 101 I 1, 103 GG)?[5]

Die Verfahrensgrundrechte sind keine reinen Abwehrrechte gegen den Staat, sondern haben eine **leistungsrechtliche** Dimension[6]. Sie sichern einen Anspruch auf positives Tun des Staates, konkret auf effektiven, wirksamen und gleichen Rechtsschutz (Art. 19 IV 1 GG), auf den:die gesetzliche:n Richter:in (Art. 101 I 1 GG) und auf rechtliches Gehör (Art. 103 I GG).

---

4 Siehe Linke, § 11, in diesem Lehrbuch.
5 BVerfG, Beschl. v. 30.4.2003, Az.: 1 PBvU 1/02, Rn. 40 = BVerfGE 107, 395 (409) – Rechtsschutz gegen den Richter I; Uhle, in: Merten/Papier, Handbuch der Grundrechte, Bd. V, 2013, § 129 Rn. 2ff.
6 Siehe Ruschemeier, § 1 B., in diesem Lehrbuch.

§ 26.1 Rechtsschutz – Art. 19 IV GG

Notwendiges Vorwissen: Grundrechtsfunktionen, Grundrechtsberechtigung (juristischer Personen)

Lernziel: verstehen, was effektiver Rechtsschutz gegen die öffentliche Gewalt umfasst, den besonderen Prüfungsaufbau der Rechtsweggarantie als Verfahrens- und Leistungsgrundrecht beherrschen und auf neue Themen anwenden können

---

Für dieses Kapitel gibt es frei zugängliche interaktive Übungen. Halte einfach deine Smartphone-Kamera vor den Kasten mit den Punkten (QR-Code).

Art. 19 IV GG enthält die Rechtsweggarantie. Die Vorschrift besteht aus drei Sätzen: Die zentrale Vorschrift ist Satz 1, Satz 2 und 3 enthalten Sondervorschriften. Nach Art. 19 IV 1 GG steht der Rechtsweg jeder Person offen, die sich durch die öffentliche Gewalt in ihren Rechten verletzt sieht. Das Grundrecht ist schrankenlos gewährleistet und kann nur durch die verfassungsimmanenten Schranken[1] – die Grundrechte Dritter oder kollidierendes Verfassungsrecht – beschränkt werden. Dogmatisch besonders ist dabei, dass die Rechtsschutzgarantie ein Verfahrens- und Leistungsgrundrecht[2] ist.

Klausurtaktik ❗

Diese dogmatischen Besonderheiten haben Konsequenzen für den Prüfungsaufbau. Erstens hat die Rechtsweggarantie als **Verfahrensgrundrecht** den Zweck, andere Grundrechte durchzusetzen. Die Verletzung dieser anderen Grundrechte muss möglich erscheinen. Um in der Klausur Inzidenzprüfungen zu vermeiden, bietet sich eine Prüfung von Art. 19 IV 1 GG am Ende an.

Zweitens ist die Rechtsweggarantie nach herrschender Meinung ein **Leistungsgrundrecht**.[3] Wer diese dogmatische Besonderheit im Prüfungsaufbau deutlich machen möchte, kann einen

---

1 Siehe Milas, § 6 C.II.3., in diesem Lehrbuch.
2 Siehe Ruschemeier, § 1 B., in diesem Lehrbuch.
3 BVerfG, Beschl. v. 27.10.1999, Az.: 1 BvR 385/90, Rn. 70 = BVerfGE 101, 106 (123) – Akteneinsichtsrecht.

zweistufigen Anspruchsaufbau wählen.[4] In einem ersten Schritt sind die Anspruchsvoraussetzungen zu prüfen. In einem zweiten Schritt sind die Anspruchsinhalte darzulegen und zu erörtern, ob diese versagt wurden. Sofern die Versagung dem Schutze kollidierender Güter von Verfassungsrang dient und/oder unverhältnismäßig ist, liegt eine Verletzung des Grundrechts vor. Ebenso möglich ist die *dreistufige, abwehrrechtliche Prüfung.*[5] Wer den abwehrrechtlichen Aufbau bevorzugt, muss die Anspruchsvoraussetzungen und die Anspruchsinhalte im Rahmen des Schutzbereichs erörtern. Um die beiden möglichen Aufbauvarianten zu illustrieren, wählt dieses Kapitel den Anspruchsaufbau und das Kapitel zu den Verfahrensgrundrechten vor Gericht den abwehrrechtlichen Aufbau.

A. Anspruchsvoraussetzungen

Der Rechtsschutzanspruch setzt voraus, dass jemand durch die öffentliche Gewalt in eigenen Rechten verletzt ist.

I. Jemand

Der geschützte Personenkreis ist in Art. 19 IV 1 GG weit mit „jemand" bezeichnet. Grundrechtsberechtigt sind folglich alle **natürlichen Personen**; auf die deutsche Staatsangehörigkeit kommt es nicht an.[6] Inländische juristische Personen[7] können sich auf Grundlage von Art. 19 III GG ebenfalls auf die Rechtsweggarantie berufen.

! **Examenswissen**

In zwei Konstellationen ist die Grundrechtsberechtigung strittig: bei ausländischen juristischen Personen des Privatrechts und bei juristischen Personen des öffentlichen Rechts. Die herrschende Meinung bejaht die Grundrechtsberechtigung von **ausländischen juristischen Personen.**[8] Bei **juristischen Personen des öffentlichen Rechts** ist mit der Rechtsprechung des BVerfG zu diffe-

---

4 So bei Classen, Staatsrecht II, 2018, § 16; Manssen, Staatsrecht II, 18. Aufl. 2021, § 31. Ebenso und mit Erklärung des Aufbaus Petersen, Deutsches und Europäisches Verfassungsrecht II, 2019, § 6 Rn. 4.
5 So bei Michael/Morlok, Grundrechte, 7. Aufl. 2020, Schema 29–31, 504 ff.; Epping, Grundrechte, 8. Aufl. 2019, Kap. 18.
6 BVerfG, Beschl. v. 18.7.1973, Az.: 1 BvR 23, 155/73, Rn. 64 = BVerfGE 35, 382 (401) – Ausländerausweisung.
7 Siehe Ramson, § 3 A.II., in diesem Lehrbuch.
8 Ipsen, Staatsrecht II, 23. Aufl. 2020, § 20 Rn. 876 m.w.N.

Lisa Hahn

renzieren: Sie können sich grundsätzlich nicht auf Grundrechte berufen.[9] Etwas anderes gilt ausnahmsweise, wenn sie einem geschützten Lebensbereich unmittelbar zuzuordnen ist, etwa die öffentlich-rechtlichen Rundfunkanstalten der Rundfunkfreiheit (Art. 5 I 2 GG).[10] Die Argumente decken sich mit den allgemeinen Überlegungen zur Grundrechtsberechtigung juristischer Personen[11].

II. Rechtsverletzung

Art. 19 IV 1 GG setzt ferner voraus, dass jemand „in seinen Rechten verletzt" wird. Der Begriff der „Rechte" ist weit zu verstehen: Gemeint sind nicht nur Grundrechte, sondern alle **öffentlichen und privaten Rechte mit individualschützendem Charakter**. Eine Vorschrift ist individualschützend, wenn sie zumindest auch Individualinteressen zu dienen bestimmt ist. Für eine Berufung auf Art. 19 IV 1 GG muss die Rechtsverletzung noch nicht sicher feststehen. Denn dies soll gerade in dem angestrebten Verfahren geklärt werden. Daher ist die Rechtsweggarantie bereits anwendbar, wenn die Rechtsverletzung möglich erscheint.

Weiterführendes Wissen

Art. 19 IV 1 GG gilt als „Systementscheidung für den Individualrechtsschutz"[12]. Allerdings führt die individualrechtliche Ausgestaltung von Rechtsschutz dann zu Problemen, wenn Einzelne sich in ihren Rechten verletzt sehen, aber nicht klagen wollen oder können. Rechtsschutzdefizite entstehen außerdem bei Gemeinschaftsgütern wie der Umwelt, die sich nicht selbst vor Gericht verteidigen kann.[13] Kollektiver Rechtsschutz wie Verbandsklagen können eine Lösung sein. Verbandsklagen gibt es inzwischen im Umwelt-, Naturschutz- und Tierschutzrecht sowie vereinzelt im Sozialrecht.

---

9 BVerfG, Beschl. v. 19.8.2011, Az.: 2 BvG 1/10, Rn. 39 = BVerfGE 129, 108 (118) – Legislativstreit Schuldenbremse.
10 BVerfG, Urt. v. 12.3.2003, Az.: 1 BvR 330/96, Rn. 34 = BVerfGE 107, 299 (310 f.).
11 Siehe Ramson, § 3 A.III., in diesem Lehrbuch.
12 BVerfG, Beschl. v. 1.10.2008, Az.: 1 BvR 2466/08, Rn. 22.
13 Siehe zu grundrechtlichen Bezügen von Umwelt- und Klimaschutz Senders, § 18.4., in diesem Lehrbuch.

Lisa Hahn

III. Öffentliche Gewalt

Schließlich muss die mögliche Rechtsverletzung „durch die öffentliche Gewalt"
erfolgt sein. Damit fallen Rechtsstreitigkeiten zwischen Privaten aus dem Anwendungsbereich; für diese gilt der allgemeine Justizgewährungsanspruch.

Fraglich ist hingegen, wie der Begriff der „öffentlichen Gewalt" zu verstehen
ist und ob alle drei Gewalten – Exekutive, Judikative, Legislative – umfasst sind.
Der **Wortlaut** von Art. 19 IV 1 GG legt zunächst ein weites Verständnis nahe. Die
Vorschrift regelt ohne jegliche Einschränkung Rechtsschutz gegen die „öffentliche Gewalt". Ein weites Verständnis wäre auch in systematischer Hinsicht konsequent. Denn an anderen Stellen, zum Beispiel bei der Verfassungsbeschwerde
gemäß Art. 93 I 1 Nr. 4a GG, meint „öffentliche Gewalt" Akte der Exekutive, der
Judikative und der Legislative. Für eine restriktive Auslegung und Beschränkung
auf die „vollziehende Gewalt" im Sinne des Art. 20 III GG sprechen hingegen die
Systematik der Rechtsschutzvorschriften des Grundgesetzes und der **Sinn und
Zweck** von Art. 19 IV 1 GG.

1. Legislative: Keine Gesetzgebungsakte, aber Parlamentsverwaltung

Wären Akte der Legislative von Art. 19 IV 1 GG erfasst, hätten Einzelne einen Anspruch auf die Überprüfung eines Gesetzes durch die Fachgerichte. Laut BVerfG
gilt die Rechtsschutzgarantie aber nicht gegen die Legislative.[14] Dies betrifft allerdings nur die Kernaufgabe der Legislative, die Gesetzgebung. Wird die Legislative
verwaltend tätig, handelt es sich um „vollziehende" und damit „öffentliche Gewalt" im Sinne des Art. 19 IV 1 GG. Dies umfasst Akte der Parlamentsverwaltung.[15]

! **Examenswissen**
Hintergrund ist ein systematisches Argument: Ein Anspruch auf die Überprüfung von Gesetzen
fügt sich nicht in die geregelten Rechtsschutzarten. Rechtsschutz gegen Akte der Legislative ist
bereits explizit mit der Verfassungsbeschwerde (Art. 93 I Nr. 4a GG), der abstrakten Normenkontrolle (Art. 93 I Nr. 2 GG) und der konkreten Normenkontrolle (Art. 100 I GG) möglich. Diese Regelungen sind laut BVerfG abschließend.

---

14 BVerfG, Urt. v. 25.6.1968, Az.: 2 BvR 251/63, Rn. 54 = BVerfGE 24, 33 (49) – AKU-Beschluss. Kritisch zu dieser engen Auslegung und für eine Einbeziehung der Gesetzgebung argumentiert die
Literatur, siehe nur m.w.N. Papier, in: Isensee/Kirchhof, Handbuch des Staatsrechts, Bd. VIII
2010, § 177 Rn. 40.
15 Jarass, in: ders./Pieroth, GG, 16. Aufl. 2020, § 19 Rn. 44.

Lisa Hahn

2. Judikative: Keine spruchrichterliche Tätigkeit, aber Justizverwaltung

Ähnliche Maßstäbe, aber mit einer anderen Begründung, gelten für die Judikative. Die Judikative generell als „öffentliche Gewalt" im Sinne des Art. 19 IV 1 GG zu begreifen, widerspräche dem **Sinn und Zweck** der Regelung. Denn die Rechtsfolge von Art. 19 IV 1 GG ist ein Anspruch auf gerichtliche Kontrolle. Bestünde ein Anspruch auf gerichtliche Kontrolle gegen die Gerichte, würde dies zu einer unendlichen Rechtsschutzkette führen. Art. 19 IV 1 GG garantiert daher nur Rechtsschutz **durch** die Gerichte und nicht **gegen** die Gerichte.[16] Dies gilt jedenfalls für die Kernaufgabe der rechtsprechenden Gewalt, die spruchrichterliche Tätigkeit.[17] Kennzeichnend hierfür ist die letztverbindliche Klärung der Rechtslage in einem Streitfall im Rahmen besonders geregelter Verfahren. Werden Gerichte **außerhalb ihrer spruchrichterlichen** Aufgaben verwaltend tätig, müssen sie sich an Art. 19 IV 1 GG messen lassen.

Beispiel: Auskünfte an Dritte im laufenden Verfahren[18], Akte von Rechtspfleger:innen[19], Justizverwaltungsakte der Kostenbeamt:innen in den Geschäftsstellen der Gerichte[20]

3. Schutz gegen die vollziehende Gewalt

In den Anwendungsbereich von Art. 19 IV 1 GG fällt folglich die vollziehende Gewalt im weitesten Sinne. Erfasst ist **typisches Exekutivhandeln** – Verwaltungsakte, Realakte, Rechtsverordnungen oder Satzungen – sowie Regierungshandeln.[21] Ferner zählen Anordnungen der **Staatanwaltschaft** als Strafverfolgungsbehörden zur Exekutive, obwohl sie in die Justiz eingegliedert ist.[22] Allerdings gelten auch bei Exekutivhandeln **Einschränkungen**: Art. 19 IV 1 GG findet keine Anwendung, wenn die Verwaltung nicht hoheitlich tätig wird, sondern beispielsweise erwerbswirtschaftlich im Rahmen des Verwaltungsprivatrechts öffentliche Aufträge vergibt.[23]

---

16 BVerfG, Beschl. v. 30.4.2003, Az.: 1 PBvU 1/02, Rn. 22 = BVerfGE 107, 395 (403) – Rechtsschutz gegen den Richter I.

17 BVerfG, Beschl. v. 2.12.2014, Az.: 1 BvR 3106/09, Rn. 17 = BVerfGE 138, 33–45.

18 BVerfG, Beschl. v. 2.12.2014, Az.: 1 BvR 3106/09, Rn. 19 = BVerfGE 138, 33–45.

19 BVerfG, Beschl. v. 18.1.2000, Az.: 1 BvR 321/96, Rn. 38 = BVerfGE 101, 397 (407) – Kontrolle des Rechtspflegers.

20 BVerfG, Beschl. v. 28.1.1970, Az.: 2 BvR 319/62, juris Rn. 14.

21 Manssen, Staatsrecht II, 18. Aufl. 2021, Rn. 809 ff.

22 BVerfG, Urt. v. 20.2.2000, Az.: 2 BvR 1444/00, Rn. 42 = BVerfGE 103, 142 (156) – Wohnungsdurchsuchung.

23 BVerfG, Beschl. v. 13.6.2006, Az.: 1 BvR 1160/03, Rn. 51 = BVerfGE 116, 135 (149) – Gleichheit im Vergaberecht.

Lisa Hahn

B. Anspruchsinhalt: „steht der Rechtsweg offen"

Liegen die Anspruchsvoraussetzungen vor, ist die Rechtsfolge von Art. 19 IV 1 GG, dass der „Rechtsweg offensteht". Das „Offenstehen" des Rechtswegs in Art. 19 IV 1 GG ist weiter zu verstehen, als der Wortlaut nahelegt: Das Grundrecht garantiert einen möglichst **lückenlosen und effektiven richterlichen Rechtsschutz** gegen Akte der öffentlichen Gewalt.[24] Dies umfasst den Zugang zu einem staatlichen Gericht, die Durchführung eines effektiven Gerichtsverfahrens und eine verbindliche und durchsetzbare Entscheidung. **Tatsächlich wirksam** ist die Kontrolle, wenn nicht nur die theoretische Möglichkeit besteht, die Gerichte anzurufen, sondern diese auch in der Praxis in Anspruch genommen werden kann und eine wirksame Kontrolle erfolgt.[25]

I. Zugang zu einem staatlichen Gericht

Der Rechtsweg muss zu einem staatlichen Gericht offenstehen. Ein **Gericht** ist eine Stelle, die unabhängig die rechtsprechende Gewalt ausübt und die Anforderungen der Art. 92 und 97 GG erfüllt. Privat eingerichtete Schlichtungsstellen oder Schiedsstellen zur alternativen Streitbeilegung genügen dem nicht.

Art. 19 IV 1 GG garantiert nur den **einmaligen Zugang** zu einem Gericht.[26] Kein Anspruch besteht auf den Zugang zu einem Gericht der Wahl oder auf eine gerichtliche Kontrolle durch mehrere Instanzen. Etwas anderes gilt nur, wenn die Gesetzgebung über dieses Mindestmaß hinausgegangen ist und in den Prozessordnungen mehrere Instanzen vorgesehen hat. In diesem Fall müssen sich Gerichte daran messen lassen und den Zugang zu diesen Instanzen ermöglichen.

Beispiel: Es erschwert den Zugang zu effektivem Rechtsschutz in unzumutbarer Weise, wenn ein Berufungsgericht überspannte Anforderungen an die Zulassung zur Berufung stellt, zum Beispiel den substantiierten Vortrag einer Asylsuchenden zur Sklaverei in ihrem Herkunftsstaat nicht ausreichen lässt.[27]

---

24 BVerfG, Beschl. v. 12.11.1958, Az.: 2 BvL 4, 26, 40/56, 1, 7/57, Rn. 202 = BVerfGE 8, 274 (326) – Preisgesetz; BVerfG, Beschl. v. 2.5.1984, Az.: 2 BvR 1413/83, Rn. 35 = BVerfGE 67, 43 (58) – Asylantrag.
25 BVerfG, Beschl. v. 19.6.1973, Az.: 1 BvL 39/69, Rn. 39 = BVerfGE 35, 263 (274) – Behördliches Beschwerderecht.
26 BVerfG, Beschl. v. 30.4.2003, Az.: 1 PBvU 1/02, Rn. 18 = BVerfGE 107, 395 (402) – Rechtsschutz gegen den Richter I.
27 BVerfG, Beschl. v. 25.9.2020, Az.: 2 BvR 854/20, Rn. 22.

Lisa Hahn

Art. 19 IV 1 GG gewährleistet nur ein Minimum des Rechtsschutzes und keinen unbegrenzten Rechtsschutzanspruch.[28] Der Zugang zu Gericht darf daher an Bedingungen geknüpft werden, wie sie Prozessordnungen mit **Zulässigkeitskriterien** aufstellen. Beispielsweise ist es sachlich gerechtfertigt, die Klage- oder Antragserhebung im Interesse der Rechtssicherheit von einer bestimmten Form abhängig zu machen oder zeitlich mit einer Frist zu beschränken.[29] Fristen dürfen nur nicht unangemessen kurz sein. Wer eine Frist wegen eines Fehlers des:der Anwält:in verpasst, muss sich das Verschulden zurechnen lassen.[30]

Ebenso ist es mit Art. 19 IV 1 GG grundsätzlich vereinbar, Rechtsschutz davon abhängig zu machen, dass ein gegenwärtiges **Rechtsschutzbedürfnis** besteht. Bei tiefgreifenden Grundrechtsverletzungen muss allerdings Rechtsschutz gegen erledigte Maßnahmen möglich sein.[31] Art. 19 IV 1 GG verpflichtet die Gerichte, das gesamte Prozessrecht rechtsschutzfreundlich auszulegen und anzuwenden, um wirkungsvollen Rechtsschutz zu gewährleisten.

II. Rechtzeitiger und zügiger Rechtsschutz

In zeitlicher Hinsicht ist Rechtsschutz nur wirksam, wenn er rechtzeitig kommt. Daher kann es geboten sein, **vorbeugenden Rechtsschutz** zu gewähren, noch bevor eine Rechtsverletzung eingetreten ist, um andernfalls drohende irreversible Schäden zu verhindern. Das gleiche gilt, wenn bereits ein Verfahren vor Gericht anhängig ist, aber das Abwarten der Gerichtsentscheidung zu einer erheblichen Rechtsverletzung führen würde. Dann ist **vorläufiger**/einstweiliger Rechtsschutz[32] zu gewähren. Ferner besteht ein Anspruch auf ein Verfahren in **angemessener** Zeit.

---

28 BVerfG, Beschl. v. 18.1.2000, Az.: 1 BvR 321/96, Rn. 40 = BVerfGE 101, 397 (408) – Kontrolle des Rechtspflegers; BVerfG, Beschl. v. 27.10.1999, Az.: 1 BvR 385/90, Rn. 74 = BVerfGE 101, 106 (125) – Akteneinsichtsrecht.

29 Zur Form und Frist einer Verfassungsbeschwerde siehe Linke, § 10 A. VII., in diesem Lehrbuch.

30 BVerfG, Beschl. v. 20.4.1982, Az.: 2 BvL 26/81, Rn. 52 ff., 158 ff. = BVerfGE 60, 253 – Anwaltsverschulden.

31 BVerfG, Beschl. v. 5.12.2001, Az.: 2 BvR 527/99, Rn. 34 = BVerfGE 104, 220 (232) – Rehabilitierung bei Abschiebungshaft.

32 Zu einstweiligem Rechtsschutz vor dem BVerfG siehe Linke, § 11, in diesem Lehrbuch.

Lisa Hahn

Beispiel: Schwerwiegende Folgen drohen im Migrationsrecht etwa bei einer Ausweisung oder deren zwangsweisen Durchsetzung, der Abschiebung.[33] Eine offensichtlich rechtswidrige Abschiebung kann die Behörde zur Rückholung verpflichten.[34]

III. Mitteilungs- und Auskunftspflichten

Damit Einzelne von ihrem Recht auf Rechtsschutz überhaupt Gebrauch machen können, müssen sie die staatliche Maßnahme zur Kenntnis nehmen.

Beispiel: Damit Art. 19 IV 1 GG bei Überwachung und heimlicher Datenerhebung nicht leerläuft, gelten Transparenzregelungen wie eine Benachrichtigungspflicht.[35]

Ob eine Rechtsverletzung vorliegt, können Gerichte nur effektiv überprüfen, wenn sie umfassende Informationen zu den Verwaltungsvorgängen haben. Behörden sind daher aus Art. 19 IV 1 GG zur Aktenvorlage und Auskunft verpflichtet. Eine Besonderheit gilt bei **geheimhaltungsbedürftigen Informationen**: Diese müssen nur dem Gericht, nicht hingegen den Rechtsschutzsuchenden selbst offengelegt werden (sogenanntes In-Camera-Verfahren).[36]

Beispiel: Informationen aus einer Sicherheitsüberprüfung durch den Verfassungsschutz

IV. Verfahren und Entscheidung

Die Rechtsschutzgarantie vermittelt grundsätzlich einen Anspruch auf eine **umfassende** gerichtliche Kontrolle der Sach- und Rechtslage. Ausnahmsweise **reduziert** ist der Prüfungsumfang im vorläufigen Rechtsschutz[37] und wenn die Verwaltung Beurteilungs- oder Ermessensspielräume[38] hat.

---

33 BVerfG, Beschl. v. 18.7.1973, Az.: 1 BvR 23, 155/73, Rn. 64 ff. = BVerfGE 35, 382 (401 ff.) – Ausländerausweisung.

34 OVG Nordrhein-Westfalen, Beschl. v. 15.8.2018, Az.: 17 B 1029/18.

35 BVerfG, Urt. v. 2.3.2010, Az.: 1 BvR 256, 263, 586/08, Rn. 242 = BVerfGE 125, 260 (335) – Vorratsdatenspeicherung. Siehe auch Petras, § 24.1 C.II., in diesem Lehrbuch.

36 Geregelt in § 99 VwGO, siehe zur Verfassungswidrigkeit der Vorgängerregelung: BVerfG, Beschl. v. 27.10.1999, Az.: 1 BvR 385/90, Rn. 72 = BVerfGE 101, 106 (125) – Akteneinsichtsrecht.

37 Zu der dann stattdessen erfolgenden summarischen Prüfung am Beispiel des einstweiligen Rechtsschutzes vor dem BVerfG siehe Linke, § 11 B., in diesem Lehrbuch.

38 Für Beispiele siehe Manssen, Staatsrecht II, 18. Aufl. 2021, § 31 Rn. 820.

Lisa Hahn

Damit der Rechtsschutz gegen die Maßnahmen der öffentlichen Gewalt effektiv ist, muss eine **verbindliche Entscheidung** ergehen. Primär zielt das Rechtsschutzverfahren darauf, die Rechtsverletzung zu beseitigen. Wo dies nicht möglich ist, ist sie zu kompensieren. Zum effektiven Rechtsschutz gehört es ferner, dass rechtskräftige Entscheidungen **vollzogen** werden.

V. Kosten

Rechtsschutz kann teuer werden, insbesondere für die vor Gericht unterlegene Partei. Wo die Einkommens- und Vermögensverhältnissen einer Person den Rechtsschutz zu vereiteln drohen, muss die Gesetzgebung gegensteuern und mit **Prozess- und Beratungskostenhilfe** für einen Ausgleich sorgen.[39]

C. Konkurrenzen

Die Rechtsweggarantie schützt vor allem Rechte **auf** ein rechtsstaatliches Verfahren, während die Verfahrensrechten aus Art. 101, 103 GG Rechte **im** Verfahren absichern.[40] Daneben ist Art. 19 IV 1 GG in zwei weitere Richtungen abzugrenzen: von der verfahrensrechtlichen Seite der Grundrechte und von dem allgemeinen Justizgewährungsanspruch.

I. Verfahrensrechtliche Seite der Grundrechte

Vor der Prüfung von Art. 19 IV 1 GG ist zunächst zu überlegen, inwiefern sich nicht bereits aus den Grundrechten selbst Anforderungen an das Verfahren ergeben. Denn das BVerfG erkennt den Grundrechten neben der materiellen auch eine verfahrensrechtliche Seite zu.[41]

Beispiel: Ein Recht auf Akteneinsicht im Gerichtsverfahren folgt nicht aus dem Recht auf informationelle Selbstbestimmung, sondern aus Art. 19 IV 1 GG.[42]

---

39 Das folgt aus Art. 19 IV 1 GG in Verbindung mit Art. 3 I GG/dem Sozialstaatsprinzip, siehe Jarass, in: ders./Pieroth, GG, 16. Aufl. 2020, Art. 3 Rn. 85 ff.

40 Zu Art. 103 I GG BVerfG, Beschl. v. 30.4.2003, Az.: 1 PBvU 1/02, Rn. 40 = BVerfGE 107, 395 (409) – Rechtsschutz gegen den Richter I. Zu den Verfahrensgrundrechten siehe Brade, § 26.2, in diesem Lehrbuch.

41 Michael/Morlok, Grundrechte, 7. Aufl. 2020, § 28 Rn. 857 ff., § 29 Rn. 874.

42 BVerfG, Beschl. v. 27.10.1999, Az.: 1 BvR 385/90, Rn. 64 = BVerfGE 101, 106 (122) – Akteneinsichtsrecht.

Lisa Hahn

❗ Klausurtaktik

In der Klausur kann das zu Abgrenzungsproblemen führen. Als Faustregel gilt: Art. 19 IV 1 GG kommt immer dann eine eigene Bedeutung zu, wenn es um allgemeinere Fragen des **Zugangs zu Gericht oder die Effektivität** des Gerichtsverfahrens geht. Anforderungen an das Verfahren ergeben sich demgegenüber direkt aus der verfahrensrechtlichen Seite eines Grundrechtes, wenn „es um besondere oder zusätzliche Maßgaben geht, die gerade im **Interesse einer bestimmten verfassungsrechtlichen Freiheitsgarantie** erforderlich sind."[43]

II. Allgemeiner Justizgewährungsanspruch

Der allgemeine Justizgewährungsanspruch ist ein **Auffanggrundrecht**. Es ist immer dann einschlägig, wenn die Anspruchsvoraussetzung „öffentliche Gewalt" im Rahmen von Art. 19 IV 1 GG nicht vorliegt. Das BVerfG leitet den allgemeinen Justizgewährungsanspruch aus dem Rechtsstaatsprinzip (Art. 20 III GG) in Verbindung mit den Grundrechten (insb. Art. 2 I GG) ab. Art. 19 IV 1 GG und der allgemeine Justizgewährungsanspruch unterscheiden sich nur in ihren Anwendungsbereichen, aber nicht in ihrem rechtsstaatlichen Kerngehalt.[44] Relevant wird der Justizgewährungsanspruch vor allem bei **zivilrechtlichen Streitigkeiten**[45], aber auch im Strafverfahren. Droht hier eine Verletzung von **Verfahrensgrundrechten**, gilt sogar ausnahmsweise – und in Abweichung zu Art. 19 IV 1 GG – Rechtsschutz **gegen** das Gericht.[46]

---

43 BVerfG, Beschl. v. 27.10.1999, Az.: 1 BvR 385/90, Rn. 64 = BVerfGE 101, 106 (122) – Akteneinsichtsrecht.

44 BVerfG, Beschl. v. 30.4.2003, Az.: 1 PBvU 1/02, Rn. 31 = BVerfGE 107, 395 (407) – Rechtsschutz gegen den Richter I.

45 BVerfG, Beschl. v. 2.3.1993, Az.: 1 BvR 249/92, Rn. 20 = BVerfGE 88, 118 (128).

46 BVerfG, Beschl. v. 30.4.2003, Az.: 1 PBvU 1/02, Rn. 31 = BVerfGE 107, 395 (407) – Rechtsschutz gegen den Richter I.

D. Europäische und internationale Bezüge

Auf EU- und EMRK-Ebene[47] ist das Recht auf effektiven Rechtsschutz in der EU-Grundrechtecharta in Art. 47 GRCh und in der EMRK in Art. 6 I, Art. 13 EMRK geschützt.[48]

Zusammenfassung: Die wichtigsten Punkte

- Art. 19 IV 1 GG ist ein Verfahrens- und Leistungsgrundrecht, das die Rahmenbedingungen für rechtsstaatliche Verfahren vorgibt.
- Die Rechtsweggarantie ist schrankenlos gewährleistet. Trotzdem vermittelt sie keinen unbegrenzten Rechtsschutzanspruch.
- Garantiert ist effektiver Rechtsschutz gegen die vollziehende Gewalt, die Parlamentsverwaltung und die Justizverwaltung. Dies gilt vor, während und nach dem Gerichtsverfahren.

Weiterführende Studienliteratur

- Barbara Remmert, Die Rechtsschutzgarantie des Art. 19 IV 1 GG, Jura 2014, S. 906–915
- Christian Bickenbach, Grundfälle zu Art. 19 IV GG, JuS 2007, S. 813–817 und 910–917

Dieses Kapitel darf gerne kommentiert, verändert und beliebig genutzt werden. Jeder Link in der PDF-Version des Textes führt zur Überarbeitungsmöglichkeit bei der Plattform Wikibooks. Eine konkrete Anleitung zur Mitarbeit & Weiternutzung findet sich auf unserer Homepage | ebenfalls über den abgebildeten QR-Code mit der Smartphone-Kamera erreichbar.

---

47 Siehe Brade/Ramson, § 14 und § 15, in diesem Lehrbuch.
48 Zu den unterschiedlichen Gewährleistungsgehalten ausführlich Petersen, Deutsches und Europäisches Verfassungsrecht II, 2019, § 6. Siehe auch Brade, § 26.2 E., in diesem Lehrbuch.

Lisa Hahn

§ 26.2 Verfahrensgrundrechte vor Gericht – Art. 101–103 GG

Notwendiges Vorwissen: <u>Grundrechtsfunktionen</u>, <u>Grundrechtsberechtigung</u>, <u>Prüfungsstruktur Freiheitsgrundrecht</u>

Lernziel: Besonderheiten der Justizgrundrechte verstehen und anwenden können

---

Für dieses Kapitel gibt es frei zugängliche interaktive Übungen. Halte einfach deine Smartphone-Kamera vor den Kasten mit den Punkten (QR-Code).

Art. 101 und 103 GG enthalten <u>grundrechtsgleiche Gewährleistungen</u>, die zentrale rechtsstaatliche Grundsätze hinsichtlich des gerichtlichen Verfahrens aufstellen. Im Einzelnen handelt es sich um das Recht auf den gesetzlichen Richter (Art. 101 I 2 GG), den Anspruch auf rechtliches Gehör (Art. 103 I GG), den Grundsatz „nulla poena sine lege" (Art. 103 II GG) sowie das Verbot der Doppelbestrafung im Sinne des Art. 103 III GG.

A. Gesetzlicher Richter (Art. 101 I 2 GG)

Art. 101 I 2 GG schreibt vor, dass niemand seinem gesetzlichen Richter entzogen werden darf. Verbürgt ist damit ein verfassungsbeschwerdefähiges Recht, das in einem Rechtsstaat von entscheidender Bedeutung ist.

I. Einführung

Art. 101 GG ist einheitlich zu lesen: Das Verbot von Ausnahmegerichten in Art. 101 I 1 GG konkretisiert ebenso wie dessen Absatz 2 die Garantie des gesetzlichen Richters.[1] Das hat zur Folge, dass ein Verstoß gegen Art. 101 I 2 GG auch dann vorliegt, wenn ein Ausnahmegericht oder ein Gericht für ein besonderes

---

1 Degenhart, in: Sachs, GG, 9. Aufl. 2021, Art. 101 Rn. 1.

Sachgebiet (zum Beispiel Disziplinargerichte und Berufsgerichte), das dazu nicht durch Gesetz legitimiert war, die betreffende Entscheidung gefällt hat.[2]

Klausurtaktik

In der Klausur spielt Art. 101 I 1, II GG keine Rolle; es kommt allein auf Art. 101 I 2 GG an.

II. Schutzbereich

1. Sachlicher Schutzbereich

Art. 101 I 2 GG gewährt nicht nur das Recht auf den – im Gesetzeswege bestimmten – zuständigen Richter, sondern auch das Recht auf einen Richter, der in jeder Hinsicht den Anforderungen des Grundgesetzes entspricht.

a) Begriff des Richters

Richter im Sinne des Art. 101 I 2 GG ist jede:r staatliche:r Richter:in, das heißt alle Personen, die einem **staatlichen** Gericht angehören, unabhängig davon, ob es sich um Berufs- oder Laienrichter:innen handelt;[3] staatlicher Richter ist aufgrund seiner funktionellen Verschränkung mit der deutschen Gerichtsbarkeit auch der EuGH und damit seine Richterinnen und Richter[4]. Ausgenommen sind lediglich Richter:innen, die an privaten Gerichten wie zum Beispiel Schiedsgerichten gemäß §§ 1025 ff. ZPO oder Parteischiedsgerichten im Sinne des § 14 ParteiG tätig sind.

b) Gesetzliche Zuständigkeit

Art. 101 I 2 GG verlangt, dass die Zuständigkeit des:der Richters:in für einen **konkreten Fall im Voraus** „möglichst eindeutig"[5] festgelegt ist. Das muss nicht zwangsläufig in Form eines Parlamentsgesetzes geschehen; „gesetzlich" bedeutet in Rechtssätzen. Lediglich die „fundamentalen Zuständigkeitsregeln"[6], die sich heute im Gerichtsverfassungsgesetz (GVG) und den verschiedenen Prozessgeset-

---

2 Näher zu Ausnahme- und Sondergerichten Otto, JuS 2012, 21 (23).
3 Schroeder, JA 2010, 167 (170).
4 Statt aller BVerfG, Beschl. v. 6.7.2010, Az.: 2 BvR 2661/06 = BVerfGE 126, 286 (315 ff.). Hufen, Staatsrecht II: Grundrechte, 7. Aufl. 2018, § 21 Rn. 24 betont zu Recht, dass Art. 101 I 2 GG die Gerichte als solche, ihre Spruchkörper sowie die Einzelrichter:innen adressiert.
5 BVerfG, Beschl. v. 8.4.1997, Az.: 1 PBvU 1/95 = BVerfGE 95, 322 (329).
6 BVerfG, Beschl. v. 18.5.1965, Az.: BvR 40/60 = BVerfGE 19, 52 (60).

zen (StPO, VwGO, ZPO, etc.) finden,[7] bedürfen nach der <u>Wesentlichkeitslehre</u> formeller Gesetze, die dann im Satzungswege, zum Beispiel durch gerichtsinterne Geschäftsverteilungspläne, konkretisiert werden.[8]

---

i **Weiterführendes Wissen**

Das einschränkende Merkmal „möglichst eindeutig" findet keine Stütze in Art. 101 I 2 GG. Insoweit heißt es zu Recht: „Das Grundgesetz hat die Abwägung zwischen Genauigkeit und Praktikabilitätserfordernissen gerade nicht dem einfachen Gesetzgeber überlassen wollen, sondern verlangt von diesem [...] das Höchstmaß an Eindeutigkeit, das sich gesetzestechnisch erzielen lässt."[9] Zurückhaltung zu üben ist daher bei der gesetzlichen Einräumung von Mehrfachzuständigkeiten sowie bei der Verwendung unbestimmter Rechtsbegriffe in Zuständigkeitsnormen.

---

c) Unabhängigkeit und Unparteilichkeit

„Ungesetzlich" im Sinne des Art. 101 I 2 GG ist auch der:die Richter:in, dessen:deren Unabhängigkeit und Unparteilichkeit nicht gewährleistet erscheint.[10] Es muss deshalb sichergestellt sein, dass der:die Richter:in **sachlich und persönlich unabhängig** agieren kann, Art. 97 GG. Dazu gehört, dass er:sie einem Weisungsrecht nicht unterliegt und dass seine:ihre grundsätzliche Unabsetzbarkeit und Unversetzbarkeit gewährleistet ist[11], nicht aber, dass er:sie hinreichend vor Überlastung geschützt ist[12].

---

i **Weiterführendes Wissen**

Nicht gegen Art. 101 I 2 GG verstoße der Einsatz von Lebenszeitbeamt:innen als Richter:innen auf Zeit (§§ 17 Nr. 3, 18 VwGO).[13] Das überzeugt nicht: Dem:der Richter:in auf Zeit fehlt die von Art. 92 GG vorausgesetzte Neutralität objektiv deshalb, weil er:sie wegen des planmäßigen Wiederauflebens des Beamtenstatus nach Beendigung des Richterverhältnisses mehr als unvermeidbar dem Einflussbereich der Exekutive unterliegt, über deren Akte er:sie als Verwaltungsrichter:in zu urteilen hat.[14]

---

7 Näher Ipsen, Staatsrecht II, 23. Aufl. 2020, Rn. 900.
8 Zur Wesentlichkeitslehre siehe Milas, § 7 A.II.1., in diesem Lehrbuch.
9 Kunig/Saliger, in: v. Münch/Kunig, GG, 7. Aufl. 2021, Art. 101 Rn. 31.
10 St. Rspr., vgl. nur <u>BVerfG, Beschl. v. 10.7.1990, Az.: 1 BvR 984/87</u> = BVerfGE 82, 286 (298).
11 Sodan/Ziekow, Grundkurs Öffentliches Recht, 9. Aufl. 2020, § 49 Rn. 3a.
12 Sachs, Verfassungsrecht II – Grundrechte, 3. Aufl. 2017, Kap. 34 Rn. 8 m. w. N.
13 BVerfG, Beschl. v. 22.3.2018, Az.: 2 BvR 780/16 = BVerfGE 148, 69.
14 <u>BVerfG, Beschl. v. 22.3.2018, Sondervotum Hermanns, Az.: 2 BvR 780/16</u>, Rn. 25 = BVerfGE 148, 133 (143).

Alexander Brade

2. Persönlicher Schutzbereich

Das Recht auf den gesetzlichen Richter ist ein Jedermannsrecht. Ihm unterfallen daher alle natürlichen Personen, juristische Personen – sei es des In- oder Auslands[15] – sowie juristische Personen des öffentlichen Rechts.[16] Das hat den Grund, dass die juristische Person des öffentlichen Rechts der Justizgewalt in einem Gerichtsverfahren genauso unterworfen ist wie jede andere natürliche oder juristische Person.[17]

III. Eingriff

Der Eingriff liegt in der „Entziehung" des gesetzlichen Richters, sei es, dass dieser daran gehindert wird, eine Sache zu verhandeln und/oder darüber zu entscheiden.[18] Entzogen werden kann der gesetzliche Richter zunächst durch die Legislative; Zweifel werfen daher Gesetzesnormen auf, die statt der Festlegung einer einzigen Zuständigkeit Mehrfachzuordnungen erlauben (vgl. §§ 7 ff. StPO).[19]

Eingriffe seitens der Exekutive sind zwar prinzipiell ebenfalls denkbar (zum Beispiel Auflösung eines gerichtlichen Spruchkörpers per Erlass eines Justizministers[20]), gehören aber inzwischen der Vergangenheit an.

Im Zentrum stehen daher Eingriffe durch die Gerichtsbarkeit selbst (etwa betreffend die Besetzung des erkennenden Gerichts oder die Handhabung von Vorlagepflichten).[21] Insoweit übt das BVerfG seine Gerichtsbarkeit indes zurückhaltend aus: Einen Eingriff in Art. 101 I 2 GG nimmt es nur dann an, wenn sich die Entscheidung des Gerichts bei der Auslegung und Anwendung einer Zuständigkeitsnorm so weit von dem sie beherrschenden Grundsatz des gesetzlichen Richters entfernt, dass sie nicht mehr zu rechtfertigen, offensichtlich unhaltbar oder gar ohne Bezug auf die maßgebliche Norm ist.[22] Die willkürfreie, lediglich fehlerhafte Anwendung von Verfahrensrecht (sogenannter „error in procedendo"), stelle demgegenüber noch keinen Verstoß gegen Art. 101 I 2 GG dar.[23] Diesen Vorgaben ist auch bei der Prüfung von gerichtsorganisatorischen Maßnahmen,

---

15 Dazu Kunig/Saliger, in: v. Münch/Kunig, GG, 7. Aufl. 2021, Art. 101 Rn. 14 m.w.N.
16 Koch, Jura 2020, 228 (231).
17 Vgl. nur BVerfG, Urt. v. 16.1.1957, Az.: 1 BvR 134/56 = BVerfGE 6, 45 (49). Näher (auch zur älteren Rechtsprechung des BVerfG): Ipsen, Staatsrecht II, 23. Aufl. 2020, Rn. 898.
18 Vgl. Kingreen/Poscher, Staatsrecht II: Grundrechte, 35. Aufl. 2019, Rn. 1227.
19 Dazu Otto, JuS 2012, 21 (24).
20 Vgl. BVerfG, Beschl. v. 10.10.1952, Az.: 1 BvR 511/52 = BVerfGE 1, 439.
21 Näher Koch, Jura 2020, 228 (234 ff.) (mit weiteren Beispielen).
22 BVerfG, Urt. v. 16.1.1957, Az.: 1 BvR 134/56 = BVerfGE 6, 45 (53).
23 Schroeder, JA 2010, 167 (170).

Alexander Brade

namentlich bei der Aufstellung von Geschäftsverteilungsplänen, Rechnung zu tragen. Diese müssen die Zuständigkeitsverteilung schriftlich im Voraus nach objektiven Kriterien regeln; Raum für Ermessen etwa seitens der Gerichtspräsidien ist insoweit nach hier vertretener Auffassung nicht.[24]

❗ Examenswissen

Da der EuGH gesetzlicher Richter im Sinne des Art. 101 I 2 GG ist, kann auch eine Verletzung der unionsrechtlichen Vorlagepflicht des Art. 267 III AEUV zugleich einen Verstoß gegen Art. 101 I 2 GG darstellen. Das BVerfG beschränkt sich insoweit aber (erneut) auf eine bloße Willkürkontrolle und hat dazu drei Fallgruppen entwickelt, die auch in der (Examens-)Klausur beherrscht werden müssen und jeweils einen Verstoß gegen Art. 101 I 2 GG darstellen:

1. Grundsätzliche Verkennung der Vorlagepflicht trotz ersichtlich entscheidungserheblicher unionsrechtlicher Fragestellung.
2. Bewusstes Abweichen von der Rechtsprechung des EuGH ohne Vorlagebereitschaft („Wir wissen es besser und lassen uns vom EuGH nichts sagen".[25])
3. Unvollständigkeit der Rechtsprechung des EuGH, wobei die Rechtslage weder von vornherein eindeutig („acte clair") erscheint, noch durch die Rechtsprechung des EuGH in einer Weise geklärt ist, die keinen vernünftigen Zweifel offenlässt („acte éclairé").[26]

ℹ Weiterführendes Wissen

Insbesondere diese dritte Konstellation begegnet gewissen Vorbehalten, da sie von der – parallelen – Rechtsprechung des EuGH[27] entscheidend abweicht: Das BVerfG verneint einen Verstoß gegen die Vorlagepflicht bereits dann, wenn das letztinstanzliche Gericht die entscheidungserhebliche Frage in zumindest vertretbarer Weise beantwortet hat (also unabhängig von gegebenenfalls existierenden Gegenstimmen etwa im Schrifttum).[28] Der EuGH geht demgegenüber – überzeugend – davon aus, dass eine Verletzung der Vorlagepflicht bereits dann vorliegt, wenn das betreffende Gericht eine unionsrechtliche Frage nicht vorlegt, die der EuGH bisher nicht geklärt hat und zu der unterschiedliche Auffassungen überhaupt vertretbar erscheinen (also unter Berücksichtigung eventueller Gegenstimmen).[29]

---

24 So zutreffend Kingreen/Poscher, Staatsrecht II: Grundrechte, 35. Aufl. 2019, Rn. 1233.
25 So Manssen, Staatsrecht II: Grundrechte, 17. Aufl. 2020, Rn. 835.
26 Zuletzt BVerfG, Beschl. v. 4.3.2021, Az.: 2 BvR 1161/19 = DStR 2021, 777 (780) m.w.N. Zu diesen Fallgruppen auch Sodan/Ziekow, Grundkurs Öffentliches Recht, 9. Aufl. 2020, § 49 Rn. 4a.
27 EuGH, Urt. v. 6.10.1982, Az.: C-283/81, Rn. 21 – C.I.L.F.I.T.
28 Vgl. BVerfG, Beschl. v. 6.7.2010, Az.: 2 BvR 2661/06 = BVerfGE 126, 286 (317).
29 Im Ergebnis ebenso für eine Erhöhung der Prüfungsdichte des BVerfG: Bäcker, NJW 2011, 270 (272) und Schröder, EuR 2011, 808 (820 ff.).

Alexander Brade

IV. Rechtfertigung

Art. 101 I 2 GG ist nach seinem Wortlaut („niemand darf") keiner verfassungsrechtlichen Rechtfertigung zugänglich. Verkürzungen des Schutzbereichs sind daher stets unzulässig, soweit sie die Eingriffsschwelle überschreiten.[30]

B. Rechtliches Gehör (Art. 103 I GG)

Auch Art. 103 I GG enthält ein grundrechtsgleiches Recht, das mit der Verfassungsbeschwerde gemäß Art. 93 I Nr. 4a GG geltend gemacht werden kann. Danach hat jedermann vor Gericht Anspruch auf rechtliches Gehör.

I. Einführung

Der Grundsatz des rechtlichen Gehörs ist eine Folgerung aus dem Rechtsstaatsgedanken für das Gebiet des gerichtlichen Verfahrens. Die Vorschrift gilt daher für alle Formen (staatlicher) Gerichtsbarkeit im Sinne von Art. 92 GG und für alle Instanzen, nicht hingegen für das Verwaltungsverfahren, bei dem sich das Recht auf Anhörung aber zum Beispiel aus dem Rechtsstaatsprinzip oder der Menschenwürdegarantie ergeben kann.[31] Art. 103 I GG gewährleistet, dass der:die Einzelne nicht bloßes Objekt eines gerichtlichen Verfahrens ist, sondern vor einer seine:ihre Rechte betreffenden Entscheidung **zu Wort kommen** und so auf das Verfahren sowie dessen Ergebnis Einfluss nehmen kann.[32]

Weiterführendes Wissen   **i**

Inzwischen ist durch das BVerfG geklärt, dass Art. 103 I GG auch die Gerichte selbst bindet.[33] Der Gesetzgeber war daher gehalten, mit der Anhörungsrüge (vgl. zum Beispiel § 152a VwGO) ein Instrumentarium zu etablieren, dass es den (Fach-)Gerichten erlaubt, Gehörsverstößen selbst abzuhelfen, ohne das BVerfG einschalten zu müssen.[34]

---

30 Vgl. nur Hufen, Staatsrecht II: Grundrechte, 7. Aufl. 2018, § 21 Rn. 27.
31 Degenhart, in: Sachs, GG, 9. Aufl. 2021, Art. 103 Rn. 8 m.w.N.
32 BVerfG, Beschl. v. 8.1.1959, Az.: 1 BvR 396/55 = BVerfGE 9, 89 (95).
33 BVerfG, Beschl. v. 30.3.2003, Az.: 1 PBvU 1/02 = BVerfGE 107, 395 (401).
34 Vgl. Classen, Staatsrecht II: Grundrechte, 2018, § 16 Rn. 60.

Alexander Brade

II. Schutzbereich

1. Sachlicher Schutzbereich

Es sind drei „Verwirklichungsstufen" des Anspruchs auf rechtliches Gehör zu unterscheiden: das Recht auf Information, das Recht auf Äußerung und das Recht auf Berücksichtigung.[35]

a) Recht auf Information

Zunächst müssen alle Parteien über alles, was im jeweiligen Verfahren für die Rechtsfindung von Bedeutung ist, von Seiten des Gerichts her informiert sein. Dazu gehört, sich Kenntnis zum Beispiel über die Äußerungen der Gegenseite[36], von Amts wegen eingeführte Tatsachen und Beweismittel[37] (zum Beispiel gerichtlicher Sachverständiger) sowie das wesentliche prozessuale Geschehen und die vom Gericht beabsichtigte Verfahrensweise (zum Beispiel Änderung in der Besetzung des Gerichts[38]) zu verschaffen.

b) Recht auf Äußerung

Der Anspruch auf rechtliches Gehör gewährleistet den Verfahrensbeteiligten außerdem das Recht, sich nicht nur zu dem der Entscheidung zugrunde liegenden Sachverhalt, sondern auch zur Rechtslage zu äußern.[39] Das Recht bezieht sich lediglich auf die Eröffnung der Gelegenheit zur Äußerung, verpflichtet die Beteiligten aber nicht, von diesem Recht Gebrauch zu machen.[40]

Beispiel: Es steht den Äußerungsberechtigten daher frei zu entscheiden, ob sie Beweisanträge zur Sache stellen oder Ausführungen zur Rechtslage machen wollen.

c) Recht auf Berücksichtigung

Dem Gericht obliegt es, die Ausführungen der nach Art. 103 I GG Äußerungsberechtigten zur Kenntnis zu nehmen und in Erwägung zu ziehen, sie also an-

---

35 So etwa Kingreen/Poscher, Staatsrecht II: Grundrechte, 35. Aufl. 2019, Rn. 1241.

36 BVerfG, Beschl. v. 11.10.1978, Az.: 2 BvR 214/76 = BVerfGE 49, 325 (328).

37 BVerfG, Beschl. v. 18.12.1962, Az.: 2 BvR 396/62 = BVerfGE 15, 214 (218).

38 BVerfG, Beschl. v. 22.10.2015, Az.: BvR 2396/14, Rn. 6.

39 BVerfG, Beschl. v. 19.5.1992, Az.: 1 BvR 986/91 = BVerfGE 86, 133 (144).

40 Otto, JuS 2012, 412 (414).

Alexander Brade

gemessen zu berücksichtigen.[41] Voraussetzung dafür ist, dass die Richter stets präsent, aufnahmefähig und aufnahmebereit sind (sie dürfen nicht einschlafen!). Schließlich richtet sich der Anspruch aus Art. 103 I GG darauf, dass das Gericht im Rahmen seiner Entscheidungsbegründung auf den wesentlichen Parteivortrag eingeht; für die Entscheidung des Streitfalls (rechtlich und tatsächlich) Unerhebliches kann außen vor bleiben. Auch besteht grundsätzlich keine aktive Informationspflicht im Vorfeld der zu treffenden Entscheidung, etwa zu der vom Gericht für richtig erachteten Rechtsauffassung.[42]

2. Persönlicher Schutzbereich

Art. 103 I GG gewährleistet nach seinem Wortlaut „jedermann" Anspruch auf rechtliches Gehör. Sein Schutzbereich ist nicht auf natürliche Personen beschränkt, sondern erfasst wie schon Art. 101 I 2 GG „jede[n], der an einem gerichtlichen Verfahren als Partei oder in ähnlicher Stellung beteiligt ist oder unmittelbar rechtlich von dem Verfahren betroffen wird"[43]. Zu diesem Personenkreis gehören neben inländischen und – über Art. 19 III GG hinausgehend – ausländischen juristischen Personen[44] auch juristische Personen des öffentlichen Rechts, und zwar unabhängig von ihrer sonstigen, gegebenenfalls fehlenden Grundrechtsfähigkeit.[45]

III. Eingriff

Eingriffe sind alle Beeinträchtigungen des rechtlichen Gehörs, auf denen eine Entscheidung **beruht**, bei denen also nicht ausgeschlossen werden kann, dass die Entscheidung bei ordnungsgemäßer Anhörung anders ausgefallen wäre.[46]

Beispiel: Versäumt es das Gericht, der beklagten Partei ein vor Prozessbeginn seitens der Klägerpartei eingeholtes Sachverständigengutachten zur Kenntnis zu bringen, liegt darin keine Verletzung des rechtlichen Gehörs, soweit das Gutachten einen anderen Gegenstand hat und sich das Gericht bei seiner Entscheidung nicht darauf stützt.

---

41 Degenhart, in: Sachs, GG, 9. Aufl. 2021, Art. 103 Rn. 28.
42 Classen, Staatsrecht II: Grundrechte, 2018, § 16 Rn. 58. Zu sogenannten Überraschungsentscheidungen siehe aber Remmert, in: Maunz/Dürig, GG, 78. EL September 2016, Art. 103 Abs. 1 Rn. 82 f.
43 BVerfG, Beschl. v. 14.4.1987, Az.: 1 BvR 332/86 = BVerfGE 75, 201 (215).
44 Sachs, Verfassungsrecht II – Grundrechte, 3. Aufl. 2017, Kap. 35 Rn. 2.
45 Vgl. BVerfG, Beschl. v. 16.12.2014, Az.: 1 BvR 2142/11 = BVerfGE 138, 64 (83).
46 So Sodan/Ziekow, Grundkurs Öffentliches Recht, 9. Aufl. 2020, § 49 Rn. 6 m. w. N.

Nicht um einen Eingriff handelt es sich außerdem dann, wenn ein zunächst unterbliebenes rechtliches Gehör in demselben Verfahren (unter Umständen erst in der Rechtsmittelinstanz) nachgeholt und damit geheilt werden kann.[47]

IV. Rechtfertigung

Art. 103 I GG enthält keinen geschriebenen Gesetzesvorbehalt. Daher ist die verfassungsrechtliche Rechtfertigung allenfalls durch kollidierendes Verfassungsrecht denkbar; in Erwägung zu ziehen sind dabei vor allem die Belange der **Rechtssicherheit** und der Funktionsfähigkeit der Rechtspflege.[48]

Beispiel Nr. 1: Es ist nicht zu beanstanden, dass der Gesetzgeber den Zugang zu den Gerichten an Form- und Fristerfordernisse geknüpft hat, solange diese den Rechtsschutz nicht unzumutbar erschweren.[49] Insbesondere dürfen die Anforderungen an die Wiedereinsetzung in den vorigen Stand nicht überspannt werden.[50]

Beispiel Nr. 2: Geheimhaltungsinteressen, wie der verfassungsrechtliche Schutz von Betriebsgeheimnissen können Einschränkungen des Rechts auf Information in Einzelfällen rechtfertigen[51]; im Strafprozess kommt diese Ausnahme aber nicht zur Anwendung[52].

❗ Klausurtaktik

In der Klausur spielt Art. 103 I GG eine ungleich geringere Rolle als in der Rechtspraxis. Werden Ausführungen zum rechtlichen Gehör ausnahmsweise erwartet, ist erstens zu beachten, dass der Gesetzgeber den mit Art. 103 I GG kollidierenden Belangen von Verfassungsrang bereits auf einfachgesetzlicher Ebene Rechnung zu tragen hat; insoweit kann sich dann „nur" noch die Frage der verfassungskonformen Auslegung dieser Regelungen stellen. Zweitens ist darauf zu achten, dass nicht jeder Verfahrensverstoß zugleich einen Eingriff in Art. 103 I GG darstellt. Maßgeblich ist die Verletzung spezifischen Verfassungsrechts. Eine Verfassungsbeschwerde wird nur dann Erfolg haben, wenn der Verstoß offensichtlich ist, ein besonders intensiver Grundrechtsverstoß vorliegt oder die Bedeutung des Prozessgrundrechts aus Art. 103 I GG grundsätzlich verkannt worden ist.[53]

---

47 Kingreen/Poscher, Staatsrecht II: Grundrechte, 35. Aufl. 2019, Rn. 1245.
48 Schroeder, JA 2010, 167 (172).
49 Vgl. BVerfG, Beschl. v. 7.5.1991, Az.: 2 BvR 215/90 = NJW 1991, 2076.
50 Vgl. BVerfG, Beschl. v. 4.5.2004, Az.: 1 BvR 1892/03 = BVerfGE 110, 339 (341).
51 Zum sogenannten In-camera-Verfahren am Beispiel des § 99 II VwGO: Otto, JuS 2012, 412 (414 f. u. 417).
52 BVerfG, Beschl. v. 9.9.2013, Az.: 2 BvR 533/13 = BVerfG, NStZ-RR 2013, 379.
53 Manssen, Staatsrecht II: Grundrechte, 17. Aufl. 2020, Rn. 841.

Alexander Brade

C. Nulla poena sine lege (Art. 103 II GG)

Art. 103 II GG konkretisiert das Demokratie- und das Rechtsstaatsprinzip im Bereich der staatlichen Strafgewalt. Danach kann eine Tat nur bestraft werden, wenn die Strafbarkeit gesetzlich bestimmt war, bevor die Tat begangen wurde.

I. Schutzbereich

1. Sachlicher Schutzbereich
Der Grundsatz „nulla poena sine lege" umfasst im Einzelnen das an den Gesetzgeber gerichtete Prinzip der Gesetzesbestimmtheit der Strafe, das heißt das Gesetzlichkeitsprinzip und das Bestimmtheitsgebot, das Rückwirkungsverbot sowie das an die Rechtsprechung gerichtete Analogieverbot.[54]

a) Begriff der Strafe
Das BVerfG versteht unter Strafen staatliche Sanktionen, „die eine missbilligende hoheitliche Reaktion auf ein rechtswidriges, schuldhaftes Verhalten darstellen und wegen dieses Verhaltens ein Übel verhängen, das dem **Schuldausgleich** dient".[55] Der Begriff ist demnach nicht auf Kriminalstrafen beschränkt; erfasst sein können auch Sanktionen im Ordnungswidrigkeitenrecht[56] sowie im Disziplinar- und Standesrecht[57], wobei die Bindung an die aus Art. 103 II GG folgenden Gewährleistungen dann weniger streng ausfallen soll[58]. Von vornherein aus dem Anwendungsbereich heraus fallen nach der Rechtsprechung des BVerfG dagegen Sanktionen präventiven Charakters, namentlich Maßregeln der Besserung und Sicherung wie zum Beispiel die Sicherungsverwahrung oder die Therapieunterbringung.[59]

---

54 Degenhart, in: Sachs, GG, 9. Aufl. 2021, Art. 103 Rn. 53 m.w.N.
55 BVerfG, Urt. v. 5.2.2004, Az.: 2 BvR 2029/01 = BVerfGE 109, 133 (167, 170), Hervorhebung nur hier.
56 Vgl. nur BVerfG, Beschl. v. 1.12.1992, Az.: 1 BvR 88 u.a. = BVerfGE 87, 399 (411).
57 Vgl. BVerfG, Beschl. v. 21.11.2002, Az.: 2 BvR 2202/01 = NJW 2003, 1030.
58 Dazu Radtke, in: Epping/Hillgruber, BeckOK GG, 46. Ed. 15.11.2020, Art. 103 Rn. 22 m.w.N.
59 BVerfG, Urt. v. 5.2.2004, Az.: 2 BvR 2029/01 = BVerfGE 109, 133 (167); BVerfG, Urt. v. 4.5.2011, Az.: 2 BvR 2365/09 u.a. = BVerfGE 128, 326 (392f.).

Alexander Brade

ℹ Weiterführendes Wissen

Dass sich die Rechtsprechung – im Unterschied zu Art. 103 III GG – bereits von einer streng formalistischen Sichtweise verabschiedet hat und deshalb eher dazu bereit scheint, auch Maßnahmen zu erfassen, die keine Strafe im engen Sinne darstellen, sondern „lediglich" wie eine Strafe wirken, ist zu begrüßen. Dabei darf man aber nicht stehenbleiben: Es ist zum Beispiel wenig konsequent, einerseits den Begriff der Strafe auszudehnen und andererseits den eigentlichen Garantiegehalt des Art. 103 II GG, das Bestimmtheitsgebot, für derartige strafähnliche Maßnahmen enger zu verstehen. Auch ist die Einordnung der Maßregeln der Besserung und Sicherung kritisch zu hinterfragen: Der EGMR hat für den Fall der Sicherungsverwahrung überzeugend herausgearbeitet, dass sich die Zwecke staatlichen Strafens teilweise überschneiden können und insbesondere nicht auf den Aspekt des Schuldausgleichs beschränkt sind. Zudem enthält die Maßregel der Sicherungsverwahrung, ungeachtet des Ziels der Vorbeugung, „eindeutig ein Element der Abschreckung".[60]

b) Gesetzlichkeitsprinzip

Art. 103 II GG enthält zunächst einen Gesetzesvorbehalt für das Strafrecht. „Gesetz" meint dabei grundsätzlich ein Parlamentsgesetz, das die Strafbarkeit eines Verhaltens und die mögliche Strafe regelt.[61] Das schließt allerdings – im Unterschied zu Art. 104 I GG – nicht aus, dass das – strafbarkeitsbegründende – förmliche Gesetz durch Rechtsverordnung oder Satzung näher spezifiziert wird.[62]

ℹ Weiterführendes Wissen

Auch Verweisungen zur Ausfüllung von sogenannten **Blankettstraftatbeständen** auf unionsrechtliche Rechtsakte sind durch Art. 103 II GG nicht per se ausgeschlossen. Das Blankettstrafgesetz muss allerdings hinreichend klar erkennen lassen, worauf sich die Verweisung bezieht.[63] Dazu gehört, dass die Blankettstrafnorm die Regelungen, die zu ihrer Ausfüllung in Betracht kommen und die dann durch sie bewehrt werden, sowie deren möglichen Inhalt und Gegenstand genügend deutlich bezeichnet und abgrenzt.[64]

---

60 So <u>EGMR, Urt. v. 17.12.2009, Az.: 19359/04</u> = EGMR, NJW 2010, 2495 (2499) – M. v. Germany. Näher dazu Ipsen, Staatsrecht II, 23. Aufl. 2020, Rn. 928a. Dennoch gegen eine Erweiterung des Art. 103 II GG um Maßregeln der Besserung und Sicherung etwa Brodowski, JuS 2012, 892 (893).
61 Vgl. etwa <u>BVerfG, Beschl. v. 7.12.2011, Az.: 2 BvR 2500/09 u. a.</u> = BVerfGE 130, 1 (43).
62 Im Einzelnen Nolte/Aust, in: v. Mangoldt/Klein/Starck, GG, 7. Aufl. 2018, Art. 103 Rn. 152f.
63 <u>BVerfG, Beschl. v. 21.6.2016, Az.: 2 BvL 1/15</u> = BVerfGE 143, 38 (56).
64 Zuletzt <u>BVerfG, Beschl. v. 11.3.2020, Az.: 2 BvL 5/17</u> = BVerfGE 153, 310 (343).

Alexander Brade

c) Bestimmtheitsgebot

Das <u>Bestimmtheitsgebot</u> verpflichtet den Gesetzgeber, die Straftatbestände so genau zu fassen, dass die Bürger:innen in der Lage sind, ihr Verhalten danach einzurichten.[65] Dies schließt die Verwendung von unbestimmten Rechtsbegriffen nicht aus, wobei die Rechtsprechung tendenziell großzügig agiert.

Beispiel: Das BVerfG hat selbst den äußerst weit gefassten Straftatbestand der Untreue (<u>§ 266 StGB</u>) nicht beanstandet: Denn diese Strafnorm lasse das zu schützende Rechtsgut (das Vermögen) ebenso klar erkennen wie die besonderen Gefahren, vor denen der Gesetzgeber das Vermögen mit Hilfe des Tatbestandes bewahren wolle. Der Untreuetatbestand stehe außerdem einer konkretisierenden Auslegung nicht entgegen, die die Rechtsprechung in langjähriger Praxis umgesetzt und die sich in ihrer tatbestandsbegrenzenden Funktion grundsätzlich als tragfähig erwiesen habe.[66]

d) Rückwirkungsverbot

Für das Strafrecht gilt ein striktes Rückwirkungsverbot, das über die insoweit aus dem Rechtsstaatsprinzip folgenden Beschränkungen zugunsten des Vertrauensschutzes (Stichwort: echte vs. unechte Rückwirkung) der Betroffenen hinausgeht.[67] Art. 103 II GG verbietet also, jemanden auf Grund eines Gesetzes zu bestrafen, das zur Zeit der Tat noch nicht in Kraft war beziehungsweise jemanden schärfer zu bestrafen, als zur Zeit der Tat gesetzlich bestimmt war.[68]

e) Analogieverbot

Dadurch, dass Art. 103 II GG vorsieht, dass die Strafbarkeit durch ein geschriebenes Gesetz bestimmt sein muss, ist eine gewohnheitsrechtlich begründete Strafbarkeit ausgeschlossen. Ebenso scheidet eine strafbarkeitsbegründende Analogie zulasten des Täters aus; damit ist jede Rechtsanwendung gemeint, die – tatbestandsausweitend – über den Inhalt einer gesetzlichen Sanktionsnorm hinausgeht, wobei der Wortlaut als äußerste Grenze zulässiger richterlicher Interpretation aus der Sicht der Normadressat:innen zu bestimmen ist.[69]

---

65 Ipsen, Staatsrecht II, 23. Aufl. 2020, Rn. 923. Dazu allgemein Milas, § 7 A.II.2., in diesem Lehrbuch.

66 BVerfG, Beschl. v. 23.6.2010, Az.: 2 BvR 2559/08 = BVerfGE 126, 170 (200 f., 208 ff.)

67 Sachs, Verfassungsrecht II – Grundrechte, 3. Aufl. 2017, Kap. 35 Rn. 21.

68 Kingreen/Poscher, Staatsrecht II: Grundrechte, 35. Aufl. 2019, Rn. 1261.

69 BVerfG, Beschl. v. 7.12.2011, Az.: 2 BvR 2500/09 u. a. = BVerfGE 130, 1 (43).

Alexander Brade

Beispiel: Gegen das Analogieverbot verstößt der von der Rechtsprechung zu § 240 StGB entwickelte „erweiterte" Gewaltbegriff, der bei dem:der Täter:in keinen körperlichen Kraftaufwand und beim Opfer keine körperliche Krafteinwirkung verlangt, sondern psychischen Zwang genügen lässt.[70]

2. Persönlicher Schutzbereich

Wie Art. 103 I GG gilt dessen Absatz 2 für „jedermann", mithin auch für juristische Personen, soweit diese von Strafsanktionen im Sinne des Art. 103 II GG betroffen sein können.[71]

II. Eingriff

Soweit die Legislative oder die Judikative hinter dem eben beschriebenen Schutzgehalt zurückbleiben, liegt ein Eingriff vor.[72]

III. Rechtfertigung

Art. 103 II GG sieht keinen <u>Gesetzesvorbehalt</u> vor und ist nach der Rechtsprechung auch keiner Einschränkung durch kollidierendes Verfassungsrecht zugänglich.[73] Daher führen Eingriffe in Art. 103 II GG stets zu seiner Verletzung. Das leuchtet auch ein, da Art. 103 II GG sonst keinen über den in einem Rechtsstaat ohnehin zu beachtenden Geboten, namentlich dem Rückwirkungsverbot, dem Willkürverbot, dem Gebot der Normenklarheit und Normenbestimmtheit und der Wesentlichkeitslehre hinausgehenden Inhalt hätte.

---

70 BVerfG, Beschl. v. 10.1.1995, Az.: 1 BvR 718 = BVerfGE 92, 1 (14 ff.). Zustimmend Manssen, Staatsrecht II: Grundrechte, 17. Aufl. 2020, Rn. 844.

71 Degenhart, in: Sachs, GG, 9. Aufl. 2021, Art. 103 Rn. 53.

72 Schroeder, JA 2010, 167 (172). Zur Relevanz von Art. 103 II GG beim Handeln der Polizei: Hufen, Staatsrecht II: Grundrechte, 7. Aufl. 2018, § 21 Rn. 57.

73 Vgl. <u>BVerfG, Urt. v. 5.2.2004, Az.: 2 BvR 2029/01</u> = BVerfGE 109, 133 (171 f.).

Alexander Brade

D. Ne bis in idem (Art. 103 III GG)

Der Grundsatz „ne bis in idem" im Sinne des Art. 103 III GG zählt ebenfalls zu den Justizgrundrechten. Er verbietet die mehrmalige Bestrafung einer Person wegen derselben Tat auf Grund der allgemeinen Strafgesetze.

I. Einführung

Der Gehalt des Art. 103 III GG lässt sich in drei Bedeutungsebenen abschichten[74]: Dazu zählt erstens das Verbot erneuter Bestrafung nach Ausschöpfung des Unrechts- und Schuldgehalts. Insoweit dient Art. 103 III GG in erster Linie der **Freiheit und Würde** des Betroffenen, wobei es wegen dieser speziellen Regelung keines Rückgriffs auf das in Art. 1 I GG verankerte Schuldprinzip sowie den Verhältnismäßigkeitsgrundsatz bedarf. Demgegenüber wurzeln das ebenfalls in Art. 103 III GG enthaltene Verbot erneuter Bestrafung innerhalb des Unrechts- und Schuldgehalts der Tat in Form eines „Nachschlags" sowie das Verbot erneuter Strafverfolgung nach einem Freispruch in dem Gedanken der Rechtssicherheit, der insofern Vorrang vor der materiellen Gerechtigkeit (verstanden als Gebot ewiger Wahrheitserforschung) genießt[75]. Es ist daher – vorbehaltlich der Möglichkeit der Wiederaufnahme – hinzunehmen, wenn Straftäter irrig freigesprochen wurden oder eine zu milde Strafe erhalten haben.[76]

II. Schutzbereich

1. Sachlicher Schutzbereich
Im Rahmen des (sachlichen) Schutzbereichs ist insbesondere zu klären, was mit einer „Bestrafung auf Grund der allgemeinen Strafgesetze" und mit dem (verfassungsrechtlichen) Tatbegriff gemeint ist.

a) „Allgemeine Strafgesetze"
Art. 103 III GG beschränkt das Verbot der Doppelbestrafung auf die allgemeinen Strafgesetze. Damit ist wie bei Art. 103 II GG in erster Linie das Kriminalstraf-

---

74 Vgl. auch zum Folgenden Schulze-Fielitz, in: Dreier, GG, 3. Aufl. 2018, Art. 103 Abs. 3 Rn. 12f.
75 Vgl. <u>BVerfG, Beschl. v. 8.1.1981, Az.: 2 BvR 873/80</u> = BVerfGE 56, 22 (31f.).
76 Brodowski, JuS 2012, 892 (895).

recht – sei es in Gestalt des Kern- der des Nebenstrafrechts – gemeint.[77] Im Übrigen wird der Begriff des Strafgesetzes aber enger als bei Art. 103 II GG verstanden, da dessen Absatz 3 von seiner Formulierung her auf „**allgemeine** Strafgesetze" begrenzt ist. Mit Rücksicht auf die Mütter und Väter des Grundgesetzes, die darunter „das eigentliche Strafrecht"[78] verstanden, sollen also zum Beispiel Sanktionen aufgrund des Disziplinarrechts[79], des Berufsrechts, gerichtliche Ordnungsmaßnahmen sowie verwaltungsbehördliche Maßnahmen, die aus Anlass strafbaren Verhaltens verhängt werden,[80] von Art. 103 III GG nicht erfasst werden. Unklarheiten bestehen hinsichtlich des Ordnungswidrigkeitenrechts: So häufen sich in jüngerer Zeit die Stimmen, Art. 103 III GG insoweit zumindest analog anzuwenden.[81]

ℹ Weiterführendes Wissen

Ob sich diese – ausgesprochen enge – Sichtweise aufrechterhalten lässt, ist zweifelhaft. Namentlich die Rechtsprechung des EuGH zur Parallelnorm des Art. 50 GRCh erfasst auch Ordnungswidrigkeiten und andere Verwaltungsmaßnahmen mit **strafähnlichem** Charakter.[82] Es wäre auch im Sinne der Idee effektiven Grundrechtsschutzes auf eine rein formale Abgrenzung zwischen Kriminalstrafen und anderen Sanktionen zugunsten einer auf das Maß ihrer Annäherung in den Sanktionswirkungen zielenden Betrachtung zu verzichten. Dem stünde nach hiesiger Sichtweise auch nicht der abweichend zu Art. 103 II GG formulierte Wortlaut des Art. 103 III GG entgegen. Die Wendung „allgemeine Strafgesetze" lässt sich nämlich auch als „alle Strafgesetze betreffend" verstehen, ohne dass damit schon eine Vorfestlegung bezüglich des Kreises der erfassten (Straf-)Sanktionen getroffen wäre.[83]

---

b) Tatbegriff

Das Doppelbestrafungsverbot greift nur ein, wenn dieselbe **Tat** vorliegt. Die herrschende Meinung orientiert sich bei der Interpretation dieses Begriffs am strafprozessrechtlichen Tatbegriff (vgl. §§ 155 I, 264 StPO).[84] Maßgeblich sei somit der „ge-

---

77 Schulze-Fielitz, in: Dreier, GG, 3. Aufl. 2018, Art. 103 Abs. 3 Rn. 21.

78 Von Doemming/Füsslein/Matz, JöR Bd. I (1951), 744.

79 BVerfG, Beschl. v. 29.10.1969, Az.: 2 BvR 545/68 = BVerfGE 27, 180.

80 Zu beidem Schmidt-Aßmann, in: Maunz/Dürig, GG, 30. EL Dezember 1992, Art. 103 Abs. 3 Rn. 290 f. m. w. N.

81 Schulze-Fielitz, in: Dreier, GG, 3. Aufl. 2018, Art. 103 Abs. 3 Rn. 21 m. w. N.

82 EuGH, Urt. v. 20.3.2018, Az.: C-524/15, Rn. 26 u. 31 m. w. N. – Luca Menci.

83 Näher Brade, AöR 146 (2021), 130 (150 f.).

84 Vgl. nur Kunig/Saliger, in: v. Münch/Kunig, GG, 7. Aufl. 2021, Art. 101 Rn. 68; Schroeder, JA 2010, 167 (173).

schichtliche – und damit zeitlich und sachverhaltlich begrenzte – Vorgang, auf welchen Anklage und Eröffnungsbeschluss hinweisen und innerhalb dessen der Angeklagte als Täter oder Teilnehmer einen Straftatbestand verwirklicht haben soll."[85] Richtig daran ist, dass der Tatbegriff nicht normativ, sondern faktisch zu bestimmen ist, es also auf die Einheitlichkeit des Lebenssachverhaltes ankommt. Neu eintretende Umstände – angenommen, das Tatopfer verstirbt, nachdem bereits eine (rechtskräftige) Verurteilung des:der Täters:in wegen Körperverletzung (§ 223 StGB) erfolgt ist – ändern demnach nichts am Vorliegen derselben „Tat".

Weiterführendes Wissen

Etwas anderes soll für Dauer- und Organisationsdelikte gelten. So schließe die rechtskräftige Verurteilung wegen Mitgliedschaft in einer kriminellen Vereinigung (§ 129 StGB) die Ahndung von Verbrechen, die zur Förderung der Ziele dieser Vereinigung begangen wurden und nicht Gegenstand des früheren Verfahrens waren, nicht aus.[86] Das überzeugt nicht: Art. 103 III GG nimmt gerade wegen des in ihm verankerten Vorrangs der Rechtssicherheit vor der materiellen Gerechtigkeit auch kriminalpolitisch unbefriedigende Ergebnisse in Kauf. Die Strafverfolgungsbehörden sind deshalb gehalten, alle Einzelakte einer Fortsetzungstat möglichst umfassend aufzuklären und entsprechend anzuklagen.

c) Transnationale Geltung

Art. 103 III GG erkennt wegen der „Souveränität des nationalen Rechts"[87] nur das inländische Verbot der Doppelbestrafung an; er schließt also „nur" eine mehrfache Strafverfolgung durch den deutschen Staat aus.[88] Eine darüber hinausgehende Rechtstellung kann sich in Einzelfällen allerdings aus Art. 50 GRCh ergeben, worauf sogleich zurückzukommen ist.

---

85 BVerfG, Beschl. v. 15.10.2014, Az.: 2 BvR 920/14 = NJW 2015, 44 (47) m.w.N.
86 Pohlreich, in: Bonner Kommentar, GG, 194. EL 2018, Art. 103 Abs. 3 Rn. 48; BVerfG, Beschl. v. 8.1.1981, Az.: 2 BvR 873/80 = BVerfGE 56, 22 (29 ff.).
87 So zum Beispiel Nolte/Aust, in: v. Mangoldt/Klein/Starck, GG, 7. Aufl. 2018, Art. 103 Rn. 200.
88 Vgl. nur BVerfG, Beschl. v. 17.1.1961, Az.: 2 BvL 17/60 = BVerfGE 12, 62 (66) (unter Berufung auf den bei Inkrafttreten des Grundgesetzes geltenden Stand des Prozessrechts). Die Rechtsprechung verweist insoweit auf das rechtsstaatliche Gebot der Anrechnung, vgl. BVerfG, Beschl. v. 31.3.1987, Az.: 2 BvM 2/86 = BVerfGE 75, 1 (15 f.).

Alexander Brade

i Weiterführendes Wissen

Grund zur Skepsis ist erneut der Schutzzweck des Art. 103 III GG: Es spielt aus der (insoweit maß-geblichen) Sicht des betroffenen Individuums keine Rolle, wo die erste Strafverfolgung statt-gefunden hat. Die Eingriffsintensität einer zweiten Verfolgung nach ausländischer Aburteilung derselben Straftat wiegt ebenso schwer wie die Eingriffsintensität einer inländischen Doppelver-folgung.[89] Nimmt man den Umstand hinzu, dass der Wortlaut der Norm offen formuliert ist, er-scheint ein transnationales Verständnis von Art. 103 III GG durchaus vorstellbar.[90]

2. Persönlicher Schutzbereich

Art. 103 III GG ist seinem Wortlaut nach („niemand") ein Jedermannsrecht.[91] So-weit juristische Personen überhaupt „bestraft" werden können, werden sie also vom persönlichen Schutzbereich des ne bis in idem-Grundsatzes erfasst.

III. Eingriff

Art. 103 III GG verbietet – trotz des eigentlich anders lautenden Normtextes – nicht erst die „mehrfache Bestrafung", sondern bereits jede erneute (Straf-)Verfol-gung[92]. Dies dient nicht nur der Rechtsklarheit und dem effektiven Grundrechts-schutz, sondern hat vor allem historische Gründe.

i Weiterführendes Wissen

Grund für die Einführung der Norm war es, Missbräuchen, wie sie in der Zeit des Nationalsozialis-mus vorgekommen waren, vorzubeugen.[93] Diese Missbräuche bestanden aber nicht in einer mehrfachen Bestrafung im eigentlichen Sinne, sondern in einer mehrfachen Verfolgung der-gestalt, dass Freisprüche und angeblich zu niedrige Strafurteile aufgehoben worden sind und in-folgedessen eine höhere Strafe verhängt wurde.[94]

---

89 Vgl. Voulgaris, Transnationales „ne bis in idem" zwischen staatlicher Schutz- und Achtungs-pflicht, 2013, S. 98 ff.
90 So zum Beispiel Endriß/Kinzig, StV 1997, 665 (666 f.). Näher Brade, AöR 146 (2021), 130 (163 ff.).
91 Sachs, Verfassungsrecht II – Grundrechte, 3. Aufl. 2017, Kap. 35 Rn. 24.
92 Ganz herrschende Meinung, vgl. etwa BVerfG, Beschl. v. 17.1.1961, Az.: 2 BvL 17/60 = BVerfGE 12, 62 (66).
93 Vgl. von Doemming/Füsslein/Matz, JöR Bd. I (1951), 741 u. 743.
94 Schroeder, JuS 1997, 227 (228).

Alexander Brade

Beispiel: Als Eingriff zu bewerten ist die Wiederaufnahme eines Strafverfahrens zuungunsten des Angeklagten gemäß § 362 StPO. Die Wiederaufnahme zugunsten des Angeklagten (§ 359 StPO) stellt dagegen keinen Eingriff in den Schutzbereich von Art. 103 III GG dar.

Weiterführendes Wissen   🇮

Die Frage, welche „Erstentscheidungen" das Verbot der Mehrfachverfolgung überhaupt aus-lösen, ist damit aber noch nicht beantwortet. Eindeutig erfasst werden endgültige Sachentschei-dungen, das heißt rechtskräftige (Straf-)Urteile verurteilender oder freisprechender Art. Umstrit-ten ist dagegen, ob Art. 103 III GG auch bei sonstigen strafprozessualen Entscheidungen – sei es bei einer Einstellung nach §§ 153, 153a StPO oder bei einem Strafbefehl (§§ 409 ff. StPO), ge-gen den nicht rechtzeitig Einspruch erhoben worden ist – zu berücksichtigen ist.[95] In aller Regel wird es auf diese Frage aber nicht entscheidungserheblich ankommen, da die Grundrechte so oder so Vertrauensschutz gewährleisten und das einfache Gesetzesrecht in beiden Fällen zumin-dest eine (beschränkte) Sperrwirkung anerkennt (§§ 153a I 1, 5, 373a StPO).

IV. Rechtfertigung

Wird in den Schutzbereich des Art. 103 III GG eingegriffen, stellt sich die Frage nach der verfassungsrechtlichen Rechtfertigung dieses Eingriffs. Da Art. 103 III GG seinem Normtext nach keinen Gesetzesvorbehalt enthält, ist die Schranke – im Unterschied zu Art. 103 II GG – im **kollidierenden Verfassungsrecht** zu su-chen.[96] Danach kann der Eingriff mit der Erwägung gerechtfertigt werden, dass die materielle Gerechtigkeit (als Ausprägung des Rechtsstaatprinzips im Sinne des Art. 20 III GG) durch die Aufrechterhaltung der Rechtskraft unerträglich be-einträchtigt würde. Vor diesem Hintergrund wird die Regelung zur Wiederaufnah-me eines rechtskräftig abgeschlossenen Strafverfahrens (§ 362 StPO) überwiegend für verfassungsrechtlich zulässig gehalten.[97] Anders wird es oftmals im Fall der gesetzlichen Erweiterung der Wiederaufnahmemöglichkeiten gesehen, da dann vom bei Inkrafttreten des Grundgesetzes geltenden Stand des Prozessrechts, an dem sich das BVerfG in seiner Rechtsprechung orientiert,[98] abgewichen werden würde. Dies zugrunde gelegt, erscheint die kürzlich beschlossene Erweiterung der

---

95 Dazu Schmidt-Aßmann, in: Maunz/Dürig, GG, 30. EL Dezember 1992, Art. 103 Abs. 3 Rn. 296 ff.; BVerfG, Beschl. v. 7.12.1983, Az.: 2 BvR 282/80 = BVerfGE 65, 377 (382 ff.) (Prüfung für Strafbefehl am Maßstab von Art. 3 I GG).

96 Vgl. zum Beispiel Pieroth in: Jarass/Pieroth, GG, 15. Aufl. 2018, Art. 103 Rn. 110.

97 Kingreen/Poscher, Staatsrecht II: Grundrechte, 35. Aufl. 2019, Rn. 1282; Schroeder, JA 2010, 167 (174).

98 Vgl. BVerfG, Urt. v. 18.12.1953, Az.: 1 BvR 230/51 = BVerfGE 3, 248 (252).

StPO um einen Wiederaufnahmegrund zulasten rechtskräftig freigesprochener Mordangeklagter für den Fall des Vorliegens neuer Tatsachen oder Beweismittel, die zur sicheren Verurteilung führen würden,[99] verfassungsrechtlich kaum haltbar.[100]

ℹ Weiterführendes Wissen

§ 362 StPO ist – weitergehend – bereits in seiner derzeit geltenden Fassung verfassungswidrig.[101] Richtigerweise gilt der Grundsatz „ne bis in idem" ebenso wie Art. 103 II GG absolut, das heißt eine Rechtfertigung von Beeinträchtigungen seines Schutzbereichs ist prinzipiell ausgeschlossen.[102] Es ist kein Grund dafür ersichtlich, kollidierendes Verfassungsrecht als Schranke in Stellung zu bringen: Dem Grundrechtsgebrauch werden Schranken gezogen, um einen „wildwüchsigen Freiheitsgebrauch"[103] zu verhindern. Der Grundsatz „ne bis in idem" gerät indes weder mit dem Freiheitsgebrauch anderer Grundrechtsträger noch mit den Interessen der Allgemeinheit in Konflikt. Insoweit ist nochmals daran zu erinnern, dass Art. 103 III GG eine einseitige und unbedingte Vorrangentscheidung zugunsten der Rechtssicherheit ist, die nicht durch Erwägungen materieller Gerechtigkeit überspielt werden darf.[104] Aus demselben Grund kennt der Rechtssatz „ne bis in idem" keine, die Wiederaufnahme zuungunsten des Angeklagten stützenden „immanenten Schranken". Es ist daher mehr als problematisch anzunehmen, dass das zur Zeit der Entstehung des Grundgesetzes geltende Prozessrecht den Eingriff in Art. 103 III GG legitimiere[105] – ein Ansatz der dann bezüglich der Erweiterung der Wiederaufnahmemöglichkeiten erst recht versagen muss.

E. Europäische und internationale Bezüge

Justizgrundrechte finden sich auch auf EU- und EMRK-Ebene: So fordern sowohl Art. 47 II 1 GRCh als auch Art. 6 I EMRK durch Gesetz errichtete Gerichte. Art. 6 I EMRK bildet auch den Dreh- und Angelpunkt für das rechtliche Gehör, dessen Ge-

---

99 Suliak, LTO v. 29.1.2021.
100 Vgl. etwa Brade, ZIS 2021, 362ff.; Marxen/Tiemann, ZIS 2008, 188 (191); Schulze-Fielitz, in: Dreier, GG, 3. Aufl. 2018, Art. 103 Abs. 3 Rn. 32. Für Verfassungskonformität dagegen Zehetgruber, JR 2020, 157ff.
101 So auch Neumann, in: Festschrift für Heike Jung, 2007, S. 655ff.
102 Hufen, Staatsrecht II: Grundrechte, 7. Aufl. 2018, § 21 Rn. 66.
103 Kingreen/Poscher, Grundrechte – Staatsrecht II, 35. Aufl. 2019, Rn. 263.
104 Remmert, in: Maunz/Dürig, GG, 85. EL November 2018, Art. 103 Abs. 3 Rn. 62. Näher Brade, AöR 146 (2021), 130 (139f., 167ff.).
105 So aber BVerfG, Urt. v. 18.12.1953, Az.: 1 BvR 230/51 = BVerfGE 3, 248 (252); BVerfG, Beschl. v. 17.1.1961, Az.: 2 BvL 17/60 = BVerfGE 12, 62 (66); Kunig/Saliger, in: v. Münch/Kunig, GG, 7. Aufl. 2021, Art. 101 Rn. 78.

Alexander Brade

währleistungsumfang weitgehend dem des Art. 103 I GG entspricht[106]. Hinter dem Schutzumfang von Art. 103 II GG zurück bleiben dagegen Art. 7 I EMRK und Art. 49 I GRCh. Dem Doppelbestrafungsverbot des Art. 103 III GG entsprechen schließlich Art. 4 des 7. Zusatzprotokolls zur EMRK, das in Deutschland noch nicht ratifiziert worden ist, und Art. 50 GRCh.

Zusammenfassung: Die wichtigsten Punkte
- Die Verfahrensgrundrechte (Art. 101, 103 GG) sind in einem demokratischen Rechtsstaat unverzichtbar.
- Art. 101 I 2 GG ist besonders bei der Verletzung der Vorlageplicht an den EuGH gemäß Art. 267 III AEUV von Relevanz.
- Der Grundsatz „nulla poena sine lege" enthält das Gesetzlichkeitsprinzip, das Bestimmtheitsgebot, das Rückwirkungsverbot sowie das Analogieverbot.
- Art. 103 III GG verbietet Doppelbestrafungen – abgesehen vom Fall der Wiederaufnahme – kategorisch.

Weiterführende Studienliteratur
- David Kuch, Recht auf den gesetzlichen Richter (Art. 101 Abs. 1 S. 2 GG), Jura 2020, S. 228–238
- Daniela Schroeder, Die Justizgrundrechte des Grundgesetzes, JA 2010, S. 167–174
- Kathrin Strauß, Examensklausur „Qual der Wahl", JA 2019, S. 764–772

---

106 Zum Gehalt des Art. 6 EMRK im Einzelnen zum Beispiel Hufen, Staatsrecht II: Grundrechte, 7. Aufl. 2018, § 21 Rn. 50.

Alexander Brade